Van Dale Pocketwoordenboek **Nederlands-Duits**

D1640111

Van Dale Pocketwoordenboeken

Nederlands
Nederlands als tweede taal (NT2)
Nederlands voor vmbo en mbo
Nederlands voor de basisschool

Engels-Nederlands
Nederlands-Engels
Engels-Nederlands voor vmbo
Nederlands-Engels voor vmbo

Frans-Nederlands
Nederlands-Frans

Duits-Nederlands
Nederlands-Duits

Spaans-Nederlands
Nederlands-Spaans

Italiaans-Nederlands
Nederlands-Italiaans

Wist je dat Van Dale van alles heeft op taalgebied?
• **Van Dale-woordenboeken** voor elke gebruikssituatie: online, mobiel, als software en als boek
• **Van Dale Grammatica's** voor een glashelder overzicht op elk taalniveau (ERK)
• **Van Dale Taaltrainingen** voor taaltrainingen op diverse locaties
Het professionele **vertaalbureau Van Dale Vertalingen** voor de beste vertalingen.
En nog meer ... Kijk op: www.vandale.nl of www.vandale.be

Van Dale Pocketwoordenboek
Nederlands-Duits

Vijfde editie

Onder redactie van J.V. Zambon

Utrecht - Antwerpen

Van Dale Pocketwoordenboek Nederlands-Duits
vijfde editie
tweede oplage, 2014

Van Dale Uitgevers
ISBN 978 94 6077 055 5
NUR 627

© 2013 Van Dale Uitgevers

Onder redactie van J.V. Zambon

Omslagontwerp: Ontwerpstudio Spanjaard
Vormgeving: Pieter Pijlman (b.ont)
Zetwerk nawerk: Julius de Goede
Zetwerk hoofdwerk: Pre Press Media Groep
Projectleiding: María Camarasa (Lijn43)

Voor eventuele overname van gedeelten uit het woordenboek is schriftelijke
toestemming van de uitgever noodzakelijk.

De uitgever kan geen aansprakelijkheid aanvaarden voor eventuele schade
die zou kunnen voortvloeien uit enige fout die in deze uitgave zou kunnen
voorkomen.
Dit woordenboek bevat enkele woorden die als handelsnaam of merknaam
worden gebruikt. Uit opname van deze woorden kan niet worden afgeleid
dat afstand wordt gedaan van bepaalde (eigendoms)rechten, dan wel dat
Van Dale Uitgevers bv zulke rechten miskent.

Correspondentieadres:
Van Dale Uitgevers
Postbus 13288
3507 LG Utrecht
info@vandale.nl

www.vandale.nl / www.vandale.be

Van Dale, altijd een passend woordenboek!

De *Van Dale Pocketwoordenboeken* zijn heel geschikt als je een taal begint te leren, bijvoorbeeld in de onderbouw van het middelbaar onderwijs of bij een cursus. Ze zijn ook heel geschikt als je thuis of op kantoor af en toe een woord wilt opzoeken. Als je verder komt, wil je steeds meer woorden kunnen opzoeken en dan is een *Van Dale Middelgroot woordenboek* of een *Van Dale Groot woordenboek* een betere keuze.

Voor deze nieuwe editie hebben we de *Van Dale Pocketwoordenboeken* grondig bewerkt. We hebben bovendien veel nieuwe woorden en voorbeeldzinnen toegevoegd. Ze zijn dus beter, nieuwer en dikker.

In de voorbeeldzinnen hebben we het belangrijkste woord blauw gemaakt. Vooral in langere artikelen kun je daardoor heel snel vinden wat je zoekt.

We hebben lidwoorden voor de trefwoorden gezet. Dat geeft soms extra informatie en het geeft een duidelijker woordbeeld, wat helpt bij het leren. We doen dit niet alleen bij de vreemde talen, we geven het lidwoord óók bij de trefwoorden in de delen die Nederlands als brontaal hebben. Dit geeft extra ondersteuning aan leerders van het Nederlands.

Wij staan altijd open voor suggesties voor onze woordenboeken. Je kunt die mailen naar redactie@vandale.nl.

We wensen je veel plezier met dit woordenboek.

Van Dale Uitgevers

Lijst van afkortingen

aanw	*aanwijzend*	geol	*geologie*
aardr	*aardrijkskunde*	gesch	*geschiedenis*
abstr	*abstract*	gymn	*gymnastiek*
adm	*administratie*	h	*heeft*
afk	*afkorting*	hand	*handel*
alg	*algemeen*	heral	*heraldiek*
Am	*Amerikaans, in de Verenigde*	hist	*historisch*
	Staten	hoofdtelw	*hoofdtelwoord*
amb	*ambacht*	huish	*huishouden*
anat	*anatomie*	hww	*hulpwerkwoord*
antr	*antropologie*	iem	*iemand*
archit	*architectuur*	ind	*industrie*
astrol	*astrologie*	inf	*informeel*
astron	*astronomie*	iron	*ironisch*
atl	*atletiek*	jarg	*jargon*
bel	*beledigend*	jeugdt	*jeugdtaal*
Belg	*in België, Belgisch(e)*	jmd	*jemand*
bep	*bepaald*	jmdm	*jemandem*
bet	*betekenis(sen)*	jmdn	*jemanden*
betr	*betrekkelijk*	jur	*juridisch*
bez	*bezittelijk*	kaartsp	*kaartspel*
Bijb	*Bijbel*	kindert	*kindertaal*
biochem	*biochemie*	koppelww	*koppelwerkwoord*
biol	*biologie*	landb	*landbouw*
bk	*beeldende kunst*	lett	*letterlijk*
bn	*bijvoeglijk naamwoord*	letterk	*letterkunde*
boekh	*boekhouden*	lidw	*lidwoord*
bouwk	*bouwkunde*	lit	*literatuur*
bw	*bijwoord*	luchtv	*luchtvaart*
Can	*Canadees, in Canada*	m	*mannelijk*
chem	*chemie*	med	*medisch*
comm	*communicatiemedia*	meetk	*meetkunde*
comp	*computer*	meteo	*meteorologie*
cul	*culinair*	mijnb	*mijnbouw*
dans	*danskunst*	mil	*militair*
dierk	*dierkunde*	min	*minachtend*
Du	*Duits, in Duitsland*	muz	*muziek*
ec	*economie*	mv	*meervoud*
elek	*elektriciteit*	myth	*mythologie*
enk	*enkelvoud*	nat	*natuurkunde*
euf	*eufemisme*	Ned	*Nederlands, in Nederland*
farm	*farmacie*	neg	*negatief*
fig	*figuurlijk*	nvl	*naamval*
fil	*filosofie*	o	*onzijdig*
fin	*financieel*	ond	*onderwijs*
form	*formeel*	ongev	*ongeveer*
foto	*fotografie*	onov	*onovergankelijk*
Fr	*Frans, in Frankrijk*	onpers	*onpersoonlijk*
fysiol	*fysiologie*	onv	*onveranderlijk*
geb	*gebiedend*	Oost	*Oostenrijks, in Oostenrijk*

ov	*overgankelijk*	tw	*tussenwerpsel*
overh	*overheid*	typ	*typografie*
overtr	*overtreffend(e)*	univ	*universiteit*
paardsp	*paardensport*	v	*vrouwelijk*
pej	*pejoratief*	vakt	*vaktaal*
pers	*persoonlijk*	vechtsp	*vechtsport*
plantk	*plantkunde*	vergr	*vergrotend(e)*
pol	*politiek*	verk	*verkeer*
pop	*populair*	verko	*verkorting*
pred	*predicatief*	vero	*verouderd*
prot	*protestants*	verz	*verzekeringswezen*
psych	*psychologie*	vnl	*voornamelijk*
rangtelw	*rangtelwoord*	vnw	*voornaamwoord*
rekenk	*rekenkunde*	voetb	*voetbal*
rel	*religie*	volkst	*volkstaal*
r-k	*rooms-katholiek*	vr	*vragend*
ruimtev	*ruimtevaart*	vulg	*vulgair*
scheepv	*scheepvaart*	vw	*voegwoord*
scheldw	*scheldwoord*	vz	*voorzetsel*
scherts	*schertsend*	wdk	*wederkerend*
soc	*sociologie*	wet	*wetenschap*
spoorw	*spoorwegen*	wielersp	*wielersport*
spott	*spottend*	wijnb	*wijnbouw*
stat	*statistiek*	wisk	*wiskunde*
taalk	*taalkunde*	ww	*werkwoord*
techn	*techniek*	wwb	*weg- en waterbouw*
technol	*technologie*	zelfst	*zelfstandig*
telw	*telwoord*	zn	*zelfstandig naamwoord*
theat	*theater*	Zwi	*Zwitsers, in Zwitserland*
tuinb	*tuinbouw*		

Gebruiksaanwijzing

De gebruikte afkortingen worden verklaard in de *Lijst van afkortingen* op de voorgaande pagina's.

De trefwoorden zijn blauw gedrukt	**oliedom** stockdumm
Bij trefwoorden die zelfstandig naamwoord zijn, wordt in de kantlijn het lidwoord vermeld	het **saldotekort** Debetsaldo (m[13]) de **salesmanager** Salesmanager (m[9]), Verkaufsleiter (m[9])
Wanneer de klemtoon van een woord verwarring kan opleveren, staat er een streepje onder de beklemtoonde klinker(s)	<u>o</u>**verspelen** noch einmal spielen **onderaards** <u>u</u>nterirdisch
Direct na het trefwoord kan nog een tweede trefwoord komen. Dat heeft dan precies dezelfde betekenis als het eerste trefwoord	**oftewel, ofwel** oder, beziehungsweise
Trefwoorden die gelijk geschreven worden, maar verschillen in woordsoort of herkomst, worden voor aan de regel genummerd met 1, 2 enz.	de ¹**diagonaal** (zn) Diagonale (v[21]) ²**diagonaal** (bn) diagonal ¹**helen** [genezen] heilen ²**helen** [van gestolen goed] hehlen
Van trefwoorden die een afkorting zijn, wordt eerst de (Nederlandse) uitschrijving gegeven	**o.a. 1** *afk van onder andere* unter anderem (*afk* u.a.) **2** *afk van onder anderen* unter anderen (*afk* u.a.)
Vertalingen die zeer dicht bij elkaar liggen, worden gescheiden door een komma	**klaarleggen** bereitlegen, zurechtlegen
Is het verschil wat groter, dan staat tussen de vertalingen een puntkomma; vaak wordt dan ook tussen haakjes een verklaring van dit kleine verschil in betekenis gegeven	**opdrogen** auftrocknen; [mbt beek, rivier] austrocknen; [mbt bron; ook fig] versiegen
Wanneer het trefwoord duidelijk verschillende betekenissen heeft, worden de vertalingen genummerd met **1, 2** enz.	**ontelbaar 1** unzählbar **2** [zeer veel] unzählig
Soms is bij de vertaling een toelichting nodig. Zo'n toelichting staat tussen vierkante haken	het **onderdeel 1** [onderafdeling] Unterabteilung (v[20]) **2** [bestanddeel] Teil (m[5]), Bestandteil (m[5]) **3** [bij reparatie] Ersatzteil (o[29]), Einzelteil (o[29]) **4** [van auto, fiets, machine e.d.] Zubehörteil (o[29]) **5** [fractie] Bruchteil (m[5]) **6** [mil] Einheit (v[20])

Hoog gezette cijfertjes verwijzen naar grammaticale tabellen achter in het boek. Zo wordt verwezen naar het gebruik van de naamvallen, de verbuigingen en het meervoud van de zelfstandige naamwoorden en naar de vervoegingen van onregelmatige werkwoorden. Bij de verwijzingen naar de naamvallen wordt vaak een plusteken gebruikt. In het voorbeeld hiernaast betekent bei[+3] dat na *bei* de derde naamval (datief) volgt

het onderdak Unterkunft (v[25]): *iem ~ verschaffen* jmdn bei[+3] sich aufnehmen[212]

Direct na een Duitse vertaling kunnen grammaticale gegevens volgen die niet zijn opgenomen in het overzicht achter in het boek. In het voorbeeld heeft *Observatorium* als 2e naamval (genitief) *Observatoriums,* en als meervoud *Observatorien. Quiz* blijft in de 2e naamval (genitief) en in het meervoud onveranderd

het observatorium Observatorium (o, 2e nvl -s; mv: Observatorien)
de quiz Quiz (o, 2e nvl -; mv -)

De vertaling kan worden gevolgd door een of meer voorbeelden. Deze staan cursief. In voorbeelden vervangt het teken ~ het trefwoord

obscuur obskur: *een ~ zaakje* ein zweifelhaftes Geschäft

Om voorbeelden makkelijker te kunnen vinden, is het belangrijkste woord in de zin blauw gekleurd

het niveau Niveau (o[36]), Ebene (v[21]): *op het hoogste ~* auf höchster Ebene; *onder zijn ~ werken* unter (seinem) Niveau arbeiten; *overleg op ministerieel ~* Beratungen auf Ministerebene

Soms wordt een trefwoord alleen in een of meer uitdrukkingen gegeven, zonder dat het zelf vertaald wordt. De uitdrukking volgt dan direct na een dubbelepunt

onbetuigd: *zich niet ~ laten* regen Anteil nehmen[212] (an[+3])

Voorbeelden die niet duidelijk aansluiten bij (een van) de betekenis(sen), worden behandeld na het teken ||

onaardig unfreundlich || *niet ~* [vrij goed] nicht übel

Als een voorbeeld meer dan één betekenis heeft, worden de vertalingen onderscheiden met **a)**, **b)** enz.

het ongerede: *in het ~ raken*: **a)** [verliezen] abhanden kommen[193], verloren gehen[168]; **b)** [in de war raken] in Unordnung geraten[218]

Alternatieve vormen worden tussen haakjes gezet en ingeleid met *of*

onwaardig unwürdig, unwert: *hij is deze gunst ~* er ist dieser Gunst[2] unwürdig (*of:* unwert)

a

de **a** [letter] a (o), A (o): *van* a *tot* z von A bis Z; *von Anfang bis Ende*; *wie* a *zegt moet ook* b *zeggen* wer A sagt, muss auch B sagen
à 1 [tegen] zu⁺³ **2** [tot] bis⁺⁴: *à 5%* zu 5 Prozent; *5 stuks à 3 euro* 5 Stück zu je 3 Euro; *3 à 4 weken* 3 bis 4 Wochen

de **aai** Liebkosung (v²⁰)
aaien streicheln, liebkosen

de **aak** Schleppkahn (m⁶), Lastkahn (m⁶)

de **aal** Aal (m⁵): *zo glad als een ~* glatt wie ein Aal

de **aalbes** Johannisbeere (v²¹)

de **aalmoes** Almosen (o³⁵)

de **aalmoezenier** Militärgeistliche(r) (m⁴⁰ᵃ)

de **aalscholver** Kormoran (m⁵)

het **aambeeld** Amboss (m⁵)

de **aambeien** Hämorrhoiden (mv)

¹aan (bn, bw): *de boot is ~* das Boot ist angekommen; *er is niets van ~* daran ist kein wahres Wort; *de lamp is ~* die Lampe brennt; *daar heb ik weinig (niets) ~* davon habe ich wenig (nichts); *van jongs af ~* von Kindheit an; *van het begin af ~* von Anfang an

²aan (vz) **1** [m.b.t. plaats; ook fig] an [bij beweging gericht op doel⁺⁴, anders⁺³]; zu⁺³, auf [bij rust⁺³, bij beweging gericht op doel⁺⁴]: *~ het raam gaan staan* sich ans Fenster stellen; *~ het raam staan* am Fenster stehen²⁷⁹; *~ beide kanten* auf (*of*: zu) beiden Seiten; *~ iemands voeten zitten* zu jemands Füßen sitzen²⁶⁸ **2** [bezig met] an⁺³, bei⁺³, in⁺³: *~ het schrijven zijn* am (*of*: beim) Schreiben sein²⁶²; schreiben²⁵²; *~ het afnemen zijn* im Abnehmen (begriffen) sein²⁶²; *de prijs is ~ het stijgen* der Preis steigt **3** [gedurende] bei⁺³: *~ het ontbijt* beim Frühstück **4** [in] in [bij beweging gericht op doel⁺⁴, anders⁺³]: *~ een afdeling verbonden zijn* in einer Abteilung tätig sein²⁶² **5** [door] an⁺³: *~ een ziekte sterven* an einer Krankheit sterben²⁸² **6** [bij een ononderbroken opeenvolging van eenheden] an⁺⁴, für⁺⁴: *dag ~ dag* Tag für Tag; *huis ~ huis* Haus an Haus **7** [wat betreft] auf⁺³: *~ beide ogen blind zijn* auf beiden Augen blind sein²⁶²

aanbakken anbacken¹²¹

aanbellen klingeln, schellen, läuten

aanbesteden verdingen¹⁴¹, ausschreiben²⁵²: *een project Europees ~* ein Projekt EU-weit ausschreiben

de **aanbesteding** Ausschreibung (v²⁰), Verdingung (v²⁰), Submission (v²⁰): *bij ~* im Submissionswege; *openbare ~* öffentliche Ausschreibung

aanbetalen anzahlen

de **aanbetaling** Anzahlung (v²⁰)

aanbevelen empfehlen¹⁴⁷: *het is aan te bevelen* es empfiehlt sich

aanbevelenswaardig empfehlenswert

de **aanbeveling** Empfehlung (v²⁰): *het verdient ~* es empfiehlt sich

aanbidden anbeten, vergöttern

de **aanbidder** Anbeter (m⁹), Verehrer (m⁹)

de **aanbidding** Anbetung (v²⁰), Vergötterung (v²⁰)

¹aanbieden (ov ww) [beschikbaar stellen] anbieten¹³⁰: *hij bood aan, haar te helpen* er bot ihr seine Hilfe an; *iem. zijn diensten ~* jmdm. seine Dienste anbieten

zich **²aanbieden** (wdk ww) sich (an)bieten¹³⁰, sich darbieten¹³⁰

de **aanbieding 1** [alg] Anerbieten (o³⁵), Vorschlag (m⁶) **2** [hand] Offerte (v²¹), Angebot (o²⁹): *speciale ~* Sonderangebot (o²⁹)

aanbinden anbinden¹³¹; [van schaatsen] anschnallen

aanblazen anblasen¹³³; [fig] anfachen

aanblijven: *de minister zal ~* der Minister wird (im Amt) bleiben¹³⁴; *de kachel moet ~* der Ofen soll nicht ausgehen¹⁶⁸

de **aanblik** Anblick (m⁵)

het **aanbod** Angebot (o²⁹); [hand ook] Offerte (v²¹): *een ~ doen* ein Angebot machen; *zij sloeg ~ af* sie lehnte das Anerbieten ab

aanboren 1 [alg] anbohren **2** [exploiteren] [ook fig] erschließen²⁴⁵

aanbotsen: *tegen iem./iets ~* gegen jmdn./etwas⁺⁴ anprallen

de **aanbouw 1** [het aanbouwen] Bau (m¹⁹), Bauen (o³⁹): *het huis is in ~* das Haus ist im (*of*: in) Bau **2** [het aangebouwde] Anbau (m, 2e nvl: -s; mv: -ten) **3** [van planten] Anbau (m¹⁹), Kultur (v²⁰)

aanbouwen 1 [alg] (er)bauen **2** [van nieuwe vleugel] anbauen **3** [telen] anbauen¹³⁶

aanbraden anbraten

aanbranden anbrennen¹³⁸: *hij is gauw aangebrand* er ist schnell beleidigt

aanbreken anbrechen¹³⁷: *bij het ~ van de dag* bei Tagesanbruch

aanbrengen 1 [plaatsen] anbringen¹³⁹, befestigen, montieren³²⁰: *wijzigingen ~* Änderungen vornehmen²¹² **2** [brengen] bringen¹³⁹, herbeischaffen **3** [verklikken] anzeigen³²⁰ **4** [werven] werben³⁰⁹

de **aandacht** Aufmerksamkeit (v²⁸), Beachtung (v²⁸); [belangstelling] Teilnahme (v²⁸), Interesse (o³⁹): *dat trekt de ~* das zieht die Aufmerksamkeit auf sich

aandachtig aufmerksam; konzentriert

het **aandachtspunt** Schwerpunkt (m⁵): *een ~ van iets maken* etwas zum Schwerpunkt erklären

het **aandeel 1** [toekomend deel] Anteil (m⁵): *evenredig ~* Quote (v²¹); *~ in de kosten* Anteil an den Kosten **2** [bewijs van aandeel] Aktie (v²¹)

de **aandeelhouder** Aktionär (m⁵), Aktieninhaber (m⁹)

het **aandelenkapitaal 1** [bij AG] Aktienkapital (o²⁹) **2** [bij GmbH] Stammkapital (o²⁹)

het **aandenken** Andenken (o³⁵), Erinnerung (v²⁰)

aandienen (an)melden; ankündigen

¹aandikken (onov ww) dicker werden³¹⁰, eindicken

²aandikken (ov ww) dicker machen, eindicken: [fig] *iets* ~ etwas⁺⁴ aufbauschen

aandoen 1 [aantrekken] anziehen³¹⁸: *de jas* ~ den Mantel anziehen; *iem. de boeien* ~ jmdm. Fesseln anlegen **2** [kort bezoeken] berühren: [m.b.t. boot] *een haven* ~ einen Hafen anlaufen¹⁹⁸; [m.b.t. vliegtuig] *Berlijn* ~ Berlin anfliegen¹⁵⁹; [m.b.t. auto] *een stad* ~ eine Stadt anfahren¹⁵³ **3** [in werking stellen] anmachen, einschalten: *het gas* ~ das Gas anzünden; *het licht* ~ das Licht anmachen (*of:* einschalten) **4** [bij iem. iets veroorzaken] antun²⁹⁵, zufügen: *iem. een proces* ~ gegen jmdn. einen Prozess anstrengen; *iem. verdriet* ~ jmdm. Kummer bereiten (*of:* machen); *zijn woorden deden mij onaangenaam aan* seine Worte berührten mich unangenehm; *dat kun je haar niet* ~! das kannst du ihr nicht antun!; *zie aangedaan*

de **aandoening 1** [med] Erkrankung (v²⁰) **2** [gewaarwording] Empfindung (v²⁰) **3** [ontroering] Rührung (v²⁸)

aandoenlijk rührend, ergreifend

aandraaien 1 [door draaien vaster maken] anziehen³¹⁸ **2** [elek] andrehen, anknipsen, einschalten

aandragen herantragen²⁸⁸, herbeitragen²⁸⁸: *ideeën* ~ mit Ideen kommen¹⁹³

de **aandrang** Andrang (m¹⁹): ~ *hebben* Drang haben

de **aandrift** Antrieb (m⁵), Trieb (m⁵)

de **aandrijfas** Antriebswelle (v²¹)

¹aandrijven (onov ww) antreiben²⁹⁰, anschwemmen: *op een vlot komen* ~ auf einem Floß angeschwemmt werden

²aandrijven (ov ww) **1** [van dieren, mensen] antreiben²⁹⁰ **2** [techn] antreiben²⁹⁰

de **aandrijving** Antrieb (m⁵)

het **¹aandringen** (zn) Drängen (o³⁹): *op zijn* ~ *heb ik …* auf sein Drängen habe ich …

²aandringen (ww): *bij iem.* ~ *om iets te doen* in jmdn. dringen¹⁴³, etwas zu tun; *op iets* ~ auf⁺⁴ etwas drängen

aandrukken andrücken

aanduiden 1 [voorzichtig] andeuten **2** [duidelijk] bezeichnen **3** [betekenen] bezeichnen, bedeuten, ausdrücken

de **aanduiding** Andeutung (v²⁰), Bezeichnung (v²⁰); *zie aanduiden*

aandurven wagen, den Mut haben¹⁸², sich

getrauen: *hij zal het niet* ~ er wird es nicht wagen

aanduwen 1 [vooruitduwen] (an)schieben²³⁷ **2** andrücken

aandweilen aufwischen: *de vloer* ~ den Boden aufwischen; [fig] *de vloer met iem.* ~ jmdn. fertig machen, zusammenstauchen

aaneen 1 [m.b.t. plaats] zusammen, aneinander **2** [m.b.t. tijd] hintereinander, nacheinander

aaneengesloten geschlossen

de **aaneenschakeling** Reihe (v²¹), Verkettung (v²⁰), Aneinanderreihung (v²⁰)

aanflitsen aufleuchten

de **aanfluiting** Hohn (m¹⁹), Verhöhnung (v²⁰), Verspottung (v²⁰)

¹aangaan (onov ww) **1** [bezoeken] vorbeigehen¹⁶⁸ **2** [m.b.t. de kachel, de lamp] angehen¹⁶⁸ **3** [m.b.t. kerk] beginnen¹²⁴

²aangaan (ov ww) **1** [een contract, verdrag, verplichting] eingehen¹⁶⁸ **2** [een discussie] anfangen¹⁵⁵ **3** [betreffen] betreffen²⁸⁹, angehen¹⁶⁸

aangaande in Bezug auf⁺⁴, in Bezug über⁺⁴

aangapen 1 [onbeleefd] angaffen **2** [met grote ogen] anglotzen

aangeboren angeboren

aangedaan 1 [ontroerd] gerührt, bewegt, ergriffen **2** [aangetast] angegriffen

aangeharkt ± peinlich ordentlich

de **aangeklaagde** Angeklagte(r) (m⁴⁰ᵃ, v⁴⁰ᵇ)

aangelegd veranlagt: *artistiek* ~ künstlerisch veranlagt

de **aangelegenheid** Angelegenheit (v²⁰)

aangenaam 1 [prettig] angenehm, erfreulich: ~! [bij kennismaking] (es) freut mich, Sie kennenzulernen!; ~ *verrast zijn* angenehm überrascht sein **2** angenehm, behaglich

aangenomen: ~ *kind* Pflegekind (o³¹); Adoptivkind (o³¹); ~ *werk* Akkordarbeit (v²⁰); *onder een* ~ *naam* unter fremdem Namen; ~ *dat hij gelijk heeft* vorausgesetzt, dass er Recht hat

aangepast angepasst: *een* ~*e ingang van het kantoor* ein behindertengerechter Eingang des Büros; ~*e muziek* angepasste Musik; [bv. migranten] *ze zijn volkomen* ~ sie sind völlig angepasst

aangeschoten 1 [lett] angeschossen **2** [fig] angeheitert

aangeschreven: *goed* ~ *staan* einen guten Ruf haben¹⁸²

aangeslagen 1 [bedekt met aanslag] beschlagen **2** [uit het evenwicht] angeschlagen: *hij was* ~ er hatte die Fassung verloren

aangetekend: ~*e brief* Einschreibebrief (m⁵); ~ *stuk* Einschreibesendung (v²⁰)

aangetrouwd angeheiratet

aangeven 1 [bekendmaken] angeben¹⁶⁶, anzeigen; [inkomsten] angeben; [goederen bij de douane] verzollen: [ook fig] *de toon* ~

den Ton angeben; *iem. (bij de politie)* ~ jmdn. anzeigen; *de dader heeft zichzelf aangegeven* der Täter hat sich (der Polizei) gestellt, hat sich selbst angezeigt **2** [laten registreren] anmelden **3** [te kennen geven] andeuten: *de weg is met rood aangegeven* der Weg ist rot markiert; *de thermometer geeft dertig graden aan* das Thermometer zeigt dreißig Grad (an) **4** [overhandigen] (herüber)reichen, geben[166]

de **aangever** Anzeigende(r) (m[40a]), Anzeigende (v[40b])

aangewezen: *op iets/iem.* ~ *zijn* auf[+4] etwas angewiesen sein[262], auf jmdn. angewiesen sein[262]; *de* ~ *persoon* die richtige Person

het **aangezicht** Angesicht (o[31]), Gesicht (o[31]), Antlitz (o[29]); *in het* ~ *van de dood* im Angesicht des Todes; *van* ~ *tot* ~ von Angesicht zu Angesicht

aangezien da, weil

de **aangifte 1** [bekendmaking] Angabe (v[21]) **2** [bij de overheid] Anzeige (v[21]): ~ *doen van* Anzeige erstatten wegen[+2]

het **aangiftebiljet** [voor de belasting] Steuererklärung (v[20])

aangrenzend angrenzend: *~e kamer* [ook] Nebenzimmer (o[33]); *de ~e landen* die Nachbarländer

aangrijpen 1 [aanvallen, plotseling aanvatten] ergreifen[181], angreifen[181]: *iets als voorwendsel* ~ etwas zum Vorwand nehmen[212] **2** [ontroeren] rühren

aangrijpend ergreifend, erschütternd

aangroeien (an)wachsen[302]

aanhaken 1 [met een haak] anhaken **2** [van aanhangwagen, wagon] anhängen

aanhalen 1 [liefkozen] liebkosen[+4], kuscheln, schmusen mit[+3] **2** [vaster maken] anziehen[318]: *de handrem* ~ die Handbremse anziehen **3** [citeren] anführen, zitieren[320]

aanhalig anschmiegsam

de **aanhaling** [citaat] Anführung (v[20]), Zitat (o[29])

het **aanhalingsteken** Anführungszeichen (o[35])

de **aanhang** Anhang (m[19]), Anhängerschaft (v[28])

aanhangen: *iem.* ~ jmdm. anhängen[184]

de **aanhanger** Anhänger (m[9])

aanhangig anhängig

het **aanhangsel** Anhang (m[6])

de **aanhangwagen** Anhänger (m[9])

aanhankelijk anhänglich; [m.b.t. dieren ook] treu

aanhebben anhaben[182], tragen[288]: *we hebben de kachel aan* bei uns brennt der Ofen

aanhechten anheften

de **aanhef** Anfang (m[6])

aanheffen anfangen[155], beginnen[124]: *een lied* ~ ein Lied anstimmen

aanhikken: *tegen iets* ~ vor etwas zurückschrecken[251]

aanhollen: *komen* ~ angestürzt kommen[193]

aanhoren anhören

[1]**aanhouden** (onov ww) [voortduren] anhalten[183]: *de regen houdt lang aan* der Regen hält lange an; [inf] der Regen nimmt kein Ende || *links* ~ sich (nach) links halten

[2]**aanhouden** (ov ww) **1** [arresteren] verhaften, festnehmen[212] **2** [tot staan brengen] anhalten[183] **3** [een toon] anhalten[183] **4** [uitstellen] aufschieben[237] **5** [van kleding] anbehalten[183]

aanhoudend 1 [voortdurend] andauernd, fortwährend; [m.b.t. regen] anhaltend **2** [onafgebroken] ununterbrochen **3** [weerbericht]: ~ *koud* weiterhin kalt

de **aanhouder**: *de* ~ *wint* Beharrlichkeit führt zum Ziel

de **aanhouding 1** [van personen] Verhaftung (v[20]), Festnahme (v[21]): *bevel tot* ~ Haftbefehl (m[5]) **2** [uitstel] Vertagung (v[20])

aanjagen: *iem. schrik* ~ jmdm. einen Schrecken einjagen

aankaarten: *iets* ~ etwas zur Sprache bringen[139]

aankijken ansehen[261], anblicken: [fig] *ik kijk hem niet aan* ich lasse ihn links liegen; *we zullen de zaak nog eens* ~ wir werden uns[7] die Sache noch mal überlegen

de **aanklacht** Anklage (v[21]), Klage (v[21]): *een* ~ *tegen iem. indienen* gegen jmdn. Anklage erheben[186]

aanklagen anklagen, beschuldigen: *wegens diefstal* ~ des (of: wegen) Diebstahls anklagen

de **aanklager** Ankläger (m[9]): *openbare* ~ Staatsanwalt (m[6])

aanklampen: *iem. op straat* ~ jmdn. auf der Straße anreden; *iem.* ~ *(om geld te lenen)* jmdn. um Geld angehen[168]

aankleden 1 ankleiden, anziehen[318] **2** [van kamer, toneel] ausstatten, einrichten

de **aankleding 1** [versiering] Dekoration (v[20]) **2** [inrichting] Ausstattung (v[20])

aanklikken anklicken

aankloppen anklopfen

aanknopen anknüpfen: *we zullen er nog een week* ~ wir wollen noch eine Woche länger bleiben

het **aanknopingspunt 1** [iets gemeenschappelijks] Anknüpfungspunkt (m[5]) **2** [houvast] Anhaltspunkt (m[5])

aankoeken anbrennen[138], anbacken[121]

aankomen 1 [m.b.t. trein, reizigers enz.] ankommen[193]: *in een stad* ~ in[+3] einer Stadt ankommen **2** [zwaarder worden] zunehmen[212]: *hij is aangekomen* er hat (an Gewicht) zugenommen **3** [aanraken] berühren: *nergens* ~! bitte nicht berühren! || *op geld komt het niet aan* Geld spielt keine Rolle; *dat komt er niet op aan* das macht nichts; *daar komt het* niet *op* aan das ist unwichtig

aankomend 1 [aanstaande] nächst: *~e week* nächste Woche **2** [opgroeiend] heranwachsend

de **aankomst** Ankunft (v²⁸)

aankondigen [bekendmaken] ankündigen; [officieel] bekannt machen: *een artiest ~* einen Artisten ankündigen (*of:* ansagen)

de **aankondiging** Ankündigung (v²⁰), Ansage (v²¹), Anzeige (v²¹), Meldung (v²⁰), Bekanntmachung (v²⁰): *tot nadere ~* bis auf Weiteres; *zie aankondigen*

de **aankoop 1** [het aangekochte] Ankauf (m⁶) **2** [verkrijging] Erwerb (m⁵), Kauf (m⁶)

de **aankoopsom** Kaufsumme (v²¹)

aankopen (an)kaufen; [verkrijgen] erwerben³⁰⁹

aankrijgen: *ik kan die schoen niet ~* ich kann den Schuh nicht anbekommen

aankruisen ankreuzen

aankunnen [opgewassen zijn tegen] gewachsen sein²⁶²: *iem. ~* jmdm. gewachsen sein; *een taak ~* eine Aufgabe bewältigen können; *die japon kan ik niet meer aan* dieses Kleid kann ich nicht mehr tragen; [zeker zijn van] *op iem. ~* sich auf jmdn. verlassen können¹⁹⁴

aanlanden [aan land komen] anlegen, landen

aanlandig: *de wind is ~* der Wind ist auflandig

aanlaten anlassen¹⁹⁷

de **aanleg 1** [van dijken, kanalen, wegen] Bau (m¹⁹) **2** [talent] Talent (o²⁹), Veranlagung (v²⁰) **3** [vatbaarheid] Anlage (v²¹), Neigung (v²⁰) ‖ [Belg] *rechtbank van eerste ~* ± Landgericht (o²⁹)

aanleggen 1 [aanbrengen, ergens tegen leggen] anlegen: *iem. een verband ~* jmdm. einen Verband anlegen **2** [maken] [van dijken, kanalen, wegen] bauen; [van leiding] legen, installieren³²⁰; [van tuin, lijst] anlegen; [van vuur] machen: *voorraden ~* Vorräte anlegen

de **aanlegplaats** Anlegeplatz (m⁶), Landeplatz (m⁶)

de **aanlegsteiger** Landungsbrücke (v²¹)

de **aanleiding** Anlass (m⁶), Veranlassung (v²⁰): [als begin van een brief] *naar ~ van uw schrijven* auf Ihr Schreiben; *naar ~ van zijn verjaardag* anlässlich seines Geburtstages

aanlengen verdünnen, strecken

aanleren, sich³ aneignen

aanleunen: *tegen de muur ~* sich an die Wand lehnen; *zich iets laten ~* sich³ etwas gefallen lassen¹⁹⁷

de **aanleunwoning** Altenwohnung (v²⁰)

aanliggend anliegend, angrenzend

aanlijnen anleinen, an die Leine nehmen²¹²

aanlokkelijk einladend, anziehend

aanlokken (an)locken, anziehen³¹⁸

de **aanloop** Anlauf (m⁶): *veel ~ hebben* häufig Besuch haben¹⁸² ‖ *in de ~ naar de verkiezingen* im Vorfeld der Wahlen

de **aanloopkosten** Anlaufkosten (mv)

aanlopen 1 [lopen in de richting van iem. of iets] (auf jmdn.) zugehen¹⁶⁸: *daar komt hij al ~* da kommt er schon (angelaufen); *van alle kanten kwamen mensen ~* von allen Seiten kamen Leute herbeigelaufen; *achter iem. ~* hinter jmdm. hergehen¹⁶⁸; [hem nalopen] jmdm. nachlaufen¹⁹⁸; [fig] *achter de feiten ~* nicht auf dem Laufenden sein; [inf] auf dem Mond leben **2** [botsen] anlaufen¹⁹⁸, anrennen²²²: *(opzettelijk) tegen iem. ~* jmdn. anrempeln **3** [kleuren] anlaufen¹⁹⁸: *hij liep rood aan van drift* er lief vor Zorn rot an

de **aanmaak** Anfertigung (v²⁰), Herstellung (v²⁸)

aanmaken 1 [vervaardigen] anfertigen, herstellen **2** [deeg, sla] anmachen **3** [vuur] anzünden: *de kachel ~* den Ofen anheizen

aanmanen mahnen: *iem. tot betaling ~* jmdn. mahnen; *tot spoed ~* zur Eile mahnen

de **aanmaning** Ermahnung (v²⁰); [om schuld te voldoen] Mahnung (v²⁰), Mahnbrief (m⁵)

zich **aanmatigen** sich³ anmaßen

aanmatigend anmaßend, überheblich

de **aanmatiging** Anmaßung (v²⁰), Selbstüberhebung (v²⁸)

aanmelden (an)melden

de **aanmelding** Anmeldung (v²⁰), Meldung (v²⁰)

aanmeren vertäuen, festmachen

aanmerkelijk bedeutend, beträchtlich

aanmerken 1 [beschouwen] betrachten **2** [afkeuren] aussetzen, beanstanden: *iets aan te merken hebben op* etwas auszusetzen haben¹⁸² an⁺³

de **aanmerking** [kritiek] Bemerkung (v²⁰), Beanstandung (v²⁰): *een ~ op iets maken* etwas beanstanden; *in ~ komen* in Betracht kommen¹⁹³; *in ~ nemen* berücksichtigen

aanmeten anmessen²⁰⁸, nach Maß anfertigen

aanmodderen: *iem. laten ~* sich nicht um jmdn. kümmern

aanmoedigen: *iem. ~* jmdn. ermutigen; *iets ~* etwas fördern

de **aanmoediging** Ermutigung (v²⁰), Förderung (v²⁰); *zie aanmoedigen*

aanmonsteren anmustern, anheuern

de **aanmonstering** Anmusterung (v²⁰), Anheuern (o³⁹)

aannaaien annähen

aannemelijk 1 [acceptabel] annehmbar, akzeptabel **2** [geloofwaardig] glaubhaft

aannemen 1 [alg] annehmen²¹² **2** [adopteren] adoptieren³²⁰, annehmen²¹² **3** [prot] einsegnen, konfirmieren³²⁰ ‖ *de telefoon ~* sich melden

de **aannemer** Bauunternehmer (m⁹)

het **aannemersbedrijf** Bauunternehmen (o[35])
de **aanpak** Arbeitsmethode (v[21])
aanpakken anfassen, angreifen[181]: *iets goed* ~ etwas gut anpacken; *iets verkeerd* ~ etwas falsch anpacken; *iem. hard* ~ hart gegen jmdn. vorgehen; *flink moeten* ~ sich anstrengen müssen[211]
aanpappen: *met iem.* ~ sich an jmdn. heranmachen
[1]**aanpassen** (ov ww) **1** [van kleding] anprobieren[320], anpassen **2** [van huren, lonen] anpassen, angleichen[176+3]
zich [2]**aanpassen** (wdk ww) sich anpassen: *zich aan de omstandigheden* ~ sich den Umständen anpassen
de **aanpassing** Anpassung (v[20]) (an[+4])
het **aanpassingsvermogen** Anpassungsvermögen (o[39])
het **aanplakbiljet** Anschlagzettel (m[9]), Plakat (o[29])
het **aanplakbord** Anschlagbrett (o[31]), Schwarzes Brett (o[31])
aanplakken ankleben, anschlagen[241]
de **aanplant** Anpflanzung (v[20]), Anbau (m[19])
aanplanten anpflanzen
[1]**aanpoten** (onov ww) **1** [hard lopen] sich beeilen **2** [flink werken] zupacken
[2]**aanpoten** (onov ww) [van planten] (an)pflanzen
aanpraten: *iem. iets* ~ jmdm. etwas aufschwatzen
aanprijzen anpreisen[216], empfehlen[147]: *iem. iets* ~ jmdm. etwas anpreisen (*of:* empfehlen)
het **aanraakscherm** Berührschirm (m[5]), Kontaktschirm (m[5]), Sensorschirm (m[5]), Touchscreen (m[13])
het [1]**aanraden** (zn): *op* ~ *van* auf Anraten[+2]
[2]**aanraden** (ww): *iem. iets* ~ jmdm. etwas (an)raten[218]; jmdm. etwas empfehlen[147]
aanraken berühren
de **aanraking** Berührung (v[20]), Kontakt (m[5]): *met iets in* ~ *komen* mit jmdm. in Kontakt kommen
aanranden vergewaltigen
de **aanrander** Vergewaltiger (m[9])
de **aanranding** Vergewaltigung (v[20])
het/de **aanrecht** Spüle (v[21])
aanreiken reichen; [naar spreker toe] herüberreichen; [van spreker af] hinüberreichen
aanrekenen: *iem. iets* ~ jmdm. etwas anrechnen
aanrennen: *komen* ~ angerannt kommen[193]
aanrichten anrichten
[1]**aanrijden** (onov ww): *op iem.* ~ auf jmdn. zufahren[153]; [te paard] auf jmdn. zureiten[221]
[2]**aanrijden** (ov ww) anfahren[153]: *iem.* ~ jmdn. anfahren
de **aanrijding** Zusammenstoß (m[6])

aanroepen anrufen[226]
aanroeren berühren, anrühren: *een kwestie terloops* ~ eine Frage beiläufig erwähnen
aanrommelen: *maar wat* ~ herumwurs(ch)teln
het [1]**aanrukken** (zn) Anmarsch (m[6])
[2]**aanrukken** (ww) **1** [mil] anrücken, anmarschieren[320] **2** [bestellen] anfahren lassen[197]
de **aanschaf** Anschaffung (v[20])
aanschaffen (sich[3]) anschaffen
aanscherpen (an)schärfen; [van potlood] (an)spitzen
aanschieten 1 [verwonden] anschießen[238] **2** [van kleding] schlüpfen in: *z'n kleren* ~ in die Kleider schlüpfen **3** [van personen] anreden: *iem. om geld* ~ jmdn. um Geld angehen[168]
aanschouwelijk anschaulich
aanschouwen betrachten: *het levenslicht* ~ das Licht der Welt erblicken; *ten* ~ *van de hele wereld* vor aller Welt
aanschrijven: *iem.* ~ jmdn. schriftlich benachrichtigen; *zie aangeschreven*
aanschuiven (her)anschieben[237]: *mee* ~ sich mit zu Tisch setzen
[1]**aanslaan** (onov ww) **1** [m.b.t. hond] anschlagen[241] **2** [m.b.t. ruiten] (sich) beschlagen[241] **3** [m.b.t. bomen] anwurzeln **4** [m.b.t. motor] anspringen[276] **5** [succes hebben] gut ankommen[193]
[2]**aanslaan** (ov ww) **1** [noot, toets, plakkaat] anschlagen[241] **2** [taxeren] einschätzen **3** [in de belasting] veranlagen **4** [waarderen] anschlagen, einschätzen
de **aanslag 1** [alg] Anschlag (m[6]) **2** [moordpoging] Attentat (o[29]), Anschlag (m[6]) **3** [van belasting] Steuerveranlagung (v[20]) **4** [tandsteen, vuil] Ansatz (m[6]); [op tong] Belag (m[6])
het **aanslagbiljet** Steuerbescheid (m[5])
aanslepen (her)anschleppen, herbeischleppen
aanslibben anschlämmen: *aangeslibd land* [ook] angeschwemmtes Land
aansluipen: *komen* ~ angeschlichen kommen[193]
[1]**aansluiten** (ov ww) anschließen[245]: [telec] *verkeerd aangesloten zijn* falsch verbunden sein[262]
zich [2]**aansluiten** (wdk ww) sich anschließen[245]: *zich bij iem.* ~ sich jmdm. anschließen
de **aansluiting** Anschluss (m[6]) [ook telecommunicatie]: *in* ~ *op ...* im Anschluss an[+4] ...; [fig] *de* ~ *missen* den Anschluss verpassen, nicht (mehr) mitkommen (können)
aansmeren 1 [met metselspecie] mörteln **2** *iem. iets* ~ jmdm. etwas andrehen
aansnijden anschneiden[250] [ook fig]
aanspannen 1 [paarden e.d.] anspannen, einspannen **2** [strakker spannen] spannen **3** [proces] anstrengen
aanspelen [sport] anspielen: *iem.* ~ jmdn.

anspielen
¹aanspoelen (onov ww) angeschwemmt werden[310]
²aanspoelen (ov ww) anschwemmen, anspülen
aansporen anspornen, antreiben[290]
de **aansporing** Ansporn (m[19]), Antrieb (m[19])
de **aanspraak 1** [jur] Anspruch (m[6]): ~ *op iets maken* Anspruch auf[+4] etwas erheben[186] **2** [omgang] Umgang (m[19]): *weinig* ~ *hebben* wenig Umgang haben
aansprakelijk 1 [verantwoordelijk] verantwortlich **2** [jur] haftbar: ~ *zijn voor* haften für[+4]
de **aansprakelijkheid 1** [verantwoordelijkheid] Verantwortlichkeit (v[28]) **2** [jur] Haftung (v[20]): *wettelijke* ~ Haftpflicht (v[20]); [Belg] *burgerlijke* ~ Haftpflicht (v[20])
de **aansprakelijkheidsverzekering** Haftpflichtversicherung (v[20])
aanspreekbaar ansprechbar
aanspreken 1 [het woord tot iem. richten] anreden, ansprechen[274]: *iem.* *met jij* ~ jmdn. duzen; *iem.* *met u* ~ jmdn. siezen; *iem.* ~ *(om geld te lenen)* jmdn. um Geld angehen[168] **2** [beginnen te gebruiken] angreifen[181], anbrechen[137] ‖ *het boek spreekt aan bij het publiek* das Buch kommt bei dem Publikum an
aanstaan 1 [bevallen] gefallen[154] **2** [m.b.t. radio] laufen[198], spielen; [m.b.t. motor] laufen[198]
de **¹aanstaande** (zn) Verlobte(r) (m[40a], v[40b]), Zukünftige(r) (m[40a], v[40b])
²aanstaande (bn) nächst; [toekomstig] (zu)künftig: ~ *zondag* nächsten Sonntag; ~ *moeder* werdende Mutter (v[26])
de **aanstalten**: ~ *maken om te vertrekken* Anstalten machen, abzufahren
aanstampen anstampfen, festtreten[291]
aanstaren anstarren; [wezenloos, verschrikt] anstieren; [dom] anglotzen
aanstekelijk ansteckend
aansteken 1 [doen branden] anzünden **2** [besmetten] anstecken
de **aansteker** Feuerzeug (o[39])
¹aanstellen (ov ww) [benoemen] anstellen, einstellen: *iem. tot notaris* ~ jmdn. zum Notar bestallen; *iem. tot voogd* ~ jmdn. als Vormund einsetzen
zich **²aanstellen** (wdk ww) sich anstellen
de **aansteller** ± Komödiant (m[14]); [die gewichtig doet] Wichtigtuer (m[9])
aanstellerig geziert, gespreizt
de **aanstellerij** Anstellerei (v[20]), Gehabe (o[39])
de **aanstelling 1** [het benoemen] Anstellung (v[20]), Einstellung (v[20]), Bestallung (v[20]), Einsetzung (v[20]) **2** [document] Anstellungsvertrag (m[6]); *zie* ¹*aanstellen*
het **aanstellingsbesluit** Ernennungsurkunde (v[21])
aansterken sich erholen

aanstichten anstiften
de **aanstichter** ± Anstifter (m[9])
aanstippen [even aanraken] berühren, antupfen: *een thema* ~ ein Thema streifen
aanstoken 1 [beter doen branden] schüren **2** [opruien] aufstacheln, aufwiegeln
de **aanstoker** Aufwiegler (m[9])
aanstonds (so)gleich, sofort
de **aanstoot** Anstoß (m[6]): *iem.* ~ *geven* Anstoß bei jmdm. erregen; ~ *nemen aan* Anstoß nehmen an[+3]
aanstootgevend anstößig
aanstormen: *komen* ~ angestürmt kommen[193]; *op de vijand* ~ gegen den Feind anstürmen
aanstoten anstoßen[285]
aanstrepen anstreichen[286]
aansturen: *op de haven* ~ auf den Hafen zusteuern; [fig] *op iets* ~ etwas anstreben
het **aantal** Anzahl (v[20]), Menge (v[21]), Zahl (v[20]): *een* ~ *boeken* eine Anzahl Bücher; *het* ~ *arbeiders* die Zahl der Arbeiter; *sinds een* ~ *jaren* seit mehreren Jahren
aantasten 1 [alg] angreifen[181]: *zijn kapitaal* ~ sein Kapital angreifen; *iem. in zijn eer* ~ jemands Ehre kränken; *iem. in zijn goede naam* ~ jemands Ruf[3] schaden **2** [aanvreten] angreifen[181], anfressen[162]
aantekenen notieren[320], aufschreiben[252]: *een brief laten* ~ einen Brief einschreiben lassen[197]
de **aantekening 1** [notitie] Notiz (v[20]) **2** [kanttekening] Randbemerkung (v[20]) **3** [opmerking] Anmerkung (v[20]) **4** [op akte] Vermerk (m[5])
de **aantijging** Bezichtigung (v[20])
de **aantocht**: [mil] *in* ~ *zijn* im Anmarsch sein[262]; *de winter is in* ~ der Winter naht
aantonen 1 [laten zien] zeigen **2** [duidelijk maken] deutlich machen **3** [bewijzen] beweisen[307]
aantoonbaar nachweislich, nachweisbar
aantreden antreten[291]: *bij het* ~ *van de regering* beim Regierungsantritt
aantreffen 1 [van personen] antreffen[289] **2** [vinden] (vor)finden[157]
aantrekkelijk 1 [bekoorlijk] anziehend, reizend **2** [aanlokkelijk] verlockend, attraktiv
de **aantrekkelijkheid** Reiz (m[5]), Verlockung (v[20])
¹aantrekken (onov ww) [stijgen] anziehen[318] ‖ *hij heeft het zich erg aangetrokken* es hat ihn tief berührt; *ik trek me er niets van aan* ich mache mir nichts daraus; *hij trok zich het lot van die wezen aan* er nahm sich dieser Waisen an
²aantrekken (ov ww) **1** [aandoen] anziehen[318] **2** [tot zich trekken] anziehen[318] **3** [vaster trekken] zuziehen[318] **4** [in dienst nemen] einstellen

zich [3] **aantrekken** (wdk ww) sich[3] zu Herzen nehmen

de **aantrekking** Anziehung (v[20])

de **aantrekkingskracht** Anziehungskraft (v[25])

aanvaardbaar annehmbar, akzeptabel

aanvaarden [van ambt, erfenis, regering, reis] antreten[291]; *iets* ~ [zich in iets schikken] etwas hinnehmen[212]; *de consequenties* ~ die Konsequenzen auf sich nehmen[212]; *de strijd* ~ den Kampf aufnehmen[212]; *een taak* ~ eine Aufgabe übernehmen[212]; *een vonnis* ~ ein Urteil annehmen[212]

de **aanval 1** [alg] Angriff (m[5]): ~ *van woede* Wutanfall (m[6]) **2** [med] Anfall (m[6])

[1]**aanvallen** (onov ww): *op het eten* ~ über das Essen herfallen

[2]**aanvallen** (ov ww) angreifen[181], anfallen[154]

aanvallend offensiv, angriffslustig

de **aanvaller 1** [alg] Angreifer (m[9]) **2** [sport] Stürmer (m[9])

de **aanvang** Anfang (m[6]), Beginn (m[19])

aanvangen beginnen[124], anfangen[155]

[1]**aanvankelijk** (bn) anfänglich

[2]**aanvankelijk** (bw) anfangs

[1]**aanvaren** (onov ww): *op de haven* ~ auf den Hafen zufahren[153]

[2]**aanvaren** (ov ww): *een schip* ~ ein Schiff rammen

de **aanvaring** Zusammenstoß (m[6]), Kollision (v[20]): *met een schip in* ~ *komen* mit einem Schiff zusammenstoßen[285]

aanvechtbaar anfechtbar

aanvechten anfechten[156]

de **aanvechting** Anfechtung (v[20]), Versuchung (v[20])

aanvegen fegen, kehren

aanverwant angeheiratet, verschwägert: ~*e talen* verwandte Sprachen (mv v[21])

aanvinken ankreuzen, anhaken

aanvliegen: *iem.* ~ **a)** jmdn. anspringen[276]; **b)** [op iem. afstormen] (auf jmdn.) zustürzen; [luchtv] *een luchthaven* ~ einen Flughafen anfliegen[159]

de **aanvliegroute** Einflugschneise (v[21])

aanvoegend: ~*e wijs* Konjunktiv (m[5])

aanvoelen anfühlen: [fig] *iem.* ~ sich in jmdn. einfühlen; [fig] *iets* ~ etwas nachempfinden[157]

de **aanvoer 1** [het aanvoeren] Zufuhr (v[20]), Anfuhr (v[20]); [mil ook] Nachschub (m[6]) **2** [aanvoerbuis] Zuleitung (v[20])

de **aanvoerder 1** [alg] Anführer (m[9]) **2** [raddraaier] Rädelsführer (m[9]) **3** [sport] Mannschaftskapitän (m[5])

de **aanvoerdersband** Kapitänsbinde (v[21]), Spielführerbinde (v[21])

aanvoeren 1 [leiden] (an)führen **2** [argumenten, bewijzen] anführen, beibringen[139] **3** [goederen] zuführen **4** [bouwmateriaal, water] herbeischaffen

de **aanvraag 1** [officieel verzoek] Gesuch (o[29]), Antrag (m[6]) **2** [om inlichtingen] Anfrage (v[21]): *op* ~ auf Anfrage, auf Wunsch

aanvragen beantragen, bitten[132] um[+4]

aanvreten anfressen[162]

aanvullen ergänzen: *elkaar* ~ sich ergänzen

de **aanvulling** Ergänzung (v[20])

aanvuren anfeuern

aanwaaien anwehen, angeweht werden[310]: *ik kom weleens* ~ ich schaue mal (bei Ihnen) vorbei

[1]**aanwakkeren** (onov ww): *de wind wakkert aan* der Wind frischt auf

[2]**aanwakkeren** (ov ww) anfachen

de **aanwas** Zuwachs (m[6]): ~ *van de bevolking* Bevölkerungszunahme (v[21])

aanwenden anwenden[308], benutzen

aanwennen sich[3] angewöhnen: *iets* ~ sich[3] etwas angewöhnen

aanwerven anwerben[309], werben[309]

aanwezig anwesend: ~ *zijn op een vergadering* einer Versammlung beiwohnen; *dit artikel is niet* ~ dieser Artikel ist nicht vorhanden

de **aanwezige** Anwesende(r) (m[40a], v[40b])

de **aanwezigheid** [m.b.t. personen] Anwesenheit (v[28]); [m.b.t. zaken] Vorhandensein (o[39])

aanwijsbaar nachweisbar

de **aanwijsstok** Zeigestock (m[6])

aanwijzen 1 [doen zien door te wijzen] zeigen, anweisen[307] **2** [aangeven] anzeigen; *zie aangewezen*

aanwijzend: ~ *voornaamwoord* hinweisendes Fürwort (o[32])

de **aanwijzing** Anweisung (v[20]); [vingerwijzing] Fingerzeig (m[5]), Hinweis (m[5])

de **aanwinst** Erwerb (m[5]): *nieuwe* ~*en* [van bibliotheek] Neuzugänge (mv)

aanwrijven: *iem. iets* ~ jmdm. etwas andichten, jmdm. etwas in die Schuhe schieben[237]

aanzeggen bekannt machen: *iem. ontslag* ~ jmdm. die Kündigung aussprechen[274]

de **aanzet** Ansatz (m[6])

[1]**aanzetten** (onov ww) [licht aanbranden] sich ansetzen

[2]**aanzetten** (ov ww) **1** [bevestigen] ansetzen **2** [in werking zetten] [van machine] anlassen[197]; [van motor] anlassen[197], anwerfen[311]; [van radio] anstellen, einschalten; [inf] andrehen: *de verwarming* ~ die Heizung anstellen **3** [aansporen] antreiben[290]: *iem. tot diefstal* ~ jmdn. zum Diebstahl anstiften

het **aanzicht** Ansicht (v[20])

het [1]**aanzien** (zn) Ansehen (o[39]): *ten* ~ *van uw voorstel* in Bezug auf[+4] Ihren Vorschlag

[2]**aanzien** (ww) **1** [kijken naar] ansehen[261]: *iem.* ~ jmdn. ansehen; *ik kan dat niet langer* ~ ich kann das nicht länger mit ansehen; *naar het zich laat* ~ anscheinend **2** [achten, hou-

den voor] ansehen[261]: *waar ziet u mij voor aan?* wofür halten Sie mich?

¹aanzienlijk (bn) **1** [m.b.t. familie] angesehen, vornehm **2** [groot] beträchtlich, erheblich

²aanzienlijk (bw) wesentlich: *dat is ~ beter* das ist wesentlich besser

aanzitten an der Festtafel sitzen[268]: *ergens ~* etwas berühren, etwas befummeln

het **aanzoek** Heiratsantrag (m⁶)

aanzuigen ansaugen[229]

aanzuiveren begleichen[176], tilgen

aanzwellen anschwellen[256]

de **aap** Affe (m¹⁵): *in de ~ gelogeerd zijn* in der Patsche sitzen[268]; *~jes kijken* gaffen; *voor ~ staan* das Nachsehen haben, eine lächerliche Figur abgeben

de **aar** Ähre (v²¹)

de **aard** [wezen, natuur] Art (v²⁰), Natur (v²⁰), Wesen (o³⁵): *uit de ~ der zaak* natürlich, selbstverständlich; *de zaken zijn van dien ~, dat … die Geschäfte sind derart, dass …; *dat ligt nu eenmaal in zijn ~* dies liegt nun einmal in seiner Art

de **aardappel** Kartoffel (v²¹)

het **aardappelmeel** Kartoffelmehl (o³⁹)

het **aardappelmesje** Kartoffelschäler (m⁹)

de **aardappelpuree** Kartoffelbrei (m¹⁹)

de **aardas** Erdachse (v²¹)

de **aardbei** Erdbeere (v²¹)

de **aardbeving** Erdbeben (o³⁵)

de **aardbodem** Erdboden (m¹⁹), Erde (v²¹)

de **aardbol** Erdkugel (v²¹)

de **aarde** Erde (v²¹); [grond, ook] Boden (m¹²): *in goede ~ vallen* auf fruchtbaren Boden fallen[154]; *op ~* auf Erden; *ter ~ bestellen* beerdigen

aardedonker stockfinster, stockdunkel

¹aarden (bn) irden, tönern: *~ pot* irdener Topf (m⁶); *~ wal* Erdwall (m⁹)

²aarden (ww) **1** [het karakter hebben] arten: *hij aardt naar zijn vader* er artet nach seinem Vater **2** [zich gewennen] sich eingewöhnen: *hij kan hier niet ~* er kann sich hier nicht eingewöhnen

³aarden (ww) [elek] erden

het **aardewerk** Tonware (v²¹)

het **aardgas** Erdgas (o³⁹)

aardig 1 [leuk] hübsch, nett **2** [vriendelijk] nett, liebenswürdig: *dat is ~ van u!* das ist nett von Ihnen!; *het ~e is eraf* es hat seinen Reiz verloren || *het is ~ koud* es ist ganz schön kalt

de **aardigheid** Spaß (m⁶): *voor de ~* zum Spaß; *een ~je voor iem. meebrengen* eine Kleinigkeit für jmdn. mitnehmen[212]; *hij heeft er ~ in* es macht ihm Spaß

de **aardkorst** Erdrinde (v²⁸), Erdkruste (v²⁸)

de **aardlaag** Erdschicht (v²⁰)

de **aardleiding** Erdleitung (v²⁰)

de **aardlekschakelaar** Leitungsschutzschal-

ter (m⁹)

de **aardolie** Erdöl (o³⁹)

de **aardrijkskunde** Geografie (v²⁸)

aardrijkskundig geografisch

aards irdisch; [werelds] weltlich

de **aardschok** Erdstoß (m⁶)

de **aardverschuiving** Erdrutsch (m⁵)

de **aardworm 1** [dierk] Regenwurm (m⁸) **2** [mens] Erdenwurm (m¹⁹)

de **aars** After (m⁹)

het **aartsbisdom** Erzbistum (o³²)

de **aartsbisschop** Erzbischof (m⁶)

de **aartsengel** Erzengel (m⁹)

de **aartshertog** Erzherzog (m⁵, m⁶)

de **aartsvader** Erzvater (m¹⁰)

de **aartsvijand** Erzfeind (m⁵)

aarzelen zögern, zaudern

de **aarzeling** Zögern (o³⁹), Zaudern (o³⁹)

het/de **¹aas** (zn) **1** [in kaartspel] Ass (o²⁹) **2** [sport] Ass (o²⁹)

het **²aas 1** [lokaas] Köder (m⁹) **2** [kadaver] Aas (o²⁹)

de **aasgier** [ook fig] Aasgeier (m⁹)

het **abattoir** Schlachthof (m⁶), Schlachthaus (o³²)

het **abc** Abc (o, 2e nvl: -; mv: -)

het **abces** Abszess (m⁵)

de **abdij** Abtei (v²⁰)

abject absolut verächtlich

abnormaal abnorm, anormal: *hij is ~ groot* er ist ungewöhnlich groß; *hij is ~* er ist nicht ganz normal

abominabel abscheulich, scheußlich

de **abonnee** Abonnent (m¹⁴); [van krant e.d., ook] Bezieher (m⁹); [van telefoon] Fernsprechteilnehmer (m⁹)

het **abonneenummer** Telefonnummer (v²¹), Rufnummer (v²¹)

de **abonneetelevisie** Pay-TV (o³⁹ᵃ)

het **abonnement** Abonnement (o³⁶)

zich **abonneren** abonnieren[320]: *zich op een krant ~* eine Zeitung abonnieren

de **Aboriginal** Aborigine (m¹³)

aborteren [zwangerschap afbreken] abtreiben[290]

de **abortus** Fehlgeburt (v²⁰): *~ provocatus* Abtreibung (v²⁰)

het **abracadabra** Abrakadabra (o)

Abraham Abraham (m) || *hij heeft ~ gezien* er hat die fünfzig überschritten; *hij weet waar ~ de mosterd haalt* er weiß, wo Barthel den Most holt

de **abri** Wartehäuschen (o³⁵)

de **abrikoos** Aprikose (v²¹)

abrupt abrupt, jäh: *~ eindigen* jäh aufhören

abseilen abseilen

absent abwesend

de **absentie** Abwesenheit (v²⁰)

de **absolutie** Absolution (v²⁰)

het **absolutisme** Absolutismus (m¹⁹ᵃ)

absoluut absolut
absorberen absorbieren[320]
de **absorptie** Absorption (v[20])
abstract abstrakt
de **abstractie** Abstraktion (v[20])
abstraheren abstrahieren
absurd absurd
de **absurditeit** Absurdität (v[20])
de **abt** Abt (m[6])
het **abuis** Versehen (o[35]), Irrtum (m[8]): *per* ~ versehentlich
abusievelijk versehentlich
de **acacia** Akazie (v[21])
de **academicus** Akademiker (m[9])
de **academie** Akademie (v[21]); [hogeschool] Hochschule (v[21]); [universiteit] Universität (v[20]): *militaire* ~ Militärakademie; *pedagogische* ~ pädagogische Hochschule
academisch akademisch
de **acceleratie** Beschleunigung (v[20])
accelereren beschleunigen
het **accent** Akzent (m[5])
accentueren akzentuieren[320], betonen
acceptabel akzeptabel
accepteren akzeptieren[320]
de **acceptgiro** vorgedruckte(s) Überweisungsformular (o[29])
de **accessoires** Zubehör (o[29]); [bij kleding] Accessoires (mv o[36])
de **accijns** Verbrauch(s)steuer (v[21]): *vrij van* ~ steuerfrei; ~ *op alcohol, tabak* Alkoholsteuer, Tabaksteuer
de **acclamatie**: *bij* ~ *aannemen* durch Zuruf annehmen
acclimatiseren sich akklimatisieren[320]
de **accolade** Akkolade (v[21])
de **accommodatie 1** [aanpassing] Akkommodation (v[20]), Anpassung (v[20]) **2** [aangebrachte gemakken] Einrichtung (v[20]), Ausstattung (v[20])
het/de **accordeon** Akkordeon (o[36]), Schifferklavier (o[29])
de **account** [comp] Account (m[13], o[36]): *een* ~ *aanmaken* ein(en) Account erstellen
de **accountant** Rechnungsprüfer (m[9]), Wirtschaftsprüfer
de **accountmanager** Accountmanager (m[9]), Kundenbetreuer (m[9])
accrediteren akkreditieren[320]
de **accu** Batterie (v[21])
accuraat akkurat
de **accuratesse** Akkuratesse (v[21])
de **ace** Ass (o[29])
het/de **aceton** Aceton (o[39]), Azeton (o[39])
ach ach!: ~ *en wee roepen* Ach und Weh schreien[253]
de **achilleshiel** Achillesferse (v[21])
de **achillespees** Achillessehne (v[21])
de **¹acht**: ~ *geven op*, ~ *slaan op* achten auf[+4], Acht geben[166] auf[+4]; *geen* ~ *op iets slaan* etwas nicht beachten; *de voorschriften in* ~ *ne-*

men die Vorschriften beachten; *zich voor iem. in* ~ *nemen* sich vor jmdm. hüten
²acht (telw) acht: *het is bij* ~*en* es ist gleich acht; *in een dag of* ~ in etwa acht Tagen; *in* ~*en delen* in acht Teile teilen; *ze zijn met hun* ~*en* sie sind zu acht; ~ *maart* der achte März
de **achtbaan** Achterbahn (v[20]): [fig] *een emotionele* ~ eine Achterbahn der Gefühle
achtbaar achtbar, achtenswert
achteloos lässig, nachlässig: *een* ~ *gebaar* eine (nach)lässige Gebärde (v[21]); *ergens* ~ *aan voorbijgaan* achtlos an[+3] etwas vorübergehen[168]
de **achteloosheid** Nachlässigkeit (v[28]), Achtlosigkeit (v[20])
achten 1 [hoogachten] achten, schätzen **2** [denken, menen] glauben, meinen **3** [houden voor, rekenen] halten[183] für[+4]
¹achter (bw) hinten: ~ *in de tuin* hinten im Garten
²achter (vz) hinter [bij beweging gericht op doel[+4], anders[+3]]: *hij staat* ~ *de boom* er steht hinter dem Baum; *hij gaat* ~ *de boom staan* er stellt sich hinter den Baum; *er zit wat* ~ es steckt etwas dahinter; ~ *elkaar* hintereinander, nacheinander ‖ ~ *iets staan* [steunen] hinter etwas[3] stehen; [de verantwoording aanvaarden] zu etwas stehen; ~ *iem. staan* hinter (of: zu) jmdm. stehen; ~ *iets komen* etwas herausfinden[157]
achteraan hinten
de **achteraandrijving** Heckantrieb (m[5])
achteraangaan: *ergens* ~ sich um[+4] etwas kümmern
achteraf hinterher, nachträglich
de **achterbak** Kofferraum (m[6])
achterbaks hinterhältig
de **achterban** Anhängerschaft (v[28]); [van partij e.d.] Basis (v, mv: Basen)
de **achterband** Hinterreifen (m[11])
de **achterbank** Rücksitz (m[5]), Rückbank (v[25])
achterblijven zurückbleiben[134]: *ver bij de anderen* ~ weit hinter den anderen zurückbleiben
de **achterblijver** Nachzügler (m[9]); [op school] schwacher Schüler (m[9])
de **achterbuurt** Armenviertel (o[33]), Elendsviertel
de **achterdeur** Hintertür (v[20])
de **achterdocht** Argwohn (m[19]): ~ *krijgen* Argwohn schöpfen
achterdochtig argwöhnisch
achtereen hintereinander, nacheinander
achtereenvolgend aufeinanderfolgend
achtereenvolgens hintereinander, nacheinander
het **achtereind 1** [achterste stuk] hinterer Teil (m[5]) **2** [zitvlak] Hinterteil (o[29])
achteren: *naar* ~ nach hinten; *naar* ~ *gaan* auf die Toilette gehen[168]; *van* ~ von hinten
de **achtergrond** Hintergrund (m[6]): *op de* ~

blijven im Hintergrund bleiben[134]
de **achtergrondinformatie** Hintergrundin-
formation (v[20])
de **achtergrondmuziek** Hintergrundmusik
(v[20])
achterhalen 1 [inhalen] einholen **2** [na-
gaan] ermitteln, herausbekommen[193], herausfinden[157]
de **achterhoede 1** [mil] Nachhut (v[20])
2 [sport] Verteidigung (v[20]), Abwehr (v[28])
het **achterhoedegevecht** [ook fig] Rückzugs-
gefecht (o[29])
het **achterhoofd** Hinterkopf (m[6])
achterhouden: *iets* ~ etwas zurückbehal-
ten[183]; *geld* ~ Geld unterschlagen[241]; *iets voor*
iem. ~ jmdm. etwas verheimlichen
achterin hinten
de **achterkamertjespolitiek** Hinterzimmer-
politik (v[28])
de **achterkant** Hinterseite (v[21]), Rückseite (v[21])
de **achterklap** üble Nachrede (v[21])
de **achterkleindochter** Urenkelin (v[22])
het **achterkleinkind** Urenkel (m[9])
de **achterkleinzoon** Urenkel (m[9])
het **achterland** Hinterland (o[39])
achterlaten [niet meenemen] zurücklas-
sen[197], hinterlassen[197]; [bij overlijden] hinterlassen[197]
het **achterlicht** Rücklicht (o[31]), Schlusslicht (o[31])
achterliggen [sport] im Rückstand lie-
gen[202], zurückliegen[202]: *bij iem.* ~ hinter
jmdm. zurückstehen[279]
het **achterlijf** [van insect] Hinterleib (m[7])
achterlijk [ten achter zijnde] zurückgeble-
ben; [geestelijk ten achter zijnd] geistesschwach
achterlopen [m.b.t. klok] nachgehen[168]
achterna nach, hinterher: *altijd je neus* ~
immer der Nase nach
de **achternaam** Familienname (m[18])
achternagaan: *iem.* ~ jmdm. nachgehen[168]
achternalopen: *iem.* ~ jmdm. nachgehen[168]; [fig] sich bei jmdm. einschmeicheln
achternazitten: *iem.* ~ jmdn. verfolgen
de **achterneef** Großneffe (m[15])
de **achternicht** Großnichte (v[21])
het **¹achterom** (zn) Hintereingang (m[6])
²achterom (bw) hintenherum: ~ *kijken* zurückblicken
achterop auf der Rückseite: *dat staat* ~ das
steht auf der Rückseite; ~ *zitten* [op fiets
enz.] hintendrauf sitzen[268]
achteropraken ins Hintertreffen geraten
achterover zurück, rückwärts: *ze leunde* ~
in haar stoel sie lehnte sich im Stuhl zurück
achteroverdrukken [van geld] unterschlagen[241]
achterovervallen [lett] hintenüberstür-
zen, hintenüberkippen; [fig] verdutzt sein[262]:
steil ~ fast vom Stängel fallen
de **achterpoot** Hinterbein (o[29])

achterraken: *bij iem.* ~ hinter jmdm. zurückbleiben[134]
de **achterruit** Heckscheibe (v[21])
de **achterruitverwarming** Heckscheiben-
heizung (v[20])
de **achterspeler** Verteidiger (m[9])
achterst hinter, hinterst
achterstaan: *bij iem.* ~ hinter jmdm. zurückstehen[279]; [sport] zurückliegen[202]
achterstallig rückständig
de **achterstand** Rückstand (m[6])
de **achterstandswijk** Problemviertel (o[33])
het **¹achterste 1** [achtereinde] hinterer Teil (m[5])
2 [zitvlak] Hintern (m[11]), Hinterteil (o[29]): *op*
zijn ~ *vallen* auf den Hintern fallen
de **²achterste** [laatste]: *hij is de* ~ er ist der Letzte
achterstellen: *iem. bij een ander* ~ jmdn.
gegenüber einem andern zurücksetzen
de **achtersteven** Heck (o[29])
achterstevoren falsch herum, verkehrt
de **achtertuin 1** [tuin] Garten (m[12]) hinter
dem Haus **2** [achterland] politische(s) Hinterland (o[39])
de **¹achteruit** (zn) [van auto] Rückwärtsgang
(m[6])
²achteruit (bw) zurück, rückwärts
achteruitgaan 1 [lett] zurückgehen[168],
rückwärtsgehen[168] **2** [fig] zurückgehen[168],
abwärtsgehen[168]
de **¹achteruitgang** Hinterausgang (m[6])
de **²achteruitgang** Rückgang (m[6]): *economi-*
sche ~ wirtschaftlicher Rückgang
de **achteruitkijkspiegel** Rückspiegel (m[9])
achteruitlopen 1 [lett] rückwärtsgehen[168]
2 [m.b.t. zaak] herunterkommen[193]
achteruitrijden rückwärts fahren[153]
achteruitwijken zurückweichen[306]
achtervolgen: *iem.* ~ jmdn. verfolgen
de **achtervolger** Verfolger (m[9])
de **achtervolging** Verfolgung (v[20])
de **achtervolgingswaanzin** Verfolgungs-
wahn (m[5])
achterwaarts rückwärts, zurück
de **achterwand** Rückwand (v[25])
achterwege: ~ *blijven* unterbleiben[134]; *iets*
~ *laten* etwas unterlassen[197]
het **achterwerk** [zitvlak] Hintern (m[11]), Hinterteil (o[29])
het **achterwiel** Hinterrad (o[32])
de **achterzak** Gesäßtasche (v[21])
de **achterzijde** Hinterseite (v[21]), Rückseite (v[21])
de **achting** Achtung (v[28]), Respekt (m[19]): ~ *voor*
iem. hebben Achtung vor jmdm. haben[182]; *in*
iemands ~ *dalen* in jemands Achtung sinken[266]; *in iemands* ~ *stijgen* in jemands Achtung steigen[291]
het **¹achtste** (zn) **1** [deel] Achtel (o[33]) **2** [noot]
Achtel (o[33]), Achtelnote (v[21])
²achtste (rangtelw) der (die/das) achte: *Hen-*
drik de Achtste Heinrich der Achte (VIII.); *ten*

~ achtens
het **achttal** acht
achttien achtzehn
achturig achtstündig: ~e werkdag Achtstundentag (m[5])
achtvoudig achtfach
achtzijdig achtseitig
de **acne** Akne (v[21])
de **acquisitie** Acquisition (v[27]), Erwerb (m[5])
de **acrobaat** Akrobat (m[14])
de **acrobatiek** Akrobatik (v[20])
acrobatisch akrobatisch
het **acryl** Acryl (o[10])
de **act** Nummer (v[21])
acteren spielen
de **acteur** Schauspieler (m[9]), Akteur (m[5])
de **actie 1** Aktion (v[20]) **2** [in drama] Handlung (v[20])
het **actiecomité** Aktionskomitee (o[36])
actief aktiv: geestelijk ~ zijn geistig rege sein[262]
de **actiegroep** Bürgerinitiative (v[21])
het **actiepunt** Aktionspunkt (m[5])
de **actieradius** Aktionsradius (m[19a])
de **actievoerder** Teilnehmer (m[9]) an einer Aktion; [staking] Streikende(r) (m[40a], v[40b])
actievoeren eine Aktion (gegen etwas) unternehmen[212]; [campagne] eine Kampagne führen
de **activa** Aktiva (mv)
activeren aktivieren[320]; [comp] freischalten
het **activisme** Aktivismus (m[19a])
de **activist** Aktivist (m[14])
de **activiteit** Aktivität (v[20])
de **actrice** Schauspielerin (v[22]), Aktrice (v[21])
actualiseren aktualisieren[320]
de **actualiteit 1** [het actueel zijn] Aktualität (v[28]), Zeitnähe (v[28]) **2** [actueel onderwerp] aktuelles Thema (o, 2e nvl: -s; mv: Themen)
het **actualiteitenprogramma** Magazin (o[29])
actueel aktuell, zeitnah
de **acupunctuur** Akupunktur (v[20])
acuut 1 [hevig, dringend] akut **2** [onmiddellijk] sofort
de **adamsappel** Adamsapfel (m[10])
het **adamskostuum**: in ~ im Adamskostüm
de **adapter** Adapter (m[9])
de **adder 1** Otter (v[21]) **2** [fig] Natter (v[21])
additioneel zusätzlich
de **adel** Adel (m[19]): van ~ von Adel; iem. van ~ Adlige(r) (m[40a], v[40b])
de **adelaar** Adler (m[9])
adelen adeln
adellijk ad(e)lig
de **adelstand** Adelsstand (m[6])
de **adem** Atem (m[19]): buiten ~ raken außer Atem kommen[193]; in één ~ in einem Atemzug; naar ~ snakken nach Luft schnappen
adembenemend atem(be)raubend
ademen atmen
ademhalen atmen

de **ademhaling** Atmung (v[28]), Atmen (o[39])
ademloos atemlos
de **ademnood** Atemnot (v[28])
de **adempauze** [ook fig] Atempause (v[21])
de **ademtest** Alkoholtest (m[5])
de **adept** Adept (m[14])
adequaat adäquat, angemessen
de **ader** Ader (v[21])
de **aderlating** [ook fig] Aderlass (m[6])
de **aderverkalking** Arterienverkalkung (v[28])
ADHD afk van attention deficit hyperactivity disorder Aufmerksamkeitsdefizit-Hyperaktivitätsstörung (v[28]), ADHS
de **adhesie 1** [nat] Adhäsion (v[20]) **2** [fig] Beifall (m[19]): ~ (met iets) betuigen einer Sache[3] beistimmen
a.d.h.v. afk van aan de hand van anhand[+2]
adieu auf Wiedersehen!, leb(t) wohl!
het **adjectief** Adjektiv (o[29]), Eigenschaftswort (o[29])
de **adjudant** Adjutant (m[14])
de **adjunct-directeur** zweite(r), stellvertretende(r) Direktor (m[16])
de **administrateur 1** [van bedrijf, school] Geschäftsführer (m[9]) **2** [beheerder, bestuurder] Verwalter (m[9])
de **administratie 1** Verwaltung (v[20]) **2** [de bescheiden] Unterlagen (mv v[21])
administratief Verwaltungs..., verwaltungs...: ~ recht Verwaltungsrecht (o[39]); [Belg] ~ centrum Verwaltungszentrum (o, 2e nvl: -s; mv: -zentren); een ~ medewerker ein Büroangestellte(r)
de **administratiekosten** Verwaltungskosten (mv)
administreren verwalten, administrieren[320]
de **admiraal** Admiral (m[5], m[6])
de **adolescent** Adoleszent (m[14]), Jugendliche(r) (m[40a], v[40b])
de **adonis** Adonis (m[5]), junge(r) Gott (m[8]), schöne(r) Jüngling (m[5])
adopteren adoptieren[320]
de **adoptie** Adoption (v[20])
de **adoptieouder** Adoptivelternteil (m[5]); [vader] Adoptivvater (m[10]); [moeder] Adoptivmutter (v[26])
de **adrenaline** Adrenalin (o[39])
het **adres 1** [alg] Adresse (v[21]), Anschrift (v[20]): [fig] dat was aan jouw ~ das galt dir; per ~ per Adresse, p.A., bei[+3] **2** [verzoek] Adresse (v[21]), Eingabe (v[21]) **3** [comp] Adresse (v[21])
de **adresbalk** [comp] Adressleiste (v[21]), Adresszeile (v[21])
het **adresboek** Adressbuch (o[32])
adresseren adressieren[320] (an[+4])
de **adreswijziging** Adressenänderung (v[20])
Adriatisch adriatisch: de ~e Zee die Adria, das Adriatische Meer
ADSL afk van asymmetric digital subscriber line ADSL (o[39a])

de **advent** Advent (m⁵)
de **adverteerder** Inserent (m¹⁴)
de **advertentie** Anzeige (v²¹), Inserat (o²⁹): *een
~ plaatsen* eine Anzeige aufgeben¹⁶⁶
adverteren inserieren³²⁰, annoncieren³²⁰
het **advies 1** [officieel] Gutachten (o³⁵) **2** [alg]
Rat (m¹⁹), Ratschlag (m⁶): *~ inwinnen* sich³
Rat holen; *het juridisch ~* die Rechtsberatung
het **adviesbureau** Beratungsstelle (v²¹): *het financieel, juridisch ~* die Finanzberatung, die
Rechtsberatung
het **adviesorgaan** Beratungsgremium (o, 2e
nvl: -s; mv: -gremien)
de **adviesprijs** empfohlener Preis (m⁵)
adviseren raten²¹⁸, empfehlen¹⁴⁷
adviserend beratend
de **adviseur** Berater (m⁹)
de ¹**advocaat** [jur] Rechtsanwalt (m⁶), Anwalt
(m⁶)
de ²**advocaat** [likeur] Eierlikör (m⁵)
het **advocatenkantoor** Anwaltskanzlei (v²⁰)
de **advocatuur** Rechtsanwaltschaft (v²⁰)
de **aerobics** Aerobic (o³⁹)
de **aerodynamica** Aerodynamik (v²⁸)
aerodynamisch aerodynamisch
¹**af** (bn) **1** [voltooid] fertig: *het werk is af* die
Arbeit ist fertig **2** [onberispelijk] tadellos: *dat
is af!* das ist tadellos!
²**af** (bw) **1** [naar beneden] herunter, herab
[naar de spreker toe]; hinunter, hinab [van
de spreker af]: *de berg af* den Berg hinunter
(*of:* herunter) **2** [gereed] fertig: *iets af hebben* etwas fertig haben¹⁸² **3** [m.b.t. een verwijdering van een zeker punt] ab, weg ‖ *af en
aan* hin und her; *af en toe* dann und wann; *jij
bent goed af* du hast aber Glück gehabt; *daar
wil ik af zijn* das weiß ich nicht genau; *van
iem. af zijn* jmdn. los sein²⁶²; *ze zijn van elkaar
af* sie sind geschieden
de **afasie** Aphasie (v²¹)
afbakenen 1 [terrein] abstecken **2** [ie-
mands bevoegdheid] abgrenzen
afbakken abbacken; [van brood vooral]
aufbacken
afbeelden abbilden, darstellen
de **afbeelding** Abbildung (v²⁰), Darstellung
(v²⁰)
afbekken: *iem. ~* jmdn. anschnauzen
afbellen 1 [annuleren] telefonisch absagen
2 [veel telefoneren] herumtelefonieren³²⁰
afbestellen abbestellen
afbetalen 1 [wat verschuldigd is] tilgen
2 [in termijnen] abzahlen
de **afbetaling** Ratenzahlung (v²⁰): *op ~ kopen*
auf Raten kaufen
¹**afbeulen** (ov ww) schinden²³⁹
zich ²**afbeulen** (wdk ww) sich abrackern
afbieden [Belg] herunterhandeln; [pej]
feilschen
afbijten 1 [door bijten wegnemen] abbei-
ßen¹²⁵ **2** [met een afbijtmiddel] abbeizen

afbinden 1 [van arm, slagader] abbin-
den¹³¹ **2** [van schaatsen, ski's] abschnallen
afbladderen abblättern
afblazen 1 abblasen¹³³, wegblasen¹³³:
stoom ~ Dampf ablassen¹⁹⁷ **2** [afzeggen] abblasen¹³³, absagen
afblijven nicht berühren
afboeken abbuchen
afborstelen abbürsten
afbouwen 1 [voltooien] fertigstellen
2 [geleidelijk verminderen] abbauen
de **afbraak** [het afbreken] Abbruch (m¹⁹), Abriss (m¹⁹); [chem] Abbau (m¹⁹): *sociale ~* Sozi-
alabbau (m¹⁹)
afbranden abbrennen¹³⁸
afbreekbaar [chem] abbaubar
afbreken 1 [van bloem, tak] abbrechen¹³⁷
2 [van gebouw] abbrechen¹³⁷, abreißen²²⁰
3 [van woord] trennen **4** [van kermis, markt,
tent] abbauen **5** [van rede] unterbrechen¹³⁷
6 [chem] abbauen **7** [afkraken] verreißen²²⁰
afbrengen: *iem. van zijn plan ~* jmdn. von
seinem Vorhaben abbringen¹³⁹; *wij zijn benieuwd, hoe hij het er afbrengt* wir sind gespannt, wie er abschneidet
de **afbreuk**: *~ doen aan* schaden⁺³, beeinträch-
tigen
afbrokkelen abbröckeln
¹**afbuigen** (onov ww) abbiegen¹²⁹
²**afbuigen** (ov ww) zurückbiegen¹²⁹
het **afdak** [afhellend dak] Vordach (o³²); [los-
staand] Schutzdach (o³²)
afdalen [een berg afgaan] absteigen²⁸¹,
hinuntersteigen²⁸¹; [op ski's] abfahren¹⁵³
de **afdaling** Abstieg (m⁵); [op ski's] Abfahrt
(v²⁰)
afdanken 1 [ontslaan] feuern, entlassen¹⁹⁷
2 [kleren, meubels] ausrangieren³²⁰
het **afdankertje** abgetragenes Kleidungsstück
(o²⁹)
afdekken abdecken
de **afdeling 1** [gedeelte van groter geheel]
Abteilung (v²⁰) **2** [van boek] Abschnitt (m⁵)
3 [van vereniging enz.] Gruppe (v²¹) **4** [van
ziekenhuis] Station (v²⁰)
de **afdelingschef** Abteilungsleiter (m⁹), Ab-
teilungsleiterin (v²²)
afdingen feilschen: *iets op de prijs ~* den
Preis herunterhandeln; *ik wil op zijn verdien-
sten niets ~* ich will sein Verdienst nicht
schmälern
afdoen 1 [van bril, hoed, das] abnehmen²¹²
2 [schoonmaken] abwischen **3** [afhandelen]
erledigen ‖ *iets van de prijs ~* etwas vom Preis
ablassen¹⁹⁷; *dat doet er niets aan af* das ändert
nichts an der Sache; *zie afgedaan*
afdoend: *~e bewijzen* schlagende Beweise;
~e maatregelen wirksame Maßnahmen
afdraaien [van koers veranderen] abdrehen: *een film ~* einen Film vorführen; *z'n les ~*
seine Lektion herunterleiern

afdragen 1 [door dragen verslijten] abtragen[288] **2** [geld] abführen **3** [belastingen] entrichten

afdrijven 1 [m.b.t. schip] abtreiben[290]: *de rivier ~ den Fluss hinuntertreiben*[290] **2** [m.b.t. onweer] abziehen[318]

afdrogen 1 [droog maken] (ab)trocknen: [fig] *iemands tranen ~* jemands Tränen trocknen **2** [sport] abservieren[320] **3** [afranselen]: *iem. ~* jmdn. verhauen[185]

de **afdronk** Abgang (m[6])

afdruipen abtropfen; [fig] sich davonmachen

de **afdruk** Abdruck (m[5]); [foto] Abzug (m[6])

afdrukken 1 [typ] abdrucken **2** [een geweer; iets in was] abdrücken **3** [foto] abziehen[318], kopieren[320]

afduwen 1 [van boot] abstoßen[285] **2** [iem. van zijn plaats] abdrängen

afdwalen 1 [lett] vom Weg abkommen[193]: [fig] *van het rechte pad ~* auf Abwege geraten[218] **2** [m.b.t. spreker] vom Thema abkommen[193]

afdwingen: *iem. iets ~* jmdm. etwas abnötigen; *bewondering ~* Bewunderung einflößen

de **affaire** Affäre (v[21]), Angelegenheit (v[20])

het/de **affiche** Plakat (o[29])

affluiten abpfeifen[214]

afgaan 1 [theat] abgehen[168] **2** [bij examen] durchfallen[154] **3** [een mal figuur slaan] sich blamieren[320] **4** [m.b.t. geweer, schot] losgehen[168] **5** [de trap afdalen] hinuntergehen[168] **6** [ontlasting hebben] Stuhlgang haben[182] **7** [losgaan] abgehen[168] **8** [verlaten] abgehen[168], verlassen[197]: *van zijn vrouw ~* seine Frau verlassen; *zij zijn van elkaar afgegaan* [man en vrouw] sie sind geschieden ǀǀ [minder worden] *het mooie gaat eraf* es verliert seinen Reiz; [iets goed kunnen] *dat gaat hem handig af* das geht ihm leicht von der Hand

de **afgang 1** [mislukking] Misserfolg (m[5]) **2** [blamage] Blamage (v[21]) **3** [stoelgang] Stuhlgang (m[19]); [ontlasting] Stuhl (m[19])

afgedaan: *daarmee was de zaak ~* damit war die Sache erledigt

afgedraaid fix und fertig, völlig erschöpft

afgeladen gerammelt voll

afgelasten absagen, abblasen[133]: *een wedstrijd ~* ein Spiel absetzen

afgeleefd abgelebt, altersschwach

afgelegen abgelegen, entlegen

afgelopen letzt, vergangen, vorig: *het ~ jaar* letztes Jahr; *~!* Schluss!

afgemat erschöpft

afgemeten 1 [lett] abgemessen **2** [fig] gemessen

afgepast [m.b.t. textiel] abgemessen; [fig] gemessen: *~ geld* abgezähltes Geld (o[39])

afgepeigerd erledigt

afgescheiden getrennt, abgesondert

afgesloten abgeschlossen

afgesproken abgemacht, einverstanden

de **afgestudeerde** Diplomierte(r) (m[40a], v[40b])

de **afgevaardigde 1** [in parlement] Abgeordnete(r) (m[40a], v[40b]) **2** [naar congres enz.] Delegierte(r) (m[40a], v[40b])

¹**afgeven** (onov ww) [m.b.t. kleur] abfärben

²**afgeven** (ov ww) **1** [bal, brief, sleutel, warmte] abgeben[166] **2** [onder dwang] herausgeben[166] **3** [getuigschrift, pas] ausstellen **4** [verspreiden] verbreiten

afgezaagd [fig] abgedroschen

de **afgezant** Abgesandte(r) (m[40a], v[40b])

afgezien: *~ van* abgesehen von[+3]

afgezonderd abgesondert

de **Afghaan** Afghane (m[15]), Afghanin (v[22])

Afghaans afghanisch

het **Afghanistan** Afghanistan (o[39])

afgieten abgießen[175]

de **afgifte** Abgabe (v[28]), Ablieferung (v[20]), Ausstellung (v[20]); *zie* ¹*afgeven*

afglijden abgleiten[178], abrutschen

de **afgod** Abgott (m[8]); [afgodsbeeld] Götze (m[15])

afgooien 1 [naar beneden gooien] hinunterwerfen[311] **2** [ruiter] abwerfen[311]

afgraven abgraben[180]

afgrendelen abriegeln

afgrijselijk grässlich, scheußlich

het **afgrijzen** Grauen (o[39]), Grausen (o[39])

de **afgrond** Abgrund (m[6])

de **afgunst** Neid (m[19])

afgunstig neidisch

het **afhaalrestaurant** Restaurant (o[36]) mit Verkauf (auch) über die Straße

¹**afhaken** (onov ww) [niet meer meedoen] abspringen[276]

²**afhaken** (ov ww) **1** [van een haak nemen] abhaken **2** [van wagen] abkoppeln

afhakken abhauen[185], abhacken

afhalen 1 [brief, pakje; iem.] abholen **2** [iets van de zolder] herunterholen **3** [bonen] abziehen[318] **4** [een bed] abziehen[318] **5** [verwijderen] abnehmen[212] ǀǀ *iets van de prijs ~* etwas vom Preis abziehen

afhandelen erledigen

de **afhandeling** Erledigung (v[28])

afhandig: *iem. iets ~ maken* jmdm. etwas entwenden[308]; *iem. klanten ~ maken* jmdm. Kunden abspenstig machen

afhangen [afhankelijk zijn] abhängen[184], abhängig sein[262]

afhankelijk abhängig: *de prijs is ~ van …* der Preis ist abhängig von[+3]

de **afhankelijkheid** Abhängigkeit (v[20])

afhelpen [iem. van een ladder] (jmdm.) herunterhelfen[188]

afhouden: *iets van zich ~* etwas von[+3] sich entfernt halten[183]; *iem. van zich ~* sich[3] jmdn. vom Leibe halten[183]; [sport] *iem. ~* jmdn. sperren; *iem. van zijn werk ~* jmdn. von seiner

Arbeit abhalten[183]; *iets van het loon* ~ etwas vom Lohn abziehen[318]; *hij laat er zich niet van* ~ er lässt sich nicht davon zurückhalten
afhuren mieten
afijn [inf] nun ja, na ja
[1]**afjakkeren** (ov ww) schinden[239]
zich [2]**afjakkeren** (wdk ww) sich abhetzen
afkalven [m.b.t. oevers] abbröckeln
afkammen [fig] verreißen[220]
afkappen abhauen[185], abhacken
de **afkeer** Abneigung (v[20]), Ekel (m[19]): *een ~ van iem. hebben* eine Abneigung gegen jmdn. haben[182]; *het boezemt mij ~ in* es ekelt mich an
afkeren [het hoofd] abwenden[308]: *zich van iem.* ~ sich von jmdm. abwenden[308]
afkerig: *~ van iets zijn* einer Sache[3] abgeneigt sein[262]
[1]**afketsen** (onov ww) [m.b.t. kogel, bal] abprallen (an[+3])
[2]**afketsen** (ov ww) ablehnen: *een voorstel* ~ einen Antrag ablehnen
afkeuren 1 [laken] missbilligen 2 [een plan] ablehnen 3 [voor dienstplicht] ausmustern 4 [goederen] ausmustern 5 [sport] [een veld] für unbespielbar erklären
afkeurenswaardig tadelnswert
de **afkeuring** 1 [ongeschikt verklaren] Untauglichkeitserklärung (v[20]) 2 [ongunstig beoordelen] Missbilligung (v[20])
afkicken sich einer Entziehungskur unterziehen[318]
afkijken absehen[261], abschreiben[252]
afkleden schlank machen
afkloppen abklopfen
afkluiven abnagen
afknappen 1 [afbreken] abbrechen[137] 2 [psychisch] zusammenbrechen[137]
afknijpen abkneifen[192]
afknippen abschneiden[250]
[1]**afkoelen** (onov ww) [ook fig] (sich) abkühlen
[2]**afkoelen** (ov ww) (ab)kühlen
de **afkoeling** [ook fig] Abkühlung (v[20])
afkoersen (+ op) entgegengehen[168+3]
afkomen 1 [naar beneden komen] herunterkommen[193] 2 [van een eiland] wegkommen[193] 3 [afstammen] abstammen 4 [gereedkomen] fertig werden[310] 5 [naderen]: *op iem.* ~ auf jmdn. zukommen[193]; *de muggen komen op het licht af* die Mücken werden vom Licht angezogen 6 [bevrijd of ontslagen worden]: *er goed/slecht* ~ gut/schlecht bei[+3] etwas wegkommen[193]; *er met de schrik* ~ mit dem Schrecken davonkommen[193]; *ik kon niet van hem* ~ ich konnte ihn nicht loswerden
de **afkomst** Abkunft (v[28]), Herkunft (v[25])
afkomstig (+ uit) aus[+3]; [geboortig] gebürtig aus[+3]: *~ zijn uit* stammen aus[+3]
afkondigen 1 [bekendmaken] bekannt machen; [van verordeningen, wetten] erlas-

sen[197]: *een staking* ~ einen Streik ausrufen[226] 2 [bruidspaar in de kerk] aufbieten[130]
de **afkondiging** 1 Bekanntmachung (v[20]), Erlass (m[5]), Ausrufung (v[20]) 2 Aufgebot (o[29]); *zie afkondigen*
de **afkoopsom** Abfindungssumme (v[21])
afkopen 1 [kopen van] abkaufen 2 [vrijkopen] loskaufen 3 [verplichtingen] ablösen 4 *zich laten* ~ sich abfinden lassen[197]
afkoppelen [van wagon] abhängen, abkoppeln
afkorten 1 [van woord] abkürzen 2 [van tekst] kürzen
de **afkorting** Abkürzung (v[20])
afkrabben abkratzen
afkraken verreißen[220], heruntermachen
afkrijgen 1 [voltooien] fertig werden[310] mit[+3] 2 [verwijderen] abbekommen[193] || [afdingen] *er niets* ~ nichts abhandeln
afkunnen: *dat kan er bij mij niet af!* das kann ich mir nicht leisten!; *hij kan het alleen wel af* er bringt es allein schon fertig
de **aflaat** Ablass (m[6])
aflandig ablandig
afleggen 1 [kleding; een bekentenis, een eed, rekenschap] ablegen 2 [maken] machen, ablegen: *een examen* ~ ein Examen machen; *een verklaring* ~ [jur] eine Aussage machen; [mededeling] eine Erklärung abgeben 3 [van afstand] zurücklegen || *een lijk* ~ eine Leiche waschen[304] und ankleiden
afleiden 1 [wegleiden van bliksem, rivier, water] ableiten: *iem. van zijn werk* ~ jmdn. von seiner Arbeit ablenken 2 [ontspannen] ablenken 3 [de oorsprong verklaren] ableiten: *daaruit leid ik af, dat ...* daraus schließe ich, dass ...
de **afleiding** 1 [van bliksem, rivier, water] Ableitung (v[20]) 2 [verstrooiing] Ablenkung (v[20]) 3 [het afleiden van woord] Ableitung (v[20])
de **afleidingsmanoeuvre** Ablenkungsmanöver (o[33])
afleren 1 [verleren] verlernen 2 [zich ontwennen] sich[3] abgewöhnen: *iem. iets* ~ jmdm. etwas abgewöhnen
afleveren 1 [afgeven] abliefern 2 [Belg; uitreiken] ausstellen, ausfertigen
de **aflevering** 1 [het afleveren] Ablieferung (v[20]) 2 [van boek] Lieferung (v[20]) 3 [van tv-serie] Folge (v[21])
aflezen 1 [op een instrument] ablesen[201] 2 [namen] verlesen[201] 3 [uitlezen] zu Ende lesen[201]
aflikken ablecken
de **afloop** 1 [uitslag] Ausgang (m[6]), Ergebnis (o[29a]): *ongeval met dodelijke* ~ tödlicher Unfall 2 [einde] Ablauf (m[19]): *na ~ van het concert* nach dem Konzert
[1]**aflopen** (onov ww) 1 [eindigen] ablaufen[198]: *de termijn loopt af* die Frist läuft ab; *slecht* ~ ein böses Ende nehmen[212] 2 [rate-

len] klingeln **3** [naar beneden lopen] hinuntergehen[168]: *de weg loopt af* der Weg führt hinunter

²aflopen (ov ww) **1** [een weg] entlanggehen[168] **2** [verslijten] ablaufen[198]

aflossen 1 [vervangen] ablösen **2** [betalen] [van hypotheek, schuld] ablösen, tilgen

de **aflossing** Ablösung (v[20]), Tilgung (v[20])

afluisteren abhorchen, abhören

afmaken 1 [voltooien] erledigen **2** [doden] umbringen[139] **3** [ongunstig beoordelen] heruntermachen

afmatten erschöpfen, ermatten

zich **afmelden** sich abmelden

afmeten 1 abmessen[208] **2** [van straf, tijd] bemessen[208]

de **afmeting** Abmessung (v[20])

de **afname** Abnahme (v[21])

¹afnemen (onov ww) [verminderen] abnehmen[212]; [m.b.t. wind] nachlassen: *de belangstelling nam af* das Interesse nahm ab (*of:* flaute) ab

²afnemen (ov ww) **1** [alg] abnehmen[212] **2** [wegpakken] herabnehmen[212]: *iets van een plank* ~ etwas von einem Brett herabnehmen; *de hoed voor iem.* ~ den Hut vor jmdm. abnehmen **3** [schoonmaken] abräumen, abwischen **4** [kopen] kaufen

de **afnemer** Abnehmer (m[9]), Käufer (m[9])

afpakken (jmdm. etwas) abnehmen[212]

afpassen 1 [met stappen meten] abschreiten[254] **2** [afmeten] abmessen[208]; *zie afgepast*

afpersen erpressen, abpressen

de **afperser** Erpresser (m[9])

de **afpersing** Erpressung (v[20])

afpikken stibitzen, klauen

afplakken zukleben: *de ruiten* ~ die Scheibenränder abkleben

afplukken abpflücken

afpoeieren (jmdn.) abfertigen

afpraten: *heel wat* ~ über manches plaudern

afprijzen (im Preis) reduzieren, herabsetzen: *de boeken tien euro* ~ die Bücher um zehn Euro herabsetzen; *de jurk was sterk afgeprijsd* das Kleid war stark reduziert

afraden: *iem. iets* ~ jmdm. von[+3] etwas abraten[218]

afraffelen 1 [van schoolwerk] hinschludern **2** [van gebed, gedicht] ableiern

de **aframmeling** Tracht (v[28]) Prügel: *iem. een* ~ *geven* jmdm. eine Tracht Prügel verabreichen

afranselen (jmdn.) verprügeln

afrasteren einzäunen, umzäunen

de **afrastering** Einzäunung (v[20]), Umzäunung (v[20])

afreageren (sich) abreagieren[320]

¹afreizen (onov ww) abreisen, abfahren[153]

²afreizen (ov ww) [geheel doorreizen] bereisen

afrekenen abrechnen; [in café] (be)zahlen

de **afrekening** Abrechnung (v[20])

afremmen (ab)bremsen

africhten abrichten, dressieren[320]

afrijden 1 [naar beneden rijden] herunterfahren[153]; hinunterfahren[153]; [tot het einde rijden] entlangfahren[153]: *een weg* ~ eine Straße entlangfahren **2** [rijdend doortrekken] abfahren[153]: *het hele land* ~ das ganze Land abfahren[153] **3** [rijexamen doen] den Führerschein machen

de **Afrika** Afrika (o[39])

de **Afrikaan** Afrikaner (m[9]), Afrikanerin (v[22])

het **¹Afrikaans** (zn) Afrikaans (o[39a])

²Afrikaans (bn) afrikanisch; [taalk] afrikaans

het **afrikaantje** [plantk] Studentenblume (v[21]), Samtblume (v[21])

de **afrit** Ausfahrt (v[20])

de **afritsbroek** Zipphose (v[21]), Zipp-Hose (v[21]), Zipp-Off-Hose (v[21])

de **afroep** Abruf (m[5]): *op* ~ auf Abruf

afroepen [één voor één noemen] aufrufen[226]; [van waren] abrufen[226]

¹afrollen (onov ww) abrollen, sich abwickeln: *de trap* ~ die Treppe hinunterfallen[154]

²afrollen (ov ww) **1** [afwikkelen] abrollen **2** [naar beneden rollen] hinunterrollen

afromen abrahmen: *winsten* ~ Gewinne abschöpfen

afronden abrunden: *naar boven* ~ aufrunden

afruimen abräumen

afrukken abreißen[220]

afschaffen abschaffen

de **afschaffing** Abschaffung (v[20])

het **afscheid** Abschied (m[5]): *van iem.* ~ *nemen* sich von jmdm. verabschieden; *ten* ~ zum Abschied

¹afscheiden (ov ww) **1** [door een hek enz.] (ab)trennen **2** [verwijderen] (ab)trennen **3** [chem] abscheiden[232] **4** [afzonderen uit een orgaan] ausscheiden[232]

zich **²afscheiden** (wdk ww): *zich* ~ *(van)* sich lossagen (von[+3])

de **afscheiding 1** [het afscheiden] Trennung (v[20]), Abtrennung (v[20]), Abscheidung (v[20]), Ausscheidung (v[20]) **2** [tussenschot] Scheidewand (v[25]); *zie ¹afscheiden*

afschepen [waren] verschiffen || *iem.* ~ jmdn. abspeisen; *zich niet laten* ~ sich nicht abspeisen lassen[197]

afscheren abrasieren[320]

afschermen abschirmen

afscheuren abreißen[220]; [van controlestrook] abtrennen

afschieten 1 abschießen[238] **2** [een ruimte afscheiden] abteilen

afschilderen 1 [afbeelden] (ab)malen **2** [beschrijven] schildern

afschilferen abschilfern, abblättern

afschminken abschminken
afschrapen abschaben, abkratzen
het **afschrift** Abschrift (v[20])
afschrijven 1 [van bedrag, machine, schoolwerk] abschreiben[252]: *geld van de rekening* ~ Geld vom Konto abbuchen **2** [voltooien]: *een brief* ~ einen Brief zu Ende schreiben[252] || *iem.* ~ **a)** [afzeggen] jmdm. abschreiben[252]; **b)** [niet meer op iem. rekenen] jmdn. abschreiben[252]
de **afschrijving 1** [het afboeken] Abbuchung (v[20]): *de machtiging tot automatische* ~ der Dauerauftrag **2** [economie; industrie] Abschreibung (v[20]) **3** [afmelding] schriftliche Absage (v[21])
afschrikken abschrecken
afschrikwekkend abschreckend
afschroeven abschrauben, losschrauben
afschudden abschütteln
afschuimen [schuim] abschäumen; [andere stoffen] abschöpfen; [fig] abklappern
afschuiven 1 [wegschuiven van] abrücken: *de schuld op een ander* ~ die Schuld auf einen anderen (ab)schieben **2** [geld geven] blechen
de **afschuw** Abscheu (m[19]): *een* ~ *van iem. hebben* Abscheu vor jmdm. haben[182]
afschuwelijk abscheulich, scheußlich: ~ *langzaam* furchtbar langsam
[1]**afslaan** (onov ww) **1** [in het verkeer] abbiegen[129]: *links* ~ nach links abbiegen **2** [ophouden te functioneren] aussetzen: *de motor sloeg af* der Motor setzte aus
[2]**afslaan** (ov ww) **1** [door slaan verwijderen] abschlagen[241] **2** [van aanval] abwehren **3** [afkloppen] abklopfen **4** [van aanbod] ablehnen
afslachten niedermachen
de **afslag 1** [daling] Senkung (v[20]), Herabsetzung (v[20]) **2** [van autosnelweg] Ausfahrt (v[20]); [naar autosnelweg] Einfahrt (v[20]) **3** [verkoping] Versteigerung (v[20])
[1]**afslanken** (onov ww) abmagern
[2]**afslanken** (ov ww) [slank maken] schlank machen
zich **afsloven** sich abrackern
de **afsluitdijk** Abschlussdeich (m[5])
afsluiten 1 [van kamer, kast, koffer] abschließen[245] **2** [van boeken, verzekering] abschließen[245] **3** [toevoer verhinderen] absperren: *het gas* ~ das Gas (ab)sperren **4** [met schutting afsluiten] abzäunen || *van de buitenwereld afgesloten* von der Außenwelt abgeschnitten
de **afsluiting 1** [het afsluiten] Abschließen (o[39]) **2** [grendel, klep, slot] Verschluss (m[6]) **3** [van boeken, verzekering] Abschluss (m[6]) **4** [van elektriciteit, gas, telefoon] Sperre (v[21])
afsnauwen: *iem.* ~ jmdn. anherrschen
afsnijden 1 [alg] abschneiden[250] **2** [het gas enz.] sperren

afsnoepen: *iem. iets* ~ jmdm. etwas vor der Nase wegschnappen
[1]**afspelen** (ov ww) [tot het einde spelen] zu Ende spielen: *een plaat* ~ eine Schallplatte abspielen
zich [2]**afspelen** (wdk ww) sich abspielen
[1]**afspiegelen** (ov ww) widerspiegeln
zich [2]**afspiegelen** (wdk ww): *zich* ~ *in* sich widerspiegeln in[+3]
de **afspiegeling** Abspiegelung (v[20]), Widerspiegelung (v[20])
afsplitsen abspalten
de **afsplitsing** Abspaltung (v[20])
afspoelen abspülen
de **afspraak** Verabredung (v[20]): *zich aan een* ~ *houden* sich an eine Verabredung halten[183]; *een* ~ *bij de dokter maken* einen Termin beim Arzt festlegen; *een* ~ *over iets maken* etwas verabreden
afspreken verabreden, absprechen[274], abmachen: *afgesproken!* abgemacht!; *zoals afgesproken* wie verabredet
afspringen 1 abspringen[276] **2** [fig] scheitern
afstaan abtreten[291]
de **afstammeling** Nachkomme (m[15])
afstammen abstammen (von[+3]): *dit woord stamt van het Latijn af* dieses Wort stammt aus dem Lateinischen
de **afstamming** Abstammung (v[28]), Abkunft (v[28])
de **afstand 1** [het afstaan] Abtretung (v[20]): ~ *doen van de kroon* abdanken; ~ *doen van zijn rechten* auf seine Rechte verzichten **2** [distantie] Entfernung (v[20]), Abstand (m[6]): *een* ~ *afleggen* eine Strecke zurücklegen; ~ *nemen* auf Distanz gehen[168]
afstandelijk zurückhaltend
de **afstandsbediening** Fernbedienung (v[20])
het **afstandsonderwijs** Fernunterricht (m[19])
het **afstapje** Stufe (v[21]): *denk om het* ~! Vorsicht, Stufe(n)!
afstappen [lett] absteigen[281]; [fig] *van iets* ~ etwas aufgeben[166]; *van een onderwerp* ~ ein Thema fallen lassen[197]; ~ *op iets of iem.* auf etwas[4] oder jmdn. zuschreiten
[1]**afsteken** (onov ww) abstoßen[285]: *de boot steekt af* das Boot stößt ab; ~ *tegen* sich abheben[186] gegen[+4]
[2]**afsteken** (ov ww) **1** [graszoden] abstechen[277] **2** [doen branden] abbrennen[138] **3** [uitspreken] loslassen[197]: *een speech* ~ eine Rede loslassen
het **afstel** Einstellung (v[20])
afstellen 1 [opgeven] aufgeben[166] **2** [instellen] einstellen
afstemmen 1 [van voorstel, wet] niederstimmen **2** [telec] abstimmen, einstellen
afstempelen 1 [van stempel voorzien] abstempeln **2** [ongeldig maken] entwerten
afsterven absterben[282]

afstevenen: *op iem.* ~ auf jmdn. lossteuern

afstoffen abstauben

afstompen [ook fig] abstumpfen

afstotelijk abstoßend

afstoten [ook med] abstoßen[285]: *iem. van zich* ~ jmdn. von[+3] sich (weg)stoßen[285]

afstraffen bestrafen; [berispen] abkanzeln

de **afstraffing** Bestrafung (v[20])

afstrijken 1 abstreichen: *een afgestreken eetlepel* ein gestrichener Esslöffel 2 [lucifers] anstreichen[286]

afstropen 1 [van vel ontdoen] abstreifen: *een haas het vel* ~ einem Hasen das Fell abziehen[318] 2 [stropend aflopen] plündernd umherziehen[318]

de **afstudeerscriptie** Diplomarbeit (v[20]), Staatsexamensarbeit (v[20])

afstuderen das Studium absolvieren[320]

afstuiten (+ op) abprallen von[+3]

aftakelen 1 [van schip] abtakeln 2 [fig] verfallen[154]: *hij takelt af* es geht abwärts mit ihm

de **aftakeling** Verfall (m[19]): *seniele* ~ Altersschwäche (v[21])

aftakken (sich) abzweigen

de **aftakking** Abzweigung (v[20]); [verkeer] Abzweig (m[5])

aftands 1 [m.b.t. personen] hinfällig, gebrechlich 2 [m.b.t. voorwerpen] abgenutzt

aftappen 1 [van bier, wijn] abzapfen 2 [van bloed] abnehmen[212]; [van elektrische stroom, telefoon] anzapfen

aftasten [ook fig] abtasten

[1]**aftekenen** (ov ww) [voor gezien tekenen] abzeichnen

zich [2]**aftekenen** (wdk ww): *zich* ~ *tegen* sich abzeichnen gegen[+4]

aftellen [tellen] abzählen; [aftrekken] abziehen[318]

de **afterparty** Afterparty (v[27])

de **aftershave** Aftershave-Lotion (v[27])

de **aftersun** Aftersun-Lotion (v[27])

[1]**aftikken** (onov ww) 1 [van brief] fertig tippen 2 [sport] abschlagen[241]

[2]**aftikken** (ov ww) [m.b.t. dirigent] abklopfen

de **aftiteling** Abspann (m[5])

zich **aftobben** sich abmühen, sich abplagen; [door verdriet] sich abhärmen

de **aftocht** Abzug (m[6]); [terugtocht] Rückzug (m[6])

de **aftrap** [bij voetbal] Anstoß (m[6])

aftrappen 1 [de bal] anstoßen[285] 2 [door trappen verwijderen] abtreten[291]

het [1]**aftreden** (zn) Rücktritt (m[5]), Abdankung (v[20])

[2]**aftreden** (ww) zurücktreten[291], abdanken

de **aftrek** 1 [vermindering] Abzug (m[6]) 2 [afzet] Absatz (m[19]): *gretig* ~ *vinden* reißenden Absatz finden[157]

aftrekbaar absetzbar, abzugsfähig: *fiscaal*

~ steuerlich absetzbar; *aftrekbare kosten* abzugsfähige Kosten

[1]**aftrekken** (onov ww) [wegtrekken] sich verziehen[318]

[2]**aftrekken** (ov ww) 1 [rekenen] abziehen[318]: *van de belasting* ~ von der Steuer absetzen 2 [door trekken verwijderen] abziehen[318]: *iem. van een bank* ~ jmdn. von einer Bank ziehen[318] || *zich* ~ wichsen, sich[3] einen runterholen

de **aftrekking** [wisk] Subtraktion (v[20])

de **aftrekpost** Abzugsposten (m[11])

het **aftreksel** Aufguss (m[6]), Extrakt (m[5])

de **aftreksom** Subtraktionsaufgabe (v[21])

aftroeven [ook fig] abtrumpfen

aftroggelen: *iem. iets* ~ jmdm. etwas abschwatzen

aftuigen 1 [scheepv] abtakeln 2 [van paard] abschirren: [fig] *iem.* ~ jmdn. durchprügeln

afvaardigen abordnen

de **afvaardiging** Abordnung (v[20])

de **afvaart** Abfahrt (v[20])

het **afval** Abfall (m[6])

de **afvalbak** Mülleimer (m[9]), Abfalleimer (m[9])

afvallen 1 [naar beneden vallen] abfallen[154], herunterfallen[154]: *(van) de trap* ~ die Treppe herunterstürzen, die Treppe hinunterstürzen 2 [ontrouw worden] abtrünnig werden[310]: *van het geloof* ~ vom Glauben abfallen[232] 3 [sport] ausscheiden[232] 4 [in gewicht afnemen] abnehmen[212]: *ik ben één kilo afgevallen* ich habe ein Kilo abgenommen

afvallig abtrünnig, treulos, untreu

de **afvallige** Abtrünnige(r) (m[40a], v[40b])

het **afvalproduct** Abfallprodukt (o[29])

de **afvalrace** *zie afvalwedstrijd*

de **afvalstoffen** Abfallstoffe (mv m[5])

het **afvalverwerkingsbedrijf** Entsorgungsunternehmen (o[35])

het **afvalwater** Abwasser (o[34])

de **afvalwedstrijd** Ausscheidungs(wett)kampf (m[6])

afvegen abwischen

afvinken abhaken

afvloeien 1 [wegvloeien] abfließen[161], hinunterfließen[161] 2 [m.b.t. personeel] abgebaut werden: *personeel laten* ~ Personal abbauen

de **afvloeiingsregeling** Regelung (v[20]) in Bezug auf den Personalabbau

de **afvoer** 1 [van hout, goederen] Abfuhr (v[20]), Abtransport (m[5]) 2 [van water] Abfluss (m[6])

de **afvoerbuis** [voor water] Abflussrohr (o[29]); [voor rook, gassen] Abzugsrohr (o[29])

afvoeren abführen: *gevangenen* ~ Gefangene abtransportieren[320]; *goederen* ~ Güter befördern

zich **afvragen** sich fragen

afvuren [ook fig] abschießen[238]: *vragen op iem.* ~ jmdn. mit Fragen bestürmen

afwachten abwarten

de **afwachting**: *in ~ van de dingen die ... in Er*wartung der Dinge, die *...; in ~ van uw ant*woord Ihrer Antwort entgegensehend

de **afwas 1** [het afwassen] Geschirrspülen (o³⁹) **2** [de vaat] Abwasch (m¹⁹)

afwasbaar abwaschbar

de **afwasborstel** Spülbürste (v²¹)

de **afwasmachine** Geschirrspülmaschine (v²¹)

het **afwasmiddel** Spülmittel (o³³)

afwassen [de vaat doen] spülen, abwaschen³⁰⁴

afwateren: *~ op* entwässern in⁺⁴

de **afwatering** Entwässerung (v²⁰)

de **afweer** Abwehr (v²⁸)

het **afweergeschut** Flak (v²⁷), Flakgeschütz (o²⁹)

het **afweersysteem** Abwehrsystem (o²⁹)

afwegen 1 [waren] abwiegen³¹² **2** [fig] abwägen³⁰³

afwenden abwenden³⁰⁸

afwennen abgewöhnen

afwentelen [ook fig] abwälzen (auf)

afweren abwehren; [van onheil] abwenden³⁰⁸

afwerken [voltooien] erledigen, vollenden: *afgewerkt product* Fertigware (v²¹); *de agenda ~* die Tagesordnung vollständig behandeln; *dat is keurig afgewerkt* das ist sauber gearbeitet

de **afwerking** Erledigung (v²⁸), Vollendung (v²⁸); [van product] Verarbeitung (v²⁰); *zie afwerken*

afwerpen abwerfen³¹¹: [fig] *vruchten ~* Früchte tragen²⁸⁸

afweten: *het laten ~* a) [niet komen] absagen; b) [falen] versagen

afwezig abwesend

de **afwezigheid** Abwesenheit (v²⁰)

afwijken: [ook fig] *~ van* abweichen³⁰⁶ von ⁺³

de **afwijking** Abweichung (v²⁰): *~ aan het oog* Augenfehler (m⁵); *hij heeft een ~* er ist nicht normal

afwijzen 1 [van persoon] abweisen³⁰⁷ **2** [van aanbod, verzoek, voorstel] ablehnen: [jur] *een eis ~* eine Klage abweisen³⁰⁷

de **afwijzing** Ablehnung (v²⁰), Abweisung (v²⁰)

afwikkelen 1 [lett] abwickeln, abrollen **2** [afhandelen] abwickeln, erledigen

afwimpelen ablehnen, abweisen³⁰⁷

afwinden abwinden³¹³, abrollen, abwickeln

afwisselen abwechseln

¹**afwisselend** (bn): *een ~ landschap* eine abwechslungsreiche Landschaft; *met ~ geluk* mit wechselndem Glück

²**afwisselend** (bw) abwechselnd

de **afwisseling** Abwechslung (v²⁰)

afzagen absägen; *zie afgezaagd*

afzakken 1 [m.b.t. kleding] herunterrut-

schen **2** [op een rivier] stromabwärts treiben²⁹⁰ **3** [reizen] reisen

het **afzakkertje**: *een ~* ein letztes Glas

afzeggen 1 [niet plaats laten vinden] absagen **2** [afbestellen] abbestellen

afzeiken [inf] bis auf die Knochen blamieren, verarschen: *zich niet laten ~* sich nicht verarschen lassen

de **afzender** Absender (m⁹)

de **afzet 1** [hand] Absatz (m¹⁹) **2** [het zich afzetten] Abstoß (m⁶)

het **afzetgebied** Absatzgebiet (o²⁹)

afzetten 1 [afnemen, uit ambt ontzetten] absetzen **2** [med] abnehmen²¹², abtrennen **3** [verkopen] verkaufen **4** [uitzetten] abstellen, ausschalten **5** [afduwen] abstoßen²⁸⁵ **6** [afsluiten] absperren **7** [te veel laten betalen] betrügen²⁹⁴, abzocken

de **afzetter** Betrüger (m⁹)

de **afzetterij** Betrügerei (v²⁰), Abzocke (v²⁸), Abzockerei (v²⁰)

de **afzetting 1** [ontslag] Absetzung (v²⁰) **2** [med] Abnahme (v²¹), Abtrennung (v²⁰) **3** [afsluiting] Absperrung (v²⁰); *zie afzetten*

afzichtelijk grässlich, abscheulich

afzien (+ van) verzichten auf⁺⁴, absehen²⁶¹ von⁺³: *van de koop ~* vom Kauf zurücktreten²⁹¹ || *van iem. de kunst ~* jmdm. die Kunst absehen²⁶¹; *de wielrenners moesten flink ~* die Radrennfahrer mussten sich ganz schön abrackern, mächtig anstrengen

afzienbaar absehbar: *in afzienbare tijd* in absehbarer Zeit

afzijdig: *zich ~ houden van* sich fernhalten¹⁸³ von⁺³; [zijn mening niet geven] mit seiner Meinung zurückhalten¹⁸³

afzonderen 1 [iem.] absondern, isolieren²¹⁷ **2** [geld] zurücklegen

de **afzondering** Absonderung (v²⁰), Isolierung (v²⁰)

¹**afzonderlijk** (bn) gesondert

²**afzonderlijk** (bw) einzeln

de **afzuigkap** Dunstabzugshaube (v²¹)

afzwaaien [mil] die Militärzeit beenden

¹**afzwakken** (onov ww) sich abschwächen, nachlassen¹⁹⁷

²**afzwakken** (ov ww) abschwächen, mildern

afzwemmen 1 [wegzwemmen] abschwimmen²⁵⁷: *de rivier ~* den Fluss hinabschwimmen²⁵⁷ **2** [zwemexamen doen] sich freischwimmen²⁵⁷

¹**afzweren** (ov ww) [med] abschwären

²**afzweren** (ov ww) [verwerpen] abschwören²⁶⁰⁺³: *de drank ~* dem Alkohol abschwören

de **agenda 1** [notitieboek] Notizbuch (o³²) **2** [van vergadering] Tagesordnung (v²⁰): *op de ~ plaatsen* auf die Tagesordnung setzen **3** [lijst van afspraken] Terminkalender (m⁹): *een drukbezette ~ hebben* einen vollen Terminkalender haben **4** [schoolagenda] Aufgabenheft (o²⁹)

het agendapunt Tagesordnungspunkt (m[5])

de agent [hand] Vertreter (m[9]) ‖ *geheim* ~ Geheimagent (m[14]); ~ *van politie* Polizist (m[14]); *de literair* ~ der Literaturagent

het agentschap Agentur (v[20]), Vertretung (v[20])

ageren: *tegen iem.* ~ *gegen* jmdn. agitieren[320]

de agglomeratie Ballungsgebiet (o[29])

de aggregatietoestand [nat] Aggregatzustand (m[6])

de agitatie Agitation (v[20]); [opwinding] Aufregung (v[20])

de agitator Agitator (m[16])

de agrariër Agrarier (m[9]), Landwirt (m[5])

agrarisch agrarisch, landwirtschaftlich

de agressie Aggression (v[20])

agressief aggressiv

de agressor Aggressor (m[16])

ah ah!

aha aha!, ach so!

de ahorn Ahorn (m[5])

a.h.w. afk van *als het ware* gleichsam

de aids Aids (o[39a])

de aidspatiënt Aidskranke(r) (m[39a], v[40b])

de aidsremmer (HI-)Virushemmer (m[9]), Aidshemmer (m[9])

de aio afk van *assistent in opleiding* Doktorand (m[14])

het air Air (o[36], 2e nvl: ook -): *zich een* ~ *geven* sich[3] ein Air geben[166]

de airbag Airbag (m[13])

airconditioned klimatisiert

de airconditioning 1 [de regeling] Klimatisierung (v[20]) **2** [apparaat] Klimaanlage (v[21])

ajakkes [inf] bah!, pfui!, pfui Teufel!

de ajuin [Belg] Zwiebel (v[21])

akelig 1 [naar] ekelhaft: *ik word* ~ mir wird schlecht (*of:* übel) **2** [huiveringwekkend] unheimlich **3** [in erge mate] entsetzlich: ~ *bleek* entsetzlich blass

Aken Aachen (o[39])

het akkefietje 1 [werkje] kleine Arbeit (v[20]); [vervelend] unangenehme Aufgabe (v[21]) **2** [geval, zaakje] Affäre (v[21])

de akker Acker (m[10]), Feld (o[31])

de akkerbouw Ackerbau (m[19])

de akkerbouwer Landwirt (m[5])

het akkerland Ackerland (o[39])

het ¹akkoord (zn) **1** [overeenkomst] Vereinbarung (v[20]) **2** [jur] Akkord (m[5]) **3** [muz] Akkord (m[5])

²akkoord (bn) richtig: *iets* ~ *bevinden* mit[+3] etwas einverstanden sein[262]; ~ *gaan met iets* mit[+3] etwas einverstanden sein[262]

³akkoord (tw) abgemacht!

de akoestiek Akustik (v[28])

akoestisch akustisch

de akte 1 [stuk] Akte (v[21]); [gewaarmerkt stuk] Urkunde (v[21]) **2** [diploma] Diplom (o[29]) **3** [theat] Akt (m[5]), Aufzug (m[6])

de aktetas Aktentasche (v[21])

¹al (bn) all[68], ganz: *met alle macht* mit aller Macht (*of:* mit seiner ganzen Macht)

²al (onb vnw[68]) all: *alle (al de) wijn* aller Wein; *alle (al het) genoegen* alle Freude; *alle (al het) geluk* alles Glück; *alle (al de) mensen* alle Leute; *al zijn geld* all sein Geld; *al mijn boeken* all(e) meine Bücher; *zij allen* sie alle; *al wat hij zegt* alles, was er sagt; *al wie dit beweert* jeder, der dies behauptet; *wat hij niet al weet!* was er nicht alles weiß!; *met zijn allen* alle zusammen; *al met al* alles in allem; *in alle opzichten* in jeder Hinsicht; *te allen tijde* zu jeder Zeit; *in alle geval* auf jeden Fall

³al (bw) **1** [reeds] schon, bereits: *ik zie het al* ich sehe es schon **2** [m.b.t. een toegeving] wenn auch: *al was het zo!* na wennschon! **3** [versterkend] zu: *dat begrijp ik maar al te goed* das verstehe ich nur zu gut; *al te graag* allzu gern **4** [voortdurend] immer: *het schip werd al groter en groter* das Schiff wurde immer größer; *al snikkend* fortwährend schluchzend; *geheel en al* ganz ‖ *al naar leeftijd* je nach Alter; *al naargelang je tijd hebt* je nachdem, ob du Zeit hast

⁴al (vw) wenn auch: *(ook) al ben ik oud, ik ben niet zwak* wenn ich auch alt bin, ich bin nicht schwach

het alarm Alarm (m[5]): ~ *slaan* Alarm schlagen

de alarmbelprocedure [Belg] parlamentarische(s) Alarmierungsverfahren (o[35]) in Belgien

de alarmcentrale Notruf (m[5])

alarmeren alarmieren[320]

de alarmering Alarmierung (v[20])

de alarminstallatie Alarmanlage (v[21]), Warnanlage (v[21])

het alarmnummer Notrufnummer (v[21])

het alarmpistool Schreckschusspistole (v[21])

de ¹Albanees Albaner (m[9]), Albanerin (v[22])

²Albanees (bn) albanisch: *het* ~ das Albanische

Albanië Albanien (o)

de albatros Albatros (m[5], 2e nvl: -ses; mv: -se)

de albino Albino (m[13])

het album Album (o, 2e nvl: -s; mv: Alben)

de alchemie Alchemie (v[21]), Alchimie (v[21])

de alcohol Alkohol (m[5])

alcoholhoudend alkoholhaltig, alkoholisch

alcoholisch alkoholisch

het alcoholisme Alkoholismus (m[19a]), Trunksucht (v[28])

de alcoholist Alkoholiker (m[9])

alcoholvrij alkoholfrei

aldaar da, dort: *de agent* ~ der dortige Vertreter

aldoor immerfort, fortwährend

aldus 1 [op die manier] also, so: ..., ~ *de woordvoerder* ..., so der Pressesprecher **2** [als volgt] folgendermaßen: ~ *hebben wij besloten* Folgendes haben wir beschlossen, wir haben wie folgt, folgendermaßen entschieden

aleer bevor, ehe

alert alert: ~ *zijn op* bedacht sein[262] auf[+4]

de **alfa 1** [Griekse letter] Alpha (o) **2** [onderwijs; richting] ± humanistische, altsprachliche, neusprachliche Richtung (v[20])

het **alfabet** Alphabet (o[29])

alfabetisch alphabetisch

alfabetiseren alphabetisieren

de **alg, alge** Alge (v[21])

de **algebra** Algebra (v[28])

algebraïsch algebraisch

algeheel gänzlich, völlig, total

algemeen allgemein: *het ~ belang* das öffentliche Interesse, das Gemeinwohl; *algemene ontwikkeling* Allgemeinbildung (v[28]); *~ bekend* allgemein bekannt; *in het ~ (gesproken)* im Allgemeinen; [over het geheel] überhaupt; *over het ~* im Allgemeinen

de **algemeenheid** Allgemeinheit (v[20]): *in zijn ~* im Allgemeinen, im Großen (und) Ganzen; [Belg] *met ~ van stemmen* einstimmig

Algerije Algerien (o)

de **Algerijn** Algerier (m[9]), Algerierin (v[22])

Algerijns algerisch

alhoewel obgleich, obwohl

alias alias, auch … genannt

het/de **alibi** Alibi (o[36])

de **alien** Alien (m[13], o[36])

de **alimentatie 1** [levensonderhoud] Alimentation (v[20]) **2** [het bedrag] Unterhaltsbeitrag (m[6])

de **alinea** Absatz (m[6])

alla na (ja) (gut), na schön

Allah Allah (m)

allang längst, schon lange

allebei beide: *is hij langzaam of lui? ~!* beides!

alledaags alltäglich

alleen 1 [zonder anderen] allein: *ik wil ~ zijn* ich möchte allein sein **2** [slechts] nur, lediglich, bloß: *niet ~ …, maar ook* nicht nur …, sondern auch

de **alleenheerschappij** Alleinherrschaft (v[28])

de **alleenheerser** Alleinherrscher (m[9])

het **alleenrecht** Alleinrecht (o[29]), Monopol (o[29])

alleenstaand allein stehend: *een ~e moeder* eine allein erziehende Mutter

de **alleenstaande** Alleinstehende(r) (m[40a], v[40b])

de **alleenverdiener** Alleinverdiener (m[9])

het **allegaartje 1** [personen] zusammengewürfelte Gesellschaft (v[20]) **2** [zaken] Mischmasch (m[5])

de **allegorie** Allegorie (v[21])

allegorisch allegorisch

allemaal alle(s): *~ onzin* alles Unsinn; *de leden waren er ~* alle Mitglieder waren da

allemachtig: *wel ~!* du meine Güte!

alleman jedermann

allengs allmählich

alleraardigst sehr nett, wunderhübsch

allerberoerdst hundsmiserabel

allerbest allerbest

[1]**allereerst** (bn) allererst

[2]**allereerst** (bw) zunächst

het **allergeen** Allergen (o[29])

de **allergie** Allergie (v[21])

allergisch allergisch

allerhande allerhand, allerlei

Allerheiligen Allerheiligen (zonder lw)

allerhoogst allerhöchst

allerijl: *in ~* in aller Eile

[1]**allerlaatst** (bn) allerletzt

[2]**allerlaatst** (bw): *het ~* zuallerletzt; *voor het ~* zum allerletzten Mal

het [1]**allerlei** (zn) Allerlei (o[39])

[2]**allerlei** (bn) allerlei, allerhand

allerliefst allerliebst, entzückend

[1]**allerminst** (bn) (aller)geringst

[2]**allerminst** (bw) keineswegs

Allerzielen Allerseelen (geen lw)

alles all[68]: *dat ~* das alles; *bij dit ~* bei alledem; *boven ~* über alles; *van ~* alles (Mögliche); *voor ~* vor allem; *~ en iedereen* alles und jeder; *~ of niets* alles oder nichts

allesbehalve alles andere als: *~ gelukkig zijn* alles andere als glücklich sein[262]; *(dat was niet prettig,) nee, ~!* nein, keineswegs!

de **alleseter** Allesfresser (m[9])

de **allesreiniger** Allesreiniger (m[9]), Allzweckreiniger (m[9])

alleszins in jeder Hinsicht: *~ geloofwaardig* durchaus glaubwürdig

de **alliantie** Allianz (v[20]), Bündnis (o[29a])

allicht 1 [zeer waarschijnlijk] sehr wahrscheinlich **2** [vanzelfsprekend] natürlich

de **alligator** Alligator (m[16])

all-in pauschal, Pauschal…, alles inbegriffen, all-inclusive: *all-inprijs* Pauschalpreis (m[5]); Pauschale (v[21]); All-inclusive-Preis (m[5])

de **all-inreis** All-inclusive-Reise (v[21])

de **alliteratie** Alliteration (v[20]), Stabreim (m[5])

allochtoon allochthon

het **allooi** Gehalt (m[5]): *mensen van slecht ~* Leute niedriger Art

allrisk Vollkasko…: *allriskverzekering* Vollkaskoversicherung (v[20])

allround vielseitig, Allround…

de **allure** Format (o[29]): *een man van ~* ein Mann von Format

de **allusie** Anspielung (v[20])

almaar ständig, dauernd, fortwährend

de **almacht** Allmacht (v[28])

almachtig allmächtig

de **almanak** Almanach (m[5]), Kalender (m[9])

alom allenthalben, überall

alomtegenwoordig allgegenwärtig

alomvattend allumfassend

de **alp** Alp (v[20])
de **Alpen**: *de* ~ die Alpen (mv)
alpineskiën Ski/Schi laufen[198] (in den alpinen Disziplinen)
het **alpinisme** Alpinismus (m[19a])
de **alpinist** Alpinist (m[14])
de **alpino** Baskenmütze (v[21])
als 1 [bij overeenkomst] wie: *wit ~ sneeuw* weiß wie Schnee; *even groot ~ ik* ebenso groß wie ich; *zowel in de stad ~ op het land* sowohl in der Stadt als (*of:* wie) auf dem Land **2** [na vergrotende trap] als **3** [in de hoedanigheid van] als: ~ *balling* als Verbannter **4** [wanneer] wenn: ~ *het avond is* wenn es Abend ist **5** [indien] wenn: ~ *ik tijd heb* wenn ich Zeit habe
alsjeblieft: *(is hij rijk?)* ~! und ob!; *zie* ¹*alstublieft*
alsmaar immer, dauernd
alsmede sowie, wie auch
alsnog nachträglich, hinterher
alsof als ob: ~ *hij het niet wist* als ob er es nicht wüsste
alsook wie auch, sowie
¹**alstublieft** (bw) gefälligst: *komt u ~ binnen!* bitte, treten Sie ein!; *laat u dat ~!* lassen Sie das gefälligst!
²**alstublieft** (tw) [beleefdheidsformule] bitte!
de ¹**alt 1** [altstem] Alt (m[19]), Altstimme (v[21]) **2** [jongen] Altsänger (m[9])
de ²**alt** [zangeres] Altsängerin (v[22])
het **altaar** Altar (m[6])
het ¹**alternatief** (zn) Alternative (v[21])
²**alternatief** (bn) alternativ
de **alternatieveling** Aussteiger (m[9])
althans jedenfalls, wenigstens
altijd [steeds] immer, stets: *voor* ~ für immer
altijddurend immer während
de **altviool** Bratsche (v[21]), Altgeige (v[21])
het **aluminium** Aluminium (o[39])
het/de **aluminiumfolie** Aluminiumfolie (v[21])
alvast vorläufig, einstweilen
de **alvleesklier** Bauchspeicheldrüse (v[21])
alvorens bevor, ehe
alweer schon wieder
alwetend allwissend
de **alzheimer** Alzheimer (m[19])
de **ama** afk van *alleenstaande minderjarige asielzoeker* unbegleiteter minderjähriger Asylbewerber (m[9])
de **amandel 1** [vrucht] Mandel (v[21]) **2** [med] Mandel (v[21]) **3** [boom] Mandelbaum (m[6])
de **amanuensis** technische Hilfskraft (v[25])
de **amateur** Amateur (m[5])
amateuristisch stümperhaft
de **amazone** Amazone (v[21])
het **ambacht** Handwerk (o[29]), Gewerbe (o[33])
ambachtelijk handwerklich
de **ambachtsman** Handwerker (m[9])

de **ambassade** Botschaft (v[20])
de **ambassadeur** Botschafter (m[9])
de **ambiance** Ambiente (o)
ambiëren anstreben, trachten nach[+3]
de **ambitie** Ehrgeiz (m[19])
ambitieus ehrgeizig
ambivalent ambivalent, zwiespältig
het **ambt** Amt (o[32])
ambtelijk amtlich, Amts...
ambteloos amtlos
de **ambtenaar** Beamte(r) (m[40a]): *vrouwelijk* ~ Beamtin (v[22]); ~ *van de burgerlijke stand* Standesbeamte(r); ~ *die een zaak behandelt* Sachbearbeiter (m[9])
het **ambtenarenapparaat** Beamtenapparat (m[5]), Behördenapparat (m[5])
het **ambtenarenkorps** Beamtenschaft (v[28])
de **ambtenarij** Bürokratie (v[21])
de **ambtgenoot** Amtskollege (m[15])
de **ambtsaanvaarding** Amtsantritt (m[19])
de **ambtsdrager** Amtsträger (m[9])
het **ambtsgeheim** Amtsgeheimnis (o[29a])
ambtshalve von Amts wegen, amtshalber
de **ambtstermijn** Amtsperiode (v[21])
ambtswege: *van* ~ von Amts wegen, amtlich
de **ambtswoning** Dienstwohnung (v[20])
de **ambulance** Krankenwagen (m[11])
ambulant ambulant
het ¹**amen** (zn) Amen (o[35]): [fig] *ja en* ~ *(op iets) zeggen* Ja und Amen (zu etwas) sagen
²**amen** (tw) amen!: [Belg] ~ *en uit!* Schluss!
het **amendement** Amendement (o[36]) /ammᵉndā̱n/
amenderen amendieren
Amerika Amerika (o[39])
de **Amerikaan** Amerikaner (m[9])
Amerikaans amerikanisch
de **Amerikaanse** Amerikanerin (v[22])
het **ameublement** Zimmereinrichtung (v[20]), Wohnungseinrichtung (v[20])
het/de **amfetamine** Amphetamin (o[29])
de **amfibie** Amphibie (v[21])
het **amfibievoertuig** Amphibienfahrzeug (o[29])
het **amfitheater** Amphitheater (o[33])
amicaal freundschaftlich
de **ammonia** Salmiakgeist (m[19])
de **ammoniak** Ammoniak (o[39])
de **amnestie** Amnestie (v[21])
amok: ~ *maken* Amok laufen[198]
amoreel amoralisch
amorf amorph
ampel ausführlich, weitläufig: *na ~e overweging* nach reiflicher Überlegung
amper kaum
de **ampère** Ampere (o, 2e nvl: -(s); mv: -)
de **ampèremeter** Amperemeter (o[33])
de **ampex**, de **ampexband** Ampex (v[28])
de **ampul** Ampulle (v[21])
de **amputatie** Amputation (v[20])

amputeren amputieren[320]
de **Amsterdammer** Amsterdamer (m[9])
Amsterdams Amsterdamer
de **Amsterdamse** Amsterdamerin (v[22])
de **amulet** Amulett (o[29])
amusant amüsant, unterhaltsam
het **amusement** Amüsement (o[36]), Unterhaltung (v[20])
¹**amuseren** (ov ww) amüsieren[320], unterhalten[183]
zich ²**amuseren** (wdk ww) sich amüsieren, sich unterhalten[183]
anaal anal
het **anachronisme** Anachronismus (m, 2e nvl: -; mv: Anachronismen)
het **anagram** Anagramm (o[29])
de **analfabeet** Analphabet (m[14])
het **analfabetisme** Analphabetismus (m[19a])
de **analist 1** [chem] Chemielaborant (m[14]), Chemotechniker (m[9]) **2** [alg] Statistiker (m[9]) **3** [comp] Systemanalytiker (m[9])
de **analogie** Analogie (v[21])
analoog analog
de **analyse** Analyse (v[21])
analyseren analysieren[320]
de **analyticus** Analytiker (m[9])
analytisch analytisch
de **ananas** Ananas (v, mv: -(se))
de **anarchie** Anarchie (v[21])
het **anarchisme** Anarchismus (m[19a])
de **anarchist** Anarchist (m[14])
anarchistisch anarchistisch
de **anatomie** Anatomie (v[21])
anatomisch anatomisch
de **ancien** [Belg] **1** [oud-soldaat] Veteran (m[14]) **2** [iem. met ervaring] alter Hase (m[15])
de **anciënniteit** Dienstalter (o[39])
¹**ander** (bn) ander: *een ~e keer* ein anderes Mal; *zijn er nog ~e vragen?* gibt es noch weitere Fragen?; *in het ~e geval* sonst; *iem. naar de ~e wereld helpen* jmdn. ins Jenseits befördern
²**ander** (onb vnw) der/die/das andere: *de een of ~* irgendeiner; *een en ~ kost veel* das alles kostet viel; *het een en ~* dieses und jenes; *onder ~e* unter anderem; *onder ~en* unter anderen
³**ander** (telw) zweit: *hij komt om de ~e dag* er kommt jeden zweiten Tag
anderhalf anderthalb, ein(und)einhalb: *anderhalve dag* anderthalb Tage
andermaal noch einmal, zum zweiten Mal
andermans anderer Leute: *~ huis* das Haus anderer Leute
anders 1 [op een andere manier] anders **2** [zo niet dan …, verder] sonst: *~ dan* ~ anders als sonst; *~ niets* sonst nichts; *iets ~ aanpakken* etwas anders machen
andersdenkend anders denkend
de **andersdenkende** Andersdenkende(r) (m[40a], v[40b])

andersom andersherum, umgekehrt: *juist ~* gerade umgekehrt; *iets ~ keren* etwas umkehren
andersoortig andersartig
de **anderstalige** Anderssprachige(r) (m[40a], v[40b])
anderszins sonst wie: *en/of ~* und/oder dergleichen
anderzijds andererseits, anderseits
de **andijvie** Endivie (v[21])
Andorra Andorra (o[39])
de ¹**Andorrees** Andorraner (m[9]), Andorranerin (v[22])
²**Andorrees** (bn) andorranisch
het **andreaskruis** Andreaskreuz (o[29])
de **anekdote** Anekdote (v[21])
anekdotisch anekdotenhaft, anekdotisch
de **anemoon** Anemone (v[21])
de **anesthesie** Anästhesie (v[21])
de **anesthesist** Anästhesist (m[14])
de **angel 1** [steekorgaan] Stachel (m[17]) **2** [vishaak] Angelhaken (m[11])
Angelsaksisch angelsächsisch
de **angina** Angina (v, mv: Anginen)
de **anglicaan** Anglikaner (m[9])
anglicaans anglikanisch
Angola Angola (o)
de ¹**Angolees** Angolaner (m[9]), Angolanerin (v[22])
²**Angolees** (bn) angolanisch
²**angst** Angst (v[25]), Furcht (v[28])
angstaanjagend furchterregend, erschreckend
de **angsthaas** Angsthase (m[15])
angstig ängstlich, bange: *ik ben ~* mir ist bange (of: ich habe Angst); *het is hier ~ vol* es ist hier unheimlich voll
angstvallig 1 [pijnlijk nauwgezet] peinlich genau **2** [vreesachtig] ängstlich
angstwekkend furchterregend
het **angstzweet** Angstschweiß (m[19])
de **anijs** Anis (m[5], 2e nvl: ook -)
de **animatie 1** [film] Animation (v[20]) **2** [Belg; georganiseerde activiteiten] Animation (v[20]), Sport- und Freizeitaktivitäten (mv v[20])
animeren animieren[320], ermuntern, anregen
het/de **animo** Schwung (m[19]), Lust (v[28]): *met veel ~* mit Lust und Liebe; *zonder ~* lustlos
de **anjer** Nelke (v[21])
het **anker** Anker (m[9]): *het ~ uitwerpen* Anker (aus)werfen[311]; *het ~ lichten* den Anker lichten; *voor ~ gaan* vor Anker gehen[168]; *voor ~ liggen* vor Anker liegen[202]
ankeren ankern
de **ankerketting** Ankerkette (v[21])
de **annex** mit[+3]: *schouwburg ~ café* Theater mit Café
de **annexatie** Annektierung (v[20])
annexeren annektieren[320]
anno im Jahre, anno

de **annonce** Anzeige (v²¹), Annonce (v²¹), Inserat (o²⁹)

de **annotatie** Anmerkung (v²⁰)

de **annuïteit** Annuität (v²⁰)

annuleren annullieren³²⁰, für nichtig erklären: *een order* ~ einen Auftrag annullieren

de **annulering** Annullierung (v²⁰), Stornierung (v²⁰)

de **annuleringsverzekering** Rücktrittskostenversicherung (v²⁰)

de **anode** Anode (v²¹)

anoniem anonym

de **anonimiteit** Anonymität (v²⁸)

de **anorexia** Anorexia nervosa (v²⁸), Magersucht (v²⁸)

de **ansichtkaart** Ansichtskarte (v²¹)

de **ansjovis** Anchovis (v, mv: -), Sardelle (v²¹)

Antarctica Antarktika (v²⁷)

het **antecedent** [taalk] Bezugswort (o³²): *iemands ~en* jemands Vorleben (o³⁵)

de **antenne** Antenne (v²¹); [dierk ook] Fühler (m⁹)

de **anthologie** Anthologie (v²¹)

het **antibioticum** Antibiotikum (o, 2e nvl: -s; mv: Antibiotika)

de **anticipatie** Vorwegnahme (v²¹): *bij* ~ vorweg

anticiperen vorwegnehmen²¹²

de **anticlimax** Antiklimax (v²³)

de **anticonceptie** Empfängnisverhütung (v²⁸)

het **anticonceptiemiddel** Verhütungsmittel (o³³)

de **anticonceptiepil** Antibabypille (v²¹)

het ¹**antiek** (zn): *het* ~ die Antiquitäten
²**antiek** (bn) antik

de **antiglobalist** Globalisierungsgegner (m⁹)

de **antiheld** Antiheld (m¹⁴)

het **antilichaam** Antikörper (m⁹), Immunkörper (m⁹)

de **Antillen** die Antillen (mv)

de **Antilliaan** Antillianer (m⁹), Antillianerin (v²²)

de **antilope** Antilope (v²¹)

de **antipathie** Antipathie (v²¹), Abneigung (v²⁰)

de **antiquair** Antiquitätenhändler (m⁹)

het **antiquariaat** Antiquariat (o²⁹)

antiquarisch antiquarisch

de **antiquiteit** Antiquität (v²⁰)

de **antireclame** ± schlechte Reklame (v²¹)

de **antisemiet** Antisemit (m¹⁴)

antisemitisch antisemitisch

het **antisemitisme** Antisemitismus (m¹⁹ᵃ)

antiseptisch antiseptisch

de **antistof** Antikörper (m⁹), Abwehrstoff (m⁵)

de **antithese** Antithese (v²¹)

het/de **antivries** Frostschutzmittel (o³³)

de/het ¹**antraciet** [steenkool] Anthrazit (m⁵)
²**antraciet** (bn) anthrazit(farben)

de **antrax** Anthrax (m¹⁹ᵃ), Milzbrand (m¹⁹)

de **antropologie** Anthropologie (v²¹), Menschenkunde (v²¹)

de **antropoloog** Anthropologe (m¹⁵)

de **antroposofie** Anthroposophie (v²¹)

Antwerpen Antwerpen (o)

het **antwoord** Antwort (v²⁰): *in* ~ *op uw brief* auf Ihr Schreiben; *ten* ~ *krijgen* zur Antwort bekommen¹⁹³; *een* ~ *geven* eine Antwort erteilen; *het* ~ *schuldig blijven* die Antwort schuldig bleiben (müssen)

het **antwoordapparaat** Anrufbeantworter (m⁹)

antwoorden antworten: *op iets* ~ auf⁺⁴ etwas antworten

het **antwoordnummer** Postfachnummer (v²¹) für Rückantworten, deren Gebühren der Empfänger nachträglich zahlt

de **anus** Anus (m, 2e nvl: -; mv: Ani), After (m⁹)

de **ANWB** [Ned] 'ANWB' (m); mit dem ADAC vergleichbarer Verein niederländischer Verkehrsteilnehmer

de **aorta** Aorta (v, mv: Aorten)

de **AOW** Altersrente (v²⁸)

apart 1 [afgescheiden] gesondert: *geld* ~ *leggen* Geld beiseitelegen **2** [op zichzelf] einzeln, separat **3** [exclusief] apart: *dat is iets* ~*s* das ist etwas Besonderes

de **apartheid** Apartheid (v²⁸)

de **apathie** Apathie (v²¹)

apathisch apathisch

apegapen: *hij ligt op* ~ er pfeift auf dem letzten Loch

de **apennoot** Erdnuss (v²⁵)

het **apenstaartje** [comp] Klammeraffe (m¹⁵)

het **aperitief** Aperitif (m¹³)

de **apin** Äffin (v²²)

de **apk,** of **apk-keuring** TÜV-Prüfung (v²⁰)

de **apostel** Apostel (m⁹)

de **apostrof** Apostroph (m⁵), Auslassungszeichen (o³⁵)

de **apotheek** Apotheke (v²¹)

de **apotheker** Apotheker (m⁹)

de **apothekersassistent** Apothekenhelfer (m⁹)

de **app** [comp] App (v, 2e nvl: App; mv: Apps; o +m, 2e nvl: Apps; mv: Apps)

het **apparaat** Apparat (m⁵)

de **apparatuur** Apparatur (v²⁰)

het **appartement** Appartement (o³⁶)

het ¹**appel 1** Appell (m⁵): *op het* ~ *ontbreken* beim Appell fehlen **2** [jur] Berufung (v²⁰): *in* ~ *gaan* Berufung einlegen

de ²**appel 1** [vrucht] Apfel (m¹⁰) **2** [boom] Apfelbaum (m⁶) || *de* ~ *valt niet ver van de boom* der Apfel fällt nicht weit vom Stamm

de **appelboom** Apfelbaum (m⁶)

de **appelflap** Apfeltasche (v²¹)

de **appelflauwte** Ohnmacht (v²⁰)

appelleren Berufung einlegen: ~ *aan* appellieren an⁺⁴

de **appelmoes** Apfelmus (o³⁹), Apfelbrei (m¹⁹)

het **appelsap** Apfelsaft (m⁶)

de **appelsien** [Belg] Apfelsine (v²¹), Orange (v²¹)

de **appelstroop** Apfelkraut (o³⁹)

de **appeltaart** Apfelkuchen (m¹¹), Apfeltorte (v²¹)

het **appeltje** Äpfelchen (o³⁵): *met iem. een ~ te schillen hebben* mit jmdm. ein Hühnchen zu rupfen haben¹⁸²

het/de **appendix** Appendix (m⁵)

appetijtelijk appetitlich

applaudisseren applaudieren³²⁰: *voor iem. ~* jmdm. applaudieren

het **applaus** Applaus (m⁵), Beifall (m¹⁹)

de **applicatie** Applikation (v²⁰); [comp] Anwendungsprogramm (o²⁹)

appreciëren anerkennen¹⁸⁹, schätzen

het/de **après-ski** Après-Ski (o³⁹ᵃ)

après-skiën sich beim Après-Ski vergnügen

de **april** April (m⁵, 2e nvl: ook April): *in ~* im April

de **aprilgrap** Aprilscherz (m⁵)

à propos was ich noch sagen wollte

het **aquaduct** Aquädukt (o²⁹)

aquajoggen Aquajoggen (o³⁵)

het **aquajogging** Aquajogging (o³⁹)

de **aquaplaning** Aquaplaning (o³⁹), Wasserglätte (v²¹)

de **aquarel** Aquarell (o²⁹)

het **aquarium** Aquarium (o, 2e nvl: -s; mv: Aquarien)

de **ar** Pferdeschlitten (m¹¹)

Arabië Arabien (o³⁹)

de **Arabier** A̲raber (m⁹)

Arabisch arabisch

de **arbeid** Arbeit (v²⁰)

de **arbeider** Arbeiter (m⁹)

de **arbeidersbeweging** Arbeiterbewegung (v²⁸)

de **arbeidersbuurt** Arbeiterviertel (o³³)

de **arbeidersklasse** Arbeiterklasse (v²⁸)

de **arbeiderspartij** Arbeiterpartei (v²⁰)

de **arbeidsbemiddeling** Arbeitsvermittlung (v²⁰)

het **arbeidsbureau** Arbeitsamt (o³²)

het **arbeidsconflict** Arbeitskonflikt (m⁵)

het **arbeidscontract** Arbeitsvertrag (m⁶), Dienstvertrag (m⁶)

de **arbeidsinspectie** Gewerbeaufsicht (v²⁸)

arbeidsintensief arbeitsintensiv

het **arbeidsloon** Arbeitslohn (m⁶)

de **arbeidsmarkt** Arbeitsmarkt (m⁶): *de krappe ~* die Knappheit an Arbeitskräften

arbeidsongeschikt arbeitsunfähig

de **arbeidsongeschiktheid** Arbeitsunfähigkeit (v²⁰): *gedeeltelijke ~* Teilarbeitsunfähigkeit; *volledige ~* völlige Arbeitsunfähigkeit

de **arbeidsovereenkomst** Arbeitsvertrag (m⁶)

de **arbeidsplaats** Arbeitsplatz (m⁶), Arbeitsstelle (v²¹)

de **arbeidstijd** Arbeitszeit (v²⁰)

de **arbeidstijdverkorting** Arbeitszeitverkürzung (v²⁰)

de **arbeidsvoorwaarden** Arbeitsbedingungen (mv v²⁰)

arbeidzaam fleißig, arbeitsam

de **arbiter 1** [jur] Schiedsmann (m⁸) **2** [sport] Schiedsrichter (m⁹)

de **arbitrage** Arbitrage (v²¹)

arbitrair [willekeurig] arbiträr, willkürlich

arceren schraffieren³²⁰

archaïsch archaisch

de **archeologie** Archäologie (v²⁸)

archeologisch archäologisch

de **archeoloog** Archäologe (m¹⁵)

het **archief** Archiv (o²⁹)

de **archipel** Archipel (m⁵)

de **architect** Architekt (m¹⁴)

architectonisch architektonisch

de **architectuur** Architektur (v²⁰)

de **archivaris** Archivar (m⁵)

Arctisch arktisch

de **are** Ar (o²⁹, m⁵), a

de **arena** Arena (v, mv: Arenen)

de **arend** Adler (m⁹)

de **arendsblik** Adlerblick (m⁵)

argeloos arglos, vertrauensselig

de **argeloosheid** Arglosigkeit (v²⁸), Vertrauensseligkeit (v²⁸)

de **Argentijn** Argentinier (m⁹), Argentinierin (v²²)

Argentijns argentinisch

Argentinië Argentinien (o)

arglistig heimtückisch, arglistig

het **argument** Argument (o²⁹)

de **argumentatie** Argumentation (v²⁰)

argumenteren argumentieren³²⁰

de **argusogen** Argusaugen (mv o³⁸)

de **argwaan** Argwohn (m¹⁹)

argwanend argwöhnisch

de **aria** Arie (v²¹)

de **ariër** Arier (m⁹)

arisch arisch

de **aristocraat** Aristokrat (m¹⁴)

de **aristocratie** Aristokratie (v²¹)

aristocratisch aristokratisch

de **ark** Arche (v²¹): *de ~ van Noach* die Arche Noah($)

de **¹arm** (zn) **1** [alg] Arm (m⁵): [fig] *iem. in de ~ nemen* jmdn. zurate (*of:* zu Rate) ziehen³¹⁸ **2** [mouw] Arm (m⁵), Ärmel (m⁹) **3** [van stoel] Armlehne (v²¹)

²arm (bn) arm⁵⁸: *een ~e drommel* ein armer Schlucker; *~ aan* arm an⁺³; *~ en rijk* Arm und Reich

de **armatuur** Armatur (v²⁰)

de **armband** Armband (o³²)

de **arme** Arme(r) (m⁴⁰ᵃ, v⁴⁰ᵇ)

Armeens armenisch

Armenië Armenien (o)

de **Armeniër** Armenier (m⁹), Armenierin (v²²)

armetierig kümmerlich, ärmlich

armlastig (unterstützungs)bedürftig

de **armleuning** Armlehne (v^{21}), Armstütze (v^{21})

de **armoede** Armut (v^{28}): *stille* ~ verschämte Armut; [fig] *van armoe ging ik maar naar bed weil ich nichts Besseres wusste, ging ich ins Bett*

armoedig ärmlich, dürftig

de **armoedzaaier** Habenichts (m^5)

het **armsgat** Armloch (o^{32})

de **armslag** [fig] Bewegungsfreiheit (v^{28})

de **armstoel** Armsessel (m^9), Armstuhl (m^6)

armzalig armselig

het **aroma** Aroma (o^{36}, mv: ook Aromen)

aromatisch aromatisch

het **arrangement** Arrangement (o^{36})

arrangeren arrangieren^{320}

de **arrenslee** Pferdeschlitten (m^{11})

het **arrest 1** [beslaglegging, hechtenis] Arrest (m^5): *in* ~ *zitten* sich in Haft befinden^{157} **2** [vonnis] Urteil (o^{29})

de **arrestant** Häftling (m^5)

de **arrestatie** Verhaftung (v^{20}), Festnahme (v^{21})

het **arrestatiebevel** Haftbefehl (m^5)

arresteren verhaften, festnehmen^{212}

arriveren ankommen^{193}, eintreffen^{289}

arrogant arrogant

de **arrogantie** Arroganz (v^{28})

het **arrondissement** Bezirk (m^5)

de **arrondissementsrechtbank** Landgericht (o^{29})

het **arsenaal** Arsenal (o^{29}); [fig] Repertoire (o^{36})

het **arsenicum** Arsen (o^{39})

de **arterie** Arterie (v^{21})

de **articulatie** Artikulation (v^{20})

articuleren artikulieren^{320}

de **artiest** Künstler (m^9); [in circus, variété en cabaret, meestal] Artist (m^{14})

het **artikel** Artikel (m^9): *huishoudelijke* ~*en* Haushalt(s)waren (mv v^{21}); ~ *in een krant* Zeitungsartikel; *volgens* ~ *1 van de Grondwet* nach Artikel 1 der Verfassung

de **artillerie** Artillerie (v^{21})

artisanaal [Belg] kunstgewerblich

de **artisjok** Artischocke (v^{21})

artistiek künstlerisch veranlagt, kunstsinnig

de **artrose** Arthrose (v^{21})

de **arts** Arzt (m^6)

de **artsenbezoeker** Ärztevertreter (m^9)

de **artsenij** Arznei (v^{20}), Medikament (o^{29})

Aruba Aruba (o^{39})

de **Arubaan** Arubaner (m^9), Arubanerin (v^{22})

Arubaans arubanisch

de **¹as** [spil] Achse (v^{21}); [om beweging over te brengen] Welle (v^{21})

de **²as** [overblijfsel na verbranding] Asche (v^{21}): *in de as leggen* in Schutt und Asche legen

a.s. afk van *aanstaande* nächst: *maandag* ~

kom ik nächsten Montag komme ich

de **asbak** Aschenbecher (m^9), Ascher (m^9)

het **asbest** Asbest (m^5)

asblond aschblond

de **asceet** Asket (m^{14})

de **ascese** Askese (v^{28})

ascetisch asketisch

aselect beliebig, willkürlich: [statistiek] *een* ~*e steekproef* eine Zufallsauswahl

het **asfalt** Asphalt (m^5)

asfalteren asphaltieren^{320}

het **asiel** Asyl (o^{29}): *iem.* ~ *verlenen* jmdm. Asyl gewähren; *politiek* ~ *vragen* um politisches Asyl bitten^{132} (*of:* nachsuchen)

het **asielrecht** Asylrecht (o^{39})

de **asielzoeker** Asylant (m^{14}), Asylbewerber (m^9), Asylsuchende(r) (m^{40a}, v^{40b})

het **asielzoekerscentrum** Asylantenheim (o^{29}), Asylbewerberheim (o^{29})

de **aso** Assi (m^{13})

het **a.s.o.** [Belg; ond] weiterführender Unterricht (m^{19})

asociaal asozial

het **aspect 1** [kant, aanblik] Aspekt (m^5) **2** [vooruitzichten]: *de* ~*en* die Aussichten

de **asperge** Spargel (m^9)

de **asperger** Asperger-Syndrom (o^{29})

de **aspirant** Aspirant (m^{14}), Anwärter (m^9)

de **aspirant-koper** Interessent (m^{14})

de **aspiratie** Aspiration (v^{20}): *zijn* ~*s gaan uit naar …* er hat Aspirationen nach^{+3} …; *hoge* ~*s hebben* hoch hinauswollen^{315}

het **aspirientje** Aspirintablette (v^{21})

de **aspirine** Aspirin (o^{39})

de **assemblage** Montage (v^{21})

de **assemblee** Vollversammlung (v^{20})

assembleren zusammensetzen, montieren^{320}

Assepoester Aschenputtel (o^{33}), Aschenbrödel (o^{33})

assertief selbstsicher

het **assessment** Assessment (o^{36})

de **assessor** Assessor (m^{16}), Assessorin (v^{22}); Beisitzer (m^9), Beisitzerin (v^{22})

de **assimilatie** Assimilation (v^{20})

assimileren assimilieren^{320}

de **assisen**: [Belg] *hof van* ~ Assisen (mv v^{21}); Schwurgericht (o^{29})

de **assist** Assist (m^{13})

de **assistent** [alg] Assistent (m^{14}): [Belg] *sociaal* ~ Sozialarbeiter (m^9)

de **assistentie** Assistenz (v^{20}): ~ *verlenen* **a)** [alg] Assistenz leisten; **b)** [door politie] polizeiliche Unterstützung gewähren

assisteren assistieren^{320}

de **associatie** Assoziation (v^{20})

zich **associëren** sich assoziieren^{320}

het **assortiment** Sortiment (o^{29}), Auswahl (v^{28})

de **assuradeur** Versicherer (m^9)

de **assurantie** Versicherung (v^{20})

de **aster** Aster (v^{21})

de **asterisk** Asteriskus (m, mv: Asterisken), Sternchen (o³⁵)
het/de **astma** Asthma (o³⁹)
    astmatisch asthmatisch
de **astrologie** Astrologie (v²⁸)
de **astroloog** Astrologe (m¹⁵)
de **astronaut** Astronaut (m¹⁴)
de **astronomie** Astronomie (v²⁸)
    astronomisch astronomisch
de **astronoom** Astronom (m¹⁴)
    Aswoensdag Aschermittwoch (m⁵)
    asymmetrisch asymmetrisch, unsymmetrisch
het **at** [comp] at
de **atalanta** [dierk] Admiral (m⁵, m⁶)
de **ATB** ATB (o³⁶) (afk van *All-Terrain-Bike*); Geländefahrrad (o³²), Mountainbike (o³⁶)
    atechnisch atechnisch
het **atelier** Atelier (o³⁶), Werkstatt (v, mv: Werkstätten)
het **atheïsme** Atheismus (m¹⁹ᵃ)
de **atheïst** Atheist (m¹⁴)
    Athene Athen (o)
het **atheneum** Gymnasium (o, 2e nvl: -s; mv: Gymnasien)
    Atlantisch atlantisch: *de ~e Oceaan* der Atlantische Ozean, der Atlantik
de **atlas** Atlas (m, 2e nvl: Atlas(ses); mv: Atlasse; ook Atlanten)
de **atleet** Athlet (m¹⁴); [atletiekbeoefenaar] Leichtathlet (m¹⁴)
de **atletiek** Leichtathletik (v²⁸)
    atletisch athletisch
de **atmosfeer** Atmosphäre (v²¹)
    atmosferisch atmosphärisch
het/de **atol** Atoll (o²⁹)
    atomair atomar
het **atoom** Atom (o²⁹)
het/de **atoomafval** Atommüll (m¹⁹)
de **atoombom** Atombombe (v²¹)
de **atoomenergie** Atomenergie (v²⁸), Kernenergie (v²⁸)
de **atoomkop** Atomsprengkopf (m⁶)
het **atoomtijdperk** Atomzeitalter (o³⁹)
het **atoomwapen** Atomwaffe (v²¹), Kernwaffe (v²¹)
het **atrium** Atrium (o, mv: Atrien)
de **attaché 1** Attaché (m¹³): *militair ~* Militärattaché (m¹³) **2** [Belg; adviseur van minister] Berater (m⁹) des Ministers
het **attachment** Attachment (o), Anlage (v²¹)
de **attaque 1** [mil] Angriff (m⁵) **2** [med] Attacke (v²¹); [beroerte] Schlaganfall (m⁶)
    attaqueren attackieren³²⁰
het **at-teken** [comp] At-Zeichen (o³⁵), At-Sign (o³⁶), Klammeraffe (m¹⁵)
    attenderen: *iem. op iets ~* jmdn. auf⁺⁴ etwas aufmerksam machen
    attent aufmerksam; [hulpvaardig] zuvorkommend
de **attentie**: *ter ~ van* zu Händen⁺² (*of:* zu Händen von⁺³); *iem. ~s bewijzen* jmdm. Aufmerksamkeiten erweisen³⁰⁷; *~!* Achtung!

het **attest** Attest (o²⁹), Bescheinigung (v²⁰): *~ van de dokter* ärztliches Zeugnis (o²⁹ᵃ)
de **attractie** Attraktion (v²⁰)
    attractief attraktiv, anziehend
het **attractiepark** Vergnügungspark (m¹³), Erlebnispark (m¹³)
het **attribuut** Attribut (o²⁹)
    au au!, auweh!
    a.u.b. bitte
de **aubade** Morgenständchen (o³⁵)
de **aubergine** Aubergine (v²¹)
de **audiëntie** Audienz (v²⁰): *~ geven* Audienz geben¹⁶⁶; *in ~ ontvangen* in Audienz empfangen¹⁴⁶; *bij de minister op ~ gaan* zur Audienz beim Minister gehen
het **audioboek** Audiobuch (o³²), Hörbuch (o³²)
    audiovisueel audiovisuell
de **audit** Audit (o³⁶, m¹³)
de **auditie** Vorspiel (o²⁹), Vorsingen (o³⁹)
    auditief auditiv
de **auditor** Auditor (m¹⁶)
het **auditoraat** [Belg] Militärgericht (o²⁹)
het **auditorium** Auditorium (o, 2e nvl: -s; mv: Auditorien)
de **augurk** Gurke (v²¹): *~ in het zuur* Essiggurke
de **augustus** August (m⁵, 2e nvl: ook -): *in ~ im* August
de **aula** Aula (v, mv: Aulen)
de **¹au pair** (zn) Au-pair (v²⁷), Au-pair-Mädchen (o³⁵)
    ²au pair (bn) au pair: *betrekking als ~* Au-pair-Stelle (v²¹)
de **aura** [ook geneeskunde] Aura (v, mv: Auren)
het/de **aureool** Aureole (v²¹)
de **auspiciën**: *onder (de) ~ van* unter den Auspizien von⁺³
de **ausputzer** [sport] Ausputzer (m⁹)
    Australië Australien (o³⁹)
de **Australiër** Australier (m⁹), Australierin (v²²)
    Australisch australisch
de **auteur** Autor (m¹⁶)
het **auteursrecht** Urheberrecht (o²⁹)
de **authenticiteit** Authentizität (v²⁰)
    authentiek authentisch
de **autist** Autist (m¹⁴)
    autistisch autistisch
de **auto** Auto (o³⁶), Wagen (m¹¹): *kleine ~* Kleinwagen
de **autoband** Autoreifen (m¹¹)
de **autobiografie** Autobiografie (v²¹)
de **autobom** Autobombe (v²¹)
de **autobus** Omnibus (m, 2e nvl: -ses; mv: -se), Autobus (m, 2e nvl: -ses; mv: -se), Bus (m, 2e nvl: -ses; mv: -se)
de **¹autochtoon** (zn) Einheimische(r) (m⁴⁰ᵃ, v⁴⁰ᵇ), Eingeborene(r) (m⁴⁰ᵃ, v⁴⁰ᵇ)
    ²autochtoon (bn) autochthon, einheimisch
de **autocontrole** [Belg] (technische) Überprü-

fung (v[20]) von Kraftfahrzeugen; [inf] TÜV-Überprüfung (v[20])

de **autocoureur** Rennfahrer (m[9])

de **autocratie** Autokratie (v[21])

de **autocue** Teleprompter (m[9]), Autocue (m[13])

de **autodidact** Autodidakt (m[14])

de **autogordel** Sicherheitsgurt (m[5])

de **auto-immuunziekte** Autoimmunkrankheit (v[20])

de **auto-industrie** Autoindustrie (v[21])

de **autokaart** Autokarte (v[21])

het **autokerkhof** Autofriedhof (m[6])

de **autokeuring** (technische) Überprüfung (v[20]) von Kraftfahrzeugen

de **autokraak** Autoaufbruch (m[6]), Autoeinbruch (m[6])

autoluw verkehrsberuhigt

de **automaat** Automat (m[14])

de **automatiek** Automatenrestaurant (o[36])

automatisch automatisch: ~e *overschrijving (giro)* Dauerauftrag (m[6]); ~e *versnellingsbak* Automatikgetriebe (o[33])

automatiseren automatisieren[320]

de **automatisering** Automatisierung (v[20])

het **automatisme** Automatismus (m, 2e nvl: -; mv: Automatismen)

de **automobiel** Automobil (o[29])

de **automobilist** Autofahrer (m[9])

de **automonteur** Kraftfahrzeugmechaniker (m[9]), Automechaniker (m[9])

de **autonomie** Autonomie (v[21])

autonoom autonom

het **auto-ongeluk** Autounfall (m[6])

de **autopapieren** Kraftfahrzeugpapiere (mv o[29])

de **autopech** Autopanne (v[21]), Panne (v[21])

de **autoped** Roller (m[9])

de **autopsie** Autopsie (v[21])

de **autorace** Autorennen (o[35])

de **autoradio** Autoradio (o[36])

autorijden Auto fahren[153]

de **autorijschool** Fahrschule (v[21])

autoritair autoritär

de **autoriteit** Autorität (v[20]); [overheidsinstantie] Behörde (v[21]): *bevoegde* ~ zuständige Behörde

de **autosnelweg** Autobahn (v[20])

de **autostop** [Belg] Autostopp (m[13]): ~ *doen* Autostopp machen

de **autostrade** [Belg] Autobahn (v[20])

het **autoverkeer** Autoverkehr (m[19])

de **autowasstraat** Waschstraße (v[21]), Autowaschstraße (v[21])

de **autoweg** Schnellstraße (v[21])

het **autowrak** Autowrack (o[36])

de **avance** Annäherungsversuch (m[5]), Avancen (mv): ~s *maken* jmdm. Avancen machen

averechts falsch, verkehrt

de **averij** Havarie (v[21])

de **aversie** Aversion (v[20]), Abneigung (v[20])

de **avocado** Avocado (v[27])

de **avond** Abend (m[5]): *'s* ~*s* abends; *een* ~*je uit* ein Vergnügungsabend

het **avondblad** Abendblatt (o[32]), Abendzeitung (v[20])

de **avonddienst 1** [rel] Abendgottesdienst (m[5]) **2** [werktijd] Spätdienst (m[5])

de **avondeditie** Abendausgabe (v[21])

het **avondeten** Abendessen (o[35])

de **avondjurk** Abendkleid (o[31])

de **avondkleding** Gesellschaftskleidung (v[28])

de **avondklok** Ausgangssperre (v[28])

het **Avondland** Abendland (o[39])

het **avondmaal** [prot] Abendmahl (o[29]): *het Laatste Avondmaal* das letzte Abendmahl

de **avondmaaltijd** Abendessen (o[35])

de **avondmens** Nachtmensch (m[14])

het **avondrood** Abendröte (v[28]), Abendrot (o[39])

de **avondschool** Abendschule (v[21])

de **avondspits** abendliche(r) Berufsverkehr (m[5])

de **avonturier** Abenteurer (m[9])

het **avontuur** Abenteuer (o[33])

avontuurlijk abenteuerlich

het **avontuurtje** Abenteuer (o[33]), Liebelei (v[20])

de **AWBZ** [Ned] afk van *Algemene Wet Bijzondere Ziektekosten* (niederländische) Pflege- und Langzeitversicherung (v[20])

het **axioma** Axiom (o[29])

de **ayatollah** Ayatollah (m)

de **azalea** Azalee (v[21]), Azalie (v[21])

azen: *op iets* ~ auf[+4] etwas lauern

de **Azerbeidzjaan** Aserbaidschaner (m[9]), Aserbaidschanerin (v[22])

Azerbeidzjaans aserbaidschanisch

Azerbeidzjan Aserbaidschan (o)

de **Azeri** Aserbaidschaner (m[9])

de **Aziaat** Asiat (m[14]), Asiatin (v[22])

Aziatisch asiatisch

Azië Asien (o[39])

de **azijn** Essig (m[5])

het **azijnzuur** Essigsäure (v[21])

de **Azoren** Azoren (mv)

het **azuur** Azur (m[5])

b

de **b** [letter] b, B (o)

de **BA** [Belg] afk van *burgerlijke aansprakelijk-heid* [in Nederland WA] Haftpflicht (v²⁸)

de **baai** [inham] Bai (v²⁰), Meeresbucht (v²⁰)

de **baal** Ballen (m¹¹): *bij balen* ballenweise; *een ~ rijst* ein Ballen Reis ‖ *de balen hebben van iets* etwas gründlich satthaben

de **baaldag 1** [nare dag] schlechte(r) Tag (m⁵)
2 [verlofdag] ± (extra) Urlaubstag (m⁵)

de **baan 1** [alg] Bahn (v²⁰): [fig] *in goede banen leiden* in die richtige Bahn lenken; *op de lan-ge ~ schuiven* auf die lange Bank schieben²³⁷; *die zaak is van de ~* die Sache ist erledigt
2 [weg] Straße (v²¹) **3** [betrekking] Stelle (v²¹), Job (m¹³)

baanbrekend bahnbrechend

het **baanvak** Bahnstrecke (v²¹)

de **baanwachter** Bahnwärter (m⁹)

de **¹baar 1** [staaf goud, zilver] Barren (m¹¹)
2 [draagbaar] Bahre (v²¹) **3** [golf] Welle (v²¹), Woge (v²¹)
²baar (bn) bar

de **baard** Bart (m⁶) ‖ *hij heeft de ~ in de keel* er ist im Stimmbruch

baardig bärtig

de **baarmoeder** Gebärmutter (v²⁶)

de **baars** Barsch (m⁵)

de **baas 1** [chef] Chef (m¹³); [directeur] Direktor (m¹⁶): *de ~ in huis* der Herr im Hause; *zij is de ~ in huis* sie hat die Hosen an; *ik ben mijn eigen ~* ich bin mein eigener Herr; *hij is hier de ~* er hat hier das Sagen; *de ~ over iem. spelen* jmdn. bevormunden **2** [van hond] Herr (m¹⁴, 2e, 3e, 4e nv ev: Herrn), Herrchen (o³⁵)
3 [bolleboos] Meister (m⁹): *hij is mij de ~* er ist mir überlegen; *iets de ~ worden* etwas meistern ‖ *een aardige ~* ein netter Kerl; *je hebt altijd ~ boven ~* jeder findet seinen Meister

de **baat** Nutzen (m¹⁹), Vorteil (m⁵): *ik vind geen ~ bij dat geneesmiddel* diese Arznei hilft nicht; *er ~ bij hebben als …* davon profitieren, wenn …; *de gelegenheid te ~ nemen* die Gelegenheit nutzen; *alle middelen te ~ nemen* alle Mittel anwenden³⁰⁸; *ten bate van* zugunsten⁺², zu Gunsten⁺²

de **babbel** Schnabel (m¹⁰) ‖ *een vlotte ~ hebben* ein flinkes Mundwerk haben

babbelen plaudern

de **babe** Babe (o³⁶)

de **baby** Baby (o³⁶)

de **babyboom** Babyboom (m¹³)

de **babyboomer** Babyboomer (m⁹, m¹³)

de **babyface** Babygesicht (o³¹), Babyface (o)

de **babyfoon** Babyfon (o²⁹)

de **babysit** Babysitter (m⁹), Babysitterin (v²²)
babysitten babysitten

de **babysitter** Babysitter (m⁹)

de **babyuitzet** Babyausstattung (v²⁰)

de **babyverzorgingsruimte** Wickelraum (m⁶)

de **bachelor** Bachelor (m¹³, 2e nvl: ook -)

de **bacheloropleiding** Bachelorstudiengang (m⁶)

de **bacil** Bazillus (m, 2e nvl: -; mv: Bazillen)

de **back** [sport] Verteidiger (m⁹)

de **backhand** Rückhand (v²⁸)

de **backpacker** Backpacker (m⁹), Rucksacktourist (m¹⁴)

de **backslash** Backslash (m¹³), umgekehrte(r) Schrägstrich (m⁵)

de **back-up** Sicherungskopie (v²¹)

het **bacon** Bacon (m¹⁹)

de **bacterie** Bakterie (v²¹)
bacterieel bakteriell
bacteriologisch bakteriologisch

het **bad** Bad (o³²)

de **baddoek** Badetuch (o³²)
baden (sich) baden: *in weelde ~* im Überfluss leben; *in het zweet ~* in Schweiß baden

de **badgast** Badegast (m⁶); [wie kuurt, ook] Kurgast (m⁶)

de/het **badge 1** Namensschild (o³¹) **2** [chipkaart] Magnetkarte (v²¹)

de **badhanddoek** Badetuch (o³²), Frottiertuch (o³²)

de **badjas** Bademantel (m¹⁰)

de **badkamer** Bad (o³²), Badezimmer (o³³)

de **badkuip** Badewanne (v²¹)

het **badlaken** Badetuch (o³²), Frottiertuch (o³²)

de **badmeester** Bademeister (m⁹)

het **badminton** Badminton (o³⁹), Federball (m¹⁹)
badmintonnen Badminton spielen; [inf] Federball spielen

de **badmuts** Badehaube (v²¹)

het **badpak** Badeanzug (m⁶)

de **badplaats 1** [alg] Badeort (m⁵): *een mondaine ~* ein mondäner Badeort **2** [voor wie kuurt] Kurort (m⁵), Bad (o³²)

de **badslipper** Badelatsche (v²¹)

de **badstof** Frottee (m¹³, o³⁶, 2e nvl: ook -)

het **badwater** Badewasser (o³³)

de **bagage** Gepäck (o³⁹): *zijn ~ afgeven* sein Gepäck aufgeben¹⁶⁶

de **bagagedrager** Gepäckträger (m⁹)

de **bagagekluis** Schließfach (o³²)

de **bagageruimte** Kofferraum (m⁶)

het/de **bagatel** Bagatelle (v²¹), Kleinigkeit (v²⁰)
bagatelliseren bagatellisieren³²⁰, kleinreden

de **bagger** Schlamm (m⁵, m⁶)
baggeren baggern: *door de modder ~* durch den Schlamm waten

de **baggermachine,** de **baggermolen** Bag-

ban

ger (m⁹), Baggermaschine (v²¹)
bah bah!, pfui!, pfui Teufel!
de **bahco** Rollgabelschlüssel (m⁹), englische(r) Schraubenschlüssel (m⁹)
Bahrein Bahrain (o³⁹)
de **Bahreiner** Bahrainer (m⁹), Bahrainerin (v²²)
Bahreins bahrainisch
de **bajes** Kittchen (o³⁵), Knast (m⁵, m⁶), Loch (o³²)
de **bajesklant** Knastbruder (m¹⁰)
de **bajonet** Bajonett (o²⁹)
de **bajonetsluiting** Bajonettverschluss (m⁶)
de **¹bak** 1 [alg; kist] Behälter (m⁹), Kasten (m¹²) 2 [gevangenis] Kittchen (o³⁵), Loch (o³²)
de **²bak** [mop] Witz (m⁵)
het **bakbeest** Koloss (m⁵), Ungeheuer (o³³)
het **bakblik** Backblech (o²⁹)
het **bakboord** Backbord (o²⁹): *aan* ~ an Backbord
het **bakeliet**ᴹᴱᴿᴷ Bakelit (o²⁹)
het **baken** Bake (v²¹): *~s zetten* Baken aufstellen
de **bakermat** 1 [plaats van oorsprong] Wiege (v²¹) 2 [geboortestreek] Heimat (v²⁰)
het **bakerpraatje** Altweibergeschwätz (o³⁹)
de **bakfiets** 1 [driewieler] Lieferdreirad (o³²) 2 [fiets] Lieferrad (o³²)
het **bakje** 1 [kleine kist] kleiner Behälter (m⁹) 2 [kopje] Tasse (v²¹)
de **bakkebaard** Backenbart (m⁶), Koteletten (mv v²¹)
bakkeleien sich raufen, sich balgen
bakken 1 [van voedsel] backen¹²¹; [vlees, vis, ei, ook] braten¹³⁶: *gebakken aardappels* Bratkartoffeln 2 [van dakpannen, potten] brennen¹³⁸
de **bakker** Bäcker (m⁹) || *komt voor de ~!* (geht) in Ordnung!, alles klar (*of:* okay)!; *het is voor de* ~ [ook] es ist alles in Butter
de **bakkerij** Bäckerei (v²⁰), Backstube (v²¹)
het **bakkes** Fratze (v²¹): *hou je ~!* halt die Klappe!
de **bakpan** Bratpfanne (v²¹)
de **bakplaat** Backblech (o²⁹)
het **bakpoeder** Backpulver (o³³)
de **baksteen** Backstein (m⁵), Ziegel (m⁹), Ziegelstein (m⁵)
de **bakvorm** Kuchenform (v²⁰), Backform (v²⁰)
het **bakzeil**: *~ halen* klein beigeben¹⁶⁶
de **¹bal** 1 [bolrond voorwerp] Ball (m⁶): *~ gehakt* Frikadelle (v²¹); Bulette (v²¹); [fig] *een ~letje over iets opgooien* einen Versuchsballon für eine Sache steigen lassen; [fig] *toen is het ~letje gaan rollen* dann kam eins zum anderen 2 [van hand en voet] Ballen (m¹¹) 3 [teel-, zaadbal] Hode (v²¹) || *hij weet er geen ~ van* er hat keine blasse Ahnung davon
het **²bal** [danspartij] Ball (m⁶)
de **balalaika** Balalaika (v²⁷, mv: ook Balalaiken)
balanceren balancieren³²⁰
de **balans** 1 [weegschaal] Waage (v²¹) 2 [hand]

Bilanz (v²⁰) || *de ~ opmaken* a) [lett] die Bilanz aufstellen; b) [fig] (die) Bilanz ziehen³¹⁸ (aus ⁺³); *uit ~ raken* die Balance, das Gleichgewicht verlieren
baldadig mutwillig, ausgelassen, übermütig
de **baldadigheid** 1 [uitgelatenheid] Ausgelassenheit (v²⁸) 2 [straatschenderij] Unfug (m¹⁹)
het/de **baldakijn** Baldachin (m⁵)
de **balein** Fischbeinstab (m⁶), Stab (m⁶)
balen: *van iets ~* etwas satthaben¹⁸²
de **balie** 1 [toonbank] Schalter (m⁹), Theke (v²¹) 2 [balustrade in rechtszaal] Schranke (v²¹) des Gerichts 3 [rechtbank] Gericht (o²⁹) 4 [advocatenstand] Anwaltschaft (v²⁸): *lid van de ~* Rechtsanwalt (m⁹)
de **baliemedewerker** Schaltermitarbeiter (m⁹); Schalterangestellte(r) (m⁴⁰ᵃ)
de **balk** Balken (m¹¹) || *hij gooit het niet over de ~* er wirft sein Geld nicht zum Fenster hinaus
de **Balkan** der Balkan (m¹⁹)
balken 1 [m.b.t. ezel] iahen 2 [huilen] heulen
het **balkon** 1 Balkon (m⁵, m¹³) 2 [van tram] Plattform (v²⁰)
de **ballade** Ballade (v²¹)
de **ballast** [ook fig] Ballast (m⁵)
¹ballen (onov ww) 1 [tot een bal worden] sich ballen 2 [met een bal spelen] Ball spielen
²ballen (ov ww) ballen
de **ballenbak** Bällebad (o³²)
de **ballenjongen** Balljunge (m¹⁵)
ballerig angeberisch, großkotzig
de **ballerina** Ballerina (v, mv: Ballerinen)
het **ballet** Ballett (o²⁹)
de **balletdanser** Balletttänzer (m⁹), Balletttänzerin (v²²)
het **balletje** Bällchen (o³⁵): *~ van vlees* Fleischklößchen (o³⁵)
de **balling** Verbannte(r) (m⁴⁰ᵃ, v⁴⁰ᵇ)
de **ballingschap** Verbannung (v²⁰), Exil (o²⁹)
de **ballon** Ballon (m⁵, m¹³)
de **ballpoint** Kugelschreiber (m⁹), Kuli (m¹³)
balorig widerspenstig, störrisch; [inf] bockig
de **balpen** Kugelschreiber (m⁹); [inf] Kuli (m¹³)
de **balsamicoazijn** Balsamico (m¹⁹), Balsamessig (m⁵)
de **balsem** Balsam (m⁵)
balsemen balsamieren³²⁰
Baltisch baltisch: *de ~e staten* das Baltikum
de **balustrade** Balustrade (v²¹), Brüstung (v²⁰)
de **balzaal** Ballsaal (m⁶, mv: Ballsäle)
de **balzak** Hodensack (m⁶)
de **bamastructuur** Bachelor-Master-Struktur (v²⁰)
het/de **bamboe** Bambus (m, 2e nvl: - en -ses; mv: -se)
de **ban** Bann (m¹⁹): *iem. in de ~ doen* jmdn. in

Acht und Bann tun ‖ *in de ~ van de muziek raken* in den Bann der Musik geraten
banaal banal
de **banaan** Banane (v²¹)
de **banaliteit** Banalität (v²⁰)
de **bananenschil** Bananenschale (v²¹): *uitglijden over een ~* auf einer Bananenschale ausrutschen
bancair Bank-, bank-
de ¹**band 1** [strook] Band (o³²): *de lopende ~* das Fließband **2** [relatie] Band (o²⁹) **3** [boekdeel] Band (m⁶) **4** [biljart] Bande (v²¹) **5** [van voertuig] Reifen **6** [sport] Gürtel (m⁹): *zwarte ~* schwarzer Gürtel (m¹¹) ‖ *uit de ~ springen* außer Rand und Band geraten
de ²**band** [muz] Band (v²⁷)
de **bandage** Bandage (v²¹)
bandeloos zügellos
de **bandeloosheid** Zügellosigkeit (v²⁸)
de **bandenpech** Reifenpanne (v²¹)
de **bandiet** Bandit (m¹⁴)
de **bandleider** Bandleader (m⁹)
de **bandopname** Tonbandaufnahme (v²¹), Bandaufnahme (v²¹)
de **bandrecorder** Rekorder (m⁹), Tonbandgerät (o²⁹)
banen bahnen: *zich een weg ~* sich³ einen Weg bahnen
bang bang(e)⁵⁹: *~e uren* bange Stunden; *~ zijn* sich fürchten (*of*: Angst haben); *ik ben ~ voor de dood* ich fürchte mich vor dem Tod; *ik ben ~, dat ... * ich fürchte, dass ...; *ik was er al ~ voor* ich dachte es schon; *iem. ~ maken* jmdm. Angst machen
bangelijk ängstlich, furchtsam
de **bangerd** Angsthase (m¹⁵), Hasenfuß (m⁶)
Bangladesh Bangladesch (o³⁹ᵃ)
de **bangmakerij** Einschüchterung (v²⁰)
de **banier** [ook fig] Banner (o³³)
de **banjo** Banjo (o³⁶)
de ¹**bank** [zetel, aardlaag] Bank (v²⁵); [meubelstuk] Couch (v²⁷, v²⁰): *door de ~* im Allgemeinen
de ²**bank** [instelling] Bank (v²⁰): *geld op de ~ hebben* Geld auf der Bank haben
het **bankafschrift** Kontoauszug (m⁶)
het **bankbiljet** Banknote (v²¹), Geldschein (m⁵)
het **banket** Bankett (o²⁹), Festessen (o³⁵)
de **banketbakker** Konditor (m¹⁶)
de **banketbakkerij** Konditorei (v²⁰)
de **banketletter** Blätterteigbuchstabe (m¹⁸) mit Mandelfüllung
het **bankgeheim** Bankgeheimnis (o²⁹)
de **bankhanger** Couch-Potato (m, 2e nvl: -(s); mv: -(e)s; v, 2e nvl: -; mv: -(e)s)
de **bankier** Bankier (m¹³) /baŋkjee/, Banker (m⁹)
het **bankje 1** [kleine bank] Bänkchen (o³⁵) **2** [voetenbankje] Fußbank (v²⁵), Schemel (m⁹)
de **bankkaart** [Belg] Scheckkarte (v²¹), Bankkarte (v²¹)
de **bankoverval** Banküberfall (m⁶)
de **bankpas** Scheckkarte (v²¹)
de **bankrekening** Bankkonto (o³⁶, mv: Bankkonten, Bankkonti): *geheime ~* Geheimkonto
het ¹**bankroet** (zn) Bankrott (m⁵): *~ gaan* bankrottgehen¹⁶⁸
²**bankroet** (bn) bankrott: *~ zijn* bankrott sein
de **bankroof** Bankraub (m¹⁹)
de **bankschroef** Schraubstock (m⁶)
het **bankstel** Polstergarnitur (v²⁰)
de **bankwerker** Schlosser (m⁹)
de **banneling** Verbannte(r) (m⁴⁰ᵃ, v⁴⁰ᵇ)
bannen 1 [verdrijven] [persoon] verbannen; [zaak] ausmerzen, tilgen: *iets uit zijn geheugen ~* etwas aus dem Gedächtnis streichen (*of*: tilgen) **2** [van geesten] bannen, austreiben²⁹⁰
de **banner** Banner (o³³)
de **bapao** Bapao (o³⁹ᵃ, mv: -)
de **baptist** Baptist (m¹⁴)
de ¹**bar** (zn) Bar (v²⁷)
²**bar** (bn, bw) **1** [m.b.t. strand, rots] kahl, nackt **2** [m.b.t. streken] dürr, unfruchtbar **3** [m.b.t. weer] rau **4** [erg] schlimm: *~ veel geld* unheimlich viel Geld; *een ~re tocht* eine schlimme Fahrt; *~ koud* grausam kalt; [inf] hundekalt **5** [zeer] fürchterlich, schrecklich
de **barak** Baracke (v²¹)
de **barbaar** Barbar (m¹⁴)
barbaars barbarisch, unmenschlich
de **barbaarsheid** Barbarei (v²⁰)
de **barbecue** Barbecue (o³⁶)
barbecueën ein Barbecue geben¹⁶⁶; [grillen] grillen, braten¹³⁶
de **barcode** Strichcode (m¹³), EAN-Code (m¹³)
de **bareel** [Belg] **1** [slagboom] Schlagbaum (m⁶), Schranke (v²¹) **2** [spoorboom] Eisenbahnschranke (v²¹)
het **barema** [Belg] Lohnskala (v²⁷, mv: ook Lohnskalen)
baren gebären, zur Welt bringen¹³⁹: *iem. zorg ~* jmdm. Sorge bereiten
de **barensnood** Wehen (mv), Geburtswehen (mv): *in ~ verkeren* Wehen haben
de **baret** Barett (o²⁹)
het **Bargoens 1** [geheimtaal] Rotwelsch (o³⁹) **2** [onverstaanbare taal] Kauderwelsch (o³⁹)
de **bariton** Bariton (m⁵)
de **barjuffrouw** Bardame (v²¹)
de **barkeeper** Barkeeper (m⁹), Barmann (m⁸)
de **barkruk** Barhocker (m⁹)
barmhartig barmherzig
het/de **barok** (zn) Barock (m¹⁹, o³⁹, 2e nvl: -s)
²**barok** (bn) barock
de **barometer** Barometer (o³³): *de ~ gaat achteruit, vooruit* das Barometer fällt, steigt
de **baron** Baron (m⁵)
de **barones** Baronin (v²²)

de **barrage** [sport] Stechen (o^{39}), Stichkampf (m^6)

de **barricade** Barrikade (v^{21})

¹barricaderen (ov ww) verbarrikadieren^{320}

zich **²barricaderen** (wdk ww) sich verbarrikadieren

de **barrière** Barriere (v^{21})

bars barsch, grob

de **barst 1** [in hout, ijs, muur] Riss (m^5) **2** [in glas, kopje e.d.] Sprung (m^6) **3** [in huid] Schrunde (v^{21})

barsten 1 [barsten krijgen] bersten^{127}, Sprünge (of: Risse) bekommen^{193} **2** [in stukken breken] platzen, zerspringen^{276} || barst! rutsch mir den Buckel runter!; ~ van afgunst vor Neid platzen; ~ van nieuwsgierigheid vor Neugier brennen^{138}; iem. laten ~ jmdn. sitzen lassen^{197}

de **bas** Bass (m^6)

basaal basal

het **basalt** Basalt (m^5)

de **base** Base (v^{21})

het **baseball** Baseball (m^{19})

de **baseballcap** Baseballkappe (v^{21})

baseballen Baseball spielen

de **baseline** Grundlinie (v^{21})

baseren basieren^{320}: gebaseerd zijn op basieren auf^{+3}, beruhen auf^{+3}

de **basgitaar** Bassgitarre (v^{21})

het **basilicum** Basilikum (o^{36})

de **basiliek** Basilika (v, mv: Basiliken)

de **basis** Basis (v, mv: Basen); [mil ook] Stützpunkt (m^5)

basisch basisch

de **basiscursus** Grundkurs (m^5)

het **basisinkomen** Bürgergeld (o^{39})

het **basisonderwijs 1** [van 4 tot 12 jaar] Grundschulunterricht (m^5) **2** [eerste beginselen] Elementarunterricht (m^5)

de **basisoptie** [Belg] Wahlfächer (mv o^{32})

de **basisschool** Grundschule (v^{21})

de **basisverzekering** Bürgerversicherung (v^{20})

de **basisvorming** [Belg] Pflichtfächer (mv o^{32})

de **basiswedde** Grundgehalt (o^{32})

de **Bask** Baske (m^{15}), Baskin (v^{22})

Baskenland Baskenland (o)

het **basketbal 1** [sport] Basketball (m^{19}, o^{39}) **2** [bal] Basketball (m^6)

basketballen Basketball spielen

het **Baskisch** baskisch

het **bassin** Bassin (m^{36}), Becken (o^{35})

de **bassist** Bassist (m^{14})

de **bassleutel** Bassschlüssel (m^9)

de **bast** [deel van boom onder schors] Bast (m^5); [schors] Rinde (v^{21}), Borke (v^{21}): in z'n blote ~ nackt

basta basta!, genug!, Schluss jetzt!

de **bastaard** Bastard (m^5); [dierk ook] Hybride (v^{21})

de **basterdsuiker** Farin (m^{19})

het **bastion** Bastion (v^{20}), Bastei (v^{20})

het **bat** [sport] Tischtennisschläger (m^9), Schläger (m^9)

het **bataljon** Bataillon (o^{29})

de **bate**: ten ~ van zugunsten^{+2}, zu Gunsten^{+2}

baten nützen^{+3}, helfen^{188+3}

batig: een ~ saldo hebben einen Aktivsaldo, positiven Saldo aufweisen, im Plus sein

het **batje** zie bat

de **batterij 1** [mil, elek] Batterie (v^{21}) **2** [groep] ganze Menge (v^{21}) **3** [achterste] Hintern (m^{11}) **4** [Belg; accu] Batterie (v^{21})

de **batterijlader** Akkuladegerät (o^{29}), Akkulader (m^9)

het **bauxiet** Bauxit (m^5)

de **baviaan** Pavian (m^5)

de **baxter** [Belg] [med] Infusion (v^{20}): aan de ~ liggen am Tropf hängen

de **bazaar** Basar (m^5)

bazelen faseln, schwafeln

bazig herrisch, gebieterisch

de **bazin** Herrin (v^{22}); [van hond] Frauchen (o^{35}); [cheffin] Chefin (v^{22})

het **beachvolleybal** Beachvolleyball (m^{19}, o^{39})

beademen 1 behauchen **2** [med] beatmen

de **beademing** Beatmung (v^{20}), Beatmen (o)

de **beambte** Beamte(r) (m^{40a}); [employé] Angestellte(r) (m^{40a}): vrouwelijke ~ Beamtin (v^{22}); Angestellte (v^{40b})

beamen 1 [instemmen] beipflichten^{+3} **2** [bevestigen] bestätigen

de **beamer** Beamer (m^9)

beangstigen (be)ängstigen

beantwoorden 1 [een brief, vraag] beantworten; [een blik, groet, hatelijkheid, het vijandelijk vuur] erwidern **2** (+ aan) entsprechen^{274+3}

de **beantwoording** Beantwortung (v^{20}), Erwiderung (v^{20})

beargumenteren begründen

de **beat** Beat (m^{19}, m^{19a})

de **beatbox** Beatbox (v^{20})

de **beauty** Beauty (v^{27})

de **beautycase** Kosmetikkoffer (m^9)

bebloed blutig, blutbefleckt

beboeten mit einer Geldstrafe belegen: iem. ~ jmdm. eine Geldstrafe auferlegen

bebossen aufforsten

de **bebossing** Aufforstung (v^{20})

bebouwen 1 bebauen **2** [landb] bestellen

de **bebouwing 1** Bebauung (v^{20}); [Belg] halfopen ~ Doppelhaus **2** [landb] Bestellung (v^{20})

becijferen [berekenen] beziffern, berechnen

becommentariëren kommentieren^{320}

beconcurreren: iem. ~ mit jmdm. konkurrieren^{320}

het **bed 1** [slaapplaats] Bett (o^{37}): kamer met één ~ Einzelzimmer (o^{33}); kamer met twee ~den Doppelzimmer (o^{33}); in ~ liggen im Bett liegen^{202}; naar ~ brengen ins Bett bringen^{139};

naar ~ gaan ins Bett gehen[168]; *met iem. naar ~ willen* mit jmdm. ins Bett wollen[315] **2** [bloembed] Beet (o[29])

bedaard ruhig, gelassen

bedacht bedacht, gefasst: *op alles ~ zijn* auf alles gefasst sein[262]

bedachtzaam bedächtig, besonnen

de **¹bed and breakfast** [accommodatie] Privatzimmer (o[33])

het **²bed and breakfast** [overnachting] Bed and Breakfast (v, 2e nvl: -(s); mv: -s), Zimmer (o[33]) mit Frühstück

de **bedankbrief** Dankbrief (m[5]), Dankschreiben (o[35])

bedanken 1 [dank betuigen] sich bedanken, danken[+3]: *iem. voor iets ~* sich bei jmdm. für[+4] etwas bedanken (*of:* jmdm. für etwas danken) **2** [afwijzen] ablehnen **3** [opzeggen] abbestellen **4** [m.b.t. club] austreten[291]

het **bedankje 1** [dankbetuiging] Dankeschön (o); [schriftelijk] Dankschreiben (o[35]) **2** [beleefde weigering] Ablehnung (v[20]); [afzeging] Absage (v[21]); [als lid] Austrittserklärung (v[20]); [van een vereniging] Abmeldung (v[20])

bedankt danke

¹bedaren (onov ww) sich beruhigen; *zie bedaard*

²bedaren (ov ww) beruhigen: *iem. tot ~ brengen* jmdn. beruhigen

het **beddengoed** Bettzeug (o[39]), Bettwäsche (v[28])

het **beddenlaken** Betttuch (o[32])

de **beddensprei** Tagesdecke (v[21])

de **bedding** Bett (o[37]); [van rivier ook] Flussbett

bedeesd schüchtern, scheu

bedekken bedecken

bedekt 1 [toegedekt] bedeckt **2** [niet openlijk] verblümt: *in ~e termen* mit verblümten Worten

de **bedelaar** Bettler (m[9])

de **bedelarij** Bettelei (v[20]), Betteln (o[39])

de **bedelarmband** Bettelarmband (o[32])

de **bedelbrief** Bettelbrief (m[5])

¹bedelen (onov ww) betteln: *om iets ~* um etwas betteln

²bedelen (onov ww) unterstützen: *iem. ruim ~* jmdn. reich bedenken

de **bedelstaf** Bettelstab (m[6]): *tot de ~ brengen* an den Bettelstab bringen[139]

het **bedeltje** Anhänger (m[9])

bedelven begraben[180]

bedenkelijk bedenklich

bedenken 1 [overwegen] bedenken[140], sich[3] überlegen: *zonder zich te ~* ohne sich zu bedenken; *hij heeft zich bedacht* er hat sich[3] es anders überlegt **2** [verzinnen] ausdenken[140] **3** [begiftigen] bedenken[140]

de **bedenking** Bedenken (o[35]), Einwand (m[6]): *~en hebben* Bedenken haben[182]

het **bedenksel** Erfindung (v[20])

de **bedenktijd** Bedenkzeit (v[20])

het **bederf 1** [rotting] Fäulnis (v[28]); [van lijken] Verwesung (v[28]) **2** [achteruitgang] Verfall (m[19]): *aan ~ onderhevig* verderblich

bederfelijk verderblich

¹bederven (onov ww) verderben[297]: *die vruchten ~ gauw* diese Früchte sind leicht verderblich; *zie bedorven*

²bederven (ov ww) **1** [slechter maken] verderben[297]: *z'n ogen ~* sich[3] die Augen verderben **2** [verwennen] verziehen[318], verwöhnen **3** [verpesten] verpfuschen: *iemands plezier ~* jmdm. den Spaß verderben

de **bedevaart** Wallfahrt (v[20]), Pilgerfahrt (v[20])

de **bedevaartganger** Wallfahrer (m[9]), Pilger (m[9])

het **bedevaartsoord** Wallfahrtsort (m[5])

de **bediende 1** [in huishouding] Diener (m[9]), Dienerin (v[22]) **2** [employé] Angestellte(r) (m[40a], v[40b]) **3** [in zaak] Verkäufer (m[9]): *jongste ~* Lehrling (m[5])

¹bedienen (ov ww) bedienen

zich **²bedienen** (wdk ww) sich bedienen[+2]

de **bediening** Bedienung (v[28])

de **bedieningsknop** Bedienungsknopf (m[6])

het **bedieningspaneel** Schalttafel (v[21]), Schaltbrett (o[31])

de **bedieningspost** [Belg] Ausleihe (v[21])

het **beding** Bedingung (v[20])

bedingen 1 [overeenkomen] vereinbaren **2** [onderhandelen] (aus)bedingen[141]

bedisselen in Ordnung bringen[139]: *een zaak ~* eine Sache deichseln

bedlegerig bettlägerig

bedoelen 1 [aanduiden] meinen: *de bedoelde persoon* der (*of:* die) Betreffende **2** [beogen] beabsichtigen, bezwecken

de **bedoeling** [doel] Absicht (v[20]), Zweck (m[5]): *de ~ van deze maatregel* der Zweck dieser Maßnahme; *dat was niet de ~* so war es nicht gemeint; *het ligt in onze ~ dat te doen* wir beabsichtigen, das zu tun; *met de ~* in der Absicht

de **bedoening** Betrieb (m[5])

bedompt dumpf, dumpfig

bedonderd [inf] **1** [slecht] miserabel, beschissen **2** [dwaas] verrückt

bedonderen [inf] beschummeln, bemogeln

bedorven [m.b.t. spijzen, dranken] verdorben: *een ~ ei* ein faules Ei; *~ lucht* stickige Luft (v[28])

bedotten beschwindeln, übertölpeln, bemogeln

bedplassen das Bett nässen

de **bedrading** Verdrahtung (v[20])

het **bedrag** Betrag (m[6]), Summe (v[21]): *het gedeeltelijke ~* der Teilbetrag; *het resterende ~* der Restbetrag; *ten ~e van* in Höhe von[+3]

bedragen betragen[288], sich belaufen[198] auf[+4]

bedreigen drohen[+3], bedrohen[+4]: *iem.* ~ jmdn. bedrohen (*of:* jmdm. drohen); *bedreigde diersoorten* bedrohte Tierarten

de **bedreiging** Drohung (v[20]), Bedrohung (v[20])

bedreven erfahren, versiert, gewandt

bedriegen betrügen[294], täuschen, hintergehen[168]: *hij kwam bedrogen uit* er hatte sich sehr verrechnet; *als mijn geheugen mij niet bedriegt* wenn mich mein Gedächtnis nicht trügt; *als mijn ogen me niet* ~ ... wenn meine Augen mich nicht täuschen ...

de **bedrieger** Betrüger (m[9])

de **bedriegerij** Betrug (m[19]), Betrügerei (v[20])

bedrieglijk 1 [leugenachtig] betrügerisch **2** [misleidend] trügerisch

het **bedrijf 1** [alg] Betrieb (m[5]): *buiten* ~ außer Betrieb; *in* ~ in Betrieb **2** [bedrijfsleven] Wirtschaft (v[28]) **3** [ambacht] Gewerbe (o[33]), Handwerk (o[29]): *zijn* ~ *uitoefenen* seinem Erwerb nachgehen[168] **4** [zaak] Geschäft (o[29]) **5** [theat] Aufzug (m[6]), Akt (m[5])

de **bedrijfsadministratie** [ec] Rechnungswesen (o[39]); [kantoor] Betriebsbüro (o[36])

de **bedrijfsarts** Betriebsarzt (m[6]), Werksarzt (m[6])

de **bedrijfscultuur** Unternehmenskultur (v[20])

de **bedrijfseconomie** Betriebswirtschaftslehre (v[21]), Betriebswirtschaft (v[20])

het **bedrijfskapitaal** Betriebskapital (o[29])

bedrijfsklaar betriebsfertig

de **bedrijfskunde** Betriebswissenschaft (v[20])

de **bedrijfsleider** Betriebsleiter (m[9])

de **bedrijfsleiding** Betriebsleitung (v[20]), Werksleitung (v[20]), Betriebsführung (v[20])

het **bedrijfsleven** Wirtschaft (v[28])

het **bedrijfsongeval** Betriebsunfall (m[6])

het **bedrijfsresultaat** Betriebsergebnis (o[29a])

de **bedrijfsrevisor** [Belg] Bücherrevisor (m[16])

de **bedrijfsruimte** Betriebsraum (m[6])

de **bedrijfssluiting** Betriebsstilllegung (v[20])

de **bedrijfstak** Wirtschaftszweig (m[5]), Branche (v[21])

de **bedrijfsvoering** Betriebsführung (v[20])

bedrijfszeker betriebssicher

bedrijven [van misdaad] begehen[168], verüben

bedrijvend: ~*e vorm* Aktiv (o[29])

het **bedrijvenpark** Industriepark (m[13])

bedrijvig geschäftig, betriebsam, emsig

de **bedrijvigheid** Geschäftigkeit (v[28])

zich **bedrinken** sich betrinken[293]

bedroefd betrübt (über[+4]), traurig (über[+4])

de **bedroefdheid** Traurigkeit (v[28]), Betrübtheit (v[28])

bedroeven betrüben, traurig machen

bedroevend betrüblich: ~ *slecht* miserabel

het **bedrog** Betrug (m[19]); [oplichterij] Schwindel (m[19]): *optisch* ~ optische Täuschung (v[20])

bedruipen begießen[175]: *zichzelf kunnen* ~ seinen Unterhalt bestreiten können[194]

bedrukken bedrucken

bedrukt [fig] niedergeschlagen, bedrückt

de **bedtijd** Schlafenszeit (v[20])

beducht bange: *voor iets* ~ *zijn* etwas fürchten

beduiden 1 [betekenen] bedeuten **2** [gebaren] zu verstehen geben[166] **3** [aan het verstand brengen] deutlich machen

beduidend bedeutend, erheblich

beduimeld abgegriffen

beduusd verdutzt, betreten

beduvelen [inf] beschummeln, hereinlegen

het **bedwang**: *in* ~ *houden* im Zaum halten[183]

bedwelmen betäuben; [door alcohol; fig] berauschen, benebeln

bedwingen 1 [van gevoelens] bezwingen[319] **2** [van oproer] unterdrücken

beëdigd 1 [onder ede] vereidigt **2** [door eed bekrachtigd] beeidet

beëdigen 1 [de eed laten afleggen] vereidigen **2** [met een eed bekrachtigen] beeiden

de **beëdiging** [bekrachtiging] Beeidigung (v[20]); [het afleggen van de eed] Vereidigung (v[20])

beëindigen beenden, beendigen

de **beek** Bach (m[6])

het **beeld 1** [standbeeld] Statue (v[21]), Figur (v[20]), Plastik (v[21]) **2** [beeldspraak] Bild (o[31]): *een* ~ *van een kind* ein bildschönes Kind || *zich een* ~ *van iets vormen* sich[3] ein Bild von etwas machen

de **beeldbuis** Bildröhre (v[21])

beeldend: ~*e kunst* bildende Kunst (v[25]); ~ *kunstenaar* bildender Künstler

beeldhouwen 1 [in steen] meißeln **2** [in hout] schnitzen

de **beeldhouwer** Bildhauer (m[9]); [in hout] Bildschnitzer (m[9])

de **beeldhouwkunst** Bildhauerkunst (v[28])

het **beeldhouwwerk** Bildhauerarbeit (v[20]); [kunstwerk ook] Skulptur (v[20]), Plastik (v[20])

beeldig süß, (bild)hübsch, goldig

het **beeldpunt** Bildpunkt (m[5])

het **beeldscherm** Bildschirm (m[5]): *plat* ~ Flachbildschirm

beeldschoon bildschön

de **beeldspraak** Bildersprache (v[28])

de **beeldvorming** Bildung (v[20]) einer Vorstellung; [beeld] Bild (o[31]), Image (o[36])

de **beeltenis** Bildnis (o[29a]), Bild (o[31])

het **been 1** [bot] Knochen (m[11]) **2** [lichaamsdeel] Bein (o[29]): *de benen nemen* die Beine in die Hand nehmen[212]; *slecht ter* ~ *zijn* schlecht zu Fuß sein; *iem. op de* ~ *helpen* jmdm. auf die Beine helfen[188]; [Belg] *iets aan zijn* ~ *hebben* hereingelegt sein[262]; [fig] *op zijn achterste benen gaan staan* sich auf die Hinterbeine stellen (*of:* setzen) **3** [van hoek, passer] Schenkel (m[9])

de **beenbeschermer** Beinschoner (m[9]), Beinschiene (v[21]) de **beenbreuk** Beinbruch (m⁶)

het **beendergestel** Knochengerüst (o²⁹)

de **beenham** Knochenschinken (m¹¹)

de **beenhouwer** [Belg] Fleischer (m⁹), Metzger (m⁹)

de **beenhouwerij** [Belg] Metzgerei (v²⁰), Fleischerei (v²⁰)

het **beenmerg** Knochenmark (o³⁹)

de **beenruimte** Beinraum (m¹⁹)

het **beentje** Beinchen (o³⁵); [botje] Knöchelchen (o³⁵): *zijn beste ~ voorzetten* sich von seiner Schokoladenseite zeigen

de **beer 1** [roofdier] Bär (m¹⁴): *sterk als een ~* bärenstark **2** [mannetjesvarken] Eber (m⁹) ‖ [astron] *de Grote en de Kleine Beer* der Große und der Kleine Bär

de **beerput 1** [lett] Senkgrube (v²¹) **2** [fig] Sammelbecken (o³⁵)

het **beest 1** [dier] Tier (o²⁹) **2** [wild dier] Bestie (v²¹)

beestachtig bestialisch, tierisch

het **beestje** Tierchen (o³⁵); [luis] Laus (v²⁵)

de **beet 1** [het bijten] Biss (m⁵): *~ van een hond* Hundebiss **2** [hap, brok] Bissen (m¹¹)

beetgaar halb gar; al dente

beethebben: *ik heb beet* der Fisch hat angebissen

beetje bisschen: *een ~* ein bisschen (*of:* ein wenig); *alle ~s helpen* jedes bisschen hilft; *(en) niet zo'n ~!* nicht zu knapp! ‖ *een ~ technicus verhelpt dat zo* was ein Techniker ist, der hilft dem gleich ab

beetnemen 1 [lett] (an)fassen **2** [fig] anführen

beetpakken (an)fassen, ergreifen¹⁸¹

befaamd berühmt, namhaft

begaafd begabt, talentiert

de **begaafdheid** Begabung (v²⁰)

¹**begaan** (onov ww): *laat hem maar ~* lass ihn nur gewähren

²**begaan** (ov ww) **1** [van weg] begehen¹⁶⁸: *de begane grond* das Erdgeschoss **2** [van misdaad] begehen¹⁶⁸, verüben **3** [van fout] machen: *een overtreding ~* gegen ein Gebot verstoßen; [sport] foulen

begaanbaar 1 [alg] begehbar **2** [voor voertuigen] befahrbar

begeerlijk 1 [waard begeerd te worden] begehrenswert **2** [begeerte uitdrukkend] begierig

de **begeerte** Begierde (v²¹), Begier (v²⁸)

begeleid: *~ wonen* **a)** in einer betreuten Wohngemeinschaft wohnen; **b)** betreutes Wohnen

begeleiden 1 begleiten **2** [mil] eskortieren³²⁰ **3** [verzorgen] betreuen

de **begeleider 1** Begleiter (m⁹) **2** [verzorger] Betreuer (m⁹)

de **begeleiding 1** Begleitung (v²⁰) **2** [verzorging] Betreuung (v²⁰)

begenadigd begnadet: *een ~ kunstenaar*

ein begnadeter Künstler

begeren begehren

begerenswaardig begehrenswert

begerig begierig

¹**begeven** (ov ww) [in de steek laten] versagen, im Stich lassen¹⁹⁷: *het ~* [m.b.t. plank, ijs] brechen¹³⁷; *de motor begeeft het* der Motor versagt

zich ²**begeven** (wdk ww) sich begeben¹⁶⁶

begieten begießen¹⁷⁵, gießen¹⁷⁵

begiftigen beschenken, bedenken¹⁴⁰: *iem. met iets ~* jmdn. mit⁺³ etwas beschenken

het **begin** Anfang (m⁶), Beginn (m⁵): *~ mei* Anfang Mai; *een ~ maken* den Anfang machen; *alle ~ is moeilijk* aller Anfang ist schwer; *bij het ~ van het nieuwe jaar* zum Jahresanfang; *in het ~ van het jaar* am Anfang des Jahres; *in het ~* am Anfang, zu Anfang, im Anfang, anfangs; *van het ~ af* von Anfang an; *van het ~ tot het einde* von Anfang bis Ende; *een goed ~ is het halve werk* frisch gewagt ist halb gewonnen

de **beginneling** Anfänger (m⁹)

¹**beginnen** (onov ww) anfangen¹⁵⁵, beginnen¹²⁴: *wat moet ik ~?* was soll ich machen?; *jij bent begonnen!* du hast angefangen!; *voor zichzelf ~* sich selbstständig machen

²**beginnen** (ov ww) anfangen¹⁵⁵, beginnen¹²⁴: *een proces tegen iem. ~* einen Prozess gegen jmdn. anstrengen

de **beginner** Anfänger (m⁹)

het **beginpunt** Anfangspunkt (m⁵), Ausgangspunkt (m⁵)

het **beginsalaris** Anfangsgehalt (o³²)

het **beginsel** Prinzip (o²⁹, mv: meestal Prinzipien), Grundsatz (m⁶): *in ~* im Prinzip

de **beginselverklaring** Grundsatzerklärung (v²⁰)

de **beglazing** Verglasung (v²⁰): *dubbele ~* Doppelfenster

begluren belauern

de **begonia** Begonie (v²¹)

de **begraafplaats** Friedhof (m⁶)

de **begrafenis** Begräbnis (o²⁹ᵃ), Beerdigung (v²⁰)

de **begrafenisondernemer** Bestatter (m⁹)

de **begrafenisonderneming** Beerdigungsinstitut (o²⁹), Bestattungsunternehmen (o³⁵)

de **begrafenisstoet** Leichenzug (m⁶)

begraven 1 [van dode] beerdigen, bestatten, begraben¹⁸⁰ **2** [van schat] vergraben¹⁸⁰

begrensd begrenzt; [beperkt, ook] beschränkt

begrenzen 1 begrenzen [ook fig]: *begrensd worden door* grenzen an⁺⁴ **2** [beperken] beschränken

begrijpelijk begreiflich, verständlich

begrijpen verstehen²⁷⁹, begreifen¹⁸¹: *iem. verkeerd ~* [ook] jmdn. missverstehen; *de kosten zijn daarin begrepen* die Kosten sind einbegriffen

begrijpend verständnisvoll

het **begrip** Begriff (m[5]): *dat gaat mijn ~ te boven* das geht über meine Begriffe; *naar onze ~pen* nach unseren Auffassungen; *traag van ~ zijn* schwer von Begriff sein[262]; *geen ~ voor iets hebben* kein Verständnis für[+4] etwas haben[182]

begroeien bewachsen[302]: *begroeid met* bewachsen mit[+3]

begroeten begrüßen

de **begroeting** Begrüßung (v[20])

begroten schätzen, veranschlagen: *de kosten ~* einen Kostenanschlag machen

de **begroting 1** [van overheid] Etat (m[13]), Haushalt (m[5]), Haushaltsplan (m[6]) **2** [raming van de kosten] Kostenvoranschlag (m[6])

het **begrotingstekort** Haushaltsdefizit (o[29])

de **begunstigde** Begünstigte(r) (m[40a], v[40b]), Nutznießer (m[9]); [geld] Zahlungsempfänger (m[9])

begunstigen begünstigen

de **begunstiger 1** [die een gunst bewijst] Begünstiger (m[9]) **2** [beschermer] Gönner (m[9])

de **beha** BH (m[9]), Büstenhalter (m[9])

behaaglijk behaglich: *~ gevoel* Wohlgefühl (o[29]); *hij voelt zich heel ~* ihm ist recht wohl

behaagziek gefallsüchtig, kokett

behaard behaart

het **¹behagen** (zn) Behagen (o[39]), Gefallen (o[39]): *~ in iets scheppen* Gefallen an[+3] etwas finden[157]

²behagen (ww) behagen, gefallen[154]

behalen: *de overwinning ~* den Sieg davontragen[288]; *roem ~* Ruhm ernten; *een succes ~* einen Erfolg erzielen; *daarmee is geen eer te ~* das bringt nichts ein

behalve außer[+3], abgesehen von[+3]: *en ~ dat* und außerdem; *~ dat hij lui is, heeft hij nog …* abgesehen davon, dass er faul ist, hat er noch …; *zij lijken op elkaar, ~ dat de een wat groter is* sie sehen sich ähnlich, nur ist der eine etwas größer

behandelen 1 behandeln: *de ~de geneesheer* der behandelnde Arzt; *hij moet (als ambtenaar) dit geval ~* er ist der Sachbearbeiter **2** [jur] verhandeln: *zijn zaak wordt morgen behandeld* sein Fall wird morgen verhandelt

de **behandeling 1** Behandlung (v[20]): *onder ~ stellen* ärztlich behandeln lassen[197] **2** [jur] Verhandlung (v[20])

het **behang** Tapete (v[21])

behangen tapezieren[320]

de **behanger** Tapezierer (m[9])

behappen bewältigen

behartigen: *iemands belangen ~* jemands Interessen vertreten[291]

het **beheer** Verwaltung (v[20]): *financieel ~* Finanzverwaltung; *raad van ~* Verwaltungsrat (m[6]); *in eigen ~* in eigener Verwaltung; *het ~ voeren over iets* mit der Verwaltung von[+3] et-

was betraut sein[262]

de **beheerder** Verwalter (m[9])

¹beheersen (ov ww) beherrschen

zich **²beheersen** (wdk ww) sich beherrschen

de **beheersing** Beherrschung (v[28])

beheksen behexen

zich **behelpen** sich[4] behelfen: *zich³ weten te ~* sich[3] zu helfen wissen[314]; *zich moeten ~* sich behelfen müssen[211]

behelzen enthalten[183]

behendig behände, gewandt, geschickt

de **behendigheid** Behändigkeit (v[28]), Gewandtheit (v[28]), Geschicklichkeit (v[28])

behept (+ met) behaftet mit[+3]

beheren verwalten

behoeden behüten: *~ voor* behüten vor[-3]

behoedzaam behutsam

de **behoedzaamheid** Behutsamkeit (v[28])

de **behoefte 1** [verlangen naar hetgeen men mist] Bedürfnis (o[29a]): *~ aan liefde hebben* ein Bedürfnis nach Liebe haben[182] **2** [benodigdheden] Bedarf (m[19]): *in eigen ~n voorzien* sich selbst versorgen **3** [ontlasting] Notdurft (v[28]): *zijn ~ doen* seine Notdurft verrichten

behoeftig bedürftig: *in ~e omstandigheden leven* in dürftigen Verhältnissen leben

het **behoeve**: *ten ~ van* zugunsten[+2], zu Gunsten[+2]

behoeven brauchen

behoorlijk anständig, angemessen: *een ~e vergoeding* eine angemessene Vergütung; *iem. ~ behandelen* jmdn. anständig behandeln

het **¹behoren** (zn): *naar ~* gebührend

²behoren (ww) **1** [toebehoren] gehören[+3] **2** [betamen] sich gehören

het **behoud** Erhaltung (v[28]): *met ~ van salaris* unter Weiterzahlung des Gehalts; *dat is zijn ~* das ist seine Rettung

¹behouden (bn) wohlbehalten, unversehrt: *~ reis* glückliche Reise (v[21])

²behouden (ww) behalten[183]

behoudend konservativ

behoudens 1 [op voorwaarde van] vorbehaltlich[+2] **2** [uitgezonderd] nicht mitgerechnet, ausgenommen

behuild verweint

behuisd: *klein ~ zijn* beschränkt wohnen

de **behuizing** Behausung (v[20]), Wohnung (v[20])

het **behulp**: *met ~ van* mithilfe[+2], mit Hilfe[+2]

behulpzaam hilfreich, behilflich

de **beiaard** Glockenspiel (o[29])

beide beide[68]: *wij met ons ~n* wir beide

beiderlei beiderlei

de **Beier** Bayer (m[15]); [vrouw] Bayerin (v[22])

Beieren Bayern (o[39])

beige beige

de **beignet** Beignet (m[13]), Krapfen (m[11])

zich **beijveren** bestrebt sein[262]

beïnvloeden beeinflussen

de **beitel** Meißel (m[9])

beitelen meißeln
het/de **beits** Beize (v²¹)
beitsen beizen
bejaard bejahrt, betagt
de **bejaarde** Alte(r) (m⁴⁰ᵃ, v⁴⁰ᵇ), Greis (m⁵),
Greisin (v²²)
het **bejaardentehuis** Altersheim (o²⁹), Altenheim (o²⁹), Seniorenheim (o²⁹)
de **bejaardenzorg** Altersfürsorge (v²⁸), Alten-
hilfe (v²⁸)
bejegenen: *iem. vriendelijk* ~ jmdm.
freundlich begegnen, jmdn. freundlich behandeln
de **bek 1** Maul (o³²), Schnauze (v²¹); [van vogel]
Schnabel (m¹⁰): *hou je* ~*!* Schnauze!; *op zijn* ~
gaan [fig] sein Gesicht verlieren **2** [van bankschroef e.d.] Backe (v²¹)
bekaaid: *er* ~ *van afkomen* schlecht bei⁺³
etwas wegkommen¹⁹³
bekaf: ~ *zijn* hundsmüde sein²⁶²
bekakt scheißvornehm, affektiert
de **bekeerling** Bekehrte(r) (m⁴⁰ᵃ), Bekehrte
(v⁴⁰ᵇ); Konvertit (m¹⁴)
bekend bekannt: *zoals* ~ *(is)* bekanntlich; ~
om bekannt für⁺⁴
de **bekende** Bekannte(r) (m⁴⁰ᵃ, v⁴⁰ᵇ)
de **bekendheid** Bekanntheit (v²⁸)
bekendmaken: *iets* ~ etwas bekannt geben¹⁶⁶; etwas bekannt machen
de **bekendmaking** Bekanntmachung (v²⁰),
Bekanntgabe (v²¹)
bekendstaan bekannt sein²⁶² (für⁺⁴)
bekennen 1 [toegeven] gestehen²⁷⁹, be-
kennen¹⁸⁹: *kleur* ~ Farbe bekennen **2** [zien,
bespeuren] sehen²⁶¹
de **bekentenis** Geständnis (o²⁹ᵃ)
de **beker 1** Becher (m⁹) **2** [sport] Pokal (m⁵)
¹**bekeren** (ov ww) bekehren: *iem.* ~ *tot*
jmdn. bekehren zu⁺³
zich ²**bekeren** (wdk ww) sich bekehren
de **bekerfinale** Pokalendspiel (o²⁹), Cupfinale
(o³³)
de **bekering** Bekehrung (v²⁰), Konversion (v²⁰)
de **bekerwedstrijd** Pokalspiel (o²⁹)
bekeuren ein Strafmandat erteilen: *ik ben
bekeurd* ich habe ein Strafmandat bekommen¹⁹³
de **bekeuring** Strafmandat (o²⁹), Strafzettel
(m⁹)
bekijken ansehen²⁶¹, besehen²⁶¹, betrachten
het **bekijks**: *veel* ~ *hebben* großes Aufsehen erregen
het **bekken** Becken (o³⁵)
de **beklaagde** Angeklagte(r) (m⁴⁰ᵃ, v⁴⁰ᵇ)
de **beklaagdenbank** Anklagebank (v²⁵)
bekladden beschmieren³²⁰, beklecksen
het **beklag** Beschwerde (v²¹): *zijn* ~ *doen over
iem.* doe sich über jmdn. beschweren
beklagen beklagen: *zich over iem.* ~ sich
über jmdn. beschweren

beklagenswaardig bedauernswert
de **bekleden 1** [van ambt] bekleiden: *een hoge
positie* ~ eine hohe Stellung bekleiden
2 [met een stof bedekken] polstern: *een
stoel met leer* ~ einen Stuhl mit Leder über-
ziehen³¹⁸
de **bekleding 1** Bekleidung (v²⁰) **2** Polsterung
(v²⁰), Überzug (m⁶); *zie bekleden*
beklemd 1 [lett] eingeklemmt: ~ *raken*
eingeklemmt werden³¹⁰ **2** [fig] beklemmend:
een ~ *gevoel* ein beklemmendes Gefühl; *met
een* ~ *hart* beklommenen Herzens
beklemmen 1 einklemmen **2** beklemmen,
bedrücken; *zie beklemd*
beklemtonen betonen
beklimmen besteigen²⁸¹
beklinken: *iets* ~ etwas vereinbaren; *de
zaak is beklonken* die Sache ist abgemacht
bekneld: ~ *raken* eingeklemmt werden
beknibbelen (+ op) sparen an⁺³
beknopt 1 [m.b.t. bericht] kurz gefasst: ~
overzicht Abriss (m⁵); [taalk] *een* ~*e bijzin*
eine satzwertige Konstruktion **2** [m.b.t. stijl]
knapp, gedrängt
beknotten einschränken, beschneiden²⁵⁰
bekocht: *zich* ~ *voelen* sich betrogen fühlen
bekoelen: *zijn drift bekoelt* sein Zorn ver-
raucht; *zijn ijver bekoelt* sein Fleiß lässt nach
bekogelen bewerfen³¹¹ (mit⁺³)
bekokstoven abkarten
bekomen: *dat is mij niet goed* ~ das ist mir
nicht gut bekommen; *van de schrik* ~ sich
vom Schrecken erholen
zich **bekommeren** (+ om) sich kümmern um⁺⁴
de **bekomst**: *zijn* ~ *van iets hebben* etwas satthaben
bekonkelen abkarten
bekoorlijk reizend, reizvoll, anmutig
de **bekoorlijkheid** Reiz (m⁵)
bekopen: *iets met de dood* ~ etwas mit dem
Leben bezahlen
bekoren 1 [aanlokken] reizen **2** [verleiden]
verführen
de **bekoring 1** [aanlokkelijkheid] Reiz (m⁵)
2 [verleiding] Verführung (v²⁰), Versuchung
(v²⁰)
bekorten abkürzen, verkürzen
bekostigen bezahlen, bestreiten²⁸⁷
bekrachtigen bestätigen; [officieel] be-
kräftigen
de **bekrachtiging** Bestätigung (v²⁰), Bekräfti-
gung (v²⁰); *zie bekrachtigen*
bekrassen verkratzen
bekritiseren kritisieren³²⁰
bekrompen 1 [kleingeestig] spießbürgerlich: ~ *denkbeelden* borniere Ansichten
2 [m.b.t. ruimte] eng **3** [karig] beschränkt
de **bekrompenheid 1** Spießbürgerlichkeit
(v²⁸) **2** Enge (v²⁸) **3** Beschränktheit (v²⁸); *zie
bekrompen*
bekronen mit einem Preis auszeichnen:

met succes bekroond von Erfolg gekrönt; *een bekroonde film* ein preisgekrönter Film

de **bekroning**: *de ~ van zijn levenswerk* die Krönung seines Lebenswerks

bekruipen beschleichen[242], überkommen[193]

bekvechten sich streiten[287], sich zanken

bekwaam fähig, geeignet: *hij is ~ in zijn vak* er ist tüchtig in seinem Fach

de **bekwaamheid** Fähigkeit (v[20]), Tüchtigkeit (v[28]): *zijn bekwaamheden* seine Fähigkeiten; *zie bekwaam*

bekwamen ausbilden: *zich in een vak ~* sich in einem Fach ausbilden

de ¹**bel 1** [huis-, fietsbel] Klingel (v[21]) **2** [kelkvormig] Glocke (v[21]) **3** [aan arreslee] Schelle (v[21])

de ²**bel** [blaasje] Blase (v[21])

belabberd belämmert, mies

belachelijk lächerlich: *zich ~ maken* sich lächerlich machen

beladen beladen: *te zwaar ~* überladen

belagen bedrängen, bedrohen

belanden landen: *de auto belandde in de sloot* der Wagen landete im Straßengraben; *in de gevangenis ~* im Gefängnis landen

het **belang 1** [wat iem. ter harte gaat] Interesse (o[38]): *algemeen ~* Gemeinnutz (m[19]); Gemeinwohl (o[39]); *~en nastreven* Interessen verfolgen; *in uw eigen ~* in Ihrem eigenen Interesse **2** [betekenis] Bedeutung (v[28]): *dat is van groot ~* das ist von großer Bedeutung ‖ *een drukte van ~* Hochbetrieb, viel Betrieb

belangeloos uneigennützig, selbstlos

de **belangenbehartiging** Interessenvertretung (v[20])

de **belangengroep** Interessengruppe (v[21])

de **belangenvereniging** Interessenverband (m[6])

de **belangenverstrengeling** Interessenverquickung (v[20]), Interessenverflechtung (v[20])

belanghebbend beteiligt: [jur] *-e partijen* [ook] Beteiligte

de **belanghebbende** Interessent (m[14])

belangrijk [van grote betekenis] wichtig, bedeutend; [aanzienlijk, groot] beträchtlich, erheblich, bedeutend

belangstellen (+ in) sich interessieren[320] für[+4]

belangstellend interessiert: *een ~ gehoor* ein aufmerksames Auditorium; *~ naar iemands welzijn informeren* sich teilnehmend nach jemands Befinden erkundigen

de **belangstellende** Interessent (m[14])

de **belangstelling 1** [interesse] Interesse (o[38]): *de ~ wekken* das Interesse erregen; *~ tonen* Interesse zeigen **2** [deelneming] Anteilnahme (v[28]): *bewijs van ~* Beweis der Anteilnahme

belangwekkend interessant

belast 1 [bezwaard] belastet, beladen: *er-*

felijk ~ erblich belastet **2** [met een taak] beauftragt

belastbaar 1 [met gewicht] belastbar **2** [aan belasting onderworpen] steuerpflichtig: *een ~ inkomen* ein steuerpflichtiges Einkommen

belasten 1 [techn] belasten **2** [belasting leggen op] besteuern **3** [met een taak] beauftragen: *zich met iets ~* etwas auf sich nehmen[212] **4** [met een hypotheek] belasten: *dit huis is met een hypotheek belast* dieses Haus ist mit einer Hypothek belastet

belasteren verleumden

de **belasting 1** [betaling aan overheid] Steuer (v[21]), Abgabe (v[21]): *~ heffen* Steuern erheben; *~ innen* Steuern einnehmen[212]; *~ ontduiken* Steuern hinterziehen; *onder de ~ vallen* steuerpflichtig sein[262] **2** [techn] Belastung (v[20]): *toelaatbare ~* Nutzlast (v[20]); [fig] *erfelijke ~* erbliche Belastung

de **belastingaangifte** Steuererklärung (v[20])

de **belastingaanslag** Steuerveranlagung (v[20])

de **belastingaftrek** Steuerabzug (m[6]); [vast bedrag] Pauschale (v[21]): *~ voor forensen* Pendlerpauschale

de **belastingbetaler** Steuerzahler (m[9])

de **belastingdienst** Steuerbehörde (v[21]), Finanzamt (o[32])

de **belastingfraude** Steuerbetrug (m[5])

de **belastingheffing** Besteuerung (v[20])

de **belastinginspecteur** Leiter (m[9]) des Finanzamtes

de **belastingontduiking** Steuerhinterziehung (v[20])

het **belastingparadijs** Steuerparadies (o[29])

belastingplichtig steuerpflichtig

de **belastingplichtige** Steuerpflichtige(r) (m[40a], v[40b])

het **belastingstelsel** Steuersystem (o[29])

het **belastingtarief** Steuertarif (m[5])

belastingvrij steuerfrei

belazerd: *je bent ~!* du bist bescheuert!; *ben je ~?* du spinnst wohl?

belazeren [inf] beschummeln, bescheißen[234]

beledigen beleidigen; [kwetsen, ook] verletzen

de **belediging** Beleidigung (v[20]), Verletzung (v[20]); *zie beledigen*

beleefd höflich: *~ verzoeken* höflich bitten[132]

de **beleefdheid** Höflichkeit (v[20])

het **beleefdheidsbezoek** Höflichkeitsbesuch (m[5])

het **beleg 1** [mil] Belagerung (v[20]): *de staat van ~ afkondigen* den Belagerungszustand verhängen (über[+4]) **2** [broodbelegsel] Belag (m[6])

belegen [m.b.t. kaas, wijn] abgelagert

belegeren [ook fig] belagern

de **belegering** Belagerung (v[20])

beleggen 1 belegen: *een belegd broodje* een belegtes Brötchen 2 [hand] anlegen: *geld ~ (in)* Geld anlegen (in[+3]) 3 [bijeenroepen] anberaumen, einberufen[226]: *een vergadering ~* eine Versammlung einberufen

de **belegger** Anleger (m[9]), Investor (m[16])

de **belegging** 1 [van boterham] Belag (m[6]) 2 [van geld] Anlage (v[21])

het **beleggingsfonds** Kapitalanlagegesellschaft (v[20]), Investmentgesellschaft (v[20]), Investmentfonds (m)

het **beleid** 1 [het besturen] Politik (v[20]); [van zakenman] Geschäftsführung (v[28]); [van leraar, ambtenaar] Amtsführung (v[28]): *financieel ~* Finanzwirtschaft (v[20]); *sociaal ~* Sozialpolitik 2 [tact] Umsicht (v[28]): *met ~ handelen* mit Umsicht handeln

belemmeren 1 [van verkeer] behindern 2 [van doorgang] versperren || *iem. het uitzicht ~* jmdm. die Aussicht nehmen[212]; *in de groei ~* im Wachstum hemmen; *iem. in zijn vrijheid ~* jmdm. in seiner Freiheit beeinträchtigen

de **belemmering** Behinderung (v[20]), Versperrung (v[20]), Hemmung (v[20]); *zie belemmeren*

belendend angrenzend, anstoßend

belenen versetzen, verpfänden

het **beletsel** Hindernis (o[29a]), Hemmnis (o[29a])

beletten verwehren: *iem. de toegang ~* jmdm. den Zutritt verwehren; *ik kan het u niet ~!* ich kann Sie daran nicht hindern!

beleven erleben: *genoegen ~ aan* Freude erleben an[+3]; *er is hier weinig te ~* hier ist nichts los

de **belevenis** Erlebnis (o[29a])

belezen belesen

de **belezenheid** Belesenheit (v[28])

de **Belg** Belgier (m[9])

België Belgien (o[39])

Belgisch belgisch

de **Belgische** Belgierin (v[22])

de **belhamel** 1 [raddraaier] Rädelsführer (m[9]) 2 [baldadige jongere] Blag (o[37]), Blage (v[21])

belichamen verkörpern

de **belichaming** Verkörperung (v[20])

belichten 1 [van voorwerp, onderwerp] beleuchten 2 [foto] belichten

de **belichting** 1 Beleuchtung (v[20]) 2 Belichtung (v[20]); *zie belichten*

het [1]**believen** (zn): *naar ~* nach Belieben

[2]**believen** (ww) 1 [behagen] belieben 2 [wensen] mögen[210], wünschen: *wat belieft u?* wie bitte?

belijden bekennen[189]: *een godsdienst ~* sich zu einer Religion bekennen

de **belijdenis** Bekenntnis (o[29a]): *~ doen* das Glaubensbekenntnis ablegen

de **Belizaan** Belizer (m[9]), Belizerin (v[22])

Belizaans belizisch

Belize Belize (o[39])

de **belkaart** Telefonkarte (v[21]); [Zwi] Taxcard

(v[27]); [Oost] Telefonwertkarte (v[21])

bellen 1 [met bel] klingeln, läuten: *er wordt gebeld* es klingelt (*of:* läutet) 2 [opbellen] anrufen[226]

de **belminuut** Gesprächsminute (v[21]), Telefonminute (v[21])

de **belofte** Versprechen (o[35]): *een ~ doen* ein Versprechen geben[166]; *allerlei ~n doen* allerhand Versprechungen machen; *een ~ nakomen* ein Versprechen einlösen; *~ maakt schuld* Versprechen muss man halten

belonen belohnen: *iem. ~* jmdn. belohnen

de **beloning** Belohnung (v[20]): *ter ~* als Belohnung

het **beloop** [van lijn, toestand] Verlauf (m[6]): *iets op zijn ~ laten* einer Sache[3] ihren Lauf lassen[197]

belopen 1 [lopen over] belaufen[198] 2 [bedragen] sich belaufen[198] auf[+4]

beloven versprechen[274]: *plechtig ~* geloben; *iem. iets ~* jmdm. etwas versprechen; *dat belooft wat!* a) [gunstig] davon verspreche ich mir viel!; b) [iron] das wird was Schönes werden!

het **belspel** Anruferspiel (o[29])

de **belt** Müllkippe (v[21]), Schuttabladeplatz (m[6])

het **beltegoed** Telefonguthaben (o[35]), Kartenguthaben (o[35])

de **beltoon** Klingelton (m[6]), Rington (m[6]), Ringtone (m[13])

beluisteren 1 [afluisteren] belauschen 2 [med] abhören, abhorchen 3 [van radiouitzending e.d.] hören, (sich[3]) anhören

belust (+ op) erpicht auf[+4]: *~ op avontuur* abenteuerlustig; *op sensatie ~* sensationslüstern

de **belwaarde** [Belg] Telefonguthaben (o[35]), Kartenguthaben (o[35])

bemachtigen sich[3] beschaffen; [met geweld] sich bemächtigen[+2]

bemalen entwässern

bemannen bemannen: *een bemand ruimtevaartuig* ein bemanntes Raumschiff

de **bemanning** Bemannung (v[20]), Besatzung (v[20])

bemerken bemerken

bemesten düngen, misten

de **bemesting** Düngung (v[20])

bemeubelen [Belg] möblieren

de **bemiddelaar** Vermittler (m[9])

bemiddelbaar vermittelbar

bemiddeld wohlhabend, begütert

bemiddelen vermitteln: *bij een geschil ~* einen Streit schlichten

de **bemiddeling** Vermittlung (v[20])

bemind beliebt

de **beminde** Geliebte(r) (m[40a], v[40b])

beminnelijk liebenswürdig, liebenswert

beminnen lieben, lieb haben[182]

bemoedigen ermutigen

bemoedigend ermutigend

de **bemoeial**: *hij is een* ~ er steckt die Nase in alles

zich **bemoeien** (+ met) [zich mengen in] sich (ein)mischen in[+4]; [zich bezighouden met] sich kümmern um[+4]: *waar bemoei je je* **mee**? [ook] was geht's dich an?

de **bemoeienis** [moeite, inspanning] Bemühung (v[20]); [het bezig zijn] Beschäftigung (v[20]); [inmenging] Einmischung (v[20])
bemoeilijken erschweren
bemoeiziek: ~ *zijn* sich in alles einmischen

de **bemoeizucht** Neigung (v[20]) sich (in alles) einzumischen: *ik kan zijn* ~ *niet uitstaan* ich kann es nicht ausstehen, dass er seine Nase in alles steckt
benadelen: *iem.* ~ jmdm. schaden (*of*: jmdn. benachteiligen); *iets* ~ einer Sache Eintrag tun[295]; *z'n* *gezondheid* ~ seiner Gesundheit[3] schaden
benaderen sich nähern[+3]: *iem.* ~ (*om hem te spreken*) an jmdn. herantreten[291]; *een* *vraagstuk* ~ an ein Problem herangehen[168]

de **benadering** Vorgehensweise (v[21]): *bij* ~ annähernd
benadrukken betonen

de **benaming** Benennung (v[20]), Bezeichnung (v[20])
benard schlimm, bedrängt, schwierig: ~*e* *tijden* schlimme Zeiten; *een* ~*e* *positie* eine bedrängte Lage
benauwd beklemmend: ~*e* *lucht* beklemmende Luft; *een* ~ *zaaltje* ein enger Saal; *het* *is hier* ~ es ist hier drückend; *hij kreeg het* ~ **a)** [werd onwel] er bekam Beklemmungen; **b)** [werd bang] er bekam es mit der Angst zu tun

de **benauwdheid 1** [op de borst] Beklemmung (v[20]) **2** [angst] Angst (v[25])
benauwen beklemmen, (be)drücken, ängstigen
benauwend: *een* ~*e* *hitte* eine drückende Hitze

de **bende 1** [dieven, rovers] Bande (v[21]) **2** [rommel] *een* ~ ein heilloses Durcheinander; [smerig] eine Sauwirtschaft || *een* ~ *geld* eine Masse (v[21]) Geld

¹**beneden** (bw) [dieven, rovers] unten: *naar* ~ **a)** [van spreker af] hinunter; **b)** [naar spreker toe] herunter; *daar* ~ dort unten

²**beneden** (vz) unter [bij beweging gericht op doel[+4], anders[+3]]; [lager dan, stroomafwaarts] unterhalb[+2]: *kinderen* ~ *de 12 jaar* Kinder unter zwölf Jahren

het **benedenhuis** Parterrewohnung (v[20]); [met souterrain] Hochparterrewohnung (v[20])

de **benedenloop** Unterlauf (m[6])

de **benedenverdieping** Erdgeschoss (o[29])
benedenwinds: *de Benedenwindse Eilanden* die Inseln unter dem Winde

de **benefietwedstrijd** Benefizspiel (o[29])

de **Benelux** Benelux (v[28])

benemen nehmen[212]: *zich het* *leven* ~ sich[3] das Leben nehmen[212]

¹**benen** (bn) beinern, knöchern

²**benen** (ww) stiefeln
benepen 1 [angstig] ängstlich, beklommen: *een* ~ *gezicht* ein ängstliches Gesicht; *met een* ~ *stemmetje* mit gequetschter Stimme **2** [bekrompen] engherzig
benevelen 1 [met nevel bedekken] vernebeln: *een benevelde* *lucht* ein dunstiger Himmel **2** [suf maken] benebeln: *beneveld* *door* *de wijn* vom Wein benebelt

de ¹**Bengalees** Bangladescher (m[9]), Bangladescherin (v[22])

²**Bengalees** (bn) bangladeschisch

de **bengel** Bengel (m[9])
bengelen baumeln, schlenkern
benieuwd gespannt: ~ *zijn naar* gespannt sein auf[+4]
benijden: *iem. om iets* ~ jmdn. um[+4] etwas beneiden; *hij is niet te* ~ er ist nicht zu beneiden
benijdenswaardig beneidenswert
Benin Benin (o[39])

de **Beniner** Beniner (m[9]), Beninerin (v[22])
Benins beninisch

de **benjamin** Benjamin (m[5]), Nesthäkchen (o[35])
benodigd benötigt, erforderlich

de **benodigdheden** Bedarf (m[19])
benoemen 1 [aanstellen] ernennen[213]: *iem. tot voogd* ~ jmdn. zum Vormund ernennen; *iem. in een ambt* ~ jmdn. in ein Amt einsetzen **2** [bij de naam noemen] benennen[213]

de **benoeming** Ernennung (v[20]), Bestellung (v[20])

het **benul** Ahnung (v[20]): *hij heeft er geen (flauw)* ~ *van* er hat davon keine (blasse) Ahnung
benutten (be)nutzen, (be)nützen; [ten volle] ausnutzen
B en W Gemeindeverwaltung (v[20])

de **benzine** Benzin (o[29]): *normale* ~ Normalbenzin

de **benzinepomp** Tankstelle (v[21])

het **benzinestation** Tankstelle (v[21])

de **benzinetank** Tank (m[13]), Benzintank (m[13])

de **beoefenaar**: ~ *van de kunst* Künstler (m[9]); ~ *van de sport* Sportler (m[9]); ~ *van de wetenschap* Wissenschaftler (m[9])
beoefenen 1 [een vak] ausüben **2** [muziek, sport] treiben[290]
beogen beabsichtigen, bezwecken
beoordelen beurteilen

de **beoordeling** Beurteilung (v[20])

¹**bepaald** (bn) bestimmt; [m.b.t. tijd, ook] festgesetzt: *het* ~*e* *lidwoord* der bestimmte Artikel; *in* ~ *opzicht* irgendwie

²**bepaald** (onb vnw) gewiss: *op* ~*e* *dagen* an gewissen Tagen

³**bepaald** (bw): *het is* ~ *onjuist* es ist durchaus unrichtig; *het is* *niet* ~ *vriendelijk* es ist nicht

gerade freundlich

de **bepakking** Gepäck (o[39])

bepakt: ~ en bezakt mit Sack und Pack; bepackt wie ein Lastesel

¹**bepalen** (ov ww) **1** [vaststellen, beslissen] bestimmen, festsetzen: zijn standpunt ~ ten opzichte van Stellung nehmen zu[+3]; de wet bepaalt, dat ... das Gesetz bestimmt (of: schreibt vor), dass ... **2** [taalk] bestimmen **3** [in besluit, verordening, wet] verfügen, anordnen **4** [door berekening, onderzoek] ermitteln

zich ²**bepalen** (wdk ww): zich ~ (tot) sich beschränken (auf[+4])

bepalend bestimmend

de **bepaling 1** [vaststelling] Bestimmung (v[20]), Festsetzung (v[20]): de ~ van z'n standpunt die Stellungnahme (v[21]); een wettelijke ~ [ook] eine Rechtsbestimmung **2** [door berekening, onderzoek] Ermittlung (v[20]) **3** [in contract] Bedingung (v[20]) **4** [taalk] Bestimmung (v[20]): de bijvoeglijke ~ das Attribut, die Beifügung; bijwoordelijke ~ Adverbialbestimmung; de ~ van plaats die Ortsbestimmung

beperken 1 beschränken: zich tot iets ~ sich auf[+4] etwas beschränken **2** [verminderen] einschränken

de **beperking 1** Beschränkung (v[20]) **2** Einschränkung (v[20]); zie beperken

beperkt beschränkt

beplanten bepflanzen

de **beplanting** Bepflanzung (v[20])

bepleiten: iets ~ etwas befürworten

beppen schwatzen, plaudern

bepraten: iets ~ etwas besprechen[274]

beproefd erprobt, bewährt; zie beproeven

beproeven 1 [proberen] erproben, versuchen: zijn geluk ~ sein Glück versuchen **2** [van machine] prüfen, erproben, testen

de **beproeving** Erprobung (v[20]), Prüfung (v[20])

het **beraad** Überlegung (v[20]), Erwägung (v[20]): iets in ~ nemen etwas in Erwägung ziehen; sich[3] etwas überlegen wollen; na rijp ~ nach reiflicher Überlegung

beraadslagen: met iem. ~ sich mit jmdm. beraten[218]

de **beraadslaging** Beratung (v[20])

¹**beraden** (bn) besonnen

zich ²**beraden** (wdk ww) sich[3] (etwas) überlegen: zich ~ op nachdenken über[+4]

beramen 1 [van plan] entwerfen[311] **2** [van aanslag] planen **3** [begroten] veranschlagen

de **Berber** Berber (m[9])

het **berde**: iets te ~ brengen etwas aufs Tapet bringen[139]; [bewijzen] etwas vorbringen[139]

berechten: iem. ~ jmdn. aburteilen

bereden [m.b.t. politie] beritten

beredeneren 1 [over iets redeneren] begründen **2** [bespreken] erörtern

bereid bereit

bereiden bereiten

de **bereidheid** Bereitschaft (v[28])

bereidwillig bereitwillig; [om te helpen] hilfsbereit

het **bereik 1** [gebied] Bereich (m[5]) **2** [van zender, raket, vliegtuig] Reichweite (v[21]): binnen het ~ van het mogelijke im Bereich des Möglichen; [telec] ik heb geen ~ ich habe kein Netz

bereikbaar erreichbar

bereiken erreichen; [van resultaat] erzielen

berekend [ingericht voor] geeignet: [m.b.t. school, zaal] op 150 man ~ zijn für[+4] 150 Personen geeignet sein[262]

berekenen berechnen; zie berekend

de **berekening** Berechnung (v[20]): een ~ maken eine Berechnung anstellen

de **berg** Berg (m[5]): iem. gouden ~en beloven jmdm. goldene Berge versprechen[274]; als een ~ opzien tegen iets einer Sache mit Schrecken entgegensehen

bergachtig bergig, gebirgig

bergafwaarts bergab, bergabwärts

bergbeklimmen Bergsteigen (o[39])

de **bergbeklimmer** Bergsteiger (m[9])

bergen 1 [van schip, oogst, slachtoffers] bergen[126] **2** [onderbrengen] unterbringen[139]

de **berggeit** Gämse (v[21]); [Z-Du] Gams (v)

het **berghok** Abstellraum (m[6]), Abstellkammer (v[21])

de **berghut** Berghütte (v[21])

de **berging** Bergung (v[20])

de **bergkam** Bergkamm (m[6]), Gebirgskamm (m[6])

de **bergketen** Gebirgszug (m[6]), Bergkette (v[21])

het **bergmeubel** Mehrzweckschrank (m[6])

bergopwaarts bergauf, bergaufwärts, bergan

de **bergpas** Gebirgspass (m[6])

de **bergplaats 1** [alg] Aufbewahrungsort (m[5]) **2** [voor bezem, stofzuiger] Abstellraum (m[6]), Abstellkammer (v[21]) **3** [schuur] Schuppen (m[11])

de **bergschoen** Bergschuh (m[5])

de **bergsport** Bergsport (m[19])

de **bergtop** Berggipfel (m[9]), Gipfel (m[9]), Bergspitze (v[21])

het **bericht** Nachricht (v[20]), Meldung (v[20]): ~ krijgen eine Nachricht bekommen; volgens de laatste ~en nach den letzten Meldungen

berichten berichten, melden, mitteilen

de **berichtgeving** Berichterstattung (v[28])

berijden 1 [van weg] befahren[153] **2** [van dier] reiten[221]

de **berijder** Reiter (m[9])

de **berin** Bärin (v[22])

berispen: iem. ~ jmdn. tadeln, jmdn. rügen

de **berisping** Tadel (m[9]), Rüge (v[21]), Verweis (m[5])

de **berk** Birke (v[21])

Berlijn Berlin (o[39])

de **Berlijner** Berliner (m[9])

het ¹**Berlijns** (zn) Berlinisch (o[41])

²Berlijns (bn) Berliner
de **Berlijnse** Berlinerin (v²²)
de **berm** Seitenstreifen (m¹¹), Bankett (o²⁹)
de **bermbom** Straßenrandbombe (v²¹); USBV (v²⁷) (afk van *unkonventionelle Spreng- und Brandvorrichtung*)
de **Bermudadriehoek** Bermudadreieck (o³⁹)
beroemd berühmt
de **beroemdheid** Berühmtheit (v²⁰)
beroemen: *zich op iets* ~ sich einer Sache² rühmen, sich mit⁺³ etwas brüsten
het **beroep 1** [werkkring] Beruf (m⁵); [ambacht] Handwerk (o²⁹), Gewerbe (o³³) **2** [jur] Berufung (v²⁰): *in (hoger)* ~ *gaan* Berufung einlegen ‖ *een* ~ *doen op iem.* jmdn. in Anspruch nehmen
¹beroepen (ov ww) [van predikant] berufen²²⁶
zich **²beroepen** (wdk ww): *zich* ~ *(op)* sich berufen²²⁶ (auf⁺⁴)
beroeps Profi (m¹³): *hij is* ~ er ist Profi
de **beroepsbevolking** Berufstätige(n) (mv), Erwerbstätige(n) (mv)
de **beroepsdeformatie** Berufsdeformation (v²⁰)
het **beroepsgeheim** Berufsgeheimnis (o²⁹ᵃ)
beroepshalve berufsbedingt, aus beruflichen Gründen
de **beroepskeuze** Berufswahl (v²⁸)
de **beroepsmilitair** Berufssoldat (m¹⁴)
het **beroepsonderwijs** berufsbildende(r) Unterricht (m⁵), Berufsfachunterricht (m⁵)
de **beroepsopleiding** Berufsausbildung (v²⁰)
de **beroepsoriëntering** [Belg] Berufsberatung (v²⁰)
de **beroepsschool** [Belg] Berufsfachschule (v²¹)
de **beroepsvoetballer** Profifußballer (m⁹)
de **beroepsziekte** Berufskrankheit (v²⁰)
beroerd elend, miserabel: *een ~e boel* eine unangenehme Geschichte; *een ~e vent* ein elender Kerl; ~ *weer* Sauwetter (o³⁹) ‖ *niet te* ~ *zijn om iets te doen* sich immer bereit finden, etwas zu tun, nicht abgeneigt sein, etwas zu tun
beroeren 1 [aanraken] berühren **2** [verontrusten] beunruhigen **3** [opwinden] aufregen
de **beroering 1** [aanraking] Berührung (v²⁰) **2** [opwinding] Aufregung (v²⁰)
de **beroerte** Schlaganfall (m⁶)
berokkenen: *iem. verdriet* ~ jmdm. Kummer bereiten
berooid mittellos, arm
het **berouw** Reue (v²⁸): ~ *over iets hebben* etwas bereuen; ~ *voelen* Reue empfinden¹⁵⁷
berouwen bereuen
beroven berauben: *een bank* ~ eine Bank ausrauben; *iem.* ~ jmdn. berauben; *zich van het leven* ~ sich³ das Leben nehmen, sich umbringen

berucht berüchtigt
berusten: *de stukken* ~ *bij de notaris* die Akten sind beim Notar hinterlegt; *in zijn lot* ~ sich in sein Schicksal fügen; *dat berust op een vergissing* das beruht auf einem Irrtum; *op waarheid* ~ auf Wahrheit beruhen
de **berusting** [gelatenheid] Ergebung (v²⁸)
de **bes** [plantk] Beere (v²¹)
beschaafd gebildet, gesittet, kultiviert
beschaamd beschämt
beschadigen beschädigen
de **beschadiging** Beschädigung (v²⁰), Schaden (m¹²)
beschamen beschämen
de **beschaving 1** [van individu] Bildung (v²⁸) **2** [cultuur] Kultur (v²⁰) **3** [het beschaafd maken] Zivilisation (v²⁰)
het **bescheid 1** [antwoord] Bescheid (m⁵) **2** [geschreven stuk] Schriftstück (o²⁹), Unterlagen (mv v²¹)
bescheiden bescheiden
de **beschermeling** Schützling (m⁵)
beschermen (be)schützen
de **beschermengel** Schutzengel (m⁹), Engel (m⁹)
de **beschermer** Beschützer (m⁹): ~ *van de kunst* Gönner (m⁹) der Kunst
de **beschermheer** Beschützer (m⁹)
de **beschermheilige** Schutzheilige(r) (m⁴⁰ᵃ, v⁴⁰ᵇ); Patron (m⁵), Patronin (v²²); Schutzpatron (m⁵)
de **bescherming** Schutz (m¹⁹)
de **beschermingsfactor** Schutzfaktor (m¹⁶)
beschieten 1 [mil] beschießen²³⁸ **2** [met hout bekleden] täfeln, verkleiden
beschikbaar verfügbar
de **beschikbaarheid** Verfügbarkeit (v²⁸)
¹beschikken (onov ww) verfügen: ~ *over* verfügen über⁺⁴
²beschikken (ov ww) fügen
de **beschikking 1** [besluit] Verfügung (v²⁰) **2** [regeling] Anordnung (v²⁰), Verfügung (v²⁰): *de* ~ *hebben over iets* über etwas verfügen, etwas zu seiner Verfügung haben; *ter* ~ *stellen* zur Verfügung stellen
beschilderen bemalen
de **beschildering** Bemalung (v²⁰)
beschimmeld verschimmelt
beschimmelen (ver)schimmeln
beschimpen beschimpfen, verhöhnen
beschonken betrunken; [licht] angeheitert
beschouwen betrachten: *op zichzelf beschouwd* an und für sich; *iets als zijn plicht* ~ etwas als seine Pflicht betrachten, etwas für seine Pflicht halten
beschouwend beschaulich
de **beschouwing** Betrachtung (v²⁰)
beschrijven beschreiben²⁵²
de **beschrijving** Beschreibung (v²⁰), Schilderung (v²⁰)
beschroomd schüchtern, zaghaft, scheu

de **beschuit** Zwieback (m[5], m[6])

de **beschuldigde** Angeklagte(r) (m[40a], v[40b]), Beschuldigte(r) (m[40a], v[40b])

beschuldigen beschuldigen[+2]; [jur] anklagen[+2]: *iem. van diefstal ~ jmdn. des Diebstahls beschuldigen (of: anklagen)*

de **beschuldiging** Beschuldigung (v[20]); [jur] Anklage (v[21])

beschutten beschützen || [Belg] *een beschutte werkplaats* eine beschützende Werkstätte

de **beschutting** Schutz (m[5])

het **besef 1** [bewustzijn] Bewusstsein (o[39]) **2** [begrip] Ahnung (v[20]): *niet het minste ~ van iets hebben* keine blasse Ahnung von[+3] etwas haben[182]; *tot het ~ komen, dat …* zu der Erkenntnis gelangen, dass …

beseffen 1 [zich bewust zijn] sich[3] bewusst sein[262+2] **2** [inzien] erkennen[189], einsehen[261]

¹beslaan (onov ww) beschlagen[241], anlaufen[198]: *de ruiten ~* die Scheiben beschlagen; *beslagen tong* belegte Zunge (v[21])

²beslaan (ov ww) [van paard] beschlagen[241]: *ruimte ~* Raum einnehmen[212]

het **beslag 1** [belegsel] Beschlag (m[6]) **2** [mengsel van meel] Teig (m[5]) **3** [aanspraak] Anspruch (m[6]): *iemands tijd in ~ nemen* jemands Zeit in Anspruch nehmen[212] || *~ leggen op goederen* Güter beschlagnahmen; *iets in ~ nemen* etwas beschlagnahmen, etwas in Beschlag nehmen

de **beslaglegging** Beschlagnahme (v[21])

beslechten schlichten

beslissen entscheiden[232]

beslissend entscheidend

de **beslissing** Entscheidung (v[20]): *een ~ nemen* eine Entscheidung treffen[289]

de **beslissingswedstrijd** Entscheidungsspiel (o[29])

beslist entschieden, entschlossen: *~ niet!* durchaus nicht!; *~ onmogelijk* ganz unmöglich; *ik ben er ~ tegen* ich lehne es entschieden ab; *hij komt ~* er kommt bestimmt; *dat is ~ noodzakelijk* das ist unbedingt notwendig

de **beslistheid** Entschiedenheit (v[28])

de **beslommering** Mühsal (v[23]): *veel ~en hebben* viele Sorgen haben[182]; *de dagelijkse ~en* die täglichen Belastungen; [inf] der tägliche Kram

besloten geschlossen: *een ~ gezelschap* eine geschlossene Gesellschaft; *in ~ kring* in geschlossener Gesellschaft

besluipen beschleichen[242]

het **besluit 1** [beslissing] Beschluss (m[6]), Entschluss (m[6]): *ministerieel ~* ministerielle Verfügung (v[20]); *een ~ nemen* einen Beschluss, Entschluss fassen; *bij Koninklijk Besluit* auf (of: durch) Königlichen Erlass (hin) **2** [conclusie] Schlussfolgerung (v[20]): *tot het ~ komen dat …* zu der Schlussfolgerung kommen, dass … **3** [einde]: *tot ~* zum Schluss

besluiteloos unentschlossen

de **besluiteloosheid** Unentschlossenheit (v[28])

besluiten 1 [een besluit nemen] beschließen[245] **2** [beëindigen] beschließen[245] **3** [afleiden] schließen[245]

besmeren beschmieren

besmet 1 [med; fig] angesteckt **2** [een gebied, water] verseucht: *~ verklaren* für verseucht erklären

besmettelijk [med; fig] ansteckend

de **besmettelijkheid** Ansteckungsfähigkeit (v[20])

besmetten 1 [med; fig] anstecken **2** [een gebied, water] verseuchen

de **besmetting** Ansteckung (v[20])

besmeuren besudeln, beschmutzen

besneden [rel] beschnitten

besnijden beschneiden[250]

de **besnijdenis** Beschneidung (v[20])

besnoeien beschneiden[250]

besparen 1 [overhouden] sparen, erübrigen **2** [uitsparen] (ein)sparen

de **besparing 1** [het uitgespaarde] Ersparung (v[20]) **2** [het uitsparen] Einsparung (v[20])

bespelen 1 [van muziekinstrument] spielen **2** [een schouwburg, sportveld] bespielen

bespeuren bemerken, spüren: *onraad ~* Unrat wittern

bespieden: *iem. ~* jmdn. belauern

bespioneren bespitzeln, nachspionieren: *iem. ~* jmdn. bespitzeln; jmdm. nachspionieren

bespoedigen beschleunigen

bespottelijk lächerlich

bespotten: *iem. ~* jmdn. verspotten

bespreekbaar: *niet ~ zijn* (als Gesprächsthema) tabu sein; *iets ~ maken* etwas diskussionsreif machen

bespreken 1 [van boek, voorval] besprechen[274]: *een kwestie ~* eine Frage erörtern **2** [reserveren] reservieren[320]

de **bespreking 1** Besprechung (v[20]), Erörterung (v[20]) **2** Reservierung (v[20]); *zie bespreken*

besprenkelen besprengen, beträufeln

bespringen 1 [springen op] anspringen[276], sich stürzen auf[+4] **2** [aanvallen] stürmen **3** [dekken] bespringen, decken

besproeien (be)sprengen, besprühen

bespuiten bespritzen, besprühen

het **bessensap** Beerensaft (m[6])

het **¹best** (zn): *zijn ~ doen* sein Bestes tun[295]; *het ~e ermee!* alles Gute!

²best (bn) best: *~e vriend* [boven brief] lieber Freund!

³best (bw): *zij heeft het ~ gewerkt* sie hat am besten gearbeitet

het **¹bestaan** (zn) Dasein (o[39]), Bestehen (o[39]), Existenz (v[20])

²bestaan (ww) **1** [alg] bestehen[279], existieren[320]: *het plan bestaat* man beabsichtigt; *er bestaat geen reden om te …* es liegt kein

Grund vor zu … **2** [mogelijk zijn] möglich sein[262]: *hoe bestaat het?* wie ist das möglich?

het **bestaansminimum** Existenzminimum (o[39])

het **bestaansrecht** Existenzberechtigung (v[28])

het **¹bestand** (zn) **1** [mil] Waffenstillstand (m[6]) **2** [voorraad] Bestand (m[6])

²bestand (bn) beständig: ~ *tegen* beständig gegen[+4]

het **bestanddeel** Bestandteil (m[5])

besteden 1 [uitgeven] ausgeben[166]: *veel geld aan boeken* ~ viel Geld für Bücher ausgeben **2** [aanwenden] verwenden[308] || *aandacht aan iets* ~ einer Sache[3] Aufmerksamkeit schenken

de **besteding** Verwendung (v[20]), Aufwand (m[19])

besteedbaar verfügbar

het **bestek 1** [bouwk] Baubeschreibung (v[20]) **2** [eetgerei] Besteck (o[29])

het **bestel** [ordening] Ordnung (v[20]); [systeem] System (o[29]): *het heersende* ~ die etablierte Gesellschaft; das herrschende System; *het maatschappelijk* ~ das Gesellschaftssystem; die Gesellschaftsordnung

de **bestelauto** Lieferwagen (m[11])

bestelen: *iem.* ~ jmdn. bestehlen[280]

bestellen 1 [bezorgen] zustellen, austragen[288] **2** [laten komen] bestellen

de **besteller** Besteller (m[9])

de **bestelling** Bestellung (v[20]), Auftrag (m[6])

de **bestelwagen** Lieferauto (o[36]), Lieferwagen (m[11]); [bestelbusje] Kleintransporter (m[9])

de **bestemmeling** [Belg] Empfänger (m[9])

bestemmen bestimmen

de **bestemming** Bestimmung (v[20])

het **bestemmingsplan** Flächennutzungsplan (m[6])

bestempelen (ab)stempeln: *iem. als misdadiger* ~ jmdn. als Verbrecher abstempeln

bestendig 1 [duurzaam] beständig, dauerhaft **2** [m.b.t. weer] beständig

bestendigen (aufrecht)erhalten[183], beibehalten, bestehen lassen[197]

besterven [m.b.t. vlees] abhängen[184] || *het woord bestierf op zijn lippen* das Wort erstarb ihm auf den Lippen; *hij zal het* ~, *als …* es wird sein Tod sein, wenn …

bestijgen besteigen[281]

bestoken [van stad, vijand] beschießen[238]: *iem. met vragen* ~ jmdn. mit Fragen bombardieren[320]

bestormen [aanvallen] bestürmen; [innemen] stürmen, erstürmen

de **bestorming** Bestürmung (v[20]), Erstürmung (v[20])

bestraffen bestrafen

bestralen bestrahlen

bestraten (be)pflastern

de **bestrating** Pflasterung (v[20])

bestrijden 1 [strijden tegen] bekämpfen

2 [trachten te weerleggen] bestreiten[287] **3** [betalen] bestreiten[287]

het **bestrijdingsmiddel** Bekämpfungsmittel (o[33])

bestrijken bestreichen[286]

bestrooien bestreuen

de **bestseller** Bestseller (m[9]), Reißer (m[9])

bestuderen studieren[320]

bestuiven bestäuben

besturen 1 [van voer-, vaartuig] lenken, führen, steuern **2** [de leiding hebben] lenken; [van land] regieren[320]; [van stad] verwalten; [van fabriek, vereniging] leiten

het **bestuur** [van land] Regierung (v[20]); [van stad] Verwaltung (v[20]); [van fabriek, vereniging] Vorstand (m[6])

bestuurbaar lenkbar

de **bestuurder 1** [van auto] Fahrer (m[9]); [van tram] Wagenführer (m[9]); [van trein] Lokführer (m[9]); [van vliegtuig] Flugzeugführer (m[9]) **2** [van bond, vereniging] Leiter (m[9]), Vorstandsmitglied (o[31]): *~s van de stad* Stadträte (mv m[6])

bestuurlijk verwaltungsmäßig, verwaltungstechnisch; [m.b.t. overheidsinstanties] behördlich

het **bestuurslid** Vorstandsmitglied (o[31])

de **bestuurssecretaris** [Belg] Ministerialrat (m[6])

de **bestwil**: *een leugen om* ~ eine fromme Lüge; *voor uw* ~ zu Ihrem Besten

de **betaalautomaat** Geldautomat (m[14])

betaalbaar zahlbar

de **betaalcheque** Barscheck (m[13])

betaald: *iem. iets ~ zetten* jmdm. etwas heimzahlen; *het ~e voetbal* der Profifußball

de **betaalkaart** Postbarscheck (m[13])

het **betaalmiddel** Zahlungsmittel (o[33])

de **betaalpas** Scheckkarte (v[21])

de **betaal-tv** Pay-TV (o[39]), Gebührenfernsehen (o[39])

de **bètablokker** Betablocker (m[9])

betalen zahlen, bezahlen; [uitbetalen] auszahlen: *contant* ~ bar (be)zahlen; *iem.* ~ jmdn. bezahlen; *iem. iets* ~ jmdm. etwas bezahlen; *een factuur van € 100* ~ eine Rechnung über 100 € bezahlen

de **betaler** Zahler (m[9])

de **betaling** Bezahlung (v[20]), Zahlung (v[20]): *~ in termijnen* Ratenzahlung (v[20])

de **betalingstermijn** Zahlungsfrist (v[20])

betasten betasten

betekenen bedeuten, heißen[187]: *wat moet dat ~?* was soll das bedeuten (*of:* heißen)?

de **betekenis** Bedeutung (v[20]): *een man van* ~ ein bedeutender Mann; *niets van* ~ nichts Wesentliches; *dat is van grote* ~ das ist von großer Bedeutung; *~ aan iets hechten* einer Sache Bedeutung beimessen[208]

beter besser: *hij speelt* ~ *dan zijn broer* er spielt besser als sein Bruder; *het weer wordt* ~

das Wetter bessert sich; *de zieke wordt* ~ der Kranke erholt sich; *het gaat* ~ *met hem* es geht ihm besser ‖ ~ *een goede buur dan een verre vriend* ein guter Nachbar an den Hand ist besser als ein Freund über Land

de **beterschap** Besserung (v[20]): ~*!* gute Besserung!

beteugelen 1 [van driften, toorn] zügeln **2** [een oproer] unterdrücken

beteuterd betreten; [inf] verdattert

de **betichte** [Belg] Angeklagte(r) (m[40a], v[40b])

betichten: *iem. van moord* ~ jmdn. des Mordes bezichtigen

betijen: *iem. laten* ~ jmdn. gewähren lassen[197]

betimmeren täfeln, mit Holz verkleiden

de **betimmering** Täfelung (v[20]), Holzverkleidung (v[20])

betitelen betiteln, titulieren[320]

betoelagen [Belg] subventionieren[320]

de **betoelaging** [Belg] Subvention (v[20])

betoeterd behämmert, bekloppt

¹**betogen** (onov ww) [demonstreren] demonstrieren[320]

²**betogen** (ov ww) [trachten te bewijzen] darlegen, ausführen

de **betoging** Kundgebung (v[20]), Demonstration (v[20])

het **beton** Beton (m[13], m[5])

¹**betonen** (ov ww) [bewijzen] bezeigen, erweisen[307]

zich ²**betonen** (wdk ww) sich erweisen[307]: *zich dankbaar* ~ sich dankbar erweisen

de **betonmolen** Betonmischer (m[9])

betonnen [van beton] aus Beton, Beton...

het **betonrot** Betonrost (m[19])

het **betoog** Darlegung (v[20]), Ausführung (v[20])

het **betoon** Bezeigung (v[20]), Erweisung (v[20])

betoveren 1 [beheksen] verzaubern **2** [bekoren] bezaubern: *een ~d lachje* ein bezauberndes Lächeln

de **betovering 1** [beheksing] Verzauberung (v[20]) **2** [fig] Bezauberung (v[20]), Zauber (m[9])

betraand betränt; bijzonder] verheult

betrachten: *zijn plicht* ~ seine Pflicht erfüllen

de **betrachting** [Belg] Wunsch (m[6]), Absicht (v[20])

betrappen ertappen, erwischen: *iem. op een leugen* ~ jmdn. beim Lügen ertappen

betreden betreten[291]

betreffen betreffen[289]

¹**betreffende** (bn) betreffend: *alle (het vak)* ~ *werkzaamheden* alle einschlägigen Arbeiten

²**betreffende** (vz) betreffs[+2], bezüglich[+2]

betrekkelijk verhältnismäßig, relativ: ~ *voornaamwoord* Relativpronomen (o[35])

de **betrekkelijkheid** Relativität (v[20])

¹**betrekken** (onov ww) [donker worden] [ook fig] sich verfinstern, sich beziehen[318]; *zie*

betrokken

²**betrekken** (ov ww) **1** [goederen, een woning] beziehen[318] **2** [erbij halen] einbeziehen[318] (in[+4]): *bij iets betrokken zijn* an[+3] etwas beteiligt sein[262] ‖ *iets op zichzelf* ~ etwas auf sich (selbst) beziehen, etwas persönlich nehmen

de **betrekking 1** [werkkring] Stelle (v[21]), Stellung (v[20]): ~ *voor halve dagen* Halbtagsbeschäftigung (v[20]) **2** [relatie] Beziehung (v[20]): *met* ~ *tot* in Bezug auf[+4]

betreuren: *iets* ~ etwas bedauern

betreurenswaardig bedauerlich

betrokken 1 [bedekt] bedeckt: ~ *lucht* bedeckter Himmel **2** [desbetreffend] betreffend: *de* ~ *partij* die beteiligte Partei

de **betrokkene** Beteiligte(r) (m[40a], v[40b]), Betreffende(r) (m[40a], v[40b]), Betroffene(r) (m[40a], v[40b])

de **betrokkenheid** Engagement (o[36])

betrouwbaar zuverlässig

de **betrouwbaarheid** Zuverlässigkeit (v[28])

betuigen: *iem. zijn dank* ~ jmdm. seinen Dank aussprechen[274]; *zijn deelneming* ~ sein Beileid bezeigen; *sympathie* ~ Sympathie bezeigen

betuttelen bekritteln: *iem.* ~ jmdn. bekritteln

de **betweter** Besserwisser (m[9])

betwijfelen bezweifeln

betwistbaar anfechtbar, angreifbar

betwisten bestreiten[287]; [een testament] anfechten[156]: *het betwiste punt* der strittige Punkt

beu: *ik ben het* ~*!* ich habe es satt!

de **beugel 1** [ring, stijgbeugel] Bügel (m[9]) **2** [voor benen] Schiene (v[21]) **3** [voor tandregulatie] Spange (v[21]) ‖ *dat kan niet door de* ~ das ist inakzeptabel

het **beugelslot** Bügelschloss (o[32])

de **beuk** Buche (v[21])

¹**beuken** (bn) buchen, aus Buchenholz

²**beuken** (ww) schlagen[241], hämmern

het **beukenhout** Buchenholz (o[39])

het **beukennootje** Buchecker (v[21])

de **beul** Henker (m[9])

beunen 1 [knoeien] pfuschen **2** [zwartwerken] schwarzarbeiten

de **beunhaas 1** [knoeier] Pfuscher (m[9]) **2** [zwartwerker] Schwarzarbeiter (m[9])

beunhazen pfuschen; schwarzarbeiten

de ¹**beurs** (zn) **1** [geldbuidel] Börse (v[21]) **2** [beursgebouw] Börse (v[21]) **3** [jaarbeurs] Messe (v[21]) **4** [studiebeurs] Stipendium (o, 2e nvl: -s; mv: Stipendien)

²**beurs** (bn) überreif; [sterker] matschig

de **beursindex** Aktienindex (m[5])

de **beurskoers** Börsenkurs (m[5])

de **beursnotering** Börsennotierung (v[20])

de **beursstudent** Stipendiat (m[14])

de **beurswaarde** Börsenpreis (m[5])

de **beurt** Reihe (v[21]); [van auto in garage] Inspektion (v[20]): *een goede* ~ *maken* gut abschneiden[250]; *de kamer een goede* ~ *geven* das Zimmer gründlich putzen; [pop] *een* ~ *krijgen* aufgerufen werden[310]; *hij is aan de* ~ er ist an der Reihe; *om de* ~ der Reihe nach; *ieder op zijn* ~ jeder nach der Reihe

beurtelings der Reihe nach

de **beurtrol** [Belg] Turnus (m, 2e nvl: -; mv: -se): *volgens* ~ im Turnus, turnusgemäß

bevaarbaar schiffbar

[1]**bevallen** (onov ww) [een kind ter wereld brengen] entbinden[131]: *ze is* ~ *van een dochter* sie ist von einer Tochter entbunden worden

[2]**bevallen** (onov ww) [behagen] gefallen[154]: *het is mij goed* ~ es hat mir gut gefallen

bevallig anmutig

de **bevalling** Geburt (v[20]), Entbindung (v[20])

het **bevallingsverlof** [Belg] Mutterschaftsurlaub (m[5])

[1]**bevangen** (bn) befangen: *door de warmte* ~ von der Wärme benommen

[2]**bevangen** (ww) überkommen[193], befallen[154]

bevaren befahren[153]

bevattelijk klug; *zie vatbaar*

bevatten 1 [begrijpen] verstehen[279] **2** [inhouden] enthalten[183]

het **bevattingsvermogen** Auffassungsgabe (v[21])

bevechten 1 [de vijand] bekämpfen **2** [de overwinning] erkämpfen, erringen[224]

beveiligen schützen; [techn] sichern

de **beveiliging** Schutz (m[19]), Sicherung (v[20])

de **beveiligingsdienst** Wachdienst (m[5])

het **bevel** Befehl (m[5]): ~ *tot aanhouding* Haftbefehl; ~ *tot huiszoeking* Haussuchungsbefehl

bevelen befehlen[122]

de **bevelhebber** Befehlshaber (m[9])

beven beben; [in lichte mate] zittern: ~ *van de kou* beben vor Kälte; *met* ~ *de stem* mit zitternder Stimme

de **bever** Biber (m[9])

bevestigen 1 [vastmaken] befestigen **2** [bekrachtigen] bestätigen: *dat bevestigt mij in mijn mening* das bestärkt mich in meiner Meinung **3** [nieuwe lidmaten]: *kerkelijk* ~ konfirmieren[320]

bevestigend bejahend: *hij antwoordde* ~ er antwortete mit Ja; *hij beantwoordde mijn vraag* ~ er bejahte meine Frage

de **bevestiging 1** Befestigung (v[20]) **2** Bestätigung (v[20]) **3** Konfirmation (v[20]); *zie bevestigen*

het **bevind**: *naar* ~ *van zaken* je nach Befund (m[5])

[1]**bevinden** (ov ww) [constateren] befinden[157]: *iets in orde* ~ etwas in Ordnung befinden; *iem. schuldig* ~ jmdn. (für) schuldig befinden

zich [2]**bevinden** (wdk ww) sich befinden[157]

de **bevinding** Befund (m[5]): *we wachten uw* ~ *en af* wir warten Ihren Befund ab

de **beving** Beben (o[39]), Zittern (o[39])

bevlekken [ook fig] beflecken

de **bevlieging** Anwandlung (v[20])

bevloeien berieseln, bewässern

bevlogen begeistert, leidenschaftlich

bevochtigen befeuchten, anfeuchten

bevoegd befugt, zuständig; [op grond van examen e.d.] befähigt, qualifiziert

de **bevoegdheid** Befugnis (v[24]), Zuständigkeit (v[20]), Befähigung (v[20]), Qualifikation (v[20]): ~ *tot het geven van onderwijs* Lehrbefähigung (v[20])

bevoelen befühlen, betasten

bevolken bevölkern

de **bevolking** Bevölkerung (v[20])

de **bevolkingsdichtheid** Bevölkerungsdichte (v[21])

het **bevolkingsonderzoek** Reihenuntersuchung (v[20])

het **bevolkingsregister 1** [bureau] Meldeamt (o[32]), Einwohnermeldeamt (o[32]) **2** [lijst] Melderegister (o[33]), Einwohnerliste (v[21])

bevoogden bevormunden

bevoordelen begünstigen, bevorzugen

bevooroordeeld voreingenommen (gegen[+4])

bevoorraden bevorraten

bevoorrechten bevorrechten, privilegieren[320]

bevorderen 1 [stimuleren] fördern; [van eetlust] anregen **2** [in rang doen stijgen] befördern: *een leerling* ~ einen Schüler versetzen

de **bevordering 1** Förderung (v[20]), Anregung (v[20]) **2** Beförderung (v[20]), Versetzung (v[20]); *zie bevorderen*

bevorderlijk förderlich[+3], zuträglich[+3]

bevragen: *te* ~ *bij* ... Näheres ist zu erfragen bei ...

bevredigen befriedigen: *iem.* ~ jmdn. befriedigen; *zijn nieuwsgierigheid* ~ [ook] seine Neugier stillen

bevredigend befriedigend

bevreemden befremden

bevreesd ängstlich: ~ *zijn voor* sich fürchten vor[+3]

bevriend befreundet

[1]**bevriezen** (onov ww) **1** [door vriezen verstijven] gefrieren[163] **2** [dichtvriezen] zufrieren[163] **3** [m.b.t. ruiten] zufrieren[163] **4** [m.b.t. waterleiding] einfrieren[163] **5** [doodvriezen] erfrieren[163]

[2]**bevriezen** (ov ww) [van vlees, lonen, prijzen] einfrieren[163]

bevrijden befreien

de **bevrijding** Befreiung (v[20])

Bevrijdingsdag Tag (m[5]) der Befreiung

bevruchten befruchten

de **bevruchting** Befruchtung (v[20])

bevuilen beschmutzen

het **bewaarmiddel** [Belg] Konservierungsmittel (o³³)

bewaken bewachen: *het budget* ~ das Budget überwachen; [sport] *iem.* ~ jmdn. beschatten (*of:* decken)

de **bewaking** Bewachung (v²⁰), Überwachung (v²⁰)

de **bewakingscamera** Überwachungskamera (v²⁷)

bewandelen beschreiten²⁵⁴: *de gerechtelijke weg* ~ den Rechtsweg beschreiten; *nieuwe wegen* ~ neue Wege beschreiten (*of:* gehen)

¹**bewapenen** (ov ww) bewaffnen

zich ²**bewapenen** (wdk ww) [m.b.t. staten] rüsten

de **bewapening 1** Bewaffnung (v²⁰) **2** [m.b.t. staten] Rüstung (v²⁰) **3** [ijzerwerk in beton] Armierung (v²⁰)

bewaren 1 [niet wegdoen] (auf)bewahren, aufheben¹⁸⁶; [fig] *afstand* ~ Distanz wahren; *zijn evenwicht* ~ das Gleichgewicht halten¹⁸³; *een geheim* ~ ein Geheimnis bewahren; *zijn kalmte* ~ seine Ruhe bewahren; *de boeken zijn goed bewaard* die Bücher sind gut erhalten **2** [behoeden] bewahren

de **bewaring** Aufbewahrung (v²⁸): *huis van* ~ Haftanstalt (v²⁰); *iem. iets in* ~ *geven* jmdm. etwas in Verwahrung geben

beweegbaar beweglich, bewegbar

beweeglijk 1 [levendig] beweglich, lebhaft **2** [techn] beweglich

de **beweegreden** Beweggrund (m⁶), Motiv (o²⁹)

¹**bewegen** (ov ww) **1** [van plaats doen veranderen] bewegen **2** [ontroeren] bewegen **3** [overhalen] bewegen¹²⁸: *iem. ergens toe* ~ jmdn. zu⁺³ etwas bewegen

zich ²**bewegen** (wdk ww) sich bewegen; *zie bewogen*

de **beweging** Bewegung (v²⁰): *in* ~ *komen* sich in Bewegung setzen

bewegingloos bewegungslos

de **bewegingsvrijheid** Bewegungsfreiheit (v²⁸)

bewegwijzeren ausschildern, beschildern

de **bewegwijzering** Ausschilderung (v²⁰), Beschilderung (v²⁰)

beweren behaupten: *iets bij hoog en laag* ~ hartnäckig auf etwas³ bestehen, etwas steif und fest behaupten

de **bewering** Behauptung (v²⁰)

bewerkelijk [van materiaal] schwer zu bearbeiten; [van huis] viel Arbeit mit sich bringend

bewerken bearbeiten: *smaakvol bewerkte meubels* geschmackvoll gearbeitete Möbel

de **bewerker** Bearbeiter (m⁹)

de **bewerking** Bearbeitung (v²⁰)

bewerkstelligen bewirken, herbeiführen

het **bewijs 1** [alg] Beweis (m⁵) **2** [bewijsstuk]

Beleg (m⁵) **3** [schriftelijke verklaring] Bescheinigung (v²⁰); [jur; document] Urkunde (v²¹): ~ *van ontvangst* Empfangsbescheinigung; ~ *van toegang* Eintrittskarte (v²¹); [Belg] ~ *van goed gedrag en zeden* Führungszeugnis (o²⁹ᵃ) **4** [reçu] Schein (m⁵)

de **bewijskracht** Beweiskraft (v²⁸): ~ *hebben* beweiskräftig sein²⁶²

de **bewijslast** Beweislast (v²⁸), Beweispflicht (v²⁸)

het **bewijsmateriaal** Beweismaterial (o, 2e nvl: -s; mv: Beweismaterialien)

bewijzen beweisen³⁰⁷, nachweisen³⁰⁷: *iem. een dienst* ~ jmdm. einen Dienst erweisen³⁰⁷; *zichzelf moeten* ~ sich selber beweisen müssen

het **bewind** Regierung (v²⁰): *het* ~ *voeren* regieren

de **bewindsman** Minister (m⁹)

de **bewindsvrouw** Ministerin (v²²)

de **bewindvoerder 1** [gezagdrager] [heerser] Herrscher (m⁹); [minister] Minister (m⁹) **2** [beheerder] Leiter (m⁹); Verwalter (m⁹)

bewogen 1 [foto] verwackelt **2** [fig] bewegt; *zie* ¹*bewegen*

bewolkt bewölkt

de **bewolking** Bewölkung (v²⁰)

de **bewonderaar** Bewunderer (m⁹)

bewonderen bewundern

bewonderenswaardig bewundernswert

de **bewondering** Bewunderung (v²⁸)

bewonen bewohnen

de **bewoner** Bewohner (m⁹)

bewoonbaar bewohnbar

de **bewoonster** Bewohnerin (v²²)

de **bewoordingen** Worte (mv o²⁹): *in simpele* ~ in (*of:* mit) einfachen Worten

bewust bewusst: *het* ~*e boek* das bewusste Buch; ~ *liegen* bewusst lügen²⁰⁴; *hij was het zich niet* ~ er war sich³ dessen nicht bewusst

bewusteloos bewusstlos, ohnmächtig

de **bewusteloosheid** Bewusstlosigkeit (v²⁸)

de **bewustwording** Bewusstwerdung (v²⁰)

het **bewustzijn** Bewusstsein (o³⁹): *weer bij* ~ *komen* wieder zu(m) Bewusstsein, wieder zu sich kommen

bezaaien [ook fig] besäen

bezadigd besonnen, gesetzt

zich **bezatten** sich volllaufen lassen¹⁹⁷

bezegelen 1 [van een zegel voorzien] versiegeln **2** [bekrachtigen] besiegeln

bezeilen besegeln: *de zee* ~ das Meer besegeln || *er is geen land met hem te* ~ mit ihm ist nichts anzufangen

de **bezem** Besen (m¹¹): [fig] *ergens de* ~ *door halen* irgendwo mit eisernem Besen auskehren (*of:* ausfegen)

de **bezemsteel** Besenstiel (m⁵)

¹**bezeren** (ov ww) wehtun²⁹⁵, verletzen

zich ²**bezeren** (wdk ww) sich³ wehtun, sich⁴ verletzen

de **bezet** besetzt
bezeten besessen
de **bezetene** Besessene(r) (m[40a], v[40b])
bezetten besetzen: *een land* ~ ein Land besetzen
de **bezetter** Besatzung (v[20]); [inf] Besatzer (m[9])
de **bezetting 1** [het bezetten; ook militair] Besetzung (v[20]) **2** [bezettingstroepen] Besatzung (v[20])
bezichtigen besichtigen, (sich[3]) ansehen[261]
bezield beseelt, begeistert: ~ *spelen* beseelt spielen; *een* ~ *spreker* ein begeisterter Redner
bezielen 1 [een ziel, leven geven] beseelen **2** [geestdriftig maken] begeistern || *wat bezielt je toch?* was ist bloß in dich gefahren?
de **bezieling** Beseelung (v[20]), Begeisterung (v[28]); *zie bezielen*
bezien: *iets* ~ etwas besehen[261]; sich[3] etwas ansehen[261]; *het staat nog te* ~ es steht noch dahin
de **bezienswaardigheid** Sehenswürdigkeit (v[20])
bezig beschäftigt: *ik was juist* ~ … ich war eben dabei, …
bezigen gebrauchen, verwenden
de **bezigheid** Beschäftigung (v[20])
de **bezigheidstherapie** Beschäftigungstherapie (v[21])
¹bezighouden (ov ww) beschäftigen
zich **²bezighouden** (wdk ww): *zich* ~ *met* sich beschäftigen mit[+3]
bezingen besingen[265]
bezinken sich absetzen: *iets laten* ~ etwas verarbeiten
het **bezinksel** Bodensatz (m[19])
zich **bezinnen** sich besinnen[267]
de **bezinning** Besinnung (v[28])
het **bezit** Besitz (m[19]): *particulier* ~ Privatbesitz (m[19])
bezittelijk: ~ *voornaamwoord* besitzanzeigendes Fürwort (o[32])
bezitten besitzen[268]
de **bezitter** Besitzer (m[9])
de **bezitting** Besitz (m[5], zelden mv), Besitztum (o[32])
bezoedelen besudeln
het **bezoek** Besuch (m[5]): *het* ~ *aan het museum* der Besuch des Museums; *iem. een* ~ *brengen* bei jmdm. einen Besuch machen; *op* ~ *gaan* auf (*of:* zu) Besuch gehen[168]; *bij iem. op* ~ *zijn* bei jmdm. zu (*of:* auf) Besuch sein[262]
bezoeken besuchen: *een website* ~ eine Webseite besuchen; *het toilet* ~ die Toilette aufsuchen, auf/in die Toilette gehen
de **bezoeker** Besucher (m[9]): *een site met een miljoen* ~*s per week* eine Seite mit einer Million Besuchern pro Woche
het **bezoekerscentrum** Besucherzentrum (o, 2e nvl: -s; mv: Besucherzentren)
de **bezoekregeling** Umgangsregelung (v[20])

het **bezoekuur** Besuchsstunde (v[21])
bezoldigen besolden
de **bezoldiging** Besoldung (v[20])
zich **bezondigen** sich versündigen
bezonken abgeklärt
bezonnen besonnen
bezopen 1 [dronken] besoffen **2** [idioot] blöd
bezorgd besorgt
de **bezorgdheid 1** [het bezorgd zijn] Besorgtheit (v[28]) **2** [ongerustheid] Besorgnis (v[24])
bezorgen 1 [van goederen] liefern: [in winkel] *zal ik het laten* ~? soll ich es Ihnen (ins Haus) schicken? **2** [van post] zustellen **3** [iem. iets verschaffen] besorgen **4** [veroorzaken] bereiten: *iem. verdriet* ~ jmdm. Kummer bereiten
de **bezorger** [besteller] Austräger (m[5]); [post] Zusteller (m[9])
de **bezorging** Zustellung (v[20]), Besorgung (v[20]); *zie bezorgen*
bezuinigen sparen: *op zijn uitgaven* ~ seine Ausgaben einschränken
de **bezuiniging 1** [de daad] Sparen (o[39]), Einschränkung (v[20]) **2** [het resultaat] Ersparnis (v[24])
de **bezuinigingsmaatregel** Sparmaßnahme (v[21])
bezuren: *iets moeten* ~ für[4] etwas büßen müssen
het **bezwaar 1** [bedenking] Bedenken (o[35]), Einwand (m[6]): ~ *tegen iets hebben* Bedenken gegen[+4] etwas haben[182]; ~ *maken* Einspruch erheben, Bedenken anmelden **2** [moeilijkheid] Schwierigkeit (v[20]): *op bezwaren stuiten* auf Schwierigkeiten stoßen[285] **3** [ongemak] Beschwerde (v[21])
bezwaard beschwert: *zich* ~ *voelen over iets* sich[3] Gewissensbisse über[+4] etwas machen; *met een* ~ *gemoed* schweren Herzens
bezwaarlijk beschwerlich
het **bezwaarschrift** Beschwerdeschrift (v[20])
bezwaren belasten, beschweren; [met een hypotheek] belasten
bezwarend erschwerend: ~*e omstandigheden* erschwerende Umstände; *zie bezwaard*
bezweet verschwitzt
bezweren beschwören[260]: *het gevaar* ~ die Gefahr bannen
bezwijken 1 [sterven] erliegen[202+3]: *aan zijn verwondingen* ~ seinen Verletzungen erliegen **2** [in kracht tekortschieten] erliegen[202], zusammenbrechen[137]: *onder een last* ~ unter einer Last zusammenbrechen; *voor de verleiding* ~ der[3] Versuchung erliegen **3** [instorten] einbrechen[137]
de **Bhutaan** Bhutaner (m[9]), Bhutanerin (v[22])
Bhutaans bhutanisch
Bhutan Bhutan (o[39])
bibberen zittern; [hevig] schlottern: ~ *van*

angst zittern vor Angst

de **bibliografie** Bibliografie (v²¹), Bücherverzeichnis (o²⁹ᵃ)

de **bibliothecaresse** Bibliothekarin (v²²)

de **bibliothecaris** Bibliothekar (m⁵)

de **bibliotheek** Bibliothek (v²⁰); [klein] Bücherei (v²⁰)

de **biceps** Bizeps (m⁵, 2e nvl: ook -)

de ¹**bicultureel** bikulturelle Person (v²⁰)

²**bicultureel** (bn) bikulturell, zweiheimisch

bidden 1 [rel] beten **2** [smeken] flehen **3** [verzoeken] bitten¹³²⁺⁴

de **biecht** Beichte (v²¹): *de ~ horen* die Beichte hören, *die Beichte abnehmen*

biechten beichten: *gaan ~* zur Beichte gehen¹⁶⁸

het **biechtgeheim** Beichtgeheimnis (o²⁹ᵃ)

de **biechtstoel** Beichtstuhl (m⁶)

de **biechtvader** Beichtvater (m¹⁰)

bieden bieten¹³⁰: *weerstand ~* Widerstand leisten; *hulp ~* Hilfe leisten

de **bieder** Bieter (m⁹), Bietende(r) (m⁴⁰ᵃ, v⁴⁰ᵇ): *hoogste ~* Meistbietende(r) (m⁴⁰ᵃ, v⁴⁰ᵇ)

de **biefstuk** Beefsteak (o³⁶): *~ tartaar* Tatar (o³⁹, o³⁹ᵃ)

de **biels** Bahnschwelle (v²¹), Schwelle (v²¹)

het **bier** Bier (o²⁹): *donker ~* dunkles Bier; *licht ~* helles Bier; [Belg] *dat is geen klein ~* das ist eine wichtige Angelegenheit

het **bierblikje** Bierdose (v²¹)

de **bierbrouwerij** Bierbrauerei (v²⁰)

de **bierbuik** Bierbauch (m⁶)

het **bierglas** Bierglas (o³²)

de **bierkeet** Räumlichkeit (v²⁰), in der sich die Dorfjugend zum Trinken trifft

het **bierviltje** Bierdeckel (m⁹)

de **bies 1** [plantk] Binse (v²¹) **2** [op kleding] Paspel (v²¹) **3** [versieringslijn] Zierleiste (v²¹)

het **bieslook** Schnittlauch (m⁵)

de **biet** Rübe (v²¹): *rode ~* Rote Rübe

bietsen schnorren

biezen Binsen...: *~ mat* Binsenmatte (v²¹); *zie bies*

de **big** Ferkel (o³³)

biggelen kugeln

de ¹**bij** (zn) Biene (v²¹)

²**bij** (bw) **1** [bij kennis] bei Bewusstsein **2** [niet ten achter] nicht im Rückstand **3** [op de hoogte] auf dem Laufenden **4** [pienter] gescheit: *goed ~ zijn* [geïnformeerd] auf der Höhe sein; [verstandig zijn] Köpfchen haben; [m.b.t. klein kind] verständig ‖ *je bent er ~!* du bist geliefert!

³**bij** (vz) **1** [bij het zijn op een plaats] [ook fig] bei⁺³, an⁺³: *~ het raam zitten* beim (of: am) Fenster sitzen²⁶⁸; *~ iem. wonen* bei jmdm. wohnen; *iets ~ zich hebben* etwas bei sich haben¹⁸²; *~ zichzelf iets zeggen* sich³ etwas sagen **2** [bij het komen op een plaats] an⁺⁴ **3** [m.b.t. een toevoeging] zu⁺³: *water ~ de wijn gieten* Wasser zu dem Wein gießen¹⁷⁵ **4** [bij het komen naar personen] zu⁺³: *~ iem. gaan zitten* sich zu jmdm. setzen **5** [bij een aanraking] bei⁺³: *~ de hand pakken* bei der Hand nehmen²¹² **6** [tijdens] bei⁺³, an⁺³: *~ dag, ~ nacht* bei Tag(e), bei Nacht **7** [gelijktijdig met] zu⁺³: *~ het begin van het jaar* zu Anfang des Jahres **8** [bijna] an⁺⁴, gegen⁺⁴ **9** [m.b.t. een hoeveelheid] zu⁺³: *~ honderden* zu Hunderten **10** [in vergelijking met] gegen⁺⁴ **11** [een formaat aangevend] mal: *25 ~ 30 meter* 25 mal 30 Meter **12** [door middel van] durch⁺⁴: *~ de wet bepaald* durch das Gesetz bestimmt **13** [in geval van] bei⁺³: *~ slecht weer* bei schlechtem Wetter **14** [vanwege] aus⁺³: *~ gebrek aan geld* aus Mangel an⁺³ Geld

het **bijbaantje** Nebenbeschäftigung (v²⁰), Nebenjob (m¹³)

de **bijbedoeling** Nebenabsicht (v²⁰)

bijbehorend dazugehörig

de **Bijbel** Bibel (v²¹)

Bijbels biblisch

het **Bijbelvers** Bibelvers (m⁵)

bijbenen [ook fig] mitkommen¹⁹³

bijbetalen zuzahlen, nachzahlen

de **bijbetaling** Zuzahlung (v²⁰), Nachzahlung (v²⁰)

de **bijbetekenis** Nebenbedeutung (v²⁰)

bijblijven 1 [ook fig] Schritt halten¹⁸³ mit⁺³; [op school] mitkommen¹⁹³ **2** [niet vergeten worden] im Gedächtnis bleiben¹³⁴

bijboeken nachtragen²⁸⁸

bijbrengen: *iem. iets ~* jmdm. etwas beibringen¹³⁹; *een bewusteloze weer ~* einen Ohnmächtigen wieder zu sich bringen¹³⁹

bijdehand 1 [schrander] aufgeweckt, hell **2** [brutaal] naseweis, vorlaut

het **bijdehandje** Naseweis (m⁵)

bijdraaien 1 [scheepv] beidrehen **2** [m.b.t. personen] einlenken

de **bijdrage** Beitrag (m⁶): *eigen ~* [med] Rezeptgebühr (v²⁰)

bijdragen beitragen²⁸⁸, beisteuern

bijeen zusammen; [als het een zich bevinden, een rust betreft, ook] beisammen, beieinander

bijeenbrengen zusammenbringen¹³⁹

bijeenhouden zusammenhalten¹⁸³

bijeenkomen 1 zusammenkommen¹⁹³ **2** [om te vergaderen, officieel] zusammentreten²⁹¹ **3** [elkaar treffen] zusammentreffen²⁸⁹

de **bijeenkomst 1** Zusammenkunft (v²⁵) **2** [vergadering] Versammlung (v²⁰) **3** [ontmoeting] Treffen (o³⁵)

bijeenroepen zusammenrufen²²⁶: *een vergadering ~* eine Versammlung einberufen²²⁶

bijeenzijn zusammen sein²⁶², beisammen sein²⁶²

de **bijenhouder** Bienenzüchter (m⁹)

de **bijenkorf** Bienenkorb (m⁶)

het **bijenvolk** Bienenvolk (o[32])
[1]bijgaand (bn, bw) anliegend, beiliegend
[2]bijgaand (bw) anbei, in der Anlage, als Anlage
het **bijgebouw** Nebengebäude (o[33]), Seitengebäude (o[33])
de **bijgedachte** Nebengedanke (m[18])
het **bijgeloof** Aberglaube (m[18])
bijgelovig abergläubisch
bijgenaamd mit dem Beinamen
bijhouden 1 [zijn bord, glas] hinhalten[183] **2** [niet achterblijven] mitkommen[193]: *iem. ~* mit jmdm. Schritt halten[183]; *de vakliteratuur ~* die Fachliteratur lesen[201]
het **bijhuis** [Belg] Zweigstelle (v[21])
het **bijkantoor** Zweigstelle (v[21])
de **bijkeuken** Küchenabseite (v[21])
bijkomen 1 [erbij komen] dazukommen[193], hinzukommen[193]: *dat moet er nog ~!* das fehlte gerade noch! **2** [tot zichzelf komen] zu[+3] sich kommen[193] **3** [herstellen] sich erholen: *de zieke komt langzaam bij* der Kranke erholt sich langsam || *hoe kom je erbij?* wie kommst du darauf?
bijkomend: *~e kosten* Nebenkosten (mv); *~e omstandigheden* Nebenumstände (mv m[6]); *alle ~e werkzaamheden* alle anfallenden Arbeiten
bijkomstig nebensächlich, Neben…
de **bijkomstigheid** Nebenumstand (m[6])
de **bijl 1** [met korte steel] Beil (o[29]) **2** [met lange steel] Axt (v[25])
de **bijlage 1** [bij brief] Anlage (v[21]) **2** [bij boek, krant] Beilage (v[21])
bijlange: *~ (na) niet* bei Weitem nicht
bijleggen 1 [er nog bij doen] zulegen, zuzahlen **2** [beslechten] beilegen
de **bijles** Nachhilfeunterricht (m[19])
bijlichten: *iem. ~* jmdm. leuchten
bijna beinahe, fast: *~ niet te geloven* kaum glaublich
de **bijnaam 1** [toenaam] Beiname (m[18]) **2** [spotnaam] Spitzname (m[18]), Scherzname (m[18])
de **bijna-doodervaring** Nahtoderfahrung (v[20])
bijpassen [van geld] zuzahlen, nachzahlen
bijpassend (dazu) passend, dazugehörig
bijpraten: *we moeten weer eens ~* wir müssen uns wieder einmal ausplaudern; *we zijn weer helemaal bijgepraat* wir sind wieder ganz auf dem Laufenden; *we hadden heel wat bij te praten* wir hatten uns[3] eine ganze Menge zu erzählen
het **bijproduct** Nebenprodukt (o[29])
de **bijrijder** Beifahrer (m[9])
de **bijrol** Nebenrolle (v[21])
bijschaven 1 [lett] zurechthobeln **2** [fig] ausfeilen: *een tekst ~* einen Text ausfeilen
bijschenken nachgießen[175], nachschenken
bijscholen fortbilden, weiterbilden

de **bijscholing** Weiterbildung (v[20]), Fortbildung (v[20])
het **bijschrift** Bildunterschrift (v[20]), Bildtext (m[5])
bijschrijven 1 [op de creditzijde boeken] gutschreiben[252]: *de rente ~* die Zinsen eintragen[288] **2** [toevoegen] hinzuschreiben[252]
de **bijschrijving** Gutschrift (v[20]), Eintragung (v[20]); *zie bijschrijven*
bijsloffen mitkommen[193]
de **bijsluiter** Beipackzettel (m[9])
de **bijsmaak** Nebengeschmack (m[19])
bijspijkeren nachholen: *zijn kennis ~* seine Kenntnisse auffrischen; *een zwakke leerling ~* einem schwachen Schüler Nachhilfeunterricht geben
bijspringen beispringen[276+3], aushelfen[188+3]
bijstaan beistehen[279]: *iem. met raad en daad ~* jmdm. mit Rat und Tat beistehen
de **bijstand 1** [hulp] Beistand (m[19]) **2** [geldelijke ondersteuning] Sozialhilfe (v[21]), Beihilfe (v[21]) **3** [instantie] Fürsorge (v[28]), Sozialamt (o[32])
de **bijstandsmoeder** von der Sozialhilfe lebende, alleinstehende Mutter (v[26])
de **bijstandsuitkering** Sozialhilfe (v[21])
bijstellen 1 [afstellen] einstellen **2** [opnieuw afstellen] nachstellen
de **bijstelling 1** [techniek] Einstellen (o), Nachstellen (o) **2** [m.b.t. wet, plan] Anpassung (v[20])
[1]bijster (bn): *het spoor ~ zijn* **a)** [lett] sich verirrt haben[182]; **b)** [fig] auf dem Holzweg sein[262]
[2]bijster (bw): *niet ~* nicht sonderlich
bijsturen 1 [letterlijk] [voertuig] aussteuern; [schip] den Kurs korrigieren **2** [figuurlijk] korrigieren, anpassen
de **bijt** Wune (v[21]), Wuhne (v[21])
bijtanken [ook fig] auftanken
bijtekenen: *voor 6 jaar ~* sich für noch sechs Jahre verpflichten
bijtellen hinzuzählen, hinzurechnen
bijten beißen[125] **2** [chem] ätzen, beizen
bijtend 1 beißend **2** [chem] ätzend
bijtijds 1 [vroeg] frühzeitig **2** [niet te laat] rechtzeitig
bijtreden [Belg] beistimmen, zustimmen, einverstanden sein[262]
bijtrekken ± sich aufheitern: *hij trekt wel weer bij* seine Stimmung wird sich schon aufheitern
bijv. afk van *bijvoorbeeld* z.B. (afk van *zum Beispiel*)
het **bijvak** Nebenfach (o[32])
de **bijval** Beifall (m[19])
bijvallen: *iem. ~* jmdm. beipflichten
bijverdienen zuverdienen
de **bijverdienste** Nebenverdienst (m[5])
bijvoegen beifügen, zufügen, hinzufügen
bijvoeglijk attributiv, beifügend: *de ~e bepaling* das Attribut, die Beifügung; *het ~*

naamwoord das Adjektiv, das Eigenschaftswort

het **bijvoegsel 1** [van krant] Beilage (v²¹) **2** [supplement] Nachtrag (m⁶)

bijvoorbeeld zum Beispiel, z.B.

bijvullen nachfüllen: *olie* ~ Öl nachfüllen

bijwerken 1 [aanvullen, herstellen] nacharbeiten, überarbeiten **2** [lesgeven] Nachhilfe geben¹⁶⁶ ‖ *de boeken* ~ die Bücher führen

de **bijwerking** Nebenwirkung (v²⁰)

bijwonen beiwohnen⁺³: *een concert* ~ einem Konzert beiwohnen

het **bijwoord** Adverb (o, mv: Adverbien); Umstandswort (o²⁹)

de **bijzaak** Nebensache (v²¹)

bijzetten 1 [bij iets zetten] dazustellen **2** [begraven] beisetzen

bijziend kurzsichtig

het **bijzijn**: *in het* ~ *van* im Beisein von⁺³

de **bijzin** Nebensatz (m⁶): *betrekkelijke* ~ Relativsatz (m⁶)

¹**bijzonder** (bn) **1** [alg] besonder, Sonder…, speziell: *niet veel ~s* nicht viel Besonderes; *het eten was niet* ~ das Essen war nicht besonders **2** [niet openbaar] privat, Privat…

²**bijzonder** (bw) besonders: ~ *goed* besonders gut; *in het* ~ besonders

de **bijzonderheid 1** [detail] Einzelheit (v²⁰) **2** [iets ongewoons] Besonderheit (v²⁰)

de **bikini** Bikini (m¹³)

bikkelhard steinhart, knochenhart

bikken 1 [hakken] klopfen **2** [eten] mampfen

de **bil** Backe (v²¹), Hinterbacke (v²¹); ~*len* Gesäß (o²⁹) ‖ *wie zijn* ~*len brandt, moet op de blaren zitten* wer sich den Hintern verbrennt, muss auf den Blasen sitzen

de/het **bila** Gespräch (o²⁹) unter vier Augen

bilateraal bilateral

biljard Billiarde (v²¹)

het **biljart** Billard (o²⁹)

de **biljartbal** Billardball (m⁶), Billardkugel (v²¹)

biljarten Billard spielen

de **biljartkeu** Queue (o+m), Billardstock (m⁶)

het **biljet**: ~ *van € 100,-* Hunderteuroschein (m⁵)

biljoen Billion (v²⁰)

de/het **billboard** Billboard (o³⁶)

de **billenkoek**: ~ *krijgen* den Hintern voll (gehauen) bekommen; den Hosenboden voll kriegen

billijk 1 [rechtmatig] berechtigt **2** [redelijk] angemessen **3** [rechtvaardig] gerecht

billijken billigen, gutheißen¹⁸⁷

binair binär, binar, binarisch

binden binden¹³¹: *een* ~*de bepaling* eine bindende Bestimmung

de **binding** Bindung (v²⁰)

het **bindmiddel** Bindemittel (o³³)

het **bindweefsel** Bindegewebe (o³³)

het **bingo** Bingo (o)

de **bink** Kerl (m⁵), Bursche (m¹⁵), Junge (m¹⁵)

¹**binnen** (bw) [niet buiten] drinnen: ~ *in de zaal* drinnen im Saal; *hij is* ~ [heeft geld genoeg] er hat sein Schäfchen im Trockenen; ~*!* herein!; *naar* ~ **a)** [in verbinding met werkwoord; naar spreker toe] herein-; **b)** [in verbinding met werkwoord; van spreker af] hinein-; *de deur gaat naar* ~ *open* die Tür geht nach innen auf; *te* ~ *schieten* einfallen¹⁵⁴; *van* ~ inwendig

²**binnen** (vz) innerhalb⁺²: ~ *de stad* innerhalb der Stadt; ~ *een uur* innerhalb einer Stunde

de **binnenbaan** Innenbahn (v²⁰)

het **binnenbad** Hallenbad (o³²)

de **binnenband** Schlauch (m⁶)

de **binnenbocht** Innenkurve (v²¹)

binnenboord ‖ *zijn benen* ~ *houden* sein Fahrgestell einziehen

binnenbrengen hereinbringen¹³⁹, hineinbringen¹³⁹ (in⁺⁴)

binnendoor: ~ *gaan* eine Abkürzung nehmen²¹²

binnendringen eindringen¹⁴³ (in⁺⁴)

binnengaan hineingehen¹⁶⁸, hereingehen¹⁶⁸ (in⁺⁴)

binnenhalen 1 [vlag, netten] einholen **2** [oogst] einbringen¹³⁹, einfahren¹⁵³

de **binnenhaven** Binnenhafen (m¹²)

het **Binnenhof** Parlamentsgebäude (o³³) in Den Haag

de **binnenhuisarchitect** Innenarchitekt (m¹⁴)

binnenin im Innern, innen

de **binnenkant** Innenseite (v²¹)

binnenkomen 1 eintreten²⁹¹ (in⁺⁴) **2** [m.b.t. schip, trein, berichten] einlaufen¹⁹⁸ (in⁺⁴) **3** [m.b.t. geld] eingehen¹⁶⁸

de **binnenkomst** Eintreffen (o³⁹); [intrede] Einzug (m⁶); [schip] Einlaufen (o)

binnenkort demnächst, in Kürze

binnenkrijgen empfangen¹⁴⁶, hereinbekommen¹⁹³ ‖ *ik kan geen hap meer* ~ ich bringe keinen Bissen mehr herunter

het **binnenland 1** [tegenstelling buitenland] Inland (o³⁹) **2** [tegenstelling kustland] Binnenland (o³⁹)

binnenlands inländisch, einheimisch: ~*e markt* Binnenmarkt (m⁶); ~*e politiek* Innenpolitik (v²⁸); ~ *nieuws* Nachrichten aus dem Inland; *Binnenlandse Zaken* das Innenministerium

binnenlaten hereinlassen¹⁹⁷, hineinlassen¹⁹⁷ (in⁺⁴)

binnenlopen 1 [ruimte inlopen] hereingehen¹⁶⁸, hineingehen¹⁶⁸, hereinlaufen¹⁹⁸, hineinlaufen¹⁹⁸ **2** [ruimte invloeien] hereinlaufen, hineinlaufen: *het water loopt de kamer binnen* das Wasser läuft in das Zimmer **3** [scheepv] einlaufen

de **binnenmarkt** Binnenmarkt (m⁶)

de **binnenplaats** Hof (m⁶), Innenhof (m⁶)

het **binnenpretje**: *een* ~ *hebben* in⁺⁴ sich hi-

neinlachen
het **binnenschip** Binnenschiff (o[29])
de **binnenschipper** Binnenschiffer (m[9])
binnenshuis im Haus(e)
binnensmonds: ~ *praten* murmeln; undeutlich sprechen; unartikuliert sprechen
de **binnensport** Hallensport (m[5])
de **binnenstad** Innenstadt (v[25]), Stadtmitte (v[28])
het **binnenste** Innere(s) (o[40c])
binnenstebuiten verkehrt, verkehrt herum
binnenstormen hereinstürmen, hineinstürmen (in[+4])
binnentreden eintreten[291] (in[+4])
binnentrekken einziehen[318] (in[+4])
de **binnenvaart** Binnenschifffahrt (v[28])
binnenvallen: *komen* ~ hereinplatzen
de **binnenvetter** verschlossene(r) Mensch (m[14]): *hij is een* ~ er frisst alles in sich[4] hinein
het **binnenwater** Binnengewässer (o[33])
de **binnenweg** [weg door het land] Feldweg (m[5]), Waldweg (m[5]); [kortere weg] Abkürzung (v[20]); [B-weg] Landstraße (v[21])
de **binnenzak** Innentasche (v[21])
de **binnenzee** Binnenmeer (o[29])
de **binnenzijde** Innenseite (v[21])
het **bint 1** [balk] Balken (m[11]) **2** [spant] Gebinde (o[33])
de **bioboer** Biobauer (m[15])
de **biobrandstof** Biokraftstoff (m[5]), Biotreibstoff (m[5])
de **biochemicus** Biochemiker (m[9])
de **biochemie** Biochemie (v[28])
biochemisch biochemisch
biodynamisch biodynamisch
de **bio-energie** Bioenergie (v[21])
de **biograaf** Biograf (m[14])
de **biografie** Biografie (v[21])
biografisch biografisch
de **bio-industrie** Intensivhaltung (v[28])
de **biologie** Biologie (v[28])
biologisch biologisch: *de ~e moeder* die leibliche Mutter; *~e groenen* biologisch angebautes Gemüse
de **bioloog** Biologe (m[15])
het **bioritme** Biorhythmus (m, 2e nvl: -; mv: Biorhythmen)
de **bioscoop** Kino (o[36]): *naar de ~ gaan* ins Kino gehen[168]
de **bips** Popo (m[13]), Po (m[13])
Birma Burma (o), Birma (o)
de **Birmaan** Burmese (m[15]), Burmesin (v[22]); Birmane (m[15]), Birmanin (v[22])
Birmaans burmesisch, birmanisch
¹bis (bw) **1** [nog eens] noch einmal; da capo **2** [na telwoord] a und b
²bis (tw) Zugabe!, da capo!
het/de **biscuit** Keks (m+o, 2e nvl: -(es); mv: -(e))
het **biscuitje** Butterkeks (m, 2e nvl: -(es); mv: -(e))

het **bisdom** Bistum (o[32])
biseksueel bisexuell
de **bisschop** Bischof (m[6])
bisschoppelijk bischöflich
bissen [Belg] [ond] sitzen bleiben[134]
de **bisser** [Belg] [ond] Sitzenbleiber (m[9])
de **bistro** Bistro (o[36])
de **bit** [comp] Bit (o, 2e nvl: -(s); mv: -(s))
de **bitch** Luder (o[33])
bits bissig, scharf
bitter bitter
de **bitterbal** ± Krokettenklößchen (o[29])
de **bitterheid** Bitterkeit (v[20])
het **bitterkoekje** Bittermandelmakrone (v[21])
het **bivak** Biwak (o[29], o[36]): *zijn ~ ergens opslaan* sich irgendwo niederlassen[197]
bivakkeren biwakieren[320]
bizar bizarr
de **bizon** Bison (m[13])
het **blaadje**: *bij iem. in een goed ~ staan* bei jmdm. gut angeschrieben sein
de **blaag** Balg (m[8], o[32]), Blage (v[21])
de **blaam 1** [afkeuring] Tadel (m[9]) **2** [smet] Makel (m[9])
de **blaar** Blase (v[21])
de **blaas** Blase (v[21]): *zijn ~ legen* die Blase entleeren
de **blaasbalg** Blasebalg (m[6])
het **blaasinstrument** Blasinstrument (o[29])
de **blaaskaak** Aufschneider (m[9]), Großsprecher (m[9])
de **blaasontsteking** Blasenentzündung (v[20])
de **blaastest** Alkoholtest (m[13], m[5])
de **blabla** Blabla (o)
het **blad 1** Blatt (o[32]) **2** [dienblad] Tablett (o[36], o[29]) **3** [tafelblad] Tischplatte (v[21])
de **bladblazer** Blättergebläse (o[33]), Laubgebläse (o[33])
bladderen Blasen bilden, (ab)blättern
het **bladerdeeg** Blätterteig (m[5])
bladeren blättern
het **bladgoud** Blattgold (o[29])
het **bladgroen** Blattgrün (o[39])
de **bladgroente** Blattgemüse (o[33])
de **bladluis** Blattlaus (v[25])
de **bladmuziek** Noten (mv)
bladstil völlig windstill
de **bladvulling** [alg] Füllsel (o) für eine nicht voll bedruckte Seite; [krantenartikel] Füller (m[9])
de **bladwijzer 1** [inhoudsopgave] Inhaltsverzeichnis (o[29a]) **2** [boekenlegger] Buchzeichen (o[35])
de **bladzijde** Seite (v[21]), S.
blaffen [ook hoesten, opspelen] bellen
blaken [m.b.t. zon] brennen[138], glühen: ~ *van gezondheid* vor Gesundheit strotzen
blakeren (ver)sengen
de **blamage** Blamage (v[21])
¹blameren (ov ww) blamieren[320]
zich **²blameren** (wdk ww) sich blamieren

blancheren blanchieren[320]
blanco blanko: ~ *stemmen* sich der Stimme enthalten[183]; *ergens* ~ *tegenover staan* ± einer Sache[3] unvoreingenommen (*of:* neutral) gegenüberstehen
blank 1 [blinkend] blank **2** [wit, niet gekleurd] weiß **3** [onder water staand] überschwemmt: *het veld staat* ~ das Feld steht unter Wasser
de **blanke** Weiße(r) (m[40a], v[40b])
blasé blasiert
de **blasfemie** Blasphemie (v[21]), Gotteslästerung (v[20])
blaten blöken, mähen
het **¹blauw** (zn) Blau (o, 2e nvl: -s; mv: -)
²blauw (bn, bw) blau: *een ~e maandag* kurze Zeit; *zich ~ ergeren* sich gelb und grün ärgern
de **blauwalg** Blaualge (v[21])
blauwbekken frieren[163]: *staan te* ~ frieren
blauwblauw: *iets ~ laten* eine Sache auf sich beruhen lassen[197]
de **blauwdruk 1** Blaupause (v[21]) **2** [plan] Konzept (o[29])
de **blauwhelm** Blauhelm (m[5])
het **blauwtje**: *een ~ lopen* einen Korb bekommen[193]
de **blauwtong** Blauzungenkrankheit (v[20])
het **blauwzuur** Blausäure (v[28])
blazen blasen[133]; [inf] pusten; [m.b.t. dieven] fauchen; [bij alcoholische dranken] pusten
de **¹blazer** [muz] Bläser (m[9])
de **²blazer** [jasje] Blazer (m[9])
het **blazoen** Wappen (o[35]), Wappenschild (o[5])
bleek blass[59]: *een bleke kleur* eine blasse Farbe
het **bleekmiddel** Bleichmittel (o[33])
de **bleekselderij** Staudensellerie (m+v[21])
het **bleekwater** Bleichwasser (o[39])
bleken bleichen
blèren 1 plärren **2** [m.b.t. schapen] blöken
blesseren verletzen
de **blessure** Verletzung (v[20])
de **blessuretijd**: *in de ~ spelen* nachspielen
¹bleu (bn) [verlegen] schüchtern, verlegen
²bleu (bn) [blauw] bleu
blieven mögen[210]
blij froh, freudig: *de ~de gebeurtenis* das freudige Ereignis; *een ~ gezicht* ein frohes Gesicht; ~ *zijn met iets* froh sein, sich freuen über etwas[4]
de **blijdschap** Freude (v[21])
blijf: [Belg] *geen ~ met iets weten* nicht wissen, was man mit[+3] etwas anfangen soll
de **blijheid** Fröhlichkeit (v[20]), Heiterkeit (v[20])
het **blijk** Beweis (m[5]), Zeichen (o[35]): ~ *van belangstelling* Beweis der Anteilnahme; ~ *van vertrouwen* Vertrauensbeweis; ~ *geven van* zeigen
blijkbaar offenbar, offensichtlich
blijken sich zeigen, sich herausstellen: *het*

blijkt, dat … es zeigt sich, dass …; *het bleek een vergissing te zijn* es stellte sich als ein Irrtum heraus; *daaruit blijkt, dat …* daraus geht hervor, dass …; *laten ~* erkennen lassen
blijkens laut[+2], wie aus[+3] … hervorgeht
blijmoedig frohgemut, frohmütig
het **blijspel** Lustspiel (o[29])
blijven bleiben[134]: ~ *bestaan* bestehen bleiben; *iets ~ doen* etwas weiterhin, nach wie vor tun; ~ *eten* zum Essen bleiben; ~ *hangen* hängen bleiben; ~ *leven* **a)** [lett] am Leben bleiben; **b)** [fig] fortleben; ~ *liggen* liegen bleiben; ~ *staan* stehen bleiben; ~ *steken* stecken bleiben; ~ *wachten* immerfort warten; ~ *weigeren* auf seiner Weigerung beharren; ~ *zitten* sitzen bleiben; ~ *werken* weiterarbeiten; *goed* ~ sich halten[183]; *waar waren we gisteren gebleven?* [met lezen enz.] wo waren wir gestern stehen geblieben?; *waar ~ we als …?* wo kommen wir hin, wenn …?; *bij iets ~* dabei bleiben; [sterker] beharren auf etwas[+3], beharren bei etwas
blijvend [m.b.t. herinnering, succes] bleibend; [m.b.t. indruk] nachhaltig: ~*e toestand* Dauerzustand (m[6])
de **¹blik** [oogopslag] Blick (m[5]): *een ruime* ~ ein weites Blickfeld
het **²blik 1** [vertind plaatijzer] Blech (o[29]) **2** [om iets op te vegen] Schaufel (v[21]) **3** [voor conserven] Büchse (v[21]), Dose (v[21]): *vlees in* ~ Büchsenfleisch (o[35])
de **blikgroente** Dosengemüse (o[33]), Büchsengemüse (o[33])
het **blikje** Konservenbüchse (v[21]), Konservendose (v[21])
¹blikken (bn) [van blik] blechern, Blech…
²blikken (ww) [kijken] blicken, schauen
de **blikopener** Büchsenöffner (m[9]), Dosenöffner (m[9])
de **blikschade** Blechschaden (m[12])
de **bliksem** Blitz (m[5]): [inf] *zo snel als de* ~ schnell wie der Blitz; [inf] *het is naar de* ~ es ist zum Teufel; [inf] *naar de ~ gaan* vor die Hunde gehen[168]
de **bliksemactie** Blitzaktion (v[20])
de **bliksemafleider** [ook fig] Blitzableiter (m[9])
het **bliksembezoek** Blitzbesuch (m[5])
de **bliksemcarrière** Blitzkarriere (v[21])
bliksemen blitzen
de **bliksemflits** Blitz (m[5]), Blitzstrahl (m[16])
de **blikseminslag** Blitzschlag (m[6])
bliksemsnel blitzschnell, blitzartig
de **bliksemstart** Blitzstart (m[13])
de **bliksemstraal** Blitzstrahl (m[16])
de **blikvanger** Blickfang (m[6])
het **blikveld** Blickfeld (o[31])
blind blind: ~*e passagier* blinder Passagier (m[5]); ~ *typen* blind schreiben[252]; *aan één oog* ~ *zijn* auf einem Auge blind sein[262]; [fig] ~ *voor iets zijn* blind für[+4] etwas sein[262]; *ziende*

~ *zijn* Tomaten auf den Augen haben; *~e woede, razernij* blinde Wut, Raserei

de **blind date** Blind Date (o[36], 2e nvl: ook -)

de **blinddoek** Binde (v[21]), Augenbinde (v[21])

blinddoeken: *iem.* ~ jmdm. die Augen verbinden[131]

de **blinde** Blinde(r) (m[40a], v[40b])

de **blindedarm** Blinddarm (m[6])

de **blindedarmontsteking** Blinddarment-zündung (v[20])

blindelings blindlings

de **blindengeleidehond** Blindenhund (m[5])

blinderen panzern

de **blindganger** Blindgänger (m[9])

de **blindheid** Blindheit (v[28])

zich **blindstaren**: [fig] *zich ~ op iets* sich in etwas[+4] verrennen

het/de **blingbling** Bling-Bling (o[39a])

blinken blinken, glänzen

blits flippig, geil: *~e muziek* geile Musik (v[28]); *er ~ uitzien* scharf aussehen

bloc: *en ~* en bloc

de **blocnote** Schreibblock (m[6], m[13])

het **bloed** Blut (o[39]): ~ *geven* Blut spenden; *in koelen ~e* kaltblütig

de **bloedarmoede** Blutarmut (v[28])

de **bloedbaan** Blutbahn (v[20])

het **bloedbad** Blutbad (o[32])

de **bloedbank** Blutbank (v[20])

de **bloeddonor** Blutspender (m[9])

bloeddoorlopen blutunterlaufen, rot unterlaufen

bloeddorstig blutdürstig, blutgierig

de **bloeddruk** Blutdruck (m[19])

bloedeigen leiblich

bloedeloos blutleer

bloeden bluten

bloederig 1 [m.b.t. bloed] blutig **2** [figuurlijk] blutrünstig

de **bloedgroep** Blutgruppe (v[21])

bloedheet brühheiß, glühend heiß

bloedhekel: *een ~ hebben aan iem./iets* jmdm./etwas auf den Tod nicht ausstehen können

de **bloedhond** [ook fig] Bluthund (m[5])

bloedig blutig

de **bloeding** Blutung (v[20])

het **bloedlichaampje** Blutkörperchen (o[35])

bloedlink verflixt riskant

de **bloedneus** Nasenbluten (o[39])

het **bloedonderzoek** Blutuntersuchung (v[20])

het **bloedplaatje** Blutplättchen (o[35])

het **bloedplasma** Blutplasma (o, 2e nvl: -s; mv: Blutplasmen)

de **bloedproef** Blutprobe (v[21])

de **bloedprop** Blutpfropf (m[5]), Blutgerinnsel (o[33])

bloedrood blutrot

bloedserieus todernst

de **bloedsomloop** Blutkreislauf (m[6]), Kreislauf (m[6])

bloedstollend Schauder erregend, grausig

de **bloedsuiker** Blutzucker (m[9])

de **bloedsuikerspiegel** Blutzuckerspiegel (m[9])

de **bloedtransfusie** Bluttransfusion (v[20])

de **bloeduitstorting** Bluterguss (m[6])

het **bloedvat** Blutgefäß (o[29])

de **bloedverdunner** Blutverdünner (m[9]), Blutverdünnungsmittel (o[33])

bloedvergieten Blutvergießen (o[39])

de **bloedvergiftiging** Blutvergiftung (v[20])

het **bloedverlies** Blutverlust (m[5])

de **bloedverwant** Blutsverwandte(r) (m[40a], v[40b])

de **bloedworst** Blutwurst (v[25])

de **bloedwraak** Blutrache (v[28])

de **bloedzuiger** [ook fig] Blutsauger (m[9])

de **bloei** Blüte (v[21]): *de handel komt tot ~* der Handel blüht auf; *tot ~ komen* aufblühen, erblühen, zur Blüte kommen; *in (volle) ~ staan* in (voller) Blüte stehen[279]

bloeien [ook fig] blühen

de **bloeitijd** [ook fig] Blütezeit (v[20])

de **bloem** Blume (v[21]): *~en op de ruiten* Eisblumen; *een bos ~en* ein Strauß Blumen, ein Blumenstrauß

de **bloembak** Blumenkasten (m[12])

het **bloembed** Blumenbeet (o[29])

de **bloembol** Blumenzwiebel (v[21])

het/de **bloemencorso** Blumenkorso (m[13])

de **bloemenhandelaar** Blumenhändler (m[9])

het **bloemenstalletje** Blumenstand (m[6])

de **bloententeelt** Blumenzucht (v[28])

de **bloemenvaas** Blumenvase (v[21])

het **bloemetje** Blümchen (o[35]): *iem. een ~ geven* jmdm. Blumen schenken; [fig] *de ~s buiten zetten* auf die Pauke hauen[185]

de **bloemist** Florist (m[14]), Blumenhändler (m[9])

de **bloemkool** Blumenkohl (m[5])

de **bloemkroon** Blütenkrone (v[21])

de **bloemkwekerij** Blumenzüchterei (v[20]), Blumengärtnerei (v[20])

de **bloemlezing** Auswahl (v[20]), Anthologie (v[21])

het **bloemperk** Blumenbeet (o[29])

de **bloempot** Blumentopf (m[6])

bloemrijk blumenreich

bloemschikken Blumenbinden (o)

het **bloemstuk** Gesteck (o[29]), Blumenarrangement (o[36])

de **bloemsuiker** [Belg] Puderzucker (m[19])

de **bloes** Bluse (v[21])

de **bloesem** Blüte (v[21])

het/de **blog** Blog (o[36])

de **blogger** Blogger (m[9])

het **blok 1** Block (m[6]): ~ *marmer* Marmorblock **2** [vierkant; klontje] Würfel (m[9]) || *een ~ aan iemands been* jmdm. ein Klotz am Bein sein; *iem. voor het ~ zetten* jmdm. die Pistole auf die Brust setzen

de **blokfluit** Blockflöte (v²¹)
de **blokhut** Blockhaus (o³²)
de **blokkade** Blockade (v²¹)
blokken büffeln, ochsen, pauken
de **blokkendoos** Baukasten (m¹²)
blokkeren blockieren³²⁰; [ec] sperren; [sport] stoppen, blocken
de **blokletter** Blockbuchstabe (m¹⁸): *in ~s invullen* in Blockschrift (*of:* in Druckschrift) ausfüllen
blokletteren [Belg] in Schlagzeilen bringen¹³⁹
de **blokpolis** [Belg] Sammelpolice (v²¹)
het **blokuur** Blockstunde (v²¹), Doppelstunde (v²¹)
blond blond
blonderen blondieren³²⁰
de **blondine,** het **blondje** Blondine (v²¹)
bloot nackt, bloß: *uit het blote hoofd* auswendig; *met zijn blote handen* mit bloßen Händen
zich **blootgeven** sich³ eine Blöße geben¹⁶⁶
het **blootje** nackte(r) Körper (m⁹); [m.b.t. mannen] Adamskostüm (o²⁹); [m.b.t. vrouwen] Eva(s)kostüm (o²⁹)
blootleggen [ook fig] bloßlegen
blootshoofds barhaupt, barhäuptig
blootstaan ausgesetzt sein²⁶²⁺³
¹**blootstellen** (ov ww) aussetzen⁺³
zich ²**blootstellen** (wdk ww): *zich ~ aan* sich aussetzen⁺³
blootsvoets barfuß, barfüßig
de **blos** Röte (v²⁸): *~ van schaamte* Schamröte
de **blouse** Bluse (v²¹)
blowen kiffen; haschen
blozen rot werden³¹⁰, erröten: *iem. doen ~* jmdn. zum Erröten bringen¹³⁹
blozend errötend: *~e wangen* frische Backen (mv v²¹); *~ van gezondheid* blühend
de **blubber** Schlamm (m⁵, m⁶), Matsch (m¹⁹)
de **blues** Blues (m, 2e nvl: -; mv: -)
de **bluf** Bluff (m¹³), Angeberei (v²⁰)
bluffen bluffen
het **blufpoker 1** [poker] Pochen (o³⁵), Pochspiel (o²⁹) **2** [bluf] Angeberei (v²⁰)
de **blunder** Schnitzer (m⁹)
blunderen einen Bock schießen²³⁸
het **blusapparaat** Feuerlöschgerät (o²⁹), Löschgerät (o²⁹)
blussen 1 löschen **2** [cul] ablöschen
het **blusvliegtuig** Löschflugzeug (o²⁹)
blut abgebrannt, pleite
de **bluts** Beule (v²¹): *vol ~en* beulig
blz. afk van *bladzijde* S. (afk van *Seite*)
de **BN'er** afk van *bekende Nederlander* bekannter Niederländer (m⁹)
het **bnp** afk van *bruto nationaal product* Bruttosozialprodukt (o²⁹)
het **bo** [Belg] afk van *bijzonder onderwijs* Sonderschulwesen (o³⁹)
de **boa** Boa (v²⁷)

het **board** [bouwmateriaal] Holzfaserplatte (v²¹)
de ¹**bob** [bobslee] Bob (m¹³), Bobsleigh (m¹³)
de ²**bob**ᴹᴱᴿᴷ [bij het stappen] ± nicht trinkender Fahrer (m⁹)
de **bobbel** Verdickung (v²⁰)
de **bobo** Promi (m¹³)
de **bobslee** Bob (m¹³), Bobsleigh (m¹³)
bobsleeën Bob fahren¹⁵³; [zelfstandig naamwoord] Bobrennen (o³⁵)
de **bochel** Buckel (m⁹)
de ¹**bocht** [slechte waar] Schund (m¹⁹)
de ²**bocht 1** [buiging] Biegung (v²⁰), Krümmung (v²⁰): [fig] *zich in allerlei ~en wringen* sich drehen und winden³¹³ **2** [in weg] Kurve (v²¹): *uit de ~ vliegen* aus der Kurve getragen werden³¹⁰; *dat is (erg) kort door de ~* [fig] das ist zu kurz gedacht **3** [in rivier] Schleife (v²¹) **4** [baai, golf] Bucht (v²⁰)
bochtig kurvenreich, kurvig
het **bod** Gebot (o²⁹): *een ~ doen* ein Gebot machen; *een ~ op iets doen* auf⁺⁴ etwas bieten¹³⁰; *tegen elk aannemelijk ~* zu jedem annehmbaren Preis
de **bode** Bote (m¹⁵): *vrouwelijke ~* Botin (v²²)
de **bodem** Boden (m¹²)
de **bodemgesteldheid** Bodenbeschaffenheit (v²⁸)
bodemloos bodenlos
de **bodemprijs** Mindestpreis (m⁵)
de **bodemschatten** Bodenschätze (mv m⁶)
het **Bodenmeer** Bodensee (m¹⁹)
de **bodybuilder** Bodybuilder (m⁹)
het/de **bodybuilding** Bodybuilding (o³⁹, o³⁹ᵃ)
de **bodyguard** Bodyguard (m¹³), Leibwächter (m⁹); [inf] Gorilla (m¹³)
de **bodylotion** Bodylotion (v²⁷), Körperlotion (v²⁰)
de **bodypainting** Bodypainting (o³⁹)
de **bodywarmer** Bodywarmer (m⁹)
boe buh!; [koeiengeloei] muh!
Boedapest Budapest (o)
de **Boeddha** Buddha (m¹³)
het **boeddhisme** Buddhismus (m¹⁹ᵃ)
de **boeddhist** Buddhist (m¹⁴)
boeddhistisch buddhistisch
de **boedel 1** [nalatenschap] Erbschaft (v²⁰) **2** [vermogen van gefailleerde] Masse (v²¹): *failliete ~* Konkursmasse **3** [inboedel] Inventar (o²⁹)
de **boef** Schurke (m¹⁵), Halunke (m¹⁵)
de **boeg** [scheepv] Bug (m⁵): *iem. een schot voor de ~ geven* jmdm. einen Schuss vor den Bug geben¹⁶⁶; *nog heel wat voor de ~ hebben* noch einiges vor sich³ haben; *het over een andere ~ gooien* **a)** [lett] den Kurs wechseln; **b)** [in gesprek] das Thema wechseln
het **boegbeeld** Galionsfigur (v²⁰)
het **boegeroep** Buhrufe (mv m⁵)
de ¹**boei** [kluister] Fessel (v²¹): *iem. in de ~en slaan* jmdm. Fesseln anlegen

de **²boei** [baken] Boje (v²¹); [van anker] Anker-
boje (v²¹)
boeien [ook fig] fesseln
boeiend fesselnd, packend
het **boek** Buch (o³²): *dik ~* **a)** Wälzer (m⁹);
b) [zonder waarde] Schmöker (m⁹); [fig] *dat is
een gesloten ~* das ist ein abgeschlossenes
Kapitel; [fig] *een open ~ zijn* ein offenes (*of:*
aufgeschlagenes) Buch sein
Boekarest Bukarest (o)
de **boekbespreking** Buchbesprechung (v²⁰)
het **boekbinden** Buchbinden (o³⁹), Buchbinde-
rei (v²⁰)
het **boekdeel** Band (m⁶)
de **boekdrukkunst** Buchdruckerkunst (v²⁸)
boeken buchen: *succes ~* Erfolg haben¹⁸²
de **boekenbon** Büchergutschein (m⁵)
het **boekenfonds** ± zentraler Buchverleih (m⁵)
de **boekenkast** Bücherschrank (m⁶)
de **boekenlegger** Buchzeichen (o³⁵), Lesezei-
chen (o³⁵)
de **boekenplank** Bücherbrett (o³¹), Bücher-
bord (o²⁹)
het **boekenrek** Bücherregal (o²⁹), Bücherge-
stell (o²⁹)
de **boekenwurm** Bücherwurm (m⁸)
het **boeket** [bloemen] Strauß (m⁶), Bukett (o²⁹,
o³⁶)
de **boekhandel 1** [alg] Buchhandel (m¹⁹)
2 [zaak] Buchhandlung (v²⁰)
de **boekhandelaar** Buchhändler (m⁹)
boekhouden 1 [aantekening houden van]
Buch führen (über⁺⁴) **2** [hand] die Bücher
führen
de **boekhouder** Buchhalter (m⁹)
de **boekhouding** Buchführung (v²⁸), Buchhal-
tung (v²⁰)
de **boeking** Buchung (v²⁰)
het **boekjaar** Geschäftsjahr (o²⁹), Wirtschafts-
jahr (o²⁹); [overheid vooral] Rechnungsjahr
(o²⁹)
boekstaven zu Papier bringen¹³⁹, aufschreiben²⁵², niederschreiben²⁵²
de **boekweit** Buchweizen (m¹¹)
het **boekwerk** Buch (o³²), Werk (o²⁹)
de **boekwinkel** Buchhandlung (v²⁰), Buchla-
den (m¹²)
de **boel 1** [alle dingen] Kram (m¹⁹): *de hele ~
verkopen* den ganzen Kram verkaufen; [iron]
dat is een mooie ~ das ist eine schöne Bescherung **2** [veel] Haufen (m¹¹), Menge (v²¹): *een
~ mensen* eine Menge Leute
het **boeltje**: *zijn ~ pakken* seine Siebensachen
packen
boem bum!, bums!
de **boeman** Butzemann (m⁸), Kinderschreck
(m¹⁹)
de **boemel**: *aan de ~ zijn* bummeln
de **boemeltrein** Bummelzug (m⁶)
de **boemerang** Bumerang (m⁵, m¹³)
boenen 1 [met was] bohnern **2** [schrob-

ben] scheuern, schrubben
het/de **boenwas** Bohnerwachs (o²⁹)
de **¹boer 1** [agrariër] Bauer (m¹⁵), Landwirt (m⁵)
2 [kaartspel] Bube (m¹⁵), Bauer (m¹⁴)
de **²boer** [oprisping] Rülpser (m⁹)
de **boerderij** Bauernhof (m⁶), Gehöft (o²⁹)
¹boeren (onov ww) [het boer zijn] Bauer
sein²⁶²: *hij heeft goed geboerd* er hat gut ge-
wirtschaftet
²boeren (onov ww) [een boer laten] rülpsen
het **boerenbedrog** Bauernfängerei (v²⁰): *~
plegen* schwindeln
de **boerenknecht** Bauernknecht (m⁵)
de **boerenkool** Krauskohl (m¹⁹), Grünkohl
(m¹⁹)
de **boerenslimheid** Bauernschläue (v²⁸)
het **boerenverstand** Verstand (m¹⁹), gesun-
de(r) Menschenverstand (m⁵): *daar kan ik niet
bij met mijn ~* das geht über meinen Verstand
de **boerin** Bäuerin (v²²)
de **boerka** Burka (v²⁷)
boers bäurisch: *~ gekleed* bäurisch gekleidet
de **boete** Buße (v²¹); [bekeuring, ook] Geldstrafe (v²¹): *een ~ betalen* eine Buße bezahlen; *~ doen* Buße tun²⁹⁵
het **boetekleed**: *het ~ aandoen* reumütig sein
boeten 1 [straf ondergaan] büßen
2 [goedmaken] sühnen
de **boetiek** Boutique (v²¹)
de **boetseerklei** Modellierton (m⁵)
boetseren bossieren³²⁰, modellieren³²⁰
boetvaardig bußfertig, reuevoll, reuig
de **boevenbende** Gaunerbande (v²¹)
de **boevenstreek** Gaunerstück (o²⁹)
de **boeventronie** Galgengesicht (o³¹)
de **boezem 1** [borst] Busen (m¹¹), Brust (v²⁵)
2 [inham, golf] Busen (m¹¹) **3** [van het hart]
Vorkammer (v²¹) **4** [watercomplex] Sammelbecken (o³⁵)
de **boezemvriend** Busenfreund (m⁵)
de **bof 1** [buitenkansje] Glück (o²⁹) **2** [med]
Mumps (m¹⁹ᵃ)
boffen Glück haben¹⁸², Schwein haben
de **bofkont** Glückspilz (m⁵)
bogen sich rühmen⁺²: *op iets kunnen ~* sich
einer Sache² rühmen können¹⁹⁴
de **boiler** Boiler (m⁹), Heißwasserspeicher (m⁹)
de **bok 1** Bock (m⁶) **2** [hijswerktuig] Hebebock
(m⁶)
de **bokaal** Pokal (m⁵)
bokken [ook fig] bocken
de **bokkensprong**: *~en maken* Kapriolen machen
bokkig störrisch, trotzig
de **bokking** Bückling (m⁵)
de **boksbal** Boxball (m⁶)
de **boksbeugel** Schlagring (m⁵)
het **¹boksen** (zn) Boxen (o³⁹)
²boksen (ww) boxen
de **bokser** [sport] Boxer (m⁹)

de **bokshandschoen** Boxhandschuh (m⁵)
de **bokswedstrijd** Boxkampf (m⁶)
de ¹**bol** (zn) **1** Kugel (v²¹) **2** [plantk] Zwiebel
(v²¹); [bloembol] Blumenzwiebel **3** [hoofd]
Kopf (m⁶) **4** [kluwen] Knäuel (m⁹, o³³)
5 [broodje] Semmel (v²¹)
²**bol** (bn, bw) **1** [m.b.t. lens, spiegel] konvex
2 [m.b.t. wangen] rund
de **boleet** Röhrling (m⁵)
de **bolhoed** [inf] Melone (v²¹)
de **bolide** Bolid (m¹⁴), Bolide (m¹⁵)
Bolivia Bolivien (o³⁹)
de **Boliviaan** Bolivianer (m⁹), Bolivianerin (v²²)
Boliviaans bolivianisch, bolivisch
de **bolleboos** Ass (o²⁹), Leuchte (v²¹)
bollen [bol gaan staan] sich aufbauschen
de **bollenkweker** Blumenzwiebelzüchter
(m⁹)
het **bollenveld** Feld (o³¹) mit (blühenden) Blu-
menzwiebeln
de **bolletjesslikker** Drogenkurier (m⁵); Body-
packer (m⁹)
de **bolsjewiek** Bolschewist (m¹⁴)
het **bolsjewisme** Bolschewismus (m¹⁹ᵃ)
de **bolster** Schale (v²¹)
bolvormig kugelförmig
de **bolwassing** [Belg] Rüffel (m⁹): *iem. een ~
geven* jmdm. den Kopf waschen
het **bolwerk 1** Bollwerk (o²⁹) **2** [fig] Hochburg
(v²⁰)
bolwerken fertigbringen¹³⁹, schaffen
de **bom 1** [projectiel] Bombe (v²¹): [fig] *de ~ is
gebarsten* die Bombe ist geplatzt **2** [grote
hoeveelheid] Menge (v²¹) ‖ *zure ~* saure Gurke (v²¹)
de **bomaanslag** Bombenattentat (o²⁹)
het **bomalarm** Bombenalarm (m⁵)
het **bombardement** Bombardement (o³⁶)
bombarderen bombardieren³²⁰
de **bombarie** Klimbim (m¹⁹)
de **bombrief** Briefbombe (v²¹)
de **bommelding** Bombenmeldung (v²⁰)
bommen: [inf] *het kan me niet ~* das ist mir
wurscht (*of:* scheißegal)
de **bommenwerper** Bomber (m⁹)
de **bommoeder** bewusst unverheiratete Mutter (v²⁶)
bomvol proppenvoll, gerappelt voll, gedrängt voll
de **bon 1** [waardebon] Gutschein (m⁵) **2** [kassa-
bon] Kassenbon (m¹³), Kassenzettel (m⁹)
3 [van distributie] Marke (v²¹) **4** [bekeuring]
Strafmandat (o²⁹)
bonafide bona fide, zuverlässig
de **bonbon** Praline (v²¹)
de **bond 1** [verdrag] Bund (m⁶), Bündnis (o²⁹ᵃ)
2 [vereniging] Verband (m⁶) **3** [vakbond]
Gewerkschaft (v²⁰) **4** [federatie] Bund (m⁶)
de **bondgenoot** Verbündete(r) (m⁴⁰ᵃ, v⁴⁰ᵇ)
het **bondgenootschap** Bündnis (o²⁹ᵃ), Allianz
(v²⁰)

bondig bündig: *kort en ~* kurz und bündig
het **bondsbestuur** Verbandsvorstand (m⁶)
de **bondscoach** Nationaltrainer (m⁹); [in
Duitsland] Bundestrainer (m⁹)
de **Bondsdag** Bundestag (m¹⁹)
de **bondskanselier** Bundeskanzler (m⁹)
de **bondspresident** Bundespräsident (m¹⁴)
de **bondsregering** Bundesregierung (v²⁰)
de **bondsrepubliek** Bundesrepublik (v²⁰): *de
Duitse Bondsrepubliek* die Bundesrepublik
Deutschland, BRD
de **bondsstaat** Bundesstaat (m¹⁶)
de **bonensoep** Bohnensuppe (v²¹)
de **bonenstaak** [ook fig] Bohnenstange (v²¹)
het **boni** [Belg] Saldo (m¹³, mv: ook Salden of
Saldi)
de **bonje** Krach (m¹⁹): *~ maken* Krach machen
bonjouren: *iem. eruit ~* jmdn. hinauswerfen
de **bonk 1** [groot stuk] Brocken (m¹¹): *hij is één
~ zenuwen* er ist ein Nervenbündel **2** [per-
soon] vierschrötiger Kerl (m⁵): *een ~ van een
vent* ein Brocken von Mann
bonken ballern
bonkig vierschrötig
de **bonnefooi**: *op de ~* aufs Geratewohl
de **bons** Schlag (m⁶): *iem. de ~ geven* **a)** [afwij-
zen] jmdm. einen Korb geben¹⁶⁶; **b)** [ont-
slaan] jmdm. den Laufpass geben¹⁶⁶
de **bonsai** Bonsai (m¹³), Bonsaibaum (m⁶)
het ¹**bont** (zn) **1** [pels] Pelz (m⁵) **2** [voorwerpen
van bont] Rauchwaren (mv v²¹), Pelzwaren
(mv v²¹)
²**bont** (bn, bw) bunt: *nu maak je het te ~!* jetzt
treibst du es zu bunt!; *een ~ gezelschap* eine
bunt gemischte Gesellschaft
bonten Pelz…: *~ kraag* Pelzkragen (m¹¹)
de **bontjas** Pelzmantel (m¹⁰)
de **bonus** Bonus (m, 2e nvl: -(ses); mv: -(se)); [als
bewijs van waardering] Anerkennungsprä-
mie (v²¹)
de **bon vivant** Bonvivant (m¹³), Lebemann
(m⁸)
bonzen bumsen, wummern; [m.b.t. hart]
pochen: *op de deur ~* an die Tür bumsen
de **boodschap 1** [bericht, mededeling] Nachricht (v²⁰) **2** [opdracht] Auftrag (m⁶) **3** [het
gekochte] Einkauf (m⁶), Besorgung (v²⁰):
~pen doen Einkäufe machen ‖ [fig] *een grote,
een kleine ~ doen* ein großes, ein kleines Geschäft verrichten
het **boodschappenlijstje** Einkaufszettel (m⁹)
de **boodschappentas** Einholtasche (v²¹), Ein-
kaufstasche (v²¹)
het **boodschappenwagentje** Einkaufswagen (m¹¹)
de **boodschapper** Bote (m¹⁵)
de **boog** Bogen (m¹¹)
de **boogbal** Heber (m⁹); [tennis] Lob (m¹³, 2e
nvl: ook -)
de **boogscheut** [Belg] kleiner Abstand (m¹⁹),

geringe Entfernung (v[28]): *op een ~* (nur) einen Steinwurf weit (entfernt)
boogschieten Bogenschießen (o[35])
de **boogschutter** [sport] Bogenschütze (m[15])
de **Boogschutter** [sterrenbeeld] Schütze (m[15])
de **bookmaker** Buchmacher (m[9])
de **bookmark** [comp] Bookmark (o[36], m[13])
de **¹boom** (zn) **1** [plantk] Baum (m[6]) **2** [slag-, spoorboom] Schranke (v[21]) **3** [disselboom] Deichsel (v[21]) **4** [vaarboom] Staken (m[11])
de **²boom** (zn) [hand] Boom (m[13])
de **boomgaard** Obstgarten (m[12])
de **boomgrens** Baumgrenze (v[21])
de **boomkwekerij 1** [concr] Baumschule (v[21]) **2** [abstr] Baumzucht (v[28])
de **boomschors** Baumrinde (v[21]), Borke (v[21])
de **boomstam** Baumstamm (m[6])
de **boomstronk** Baumstrunk (m[6]), Baumstumpf (m[6])
de **boon** Bohne (v[21]) ‖ *hij is in de bonen* er ist verwirrt; *een heilig ~tje* ± ein Musterknabe
het **boontje**: *hij moet zijn eigen ~s maar doppen* er soll nur sehen, wie er damit fertig wird
de **boor** [techn] Bohrer (m[9])
het/de **boord 1** [halskraag] Kragen (m[11]) **2** [rand, zoom] Rand (m[8]), Kante (v[21]) **3** [van rivier] Ufer (o[33]) **4** [scheepv, luchtv] Bord (m[5]): *aan ~ gaan* an Bord gehen[168]
de **boordcomputer** Bordcomputer (m[9])
boordevol randvoll
de **boordwerktuigkundige** Bordmonteur (m[5])
het **booreiland** Bohrinsel (v[21])
de **boormachine** Bohrmaschine (v[21])
het **boorplatform** Bohrturmplattform (v[20]), Bohrinsel (v[21])
de **boortoren** Bohrturm (m[6])
boos böse: *~ op iem. zijn* böse auf jmdn. sein[262] ‖ *met boze opzet* in böser Absicht
boosaardig bösartig
de **boosdoener** Bösewicht (m[5], m[7]), Übeltäter (m[9]): *de ~ was een doorgebrande zekering* der Übeltäter war eine durchgebrannte Sicherung, die Ursache war eine durchgebrannte Sicherung
de **boosheid** Zorn (m[19]), Ärger (m[19]), Wut (v[28])
de **boot 1** Boot (o[29]) **2** [stoomschip] Dampfer (m[9]) **3** [roeiboot] Kahn (m[6]); [sport] Ruderboot (o[29])
het **boothuis** Bootshaus (o[32])
de **bootreis** Schiffsreise (v[21])
de **bootsman** Bootsmann (m, 2e nvl: -(e)s; mv: Bootsleute)
de **boottocht** Bootsfahrt (v[20]), Bootsausflug (m[6])
de **bootvluchteling** Bootflüchtling (m[5])
het **bord 1** [om van te eten] Teller (m[9]) **2** [schoolbord] Tafel (v[21]), Wandtafel **3** [aanplakbord] Tafel (v[21]), Anschlagtafel; [mededelingenbord in school, universiteit] Schwarzes Brett (o[31]) **4** [dam-, schaakbord] Brett

(o[31]) **5** [naam-, verkeersbord] Schild (o[31])
het **bordeel** Bordell (o[29]), Puff (m[13], o[36])
de **border** Rabatte (v[21])
de **borderliner** [psych] Borderliner (m[9])
het **bordes** Treppenabsatz (m[6])
het **bordkrijt** Kreide (v[21]): *pijpje ~* Kreidestift (m[5]); *een stukje ~* ein Stück Kreide
borduren sticken
het **borduurwerk** Stickarbeit (v[20]), Stickerei (v[20])
boren bohren
de **borg 1** [persoon] Bürge (m[15]): *~ staan voor* [ook fig] bürgen für·[4] **2** [onderpand] Bürgschaft (v[20]), Kaution (v[20])
de **borgsom** Bürgschaft (v[20]), Kaution (v[20])
de **borgtocht** Bürgschaftsvertrag (m[6]): *iem. op ~ vrijlaten* jmdn. gegen Kaution freilassen[197]
de **borrel** Schnaps (m[6]): *een ~ drinken* einen Schnaps trinken[293]; *een ~ geven, houden* einen Umtrunk veranstalten, halten
borrelen [m.b.t. vloeistof] sprudeln; [m.b.t. kokend water] brodeln, wallen
het **borrelhapje** Appetithappen (m[11])
de **borst** Brust (v[25]): *zich op de ~ kloppen* sich brüsten; *dat stuit mij tegen de ~* das geht mir gegen den Strich; *uit volle ~ zingen* aus voller Brust/Kehle, aus vollem Halse singen; *maak je ~ maar nat!* mach dich auf etwas gefasst!
het **borstbeeld** Brustbild (o[31])
het **borstbeen** Brustbein (o[29])
de **borstcrawl** Brustkraul (o[39]); [alg] Kraulschwimmen (o[39])
de **borstel 1** Bürste (v[21]) **2** [Belg; bezem] Besen (m[11]) ‖ [Belg] *ergens met de grove ~ doorgaan* mit dem Holzhammer vorgehen[168]
borstelen bürsten
de **borstkanker** Brustkrebs (m[19])
de **borstkas** Brustkorb (m[6])
de **borstslag** Brustschwimmen (o[39])
de **borstvin** Brustflosse (v[21])
de **borstvoeding** Brustnahrung (v[20]): *een kind ~ geven* ein Kind stillen
de **borstwering 1** [muurtje, hekwerk] Brüstung (v[20]): *~ van een brug* Brückengeländer **2** [wal] Brustwehr (v[20]) **3** [m.b.t. vestingmuur] Brustwehr (v[20]), Wehrgang (m[6])
de **borstzak** Brusttasche (v[21])
de **¹bos 1** [bloemen] Busch (m[6]) **2** [haar] Büschel (o[33]) **3** [sleutels, stro] Bund (o[29])
het **²bos** [woud] Wald (m[8]); [aangelegd] Forst (m[5])
de **bosbes**: *blauwe ~* Heidelbeere (v[21]); Blaubeere (v[21]); *rode ~* Preiselbeere (v[21])
de **bosbouw** Waldwirtschaft (v[28]), Forstwirtschaft (v[28])
de **bosbrand** Waldbrand (m[6])
het **bosje 1** [klein bos] Wäldchen (o[35]), Gehölz (o[29]) **2** [struikgewas] Busch (m[6]), Gebüsch (o[29]) **3** [bundeltje] Bündel (o[33])
de **Bosjesman** Buschmann (m[8])
de **bosklas** [Belg] ± Freiluftschule (v[21])

de **bosneger** Buschneger (m[9])
Bosnië en Herzegovina Bosnien und Herzegowina (o)
de **Bosniër** Bosnier (m[9]), Bosnierin (v[22]); Bosniake (m), Bosniakin (v)
Bosnisch bosnisch
het **bospad** Waldpfad (m[5])
bosrijk waldreich
de **bosvrucht** Waldbeere (v[21]), Waldfrucht (v[25])
de **boswachter** Förster (m[9])
de **¹bot** [vis] Flunder (v[21]), Butt (m[5])
het **²bot** [been] Knochen (m[11])
³bot (bn) **1** [niet scherp] stumpf **2** [dom] dumm **3** [lomp] grob, schroff, kaltschnäuzig
de **botanicus** Botaniker (m[9])
botanisch botanisch: *een ~e tuin* ein botanischer Garten
de **botbreuk** Knochenbruch (m[6]); [geneesk] Fraktur (v[20])
de **boter** Butter (v[28]): *~ bij de vis* bar bezahlen
de **boterbloem** Hahnenfuß (m[6]), Ranunkel (v[21])
het **boterbriefje** Trauschein (m[5])
boteren buttern: *het botert niet tussen die twee* sie vertragen sich nicht
de **boterham** Butterbrot (o[29]), Brotscheibe (v[21])
de **boterhamworst** Fleischwurst (v[25])
de **boterkoek** ± Mürbekuchen (m[11])
de **botervloot** Butterdose (v[21])
boterzacht butterweich; [fig] windelweich: *~ vlees* butterweiches Fleisch
de **botheid 1** Stumpfheit (v[28]) **2** Dummheit (v[20]) **3** Grobheit (v[20]), Schroffheit (v[20]); *zie ³bot*
de **botkanker** Knochenkrebs (m[19])
de **botontkalking** Osteoporose (v[21])
het **botsautootje** Autoskooter (m[9]), Skooter (m[9])
botsen: *tegen iets ~ gegen*[+4] etwas prallen; *tegen elkaar ~* zusammenstoßen[285]; kollidieren[320]; *die meningen ~* diese Meinungen kollidieren
de **botsing** Zusammenstoß (m[6]), Zusammenprall (m[5]), Kollision (v[20]): *met de wet in ~ komen* mit dem Gesetz in Konflikt geraten[218]
de **Botswaan** Botsuaner (m[9]), Botsuanerin (v[22])
Botswaans botsuanisch
Botswana Botsuana (o[39])
bottelen (auf Flaschen) abfüllen
botten knospen, ausschlagen[241]
de **bottleneck** Engpass (m[6]), Flaschenhals (m[6])
botvieren frönen[+3]: *zijn hartstocht ~* seiner Leidenschaft frönen
botweg schroff, glatt, rundweg
boud kühn; [sterker] vermessen; [negatiever] dreist: *een ~e, boute bewering* eine kühne, dreiste, vermessene Behauptung
de **bougie** Zündkerze (v[21]), Kerze

de **bouillon** Bouillon (v[27]), Fleischbrühe (v[21])
het **bouillonblokje** Bouillonwürfel (m[9])
de **boulevard** Boulevard (m[13]); [langs zee] Strandpromenade (v[21])
de **boulevardblad** Boulevardblatt (o[32]), Massenblatt (o[32])
het/de **bouquet** [van wijn] Bukett (o[29], o[36]): *wijn met een rijk ~* Wein mit einem vollen Bukett
de **¹bourgeois** (zn) Bourgeois (m, 2e nvl: -; mv: -)
²bourgeois (bn) bourgeois
de **bourgeoisie** Bourgeoisie (v[21])
de **bourgogne** Burgunder (m[9])
Bourgondië Burgund (o[39])
de **bout 1** [metalen staaf] Bolzen (m[11]) **2** [strijkbout] Bügeleisen (o[35]) **3** [voor-, achterpoot] Keule (v[21])
de **bouvier** Bouvier (m[13])
de **bouw 1** Bau (m[19]) **2** [verbouw van gewas] Anbau (m[19])
het **bouwbedrijf 1** [alg] Baugewerbe (o[33]), Bauwirtschaft (v[28]) **2** [de onderneming] Bauunternehmen (o[35])
bouwen 1 bauen: *een feestje ~* eine Fete steigen lassen; [inf] *ein Fass aufmachen* **2** [verbouwen] anbauen
de **bouwer 1** [in de bouw] Bauarbeiter (m[9]) **2** [bouwmeester] Erbauer (m[9])
het **bouwfonds** Bausparkasse (v[21])
de **bouwgrond 1** [bouwk] Baugelände (o[33]), Bauland (o[39]) **2** [landb] Ackerland (o[39])
het **bouwjaar** Baujahr (o[29])
de **bouwkunde** Architektur (v[28])
bouwkundig Bau-, bau-: *de ~ ingenieur* der Bauingenieur
de **bouwkundige** Bautechniker (m[9])
de **bouwkunst** Baukunst (v[25])
het **bouwland** Ackerland (o[39])
het **bouwmateriaal** Baumaterial (o, 2e nvl: -s; mv: Baumaterialien)
het **bouwpakket** Bausatz (m[6])
de **bouwpromotor** [Belg] Baugesellschaft (v[20])
de **bouwput** Baugrube (v[21])
bouwrijp baureif: *terrein ~ maken* Bauland erschließen
de **bouwsector** Bauindustrie (v[21])
de **bouwsteen** [ook fig] Baustein (m[5])
de **bouwstijl** Baustil (m[5])
de **bouwstof** [ook biol] Baustoff (m[5]), Baumaterial (o, mv: Baumaterialien)
het **bouwtekening** Bauzeichnung (v[20]), Bauentwurf (m[6])
het **bouwterrein** Baugelände (o[33]), Bauplatz (m[6])
de **¹bouwvak** [vakantie] Ferien (mv) für das Baugewerbe
het **²bouwvak** [bouwsector] Baufach (o[32]); Bauindustrie (v[21])
de **bouwvakker** Bauarbeiter (m[9])
de **bouwval** Ruine (v[21])

bouwvallig baufällig

de **bouwvergunning** Baugenehmigung (v[20]), Bauerlaubnis (v[24])

het **bouwwerk** Bau (m, 2e nvl: -(e)s; mv: -ten), Gebäude (o[33])

¹boven (bw) oben: *van* ~ *tot onder* von oben bis unten; ~ *wonen* oben wohnen; *als* ~ wie oben; *naar* ~ nach oben, herauf…, hinauf…; *dat gaat mijn krachten* te ~ das übersteigt meine Kräfte

²boven (vz) **1** [m.b.t. plaats; ook fig] über [bij rust[3], bij beweging gericht op doel[4]]: *het portret hangt* ~ *de kast* das Bild hängt über dem Schrank; ~ *iem. staan* über jmdm. stehen[279]; ~ *iem. wonen* über jmdm. wohnen; *het raam* ~ *de deur* das Fenster über der Tür **2** [bepaalde maat, prijs overtreffend] über[4]: ~ *de prijs verkopen* über den Preis verkaufen; ~ *de begroting gaan* den Kostenvoranschlag übersteigen[281] **3** [meer dan] über[4]: *personen* ~ *de 65 jaar* Personen über 65 Jahre **4** [stroomopwaarts] oberhalb[2]: *Arnhem ligt* ~ *Dordrecht* Arnheim liegt oberhalb Dordrechts (*of:* oberhalb von Dordrecht) **5** [behalve] außer[3]

bovenaan obenan: *helemaal* ~ zuoberst

bovenal vor allem

de **bovenarm** Oberarm (m[5])

het **bovenbeen** Oberschenkel (m[9])

de **bovenbouw** ± Oberstufe (v[21])

de **bovenbuur** Nachbar (m[15], m[17]) oben

bovendien außerdem, überdies

bovendrijven 1 [op, aan de oppervlakte drijven] auf der Oberfläche schwimmen[257] **2** [de overhand krijgen] die Oberhand gewinnen[174]

bovengenoemd oben genannt, obig

bovengronds oberirdisch

bovenin oben: ~ *de kast* oben im Schrank

de **bovenkaak** Oberkiefer (m[9])

de **bovenkant** Oberseite (v[21])

de **bovenkleding** Oberbekleidung (v[20])

bovenkomen heraufkommen[193], hinaufkommen[193]

de **bovenlaag** obere Schicht (v[20]), Oberschicht (v[20])

de **bovenleiding** Oberleitung (v[20])

het **bovenlichaam** Oberkörper (m[9])

het **bovenlijf** Oberkörper (m[9])

de **bovenlip** Oberlippe (v[21])

bovenmatig übermäßig

bovenmenselijk übermenschlich

bovennatuurlijk 1 [alg] übernatürlich **2** [r-k] göttlich

bovenop obenauf, obendrauf: *een bedrijf, een zieke er* ~ *helpen* einem Betrieb, einem Kranken wieder auf die Beine helfen[188]; *hij is er nu weer* ~ er ist jetzt wieder obenauf

bovenst oberst; [van twee dingen] ober

bovenstaand obig, oben stehend

de **boventoon**: *de* ~ *voeren* **a)** [het hoogste woord voeren] das große Wort führen; **b)** [het duidelijkst waarneembaar zijn] vorherrschen; **c)** [de meeste invloed hebben] tonangebend sein[262]

bovenuit: *zijn stem klonk er* ~ *man hörte seine Stimme heraus; hij steekt er* ~ er ragt darüber hinaus

de **bovenverdieping** Obergeschoss (o[29])

bovenvermeld oben erwähnt

bovenwinds: *de Bovenwindse Eilanden* die Inseln über dem Winde

de **bovenwoning** Wohnung (v[20]) im Obergeschoss

de **bowl** Bowle (v[21])

bowlen bowlen

de **bowlingbaan** Bowling (o[36]), Bowlingbahn (v[20])

de **box 1** Box (v[20]) **2** [babybox] Laufgitter (o[33])

de **boxer** [hond] Boxer (m[9])

de **boxershort** Boxershort (v[27], meestal mv)

de **boycot** Boykott (m[5], m[13])

boycotten boykottieren[320]

de **boze** [het kwade] Böse(s) (o[40c]): *dat is uit den* ~ das ist von Übel

de **braadkip** Brathuhn (o[32]), Brathähnchen (o[35])

de **braadpan**, de **braadslee** Bratpfanne (v[21])

de **braadworst** Bratwurst (v[25])

braaf brav: [fig] *het* ~*ste jongetje van de klas* der Musterschüler

de **¹braak** (zn) Einbruch (m[6])

²braak (bn) brach: ~ *liggen* brachliegen[202]

het **braakland** Brachland (o[39]), Brache (v[21])

braakliggend: ~ *terrein* Brachgelände (o[33])

het **braakmiddel** Brechmittel (o[33])

het **braaksel** Erbrochene(s) (o[40c])

de **¹braam** [plant en bes] Brombeere (v[21])

de **²braam** [aan beitel, mes] Grat (m[5])

brabbelen brabbeln

de **brabbeltaal** Gebrabbel (o[39])

braden braten[136]: *gebraden vlees* Braten (m[11])

het **braille** Brailleschrift (v[28]): *in* ~ in Brailleschrift

brainstormen ein Brainstorming abhalten[183]

brak brackig: ~ *water* Brackwasser (o[33])

braken 1 [overgeven] sich erbrechen[137] **2** [m.b.t. vulkanen, kanonnen] speien[271]

brallen sich brüsten

de **brancard** Tragbahre (v[21]), Trage (v[21])

de **branche** Branche (v[21]), Geschäftszweig (m[5])

de **brand** Brand (m[6]), Feuer (o[33]): *uitslaande* ~ Großfeuer; ~! Feuer!; *er is* ~ es brennt; [fig] *iem. uit de* ~ *helpen* jmdm. aus der Klemme helfen[188]

het **brandalarm** Feueralarm (m[5])

brandbaar brennbar

de **brandblusser** Feuerlöscher (m[9])

de **brandbom** Brandbombe (v[21])

de **brandbrief** Brandbrief (m⁵)
branden brennen¹³⁸: *zich ~* sich brennen; *een ~de kwestie* eine brennende Frage; *een ~d verlangen* ein heißes Verlangen; [fig] *zijn vingers ~* sich³ die Finger verbrennen
de **brander 1** Brenner (m⁹) **2** [voor gas] Gasbrenner (m⁹)
branderig brandig: *~e ogen* brennende Augen
de **brandewijn** Branntwein (m⁵)
de **brandgang** Brandgasse (v²¹)
het **brandgevaar** Feuergefahr (v²⁰)
brandgevaarlijk feuergefährlich
het **brandglas** Brennglas (o³²)
de **brandhaard** Brandherd (m⁵), Feuerherd (m⁵)
het **brandhout** Brennholz (o³⁹)
de **branding** Brandung (v²⁰)
de **brandkast** Geldschrank (m⁶), Tresor (m⁵)
de **brandkraan** Hydrant (m¹⁴)
de **brandladder** Feuerleiter (v²¹)
de **brandlucht** Brandgeruch (m⁶)
de **brandmelder** Feuermelder (m⁹)
het **brandmerk** Brandmal (o²⁹)
brandmerken 1 [van dieren] brennen¹³⁸ **2** [schandvlekken] brandmarken
de **brandnetel** Brennnessel (v²¹)
het **brandpunt** Brennpunkt (m⁵)
het **brandraam** [Belg] Bleiglasfenster (o³³)
brandschoon blitzsauber
de **brandslang** Feuerwehrschlauch (m⁶)
de **brandspuit** Feuerspritze (v²¹)
de **brandstapel** Scheiterhaufen (m¹¹)
brandstichten Feuer legen
de **brandstichter** Brandstifter (m⁹)
de **brandstichting** Brandstiftung (v²⁰)
de **brandstof 1** [alg] Brennstoff (m⁵) **2** [voor verbrandingsmotoren] Kraftstoff (m⁵), Treibstoff (m⁵)
de **brandtrap** Feuertreppe (v²¹)
de **brandweer** Feuerwehr (v²⁰)
de **brandweerauto** Feuerwehrwagen (m¹¹), Feuerwehrauto (o³⁶)
de **brandweerkazerne** Feuerwehrzentrale (v²¹)
de **brandweerman** Feuerwehrmann (m⁸, mv: ook Feuerwehrleute)
brandwerend Feuer hemmend
de **brandwond** Brandwunde (v²¹)
brassen prassen
het ¹**bravo** (zn) Bravo (o³⁶)
²**bravo** (tw) bravo!
de **bravoure** Bravour (v²⁰)
de **Braziliaan** Brasilianer (m⁹)
Braziliaans brasilianisch
de **Braziliaanse** Brasilianerin (v²²)
Brazilië Brasilien (o³⁹)
het **break-evenpoint** Break-even-Point (m¹³), Rentabilitätsgrenze (v²¹)
breed breit: *het niet ~ hebben* es nicht so dick haben¹⁸²; *lang en ~ over iets spreken* lang

und breit über⁺⁴ etwas reden
de **breedband** Breitband (o³⁹)
het **breedbandinternet** Breitband-Internet (o³⁹)
de **breedbeeld-tv** Breitbildfernsehgerät (o²⁹), Breitbildfernseher (m⁹)
breedgedragen mit breitem Konsens: *een ~ plan* ein Plan mit breiter Akzeptanz
breedsprakig weitschweifig, weitläufig
de **breedte** Breite (v²¹)
de **breedtegraad** Breitengrad (m⁵)
breeduit breit: *~ lachen* breit lachen
breedvoerig ausführlich
breekbaar zerbrechlich
het **breekijzer** Brecheisen (o³⁵), Brechstange (v²¹)
het **breekpunt 1** [lett] Bruchstelle (v²¹) **2** [fig] kritischer Punkt (m⁵)
de **breezer** Breezer (m¹³)
breien stricken
het **brein** Hirn (o²⁹), Kopf (m⁶): *elektronisch ~* Elektronengehirn (o²⁹)
de **breinaald** Stricknadel (v²¹)
het **breiwerk** Strickarbeit (v²⁰), Strickzeug (o³⁹)
¹**breken** (onov ww) brechen¹³⁷: *met iem. ~* mit jmdm. brechen
²**breken** (ov ww) brechen¹³⁷; [kapotbreken] zerbrechen¹³⁷: *zijn been ~* sich³ das Bein brechen; *zijn belofte ~* sein Versprechen brechen; *een blokkade ~* eine Blockade brechen; *dat breekt me het hart* das bricht mir das Herz
de **brem** Ginster (m⁹)
brengen bringen¹³⁹: *wat heeft u daartoe gebracht?* was hat Sie dazu veranlasst?; *iem. aan het twijfelen ~* jmdn. zum Zweifeln bringen; *iem. in de stemming ~* jmdn. in Stimmung bringen; *iem. naar het ziekenhuis ~* jmdn. ins Krankenhaus einliefern; *iets naar voren ~* etwas vorbringen¹³⁹; *het ver ~* es weit bringen
de **bres 1** Bresche (v²¹) **2** [in frontlijn] Einbruch (m⁶): [fig] *voor iem. in de ~ springen* für jmdn. in die Bresche springen²⁷⁶
de **bretel** Hosenträger (m⁹)
de **breuk** Bruch (m⁶)
de **breuklijn** Bruchlinie (v²¹)
het **brevet** [diploma] Diplom (o²⁹) ‖ *het ~ van onvermogen* das Armutszeugnis
het **bridge** Bridge (o³⁹ᵃ)
de **bridgedrive** Bridgeturnier (o²⁹)
bridgen Bridge spielen
de **bridger** Bridgespieler (m⁹)
de **brie** Briekäse (m⁹)
de **brief** Brief (m⁵): *uw ~ van de 10e* Ihr Brief vom 10.; *per ~* brieflich
briefen instruieren³²⁰, einweisen³⁰⁷
het **briefgeheim** Briefgeheimnis (o²⁹ᵃ)
het **briefhoofd** Briefkopf (m⁶)
de **briefing** Briefing (o³⁶)
het **briefje 1** Zettel (m⁹): *dat geef ik je op een ~!* das kann ich dir schriftlich geben! **2** [bankbiljet] Banknote (v²¹), Geldschein (m⁵)

de **briefkaart** Postkarte (v^{21})
de **briefopener** Brieföffner (m^9)
het **briefpapier** Briefpapier (o^{29})
de **briefwisseling** Briefwechsel (m^9)
de **bries** Brise (v^{21}): *frisse* ~ frische Brise
briesen 1 [m.b.t. leeuw] brüllen **2** [m.b.t. paard] schnauben^{249} || ~ *van woede* schnauben^{249} vor^{+3} Wut
de **brievenbus** Briefkasten (m^{12})
de **brigade** Brigade (v^{21})
de **brigadier** Hauptwachtmeister (m^9)
de **brij** Brei (m^5)
de **brik** [Belg] Karton (m^{13})
de **bril** Brille (v^{21})
de **brildrager** Brillenträger (m^9)
de **^{1}briljant** (zn) Brillant (m^{14})
  ^{2}briljant (bn, bw) brillant
het **brillenglas** Brillenglas (o^{32})
de **brillenkoker** Brillenfutteral (o^{29}), Brillenetui (o^{36})
het/de **brilmontuur** Brillengestell (o^{29})
de **brilslang** Brillenschlange (v^{21})
de **Brit** Brite (m^{15})
de **brits** Pritsche (v^{21})
  Brits britisch
de **broccoli** Brokkoli (mv; ook m^{13})
de **broche** Brosche (v^{21})
de **brochure** Broschüre (v^{21})
het **broddelwerk** Pfuscharbeit (v^{20}), Pfusch (m^{19}); [slordig] Schluderarbeit (v^{20})
  brodeloos brotlos
  broeden brüten: *op iets zitten te* ~ über^{+3} etwas brüten
de **broeder** Bruder (m^{10})
  broederlijk brüderlich
de **broedermoord** Brudermord (m^5) [ook fig]
de **broederschap 1** [verhouding (als) tussen broers] Brüderlichkeit (v^{28}) **2** [r-k, prot] Bruderschaft (v^{20})
de **broedplaats** Brutstätte (v^{21})
het **broedsel** Brut (v^{20})
  broeien 1 [m.b.t. hooi] gären **2** [fig] gären, schwelen: *er broeit wat onder het volk* es gärt im Volk; *het is ~d heet* es ist brütend heiß; *het is ~d weer* das Wetter ist schwül
  broeierig schwül
de **broeikas** Gewächshaus (o^{32}), Treibhaus (o^{32})
het **broeikaseffect** Treibhauseffekt (m^{19})
het **broeikasgas** Treibhausgas (o^{29})
het **broeinest** Brutstätte (v^{21})
de **broek** [kledingstuk] Hose (v^{21}); [meestal] Hosen (mv): [fig] *zij heeft de ~ aan* sie hat die Hosen an; [fig] *daar zakt je ~ van af!* das haut einen um!; *een proces aan zijn ~ krijgen* einen Prozess angehängt bekommen^{193}; *iem. achter de ~ zitten* jmdm. Beine machen; *het in zijn ~ doen* [ook fig] in die Hosen machen; *iem. voor zijn ~ geven* jmdm. die Hose stramm ziehen^{318}
het **broekje 1** Höschen (o^{35}) **2** [fig] Neuling (m^5)

het **broekpak** Hosenanzug (m^6)
de **broekriem** Gürtel (m^9): *de ~ aanhalen* [fig] den Gürtel enger schnallen
de **broekrok** Hosenrock (m^6)
de **broekspijp** Hosenbein (o^{29})
de **broekzak** Hosentasche (v^{21})
  broekzakbellen anrufen durch versehentliches Drücken der Tasten eines in der Hosentasche steckenden Mobiltelefons
de **broer** Bruder (m^{10}): *~s en zussen* [ook] die Geschwister
het **broertje** kleine(r) Bruder (m^{10}), Brüderchen (o^{35}): *broertjelief* Brüderherz || *een ~ dood aan iets hebben* etwas auf den Tod nicht leiden können
het/de **brok** Brocken (m^{11}), Stück (o^{29}): *~ken maken* **a)** [iets breken] Bruch machen; **b)** [een auto] zu Bruch fahren; [fig] *een ~ in de keel krijgen* einen Kloß im Hals(e) haben
het **brokaat** Brokat (m^5)
  ^{1}brokkelen (onov ww) (zer)bröckeln
  ^{2}brokkelen (ov ww) bröckeln
het **brokstuk** Bruchstück (o^{29}): *~ken (puin)* Trümmer (mv)
de **bromfiets** Moped (o^{36})
de **bromfietser** Mopedfahrer (m^9)
  brommen brummen: *op iem. ~* jmdn. anbrummen
de **brommer** [bromfiets] Moped (o^{36})
  brommerig brummig, knurrig, mürrisch
de **brompot** Brummbart (m^6)
de **bromscooter** ± Motorroller (m^9) mit Mopedmotor, Mopedroller (m^9)
de **bromvlieg** Brummfliege (v^{21}), Brummer (m^9)
de **bron** Quelle (v^{21}): *geneeskrachtige* ~ Heilquelle; *~ van inkomsten* Einnahmequelle; *uit betrouwbare* ~ aus zuverlässiger Quelle
de **bronchiën** Bronchien (mv v^{21})
de **bronchitis** Bronchitis (v, mv: Bronchitiden)
het **brons** Bronze (v)
de **bronvermelding** Quellenangabe (v^{21})
het **bronwater** Quellwasser (o^{33})
  bronzen bronzen, Bronze...: *~ beeld* Bronzestatue (v^{21}); *de ~ medaille* die Bronzemedaille
het **brood** Brot (o^{29}): *bruin ~* Graubrot; *wit ~* Weißbrot; *twee broden* zwei Brote (of: zwei Laibe Brot); *zijn ~ verdienen* (sich^3) sein Brot verdienen; [inf] seine Brötchen verdienen; *ergens geen ~ in zien* sich^3 keinen Gewinn, finanziellen Vorteil von etwas versprechen; [perspectief] einer Sache keine Chance einräumen
het **broodbeleg 1** [alg] Brotbelag (m^6) **2** [om te smeren] Brotaufstrich (m^5)
het **broodje** Brötchen (o^{35}); [kadetje] Semmel (v^{21})
de **broodkorst** Brotkruste (v^{21}), Brotrinde (v^{21})
de **broodkruimel** Brotkrümel (m^9)
  broodmager spindeldürr, klapperdürr

het **broodmes** Brotmesser (o^{33})
de **broodnijd** Brotneid (m^{19})
broodnodig unbedingt nötig
de **broodplank** Brotschneidebrett (o^{31})
het/de **broodrooster** Brotröster (m^9), Toaster (m^9)
de **broodtrommel** Brotkasten (m^{12})
de **broodwinning** Broterwerb (m^5)
broos spröde, zerbrechlich: *broze gezond-heid* zarte Gesundheit (v^{28})
bros 1 [brokkelend] knusp(e)rig, mürbe **2** [breekbaar] spröde, zerbrechlich
brossen [Belg] schwänzen, versäumen
¹**brouwen** (ov ww) **1** [van bier] brauen **2** [veroorzaken] stiften **3** [terechtbrengen] fertigbringen^{139}
²**brouwen** (ov ww) [taalk] schnarren
de **brouwer** Brauer (m^9)
de **brouwerij** Brauerei (v^{20}), Brauhaus (o^{32}): *dat brengt leven in de ~* das bringt Leben in die Bude
het **brouwsel** Gebräu (o^{29}); [fig] Gemisch (o^{29})
de **brownie** Brownie (m^{13})
het ¹**browsen** (zn) Browsing (o^{39})
²**browsen** (ww) browsen
de **browser** Browser (m^9)
de **brug 1** [ook in gebit] Brücke (v^{21}): *over de ~ komen* blechen; *een ~ slaan* eine Brücke schlagen **2** [turntoestel] Barren (m^{11}) || *een ~ slaan* eine Brücke schlagen
het **bruggenhoofd** Brückenkopf (m^6)
het **brugjaar** Förderstufe (v^{21}), Orientierungs-stufe (v^{21})
de **brugklas** Förderstufe (v^{21}), Orientierungs-stufe (v^{21})
de **brugleuning** Brückengeländer (o^{33})
het **brugpensioen** [Belg] verzogene(r) Ruhe-stand (m^6)
de **brugwachter** Brückenwärter (m^9)
de **brui**: *ergens de ~ aan geven* etwas sattha-ben^{182}
de **bruid** Braut (v^{25})
de **bruidegom** Bräutigam (m^5)
het **bruidsboeket** Brautbukett (o^{29}, o^{36})
de **bruidsjapon** Brautkleid (o^{31})
het **bruidsmeisje** Brautjungfer (v^{21})
het **bruidspaar** Brautpaar (o^{29}), Brautleute (mv)
de **bruidsschat** Aussteuer (v^{21})
bruikbaar brauchbar
de **bruikbaarheid** Brauchbarkeit (v^{28})
het/de **bruikleen** Leihgabe (v^{21}): *iem. iets in ~ geven* jmdm. etwas leihweise überlassen^{197}
de **bruiloft** Hochzeit (v^{20}): *~ vieren* Hochzeit feiern; *de zilveren, gouden ~* die silberne Hochzeit; die goldene Hochzeit
bruin braun: *een ~ leventje* ein angenehmes Leben; *een ~ café* eine gemütliche Bierstube mit Holztäfelung
het **bruinbrood** Graubrot (o^{29})
bruinen bräunen: *door de zon gebruind* sonnengebräunt

de **bruinkool** Braunkohle (v^{21})
de **bruinvis** Schweinswal (m^5)
bruisen 1 [m.b.t. branding] brausen, tosen **2** [m.b.t. bloed] wallen **3** [m.b.t. bier] schäumen
het/de **bruistablet** Brausetablette (v^{21})
brullen brüllen
de **brunch** Brunch (m^{13}, m^5)
brunchen brunchen
Brunei Brunei (o^{39})
de **Bruneier** Bruneier (m^9), Bruneierin (v^{22})
Bruneis bruneiisch
Brussel Brüssel (o^{39})
brusselen [Belg] in Saus und Braus leben
Brussels Brüsseler
brutaal frech, unverschämt
de **brutaliteit** Frechheit (v^{20}), Unverschämt-heit (v^{20})
bruto brutto: *~ nationaal product* Bruttoso-zialprodukt (o^{29})
het **brutogewicht** Bruttogewicht (o^{39})
de **bruto-opbrengst** Bruttoertrag (m^6), Roh-ertrag (m^6)
het **brutosalaris** Bruttogehalt (o^{32})
bruusk brüsk, schroff
de ¹**bruut** (zn) Rohling (m^5), Brutalo (m^{13})
²**bruut** (bn) brutal, roh
BSE afk van *bovine spongiform encephalo-pathy* BSE (afk van *bovine spongiforme Enzephalopathie*)
het **bsn** [Ned] afk *burgerservicenummer* kombi-nierte Steuer- und Sozialversicherungsnum-mer (v^{21})
het **bso** [Belg] afk van *beroepssecundair onder-wijs* weiterführender berufsbildender Unter-richt (m^{19})
de **btw** Mehrwertsteuer (v^{21}), MwSt.: *ex ~* ohne MwSt.
de **bubbelbad 1** [whirlpool] Whirlpool (m^{13}) **2** [schuimbad] Schaumbad (o^{32})
het **budget** Budget (o^{36}) /buudzjee/, Etat (m^{13}): *dat past niet in mijn ~* das geht über meinen Etat
de **budgetbewaking** Haushaltskontrolle (v^{21})
de **budgetmaatschappij** [luchtv] Billigflie-ger (m^9)
budgettair budgetär, etatmäßig
budgetteren budgetieren
de **buffel** Büffel (m^9)
buffelen [inf] [veel eten] kräftig futtern, kräftig reinhauen; [hard werken] büffeln
de **buffer** Puffer (m^9)
de **bufferstaat** Pufferstaat (m^{16})
de **buffervoorraad** Reserve (v^{21})
de **bufferzone** Pufferzone (v^{21})
het **buffet** Büfett (o^{36}, o^{29})
de **bug** Programmierfehler (m^9)
de **bugel** Bügelhorn (o^{32})
de **buggy** Buggy (m^{13})
de **bühne** Bühne (v^{21})
de **bui 1** [regen] Schauer (m^9) **2** [gemoedstoe-

stand] Laune (v[21]): *een goede ~ hebben* guter Laune sein[262] || *bij ~en* dann und wann; [fig] *de ~ zien hangen* dunkle Wolken heraufziehen sehen

de **buidel** Beutel (m[9])

het **buideldier** Beuteltier (o[29])

¹buigen (onov ww) [een buiging maken] sich verbeugen, sich verneigen: *naar voren ~* sich vorbeugen

²buigen (ov ww) [van zaken] biegen[129]; [van personen, lichaamsdelen] beugen: *zijn arm ~* den Arm beugen; *een stok ~* einen Stock biegen

de **buiging 1** [van arm, been, lichtstralen] Beugung (v[20]) **2** [van weg] Biegung (v[20]) **3** [teken van beleefdheid, eerbied] Verbeugung (v[20]): *een ~ maken* sich verbeugen

buigzaam biegsam

buiig wechselhaft, regnerisch

de **buik** [ook van kruik, schip] Bauch (m[6]): *ik heb er mijn ~ vol van* ich habe die Nase voll davon; *iets op zijn ~ schrijven* etwas in den Wind schreiben[252]; *schrijf het maar op je ~* darauf kannst du lange warten

buikdansen bauchtanzen

de **buikdanseres** Bauchtänzerin (v[22])

de **buikholte** Bauchhöhle (v[21])

het **buikje 1** [kleine buik] Bäuchlein (o[35]), Bäuchelchen (o) **2** [dikke buik] Bauch (m[6]): *een ~ krijgen* einen Bauch ansetzen

de **buikkramp** Bauchkrampf (m[6]); [inf] Bauchkneifen (o)

de **buiklanding** Bauchlandung (v[20])

de **buikloop** Durchfall (m[6])

de **buikpijn** Bauchweh (o[39]), Bauchschmerzen (mv m[16])

de **buikriem** Bauchriemen (m[11]): [fig] *de ~ aanhalen* den Gürtel enger schnallen

buikspreken bauchreden

de **buikspreker** Bauchredner (m[9])

de **¹buil** [zwelling] Beule (v[21])

de **²buil** [zakje] Tüte (v[21])

de **¹buis 1** Rohr (o[29]); [met kleine diameter] Röhre (v[21]); [lamp] Röhre (v[21]) **2** [tv] Röhre (v[21]): *voor de ~ hangen* vor der Glotze hocken

de **²buis** [Belg] [pop] Note (v[21]) 'ungenügend': *een ~ krijgen* die Note 'ungenügend' bekommen[193]

de **buit** Beute (v[28])

buitelen purzeln

de **buiteling** Purzelbaum (m[6])

het **¹buiten** (zn) [buitenplaats] Landhaus (o[32])

²buiten (bw) **1** [niet binnen] draußen: *~ spelen* draußen spielen; *hij is ~* er ist draußen; *~ wonen* auf dem Lande wohnen **2** [aan de buitenkant] außen: *de antenne bevindt zich ~ aan het gebouw* die Antenne befindet sich außen am Gebäude; *naar ~* [naar spreker toe] heraus-; *naar ~ komen* **a)** herauskommen[193]; **b)** [van spreker af] hinaus-; *naar ~ gaan* hinausgehen[168]; *de deur gaat naar ~ open*

die Tür geht nach außen auf; *iets van ~ bezichtigen* etwas von außen besichtigen; *een gedicht van ~ kennen* ein Gedicht auswendig können[194]

³buiten (vz) **1** [behalve] außer[+3]: *~ hem ken ik niemand* außer ihm kenne ich niemand **2** [niet (meer) in; uit] außer[+3]: *~ bedrijf* außer Betrieb; *~ dienst* außer Dienst; *~ de oevers treden* über die Ufer treten[291]; *~ boord* über Bord; *~ iets blijven* sich nicht in[+4] etwas einmischen **3** [niet (meer) binnen] außerhalb[+2]: *~ de stad* außerhalb der Stadt; *~ de deur zetten* vor die Tür setzen; *~ spel staan* abseits stehen[279] **4** [zonder] ohne[+4]: *~ mijn schuld* ohne meine Schuld; *~ mijn weten* ohne mein Wissen

buitenaards außerirdisch

buitenaf: *van ~* von außen

de **buitenbaan** Außenbahn (v[20])

het **buitenbad** Freibad (o[32])

de **buitenband** Mantel (m[10])

het **buitenbeentje** Außenseiter (m[9]), Eigenbrötler (m[9])

de **buitenbocht** Außenkurve (v[21])

de **buitenboordmotor** Außenbordmotor (m[16])

de **buitendienst** Außendienst (m[19])

buitenechtelijk außerehelich

buitengewoon außerordentlich, außergewöhnlich: *~ hoogleraar* außerordentlicher Professor

het **buitenhuis** Landhaus (o[32])

buitenissig ausgefallen, extravagant

het **buitenkansje** Glücksfall (m[6])

de **buitenkant** Außenseite (v[21])

het **buitenland** Ausland (o[39])

de **buitenlander** Ausländer (m[9])

buitenlands ausländisch: *de ~e dienst* der auswärtige Dienst; *~ fabricaat* ausländisches Fabrikat (o[29]); *~e pers* Auslandspresse (v[28]); *~e politiek* Außenpolitik (v[28]); *minister van Buitenlandse Zaken* Außenminister (m[9])

de **buitenlucht** frische Luft (v[28])

buitenom außen herum

buitenparlementair außerparlamentarisch

buitenschools außerunterrichtlich: *~e activiteiten* außerunterrichtliche Aktivitäten

buitenshuis außer Haus(e), auswärts: *~ eten* auswärts essen[152]

buitenslands außer Landes, im Ausland

buitensluiten ausschließen[245]

het **¹buitenspel** (zn) Abseits (o, 2e nvl: -; mv: -): *~ komen te staan* [fig] im Abseits landen; *iem. ~ zetten* jmdn. ausbremsen

²buitenspel (bw) abseits: *~ staan* abseits stehen[279]

de **buitenspiegel** Außenspiegel (m[9])

buitensporig übermäßig, übertrieben: *~ groot* ungeheuer

de **buitensport** Sport (m[5]) im Freien

¹**buitenst** (bn) [van twee] äußer; [anders] äußerst

het ²**buitenst** (zn): ~*e* Äußere(s) (o⁴⁰ᶜ)

de **buitenstaander** Außenstehende(r) (m⁴⁰ᵃ, v⁴⁰ᵇ)

de **buitentemperatuur** Außentemperatur (v²⁰)

het **buitenverblijf** Landhaus (o³²)

de **buitenwacht**: *de* ~ die Außenstehenden (mv)

de **buitenwereld** Außenwelt (v²⁸)

de **buitenwijk** Außenbezirk (m⁵), Außenviertel (o³³): ~ *eten* auswärts essen¹⁵²

de **buitenwipper** [Belg] Rausschmeißer (m⁹)

de **buitenzijde** Außenseite (v²¹)

buitmaken erbeuten

¹**buizen** (onov ww) [Belg] [pop] durchfallen¹⁵⁴

²**buizen** (ov ww) [Belg] [pop] fallen lassen¹⁹⁷

de **buizerd** Bussard (m⁵)

bukken sich bücken

de **buks** Büchse (v²¹)

de **bul** Diplom (o²⁹): *de* ~ *uitreiken* das Diplom überreichen

bulderen 1 [m.b.t. personen] poltern **2** [m.b.t. storm, golven] rasen, tosen **3** [m.b.t. geschut] donnern

de **buldog** Bulldogge (v²¹)

de **Bulgaar** Bulgare (m¹⁵), Bulgarin (v²²)

Bulgaars bulgarisch

Bulgarije Bulgarien (o³⁹)

bulken: ~ *van het geld* im Geld schwimmen

de **bulldozer** Bulldozer (m⁹), Planierraupe (v²¹)

de **bullebak** Bullenbeißer (m⁹)

het **bulletin** Bulletin (o³⁶)

de **bult 1** [bochel] Buckel (m⁹), Höcker (m⁹) **2** [van kameel] Höcker (m⁹) **3** [buil] Beule (v²¹) **4** [oneffenheid] Buckel (m⁹) **5** [in de bodem] Erhöhung (v²⁰)

de **bumper** Stoßstange (v²¹)

de **bumperklever** Drängler (m⁹)

de **bundel 1** Bündel (o³³) **2** [boekdeel] Band (m⁶): ~ *gedichten* Gedichtband

bundelen bündeln; [van gedichten] sammeln: *krachten* ~ Kräfte vereinen

de **bungalow** Bungalow (m¹³)

het **bungalowpark** Feriendorf (o³²), Bungalowdorf (o³²)

de **bungalowtent** Bungalowzelt (o²⁹), Steilwandzelt (o²⁹)

het ¹**bungeejumpen** Bungee-Jumping (o³⁹)

²**bungeejumpen** (ww) Bungee-Jumping (o³⁹) machen

bungelen baumeln

de **bunker** Bunker (m⁹)

bunkeren bunkern

de **bunzing** Iltis (m⁵): *hij stinkt als een* ~ er stinkt wie die Pest

de **burcht** Burg (v²⁰)

het **bureau 1** [schrijftafel] Schreibtisch (m⁵) **2** [gebouw van overheidsinstelling] Amt

(o³²), Behörde (v²¹) **3** [van bedrijf] Geschäftsstelle (v²¹), Büro (o³⁶) **4** [van politie] Polizeidienststelle (v²¹)

het **bureaublad** [comp; gebruikersinterface] Arbeitsplatz (m⁶), Benutzeroberfläche (v²¹)

de **bureaucraat** Bürokrat (m¹⁴)

de **bureaucratie** Bürokratie (v²¹)

bureaucratisch bürokratisch

de **bureaula** Schreibtischschublade (v²¹)

het **bureel** [Belg] [overheid] Amt (o³²); [bedrijf of particuliere instelling] Geschäftsstelle (v²¹): *ten burele van* im Büro von; in den Büros von

het **burengerucht** Ruhestörung (v²⁰)

de **burgemeester** Bürgermeister (m⁹); [in grote steden] Oberbürgermeister, OB: *vrouwelijke* ~ Bürgermeisterin (v²²); ~ *en wethouders* Bürgermeister (m⁹) und Beigeordnete (mv)

de **burger** Bürger (m⁹); [in tegenstelling tot militair e.d.] Zivilist (m¹⁴): *in* ~ in Zivil

de **burgerbevolking** Zivilbevölkerung (v²⁰)

de **burgerij** Bürgerschaft (v²⁰); [in tegenstelling tot militairen] Zivilbevölkerung (v²⁰)

burgerlijk 1 bürgerlich: ~ *huwelijk* Zivilehe (v²¹); ~*e stand* Standesamt (o³²) **2** [neg] spießig

de **burgerluchtvaart** zivile Luftfahrt (v²⁸)

de **burgeroorlog** Bürgerkrieg (m⁵)

de **burgerplicht** Bürgerpflicht (v²⁰)

het **burgerrecht** Bürgerrecht (o²⁹): [fig] ~ *verkrijgen* sich einbürgern

het **burgerschap** Staatsangehörigkeit (v²⁸)

het **burgerservicenummer** [Ned] kombinierte Steuer- und Sozialversicherungsnummer (v²¹)

de **burgervader** Bürgermeister (m⁹)

de ¹**burgerwacht** [toezichthouder] Mitglied (o³¹) der Bürgerwehr, Bürgergardist (m¹⁴)

de ²**burgerwacht** [wacht] Bürgerwehr (v²⁰), Bürgergarde (v²¹)

Burkina Faso Burkina Faso (o³⁹)

de **Burkinees** Burkiner (m⁹), Burkinerin (v²²)

het **burn-out** Burn-out (o³⁶)

de **Burundees** Burundier (m⁹), Burundierin (v²²)

Burundi Burundi (o³⁹)

de **bus 1** [trommel] Büchse (v²¹) **2** [brievenbus] Briefkasten (m¹²) **3** [autobus] Bus (m⁵, 2e nvl: -ses; mv: -se), Omnibus (m⁵, 2e nvl: -ses; mv: -se)

de **busbaan** Fahrspur (v²⁰) für Busse

de **buschauffeur** Busfahrer (m⁹)

de **bushalte** Bushaltestelle (v²¹)

het **bushokje** Wartehäuschen (o³⁵) an der Bushaltestelle

het **busje** Kleinbus (m⁵)

het **buskruit** Pulver (o³³), Schießpulver (o³³)

de **buslichting** Leerung (v²⁰) (des Briefkastens)

de **buslijn** Buslinie (v²¹)

het **busstation** Omnibusbahnhof (m[6])

de **buste** Büste (v[21])

de **bustehouder** Büstenhalter (m[9])

de **bustocht** Busfahrt (v[20]), Omnibusfahrt (v[20])

het **butaan** Butan (o[39])

het **butagas** Butangas (o[29])

de **butler** Butler (m[9])

de **button** Button (m[13])

de **buur** Nachbar (m[15]); [vrouw] Nachbarin (v[22])

het **buurland** Nachbarland (o[32]), Nachbarstaat (m[16])

de **buurman** Nachbar (m[15])

de **buurt** [wijk] Gegend (v[20]), Viertel (o[33]), Stadtteil (m[5]): *de dorpen hier in de* ~ die Dörfer hier in der Nähe; *blijf in de* ~*!* bleibe in der Nähe!

de **buurtbewoner** Bewohner (m[9]) des Viertels, Bewohner (aus) der Nachbarschaft

het **buurtcentrum** Nachbarschaftshaus (o[32]); Bürgerhaus (o[32])

buurten Nachbarn besuchen: *eens komen* ~ mal zu Besuch kommen; [inf] mal reinschauen

het **buurthuis** Nachbarschaftshaus (o[32])

de **buurtschap** Weiler (m[9])

de **buurvrouw** Nachbarin (v[22]), Nachbarsfrau (v[20])

de **buxus** Buchs (m[5]), Buchsbaum (m[6])

de **buzzer** Buzzer (m[9])

de **bv** afk van *besloten vennootschap* Gesellschaft (v[20]) mit beschränkter Haftung, GmbH

bv. afk van *bijvoorbeeld* z.B. (afk van *zum Beispiel*)

de **BV** afk van *bekende Vlaming* bekannter Flame (m[15])

de **bvba** [Belg] afk van *besloten vennootschap met beperkte aansprakelijkheid* Gesellschaft (v[20]) mit beschränkter Haftung, GmbH

de **B-weg** Straße (v[21]) zweiter Ordnung

de **bypass** Bypass (m, 2e nvl: -; mv: Bypässe)

de **byte** Byte (m[36])

Byzantijns byzantinisch

C

de **c** [letter] c, C (o[39a, 36])

ca. afk van *circa* circa, ca.

het **cabaret** Kabarett (o[29], o[36])

de **cabaretier** Kabarettist (m[14])

de **cabine 1** [van vrachtauto] Fahrerhaus (o[32]), Fahrerkabine (v[21]) **2** [van vliegtuig, kleedhokje] Kabine (v[21])

de **cabriolet** Cabriolet (o[36]), Cabrio (o[36])

de **cacao** Kakao (m[13])

het **cachegeheugen** Cachespeicher (m[9]), Notizblockspeicher (m[9]), Pufferspeicher (m[9])

het **cachet**: *een zeker ~* ein eigenes Gepräge

de **cactus** Kaktus (m, 2e nvl: -; mv: Kakteen), Kaktee (v[21])

de **cadans** Rhythmus (m, 2e nvl: -; mv: Rhythmen)

de **¹caddie**ᴹᴱᴿᴷ [boodschappenwagentje] Caddie (m[13]), Einkaufswagen (m[11])

de **²caddie** [sport] Caddie (m[13])

het **cadeau** Geschenk (o[29]): *iets ~ doen* etwas schenken (*of:* verschenken); *iem. een boek ~ geven* jmdm. ein Buch schenken; *iets ~ krijgen* etwas geschenkt bekommen[193]; [fig] *je kunt het van mij ~ krijgen!* es kann mir gestohlen bleiben!

de **cadeaubon** Gutschein (m[5])

de **cadet** [Belg; sport] Junior (m[16])

het **cadmium** Kadmium (o[36])

het **café** Wirtschaft (v[20]), Lokal (o[29])

de **caféhouder** Wirt (m[5])

de **cafeïne** Koffein (o[39])

cafeïnevrij koffeinfrei

het **café-restaurant** Gaststätte (v[21])

de **cafetaria** Imbissstube (v[21])

het **cahier** Heft (o[29]), Schreibheft (o[29])

de **caissière** Kassiererin (v[22])

de **caisson** Caisson (m[13]); [zinkbak] Senkkasten (m[12])

de **caissonziekte** Caissonkrankheit (v[20]), Taucherkrankheit (v[20])

de **cake** Topfkuchen (m[11]), Kuchen (m[11])

de **calamiteit** Katastrophe (v[21])

het **calcium** Kalzium (o[39])

de **calculatie** Kalkulation (v[20])

de **calculator 1** [persoon] Kalkulator (m[16]) **2** [machine] Rechenmaschine (v[21]), Rechner (m[9])

calculeren kalkulieren[320]: [fig] *de ~de burger* der Homo oeconomicus

de **caleidoscoop** Kaleidoskop (o[29])

het **callcenter** Callcenter (o[33])

de **calorie** Kalorie (v[21])

caloriearm kalorienarm

calorierijk kalorienreich

het **calvinisme** Calvinismus (m[19a])

de **calvinist** Calvinist (m[14])

calvinistisch 1 calvinistisch **2** [sober] schlicht

Cambodja Kambodscha (o)

de **Cambodjaan** Kambodschaner (m[9]), Kambodschanerin (v[22])

Cambodjaans kambodschanisch

de **camcorder** Camcorder (m[9])

de **camembert** Camembert (m[13])

de **camera** Kamera (v[27])

de **camerabewaking** Videoüberwachung (v[20]), Kameraüberwachung (v[20])

de **cameraman** Kameramann (m[8], mv: ook Kameraleute)

de **cameraploeg** Kamerateam (o[36])

het **cameratoezicht** Kameraüberwachung (v[20])

de **camion** Lastkraftwagen (m[11])

de **camouflage** Tarnung (v[20])

camoufleren tarnen

de **campagne 1** [mil] Feldzug (m[6]) **2** [werkseizoen; actie] Kampagne (v[21])

de **camper** Wohnmobil (o[29])

de **camping 1** [het kamperen] Camping (o[39]) **2** [kampeerterrein] Campingplatz (m[6]), Zeltplatz (m[6])

de **campus** Campus (m, 2e nvl: -; mv: -)

Canada Kanada (o[39])

de **¹Canadees** (zn) Kanadier (m[9])

²Canadees (bn) kanadisch

de **Canadese** Kanadierin (v[22])

het **canaille** Kanaille (v[21])

de **canapé** Sofa (o[36]), Kanapee (o[36])

de **Canarische Eilanden** Kanarische Inseln (mv), Kanaren (mv)

cancelen absagen

de **cannabis** Cannabis (m[19a])

de **canon** Kanon (m[13])

CANS [med] Nacken-Schulter-Arm-Syndrom (o[29])

de **cantate** Kantate (v[21])

de **cantharel** Pfifferling (m[5]), Eierschwamm (m[6])

het **canvas** Kanevas (m, 2e nvl: -(ses); mv: -(se))

de **canyon** Canyon (m[13])

de **cao** afk van *collectieve arbeidsovereenkomst* Tarifvertrag (m[6])

de **cao-onderhandelingen** Tarifverhandlungen (mv v[20])

capabel fähig, geeignet

de **capaciteit 1** Kapazität (v[20]) **2** [laadvermogen] Ladefähigkeit (v[20]) **3** [van motor] Motorleistung (v[20])

de **cape** Cape (o[36])

de **capitulatie** Kapitulation (v[20])

capituleren kapitulieren[320], sich ergeben[166]

de **cappuccino** Cappuccino (m)

de **capriool** Kapriole (v[21])

de **capsule** Kapsel (v[21])

de **capuchon** Kapuze (v²¹)
de **carambole** Karambolage (v²¹)
de **caravan** Wohnwagen (m¹¹), Wohnanhänger (m⁹)
het **carbonpapier** Kohlepapier (o²⁹)
de **carburator** Vergaser (m⁹)
het **cardiogram** Kardiogramm (o²⁹)
de **cardiologie** Kardiologie (v²⁸)
de **cardioloog** Kardiologe (m¹⁵)
de **care** Pflege (v²⁸): *intensive* ~ Intensivpflege
de **cargadoor** Schiffsmakler (m⁹)
de **cariës** Karies (v²⁸)
het/de **carillon** Glockenspiel (o²⁹)
de **carkit** Freisprechanlage (v²¹), Freisprecheinrichtung (v²⁰)
het **carnaval** Karneval (m⁵, m¹³), Fastnacht (v²⁸), Fasching (m⁵, m¹³)
de **carnavalsvakantie** ± Karnevalsferien (mv)
de **carnivoor** Karnivore (m¹⁵); [dierk; scherts] Fleischfresser (m⁹)
carpoolen eine Fahrgemeinschaft bilden
de **carport** Einstellplatz (m⁶)
de **carrière** Karriere (v²¹)
de **carrosserie** Karosserie (v²¹)
het/de **carrousel** Karussell (o²⁹, o³⁶)
de **carte**: *à la* ~ à la carte, nach der Karte
het **carter** Kurbelgehäuse (o³³)
de **cartograaf** Kartograf (m¹⁴)
de **cartografie** Kartografie (v²⁸)
cartografisch kartografisch
de **cartoon** Cartoon (m¹³, o³⁶, 2e nvl: ook -)
de **cartoonist** Cartoonist (m¹⁴)
de **cartotheek** Kartothek (v²⁰), Kartei (v²⁰)
de **cartridge** Patrone (v²¹), Kassette (v²¹)
het **casco** Kasko (m¹³)
de **cascoverzekering** Kaskoversicherung (v²⁰)
de **casemanager** Fallmanager (m⁹)
de **casestudy** Fallstudie (v²¹)
de ¹**cash** (zn) Cash (o³⁹ᵃ), Bargeld (o³⁹)
   ²**cash** (bn) bar
de **cashewnoot** Cashewnuss (v²⁵)
het **casino** Kasino (o³⁶), Spielkasino (o³⁶)
de **cassatie**: *in* ~ *gaan* Revision einlegen
de **casselerrib** Kasseler (o³³), Kasseler Rippe(n)speer (m)
de **cassette** Kassette (v²¹)
het **cassettebandje** Kassette (v²¹)
het/de **cassettedeck** Kassettendeck (o³⁶)
de **cassetterecorder** Kassettenrekorder (m⁹)
de **cassis** schwarzer Johannisbeersaft (m⁶)
de **castagnetten** Kastagnetten (mv)
castreren kastrieren³²⁰
de **catacomben** Katakomben (mv)
catalogiseren katalogisieren³²⁰
de **catalogus** Katalog (m⁵)
de **catamaran** Katamaran (m⁵, o²⁹)
catastrofaal katastrophal
de **catastrofe** Katastrophe (v²¹)
de **catechese** Katechese (v²¹)
de **catechisatie** Konfirmandenunterricht (m⁵)

de **catechismus** Katechismus (m, 2e nvl: -; mv: Katechismen)
de **categorie** Kategorie (v²¹)
categorisch kategorisch
categoriseren kategorisieren; einordnen
cateren catern
de **catering** Catering (o³⁵); [algemener] Verpflegung (v²⁸)
de **catharsis** Katharsis (v²⁴)
de **catwalk** Catwalk (m¹³), Laufsteg (m⁵)
causaal kausal, Kausal...
de **cavalerie** [tanks] Panzertruppe (v²¹); [te paard] Kavallerie (v²⁸), Reiterei (v²⁸)
de **cavia** Meerschweinchen (o³⁵)
de **cayennepeper** Cayennepfeffer (m⁹)
¹**cc** (afk) afk van *copie conforme* cc, gleich lautende Kopie, Abschrift
²**cc** (symbool) [inhoudsmaat] ccm
cc'en als CC schicken
de **cd** afk van *compact disc* CD (v²⁷, mv: ook -)
de **cd-box** CD-Schuber (m⁹)
de **cd-r** afk van *compact disc recordable* CD-R (v²⁷, mv: ook -)
het **cd-rek** CD-Regal (o²⁹)
de **cd-rom** CD-ROM (v²⁷, mv: ook -)
de **cd-speler** CD-Spieler (m⁹), CD-Player (m⁹)
de **ceder** Zeder (v²¹)
de **cedille** Cedille (v²¹)
de **ceintuur** Gürtel (m⁹)
de **cel** Zelle (v²¹)
de **celdeling** Zellteilung (v²⁰)
het **celibaat** Zölibat (o³⁹)
de **celkern** Zellkern (m⁵)
de **cellist** Cellist (m¹⁴)
de **cello** Cello (o³⁶, mv: ook Celli)
het **cellofaan** Zellophan (o³⁹)
de **cellulitis** Zellulitis (v, 2e nvl: -; mv: Zellulitiden)
de **cellulose** Zellulose (v²¹)
Celsius Celsius, C
de **celstraf** Einzelhaft (v²³)
de **celtherapie** [med] Zellulartherapie (v²¹), Frischzellentherapie (v²¹)
de **celwand** Zellwand (v²⁵)
het/de **cement** Zement (m¹⁹)
censureren zensieren³²⁰
de **censuur** Zensur (v²⁰)
de **cent** Cent (m¹³, 2e nvl: ook -; mv: -): *geen* ~ *waard zijn* keinen Heller wert sein²⁶²; *iem. voor geen* ~ *vertrouwen* jmdm. nicht um die Ecke, über den Weg trauen
de **centiliter** Zentiliter (m⁹, o³³), cl
de **centime,** de **centiem** [Belg] Centime (m, 2e nvl: -(s); mv: -s), c, ct
de **centimeter 1** [lengtemaat] Zentimeter (m⁹, o³³), cm **2** [meetlint] Bandmaß (o²⁹)
centraal zentral, Zentral...: ~ *bestuur* Zentralverwaltung (v²⁰); ~ *comité* Zentralkomitee (o³⁶); *centrale verwarming* Zentralheizung (v²⁰); ~ *eindexamen* [vwo] Zentralabitur (o²⁹); [van andere schooltypen] zentrale Ab-

schlussprüfung (v[20]); ~ *staan* [ook fig] im Mittelpunkt stehen

de **Centraal-Afrikaan** Zentralafrikaner (m[9]), Zentralafrikanerin (v[22])

Centraal-Afrikaans zentralafrikanisch

de **centrale** Zentrale (v[21]): *elektrische* ~ Elektrizitätswerk (o[29]); Kraftwerk (o[29])

de **centralisatie** Zentralisation (v[20])

centraliseren zentralisieren[320]

centreren zentrieren

de **centrifuge** Zentrifuge (v[21]); [voor de was] Wäscheschleuder (v[21])

centrifugeren zentrifugieren[320]; [van was] schleudern

het **centrum** Zentrum (o, 2e nvl: -s; mv: Zentren); [ook] Stadtmitte (v[21])

de **ceremonie** Zeremonie (v[21])

ceremonieel zeremoniell

de **ceremoniemeester** Zeremonienmeister (m[9])

het **certificaat** Zertifikat (o[29])

de **cervelaatworst** Zervelatwurst (v[25])

Ceylon Ceylon (o)

de **cfk** afk van *chloorfluorkoolwaterstof* FCKW (m) (afk van *Fluorchlorkohlenwasserstoff*)

de **chador** Tschador (m[13]), Tschadyr (m[13])

het **chagrijn** 1 Ärger (m[19]), Verdrießlichkeit (v[20]), Missmut (m[19]) 2 [persoon] Griesgram (m[5])

chagrijnig verdrießlich, missmutig

het/de **chalet** Chalet (o[36])

de **champagne** Champagner (m[9]); [uit Duitsland] Sekt (m[5])

de **champignon** Champignon (m[13])

het/de **chanson** Chanson (o[36])

de **chansonnier** Chansonnier (m[13])

de **chantage** Erpressung (v[20])

chanteren erpressen

de **chaoot** Chaot (m[14])

de **chaos** Chaos (o[39a])

chaotisch chaotisch

het **chapiter** 1 [hoofdstuk] Kapitel (o[33]) 2 [onderwerp van gesprek] Thema (o, 2e nvl: -s; mv: Themen)

de **charcuterie** [Belg] Aufschnitt (m[19]), feine Fleischwaren (mv v[21])

de **charge** 1 [in industrie] Charge (v[21]) 2 [aanval] Attacke (v[21]): [door de politie] *een ~ uitvoeren* die Menge auseinandertreiben[290] || [jur] *getuige à ~* Belastungszeuge (m[15])

¹**chargeren** (ww) [overdrijven] übertreiben[290]

²**chargeren** (onov ww) [aanvallen] ± attackieren

het **charisma** Charisma (o)

charitatief karitativ

de **charlatan** Scharlatan (m[5])

charmant charmant

de **charme** Charme (m[19]): ~ *hebben* Charme besitzen

charmeren bezaubern, entzücken

de **charmeur** Charmeur (m[5], m[13])

het **charter** Charter (m[13])

charteren chartern

het **chartervliegtuig** Charterflugzeug (o[29])

de **chartervlucht** Charterflug (m[6])

het **chassis** Fahrgestell (o[29])

de **chat** Chat (m[13])

de **chatbox** Chatbox (v[20])

de **chatroom** Chatraum (m[6]), Chatroom (m[13])

chatten chatten

de **chatter** Chatter (m[9])

de **chauffeur** Fahrer (m[9]), Chauffeur (m[5])

het **chauvinisme** Chauvinismus (m[19a])

de **chauvinist** Chauvinist (m[14])

chauvinistisch chauvinistisch

checken kontrollieren[320], nachprüfen

de **check-up** Gesundheitscheck (m[13])

de **cheeta** Gepard (m[5]), Chitah (m[13])

de **chef** Chef (m[13]): ~ *de clinique* Chefarzt (m[6])

de **cheffin** Chefin (v[22])

de **chef-kok** Chefkoch (m[6]), Küchenchef (m[13])

de **chef-staf** Stabschef (m[13])

de **chemicaliën** Chemikalien (mv v[21])

de **chemicus** Chemiker (m[9])

de **chemie** Chemie (v[28])

chemisch chemisch

de **chemobak** Sondermüllbehälter (m[9])

de **chemokuur** Chemotherapie (v[21])

de **chemotherapie** Chemotherapie (v[21])

de **cheque** Scheck (m[13])

het **chequeboek** Scheckheft (o[29])

de ¹**chic** (zn) 1 [elegantie] Schick (m[19]) 2 [de mensen] Schickeria (v[28])

²**chic** (bn, bw) schick, fein, elegant: *een ~ hotel* ein Nobelhotel; *een chique wijk* ein Nobelviertel

chicaneren schikanieren[320]

de **Chileen** Chilene (m[15]), Chilenin (v[22])

Chileens chilenisch

Chili Chile (o[39])

de **chili con carne** Chili con Carne (o[36])

chill entspannt, relaxed, cool

chillen chillen

de **chimpansee** Schimpanse (m[15])

China China (o[39])

de ¹**Chinees** (zn) Chinese (m[15]), Chinesin (v[22])

²**Chinees** (bn) chinesisch

de **chip** Chip (m[13]); Mikroprozessor (m[16])

de **chipkaart** Chipkarte (v[21])

de **chippas** Chipkarte (v[21]), Paycard (v[27]), Geldkarte (v[21])

chippen mit der Chipkarte bezahlen, mit der Paycard bezahlen, mit der Geldkarte bezahlen

de **chips** Chips (mv)

de **chirurg** Chirurg (m[14])

de **chirurgie** Chirurgie (v[28])

chirurgisch chirurgisch

de **chlamydia** Chlamydia (v, 2e nvl: -; mv: Chlamydien)

het/de **chloor** Chlor (o[39])

de **chloroform** Chloroform (o^{29})
het **chocolaatje** Schokoladenplätzchen (o^{35}); [bonbon] Praline (v^{21})
de **¹chocolade** (zn) Schokolade (v^{21})
  ²chocolade (bn) schokoladen..., Schokoladen...
de **chocoladeletter** Schokoladenbuchstabe (m^{18})
de **chocolademelk** Schokolade (v^{21}), Kakao (m^{13})
de **chocoladepasta** Schokoladencreme (v^{27})
de **choke** Choke (m^{13}); [de knop] Choker (m^{9})
de **cholera** Cholera (v^{28})
de **cholesterol** Cholesterin (o^{39})
  choqueren schockieren^{320}
de **choreograaf** Choreograf (m^{14})
de **choreografie** Choreografie (v^{21})
  christelijk christlich; [protestants] evangelisch
de **christen** Christ (m^{14})
de **christendemocraat** Christdemokrat (m^{14})
het **christendom** Christentum (o^{39})
  Christus Christus (m): vóór ~ vor Christus; na ~ nach Christus
het **Christusbeeld** Christusfigur (v^{20})
het **chromosoom** Chromosom (o^{37})
  chronisch chronisch
de **chronologie** Chronologie (v^{21})
  chronologisch chronologisch
de **chronometer 1** [stopwatch] Stoppuhr (v^{20}) **2** [nauwkeurig uurwerk] Chronometer (o^{33})
het **chroom** Chrom (o^{39})
de **chrysant** Chrysantheme (v^{21})
de **ciabatta** Ciabatta (o)
de **cider** Cidre (m), Zider (m), Apfelwein (m^{5})
het **cijfer 1** [getalteken] Ziffer (v^{21}): *een getal van zes ~s* eine sechsstellige Zahl; *in de rode ~s komen* in die roten Zahlen kommen^{193} **2** [voor school-, examenwerk] Zensur (v^{20}), Note (v^{21}): *een laag ~* eine schlechte Zensur (*of:* Note)
de **cijfercode** Zahlencode (m^{13})
  cijferen rechnen
de **cijferlijst** Zeugnis (o^{29a})
de **cilinder** Zylinder (m^{9})
de **cilinderinhoud** Hubraum (m^{6})
de **cilinderkop** Zylinderkopf (m^{6})
  cilindrisch zylindrisch
de **cineast** Cineast (m^{14})
de **cipier** Gefängniswärter (m^{9}), Gefangenenwärter (m^{9})
de **cipres** Zypresse (v^{21})
  circa circa, ungefähr
het **circuit 1** [sport] Rundstrecke (v^{21}) **2** [elek] Stromkreis (m^{5}) **3** [kring van personen] Kreis (m^{5})
de **circulaire** Rundschreiben (o^{35}), Rundbrief (m^{5})
de **circulatie** Zirkulation (v^{20}), Umlauf (m^{6})
  circuleren zirkulieren^{320}, umlaufen^{198}
het **circus** Zirkus (m, 2e nvl: -; mv: -se)

de **cirkel** Kreis (m^{5})
  cirkelen kreisen
de **cirkelomtrek** Kreisumfang (m^{6})
de **cirkelzaag** Kreissäge (v^{21})
het **citaat** Zitat (o^{29})
de **citer** Zither (v^{21})
  citeren zitieren^{320}, anführen
de **Cito-toets** Unterrichtstest (m^{13}, m^{5}) zur Bestimmung des geeigneten weiterführenden Unterrichts
de **citroen** Zitrone (v^{21})
het **citroensap** Zitronensaft (m^{6})
het **citroenschijfje** Zitronenscheibe (v^{21})
de **citrusvrucht** Zitrusfrucht (v^{25})
de **city** City (v^{27})
  civiel zivil, bürgerlich: ~ *recht* Zivilrecht (o^{39})
  civielrechtelijk zivilrechtlich
de **civilisatie** Zivilisation (v^{20})
  civiliseren zivilisieren^{320}
het **civisme** [Belg] Bürgersinn (m^{19})
de **ckv** afk van *culturele en kunstzinnige vorming* Kunst- und Kulturerziehung (v^{20})
  cl afk van *centiliter* Zentiliter (m^{9}, o^{33}), cl
de **claim 1** [exploitatierecht; eis] Claim (o^{36}) **2** [claimrecht] Bezugsrecht (o^{29})
  claimen Anspruch erheben^{186} auf^{+4}, fordern: *schadevergoeding ~* Schadenersatz fordern
de **clamshell** Klapptelefon (o^{29})
de **clan** Clan (m^{5}, m^{13})
  clandestien heimlich, schwarz, illegal: ~*e arbeid* Schwarzarbeit (v^{20}); ~*e handel* Schwarzhandel (m^{19}); ~*e luisteraar* Schwarzhörer (m^{9})
de **clark** [Belg] Gabelstapler (m^{9})
de **classeur** [Belg] Ordner (m^{9})
het **classicisme** Klassizismus (m^{19a})
de **classicus** Altsprachler (m^{9}), Altphilologe (m^{15})
de **classificatie** Klassifizierung (v^{20})
  classificeren klassifizieren^{320}
de **claustrofobie** Klaustrophobie (v^{21})
de **clausule** Klausel (v^{21})
de **claxon** Hupe (v^{21})
  claxonneren hupen
  clean 1 [schoon] sauber **2** [vrij van drugs] clean
  clement mild, nachsichtig
de **clementie** Milde (v^{28}), Nachsicht (v^{28})
de **clerus** Klerus (m^{19a})
het **cliché** Klischee (o^{36})
  clichématig klischeehaft, schablonenhaft
de **cliënt 1** [van advocaat] Mandant (m^{14}), Mandantin (v^{22}) **2** [hand] Kunde (m^{15}), Kundin (v^{22})
de **cliëntèle** [jur] Klientel (v^{20}); [hand] Kundschaft (v^{28})
de **cliffhanger** Cliffhanger (m^{9})
de **clignoteur** Blinkleuchte (v^{21}), Blinker (m^{9})
de **climax** Klimax (v^{23}), Höhepunkt (m^{5})
de **clinch** Clinch (m^{19})

de **clinicus** Kliniker (m⁹)

de **clip 1** [aan pen; oorclip] Clip (m¹³) **2** [video-clip] Clip (m¹³), Videoclip (m¹³)

de **clitoris** Klitoris (v); Kitzler (m⁹)

close dicht, eng beieinander: ~ *zijn met iem.* mit jmdm. eng befreundet sein

het **closetpapier** Klosettpapier (o²⁹)

de **closetrol** Klosettrolle (v²¹); Rolle (v²¹) Toilettenpapier

de **close-up** Nahaufnahme (v²¹), Großaufnahme (v²¹)

de **clou** Clou (m¹³)

de **clown** Clown (m¹³)

clownesk clownesk

de **club** Klub (m¹³)

het **clubgebouw** Klubhaus (o³²), Vereinshaus (o³²)

het **clubhuis** Klubhaus (o³²), Vereinslokal (o²⁹)

het/de **cluster** Cluster (m⁹, m¹³)

de **clusterbom** Schüttbombe (v²¹), Streubombe (v²¹)

cm afk van *centimeter* Zentimeter (m⁹, o³³), cm

de **co** afk van *compagnon* Kompagnon (m¹³), Co.

CO₂ CO₂ (o) (afk van *Kohlendioxid*)
CO₂-neutraal CO₂-neutral

de **coach** Coach (m¹³, 2e nvl: ook -)

coachen coachen

de **coalitie** Koalition (v²⁰)

de **coalitiepartner** Koalitionspartner (m⁹)

de **coassistent** Famulus (m), Famula (v, mv: Famulä); Praktikant (m¹⁴)

de **cobra** Kobra (v²⁷), Brillenschlange (v²¹)

de **cocaïne** Kokain (o³⁹); [inf] Koks (m¹⁹)

de **cockpit** Cockpit (o³⁶)

de **cocktail** Cocktail (m¹³)

de **cocktailparty** Cocktailparty (v²⁷)

de **cocktailprikker** Spießchen (o³⁵)

de **cocon** Kokon (m¹³)

de **code** Code (m¹³) [ook wetboek]

coderen codieren³²⁰, verschlüsseln

het **codicil** Kodizill (o²⁹)

de **coëfficiënt** Koeffizient (m¹⁴)

de **co-existentie** Koexistenz (v²⁰)

de **coffeeshop** Kaffeestube (v²¹), Café (o³⁶)

de **cognac** Kognak (m¹³): *Duitse* ~ Weinbrand (m⁶)

coherent kohärent

de **cohesie** Kohäsion (v²⁰)

de **coïtus** Koitus (m, 2e nvl: -; mv: -(se))

de **coke 1** [coca-cola] Coke (o) **2** [cocaïne] Kokain (o³⁹); [informeel] Koks (m⁵,¹⁹)

de **cokes** Koks (m⁵)

de **col 1** [opstaande kraag] Stehkragen (m¹¹); [trui] Rollkragen (m¹¹) **2** [bergpas] Col (m¹³), Gebirgspass (m⁶)

de **cola** Cola (v)

de **cola-tic** Cola (v) mit Schuss

het/de **colbert** Jacke (v²¹), Jackett (o³⁶, o²⁹), Sakko (m¹³)

de **collaborateur** Kollaborateur (m⁵)

collaboreren kollaborieren

de **collage** Collage (v²¹)

de **collectant** Spendensammler (m⁹)

de **collect call** R-Gespräch (o²⁹)

de **collecte 1** Geldsammlung (v²⁰), Spendensammlung (v²⁰) **2** [in kerk] Kollekte (v²¹)

collecteren Geld (*of:* Spenden) sammeln

de **collectie** Kollektion (v²⁰), Sammlung (v²⁰)

collectief kollektiv, Kollektiv…: *collectieve arbeidsovereenkomst* Tarifvertrag (m⁶)

het **collector's item** Sammlerobjekt (o²⁹)

de **collega** Kollege (m¹⁵): *vrouwelijke* ~ Kollegin (v²²)

het **college 1** [bestuurslichaam] Kollegium (o, 2e nvl: -s; mv: Kollegien): ~ *van B en W* Magistrat (m⁵) **2** [les aan universiteit] Vorlesung (v²⁰): ~ *lopen* eine Vorlesung hören **3** [vwoschool] Gymnasium (o, 2e nvl: -s; mv: Gymnasien)

het **collegegeld** Studiengebühren (mv)

de **collegezaal** Hörsaal (m, 2e nvl: -(e)s; mv: Hörsäle)

collegiaal kollegial

de **collie** Collie (m¹³)

het/de **collier** Collier (o³⁶) /kolj<u>ee</u>/

de/het **colofon** Impressum (o, mv: Impressen)

Colombia Kolumbien (o³⁹)

de **Colombiaan** Kolumbianer (m⁹), Kolumbianerin (v²²)

Colombiaans kolumbianisch

de **colonne** Kolonne (v²¹)

de **colportage** Hausierhandel (m¹⁹)

colporteren hausieren³²⁰

de **coltrui** Rollkragenpullover (m⁹)

de **column** Kolumne (v²¹)

de **columnist** Kolumnist (m¹⁴)

het **coma** Koma (o³⁶): *in* ~ *liggen* im Koma liegen²⁰²

de **combi** Kombi (m¹³), Kombiwagen (m¹¹)

de **combinatie** Kombination (v²⁰)

de **combinatietang** Kombizange (v²¹)

combineren kombinieren³²⁰

de **comeback** Come(-)back (o)

het **comfort** Komfort (m¹⁹)

comfortabel komfortabel, bequem

de **coming-out** Coming-out (o³⁶)

het **comité** Komitee (o³⁶), Ausschuss (m⁶)

de **commandant 1** [van bataljon t/m divisie] Kommandeur (m⁵) **2** [van tank, oorlogsschip, stad, vesting, vliegbasis] Kommandant (m¹⁴)

commanderen kommandieren³²⁰, befehligen

het **commando** Kommando (o³⁶)

de **commandopost** Befehlsstelle (v²¹)

het **commentaar** Kommentar (m⁵)

de **commentaarstem** Sprecher (m⁹)

de **commentator** Kommentator (m¹⁶)

commenten commenten

de **commercial** Werbespot (m¹³)

de **commercie** Kommerz (m¹⁹), Handel (m¹⁹)

commercieel kommerziell

het **commissariaat** Kommissariat (o[29])

de **commissaris** Kommissar (m[5]); [bij vennootschap] Aufsichtsrat (m[6]): *raad van ~sen* Aufsichtsrat (m[6]); *~ van de Koningin* Kommissar der Königin

de **commissie 1** [opdracht] Kommission (v[20]) **2** [personen met opdracht] Ausschuss (m[6]), Kommission (v[20]) **3** [loon] Kommissionsgebühr (v[20]), Provision (v[20])

de **commissiebasis**: *werken op ~* gegen Kommissionsgebühr arbeiten

committeren kommittieren; beauftragen, bevollmächtigen

de **commode** Kommode (v[21])

de **commotie** Aufregung (v[20])

communautair 1 [gemeenschappelijk] gemeinschaftlich; [in de EU] die EU anbelangend, betreffend: *~ recht* Gemeinschaftsrecht (o[29]) **2** [Belg] die belgischen Sprachgemeinschaften bzw. Regionen betreffend

de **commune** Kommune (v[21]), Wohngemeinschaft (v[20])

de **communicant** Kommunikant (m[6]), Kommunikantin (v[22])

de **communicatie** Kommunikation (v[20])

communicatief kommunikativ

de **communicatiestoornis** Kommunikationsstörung (v[20])

communiceren kommunizieren[320]

de **communie** Kommunion (v[20]): *eerste ~* Erstkommunion; *ter ~ gaan* zur Kommunion gehen[168]

het **communiqué** Kommuniqué (o[36])

het **communisme** Kommunismus (m[19a])

de **communist** Kommunist (m[14])

communistisch kommunistisch

compact kompakt

de **compact disc** Compact Disc (v[27]), CD

de **compagnie** [mil] Kompanie (v[21])

de **compagnon** Kompagnon (m[13]), Teilhaber (m[9])

het **compartiment** Abteil (o[29])

de **compassie** Mitgefühl (o[29]); [zwakker] Anteilnahme (v[28, 21])

compatibel kompatibel

de **compensatie 1** Ausgleich (m[5]) **2** [vaktaal] Kompensation (v[20]) **3** [schuldvergelijking] Aufrechnung (v[20])

compenseren kompensieren[320]

competent kompetent

de **competentie** Kompetenz (v[20]): *dat behoort niet tot mijn ~* das liegt nicht in meiner Kompetenz

competentiegericht kompetenzorientiert: *~ leren* kompetenzorientiertes Lernen

de **competitie 1** [sport] Spieljahr (o[29]), Spielsaison (v[27]) **2** [mededinging] Wettbewerb (m[5])

de **compilatie** Kompilation (v[20])

compleet 1 [voltallig] komplett, vollstän-

dig **2** [geheel en al] ganz, völlig

completeren ergänzen, vervollständigen

het **¹complex** (zn) Komplex (m[5])

²complex (bn) komplex

de **complicatie** Komplikation (v[20])

compliceren komplizieren[320]

het **compliment** Kompliment (o[29]): *iem. een ~ maken* jmdm. ein Kompliment machen

complimenteren: *iem. ~ met een succes* jmdm. zu einem Erfolg gratulieren[320]

complimenteus schmeichelhaft

het **complot** Komplott (o[29]), Verschwörung (v[20])

de **component** Komponente (v[21])

componeren komponieren[320]

de **componist** Komponist (m[14])

de **compositie** Komposition (v[20])

de **compositiefoto** Phantombild (o[31])

het/de **compost** Kompost (m[5])

composteren kompostieren[320]

de **compote** Kompott (o[29])

de **compressie** Kompression (v[20])

de **compressor** Kompressor (m[16])

comprimeren komprimieren

het **compromis** Kompromiss (m[5], o[29]): *een ~ sluiten* einen Kompromiss schließen[245]

compromitteren kompromittieren[320]

compromitterend kompromittierend: *~e verklaringen* kompromittierende Aussagen

de **computer** Computer (m[9]), (elektronische) Datenverarbeitungsanlage (v[21]), EDV-Anlage (v[21]): *achter de ~ zitten* am Computer sitzen; *personal ~* Personal Computer (m[9])

het **computerbestand** Computerdatei (v[20])

computeren computern

computergestuurd computergesteuert

de **computerkraker** Hacker (m[9])

het **computernetwerk** Computernetzwerk (o[29]), Computernetz (o[29])

het **computerprogramma** Computerprogramm (o[29])

het **computerspelletje** Computerspiel (o[29])

het **computervirus** Computervirus (o+m, 2e nvl: -; mv: Computerviren)

het **concentraat** Konzentrat (o[29])

de **concentratie** Konzentration (v[20])

het **concentratiekamp** Konzentrationslager (o[33]), KZ

de **concentratieschool** [Belg] Sonderschule (v[21]) für Kinder von Einwandern

concentreren konzentrieren[320]

concentrisch konzentrisch

het **concept** Konzept (o[29]): *in ~* im Konzept

de **conceptie** Konzeption (v[20])

het **concern** Konzern (m[5])

het **concert** Konzert (o[29]): *naar een ~ gaan* in ein Konzert (*of*: ins Konzert) gehen[168]

concerteren ein Konzert geben[166]

het **concertgebouw** Konzerthalle (v[21])

de **concertmeester** Konzertmeister (m[9])

de **concertzaal** Konzertsaal (m, 2e nvl: -(e)s;

mv: Konzertsäle)

de **concessie** Konzession (v[20]): *iem. ~s doen* jmdm. Konzessionen (*of:* Zugeständnisse) machen

de **conciërge** Hausmeister (m[9]), Hausmeisterin (v[22])

het **concilie** Konzil (o[29])

het **conclaaf** Konklave (o)

concluderen schließen[245], folgern

de **conclusie** Schlussfolgerung (v[20]), Schluss (m[6]): *tot de ~ komen* zu dem Schluss kommen[193]; *de ~ trekken* die Schlussfolgerung ziehen[318]

het/de **concours** Wettbewerb (m[5])

concreet konkret

concretiseren konkretisieren[320]

de **concurrent** Konkurrent (m[14]), Mitbewerber (m[9])

de **concurrentie** Konkurrenz (v[20]), Wettbewerb (m[5])

de **concurrentievervalsing** Wettbewerbsverzerrung (v[20])

concurreren konkurrieren[320]

het **condens** Kondenswasser (o[33])

de **condensatie** Kondensation (v[20])

condenseren kondensieren[320]

het **condenswater** Kondenswasser (o[39])

de **conditie** Kondition (v[20]); [voorwaarde, ook] Bedingung (v[20])

de **conditietraining** Konditionstraining (o[39])

conditioneel bedingend; [taalk] konditional

de **condoleance** Beileidsbezeigung (v[20])

condoleren kondolieren[320]: *iem. ~ met een verlies* jmdm. zu einem Verlust kondolieren; *gecondoleerd!* mein herzliches Beileid!

het **condoom** Kondom (m[5], o[29]); [inf] Pariser (m[9])

de **condor** Kondor (m[5])

de **conducteur** Schaffner (m[9])

de **conductrice** Schaffnerin (v[22])

de **confectie** Konfektion (v[20]), Fertig(be)kleidung (v[28])

de **confederatie** Konföderation (v[20])

de **conferencier** Conférencier (m[13])

de **conferentie** Konferenz (v[20]): *telefonische ~* Telefonkonferenz (v[20])

de **confessie** Konfession (v[20])

confessioneel konfessionell

de **confetti** Konfetti (o[39], o[39a])

confidentieel vertraulich

de **configuratie** Konfiguration (v[20])

confisqueren konfiszieren; beschlagnahmen

de **confituur** [Belg] Konfitüre (v[21]), Marmelade (v[21])

het **conflict** Konflikt (m[5])

conform gemäß[+3], ...gemäß, übereinstimmend (mit[+3])

zich **conformeren** [zich voegen naar] sich fügen[+3], sich anpassen[+3]: *zich ~ aan de publieke*

opinie sich der öffentlichen Meinung anpassen

de **conformist** Konformist (m[14])

de **confrontatie** Konfrontation (v[20])

confronteren konfrontieren[320]

confuus konfus, verworren, verwirrt

het **conglomeraat** Konglomerat (o[29])

Congo Kongo (o)

de **¹Congolees** Kongolese (m[15]), Kongolesin (v[22])

²Congolees (bn) kongolesisch

de **congregatie** Kongregation (v[20])

het **congres** Kongress (m[5]), Tagung (v[20]): *een ~ houden* tagen, einen Kongress abhalten[183]

het **congresgebouw** Kongressgebäude (o[33]), Kongresshalle (v[21])

congruent kongruent

de **congruentie** Kongruenz (v[20])

de **conifeer** Konifere (v[21])

conjunctureel konjunkturell

de **conjunctuur** Konjunktur (v[20])

de **connectie** Beziehung (v[20]), Verbindung (v[20])

de **conrector** stellvertretender Schulleiter (m[9])

consciëntieus gewissenhaft

de **consensus** Konsens (m[5])

consequent konsequent, folgerichtig

de **consequentie** Konsequenz (v[20])

de **conservatie** Konservierung (v[20]), Erhaltung (v[20])

de **¹conservatief** (zn) Konservative(r) (m[40a], v[40b])

²conservatief (bn, bw) konservativ

de **conservator** Konservator (m[16])

het **conservatorium** Musikhochschule (v[21])

het **conserveermiddel** Konservierungsmittel (o[33])

de **conserven** Konserven (mv v[21])

het **conservenblikje** Konservenbüchse (v[21]), Konservendose (v[21])

conserveren konservieren[320]

het **conserveringsmiddel** Konservierungsstoff (m[5]), Konservierungsmittel (o[33])

de **consideratie 1** [overweging] Erwägung (v[20]) **2** [respect] Rücksicht (v[20]): *zonder ~* rücksichtslos

de **console** Konsole (v[21])

de **consolidatie** Konsolidierung (v[20])

consolideren konsolidieren[320]

de **consorten** Konsorten (mv), Spießgesellen (mv)

het **consortium** Konsortium (o, 2e nvl: -s; mv: Konsortien)

constant konstant; [voortdurend] ständig

de **constante** unveränderliche Größe (v[21])

constateren feststellen, konstatieren[320]

de **constatering** Feststellung (v[20]), Konstatierung (v[20])

de **constellatie** Konstellation (v[20])

de **consternatie** Bestürzung (v[28])

de **constipatie** Konstipation (v[20]), Verstop-

fung (v[20])
de **constitutie** Konstitution (v[20])
constitutioneel konstitutionell
de **constructeur** Konstrukteur (m[5])
de **constructie** Konstruktion (v[20])
constructief konstruktiv
de **constructiefout** Konstruktionsfehler (m[9])
construeren konstruieren[320]
de **consul** Konsul (m[17])
het **consulaat** Konsulat (o[29])
de **consulent** Berater (m[9])
het **consult,** de **consultatie** Konsultation (v[20])
de **consultant** Consultant (m[13], 2e nvl: ook -), Berater (m[9])
het **consultatiebureau** Beratungsstelle (v[21]): ~ voor zuigelingen Mütterberatungsstelle
consulteren konsultieren[320]
de **consument** Konsument (m[14]), Verbraucher (m[9])
de **consumentenbond** Verbraucherverband (m[6])
consumeren konsumieren[320], verbrauchen
de **consumptie 1** Konsum (m[19]), Verbrauch (m[19]) **2** [vertering] Verzehr (m[19])
de **consumptiebon** Verzehrbon (m[13]); [voor drankjes] Getränkegutschein (m[5])
consumptief konsumtiv
de **consumptiegoederen** Konsumgüter (mv o[32])
de **consumptiemaatschappij** Konsumgesellschaft (v[20])
het **contact** Kontakt (m[5])
de **contactadvertentie** Kontaktanzeige (v[21])
contactarm kontaktarm, kontaktschwach
de **contactdoos** Steckdose (v[21])
de **contactlens** Kontaktlinse (v[21]), Haftschale (v[21])
de **contactpersoon** Ansprechpartner (m[9])
de **contactsleutel** Zündschlüssel (m[9]), Autoschlüssel (m[9])
contactueel Kontakt-, kontakt-: goede contactuele eigenschappen bezitten kontaktfähig sein
de **container** Container (m[9]), Behälter (m[9])
het **containerpark** [Belg] Sammelstelle (v[21]) für Hausmüll
de **contaminatie** Kontamination (v[20])
contant bar, kontant: ~e betaling Barzahlung (v[20])
de **contanten** Kontanten (mv), Bargeld (o[39]): in ~ bar
content zufrieden
de **context** Kontext (m[5])
het **continent** Kontinent (m[5])
continentaal kontinental, Kontinental…
het **contingent** Kontingent (o[29])
continu kontinuierlich, stetig, ununterbrochen
het **continubedrijf** 24-Stunden-Betrieb (m[5])
[1]**continueren** (onov ww) fortdauern
[2]**continueren** (ov ww) fortsetzen

de **continuïteit** Kontinuität (v[28])
het **conto** Konto (o[36], mv: ook Konten en Konti)
de **contour** Umriss (m[5]), Kontur (v[20])
de [1]**contra** (zn) Kontra (o[36])
[2]**contra** (bw) kontra
[3]**contra** (vz) kontra+4
de **contrabas** Kontrabass (m[6])
de **contraceptie** Kontrazeption (v[20]); Empfängnisverhütung (v[20])
het **contract** Kontrakt (m[5]), Vertrag (m[6]): een ~ (met iem.) sluiten einen Kontrakt (of: einen Vertrag) (mit jmdm.) schließen[245]; bij ~ bepalen vertraglich festlegen; volgens ~ vertragsgemäß
de **contractant** Vertragspartner (m[9])
de **contractbreuk** Vertragsbruch (m[6])
contracteren: iem. ~ jmdn. verpflichten; jmdn. unter Vertrag nehmen[212]
contractueel vertraglich, kontraktlich
de **contradictie** Kontradiktion (v[20]); Widerspruch (m[6])
de **contramine**: in de ~ zijn kontra sein
de **contraprestatie** Gegenleistung (v[20])
contraproductief kontraproduktiv
de **Contrareformatie** Gegenreformation (v[20])
de **contrarevolutie** Gegenrevolution (v[20]), Konterrevolution (v[20])
de **contraspionage** Abwehr (v[28])
het **contrast** Kontrast (m[5])
contrasteren kontrastieren[320]
contrastief kontrastiv
de **contreien** Gegend (v[20]), (nähere) Umgebung (v[20]): in de ~ van A. in der Umgebung von A.
de **contributie** Mitgliedsbeitrag (m[6]), Beitrag (m[6])
de **controle 1** Kontrolle (v[21]) **2** [plaats] Sperre (v[21])
controleerbaar kontrollierbar, nachprüfbar
de **controlepost** Kontrollstelle (v[21])
controleren kontrollieren[320]
de **controleur** Kontrolleur (m[5])
de **controller** Controller (m[9])
de **controverse** Kontroverse (v[21])
controversieel kontrovers
het **convenant** Vereinbarung (v[20])
het **convent** Konvent (m[5])
de **conventie** Konvention (v[20])
conventioneel konventionell, herkömmlich
de **conversatie** Konversation (v[20]), Unterhaltung (v[20])
converseren sich unterhalten[183]
de **conversie** Konversion (v[20])
converteren konvertieren[320]
cool cool
de **coolingdown** Cooldown (o[36])
de **coöperatie 1** [vereniging] Genossenschaft (v[20]) **2** [samenwerking] Kooperation (v[20]), Zusammenarbeit (v[28])

coöperatief genossenschaftlich
de **coördinaat** Koordinate (v[21])
de **coördinatie** Koordination (v[20])
de **coördinator** Koordinator (m[16])
coördineren koordinieren[320]
COPD afk van *chronic obstructive pulmo-
nary disease* COPD (v[28])
copieus üppig, reichlich
de **coproductie** Koproduktion (v[20])
copuleren kopulieren
het **copyright** Copyright (o[36]), Urheberrecht
(o[29])
corduroy Cord (m[5], m[13])
de **corner** [sport] Ecke (v[21]), Eckball (m[6])
de **corporatie** Korporation (v[20]), Körperschaft
(v[20])
het **corps** Korps (o, 2e nvl: -; mv: -) /koor/
de **corpsstudent** Korpsstudent (m[14]), Verbin-
dungsstudent (m[14]), Korporierte(r) (m[40a])
corpulent beleibt, korpulent
de **corpulentie** Korpulenz (v[28]), Beleibtheit
(v[28])
correct korrekt, einwandfrei: ~ *zijn* richtig
sein[262]
de **correctheid** Korrektheit (v[28])
de **correctie 1** [verbetering] Korrektur (v[20]),
Berichtigung (v[20]) **2** [berisping] Verweis (m[5])
correctioneel [Belg] korrektionell: *correcti-
onele rechtbank* korrektionelles Gericht (o[29])
de **corrector** Korrektor (m[16])
de **correlatie** Korrelation (v[20])
de **correspondent** Korrespondent (m[14]): *buitenlands* ~ [van krant] Auslandskorrespon-
dent
de **correspondentie** Korrespondenz (v[20])
het **correspondentieadres** Postanschrift
(v[20]), Postadresse (v[21])
corresponderen 1 korrespondieren[320]
2 [overeenstemmen met] entsprechen[274+3]
de **corridor** Korridor (m[5]), Gang (m[6]), Flur (m[5])
corrigeren korrigieren[320]
de **corrosie** Korrosion (v[20])
corrumperen korrumpieren: *macht cor-
rumpeert* Macht korrumpiert
corrupt korrupt, bestechlich
de **corruptie** Korruption (v[20])
het/de **corsage** Ansteckblume (v[21])
Corsica Korsika (o[39])
de **Corsicaan** Korse (m[15]), Korsin (v[22])
Corsicaans korsisch
het **corso** Korso (m[13]), festlicher Umzug (m[6])
de **corvee** Stubendienst (m[5]), Küchendienst
(m[5])
de **coryfee** Koryphäe (v[21])
het **coschap** Famulatur (v[20]); Krankenhaus-
praktikum (o): *~pen lopen* das Praktikum im
Krankenhaus ableisten
de **cosinus** Kosinus (m)
de **cosmetica** Kosmetika (mv)
cosmetisch kosmetisch
Costa Rica Costa Rica (o[39])

de **Costa Ricaan** Costa Ricaner (m[9]), Costa Ricanerin (v[22])
Costa Ricaans costa-ricanisch
de **couchette** Liegeplatz (m[6])
de **coulance** Kulanz (v[20])
coulant kulant, großzügig
de **coulisse** Kulisse (v[21])
de **counter 1** [sport] Konter (m[9]) **2** [balie]
Counter (m[9])
counteren [sport] kontern
de **country**, de **countrymuziek** Countrymu-
sic (v[28])
de **coup** Coup (m[13])
de **coupe 1** [van kleding] Schnitt (m[5])
2 [schaal] Becher (m[9]), Schale (v[21])
de **coupé 1** [spoorw] Abteil (o[29]) **2** [auto] Coupé (o[36])
couperen 1 [van dier] kupieren[320], stutzen
2 [bij kaartspel] abheben[186] **3** [van film] kürzen
het **couplet** Strophe (v[21])
de **coupon** Coupon (m[13])
de **coupure** [in film] Kürzung (v[20])
courant [gangbaar] gängig
de **coureur** Rennfahrer (m[9])
de **courgette** Zucchino (m, 2e nvl: -; mv: Zuc-
chini)
de **courtage** Maklergebühr (v[20])
de **couscous** Couscous (m), Kuskus (m)
de **couturier** Couturier (m[13])
het **couvert 1** [enveloppe] Briefumschlag (m[6])
2 [bestek] Besteck (o[29]) **3** [eetgerei] Gedeck
(o[29])
de **couveuse** Brutkasten (m[12]), Inkubator (m[16])
het **couveusekind** Kind (o[31]) im Brutkasten,
Brutkastenkind (o[31])
de/het **cover 1** [omslag] Cover (o), Umschlag (m[5])
2 [coverversie] Neuaufnahme (v[21])
de **cowboy** Cowboy (m[13])
c.q. afk van *casu quo* [eventueel] ggf. (afk
van *gegebenenfalls*); [respectievelijk] bzw.
(afk van *beziehungsweise*)
de **crack** [sport] Crack (m[13]), Spitzensportler
(m[9])
de **cracker** Cracker (m[9], m[13]), Kräcker (m[9])
de **crash 1** Absturz (m[6]) [ook comp] **2** [bank-
krach] finanzielle(r) Zusammenbruch (m[6])
crashen 1 abstürzen [ook comp] **2** [bank-
roet gaan] zusammenbrechen[137]
de **crawl** Kraul (o[39])
crawlen kraulen
de **creatie 1** [schepping] Schöpfung (v[20])
2 [theat] Darstellung (v[20]) **3** [mode] Kreation
(v[20]), Modell (o[29])
creatief kreativ, schöpferisch
de **creativiteit** Kreativität (v[28])
de **crèche 1** Kinderkrippe (v[21]) **2** Kindertagesstätte (v[21])
het **credit** Kredit (o[36]), Haben (o[39]): *iets in iemands* ~ *boeken* jmdm. etwas gutschreiben[252]
de **creditcard** Kreditkarte (v[21])

de **crediteren** kreditieren[320], gutschreiben[252]: *iem. (voor) een bedrag* ~ jmdm. für einen Betrag kreditieren (*of:* jmdm. einen Betrag gutschreiben)

de **crediteur** Gläubiger (m[9]), Kreditor (m[16])

de **creditnota** Gutschriftanzeige (v[21])

het **credo** Credo (o[36])

creëren kreieren[320], schaffen[230]

de **crematie** Einäscherung (v[20]), Feuerbestattung (v[20])

het **crematorium** Krematorium (o, 2e nvl: -s; mv: Krematorien)

de **crème** Creme (v[27])

cremeren einäschern

de **creool** Kreole (m[15])

creools kreolisch

de **crêpe** [weefsel] Krepp (m[5], m[13]), Crêpe (m[13])

het **crêpepapier** Krepppapier (o[29])

creperen krepieren[320], verenden

het **cricket** Kricket (o[39])

de **crime** Plage (v[21]): *het is een* ~! es ist furchtbar!

de **criminaliteit** Kriminalität (v[28])

de [1]**crimineel** (zn) Kriminelle(r) (m[40a], v[40b])
[2]**crimineel** (bn) **1** [misdadig] kriminell
2 [strafrechtelijk] kriminal, Kriminal…

de **crisis** Krise (v[21])

de **crisismanager** Krisenmanager (m[9])

het **crisisteam** Krisenstab (m[6])

het **criterium** Kriterium (o, 2e nvl: -s; mv: Kriterien)

de **criticaster** Kritikaster (m[9]), Krittler (m[9])

de **criticus** Kritiker (m[9])

de **croissant** Croissant (o[36], 2e nvl: ook -)

de **croque-monsieur** [Belg] Käse-Schinken-Toast (m[5], m[13])

de **cross** Cross (m, 2e nvl: -; mv: -)

de **crosscountry** Cross-Country (o[36], 2e nvl: ook -)

crossen 1 [sport] an einem Cross-Country teilnehmen[212] **2** [scheuren] rasen

de **crossfiets** Geländefahrrad (o[32]), BMX-Rad (o[32])

de **croupier** Croupier (m[13])

cru unumwunden, derb, unverblümt

cruciaal entscheidend, ausschlaggebend

het **crucifix** Kruzifix (o[29])

de **cruise** Kreuzfahrt (v[20])

de **cruisecontrol** Geschwindigkeitsregler (m[9])

cryptisch kryptisch: *zich* ~ *uitdrukken* sich kryptisch ausdrücken

het **cryptogram** Kryptogramm (o[29])

de **CT-scan** Computertomogramm (o[29])

Cuba Kuba (o[39])

de **Cubaan** Kubaner (m[9]), Kubanerin (v[22])

Cubaans kubanisch

culinair kulinarisch

culmineren kulminieren[320]; [fig ook] gipfeln

cultiveren kultivieren[320]

cultureel kulturell

de **cultus** Kult (m[5]), Kultus (m, 2e nvl: -; mv: Kulte)

de **cultuur** Kultur (v[28]): *in* ~ *brengen* urbar machen; *het ministerie van Onderwijs en Cultuur* das Kultusministerium

de **cultuurbarbaar** Kulturbanause (m[15])

de **cultuurdrager** Kulturträger (m[9])

de **cultuurgeschiedenis** Kulturgeschichte (v[21])

het **cultuurgewas** Kulturpflanze (v[21])

cultuurhistorisch kulturgeschichtlich

cum laude cum laude

de **cumulatie** Anhäufung (v[20]), Kumulation (v[20])

cumulatief kumulativ

cumuleren kumulieren[320]

de **cup 1** [sport] Cup (m[13]) /kap/, Pokal (m[5]) **2** [van bustehouder] Cup (m[13]), Schale (v[21])

de **curatele** Kuratel (v[20]), Vormundschaft (v[28]): *onder* ~ unter Vormundschaft

de **curator 1** [lid van de raad van toezicht] Kurator (m[16]) **2** [voogd] Vormund (m[5], m[8]) **3** [bij faillissement] Konkursverwalter (m[9])

het **curatorium** Kuratorium (o, 2e nvl: -s; mv: Kuratorien)

curieus kurios, seltsam, merkwürdig

de **curiositeit** Kuriosität (v[20])

het **curriculum vitae** Curriculum Vitae (o, 2e nvl: - -; mv: Curricula Vitae), Lebenslauf (m[6])

cursief kursiv, Kursiv…

de **cursist** Kursteilnehmer (m[9])

cursiveren durch Kursivschrift hervorheben[186]

de **cursor** Cursor (m[13]), Positionsanzeiger (m[9])

de **cursus** Kursus (m, 2e nvl: -; mv: Kurse), Kurs (m[5]), Lehrgang (m[6]): *schriftelijke* ~ Fernkurs

de **curve** Kurve (v[21])

de [1]**cv** afk van *centrale verwarming* ZH (afk van *Zentralheizung*)

het [2]**cv** afk van *curriculum vitae* Lebenslauf (m[6])

CVA afk van *cerebrovasculair accident* Schlaganfall (m[6]), Gehirnschlag (m[6]), Apoplexie (v[21])

de **cv-ketel** Heizkessel (m[9])

CVS afk van *chronischevermoeidheidssyndroom* Chronic-Fatigue-Syndrom (o[39]), CFS (o[39a])

het **cyanide** Zyanid (o); [vakt] Cyanid (o)

cyberpesten Cybermobbing (o[36])

de **cyberspace** Cyberspace (m), virtuelle(r) Raum (m[6])

de **cyclaam** Zyklamen (o[35]), Alpenveilchen (o[35])

de **cyclecross** Querfeldeinrennen (o[35])

cyclisch zyklisch

de **cycloon** Zyklon (m[5])

de **cycloop** Zyklop (m[14])

de **cyclus 1** Zyklus (m, 2e nvl: -; mv: Zyklen) **2** [Belg] Studienjahre (mv o[29])

de **cynicus** Zyniker (m[9])

cynisch zynisch

het **cynisme** Zynismus (m[19a])
de **Cyprioot** Zypriot (m[14]), Zypriotin (v[22])
Cypriotisch zypriotisch, zyprisch
Cyprus Zypern (o[39])
de **cyste** Zyste (v[21])

d

de **d** [letter] d, D (o³⁶)
de **daad** Tat (v²⁰): *iem. met raad en ~ bijstaan* jmdm. mit Rat und Tat beistehen²⁷⁹; *onrechtmatige ~* widerrechtliche Handlung
de **daadkracht** Tatkraft (v²⁵)
daadwerkelijk tatsächlich, wirklich
¹**daags** (bn) täglich
²**daags** (bw): *~ tevoren* tags zuvor; *~ daarna* tags darauf; *driemaal ~* dreimal täglich
¹**daar** (bw) da; [richting] dahin, dorthin; [daarginds] dort: *de toestanden ~ (ter plaatse)* die dortigen Verhältnisse; *hier en ~* hier und da; *tot ~* bis dahin
²**daar** (vw) da, weil: *temeer, ~ …* umso mehr, als …
daaraan daran: *als ik ~ denk* wenn ich daran denke; *wat heb ik ~?* was habe ich davon?
daarachter dahinter
daarbij dabei, dazu: *~ is hij nog dom* überdies ist er noch dumm; *~ komt, dat …* es kommt noch hinzu, dass …
daarbinnen drinnen
daarboven oben, da oben, dort oben; darüber: *~ hebben we gewandeld* dort oben sind wir spaziert; *daar gaat niets boven* darüber geht nichts
daardoor dadurch
daarenboven überdies, außerdem
daarentegen dagegen, hingegen
daargelaten: *~, dat …* abgesehen davon, dass …
daarheen dahin, dorthin
daarin darin; [na werkwoord met 4e naamval] darein, dahinein: *ik schik mij ~* ich füge mich darein
daarlangs da vorbei; da entlang: *als u ~ komt* wenn Sie da vorbeikommen; *~ loopt een weg* eine Straße führt da entlang
daarmee damit
daarna danach, darauf: *kort ~* kurz darauf
daarnaar danach
daarnaast daneben
daarnet soeben, eben, vorhin
daarom darum, deshalb, aus diesem Grunde
daaromheen darum (herum)
daaromtrent darüber
daaronder darunter
daarop darauf; [vervolgens] darauf(hin)
daaropvolgend darauf folgend
daarover darüber
daarstraks vorhin, soeben
daartegen dagegen

daartegenover demgegenüber
daartoe dazu
daartussen dazwischen
daaruit daraus
daarvan davon: *wat zegt u ~* was sagen Sie dazu?; *wat denkt u ~?* was halten Sie davon?; *~ houd ik niet* das mag ich nicht
daarvandaan von dort (her)
daarvoor 1 dafür: *~ zal ik je straffen* dafür werde ich dich bestrafen; *~ ben ik niet bang* davor habe ich keine Angst **2** [in plaats- en tijdsbepalingen] davor: *vlak ~* unmittelbar davor **3** [voor dat doel] dazu
de **dadel** Dattel (v²¹)
dadelijk sofort, sogleich, gleich
de **dadelpalm** Dattelpalme (v²¹)
de **dadendrang** Tatendrang (m⁶)
de **dader** Täter (m⁹)
het **daderprofiel** Täterprofil (o²⁹)
de ¹**dag** (zn) Tag (m⁵): *~ aan ~* Tag für Tag; *moed aan de ~ leggen* Mut zeigen; *bij ~* am Tage; *in ~ uit* tagaus, tagein; *het gaat met de ~ beter* es geht von Tag zu Tag aufwärts; *om de andere ~* jeden zweiten Tag; *zondag over acht ~en* Sonntag in acht Tagen; *met iets voor de ~ komen* mit⁺³ etwas herausrücken; *voor de ~ ermee!* heraus mit der Sprache!; *het is kort ~* die Zeit drängt; [inf] es ist höchste Eisenbahn
²**dag** (tw) **1** [afscheid] (auf) Wiedersehen, tschüs, tschüss **2** [begroeting] (guten) Tag
de **dagbehandeling** ambulante Behandlung (v²⁰)
het **dagblad** Zeitung (v²⁰), Tageszeitung (v²⁰)
het **dagboek** Tagebuch (o³²): *een ~ (bij)houden* ein Tagebuch führen
het **dagdeel** Tagesabschnitt (m⁵); halbe(r) Arbeitstag (m⁵)
dagdromen seinen Tagträumen nachhängen¹⁸⁴
dagelijks täglich: *de ~e behoefte* der tägliche Bedarf; *het ~e leven* das tägliche Leben
¹**dagen** (ov ww): [jur] *iem. ~* jmdn. vorladen¹⁹⁶
²**dagen** (ov ww) [dag worden] tagen
dagenlang tagelang
de **dageraad** Tagesanbruch (m¹⁹)
de **dagjesmensen** Ausflügler (mv m⁹)
de **dagkaart** Tageskarte (v²¹)
het **daglicht** Tageslicht (o³⁹): *(iets, iem.) in een kwaad ~ stellen* (etwas, jmdn.) schlecht machen
het **dagmenu** Tagesmenü (o³⁶)
de **dagopvang** Tagesstätte (v²¹); [voor kinderen ook] Tagesheim (o²⁹)
het **dagretour** Tagesrückfahrkarte (v²¹)
de **dagschotel** Tagesmenü (o³⁶)
de **dagtaak** Tagesarbeit (v²⁰)
de **dagtekening** Datum (o, 2e nvl: -s; mv: Daten)
de **dagtocht** Tagestour (v²⁰)
dagvaarden vor Gericht laden¹⁹⁶, vorla-

den[196]

de **dagvaarding** Ladung (v[20]), Vorladung

het **dagverblijf** [vertrek] Tagesraum (m[6])

dagvers täglich frisch

de **dahlia** Dahlie (v[21])

het **dak** Dach (o[32]); [van auto, ook] Verdeck (o[29]):
leien ~ Schieferdach; *pannen* ~ Ziegeldach;
rieten ~ Rohrdach; *onder* ~ *brengen* unterbringen[139]; [fig] *onder* ~ *zijn* unter Dach und
Fach sein[262]; *iem. iets op zijn* ~ *schuiven* jmdm.
etwas aufhalsen; [fig] *het* ~ *gaat eraf* es wird
eine super Fete; [fig] *uit zijn* ~ *gaan* außer
Rand und Band geraten; [inf] ausflippen

de **dakbedekking** Dachdeckung (v[20])

de **dakdekker** Dachdecker (m[9])

het **dakje** Zirkumflex (m[5])

de **dakkapel** Dachgaube (v[21])

dakloos obdachlos

de **dakloze** Obdachlose(r) (m[40a], v[40b])

de **daklozenkrant** Obdachlosenzeitung (v[20])

de **dakpan** Dachziegel (m[9]); [rond] Dachpfan-
ne (v[21])

het **dakraam** Dachfenster (o[33]); [klein klap-
raam] Dachluke (v[21])

het **dakterras** Dachterrasse (v[21])

het **dal** Tal (o[32])

dalen sich senken, sinken[266]: *de barometer*
daalt das Barometer fällt; *de prijzen* ~ die
Preise sinken (*of:* fallen); *zijn stem laten* ~ die
Stimme senken; *het vliegtuig gaat* ~ das Flug-
zeug setzt zur Landung an; *de weg daalt* die
Straße fällt ab

de **daling** Sinken (o[39]), Fallen (o[39]); [luchtv]
steile ~ Sturzflug (m[6]); *plotselinge (sterke)* ~
van koersen, prijzen Kurssturz (m[6]); Preissturz
(m[6]); *zie dalen*

de **daluren** ± Verkehrsflaute (v[21]), Zeiten (mv)
geringer Verkehrsdichte

de **¹dam** [waterkering] Damm (m[6]): *een* ~ *leg-*
gen einen Damm bauen

de **²dam** [damspel] Dame (v[21])

het **damast** Damast (m[5])

het **dambord** Damebrett (o[31])

de **dame** Dame (v[21]): *jonge* ~ Fräulein (o[35]); ~*s*
en heren! meine Damen und Herren!

het **damesblad** Frauenzeitschrift (v[20]), Frauen-
magazin (o[29])

de **damesfiets** Damenfahrrad (o[32])

de **dameskapper** Damenfriseur (m[5])

de **damesmode** Damenmode (v[21])

het **damhert** Damhirsch (m[5])

dammen Dame spielen

de **dammer** Damespieler (m[9])

de **damp** Dampf (m[6]), Dunst (m[6]); [nat] Dampf
(m[6])

dampen dampfen

de **dampkap** [Belg] Dunstabzugshaube (v[21])

de **dampkring** Atmosphäre (v[21])

de **damschijf** Damestein (m[5])

het **damspel** Damespiel (o[29])

de **damwand** Spundwand (v[25])

¹dan (bw) dann; [eigenlijk, toch] denn: *eerst*
jij en ~ *ik* erst du und dann ich; *waarom* ~*?*
warum denn?; *tot* ~*!* bis dann!, bis nachher!,
bis später!

²dan (vw) [behalve] außer[+3]; [na vergrotende
trap] als: *hij is kleiner* ~ *zij* er ist kleiner als sie;
zij is anders ~ *haar zuster* sie ist anders als ihre
Schwester

de **dance** Dance (m[19a])

de **dancing** Tanzdiele (v[21]), Tanzlokal (o[29])

danig tüchtig, ordentlich, gewaltig

de **dank** Dank (m[19]): *geen* ~*!* keine Ursache!
(*of:* gern geschehen!)

dankbaar dankbar

de **dankbaarheid** Dankbarkeit (v[28])

de **dankbetuiging 1** Dankeswort (o[29]), Dan-
kesbezeigung (v[20]) **2** [schriftelijk] Dankschreiben (o[35])

danken danken[+3]: *iem. voor iets* ~ jmdm.
für[+4] etwas danken; *dank u zeer!* danke sehr!
(*of:* danke schön!); *niet(s) te* ~*!* bitte! (*of:* keine Ursache!); *(aan) iem. iets te* ~ *hebben*
jmdm. etwas verdanken

het **dankwoord** Dankeswort (o[29], meestal mv)

dankzeggen: *iem.* ~ *voor* sich bei jmdm.
bedanken für[+4]

dankzij dank[+3, +2]: ~ *een toeval* dank einem
Zufall (*of:* eines Zufalls)

de **dans** Tanz (m[6]): *een dame ten* ~ *vragen* eine
Dame zum Tanz auffordern

dansen tanzen: *gaan* ~ tanzen gehen; *naar*
iemands pijpen ~ nach jemands Pfeife tanzen

de **danser** Tänzer (m[9])

de **danseres** Tänzerin (v[22])

de **dansles** Tanzunterricht (m[19]), Tanzstunde
(v[21])

het **dansorkest** Tanzorchester (o[33])

de **danspas** Tanzschritt (m[5])

de **dansschool** Tanzschule (v[21])

de **dansvloer** Tanzboden (m[12])

de **danszaal** Tanzsaal (m, 2e nvl: -(e)s; mv:
Tanzsäle)

dapper tapfer: *zich* ~ *houden* sich gut halten[183]

de **dapperheid** Tapferkeit (v[28])

de **dar** Drohne (v[21])

de **darm** Darm (m[6]): *dikke* ~ Dickdarm; *dunne*
~ Dünndarm

de **darmflora** Darmflora (v[28])

het **dartbord** Dartscheibe (v[21]), Dartboard (o[36])

dartel munter, lustig, ausgelassen

dartelen tollen, sich tummeln

darten Darts spielen; [een partij] ein Dartspiel machen

de **darts** Darts (o[39a]), Dartspiel (o[29])

de **¹das 1** [zelfbinder] Krawatte (v[21]), Schlips
(m[5]) **2** [halsdoek] Halstuch (o[32]) || *dat doet*
hem de ~ *om* das gibt ihm den Rest

de **²das** [dierk] Dachs (m[5])

het **dashboard** Armaturenbrett (o[31]), Instrumentenbrett (o[31])

het **dashboardkastje** Handschuhfach (o[32])

¹dat (aanw vnw[76]) dieser, diese, dieses; der, die, das; jener, jene, jenes

²dat (betr vnw[78]) der, die, das; welcher, welche, welches: *het werk ~ zij verzet* die Arbeit, die sie leistet

³dat (vw) dass; [na tijdsbepalingen meestal] wo, da, als: *ik hoop ~ je komt* ich hoffe, dass du kommst; *op de dag ~ ...* am Tage, wo (*of:* da, als) ...

de **data** Daten (mv)

de **databank,** de **database** Datenbank (v[20])

de **datacompressie** Datenkompression (v[20])

de **datalimiet** Datenbegrenzung (v[20]), Datenlimit (o[36])

de **date** Date (o[36], 2e nvl: ook -)

daten daten

dateren datieren[320]: *de brief is gedateerd 1 juli* der Brief ist vom 1. Juli datiert

datgene dasjenige

dato am, den ...: *drie weken na ~* drei Wochen danach; *de ~* vom

de **datum** Datum (o, 2e nvl: -s; mv: Daten)

de **dauw** Tau (m[19]): *voor dag en ~* vor Tau und Tag

dauwtrappen frühmorgens spazieren gehen[168]

daveren donnern: *~d applaus* donnernder Beifall; *een ~d succes* ein riesiger Erfolg

daverend donnernd, dröhnend; [fig] großartig: *~ applaus* tosender Beifall; *een ~ succes* ein Riesenerfolg

de **davidster** David(s)stern (m[5])

d.d. afk van *de dato* vom

de **DDR** afk van *Duitse Democratische Republiek* DDR (v) (afk van *Deutsche Demokratische Republik*)

de der, die, das: *dit is dé modekleur* das ist die richtige Modefarbe

de **deadline** äußerster Termin (m[5]), Stichtag (m[5])

de **deal** Deal (m[13])

dealen dealen, handeln: *hij dealt in heroïne* er dealt mit Heroin

de **dealer 1** Vertragshändler (m[9]) **2** [drugs] Dealer (m[9])

het/de **debacle** Debakel (o[33]): *een ~ beleven* ein Debakel erleiden

het **debat** Debatte (v[21])

debatteren debattieren[320]

het **debet** Debet (o[36]), Sollseite (v[21]), Soll (o, 2e nvl: -(s); mv: -(s)): *~ en credit* Debet und Kredit, Soll und Haben; [fig] *aan iets ~ zijn* an[+3] etwas schuld sein[262]

debiel debil

debiteren debitieren[320], belasten

de **debiteur** Schuldner (m[9]), Debitor (m[16])

de **debriefing** Debriefing (o)

de **debutant** Debütant (m[14])

debuteren debütieren[320]

het **debuut** Debüt (o[36])

de **decaan 1** [van faculteit] Dekan (m[5]) **2** [van studenten en scholieren] Studienberater (m[9])

decadent dekadent

de **decadentie** Dekadenz (v[28])

de **decafé** koffeinfreier Kaffee (m[19])

de **decameter** Dekameter (m[9], o[33]), dam

de **december** Dezember (m[9], 2e nvl: ook -): *in ~* im Dezember

het **decennium** Jahrzehnt (o[29])

de **decentralisatie** Dezentralisation (v[20])

decentraliseren dezentralisieren[320]

de **deceptie** Enttäuschung (v[20])

de **decharge** Entlastung (v[20]): *getuige à ~* Entlastungszeuge (m[15])

de **decibel** Dezibel (o[33]), dB

de **deciliter** Deziliter (m[9], o[33]), dl

de **¹decimaal** (zn) Dezimale (v[21]), Dezimalzahl (v[20]), Dezimalstelle (v[21]): *een getal met 3 decimalen* eine dreistellige Dezimalzahl

²decimaal (bn) dezimal, Dezimal...

decimeren dezimieren

de **decimeter** Dezimeter (m[9], o[33]), dm

de **declamatie** Deklamation (v[20])

declameren deklamieren[320], vortragen[288]

de **declaratie 1** Deklaration (v[20]) **2** [van gemaakte onkosten] Spesenrechnung (v[20])

declareren 1 [bij de douane] deklarieren[320], verzollen **2** [van gemaakte onkosten] in Rechnung stellen

de **decoder** Decoder (m[9])

het **decolleté** Dekolleté (o[36])

het **decor 1** Dekor (m[5], m[13], o[29], o[36]) **2** [toneel] Bühnenausstattung (v[20]), Requisiten (mv o[37])

de **decoratie 1** [versiering] Dekoration (v[20]) **2** [ridderorde] Dekoration (v[20]), Orden (m[11])

decoreren dekorieren[320]

het **decorum** Dekorum (o): *het ~ in acht nemen* die Regeln des Anstandes beachten

de **decoupeerzaag** Stichsäge (v[21])

het **decreet** Dekret (o[29]), Erlass (m[5])

decreteren dekretieren[320], verordnen

het **deeg** Teig (m[5])

de **deegwaren** Teigwaren (mv v[21]), Nudeln (mv v[21])

de **deejay** Discjockey (m[13]), Plattenjockey (m[13])

het **deel 1** [gedeelte] Teil (m[5]): *~ aan iets hebben* an[+3] etwas beteiligt sein[262]; *in genen dele* keineswegs; *ten dele* zum Teil; *ten ~ vallen* zuteilwerden[310]; *voor een ~* zum Teil; *voor het grootste ~* zum größten Teil; *~ uitmaken van* gehören zu; *[iets ook] (ein) Teil sein von*; *[iem. ook] angehören[+3]* **2** [aandeel] Anteil (m[5]) **3** [boekdeel] Band (m[6])

deelbaar teilbar

de **deelgenoot** Teilhaber (m[9]): *iem. ~ maken van een geheim* jmdm. ein Geheimnis anvertrauen

de **deelname** Beteiligung (v[20]) (an[+3]), Teilnahme (v[21]) (an[+3])

de **deelnemen** sich beteiligen (an[+3]), teilnehmen[212] (an[+3])

de **deelnemer** Teilnehmer (m[9]), Beteiligte(r) (m[40a], v[40b])

de **deelneming 1** [het meedoen aan] Beteiligung (v[20]) (an[+3]) **2** [medeleven] Anteilnahme (v[21]): *iem. zijn ~ betuigen* jmdm. seine Teilnahme bekunden

de **deelregering** [Belg] Regionalregierung (v[20])

deels teils, teilweise, zum Teil

de **deelstaat** [Du, Oost] Bundesland (o[32])

het **deelteken 1** [trema] Trema (o[36]) **2** [rekenen] Divisionszeichen (o[35])

de **deeltijd**: *in ~ werken* eine Teilzeitbeschäftigung haben

de **deeltijdbaan** Teilzeitstelle (v[21])

het **deeltijdwerk** Teilzeitarbeit (v[20])

het **deeltje** Teilchen (o[35])

het **deelwoord** Partizip (o, 2e nvl: -s; mv: Partizipien)

de **Deen** Däne (m[15]), Dänin (v[22])

Deens dänisch

deerniswekkend erbärmlich

de **facto** de facto, tatsächlich

het [1]**defect** (zn) Defekt (m[5])

[2]**defect** (bn) defekt, schadhaft

de **defensie** Verteidigung (v[20]), Abwehr (v[28])

het [1]**defensief** (zn) Defensive (v[21]): *in het ~ zijn* sich in der Defensive befinden[157]

[2]**defensief** (bn, bw) defensiv

de **defibrillator** Defibrillator (m[16])

het **defilé** Defilee (o[38]), Parade (v[21])

definiëren definieren[320]

de **definitie** Definition (v[20])

definitief definitiv, endgültig

de **deflatie** Deflation (v[20])

deftig vornehm: *van ~e familie* aus vornehmer Familie

degelijk 1 [gedegen] gediegen, solide **2** [betrouwbaar] zuverlässig || *ik heb het wel ~ gezien* ich habe es durchaus gesehen

de **degen** Degen (m[11])

degene derjenige, diejenige, dasjenige

de **degeneratie** Degeneration (v[20]), Entartung (v[20])

de **degradatie 1** Degradation (v[20]), Degradierung (v[20]) **2** [sport] Abstieg (m[5])

de **degradatiewedstrijd** Abstiegsspiel (o[29])

de **degraderen 1** degradieren[320] **2** [sport] absteigen[281]

deinen schaukeln, wogen, sich wiegen

de **deining 1** [scheepv] Wellengang (m[19]), Dünung (v[20]) **2** [licht golvende beweging] Wiegen (o[39]) || *veel ~ veroorzaken* hohe Wellen schlagen[241]

het **dek 1** Deck (o[36], o[29]): *alle hens aan ~!* alle Mann an Deck!; *aan ~* an Deck **2** [bedekking] Decke (v[21])

het **dekbed** Deckbett (o[37]), Oberbett, Federbett

het/de **dekbedovertrek** Bettüberzug (m[6])

de [1]**deken** [dek] Decke (v[21]), Bettdecke

de [2]**deken** [r-k] Dechant (m[14]), Dekan (m[5])

de **dekhengst** Deckhengst (m[5]), Zuchthengst (m[5])

dekken decken

de **dekking** Deckung (v[20])

de **deklaag 1** [verf] Deckanstrich (m[5]); [metaal, lak] Überzug (m[6]) **2** [weg- en waterbouw] Deckschicht (v[20])

de **dekmantel** [ook fig] Deckmantel (m[19])

het/de **deksel** Deckel (m[9])

het **dekzeil** Plane (v[21])

de **delegatie** Delegation (v[20])

delegeren delegieren[320], abordnen

delen 1 teilen: *in iemands verdriet ~* an jemands Kummer[3] teilnehmen[212]; *in het verlies, in de winst ~* am Verlust, am Gewinn beteiligt sein[262] **2** [rekenen] teilen, dividieren[320]

deleten löschen

de **delfstof** Mineral (o[29])

delgen tilgen

delicaat 1 [lekker] delikat, köstlich, lecker **2** [kiesheid vereisend] delikat, heikel

de **delicatesse** Delikatesse (v[21]), Leckerbissen (m[11])

het **delict** Delikt (o[29]), Straftat (v[20]): *plaats ~* Tatort (m[5])

de **deling** Teilung (v[20])

de **delinquent** Delinquent (m[14]), Verbrecher (m[9])

het **delirium** Delirium (o, 2e nvl: -s; mv: Delirien)

de **delta** Delta (o[36])

deltavliegen Drachenfliegen (o[39])

delven 1 [graven, spitten] graben[180] **2** [opdelven] fördern: *goud ~* nach Gold graben

de **demagogie** Demagogie (v[28])

de **demagoog** Demagoge (m[15])

demarreren ausreißen[220]

dement senil

[1]**dementeren** (onov ww) [geestelijk aftakelen] senil werden[310]

[2]**dementeren** (ov ww) [ontkennen] dementieren[320]

de **dementie** Demenz (v[20])

demilitariseren entmilitarisieren[320]

demissionair zurückgetreten, demissioniert

de **demo** Demo (o[27])

de **democraat** Demokrat (m[14])

de **democratie** Demokratie (v[21])

democratisch demokratisch

democratiseren demokratisieren[320]

de **demografie** Demografie (v[21])

de **demon** Teufel (m[9]), Dämon (m[16])

demoniseren dämonisieren[320]

de **demonstrant** Demonstrant (m[14])

de **demonstratie** Demonstration (v[20])

demonstratief demonstrativ

demonstreren demonstrieren[320]

de **demontage** Demontage (v[21]), Abbau (m[19])

demonteren demontieren[320]
demoraliseren demoralisieren[320]
demotiveren demotivieren[320]
dempen 1 [een sloot] zuschütten **2** [een oproer] unterdrücken **3** [een geluid] dämpfen
de **demper** Sordine (v[21]), Dämpfer (m[9])
de **den** Kiefer (v[21]): *grove* ~ Föhre (v[21])
denderen dröhnen, donnern
denderend [geweldig] großartig, toll
Denemarken Dänemark (o[39])
denigrerend abschätzig, geringschätzig
het **denim** Denim (m+o)
het **denkbaar** denkbar
het **denkbeeld 1** [gedachtebeeld] Idee (v[21]), Gedanke (m[18]) **2** [begrip, voorstelling] Begriff (m[5]), Vorstellung (v[20]) **3** [opvatting] Auffassung (v[20])
denkbeeldig imaginär, nicht real
het **¹denken** (zn) Denken (o[39])
²denken (ww) denken[140]: *wat denkt u daarvan?* was halten Sie davon?; *wat denkt u wel?* wo denken Sie hin?; *zou je ~?* meinst du?; *aan iem. ~* an jmdn. denken; *dat doet me aan mijn jeugd ~* das erinnert mich an meine Jugend
de **denker** Denker (m[9])
de **denkfout** Denkfehler (m[9])
de **denkpiste** [Belg] Gedankengang (m[6])
de **denksport** Denksport (m[5])
de **denktank** Thinktank (m[13])
de **denkwijze** Denkart (v[20]), Denkweise (v[21])
de **dennenappel** Kiefernzapfen (m[11]), Tannenzapfen (m[11])
de **dennenboom** Kiefer (v[21]); [algemeen] Tannenbaum (m[6])
de **deodorant** Deodorant (o[29], o[36]), Deo (o[36])
depanneren [Belg] **1** [repareren] reparieren[320] **2** [vooruithelpen] weiterhelfen[188+3]
het **departement 1** Ministerium (o, 2e nvl: -s; mv: Ministerien) **2** [in Frankrijk] Departement (o[36])
depenaliseren [Belg] entkriminalisieren
de **dependance** Nebengebäude (o[33])
deplorabel kläglich, jämmerlich
deponeren 1 [in bewaring geven] deponieren[320], hinterlegen **2** [van merk] eintragen lassen[197]: *wettig gedeponeerd* gesetzlich geschützt
de **deportatie** Deportation (v[20]), Deportierung (v[20])
deporteren deportieren[320]
het **deposito** Depositum (o, 2e nvl: -s; mv: Depositen)
het/de **depot** Depot (o[36])
deppen abtupfen
de **depressie 1** Depression (v[20]) **2** [meteo] Tief (o[36])
depressief depressiv, niedergeschlagen
depri deprimiert
deprimeren deprimieren[320]

de **deputatie** Deputation (v[20]), Abordnung (v[20])
de **derby** Derby (o, 2e nvl: -(s); mv: -s)
¹derde (zn) **1** [derde deel] Drittel (o[33]) **2** [buitenstaander] Dritte(r) (m[40a], v[40b]): *tegenover ~n* Dritten gegenüber
²derde (telw) dritte: [sport] *hij werd ~* er wurde Dritter; *ten ~* drittens; *de ~ naamval* [ook] der Dativ, der Wemfall
derdegraads dritten Grades
derderangs dritten Ranges, drittklassig
het **derdewereldland** Dritte-Welt-Land (o[32]); [Zwi] Drittweltland (o[32])
dereguleren deregulieren[320]
de **deregulering** Deregulierung (v[20])
deren schaden[+3]: *dat deert hem niet* das schadet ihm nicht; *niets kan hem ~* nichts kann ihm etwas anhaben
dergelijk derartig, solch: *iets ~s* etwas Derartiges
derhalve folglich, deshalb, deswegen
het **derivaat** Derivat (o[29])
dermate dermaßen, derart
de **dermatologie** Dermatologie (v[21])
de **dermatoloog** Dermatologe (m[15]), Hautarzt (m[6])
dertien dreizehn
dertiende 1 [na de of het twaalfde] dreizehnte **2** [door dertien gedeeld] Dreizehntel (o)
dertig dreißig
¹dertigste (bn) [door dertig gedeeld] dreißigstel (o)
²dertigste (rangtelw) [na de of het negenentwintigste] dreißigste
derven entbehren; [mislopen] entgehen[168]
de **derving** Ausfall (m[6]): ~ *van inkomsten* Verdienstausfall (m[6])
des: ~ *te* umso, desto; ~ *te beter* umso (*of*: desto) besser
desalniettemin dennoch, dessen ungeachtet
desastreus katastrophal, verheerend
desbetreffend diesbezüglich, einschlägig, betreffend
deserteren desertieren[320]
de **deserteur** Deserteur (m[5])
de **desertie** Desertion (v[20])
desgevraagd [gevraagd naar] auf eine entsprechende Frage (hin); [gevraagd om] auf Verlangen
desgewenst auf Wunsch, auf Verlangen
het **design** Design (o[36])
de **designer** Designer (m[9])
de **desillusie** Desillusion (v[20]), Enttäuschung (v[20])
desinfecteren desinfizieren[320]
de **desintegratie** Desintegration (v[20])
de **desinteresse** Desinteresse (o[39])
deskundig sachverständig, sachkundig
de **deskundige** Sachverständige(r) (m[40a], v[40b])

de **deskundigheid** Sachkenntnis (v[24]), Sachverstand (m[19])
desnoods nötigenfalls, wenn nötig
desolaat desolat; [verlaten] öde
desondanks trotzdem, dennoch
de **desoriëntatie** Desorientierung (v[20])
desperaat desperat, verzweifelt
de **despoot** Despot (m[14]), Tyrann (m[14])
het **dessert** Dessert (o[36]), Nachtisch (m[5])
het **dessin** Dessin (o[36]), Muster (o[33])
destabiliseren destabilisieren[320]
destijds damals, seinerzeit
de **destructie** Destruktion (v[20]), Zerstörung (v[20])
destructief destruktiv, zerstörend
detacheren stationieren; [mil] abkommandieren[320], abstellen
het **detail** Detail (o[36]), Einzelheit (v[20])
de **detailhandel** Einzelhandel (m[19]), Kleinhandel (m[19])
de **detaillist** Einzelhändler (m[9]), Kleinhändler (m[9])
de **detective 1** Detektiv (m[5]) **2** [roman] Krimi (m[13])
de **detector** Detektor (m[16])
de **detentie** Haft (v[20]), Freiheitsentzug (m[6]): *het huis van ~* die Haftanstalt
determineren determinieren[320], bestimmen
detineren in Haft halten[183]: *gedetineerd zijn* sich in Haft befinden
detoneren 1 [opvallen] fehl am Platze sein[262] **2** [ontploffen] detonieren
het **deuce** Einstand (m[6])
de **deugd** Tugend (v[20]): *dat doet me ~* das freut mich
deugdelijk 1 solide, ordentlich **2** [van argument, bewijs] überzeugend, stichhaltig
deugdzaam tugendhaft
de **deugdzaamheid** Tugendhaftigkeit (v[28])
deugen taugen: *nergens voor ~* zu nichts taugen
de **deugniet** Schlingel (m[9]), Racker (m[9])
de **deuk** Beule (v[21]), Delle (v[21])
deuken verbeulen; [fig] erschüttern
de **deun** Weise (v[21])
het **deuntje**: *altijd hetzelfde ~* immer das alte Lied
de **deur** Tür (v[20]); [van sluis] Tor (o[29]): *zitting achter gesloten ~en* Sitzung hinter verschlossenen Türen; *open ~en intrappen* offene Türen einrennen[222]; *een stok achter de ~* ein Druckmittel
de **deurbel** Türklingel (v[21])
de **deurdranger** Türschließer (m[9])
de **deurknop** Türgriff (m[5])
de **deurmat** Türmatte (v[21])
de **deuropening** Türöffnung (v[20]), Tür (v[20])
de **deurpost** Türpfosten (m[11])
de **deurwaarder** Gerichtsvollzieher (m[9])
de **devaluatie** Abwertung (v[20])

[1]**devalueren** (onov ww) an Wert verlieren[300]
[2]**devalueren** (ov ww) abwerten
het **devies 1** [zinspreuk] Devise (v[21]) **2** [hand; deviezen] Devisen (mv)
devoot fromm, gottesfürchtig
deze dieser, diese, dieses: *bij ~ informeren wij u hiermit* informieren wir Sie; *een ~r dagen* dieser Tage, demnächst
dezelfde derselbe, dieselbe, dasselbe: *hij is altijd ~* er ist immer derselbe
dhr. Herr (m[14], mv: Herren; 2e, 3e, 4e nv ev: Herrn); [in adres] Herrn[4]
de **dia** Dia (o[36]), Diapositiv (o[29])
de **diabetes** Diabetes (m[19a])
de **diabeticus** Diabetiker (m[9])
het/de **diadeem** Diadem (o[29])
het **diafragma** Diaphragma (o, 2e nvl: -s; mv: Diaphragmen); [foto] Blende (v[21])
de **diagnose** Diagnose (v[21])
diagnosticeren diagnostizieren
de [1]**diagonaal** (zn) Diagonale (v[21])
[2]**diagonaal** (bn) diagonal
het **diagram** Diagramm (o[29])
de **diaken** Diakon (m[5], m[14])
het **dialect** Dialekt (m[5]), Mundart (v[20])
de **dialoog** Dialog (m[5]), Zwiegespräch (o[29])
het **dialoogvenster** Dialogfenster (o[33])
de **dialyse** Dialyse (v[21])
het/de **diamant** Diamant (m[14])
diamanten diamanten, Diamant…
de **diamantslijper** Diamantschleifer (m[9])
de **diameter** Diameter (m[9]), Durchmesser (m[9])
diametraal diametral
de **diaprojector** Diaprojektor (m[16])
de **diarree** Durchfall (m[6])
de **diaspora** Diaspora (v)
dicht 1 [nauw aaneengesloten] dicht: *~ op elkaar* dicht gedrängt **2** [niet lek] dicht **3** [gesloten] geschlossen **4** [nabij] dicht: *~ bij het gemeentehuis* in der Nähe des Rathauses || *~er tot elkaar komen* sich[3] näher kommen
dichtbevolkt dicht bevölkert, dicht besiedelt
dichtbij nah[60]: *hij woont hier ~* er wohnt hier in der Nähe; *van ~* aus der Nähe
dichtbinden zubinden[131]
de **dichtbundel** Gedichtsammlung (v[20])
dichtdoen schließen[245], zumachen
dichtdraaien zudrehen, abdrehen
dichten 1 [dichtmaken] (ab)dichten **2** [verzen maken] dichten
de **dichter** Dichter (m[9]), Poet (m[14])
dichterbij näher; [beweging] näher heran
dichterlijk dichterisch, poetisch
dichtgaan [zich sluiten] sich schließen[245]; [gesloten worden] schließen: *dit café gaat vroeg dicht* dieses Lokal schließt früh
dichtgooien zuwerfen[311]; [een deur] zuschlagen[241]
dichtgroeien 1 [overwoekerd raken] zu-

wachsen[302] **2** [dik worden] verfetten

de **dichtheid** Dichte (v[28])

dichtklappen zuklappen

dichtknijpen zukneifen[192], zudrücken

dichtknopen zuknöpfen: *zijn jas* ~ *sich*[3] *die Jacke zuknöpfen*

de **dichtkunst** Dichtkunst (v[25]), Poesie (v[28])

dichtmaken zumachen

dichtplakken zukleben

dichtslaan zuschlagen[241], zuschmeißen[247]

dichtslibben verschlammen, verschlicken

dichtspijkeren zunageln

dichtstbijzijnd nächst

dichtstoppen zustopfen

de **dichtvorm** Gedichtform (v[20])

dichtvouwen zusammenfalten

dichtvriezen zufrieren[163]

het **dichtwerk** Dichtung (v[20])

dichtzitten zu sein[262]; [verkeersweg] verstopft sein: *het vliegveld zit dicht* der Flughafen ist wegen dichten Nebels für den Flugverkehr gesperrt

het **dictaat** Diktat (o[29])

de **dictator** Diktator (m[16])

dictatoriaal diktatorisch

de **dictatuur** Diktatur (v[20])

het **dictee** Diktat (o[29])

dicteren diktieren[320]

de **didacticus** Didaktiker (m[9])

de **didactiek** Didaktik (v[28])

didactisch didaktisch

¹die (aanw vnw[76]) der, die, das; [dichtbij] dieser, diese, dieses; [veraf] jener, jene, jenes: *niet deze maar* ~ nicht dieser, sondern jener

²die (betr vnw[78]) der, die, das; welcher, welche, welches

het **dieet** Diät (v[20]), Schonkost (v[28])

de **dief** Dieb (m[5])

de **diefstal** Diebstahl (m[6])

diegene derjenige, diejenige, dasjenige

dienaangaande diesbezüglich

de **dienaar** Diener (m[9])

het **dienblad** Tablett (o[29])

¹dienen (onov ww) **1** [in dienst zijn] dienen: *hij dient* er ist Soldat **2** [bestemd voor] dienen: *dat dient als voorwendsel* das dient als (*of:* zum) Vorwand; *ergens toe* ~ zu etwas nütze sein **3** [behoren] sollen[269], müssen[211]: *kinderen* ~ *iets te leren* Kinder sollen (*of:* müssen) etwas lernen || [jur] *de zaak dient morgen* die Sache kommt morgen vor Gericht

²dienen (ov ww) [nuttig zijn] nützen[+3]; dienen[+3]: *deze gegevens kunnen ons wel* ~ diese Angaben könnten uns[3] nützen; *waarmee kan ik u ~?* womit kann ich (Ihnen) dienen?; *iem. van advies* ~ jmdn. beraten; *hij was er niet van gediend* das verbat er sich[3]

dienovereenkomstig (dem)entsprechend

de **dienst 1** Dienst (m[5]): *ik heb* ~ ich habe Dienst; *bij iem. in* ~ *zijn* in jemands Dienst(en)

stehen[279]; *in jemands Dienst(en) sein*[262]; *in* ~ *van de wetenschap* im Dienst der Wissenschaft **2** [als aanduiding] [op bureau] Dienststelle (v[21]); [op deur] Dienstraum (m[6]) **3** [betrekking] Stellung (v[20]), Stelle (v[21]): *in* ~ *treden* eine Stelle antreten[291]; *in vaste* ~ fest angestellt **4** [in de kerk] Gottesdienst (m[5])

de **dienstauto** Dienstwagen (m[11])

dienstbaar dienstbar: *zich* ~ *opstellen* sich unterordnen

de **dienstbode** Dienstmädchen (o[35]); [moderner] Hausangestellte (v)

dienstdoen (+ als) dienen als

dienstdoend diensthabend

het **dienstencentrum** Dienstleistungszentrum (o, 2e nvl: -s; mv: -zentren)

de **dienstencheque** [Belg] Dienstleistungsscheck (m[13]), Dienstleistungsgutschein (m[5])

de **dienstensector** Dienstleistungssektor (m[16])

het **dienstjaar** Dienstjahr (o[29])

de **dienstmededeling** dienstliche Mitteilung (v[20])

het **dienstmeisje** Dienstmädchen (o[35])

de **dienstorder** Dienstanweisung (v[20])

het **dienstpistool** Dienstpistole (v[21])

de **dienstplicht** Wehrpflicht (v[28])

dienstplichtig wehrpflichtig

de **dienstregeling** Fahrplan (m[6]); [spoorboekje] Kursbuch (o[32])

de **diensttijd** Dienstzeit (v[20])

het **dienstverband** Arbeitsverhältnis (o[29]): *bij beëindiging van het* ~ bei Auflösung des Arbeitsverhältnisses; *een tijdelijk* ~ ein befristetes Arbeitsverhältnis

dienstverlenend: ~ *bedrijf* Dienstleistungsbetrieb (m[5]); ~*e sector* Dienstleistungssektor (m[16])

de **dienstverlening** Dienstleistung (v[20])

de **dienstweigeraar** Wehrdienstverweigerer (m[9])

dientengevolge dadurch, demzufolge

het **¹diep** (zn) [kanaal] Kanal (m[6])

²diep (bn, bw) tief: *een* ~ *bord* ein tiefer Teller; *tot* ~ *in de nacht* bis tief in die Nacht hinein; *uit het* ~*st van mijn hart* aus tiefstem Herzen

diepgaand tief gehend, eingehend, gründlich

de **diepgang** Tiefgang (m[19])

diepliggend tief liegend

de **diepte** [ook fig] Tiefe (v[21])

het **diepte-interview** Tiefeninterview (o[36])

het **dieptepunt** Tiefpunkt (m[5]): *een* ~ *bereikt hebben* einen Tiefpunkt erreicht haben

de **diepvries** [diepvriezer] Tiefkühlschrank (m[6]), Tiefkühltruhe (v[21]): *artikelen uit de* ~ Tiefgekühlte(s) (o[40c]); Tiefkühlkost (v[28])

de **diepvrieskast** Tiefkühlschrank (m[6])

de **diepvrieskist** Tiefkühltruhe (v[21])

de **diepvriesmaaltijd** Gefriergericht (o[29])

de **diepvriezen** (tief)gefrieren[163], tiefkühlen

de **diepvriezer** Gefrieranlage (v[21]), Gefrierapparat (m[5])

de **diepzee** Tiefsee (v[21])

diepzinnig tiefsinnig

de **diepzinnigheid** Tiefsinn (m[19])

het **dier** Tier (o[29]): *van ~en houden* tierlieb sein[262]

dierbaar teuer, lieb, wert

de **dierenambulance 1** [dienst] Tierrettungsdienst (m[5]) **2** [voertuig] Tierrettungswagen (m[11])

de **dierenarts** Tierarzt (m[6])

het **dierenasiel** Tierasyl (o[29]), Tierheim (o[29])

de **dierenbescherming** Tierschutz (m[19])

de **dierenbeul** Tierquäler (m[9])

de **dierendag** Tag (m[5]) des Tieres

de **dierenmishandeling** Tierquälerei (v[20])

het **dierenpension** Tierpension (v[20])

de **dierenriem** Tierkreis (m[5]): *de tekens van de ~* die Tierkreiszeichen

het **dierenrijk** Tierreich (o[29])

de **dierentemmer** Tierbändiger (m[9])

de **dierentuin** Tiergarten (m[12]), Zoo (m[13])

de **dierenvriend** Tierfreund (m[5])

de **dierenwinkel** Tierhandlung (v[20]), Zoohandlung (v[20])

de **diergeneeskunde** Veterinärmedizin (v[20]), Tiermedizin (v[20])

de **dierkunde** Zoologie (v[28]), Tierkunde (v[28])

dierlijk tierisch, animalisch

de **dierproef** Tierversuch (m[5])

de **diersoort** Tierart (v[20])

dies: *en wat ~ meer zij* und dergleichen mehr

de **diesel** Diesel (m[9]): *rijden op ~* Diesel fahren

de **dieselmotor** Dieselmotor (m[16], m[5])

de **dieselolie** Dieselöl (o[29])

de **diëtist** Diätist (m[14]), Diätassistent (m[14])

de **dievegge** Diebin (v[22])

de **dievenbende** Diebesbande (v[21]), Gaunerbande (v[21])

de **dievenklauw** ± Sicherheitsschloss (o[32])

het **dievenpoortje** ± Antenne (v[21])

de **differentiaal** Differenzial (o[?])

de **differentiaalrekening** Differenzialrechnung (v[20])

de **differentiatie** Differenzierung (v[20])

het **¹differentieel** (zn) [techn] Differenzial (o[29])
²differentieel (bn) differenziell

differentiëren differenzieren

de **diffusie** Diffusion (v[28])

diffuus diffus

de **difterie** Diphtherie (v[21])

de **diggelen**: *aan ~ vallen* in Scherben gehen[168]

de **digibeet** Computerlaie (m[15])

digitaal digital: *digitale klok* Digitaluhr (v[20]); *digitale camera* Digitalkamera (v[27]); *digitale computer* Digitalrechner (m[9]); *digitale techniek* Digitaltechnik (v[28]); *digitale televisie* Digitalfernsehen (o[39])

digitaliseren digitalisieren[320]

de **dij** Oberschenkel (m[9]), Schenkel (m[9])

het **dijbeen** Oberschenkelknochen (m[11])

de **dijk** Deich (m[5]): *iem. aan de ~ zetten* jmdn. in die Wüste schicken; *een ~ van een hit* ein Superhit, ein echter Hammer

de **dijkdoorbraak** Deichbruch (m[6]), Dammbruch (m[6])

het **¹dik** (zn) [bezinksel] Bodensatz (m[6]), Satz (m[6]): *door ~ en dun* durch dick und dünn
²dik (bn, bw) dick; [dicht] dicht: *~ke mist* dicker (*of:* dichter) Nebel; *de ~ke darm* der Dickdarm; *~ke ogen (van het huilen)* geschwollene Augen; *~ bevriend* eng befreundet; *~ tevreden* überaus zufrieden; *een ~ uur* eine gute Stunde; *zich ~ maken* sich aufregen; *het is ~ in orde* es ist alles in bester Ordnung; *het er ~ bovenop leggen* schwer übertreiben, dick auftragen

de **dikdoenerij** Dicktuerei (v[28]), Wichtigtuerei (v[28])

dikhuidig dickhäutig; [fig] dickfellig

de **dikkerd** Dicke(r) (m[40a], v[40b]), Pummel (m[9])

de **dikkop 1** Person (v[20]) mit dickem Kopf **2** [stijfkop] Dickkopf (m[6]), Dickschädel (m[9]) **3** [kikvors] Kaulquappe (v[21])

de **dikte 1** [dikheid, ook van saus] Dicke (v[21]) **2** [afmeting] Stärke (v[21]): *de ~ van een plank* die Stärke eines Brettes **3** [van mensen] Dicke (v[28]), Korpulenz (v[28])

dikwijls oft, häufig, oftmals

de **dikzak** Dicke(r) (m[40a], v[40b]), Dickerchen (o[35])

het **dilemma** Dilemma (o[36])

de **dilettant** Dilettant (m[14]), Liebhaber (m[9])

de **dille** Dill (m[5])

de **dimensie** Dimension (v[20])

het **dimlicht** Abblendlicht (o[31])

dimmen abblenden

de **dimmer** Dimmer (m[9])

de **dimsum** Dim Sum (o[36])

het **diner** Diner (o[29]), Festessen (o[35])

dineren dinieren[320], speisen

het **ding** Ding (o[29]), Sache (v[21]), Gegenstand (m[6])

dingen sich bewerben[309] um[4]: *naar een betrekking ~* sich um eine Stelle bewerben; *naar de hand van een meisje ~* um ein Mädchen werben[309]

de **dinges** Dings (m+v+o), Dingsbums (m+v+o), Sowieso (m+v): *mevrouw Dinges* Frau Sowieso

de **dinosaurus** Dinosaurier (m[9]), Dinosaurus (m, mv: Dinosaurier)

de **dinsdag** Dienstag (m[5]): *op ~* am Dienstag

dinsdags am Dienstag, dienstags

de **diode** Diode (v[21])

het **dioxine** Dioxin (o[29])

de **dip** [fig] Tief (o[36]): *in een ~ zitten* sich in einem Tief befinden

het **diploma 1** [universitair e.d.] Diplom (o[29]) **2** [van school] Zeugnis (o[29a]) **3** [scheepv] Patent (o[29])

de **diplomaat** Diplomat (m[14])

het **diplomatenkoffertje** Diplomatenkoffer (m⁹)
de **diplomatie** Diplomatie (v²⁸)
diplomatiek, diplomatisch diplomatisch
diplomeren: *iem.* ~ jmdn. diplomieren³²⁰
dippen 1 [even indopen] dippen, eintauchen **2** [betalen met bankpas] mit der Chip-Karte zahlen
de **dipsaus** Dip (m¹³)
direct 1 [rechtstreeks] direkt, unmittelbar **2** [dadelijk] gleich, sofort: ~*e maatregel* Sofortmaßnahme (v²¹); *per* ~ ab sofort ‖ [taalk] *de* ~*e rede* die direkte/angeführte Rede
de **directeur 1** [van bedrijf] Direktor (m¹⁶) **2** [bij het basisonderwijs] Rektor (m¹⁶)
de **directeur-generaal** Generaldirektor (m¹⁶)
de **directie** Direktion (v²⁰), Vorstand (m⁶), Leitung (v²⁰)
het **directielid** Vorstand (m⁶), Vorstandsmitglied (o³¹)
de **directiesecretaresse** Direktionssekretärin (v²²)
de **directory** Verzeichnis (o²⁹)
de **directrice** Direktorin (v²²), Rektorin (v²²); *zie directeur*
de **dirigeerstok** Taktstock (m⁶), Dirigierstab (m⁶)
de **dirigent** Dirigent (m¹⁴)
dirigeren dirigieren³²⁰, leiten
de **dis** Tisch (m⁵); [deftig] Tafel (v²¹)
de **discipel** Jünger (m⁹): ~ *van Jezus* Jünger Jesu
disciplinair disziplinarisch: ~*e straf* Disziplinarstrafe (v²¹)
de **discipline** Disziplin (v²⁸), Zucht (v²⁸)
disciplineren disziplinieren³²⁰
de **discman** tragbarer CD-Player (m⁹) mit Kopfhörer
de **disco** Disco (v²⁷), Diskothek (v²⁰)
het **disconto** Diskont (m⁵); [het percentage] Diskontsatz (m⁶): *het* ~ *verhogen* den Diskontsatz erhöhen
de **discotheek** Diskothek (v²⁰), Disco (v²⁷)
de **discreet** diskret
de **discrepantie** Diskrepanz (v²⁰)
de **discretie** Diskretion (v²⁰), Takt (m¹⁹)
de **discriminatie** Diskriminierung (v²⁰)
discrimineren diskriminieren³²⁰
de **discus** Diskus (m, 2e nvl: - of -ses; mv: Disken of -se)
de **discussie** Diskussion (v²⁰): *ter* ~ *stellen* zur Diskussion stellen
discussiëren diskutieren³²⁰
het **discuswerpen** Diskuswerfen (o³⁵)
de **discuswerper** Diskuswerfer (m⁹)
discutabel diskutabel
de **disk** Diskette (v²¹), Floppy Disk (v²⁷)
de **diskdrive 1** [in mainframe] Plattenlaufwerk (o²⁹) **2** [in pc] Diskettenlaufwerk (o²⁹)
de **diskette** Diskette (v²¹)

de **diskjockey** Discjockey (m¹³), Plattenjockey (m¹³)
het **diskrediet** Diskredit (m¹⁹), Misskredit (m¹⁹): *iem. in* ~ *brengen* jmdn. in⁺⁴ Diskredit (of: in Verruf) bringen¹³⁹
de **diskwalificatie** Disqualifizierung (v²⁰)
diskwalificeren disqualifizieren³²⁰
de **dispensatie** Dispensation (v²⁰), Dispensierung (v²⁰)
de **display** [beeldscherm] Display (o³⁶), Monitor (m¹⁶)
het **dispuut 1** [redetwist] Disput (m⁵), Streitgespräch (o²⁹) **2** [studentenvereniging] Studentenverbindung (v²⁰)
dissen dissen
de **dissertatie** Dissertation (v²⁰), Doktorarbeit (v²⁰)
de **dissident** Dissident (m¹⁴)
de **dissonant** Dissonanz (v²⁰)
zich **distantiëren** sich distanzieren³²⁰
de **distel** Distel (v²¹)
de **distillatie** Destillation (v²⁰)
distilleren destillieren³²⁰
distribueren distribuieren³²⁰, verteilen; [van stroom] durchleiten
de **distributie 1** [verspreiding] Distribution (v²⁰), Verteilung (v²⁰) **2** [rantsoenering] Zuteilung (v²⁰)
het **district** Bezirk (m⁵); [groep gemeenten] Kreis (m⁵)
dit dieser, diese, dieses: ~ *en dat* dieses und jenes; ~ *alles* dies(es) alles
ditmaal diesmal, dieses Mal
de **diva** Diva (v²⁷, mv: ook Diven)
Divali Diwali (o³⁹ᵃ)
de **divan** Couch (v²⁰), Diwan (m⁵)
divers verschieden, divers
de **diversen** Allerlei (o³⁹), Vermischte(s) (o⁴⁰ᶜ)
het **dividend** Dividende (v²¹), Gewinnanteil (m⁵)
de **divisie 1** [mil] Division (v²⁰) **2** [sport] Liga (v, mv: Ligen)
dizzy benommen, schwindlig
de **dj** afk van *diskjockey* DJ (m) (afk van *Discjockey*)
de **djellaba** Dschellaba (v²⁷)
de **djembé** Djembe (v²¹)
Djibouti Dschibuti (o³⁹)
de **Djiboutiaan** Dschibutier (m⁹), Dschibutierin (v²²)
Djiboutiaans dschibutisch
dm afk van *decimeter* Dezimeter (m⁹, o³³), dm
d.m.v. afk van *door middel van* mittels⁺², durch⁺⁴
het **DNA** afk van *desoxyribonucleic acid* Desoxyribonukleinsäure, DNS (v²⁸), DNA (v²⁸)
het **DNA-onderzoek** DNS-Untersuchung (v²⁰), DNS-Test (m¹³)
de **do** [grondtoon] Do (o, 2e nvl: Do; mv: Do)
dobbelen würfeln

het **dobbelspel** Würfelspiel (o²⁹)
de **dobbelsteen** Würfel (m⁹)
de **dobber** [drijver] Schwimmer (m⁹)
dobberen schaukeln
de **dobermannpincher** Dobermannpinscher (m⁹)
de **docent** Lehrer (m⁹), Dozent (m¹⁴); [bij het vwo] Gymnasiallehrer; [aan universiteit] Dozent (m¹⁴)
doceren lehren, unterrichten
doch aber, jedoch
de **dochter** Tochter (v²⁶)
de **dochtermaatschappij** Tochtergesellschaft (v²⁰)
de **doctor** Doktor (m¹⁶), Dr.
doctoraal: ~ *examen* Staatsexamen (o³⁵)
het **doctoraat** [graad] Doktorgrad (m⁵); [waardigheid] Doktorwürde (v²¹)
de **doctorandus** Akademiker (m⁹)
de **doctrine** Doktrin (v²⁰)
het **document** Dokument (o²⁹)
documentair dokumentarisch
de **documentaire 1** [film] Dokumentarfilm (m⁵) **2** [verslag] Dokumentarbericht (m⁵)
de **documentatie** Dokumentation (v²⁰); [informatiemateriaal] Informationsmaterial (o, 2e nvl: -s; mv: Informationsmaterialien)
documenteren dokumentieren³²⁰
de **dode 1** Tote(r) (m⁴⁰ᵃ, v⁴⁰ᵇ) **2** [slachtoffer] Todesopfer (o³³)
de **dodehoekspiegel** Weitwinkelspiegel (m⁹)
dodelijk tödlich
doden töten: *de tijd* ~ die Zeit totschlagen²⁴¹
de **dodencel** Todeszelle (v²¹)
de **dodenherdenking** Totenfeier (v²¹), Totenehrung (v²⁰)
het **dodental** Zahl (v²⁰) der Toten
de **doedelzak** Dudelsack (m⁶), Sackpfeife (v²¹)
de **doe-het-zelfzaak** Heimwerkergeschäft (o²⁹), Baumarkt (m⁶)
de **doe-het-zelver** Heimwerker (m⁹)
doei tschüs, tschau
het **doek 1** [stofnaam] Tuch (o²⁹) **2** [stuk linnen] Leinwand (v²⁵) **3** [schilderij] Gemälde (o³³) **4** [theat] Vorhang (m⁶) ‖ *het witte* ~ die Leinwand
het **doel 1** [eindpunt, mikpunt] Ziel (o²⁹): *zijn* ~ *bereiken* sein Ziel erreichen; *zich een* ~ *stellen* sich³ ein Ziel setzen **2** [doeleinde, bedoeling] Zweck (m⁵): *met dat* ~ zu diesem Zweck **3** [streven] Absicht (v²⁰): *met het* ~ *om winst te maken* mit*³ der Absicht, Gewinn zu erzielen **4** [sport] Tor (o²⁹)
doelbewust zielbewusst
het **doeleinde** Zweck (m⁵), Absicht (v²⁰)
doelen (+ op) zielen auf*⁴
het **doelgebied** [sport] Torraum (m⁶)
doelgericht gezielt; [vastberaden] zielstrebig
de **doelgroep** Zielgruppe (v²¹)

de **doellijn** Torlinie (v²¹)
doelloos 1 ziellos **2** [nutteloos] zwecklos
de **doelman** Torwart (m⁵), Torhüter (m⁹)
doelmatig zweckmäßig
de **doelpaal** Torpfosten (m¹¹)
het **doelpunt** Tor (o²⁹), Treffer (m⁹): *een* ~ *maken* ein Tor schießen²³⁸
het **doelsaldo** Tordifferenz (v²⁰)
de **doelstelling** Zielsetzung (v²⁰), Ziel (o²⁹), Zielvorgabe (v²¹)
de **doeltrap** Abstoß (m⁶)
doeltreffend wirksam, effektiv
de **doelverdediger** Torwart (m⁵), Torhüter (m⁹)
het **doelwit** Ziel (o²⁹); [mikpunt] Zielscheibe (v²¹)
de **Doema** Duma (v²⁷)
doemdenken schwarzsehen ‖ *het* ~ die Untergangsstimmung
doemen verurteilen, verdammen; *zie gedoemd*
het **doemscenario** Horrorszenario (o³⁶), Untergangsszenario (o³⁶)
het ¹**doen** (zn) Tun (o³⁹): *dat is geen manier van* ~ das ist doch keine Art; *in goeden* ~ *zijn* wohlhabend sein²⁶²; *het* ~ *en laten* das Tun und Lassen; *voor hun* ~ *wonen ze daar mooi* sie wohnen dort schön für ihre Verhältnisse
²**doen** (ww) **1** [alg] tun²⁹⁵, machen: *vriendelijk* ~ freundlich tun; *wat ga je morgen* ~*? was hast du morgen vor?; *een postzegel* ~ *op* eine Briefmarke kleben auf*⁴; *wat doet het er toe?* was tut das zur Sache? **2** [uitrichten] machen: *er is niets aan te* ~ da ist nichts zu machen **3** [in combinatie met een zelfstandig naamwoord als omschrijving van het desbetreffende werkwoord] machen: *examen* ~ ein Examen machen; *een poging* ~ einen Versuch machen; *iem. verdriet* ~ jmdm. Kummer machen **4** [teweegbrengen, in combinatie met een onbepaalde wijs] machen: *iem. iets* ~ *geloven* jmdn. etwas glauben machen; *iem.* ~ *huilen* jmdn. weinen machen **5** [doen aan] pflegen, treiben²⁹⁰: *aan muziek* ~ Musik pflegen (of: treiben); *aan sport* ~ Sport treiben; *de radio doet het niet* das Radio ist defekt; *de kamer* ~ das Zimmer sauber machen; *ik heb met hem te* ~ er dauert mich ‖ ~ *alsof* tun, als ob
doende beschäftigt: *ermee* ~ *zijn* damit beschäftigt sein²⁶²; *wij zijn juist* ~ *een club op te richten* wir sind gerade dabei, einen Verein zu gründen
doenlijk möglich, ausführbar
het **doetje 1** [vrouw] Suse (v²¹) **2** [man] Trottel (m⁹)
de **doevakantie** Aktivurlaub (m⁵)
dof 1 matt **2** [m.b.t. klank] dumpf
de **doffer** Tauber (m⁹), Tauberich (m⁵)
de **dog** Dogge (v²¹): *Duitse* ~ Deutsche Dogge
het **dogma** Dogma (o, 2e nvl: -s; mv: Dogmen)

de **dogmatisch** dogmatisch

het **dok** [scheepv] Dock (o³⁶)

de **doka** Dunkelkammer (v²¹)

dokken [betalen] blechen

de **dokter** Arzt (m⁶): *vrouwelijke ~* Ärtztin (v²²); *naar de ~ gaan* zum Arzt gehen

dokteren: *aan iets ~* an⁺³ etwas herumdoktern

het **doktersadvies** ärztliche Anweisung (v²⁰), ärztliche Verordnung (v²⁰): *op ~* auf ärztliche Anweisung, Verordnung

de **doktersassistente** Arzthelferin (v²²)

het **doktersattest** ärztliches Attest (o²⁹)

de **doktersbehandeling** ärztliche Behandlung (v²⁰): *onder ~ zijn* in ärztlicher Behandlung sein; *zich onder ~ stellen* sich in ärztliche Behandlung begeben

de ¹**dol** (zn) [scheepv] Dolle (v²¹)

²**dol** (bn, bw) **1** toll: *~le pret* riesige Freude; *in een ~le bui* im Übermut **2** [hondsdol] tollwütig || *~ op iets zijn* versessen auf⁺⁴ etwas sein²⁶²; *~ op iem. zijn* in jmdn. vernarrt sein²⁶²

dolblij riesig froh: *~ zijn* sich unbändig freuen

doldwaas irre lustig, urkomisch

dolen herumirren, umherirren

de **dolfijn** Delfin (m⁵)

het **dolfinarium** Delfinarium (o, mv: Delfinarien)

dolgraag sehr gern

de **dolk** Dolch (m⁵)

de **dolksteek** Dolchstich (m⁵); Dolchstoß (m⁶)

de **dollar** Dollar (m¹³, 2e nvl: ook -): *30 ~* 30 Dollar

het **dollarteken** Dollarzeichen (o³⁵); [fig] *~s in de ogen hebben* Dollarzeichen in den Augen haben

dollen herumtollen, kalbern

de ¹**dom** [kathedraal] Dom (m⁵); [Z-Du] Münster (o³³)

²**dom** (bn, bw) dumm⁵⁸; [onnozel] einfältig

de **dombo** Dumpfbacke (v²¹)

het **domein** [ook fig] Domäne (v²¹)

de **domeinnaam** Domain (v²⁷, o³⁶, 2e nvl: ook -), Domäne (v²¹)

de **domheid** Dummheit (v²⁰)

het **domicilie** Domizil (o²⁹), Wohnsitz (m⁵)

de ¹**dominant** (zn) Dominante (v²¹)

²**dominant** (bn) dominant

de **dominee** Pfarrer (m⁹), Pastor (m¹⁶)

domineren dominieren³²⁰, (vor)herrschen

Dominica Dominica (o³⁹)

de **Dominicaan** Dominikaner (m⁹), Dominikanerin (v²²)

Dominicaans dominikanisch

de **Dominicaanse Republiek** Dominikanische Republik (v²⁸)

het **domino** Domino (o³⁶)

het **domino-effect** Dominoeffekt (m⁵)

het **dominospel** Dominospiel (o²⁹)

de **dominosteen** Dominostein (m⁵)

de **domkop** Dummkopf (m⁶), Schafskopf (m⁶)

dommelen dösen

de **dommerik** Dummkopf (m⁶), Schafskopf (m⁶)

de **domoor** *zie* dommerik

dompelen tauchen, eintauchen || *in diepe slaap gedompeld zijn* in einen tiefen Schlaf versenkt sein; *iem. in armoede ~* jmdn in Armut stürzen

de **domper**: *een ~ op iets zetten* einer Sache³ einen Dämpfer aufsetzen

de **dompteur** Dompteur (m⁵), Tierbändiger (m⁹)

domweg einfach, glattweg

de **donateur** Spender (m⁹); [van vereniging] Begünstiger (m⁹)

de **donatie** Spende (v²¹); [aan vereniging] Beitrag (m⁶)

de **donder** Donner (m⁹): [inf] *een arme ~* ein armer Schlucker; [inf] *op zijn ~ krijgen* **a)** [slaag] verprügelt werden³¹⁰; **b)** [met woorden] einen Rüffel bekommen¹⁹³; [inf] *daar kun je ~ op zeggen* darauf kannst du Gift nehmen

de **donderbui** Gewitter (o³³)

de **donderdag** Donnerstag (m⁵): *op ~* am Donnerstag; *Witte Donderdag* Gründonnerstag

donderdags donnerstags: *de ~e markt* der Donnerstagsmarkt

donderen 1 [rommelen] donnern **2** [uitvaren] wettern, donnern **3** [inf] [vallen] fallen¹⁵⁴

donderjagen 1 [opspelen] wettern, toben **2** [zaniken] nörgeln, meckern

de **donderslag** Donnerschlag (m⁶): *als een ~ bij heldere hemel* wie ein Blitz aus heiterem Himmel

doneren schenken, spenden

het ¹**donker** (zn) Dunkelheit (v²⁸), Dunkel (o³⁹): *in het ~* im Dunkeln

²**donker** (bn, bw) **1** [niet licht] dunkel; [sterker] finster: *~ bier* dunkles Bier (o²⁹); *het wordt ~* es wird dunkel **2** [somber] trübe, düster: *~ weer* trübes Wetter (o³⁹)

donkerblauw dunkelblau, tiefblau

de **donor** Spender (m⁹)

het **donorcodicil** Spenderausweis (m⁵)

het **donororgaan** Spenderorgan (o²⁹)

het **dons 1** Daunen (mv v²¹) **2** [zachte beharing, ook van perzik] Flaum (m¹⁹)

de **donut** Donut (m¹³)

donzen flaumig, Flaum…: *~ dekbed* Federbett (o³⁷); Daunenbett (o³⁷)

de ¹**dood** (zn) Tod (m⁵): *~ door schuld* fahrlässige Tötung (v²⁰) || *als de ~ voor iets zijn* eine Höllenangst vor etwas³ haben

²**dood** (bn, bw) tot, leblos: *dode hoek* toter Winkel; *meer ~ dan levend* mehr tot als lebendig; *op sterven na ~* todsterbenskrank; *om je ~ te lachen* zum Totlachen; *op zijn dooie*

gemak ganz gemächlich; *op een ~ spoor komen* in eine Sackgasse geraten[218]
doodbloeden verbluten
de **dooddoener** Totschlagargument (o[29]), abgedroschene Redensart (v[20])
doodeenvoudig ganz einfach
doodeng unheimlich
zich **doodergeren** sich totärgern
doodernstig todernst
doodgaan sterben[282]
doodgeboren tot geboren
doodgemoedereerd seelenruhig
doodgewoon ganz gewöhnlich
doodgooien totwerfen[311]: *iem. met argumenten ~* jmdn. mit Argumenten überhäufen; *ze gooien je dood met folders* man wird mit Prospekten überschüttet
de **doodgraver** Totengräber (m[9])
doodkalm seelenruhig
de **doodkist** Sarg (m[6])
zich **doodlachen** sich totlachen
doodleuk ohne eine Miene zu verziehen
doodlopen: *~de weg* Sackgasse (v[21])
doodmaken totmachen, töten
doodmoe todmüde
doodongerust zutiefst beunruhigt
doodop völlig erschöpft, todmüde
doodrijden: *iem. ~* jmdn. totfahren[153]; [van paard] zu Tode reiten
doods [eenzaam] öde, menschenleer: *~e stilte* Totenstille (v[28]); Grabesstille (v[28])
de **doodsangst** Todesangst (v[25])
doodsbang sehr bang
doodsbleek totenblass, totenbleich
zich **doodschamen** sich zu Tode schämen
doodschieten erschießen[238]
zich **doodschrikken** zu Tode erschrecken[151]
het **doodseskader** Todesschwadron (v[20])
het **doodsgevaar** Todesgefahr (v[20])
het **doodshoofd** Totenkopf (m[6]), Totenschädel (m[9])
de **doodskist** Sarg (m[6])
doodslaan erschlagen[241], totschlagen[241]: [fig] *iem. met argumenten ~* jmdn. mit Argumenten mundtot machen
de **doodslag** Totschlag (m[19])
de **doodsnood** 1 [stervensnood] Todesnot (v[25]) 2 [figuurlijk] tiefe, höchste Not (v[25]): *in ~ verkeren* in tausend Nöten sein
de **doodsoorzaak** Todesursache (v[21])
de **doodsstrijd** Todeskampf (m[6]), Agonie (v[21])
de **doodsteek** Todesstoß (m[6]): *dat gaf hem de ~* das gab ihm den Todesstoß (of: den Rest)
doodsteken erstechen[277], totstechen[277]
doodstil totenstill, mäuschenstill
de **doodstraf** Todesstrafe (v[21])
de **doodsverachting** Todesverachtung (v[28])
doodvallen 1 [door een val omkomen] zu Tode stürzen 2 [doodblijven] tot umfallen[154]
het **doodvonnis** Todesurteil (o[29])
doodziek todkrank

de **¹doodzonde** (zn) Todsünde (v[21])
²doodzonde (bn) schade
doodzwijgen totschweigen[255]
doof taub: *zo ~ als een kwartel* stocktaub; *zich ~ houden* sich taub stellen; *Oost-Indisch ~ zijn* den Tauben spielen
de **doofheid** Taubheit (v[28])
de **doofpot**: *iets in de ~ stoppen* etwas vertuschen
doofstom taubstumm: *~me* Taubstumme(r) (m[40a], v[40b])
de **dooi** [ook fig] Tauwetter (o[39])
dooien tauen: *het dooit* es taut; [fig] *het kan vriezen, het kan ~* es kann so oder so ausgehen
de **dooier** Dotter (m[9], o[33]); [ook] Eidotter (m[9], o[33])
de **doolhof** [ook fig] Labyrinth (o[29])
de **doop** 1 Taufe (v[21]): *ten ~ houden* aus der Taufe heben[186] 2 [Belg; ontgroening] Inkorporation (v[20])
het/de **doopceel** Taufschein (m[5]): *iemands ~ lichten* jemands Sündenregister aufschlagen[241]
de **doopnaam** Taufname (m[18])
de **doopsuiker** [Belg] bei der Taufe verteilte Süßwaren (mv v[21])
de **doopvont** Taufbecken (o[35])
¹door (bw) 1 [m.b.t. plaats] durch[+4] ... (hindurch): *dat gaat het raam niet ~* das geht nicht durchs Fenster (hindurch) 2 [m.b.t. tijd] (durch[+4]) ... hindurch, über, lang: *de hele dag ~ (durch)* den ganzen Tag hindurch, den ganzen Tag über; *zijn hele leven ~* sein ganzes Leben lang; *aan een stuk ~* fortwährend || *~ en ~ nat* durch und durch nass; *dat kan er nog mee ~* das geht noch hin; *dat kan er niet mee ~* das kann man nicht hingehen lassen
²door (vz) 1 [m.b.t. plaats] durch[+4]: *~ de kamer lopen* durchs Zimmer gehen[168] 2 [rekenen] von[+3] ... *delen* dividieren durch 3 [wegens] wegen[+2]: *~ het slechte weer* wegen des schlechten Wetters 4 [door middel van] durch[+4]: *~ een vriend iets laten meedelen* durch einen Freund etwas mitteilen lassen[197] 5 [m.b.t. tijd] durch[+4]: *~ de jaren heen* [al die tijd] während der ganzen Jahre; [na verloop van jaren] im Laufe der Jahre 6 [in lijdende zinnen] von[+3] [als 'door' betrekking heeft op de veroorzaker]: *hij werd ~ een bekende gedood* er wurde von einem Bekannten getötet 7 [in lijdende zinnen] durch[+4] [als 'door' betekent 'door middel van'] 8 [door + te en onbepaalde wijs] dadurch, dass; indem: *~ te werken* dadurch, dass (of: indem) du arbeitest
¹doorbakken (bn) weiterbacken
²doorbakken (bn) durchbacken
doorberekenen: *de kosten in de prijzen ~* die Kosten auf die Preise aufschlagen[241]; *de kosten aan de klant ~* die Kosten an[+4] den Kunden weitergeben[166]

doorbetalen fortzahlen, weiterzahlen
doorbijten zerbeißen, durchbeißen[125]: *zich ergens ~* [fig] sich durchbeißen
doorbladeren durchblättern
[1]**doorboren** (ww) weiterbohren
[2]**doorboren** (ww) durchbohren
de **doorbraak** Durchbruch (m[6])
doorbranden durchbrennen: *een doorgebrande lamp* eine durchgebrannte Glühbirne
[1]**doorbreken** (ww) durchbrechen[137]: *de zon breekt door* die Sonne bricht durch; *de dijk breekt door* der Deich bricht
[2]**doorbreken** (ww) durchbrechen[137]: *een taboe ~* ein Tabu durchbrechen
doorbrengen verbringen[139], zubringen[139]
doorbuigen durchbiegen[129]
doordacht durchdacht, wohlerwogen
doordat dadurch, dass; indem
[1]**doordenken** (ww) durchdenken[140]
[2]**doordenken** (ww) gut nachdenken[140]
doordeweeks alltäglich, Alltags-: *op een ~e dag* an einem normalen Werktag
doordraaien 1 [verder draaien] weiterdrehen **2** [op veiling] vernichten
[1]**doordrammen** (onov ww) [zeuren] quengeln
[2]**doordrammen** (ov ww) [doordrijven] durchdrücken
doordraven 1 [verder draven] weitertraben **2** [fig] drauflosschwatzen, schwadronieren[320]
doordrenken durchtränken: *doordrenkt met zweet* schweißdurchtränkt
doordrijven durchsetzen: *zijn zin ~* seinen Willen durchsetzen
[1]**doordringen** (ww) durchdringen[143]
[2]**doordringen** (ww) durchdringen[143]
doordringend durchdringend; [stem] grell
[1]**doordrukken** (onov ww) [typ] durchdrucken
[2]**doordrukken** (ov ww) [erdoor krijgen] durchdrücken
dooreen durcheinander
dooreten weiteressen[152]: *niet ~* langsam essen
doorgaan 1 [verder gaan] weitergehen[168] **2** [voortgaan] fortfahren[153]: *met lezen ~* mit dem Lesen fortfahren **3** [voortduren] weitergehen[168] **4** [geschieden] stattfinden[157]: *de voorstelling gaat door* die Vorstellung findet statt **5** [ingaan op] eingehen[168] auf[+4] **6** [aangezien worden] gelten[170]: *voor een kenner ~* für einen Kenner gelten
doorgaand durchgehend: *~ verkeer* Durchgangsverkehr (m[19])
doorgaans meistens, gewöhnlich
de **doorgang** Durchgang (m[6]): *~ vinden* stattfinden[157]
het **doorgeefluik** Durchreiche (v[21])
doorgestoken: *~ kaart* eine abgekartete Sache

het [1]**doorgeven** (zn) Weitergabe (v[28]), Weiterleitung (v[28]), Durchgabe (v[21])
[2]**doorgeven** (ww) weitergeben[166]; [van de spreker af] weiterreichen; [naar de spreker toe] herüberreichen; [aan hogere instantie] weiterleiten: *een bericht ~* eine Nachricht durchgeben[166]
doorgewinterd überzeugt, eingefleischt
doorgronden ergründen, durchschauen
doorhakken durchhauen[185], durchschlagen[241]
doorhalen streichen[286]
doorhebben 1 [doorzien] durchschauen: *iem. ~* jmdn. durchschauen **2** [begrijpen] kapieren[320]
doorheen 1 hindurch: *daar ~* dadurch; *erdoorheen* hindurch; *hier ~* hierdurch; *we moeten erdoorheen* wir müssen hindurch **2** [in verbinding met werkwoord vaak] durch...: *zich erdoorheen slaan* sich durchschlagen[241]
doorkijken durchsehen[261]
doorklikken weiterklicken
doorklinken durchklingen[191]
doorkneed bewandert, sehr erfahren (in[+3])
doorknippen durchschneiden[250]
doorkomen durchkommen[193]: *een examen ~* durch eine Prüfung kommen; *er is geen ~ aan* es ist nicht durchzukommen
doorkruisen durchkreuzen, durchqueren
doorlaten durchlassen[197]
doorlatend durchlässig
doorleren weiterlernen
[1]**doorleven** (ov ww) weiterleben
[2]**doorleven** (ov ww) durchleben, erleben
doorlezen 1 [een boek, brief] durchlesen[201] **2** [verder lezen] weiterlesen[201]
doorlichten röntgen
doorliggen sich wund liegen[202]
[1]**doorlopen** (ww) durchlaufen[198]: *een school ~* eine Schule durchlaufen
[2]**doorlopen** (ww) **1** weitergehen[168], weiterlaufen[198] **2** [stuklopen]: *zijn voeten ~* sich[3] die Füße wund laufen
doorlopend fortwährend, ständig
doormaken durchmachen
doormidden entzwei, mittendurch
de **doorn** Dorn (m[16], m[8])
doornat triefnass, durchnässt
doornemen durchnehmen[212]
Doornroosje Dornröschen (o)
doorpraten weiterreden, weitersprechen[274]
doorprikken 1 [door iets heen prikken] durchstechen: *een blaar ~* eine Blase aufstechen **2** [fig] entkräften, durchschauen
de **doorreis** Durchreise (v[21]), Durchfahrt (v[20])
het [1]**doorrijden** (zn): *het ~* [na een ongeval te hebben veroorzaakt] Fahrerflucht (v[28])
[2]**doorrijden** (ww) **1** weiterfahren[153]; [op rijdier] weiterreiten[221]: *flink ~* zügig fahren

2 [niet stoppen, bijv. bij groen licht] durchfahren[153]

de **doorrijhoogte** lichte Höhe (v[21])

doorschemeren durchschimmern: *hij liet ~, dat …* er ließ durchblicken, dass …

doorscheuren zerreißen[220]

doorschieten 1 [voortgaan met schieten] weiterschießen[238] **2** [m.b.t. planten] ins Kraut schießen[238]

doorschijnend durchscheinend

doorschuiven weiterschieben[237]

doorslaan 1 [verder slaan] weiterschlagen[241] **2** [ergens doorheen slaan] durchschlagen[241]

doorslaand: *~ bewijs* schlagender Beweis (m[5]); *een ~ succes* ein durchschlagender Erfolg (m[5])

de **doorslag** [kopie] Durchschlag (m[6]), Durchschrift (v[20]) || *dat geeft de ~* das gibt den Ausschlag

doorslaggevend ausschlaggebend, entscheidend

doorslikken hinunterschlucken, herunterschlucken

doorsmeren abschmieren

de **doorsnede** Durchschnitt (m[5]): *in ~* im Durchschnitt (m[5])

¹doorsnijden (ww) **1** durchschneiden[250] **2** [verder snijden] weiterschneiden[250]

²doorsnijden (ww) durchschneiden[250]

doorspekken spicken

doorspelen weiterspielen

doorspoelen 1 [reinigen] spülen, durchspülen: *de wc ~* spülen **2** [versneld doordraaien] abspulen

doorspreken weitersprechen[274]

doorstaan überstehen[279], standhalten[183], überdauern: *leed ~* Leid erdulden; *de toets der kritiek kunnen ~* der[3] Kritik standhalten; *een ziekte ~* eine Krankheit überstehen

de **doorstart** [ook fig] Durchstart (m[13])

doorstarten [ook fig] durchstarten

doorstoten [stukstoten] durchstoßen[285]

doorstrepen streichen[286], durchstreichen

¹doorstromen (ww) durchströmen, durchfließen[161]

²doorstromen (ww) **1** [verder stromen] weiterströmen **2** [stromen door] durchströmen

de **doorstroming** Durchfluss (m[6])

doorstuderen weiterstudieren; [aan andere onderwijsinstelling] sein Studium, seine Ausbildung fortsetzen

doorsturen weiterschicken, weiterleiten, weitersenden[263]

doortastend durchgreifend, energisch

de **doortocht** Durchzug (m[6]), Durchreise (v[21])

doortrapt gerieben, durchtrieben, abgefeimt

¹doortrekken (ww) **1** [van lijn, weg] verlängern **2** [van wc] spülen **3** [van tekening]

durchpausen **4** [van troepen] durchziehen[318]

²doortrekken (ww) durchziehen[318]

doorverbinden [telec] durchstellen: *ik verbind u door!* ich verbinde!, ich stelle durch!

doorverkopen weiterverkaufen

doorverwijzen überweisen[307]

doorvoed wohlgenährt

de **doorvoer** Durchfuhr (v[20]), Transit (m[5])

de **doorvoerhaven** Durchfuhrhafen (m[12]), Transithafen (m[12])

doorwaadbaar durchwatbar

doorweken durchweichen

¹doorwerken (onov ww) **1** [verder werken] weiterarbeiten, durcharbeiten **2** [m.b.t. ideeën enz.] sich durchsetzen

²doorwerken (ov ww) [bestuderen] durcharbeiten: *een boek grondig ~* ein Buch gründlich durcharbeiten

doorwrocht durchgearbeitet, gediegen

doorzagen durchsägen || [fig] *iem. over iets ~* jmdn. ins Gebet nehmen[212]

doorzakken 1 [doorbuigen] sich biegen[129] **2** [veel sterkedrank drinken] durchzechen

doorzenden weiterleiten

doorzetten 1 [volharden] durchhalten[183] **2** [een plan] durchführen **3** [krachtiger worden] zunehmen[212]

de **doorzetter** Kämpfernatur (v[20])

het **doorzettingsvermogen** Ausdauer (v[28]), Durchhaltevermögen (o[39])

doorzeven durchsieben

doorzichtig durchsichtig

¹doorzien (ov ww) durchsehen[261]

²doorzien (ov ww) durchschauen: *iemands plannen ~* jemands Pläne durchschauen

¹doorzoeken (ov ww) weitersuchen

²doorzoeken (ov ww) durchsuchen

de **doos 1** [plat en uitschuifbaar] Schachtel (v[21]) **2** [plat met deksel] Dose (v[21]) **3** [van karton] Karton (m[13]), Pappschachtel (v[21]) **4** [in elektrische leiding] Dose (v[21]) || [fig] *uit de oude ~* aus der Mottenkiste; [luchtv] *de zwarte ~* der Flugdatenschreiber

het **doosje** Schachtel (v[21]), kleine Dose (v[21])

de **¹dop 1** [van ei, noot] Schale (v[21]) **2** [van boon, erwt] Hülse (v[21]) **3** [van vulpen] Kappe (v[21]) || *een leraar in de ~* ein künftiger Lehrer

de **²dop** [Belg] [pop; werkloosheidsuitkering] Arbeitslosengeld (o[39])

de **¹dope 1** [pepmiddel] Aufputschmittel (o[33]) **2** [drugs] Drogen (mv)

²dope (bn) [inf] [cool] (voll) krass, geil

dopen 1 [iem., een schip] taufen **2** [dompelen] eintauchen in[+4] **3** [sport; doping toedienen] dopen **4** [Belg; ontgroenen] inkorporieren[320]

de **doper** Täufer (m[9])

de **doperwt** Erbse (v[21]), Zuckererbse (v[21])

de **doping** Doping (o[36]): *~ toedienen* dopen

de **dopingcontrole** Dopingkontrolle (v[21])

het **dopje** Kappe (v[21])

doppen 1 [van bonen e.d.] enthülsen, aushülsen 2 [Belg; pop; een werkloosheidsuitkering krijgen] Arbeitslosengeld beziehen[318]

de **dopsleutel** Steckschlüssel (m[9])

dor 1 [droog] dürr, trocken 2 [verdord] welk, dürr 3 [saai] trocken, langweilig

de **dorheid** Dürre (v[21]), Trockenheit (v[20]); zie dor

het **dorp** Dorf (o[32])

de **dorpel** Schwelle (v[21]), Türschwelle

de **dorpeling** Dorfbewohner (m[9])

dorps dörflich, ländlich

het **¹dorsen** (zn) Dreschen (o[39])

²dorsen (ww) dreschen[142]

de **dorsmachine** Dreschmaschine (v[21])

de **dorst** [ook fig] Durst (m[19]): ~ hebben Durst haben[182]; ~ lessen Durst löschen

dorstig durstig

doseren dosieren[320]

de **dosering** Dosierung (v[20])

de **dosis** Dosis (v, mv: Dosen)

het **dossier** Dossier (o[36]), Akte (v[21])

de **dot** [plukje, bundeltje] Knäuel (m[9], o[33]), Büschel (o[33]): ~ watten Wattebausch (m[5], m[6]) || [fig] een ~ van een kind ein Herzchen; [sport] een ~ van een kans eine Riesenchance

de **dotatie** Dotation (v[20]), Schenkung (v[20])

de **douane** 1 [het kantoor] Zollamt (o[32]) 2 [de dienst] Zollbehörde (v[21]) 3 [beambte] Zollbeamte(r) (m[40a])

de **douanier** Zollbeamte(r) (m[40a])

de **double** [film, sport] Double (o[36])

het **doublé** Doublé (o[36])

doubleren [op school] sitzen bleiben[134]

de **douche** Dusche (v[21]), Brause (v[21]), Duschbad (o[32]): een ~ nemen eine Dusche nehmen[212]

de **douchecel** Duschkabine (v[21]), Dusche (v[21])

de **douchekop** Duschkopf (m[6])

douchen duschen

de **dove** Taube(r) (m[40a], v[40b])

de **dovemansoren**: dat is aan geen ~ gezegd das werde ich mir hinter die Ohren schreiben, das ist tausend Ohren gepredigt

¹doven (onov ww) erlöschen[150], verlöschen[301]

²doven (ov ww) (aus)löschen

de **dovenetel** Taubnessel (v[21])

down niedergeschlagen, bedrückt

de **download** Download (m[13], o[36])

downloaden downloaden, herunterladen[196]

het **downsyndroom** Downsyndrom (o[29]), Mongolismus (m[19a])

het **dozijn** Dutzend (o[29]): bij ~en dutzendweise

de **draad** 1 [spinsel] Faden (m[12]): tot op de ~ versleten fadenscheinig 2 [vezel] Faser (v[21]) 3 [van metaal, pekdraad] Draht (m[6]) 4 [van schroef] Gewinde (o[33]) || de ~ kwijt zijn den Faden verloren haben; met iets voor de ~ komen mit etwas herausrücken

draadloos drahtlos: ~ internet drahtloses Internet, Drahtlos-Internet; de draadloze telefoon das schnurlose Telefon

de **¹draagbaar** (zn) Tragbahre (v[21]), Trage (v[21])

²draagbaar (bn) tragbar: draagbare telefoon Handy (o[36]); ~ televisietoestel Kofferfernsehen (m[9]); draagbare radio Kofferradio (o[36])

de **draagbalk** Träger (m[9])

de **draagkracht** 1 [van brug] Tragfähigkeit (v[28]) 2 [financieel] Leistungsfähigkeit (v[28])

draaglijk erträglich

de **draagmoeder** Leihmutter (v[26]), Tragemutter (v[26])

de **draagstoel** Tragsessel (m[9]), Sänfte (v[21])

de **draagtas** Tragetasche (v[21])

het **draagvermogen** Tragfähigkeit (v[28]), Tragkraft (v[28])

het **draagvlak** Tragfläche (v[21])

de **draagwijdte** Tragweite (v[21]), Reichweite (v[21])

de **draai** 1 [wending] Drehung (v[20]): ~ om de oren Ohrfeige (v[21]); [fig] ergens een ~ aan geven etwas in ein anderes Licht rücken; hij heeft zijn ~ gevonden er hat sich gut eingelebt 2 [in rivier, weg] Biegung (v[20]), Krümmung (v[20]), Kurve (v[21])

draaibaar drehbar

de **draaibank** Drehbank (v[25])

het **draaiboek** Drehbuch (o[32])

de **draaicirkel** Wendekreis (m[5])

de **draaideur** Drehtür (v[20])

¹draaien (onov ww) [een draaiende beweging maken] sich drehen: [fig] alles draait om hem alles dreht sich um ihn; het begint me te ~ mir wird schwindlig || eromheen ~ nicht mit der Wahrheit herausrücken, um den heißen Brei herumreden; [ontwijken] sich vor etwas³ drücken

²draaien (ov ww) drehen: een film ~ a) [opnemen] einen Film drehen; b) [vertonen] einen Film vorführen; [telec] een nummer ~ eine Nummer wählen

draaierig schwindlig

het **draaihek** Drehkreuz (o[29])

de **draaikolk** Strudel (m[9]), Wasserwirbel (m[9])

de **draaimolen** Karussell (o[29], o[36])

het **draaiorgel** Drehorgel (v[21])

de **draaischijf** 1 [spoorw] Drehscheibe (v[21]) 2 [pottenbakkersschijf] Töpferscheibe (v[21]), Drehscheibe (v[21]) 3 [kiesschijf] Wählscheibe (v[21])

de **draaitafel** Plattenspieler (m[9])

de **draak** Drache (m[15]) || [fig] de ~ met iem., met iets steken sich über jmdn., über[4] etwas lustig machen

het/de **drab** Bodensatz (m[19]), Satz (m[19])

de **dracht** [kleding] Tracht (v[20])

drachtig trächtig

draconisch drakonisch

de **draf** Trab (m[19]): in ~ rijden im Trab reiten[221]

de **dragee** Dragee (o[36]), Dragée (o[36])

dragen tragen[288]

de **drager** Träger (m⁹)
de **dragon** Estragon (m⁵), Dragon (m+o)
de **drain** Drain (m¹³), Drän (m⁵, m¹³)
   draineren drainieren³²⁰, dränieren³²⁰
   dralen zaudern, zögern
het **drama** Drama (o, 2e nvl: -s; mv: Dramen)
   dramatisch dramatisch
   dramatiseren dramatisieren³²⁰
   drammen 1 [dwingen] drängeln **2** [zeu-
   ren] quengeln
de **drang** Drang (m¹⁹), Trieb (m⁵)
het **dranghek** Absperrgitter (o³³)
de **drank** Getränk (o²⁹), Trank (m⁶): *aan de ~ zijn*
   dem Trunk ergeben sein²⁶²
het **drankje** Getränk (o²⁹); [medicijn] Arznei
   (v²⁰)
het **drankmisbruik** Alkoholmissbrauch (m⁶)
de **drankvergunning** Schankerlaubnis (v²⁴),
   Schankkonzession (v²⁰)
   draperen drapieren³²⁰
   drassig sumpfig
   drastisch drastisch
   draven traben, im Trab laufen¹⁹⁸
de **draver** Traber (m⁹), Traberpferd (o²⁹)
de **draverij** Trabrennen (o³⁵)
de **dreef** [laan] Allee (v²¹): *iem. op ~ helpen*
   jmdm. auf die Sprünge helfen¹⁸⁸; *op ~ zijn* in
   Schwung sein²⁶²
de **dreg** Draggen (m¹¹), Dregge (v²¹)
   dreggen dreggen
de **dreigbrief** Drohbrief (m⁵)
het **dreigement** Drohung (v²⁰)
   dreigen drohen: *iem. met iets ~* jmdm. mit
   etwas drohen
   dreigend drohend
de **dreiging** Drohung (v²⁰)
   dreinen quengeln
de **drek** Dreck (m¹⁹), Kot (m¹⁹), Mist (m¹⁹)
de **drempel** Schwelle (v²¹)
de **drempelvrees** Schwellenangst (v²⁸)
de **drenkeling 1** [verdrinkend] Ertrinkende(r)
   (m⁴⁰ᵃ, v⁴⁰ᵇ) **2** [verdronken] Ertrunkene(r)
   (m⁴⁰ᵃ, v⁴⁰ᵇ)
   drenken tränken
   drentelen schlendern, bummeln
de **dresscode** Dresscode (m¹³, 2e nvl: ook -)
   dresseren dressieren³²⁰, abrichten; [van
   paard, ook] zureiten²²¹
het/de **dressoir** Anrichte (v²¹)
de **dressuur** Dressur (v²⁰)
de **dreumes** Knirps (m⁵), Dreikäsehoch (m¹³,
   mv: ook -)
de **dreun 1** [het dreunen] Dröhnen (o³⁹)
   2 [harde klap] Schlag (m⁶)
   dreunen dröhnen
de **dribbel** [sport] Dribbling (o³⁶), Ballführung
   (v²⁰)
   dribbelen [sport] dribbeln
   drie drei: *hij kan geen ~ tellen* er kann nicht
   bis drei zählen; *~ aan ~* je drei und drei; *met
   ~ poten* dreibeinig; *ze waren met zijn ~ën* sie

waren zu dritt; *het is over ~ën* es ist drei Uhr
   vorbei; *het is tegen ~ën* es geht auf drei zu
   driedelig dreiteilig: *een ~ boekwerk* ein
   dreibändiges Werk
   driedimensionaal dreidimensional
   driedubbel dreifach
de **Drie-eenheid** Dreieinigkeit (v²⁰)
de **driehoek** Dreieck (o²⁹)
   driehoekig dreieckig
de **driehoeksverhouding** Dreiecksverhält-
   nis (o²⁹ᵃ)
   driehonderd dreihundert
de **driehoog** dritte(r) Stock (m⁶): *hij woont ~* er
   wohnt im dritten Stock
de **driekleur**: *de Nederlandse ~* die rot-weiß-
   blaue (*of*: rotweißblaue) Fahne
   Driekoningen Dreikönige (mv), Dreikö-
   nigsfest (o²⁹)
   driekwart drei viertel: *~ van de oogst* drei
   Viertel der Ernte
de **driekwartsmaat** Dreivierteltakt (m¹⁹)
de **drieledig** dreigliedrig
de **drieling** Drillinge (mv)
het **drieluik** Triptychon (o, mv: Triptychen)
   driemaal dreimal: *~ herhaald* dreimalig
   driemaandelijks dreimonatlich, vierteljährlich
de **driemaster** Dreimaster (m⁹)
de **driesprong** Weggabelung (v²⁰)
   driest dreist, übermütig; [brutaal] unverfroren
het **driesterrenrestaurant** Dreisternerestau-
   rant (o³⁶)
het **drietal**: *een ~ dagen* drei Tage
de **drietrapsraket** Dreistufenrakete (v²¹)
het **drievoud** Dreifache(s)
   drievoudig dreifach
de **driewieler** Dreirad (o³²)
de **drift 1** [opwelling van woede] Jähzorn
   (m¹⁹), Wut (v²⁸) **2** [aandrift] Trieb (m⁵), Drang
   (m⁶): *zijn ~en beteugelen* seine Triebe zügeln
de **driftbui** Wutanfall (m⁶)
   driftig jähzornig, hitzig
de **driftkikker**, de **driftkop** Hitzkopf (m⁶)
het **drijfgas** Treibgas (o²⁹)
het **drijfhout** Treibholz (o³⁹)
het **drijfijs** Treibeis (o³⁹)
de **drijfjacht** Treibjagd (v²⁰)
   drijfnat triefend nass, pudelnass
de **drijfveer** [ook fig] Triebfeder (v²¹)
het **drijfzand** Treibsand (m⁵), Schwimmsand
   (m⁵)
   ¹drijven (onov ww) treiben²⁹⁰; [op vloeistof,
   ook] schwimmen²⁵⁷: *ik drijf* **a)** [drijfnat] ich
   bin durchnässt; **b)** [door en door bezweet]
   ich schwitze am ganzen Körper
   ²drijven (ov ww) treiben²⁹⁰: *handel ~* Handel
   treiben; *een zaak ~* ein Geschäft (be)treiben;
   het te ver ~ es zu weit treiben; *de menigte uit
   elkaar ~* die Menge zerstreuen
   drijvend treibend, schwimmend

de **drijver** 1 [jagerstaal, van vee] Treiber (m⁹)
2 [vlotter, watervliegtuig] Schwimmer (m⁹)
de **drilboor** Drillbohrer (m⁹)
drillen drillen
¹**dringen** (onov ww) sich drängen; dringen¹⁴³: *naar voren* ~ sich nach vorn drängen; *de tijd dringt* die Zeit drängt
²**dringen** (ov ww) drängen: *iem. van zijn plaats* ~ jmdn. von seinem Platz drängen; [fig] verdrängen; *zich op de voorgrond* ~ sich in den Vordergrund drängen
dringend dringend
drinkbaar trinkbar
de **drinkbeker** Trinkbecher (m⁹)
drinken trinken²⁹³
de **drinker** Trinker (m⁹): *een stevige* ~ ein starker Trinker
het **drinkwater** Trinkwasser (o³⁹)
de **drinkyoghurt** Trinkjoghurt (m, 2e nvl: -s; mv: -(s))
de **drive** Drive (m¹³); [bridge] Turnier (o²⁹); [comp] Laufwerk (o²⁹)
de **drive-inbioscoop** Autokino (o³⁶), Drive-in-Kino (o³⁶)
droef traurig, betrübt
de **droefenis** Trauer (v²⁸), Betrübnis (v²⁴)
droefgeestig schwermütig, melancholisch
de **droefheid** Traurigkeit (v²⁸), Betrübnis (v²⁴)
de **droesem** Bodensatz (m¹⁹)
droevig traurig, betrübt
drogen trocknen
de **droger** Trockner (m⁹)
drogeren dopen
de **drogist** 1 Drogist (m¹⁴) 2 [winkel] Drogerie (v²¹)
de **drogisterij** Drogerie (v²¹)
de **drogreden** Scheinbeweis (m⁵)
de **drol** Kot (m¹⁹), Scheiße (v²⁸)
de **drom** Menge (v²¹), Haufen (m¹¹), Schar (v²⁰)
de **dromedaris** Dromedar (o²⁹)
dromen träumen
de **dromer** 1 Träumer (m⁹) 2 [sufferd] Schlafmütze (v²¹) 3 [fantast] Fantast (m¹⁴)
dromerig träumerisch, verträumt
de **dronk** 1 Trunk (m⁶) 2 [slok] Schluck (m⁵, m⁶)
de **dronkaard** Trinker (m⁹), Alkoholiker (m⁹)
dronken betrunken, blau, besoffen: ~ *van geluk* trunken vor Glück; *iem.* ~ *voeren* jmdn. betrunken machen
de **dronkenlap** Trunkenbold (m⁵)
de **dronkenman** Betrunkene(r) (m⁴⁰ᵃ), Trunkenbold (m⁵)
de **dronkenschap** Betrunkenheit (v²⁸)
droog trocken; [dor] dürr: *droge hoest* trockener Husten (m¹¹); ~ *voer* Trockenfutter (o³⁹); *op het droge brengen* an Land bringen¹³⁹
de **droogautomaat** Trockner (m⁹)
de **droogbloem** Trockenblume (v²¹)
de **droogdoek** 1 [handdoek] Handtuch (o³²) 2 [theedoek] Geschirrtuch (o³²)
de **droogkap** Trockenhaube (v²¹), Frisierhaube

(v²¹)
droogkoken Trockenkochen (o³⁵)
de **droogkuis** [Belg] Reinigungsanstalt (v²⁰), Reinigung (v²⁰)
droogleggen trockenlegen
het **droogrek** Trockenständer (m⁹), Trockengestell (o²⁹)
de **droogte** Trockenheit (v²⁰)
de **droogtrommel** Wäschetrockner (m⁹)
droogzwemmen 1 Trockenschwimmen (o³⁹) 2 [fig] Trockenübungen machen
de **droom** Traum (m⁶): *dromen zijn bedrog* Träume sind Schäume
het **droombeeld** Traumbild (o³¹)
de **droomwereld** Traumwelt (v²⁰)
het/de **drop** Lakritze (v²¹)
droppen 1 [luchtv] abwerfen³¹¹ 2 [ergens afzetten] absetzen, aussteigen lassen¹⁹⁷
de **dropping** Orientierungsspiel (o²⁹)
de **drug** Droge (v²¹), Rauschgift (o²⁹): *handelaar in* ~*s* Dealer (m⁹)
de **drugsdealer** Dealer (m⁹), Drogenhändler (m⁹)
het **drugsgebruik** Drogenkonsum (m¹⁹)
de **drugsgebruiker** Drogenabhängige(r) (m⁴⁰ᵃ, v⁴⁰ᵇ), Drogensüchtige(r) (m⁴⁰ᵃ, v⁴⁰ᵇ)
de **drugshandel** Drogenhandel (m¹⁹)
de **drugsrunner** Drogenkurier (m⁵)
de **drugsverslaafde** Drogenabhängige(r) (m⁴⁰ᵃ, v⁴⁰ᵇ), Drogensüchtige(r) (m⁴⁰ᵃ, v⁴⁰ᵇ)
de **druïde** Druide (m¹⁵)
de **druif** Traube (v²¹), Weinbeere (v²¹), Weintraube (v²¹) || *een rare* ~ ein komischer Kauz
druilerig trübe, regnerisch
de **druiloor** lahme Ente (v²¹), Schlafmütze (v²¹)
druipen triefen²⁹², tropfen: *ik droop* ich war triefend nass; *de kaars druipt* die Kerze tropft; *zijn neus druipt* ihm tropft die Nase
de **druiper** [med] Tripper (m⁹)
druipnat triefend nass, pudelnass
de **druipneus** Triefnase (v²¹)
het/de **druipsteen** Tropfstein (m⁵)
de **druivenoogst** Traubenlese (v²¹), Weinlese (v²¹)
het **druivensap** Traubensaft (m⁶)
de **druivensuiker** Traubenzucker (m¹⁹)
de **druiventros** Weintraube (v²¹), Traube (v²¹)
de ¹**druk** (zn) 1 [bij boekdrukken] Druck (m⁵); [oplage] Auflage (v²¹) 2 [kracht] Druck (m⁶): *de* ~ *van het water* der Wasserdruck; *de* ~ *van de belastingen* die Steuerlast
²**druk** (bn, bw) 1 [ijverig] fleißig: ~ *aan het werk zijn* fleißig bei der Arbeit sein²⁶² 2 [levendig] lebhaft: *een* ~ *gesprek* ein lebhaftes Gespräch; *een* ~*ke straat* eine belebte Straße; ~ *verkeer* reger Verkehr (m⁵); ~ *heen en weer lopen* geschäftig hin und her laufen¹⁵⁸; *het was er erg* ~ dort herrschte ein reger Betrieb 3 [veel werk meebrengend of hebbend] beschäftigt: *ik heb het erg* ~ ich bin sehr beschäftigt; *een* ~*ke dag* ein anstrengender

Tag; *van de telefoon wordt ~ gebruikgemaakt* der Fernsprecher wird stark benutzt; *maak je niet ~!* reg dich nicht auf!

drukbezet viel beschäftigt

de **drukfout** Druckfehler (m⁹)

drukken 1 [druk uitoefenen] drücken: *iem. de hand ~* jmdm. die Hand drücken **2** [typ] drucken ‖ *iem. iets op het hart ~* jmdm. etwas ans Herz legen, auf die Seele binden

drukkend drückend

de **drukker** Drucker (m⁹)

de **drukkerij** Druckerei (v²⁰)

de **drukkingsgroep** [Belg] Pressionsgruppe (v²¹)

de **drukknoop** Druckknopf (m⁶)

de **drukknop** Druckknopf (m⁶)

de **drukletter** Druckbuchstabe (m¹⁸)

de **drukpers** Druck(er)presse (v²¹)

de **drukproef** Druckfahne (v²¹)

de **drukte 1** [gejaagdheid] Hektik (v²⁸): *door de ~ iets vergeten* durch die Hektik etwas vergessen²⁹⁹ **2** [omhaal] Umstände (mv): *koude ~ Wichtigtuerei* (v²⁸); *onnodige ~ maken* Umstände machen **3** [bij schouwburg, trein enz.] Andrang (m¹⁹): *de ~ op straat* das Gedränge auf der Straße; *~ van het verkeer* starker Verkehr (m¹⁹) **4** [in bedrijf] große Beschäftigung (v²⁰)

de **druktemaker** Wichtigtuer (m⁹)

de **druktoets** Drucktaste (v²¹)

het **drukwerk** [post] Drucksache (v²¹)

de **drum 1** [vat] Fass (o³²) **2** [muz] Schlagzeug (o²⁹)

de **drumband** Spielmannszug (m⁶)

drummen Schlagzeug spielen

de **drummer** [muz] Schlagzeuger (m⁹)

het **drumstel** Schlagzeug (o²⁹)

de **druppel** Tropfen (m¹¹): *zij lijken op elkaar als twee ~s water* sie gleichen sich aufs Haar

druppelen tröpfeln

het **dualisme** Dualismus (m¹⁹ᵃ)

¹**dubbel** (zn) [sport] Doppelspiel (o²⁹), Doppel (o³³)

²**dubbel** (bn, bw) doppelt: *~ spel* [neg] doppeltes Spiel (o²⁹), Doppelspiel (o²⁹); *~ zo groot als* doppelt so groß wie

de **dubbeldekker** Doppeldecker (m⁹)

de **dubbelepunt** Doppelpunkt (m⁵)

de **dubbelganger** Doppelgänger (m⁹)

dubbelklikken doppelklicken

het **dubbelleven** Doppelleben (o³⁹)

dubbelop doppelt, überflüssig: *dat is ~* das ist doppelt gemoppelt

dubbelparkeren in zweiter Reihe parken

de **dubbelrol** Doppelrolle (v²¹)

dubbelslaan: *zijn tong slaat dubbel* er lallt

het **dubbelspel** [sport] Doppelspiel (o²⁹), Doppel (o³³)

het **dubbeltje** Zehncentstück (o²⁹)

dubbelvouwen zusammenfalten, zusammenklappen

dubbelzinnig zweideutig, doppeldeutig

dubben 1 [piekeren] grübeln **2** [weifelen] schwanken, zögern

dubieus fragwürdig, dubios, zweifelhaft

duchten befürchten

het **duel** Duell (o²⁹), Zweikampf (m⁶)

duelleren sich duellieren³²⁰

het **duet** Duett (o²⁹)

duf 1 [bedompt] dumpf **2** [muf] muffig **3** [fig] fade

de **dug-out** Trainerbank (v²⁵)

duidelijk 1 [goed waarneembaar] deutlich **2** [gemakkelijk te begrijpen] klar, deutlich **3** [in het oog lopend] augenfällig

de **duidelijkheid** Deutlichkeit (v²⁰), Klarheit (v²⁰); *zie duidelijk*

duiden 1 [wijzen] deuten **2** [verklaren] erklären

de **duif** Taube (v²¹)

duigen: *in ~ vallen* in die Brüche gehen, sich zerschlagen

de **duik** Kopfsprung (m⁶): *een ~ nemen* tauchen

de **duikboot** U-Boot (o²⁹), Unterseeboot (o²⁹)

de **duikbril** Taucherbrille (v²¹)

duikelen purzeln

de **duikeling** Purzelbaum (m⁶): *een ~ maken* einen Purzelbaum machen

duiken tauchen; [snel buigen] sich ducken

de **duiker** Taucher (m⁹)

de **duikplank** Sprungbrett (o³¹)

de **duiksport** Tauchsport (m⁵)

de **duikvlucht** Sturzflug (m⁶)

de **duim 1** Daumen (m¹¹): *iem. onder de ~ hebben* jmdn. unter der Fuchtel haben¹⁸²; *iets uit zijn ~ zuigen* sich³ etwas aus den Fingern saugen; [Belg] *de ~en leggen* sich geschlagen geben¹⁶⁶; *sich ergeben*¹⁶⁶ **2** [maat] Zoll (m, 2e nvl: -(e)s; mv: -) **3** [haak] Haken (m¹¹)

het **duimbreed**: *geen ~ wijken* keinen Zollbreit zurückweichen³⁰⁶

duimen: *voor iem. ~* jmdm. den Daumen halten¹⁸³

duimendik: *het ligt er ~ bovenop* das ist ganz offensichtlich

de **duimschroeven**: *iem. de ~ aandraaien* jmdm. (die) Daumenschrauben anlegen

de **duimstok** Zollstock (m⁶), Metermaß (o²⁹)

duimzuigen am Daumen lutschen

het/de **duin** Düne (v²¹)

de **duinpan** Dünenpfanne (v²¹), Dünendelle (v²¹)

duister [niet licht] dunkel; [volkomen donker] finster; [duister en somber] düster: *de sprong in het ~* der Sprung ins Ungewisse

de **duisternis** Finsternis (v²⁴), Dunkelheit (v²⁰)

de **duit** Heller (m⁹): *een mooie ~ verdienen* ein schönen Groschen verdienen; [fig] *ook een ~ in het zakje doen* [mening] seinen Senf dazugeben; [alg] sein Scherflein zu etwas beitragen

het ¹**Duits** (zn) Deutsch (o⁴¹): *het tegenwoordige*

~ das heutige Deutsch; *zijn* ~ sein Deutsch; *hij kent* ~ er kann Deutsch; *hij leert* ~ er lernt Deutsch; *hij onderwijst* ~ er lehrt Deutsch; *hij spreekt* ~ er spricht Deutsch; *in het* ~ *vertalen* ins Deutsche übersetzen; *hoe heet dat in het* ~? wie heißt das auf Deutsch?

²Duits (bn, bw) deutsch: *de ~e Bondsrepubliek* die Bundesrepublik Deutschland; *leraar* ~ Deutschlehrer (m⁹); *de ~e les* die Deutschstunde

de **Duitse** Deutsche (v⁴⁰ᵇ)

de **Duitser** Deutsche(r) (m⁴⁰ᵃ)

Duitsland Deutschland (o³⁹)

Duitstalig 1 [Duits sprekend] deutschsprachig **2** [in het Duits gesteld] deutsch

de **duivel** Teufel (m⁹): *het is of de* ~ *ermee speelt* es ist wie verhext ǁ [Belg] *de Rode Duivels* [nationale Belgische voetbalploeg] die belgische Nationalmannschaft

duivels teuflisch: *hij werd* ~ er wurde wütend

de **duivelskunstenaar** Zauberer (m⁹)

de **duivenmelker** Taubenzüchter (m⁹)

de **duiventil** Taubenschlag (m⁶), Taubenhaus (o³²)

duizelen schwindeln: *ik duizel* mir schwindelt

duizelig schwindlig: *ik ben* ~ mir schwindelt

de **duizeligheid** Schwindel (m¹⁹)

de **duizeling** Schwindelanfall (m⁶)

duizelingwekkend schwindelnd, schwindelerregend: *op ~e diepte* in schwindelnder Tiefe

¹duizend (zn) **1** [het getal] Tausend (v²⁰) **2** [als aanduiding van een grote hoeveelheid] Tausend (o²⁹); *~en soldaten* Tausende (*of:* tausende) (von) Soldaten; *bij* ~*en* zu Tausenden (*of:* zu tausenden); *hij is er één uit ~en* er ist ein Goldstück (*of:* Glücksfall)

²duizend (telw) tausend

duizendmaal tausendmal

de **duizendpoot 1** [dier] Tausendfüß(l)er (m) **2** [persoon] Tausendsassa (m¹³)

duizendste 1 [telw] der (die, das) tausendste **2** [deel] Tausendstel (o³³)

het **duizendtal** Tausend (o²⁹): *een* ~ *soldaten* etwa tausend Soldaten

de **dukaat** Dukaten (m¹¹)

dulden dulden: *iem.* ~ jmdn. dulden; *geen tegenspraak* ~ keinen Widerspruch dulden

de **dump** Nachschublager (o³³), Heeresdepot (o³⁶)

dumpen 1 [hand] die Preise stark unterbieten¹³⁰ **2** [storten] ablagern, schütten

de **dumping** [hand] Dumping (o³⁹)

de **dumpprijs** Dumpingpreis (m⁵), Schleuderpreis (m⁵)

dun dünn: ~ *gezaaid* dünn gesät; *~ne darm* Dünndarm (m⁶)

dunbevolkt dünn besiedelt

de **dunk** Meinung (v²⁰): *een hoge* ~ *van zichzelf*

hebben eine hohe Meinung von⁺³ sich haben¹⁸²

dunken: *mij dunkt* mir scheint, mich (*of:* mir) dünkt

de **dunne**: *aan de* ~ *zijn* Durchfall haben¹⁸²

dunnetjes: *iets nog eens* ~ *overdoen* weil es so schön war, das Ganze noch einmal machen

het **duo** Duo (o³⁶)

de **dupe**: *hij is de* ~ er ist der Dumme

duperen schädigen, düpieren³²⁰

de **duplex** [Belg] Maisonette (v²⁷)

het **duplicaat** Duplikat (o²⁹)

duplo: *in* ~ in zweifacher Ausfertigung

duren dauern: *het duurt me te lang* es dauert mir zu lange

de **durf** Mut (m¹⁹): ~ *hebben* Schneid haben¹⁸²

de **durfal** Wagehals (m⁶)

durven wagen, den Mut haben¹⁸²

dus also

¹dusdanig (bn) solch, derartig

²dusdanig (bw) so, derart

de **duster** Morgenrock (m⁶), Morgenmantel (m¹⁰)

dusver: *tot ~re* bisher, bis jetzt

het **dutje**: *een* ~ *doen* ein Nickerchen machen

de **¹duur** (zn) Dauer (v²⁸): *op den* ~ auf (die) Dauer; *van korte* ~ von kurzer Dauer

²duur (bn, bw) teuer: [fig] *dat komt hem* ~ *te staan* das kommt ihm (*of:* ihn) teuer zu stehen

de **duurloop** Dauerlauf (m⁶)

duurzaam 1 [voortdurend, bestendig] dauerhaft **2** [lang meegaand] langlebig: *duurzame goederen* langlebige Güter **3** [herwinbaar] erneuerbar: *duurzame energie* erneuerbare Energie

de **duw** Stoß (m⁶), Schubs (m⁵)

de **duwboot** Schubboot (o²⁹), Schubschiff (o²⁹)

¹duwen (onov ww) [dringen] drängen

²duwen (ov ww) [drukken] drücken, schieben²³⁷; [een wagen] schieben²³⁷

de **duwvaart** Schub(schiff)fahrt (v²⁸)

de **dvd** afk van *digital versatile disc* DVD (v²⁷)

de **dvd-brander** DVD-Brenner (m⁹)

de **dvd-recorder** DVD-Rekorder (m⁹)

de **dvd-speler** DVD-Spieler (m⁹), DVD-Player (m⁹)

het **dwaalspoor** Irrweg (m⁵), Abweg (m⁵): *iem. op een* ~ *brengen* [neg] jmdn. irreführen

de **¹dwaas** (zn) Tor (m¹⁴)

²dwaas (bn, bw) deutsch: töricht, närrisch

de **dwaasheid** Torheit (v²⁰), Narrheit (v²⁰)

dwalen 1 [m.b.t. blik] irren **2** [rondzwerven] irren **3** [het mis hebben] sich irren

de **dwaling** Irrtum (m⁸)

de **dwang** Zwang (m⁶): *onder* ~ unter Zwang

de **dwangarbeid** Zwangsarbeit (v²⁸)

de **dwangarbeider** Zwangsarbeiter (m⁹)

het **dwangbevel** Zahlungsbefehl (m⁵)

het **dwangbuis** Zwangsjacke (v²¹)

de **dwangsom** [jur] Zwangsgeld (o^{31})
dwarrelen wirbeln
dwars quer: *hij is altijd* ~ er ist immer widerspenstig; *dat zit hem* ~ das wurmt ihn; ~ *tegen
iets ingaan* entschieden gegen etwas angehen
de **dwarsbalk** Querbalken (m^{11})
dwarsbomen: *iem.* ~ jmdm. entgegenarbeiten
de **dwarsdoorsnede** Querschnitt (m^5)
de **dwarsfluit** Querflöte (v^{21})
de **dwarslaesie** Querschnitt(s)lähmung (v^{20})
dwarsliggen sich querlegen
de **dwarsligger 1** [persoon] Querkopf (m^6)
2 [balk] Schwelle (v^{21}), Bahnschwelle (v^{21})
de **dwarsstraat** Querstraße (v^{21}): [fig] *ik noem
maar een* ~ um (nur) ein Beispiel herauszugreifen (*of:* zu nennen)
dwarszitten 1 [hinderen] ärgern, stören:
wat zit je dwars? was stört dich? **2** [tegen-
werken] entgegenarbeiten^{+3}, in die Quere
kommen^{+3}
dweepziek schwärmerisch
de **dweil** Aufwischer (m^9)
dweilen aufwischen
het **dweilorkest** Juxkapelle (v^{21}), Spaßkapelle
(v^{21})
dwepen schwärmen: *met iem.* ~ für jmdn.
schwärmen; *met iets* ~ für^{+4} etwas schwärmen
de **dweper** Schwärmer (m^9)
de **dwerg** Zwerg (m^5); [spott] Knirps (m^5)
de **dwergstaat** Zwergstaat (m^{16})
dwingen zwingen^{319}
d.w.z. afk van *dat wil zeggen* d.h. (das
heißt)
de **dynamiek** Dynamik (v^{20})
het **dynamiet** Dynamit (o^{39})
dynamisch dynamisch
de **dynamo** Dynamo (m^{13})
de **dynastie** Dynastie (v^{21})
de **dysenterie** Dysenterie (v^{21}), Ruhr (v^{20})
dyslectisch legasthenisch
de **dyslexie** Dyslexie (v^{21})

e

de **e** [letter] e, E (o)
e.a. afk van *en andere(n)* und andere, u.a.
de **eau de cologne** Kölnischwasser (o³³), köl-
nisch(es) Wasser (o, 2e nvl: -(en) -s; mv: -(e) -)
de **eb** Ebbe (v²¹) [ook fig]
het **ebbenhout** Ebenholz (o³²)
het **e-book** E-Book (o³⁶)
de **echo** Echo (o³⁶)
echoën echoen, widerhallen
de **¹echt** (zn) Ehe (v²¹), Ehebund (m¹⁹)
²echt (bn, bw) echt, wahr, recht, richtig,
wirklich: ~ *Duits* typisch deutsch; ~ *goud*
echtes Gold (o³⁹); *een ~e winterdag* ein richtiger Wintertag; ~ *gelukkig* recht glücklich; ~
mooi wirklich schön; ~ *blij zijn* sich aufrichtig
freuen
de **echtbreuk** Ehebruch (m⁶)
echtelijk ehelich, Ehe-, ehe-: *de ~e staat* der
Ehestand; *~e trouw* eheliche Treue
echter aber, jedoch, allerdings
de **echtgenoot** Ehemann (m⁸), Gatte (m¹⁵)
de **echtgenote** Ehefrau (v²⁰), Gattin (v²²)
de **echtheid** Echtheit (v²⁸)
het **echtpaar** Ehepaar (o²⁹)
de **echtscheiding** Ehescheidung (v²⁰), Scheidung (v²⁰)
de **eclips** Eklipse (v²¹)
de **ecologie** Ökologie (v²⁸)
ecologisch ökologisch
de **e-commerce** E-Commerce (m¹⁹)
de **econometrie** Ökonometrie (v²¹)
de **economie** Wirtschaft (v²⁰), Ökonomie (v²¹)
economisch wirtschaftlich, ökonomisch;
[zuinig] sparsam: *~e crisis* Wirtschaftskrise
(v²¹); *ministerie van Economische Zaken* Wirtschaftsministerium (o, 2e nvl: -s; mv: Wirt-
schaftsministerien)
de **econoom** Volkswirt (m⁵), Volkswirtschaft-
ler (m⁹)
het **ecosysteem** Ökosystem (o²⁹)
de **ecstasy 1** [stofnaam] Ecstasy (o²⁷, o³⁹ᵃ)
2 [pil] Ecstasy (v²⁷)
Ecuador Ecuador (o)
de **Ecuadoraan** Ecuadorianer (m⁹), Ecuadoria-
nerin (v²²)
Ecuadoraans ecuadorianisch
het **eczeem** Ekzem (o²⁹)
e.d. afk van *en dergelijke* und Ähnliche(s),
u.Ä.
de **edammer** [kaas] Edamer (m⁹)
edel 1 edel **2** [adellijk] ad(e)lig
edelachtbaar [aanspreektitel]: *Edelachtba-
re Herr Bürgermeister!, Herr Richter!*

het **edelgas** Edelgas (o²⁹)
de **edelman** Adlige(r) (m⁴⁰ᵃ)
het **edelmetaal** Edelmetall (o²⁹)
edelmoedig großherzig, edelmütig, großmütig
de **edelsmid** Goldschmied (m⁵)
de **edelsteen** Edelstein (m⁵)
de **editie** Ausgabe (v²¹), Edition (v²⁰)
de **educatie** Erziehung (v²⁸)
educatief erzieherisch, pädagogisch: *het
educatieve speelgoed* das Lernspielzeug
de **eed** Eid (m⁵): *onder ede* eidlich; *onder ede
staan* unter Eid stehen²⁷⁹; *iets onder ede verklaren* etwas unter Eid aussagen
de **EEG** afk van *Europese Economische Gemeenschap* Europäische Wirtschaftsgemein-
schaft (v²⁸), EWG (v²⁸)
de **eekhoorn** Eichhörnchen (o³⁵)
het **eekhoorntjesbrood** Steinpilz (m⁵)
het **eelt** Schwiele (v²¹), Hornhaut (v²⁵)
de **¹een** (zn) [het getal] Eins (v²⁰): *een ~* eine Eins
²een (onb vnw) einer (m), eine (v), eines (o):
de ~ zegt dit, de andere dat einer (of: der eine)
sagt dies, der andre das
³een (telw) ein⁷², ⁷³: *~, twee, drie* eins, zwei,
drei; *het is één uur* es ist ein Uhr, es ist eins ‖ *~
van hen* einer von ihnen
⁴een (lidw⁶⁷): *op ~ avond* eines Abends, an
einem Abend
de **eenakter** Einakter (m⁹)
de **eend** Ente (v²¹)
eendaags eintägig
de **eendagsvlieg** Eintagsfliege (v²¹)
het **eendenkroos** Entengrütze (v²⁸)
de **eendracht** Eintracht (v²⁸), Einigkeit (v²⁸)
eendrachtig einträchtig, einmütig
eenduidig eindeutig
eeneiig eineiig
de **eengezinswoning** Einfamilienhaus (o³²)
de **eenheid** Einheit (v²⁰)
de **eenheidsprijs** Einheitspreis (m⁵)
de **eenheidsworst** Einheitswurst (v²⁵), ewi-
ge(s) Einerlei (o³⁹)
de **eenhoorn** Einhorn (o³²)
eenjarig einjährig
de **eenkamerflat** Einzimmerwohnung (v²⁰)
eenkennig: *het kind is ~* das Kind hat Angst
vor Fremden
de **eenling** Einzelne(r) (m⁴⁰ᵃ, v⁴⁰ᵇ), Einzelgänger (m⁹)
eenmaal einmal
eenmalig einmalig
de **eenmanszaak** Einmannbetrieb (m⁵)
eenmotorig einmotorig
het **eenoudergezin** allein erziehender Elternteil (m⁵)
eenparig gleichförmig: *~ versneld* gleichförmig beschleunigt
het **eenpersoonsbed** Einzelbett (o³⁷)
de **eenpersoonskamer** Einzelzimmer (o³³),
Einbettzimmer (o³³)

het **eenrichtingsverkeer** Einbahnverkehr (m^{19}): *straat met* ~ Einbahnstraße (v^{21})

eens 1 [eenmaal] einmal; [op zekere dag, ook] eines Tages: *er was* ~ es war einmal; *meer dan* ~ öfters; ~ *in de zoveel tijd* immer mal wieder, regelmäßig; *kom* ~ *hier!* komm mal her!; *wel*~ mitunter **2** [lang geleden of in de toekomst, ooit] einst **3** [eensgezind] einig, einverstanden

eensgezind einig, einmütig

de **eensgezindheid** Einigkeit (v^{28}), Einmütigkeit (v^{28})

eensklaps plötzlich, auf einmal

eensluidend gleich lautend, übereinstimmend

eenstemmig einstimmig

eentje einer (m), eine (v), eins (o): *dat is me er* ~! das ist einer!; *in mijn* ~ (ganz) allein

eentonig eintönig

de **eentonigheid** Eintönigkeit (v^{28})

een-twee-drie im Nu; im Handumdrehen

het **een-tweetje** Doppelpass (m^6)

de **eenvoud 1** Einfachheit (v^{28}) **2** [naïviteit] Einfalt (v^{28})

eenvoudig einfach, schlicht

eenvoudigweg einfach

de **eenwording** Einigung (v^{20}), Vereinigung (v^{20})

eenzaam einsam

eenzelfde: ~ *stoel* ein gleicher Stuhl

eenzelvig in sich gekehrt, zurückgezogen

eenzijdig einseitig

de ^{1}**eer** (zn) Ehre (v^{21}): *iem. de laatste* ~ *bewijzen* jmdm. die letzte Ehre erweisen^{307}; *ere wie ere toekomt* Ehre, wem Ehre gebührt; *ik heb het naar* ~ *en geweten gedaan* ich habe es nach bestem Wissen und Gewissen getan; *de* ~ *aan zichzelf houden* seine Ehre retten; *voor de* ~ *bedanken* bestens dafür danken

^{2}**eer** (vw) ehe, bevor

eerbaar ehrbar

het **eerbetoon** Ehrenerweisung (v^{20})

de **eerbied** Ehrfurcht (v^{28}); [respect] Respekt (m^{19}): *uit* ~ *voor* aus Ehrfurcht (*of*: Respekt) vor^{+3}

eerbiedig ehrfurchtsvoll, ehrfürchtig

eerbiedigen 1 ehren, achten **2** [erkennen] respektieren^{320}: *de wet* ~ das Gesetz achten

eerbiedwaardig ehrwürdig

eerdaags demnächst, bald

eerder eher: *ik wil* ~ *sterven, dan ...* eher (*of*: lieber) will ich sterben, als ...; *hoe* ~ *hoe beter* je eher, je besser

het **eergevoel** Ehrgefühl (o^{39})

eergisteren vorgestern

het **eerherstel** Rehabilitation (v^{20})

eerlijk 1 [betrouwbaar, naar waarheid] ehrlich: ~ *duurt het langst* ehrlich währt am längsten **2** [gepast] anständig

de **eerlijkheid** Ehrlichkeit (v^{28})

^{1}**eerst** (bn) erst: *de* ~*e maanden* die ersten Monate

^{2}**eerst** (bw) erst, zuerst

^{3}**eerst** (rangtelw) erst: *op de* ~*e rij* in der ersten Reihe; *de* ~*e steen leggen (voor)* den Grundstein legen (zu^{+3})

eerste Erste(r) (m^{40a}, v^{40b}): *ten* ~ erstens; *hij is niet de* ~ *de beste* er ist nicht irgendwer

eerstegraads [alg] ersten Grades; [ond] ± für die Oberstufe

de **eerstehulppost** Sanitätswache (v^{21})

de ^{1}**eerstejaars** Erstsemester (o^{33})

^{2}**eerstejaars** (bn) ± des ersten Semesters: *de* ~ *student* das Erstsemester

eersteklas erstklassig

de **eerstelijnszorg** ± primäre Gesundheitsfürsorge (v^{28})

eersterangs erstrangig, erstklassig

eerstkomend nächst, (nächst)folgend

eerstvolgend nächst, (nächst)folgend

eervol ehrenvoll

de **eerwaarde** Hochwürden

eerwaardig ehrwürdig

de **eerwraak** Ehrenrache (v^{28}), Ehrenmord (m^5)

eerzaam ehrbar, ehrenhaft

de **eerzucht** Ehrgeiz (m^{19})

eerzuchtig ehrgeizig: ~ *mens* Ehrgeizling (m^5)

eetbaar essbar, genießbar

het **eetcafé** Speiselokal (o^{29})

de **eetgelegenheid** Gaststätte (v^{21}), Speiselokal (o^{29})

het **eetgerei** [bestek] Essbesteck (o^{29}); [vaatwerk] Essgeschirr (o^{29})

de **eetgewoonte** Essgewohnheit (v^{20})

de **eethoek 1** Essecke (v^{21}) **2** [meubilair] Esszimmer (o^{33})

het **eethuis** Esslokal (o^{29}), Gaststätte (v^{21})

de **eetkamer** Esszimmer (o^{33})

de **eetlepel** Esslöffel (m^9)

de **eetlust** Appetit (m^5), Esslust (v^{28})

het **eetservies** Tafelgeschirr (o^{29}), Tafelservice (o^{33})

het **eetstokje** Essstäbchen (v^{35})

de **eetstoornis** Essstörung (v^{20})

de **eetzaal** Speisesaal (m^6, mv: Speisesäle)

de **eeuw 1** [100 jaar] Jahrhundert (o^{29}) **2** [tijdperk] Zeitalter (o^{33}): *ik heb je in geen* ~*(en) gezien* ich habe dich seit einer Ewigkeit nicht gesehen

eeuwenlang jahrhundertelang

eeuwenoud jahrhundertealt, uralt

eeuwig ewig: *het* ~*e leven* das ewige Leben; ~ *en altijd* immer und ewig; *voor* ~ auf ewig

de **eeuwigheid** Ewigkeit (v^{20})

de **eeuwwisseling** Jahrhundertwende (v^{21})

het **effect 1** [uitwerking] Effekt (m^5), Wirkung (v^{20}): *nuttig* ~ Nutzeffekt; ~ *sorteren* Effekt haben^{182} **2** [hand] Wertpapier (o^{29}), Effekten (mv), Werte (mv m^5)

het **effectbejag** Effekthascherei (v[20])

de **effectenbeurs** Effektenbörse (v[21]), Wertpapierbörse (v[21])

de **effectenmarkt** Effektenmarkt (m[6])

effectief 1 effektiv: *een ~ middel* ein wirksames Mittel; [nat] *~ vermogen* Effektivleistung (v[20]) **2** [Belg; jur; onvoorwaardelijk] ohne Bewährung: *drie jaar ~* drei Jahre Gefängnis ohne Bewährung

¹**effen** (bn, bw) **1** [vlak, glad] eben, glatt **2** [zonder kleurschakering] uni(farben)

²**effen** (bw) [eventjes] kurz

effenen ebnen, glätten

de **efficiency** Effizienz (v[28])

efficiënt effizient

de **eg** Egge (v[21])

de **EG** afk van *Europese Gemeenschap* Europäische Gemeinschaft (v[28]), EG (v[28])

egaal egal, gleich; [m.b.t. kleur] einfarbig

egaliseren 1 [techn] egalisieren **2** [van terrein] ebnen

de **egel** Igel (m[9])

eggen eggen

het **ego** Ego (o[36]); Ich (o)

egocentrisch egozentrisch

het **egoïsme** Egoismus (m[19a]), Selbstsucht (v[28])

de **egoïst** Egoist (m[14])

egoïstisch egoistisch, selbstsüchtig

Egypte Ägypten (o)

de **Egyptenaar** Ägypter (m[9]), Ägypterin (v[22])

Egyptisch ägyptisch

de **EHBO** afk van *eerste hulp bij ongelukken* erste Hilfe (v[28])

de **EHBO-post** Sanitätswache (v[21])

het ¹**ei** (zn) Ei (o[31]): *eieren voor zijn geld kiezen* klein beigeben[166]

²**ei** (tw) [Belg] ei! || *ei zo na* um ein Haar

de **eicel** Eizelle (v[21])

de **eierdooier** Eidotter (m[9], o[33]), Eigelb (o[29])

de **eierdop** [schaal] Eierschale (v[21])

het **eierdopje** [om ei in te zetten] Eierbecher (m[9])

de **eierschaal** Eierschale (v[21])

de **eierstok** Eierstock (m[6])

de **eierwekker** Eieruhr (v[20])

het **eigeel** Eigelb (o[29]), Eidotter (m[9], o[33])

eigen eigen: *~ weg* Privatweg (m[5]); *zijn ~ baas zijn* sein eigener Herr sein[262]; *in ~ persoon* in eigener Person; *die gewoonte is hem ~* diese Gewohnheit ist ihm eigen; *zich iets ~ maken* sich³ etwas zu eigen machen; *~ met iem. zijn* mit jmdm. vertraut sein[262]

de **eigenaar** Eigentümer (m[9]), Besitzer (m[9]), Inhaber (m[9]): *~ van een zaak* Geschäftsinhaber

eigenaardig eigentümlich, eigenartig; [zonderling, vreemd] sonderbar

de **eigenaardigheid** Eigenart (v[20]), Eigentümlichkeit (v[20]): *ieder heeft zijn eigenaardigheden* jeder hat seine Eigentümlichkeiten

de **eigenares** Eigentümerin (v[22]), Besitzerin

(v[22]), Inhaberin (v[22]); *zie eigenaar*

het **eigenbelang** Eigeninteresse (o[38])

de **eigendom** Eigentum (o[39]), Besitz (m[19])

de **eigendunk** Eigendünkel (m[19]), Dünkel (m[19])

eigengemaakt selbst gemacht; [m.b.t. levensmiddelen] hausgemacht

eigengereid eigensinnig, eigenwillig

eigenhandig eigenhändig

eigenlijk eigentlich: *~ gezegd* was het anders genau genommen war es anders; *in ~e zin* im eigentlichen Sinne

eigenmachtig eigenmächtig

de **eigennaam** Eigenname (m[18])

de **eigenschap** Eigenschaft (v[20])

eigentijds zeitgenössisch

de **eigenwaarde** Eigenwert (m[19]): *gevoel van ~* Selbstachtung (v[28]); Selbstgefühl (o[39])

eigenwijs eigensinnig

eigenzinnig eigensinnig, eigenwillig

de **eik** Eiche (v[21])

de **eikel** Eichel (v[21])

eiken eichen, aus Eichenholz, Eichen…

het **eikenhout** Eichenholz (o[39])

het **eiland** Insel (v[21])

de **eilandbewoner** Inselbewohner (m[9])

de **eilandengroep** Inselgruppe (v[21])

de **eileider** Eileiter (m[9])

het **eind** Ende (o[38]): *~ mei* Ende Mai; *aan het kortste ~ trekken* den Kürzeren ziehen[318]; *aan het langste ~ trekken* am längeren Hebel sitzen[268]; *het is nog een heel ~* es ist noch eine ganze Strecke; *ten ~e lopen* zu Ende gehen[168]

het **eindbedrag** Endbetrag (m[6]), Endsumme (v[21])

de **eindbestemming** Endbestimmung (v[20])

het **eindcijfer** Totalsumme (v[21]), Gesamtsumme (v[21]); [beoordeling] Endzensur (v)

het **einddiploma** [van vwo] Reifezeugnis (o[29a]); [van andere school] Abschlusszeugnis (o[29a])

het **einde** *zie* eind

de **eindejaarspremie** [Belg] Weihnachtsgeld (o[31])

de **eindejaarsuitkering** Weihnachtsgeld (o[31])

eindelijk endlich, schließlich

eindeloos endlos, unendlich

de **einder** Horizont (m[5])

het **eindexamen** [vwo] Abitur (o[29]), Reifeprüfung (v[20]); [van andere schooltypen] Abschlussprüfung (v[20])

de **eindexamenkandidaat** [vwo] Abiturient (m[14]); [van andere schooltypen] Prüfungskandidat (m[14])

eindig endlich, vergänglich: *~e getallen* endliche Zahlen

¹**eindigen** (onov ww) enden, aufhören

²**eindigen** (ov ww) beenden, beendigen

het **eindje** Endchen (o[35]): *het is maar een kort ~* es ist nur ein Katzensprung de **eindmeet** [Belg] Ziel (o^{29})

het **eindoordeel** Endurteil (o^{29})

het **eindproduct** Endprodukt (o^{29}), Fertigprodukt (o^{29})

het **eindpunt** Endpunkt (m^5), Ende (o^{38})

het **eindresultaat** Endergebnis (o^{29a})

het **eindsignaal** Schlusspfiff (m^5)

de **eindsprint** Endspurt (m^5, 2e nvl: -(e)s; mv: Endspurts)

de **eindstand** Endstand (m^6)

het **eindstation** [spoorw] Zielbahnhof (m^6); [fig] Endstation (v^{20})

de **eindstreep** Ziel (o^{29}), Ziellinie (v^{21})

de **eindstrijd** Endkampf (m^6)

de **eindterm** Qualifikationsziel (o^{29})

de **eis 1** Forderung (v^{20}): *hoge ~en stellen aan iem.* hohe Ansprüche (*of:* Anforderungen) an jmdn. stellen **2** [vereiste] Erfordernis (o^{29a}) **3** [jur] [strafproces] Strafantrag (m^6); [burgerlijk proces] Klage (v^{21}): *~ tot schadevergoeding* Schadenersatzklage (v^{21})

eisen 1 [aanspraak maken op] fordern, beanspruchen, verlangen **2** [vereisen] erfordern **3** [vergen] fordern **4** [jur] beantragen: *de ~de partij* die klagende Partei, der Kläger; *een zware straf ~* eine schwere Strafe beantragen; *schadevergoeding ~* auf Schadenersatz klagen

de **eiser** Kläger (m^9)

het **eitje 1** [eicel] Eizelle (v^{21}) **2** [fig] Kleinigkeit (v^{20}) **3** [zacht persoon] Weichei (o^{31}), Warmduscher (m^9)

eivormig eiförmig

het **eiwit** Eiweiß (o^{29}): *geklopt ~* Eischnee (m^{19})

de **ejaculatie** Ejakulation (v^{20})

het **EK** afk van *Europees Kampioenschap* Europameisterschaft (v^{20}), EM

de **ekster** Elster (v^{21})

het **eksteroog** Hühnerauge (o^{38})

de **el** Elle (v^{21})

het **elan** Elan (m^{19}), Schwung (m^{19}): *met ~* mit Elan

de **eland** Elch (m^5)

de **elasticiteit** Elastizität (v^{28})

het **elastiek 1** [gummi] Gummi (m^{13}, o^{36}) **2** [band van elastiek] Gummiband (o^{32})

het **elastiekje** Gummiring (m^5)

elastisch elastisch

elders anderswo, sonst wo, woanders

het **eldorado** Eldorado (o^{36}), Dorado (o^{36})

electoraal die Wahl betreffend

het **electoraat** Wählerschaft (v^{28}); Wahlberechtigte(n) (mv)

elegant elegant

de **elegantie** Eleganz (v^{28})

de/het **elektra 1** [aansluiting] elektrische(r) Anschluss (m^6) **2** [verbruik] Stromverbrauch (m^5) **3** [artikelen] Elektro(bedarfs)artikel (mv)

de **elektricien** Elektrotechniker (m^9), Elektriker (m^9)

de **elektriciteit** Elektrizität (v^{28})

de **elektriciteitscentrale** Elektrizitätswerk (o^{29})

elektrificeren elektrifizieren^{320}

elektrisch elektrisch: *~e centrale* Kraftwerk (o^{29})

elektrocuteren durch Elektrisierung töten

de **elektrocutie** Tod (m^5) durch Stromschlag

de **elektrode** Elektrode (v^{21})

de **elektrolyse** Elektrolyse (v^{21})

de **elektromagneet** Elektromagnet (m^5)

de **elektromotor** Elektromotor (m^5, m^{16})

het **elektron** Elektron (o^{37})

de **elektronica** Elektronik (v^{28})

elektronisch elektronisch

de **elektroshock** Elektroschock (m^{13})

de **elektrotechniek** Elektrotechnik (v^{28})

elektrotechnisch elektrotechnisch

het **element** Element (o^{29})

elementair elementar, Elementar…

de **¹elf** [natuurgeest] Elfe (v^{21}); [zelden] Elf (m^{14})

²elf (telw) elf: *raad van ~* Elferrat (m^6); [voetb] *de ~ kwamen het veld op* die Elf kam aufs Feld; *~ mei* der elfte Mai

het **¹elfde** (zn) Elftel (o^{33})

²elfde (rangtelw) der (die, das) elfte: *te ~r ure* in zwölfter Stunde

elfendertigst: *op zijn ~* im Schneckentempo

het **elfje** Elfe (v^{21})

de **Elfstedentocht** 'Elfstedentocht' (m); Elfstädtetour auf dem Eis in der niederländischen Provinz Friesland

het **elftal** Mannschaft (v^{20}), Elf (v^{20})

de **eliminatie** Elimination (v^{20})

elimineren eliminieren^{320}

elitair elitär

de **elite** Elite (v^{21})

het **elitekorps** Elitetruppe (v^{21})

elk jeder, jede, jedes

elkaar einander: *ze kennen ~* sie kennen einander; *drie dagen achter ~* drei Tage hintereinander; *hij heeft ze niet allemaal bij ~* er hat sie nicht richtig beieinander; *dat is bij ~ 10 euro* das macht zusammen 10 Euro; *iem. in ~ slaan* jmdn. zusammenhauen^{185}; *in ~ zakken* zusammenbrechen^{137}; *met ~ praten* miteinander reden; *iets voor ~ krijgen* etwas schaffen; *de zaak is voor ~* die Sache ist in Ordnung; *uit ~ gaan* auseinandergehen; [scheiden ook] sich trennen

de **elleboog** Ellbogen (m^{11})

de **ellende** Elend (o^{39})

de **ellendeling** Hundsfott (m^5, m^8), Dreckskerl (m^5)

ellendig elend: *ik voel me ~* mir ist elend; *een ~e geschiedenis* eine miserable Geschichte

de **ellepijp** Elle (v^{21})

de **ellips** Ellipse (v^{21})

de **elpee** LP (v^{27}, mv: ook -), Langspielplatte

(v[21])
de **[1]els** [priem] Ahle (v[21]), Pfriem (m[5])
de **[2]els** [plantk] Erle (v[21])
  El Salvador El Salvador (o[39])
de **Elzas**: *de ~* das Elsass (o[39], o[39a])
  Elzas-Lotharingen Elsass-Lothringen (o[39])
de **Elzasser** Elsässer (m[9])
het **email** Email (o[36]), Emaille (v[21])
de **e-mail** E-Mail (v[27], Z-Dui, Zwi, Oostr o[36]): *per ~* per E-Mail
het **e-mailadres** E-Mail-Adresse (v[21])
  e-mailen e-mailen, emailen
  emailleren emaillieren[320]
de **emancipatie** Emanzipation (v[20])
  emanciperen emanzipieren[320]
de **emballage** Emballage (v[21]), Verpackung (v[20])
het **embargo** Embargo (o[36]): *~ leggen op* mit Embargo belegen
het **embleem** Emblem (o[29])
het **embryo** Embryo (m[13])
  embryonaal embryonal
het **emeritaat**: *met ~ gaan* [hoogleraar] emeritiert werden; [geestelijke] in den Ruhestand treten
  emeritus [hoogleraar] emeritiert; [geestelijke] im Ruhestand
de **emigrant** Auswanderer (m[9]), Emigrant (m[14])
de **emigratie** Auswanderung (v[20]), Emigration (v[20])
  emigreren auswandern, emigrieren[320]
  eminent eminent, hervorragend
de **emir** Emir (m[5])
het **emiraat** Emirat (o[29])
de **emissie** Emission (v[20])
het **emissierecht** Emissionsrecht (o[29])
de **emmer** Eimer (m[9])
de **emoe** Emu (m[13])
het **emoticon** Emoticon (o[36])
de **emotie** Emotion (v[20]), Gefühlsregung (v[20])
de **emotie-tv** Gefühlsfernsehen (o[39])
  emotioneel emotionell, emotional
het **emplooi 1** [bezigheid] Beschäftigung (v[20]) **2** [betrekking] Stelle (v[21])
de **employé** Angestellter (m[40a])
de **emulsie** Emulsion (v[20])
  en und: *nou en nou!* na und!; *bevalt het je? en of!* gefällt es dir? und wie!; *én hij én zijn vriend* sowohl er als (auch) sein Freund; *het werd stiller en stiller* es wurde immer stiller
  en bloc en bloc
de **enclave** Enklave (v[21])
de **encycliek** Enzyklika (v, mv: Enzykliken)
de **encyclopedie** Enzyklopädie (v[21])
de **endeldarm** Mastdarm (m[6])
  endogeen endogen
  enenmale: *ten ~* völlig, vollends
de **energie** Energie (v[21])
het **energiebedrijf** Elektrizitätsgesellschaft (v[20])

de **energiebesparing** Energieeinsparung (v[20])
  energiebewust energiebewusst
de **energiebron** Energiequelle (v[21])
de **energiedrank** Energydrink (m[13]), Energiegetränk (o[29])
  energiek energisch, tatkräftig
de **energievoorziening** Energieversorgung (v[20])
  enerverend aufreibend
  enerzijds einerseits
  enfin kurz, kurzum
  eng 1 [nauw] eng, knapp **2** [bekrompen] eng, beschränkt **3** [griezelig] unheimlich
het **engagement 1** [verbintenis] Engagement (o[36]) **2** [verloving] Verlobung (v[20])
de **engel** Engel (m[9])
  Engeland England (o[39])
de **engelbewaarder** Schutzengel (m[6])
het **engelengeduld** Engelsgeduld (v[28])
het **[1]Engels** (zn) englisch (o[41]): *het artikel is in het ~ geschreven* der Artikel ist in Englisch abgefasst; *hoe heet dat in het ~?* wie heißt das auf Englisch? (*of:* im Englischen?); *in het ~ vertalen* ins Englische übersetzen
  [2]Engels (bn) englisch
de **Engelse** Engländerin (v[22])
de **Engelsman** Engländer (m[9])
de **engerd** widerlicher Kerl (m[5])
de **engte** Enge (v[21])
  [1]enig (bn) **1** [waarvan geen tweede is] einzig: *haar ~e zoon* ihr einziger Sohn **2** [prachtig] einzig, einmalig: *~ in zijn soort* einzigartig; *een ~e vent* ein unvergleichlicher Kerl
  [2]enig (onb vnw) einig: *~e vrienden hielpen hem* einige Freunde halfen ihm; *zonder ~ probleem* ohne ein einziges Problem
  enigerlei irgendwelch, irgendein
  enigermate einigermaßen
  enigszins einigermaßen
de **[1]enkel** (zn) Knöchel (m[9]), Fußknöchel
  [2]enkel (bn) **1** [niet meer dan één] einzig: *een ~e lamp* eine einzige Lampe **2** [niet dubbel] einfach: *een ~e reis* eine einfache Fahrt **3** [weinig] einig, einzeln: *één ~e boom* ein einzelner (*of:* einziger) Baum
  [3]enkel (bw) bloß, nur, lauter: *~ en alleen* einzig und allein
de **enkelband 1** [med] Sprunggelenksband (o[32]): *zijn ~en scheuren* sich[3] einen Bänderriss zuziehen **2** [sierbandje] Gelenkkettchen (o[35]), Fußkettchen (o[35]) **3** [band om de enkel voor huisarrest] elektronische Fußfessel (v[21])
de **enkeling** Einzelperson (v[20]), Einzelne(r) (m[40a], v[40b])
het **enkelspel** Einzelspiel (o[29]), Einzel (o[33])
het **enkelvoud** Einzahl (v[28])
  enkelvoudig einfach
  en masse en masse, in Massen
  enorm enorm, riesig
  en passant beiläufig, nebenbei

de **enquête 1** [namens parlement] Enquete (v^{21}) **2** [opiniepeiling] Umfrage (v^{21}), Meinungsumfrage (v^{21})

ensceneren inszenieren^{320}, in Szene setzen

de **enscenering** Inszenierung (v^{20})

het **ensemble** Ensemble (o^{36})

de **ent** Impfreis (o^{31}), Pfropfreis (o^{31}), Edelreis (o^{31})

enten pfropfen, okulieren^{320}

de **enter** Enter (o^{39})

enteren entern

de **entertoets** Entertaste (v^{21}), Enter (o^{39})

het **enthousiasme** Begeisterung (v^{28})

enthousiast begeistert

de **entrecote** Entrecote (o^{36})

de **entree 1** Entree (o^{36}): *vrij* ~ Eintritt frei **2** [toegangsprijs] Eintrittsgeld (o^{31})

het **entreebiljet** Eintrittskarte (v^{21})

de **entreeprijs** Eintrittspreis (m^5)

de **enveloppe** Briefumschlag (m^6), Kuvert (o^{36})

enz. afk van *enzovoort, enzovoorts* usw. (afk van *und so weiter*)

het **enzym** Enzym (o^{29})

het **epicentrum** Epizentrum (o, mv: Epizentren)

de **epidemie** Epidemie (v^{21}), Seuche (v^{21})

de **epiek** Epik (v^{28})

de **epilepsie** Epilepsie (v^{21})

de **epilepticus** Epileptiker (m^9)

epileptisch epileptisch

epileren epilieren^{320}, enthaaren

de **epiloog** Epilog (m^5)

episch episch: ~ *dichter* Epiker (m^9)

de **episode** Episode (v^{21})

het/de **epistel** Epistel (v^{21})

de **epo** afk van *erytropoëtine* Erythropoietin (o^{39}), Epo (o^{39a})

het **epos** Epos (o, 2e nvl: -; mv: Epen)

de **equator** Äquator (m^{16})

Equatoriaal-Guinea Äquatorialguinea (o^{39})

Equatoriaal-Guinees äquatorialguineisch

de **¹equipe** Equipe (v^{21})

het **¹equivalent** (zn) Äquivalent (o^{29})

²equivalent (bn) äquivalent

er da, es; derer: [soms onvertaald] *hij ziet er goed uit* er sieht gut aus; *ik ben er al* ich bin schon da; *er was eens* es war einmal; *er zijn goeden en slechten* es gibt Gute und Böse; *wat is er?* was gibt's?; *er zijn er, die zeggen* es gibt derer (*of:* Leute), die sagen

de **era** Ära (v, mv: Ären)

eraan daran: *hij gaat* ~ er wird daran glauben müssen; *wat scheelt* ~? was fehlt dir?; *wat kan ik* ~ *doen!* was kann ich dafür!; *ik kom* ~ ich komme gleich

erachter dahinter: ~ *komen* dahinter kommen^{193}

erbarmelijk erbärmlich, miserabel

erbij dabei, dazu: *ik blijf* ~ ich bleibe dabei

erbovenop 1 [bovenop het genoemde] obendrauf **2** [figuurlijk] obenauf: *nu is hij* ~ jetzt ist er wieder obenauf

erdoor hindurch: *zich* ~ *slaan* sich durchschlagen^{241}

de **e-reader** E-Book-Reader (m^9), E-Buch-Leser (m^9)

de **ereburger** Ehrenbürger (m^9)

de **erecode** Ehrenkodex (m^5)

de **erectie** Erektion (v^{20})

de **eredienst** Gottesdienst (m^5); [fig] Kult (m^5)

de **eredivisie** Bundesliga (v, mv: Bundesligen): *club van de* ~, *speler in de* ~ Bundesligist (m^{14})

het **eredoctoraat** Titel (m^9) eines Ehrendoktors

de **eregast** Ehrengast (m^6)

het **erelid** Ehrenmitglied (o^{31})

het **ereloon** [Belg] Honorar (o^{29})

het **eremetaal** Ehrenmedaille (v^{21})

eren ehren

de **ereplaats** Ehrenplatz (m^6)

het **erepodium** Siegerpodest (o^{29}), Siegertreppchen (o)

de **eretitel** Ehrentitel (m^9)

de **eretribune** Ehrentribüne (v^{21})

het **erewoord** Ehrenwort (o^{39})

het **erf** Hof (m^6): *huis en* ~ Haus und Hof

het **erfdeel** Erbteil (o^{29}): *wettelijk* ~ Pflichtteil (m^5, o^{29})

erfelijk erblich: ~ *belast* erblich belastet

de **erfelijkheid** Erblichkeit (v^{28}); [biol] Vererbung (v^{20})

de **erfelijkheidsleer** Vererbungslehre (v^{21})

de **erfenis** Erbe (o^{39}), Erbschaft (v^{20})

de **erfgenaam** Erbe (m^{15})

het **erfgoed** Erbe (o^{39}), Hinterlassenschaft (v^{20}), Nachlass (m^5): *het cultureel* ~ das Kulturerbe

de **erfpacht** Erbpacht (v^{20})

de **erfzonde** Erbsünde (v^{28})

¹erg (zn) [opzet] Absicht (v^{20}): *zonder* ~ unabsichtlich; *geen* ~ *in iets hebben* etwas nicht bemerken

²erg (bn, bw) arg^{58}, schlimm; [intensiverend ook] sehr: *zijn ~ste vijand* sein ärgster Feind; *in het ~ste geval* schlimmstenfalls; *des te ~er* umso schlimmer; *het is* ~ *koud* es ist arg (*of:* sehr) kalt

ergens 1 [op een of andere plaats] irgendwo: ~ *anders* anderswo; ~ *heen* irgendwohin; ~ *vandaan* irgendwoher; *hier* ~ hierherum **2** [op een of andere manier] irgendwie: ~ *mag ik hem wel* ich habe ihn irgendwie gern **3** [iets] etwas, irgendetwas

¹ergeren (ov ww) ärgern: *iem.* ~ jmdn. ärgern

zich **²ergeren** (wdk ww) sich ärgern: *zich dood* ~ sich zu Tode ärgern; *zich aan iets* ~ sich über^{+4} etwas ärgern

ergerlijk 1 ärgerlich **2** [aanstotelijk] empörend

de **ergernis** Ärgernis (o^{29a})

erheen dahin; [inf] hin
erin darin; [m.b.t. richting] herein, hinein
Eritrea Eritrea (o[39])
de **Eritreeër** Eritreer (m[9]), Eritreerin (v[22])
Eritrees eritreisch
erkend anerkannt
erkennen 1 [toegeven] zugeben[166] **2** [inzien] erkennen[189] **3** [als wettig beschouwen] anerkennen[189]
de **erkenning 1** [inzicht] Erkenntnis (v[24])
2 [waardering] Anerkennung (v[28])
erkentelijk erkenntlich, dankbar
de **erkentelijkheid** Erkenntlichkeit (v[28])
de **erker** Erker (m[9])
erlangs vorbei: *ik wil* ~ ich möchte vorbei
de **erlenmeyer** Erlenmeyerkolben (m[11])
ermee damit: *weg* ~*!* weg damit!; ~ *zitten* etwas, jmdn. am Hals haben
erna danach
ernaar danach, hin: *ik kijk* ~ ich sehe hin
ernaast daneben: ~ *zitten* sich irren
de **ernst** Ernst (m[19]): *in* ~ im Ernst; *in alle* ~ allen Ernstes; *ik meen het in* ~ ich meine es ernst
¹**ernstig** (bn) ernst, ernsthaft: ~*e verwondingen* ernste (of: schwere) Verletzungen
²**ernstig** (bw) **1** [in, met ernst] ernst, ernsthaft: ~ *kijken* ernst dreinschauen **2** [met volle overtuiging] ernsthaft, ernstlich: *het* ~ *menen* es ernst meinen **3** [hevig] ernstlich, schwer
erom darum, dafür: *denk je* ~*?* denkst du daran?; ~ *huilen* darum weinen; *ik lach* ~ ich lache darüber; *als hij* ~ *vraagt* wenn er darum bittet ‖ [pregnant] *hij doet het* ~ er macht es absichtlich
eromheen darum (herum): [fig] ~ *draaien* nicht mit der Wahrheit herausrücken
eronder darunter: [fig] *zich niet* ~ *laten krijgen* sich nicht unterkriegen lassen
eronderdoor darunter hindurch: *hij gaat* ~ [lett] er geht darunter hindurch; [fig] er geht daran zugrunde (of: zu Grunde)
erop darauf, herauf, hinauf
eropaan darauf zu ‖ *het komt* ~ es kommt darauf an; *u kunt ervan op aan* Sie können sich darauf verlassen; *het* ~ *laten komen* es darauf ankommen lassen
eropaf darauf los: ~ *gaan* darauf losgehen
eropuit: ~ *trekken* etwas unternehmen; ~ *zijn* es darauf anlegen
de **erosie** Erosion (v[20])
de **erotica** Erotika (mv)
de **erotiek** Erotik (v[28])
erotisch erotisch
erover darüber: ~ *lopen* darüber gehen[168]
ertegen dagegen: *zij is* ~ sie ist dagegen
ertegenover gegenüber[+3] ‖ *hoe sta je* ~*?* was ist deine Meinung dazu?
ertoe dazu: ~ *in staat zijn* dazu fähig sein[262]
het **erts** Erz (o[29])
ertussen dazwischen

ertussenuit heraus, hervor: *met moeite kwam ik* ~ mit Mühe kam ich heraus ‖ ~ *knijpen* sich davonschleichen
eruit daraus; heraus; hinaus
de **eruptie** Eruption (v[20])
ervan davon: *dat komt* ~*!* das kommt davon!
ervandaan: *ga* ~, *het is gevaarlijk* geh (da) weg, das ist gefährlich; *hij woont dertig kilometer* ~ er wohnt dreißig Kilometer weit entfernt; *ik kom* ~ ich komme von dort (of: dorther)
ervandoor: *hij is* ~ er ist über alle Berge
ervanlangs: ~ *krijgen* [afgeranseld worden] Prügel beziehen, eins draufkriegen; [berispt worden] eins aufs Dach kriegen; [verliezen] eins draufkriegen; *iem.* ~ *geven* [afranselen] jmdn. verprügeln, verhauen; [berispen] es jmdm. (ab)geben; [verslaan] jmdn. aufreiben; [verslaan] jmdn. fertig machen
¹**ervaren** (bn) erfahren, bewandert
²**ervaren** (ww) erfahren[153]
de **ervarenheid** Erfahrenheit (v[28])
de **ervaring** Erfahrung (v[20])
erven erben: ~ *van* erben von[+3]
ervoor davor, dafür: *een huis met een tuin* ~ ein Haus mit einem Garten davor; *ik ben* ~ ich bin dafür; ~ *instaan* dafür einstehen
de **erwt** Erbse (v[21]): *groene* ~ grüne Erbse
de **erwtensoep** Erbsensuppe (v[21])
de **es** [plantk] Esche (v[21])
de **escalatie** Eskalation (v[20]), Eskalierung (v[20])
escaleren eskalieren[320]
de **escapetoets** Escapetaste (v[21])
het **escorte** Eskorte (v[21]), Geleit (o[39])
escorteren eskortieren[320]
de **esculaap** [embleem] Äskulapstab (m[6])
de **esdoorn** Ahorn (m[5])
het **eskader** Geschwader (o[33])
de **Eskimo** Eskimo (m, 2e nvl: -(s); mv: -(s))
de **esp** Espe (v[21]), Zitterpappel (v[21])
de **espresso** Espresso (m, 2e nvl: -(s); mv: Espressos of -Espressi)
de **esprit** Esprit (m[19])
het **essay** Essay (m[13], o[36])
de **essentie** Essenz (v[20]), Wesen (o[39])
essentieel essenziell, wesentlich
de **Est** Este (m[15]), Estin (v[22])
het **establishment** Establishment (o[36])
de **estafette** [sport] Staffel (v[21])
esthetisch ästhetisch
Estland Estland (o[39])
de **Estlander** Este (m[15]), Estin (v[22]); Estländer (m[9]), Estländerin (v[22])
Estlands estländisch, estnisch
Ests estländisch, estnisch
het **etablissement** Etablissement (o[36])
de **etage** Etage (v[21]), Stock (m[6]), Geschoss (o[29]): *op de eerste* ~ im ersten Stock
de **etalage** Schaufenster (o[33])

etaleren ausstellen

de **etaleur** Schaufensterdekorateur (m⁵)

de **etappe** Etappe (v²¹): *in ~s* etappenweise

etc. afk van *et cetera* et cetera, etc., und so weiter, usw.

het **¹eten** (zn) Essen (o³⁵): *onder het ~* bei Tisch

²eten (ww) essen¹⁵²: *eet smakelijk!* guten Appetit!

de **etenstijd** Essenszeit (v²⁰)

de **etenswaren** Esswaren (mv v²¹)

het **etentje** Essen (o³⁵)

de **eter** Esser (m⁹): *een flinke ~* ein starker Esser

de **ether** Äther (m¹⁹)

de **ethiek** Ethik (v²⁰)

Ethiopië Äthiopien (o)

de **Ethiopiër** Äthiopier (m⁹), Äthiopierin (v²²)

Ethiopisch äthiopisch

ethisch ethisch

het **etiket** Etikett (o, 2e nvl: -s; mv: -e(n) of -s)

etiketteren [ook fig] etikettieren³²⁰

de **etiquette** Etikette (v²¹)

het **etmaal** vierundzwanzig Stunden (mv v²¹)

etnisch ethnisch

de **ets** Radierung (v²⁰)

etsen radieren³²⁰

ettelijke 1 [heel wat] etliche **2** [enkele] einige

de **etter 1** [med] Eiter (m¹⁹) **2** [naarling] Ekel (o³³)

etteren eitern

de **etude** Etüde (v²¹)

het **etui** Etui (o³⁶)

de **etymologie** Etymologie (v²¹)

etymologisch etymologisch

de **EU** afk van *Europese Unie* Europäische Union (v²⁸), EU (v²⁸)

de **eucalyptus** Eukalyptus (m, mv: Eukalyptus, Eukalypten)

de **eucharistie** Eucharistie (v²¹)

de **eucharistieviering** Eucharistiefeier (v²¹)

het **eufemisme** Euphemismus (m, 2e nvl: -; mv: Euphemismen)

eufemistisch euphemistisch

de **euforie** Euphorie (v²¹)

euforisch euphorisch

de **eunuch** Eunuch (m¹⁴)

de **euregio** Euregio (v²⁸)

eureka heureka

de **euro** [munteenheid] Euro (m¹³, 2e nvl: ook -): *biljet van 10 ~* Zehneuroschein (m⁵); *biljet van 100 ~* Hunderteuroschein (m⁵); *20 ~* 20 Euro

de **eurocent** Eurocent (m¹³, 2e nvl: ook -; mv: ook -): *5 ~* 5 Eurocent

de **eurocheque** Eurocheque (m¹³)

de **eurocommissaris** EU-Kommissar (m⁵)

het **euroland** Euroland (o³²)

de **euromunt** Euromünze (v²¹)

Europa Europa (o³⁹)

het **Europarlement** Europaparlament (o²⁹)

de **Europarlementariër** Europaparlamenta-

rier (m⁹)

de **Europeaan** Europäer (m⁹), Europäerin (v²²)

Europees europäisch

de **Europese** Europäerin (v²²)

het **euroteken** Eurozeichen (o³⁵)

het **Eurovisiesongfestival** Grand Prix (m) (d')Eurovision (de la Chanson)

de **eurozone** Eurozone (v²¹), Euroraum (m⁶)

de **¹euthanasie** Euthanasie (v²⁸)

het **¹euvel** (zn) Übel (o³³)

²euvel (bn, bw) übel: *iem. iets ~ duiden* jmdm. etwas verübeln; *de ~e moed hebben* die Unverschämtheit haben¹⁸²

de **evacuatie** Evakuierung (v²⁰)

de **evacué,** de **evacuee** Evakuierte(r) (m⁴⁰ᵃ, v⁴⁰ᵇ)

evacueren evakuieren³²⁰

de **evaluatie** Evaluation (v²⁰), Evaluierung (v²⁰)

evalueren evaluieren³²⁰

het **evangelie** Evangelium (o, 2e nvl: -s; mv: Evangelien)

evangelisch evangelisch

de **evangelist** Evangelist (m¹⁴)

het **¹even** (zn): *het is mij om het ~* es ist mir egal

²even (bn) [deelbaar door twee] gerade

³even (bw) **1** [in gelijke mate] ebenso, genauso, gleich: *hij is ~ groot als jij* er ist ebenso (of: genauso) groß wie du; *zij zijn ~ oud* sie sind gleich alt **2** [korte tijd] einen Augenblick, kurz, mal, schnell: *wacht ~!* warte mal!; *ik moet ~ weg* ich muss kurz weg; *het is ~ voor achten* es ist kurz vor acht

de **evenaar** Äquator (m¹⁶)

evenals ebenso wie, genauso wie

evenaren gleichkommen¹⁹³⁺³

het **evenbeeld** Ebenbild (o³¹)

eveneens ebenfalls, gleichfalls

het **evenement** Ereignis (o²⁹ᵃ)

evengoed ebenso, genauso

evenmin ebenso wenig

evenredig proportional: *stelsel van ~e vertegenwoordiging* Verhältniswahlsystem (o²⁹); [wisk] *~e delen* proportionale Teile; *de beloning was ~ met de dienst* die Belohnung entsprach dem Dienst; *recht ~ (met)* direkt proportional (zu⁺³); *omgekeerd ~ (met)* indirekt proportional (zu⁺³)

de **evenredigheid 1** [verhouding] Verhältnis (o²⁹ᵃ): *naar ~ van* im Verhältnis zu⁺³; *de prijs is naar ~ verhoogd* der Preis ist entsprechend erhöht worden **2** [wisk] Proportion (v²⁰)

eventjes 1 [tijd] einen Augenblick **2** [amper] kaum

de **eventualiteit** Eventualität (v²⁰)

eventueel eventuell

evenveel ebenso viel, genauso viel, gleich viel: *ze kosten ~* sie kosten gleich viel; *van ~ belang* gleich wichtig

evenwel jedoch, gleichwohl, dennoch

het **evenwicht** Gleichgewicht (o³⁹): *elkaar in ~ houden* sich im Gleichgewicht halten¹⁸³; *het ~*

verstoren das Gleichgewicht stören; *in ~ zijn* im Gleichgewicht sein[262]

evenwichtig ausgeglichen, ausgewogen

de **evenwichtsbalk** Schwebebalken (m[11])

het **evenwichtsorgaan** Gleichgewichtsorgan (o[29])

evenwijdig parallel: *~e lijn* Parallele (v[21]); *~ lopen* parallel sein[262]; *~ aan* parallel mit[+3]

evenzeer ebenso sehr, genauso sehr

evenzo ebenso, genauso, geradeso

het **everzwijn** Wildschwein (o[29])

¹**evident** (bw) evident; offenbar

²**evident** (bn) evident; offenkundig

evolueren sich (fort)entwickeln, sich weiterentwickeln

de **evolutie** Evolution (v[20])

de **evolutieleer** Evolutionslehre (v[21])

de **ex** Ex (m, 2e nvl: -; mv: -; v, 2e nvl: -; mv: -), Ehemalige(r) (m[40a], v[40b]): *zijn ex* seine Ehemalige; *haar ex* ihr Ehemaliger; *ex-minister* früherer Minister (m[9])

exact exakt

het **examen** Examen (o[35], mv: ook Examina), Prüfung (v[20]): *~ doen* Examen machen; *een mondeling, schriftelijk ~* ein mündliches, schriftliches Examen, eine mündliche, schriftliche Prüfung; *slagen voor een ~* eine Prüfung bestehen; *[inf]* (bei der Prüfung) durchkommen; *zakken voor een ~* in einer Prüfung, in einem Examen durchfallen

de **examenkandidaat** Prüfling (m[5]), Prüfungskandidat (m[14]), Examenskandidat

de **examenvrees** Prüfungsangst (v[25]), Examensangst (v[25])

de **examinator** Examinator (m[16]), Prüfer (m[9])

examineren examinieren[320], prüfen

excellent exzellent; ausgezeichnet

de **excellentie** Exzellenz (v[20])

excentriek exzentrisch

exceptioneel exzeptionell, außergewöhnlich

het **exces** Exzess (m[5])

excessief exzessiv

¹**exclusief** (bn) exklusiv

²**exclusief** (vz) ohne[+4]

excommuniceren exkommunizieren

de **excursie** Exkursion (v[20]), Ausflug (m[6])

excuseren entschuldigen: *zich voor iets ~* sich für[+4] etwas entschuldigen

het **excuus** Entschuldigung (v[20]): *~ vragen* um Entschuldigung bitten[132]

executeren exekutieren[320]

de **executie 1** [voltrekking] Vollstreckung (v[20]) **2** [terechtstelling] Exekution (v[20]), Hinrichtung (v[20])

het **exemplaar** Exemplar (o[29])

exemplarisch exemplarisch

de **exercitie** Exerzierübung (v[20])

de **exhibitionist** Exhibitionist (m[14])

existentieel existenziell

de ¹**exit** [uitgang] Ausgang (m[6])

²**exit** (bw) [dramaturgie; af] exit

de **exitpoll** Exit-Poll (m[13]), Wahltagsbefragung (v[20])

de **exodus** Exodus (m)

exogeen exogen

exorbitant exorbitant; [prijzen] horrend, unerschwinglich

het **exorcisme** Exorzismus (m, 2e nvl: -; mv: Exorzismen)

exotisch exotisch

de **expansie** Expansion (v[20])

het **expansievat** Ausgleichsbehälter (m[9]), Ausdehnungsgefäß (o[29])

de **expat** Expat (m[13]), Wahlausländer (m[9])

de **expediteur** Spediteur (m[5])

de **expeditie 1** [verzending] Spedition (v[20]) **2** [ontdekkingsreis] Expedition (v[20])

het **experiment** Experiment (o[29]), Versuch (m[5])

experimenteel experimentell

experimenteren experimentieren[320]

de **expert** Experte (m[15]), Sachverständige(r) (m[40a], v[40b])

de **expertise** Expertise (v[21])

¹**expliciet** (bn) explizit

²**expliciet** (bw) explizite

exploderen explodieren[320]

de **exploitant** Unternehmer (m[9]), Betreiber (m[9])

de **exploitatie 1** Betrieb (m[5]) **2** [mijnb] Ausbeutung (v[20]) **3** [uitbuiting] Ausbeutung (v[20])

exploiteren 1 [van fabriek, onderneming] betreiben[290] **2** [mijnb; iem.] ausbeuten

de **explosie** Explosion (v[20])

het/de ¹**explosief** (zn) Sprengstoff (m[5])

²**explosief** (bn) explosiv

de **exponent** Exponent (m[14])

exponentieel exponentiell, exponential, Exponential-

de **export** Export (m[5]), Ausfuhr (v[20])

exporteren exportieren[320], ausführen

de **exporteur** Exporteur (m[5])

exposeren ausstellen

de **expositie** Ausstellung (v[20])

expres [met opzet] absichtlich

de **expressie** Ausdruck (m[6])

expressief ausdrucksvoll

het **expressionisme** Expressionismus (m[19a])

de **expresweg** [Belg] ± Fernstraße (v[21])

de **extase** Ekstase (v[21]), Verzückung (v[20])

extatisch ekstatisch, verzückt

de **extensie** [comp] Extension (v[20], v[27])

extensief extensiv

de **extension** [hairextension] Haarverlängerung (v[20]), Hairextension (v[27])

extern extern

¹**extra** (bn) extra, zusätzlich

²**extra** (bw) [boven het gewone] extra: *drie euro ~* drei Euro extra; *~ sterk* extra stark

het **extraatje** Extra (o): *een welkom ~* ein unverhoffter Vorteil; eine hübsche Zugabe

het **extract** Extrakt (m[5])

extralegaal [Belg] extralegal; [i.v.m. lo-
nen] außertariflich
extrapoleren [ook fig] extrapolieren
extravagant extravagant
extravert extrovertiert
extreem extrem
extreemrechts rechtsextrem(istisch)
de **extremist** Extremist (m^{14})
de **ezel 1** [dierk] Esel (m^9): *hij is een* ~ er ist ein
Esel **2** [schildersezel] Staffelei (v^{20})
de **ezelin** Eselin (v^{22})
het **ezelsbruggetje** Eselsbrücke (v^{21})
het **ezelsoor** [ook van boek] Eselsohr (o^{37})

f

de **f** [letter] f, F (o)
de **faalangst** Angst (v²⁵) zu versagen
de **faam 1** [reputatie] Ruf (m¹⁹) **2** [roem] Ruhm (m¹⁹)
de **fabel** Fabel (v²¹)
fabelachtig fabelhaft
het **fabricaat** Fabrikat (o²⁹), Produkt (o²⁹), Erzeugnis (o²⁹ᵃ)
de **fabricage** Herstellung (v²⁰), Fertigung (v²⁰)
fabriceren herstellen, anfertigen
de **fabriek** Fabrik (v²⁰); [groot] Werk (o²⁹)
de **fabrieksarbeider** Fabrikarbeiter (m⁹)
de **fabrikant** Fabrikant (m¹⁴), Fabrikbesitzer (m⁹)
fabuleus fabelhaft
de **façade** [ook fig] Fassade (v²¹)
de **facelift** Facelifting (o³⁶)
het **facet 1** [geslepen vlak] Facette (v²¹) **2** [aspect] Aspekt (m⁵)
de **¹faciliteit 1** [gemakkelijkheid] Komfort (m¹⁹) **2** [tegemoetkoming] Vergünstigung (v²⁰)
de **faciliteitengemeente** [Belg] Gemeinde (v²¹) mit sprachlicher Sonderregelung
de **factor** Faktor (m¹⁶)
factureren fakturieren³²⁰
de **factuur** Rechnung (v²⁰)
facultatief fakultativ, wahlfrei: ~ *vak* Wahlfach (o³²)
de **faculteit** Fakultät (v²⁰)
de **fagot** Fagott (o²⁹)
de **fagottist** Fagottist (m¹⁴)
Fahrenheit Fahrenheit: *63 graden* ~ 63 Grad Fahrenheit
failliet zahlungsunfähig, bankrott: *~e boedel* Konkursmasse (v²¹); *een ~e firma* eine bankrotte Firma; *~ gaan* Konkurs machen
het **faillissement** Konkurs (m⁵), Bankrott (m⁵)
fair fair
de **fair trade** Fair Trade (m¹⁹), faire(r) Handel (m⁹)
de **¹fake 1** [bedrog] Schwindel (m⁹), Betrug (m⁶) **2** [namaak] Nachahmung (v²⁰), Imitation (v²⁰)
²fake (bn) gefakt: *dat hele verhaal is* ~ die ganze Geschichte ist gefakt, die ganze Sache ist ein Fake
de **fakir** Fakir (m⁵)
de **fakkel** Fackel (v²¹)
de **fakkeldrager** Fackelträger (m⁹)
de **falafel** Falafel (v²¹)
falen 1 [tekortschieten] versagen **2** [mislukken] scheitern
de **falie**: *iem. op zijn ~ geven* jmdm. die Jacke vollhauen¹⁸⁵; *op zijn ~ krijgen* die Jacke voll kriegen
faliekant: *dat loopt ~ af* das geht schief; *~ verkeerd* vollkommen falsch; *ergens ~ tegen zijn* doppelt und dreifach gegen etwas sein
de **faling** [Belg] Konkurs (m⁵), Bankrott (m⁵)
de **fall-out** Fall-out (m¹³)
de **fallus** Phallus (m, mv: Phalli, Phallen)
fameus 1 [geweldig] famos **2** [vermaard] namhaft
familiaal Familien-: [Belg] *familiale verzekering* Familienhaftpflichtversicherung
familiair familiär
de **familie** Familie (v²¹): *van goede* ~ aus guter Familie; *hij is* ~ *van mij* er ist ein Verwandter von mir; [Belg] *een politieke* ~ eine politische Familie
het **familiedrama** Familiendrama (o, 2e nvl: -s; mv: -dramen), Familientragödie (v²¹)
de **familiekring** Familienkreis (m⁵), Verwandtenkreis
het **familielid** Familienangehörige(r) (m⁴⁰ᵃ, v⁴⁰ᵇ)
de **familienaam** Familienname (m¹⁸)
het **familiewapen** Familienwappen (o³⁵)
familieziek: ~ *zijn* einen Familienfimmel haben
de **¹fan** [ventilator] Ventilator (m¹⁶)
de **²fan** [vereerder] Fan (m¹³)
de **¹fanaat** (zn) Fanatiker (m⁹)
²fanaat (bn, bw) fanatisch
de **fanaticus** Fanatiker (m⁹)
fanatiek fanatisch
de **fanatiekeling** Fanatiker (m⁹)
de **fanclub** Fanklub (m¹³)
de **fancy fair** Wohltätigkeitsbasar (m⁵)
de **fanfare**, het **fanfarekorps** Blaskapelle (v²¹)
de **fanmail** Fanpost (v²⁸)
fantaseren fantasieren³²⁰
de **fantasie** Fantasie (v²¹)
de **fantast** Fantast (m¹⁴), Fantastin (v²²)
fantastisch fantastisch
de **fantasy** Fantasy (v²⁸)
het **fantoom** Phantom (o²⁹)
de **fantoompijn** Phantomschmerz (m¹⁶)
de **farao** Pharao (m, 2e nvl: -s; mv: Pharaonen)
de **farce** Farce (v²¹)
de **farde** [Belg] **1** [opbergmap] Ordner (m⁹) **2** [slof, lange doos] Stange (v²¹)
de **farizeeër** [ook fig] Pharisäer (m⁹)
farmaceutisch pharmazeutisch
de **fascinatie** Faszination (v²⁰)
fascineren faszinieren³²⁰
fascinerend faszinierend
het **fascisme** Faschismus (m¹⁹ᵃ)
de **fascist** Faschist (m¹⁴)
fascistisch faschistisch
de **fase** Phase (v²¹), Stufe (v²¹): [school] *tweede* ~ zweite Phase
faseren in Abschnitte einteilen

het **fastfood** Fast Food (o)
de **fat** Geck (m[14])
fataal fatal, verhängnisvoll
fatalistisch fatalistisch
het **fatsoen 1** [goede manieren] Anstand (m[19]):
zijn ~ houden den Anstand wahren; *hou je ~!*
benimm dich! **2** [vorm] Form (v[20]), Fassung
(v[28])
fatsoeneren in Ordnung bringen[139]
fatsoenlijk 1 [welgemanierd] anständig
2 [behoorlijk] ordentlich
fatsoenshalve anstandshalber
de **fatwa** Fatwa (o[36])
de **fauna** Fauna (v, mv: Faunen)
de **fauteuil** Armsessel (m[9]), Lehnsessel (m[9])
de **¹favoriet** (zn) Favorit (m[14]) [ook comp]
²favoriet (bn) **1** [sport] favorisiert **2** [ge-
liefd] bevorzugt, Lieblings…
de **fax** [apparaat, bericht] Fax (o, 2e nvl: -; mv:
-(e))
faxen faxen
de **fazant** Fasan (m[5], m[16])
het **fbo** [Ned; ond] erste Stufe (v[21]) des 'Mbo'
de **februari** Februar (m[5], 2e nvl: ook -): *in ~* im
Februar
de **fecaliën,** de **feces** Fäzes (mv), Fäkalien
(mv)
federaal föderativ, föderal; [m.b.t. Duitsland vaak] Bundes…
federaliseren föderalisieren[320]
het **federalisme** Föderalismus (m[19a])
de **federatie** Föderation (v[20])
de **fee** Fee (v[21])
de **feedback** Feedback (o[36]), Feed-back (o[36])
feeëriek märchenhaft, feenhaft
de **feeks** Hexe (v[21])
de **feeling** Feeling (o[36]), Gespür (o[39])
het **feest** Fest (o[29]); [plechtiger] Feier (v[21])
de **feestavond** Festabend (m[5])
de **feestdag** Festtag (m[5]); [gedenkdag] Feier-
tag (m[5])
feestelijk festlich: *~e optocht* Festzug (m[6]);
ik bedank er ~ voor ich danke bestens
de **feestelijkheden** Festlichkeiten (mv)
feesten ein Fest feiern
de **feestganger** Festbesucher (m[9])
het **feestje** Fete (v[21]): *een ~ bouwen* eine Fete
veranstalten
het **feestmaal** Festessen (o[35]), Festmahl (o[29])
de **feestneus** Pappnase (v[21])
het **feestvarken** Geburtstagskind (o[31]), Jubilar
(m[5]), Jubilarin (v[22])
feestvieren (ein Fest) feiern
de **feestvreugde** Festfreude (v[21])
feilbaar nicht gegen Irrtümer gefeit, irran-
fällig
feilloos fehlerfrei, fehlerlos
het **feit 1** Tatsache (v[21]): *overeenkomstig de ~en*
den Tatsachen entsprechend; *in ~e* tatsächlich **2** [omstandigheid] Umstand (m[6]) **3** [jur]
Tat (v[20]), Tatbestand (m[6]): *strafbaar ~* Straf-

tat (v[20]) ‖ [fig] *achter de ~en aanlopen* der Realität hinterherhinken
¹feitelijk (bn) tatsächlich: *een ~e onmogelijkheid* eine tatsächliche Unmöglichkeit
²feitelijk (bw) faktisch, eigentlich: *dat is ~
hetzelfde* das ist faktisch dasselbe
de **feitenkennis** Sachkenntnis (mv)
fel 1 [m.b.t. kleur, licht] grell **2** [m.b.t. aanval, brand, pijn, reactie, strijd] heftig: *hij is erg
~* er ist sehr heftig; *de ~le zon* die pralle Sonne; *een ~le wind* ein scharfer Wind **3** [m.b.t.
kritiek, protest] heftig, scharf: *ergens ~ op tegen zijn* heftig gegen etwas sein
de **felheid 1** Grellheit (v[28]) **2** Heftigkeit (v[28])
3 Schärfe (v[28]); *zie fel*
de **felicitatie** Glückwunsch (m[6]), Gratulation
(v[20])
feliciteren gratulieren[320+3], beglückwün-
schen[+4]: *iem. met zijn verjaardag ~* jmdm. zu
seinem Geburtstag gratulieren; *hartelijk ge-
feliciteerd!* herzlichen Glückwunsch!
het **feminisme** Feminismus (m[19a])
de **feministe** Feministin (v[22]), Frauenrechtlerin
(v[22])
het **fenomeen** Phänomen (o[29])
fenomenaal phänomenal
feodaal feudal, Feudal…
het **feodalisme** Feudalismus (m[19a])
ferm tüchtig: *~ optreden* energisch auftreten[291]
fermenteren fermentieren
de **fermette** [Belg] ± Landhaus (o[32]), Wochen-
endhaus (o[32])
de **ferry,** de **ferryboot** Fähre (v[21]), Fährboot
(o[29])
fervent glühend, entschieden, leidenschaftlich: *een ~ tegenstander* ein entschie-
dener Gegner
het **festijn** [feest] Fest (o[29]); [feestmaal] Festessen (o[35])
het **festival** Festival (o[36]), Festspiele (mv o[29])
de **festiviteit** Festlichkeit (v[20]), Fest (o[29])
de **fetisj** Fetisch (m[5])
de **fetisjist** Fetischist (m[14])
het/de **feuilleton** Fortsetzungsroman (m[5])
het **fiasco** Fiasko (o[36]), Misserfolg (m[5])
het **fiat** Zustimmung (v[20]), Genehmigung (v[20])
fiatteren genehmigen
het/de **fiche** Spielmarke (v[21]), Fiche (v[27])
de **fictie** Fiktion (v[20])
fictief fiktiv: *fictieve winst* imaginärer Gewinn (m[5])
de **fiducie** Vertrauen (o[39]): *geen ~ in iets hebben*
kein Vertrauen zu[+3] etwas haben[182]
fier stolz
de **fierheid** Stolz (m[19])
de **fiets** Fahrrad (o[32]), Rad (o[32]): *een elektrische
~* ein Elektro(fahr)rad, ein E-Bike; [fig] *wat
heb ik nou aan m'n ~ hangen?* was ist denn
jetzt los?, was ist denn das?
de **fietsband** Fahrradreifen (m[11])

de **fietsbel** Fahrradklingel (v²¹), Klingel (v²¹)
fietsen radeln, Rad fahren¹⁵³
de **fietsenmaker** Fahrradmechaniker (m⁹), Fahrradschlosser (m⁹)
het **fietsenrek** Fahrradständer (m⁹)
de **fietsenstalling** Fahrradstand (m⁶), Fahrradabstellanlage (v²¹)
de **fietser** Radfahrer (m⁹)
het **fietspad** Fahrradweg (m⁵), Radweg (m⁵)
de **fietspomp** Fahrradpumpe (v²¹)
de **fietstas** Packtasche (v²¹)
de **fietstocht** Radtour (v²⁰)
fiftyfifty fifty-fifty, halb und halb, halbpart
de **figurant 1** [theat] Statist (m¹⁴), Komparse (m¹⁵) **2** [fig] Figurant (m¹⁴), Statist (m¹⁴)
figureren 1 [rol vervullen] figurieren **2** [optreden als figurant] statieren
het/de **figuur** Figur (v²⁰): *een goed, mooi ~* ein gute, schöne Figur; *een belangrijk ~* [persoon] eine wichtige Gestalt; *een goed ~ slaan* eine gute Figur machen; *een slecht ~ slaan* eine schlechte Figur abgeben¹⁶⁶
figuurlijk bildlich, übertragen
het **figuurtje** Figur (v²⁰)
de **figuurzaag** Laubsäge (v²¹)
figuurzagen mit einer Laubsäge arbeiten
Fiji Fidschi
de **Fijiër** Fidschianer (m⁹), Fidschianerin (v²²)
Fijisch Fidschianisch
fijn 1 [alg] fein **2** [deftig] fein, vornehm **3** [orthodox] strenggläubig
fijnbesnaard zartbesaitet, zart besaitet
fijngevoelig feinfühlig, feinfühlend
fijnmaken zerkleinern, klein machen
fijnmalen zermahlen
fijnmazig feinmaschig, engmaschig: *~ onderzoek* Rasterfahndung (v²⁰)
de **fijnproever** Feinschmecker (m⁹)
fijnsnijden klein schneiden²⁵⁰
fijntjes: *iets ~ opmerken* etwas verblümt sagen; *ze lachte ~* sie lächelte verschmitzt
de **fikken** Pfoten (mv v²¹)
fiks 1 [flink] tüchtig **2** [hard] derb, kräftig
fiksen hinkriegen, fingern
de **filantroop** Philanthrop (m¹⁴)
filantropisch philanthropisch
de **filatelie** Philatelie (v²⁸)
de **filatelist** Philatelist (m¹⁴)
de **¹file** (zn) **1** [rijdend] Schlange (v²¹): *in een ~ rijden* Kolonne fahren¹⁵³ **2** [stilstaand] Stau (m⁵, m¹³)
de **²file** (zn) [comp] Datei (v²⁰)
fileren filieren³²⁰, filetieren³²⁰
het/de **filet** Filet (o³⁶)
de **filevorming** Stauung (v²⁰), Verkehrsstauung (v²⁰)
filharmonisch philharmonisch
het **filiaal** Filiale (v²¹), Zweigstelle (v²¹)
de **filiaalhouder** Filialleiter (m⁹)
de **Filipijn** Philippiner (m⁹), Philippinerin (v²²)

de **Filipijnen** Philippinen (mv)
Filipijns philippinisch
de **Filipino** Filipino (m¹³), Filipina (v²⁷)
de **film** Film (m⁵): *beschermende ~* Schutzfilm; *een ~ vertonen* einen Film vorführen; *waar draait deze ~?* wo läuft dieser Film?
de **filmacteur** Filmschauspieler (m⁹)
de **filmactrice** Filmschauspielerin (v²²)
de **filmcamera** Filmkamera (v²⁷)
filmen filmen
het **filmhuis** nichtkommerzielle(s) Kino (o³⁶)
de **filmkeuring** Filmzensur (v²⁸)
de **filmmuziek** Filmmusik (v²⁰)
de **filmopname** Filmaufnahme (v²¹)
de **filmregisseur** Filmregisseur (m⁵)
de **filmrol** Filmrolle (v²¹)
de **filmster** Filmstar (m¹³)
filosoferen philosophieren³²⁰
de **filosofie** Philosophie (v²¹)
filosofisch philosophisch
de **filosoof** Philosoph (m¹⁴)
het/de **filter** Filter (m⁹); [techn] Filter (o³³)
filteren filtern
de **filtersigaret** Filterzigarette (v²¹)
het **filterzakje** Filtertüte (v²¹)
filtreren filtern; [vaktaal] filtrieren³²⁰
de **Fin** Finne (m¹⁵), Finnin (v²²)
finaal total, völlig: *hij heeft het ~ bedorven* er hat es völlig verdorben
de **finale** Finale (o³³, o³⁶), Endspiel (o²⁹): *de halve ~* das Halbfinale
de **finalist** Finalist (m¹⁴)
financieel finanziell, Finanz-: *~ beleid* Finanzpolitik (v²⁸)
de **financiën** Finanzen (mv): *mijn ~* meine finanzielle Lage; *minister van Financiën* Finanzminister (m⁹)
de **financier** Finanzier (m¹³) /fienantsjee/
financieren finanzieren³²⁰
de **financiering** Finanzierung (v²⁰)
het **financieringstekort** Haushaltsdefizit (o²⁹)
fineren furnieren³²⁰
de **finesse** Finesse (v²¹)
fingeren fingieren³²⁰, vortäuschen
de **finish 1** [eindstreep] Ziel (o²⁹), Ziellinie (v²¹) **2** [afwerking] Finish (o³⁶)
finishen durchs Ziel gehen¹⁶⁸
Finland Finnland (o³⁹)
Fins finnisch
de **firewall** [comp] Firewall (v²⁷, m¹³)
de **firma** Firma (v, mv: Firmen)
het **firmament** Firmament (o²⁹), Himmel (m⁹)
de **firmant** Gesellschafter (m⁹), Teilhaber (m⁹)
de **fis** Fis (o³⁹ᵃ)
fiscaal Steuer-, fiskalisch, steuerlich
de **fiscus 1** Fiskus (m, 2e nvl: -; mv: Fisken of Fiskusse) **2** [belastingdienst] Finanzamt (o³²)
fit fit: *zich ~ voelen* sich fit fühlen
de **fitness** Fitness (v²⁸)
het **fitnesscentrum** Fitnesscenter (o³³)

de **fitting** [elek] Fassung (v^{20})
het **fixeerbad** Fixierbad (o^{32})
 fixeren fixieren^{320}: *iem.* ~ jmdn. fixieren
de **fjord** Fjord (m^5)
de **flacon** Flakon (m^{13}, o^{36})
 fladderen flattern
 flagrant grob (*gröber, gröbst*), flagrant: *dat is in ~e tegenspraak met ...* das steht in krassem Widerspruch zu ...
 flakkeren flackern
 flamberen flambieren
 flamboyant flamboyant: *de ~e gotiek* der Flamboyantstil
de **flamenco** Flamenco (m^{13})
de **flamingo** Flamingo (m^{13})
het **flanel** Flanell (m^5)
 flaneren flanieren^{320}, bummeln
de **flank** Flanke (v^{21})
 flankeren flankieren^{320}
 flansen: *een opstel in elkaar* ~ einen Aufsatz hinschmieren
de **flap** [van boekomslag] Klappe (v^{21})
de **flapdrol** Waschlappen (m^{11})
het **flapoor** Segel(flieger)ohr (o^{37})
 flappen: *hij flapt er alles uit* er plappert alles heraus
de **flapuit**: *hij is een* ~ er plappert alles heraus
de **flard** Fetzen (m^{11})
de **flashback** Rückblende (v^{21})
de **flat 1** [gebouw] Hochhaus (o^{32}) **2** [wooneenheid] Etagenwohnung (v^{20})
de **flater** Schnitzer (m^9)
het **flatgebouw** Hochhaus (o^{32}); [minder hoog] Apartmenthaus (o^{32})
de **flatscreen** Flatscreen (m^{13}, 2e nvl: ook -), Flachbildschirm (m^5)
 flatteren schmeicheln^{+3}: *een geflatteerd portret* ein geschmeicheltes Bild; *een geflatteerde voorstelling van iets geven* etwas schmeichelhaft darstellen; *een balans* ~ eine Bilanz frisieren^{320}
 flatteus schmeichelhaft
 flauw 1 [flauw smakend] fade, geschmacklos **2** [zwak] flau, matt, schwach: *ik ben* ~ *van de honger* mir ist flau vor Hunger **3** [niet leuk] fade, abgeschmackt: *een ~e grap* ein fader (*of: fauler*) Witz **4** [niet flink] fade: *ik heb geen* ~ *idee* ich habe keine blasse Ahnung || *een ~e bocht* eine sanfte Kurve
de **flauwekul** Quatsch (m^{19}), Mumpitz (m^{19})
de **flauwiteit** dummes Zeug (o^{39})
de **flauwte** Ohnmacht (v^{20}): *een* ~ *krijgen* in Ohnmacht fallen^{154}
 flauwtjes schwach, matt
 flauwvallen in Ohnmacht fallen^{154}
het/de **fleece** Fleece (o^{39a})
het **flensje** (dünner) Pfannkuchen (m^{11})
de **fles** Flasche (v^{21}): *op de* ~ *gaan* Pleite machen
de **flesopener** Flaschenöffner (m^9)
 flessen (jmdn.) beschummeln, beschupsen
de **flessentrekkerij** Schwindel (m^{19})

 flets 1 [niet helder] matt **2** [ongezond] blass^{59}
 fleurig blühend, frisch
 flexibel flexibel
de **flexibiliteit** Flexibilität (v^{28})
de **flexplek** flexibler Arbeitsplatz (m^6) im Desk-Sharing-Konzept
de **flexwerker** flexibel einsetzbarer Mitarbeiter (m^9)
de **flierefluiter** Bummelant (m^{14}), Faulenzer (m^9)
de **flik** [Belg] [pop] Polizist (m^{14}), Wachtmeister (m^9)
 flikflooien liebedienern, lobhudeln
 flikken [klaarspelen] deichseln: *hij zal het hem* ~ er wird es schon schaffen
de **flikker** [inf] [homoseksueel] Schwule(r) (m^{40a}) || [vulg] *iem. op zijn* ~ *geven* jmdm. die Jacke vollhauen^{185}
 flikkeren 1 [m.b.t. kaars, vlam] flackern **2** [m.b.t. ster] flimmern **3** [terugkaatsen van licht] glitzern **4** [gooien] schmeißen^{247}, pfeffern
¹**flink** (bn) **1** [stevig] kräftig: *een ~e jongen* ein kräftiger Junge **2** [vrij groot] ordentlich, tüchtig, stattlich: *~e korting* bedeutender Rabatt (m^5); *een ~e som geld* eine stattliche Summe; *een ~e wandeling* ein ordentlicher Spaziergang **3** [ferm] tapfer: *nog* ~ *voor zijn leeftijd* noch rüstig für sein Alter; *zich* ~ *houden* sich tapfer halten^{183}
²**flink** (bw) [aardig, erg] gehörig, kräftig, ordentlich: ~ *aanpakken* kräftig zupacken
 flinterdun hauchdünn
 flipperen flippern
de **flipperkast** Flipper (m^9)
de **flirt** Flirt (m^{13}), Liebelei (v^{20})
 flirten flirten
de **flits** Blitz (m^5): *~ van een wedstrijd* Ausschnitte eines Spiels; *in een* ~ blitzartig
 flitsen 1 [zich snel voortbewegen] flitzen, spritzen; [van gedachten] durchblitzen, durchfahren^{153} **2** [foto] blitzen || *er flitste een bliksemstraal in de lucht* ein Blitz durchzuckte den Himmel; [bij verkeersovertreding] *geflitst worden* geblitzt werden
 flitsend 1 [modieus vlot] flott **2** [wervelend] spritzig
het **flitslicht** Blitzlicht (o^{31})
de **flitspaal** Starkasten (m^{12}), Starenkasten (m^{12})
de **flodder 1** [wie slordig werkt] Pfuscher (m^9) **2** [slordige vrouw] Schlampe (v^{21}): *losse* ~ Platzpatrone (v^{21})
 flodderig 1 [m.b.t. kleren] schlenkrig **2** [knoeierig, slordig] schlampig, schluderig
 flonkeren funkeln, glitzern
de **flop 1** [mislukking] Flop (m^{13}), Misserfolg (m^5) **2** [sport] Flop (m^{13})
 floppen floppen
de **floppydisk** Floppy Disk (v^{27})

de **flora** Flora (v[27], mv: Floren)
Florence Florenz (o[39])
floreren florieren[320], blühen, gedeihen[167]
het/de **floret** Florett (o[29])
florissant florierend, blühend
de **floss** Zahnseide (v[28])
flossen die Zähne mit Zahnseide reinigen
de **fluctuatie** Fluktuation (v[20]), Schwankung (v[20])
fluctueren fluktuieren[320], schwanken
de **fluim** Schleim (m[5]); [med] Auswurf (m[6])
fluisteren flüstern; [heimelijk] tuscheln
de **fluit 1** [muz] Flöte (v[21]) **2** [stoomfluit, fluitje] Pfeife (v[21]) ‖ *het kan me geen ~ schelen* es ist mir schnuppe
het **fluitconcert 1** [concertstuk] Flötenkonzert (o[29]) **2** [uitfluiting door publiek] Pfeifkonzert (o[29])
fluiten 1 [op fluitje blazen] pfeifen[214] **2** [m.b.t. vogels] flöten, pfeifen[214] **3** [muz] Flöte spielen
de **fluitist** Flötist (m[14]), Flötenspieler (m[9])
het **fluitje 1** [kleine fluit] Pfeife (v[21]) **2** [geluid] Pfiff (m[5])
de **fluitketel** Pfeifkessel (m[9])
het **fluitsignaal** Pfeifsignal (o[29])
het **fluor** Fluor (o[39])
fluorideren fluorieren[320], fluoridieren[320]
het **fluweel** Samt (m[5]): *zo zacht als ~* samtweich
fluwelen samten, Samt…
flyeren Flyer verteilen
de **fly-over** Fly-over (m[13]), Straßenüberführung (v[20])
fnuiken brechen[137]: *dat is ~d* das ist fatal
fnuikend fatal, unheilvoll, ruinös
de **fobie** Phobie (v[21])
het/de **focus** Fokus (m, 2e nvl: -; mv: Fokus(se))
focussen fokussieren
de **FOD** [Belg] afk van *Federale Overheidsdienst* föderative Behörde (v[21])
het **foedraal** Futteral (o[29])
foefelen [Belg] mogeln
het **foefje** Kniff (m[5]), Trick (m[13])
foei pfui, pfui Teufel!
foeilelijk grundhässlich
de **foelie** Muskatblüte (v[21])
foeteren schimpfen (auf[+4])
foetsie futsch
het/de **foetus** Fetus (m[5], 2e nvl: Fetus(ses); mv: Fetusse, ook Feten), Fötus (m[5], 2e nvl: Fötus(ses); mv: Fötusse, ook Föten)
de **foetushouding** Fetushaltung (v[20]), Fötushaltung (v[20])
de **föhn** Föhn (m[5])
föhnen föhnen
de **¹fok** [het fokken] Zucht (v[20]), Züchtung (v[20])
²fok (tw) [uitroep] fuck
fokken züchten: *schapen ~* Schafe züchten
de **fokker** Züchter (m[9])
de **fokkerij 1** Zucht (v[20]) **2** [bedrijf] Züchterei (v[20])

¹fokking (bn, attr) verflucht, verdammt: *een ~ hekel hebben aan iets* einen enormen Ekel vor einer Sache haben
²fokking (bw) enorm, verdammt
de **fokstier** Zuchtstier (m[5]), Zuchtbulle (m[15])
de **folder** Faltblatt (o[32]), Faltprospekt (m[5])
het/de **folie** Folie (v[21])
het **folio** Folio (o[36], mv: ook Folien)
de **folk**, de **folkmuziek** Folk (m[9])
de **folklore** Folklore (v[28])
folkloristisch folkloristisch
de **follow-up 1** [alg] Nachfassen (o[39]), Nachstoßen (o[39]) **2** [nabehandeling patiënt] Nachbehandlung (v[20])
de **folteraar** Folterer (m[9])
folteren foltern: *~de angst* folternde Angst
de **foltering** Folter (v[21]), Folterung (v[20])
de **fondant** Fondant (m[13], o[36])
het **fonds 1** [van uitgever] Verlagsprogramm (o[29]) **2** [vereniging] Kasse (v[21]) **3** [kapitaal] Fonds (m, 2e nvl: -; mv: -): *de nodige ~en* die benötigten Gelder **4** [meervoud; effecten] Wertpapiere (mv o[29])
de **fondue** Fondue (v[27], o[36])
fonduen Fondue essen[152]
de **fonetiek** Phonetik (v[20])
fonetisch phonetisch
fonkelen funkeln, glitzern
fonkelnieuw (funkel)nagelneu
het **font** [comp] Font (m[13])
de **fontein** Springbrunnen (m[11])
de **fooi** Trinkgeld (o[31])
de **foor** [Belg] Jahrmarkt (m[6])
foppen 1 [bij de neus nemen] foppen, zum Narren halten[183] **2** [bedriegen] beschummeln
de **fopspeen** Schnuller (m[9]), Lutscher (m[9])
forceren 1 [doordrijven] forcieren[320], erzwingen[319] **2** [dwingen] zwingen[319] **3** [een deur] aufbrechen[137] **4** [een machine] überlasten
de **forel** Forelle (v[21])
de **forens** Pendler (m[9])
forensisch forensisch: *de ~e psychiatrie* die forensische Psychiatrie
het **forfait** Pauschale (v[21]): [Belg; sport] *~ geven* nicht erscheinen[233]
het **formaat** Format (o[29]): [fig] *een prestatie van ~* eine große Leistung, eine Riesenleistung
formaliseren formalisieren
formalistisch formalistisch
de **formaliteit** Formalität (v[20])
het/de **format** Format (o[36])
de **formateur** mit der Regierungsbildung Beauftragte(r) (m[40a], v[40b])
de **formatie 1** [vorming, samenstelling] Bildung (v[20]), Formation (v[20]) **2** [mil] Formation (v[20]), Verband (m[6])
formatteren formatieren[320]
formeel 1 [wat de vorm betreft] formal **2** [zeer vormelijk] formell, förmlich

formeren [vormen] formen, bilden, gestalten: *een kabinet* ~ ein Kabinett bilden
formidabel formidabel, großartig, gewaltig
de **formule** Formel (v²¹)
de **formule 1** Formel (v²¹) 1
de **formule 1-coureur** Formel-1-Fahrer (m⁹)
formuleren formulieren³²⁰
de **formulering** Formulierung (v²¹)
het **formulier** Formular (o²⁹), Formblatt (o³²)
het **fornuis** Herd (m⁵), Kochherd (m⁵)
fors 1 [krachtig] kräftig, massiv **2** [hevig, energiek] hart, energisch
forsgebouwd kräftig gebaut, stämmig
het **fort** Fort (o³⁶) /foor/
het **fortuin 1** [vermogen] Vermögen (o³⁵) **2** [geluk] Glück (o³⁹)
fortuinlijk glücklich
het **forum** Forum (o, 2e nvl: -s; mv: Foren of Fora)
forumen sich an einem Internetforum beteiligen
het **fosfaat** Phosphat (o²⁹)
het/de **fosfor** Phosphor (m⁵)
het **¹fossiel** (zn) Fossil (o, 2e nvl: -s; mv: -ien)
²fossiel (bn) fossil
de **foto** Foto (o³⁶), Aufnahme (v²¹): *een ~ nemen* ein Foto (*of:* eine Aufnahme) machen
het **fotoalbum** Fotoalbum (o, 2e nvl: -s; mv: Fotoalben)
de **fotofinish** Fotofinish (o³⁶)
fotogeniek fotogen
de **fotograaf** Fotograf (m¹⁴)
fotograferen fotografieren³²⁰
de **fotografie** Fotografie (v²¹)
fotografisch fotografisch
de **fotokopie** Fotokopie (v²¹)
fotokopiëren fotokopieren³²⁰
het **fotomodel** Fotomodell (o²⁹)
de **fotoreportage** Bildbericht (m⁵)
fotoshoppen fotoshoppen
het **fototoestel** Fotoapparat (m⁵), Kamera (v²⁷)
fouilleren durchsuchen: *het* ~ [ook] Leibesvisitation (v²⁰)
de **¹fout** (zn) **1** [misslag, onjuistheid] Fehler (m⁹); [kleine fout] Versehen (o³⁵): *een kleine ~* ein kleiner (*of:* leichter) Fehler; *~en maken* Fehler machen **2** [gebrek] Fehler (m⁹) **3** [bok] Schnitzer (m⁹) **4** [overtreding] Verstoß (m⁶): *kardinale ~* Kardinalfehler; *zonder één ~* fehlerlos
²fout (bn, bw) **1** [niet goed] falsch: [sport] *~e opslag* Fehlaufschlag (m⁶) **2** [onjuist] unrichtig: *een ~e vooronderstelling* eine unrichtige Annahme ‖ *~e humor* geschmackloser Humor
foutief falsch: *een foutieve beslissing* eine Fehlentscheidung; *~ handelen* falsch handeln
foutloos fehlerlos, fehlerfrei
de **foutmelding** Fehlermeldung (v²⁰)

foutparkeren falsch parken
de **foxterriër** Fox (m⁵, 2e nvl: ook -), Foxterrier (m⁹)
de **foxtrot** Foxtrott (m⁵, m¹³)
de **foyer** Foyer (o³⁶)
fraai 1 [mooi] schön **2** [aardig] hübsch, nett
de **fractie 1** [deel] Bruchteil (m⁵) **2** [pol] Fraktion (v²⁰)
de **fractieleider**, de **fractievoorzitter** Fraktionschef (m¹³), Fraktionsführer (m⁹), Fraktionsvorsitzende(r) (m⁴⁰ᵃ, v⁴⁰ᵇ)
de **fractuur** Fraktur (v²⁰)
fragiel fragil, zerbrechlich, zart
het **fragment** Fragment (o²⁹)
fragmentarisch fragmentarisch
de **framboos** Himbeere (v²¹)
het **frame** Rahmen (m¹¹), Gestell (o²⁹)
de **Française** Französin (v²²)
de **franchise 1** [prijsaftrek] Preisabzug (m⁶) **2** [deel inkomen] Freibetrag (m⁶) **3** [economie] Franchise (v²¹)
franco franko, frei; [portvrij] portofrei; [vrachtvrij] frachtfrei
de **franje 1** Franse (v²¹, meestal mv): *met* ~ mit Fransen **2** [overbodige opsiering van een verhaal] Ausschmückung (v²⁰)
de **¹frank** (zn) **1** [Fr, Belg, Luxemburg] Franc (m, 2e nvl: -; mv: -s): *Belgische* ~ belgischer Franc, bfr; *Franse* ~ französischer Franc, F, FF; *Luxemburgse* ~ Luxemburger Franc, lfr **2** [Zwi] Franken (m¹¹): *Zwitserse* ~ Franken, Fr., sFr., sfr(s)
²frank (bn) frank: ~ *en vrij* frank und frei
frankeren frankieren³²⁰, freimachen
de **frankering** Frankierung (v²⁰), Freimachung (v²⁰)
Frankrijk Frankreich (o³⁹)
het **¹Frans** (zn) Französisch (o⁴¹): *hoe heet dat in het ~?* wie heißt das auf Französisch (*of:* im Französischen)?
²Frans (bn) französisch
de **Fransman** Franzose (m¹⁵)
frappant frappant, auffallend
de **frase 1** [volzin] Satz (m⁶) **2** [gezegde] Phrase (v²¹)
de **frater** Frater (m, 2e nvl: -s; mv: Fratres)
de **fratsen** Launen (mv), Schrullen (mv)
de **fraude** Betrug (m¹⁹), Betrügerei (v²⁰)
frauderen betrügen²⁹⁴
de **fraudeur** Betrüger (m⁹)
frauduleus betrügerisch
de **freak** Freak (m¹³)
freelance frei, freiberuflich
de **freelancer** freie(r) Mitarbeiter (m⁹); [zelfstandige] Freiberufler (m⁹): *werken als* ~ freiberuflich arbeiten
de **frees** Fräse (v²¹)
de **freeware** Freeware (v²⁷)
het **fregat** Fregatte (v²¹)
frêle zart, zerbrechlich, fragil
frequent häufig

de **frequentie** Frequenz (v²⁰)

het **fresco** Fresko (o, 2e nvl: -s; mv: Fresken)

de **fresia** Freesie (v²¹)

het/de **fret 1** [dierk] Frett (o²⁹) **2** [boor] Nagelbohrer (m⁹)

freudiaans freudianisch, freudsch: *een ~e verspreking* ein freudscher Versprecher

de **freule** Freifräulein (o³⁵)

frezen fräsen

de **fricandeau** Frikandeau (o³⁶)

de **frictie 1** [wrijving] Friktion (v²⁰), Reibung (v²⁰) **2** [onenigheid] Reiberei (v²⁰), Auseinandersetzung (v²⁰)

friemelen (herum)fummeln (an⁺³)

de ¹**Fries** (zn) [persoon] Friese (m¹⁵), Friesin (v²²)

het ²**Fries** (zn) [taal] Friesisch (o⁴¹)

³**Fries** (bn) friesisch

Friesland Friesland (o)

de **friet** Pommes frites (mv), Pommes (mv): *een ~je speciaal* ± eine Pommes mit Mayo, Zwiebeln und Soße; *een ~je zonder* eine Pommes ohne Mayo

de **frigo** [Belg; inf] Kühlschrank (m⁶)

de **frigobox** [Belg] Kühlbox (v²⁰)

de **frik** Schulmeister (m⁹), Pauker (m⁹)

de **frikadel** Frikadelle (v²¹), Bulette (v²¹)

de **frikandel** (frittierte(s)) Hackfleischröllchen (o³⁵)

fris frisch; [koel ook] kühl

de **frisbee** Frisbee (o, 2e nvl: -(s); mv: -s)

frisbeeën Frisbee spielen

de **frisdrank** Erfrischungsgetränk (o²⁹)

de **frisheid** Frische (v²¹)

frisjes ziemlich frisch

frituren frittieren³²⁰

de **frituur 1** [kraam] Pommesbude (v²¹) **2** [spijs] Frittüre (v²¹) **3** [frituurpan] Fritteuse (v²¹)

de **frituurpan** Frittierpfanne (v²¹); [friteuse] Fritteuse (v²¹)

het **frituurvet** Frittierfett (o²⁹)

frivool frivol

¹**frommelen** (onov ww) [friemelen] fummeln

²**frommelen** (ov ww) [wegstoppen] verstecken, stecken (in⁺⁴)

de **frons** Falte (v²¹), Runzel (v²¹)

fronsen runzeln, falten

het **front** Front (v²⁰)

frontaal frontal: *~ aanzicht* Vorderansicht (v²⁰); *de frontale botsing* der Frontalzusammenstoß

de **frontlijn** Frontlinie (v²¹)

het **fruit** Obst (o³⁹), Früchte (mv v²⁵)

de **fruitautomaat** Spielautomat (m¹⁴)

fruiten rösten, braten¹³⁶, bräunen

het **fruithapje** Obstbrei (m⁵), Früchtebrei (m⁵)

fruitig fruchtig: *~e wijn* blumiger Wein

de **fruitsalade** Fruchtsalat (m⁵), Obstsalat (m⁵)

het **fruitsap** [Belg] Fruchtsaft (m⁶)

de **fruitteler** Obstzüchter (m⁹)

frunniken fummeln, (herum)fingern

de **frustraat** Frustrierte(r) (m⁴⁰ᵃ, v⁴⁰ᵇ)

de **frustratie** Frustration (v²⁰); [inf] Frust (m¹⁹)

frustreren frustrieren³²⁰

de **f-sleutel** F-Schlüssel (m⁹)

de **fte** afk van *fulltime-equivalent* (volle) Planstelle (v²¹)

de **fuchsia** Fuchsie (v²¹)

de **fuga** Fuge (v²¹)

de **fuif** Fete (v²¹), Party (v²⁷)

het **fuifnummer** lustiger Bruder (m¹⁰)

de **fuik** Reuse (v²¹)

het **full colour** im Buntdruck: *een ~ advertentie* eine Anzeige im Buntdruck

fulltime ganztägig: *~ job* Ganztagsarbeit (v²⁰)

de **fulltimer** Vollzeitbeschäftigte(r) (m⁴⁰ᵃ, v⁴⁰ᵇ)

de **functie** Funktion (v²⁰): *buiten ~* außer Dienst; [Belg] *in ~ van* zwecks, je nach, abhängig von

de **functie-eis** Einstellungsvoraussetzung (v²⁰)

de **functionaris** Funktionär (m⁵)

functioneel funktionell

functioneren funktionieren³²⁰

het **fundament** Fundament (o²⁹); [fig] Grundlage (v²¹)

het **fundamentalisme** Fundamentalismus (m¹⁹ᵃ)

de **fundamentalist** Fundamentalist (m¹⁴)

fundamenteel fundamental, grundlegend

funderen 1 [bouwk] fundamentieren³²⁰ **2** [fig] fundieren³²⁰, begründen

de **fundering** Fundament (o²⁹)

funest fatal

fungeren fungieren³²⁰

de **furie** Furie (v²¹)

furieus rasend

de **furore**: *~ maken* Furore machen

fuseren fusionieren³²⁰

de **fusie** Fusion (v²⁰), Zusammenschluss (m⁶): *een ~ aangaan* fusionieren³²⁰

fusilleren füsilieren³²⁰, standrechtlich erschießen²³⁸

de **fusion** Fusionmusik (v²⁸)

het **fust 1** [houten vat] Fass (o³²): *een ~ aanslaan* ein Fass anzapfen **2** [verpakking] Holzverpackung (v²⁰), Metallverpackung (v²⁰)

de **fut 1** [pit] Schwung (m¹⁹) **2** [energie] Energie (v²¹)

futiel futil, unbedeutend, nichtig

de **futiliteit** Futilität (v²⁰), Nichtigkeit (v²⁰)

futloos kraftlos, energielos, schwunglos

het **futsal** Futsal (m¹⁹, m¹⁹ᵃ)

het **futurisme** Futurismus (m¹⁹ᵃ)

futuristisch futuristisch

de **fuut** Haubentaucher (m⁹)

de **fysica** Physik (v²⁸)

de **fysicus** Physiker (m⁹)

het ¹**fysiek** (zn) Konstitution (v²⁰)

²**fysiek** (bn, bw) physisch

de **fysiologie** Physiologie (v[28])
de **fysiotherapeut** Physiotherapeut (m[14])
de **fysiotherapie 1** Physiotherapie (v[28])
   2 [Belg; revalidatie] Rehabilitation (v[20])
   fysisch physikalisch

g

de **g** [letter] g, G (o)

gaaf 1 [ongeschonden] unbeschädigt, makellos **2** [eerlijk] lauter **3** [goed, leuk] toll, irre

gaan [meestal] gehen[168]; [voortbewegen met voertuig] fahren[153]; [met vliegtuig] vliegen[159]; ~ *eten* zu Tisch gehen; [inf] essen gehen; ~ *jagen* jagen gehen; ~ *liggen* sich legen; ~ *slapen* schlafen gehen; ~ *staan* sich stellen; ~ *wandelen* spazieren gehen; ~ *zitten* sich setzen; ~ *zwemmen* schwimmen gehen; *erheen* ~ hingehen; *ervandoor* ~ abhauen[185]; *waar gaat de reis naartoe?* wohin geht die Reise?; *zullen we* ~? gehen wir?; *weet je wat ik ga doen?* weißt du, was ich mache?; *het gaat zo beginnen* es fängt gleich an; *de bel gaat* es klingelt; *om kort te* ~ kurz und gut; *laat maar* ~! lass nur!; *het gaat regenen* es gibt Regen; *hoe gaat het met je?* wie geht es dir?; *naar het buitenland* ~ ins Ausland fahren (*of:* reisen); *dat zal niet* ~ das geht nicht, das wird nicht gehen; *het gaat gewoon niet!* es geht einfach nicht!

gaande: ~ *zijn* im Gang sein[262]; *wat is er* ~? was ist los?; *het gesprek* ~ *houden* das Gespräch in Gang halten[183]

gaandeweg allmählich, nach und nach

gaans: *een uur* ~ eine Wegstunde

gaar gar

de **gaarheid** Gare (v[28])

de **gaarkeuken** Garküche (v[21])

gaarne gern(e)[65]; *heel* ~ sehr (*of:* recht) gern(e)

het **gaas** Gaze (v[21]); [van metaal] Drahtgeflecht (o[29])

de **gabber** Kumpel (m[9]), Kamerad (m[14])

Gabon Gabun (o[39])

de **¹Gabonees** Gabuner (m[9]), Gabunerin (v[22])

²Gabonees (bn) gabunisch

gadeslaan beobachten

de **gading**: *is hier iets van uw* ~? gibt es etwas, was Ihnen gefällt?

de **gaffel 1** [hooi-, mestvork] Gabel (v[21]) **2** [scheepv] Gaffel (v[21])

de **gage 1** [scheepv] Heuer (v[21]) **2** [theat] Gage (v[21])

het **gajes** Gesindel (o[39])

de **gal** Galle (v[21])

het **gala 1** [feest] Fest (o[29]) **2** [kleding] Gala (v[28])

de **gala-avond** Galaabend (m[5])

het **galadiner** Galadiner (o[36])

galant galant, höflich

galavoorstelling Galavorstellung (v[20])

de **galblaas** Gallenblase (v[21])

de **galei** Galeere (v[21])

de **galeislaaf** Galeerensklave (m[15])

de **galerie** Galerie (v[21])

de **galeriehouder** Galerist (m[14])

de **galerij 1** [kunstzaal] Galerie (v[21]) **2** [van gebouw] Galerie (v[21]); [van flat] Laubengang (m[6])

de **galg** Galgen (m[12])

de **galgenhumor** Galgenhumor (m[19])

het **galgenmaal** Henkersmahlzeit (v[20])

de **galm 1** Schall (m[5], m[6]), Hall (m[5]) **2** [klankweerkaatsing] Widerhall (m[5])

¹galmen (onov ww) **1** (er)schallen[231], hallen **2** [weergalmen] widerhallen

²galmen (ov ww) erschallen lassen[197]

de **galop** Galopp (m[5], m[13]): *in* ~ im Galopp; *in gestrekte* ~ in gestrecktem Galopp

galopperen galoppieren[320]

de **galsteen** Gallenstein (m[5])

galvaniseren galvanisieren[320], verzinken

Gambia Gambia (o[39])

de **Gambiaan** Gambier (m[9]), Gambierin (v[22])

Gambiaans gambisch

de **game** Spiel (o[29])

gamen gamen

de **gamepad** Gamepad (o[36])

het/de **gamma 1** [Griekse letter] Gamma (o[36]) **2** [toonladder] Skala (v, mv: Skalen), Tonleiter (v[21])

gammel 1 [m.b.t. meubelstuk] wack(e)lig **2** [vervallen] baufällig **3** [lusteloos] lahm, matt

de **¹gang** (zn) **1** [wijze van gaan] Gang (m[6]), Gangart (v[20]) **2** [loop, tocht] Gang (m[6]): *een* ~ *naar de dokter* ein Gang zum Arzt **3** [van menu] Gang (m[6]): *een diner van zes* ~*en* ein Diner mit sechs Gängen **4** [vaart] Tempo (o[36]): *ga uw* ~ **a)** [doet u maar] machen Sie nur; **b)** [begin maar] nur zu!; **c)** [als men iem. voor laat gaan e.d.] bitte!; *iem. zijn* ~ *laten gaan* jmdn. gewähren lassen[197]; *iem. op* ~ *brengen* jmdn. in Schwung bringen[139]; *op* ~ *komen* in Gang kommen[193]; *aan de* ~ *blijven* nicht aufhören wollen; [iets ook] kein Ende nehmen wollen

de **²gang** (zn) [in gebouw] Gang (m[6]), Flur (m[5]), Korridor (m[5])

gangbaar 1 [m.b.t. geld] gültig **2** [m.b.t. waren] (markt)gängig **3** [m.b.t. uitdrukkingen, woorden] geläufig

het **gangetje 1** [nauwe doorgang] Gässchen (o[35]) **2** [snelheid] Geschwindigkeit (v[20]): *we hebben een aardig* ~ wir fahren ziemlich schnell || *het gaat zo z'n* ~ es geht seinen gewohnten Gang

de **gangmaker** Schrittmacher (m[9])

het **gangpad** Durchgang (m[6])

het **gangreen** Gangrän (v+o)

de **gangster** Gangster (m[9]) /gɛŋstəｒ/

de **¹gans** (zn) Gans (v[25]): [fig] *domme* ~ dumme

Gans
²gans (bn) ganz
³gans (bw) ganz, gänzlich, völlig
het **ganzenbord** Gänsespiel (o²⁹)
de **ganzenlever** Gänseleber (v²¹)
de **ganzenpas** Gänseschritt (m⁵)
gapen 1 [geeuwen] gähnen **2** [dom kijken] gaffen **3** [wijd openstaan] gähnen, klaffen
de **gaper 1** Gähnende(r) (m⁴⁰ᵃ) **2** [wie verwonderd kijkt] Gaffer (m⁹); *zie gapen*
de **gaping 1** [opening] Öffnung (v²⁰) **2** [leemte] Lücke (v²¹) **3** [gat] Loch (o³²) **4** [spleet] Spalt (m⁵)
gappen klauen, stibitzen, mausen
de **garage** Garage (v²¹)
de **garagehouder** Garagenbesitzer (m⁹)
de **garagist 1** [garagehouder] Garagist (m¹⁴) **2** [automonteur] Autoschlosser (m⁹)
garanderen garantieren³²⁰, verbürgen
de **garant** Garant (m¹⁴), Bürge (m¹⁵)
de **garantie** Garantie (v²¹): ~ *geven* Garantie geben¹⁶⁶
het **garantiebewijs** Garantieschein (m⁵)
de **¹garde** [in keuken] Schneebesen (m¹¹)
de **²garde** [mil] Garde (v²¹): *nationale* ~ Nationalgarde (v²¹)
de **garderobe** Garderobe (v²¹)
het **gareel 1** [leren halsjuk] Kummet (o²⁹) **2** [fig] Joch (o²⁹): *in het* ~ *lopen* fügsam sein²⁶²
het **¹garen** (zn) Garn (o²⁹); [getwijnd] Zwirn (m⁵)
²garen (bn) aus Garn; [getwijnd] zwirnen, Zwirn...
de **garf** Garbe (v²¹)
de **garnaal** Garnele (v²¹), Krabbe (v²¹)
de **garnalencocktail** Krabbencocktail (m¹³)
garneren garnieren³²⁰, verzieren³²⁰
de **garnering** Garnierung (v²⁰)
het **garnituur** Garnitur (v²⁰)
het **garnizoen** Garnison (v²⁰)
het **gas** Gas (o²⁹): *vloeibaar* ~ Flüssiggas (o²⁹); ~ *geven* Gas geben¹⁶⁶
de **gasbel 1** [in materiaal] Gasblase (v²¹) **2** [in aardkorst] Erdgasvorkommen (o³⁵)
de **gasbrander** Gasbrenner (m⁹)
de **gasfitter** Gasinstallateur (m⁵)
de **gasfles** Gasflasche (v²¹)
het **gasfornuis** Gas(koch)herd (m⁵)
de **gaskachel** Gasheizofen (m¹²)
de **gaskamer** Gaskammer (v²¹)
de **gaskraan** Gashahn (m⁶)
de **gasleiding** Gasleitung (v²⁰)
het **gaslek** Gasaustritt (m⁵), Gasflucht (v²⁸)
de **gaslucht** Gasgeruch (m⁶)
het **gasmasker** Gasmaske (v²¹)
de **gasmeter** Gaszähler (m⁹), Gasuhr (v²⁰)
het/de **gaspedaal** Gaspedal (o²⁹)
de **gaspit** Gasbrenner (m⁹): *een fornuis met vier* ~*ten* ein vierflammiger Gasherd
het **gasstel** Gasherd (m⁵); [klein] Gaskocher (m⁹)
de **gast** Gast (m⁶): *een rare* ~ ein sonderbarer

Kauz; *als* ~ *optreden* gastieren³²⁰; *(bij iem.) te* ~ *zijn* (bei jmdm.) zu Gast sein²⁶²
de **gastarbeider** Gastarbeiter (m⁹)
het **gastcollege** Gastvorlesung (v²⁰)
het **gastenboek** Gästebuch (o³²)
het **gastgezin 1** [tijdelijk gezin] Gastfamilie (v²¹) **2** [pleeggezin] Pflegefamilie (v²¹)
de **gastheer 1** [heer des huizes, thuisclub] Gastgeber (m⁹) **2** [biol] Wirt (m⁵)
het **gastland 1** [m.b.t. wedstrijden, festivals] Gastgeberland (o³²) **2** [m.b.t. vluchtelingen] Gastland (o³²)
het **gastoptreden** Gastvorstellung (v²⁰)
de **gastrol** Gastrolle (v²¹)
de **gastronomie** Gastronomie (v²⁸)
gastronomisch gastronomisch
de **gastspreker** Gastredner (m⁹)
gastvrij gastfrei, gastlich, gastfreundlich
de **gastvrijheid** Gastfreiheit (v²⁸), Gastfreundschaft (v²⁰)
de **gastvrouw 1** Gastgeberin (v²²) **2** [beroep] Hostess (v²⁰)
gasvormig gasförmig
het **gat 1** [opening] Loch (o³²), Lücke (v²¹): ~ *in de begroting* Haushalt(s)loch (o³²); Haushalt(s)defizit (o²⁹); *er geen* ~ *(meer) in zien* keinen Ausweg sehen²⁶¹ **2** [stadje, dorp] Nest (o³¹), Kuhdorf (o³²) **3** [scheepv] Gatt (o³⁶, o³⁷) **4** [achterste] Loch (o³²), Hintern (m¹¹) **5** [meervoud voor ogen]: *iem. in de* ~*en hebben* jmdn. durchschauen; *iem. scherp in de* ~*en houden* jmdn. scharf im Auge behalten¹⁸³; *iets in de* ~*en krijgen* Wind von etwas bekommen¹⁹³
de **gate** Gate (o³⁹)
gauw 1 [snel] rasch, schnell: *te* ~ *oordelen* vorschnell urteilen **2** [spoedig] bald
de **gauwigheid** Schnelligkeit (v²⁰); [behendigheid] Gewandtheit (v²⁸): *in de* ~ *iets vergeten* in der Eile etwas vergessen²⁹⁹
de **gave** Gabe (v²¹): *milde* ~ milde Gabe; *een man van grote* ~*n* ein sehr begabter Mann
de **¹gay** Gay (m¹³), Schwule(r) (m⁴⁰ᵃ)
²gay (bn) gay (onv), schwul
de **gayscene** Schwulenszene (v²¹), Homoszene (v²¹)
de **Gazastrook** Gazastreifen (m¹¹)
de **gazelle** Gazelle (v²¹)
de **gazet** [Belg] Zeitung (v²⁰)
het **gazon** Rasen (m¹¹)
geaard 1 [m.b.t. inborst] geartet **2** [met aarde verbonden] geerdet
de **geaardheid** Art (v²⁰), Natur (v²⁰), Charakter (m⁵)
geacht geachtet, geehrt, geschätzt: [boven brief] *Geachte heer N.* Sehr geehrter Herr N.
de **geadresseerde** Adressat (m¹⁴)
geaffecteerd affektiert, geziert
geagiteerd erregt, aufgeregt
de **geallieerde** Alliierte(r) (m⁴⁰ᵃ, v⁴⁰ᵇ)
geamuseerd amüsiert, belustigt

geanimeerd animiert, angeregt

gearmd Arm in Arm, untergefasst, eingehängt

geavanceerd fortgeschritten

het **gebaar 1** Gebärde (v²¹) **2** [fig] Geste (v²¹) /geste/: *een mooi* ~ eine noble Geste

het **gebak** Gebäck (o²⁹)

het **gebakje** Törtchen (o³⁵), Teilchen (o³⁵)

gebaren gestikulieren³²⁰

de **gebarentaal** Gebärdensprache (v²¹)

de **gebarentolk** Gebärdendolmetscher (m⁹)

het **gebed** Gebet (o²⁹)

het **gebedel** Bettelei (v²⁰), Gebettel (o³⁹)

de **gebedsgenezer** Gesundbeter (m⁹)

het **gebedskleedje** Gebetsteppich (m⁵)

het **gebeente 1** [beendergestel] Knochenbau (m¹⁹): *wee je* ~! weh dir! **2** [geraamte] Gerippe (o³³)

gebeiteld: *hij zit* ~ er sitzt fest im Sattel; *het zit* ~ die Sache kann nicht mehr schiefgehen

gebekt: *goed* ~ *zijn* ein flinkes Mundwerk haben¹⁸²

het **gebergte** Gebirge (o³³)

gebeten: *op iem.* ~ *zijn* bitterböse auf jmdn. sein²⁶²

het **¹gebeuren** (zn) Geschehen (o³⁵), Ereignis (o²⁹ᵃ), Vorfall (m⁶)

²gebeuren (ww) geschehen¹⁷³, sich ereignen, passieren³²⁰

de **gebeurtenis** Geschehnis (o²⁹ᵃ), Ereignis (o²⁹ᵃ), Vorfall (m⁶), Begebenheit (v²⁰)

het **gebied 1** Gebiet (o²⁹) **2** [afdeling] Bereich (m⁵), Gebiet (o²⁹): *het* ~ *van de literatuur* der Bereich der Literatur **3** [jacht-, mijngebied] Revier (o²⁹)

gebieden 1 [bevelen] gebieten¹³⁰, befehlen¹²² **2** [heersen] herrschen

gebiedend 1 [bevelend] gebieterisch, befehlend **2** [taalk]: *~e wijs* Imperativ (m⁵)

het **gebit** Gebiss (o²⁹): *vals* ~ künstliches Gebiss

het **gebladerte** Laub (o³⁹), Blattwerk (o²⁹), Laubwerk (o²⁹)

het **geblaf** Gebell (o³⁹)

geblesseerd verletzt

de **geblesseerde** Verletzte(r) (m⁴⁰ᵃ, v⁴⁰ᵇ)

geblindeerd gepanzert

gebloemd geblümt

geblokkeerd 1 [afgesloten] blockiert **2** [m.b.t. geld] gesperrt: *~e rekening* Sperrkonto (o³⁶)

geblokt gewürfelt, kariert

gebocheld buck(e)lig

het **gebod** Gebot (o²⁹): *de tien ~en* die Zehn Gebote

gebogen krumm, gekrümmt

gebonden gebunden

de **geboorte** Geburt (v²⁰): *hij is Nederlander van* ~ er ist von Geburt Niederländer; *een Zwollenaar van* ~ aus Zwolle gebürtig

de **geboorteakte** Geburtsschein (m⁵), Geburtsurkunde (v²¹)

de **geboortebeperking** Geburtenbeschränkung (v²⁰)

het **geboortecijfer** Geburtenziffer (v²¹), Geburtenrate (v²¹)

de **geboortedag** Geburtstag (m⁵)

de **geboortedatum** Geburtsdatum (o, mv: Geburtsdaten): *wat is uw* ~? was, wie ist Ihr Geburtsdatum?

de **geboortegolf** Geburtenwelle (v²¹)

het **geboortejaar** Geburtsjahr (o²⁹)

het **geboortekaartje** Geburtsanzeige (v²¹)

het **geboorteland** Geburtsland (o³²), Heimat (v²⁰)

het **geboorteoverschot** Geburtenüberschuss (m⁶)

de **geboorteplaats** Geburtsort (m⁵)

de **geboorteregeling** Geburtenregelung (v²⁰)

het **geboorteregister** Personenstandsbuch (o³²), Geburtenbuch (o³²)

geboortig (+ uit) gebürtig aus

geboren geboren: *Mevrouw G., ~ B.* Frau G. geborene B.; *~ en getogen* geboren und aufgewachsen; *te vroeg ~ kind* Frühgeburt (v²⁰); *~ worden* geboren werden³¹⁰

de **geborgenheid** Geborgenheit (v²⁰)

het **gebouw** Gebäude (o³³)

gebouwd gebaut: *krachtig* ~ kräftig gebaut

het **gebouwencomplex** Gebäudekomplex (m⁵)

gebr. afk van *gebroeders* Gebrüder (mv), Gebr.

het **gebral** Prahlerei (v²⁰), Großsprecherei (v²⁰)

het **gebrek 1** Mangel (m¹⁰); [armoede ook] Not (v²⁸): ~ *aan belangstelling* Mangel an Interesse; ~ *aan geld* [ook] Geldmangel (m¹⁰); ~ *aan parkeerruimte* Parkraumnot (v²⁸); *bij* ~ *aan …* aus Mangel an⁺³ …; *je zult aan niets* ~ *hebben* es wird dir an nichts fehlen; *er heerst hier groot* ~ es herrscht hier große Not; ~ *lijden* Not leiden¹⁹⁹ **2** [tekortkoming] [lichamelijk] Gebrechen (o³⁵) **3** [verzuimen]: *in ~e zijn* versäumen, versagen

gebrekkig 1 [mismaakt] verkrüppelt, gebrechlich **2** [m.b.t. kennis, opleiding, verlichting, verpakking] mangelhaft: *zich* ~ *uitdrukken* sich mangelhaft ausdrücken **3** [onvolledig] unvollständig **4** [onvoldoende] notdürftig: *iets* ~ *herstellen* etwas nur notdürftig ausbessern

de **gebroeders** Gebrüder (mv)

gebroken gebrochen: ~ *Duits spreken* gebrochen Deutsch sprechen²⁷⁴

het **gebruik 1** Gebrauch (m¹⁹), Benutzung (v²⁸), Verwendung (v²⁰); [ter verwerking] Verwertung (v²⁰); [toepassing] Anwendung (v²⁰): *in* ~ *hebben* in (*of:* im) Gebrauch haben¹⁸²; *het* ~ *van geweld* die Anwendung von Gewalt **2** [consumptie] Genuss (m¹⁹) **3** [gewoonte] Brauch (m⁶), Gebrauch (m⁶), Sitte (v²¹): *naar* *oud* ~ nach altem Brauch **4** [hand] Usance (v[21])

gebruikelijk gebräuchlich, üblich, geläufig: *dat is hier algemeen* ~ das ist hier gang und gäbe; *op de* ~*e wijze* auf die übliche Weise

gebruiken 1 [gebruikmaken van] gebrauchen, verwenden, benutzen: *gebruik toch je verstand!* sei doch vernünftig! **2** [een nuttig gebruik maken van] verwerten: *zijn tijd goed* ~ seine Zeit ausnutzen **3** [toepassen] anwenden[308]: *geweld* ~ Gewalt anwenden **4** [nuttigen] einnehmen[212]: *drugs* ~ Drogen konsumieren[320]; *geneesmiddelen* ~ Arzneien (ein)nehmen

de **gebruiker 1** Benutzer (m[9]) **2** [verbruiker] Konsument (m[14]) **3** [m.b.t. drugs] Fixer (m[9])

de **gebruikersnaam** Benutzername (m[15])

gebruikersvriendelijk benutzerfreundlich

gebruikmaken: ~ *van het openbaar vervoer* die öffentlichen Verkehrsmittel benutzen; *van iemands gastvrijheid* ~ jemand(e)s Gastfreundschaft in Anspruch nehmen

de **gebruikmaking** Benutzung (v[20]), Anwendung (v[20]): ~ *van geweld* Gewaltanwendung; *met* ~ *van* unter Benutzung[+2]

de **gebruiksaanwijzing** Gebrauchsanweisung (v[20])

gebruiksklaar gebrauchsfertig

gebruiksvriendelijk benutzerfreundlich, leicht im Gebrauch, in der Anwendung

de **gebruikswaarde** Gebrauchswert (m[5])

gebruind gebräunt

het **gebrul** Gebrüll (o[39]), Brüllen (o[39])

gebukt: ~ *gaan onder zorgen* schwer an seinen Sorgen zu tragen haben; *hij gaat* ~ *onder de verantwoordelijkheid van zijn positie* ihn drückt die Verantwortlichkeit seiner Stellung schwer

gecharmeerd: ~ *zijn van iem.* von jmdm. angetan sein[262]

geciviliseerd zivilisiert

gecompliceerd kompliziert, verwickelt

geconcentreerd konzentriert

gecondenseerd kondensiert

geconserveerd konserviert

gecultiveerd kultiviert

de **gedaagde** Beklagte(r) (m[40a], v[40b])

gedaan: *het is met hem* ~ es ist um ihn geschehen; *het is* ~ *met zijn geduld* es ist aus mit seiner Geduld

de **gedaante 1** [uiterlijk] Gestalt (v[20]) **2** [vorm] Form (v[20]) **3** [voorkomen] äußere Erscheinung (v[20])

de **gedaanteverwisseling** Verwandlung (v[20])

de **gedachte** Gedanke (m[18]): *zijn* ~*n de vrije loop laten* seinen Gedanken freien Lauf lassen[197]; *de* ~ *aan* der Gedanke an[+4]; *in* ~*n verdiept* in Gedanken versunken; *zijn* ~*n over iets laten*

gaan over[+4] etwas nachdenken[140]; *iets in* ~*n houden* [eraan denken] an etwas[4] denken; [er rekening mee houden] etwas berücksichtigen; *van* ~ *veranderen* anderer Meinung werden[310]; *van* ~*n wisselen* Gedanken austauschen, diskutieren

de **gedachtegang** Gedankengang (m[6])

gedachtelezen Gedanken lesen[201]

gedachteloos gedankenlos

de **gedachtenis** Andenken (o[39])

de **gedachtesprong** Gedankensprung (m[6])

de **gedachtewisseling** Gedankenaustausch (m[19])

gedag: *iem.* ~ *zeggen* jmdm. Guten Tag sagen; jmdn. grüßen

de **gedagvaarde** Beklagte(r) (m[40a], v[40b])

gedateerd datiert: ~ *op* datiert vom

gedecideerd dezidiert, entschieden

het **gedeelte** Teil (m[5]): *voor een* ~ zum Teil

¹**gedeeltelijk** (bn) Teil…

²**gedeeltelijk** (bw) zum Teil, teilweise

gedegen gediegen

gedeisd ruhig: *zich* ~ *houden* (sich) kuschen; leisetreten

gedekt gedeckt

de **gedelegeerde** Delegierte(r) (m[40a], v[40b])

gedemotiveerd demotiviert

gedempt gedämpft: ~ *licht* gedämpftes Licht

gedenken gedenken[140+2]

de **gedenksteen** Gedenkstein (m[5]), Denkstein (m[5])

het **gedenkteken** Denkmal (o[32]); [ter ere van iem.] Ehrenmal (o[32])

gedenkwaardig denkwürdig

gedeprimeerd deprimiert, niedergeschlagen

de **gedeputeerde** Deputierte(r) (m[40a], v[40b])

gedesillusioneerd desillusioniert, enttäuscht

gedesoriënteerd desorientiert

gedetailleerd detailliert

de **gedetineerde** Häftling (m[5])

het **gedicht** Gedicht (o[29])

gedienstig gefällig, dienstwillig

gedijen gedeihen[167]

het **geding** [jur] Verfahren (o[35]), Prozess (m[5]): *vonnis in kort* ~ einstweiliger Verfügung (v[20]); *een kort* ~ *aanspannen* eine einstweilige Verfügung beantragen; *door middel van een kort* ~ per einstweilige Verfügung; *in het* ~ *zijn* zur Diskussion stehen[279]

gediplomeerd diplomiert

gedisciplineerd diszipliniert

het **gedistilleerd** Spirituosen (mv v[21])

gedistingeerd distinguiert

gedocumenteerd dokumentiert

het **gedoe** Getue (o[39]); [drukte] Trubel (m[19])

gedoemd verurteilt, verdammt

gedogen 1 [dulden] dulden, zulassen[197] **2** [toelaten] erlauben, gestatten

het **gedonder** Donnern (o[39]): [inf] *daar heb je het ~!* da haben wir die Bescherung!

gedoodverfd haushoch: *de ~e winnaar* der haushohe Favorit

het **gedrag** Benehmen (o[39]); [op schoolrapport] Betragen (o[39]): *sociaal ~* soziales Verhalten; *bewijs van goed ~* Führungszeugnis (o[29a])

¹gedragen (bn) getragen

zich **²gedragen** (wdk ww) sich benehmen[212], sich betragen[288], sich verhalten[183]

de **gedragslijn** Verhaltensregel (v[21]): *een ~ volgen* eine Verhaltensregel befolgen

het **gedragspatroon** Verhaltensmuster (o[33])

de **gedragsregel** Verhaltensregel (v[21])

de **gedragswetenschappen** Verhaltensforschung (v[20])

het **gedrang** Gedränge (o[39]), Gedrängel (o[39]): *in het ~ komen* ins Gedränge kommen[193]

gedreven begeistert, leidenschaftlich

gedrieën zu dritt, zu dreien

het **gedrocht** Scheusal (o[29]), Ungeheuer (o[33])

gedrongen 1 [kort en breed] gedrungen, untersetzt **2** [dicht opeen] gedrängt

het **gedruis 1** Geräusch (o[29]); [sterk] Getöse (o[39]) **2** [lawaai] Lärm (m[19])

gedrukt gedrückt, bedrückt, niedergeschlagen

geducht 1 [gevreesd] gefürchtet **2** [ontzaglijk, hevig] tüchtig, gehörig

het **geduld** Geduld (v[28]): *zijn ~ verliezen* die Geduld verlieren[300]; *mijn ~ is op* meine Geduld ist zu Ende; *~ is een schone zaak* mit Geduld und Zeit kommt man weit

geduldig geduldig; [gelaten] ergeben

gedupeerd düpiert

de **gedupeerde** Düpierte(r) (m[40a], v[40b])

gedurende während⁺²: *~ de voorstelling* während der Vorstellung

gedurfd gewagt, kühn, mutig

gedwee fügsam, folgsam

gedwongen gezwungen: *~ huwelijk* [door omstandigheden gedwongen] Mussehe (v[21]); [door anderen gedwongen] Zwangsverheiratung (v[20]); *~ ontslagen* unfreiwillige Entlassungen; *~ verkoop* Zwangsverkauf (m[6])

het **¹geel** (zn) Gelb (o, 2e nvl: -s; mv: -)

²geel (bn) gelb

de **geelzucht** Gelbsucht (v[28])

geëmancipeerd emanzipiert

geëmotioneerd emotional, emotionell

geen kein[69]: *~ een* kein Einziger; *~ van beiden* [mannelijk] keiner von beiden; [vrouwelijk] keine von beiden; [onzijdig] kein(e)s von beiden; *~ enkel(e)* keinerlei

geeneens nicht (ein)mal

geëngageerd engagiert

geenszins keineswegs, keinesfalls

de **¹geest** Geist (m[7]): *de ~ geven* den Geist aufgeben[166]; *de Heilige Geest* der Heilige Geist; *in de ~ van de wet* nach dem Sinn des Gesetzes; *zich iets voor de ~ halen* sich³ etwas vergegenwärtigen; *voor de ~ komen* in den Sinn kommen[193]; *de ~ krijgen* [inspiratie krijgen] einen Geistesblitz haben

de **²geest** [zandgrond] Geest (v[28])

geestdodend geisttötend

de **geestdrift** Begeisterung (v[28])

geestdriftig begeistert

geestelijk 1 [tegenstelling lichamelijk] geistig **2** [tegenstelling wereldlijk] geistlich

de **geestelijke** Geistliche(r) (m[40a])

de **geestelijkheid** Geistlichkeit (v[28])

de **geestesgesteldheid 1** [instelling] Geisteshaltung (v[20]) **2** [gemoedstoestand] Geistesverfassung (v[28])

het **geesteskind**: *dit project was zijn ~* er war der geistige Vater dieses Projektes

de **geestestoestand** Geisteszustand (m[6])

de **geesteswetenschappen** Geisteswissenschaften (mv): *de beoefenaar der ~* der Geisteswissenschaftler

geestesziek geistesgestört

geestig geistreich; [vol humor ook] witzig

de **geestigheid 1** [grap] Witz (m[5]) **2** [esprit] Witzigkeit (v[28])

geestrijk geistig, (stark) alkoholisch

geestverruimend bewusstseinserweiternd

de **geestverschijning** Geistererscheinung (v[20])

de **geestverwant** Geistesverwandte(r) (m[40a], v[40b])

de **geeuw** Gähnen (o[39])

geeuwen gähnen

de **geeuwhonger** (starkes) Hungergefühl (o[29])

gefaseerd eingeteilt, phasiert

gefingeerd fingiert

geflatteerd geschmeichelt, schmeichelhaft: *een ~ beeld van de situatie* ein beschönigendes Bild der Lage; *een ~e overwinning* ein geschmeichelter Sieg

het **geflirt** Flirterei (v[20])

het **gefluister** Geflüster (o[39]), Raunen (o[39])

het **gefluit** Gepfeife (o[33]), Pfeiferei (v[20]); [van vogels] Flöten (o[35])

geforceerd forciert

gefortuneerd wohlhabend, vermögend

gefrustreerd frustriert

gefundeerd fundiert, begründet

de **gegadigde** Interessent (m[14]); [bij sollicitatie] Bewerber (m[9])

gegarandeerd garantiert, verbürgt

gegeneerd geniert

het **¹gegeven** (zn) **1** [geval, feit] Angabe (v[21]); [bij cijfers] Zahl (v[20]); [meervoud vaak] Daten: *persoonlijke ~s* Personalien (mv); *verwerking van ~s* Datenverarbeitung (v[28]) **2** [wisk] gegebene Größe (v[21]) **3** [bescheiden] Unterlagen (mv v[21])

²gegeven (bn) **1** gegeben: *in de ~ omstandigheden* unter den gegebenen Umständen

2 [bepaald] bestimmt: *op een ~ ogenblik* in einem bestimmten Augenblick

het **gegevensbestand** Datenbestand (m⁶)

de **gegevensverwerking** Datenverarbeitung (v²⁰)

het **gegiechel** Gekicher (o³⁹)

de **gegijzelde** Geisel (v²¹)

het **gegil** Gekreisch (o³⁹)

gegoed begütert, wohlhabend, bemittelt

het **gegoochel** Gaukelei (v²⁰)

gegoten gegossen, Guss...

gegrond begründet, berechtigt: *~e redenen* triftige Gründe; *~ zijn op* beruhen auf⁺³

gehaaid gerieben, durchtrieben, gerissen

het **¹gehaast** (zn) Hast (v²⁸)

²gehaast (bn, bw) eilig; [gejaagd] hastig: *hij is zeer ~* er hat es sehr eilig

gehaat verhasst

het **gehakt** Hackfleisch (o³⁹)

de **gehaktbal** Frikadelle (v²¹)

de **gehaktmolen** Fleischwolf (m⁶); Wolf (m⁶)

het **gehalte** Gehalt (m⁵): *het ~ aan* der Gehalt an⁺³

gehandicapt behindert; [fig] gehandicapt

de **gehandicapte** Behinderte(r) (m⁴⁰ᵃ, v⁴⁰ᵇ): *een geestelijk ~* ein geistig Behinderter

het **gehannes** Gestümper (o³⁹), Stümperei (v²⁰)

gehard 1 [lett] gehärtet **2** [fig] abgehärtet

het **geharrewar** Gezänk (o³⁹), Schererei (v²⁰)

gehavend 1 [van mensen] zerschunden **2** [van kleren] zerrissen, zerfetzt **3** [van goederen] ramponiert **4** [troepen] angeschlagen

gehecht: *~ zijn aan iets* an⁺³ etwas hängen¹⁸⁴; *aan iem. ~ zijn* an jmdm. hängen¹⁸⁴

de **gehechtheid** Anhänglichkeit (v²⁸) (an⁺⁴)

het **¹geheel** (zn) Ganze(s) (o⁴⁰ᶜ): *in zijn ~* in seiner Ganzheit

²geheel (bn) ganz: *het gehele land* das ganze Land

³geheel (bw) ganz, gänzlich, völlig: *~ en al* ganz und gar

de **geheelonthouder** Abstinenzler (m⁹)

geheid bombensicher, (ganz) bestimmt

het **¹geheim** (zn) Geheimnis (o²⁹ᵃ): *in het ~* im Geheimen; *~en voor iem. hebben* Geheimnisse vor jmdm. haben¹⁸²; *hij maakt er geen ~ van* er macht kein(en) Hehl daraus

²geheim (bn, bw) geheim: *~e dienst* Geheimdienst (m⁵)

geheimhouden geheim halten¹⁸³

de **geheimhouding** Geheimhaltung (v²⁸)

het **geheimschrift** Geheimschrift (v²⁰)

de **geheimtaal** Geheimsprache (v²¹)

geheimzinnig geheimnisvoll

de **geheimzinnigheid** Geheimnisvolle(s) (o⁴⁰ᶜ), Rätselhafte(s) (o⁴⁰ᶜ)

het **gehemelte** Gaumen (m¹¹): *het harde ~* der harte Gaumen; *het zachte ~* der weiche Gaumen

het **geheugen 1** Gedächtnis (o²⁹ᵃ): *iets in het ~*

prenten etwas dem Gedächtnis einprägen; *dat ligt nog vers in mijn ~* das haftet mir noch in frischer Erinnerung; *zich iets in het ~ roepen* sich etwas ins Gedächtnis zurückrufen²²⁶ **2** [comp] Speicher (m⁹), Datenspeicher: *intern ~* Zentralspeicher; *gegevens in het ~ opslaan* Daten speichern

de **geheugenkaart** [comp] Speicherkarte (v²¹)

het **geheugensteuntje** Gedächtnisstütze (v²¹)

de **geheugenstick** Memorystick (m¹³)

het **geheugenverlies** Gedächtnisschwund (m¹⁹)

het **gehoor** Gehör (o³⁹); [toehoorders] Zuhörer (mv m⁹): *iem. ~ schenken* jmdm. Gehör schenken; *geen ~ krijgen* [telec] keinen Anschluss bekommen¹⁹³

het **gehoorapparaat** Hörgerät (o²⁹), Hörapparat (m⁵)

het **gehoorbeentje** Gehörknöchelchen (o³⁵)

de **gehoorgang** Gehörgang (m⁶)

gehoorgestoord (ge)hörgeschädigt, schwerhörig

het **gehoororgaan** Gehörorgan (o²⁹), Hörorgan (o²⁹)

de **gehoorsafstand** Hörweite (v²¹): *binnen ~* in Hörweite, in Sprechweite

gehoorzaam gehorsam: *aan iem. ~ zijn* jmdm. gehorsam sein²⁶²

de **gehoorzaamheid** Gehorsam (m¹⁹)

gehoorzamen gehorchen⁺³: *iem. ~* jmdm. gehorchen; *aan de wet ~* das Gesetz befolgen

gehorig hellhörig

gehouden verpflichtet, gehalten

het **gehucht** Weiler (m⁹)

het **gehuil 1** [van mensen] Weinen (o³⁹) **2** [van dieren, storm] Heulen (o³⁹), Geheul (o³⁹)

gehuisvest untergebracht

gehuwd verheiratet: *~e staat* Ehestand (m¹⁹)

de **gehuwde** Verheiratete(r) (m⁴⁰ᵃ, v⁴⁰ᵇ)

de **geigerteller** Geigerzähler (m⁹)

geijkt 1 [lett] geeicht **2** [fig] üblich

geil [inf] geil

geilen [inf] geilen, geil sein²⁶²: *~ op iets, iem.* geil auf etwas, jmdn. sein

geïllustreerd illustriert, bebildert

geïmproviseerd improvisiert

de **gein** Scherz (m⁵), Spaß (m⁶): *voor de ~* zum Spaß

geinig [geestig] witzig; [tof] dufte; [lollig] spaßig

geïnteresseerd interessiert: *~ zijn in* interessiert sein²⁶² an⁺³

de **geïnteresseerde** Interessent (m¹⁴)

de **geïnterneerde** Internierte(r) (m⁴⁰ᵃ, v⁴⁰ᵇ)

het **geintje** Scherz (m⁵), Spaß (m⁶)

de **geiser 1** [toestel] Durchlauferhitzer (m⁹) **2** [hete springbron] Geysir (m⁵), Geiser (m⁹)

de **geisha** Geisha (v²⁷)

de **geit** Ziege (v²¹)

de **geitenkaas** Ziegenkäse (m⁹)

gejaagd gejagt, gehetzt

het **gejammer** Jammern (o[39]), Gejammer(e) (o[39])

het **gejank** Winseln (o[39]), Gewinsel (o[39])

het **gejoel** Gejohl(e) (o[39]), Johlen (o[39])

het **gejuich** Gejauchze (o[39]), Jauchzen (o[39])

de **¹gek** (zn) **1** Narr (m[14]): *iem. voor de ~ houden* jmdn. zum Narren haben[182]; *jmdn. zum Narren halten*[183] **2** [krankzinnige] Irre(r) (m[40a], v[40b]), Verrückte(r) (m[40a], v[40b]) **3** [dwaas] Idiot (m[14]) ‖ *voor ~ lopen* lächerlich aussehen

²gek (bn, bw) **1** verrückt; [sterker] wahnsinnig: *~ van plezier* außer sich[+3] vor Freude; *zich ~ zoeken* suchen wie verrückt; *ik word er ~ van* es macht mich (noch) verrückt; *het is om ~ van te worden* es ist zum Verrücktwerden **2** [dwaas, mal] albern, blöd, töricht: *dat is helemaal geen ~ idee* das ist durchaus keine schlechte Idee; *dat zou niet ~ zijn* das wäre nicht schlecht **3** [grappig] sonderbar, komisch **4** [gesteld op, verzot op] vernarrt in[+4], scharf auf[+4], verrückt auf[+4]: *~ op iem. zijn* in jmdn. vernarrt sein[262] **5** [in combinatie met 'te']: *te ~* toll, flippig, irre; *die film is te ~* der Film ist irre; *dat is te ~ voor woorden* da fehlen mir die (passenden) Worte

gekant: *tegen iets ~ zijn* gegen[+4] etwas sein[262]

gekarteld gekerbt; [m.b.t. munten] gerändelt

gekend [Belg] bekannt; [beroemd ook] namhaft

de **gekheid 1** [dwaasheid] Torheit (v[20]) **2** [onzin] Unsinn (m[19]) **3** [grap] Spaß (m[6]), Scherz (m[5]): *alle ~ op een stokje!* Spaß beiseite!; *zonder ~* ganz ohne Scherz, im Ernst

het **gekibbel** Gezänk (o[39]), Gezanke (o[39])

de **gekkekoeienziekte** Rinderwahn (m[19]), BSE (v[28])

het **gekkenhuis** Irrenanstalt (v[20]), Irrenhaus (o[32])

het **gekkenwerk** Wahnsinn (m[19])

de **gekkigheid** Unsinn (m[19]), Blödsinn (m[19])

het **geklaag 1** Klagen (o[39]) **2** Gejammer (o[39])

het **gekleed 1** gekleidet, angezogen **2** [goed staand, gepast] kleidsam

het **geklets** Geschwätz (o[39])

gekleurd farbig; *~ glas* Farbglas (o[32])

het **geklungel 1** [gepruts] Stümperei (v[20]) **2** [knoeiwerk] Pfuscherei (v[20])

geknipt: *~ voor iets zijn* für[+4] etwas wie geschaffen sein[262]

het **geknoei 1** [slordig werk] Pfuscherei (v[20]), Schlamperei (v[20]) **2** [gemors] Kleckerei (v[20]), Geklecker (o); [met water] Panscherei (v[20]) **3** [oneerlijke praktijken] Schwindelei (v[20]), Schwindel (m[9]); [m.b.t. wijn e.d.] Panscherei (v[20])

het **gekonkelfoes** Kungelei (v[20])

gekostumeerd kostümiert; *~ bal* Kostümball (m[6])

het **gekrakeel** Gezänk (o[39])

het **gekreun** Stöhnen (o[39]), Ächzen (o[39])

het **gekrijs** Gekreisch (o[39]), Kreischen (o[39])

het **gekrioel** Gewimmel (o[39])

gekruid gewürzt, würzig; [fig] würzig, pikant

gekruist gekreuzt: *met ~e armen* mit verschränkten Armen

gekscherend scherzend, scherzhaft

gekuist 1 [m.b.t. taal] gewählt **2** [smaak] fein

gekunsteld gekünstelt, geziert, geschraubt

gekwalificeerd 1 qualifiziert **2** [bevoegd] berechtigt, befugt

het **gekwebbel** Geschwätz (o[39]), Geplapper (o[39])

gekweld gequält, gepeinigt; [minder sterk] geplagt

gekwetst verletzt

de/het **gel** Gel (o[29])

gelaagd geschichtet

gelaarsd gestiefelt

het **gelaat** Antlitz (o[29]), Angesicht (o[31])

de **gelaatskleur** Gesichtsfarbe (v[21])

de **gelaatsscan** Gesichtsscan (m[13], o[36])

de **gelaatstrekken** Gesichtszüge (mv m[6])

de **gelaatsuitdrukking** Gesichtsausdruck (m[6])

het **gelach** Lachen (o[39]), Gelächter (o[33])

geladen geladen; [voertuig] beladen ‖ *een ~ discussie* eine emotional aufgeladene Diskussion; *een ~ stemming* eine gespannte, spannungsgeladene Stimmung

het **gelag** Zeche (v[21]), Rechnung (v[20])

gelakt lackiert

gelasten 1 [bevelen] befehlen[122] **2** [opdragen] auftragen[288] **3** [bepalen] anordnen

de **gelastigde** Beauftragte(r) (m[40a], v[40b])

gelaten [berustend] ergeben

de **gelatine** Gelatine (v[28])

het **geld 1** Geld (o[31]): *contant ~* bares Geld; *gebrek aan ~* Geldmangel (m[19]); *aan zijn ~ komen* zu seinem Geld kommen[193]; *dat kost een hoop ~* das kostet ein Heidengeld; *ergens ~ uit slaan* Geld aus[+3] etwas herausschlagen[241] **2** [munteenheid] Währung (v[20]) **3** [bedrag] Geld (o[31]), Betrag (m[6]) **4** [prijs] Preis (m[5])

de **geldautomaat** Geldautomat (m[14])

de **geldbelegging** Geldanlage (v[21]), Kapitalanlage (v[21])

de **geldboete** Geldstrafe (v[21]), Geldbuße (v[21])

geldelijk finanziell

gelden 1 gelten[170]: *zich doen* (of: *laten*) *~* sich[3] Geltung verschaffen **2** [van toepassing zijn] zutreffen[289] **3** [slaan op] gelten[170+3], betreffen[289]

geldend gültig, geltend

het **geldgebrek** Geldmangel (m[19])

geldig 1 gültig: [m.b.t. wet] *~ zijn* gültig sein[262] **2** [deugdelijk] triftig: *~e reden* triftiger Grund (m[6])

de **geldigheid** Gültigkeit (v[28]); [jur] Rechtswirksamkeit (v[28])

de **geldigheidsduur** Gültigkeitsdauer (v[28])

de **geldingsdrang** Geltungsbedürfnis (o[29a])

de **geldmarkt** Geldmarkt (m[6]): *een ruime* ~ ein flüssiger Geldmarkt

de **geldmiddelen** Geldmittel (mv o[33])

de **geldnood** Geldnot (v[25])

de **geldontwaarding** Geldentwertung (v[20])

de **geldschieter** Geldgeber (m[9])

de **geldsom** Geldsumme (v[21]), Geldbetrag (m[6])

het **geldstuk** Geldstück (o[29])

de **geldverspilling** Geldverschwendung (v[20]), Geldvergeudung (v[20])

de **geldwolf**: *een* ~ *zijn* geldgierig sein[262]

geleden: *lang* ~ vor langer Zeit; *een maand* ~ vor einem Monat; *enige tijd* ~ vor einiger Zeit; *kort* ~ vor Kurzem

de **geleding** 1 [gewricht, verbinding] Gelenk (o[29]), Verbindung (v[20]): *met veel -en* vielgliedrig 2 [onderdeel] Gliederung (v[20]), Schicht (v[20])

geleed gegliedert

geleerd gelehrt

de **geleerde** Gelehrte(r) (m[40a], v[40b])

de **geleerdheid** Gelehrtheit (v[28])

gelegen gelegen: *het komt me nu niet* ~ es passt mir jetzt nicht; *er is mij veel aan* ~ es liegt mir viel daran; *zich aan iem. iets* ~ *laten liggen* sich um jmdn. kümmern; *een mooi* ~ *villa* eine schön gelegene Villa; *die stad is mooi* ~ diese Stadt liegt schön

de **gelegenheid** Gelegenheit (v[20]): *de* ~ *doet zich voor* es bietet sich die Gelegenheit; *hij ging naar een zekere* ~ er ging zur Toilette; *bij* (of: *ter*) ~ *van* anlässlich[+2]; *bij* ~ gelegentlich; *bij feestelijke gelegenheden* zu festlichen Gelegenheiten; *in de* ~ *zijn* in der Lage sein[262]; *iem. in de* ~ *stellen* jmdm. die Gelegenheit bieten[130]; *iets op eigen* ~ *doen* etwas auf eigene Faust tun[295]; *van de* ~ *gebruikmaken* die Gelegenheit nutzen

de **gelegenheidskleding** Gesellschaftskleidung (v[20])

de **gelei** Gelee (m[13], o[36]), Aspik (m[5])

geleid gelenkt: *-e economie* Planwirtschaft (v[20]); ~ *wapen* Lenkwaffe (v[21]); *-e bom* Lenkbombe (v[21])

het **geleide** 1 Geleit (o[29]), Begleitung (v[20]) 2 [mil] Eskorte (v[21])

de **geleidehond** Blindenhund (m[5])

geleidelijk allmählich

geleiden 1 [vergezellen] begleiten 2 [leiden] führen, (ge)leiten 3 [elektriciteit, warmte] leiten

de **geleider** 1 [degene die geleidt] Begleiter (m[9]) 2 [elek] Leiter (m[9])

geletterd gelehrt, studiert, belesen

het **geleuter** Gefasel (o[39]), Geschwätz (o[39])

het **gelid** 1 [gewricht] Gelenk (o[29]) 2 [bot tus-

sen twee gewrichten] Glied (o[31]) **3** [rij soldaten] Reihe (v[21]), Glied (o[31]): *in het* ~ *staan* in Reih und Glied stehen[279]; *de gelederen sluiten* die Reihen schließen[245]

geliefd geliebt, beliebt

de **geliefde** Geliebte(r) (m[40a], v[40b])

de **¹gelieven** (zn, mv) Liebende (mv m[40a], v[40b])

²gelieven (ww) belieben: *gelieve in euro's te betalen* bitte mit Euros zahlen

het **¹gelijk** (zn) Recht (o[29]): ~ *hebben* Recht haben[182]; *hij heeft groot* ~ er hat vollkommen Recht; *iem. in het* ~ *stellen* jmdm. Recht geben[166]; ~ *krijgen* Recht bekommen[193]; ~ *heb je!* das stimmt

²gelijk (bn) gleich, gleich...: *-e hoeveelheden* gleiche Mengen; *~e kansen* Chancengleichheit (v[28]); ~ *spel* Unentschieden (o[35]); *van ~e leeftijd zijn* gleichaltrig sein[262]

³gelijk (bw) **1** gleich: ~ *gekleed* gleich gekleidet **2** [tegelijkertijd] gleichzeitig

⁴gelijk (vw) gleich[+3], wie: ~ *de vogel in de lucht* gleich dem Vogel in der Luft

gelijkaardig [Belg] gleichartig

gelijkbenig gleichschenk(e)lig

de **gelijke** Gleiche(r) (m[40a], v[40b])

gelijkelijk gleich: ~ *verdelen* zu gleichen Teilen verteilen

gelijken gleichen[176+3], ähnlich sehen[261+3], ähnlich sein[262+3], ähneln[+3]: *(nogal) op iem.* ~ jmdm. ähnlich sein

de **gelijkenis** 1 [overeenkomst] Ähnlichkeit (v[20]) 2 [parabel] Parabel (v[21]), Gleichnis (o[29a])

de **gelijkheid** 1 [volkomen overeenkomst] Gleichheit (v[20]) 2 [vlakheid] Ebenheit (v[28]) **3** [van geboorte, stand enz.] Ebenbürtigkeit (v[28]): *op voet van* ~ *met iem. staan* mit jmdm. auf gleichem Fuß stehen[279]

gelijklopen [m.b.t. uurwerk] richtig gehen[168]

gelijkluidend gleich lautend

¹gelijkmaken (onov ww) [sport] den Gleichstand herstellen

²gelijkmaken (ov ww) [van grond] ebnen

de **gelijkmaker** [sport] Ausgleichstor (o[29])

gelijkmatig gleichmäßig

gelijknamig gleichnamig

gelijkschakelen gleichschalten

gelijksoortig gleichartig

het **gelijkspel** Unentschieden (o[35])

gelijkspelen [sport] unentschieden spielen

gelijkstaan gleichkommen[193+3], entsprechen[274+3]; [sport] gleichauf liegen[202]

gelijkstellen (+ met, aan) gleichstellen[+3], gleichstellen mit[+3], gleichsetzen[+3], gleichsetzen mit[+3]

de **gelijkstelling** Gleichstellung (v[20])

de **gelijkstroom** Gleichstrom (m[6])

gelijktijdig gleichzeitig

gelijktrekken [rechttrekken] zurechtziehen[318]: *de lonen* ~ Lohnunterschiede ausgleichen[176]

gelijkvloers im Erdgeschoss, parterre
gelijkvormig gleichförmig: *~e driehoeken* ähnliche Dreiecke (mv o[29])
gelijkwaardig gleichwertig
gelijkzetten [van uurwerk] stellen: ~ *met* stellen nach[+3]
gelijkzijdig gleichseitig
gelinieerd liniiert
de **gelofte** Gelöbnis (o[29a]); [rel] Gelübde (o[33])
gelood verbleit: *gelode benzine* verbleites Benzin
het **geloof** Glaube (m[18]): *het ~ in* der Glaube an[+4]; *een onwankelbaar ~ hebben in* unerschütterlich, heilig glauben an[+4]; *van zijn ~ vallen* vom Glauben abfallen [ook fig]
de **geloofsbelijdenis** Glaubensbekenntnis (o[29a])
de **geloofsleer** Glaubenslehre (v[21])
de **geloofsovertuiging** religiöse Überzeugung (v[20])
geloofwaardig 1 [m.b.t. personen] glaubwürdig **2** [m.b.t. zaken] glaubhaft
het **geloop** Gelaufe (o[39]), Lauferei (v[20])
geloven 1 [vertrouwen stellen in] glauben[+3] **2** [voor waar houden] glauben[+4]: *iem. ~ jmdm.* glauben; *een verhaal ~* eine Geschichte glauben; *zijn ogen niet kunnen ~* seinen Augen nicht trauen; *ik geloof van wel* ich glaube schon; *dat geloof ik ook* das meine ich auch || *eraan moeten ~* dran glauben müssen
gelovig gläubig
de **gelovige** Gläubige(r) (m[40a], v[40b])
het **geluid 1** [nat] Schall (m[5], m[6]) **2** [van stem] Laut (m[5]) **3** [telec] Ton (m[6]) **4** [muz] Ton (m[6]), Klang (m[6])
geluiddempend schalldämpfend
de **geluiddemper** Schalldämpfer (m[9])
geluiddicht schalldicht
geluidloos geräuschlos, lautlos
de **geluidsband** Tonband (o[32])
de **geluidsbarrière** Schallmauer (v[21]), Schallgrenze (v[21])
de **geluidshinder** Lärmbelästigung (v[20])
de **geluidsinstallatie 1** Lautsprecheranlage (v[21]) **2** [voor weergave] Stereoanlage (v[21])
de **geluidsisolatie** Schallisolierung (v[20])
de **geluidsman** Tontechniker (m[9])
de **geluidsmuur** [Belg] Schallmauer (v[21])
de **geluidsoverlast** Lärmbelästigung (v[20])
het **geluidsscherm** Lärmschutzwand (v[25])
de **geluidssterkte** Lautstärke (v[21])
de **geluidswal** Lärmschutzwall (m[6])
de **geluidsweergave** Klangbild (o[31])
het **geluk** Glück (o[29]): *dat is meer ~ dan wijsheid* er hat mehr Glück als Verstand; *dat is een ~ bij een ongeluk* er hat Glück im Unglück; *stom ~ hebben* Schwein haben[182]; *op goed ~* auf gut Glück; *tot mijn ~* zum Glück; *hij mag van ~ spreken* er kann von Glück reden (of: sagen)
gelukkig glücklich: *een ~e gedachte* ein glücklicher Gedanke; *~ was ik er op tijd* zum

Glück (of: glücklicherweise) war ich pünktlich da
de **gelukkige** Glückliche(r) (m[40a], v[40b])
het **geluksgetal** Glückszahl (v[20])
het **gelukstelegram** Glückwunschtelegramm (o[29])
de **geluksvogel** Glückspilz (m[5])
de **gelukwens** Glückwunsch (m[6]), Gratulation (v[20])
gelukwensen: *iem. met iets ~* jmdm. zu[+3] etwas gratulieren[320]
gelukzalig glückselig: *een ~ gevoel* ein Glücksgefühl; *een ~e glimlach* ein glückseliges Lächeln
de **gelukzoeker** Glücksritter (m[9])
het **gelul** [inf] Gefasel (o[39]), Gequassel (o[39]), Gewäsch (o[39])
gemaakt 1 [aanstellerig] affektiert, geziert **2** [geveinsd] gespielt, gekünstelt
de [1]**gemaal** [echtgenoot] Gemahl (m[5]), Gatte (m[15])
het [2]**gemaal** [installatie] Schöpfwerk (o[29])
de **gemachtigde** Bevollmächtigte(r) (m[40a], v[40b])
het **gemak 1** [het gerief] Bequemlichkeit (v[20]), Komfort (m[19]): *zijn ~ (ervan) nemen* es sich[3] bequem machen; *iem. op zijn ~ stellen* jmdn. beruhigen; *zich op zijn ~ voelen* sich behaglich fühlen; *voor het ~* bequemlichkeitshalber; *houd uw ~!* regen Sie sich nicht auf! **2** [gemakkelijkheid] Leichtigkeit (v[28]): *met ~* leicht
gemakkelijk 1 [gerieflijk] bequem: *~e stoel* bequemer Stuhl (m[6]); *het zich ~ maken* es sich[3] bequem machen **2** [niet moeilijk, licht] leicht: *zo ~ als wat* kinderleicht; *het ~ hebben*[182] es leicht haben[182]; *~ te hanteren* handlich; *het valt me ~* es fällt mir leicht **3** [weinig eisend] anspruchslos
gemakshalve bequemlichkeitshalber
de **gemakzucht** Bequemlichkeit (v[20])
gemakzuchtig bequem
de **gemalin** Gemahlin (v[22])
gemankeerd: *een ~e rambo* ein verhinderter Rambo
gemarineerd mariniert, eingelegt
gemaskerd maskiert: *~ bal* Maskenball (m[6])
gematigd gemäßigt; [kalm, bezadigd] maßvoll
de **gember** Ingwer (m[19])
gemeen 1 [laag, min] gemein, niederträchtig **2** [afschuwelijk] scheußlich **3** [gemeenschappelijk] gemeinsam, gemeinschaftlich: *iets met iem. ~ hebben* etwas mit jmdm. gemein haben[182] **4** [gewoon] gemein
gemeend gemeint: *het is ~* es ist mein Ernst
het **gemeengoed** Gemeingut (o[39])
de **gemeenplaats** Gemeinplatz (m[6]), Klischee (o[35])
de **gemeenschap** Gemeinschaft (v[20]): *in ~ van goederen (trouwen)* in Gütergemeinschaft

(heiraten); [Belg] *de Vlaamse Gemeenschap* die Flämische Gemeinschaft

gemeenschappelijk gemeinschaftlich, gemeinsam: ~ *bezit* Gemeinbesitz (m[19])

het **gemeenschapsonderwijs** [Belg] ± öffentlicher Unterricht (m[19])

de **gemeenschapszin** Gemeinsinn (m[5]), Gemeinschaftssinn (m[5])

de **gemeente 1** Gemeinde (v[21]): *kerkelijke* ~ Kirchengemeinde (v[21]); *hoofd van de* ~ Gemeindevorsteher (m[9]) **2** [administratief] Kommune (v[21]) **3** [met stadsrecht] Stadt (v[25])

de **gemeenteambtenaar** Kommunalbeamte(r) (m[40a])

het **gemeentebedrijf** Gemeindebetrieb (m[5]); [van grotere gemeente] städtische(r) Betrieb (m[5])

de **gemeentebelasting** Gemeindesteuer (v[21]), Kommunalabgabe (v[21])

het **gemeentebestuur** Kommunalverwaltung (v[20])

het **gemeentehuis** Rathaus (o[32])

gemeentelijk kommunal, Kommunal…

de **gemeentepolitie** Ortspolizei (v[28])

de **gemeenteraad** Gemeinderat (m[6]); [in stad] Stadtrat (m[6])

het **gemeenteraadslid** Gemeinderatsmitglied (o[31]), Gemeinderat (m[6]); [van stad] Stadtrat (m[6])

de **gemeentereiniging** Gemeindereinigung (v[20])

de **gemeentesecretaris** Gemeindedirektor (m[16]); [in stad] Stadtdirektor

de **gemeenteverordening** Gemeindeverordnung (v[20]), Stadtverordnung (v[20])

de **gemeentewerken** gemeindliche, städtische Bauarbeiten (mv)

de **Gemeentewerken** [de dienst] Gemeindebauamt (o[32]); [van stad] Stadtbauamt (o[32])

gemeenzaam 1 [eigen] vertraut **2** [familiair] vertraulich **3** [alledaags] salopp

gemêleerd meliert; gemischt, bunt

gemengd gemischt: [sport] ~ *dubbel* gemischtes Doppel; *met ~e gevoelens* mit gemischten Gefühlen

gemeubileerd möbliert

gemiddeld im Durchschnitt, im Schnitt, durchschnittlich: *~e prijs* Durchschnittspreis (m[5]); *~e snelheid* Durchschnittsgeschwindigkeit (v[20]); ~ *70 km rijden* im Schnitt 70 km fahren[153]

het **gemiddelde** Durchschnitt (m[5])

het **gemis** Mangel (m[10]): ~ *aan* (of: *van*) vertrouwen Mangel an[+3] Vertrauen; *het kind voelt het* ~ *niet* das Kind fühlt nicht, dass ihm etwas fehlt

het **gemodder 1** [halfslachtig gedoe] Halbheit (v[20]) **2** [gepruts] Gestümper (o[39]), Stümperei (v[20])

het **gemoed** Gemüt (o[31]): *zijn ~ schoot vol* Rührung ergriff ihn; *op iemands ~ werken* jmdm.

ins Gewissen reden; *de ~eren waren verdeeld* die Meinungen gingen auseinander

gemoedelijk gemütlich, umgänglich

de **gemoedsrust** Gemütsruhe (v[28])

de **gemoedstoestand** Gemütsverfassung (v[20])

gemoeid: *uw toekomst is ermee* ~ es geht um Ihre Zukunft; *daar is veel geld mee* ~ das erfordert viel Geld

het **gemompel** Gemurmel (o[39]), Gemunkel (o[39])

het **gemopper,** het **gemor** Murren (o[39])

gemotiveerd 1 [beargumenteerd] begründet **2** [motivatie bezittend] motiviert

gemotoriseerd motorisiert

de **gems** Gämse (v[21])

gemunt: *het op iem.* ~ *hebben* es auf jmdn. abgesehen haben

het **gen** Gen (o[29])

genaamd genannt, namens, mit Namen

de **genade** Gnade (v[21]): *goeie* ~*!* du meine Güte!; *om* ~ *smeken* um Gnade flehen; *om* ~ *vragen* um Gnade bitten[132]

genadeloos gnadenlos

de **genadeslag,** de **genadestoot** Gnadenstoß (m[6]): *iem. de* ~ *geven* **a)** [lett] jmdm. den Gnadenstoß geben[166]; **b)** [fig] jmdm. den Rest geben[166]

genadig gnädig

gênant peinlich, unangenehm

de **gendarme 1** [Oost, Zwi] Gendarm (m[14]) **2** [Belg] Polizist (m[14])

gene jener, jene, jenes: *deze en* ~ dieser und jener; *deze of* ~ irgendeiner; *aan* ~ *zijde van* jenseits[+2]

de **gêne** Verlegenheit (v[20]); Hemmung (v[20])

de **geneesheer** Arzt (m[6]): *~-directeur* Chefarzt

de **geneeskracht** Heilkraft (v[25])

geneeskrachtig heilkräftig

de **geneeskunde** Medizin (v[20])

geneeskundig ärztlich, medizinisch: *~e behandeling* ärztliche Behandlung (v[20]); *~e dienst* Gesundheitsamt (o[32]); *~e faculteit* medizinische Fakultät (v[20]); *~e hulp* ärztliche Hilfe (v[21])

het **geneesmiddel** Heilmittel (o[33]), Medikament (o[29])

genegen 1 [toegenegen] zugetan, gewogen **2** [bereid] bereit, geneigt

de **genegenheid 1** Gewogenheit (v[28]) **2** Bereitschaft (v[20]); *zie genegen*

geneigd geneigt

de [1]**generaal** (zn) General (m[5], m[6])
[2]**generaal** (bn) generell, allgemein, General…

de **generalisatie** Generalisierung (v[20])

generaliseren generalisieren[320]

de **generatie** Generation (v[20])

het **generatieconflict** Generationskonflikt (m[5])

de **generatiekloof** Generationsunterschied

(m⁵)

de **generator** Generator (m¹⁶)
zich **generen** sich genieren³²⁰
   genereren generieren
   genereus generös; großzügig
de **generiek** [Belg; tv, film] **1** [begintitels]
   Vorspann (m⁵, m⁶) **2** [aftiteling] Nachspann
   (m⁵, m⁶)
de **genetica** Genetik (v²⁸), Vererbungslehre
   (v²⁸)
   genetisch genetisch
de **geneugte** Vergnügen (o³⁵), Genuss (m⁶),
   Freude (v²¹)
   Genève Genf (o³⁹): *inwoner van ~* Genfer
   (m⁹); *het meer van ~* der Genfer See
   ¹genezen (onov ww) [m.b.t. zieke] gene-
   sen¹⁷¹; [m.b.t. wond] heilen
   ²genezen (ov ww) heilen: *de dokter geneest
   de zieke* der Arzt heilt den Kranken
de **genezing** Genesung (v²⁰), Heilung (v²⁰)
   geniaal genial: *een ~ idee* eine geniale Idee
de **genialiteit** Genialität (v²⁰)
de **¹genie** [mil] Pioniertruppe (v²¹), Pioniere (mv
   m⁵)
het **²genie** [vernuft, geniaal persoon] Genie (o³⁶)
het **geniep**: *in het ~* heimlich
   geniepig hinterlistig, heimtückisch
   genieten genießen¹⁷²: *een goede gezondheid ~* sich einer guten Gesundheit² erfreu-
   en; *iemands vertrouwen ~* jemands Vertrau-
   en genießen; *van het uitzicht ~* die Aussicht
   genießen; *een salaris ~* ein Gehalt beziehen³¹⁸
de **genieter** Genießer (m⁹)
de **genietroepen** Pioniere (mv m⁵)
de **genitaliën** Genitalien (mv)
de **genodigde** Eingeladene(r) (m⁴⁰ᵃ, v⁴⁰ᵇ), Gast
   (m⁶)
   genoeg genug: *geld ~* Geld genug; *gek ~*
   merkwürdigerweise; *~ daarvan!* lass es gut
   sein!; *ik heb er ~ van* ich habe es satt
de **genoegdoening** Genugtuung (v²⁰)
het **genoegen** Vergnügen (o³⁵), Gefallen (m¹¹),
   Freude (v²¹): *dat doet mij ~* das freut mich;
   doe mij het ~ en ga zitten! tun Sie mir den Gefallen, und setzen Sie sich!; *het is me een ~* es
   ist mir ein Vergnügen; *met ~* mit Vergnügen;
   met iets ~ nemen sich mit³ etwas begnügen;
   is het zo naar ~? ist es so recht?; *tot ons ~
   deelde hij mee, dat ...* zu unserm Vergnügen
   teilte er mit, dass ...; *het was mij een waar ~* es
   war mir ein großes Vergnügen
   genoeglijk 1 vergnüglich **2** gemütlich
   genoegzaam genügend, ausreichend, hinreichend
het **genoom** Genom (o²⁹)
het **genootschap** Gesellschaft (v²⁰), Verein
   (m⁵)
het **genot** Genuss (m⁶); [gelukzaligheid] Wonne
   (v²¹)
het **genotmiddel** Genussmittel (o³³)

het **genre** Genre (o³⁶), Art (v²⁰), Gattung (v²⁰)
de **gentechnologie** Gentechnologie (v²⁸)
de **gentherapie** Gentherapie (v²¹)
de **gentleman** Gentleman (m, 2e nvl: -s; mv:
   Gentlemen)
het **gentlemen's agreement** Gentleman's
   Agreement (o, 2e nvl: - -; mv: - -s)
   genuanceerd nuanciert
   genummerd nummeriert
het **genus** [soort] Gattung (v²⁰); [taalk] Genus
   (v, 2e nvl: -; mv: Genera)
de **geodriehoek** Winkelmesser (m⁹)
   geoefend geübt, geschult
de **geograaf** Geograf (m¹⁴)
de **geografie** Geografie (v²⁸)
   geografisch geografisch
de **geologie** Geologie (v²⁸)
   geologisch geologisch
de **geoloog** Geologe (m¹⁵)
de **geometrie** Geometrie (v²⁸)
   geometrisch geometrisch
   geoorloofd erlaubt, gestattet, zulässig
   georganiseerd organisiert
   Georgië Georgien (o)
de **Georgiër** Georgier (m⁹), Georgierin (v²²)
   Georgisch georgisch
   gepaard gepaart, paarweise: *~ gaan met*
   verbunden sein²⁶² mit³
   gepakt gepackt: *~ en gezakt* mit Sack und
   Pack
   gepantserd [ook fig] gepanzert
   geparfumeerd parfümiert
   gepast 1 [geschikt] passend, angemessen
   2 [betamelijk] korrekt, schicklich **3** [in de
   juiste hoeveelheid] abgezählt: *~ geld* abgezähltes Geld (o³⁹); *heeft u ~ geld?* haben Sie
   es passend?
   gepatenteerd patentiert
het **gepeins** Sinnen (o³⁹), Nachdenken (o³⁹): *hij
   was in ~ verzonken* er war in Gedanken versunken
   gepensioneerd 1 in den Ruhestand versetzt **2** [m.b.t. ambtenaar] pensioniert
de **gepensioneerde** Rentner (m⁹)
   gepeperd [ook fig] gepfeffert
het **gepeupel** Pöbel (m¹⁹), Gesindel (o³⁹), Plebs
   (m¹⁹)
het **gepiep** Gepiepe (o); [bv. deur] Gequietsche
   (o); [fig] Geschrei (o³⁹)
   gepikeerd pikiert, beleidigt
   geplaatst platziert
het **geploeter 1** Schinderei (v²⁰) **2** [getob] Not
   (v²⁵)
   gepokt: *hij is ~ en gemazeld* er ist mit allen
   Hunden gehetzt
het **gepraat** Geplauder (o³⁹), Gerede (o³⁹)
   geprefabriceerd vorgefertigt, vorfabri-
   ziert: *~ huis* Fertighaus (o³²)
   geprikkeld gereizt, irritiert
   geprononceerd prononciert, ausgeprägt
   geraakt 1 [lett] getroffen **2** [beledigd] ge-

kränkt, verletzt **3** [geprikkeld] gereizt

het **geraamte 1** [biol] Skelett (o²⁹) **2** [van vliegtuig, schip] Gerippe (o³³) **3** [ontwerp] Gerüst (o²⁹)

het **geraas** Getose (o³⁹), Getöse (o³⁹)

geradbraakt zerschlagen: *ik voelde me ~* ich fühlte mich (wie) gerädert ‖ *~ Frans* geradebrechtes Französisch

geraden ratsam: *het is ~* es ist ratsam

geraffineerd [ook fig] raffiniert

geraken geraten²¹⁸, kommen¹⁹³, gelangen: *buiten zichzelf ~* außer⁺³ sich geraten; *in moeilijkheden ~* in⁺⁴ Schwierigkeiten kommen; *te water ~* ins Wasser fallen¹⁵⁴; *zie ¹raken*

het **gerammel 1** [van deuren, luiken] Klappern (o³⁹) **2** [van metalen voorwerpen] Rasseln (o³⁹) **3** [van voertuig] Gerumpel (o³⁹) **4** [van glas, metaal] Klirren (o³⁹) **5** [op piano] Klimpern (o³⁹)

de **geranium** Geranie (v²¹)

de **gerant** Geschäftsführer (m⁹)

geraspt geraspelt; [kaas] gerieben

het **¹gerecht** (zn) **1** [spijs] Gericht (o²⁹) **2** [jur] Gericht (o²⁹)

²gerecht (bn) [billijk] gerecht

gerechtelijk gerichtlich, Gerichts…: *iem. ~ vervolgen* gerichtlich gegen jmdn. vorgehen¹⁶⁸; *langs ~e weg* auf dem Rechtsweg; [Belg; jur] *~e politie* Kriminalpolizei (v²⁸)

gerechtigd berechtigt, befugt

de **gerechtigheid** Gerechtigkeit (v²⁰)

het **gerechtshof** Gerichtshof (m⁶)

gerechtvaardigd berechtigt, gerechtfertigt: *een ~e eis* eine berechtigte Forderung

gereed 1 [klaar] fertig: *~ voor het gebruik* gebrauchsfertig **2** [bereid] bereit: *~ om te starten* startbereit **3** [contant] bar

de **gereedheid** Bereitschaft (v²⁰): *in ~ brengen* fertig machen

gereedkomen fertig werden³¹⁰: *met iets ~* etwas beenden

gereedmaken fertig machen; [van eten] zubereiten: *bedden ~* Betten machen; *zich ~ om te vertrekken* sich zum Gehen anschicken

het **gereedschap** Werkzeug (o²⁹), Gerät (o²⁹)

de **gereedschapskist** Werkzeugkasten (m¹²)

gereedstaan 1 [m.b.t. personen] sich bereithalten¹⁸³ **2** [m.b.t. zaken] bereitstehen²⁷⁹ **3** [op het punt staan] im Begriff sein²⁶²

gereformeerd reformiert

geregeld 1 [ordelijk] geordnet, geregelt **2** [regelmatig] regelmäßig, ständig

het **gerei** Gerät (o²⁹), Zeug (o³⁹)

geremd befangen, gehemmt

gerenommeerd renommiert

gereserveerd reserviert

het **¹gericht** (zn) [Bijb] Gericht (o²⁹): *het jongste ~* das Jüngste (of: Letzte) Gericht

²gericht (bn, bw) gerichtet (auf⁺⁴): *iem. ~ helpen* jmdm. gezielt helfen¹⁸⁸

het **gerief 1** Bequemlichkeit (v²⁰), Komfort (m¹⁹) **2** [Belg; gerei] Gerät (o²⁹), Zeug (o³⁹): *keuken~* Küchengeräte (mv o²⁹); *Küchengeschirr* (o³⁹); *schrijf~* Schreibzeug (o³⁹)

gerieflijk bequem, behaglich, komfortabel

gerimpeld 1 [m.b.t. huid, fruit] gerunzelt **2** [m.b.t. stoffen, wateroppervlak] gekräuselt

gering gering; [onbelangrijk] geringfügig

geringschattend geringschätzig

het **geritsel** Rascheln (o³⁹); [van zijde] Rauschen (o³⁹)

de **Germaan** Germane (m¹⁵), Germanin (v²²)

Germaans germanisch

het **gerochel** Geröchel (o³⁹)

het **geroddel** Klatsch (m¹⁹), Tratsch (m¹⁹)

het **geroep** Rufen (o³⁹)

geroepen: *~ zijn* berufen sein²⁶²

het **geroezemoes** Stimmengewirr (o²⁹)

het **gerommel 1** [van donder] Grollen (o³⁹) **2** [van ingewanden] Knurren (o³⁹), Rummeln (o³⁹) **3** [in papieren e.d.] Herumkramen (o³⁹)

geronnen geronnen

gerookt geräuchert: *~e paling* Räucheraal (m⁵)

geroutineerd routiniert

de **gerst** Gerste (v²¹)

het **gerucht** Gerücht (o²⁹): *bij ~e iets weten* vom Hörensagen etwas wissen; *valse ~en* falsche Gerüchte

geruchtmakend aufsehenerregend

geruim geraum: *~e tijd* geraume Zeit

geruisloos geräuschlos

geruit kariert, gewürfelt

gerust ruhig: *met een ~ geweten* mit ruhigem Gewissen; *wees maar ~!* mach dir keine Sorgen!; *ik ben er nog niet ~ op, dat …* ich bin noch nicht sicher, dass …; [Belg] *iem. ~ laten* jmdn. in Ruhe lassen¹⁹⁷

geruststellen beruhigen

geruststellend beruhigend

de **geruststelling** Beruhigung (v²⁰)

het **geruzie** Streiterei (v²⁰), Gestreite (o)

het **geschater** (schallendes) Gelächter (o³³)

gescheiden geschieden, getrennt

het **geschenk** Geschenk (o²⁹): *iem. iets ten ~e geven* jmdm. etwas schenken; *een ~ aan iem. geven* jmdm. ein Geschenk geben, jmdn. beschenken; *iets ten ~e krijgen* etwas geschenkt bekommen¹⁹³

geschieden 1 geschehen¹⁷³ **2** [afgewikkeld worden] sich vollziehen³¹⁸

de **geschiedenis** Geschichte (v²¹)

geschiedkundig Geschichts-, historisch

de **geschiedvervalsing** Geschichtsfälschung (v²⁰)

geschift: *hij is ~* er ist bekloppt

geschikt 1 [aangenaam in omgang] nett, umgänglich: *hij is heel ~* er ist sehr nett **2** [bruikbaar] tauglich, geeignet

de **geschiktheid** Eignung (v²⁸): *onderzoek naar*

de ~ Eignungsprüfung (v^{20})

het **geschil** Streit (m^5)

geschoold geschult; [m.b.t. vaklieden] gelernt

het **geschreeuw** Geschrei (o^{39}), Schreien (o^{39})

het **geschrift** Schriftstück (o^{29}), Dokument (o^{29})

het **geschut** Geschütz (o^{29}): [fig] *met grof* ~ *beginnen* grobes Geschütz auffahren[153]

de **gesel** [ook fig] Geißel (v^{21})

geselen geißeln

de **geseling** Geiß(e)lung (v^{20})

gesetteld [individu] arriviert; [groep] etabliert

gesitueerd situiert, gestellt: *beter* ~*e* Bessergestellte(r) (m^{40a}, v^{40b}); Wohlhabende(r) (m^{40a}, v^{40b})

het **gesjoemel** Betrügerei (v^{20})

geslaagd 1 [mbt personen] erfolgreich **2** [mbt zaken] gelungen, erfolgreich

het **geslacht** Geschlecht (o^{31}); [biol] Gattung (v^{20}): *het tegenwoordige* ~ die heutige Generation

geslachtelijk geschlechtlich

de **geslachtsdaad** Geschlechtsakt (m^5)

het **geslachtsdeel** Geschlechtsteil (m^5, o^{29})

de **geslachtsdrift** Geschlechtstrieb (m^{19})

de **geslachtsgemeenschap** Geschlechtsverkehr (m^{19})

het **geslachtsorgaan** Geschlechtsorgan (o^{29})

de **geslachtsverandering** Geschlechtsumwandlung (v^{20})

het **geslachtsverkeer** Geschlechtsverkehr (m^{19})

de **geslachtsziekte** Geschlechtskrankheit (v^{20})

geslepen [fig] gerieben, durchtrieben, raffiniert: *een* ~ *bedrieger* ein raffinierter Betrüger

gesloten 1 [niet geopend] (ab)geschlossen: ~ *(jacht-, vis)seizoen* Schonzeit (v^{20}) **2** [niet openhartig] verschlossen ‖ ~ *vragen* geschlossene Fragen

gesluierd 1 [met sluier] verschleiert **2** [van stem] verschleiert **3** [m.b.t. lucht] neblig, diesig

gesmeerd: *het gaat als* ~ es läuft wie am Schnürchen

het **gesnauw** Anschnauzen (o^{39}), Anfahren (o^{39})

het **gesnik** Schluchzen (o^{39})

het **gesoebat** Gebettel (o^{39}), Bettelei (v^{20})

gesorteerd (as)sortiert: *goed* ~ gut assortiert

de **gesp** Schnalle (v^{21}), Spange (v^{21})

gespannen gespannt

gespecialiseerd spezialisiert (auf^{+4})

gespeend: *niet van humor* ~ nicht ohne Humor

gespen schnallen

gespierd muskulös; [fig] kräftig

gespitst: *op iets* ~ *zijn* sich auf^{+4} etwas spitzen

gespleten gespalten

het **gesprek** [mondeling onderhoud] Gespräch (o^{29}), Besprechung (v^{20}); [conversatie] Unterhaltung (v^{20}); [onderhoud] Unterredung (v^{20}): *een* ~ *aanknopen* ein Gespräch anknüpfen; *een* ~ *voeren* ein Gespräch führen; *met iem. in* ~ *zijn* sich mit jmdm. unterhalten[183]; [onderhandelen] mit jmdm. verhandeln; *het* ~ *kwam op hem* wir kamen auf ihn zu sprechen; [telec] *in* ~ besetzt

de **gesprekskosten** Gesprächsgebühren (mv)

de **gespreksleider** Diskussionsleiter (m^9)

de **gesprekspartner** Gesprächspartner (m^9)

de **gespreksstof** Gesprächsstoff (m^5)

het **gespuis** Gesindel (o^{39}), Gelichter (o^{39}), Pack (o^{39})

gestaag, gestadig fortwährend, unaufhörlich; [zonder onderbreking] unausgesetzt; [bestendig] beständig: *gestage arbeid* stete Arbeit (v^{20})

de **gestalte** Gestalt (v^{20}): ~ *geven aan iets* einer Sache Gestalt geben[166]; ~ *krijgen* Gestalt annehmen[212]

gestampt gestampft; [tot poeder] gestoßen

het/de **gestand**: *zijn belofte* ~ *doen* sein Versprechen halten[183]; *zijn woord* ~ *doen* sein Wort halten

gestationeerd stationiert: [mil] ~ *zijn in* seinen Standort haben[182] in^{+3}

de **geste** Geste (v^{21}), Gebärde (v^{21})

het **gesteente** Gestein (o^{29})

het **gestel 1** [samenstel van delen] Organismus (m, 2e nvl: -; mv: Organismen) **2** [lichamelijke constitutie] Konstitution (v^{20}), Gesundheit (v^{28})

gesteld: *het is treurig met het project* ~ es ist traurig um den Plan bestellt; *op iem.* ~ *zijn* jmdn. gern mögen[210]; *hij is op orde en netheid* ~ er hält auf Ordnung und Sauberkeit; *hij is op zijn rust* ~ er liebt seine Ruhe

de **gesteldheid** Beschaffenheit (v^{28}), Zustand (m^6)

gestemd gelaunt, gestimmt, aufgelegt

gesteriliseerd sterilisiert

het **gesticht** Anstalt (v^{20})

gesticuleren gestikulieren[320]

gestoffeerd 1 [meubels] Polster-, gepolstert **2** [kamer] ausgestattet

gestoord gestört; [geestelijk abnormaal] geistig gestört

gestreept gestreift

gestrekt [m.b.t. galop, hoek] gestreckt

gestrest gestresst

gestroomlijnd stromlinienförmig

gestuukt: ~ *plafond* Stuckdecke (v^{21})

het **gesuis** Sausen (o^{39}), Brausen (o^{39})

het **gesukkel 1** [met gezondheid] Kränkeln (o^{39}) **2** [met werk] Gestümper (o^{39}), Stümperei (v^{20})

het **getal** Zahl (v^{20}), Anzahl (v^{20}); [wisk, taalk] Numerus (m, 2e nvl: -; mv: Numeri): *in groten ~e* in großer Zahl; *ten ~e van 100* 100 an der Zahl

getalenteerd talentiert

de **getallenreeks** Zahlenreihe (v^{21})

het **getalm** Zaudern (o^{39}), Gezauder (o^{39})

getalsmatig zahlenmäßig

getand 1 [m.b.t. mond] mit Zähnen **2** [m.b.t. blad, postzegel] gezahnt, gezähnt **3** [m.b.t. rotsen, bergen] gezackt

getapt beliebt, gern gesehen

het **geteisem** Pack (o^{39}), Gesocks (o)

het **getier** Gebrüll (o^{39})

het **getij** [scheepv] Tide (v^{21}): *de ~den* die Gezeiten

het **getik** Ticken (o^{39}); [met vinger ook] Tippen (o^{39})

getikt 1 [niet goed snik] nicht bei Trost, bekloppt, übergeschnappt **2** [getypt] getippt

getint 1 getönt **2** [figuurlijk] gefärbt

het **getintel** [geflonker] Gefunkel (o^{39}), Glitzern (o^{39}); [in de vingers] Prickeln (o^{39})

getiteld mit dem Titel, betitelt

het **getjilp** Gezwitscher (o^{39}), Zwitschern (o^{39})

het **getob** Grübelei (v^{20}), Gegrübel (o^{39}); [moeite] Mühsal (v^{23}): *het is een ~* es ist eine Plage

getralied vergittert: *~e poort* Gittertor (o^{29})

getrapt gestuft: *~e verkiezingen* indirekte Wahlen

getraumatiseerd traumatisiert

getroebleerd nicht recht bei Trost, konfus

getroffen betroffen, getroffen

het **getrommel** Trommeln (o^{39})

getroosten: *zich inspanningen ~* sich viel Mühe geben^{166}; *zich opofferingen ~* keine Opfer scheuen

getrouw treu, getreu

getrouwd verheiratet

de **getrouwe** Getreue(r) (m^{40a}, v^{40b})

het **getto** Getto (o^{36})

de **gettoblaster** Gettoblaster (m^9)

de ^{1}**getuige** (zn) [man] Zeuge (m^{15}); [vrouw] Zeugin (v^{22})

^{2}**getuige** (vz) aufgrund^{+2}, auf Grund^{+2}, wie … beweist

de **getuige-deskundige** Sachverständige(r) (m^{40a})

^{1}**getuigen** (onov ww) zeugen: *tegen iem. ~* gegen jmdn. zeugen; *voor iem. ~* für jmdn. zeugen

^{2}**getuigen** (ov ww) bezeugen: *ik kan ~ dat hij in de schouwburg was* ich kann bezeugen, dass er im Theater war

het/de **getuigenis** Zeugnis (o^{29a}); [jur] Aussage (v^{21})

het **getuigenverhoor** Zeugenvernehmung (v^{20})

de **getuigenverklaring** Zeugenaussage (v^{21})

het **getuigschrift** Zeugnis (o^{29a})

de **geul 1** [alg] Rinne (v^{21}) **2** [gleuf] Rille (v^{21}) **3** [van rivier] Flussbett (o^{37}) **4** [vaargeul] Fahrrinne (v^{21})

geüniformeerd uniformiert

de **geur** Duft (m^6), Geruch (m^6); [van wijn, ook] Bukett (o^{29}, o^{36}), Blume (v^{21}): *in ~en en kleuren* mit^{+3} allen Einzelheiten

geuren duften, riechen^{223}

geurig duftend

de **geus** [hist] Geuse (m^{15})

het **gevaar** Gefahr (v^{20}): *er dreigt ~* es droht Gefahr; *in ~ brengen* in^{+4} Gefahr bringen^{139}; gefährden; *het in ~ brengen* Gefährdung (v^{20}); *met ~ voor eigen leven* mit^{+3} (of: unter^{+3}) Gefahr des eigenen Lebens

gevaarlijk gefährlich

het **gevaarte** Ungetüm (o^{29})

het **geval 1** [toestand, omstandigheid] Fall (m^6): *in alle ~, in ieder ~* auf jeden Fall; *in geen ~* keinesfalls; *in ~ van brand* wenn's brennt; *in ~ van nood* im Notfall; *in ~ van overlijden* im Sterbefall; *in ~ van twijfel* im Zweifelsfall; *van ~ tot ~* von^{+3} Fall zu^{+3} Fall; *voor het ~ dat hij belt* falls er anruft **2** [voorval] Vorfall (m^6), Geschichte (v^{21}) **3** [toeval] Zufall (m^6)

gevangen gefangen; [gearresteerd] verhaftet

de **gevangenbewaarder** Gefangenenaufseher (m^9)

de **gevangene** Gefangene(r) (m^{40a}, v^{40b}), Häftling (m^5)

gevangenhouden gefangen halten^{183}

de **gevangenis** Gefängnis (o^{29a}), Strafanstalt (v^{20})

de **gevangenisstraf** Freiheitsstrafe (v^{21}), Gefängnisstrafe (v^{21})

gevangennemen verhaften, festnehmen^{212}

de **gevangenneming** Verhaftung (v^{20}), Festnahme (v^{21})

de **gevangenschap** Haft (v^{28}), Gefangenschaft (v^{28})

gevangenzetten festnehmen^{212}, einsperren

de **gevarendriehoek** Warndreieck (o^{29})

gevat schlagfertig

het **gevecht** Gefecht (o^{29}), Kampf (m^6); [tussen groepen] Treffen (o^{35}): *buiten ~ stellen* außer^{+3} Gefecht setzen; *~ op leven en dood* Kampf auf^{+4} Leben und Tod

het **gevechtsvliegtuig** Kampfflugzeug (o^{29})

geveinsd 1 [m.b.t. zaken] geheuchelt, erheuchelt **2** [m.b.t. personen] heuchlerisch

de **gevel 1** [topgevel] Giebel (m^9) **2** [voorzijde] Front (v^{20}), Fassade (v^{21})

geven 1 [alg] geben^{166}: *wat geeft het of ze haar best doet* was nützt es, dass sie sich anstrengt; *dat geeft niets* a) [brengt niets op] das bringt nichts; b) [is niet erg] das macht nichts; *men zou hem geen 50 jaar ~* man sieht ihm seine 50 Jahre nicht an; *niets om iem. ~*

sich[3] nichts aus jmdm. machen; *niets om sport* ~ sich[3] nichts aus Sport machen **2** [schenken] spenden: *bloed* ~ Blut spenden

de **gever** Geber (m[9]); [schenker] Spender (m[9])

gevestigd fest: *een ~e mening* eine feste Meinung; *een ~e reputatie* ein guter Ruf

gevierd gefeiert

gevlekt gefleckt, fleckig; [m.b.t. dieren] scheckig

gevleugeld geflügelt

het **gevlij**: *bij iem. in het ~ komen* sich bei jmdm. einschmeicheln

gevoeglijk mit Fug und Recht; [gerust] ruhig

het **gevoel** Gefühl (o[29]); [gewaarwording] Empfindung (v[20]): *~ hebben voor* Gefühl haben für[+4]

het **¹gevoelen** (zn) **1** [oordeel] Meinung (v[20]), Ansicht (v[20]) **2** [gevoel] Gefühl (o[29]): *met gemengde ~s* mit gemischten Gefühlen

²gevoelen (ww) fühlen, empfinden[157]; [merken] spüren: *zich doen ~* sich fühlbar machen

gevoelig 1 [m.b.t. balans, kou, lichaamsdeel, verlies] empfindlich: *mijn huid is zeer ~* meine Haut ist sehr empfindlich; *een ~ mens* ein sensibler Mensch; *~e slag* empfindlicher Schlag (m[6]); *~e wond* schmerzhafte Wunde (v[21]); [muz] *~ spelen* mit Gefühl spielen **2** [foto] (licht)empfindlich

gevoelloos 1 [zonder gevoel] gefühllos: *een ~ mens* ein gefühlloser Mensch; *~ voor kou* unempfindlich gegen[+4] Kälte **2** [m.b.t. lichaamsdelen] taub, empfindungslos

het **gevoelsleven** Gefühlsleben (o[39])

gevoelsmatig gefühlsmäßig

de **gevoelsmens** Gefühlsmensch (m[14])

de **gevoelstemperatuur** gefühlte Temperatur (v[20])

de **gevoelswaarde** Gefühlswert (m[5])

het **gevogelte 1** [alle vogels] Vögel (mv m[10]) **2** [pluimvee] Geflügel (o[33])

het **gevolg 1** [stoet, volgelingen] Gefolge (o[33]) **2** [uitvloeisel, resultaat] Folge (v[21]): *noodlottige ~en hebben* fatale Folgen haben[182]; *met het ~ dat …* mit der Folge, dass …; *met goed ~* mit Erfolg; *ten ~e hebben* zur Folge haben[182]; *ten ~e van* infolge[+2] **3** [gehoor] Folge (v[21]): *~ geven aan een uitnodiging* einer[3] Einladung Folge leisten

de **gevolgtrekking** Folgerung (v[20]), Schluss (m[6])

gevolmachtigd bevollmächtigt: *~e Bevollmächtigte(r) (m[40a], v[40b]); *bijzondere ~e* Sonderbeauftragte(r) (m[40a], v[40b])

gevorderd: *op ~e leeftijd* in vorgerücktem Alter

gevraagd 1 [begeerd, gezocht] begehrt, gesucht, gefragt: *een ~ artikel* ein sehr gesuchter Artikel; *voor direct ~* für sofort gesucht **2** [verzocht] erbeten, verlangt

gevreesd gefürchtet

gevuld 1 [m.b.t. lichaamsdelen] prall **2** [m.b.t. gezicht, boezem] voll **3** [m.b.t. bloemen, bonbons, gebak, pastei] gefüllt

het **gewaad** Gewand (o[32])

gewaagd gewagt, riskant; [moedig] kühn

gewaardeerd geehrt, geschätzt; anerkannt

gewaarworden 1 [zien] bemerken, gewahr werden[310] [soms[+2]] **2** [merken, beseffen] merken, erkennen[189] **3** [ondervinden] spüren

de **gewaarwording** Empfindung (v[20])

het **gewag**: *~ van iets maken* etwas erwähnen

gewapend 1 [alg, mil] bewaffnet **2** [toegerust] gerüstet **3** [techn] armiert

gewapenderhand mit Waffengewalt

het **gewas** Gewächs (o[29])

gewatteerd wattiert: *~e deken* Steppdecke (v[21])

het **gewauwel** Geschwätz (o[39]), Gefasel (o[39])

het **geweer** Gewehr (o[29]); [jachtgeweer] Flinte (v[21])

het **geweervuur** Gewehrfeuer (o[39])

het **gewei** Geweih (o[29])

het **geweld** Gewalt (v[20]): *~ gebruiken* Gewalt gebrauchen; *huiselijk ~* Gewalt in der Familie; *zinloos ~* sinnlose Gewalt; *iem. ~ aandoen* jmdm. Gewalt antun[295]; *een meisje ~ aandoen* einem Mädchen Gewalt antun, ein Mädchen vergewaltigen; *de waarheid ~ aandoen* der Wahrheit[3] Gewalt antun[295]; *zichzelf ~ aandoen* sich[3] Gewalt antun[295]; *de deur met ~ openen* die Tür gewaltsam öffnen; *met alle ~ iets willen* mit[+3] (aller) Gewalt etwas wollen[315]; *gebruikmaking van ~* Gewaltanwendung (v[20])

de **gewelddaad** Gewalttat (v[20]), Gewaltakt (m[5])

gewelddadig gewalttätig: *~e dood* gewaltsamer Tod; *~e kerel* Brutalo (m[13])

geweldig gewaltig; [hevig] gewaltig, heftig, enorm: *een ~e menigte* eine riesige Menge; *de violist heeft een ~e techniek* der Violinist hat eine fabelhafte Technik; *~ goedkoop* äußerst preiswert; *~ groot* ungeheuer groß; *zich ~ amuseren* sich mächtig amüsieren[320]

geweldloos gewaltlos

de **geweldpleging** Gewaltanwendung (v[20])

het **gewelf** Gewölbe (o[33])

gewelfd gewölbt

gewend gewohnt; gewöhnt (an[+4]): *hij is dit werk ~* er ist diese Arbeit gewohnt (*of*: an diese Arbeit gewöhnt)

¹gewennen (onov ww) sich gewöhnen an[+4]

²gewennen (ov ww) gewöhnen: *iem. ~ aan* jmdn. gewöhnen an[+4]

gewenst gewünscht, erwünscht

gewerveld Wirbel-: *de ~e dieren* die Wirbeltiere, die Vertebraten

het **gewest 1** Gegend (v[20]), Region (v[20]); [provincie] Provinz (v²⁰); [district] Bezirk (m⁵)

2 [Belg] Region (v²⁰)

gewestelijk regional; [provinciaal] Provinzial-; [taalk] landschaftlich, mundartlich

het **geweten** Gewissen (o³⁵): *een goed* ~ ein gutes Gewissen; *een kwaad* ~ ein böses Gewissen; *iets op zijn* ~ *hebben* etwas auf dem Gewissen haben¹⁸²

gewetenloos gewissenlos

het **gewetensbezwaar** Gewissensskrupel (m⁹)

de **gewetensnood** Gewissensnot (v²⁵)

gewetensvol gewissenhaft

de **gewetensvraag** Gewissensfrage (v²¹)

de **gewetenswroeging** Gewissensbiss (m⁵, meestal mv)

gewettigd berechtigt, begründet: ~ *middel* gesetzliches Mittel; ~*e uitgaven* legitime Ausgaben; *het vermoeden is* ~ *dat …* die Vermutung ist berechtigt, dass …

gewezen früher, ehemalig, Ex…

het **gewicht 1** Gewicht (o³⁹): *dat legt* ~ *in de schaal* das fällt ins Gewicht; *zijn* ~ *aan goud waard zijn* nicht mit Gold zu bezahlen sein²⁶² **2** [belangrijkheid] Wichtigkeit (v²⁸), Bedeutung (v²⁸): *dat is van het grootste* ~ das ist von höchster Wichtigkeit

gewichtheffen [sport] Gewichtheben (o³⁹)

gewichtig [belangrijk] wichtig, bedeutend; [zwaarwichtig] schwerwiegend, gewichtig

gewichtloos schwerelos, gewichtslos

de **gewichtloosheid** Schwerelosigkeit (v²⁸)

de **gewichtsklasse** Gewichtsklasse (v²¹)

gewiekst schlau, gerieben, verschlagen

gewijd geweiht

gewild 1 [lett] gewollt **2** [in trek, gezocht] begehrt, gesucht, beliebt **3** [graag gezien] gern gesehen, beliebt

gewillig willig, folgsam, bereitwillig

het **gewin** Gewinn (m⁵)

gewis gewiss, sicher, bestimmt

het **gewoel** Gewühl (o³⁹)

gewond verwundet, verletzt

de **gewonde** Verwundete(r) (m⁴⁰ᵃ, v⁴⁰ᵇ), Verletzte(r) (m⁴⁰ᵃ, v⁴⁰ᵇ)

gewonnen gewonnen: *zich* ~ *geven* sich ergeben¹⁶⁶

¹**gewoon** (bn) **1** [gebruikelijk, alledaags] gewöhnlich, üblich, alltäglich, normal: ~ *soldaat* gemeiner Soldat; *een* ~ *mens* ein normaler Mensch **2** [waar men aan gewend is] gewohnt: *ik ben* ~ *vroeg op te staan* ich bin (es) gewohnt, früh aufzustehen; *ik ben dat* ~ ich bin es gewohnt; *op het gewone uur* zur gewohnten Stunde **3** [volgens vastgestelde orde] ordentlich: ~ *hoogleraar* ordentlicher Professor (m¹⁶)

²**gewoon** (bw) einfach: *ik vind het* ~ *afschuwelijk* ich finde es einfach (of: geradezu)

scheußlich

gewoonlijk gewöhnlich, normalerweise

de **gewoonte** Gewohnheit (v²⁰): *een goede* ~ eine gute Gewohnheit; *de macht der* ~ die Macht der Gewohnheit; *omdat het zo de* ~ *is* weil es so üblich ist; *uit* ~ aus Gewohnheit

het **gewoontedier** Gewohnheitstier (o²⁹), Gewohnheitsmensch (m¹⁴)

gewoontegetrouw gewohnheitsgemäß

het **gewoonterecht** Gewohnheitsrecht (o³⁹)

gewoonweg einfach, schlichtweg

geworteld 1 [ook fig] gewurzelt: *vast* ~ verwurzelt **2** [m.b.t. vooroordelen, meningen] eingewurzelt

het **gewricht** Gelenk (o²⁹)

de **gewrichtsontsteking** Gelenkentzündung (v²⁰)

het **gewriemel** Gewimmel (o³⁹)

het **gewroet** Gewühl (o³⁹); [fig] Intrigen (mv v²¹)

gezaagd [plantk] gesägt

het **gezag** Gewalt (v²⁰), Macht (v²⁵), Autorität (v²⁸): *openbaar* ~ Obrigkeit (v²⁰); *het vaderlijk* ~ die väterliche Gewalt; *het wettig* ~ die gesetzliche Gewalt; *zijn* ~ *doen gelden* seine Gewalt (of: seine Macht, seine Autorität) geltend machen; *het* ~ *handhaven* die Ordnung aufrechterhalten¹⁸³; *op eigen* ~ eigenmächtig; *op* ~ *van een schrijver iets aannemen* auf die Gewähr eines Autors (hin) etwas annehmen²¹²; *een man van* ~ eine Autorität

de **gezagdrager** Obrigkeit (v²⁰), Behörde (v²¹)

gezaghebbend 1 [bekleed met gezag] befugt, maßgebend: *van* ~*e zijde* von maßgebender Seite **2** [m.b.t. schrijver, uitspraak] maßgebend

de **gezagvoerder** Kapitän (m⁵); [scheepv] Schiffskapitän (m⁵); [luchtv] Flugkapitän (m⁵)

¹**gezamenlijk** (bn) **1** [alle] sämtlich; [met lidwoord] gesamt: *de* ~*e inwoners* die gesamten Einwohner; *met* ~*e krachten* mit vereinten Kräften **2** [gemeenschappelijk] gemeinschaftlich

²**gezamenlijk** (bw) zusammen, miteinander, gemeinsam

het **gezang** Gesang (m⁶)

het **gezanik** [geleuter] Geschwatze (o³⁹); [gemopper] Gemecker (o³⁹)

de **gezant** Gesandte(r) (m⁴⁰ᵃ, v⁴⁰ᵇ)

het **gezantschap** Gesandtschaft (v²⁰)

gezapig gemächlich, behäbig

gezegd 1 [genaamd] genannt **2** [zo-even genoemd] besagt, genannt: *het is niet* ~ es steht nicht fest; *zoals* ~ wie gesagt

het **gezegde 1** [uitlating] Äußerung (v²⁰) **2** [zegswijze] Redensart (v²⁰) **3** [taalk] Prädikat (o²⁹)

gezegend gesegnet, segensreich

gezeglijk folgsam, gehorsam

de **gezel 1** [makker] Kamerad (m¹⁴), Gefährte (m¹⁵) **2** [ambachtsrang] Geselle (m¹⁵)

gezellig 1 [in groepsverband levend] gesellig **2** [aangenaam, knus] gemütlich: ~ bij elkaar zijn gemütlich beisammen sein[262]; eens ~ praten mal gemütlich plaudern **3** [onderhoudend] unterhaltsam, angenehm

de **gezelligheid 1** Geselligkeit (v[28]) **2** Gemütlichkeit (v[28]); zie gezellig

het **gezelschap** Gesellschaft (v[20]): in goed ~ zijn sich in guter Gesellschaft befinden[157]; iem. ~ houden jmdm. Gesellschaft leisten

het **gezelschapsspel** Gesellschaftsspiel (o[29])

gezet 1 [corpulent] beleibt, korpulent **2** [geregeld] regelmäßig **3** [bepaald] bestimmt

het **gezeur** [geleuter] Gequengel (o[39]), Geleier (o[39])

het **gezicht 1** [het zien, de aanblik] Anblick (m[5]), Blick (m[5]): een heerlijk ~ ein herrlicher Anblick; in het ~ van de haven in Sicht des Hafens; liefde op het eerste ~ Liebe auf den ersten Blick **2** [gelaat] Gesicht (o[31]); [gezichtsuitdrukking] Miene (v[21]): een vriendelijk ~ zetten ein freundliches Gesicht machen; iem. iets in zijn ~ zeggen jmdm. etwas ins Gesicht sagen; met een uitgestreken ~ ohne eine Miene zu verziehen[318] **3** [uitzicht] Aussicht (v[20]) **4** [zintuig] Augen (mv o[38]) || dat is geen ~! das ist total daneben!

het **gezichtsbedrog** optische Täuschung (v[20])

het **gezichtspunt** Blickpunkt (m[5]), Gesichtspunkt (m[5]) || een heel nieuw ~ ein ganz neuer Gesichtspunkt

de **gezichtssluier** Gesichtsschleier (m[9])

het **gezichtsverlies 1** Verlust (m[5]) des Sehvermögens **2** [fig] Gesichtsverlust (m[5]): ~ lijden sein Gesicht verlieren

het **gezichtsvermogen** Sehvermögen (o[39])

¹gezien (bn) **1** [bekrachtigd] gesehen: ~ en goedgekeurd genehmigt; voor ~ tekenen abzeichnen **2** [geacht] geachtet, angesehen: hij was daar zeer ~ er stand dort in hohem Ansehen; een graag ~e gast ein gern gesehener Gast

²gezien (vz) im Hinblick auf[+4], wegen[+2]

³gezien (vw) da, weil

het **gezin** Familie (v[21]): leden van het ~ Familienmitglieder (mv o[31])

gezind 1 gesinnt: iem. vijandig ~ zijn jmdm. feindlich gesinnt sein[262] **2** [van plan, van zins] gesonnen **3** [genegen] hold: het geluk was hun niet goed~ das Glück war ihnen nicht hold

de **gezindheid** Gesinnung (v[20])

de **gezindte** Konfession (v[20])

het **gezinsbijslag** [Belg] Kindergeld (o[31])

het **gezinsdrama** Familiendrama (o, 2e nvl: -s; mv: Familiendramen), Familientragödie (v[21])

de **gezinshereniging** Familienzusammenführung (v[20])

het **gezinshoofd** Familienoberhaupt (o[32])

de **gezinshulp** Haushaltshilfe (v[21])

het **gezinsleven** Familienleben (o[39])

het **gezinslid** Familienmitglied (o[31]), Familienangehörige(r) (m[40a])

de **gezinsuitbreiding** Familienzuwachs (m[5])

de **gezinsverpakking** Haushaltspackung (v[20]), Familienpackung (v[20])

de **gezinsverzorgster** Familienpflegerin (v[22])

de **gezinszorg** Familienhilfe (v[21])

gezocht 1 [gewild, in trek] gesucht, gefragt **2** [gekunsteld, onnatuurlijk] gesucht, gespreizt

gezond gesund[59]: we zijn ~ en wel wir sind wohlauf; een onderneming weer ~ maken ein Unternehmen sanieren[320]

de **gezondheid** Gesundheit (v[28]): een blakende ~ eine blühende Gesundheit; in goede ~ zijn bei guter Gesundheit sein; op uw ~! auf Ihre Gesundheit!, auf Ihr Wohl!

de **gezondheidsredenen**: om ~ aus gesundheitlichen Gründen, gesundheitshalber

de **gezondheidszorg 1** [zorg] Gesundheitspflege (v[21]) **2** [instanties] Gesundheitswesen (o[39])

gezouten gesalzen; [m.b.t. taal] derb

de **gezusters** Schwestern (mv v[21])

het **gezwam** Geschwätz (o[39]), Gefasel (o[39])

het **gezwel** Geschwulst (v[25])

het **gezwets 1** [grootspraak] Angeberei (v[28]) **2** [geleuter] Geschwätz (o[39])

gezwollen 1 [lett] (an)geschwollen, schwulstig; [m.b.t. gezicht ook] aufgedunsen **2** [m.b.t. stijl, taal] hochtrabend, schwülstig

gezworen geschworen

het **gft-afval** afk van groente-, fruit- en tuinafval Biomüll (m[19])

Ghana Ghana (o[39])

de **¹Ghanees** Ghanaer (m[9]), Ghanaerin (v[22])

²Ghanees (bn) ghanaisch

de **ghostwriter** Ghostwriter (m[9])

de **gids** [ook fig] Führer (m[9]); [voor toeristen] Fremdenführer (m[9])

giechelen kichern

de **giek 1** [scheepv] Giekbaum (m[6]) **2** [boom van kraan] Ausleger (m[9]), Arm (m[5])

de **¹gier** [vogel] Geier (m[9])

de **²gier** [mest] Jauche (v[21]), Gülle (v[21])

¹gieren (onov ww) [mesten] jauchen, güllen

²gieren (onov ww) **1** [hard lachen] schallend lachen: ~ van het lachen brüllen vor Lachen; het is om te ~! es ist zum Schießen! **2** [m.b.t. storm] heulen, pfeifen[214]

gierig geizig, knauserig

de **gierigaard** Geizhals (m[6]), Knauser (m[9])

de **gierigheid** Geiz (m[19]), Knauserigkeit (v[28])

de **gierst** Hirse (v[21])

het **¹gieten** (zn) Gießen (o[39]), Guss (m[6])

²gieten (ww) gießen[175]: [fig] olie op het vuur ~ Öl ins Feuer gießen; het zit als gegoten es sitzt wie angegossen

de **gieter** Gießkanne (v[21])

de **gieterij** Gießerei (v[20])

het **gietijzer** Gusseisen (o[39])
de **gietvorm** Gussform (v[20]), Gießform (v[20])
het **gif** Gift (o[29]): *het ~ werkt* das Gift wirkt
de **gifbeker** Giftbecher (m[9])
de **gifbelt** Altlasten (mv v[20]), Giftmülldeponat (o[29])
het **gifgas** Giftgas (o[29])
  gifgroen giftgrün
de **gifslang** Giftschlange (v[21])
de **¹gift** [vergif] Gift (o[29]); *zie gif*
de **²gift** [gave] Gabe (v[21]), Spende (v[21])
de **giftand** Giftzahn (m[6])
  giftig [ook fig] giftig
  gifvrij giftfrei
de **gifwolk** Giftwolke (v[21])
  giga 1 [enorm, groot] riesig **2** [erg, zeer] super
de **gigabyte** Gigabyte (o[36])
de **gigant** Gigant (m[14])
  gigantisch gigantisch
de **gigolo** Gigolo (m[13])
  gij 1 [vertrouwelijk] [enkelvoud] du; [meervoud] ihr **2** [beleefdheidsvorm] Sie
de **gijzelaar** Geisel (v[25])
  gijzelen: *iem. ~* jmdn. als (*of:* zur) Geisel nehmen[212]
de **gijzeling** Geiselnahme (v[21])
de **gijzelnemer** Geiselnehmer (m[9])
de **gil** Aufschrei (m[5]), Schrei (m[5]): *een ~ geven* aufschreien[253]
het/de **gilde** Gilde (v[21]), Zunft (v[25])
het **gilet** Weste (v[21])
  gillen kreischen, schreien[253]: *het is om te ~!* es ist zum Schreien!
de **giller**: *het is een ~* das ist zum Brüllen
  ¹ginds (bn) jener, jene, jenes
  ²ginds (bw) dort
  ginnegappen kichern, sich eins feixen
de **gin-tonic** Gin Tonic (m, 2e nvl: -(s); mv: -s)
het **gips** Gips (m[5]): *van ~* gipsern, Gips...
de **gipsafdruk** Gipsabdruck (m[6])
  gipsen gipsern, Gips...
het **gipsverband** [med] Gipsverband (m[6])
de **gipsvlucht** Rückholdienst (m[5])
  giraal Giral...: *~ geld* Giralgeld (o[31]); Buchgeld (o[31])
de **giraffe** Giraffe (v[21])
  gireren überweisen[307]: *bedragen ~* Beträge überweisen
de **giro** Giro (o[36]); [girorekening] Girokonto (o[36]): *per ~ betalen* durch Giro bezahlen
het **gironummer** Postgirokontonummer (v[21])
de **giropas** Eurochequekarte (v[21])
de **girorekening** Postscheckkonto (o[36])
  gissen vermuten
de **gissing** Vermutung (v[20])
de **gist** Hefe (v[21])
  gisten gären[164]
  gisteravond gestern Abend
  gisteren gestern
  gistermiddag gestern Nachmittag

  gisternacht gestern Nacht
  gisterochtend gestern Vormittag
de **gisting** [ook fig] Gärung (v[20])
de **gitaar** Gitarre (v[21])
de **gitarist** Gitarrenspieler (m[9]), Gitarrist (m[14])
  gitzwart pechschwarz
het **glaasje** Gläschen (o[35]): *een ~ pakken* einen trinken[293]; *te diep in het ~ kijken* zu tief ins Glas gucken
het **glacé** Glacé (m, 2e nvl: -(s); mv: -s)
  ¹glad (bn) **1** [effen, vlak] glatt[59] **2** [gewiekst] gewieft, pfiffig **3** [glibberig] glatt, schlüpfrig
  ²glad (bw) glatt: *iets ~ vergeten zijn* etwas glatt vergessen haben[182]
  gladgeschoren glatt rasiert
de **gladheid** Glätte (v[28]), Glattheit (v[28]); *zie ¹glad*
de **gladiator** Gladiator (m[16])
de **gladiool** Gladiole (v[21])
de **gladjakker** Schlawiner (m[9])
de **gladjanus** Schlawiner (m[9])
  gladmaken glatt machen, glätten
  gladscheren glatt rasieren[320]
  gladstrijken glatt streichen[286], glätten
de **glamour** Glamour (m[19], o[39])
de **glans** Glanz (m[5]): *met ~ slagen* glänzend durchkommen[193]
het **glansmiddel** Glanzpolitur (v[20]), Poliermittel (o[33]), Glanzmittel (o[33])
  glansrijk 1 [luisterrijk] glorreich, glänzend **2** [uitstekend] glanzvoll, glänzend: *~ slagen* (ein Examen) glanzvoll bestehen[279]
de **glansrol** Glanzrolle (v[21])
de **glansverf** Glanzfarbe (v[21]), Lack (m[5])
  glanzen 1 [blinken] glänzen **2** [stralen] strahlen **3** [zacht glanzen] schimmern **4** [flonkeren] funkeln
het **glas 1** [drinkglas] Glas (o[32]); [stofnaam] Glas (o[39]): *8 glazen bier* 8 Glas (*of:* 8 Gläser) Bier; *wijn per ~* offener Wein **2** [ruit] Scheibe (v[21])
de **glasbak** Glascontainer (m[9]), Altglasbehälter (m[9]), Altglascontainer (m[9])
  glasblazen Glasblasen (o[39])
de **glascontainer** Glascontainer (m[9])
  glashard glashart
  glashelder 1 [doorzichtig, helder] [ook fig] glasklar **2** [helder klinkend] glockenhell
het **glas-in-loodraam** Bleiglasfenster (o[33]); [gebrandschilderd raam] Glasmalerei (v[20])
de **glastuinbouw** Gewächshauskultur (v[20]); [verwarmd] Treibhauskultur (v)
de **glasverzekering** Glas(bruch)versicherung (v[20])
de **glasvezel** Glasfaser (v[21])
het **glaswerk** Glaswaren (mv); [glazen] Gläser (mv)
de **glaswol** Glaswolle (v[21])
  glazen gläsern, aus Glas, Glas...
de **glazenwasser** Fensterputzer (m[9])
  glazig glasig: *~e ogen* glasige Augen
  glazuren glasieren[320]

het **glazuur** Glasur (v²⁰); [van tanden] Schmelz (m⁵)

de **gletsjer** Gletscher (m⁹)

de **gleuf 1** [spleet] Riss (m⁵), Schlitz (m⁵), Spalt (m⁵) **2** [groef, voeg] Nut (v²⁰), Nute (v²¹), Rille (v²¹) **3** [in elpee, zuil] Rille (v²¹) **4** [in de grond] Furche (v²¹) **5** [van geldautomaat, brievenbus] Einwurf (m⁶), Schlitz (m⁵)

glibberen gleiten¹⁷⁸, glitschen; [uitglijden] schlittern, rutschen

glibberig glitschig, schlüpfrig

de **glijbaan** Rutschbahn (v²⁰)

glijden 1 gleiten¹⁷⁸: *zijn blik gleed langs mij heen* sein Blick streifte mich **2** [wegglijden] rutschen

glijdend gleitend

de **glijvlucht** Gleitflug (m⁶)

de **glimlach** Lächeln (o³⁹): *met een ~* lächelnd

glimlachen lächeln

glimmen 1 [gloeien] glimmen¹⁷⁹ **2** [glanzen] blinken, glänzen: *~ van plezier* strahlen vor Freude; *~de mouwen* abgescheuerte Ärmel

de **glimp** Schimmer (m⁹), Spur (v²⁰): *een ~ van hoop* ein Schimmer von Hoffnung

glinsteren glitzern, glänzen; [trillend] flimmern

de **glinstering** Glitzern (o³⁹), Glänzen (o³⁹); [trillend] Flimmern (o³⁹)

glippen gleiten¹⁷⁸, rutschen

de **glitter** Flitter (m⁹): *een bloes met ~s* eine Bluse mit Pailletten || *~ en glamour* Glanz und Glamour

globaal global, pauschal, grob: *een ~ bedrag* ein Pauschalbetrag; *~ genomen* im Großen und Ganzen

de **globalisering** Globalisierung (v²⁰)

de **globe** Globus (m, 2e nvl: -(ses); mv: -se of Globen)

de **globetrotter** Globetrotter (m⁹)

de **gloed** [ook fig] Glut (v²⁰)

gloednieuw (funkel)nagelneu, brandneu

gloedvol glutvoll

gloeien glühen

gloeiend glühend: *~ heet* glühend heiß; *ik heb ~ het land aan hem* er ist mir in tiefster Seele verhasst; *ik ben het er ~ mee eens* ich bin damit völlig einverstanden; *je bent er ~ bij!* jetzt bist du geliefert!

de **gloeilamp** Glühlampe (v²¹), Glühbirne (v²¹)

glooien abfallen¹⁵⁴, sich neigen

glooiend abfallend

de **glooiing** Neigung (v²⁰), Gefälle (o³³)

gloren glimmen¹⁷⁹, schimmern: *de dageraad begint te ~* der Morgen dämmert (auf)

de **glorie** Glorie (v²⁸), Ruhm (m¹⁹), Glanz (m¹⁹): *in volle ~* in vollem Glanz

glorierijk glorreich, ruhmvoll

de **glorietijd** Glanzzeit (v²⁰)

glorieus ruhmvoll, rühmlich

de **gloss** Gloss (o, 2e nvl: -; mv: -)

de ¹**glossy** Hochglanzmagazin (o²⁹)

²**glossy** (bn) glossy

de **glucose** Glukose (v²⁸), Traubenzucker (m¹⁹)

de **gluiperd** Heuchler (m⁹), Leisetreter (m⁹)

gluiperig heuchlerisch

glunderen strahlen, vergnügt lächeln

gluren spähen, schielen

het **gluten** Gluten (o³⁹), Kleberprotein (o²⁹)

de **gluurder** Voyeur (m⁵), Spanner (m⁹)

de **glycerine** Glyzerin (o²⁹)

gniffelen, gnuiven schmunzeln

de **gnoe** Gnu (o³⁶)

de **go** Go (o³⁹)

de **goal 1** [doel] Tor (o²⁹) **2** [doelpunt] Tor, Treffer (m⁹)

de **god** Gott (m⁸)

God Gott (m⁸): *hij vreest ~ noch gebod* er ist ein gottvergessener Mensch; *zo waarlijk helpe mij ~ almachtig* so wahr mir Gott helfe; *een door ~ begenadigd kunstenaar* ein gottbegnadeter Künstler; *met ~s hulp* mit Gottes Hilfe

godallemachtig großer Gott

goddank gottlob, Gott³ sei Dank

goddelijk 1 göttlich **2** [verheven] himmlisch

goddeloos gottlos

godgeklaagd unerhört: *het is ~!* Gott sei's geklagt!

de **godheid** Gottheit (v²⁰)

de **godin** Göttin (v²²)

de **godsdienst** Religion (v²⁰); [kerkgenootschap] Konfession (v²⁰)

godsdienstig religiös; [vroom] fromm

de **godsdienstvrijheid** Religionsfreiheit (v²⁸), Glaubensfreiheit (v²⁸)

de **godslastering** Gotteslästerung (v²⁰)

godslasterlijk gotteslästerlich

godsnaam: [inf] *in ~* in Gottes Namen

godswil: *om ~* um Gottes willen

godvergeten [inf] gottvergessen: *een ~ idioot* ein Vollidiot; *een ~ onrecht* ein himmelschreiendes Unrecht

het ¹**goed** (zn) **1** [tegenstelling van kwaad] Gute(s) (o⁴⁰ᶜ): *iets ~s* etwas Gutes; *veel ~s* viel Gutes; *~ en kwaad* Gutes und Böses; *te veel van het ~e* zu viel des Guten; *dat komt hem ten ~e* das kommt ihm zugute **2** [bezittingen] Gut (o³²) **3** [goederen] Güter (mv o³²); [handelswaar] Waren (mv v²¹) **4** [stof, textiel] Zeug (o³⁹), Stoff (m⁵): [verschoning] *schoon ~* reine Wäsche; [kleren] Kleider (mv) || *hoeveel hebt u nog te ~?* wie viel haben Sie noch zu fordern?; *we hebben nog een feest te ~* wir haben noch ein Fest in Aussicht

²**goed** (bn, bw) gut⁶⁰: *~!* a) [het eens zijn] richtig!; b) [mooi] schön!; *~ zo!* prima!; *mij ~!* mir recht!; *ook ~!* schon gut!; *hij is ~ af* er ist gut dran; *die is ~!* das ist aber gut!; *alles ~ en wel, maar ...* alles gut und schön, aber ...; *als ik het ~ heb* wenn ich mich nicht irre; *moeder en kind maken het ~* Mutter und Kind sind

wohlauf; *hij voelt zich niet* ~ er fühlt sich nicht wohl; *op een ~e morgen* eines Morgens; *zich te ~ doen aan* sich gütlich tun[295] an[+3]; *een ~e dertig mensen* gut dreißig Leute; *~ kwaad zijn* recht böse sein[262]; *~ van vertrouwen zijn* vertrauensselig sein[262]; *zo ~ en zo kwaad als het gaat* so gut es geht; [m.b.t. eten] ~ *blijven* sich halten[183]

goedaardig 1 [m.b.t. persoon] gutherzig, gutmütig, gütig **2** [med] gutartig

goeddeels großenteils, größtenteils

goeddoen 1 [weldoen] wohl tun[295] **2** [het goede doen] Gutes tun[295] **3** [baten] nützen

het **¹goeddunken** (zn) Gutdünken (o[39])

²goeddunken (ww) für gut halten[183]

goedemiddag guten Tag

goedemorgen guten Morgen

goedenacht gute Nacht

goedenavond guten Abend!

goedendag [bij het komen] guten Tag!; [bij het weggaan] (auf) Wiedersehen!

goedendagzeggen (jmdm.) Guten Tag (of: guten Tag) sagen; [vaarwelzeggen] sich verabschieden

de **goederen** Güter (mv o[32]); [die verhandeld worden] Waren (mv v[21])

de **goederentrein** Güterzug (m[6])

de **goederenwagon** Güterwagen (m[11]), Güterwaggon (m[13])

goedgebouwd gut gebaut; [welgevormd] wohlgestaltet

goedgeefs freigebig

goedgehumeurd gut gelaunt

goedgelovig gutgläubig, vertrauensselig

goedgemutst gut gelaunt

goedgezind gut gesinnt, wohlgesinnt: *iedereen was hem ~* alle waren ihm wohlgesinnt, zugetan

goedhartig gutherzig, gutmütig

de **goedheid** Güte: *grote ~!* du meine Güte!

¹goedhouden (ov ww) frisch halten[183], aufbewahren

zich **²goedhouden** (wdk ww) sich gut halten[183]

goedig gutherzig, gutmütig

het **goedje** Zeug (o[39])

goedkeuren 1 [iemands gedrag, handelingen, mening] billigen; [uitdrukkelijker] gutheißen[187] **2** [officieel] genehmigen **3** [van verdrag] ratifizieren[320] **4** [van wet, motie, voorstel] verabschieden **5** [goedvinden] billigen **6** [bij keuring] für gesund erklären; [voor militaire dienst] für diensttauglich erklären

goedkeurend beifällig

de **goedkeuring 1** [instemming] Billigung (v[20]) **2** [officieel inwilliging] Genehmigung (v[20]), Ratifizierung (v[20]) **3** [instemming, toejuiching] Beifall (m[19]); *zie goedkeuren*

goedkoop preiswert, billig: *een goedkope grap* ein fader Witz; *de goedkope vliegmaatschappij* der Billigflieger

goedlachs: ~ *zijn* gern lachen

goedmaken 1 [van verzuim, schuld] (wieder) gutmachen **2** [van verlies] ausgleichen[176]

goedmoedig gutherzig, gutmütig

goedpraten beschönigen, rechtfertigen

goedschiks 1 [met goed fatsoen] anstandshalber **2** [zonder dwang] gutwillig, bereitwillig: ~ *of kwaadschiks* wohl oder übel

het **¹goedvinden** (zn) Gutdünken (o[39]), Ermessen (o[39]): *naar eigen ~ te werk gaan* nach eigenem Gutdünken verfahren[153]; *met uw ~* mit Ihrer Erlaubnis; *met wederzijds ~* in gegenseitigem Einverständnis

²goedvinden (ww) [goedkeuren] billigen; [officieel] genehmigen: *mijn ouders vinden het goed* meine Eltern haben nichts dagegen

de **goedzak** herzensgute(r) Kerl (m[5])

de **goegemeente** Allgemeinheit (v[20]), einfache(s) Volk (o[32])

de **goeierd** gutmütiger Mensch (m[14])

de **goeroe** Guru (m[13])

de **goesting** [Belg] **1** [trek] Appetit (m[5]) **2** [lust] Lust (v[28])

de **gok** Glücksspiel (o[29]): *een ~ doen* [raden] raten[218]; *het is een ~* [risico] es ist ein Wagnis

de **gokautomaat** Spielautomat (m[14])

gokken 1 [spelen om geld] spielen **2** [speculeren] spekulieren[320]

de **gokker** Spieler (m[9]); [fig] Hasardeur (m[5])

het **gokpaleis** Spielkasino (o[36])

het **gokspel** Glücksspiel (o[29])

gokverslaafd spielsüchtig

de **gokverslaving** Spielsucht (v[25])

de **golden goal** Golden Goal (o, 2e nvl: - -s; mv: - -s), Goldener Treffer (m[9])

de **¹golf** [zeeboezem] Golf (m[5]), Meerbusen (m[11])

het **²golf** [sport] Golf (o[39]): ~ *spelen* Golf spielen

de **³golf** [van geluid, licht, vloeistof] Welle (v[21]); [hoge golf] Woge (v[21]): *groene ~* grüne Welle

de **golfbaan** Golfplatz (m[6])

de **golfbreker** Wellenbrecher (m[9])

golfen Golf spielen

de **golfer** Golfspieler (m[9]), Golfer (m[9])

de **golflengte** Wellenlänge (v[21])

de **golfslag** Wellenschlag (m[6]), Wellengang (m[19])

de **Golfstroom** Golfstrom (m[5])

golven [m.b.t. koren, mensenmenigte, zee] wogen: *~de beweging* wellenartige Bewegung; *~d haar* welliges Haar

het **gom 1** [lijm] Gummi (m[13], o[36], mv: ook -) **2** [stuf] Radiergummi (m[13])

de **gondel** Gondel (v[21])

de **gong** Gong (m[13])

de **goniometrie** Goniometrie (v[28])

de **gonorroe** Gonorrhö (v[20])

gonzen 1 [m.b.t. bijen, muggen, hoofd]

summen **2** [m.b.t. kevers, pijlen, stemmen] schwirren

de **goochelaar** Zauberkünstler (m⁹), Gaukler (m⁹)

goochelen zaubern, gaukeln

de **goochelkunst** Zauberkunst (v²⁵)

de **goocheltruc** Zaubertrick (m¹³)

goochem schlau, gerieben

de **goodwill** Goodwill (m¹⁹)

googelenᴹᴱᴿᴷ googeln

de **gooi** Wurf (m⁶): *ergens een ~ naar doen* sein Glück versuchen

gooien werfen³¹¹: *met de deur ~* die Tür zuknallen; [ook fig] *iem. iets naar het hoofd ~* jmdm. etwas an den Kopf werfen

het **gooi-en-smijtwerk** Klamauk (m¹⁹)

goor 1 [bedorven] übel **2** [groezelig] schmuddelig, schmutzig; [m.b.t. gezicht] fahl: *gore taal* Zoten (mv v²¹)

de **goot 1** [gootpijp] Rinne (v²¹) **2** [afvoerbuis] Abflussrohr (o²⁹) **3** [straatgoot] Gosse (v²¹)

de **gootsteen** Spüle (v²¹), Spülbecken (o³⁵)

de **gordel 1** Gürtel (m⁹); [breed] Gurt (m⁵) **2** [taille] Gürtellinie (v²¹) **3** [krans] Kranz (m⁶), Gürtel (m⁹)

de **gordelroos** Gürtelrose (v²¹)

het/de **gordijn** Vorhang (m⁶); [vitrage] Gardine (v²¹)

gorgelen gurgeln

de **gorilla** Gorilla (m¹³)

de **gort 1** [gerecht] Grütze (v²¹) **2** [gepelde gerst] Graupen (mv v²¹)

gortig: *het te ~ maken* es zu arg treiben²⁹⁰

¹**gothic** (bn) [muz] Gothic Rock (m, 2e nvl: - -(s))

²**gothic** (bn) gothic

de ¹**gotiek** (zn) Gotik (v²⁸): *late ~* Spätgotik; *vroege ~* Frühgotik

²**gotiek** (bn) gotisch

gotisch gotisch: *-e letters* gotische Schrift

het **goud** Gold (o³⁹): *wit ~* Weißgold; *voor geen ~!* um keinen Preis!

goudblond goldhaarig, goldblond

goudbruin goldbraun

gouden golden, Gold…: *~ munt* Goldmünze (v²¹)

de **goudkoorts** Goldfieber (o³⁹), Goldrausch (m⁵)

de **goudmijn** [ook fig] Goldgrube (v²¹)

de **goudsmid** Goldschmied (m⁵)

het **goudstuk** Goldstück (o²⁹)

de **goudvis** Goldfisch (m⁵)

de **goulash** Gulasch (m⁵, m¹³, o²⁹, o³⁶)

de **gourmet 1** [fijnproever] Gourmet (m¹³); [inf] Leckermaul (o³²) **2** [maaltijd] Raclette-Essen (o³⁵); Steingrillen (o³⁵)

gourmetten grillen auf einem Raclettegerät

de **gouvernante** Gouvernante (v²¹)

het **gouvernement** [Belg] Gouvernement (o³⁶), Provinzverwaltung (v²⁰)

de **gouverneur** Gouverneur (m⁵)

de **gozer** Typ (m¹⁶), Kerl (m⁵), Bursche (m¹⁵)

het **gps** afk van *global positioning system* GPS (o³⁹ᵃ)

de **graad** Grad (m⁵): *12 graden vorst* 12 Grad Kälte; *~ van bloedverwantschap* Verwandtschaftsgrad; *academische ~* akademischer Grad; *de ~ van doctor* der Doktorgrad

de **graadmeter** Gradmesser (m⁹)

de **graaf** Graf (m¹⁴)

de **graafmachine** Bagger (m⁹)

het **graafschap** Grafschaft (v²⁰)

het **graafwerk,** de **graafwerkzaamheden** Erdarbeiten (mv v²⁰)

graag gern(e)⁶⁵: *heel ~* sehr gern

graaien grabbeln

het **graan** Getreide (o³³)

de **graanschuur** Getreidespeicher (m⁹)

de **graat 1** [beentje van vis] Gräte (v²¹) **2** [bergkam] Grat (m⁵) ‖ *niet zuiver op de ~ zijn* unzuverlässig sein²⁶²; [Belg] *ergens geen graten in zien* sich³ kein Gewissen aus⁺³ etwas machen

grabbel: *zijn geld te ~ gooien* sein Geld verschleudern

grabbelen grabbeln, greifen¹⁸¹

de **gracht 1** [om vesting] Graben (m¹²) **2** [in stad] Stadtgraben (m¹²); [Ned] Gracht (v²⁰)

gracieus graziös, anmutig

de **gradatie** Gradation (v²⁰), Abstufung (v²⁰)

de **gradenboog** Gradbogen (m¹¹)

gradueel graduell, stufenweise

het **graf** Grab (o³²)

de **graffiti** Graffiti (mv van Graffito)

de **grafiek** Grafik (v²⁰)

het **grafiet** Grafit (m⁵)

grafisch grafisch

de **grafkelder** Grabgewölbe (o³³), Gruft (v²⁵)

de **grafrede** Grabrede (v²¹)

de **grafschennis** Grabschändung (v²⁰)

het **grafschrift** Grab(in)schrift (v²⁰)

de **grafsteen** Grabstein (m⁵)

de **grafstem** Grabesstimme (v²¹)

het/de **gram** Gramm (o²⁹), g

de **grammatica** Grammatik (v²⁰)

grammaticaal grammat(ikal)isch

de **grammofoon** Grammofon (o²⁹), Grammophon (o²⁹)

de **grammofoonplaat** Schallplatte (v²¹)

de **granaat** Granate (v²¹)

de **granaatappel** Granatapfel (m¹⁰)

de **granaatscherf,** de **granaatsplinter** Granatsplitter (m⁹)

het **grand café** Grandcafé (o³⁶)

grandioos grandios, großartig

het **graniet** Granit (m⁵)

de **grap** Spaß (m⁶), Scherz (m⁵): *voor de ~* zum Spaß; *een dure ~* ein teurer Spaß

de **grapefruit** Grapefruit (v²⁷)

de **grapjas** Spaßmacher (m⁹), Spaßvogel (m¹⁰)

het **grapje** Spaß (m⁶), Scherz (m⁵): *niet tegen*

een ~ kunnen keinen Spaß verstehen[279]
de **grappenmaker** Spaßvogel (m[10]), Spaßmacher (m[9])
grappig 1 [vermakelijk] komisch, ulkig: *hij vindt alles ~* ihm macht alles Spaß **2** [koddig] drollig **3** [jolig] spaßig **4** [lollig] ulkig **5** [geestig] witzig
het **gras** Gras (o[32]): *hij laat er geen ~ over groeien* er lässt kein Gras darüber wachsen
grasduinen stöbern: *in boeken ~* in Büchern stöbern
het **grasland** Grasland (o[39]), Weideland (o[39])
de **grasmaaier** Grasmäher (m[9]), Rasenmäher (m[9])
de **grasmat** Grasteppich (m[5]), Rasen (m[11])
het **grasveld** Rasen (m[11]), Grasboden (m[12])
de **graszode** Rasenplagge (v[21]), Rasensode (v[21])
de **gratie 1** [bevalligheid] Grazie (v[28]), Anmut (v[28]) **2** [gunst] Gunst (v[28]), Gnade (v[21]): *bij iem. uit de ~ raken* es mit jmdm. verderben[297] **3** [ontheffing van straf] Begnadigung (v[20]): *~ krijgen* begnadigt werden[310]; *~ verlenen* begnadigen
de **gratificatie** Gratifikation (v[20])
gratineren gratinieren, überbacken
gratis gratis, umsonst, kostenlos
de **¹grauw** [snauw] Anschnauzer (m[9])
het **²grauw** [kleur] Grau (o[33])
³grauw (bn) grau; [m.b.t. lucht] grau, trübe
grauwen schelten[235], schnauzen
het **gravel** Ziegelgrus (m[5]), Ziegelmehl (o)
de **gravelbaan** Rotgrandplatz (m[6])
graven graben[180]
graveren gravieren[320], stechen[277]
de **gravin** Gräfin (v[22])
de **gravure** Gravüre (v[21])
grazen 1 [gras eten] weiden, grasen: *het vee laten ~* das Vieh grasen lassen **2** [van mensen; tussendoortjes eten] grasen, zwischendurch snacken || *iem. te ~ nemen* jmdn. hereinlegen
de **greep 1** [het grijpen] Griff (m[5]) **2** [hoeveelheid] Handvoll (v, mv: -) **3** [handvat] Griff (m[5]), Heft (o[29])
het **greintje**: *hij heeft geen ~ fantasie* er hat überhaupt keine Fantasie
de **grendel** Riegel (m[9]); [van geweer] Schloss (o[32]): *de ~ op de deur doen* den Riegel vorschieben[237]
grendelen verriegeln, abriegeln
grenen kiefern
het **grenenhout** Kiefernholz (o[39])
de **grens** Grenze (v[21]): *iem. over de ~ zetten* jmdn. ausweisen[307]; *dat is op de ~ van onbeschaamdheid* das grenzt an Unverschämtheit; *er zijn grenzen* alles hat seine Grenzen; [fig] *een ~ overschrijden* eine Grenze überschreiten; [fig] *grenzen verleggen* neue Grenzen setzen
de **grenscontrole** Grenzkontrolle (v[21])

het **grensgebied** Grenzgebiet (o[29]), Grenzland (o[39])
het **grensgeschil** Grenzstreitigkeit (v[20])
het **grensgeval** Grenzfall (m[6])
de **grenslijn,** de **grenslinie** Grenzlinie (v[21]), Grenze (v[21])
de **grensovergang** Grenzübergang (m[6])
grensoverschrijdend grenzüberschreitend
de **grensrechter** [sport] Linienrichter (m[9])
grensverleggend bahnbrechend
de **grenswaarde** Grenzwert (m[5])
grenzeloos grenzenlos
grenzen (+ aan) grenzen an[+4]
de **greppel** Graben (m[12]), Wassergraben (m[12])
gretig begierig; gierig: *~ aftrek vinden* reißenden Absatz finden[157]; *~ toetasten* tüchtig zugreifen[181]
de **grief 1** [bezwaar] Beschwerde (v[21]) **2** [ergernis] Ärgernis (o[29a]) **3** [krenking] Kränkung (v[20])
de **Griek** Grieche (m[15]), Griechin (v[22])
Griekenland Griechenland (o[39])
het **¹Grieks** (zn) Griechisch (o[41])
²Grieks (bn) griechisch
grienen greinen, quengeln, flennen
de **griep** Grippe (v[21])
grieperig: *ik ben wat ~* ich habe eine leichte Grippe
de **griepprik** [med] Grippeimpfung (v[20])
het **griesmeel 1** [gepelde tarwe] Grieß (m[5]), Grießmehl (o[39]) **2** [gerecht] Grieß (o[5]), Grießbrei (m[5])
de **griet** [meisje] Puppe (v[21]), Käfer (m[9]), Mädchen (o[35])
grieven wehtun[295], kränken, schmerzen
grievend kränkend, schmerzlich, bitter
de **griezel 1** [rilling van afkeer] Schauer (m[9]) **2** [afkeer] Ekel (m[19]): *een ~ van een vent* ein widerlicher Kerl
griezelen schaudern, gruseln
de **griezelfilm** Horrorfilm (m[5]), Gruselfilm (m[5])
griezelig schauderhaft
het **griezelverhaal** Schauergeschichte (v[21])
het **grif**: *~ van de hand gaan* reißenden Absatz finden[157]; *~ geloven* ohne Weiteres annehmen[212]
de **griffie** Kanzlei (v[20]), Geschäftsstelle (v[21])
de **griffier 1** [chef der griffie] Kanzleivorsteher (m[9]) **2** [bij rechtbank enz.] Protokollführer (m[9]) **3** [van Kamer] Schriftführer (m[9])
de **grijns,** de **grijnslach** Grinsen (o[39])
grijnzen grinsen, feixen
¹grijpen (onov ww) greifen[181]: *naar de wapenen ~* zu den Waffen greifen; *het vuur grijpt om zich heen* das Feuer breitet sich aus
²grijpen (ov ww) greifen[181], ergreifen[181]; [begerig] grapschen: *door een auto gegrepen worden* von einem Auto erfasst werden[310]
de **grijper** Greifer (m[9])

het **¹grijs** (zn) Grau (o, 2e nvl: -s; mv: -)
²grijs (bn) grau: *dat is me te* ~ das ist mir zu toll
de **grijsaard** Greis (m⁵)
de **gril 1** [inval] Grille (v²¹) **2** [kuur, nuk] Laune (v²¹) **3** [wonderlijke inbeelding] Schrulle (v²¹), Marotte (v²¹)
de **grill** Grill (m¹³), Grillgerät (o²⁹)
grillen grillen
grillig 1 [veranderlijk] launenhaft **2** [vol kuren] grillenhaft, launisch **3** [vreemd] wunderlich **4** [m.b.t. kleur, vorm] bizarr
de **grimas** Grimasse (v²¹), Fratze (v²¹): *~sen maken* Grimassen schneiden²⁵⁰
de **grime** Maske (v²¹)
grimeren schminken
de **grimeur** Maskenbildner (m⁹)
grimmig grimmig: *~e kou* grimmige Kälte (v²⁸)
het **grind** Kies (m⁵): *opspattend* ~ Rollsplitt (m¹⁹)
grinniken 1 [van genoegen lachen] kichern **2** [spottend lachen] feixen, grinsen
de **grip** Griff (m⁵); [m.b.t. autoband] Bodenhaftung (v²⁸)
grissen grapschen
de **groef 1** [inkerving] Rille (v²¹); [in plank] Nut (v²⁰), Nute (v²¹) **2** [rimpel] Falte (v²¹), Furche (v²¹)
de **groei** Wachstum (o³⁹), Wachsen (o³⁹): *nog in de* ~ *zijn* noch im Wachsen sein²⁶²; *de economische* ~ das Wirtschaftswachstum
groeien wachsen³⁰²: ~ *en bloeien* blühen und gedeihen¹⁶⁷; ~ *als kool* prächtig wachsen
het **groeihormoon** Wachstumshormon (o²⁹)
de **groeikern** [planologie] Entlastungsort (m⁵), Stadtentwicklungskern (m⁵)
de **groeipijn** Wachstumsschmerz (m¹⁶, meestal mv)
de **groeistuip** Wachstumskrampf (m⁶); [fig] Wachstumsprobleme (mv)
groeizaam wachstumsfördernd: *een* ~ *regentje* ein fruchtbarer Regen; ~ *weer* wachstumsförderndes Wetter
het **¹groen** (zn) Grün (o, 2e nvl: -s; mv: -)
²groen (bn) grün: *de ~e partij* die grüne Partei, die Grünen; *~e thee* grüner Tee; *het wordt mij* ~ *en geel voor de ogen* es wird mir grün und gelb vor den Augen
groenblijvend immergrün
Groenland Grönland (o)
de **Groenlander** Grönländer (m⁹), Grönländerin (v²²)
Groenlands grönländisch
de **groenstrook** Grünstreifen (m¹¹)
de **groente** Gemüse (o³³, enkelvoud ook in betekenis van meervoud)
de **groenteboer** Gemüsehändler (m⁹)
de **groentesoep** Gemüsesuppe (v²¹)
de **groentetuin** Gemüsegarten (m¹²)
de **groentewinkel**, de **groentezaak** Gemüsegeschäft (o²⁹), Gemüseladen (m¹²)

het **groentje** Neue(r) (m⁴⁰ᵃ, v⁴⁰ᵇ), Neuling (m⁵)
de **groep 1** Gruppe (v²¹) **2** [mil] Truppe (v²¹)
groeperen gruppieren³²⁰
de **groepering** Gruppierung (v²⁰)
de **groepsdruk** Gruppenzwang (m⁶), Konformitätsdruck (m¹⁹)
de **groepsleider** Gruppenleiter (m⁹)
de **groepspraktijk** gemeinschaftliche Praxis (v, mv: Praxen)
de **groepsreis** Gesellschaftsreise (v²¹), Gruppenreise (v²¹)
het **groepsverband** Team (o³⁶): *in* ~ *werken* in einem Team arbeiten
de **groet** Gruß (m⁶): *iem. de ~en doen* jmdm. Grüße bestellen; *met vriendelijke* ~ mit freundlichem Gruß; *u moet de ~en van hem hebben* er lässt Sie grüßen; *de ~en aan uw vader!* grüßen Sie Ihren Vater von mir!
groeten grüßen: *hij laat u* ~ er lässt Sie grüßen
de **groeve 1** [graf, kuil] Grube (v²¹) **2** [mijnb] Grube (v²¹)
groeven 1 [een sponning in een plank maken] falzen **2** [het voorhoofd] runzeln, furchen
groezelig, groezig schmuddelig
grof grob⁵⁸: *grove fout* grober Fehler (m⁹); *iem. ~ beledigen* jmdn. gröblich beleidigen; *voor* ~ *geld* für schweres Geld
grofgebouwd grobgliederig, grobknochig
de **grofheid** Grobheit (v²⁰)
het **grofvuil** Sperrmüll (m¹⁹)
grofweg 1 [ruwweg] grob **2** [ongeveer] ungefähr
de **grog** Grog (m¹³)
groggy groggy
de **grol** Posse (v²¹), Faxe (v²¹)
grommen brummen, knurren
de **grond 1** [oppervlakte van een ruimte] Boden (m¹²): *op de begane* ~ im Erdgeschoss; *als aan de* ~ *genageld* wie angenagelt; *iets van de* ~ *krijgen* etwas zustande (*of:* zu Stande) bringen¹³⁹ **2** [veld, akker, land] Boden (m¹²), Erde (v²⁸): *een mooi stuk* ~ ein schönes Grundstück; ~ *om te bouwen* Bauplatz (m⁶) **3** [bodem onder het water] Grund (m⁶): *te ~e gaan* zugrunde (*of:* zu Grunde) gehen¹⁶⁸; [fig] *iem., iets te ~e richten* jmdn., etwas zugrunde richten⁴ **4** [grondslag, reden] Grund (m⁶) ‖ [fig] *iem., iets de ~ in boren* [bekritiseren] jmdn., etwas fertig machen
het **grondbeginsel 1** [grondslag] Grundlage (v²¹) **2** [moreel] Grundsatz (m⁶)
het **grondbezit** Grundbesitz (m¹⁹)
het **grondgebied** Gebiet (o²⁹), Hoheitsgebiet (o²⁹)
de **grondgedachte** Grundgedanke (m¹⁸)
grondig [degelijk] gründlich, eingehend
de **grondigheid** Gründlichkeit (v²⁸)
de **grondlaag** [grondverf] Grundanstrich (m⁵),

Grundierungsschicht (v[20])

de **grondlegger** Gründer (m[5]); [van een leer, een filosofie] Begründer (m[9])

de **grondlegging** Gründung (v[20]); [van een leer, een filosofie] Begründung (v[20])

het **grondpersoneel** Bodenpersonal (o[29])

de **grondprijs** Grundstückspreis (m[5])

het **grondrecht** Grundrecht (o[29])

de **grondregel** Grundregel (v[21])

de **grondslag** Grundlage (v[21]), Basis (v, mv: Basen)

de **grondsoort** Bodenart (v[20])

de **grondstewardess** Groundhostess (v[20]), Bodenstewardess (v[20])

de **grondstof** Rohstoff (m[5])

de **grondverf** Grundfarbe (v[21])

de **grondverschuiving** Erdrutsch (m[5])

grondverven grundieren[320]

grondvesten gründen, errichten

het **grondwater** Grundwasser (o[39])

het **grondwerk** Erdarbeiten (mv v[20])

de **grondwet** Grundgesetz (o[29]), Verfassung (v[20]): *in strijd met de* ~ verfassungswidrig

grondwettelijk Verfassungs…, konstitutionell

grondwettig verfassungsgemäß

het **grondzeil** Bodenplane (v[21])

groot groß[60]: *goederen in het* ~ *verkopen* Waren im Großen verkaufen; *de grote mogendheden* die Großmächte; *de grote drukte op de snelweg* der rege Verkehr auf[+3] der Autobahn

het **grootboek** Hauptbuch (o[32])

grootbrengen großziehen[318], aufziehen[318]

Groot-Brittannië Großbritannien (o[39])

het **grootgrondbezit** Großgrundbesitz (m[19])

de **grootgrondbezitter** Großgrundbesitzer (m[9])

de **groothandel 1** [de handel] Großhandel (m[19]) **2** [de zaak] Großhandlung (v[20])

de **grootheid** Größe (v[21]); [de verhevenheid] Erhabenheit (v[28])

de **grootheidswaan** Größenwahn (m[19])

de **groothertog** Großherzog (m[6])

het **groothertogdom** Großherzogtum (o[32])

de **groothoeklens** Weitwinkelobjektiv (o[29])

zich **groothouden 1** [bij pijn enz.] sich[3] nichts anmerken lassen[197] **2** [bij teleurstellingen enz.] sich gleichgültig stellen

de **grootmacht** Großmacht (v[25])

de **grootmeester 1** [schaken, dammen] Großmeister (m[9]) **2** [op andere gebieden] große(r) Meister (m[9])

de **grootmoeder** Großmutter (v[26])

grootmoedig großmütig, großherzig

de **grootouders** Großeltern (mv)

groots 1 [prachtig] großartig, grandios **2** [trots] stolz

grootschalig groß; [groots opgezet] groß angelegt: *iets* ~ *aanpakken* an etwas[4] im großen Stil herangehen; *een* ~ *experiment*

ein groß angelegter Versuch; ein Großversuch

grootscheeps prachtvoll, großartig, aufwendig

de **grootsheid 1** [pracht] Großartigkeit (v[28]) **2** [trots] Stolz (m[19]) **3** [onbekrompenheid] Großzügigkeit (v[28])

de **grootspraak** Angeberei (v[20]), Großsprecherei (v[20])

de **grootte** Größe (v[21])

de **grootvader** Großvater (m[10])

het [1]**gros** [144 stuks] Gros (o[29a]): *drie* ~ drei Gros

het [2]**gros** [meerderheid] Mehrzahl (v[28])

de **grossier** Großhändler (m[9]), Grossist (m[14])

de **grot** Höhle (v[21])

grotendeels großenteils, größtenteils

grotesk grotesk

het **gruis** Staub (m[19])

het **grut 1** [al wat klein is] Kleinkram (m[19]) **2** [kindertjes] Kroppzeug (o[39])

de **grutto** Uferschnepfe (v[21])

de **gruwel** Gräuel (m[9])

de **gruweldaad** Gräueltat (v[20])

gruwelijk grässlich, gräulich, scheußlich

gruwen: *ik gruw van deze man* mir graut vor diesem Menschen

de **gruzelementen**: *in* ~ *vallen* in Scherben gehen[168]

de **g-sleutel** G-Schlüssel (m[9])

de **gsm**[MERK] **1** [techniek] afk van *global system for mobile communication* GSM **2** [toestel] Handy (o[36]), Mobiltelefon (o[29])

Guadeloupe Guadeloupe (o[39])

de **Guadelouper** Einwohner (m[9]), Einwohnerin (v[22]) von Guadeloupe

Guadeloups von Guadeloupe

Guatemala Guatemala (o[39])

de **Guatemalteek** Guatemalteke (m[15]), Guatemaltekin (v[22])

Guatemalteeks guatemaltekisch

de **guerrilla** Guerilla (v[27])

de **guerrillaoorlog** Guerillakrieg (m[5])

de **guerrillastrijder** Guerillakämpfer (m[9])

de **guillotine** Guillotine (v[21]), Fallbeil (o[29])

Guinee Guinea (o[39])

Guinee-Bissau Guinea-Bissau (o[39])

de **Guinee-Bissauer** Guinea-Bissauer (m[9]), Guinea-Bissauerin (v[22])

Guinee-Bissaus guinea-bissauisch

de **Guineeër** Guineer (m[9]), Guineerin (v[22])

Guinees guineisch ‖ *het* ~ *biggetje* das Meerschweinchen

de **guirlande** Girlande (v[21])

de **guit** Schelm (m[5]), Bengel (m[9]), Schlingel (m[9])

guitig schalkhaft, schelmisch

gul 1 [royaal] freigebig: ~ *onthaal* gastfreundliche Aufnahme (v[21]) **2** [hartelijk] herzlich: ~*le lach* herzliches Lachen (o[39])

de [1]**gulden** (zn) Gulden (m[11]), hfl

[2]**gulden** (bn) golden

de **gulheid** Freigebigkeit (v[20]), Großzügigkeit

(v[20])

de **¹gulp** [in broek] Hosenschlitz (m⁵)
de **²gulp** [dikke straal] Strahl (m¹⁶), Schwall (m⁵)
gulpen strömen
gulzig gierig
de **gulzigaard** Vielfraß (m⁵), Nimmersatt (m⁵)
de **gulzigheid** Gier (v²⁸)
het/de **gum** Radiergummi (m¹³)
het/de **gummi** Gummi (m¹³, o³⁶)
de **gummistok** Gummiknüppel (m⁹)
gunnen 1 [graag zien dat iem. iets krijgt]
gönnen **2** [toewijzen] zuschlagen²⁴¹ **3** [ver-
gunnen] vergönnen
de **gunst 1** [gunstige gezindheid] Gunst (v²⁸),
Wohlwollen (o³⁹) **2** [blijk van gunst] Gunst
(v²⁸), Gunstbezeigung (v²⁰): *iem. een ~ bewijzen* jmdm. eine Gunst gewähren **3** [voor-
deel]: *ten ~e van* zugunsten⁺², zu Gunsten⁺²
gunstig günstig: *~ gelegen* in günstiger
Lage
het **gunsttarief** [Belg] Sondertarif (m⁵)
gutsen [neerstromen] strömen, triefen²⁹²
guur rau: *~ weer* raues Wetter (o³⁹)
de **Guyaan** Guyaner (m⁹), Guyanerin (v²²)
Guyaans guyanisch
Guyana Guyana (o³⁹)
de **¹gym** [gymnastiek] Gymnastik (v²⁸); [gym-
nastiekles] Turnen (o³⁹)
het **²gym** [gymnasium] Gymnasium (o, 2e nvl: -s;
mv: Gymnasien)
gymmen turnen
de **gymnasiast** Gymnasiast (m¹⁴)
het **gymnasium** Gymnasium (o, 2e nvl: -s; mv:
Gymnasien)
de **gymnast** Gymnastiker (m⁹), Turner (m⁹)
de **gymnastiek** Gymnastik (v²⁸)
de **gymnastiekoefening** Turnübung (v²⁰)
de **gymschoen** Turnschuh (m⁵), Sportschuh
(m⁵)
de **gynaecologie** Gynäkologie (v²⁸)
de **gynaecoloog** Gynäkologe (m¹⁵)
de **gyros** [gerecht] Gyros (o, 2e nvl: -; mv: -)

h

de **h** [letter] h, H (o)
ha ha!, ah!
de **haag 1** [heg] Hecke (v²¹) **2** [van mensen] Spalier (o²⁹), Reihe (v²¹)
de **haai** Hai (m⁵), Haifisch (m⁵): *naar de ~en gaan* zugrunde (*of:* zu Grunde) gehen¹⁶⁸
de **haaientanden** [m.b.t. verkeer] ± Wartelinie (v²¹)
de **haak 1** [metalen voorwerp] Haken (m¹¹): *het is niet in de ~* das geht nicht mit rechten Dingen zu; *er is iets niet in de ~* die Sache hat einen Haken; [Belg] *met haken en ogen aan elkaar hangen* schlampig gearbeitet sein²⁶² **2** [van telefoon] Gabel (v²¹) **3** [een teken] Klammer (v²¹): *ronde haken* runde Klammern **4** [vishaak] Haken (m¹¹), Angelhaken: [fig] *iem. aan de ~ slaan* (sich³) jmdn. angeln
het **haakje** [een teken] Klammer (v²¹): *tussen ~s* in Klammern; [fig] nebenbei bemerkt
de **haaknaald** Häkelnadel (v²¹)
haaks rechtwinklig, lotrecht
de **haal 1** Ruck (m⁵), Zug (m⁶) **2** [met iets scherps] Kratzer (m⁹) **3** [loop]: *aan de ~ gaan* durchgehen¹⁶⁸
haalbaar machbar, durchführbar, realisierbar
de **haalbaarheid** Machbarkeit (v²⁸), Realisierbarkeit (v²⁸)
de **haan** Hahn (m⁶); [op toren ook] Wetterhahn (m⁶): *er kraait geen ~ naar* es kräht kein Hahn danach
het **haantje** Hähnchen (o³⁵)
het **haantje-de-voorste**: *hij is altijd ~* er ist ein Hansdampf in allen Gassen
het **¹haar** (zn) Haar (o²⁹): *dik ~* starkes Haar; *verzorging van het ~* Haarpflege (v²⁰); *hij is geen ~ beter* er ist um kein Haar besser
²haar (pers vnw⁸²) [enkelvoud] ihr³, sie⁺⁴; [meervoud] ihnen³, sie⁺⁴
³haar (bez vnw⁸⁰) [vrouwelijk enkelvoud] ihr(e); [vrouwelijk meervoud] ihre
de **haarband** Haarband (o³²)
de **haarborstel** Haarbürste (v²¹)
het **haarbreed**: *geen ~* nicht (um) ein Haarbreit
de **haard** Herd (m⁵): *elektrische ~* Elektroherd; *open ~* Kamin (m⁵); *een ~ van onrust* ein Herd der Unruhe
de **haardos** Haarwuchs (m¹⁹)
de **haardracht** Haarschnitt (m⁵), Frisur (v²⁰)
de **haardroger** Haartrockner (m⁹)
het **haardvuur** Kaminfeuer (o³³)
haarfijn 1 [dun] haarfein **2** [precies] haarscharf

de **haargroei** Haarwuchs (m¹⁹)
de **haarkloverij** Haarspalterei (v²⁰)
het/de **haarlak** Haarlack (m⁵)
het **haarlint** Haarband (o³²), Haarschleife (v²¹)
de **haarlok** Locke (v²¹), Haarlocke (v²¹)
haarscherp haarscharf
het **haarscheurtje** Haarriss (m⁵): *~s in beton* Haarrisse im Beton
de **haarspeld 1** [sierspeld] Haarspange (v²¹) **2** [voor opgestoken haar] Haarnadel (v²¹)
de **haarspeldbocht** Haarnadelkurve (v²¹)
de **haarspray** Haarspray (m¹³, o³⁶)
het **haarstukje** Haarteil (o²⁹), Toupet (o³⁶)
de **haaruitval** Haarausfall (m¹⁹)
het **haarvat** Haargefäß (o²⁹)
de **haarversteviger** Haarfestiger (m⁹)
de **haarwortel 1** Haarwurzel (v²¹) **2** [plantk] Wurzelhaar (o)
de **¹haas** [van rund en wild] Filet (o³⁶)
de **²haas** [dierk] Hase (m¹⁵)
haasje: *het ~ zijn* geliefert sein²⁶²
het **haasje-over**: *~ springen* Bockspringen
de **¹haast** (zn) Eile (v²⁸); [gejaagdheid] Hast (v²⁸): *~ maken* sich beeilen; *er is ~ bij* es eilt; *hij heeft altijd ~* er ist immer in Eile
²haast (bw) fast, beinahe: *dat is ~ niet te geloven* das ist kaum zu glauben
haasten: *iem. ~* jmdn. zur Eile antreiben²⁹⁰; *ik ben gehaast* ich habe es eilig; *zich ~* sich beeilen
haastig eilig; [alleen bijwoord] eilends; [gejaagd] hastig: *~ besluit* übereilter Entschluss (m⁶)
het **haastwerk** eilige Arbeit (v²⁰), dringliche Arbeit (v²⁰)
de **haat** Hass (m¹⁹): *blinde ~* blinder Hass; *~ en nijd* Hass und Missgunst
haatdragend nachtragend, unversöhnlich
de **haat-liefdeverhouding** Hassliebeverhältnis (o²⁹)
de **haatprediker** Hassprediger (m⁹)
de **habbekrats** Spottpreis (m⁵)
de **habitat** Habitat (o²⁹)
het/de **hachee** Haschee (o³⁶)
hachelijk misslich, heikel, bedenklich
het **hachje** Leben (o³⁵): *zijn ~ proberen te redden* versuchen, die eigene Haut zu retten, versuchen, mit heiler Haut davonzukommen
hacken hacken
de **hacker** Hacker (m⁹)
de **hadj** Hadsch (m¹⁹ᵃ)
de **hadji** Hadschi (m¹³)
de **hagedis** Eidechse (v²¹)
de **hagel** Hagel (m⁹)
de **hagelbui** Hagelschauer (m⁹)
hagelen hageln [ook fig]
de **hagelslag** Anisstreusel (mv m⁹, o³³), Schokostreusel (mv m⁹, o³³)
de **hagelsteen** Hagelkorn (o³²)
hagelwit schneeweiß, blütenweiß
de **haiku** Haiku (o)

de **hairextension** Hairextension (v²⁷), Haarverlängerung (v²⁰)
Haïti Haiti (o³⁹)
de **Haïtiaan** Haitianer (m⁹), Haitianerin (v²²)
Haïtiaans haitianisch, haitisch
de **hak 1** [houw] Hieb (m⁵) **2** [gereedschap]
Hacke (v²¹) **3** [hiel] Ferse (v²¹), Hacke (v²¹)
4 [van sok, kous] Ferse (v²¹) **5** [van schoen]
Absatz (m⁶)
de **hakbijl** Hackbeil (o²⁹)
het **hakblok** Hackblock (m⁶), Hackklotz (m⁶)
¹**haken** (onov ww) **1** [blijven vastzitten]
hängen bleiben¹³⁴ **2** [in elkaar haken] inein-
andergreifen¹⁸¹ **3** [reikhalzen] dürsten
(nach⁺³)
²**haken** (ov ww) **1** [vastmaken] haken, anhaken **2** [handwerken] häkeln
het **hakenkruis** Hakenkreuz (o²⁹)
het **hakje** [sport] Absatzkick (m¹³, 2e nvl: ook -)
de **hakkelaar** Stotterer (m⁹)
hakkelen stottern
hakken 1 hacken **2** [fig]: *op iem.* ~ jmdn.
heruntermachen ‖ *dat hakt erin* a) [kost veel
geld] das geht ins Geld, das reißt ein tiefes
Loch in den Beutel; b) [komt hard aan] das ist
ein schwerer Schlag
hakketakken 1 [kibbelen] zanken **2** [vit-
ten] kritteln
het **hakmes** Hackbeil (o²⁹)
de **hal 1** Halle (v²¹) **2** [markthal] Markthalle
(v²¹) **3** [vestibule] Diele (v²¹) **4** [zaal] Saal (m,
2e nvl: -(e)s; mv: Säle)
halal halal
halen 1 [laten komen] holen: *een dokter laten* ~ einen Arzt kommen lassen¹⁹⁷; *de politie*
~ die Polizei rufen²²⁶; *een getuige erbij* ~ einen Zeugen hinzuziehen³¹⁸ **2** [ergens vandaan halen] holen: *het kind uit school* ~ das
Kind an der Schule abholen; *geld van de
spaarbank* ~ Geld bei der Sparkasse abheben¹⁸⁶ **3** [trekken] [ook fig] ziehen³¹⁸: *een
vlek eruit* ~ einen Flecken entfernen; *iem. er
door* ~ jmdn. durchbringen¹³⁹; *alles door elkaar* ~ alles durcheinanderbringen³¹⁸ **4** [be-
reiken] erreichen: *de trein nog* ~ den Zug
noch erreichen **5** [slagen, het halen] schaffen²³⁰ **6** [kopen] kaufen
het ¹**half** (zn): *een* ~ ein Halbes (o⁴⁰ᶜ)
²**half** (bn, bw) halb; [in samenstellingen]
Halb…: *halve bol* Halbkugel (v²¹); *halve wees*
Halbwaise (v²¹); *~ en* ~ halb und halb; *~ zoveel* halb so viel; *~ april* Mitte April; ~ *een*
halb eins; *betrekking voor halve dagen* Halb-
tagsstelle (v²¹); *hele en halve dagen werken*
ganz- und halbtägig arbeiten; *drie en een
halve meter* drei(und)einhalb Meter; *voor* ~
geld zum halben Preis
halfautomatisch halb automatisch
halfbakken unerfahren, stümperhaft
de **halfbloed** Mischling (m⁵); [paard] Halbblut
(o³⁹)

de **halfbroer** Halbbruder (m¹⁰), Stiefbruder
(m¹⁰)
het **halfdonker** Halbdunkel (o)
halfdood halb tot
de **halfedelsteen** Halbedelstein (m⁵)
het **halffabricaat** Halbfabrikat (o²⁹), Halbfer-
tigware (v²¹)
halfgaar 1 [niet helemaal gaar] halb gar
2 [getikt] nicht recht, ganz bei Trost(e)
de **halfgeleider** Halbleiter (m⁹)
de **halfgod** Halbgott (m⁸)
halfhartig halbherzig
het **halfjaar** Halbjahr (o²⁹), halbes Jahr (o²⁹)
halfjaarlijks 1 [elk half jaar] halbjährlich
2 [een half jaar durend] halbjährig
het **halfje** [half glas] Halbe(s) (o⁴⁰ᶜ)
halfnaakt halb nackt
het **halfpension** Halbpension (v²⁸)
het ¹**halfrond** (zn) Halbkugel (v²¹), Hemisphäre
(v²¹)
²**halfrond** (bn) halbrund
halfslachtig 1 [tweeslachtig] zwitterhaft,
Zwitter… **2** [besluiteloos] unbestimmt, halb:
een ~ antwoord eine unbestimmte Antwort
halfstok halbmast
het **halfuur** halbe Stunde (v²¹): *om het* ~ halb-
stündlich; *van een* ~ halbstündig
halfvol 1 halb voll: *bij hem is het glas altijd* ~
für ihn ist das Glas immer halb voll **2** [m.b.t.
vetgehalte] fettarm: *~le melk* fettarme, halb
fette Milch
de **halfwaardetijd** Halbwertszeit (v²⁰)
halfweg auf halbem Wege
halfzacht 1 [m.b.t. ei] weich **2** [niet goed
snik] bekloppt **3** [slap] weich, schlapp, un-
tüchtig
de **halfzuster** Halbschwester (v²¹), Stiefschwester (v²¹)
het ¹**halleluja** (zn) Halleluja (o³⁶)
²**halleluja** (tw) halleluja!
hallo hallo; [groet] guten Tag
de **hallucinatie** Halluzination (v²⁰)
hallucineren halluzinieren
de **halm** Halm (m⁵)
de **halo** Halo (m)
de **halogeenlamp** Halogenlampe (v²¹); [van
auto e.d.] Halogenscheinwerfer (m⁹)
de **hals** Hals (m⁶): *onnozele* ~ Tropf (m⁶); *japon
met ronde* ~ Kleid mit rundem Halsaus-
schnitt; *iem. om de* ~ *vliegen* jmdm. um den
Hals fallen¹⁵⁴; *zich moeilijkheden op de* ~ *halen*
sich³ Schwierigkeiten auf den Hals laden
de **halsband** Halsband (o³²)
halsbrekend halsbrecherisch
de **halsdoek** Halstuch (o³²)
de **halsketting** Halskette (v²¹)
de **halsmisdaad** Kapitalverbrechen (o³⁵)
halsoverkop Hals über Kopf
halsreikend sehnsüchtig: *~ naar iets uitzien*
etwas sehnsüchtig erwarten
halsstarrig halsstarrig, hartnäckig

het/de **halster** Halfter (m⁹, o³³)
de **halswervel** Halswirbel (m⁹)
het **¹halt** (zn) Halt (m⁵, m¹³): ~ *houden* halten¹⁸³;
iem. een ~ *toeroepen* jmdm. Einhalt gebieten¹³⁰
²halt (tw) halt!
de **halte** Haltestelle (v²¹), Station (v²⁰)
de **halter** Hantel (v²¹)
de **halvemaan** Halbmond (m⁵)
halveren halbieren³²⁰
¹halverwege (bw) auf halbem Wege: *iem.* ~
tegemoetkomen jmdm. auf halbem Wege
entgegenkommen¹⁹³
²halverwege (vz) mitten auf⁺³, mitten in⁺³
de **ham** Schinken (m¹¹)
de **hamam** Hamam (m¹³, 2e nvl: ook -)
de **hamburger** Hamburger (m⁹, m¹³)
Hamburgs hamburgisch, Hamburger
de **hamer** Hammer (m¹⁰): *onder de ~ brengen*
versteigern; *onder de ~ komen* versteigert
werden³¹⁰
hameren hämmern: *zij hamerde erop dat …*
sie betonte, dass …
de **hamster** Hamster (m⁹)
de **hamsteraar** Hamsterer (m⁹)
hamsteren hamstern
de **hamstring** hintere Oberschenkelmuskula-
tur (v²⁰)
de **hamvraag** Kernfrage (v²¹), Gretchenfrage
(v²¹)
de **hand 1** [lichaamsdeel] Hand (v²⁵) **2** [wijze
van schrijven] Handschrift (v²⁰): *~en thuis!*
Hände weg!; *iem. de ~ geven* jmdm. die Hand
geben¹⁶⁶; *de ~en vol hebben* [fig] alle Hände
voll zu tun haben; [fig] *de ~en ineenslaan* zusammenarbeiten; *iem. de vrije ~ laten* jmdm.
freie Hand lassen¹⁹⁷; *voor iets zijn ~ niet omdraaien* etwas mit der linken Hand erledigen; *de ~ aan zichzelf slaan* Hand an⁺⁴ sich legen; [fig] *geen ~ uitsteken* keinen Finger
krumm machen; *het zijn twee ~en op een buik*
sie stecken unter einer Decke; *aan de ~ van*
anhand⁺²; *wat is er aan de ~?* was ist los?; *er is
niets aan de ~!* alles in Ordnung!; [fig] *iets bij de ~
hebben* etwas zur Hand haben¹⁸²; *hij heeft een
gat in zijn ~* das Geld zerrinnt ihm unter den
Händen; *de touwtjes in ~en hebben* das Heft in
der Hand haben¹⁸²; *zijn lot is in mijn ~* sein Los
liegt in meiner Hand; *met zachte ~* mit sanfter Hand; *met de ~ gemaakt* handgefertigt;
met ~ en tand verdedigen aufs Äußerste (*of:*
aufs äußerste) verteidigen; [fig] *iets onder
~en hebben* etwas in Arbeit haben¹⁸²; *zwaar
op de ~ zijn* alles pessimistisch sehen²⁶¹; *iets
ter ~ nemen* etwas in Angriff nehmen²¹²; *een
onderzoek weer ter ~ nemen* eine Ermittlung
wiederaufnehmen²¹²; *iem. iets ter ~ stellen*
jmdm. etwas übergeben¹⁶⁶; *iets van de ~ doen*
etwas verkaufen; *de goederen gaan grif van de
~* die Ware findet reißenden Absatz; *iets van
de ~ wijzen* etwas ablehnen

de **handbagage** Handgepäck (o³⁹)
het **handbal 1** [de bal] Handball (m⁶) **2** [het
spel] Handball (m¹⁹), Handballspiel (o²⁹)
handballen Handball spielen
het **handbereik**: *buiten* ~ außer Reichweite;
binnen ~ in Griffnähe, in Reichweite
de **handboei** Handfessel (v²¹), Handschelle
(v²¹)
het **handboek** Handbuch (o³²)
de **handdoek** Handtuch (o³²)
de **handdruk** Händedruck (m⁶)
de **handel 1** [koop en verkoop van waren]
Handel (m¹⁹) **2** [zaak] Handlung (v²⁰), Geschäft (o²⁹) **3** [verkeer] Geschäftsverkehr
(m¹⁹) **4** [op de effectenbeurs] Geschäft (o²⁹):
~ drijven in Handel treiben²⁹⁰ mit⁺³
de **handelaar** Händler (m⁹): *~ in* Händler in⁺³
handelbaar gefügig, fügsam
handelen 1 [handel drijven] handeln, Handel treiben²⁹⁰ **2** [te werk gaan] handeln, verfahren¹⁵³; [optreden] vorgehen¹⁶⁸: *vrijheid
van* ~ Handlungsfreiheit (v²⁸); *~ in strijd met
de wet* dem Gesetz zuwiderhandeln; *~ over*
handeln von⁺³
de **handeling** Handlung (v²⁰)
handelingsbekwaam handlungsfähig
het **handelsakkoord** Handelsabkommen (o³⁵)
de **handelsbalans** Handelsbilanz (v²⁰)
de **handelsbetrekkingen** Handelsbeziehun-
gen (mv v²⁰)
de **handelskamer 1** [coöperatieve vereni-
ging] Genossenschaft (v²⁰) der Großhändler
2 [handelsrechtbank] Handelsgericht (o²⁹)
de **handelskennis** kaufmännische Kenntnisse
(mv v²⁴)
het **handelsmerk** Warenzeichen (o³⁵)
de **handelsmissie** Handelsmission (v²⁰)
de **handelsonderneming** Handelsunterneh-
men (o³⁵), Handelsfirma (v, mv: Handelsfir-
men)
de **handelsovereenkomst** Handelsabkommen (o³⁵)
de **handelspartner** Handelspartner (m⁹)
het **handelsrecht** Handelsrecht (o²⁹)
de **handelsrechtbank** [Belg] Handelsgericht
(o²⁹)
het **handelsregister** Handelsregister (o³³)
de **handelsreiziger** Geschäftsreisende(r)
(m⁴⁰ᵃ, v⁴⁰ᵇ)
het **handelstekort** Handelsbilanzdefizit (o²⁹)
het **handelsverdrag** Handelsvertrag (m⁶)
het **handelsverkeer** Handelsverkehr (m¹⁹)
de **handelswaar** Handelsware (v²¹)
de **handelwijze** Handlungsweise (v²¹), Vorgehen (o³⁹)
de **handenarbeid** Handarbeit (v²⁰)
de **hand-en-spandiensten** Hand- und
Spanndienste (mv)
het **handenwringen** Händeringen (o³⁹)
handenwringend händeringend
het **handgebaar** Handbewegung (v²⁰), Geste

(v[21])

het **handgeklap** Händeklatschen (o[39]), Applaus (m[5])

het **handgeld** Handgeld (o[31])

het **¹handgemeen** (zn) Handgemenge (o[33])
²handgemeen (bn) handgemein

handgeschreven handgeschrieben

de **handgranaat** Handgranate (v[21])

de **handgreep** Handgriff (m[5])

¹handhaven (ov ww) **1** [van gezag, orde, aanbod] aufrechterhalten[183]: *zijn eisen ~* auf seinen Forderungen bestehen[279] **2** [van regeling, toestand] beibehalten[183]: *een besluit ~* bei einem Entschluss bleiben[134] **3** [de wet] handhaben

zich **²handhaven** (wdk ww) sich behaupten

de **handhaving** Behauptung (v[28]), Aufrechterhaltung (v[28]), Beibehaltung (v[28]); *zie ¹handhaven*

de **handicap** Behinderung (v[20]): *iem. met een ~ Behinderte(r)* (m[40a], v[40b])

handig 1 [behendig] geschickt **2** [slim] clever **3** [makkelijk te hanteren] handlich, praktisch

de **handigheid 1** [behendigheid] Gewandtheit (v[20]), Geschicklichkeit (v[20]) **2** [foefje] Geschick (o[29])

het **handje** Händchen (o[35]): *een ~ helpen* etwas nachhelfen[188]; *iem. een ~ helpen* jmdm. unter die Arme greifen[181]; *daar heeft hij een ~ van* das sieht ihm ähnlich

de **handkar** Handwagen (m[11]), Handkarren (m[11])

de **handkus** Handkuss (m[6])

de **handlanger 1** [helper] Handlanger (m[9]), Hilfsarbeiter (m[9]) **2** [medeplichtige] Helfershelfer (m[9])

de **handleiding** Gebrauchsanleitung (v[20])

handlezen aus der Hand lesen[201]

handmatig von Hand, mit der Hand

de **handomdraai**: *in een ~* im Handumdrehen

de **hand-out** Handout (o[36])

de **handpalm** Handfläche (v[21]), Handteller (m[9])

de **handreiking** Handreichung (v[20])

de **handrem** Handbremse (v[21])

het **hands** Handspiel (o[29]), Hand (v[28])

de **handschoen** Handschuh (m[5])

het **handschoenenkastje** Handschuhfach (o[32])

het **handschrift** Handschrift (v[20])

handsfree freihändig: *~ telefoneren* freihändig telefonieren

de **handstand** Handstand (m[6]): *een ~ doen* einen Handstand machen

de **handtas** Handtasche (v[21])

handtastelijk zudringlich

de **handtekening** Unterschrift (v[20]): *een ~ zetten* eine Unterschrift leisten, unterschreiben[252]

de **handtekeningenactie** Unterschriftenak-

tion (v[20])

handvaardig handfertig, fingerfertig

de **handvaardigheid** Werkunterricht (m[5])

het **handvat 1** [lett] Handgriff (m[5]), Griff (m[5]); [hengsel] Henkel (m[9]); [steel] Stiel (m[5]) **2** [fig] Handhabe (v[21])

het **handvest** Charta (v[27])

de **handvol** Handvoll (v[28])

het **handwerk 1** Handarbeit (v[28]) **2** [beroep, ambacht] Handwerk (o[29])

handwerken handarbeiten

handzaam 1 [m.b.t. persoon] gefügig **2** [in de omgang] umgänglich **3** [m.b.t. voorwerpen] handlich

de **hanenkam 1** [van haan] Hahnenkamm (m[6]) **2** [plantk] Pfifferling (m[5]), Eierschwamm (m[6])

de **hanenpoot** [schrift] Gekritzel (o[39]), Krakelfuß (m[6])

de **hang** Hang (m[19]), Neigung (v[20])

de **hangar** Hangar (m[13])

de **hangbrug** Hängebrücke (v[21])

de **hangbuik** Hängebauch (m[6])

het **hangbuikzwijn** Hängebauchschwein (o[29])

¹hangen (onov ww) **1** hängen[184]: *ik mag ~ als het niet waar is* ich fresse einen Besen, wenn es nicht wahr ist; *aan iem., iets blijven ~* an jmdm., an[+3] etwas hängen bleiben[134] **2** [onbeslist zijn] in der Schwebe bleiben[134] **3** [gehecht zijn aan] hängen[184]: *aan het geld ~* am Gelde hängen; *het hangt als los zand aan elkaar* es ist ohne jeden Zusammenhang

²hangen (ov ww) hängen, aufhängen

hangend hängend, herabhängend: *de zaak is nog ~e* die Sache ist noch in der Schwebe

het **hang-en-sluitwerk** Beschläge (mv) (an Türen und Fenstern)

de **hanger 1** [kleerhanger] Kleiderbügel (m[9]) **2** [sieraad] Anhänger (m[9])

hangerig lustlos, matt, schlaff

het **hangijzer**: [fig] *een heet ~* ein heißes Eisen

de **hangjongere** herumlungernde(r) Jugendliche(r) (m[40a])

de **hangkast** Kleiderschrank (m[6])

de **hanglamp**, de **hanglantaarn** Hängelampe (v[21])

de **hangmap** Hängemappe (v[21])

de **hangmat** Hängematte (v[21])

de **hangplant** Hängepflanze (v[21])

de **hangplek** Treffpunkt (m[5]) von Jugendlichen

het **hangslot** Hängeschloss (o[32]), Vorhängeschloss (o[32])

hannesen [onhandig werken] stümpern

de **hansworst** Hanswurst (m[5]), Hampelmann (m[8])

hanteerbaar handhabbar; [oplossing] praktikabel

hanteren hantieren[320] (mit[+3]), handhaben

de **Hanze** Hansa (v[28]), Hanse (v[28])

de **Hanzestad** Hansestadt (v[25])

de **hap 1** [beet] Biss (m^5) **2** [afgehapt stuk, mondvol] Happen (m^{11}), Bissen (m^{11}) **3** [stuk] Brocken (m^{11})

haperen 1 [niet verder kunnen, blijven steken] stocken; [m.b.t. motor] stottern, bocken **2** [mankeren] hapern, fehlen: *wat hapert er-aan?* wo hapert es denn?

het **hapje 1** [beetje, mondjevol] Bissen (m^{11}) **2** [hartigheidje] Häppchen (o^{35})

hapklaar mundgerecht

happen 1 [bijten] beißen^{125} **2** [reageren] anbeißen^{125} **3** [snakken] schnappen: *naar iets* ~ nach^{+3} etwas schnappen

de **happening** Happening (o^{36})

happig versessen, erpicht: ~ *op iets zijn* auf^{+4} etwas erpicht (*of:* versessen) sein^{262}

het **happy end** Happy End (o^{36})

het **harakiri** Harakiri (o): ~ *plegen* Harakiri machen, begehen

haram haram

^{1}hard (bn) **1** hart^{58} **2** [streng] streng: ~*e straffen* strenge Strafen **3** [hevig] stark^{58} **4** [hardvochtig] hart^{58} **5** [moeilijk, smartelijk] hart^{58}, schwer: *de* ~*e werkelijkheid* die raue Wirklichkeit **6** [onverzettelijk, meedogenloos] hart^{58}, scharf^{58} **7** [luid] laut **8** [m.b.t. kleur, licht] hart^{58}, grell: *een* ~ *hoofd in iets hebben* nicht so recht an^{+4} etwas glauben || *een* ~*e werker* ein fleißiger Mensch

^{2}hard (bw) **1** [op onzachte wijze] hart^{58}, schwer: ~ *optreden* scharf vorgehen^{168}; ~ *vallen* schwer stürzen **2** [ijverig] hart^{58}, fleißig **3** [zeer, erg] dringend, sehr: ~ *remmen* scharf bremsen **4** [luid] laut **5** [snel] schnell

het **hardboard** Hartfaserplatte (v^{21})

de **hardcore** Hardcore (m^{13})

de **harddisk** [comp] Festplatte (v^{21})

de **harddiskrecorder** Festplattenrekorder (m^9)

harden 1 [hard maken] härten: *staal* ~ Stahl härten **2** [het weerstandsvermogen vergroten] abhärten **3** [volhouden] aushalten^{183}: *het is niet om te* ~ es ist nicht zum Aushalten

hardgekookt hart gekocht

hardhandig unsanft, roh

de **hardheid** Härte (v^{21}), Hartherzigkeit (v^{20}); *zie* ^{1}*hard*

hardhorend schwerhörig

het **hardhout** Hartholz (o^{32})

hardleers 1 [moeilijk lerend] begriffsstutzig **2** [eigenzinnig] unbelehrbar, stur

de **hardliner** Hardliner (m^9)

de **hardloopwedstrijd** Wettlauf (m^6)

hardlopen um die Wette laufen^{198}

de **hardloper** Läufer (m^9)

hardmaken erhärten: *een bewering* ~ eine Behauptung erhärten

hardnekkig hartnäckig

hardop laut: ~ *denken* laut denken^{140}

hardrijden Rennen (o^{35}); [schaatssport] Eis-schnelllaufen (o^{39})

de **hardrijder** Rennfahrer (m^9); [paarden-sport] Rennreiter (m^9); [schaatssport] Eis-schnellläufer (m^9)

hardvochtig hart(herzig), unbarmherzig

de **hardware** Hardware (v^{27})

de **harem** Harem (m^{13})

harentwil: *om* ~ um ihretwillen

harig haarig, behaart

de **^{1}haring** [pin] Hering (m^5), Zeltpflock (m^6)

de **^{2}haring** [vis] Hering (m^5)

de **hark** Harke (v^{21}); [Z-Du] Rechen (m^{11})

harken harken

harkerig steif, hölzern, linkisch

de **harlekijn** Harlekin (m^5), Hanswurst (m^5)

de **harmonica** Harmonika (v^{27}, mv: ook Harmoniken)

de **harmonicawand** Faltwand (v^{25})

de **harmonie 1** [overeenstemming] Harmonie (v^{21}) **2** [muziekvereniging] Musikkapelle (v^{21})

harmonieus harmonisch

harmonisch harmonisch

harmoniseren harmonisieren^{320}

het **harmonium** Harmonium (o, 2e nvl: -s; mv: Harmonien)

het **harnas** Harnisch (m^5)

de **harp** Harfe (v^{21}): ~ *spelen* (auf der) Harfe spielen

de **harpist** Harfenist (m^{14})

de **harpoen** Harpune (v^{21})

harpoeneren harpunieren^{320}

het/de **hars** Harz (o^{29})

de **harses** Hirn (o^{29}); [hoofd] Birne (v^{21})

het **hart** Herz (o, 2e nvl: ev -ens, 3e nv ev -en; mv: -en): *in het* ~ *van Europa* im Herzen Europas; *als je het* ~ *hebt!* wenn du es wagst!; *heb het* ~ *eens* (dat te doen)! untersteh dich!; *zijn* ~ *aan iets ophalen* [aan eten, drinken enz.] sich an^{+3} etwas gütlich tun^{295}; [anders] etwas genießen^{172}; *iem. een* ~ *onder de riem steken* jmdm. Mut machen; *ik houd mijn* ~ *vast* ich befürchte das Schlimmste; *dat gaat me aan het* ~ das tut mir leid; *hij heeft het aan het* ~ er ist herzkrank; *dat ligt me na aan het* ~ das liegt mir sehr am Herzen; *iem. iets op het* ~ *binden, drukken* jmdm. etwas ans Herz legen; *hij kon het niet over zijn* ~ *verkrijgen* er konnte es nicht übers Herz bringen; *dat gaat mij zeer ter* ~*e* das liegt mir sehr am Herzen; *van* ~ *en* *wens ik je geluk!* ich gratuliere dir herzlich!

de **hartaanval** Herzanfall (m^6), Herzattacke (v^{21})

de **hartafwijking** Herzfehler (m^9)

de **hartchirurgie** Herzchirurgie (v^{21})

hartelijk herzlich

de **hartelijkheid** Herzlichkeit (v^{20})

harteloos herzlos

de **harten** Herz (zonder lw; alleen mv)

het/de **hartenaas** Herzass (o^{29})

de **hartendief** Herzblatt (o^{39}), Herzchen (o^{35})

de **hartenlust**: *naar* ~ nach Herzenslust

de **hart- en vaatziekten** Herz-Kreislauf-Erkrankungen (mv), Herz- und Gefäßkrankheiten (mv)

de **hartenwens** Herzenswunsch (m⁶)
hartgrondig zutiefst, aus tiefster Seele
hartig 1 [pittig] herzhaft, würzig, pikant **2** [zout] salzig ‖ *een ~ woordje met iem. spreken sich³* jmdn. vornehmen²¹²

het **hartinfarct** Herzinfarkt (m⁵)

het **hartje** Herz (o, 2e nvl: ev -ens, 3e nv ev -en; mv: -en): *in het ~ van Afrika* im Herzen Afrikas; *alles wat zijn ~ begeert* alles, was das Herz begehrt; *in het ~ van de stad* mitten in der Stadt; *in het ~ van de winter* mitten im Winter

de **hartkamer** Herzkammer (v²¹)
de **hartklep** Herzklappe (v²¹)
de **hartkwaal** Herzleiden (o³⁵), Herzkrankheit (v²⁰)
de **hartritmestoornis** Herzrhythmusstörung (v²⁰)
de **hartslag** Herzschlag (m⁶), Pulsschlag (m⁶)
de **hartspecialist** Herzspezialist (m¹⁴)
hartstikke ganz, total, völlig: *~ dood* mausetot; *~ doof* stocktaub; *~ gek* total verrückt
de **hartstocht** Leidenschaft (v²⁰)
hartstochtelijk leidenschaftlich
de **hartstreek** Herzgegend (v²⁸)
de **hartverlamming** Herzschlag (m⁶), Herzstillstand (m¹⁹)
hartverscheurend herzzerreißend
hartverwarmend erfreulich
de **hashtag** [comm] Hashtag (m, 2e nvl: -(s); mv: -s)
de **hasj,** de **hasjiesj** Haschisch (o³⁹, m¹⁹), Hasch (o³⁹): *~ gebruiken, ~ roken* haschen
de **haspel** Haspel (v²¹); [voor slang] Schlauchrolle (v²¹)
¹**haspelen** (onov ww) [wurmen] stümpern
²**haspelen** (ov ww) [van garen] haspeln
hatelijk gehässig
de **hatelijkheid** Gehässigkeit (v²⁰)
de **hatemail** Hassmail (v²⁷, Z-Dui, Zwi, Oostr o³⁶), Hatemail (v²⁷)
haten hassen
hatsjie hatschi!
de **hattrick** Hattrick (m¹³)
de **hausse** Hausse (v²¹)
hautain hochmütig, herablassend
de **haute couture** Haute Couture (v²⁸)
de **havanna** Havanna (v²⁷), Havannazigarre (v²¹)
de **have** Habe (v²⁸), Besitz (m¹⁹): *~ en goed* Hab und Gut, Habseligkeiten (mv v²⁰)
haveloos 1 [m.b.t. kleding, personen] zerlumpt **2** [m.b.t. gebouw] verfallen
de **haven** Hafen (m¹²)
de **havenarbeider** Hafenarbeiter (m⁹)
het **havenhoofd** Hafendamm (m⁶), Hafenmole (v²¹)
de **havenmeester** Hafenmeister (m⁹), Hafen-

kapitän (m⁵)
de **havenstad** Hafenstadt (v²⁵)
de **haver** Hafer (m⁹)
de **haverklap**: *om de ~* alle nase(n)lang
de **havermout** Haferflocken (mv v²¹)
de **havik** Habicht (m⁵)
de **haviksneus** Habichtsnase (v²¹), Hakennase (v²¹)
het **havo** [Ned] **1** [ond] allgemein bildende(r) Sekundarunterricht (m¹⁹) **2** [school] ± Realschule (v²¹)
de **hazelaar** Hasel (v²¹), Haselnussstrauch (m⁸)
de **hazelnoot** Haselnuss (v²⁵)
de **hazenlip** Hasenscharte (v²¹)
het **hazenpad**: *het ~ kiezen* das Hasenpanier ergreifen¹⁸¹
de **hazenpeper** Hasenpfeffer (m⁹), Hasenklein (o³⁹)
het **hazenslaapje** Nickerchen (o³⁵)
de **hazewindhond** Windhund (m⁵)
het/de **hbo** [Ned] [ond] Fachhochschulausbildung (v²⁰); [school] Fachhochschule (v²¹)
hé hallo!, he!, heda!
hè ach!: *dat is mooi, hè?* das ist schön, was?
headbangen headbangen
de **headhunter** Headhunter (m¹³, mv: Headhunter)
de **headset** Headset (o³⁶, 2e nvl: ook -)
het/de **heao** [Ned] höhere Handelsschule (v²¹)
de **hearing** Hearing (o³⁶), Anhörung (v²⁰)
heavy [inf] hart
het **hebbeding** Dingelchen (o³⁵)
de **hebbelijkheid** (üble) Angewohnheit (v²⁰)
het ¹**hebben** (zn): *iemands ~ en houden* jemands ganzes Hab und Gut
²**hebben** (ov ww) haben¹⁸²: *ik heb niets aan hem* ich kann ihn zu nichts gebrauchen; *ik heb er niets aan* ich habe nichts davon; *ik weet niet wat ik aan hem heb* ich weiß nicht, woran ich mit ihm bin; *wat heb ik aan die tuin?* was habe ich von dem Garten?; *daar ~ we het!* da haben wir die Bescherung!; *daar heb je hem!* da ist er!; *ik wist niet, hoe ik het had* ich wusste nicht, wie mir geschah; *hoe heb ik het nu met je?* was ist mit dir?; *hij kan niet veel ~* er kann nicht viel vertragen; *moet je mij ~?* suchst du mich?; *ik moet nog geld van hem ~* er ist mir noch Geld schuldig; *ik moet niets van hem ~* ich mag ihn nicht; *het ~ over* sprechen über⁺⁴; *het ergens van moeten ~* von etwas³ abhängig sein
hebberig habsüchtig, habgierig, raffgierig
Hebreeuws hebräisch
de **hebzucht** Habsucht (v²⁸), Habgier (v²⁸)
hebzuchtig habsüchtig, habgierig
hecht 1 [vast, stevig] stabil, solide **2** [duurzaam] fest, unerschütterlich, dauerhaft
¹**hechten** (onov ww) **1** [vastkleven] haften, haften bleiben¹³⁴ **2** [gesteld zijn op] hängen¹⁸⁴ (an⁺³)
²**hechten** (ov ww) **1** [van wond] nähen

2 [vastmaken] heften: *iets ~ aan* etwas heften an[+4] **3** *waarde aan iets ~* Wert auf[+4] etwas legen

de **hechtenis** Freiheitsstrafe (v[21]), Haft (v[28]): *in ~ zitten* sich in[+3] Haft befinden[157]

de **hechtheid** Festigkeit (v[28]), Stärke (v[21])

de **hechting** Faden (m[12]): *de -en verwijderen* die Fäden ziehen, die Klammern lösen

de **hechtpleister** Heftpflaster (o[33])

de **hectare** Hektar (o[29], m[5]), ha

hectisch fieberhaft, hektisch

de/het **hectogram** Hektogramm (o[29]), hg

de **hectoliter** Hektoliter (o[33], m[9]), hl

de **hectometer** Hektometer (o[33], m[9]), hm

heden heute: *~ ten dage* heutzutage; *tot op ~, tot ~ toe* bis heute

hedenavond heute Abend

hedendaags heutig, jetzig, gegenwärtig: *~e schrijvers* zeitgenössische Schriftsteller

het **hedonisme** Hedonismus (m[19a])

¹heel (bn) **1** [geheel] ganz: *een ~ getal* eine ganze Zahl **2** [groot] beträchtlich: *dat is een ~ besluit* das ist ein wichtiger Entschluss ‖ *ik ken de hele man niet* ich kenne den Mann überhaupt nicht

²heel (bw) sehr, ganz: *~ wat beter* bedeutend besser; *~ veel, ~ wat* recht viel

het **heelal** All (o[39]), Weltall (o[39])

heelhuids unversehrt: *er ~ afkomen* mit heiler Haut davonkommen[193]

de **heelkunde** Chirurgie (v[21])

de **heelmeester** Chirurg (m[14])

het **heemraadschap** Deichverband (m[6])

heen hin: *~ en weer* hin und her; [fig] *waar wil jij ~?* worauf willst du hinaus?; *waar moet dat ~?* worauf soll das hinauslaufen?; *~ en terug* hin und zurück; *ik ga er ~* ich gehe hin

het **heen-en-weergepraat** Hinundhergerede (o[39])

heengaan 1 [weggaan] weggehen[168], fortgehen[168] **2** [overlijden] hinscheiden[232], sterben[282] **3** [verlopen] vergehen[168], verstreichen[286]

het **heenkomen**: *een goed ~ zoeken* zu entkommen versuchen

de **heenreis** Hinreise (v[21]), Hinfahrt (v[20]), Anreise (v[21])

de **heenwedstrijd** [uitwedstrijd] Hinspiel (o[29])

de **heenweg** Hinweg (m[5])

de **heer** [man] Herr (m[14], 2e, 3e, 4e nv ev: Herrn); [kaartspel] König (m[5])

de **Heer**: *de ~* der Herr (m, 2e, 3e, 4e nv ev: Herrn); Gott (m[19]); *Onze-Lieve-~* der liebe Herrgott

heerlijk 1 [prachtig] herrlich, wunderschön **2** [lekker] herrlich, köstlich

het **heerschap** Typ (m[16]), Patron (m[5]), Mensch (m[14]): [iron] *een fijn ~* ein sauberer Patron!

de **heerschappij** Herrschaft (v[28])

heersen herrschen: *~ over* herrschen über[+4]

de **heerser** Herrscher (m[9])

heerszuchtig herrschsüchtig

hees heiser

de **heesheid** Heiserkeit (v[20])

de **heester** Strauch (m[8]), Staude (v[21])

heet heiß: *hete kost* scharfes Essen

heetgebakerd hitzig, hitzköpfig, heißblütig

de **heethoofd** Hitzkopf (m[6])

de **hefboom** Hebel (m[9])

de **hefbrug** Hubbrücke (v[21]); [voor auto] Hebebühne (v[21])

heffen 1 [optillen] heben[186] **2** [eisen, invorderen] erheben[186]: *belastingen ~* Steuern erheben

de **heffing** [van belastingen] Erhebung (v[20])

het **heft** Heft (o[29]), Griff (m[5])

heftig 1 [hevig] heftig **2** [opvliegend] aufbrausend **3** [krachtig] gewaltig **4** [hartstochtelijk] leidenschaftlich **5** [onstuimig] stürmisch

de **heftruck** Gabelstapler (m[9])

de **heg** Hecke (v[21])

de **hegemonie** Hegemonie (v[21]), Vorherrschaft (v[28])

de **heggenschaar** Heckenschere (v[21])

de **hei** Heide (v[21])

de **heibel 1** [lawaai] Lärm (m[19]) **2** [ruzie] Krach (m[6])

de **heide** Heide (v[21])

de **heidedag** ± Denkpause (v[21])

de **heiden** Heide (m[15])

heidens heidnisch: *~ lawaai* Heidenlärm (m[19]); *een ~ karwei* eine Heidenarbeit

heien rammen, einrammen

heiig diesig, dunstig

het **heil 1** [welzijn, voorspoed] Heil (o[39]), Wohl (o[39]) **2** [nut, voordeel] Segen (m[11]), Vorteil (m[5]): *ik zie er geen ~ in* ich verspreche mir nichts davon

de **Heiland** Heiland (m[5]), Erlöser (m[9])

de **heilbot** Heilbutt (m[5])

de **heildronk** Trinkspruch (m[6]), Toast (m[5], m[13])

heilig heilig: *de Heilige Geest* der Heilige Geist; *~ beloven* hoch und heilig versprechen[274]

het **heiligdom** Heiligtum (o[32])

de **heilige** Heilige(r) (m[40a], v[40b])

heiligen heiligen

het **heiligenbeeld** Heiligenbild (o[31])

de **heiligheid** Heiligkeit (v[28])

de **heiligschennis** Entheiligung (v[20]), Sakrileg (o[29])

heilloos 1 [slecht] heillos, verrucht **2** [noodlottig] verhängnisvoll, unheilvoll

heilzaam heilsam, segensreich

heimelijk heimlich

het **heimwee** Heimweh (o[39])

Hein: *Magere ~* Freund Hein; der Sensenmann

heinde: *van ~ en ver* von fern und nah

de **heipaal** Rammpfahl (m⁶)

de **heisa** Trara (o³⁹), Theater (o³³)

het **hek** Zaun (m⁶); [met latten] Lattenzaun (m⁶); [met planken] Bretterzaun (m⁶); [met spijlen] Gitter (o³³); [van gevlochten draad] Drahtzaun (m⁶)

de **hekel**: *hij heeft een ~ aan mij* er mag mich nicht; *een ~ aan iem., iets hebben* jmdn., etwas nicht ausstehen können

hekelen anprangern: *iem., iets ~* jmdn., etwas anprangern

het **hekje** Raute (v²¹), Rautetaste (v²¹)

de **hekkensluiter** Schlusslicht (o³¹): *de ~ zijn* das Schlusslicht bilden (*of:* machen)

de **heks** Hexe (v²¹)

heksen hexen, zaubern

de **heksenjacht** [ook fig] Hexenjagd (v²⁰)

de **heksenketel** [ook fig] Hexenkessel (m⁹)

de **heksenkring** Hexenring (m⁵)

de **heksentoer** Kunststück (o²⁹), Hexerei (v²⁰)

het **hekwerk 1** Zaun (m⁶), Gitter (o³³) **2** [balustrade] Geländer (o³³)

de ¹**hel** (zn) Hölle (v²¹)

²**hel** (bn, bw) hell

helaas leider

de **held** Held (m¹⁴): *~ op sokken* Angsthase (m¹⁵); *hij is geen ~ in wiskunde* in Mathematik ist er kein Held

de **heldendaad** Heldentat (v²⁰)

het **heldendicht** Epos (o, 2e nvl: -; mv: Epen)

de **heldendood** Heldentod (m⁵)

de **heldenmoed** Heldenmut (m¹⁹)

de **heldenrol** Heldenrolle (v²¹)

helder 1 [m.b.t. lach, stem, toon, kleur, ogen] hell **2** [m.b.t. vloeistof] klar **3** [schoon, zuiver] rein, sauber **4** [duidelijk] klar, deutlich **5** [m.b.t. lucht] heiter: *een ~e lucht* ein heiterer Himmel **6** [scherpzinnig] hell

de **helderheid 1** Helle (v²⁸), Helligkeit (v²⁰) **2** Klarheit (v²⁰) **3** Sauberkeit (v²⁸); *zie* **helder**

helderziend hellseherisch

de **helderziende** Hellseher (m⁹)

heldhaftig heldenhaft

de **heldin** Heldin (v²²)

de **heleboel**: *een ~* eine Menge (*of:* eine Masse)

helemaal ganz (und gar), völlig, gänzlich: *~ niet* gar (*of:* überhaupt) nicht

¹**helen** (ww) [genezen] heilen

²**helen** (ww) [van gestolen goed] hehlen

de **heler** Hehler (m⁹)

de **helft** Hälfte (v²¹): *eerste ~ van een wedstrijd* erste Halbzeit (v²⁰); *tweede ~ van een wedstrijd* zweite Halbzeit (v²⁰); *de ~ duurder* um die Hälfte teurer; *voor de ~ van de prijs* zum halben Preis

de **helikopter** Hubschrauber (m⁹), Helikopter (m⁹)

de **heling 1** [van wond] Heilung (v²⁰) **2** [van gestolen goed] Hehlerei (v²⁰)

het **helium** Helium (o³⁹)

hellen sich neigen, überhängen¹⁸⁴: *~d* geneigt, schief

de **helleveeg** Hexe (v²¹), Drachen (m¹¹)

de **helling 1** [het hellen] Neigung (v²⁰) **2** [van spoorbaan, weg] Gefälle (o³³); [naar boven] Steigung (v²⁰) **3** [van berg] Abhang (m⁶), Hang (m⁶) **4** [op scheepswerf] Helling (v²⁰, m⁵): *van de ~ lopen* vom Stapel laufen¹⁹⁸

de **hell's angel** Hell's Angel (m¹³)

de **helm** Helm (m⁵)

het **helmgras** Strandhafer (m⁹)

help: *lieve ~!* ach, du lieber Himmel!

de **helpdesk** Hotline (v²⁷)

helpen helfen¹⁸⁸⁺³: *iem. ~* jmdn. helfen; [in een winkel] jmdn. bedienen; [aan het loket] jmdn. abfertigen; *ik kan het niet ~* ich kann nichts dafür; *hij is niet te ~* ihm ist nicht zu helfen; *zich weten te ~* sich³ zu helfen wissen³¹⁴; *bereid om te ~* hilfsbereit; *help!* Hilfe!; *iem. aan een betrekking ~* jmdm. zu einer Stelle verhelfen; *iem. ~ trekken* jmdm. ziehen helfen; *iem. iets ~ onthouden* jmdn. an⁺⁴ etwas erinnern

de **helper** Helfer (m⁹)

hels 1 [afschuwelijk] höllisch, Höllen...: *~ lawaai* Höllenlärm (m¹⁹); *~e pijn* Höllenpein (v²⁸) **2** [erg boos] fuchsteufelswild

hem ihm³, ihn⁺⁴; *jij bent 'm!* du bist dran!; *dat is ~* das ist er; *dat is van ~* das gehört ihm

het **hemd** Hemd (o³⁷): [fig] *in zijn ~ staan* sich bis auf die Knochen blamiert haben¹⁸²; *iem. in zijn ~ zetten* jmdn. jämmerlich blamieren³²⁰; *tot op het ~ nat* nass bis auf die Haut; [fig] *iem. tot op het ~ uitkleden* jmdn. bis aufs Hemd ausziehen³¹⁸; *iem. het ~ van het lijf vragen* jmdm. ein Loch in den Bauch fragen

de **hemdsmouw** Hemdsärmel (m⁹)

de **hemel** Himmel (m⁹): *lieve ~!* du lieber Himmel!; *~ en aarde bewegen* Himmel und Hölle in Bewegung setzen; *in de zevende ~ zijn* im sieb(en)ten Himmel sein²⁶²; *in 's ~snaam* in Gottes Namen

het **hemellichaam** Himmelskörper (m⁵)

hemels himmlisch

het ¹**hemelsblauw** (zn) Himmelsblau (o³⁹)

²**hemelsblauw** (bn) himmelblau

hemelsbreed 1 [zeer groot] himmelweit **2** [in een rechte lijn] in der Luftlinie

hemeltergend himmelschreiend, unerhört

de **hemelvaart** Himmelfahrt (v²⁸): *Maria-Hemelvaart* Mariä Himmelfahrt

Hemelvaartsdag Himmelfahrtstag (m⁵)

de **hemoglobine** Hämoglobin (o³⁹)

de ¹**hen** [kip] Henne (v²¹)

²**hen** (pers vnw⁸²) ihnen³, sie⁴

het/de **hendel** Hebel (m⁹)

de **hengel** Angel (v²¹), Angelrute (v²¹)

de **hengelaar** Angler (m⁹)

hengelen angeln

het **hengsel 1** [handvat] Henkel (m⁹) **2** [schar-

nier] Angel (v²¹)
de **hengst 1** [dier] Hengst (m⁵) **2** [dreun] Hieb (m⁵)
de **henna** Henna (v²⁸, o³⁹)
de **hennep** Hanf (m¹⁹)
de **hens**: *alle ~ aan dek!* alle Mann an Deck!
de **hepatitis** Hepatitis (v, mv: Hepatiden)
het **¹her** (zn) Wiederholungsprüfung (v²⁰)
²her (bw): *~ en der* hier und da
herademen aufatmen
het **herbarium** Herbarium (o, 2e nvl: -s; mv: Herbarien)
herbebossen (wieder) aufforsten
de **herberg** Wirtshaus (o³²), Gasthaus (o³²)
herbergen 1 [huisvesting geven] unterbringen¹³⁹ **2** [tot verblijf dienen] beherbergen
de **herbergier** Gastwirt (m⁵), Wirt (m⁵)
herbewapenen wieder aufrüsten
de **herbivoor** Herbivore (m¹⁵); [dierk] Pflanzenfresser (m⁹)
herboren wiedergeboren, neugeboren
de **herbouw** Wiederaufbau (m¹⁹)
herbouwen wiederaufbauen
herdenken 1 [herinneren] erinnern an⁺⁴ **2** [de herinnering vieren] gedenken¹⁴⁰⁺²: *de gevallenen ~* der Gefallenen gedenken
de **herdenking** Gedenkfeier (v²¹), Gedächtnisfeier (v²¹)
de **herder 1** Hirt (m¹⁴) **2** [schaapherder] Schäfer (m⁹) **3** [herdershond] Schäferhund (m⁵)
herderlijk Hirten…: *~ schrijven* Hirtenbrief (m⁵)
de **herdershond** Schäferhund (m⁵)
de **herdruk** Neuausgabe (v²¹), Neuauflage (v²¹); [ongewijzigd] Neudruck (m⁵)
herdrukken neu drucken, neu auflegen
de **heremiet** Eremit (m¹⁴), Einsiedler (m⁹), Klausner (m⁹)
de **herenboer** Großbauer (m¹⁵), Gutsbesitzer (m⁹)
het **herendubbel** Herrendoppel (o³³)
het **herenenkelspel** Herreneinzel (o³³)
de **herenfiets** Herren(fahr)rad (o³²)
het **herenhuis** herrschaftliches Haus (o³²)
herenigen wiedervereinigen
de **hereniging** Wiedervereinigung (v²⁰)
de **herenkapper** Herrenfriseur (m⁵)
de **herenkleding** Herrenbekleidung (v²⁰)
de **herenmode** Herrenmode (v²¹)
het **herexamen** Wiederholungsprüfung (v²⁰)
de **herfst** Herbst (m⁵)
herfstachtig herbstlich
de **herfstkleur**, de **herfsttint** Herbstfarbe (v²¹)
de **herfstvakantie** Herbstferien (mv)
het **hergebruik** Wiederverwendung (v²⁰)
hergebruiken wieder verwenden³⁰⁸
hergroeperen umgruppieren³²⁰
de **hergroepering** Umgruppierung (v²⁰)
herhaald wiederholt; [voor de tweede

keer] abermalig: *~e malen* mehrmals
herhaaldelijk wiederholt, mehrmals, öfters
herhalen wiederholen
de **herhaling** Wiederholung (v²⁰): *bij ~* wiederholt; *in ~en vervallen* sich wiederholen
het **herhalingsrecept** Wiederholungsrezept (o²⁹)
het **herhalingsteken** Wiederholungszeichen (o³⁵)
herindelen neu einteilen; [gemeenten] umgemeinden
de **herindeling** Neueinteilung (v²⁰)
herinneren erinnern: *iem. aan iets ~* jmdn. an⁺⁴ etwas erinnern; *we ~ ons een gesprek* wir erinnern uns an ein Gespräch
de **herinnering** Erinnerung (v²⁰); [geheugen] Gedächtnis (o²⁹ᵃ): *een kleine ~* [souvenir] ein kleines Andenken; *ter ~ aan* zur Erinnerung an⁺⁴
herintreden zurückkehren, wieder einsteigen²⁸¹ ins Berufsleben
de **herkansing 1** [sport] Hoffnungslauf (m⁶) **2** [bij examens] Wiederholungsprüfung (v²⁰)
herkauwen [ook fig] wiederkäuen: *de koe herkauwt* die Kuh käut wieder
de **herkauwer** Wiederkäuer (m⁹)
herkenbaar erkennbar
herkennen (wieder) erkennen¹⁸⁹
de **herkenning** Wiedererkennung (v²⁸)
de **herkenningsmelodie** Erkennungsmelodie (v²¹)
het **herkenningsteken** Erkennungszeichen (o³⁵)
de **herkeuring** neue Untersuchung (v²⁰)
herkiesbaar wiederwählbar
herkiezen wiederwählen
de **herkomst** Herkunft (v²⁵), Ursprung (m⁶)
herleidbaar (+ tot) zurückzuführen auf⁺⁴
herleiden zurückführen (auf⁺⁴); [rekenen] reduzieren³²⁰: *tot een andere munteenheid ~* in eine andere Währung umrechnen
de **herleiding** Zurückführung (v²⁰), Umrechnung (v²⁰); [rekenen] Reduktion (v²⁰); *zie herleiden*
herleven (wieder) aufleben: *doen ~* neu beleben
herlezen wieder lesen²⁰¹, noch einmal lesen²⁰¹
de **hermafrodiet** Hermaphrodit (m¹⁴); Zwitter (m⁹)
de **¹hermelijn** [dier] Hermelin (o²⁹)
het **²hermelijn** [bont] Hermelin(pelz) (m⁵)
hermetisch hermetisch
hernemen 1 [van buit] wiedererobern **2** [terugnemen] zurücknehmen²¹² **3** [van rechten] wieder geltend machen **4** [het woord] fortfahren¹⁵³
de **hernia** Hernie (v²¹)
hernieuwen erneuern: *een hernieuwde poging* ein erneuter Versuch

de **heroïne** Heroin (o[39])
heroïsch heroisch; heldenhaft
heropenen wiedereröffnen
heropvoeden umerziehen[318]
zich **heroriënteren** sich umorientieren[320]
heroveren wiedererobern, zurückerobern:
~ *op* zurückerobern von[+3]
heroverwegen erneut erwägen[303]
de **herpes** Herpes (m)
de **herrie 1** [drukte] Trubel (m[19]) **2** [ruzie]
Krach (m[6]), Streit (m[5]) **3** [lawaai] Lärm (m[19]),
Radau (m[19])
de **herriemaker** Radaumacher (m[9])
de **herrieschopper 1** [druktemaker] Wichtigtuer (m[9]) **2** [ruziezoeker] Rabatzmacher (m[9])
herrijzen auferstehen[279], (wieder) erste-
hen[279]
de **herrijzenis** Auferstehung (v[20])
herroepen widerrufen[226], zurücknehmen[212]
de **herroeping** Widerruf (m[5]), Widerrufung
(v[20])
herscheppen umgestalten, verwandeln
herscholen umschulen
de **hersenbloeding** Hirnblutung (v[20]), Ge-
hirnblutung (v[20])
de **hersenen 1** [orgaan] Gehirn (o[29]), Hirn
(o[29]): *de grote en de kleine* ~ das Großhirn
und das Kleinhirn **2** [schedel] Schädel (m[9])
de **hersenhelft** Gehirnhälfte (v[21]), Hirnhälfte
(v[21])
het **herseninfarct** Gehirnschlag (m[6]), Hirn-
schlag (m[6])
de **hersens** Gehirn (o[29]), Hirn (o[29]): *hij heeft*
(goede) ~ er hat einen scharfen Verstand; *hoe*
krijgt hij het in zijn ~? was fällt ihm bloß ein?;
iem. de ~ *inslaan* jmdm. den Schädel einschlagen[241]
de **hersenschim** Hirngespinst (o[29]), Schimäre
(v[21])
de **hersenschudding** Gehirnerschütterung
(v[20])
de **hersenspoeling** Gehirnwäsche (v[21])
de **hersenvliesontsteking** Hirnhautentzün-
dung (v[20])
herstarten neu starten, erneut starten;
[comp ook] einen Neustart durchführen, re-
booten
het **herstel 1** [van orde, vrede, vorige toestand]
Wiederherstellung (v[20]): ~ *van de handel* Wie-
derbelebung (v[28]) des Handels **2** [genezing]
Genesung (v[28]), Besserung (v[28]) **3** [reparatie]
Reparatur (v[20]), Ausbesserung (v[20]) **4** [van
fout] Berichtigung (v[20]) **5** [wederopbouw]
Wiederaufbau (m[19])
herstelbaar wiederherstellbar, reparabel
[1]**herstellen** (onov ww) sich erholen: *hij is*
van zijn ziekte hersteld er hat sich von seiner
Krankheit erholt
[2]**herstellen** (ov ww) **1** [van betrekkingen,
evenwicht, orde, telefoonverbinding, vrede,

zieke] wiederherstellen **2** [repareren] ausbessern, reparieren[320] **3** [corrigeren] berichtigen, korrigieren[320]: *zijn fout* ~ seinen Fehler
gutmachen **4** [vergoeden] vergüten
zich [3]**herstellen** (wdk ww) [m.b.t. zaken] sich
wiederherstellen; [m.b.t. personen] sich fassen: *hij werd verlegen, maar herstelde zich*
spoedig er wurde verlegen, fasste sich aber
bald
de **herstelwerkzaamheden** Reparaturar-
beiten (mv)
herstructureren umstrukturieren[320]
de **herstructurering** Umstrukturierung (v[20])
het **hert** Hirsch (m[5]): *jong* ~ Hirschkalb (o[32])
de **hertenkamp** Hirschpark (m[13])
de **hertog** Herzog (m[6], m[5])
het **hertogdom** Herzogtum (o[32])
hertrouwen sich wieder verheiraten
de **hertz** Hertz (o, 2e nvl: -; mv: -)
hervatten [van onderhandelingen, werk]
wiederaufnehmen[212]: *de lessen* ~ wieder mit
dem Unterricht anfangen[155]; *een gesprek* ~
ein Gespräch fortsetzen
de **hervatting** Wiederaufnahme (v[21])
de **herverkaveling** Flurbereinigung (v[20]),
Feldbereinigung
herverzekeren rückversichern
hervinden wiederfinden[157]
hervormd reformiert
hervormen umgestalten; reformieren[320]
de **hervormer** Reformer (m[9]), Erneurer (m[9]);
[rel] Reformator (m[16])
de **hervorming** Reform (v[20]), Erneuerung (v[20])
de **Hervorming** [rel] Reformation (v[20])
herwaarderen neu bewerten, umwerten
de **herwaardering** Umwertung (v[20])
herwinnen wiedererlangen, wiedergewin-
nen[174]
herzien 1 [van boek] revidieren[320]; [van op-
stel] aufs Neue durchsehen[261]; [van wet] revidieren[320], ändern **2** [van mening] ändern
de **herziening** Revision (v[20]), Änderung (v[20])
de **hes** Bluse (v[21]), Kittel (m[9])
de **hesp** [Belg] Schinken (m[11])
[1]**het** (vnw) es[82]
[2]**het** (lidw) das[66]
heten heißen[187]: *naar het heet* angeblich
de **heterdaad**: *iem. op* ~ *betrappen* jmdn. auf
frischer Tat ertappen
de **hetero**, de **heterofiel** Heterosexuelle(r)
(m[40a], v[40b])
heterogeen heterogen
heteroseksueel heterosexuell: *een* ~ ein
Heterosexueller, eine Heterosexuelle
hetgeen [datgene wat] dasjenige, was; das,
was: ~ *hij doet* was er tut; *van* ~ *hij zegt* von
dem, was er sagt; *ik heb hem gezien,* ~ *niet be-*
wijst … ich habe ihn gesehen, was nicht beweist …
de **hetze** Hetze (v[21])
hetzelfde dasselbe: *in* ~ *huis wonen* im sel-

ben Haus wohnen; *het is mij* ~ es ist mir gleich; *het komt op* ~ *neer* es läuft auf dasselbe hinaus; *dat blijft* ~ das bleibt sich gleich; *dank u!, ~!* danke schön!, gleichfalls!

hetzij sei es; ob: ~ *een man,* ~ *een vrouw* sei es ein Mann, sei es eine Frau; ~ *warm of koud* ob kalt oder warm; ~ *dit,* ~ *dat* entweder dies oder das

de **heug:** *tegen* ~ *en meug* widerwillig

heugen: *dat zal hem* ~ das wird er nicht vergessen; *zolang men zich kan* ~ seit jeher

heuglijk 1 [verblijdend] erfreulich, froh **2** [onvergetelijk] unvergesslich

heulen gemeinsame Sache machen (mit[+3])

de **heup** Hüfte (v[21]): *het op de ~en hebben* einen Koller haben[182]; *het op de ~en krijgen* einen Koller kriegen

het **heupbeen** Hüftknochen (m[11]), Hüftbein (o[29])

het **heupgewricht** Hüftgelenk (o[29])

heupwiegen sich in den Hüften wiegen

heus 1 [vriendelijk] freundlich **2** [beleefd] höflich, gefällig **3** [echt] echt, wirklich

de **heuvel** Hügel (m[9]); [hoogte] Anhöhe (v[21])

heuvelachtig hüg(e)lig

de **heuvelrug** Hügelkamm (m[6]), Hügelrücken (m[11])

hevig 1 [m.b.t. pijn, regen] heftig **2** [m.b.t. kou] stark, eisig

de **hevigheid** Heftigkeit (v[20]), Wucht (v[28])

het **hiaat** Lücke (v[21])

de **hiel 1** [van voet, kous, sok] Ferse (v[21]): *de ~en lichten* fortgehen[168]; *iem. op de ~en zitten* jmdm. auf den Fersen sein[262] **2** [van schoen] Absatz (m[6])

de **hielenlikker** Speichellecker (m[9]); Kriecher (m[9])

hiep: *~, ~, hoera!* hipp, hipp, hurra!

hier hier; [richting] (hier)her: *naar* ~ hierher; ~ *en daar* hie(r) und da; vereinzelt

hieraan hieran: ~ *valt niet te twijfelen* hieran ist nicht zu zweifeln; ~ *is niets te veranderen* daran lässt sich nichts ändern; ~ *is het te wijten* diesem Umstand ist es zuzuschreiben

hierachter hierhinter, hinten, dahinter

de **hiërarchie** Hierarchie (v[21]), Rangordnung (v[20])

hierbeneden hier unten, hierunter, darunter

hierbij hierbei: ~ *komt nog* dazu kommt noch; [in brieven] hierdurch, hiermit; [ingesloten] anbei

hierbinnen (hier) drinnen

hierboven (hier) oben

hierdoor hierdurch, dadurch

hierheen hierher: *de reis* ~ die Herreise

hierin hierin

hierlangs 1 [langs deze plaats] hier vorbei **2** [evenwijdig hieraan] hier entlang **3** [via deze weg] auf diesem Wege

hiermee hiermit, damit

hierna hiernach

hiernaast hierneben, (hier) nebenan

het **hiernamaals** Jenseits (o[39a])

de **hiëroglief** Hieroglyphe (v[21])

hierom hierum, darum; [om deze reden] darum, aus diesem Grunde

hieromheen hierherum

hieromtrent hierüber, darüber

hieronder 1 hierunter: *wat versta je ~?* was verstehst du hierunter? **2** [verderop] nachstehend, (weiter) unten

hierop hierauf, darauf

hierover hierüber, darüber

hiertegen hiergegen, dagegen

hiertegenover gegenüber, hier gegenüber: ~ *staat, dat ...* dem steht gegenüber, dass ...

hiertoe hierzu, dazu

hieruit hieraus, daraus

hiervan hiervon, davon

hiervandaan von hier

hiervoor 1 hierfür, dafür **2** [m.b.t. plaats, oorzaak] davor **3** [m.b.t. tijd] vor dieser Zeit, zuvor

de **high five** High Five (v[27])

het/de **highlight** Highlight (o[36]): *de ~s van de rondreis* die Highlights der Rundreise

hightech Hightech (o[39], o[39a], v[28])

hij er[82]: ~, *die* derjenige, der

hijgen keuchen, schnaufen

de **hijger** Stöhner (m[9])

de **hijs:** *een hele* ~ ein hartes Stück Arbeit

hijsen 1 [omhoog trekken] hochziehen[318], heben[186]; [van vlag, zeil] hissen **2** [veel drinken] zechen, tanken

de **hijskraan** Kran (m[6]), Hebekran (m[6])

de **hik** Schluckauf (m[19])

hikken schlucksen, den Schluckauf haben[182]

de **hilariteit** Heiterkeit (v[28])

de **Himalaya** Himalaja (m)

de **hinde** Hirschkuh (v[25])

de **hinder** Behinderung (v[20]): *van iets onder-vinden* durch etwas gehindert werden[310]

hinderen (be)hindern, stören: *dat hindert niet* das macht nichts

de **hinderlaag** Hinterhalt (m[5]): *in* ~ *liggen* im Hinterhalt liegen[202]

hinderlijk 1 hinderlich, störend **2** [ergerlijk] irritierend, ärgerlich

de **hindernis** Hindernis (o[29a])

de **hindernisloop** Hindernislauf (m[6]), Hindernisrennen (o[35])

de **hinderpaal** Hindernis (o[29])

de **Hinderwet** Immissionsschutzgesetz (o[29])

het **hindoeïsme** Hinduismus (m[19a])

hinkelen (auf einem Bein) hüpfen, Hüpfen spielen

hinken hinken, humpeln: *op twee gedachten* ~ schwanken

de **hinkepoot** Hinkebein (o[29]), Hinkefuß (m[6])

de **hink-stap-sprong** Dreisprung (m[6])

hinniken wiehern
de **hint** Fingerzeig (m⁵), Wink (m⁵), Tipp (m¹³)
hip [populair] kultig, hip, dufte
de **hiphop** Hip-Hop (m¹⁹)
de **hippie** Hippie (m¹³)
de **historicus** Historiker (m⁹)
de **historie** Geschichte (v²¹)
historisch historisch, geschichtlich
de **hit 1** [succesnummer] Hit (m¹³, 2e nvl: ook -), Schlager (m⁹) **2** [klein paard] kleines Pferd (o²⁹)
de **hitparade** Hitparade (v²¹), Hitliste (v²¹)
hitsig hitzig
de **hitte** Hitze (v²¹)
hittebestendig hitzebeständig
de **hittegolf** Hitzewelle (v²¹), Hitzeperiode (v²¹)
het **hiv** HIV (o, 2e nvl: -(s); mv: -(s))
hl afk van *hectoliter* Hektoliter (o³³, m⁹), hl
H.M. afk van *Hare Majesteit* Ihre Majestät (v²⁸)
ho halt!, stopp!
de **hoax** [comp] Falschmeldung (v²⁰), Hoax (m, 2e nvl: -; mv: -e en -es)
de **hobbel** Unebenheit (v²⁰)
hobbelen 1 [schommelen] schaukeln **2** [over hobbels rijden] holpern
hobbelig holprig
het **hobbelpaard** Schaukelpferd (o²⁹)
de **hobby** Hobby (o³⁶), Liebhaberei (v²⁰)
de **hobbykamer** Hobbyraum (m⁶)
de **hobo** Oboe (v²¹)
de **hoboïst** Oboist (m¹⁴)
het **hobu** [Belg] afk van *hoger onderwijs buiten de universiteit* Fachhochschulunterricht (m¹⁹)
het **hockey** Hockey (o³⁹)
hockeyen Hockey spielen
de **hockeyer** Hockeyspieler (m⁹)
de **hockeystick** Hockeyschläger (m⁹)
hoe wie: ~ *is het?* wie geht's (*of:* steht's)?; ~ *dan ook* wie dem auch sei; ~ *weet u dat?* woher wissen Sie das?; ~ *zegt u?* wie, bitte?; ~ ..., ~ *je* ..., je; ~ *eerder,* ~ *beter* je eher, je besser; *het werd* ~ *langer* ~ *kouder* es wurde immer kälter
de **hoed** Hut (m⁶): *hoge* ~ Zylinder (m⁹); *daar neem ik mijn* ~ *voor af!* alle Achtung!
de **hoedanigheid 1** [kwaliteit] Qualität (v²⁰) **2** [functie] Eigenschaft (v²⁰): *in* ~ *van* als
de **hoede** Hut (v²⁸), Obhut (v²⁸), Schutz (m⁵): *iem. onder zijn* ~ *nemen* jmdn. in seine Obhut nehmen²¹²
¹**hoeden** (ov ww) hüten
zich ²**hoeden** (wdk ww): *zich* ~ *voor* sich hüten vor⁺³
de **hoedenplank** Hutablage (v²¹)
het **hoedje** Hütchen (o³⁵): *zich een* ~ *schrikken* zu Tode erschrecken; *zich een* ~ *lachen* sich totlachen
de **hoef** Huf (m⁵)
het **hoefdier** Huftier (o³³)

het **hoefijzer** Hufeisen (o³⁵)
de **hoefsmid** Hufschmied (m⁵)
hoegenaamd überhaupt, gar: ~ *niets* gar nichts
de **hoek 1** Ecke (v²¹): *op de* ~ *van de straat* an der Straßenecke; *hij kan aardig uit de* ~ *komen* er kann recht witzig sein²⁶²; *weten uit welke* ~ *de wind waait* wissen, woher der Wind weht **2** [meetk] Winkel (m⁹): *onder een* ~ *van 20 graden* in einem Winkel von 20 Grad **3** [afgelegen, verborgen plaats] Winkel (m⁹), Ecke (v²¹) **4** [bij boksen] Haken (m¹¹)
het **hoekhuis** Eckhaus (o³²)
hoekig eckig: *een* ~ *gezicht* ein kantiges Gesicht
het **hoekpunt** Scheitel (m⁹), Scheitelpunkt (m⁵)
de **hoekschop** Eckball (m⁶), Eckstoß (m⁶), Ecke (v²¹)
de **hoeksteen** Eckstein (m⁵); [fig ook] Eckpfeiler (m⁹)
de **hoektand** Eckzahn (m⁶)
hoelang wie lange: *tot* ~? bis wann?
de **hoepel** Reifen (m¹¹)
hoepelen den Reifen treiben²⁹⁰
hoepla hoppla!, hopp!
de **hoer** [inf] Hure (v²¹), Dirne (v²¹), Nutte (v²¹)
het ¹**hoera** (zn) Hurra (o³⁶), Hoch (o³⁶)
²**hoera** (tw) hurra!, hoch!
de **hoes** Überzug (m⁶), Hülle (v²¹)
de **hoest** Husten (m¹¹)
de **hoestbui** Hustenanfall (m⁶)
hoesten husten
de **hoestsiroop** Hustensirup (m⁵)
de **hoeve** Hof (m⁶), Bauernhof (m⁶), Gehöft (o²⁹)
hoeveel wie viel: *met (z'n, ons enz.) hoevelen?* wie viel?
de **hoeveelheid** Menge (v²¹): ~ *gas* Gasmenge
hoeveelste wievielt...: *voor de* ~ *keer?* zum wievielten Mal?; *de* ~ *is het vandaag?* den Wievielten haben wir heute?
hoeven 1 [moeten] brauchen, müssen²¹¹ **2** [nodig zijn] nötig sein²⁶²
hoever wie weit: *in* ~*(re)* (in)wiefern
hoewel obwohl, obgleich
hoezeer wie sehr
hoezo wieso
het ¹**hof 1** Hof (m⁶) **2** [jur] Gerichtshof (m⁶): *Europees Hof voor de rechten van de mens* Europäischer Gerichtshof für Menschenrechte || *een dame het* ~ *maken* einer Dame³ den Hof machen
de ²**hof** [tuin] Garten (m¹²)
de **hofdame** Hofdame (v²¹)
hoffelijk höflich
de **hoffelijkheid** Höflichkeit (v²⁰)
de **hofhouding** Hofhaltung (v²⁸), Hofstaat (m¹⁹)
de **hofleverancier** Hoflieferant (m¹⁴)
de **hofmaarschalk** Hofmarschall (m⁶)
de **hofmeester** Steward (m¹³)

de **hofnar** Hofnarr (m[14])
het **hogedrukgebied** Hochdruckgebiet (o[29]), Hoch (o[36])
de **hogedrukspuit** Hochdruckspritzpistole (v[21])
de **hogepriester** Hohepriester (m[9])
de **hogerhand**: *van ~* auf höheren Befehl
het **Hogerhuis** Oberhaus (o[39])
hogerop höher hinauf, weiter hinauf: *~ willen* höher hinauswollen[315]
de **hogeschool** [onderwijs] Hochschule (v[21])
de **hogesnelheidstrein** Hochgeschwindig- keitszug (m[6])
het **hok 1** [voor dieren] Stall (m[6]) **2** [voor hon- den] Hütte (v[21]) **3** [voor wilde dieren] Käfig (m[5]) **4** [voor duiven] Schlag (m[6]) **5** [opberg- ruimte] Schuppen (m[11]) **6** [verachtelijk voor huis] Loch (o[32])
het **hokje 1** [voor dieren] kleiner Stall (m[6]), kleiner Käfig (m[5]) **2** [vak] Fach (o[32]) **3** [op formulieren e.d.] Kästchen (o[35]) **4** [van por- tier] Loge (v[21]) **5** [kleine ruimte] Kabine (v[21])
hokken 1 [thuis zitten] hocken **2** [dicht op- een zitten] zusammenhocken **3** [ongehuwd samenwonen] in wilder Ehe leben
de **¹hol** (zn): *op ~ slaan* durchgehen[168]; *iem. het hoofd op ~ brengen* jmdm. den Kopf verdre- hen
het **²hol** (zn) **1** [alg] Höhle (v[21]) **2** [van vos e.d.] Bau (m[5]) **3** [van rat, muis] Loch (o[32]) **4** [schuilhoek] Schlupfwinkel (m[9])
³hol (bn, bw) hohl: *~le frasen* leere Worte; *in het ~st van de nacht* mitten in der Nacht
hola hallo!; [pas op!] Vorsicht!
de **holbewoner** Höhlenbewohner (m[9])
de **holding** Holding (v), Holdinggesellschaft (v[20])
de **hole** Hole (o[36]), Loch (o[32])
de **holebi** afk van *homoseksuelen, lesbiennes en biseksuelen* LesBiSchwule(n) (mv); ± LSBT (mv) (afk van *Lesben, Schwule, Bisexuelle und Transgender*)
Holland Holland (o[39])
de **Hollander** Holländer (m[9])
het **¹Hollands** (zn) Holländisch (o[41])
²Hollands (bn) holländisch
de **Hollandse** Holländerin (v[22])
hollen rennen[222], fliegen[159]
de **holocaust** Holocaust (m)
het **hologram** Hologramm (o[29])
de **holster** Halfter (v[21], o[33])
de **holte 1** [holle ruimte] Höhle (v[21]) **2** [kuil] Vertiefung (v[20])
de **hom** Milch (v[28]), Fischmilch (v[28])
de **homeopaat** Homöopath (m[14])
de **homeopathie** Homöopathie (v[28])
homeopathisch homöopathisch
de **homepage** Homepage (v[27])
de **hometrainer** Heimtrainer (m[9]), Hometrai- ner (m[9])
de **hommel** Hummel (v[21]); [mannetjesbij]

Drohne (v[21])
hommeles: *het is er ~* da raucht es
de **homo** Homo (m[13]), Homosexuelle(r) (m[40a], v[40b])
de **¹homofiel** (zn) Homosexuelle(r) (m[40a], v[40b])
²homofiel (bn) homophil, homosexuell
homogeen homogen
het **homohuwelijk** Homo-Ehe (v[21])
de **homoseksualiteit** Homosexualität (v[28])
de **¹homoseksueel** (zn) Homosexuelle(r) (m[40a], v[40b])
²homoseksueel (bn) homosexuell
de **homp** (großes) Stück (o[29]), (großer) Brocken (m[11])
de **hond** Hund (m[5]): *zo ziek als een ~* hunde- elend; [fig] *de ~ in de pot vinden* leere Schüs- seln vorfinden; [Belg] *welkom zijn als een ~ in een kegelspel* sehr ungelegen kommen[193]
het **hondenasiel** Hundeasyl (o[29]), Hundeheim (o[29])
de **hondenbaan** mieser Job (m[13])
het **hondenhok** Hundehütte (v[21])
het **hondenweer** Hundewetter (o[39])
het **¹honderd** (zn) Hundert (o[29]) [met *von*+3 of bijstelling]: *~en jaren* Hunderte von Jahren; *bij ~en* zu Hunderten; *een paar ~* ein paar Hundert; *de boel loopt in het ~* alles geht schief
²honderd (telw) hundert: *~ (en) een* enz. hundert(und)eins usw.; *(het is) ~ tegen één* die Chancen stehen hundert zu eins
honderdduizend hunderttausend: *de ~* das große Los
honderdjarig hundertjährig
honderdmaal hundertmal
honderdste hundertst...: *~ (deel)* Hun- dertstel (o[33])
honds 1 rüde **2** [laag] hundsgemein
de **hondsdolheid** Tollwut (v[28])
Honduras Honduras (o)
de **¹Hondurees** Honduraner (m[9]), Hondurane- rin (v[22])
²Hondurees (bn) honduranisch
honen höhnen
honend höhnisch
de **Hongaar** Ungar (m[15]), Ungarin (v[22])
het **¹Hongaars** (zn) Ungarisch (o[41])
²Hongaars (bn) ungarisch
Hongarije Ungarn (o[39])
de **honger** Hunger (m[19]): *~ hebben* Hunger haben[182]; *~ lijden* Hunger leiden[199]; *van ~ sterven* vor Hunger sterben[282]; *~ maakt rauwe bonen zoet* der Hunger treibt's rein, Hunger ist der beste Koch
de **hongerdood** Hungertod (m[19])
hongeren hungern
hongerig hungrig
de **hongersnood** Hungersnot (v[25])
de **hongerstaking** Hungerstreik (m[13])
de **honing** Honig (m[5])
honingzoet [ook fig] honigsüß

het **honk 1** [thuis] Heim (o^{29}) **2** [sport] Mal (o^{29})

het **honkbal** Baseball (m^{19})

de **honkbalknuppel** Baseballschläger (m^9)

honkballen Baseball spielen

de **honkballer** Baseballer (m^9)

de **honkbalpet** Baseballkappe (v^{21})

de **honneurs** Honneurs (mv m^{13}): *de ~ waar-nemen* die Honneurs machen

honorair: *~ consul* Honorarkonsul (m^{17})

het **honorarium** Honorar (o^{29})

honoreren honorieren^{320}

het **hoofd 1** Kopf (m^6); [plechtig] Haupt (o^{32}): *aan iets het ~ bieden* einer Sache^3 die Stirn bieten^{130}; *zijn ~ over iets breken* sich^3 den Kopf über^{+4} etwas zerbrechen^{137}; *ik heb er een zwaar ~ in* da sehe ich schwarz; *niet goed bij het ~ zijn* nicht recht gescheit sein; *wat hangt me boven het ~?* was steht mir bevor?; *iem., iets over het ~ zien* jmdn., etwas übersehen^{261}; *uit het ~ kennen* auswendig können^{194} **2** [havenhoofd] Mole (v^{21}) **3** [van een stoet, leger e.d.] Spitze (v^{21}) **4** [van brief] Kopf (m^6) **5** [van gezin, kerk, staat] Haupt (o^{32}); [van zaak, politie] Chef (m^{13}); [van school] Schulleiter (m^9)

de **hoofdagent** Polizeihauptwachtmeister (m^9)

het **hoofdartikel** [in krant] Leitartikel (m^9)

het **hoofdbestuur** Hauptvorstand (m^6)

de **hoofdbrekens** Kopfzerbrechen (o^{39})

het **hoofdbureau** Polizeipräsidium (o, 2e nvl: -s; mv: Polizeipräsidien)

de **hoofdcommissaris** Polizeipräsident (m^{14})

het **hoofddeksel** Kopfbedeckung (v^{20})

de **hoofddoek** Kopftuch (o^{32})

het **hoofdeinde** Kopfende (o^{38})

hoofdelijk pro Person: *~ omslaan (over)* umlegen (auf^{+4}); *bij ~e stemming* durch namentliche Abstimmung; *~ aansprakelijk* persönlich haftbar

het **hoofdgebouw** Hauptgebäude (o^{33})

het **hoofdgerecht** Hauptgericht (o^{29})

het/de **hoofdhaar** Kopfhaar (o^{29})

de **hoofding** [Belg] Briefkopf (m^6)

de **hoofdinspecteur** [ond] Oberschulrat (m^6); [belastingen e.d.] Oberinspektor (m^{16}); [politie] Polizeikommissar (m^5)

het **hoofdkantoor 1** Hauptgeschäftsstelle (v^{21}), Zentrale (v^{21}) **2** [van de post] Hauptpostamt (o^{32})

het **hoofdkussen** Kopfkissen (o^{35})

het **hoofdkwartier** Hauptquartier (o^{29})

de **hoofdletter** Großbuchstabe (m^{18}), Majuskel (v^{21}): *met een ~ schrijven* großschreiben^{252}

de **hoofdlijn 1** Grundzug (m^6): *iets in ~en aangeven* etwas in großen Zügen andeuten **2** [spoorlijn] Hauptstrecke (v^{21})

de **hoofdluis** Kopflaus (v^{25})

de **hoofdmoot** Hauptabschnitt (m^5), Hauptstück (o^{29})

de **hoofdpersoon** Hauptperson (v^{20})

de **hoofdpijn** Kopfschmerz (m^{16}, meestal mv)

de **hoofdprijs** Hauptgewinn (m^5), große(s) Los (o^{29})

de **hoofdredacteur** Chefredakteur (m^5)

het **hoofdrekenen** Kopfrechnen (o^{39})

de **hoofdrol** Hauptrolle (v^{21})

de **hoofdrolspeler** Hauptdarsteller (m^9)

de **hoofdschakelaar** Hauptschalter (m^9)

de **hoofdschotel 1** [lett] Hauptgericht (o^{29}) **2** [fig] Höhepunkt (m^5)

hoofdschuddend kopfschüttelnd

de **hoofdstad** Hauptstadt (v^{25})

hoofdstedelijk hauptstädtisch

de **hoofdsteun** Kopfstütze (v^{21})

de **hoofdstraat** Hauptstraße (v^{21})

het **hoofdstuk** Kapitel (o^{33})

het **hoofdtelwoord** Grundzahl (v^{20}), Kardinalzahl (v^{20})

het **hoofdvak** Hauptfach (o^{32}), Kernfach (o^{32})

de **hoofdverpleegkundige** Oberkrankenpfleger (m^9), Oberschwester (v^{21})

de **hoofdvogel**: [Belg] *de ~ afschieten* einen Bock schießen^{238}

de **hoofdweg** Hauptstraße (v^{21}), Hauptverkehrsstraße (v^{21})

de **hoofdwond** Kopfwunde (v^{21})

de **hoofdzaak** Hauptsache (v^{21})

hoofdzakelijk hauptsächlich

de **hoofdzin** Hauptsatz (m^6)

de **hoofdzonde** Hauptsünde (v^{21})

de **hoofdzuster** Oberschwester (v^{21})

hoofs höfisch; [hoffelijk] höflich

hoog hoch^{60}: *gebied van hoge druk* Hoch (o^{36}); *hoger onderwijs* Hochschulunterricht (m^5); *de Hoge Raad* der Oberste Gerichtshof (der Niederlande); [Du] ± der Bundesgerichtshof; [Zwi] ± das Bundesgericht; *iets ~ opnemen* etwas sehr übel nehmen^{212}; *bij ~ en bij laag verzekeren* hoch und heilig versichern; *op hoge leeftijd* in hohem Alter

hoogachten hoch achten

hoogachtend hochachtungsvoll

hoogbegaafd hoch begabt

de **hoogbouw** Hochbau (m, mv: Hochbauten)

de **hoogconjunctuur** Hochkonjunktur (v^{20})

de **hoogdag** [Belg] hoher Festtag (m^5)

hoogdravend hochtrabend

het **¹Hoogduits** (zn) Hochdeutsch (o^{41})

²Hoogduits (bn) hochdeutsch

het **hooggebergte** Hochgebirge (o^{33})

hooggeleerd hochgelehrt

hooggeplaatst hochgestellt, hoch

het **hooggerechtshof** oberste(r) Gerichtshof (m^6)

hooghartig hochmütig

de **hoogheid** Hoheit (v^{20}), Erhabenheit (v^{28}): *Zijne Koninklijke Hoogheid* Seine Königliche Hoheit

hooghouden hochhalten^{183}, in Ehren halten^{183}

de **hoogleraar** Professor (m^{16}), Hochschulleh-

rer (m⁹)
hooglijk äußerst, außerordentlich
hooglopend heftig: ~*e ruzie* heftiger Streit (m⁵)
de **hoogmis** Hochamt (o³²)
de **hoogmoed** Hochmut (m¹⁹): ~ *komt voor de val* Hochmut kommt vor dem Fall
hoogmoedig hochmütig
de **hoogmoedswaanzin** Größenwahn (m¹⁹)
hoognodig dringend, dringend nötig: *hij heeft* slechts het ~*e* er hat nur das Allernötigste
hoogoplopend eskalierend; sich zuspitzend
de **hoogoven** Hochofen (m¹²), Hütte (v²¹)
het **hoogseizoen** Hochsaison (v²⁷)
de **hoogspanning** Hochspannung (v²⁰)
het ¹**hoogspringen** (zn) Hochsprung (m⁶)
²**hoogspringen** (ww) hochspringen²⁷⁶
¹**hoogst** (bn, bw) höchst, Höchst…: ~*e aantal* Höchstzahl (v²⁰); ~ *belangrijk* äußerst wichtig
het ²**hoogst**: *op zijn* ~ höchstens
hoogstaand hoch stehend
hoogsteigen: *in* ~ *persoon* höchstpersönlich
hoogstens höchstens; [in het ergste geval] schlimmstenfalls; [in het beste geval] bestenfalls
hoogstwaarschijnlijk höchstwahrscheinlich
de **hoogte** Höhe (v²¹): *in de* ~ *gaan* steigen²⁸¹; *op deze* ~ an dieser Stelle etwa; *op de* ~ *van de kerk* bei der Kirche; *tot op zekere* ~ in gewissem Maße; *op een* ~ *van 3 meter* in einer Höhe von 3 m; *iem. op de* ~ *houden van iets* jmdn. über⁺⁴ etwas auf dem Laufenden halten¹⁸³; *zich van iets op de* ~ *stellen* sich nach⁺³ etwas erkundigen; *op de* ~ *zijn van iets* über⁺⁴ etwas informiert sein²⁶²; *ik ben nu volkomen op de* ~ *van die zaak* ich bin jetzt völlig im Bilde; *iem. uit de* ~ *aanzien* jmdn. von oben herab ansehen²⁶¹; *ik kan er geen* ~ *van krijgen* ich kann nicht klug daraus werden
de **hoogtelijn 1** [meetk] Höhe (v²¹) **2** [op kaart] Höhenlinie (v²¹)
het **hoogtepunt** Höhepunkt (m⁵)
de **hoogtevrees** Höhenangst (v²⁸)
de **hoogteziekte** Höhenkrankheit (v²⁰), Bergkrankheit (v²⁰)
de **hoogtezon** Höhensonne (v²¹)
het **hoogtij 1** [hoogwater] Hochwasser (o³³) **2** [bloei] Blüte (v²⁸); ~ *vieren* Triumphe feiern
hooguit höchstens
het **hoogveen** Hochmoor (o²⁹)
de **hoogvlakte** Hochebene (v²¹)
de **hoogvlieger**: *het is geen* ~ er hat das Pulver nicht erfunden
hoogwaardig hochwertig; [eerbiedwaardig] hochwürdig
de **hoogwaardigheidsbekleder** Würdenträger (m⁹)

het **hoogwater** Hochwasser (o³³)
de **hoogwerker** Mastwagen (m¹¹)
het **hooi** Heu (o³⁹): *te veel* ~ *op zijn vork nemen* sich³ zu viel aufbürden
de **hooiberg 1** [stapel hooi] Heuhaufen (m¹¹) **2** [stellage] Schober (m⁹)
hooien heuen, Heu machen, Heu ernten
de **hooikoorts** Heuschnupfen (m¹⁹), Heufieber (o³⁹)
de **hooimijt** Heuschober (m⁹), Heumiete (v²¹)
de **hooivork** Heugabel (v²¹)
de **hooligan** Hooligan (m¹³), Randalierer (m⁹)
de **hoon** Hohn (m¹⁹)
het **hoongelach** Hohngelächter (o³⁹)
de ¹**hoop** [stapel, menigte] Menge (v²¹), Haufen (m¹¹): *een* ~ *moeite* (of: *zorgen*) viel Mühe (of: Sorgen)
de ²**hoop** [verwachting] Hoffnung (v²⁸) (auf⁺⁴): *stille* ~ leise Hoffnung; *iem.* ~ *geven* jmdm. Hoffnung machen; *zijn* ~ *op iem. vestigen* seine Hoffnung auf jmdn. setzen
hoopgevend hoffnungsvoll: *een* ~ *teken* ein hoffnungsvolles Zeichen; ~ *zijn* vielversprechend sein
hoopvol hoffnungsvoll
hoorbaar hörbar
het **hoorcollege** Vorlesung (v²⁰)
de **hoorder** Hörer (m⁹), Zuhörer (m⁹)
de **hoorn 1** Horn (o³²) **2** [van telefoon] Hörer (m⁹)
het **hoornvlies** Hornhaut (v²⁵)
het **hoorspel** Hörspiel (o²⁹)
de **hoorzitting** Anhörung (v²⁰), Hearing (o³⁶): *openbare* ~ öffentliche Anhörung
de ¹**hop** [plantk] Hopfen (m¹¹)
²**hop** (tw) hopp!
hopelijk hoffentlich
hopeloos hoffnungslos, verzweifelt
hopen hoffen: ~ *op* hoffen auf⁺⁴; *dat is te* ~*!* das wollen wir hoffen!; *het is niet te* ~, *dat …* ich will nicht hoffen, dass …
de **hor** Fliegenfenster (o³³)
de ¹**horde** [sport] Hürde (v²¹)
de ²**horde** [bende] Horde (v²¹)
de **hordeloop** Hürdenlauf (m⁶)
de **horeca** Gaststättengewerbe (o³⁹)
¹**horen** (onov ww) **1** [betamen] sich gehören: *zoals het hoort* wie es sich gehört **2** [toebehoren] gehören: *bij elkaar* ~ zusammengehören; *er hoort een deksel bij* dazu gehört ein Deckel
²**horen** (ov ww) **1** hören: *zo mag ik het* ~*!* das höre ich gern; *van* ~ *zeggen* vom Hörensagen **2** [verhoren] vernehmen²¹²: *getuigen* ~ Zeugen vernehmen²¹²
horig hörig
de **horige** Hörige(r) (m⁴⁰ᵃ, v⁴⁰ᵇ)
de **horizon** Horizont (m⁵)
horizontaal horizontal, waagerecht
het **horloge** Uhr (v²⁰): *op mijn* ~ *is het drie uur* auf (of: nach) meiner Uhr ist es drei

hormonaal hormonal

het **hormoon** Hormon (o²⁹)

de **horoscoop** Horoskop (o²⁹)

de **horrorfilm** Horrorfilm (m⁵)

het **hors-d'oeuvre** Horsd'œuvre (o³⁶), Vorspeise (v²¹)

de **hort** Ruck (m⁵), Stoß (m⁶): *met ~en en stoten* ruckweise; *de ~ op zijn* bummeln
horten holpern; [fig] stocken, hapern

de **hortensia** Hortensie (v²¹)

de **horzel 1** [vlieg] Dasselfliege (v²¹) **2** [grote wesp] Hornisse (v²¹)

het **¹hosanna** (zn) Hosianna (o³⁶)
²hosanna (tw) hosianna!

de **hospes** Wirt (m⁵)

de **hospita** Wirtin (v²²)

het **hospitaal** Hospital (o²⁹, o³²), Krankenhaus (o³²)
hospitaliseren 1 [opnemen in een ziekenhuis] hospitalisieren³²⁰ **2** [wennen aan een ziekenhuisverblijf] sich an einen Krankenhausaufenthalt gewöhnen

de **hospitant** Hospitant (m¹⁴)
hospiteren hospitieren³²⁰
hossen springen²⁷⁶ und tanzen

de **host** [comp] Host (m¹³)

de **hostess** Hostess (v²⁰)

de **hostie** Hostie (v²¹)

de **hosting** [comp] Hosting (o³⁹)

de **hotdog** Hotdog (o³⁶, m¹³)

het **hotel** Hotel (o³⁶); [eenvoudig] Gasthof (m⁶)

de **hotelhouder,** de **hôtelier** Hotelbesitzer (m⁹)

de **hotelschool** Hotelfachschule (v²¹)
hotsen rumpeln, rütteln

de **hotspot** Hotspot (m¹³)
houdbaar haltbar: *de toestand is niet langer ~ der* Zustand ist nicht länger tragbar
¹houden (onov ww) **1** [niet loslaten, uithouden] halten¹⁸³ **2** (+ van) lieben, mögen²¹⁰: *zij ~ van elkaar* sie lieben sich; *ik houd van wandelen* ich spaziere gern; *ik houd niet van druiven* ich mag keine Trauben
²houden (ov ww) **1** [behouden] behalten¹⁸³ **2** [vasthouden] halten¹⁸³ **3** [niet verbreken] (ein)halten¹⁸³: *zijn belofte ~* sein Versprechen (ein)halten **4** [doen blijven in een toestand] halten¹⁸³: *afstand ~* Abstand halten; *rechts ~* rechts fahren¹⁵³; *iem. in leven ~* jmdn. am Leben erhalten¹⁸³ **5** [doen plaatsvinden] abhalten¹⁸³: *een bespreking ~* eine Besprechung abhalten || *het bed ~* das Bett hüten; *iem. aan zijn woord ~* jmdn. an sein Wort halten¹⁸³; *iets voor zich ~* etwas für sich behalten

zich **³houden** (wdk ww): *zich ~ (aan)* sich halten¹⁸³ (an⁺⁴); *zich kalm ~* ruhig bleiben¹³⁴

de **houder 1** [bezitter] Inhaber (m⁹) **2** [van prijs, titel] Träger (m⁹) **3** [voorwerp dat iets vasthoudt] Halter (m⁹)

de **houdgreep** Haltegriff (m⁵): *iem. in de ~ hebben* [fig] jmdn. in der Zange haben

de **houding 1** [lichaamshouding] Haltung (v²⁰): *in de ~ gaan staan* Haltung annehmen²¹²; *in de ~ staan* strammstehen²⁷⁹ **2** [gedrag] Verhalten (o³⁹); [manier van handelen] Auftreten (o³⁹); [instelling] Einstellung (v²⁰): *zich een ~ geven* [een air] eine Attitüde annehmen; [zijn gezicht redden] das Gesicht wahren

de **house** House (m¹⁹ᵃ)

de **houseparty** [feest met housemuziek] Houseparty (v²⁷)

de **housewarming** Einweihungsparty (v²⁷), Housewarmingparty (v²⁷)

het **hout** Holz (o³⁹): *~ hakken* [bomen omhakken] Holz fällen; [fig] *hij is uit het goede ~ gesneden* er ist aus gutem Holz (geschnitzt); [Belg] *niet meer weten van welk ~ pijlen te maken* verzweifelt sein²⁶²
houten hölzern, Holz-: *~ hek* Lattenzaun (m⁶)
houterig hölzern: *~ lopen* stelzen

de **houthakker** Holzfäller (m⁹)

de **houthandel** Holzhandel (m¹⁹)

het **houtje** [stukje hout] Hölzchen (o³⁵): *iets op eigen ~ doen* etwas auf eigene Faust tun²⁹⁵

de **houtlijm** Holzleim (m⁵)

de **houtskool** Holzkohle (v²¹)

de **houtsnede** Holzschnitt (m⁵)

het **houtsnijwerk** Holzschnitzerei (v²⁰)

de **houtworm** Holzwurm (m⁸)

de **houtzagerij 1** [bedrijf] Sägewerk (o²⁹) **2** [werkplaats] Sägehalle (v²¹)

het **houvast** Halt (m¹⁹)

de **houw 1** [slag] Hieb (m⁵) **2** [wond] Hieb (m⁵), Hiebwunde (v²¹) **3** [hak, houweel] Hacke (v²¹)

de **houwdegen** Haudegen (m¹¹)

het **houweel 1** [met smal scherp blad] Hacke (v²¹) **2** [puntig] Spitzhacke (v²¹)
houwen hauen¹⁸⁵

de **hovenier** Gärtner (m⁹)

de **hovercraft** Luftkissenfahrzeug (o²⁹)
hozen 1 schöpfen **2** [stortregenen] gießen¹⁷⁵

de **hsl** afk van *hogesnelheidslijn* Hochgeschwindigkeitsstrecke (v²¹)

het **hso** [Belg] afk van *hoger secundair onderwijs* ± Sekundarstufe II (v²⁸)

de **hst** afk van *hogesnelheidstrein* Hochgeschwindigkeitszug (m⁶)

de **hufter** Rüpel (m⁹), Grobian (m⁵)
hufterproof zerstörungssicher, idiotensicher

de **hugenoot** Hugenotte (m¹⁵)
huggen umarmen, an⁺⁴ sich drücken

de **huichelaar** Heuchler (m⁹)
huichelachtig heuchlerisch

de **huichelarij** Heuchelei (v²⁰)
huichelen heucheln

de **huid 1** [alg] Haut (v²⁵): *iem. de ~ vol schelden* jmdm. aufs Dach steigen²⁸¹; [fig] *iem. op zijn ~ zitten* jmdm. auf der Pelle sitzen **2** [behaard]

Fell (o^{29})
de **huidarts** Hautarzt (m^6)
   huidig heutig
de **huidkanker** Hautkrebs (m^5)
de **huiduitslag** Hautausschlag (m^6)
de **huidverzorging** Hautpflege (v^{28})
de **huidziekte** Hautkrankheit (v^{20})
de **huifkar** Planwagen (m^{11})
de **huig** Zäpfchen (o^{35})
de **huilbaby** Schreibaby (o^{36})
de **huilbui** Weinkrampf (m^6)
de **huilebalk 1** [jongen] Heulpeter (m^9)
   2 [meisje] Heulsuse (v^{21})
   huilen 1 [m.b.t. mensen] weinen **2** [m.b.t.
   dieren, storm, sirene] heulen
het **huis** Haus (o^{32}): *het ~ van bewaring* die Strafanstalt; *ik kan niet van* ~ ich kann nicht von zu
   Hause weg; *voor enige dagen van* ~ *zijn* für einige Tage verreist sein^{262}; [Belg] *daar komt*
   niets van in ~ es geschieht nicht, es geht nicht;
   van ~ uit von Hause aus; *het Koninklijk Huis*
   die königliche Familie
het **huis-aan-huisblad** Anzeige(n)blatt (o^{32})
het **huisarrest** Hausarrest (m^5)
de **huisarts** Hausarzt (m^6)
de **huisartsenpost** Gemeinschaftspraxis (v,
   mv: Gemeinschaftspraxen)
de **huisbaas** Hausbesitzer (m^9)
het **huisbezoek** Hausbesuch (m^5)
de **huisbrandolie** Heizöl (o^{29})
de **huisdeur** Haustür (v^{20})
het **huisdier** Haustier (o^{29})
de **huiseigenaar** Hausbesitzer (m^9)
   huiselijk häuslich: *in de ~e kring* im Familienkreis
de **huisgenoot** Hausgenosse (m^{15})
het **huisgezin** Familie (v^{21})
   huishoudelijk häuslich, Haushalt(s)-: *~ ar-*
   tikel Haushaltsartikel (m^9)
het **¹huishouden** (zn) Haushalt (m^5), Wirtschaft
   (v^{20}): *een eigen* ~ ein eigener Haushalt
   ²huishouden (ww) **1** [de huishouding
   doen] den Haushalt führen, wirtschaften
   2 [tekeergaan] hausen, wüten
de **huishoudfolie** Frischhaltefolie (v^{21})
het **huishoudgeld** Haushaltsgeld (o^{31})
de **huishouding** Haushalt (m^5): *hulp in de ~*
   Haushaltshilfe (v^{21})
de **huishoudster** Haushälterin (v^{22})
het **huisje 1** Häuschen (o^{35}) **2** [van slak] Schne-
   ckengehäuse (o^{33})
   huisje-boompje-beestje ± kleinbürgerlich
de **huisjesmelker** profitgieriger Hausbesitzer
   (m^9)
de **huiskamer** Wohnzimmer (o^{33})
de **huisman** Hausmann (m^8)
de **huismeester** Hausmeister (m^9), Hauswart
   (m^5)
de **huismoeder** Hausfrau (v^{20})
de **huismus** Spatz (m^{14}, m^{16}); [fig] Stubenho-

cker (m^9)
het **huisnummer** Hausnummer (v^{21})
het **huisraad** Hausrat (m^{19})
de **huisschilder** Anstreicher (m^9)
de **huissleutel** Hausschlüssel (m^9)
de **huisstijl** einheitliche(s) Erscheinungsbild
   (o^{31}) einer Firma
de **huisstofmijt** Hausstaubmilbe (v^{21})
   huis-tuin-en-keuken- Feld-Wald-und-
   Wiesen-
de **huisvader** Familienvater (m^{10})
   huisvesten unterbringen^{139}
de **huisvesting 1** [het huisvesten] Unterbringung (v^{20}) **2** [het verblijf] Unterkunft (v^{25})
de **huisvredebreuk** Hausfriedensbruch (m^{19})
de **huisvriend** Hausfreund (m^5)
de **huisvrouw** Hausfrau (v^{20})
het **huisvuil** Hausmüll (m^{19})
   huiswaarts nach Hause, heim(wärts)
het **huiswerk 1** [werk in huis] Hausarbeit (v^{20})
   2 [schoolwerk] Schularbeit (v^{20}), Hausaufga-
   be (v^{21})
de **huiszoeking** Haussuchung (v^{20})
   huiveren 1 [van kou] frösteln **2** [van afschuw, vrees] schaudern **3** [terugdeinzen]
   sich scheuen (vor^{+3})
   huiverig 1 [van kou] fröstelnd **2** [aarze-
   lend]: *ik ben ~ om het te doen* ich scheue mich
   davor
de **huivering** Frösteln (o^{39}), Schauder (m^9)
   huiveringwekkend schauerlich, schaurig
   huizen wohnen
het **huizenblok** Häuserblock (m^6, m^{13})
de **huizenbouw** Hausbau (m^{19})
   huizenhoog haushoch, turmhoch: *hij is ~*
   favoriet er ist der haushohe Favorit
de **hulde** Huldigung (v^{20}), Anerkennung (v^{20})
het **huldeblijk** Huldigung (v^{20})
   huldigen ehren, feiern; [plechtstatig en
   ironisch] huldigen^{+3}: *een mening ~* eine Meinung vertreten^{291}
de **huldiging** Ehrung (v^{20}), Huldigung (v^{20}): *~*
   van de winnaars Siegerehrung (v^{20})
   ¹hullen (ov ww) hüllen (in^{+4})
zich **²hullen** (wdk ww) sich hüllen (in^{+4})
de **hulp** Hilfe (v^{21}): *eerste ~ bij ongelukken* erste
   Hilfe
   hulpbehoevend hilfsbedürftig
de **hulpbron** Hilfsquelle (v^{21})
de **hulpdienst** Hilfsdienst (m^5)
   hulpeloos hilflos
de **hulpeloosheid** Hilflosigkeit (v^{28})
het **hulpgeroep** Hilferuf (m^5, meestal mv)
het **hulpmiddel** Hilfsmittel (o^{33})
de **hulppost** Ambulanz (v^{20}); [verzorgingspost
   onderweg] Streckenposten (m^{11})
het **hulpstuk** Zubehör(teil) (o^{29})
   hulpvaardig hilfsbereit
de **hulpvaardigheid** Hilfsbereitschaft (v^{28})
de **hulpverlener** Sozialarbeiter (m^9)
de **hulpverlening** Hilfeleistung (v^{20})

het **hulpwerkwoord** Hilfszeitwort (o[32]), Hilfs-
verb (o[37])

de **huls** Hülse (v[21])

de **hulst** Stechpalme (v[21])

humaan human, menschlich

de **humaniora** [Belg] Humaniora (mv); [vero]
± altsprachlicher Unterricht (m[19])

het **humanisme** Humanismus (m[19a])

de **humanist** Humanist (m[14])

humanistisch humanistisch

humanitair humanitär, menschenfreundlich

het **humeur** Laune (v[21]), Stimmung (v[20]): *in een
goed ~ zijn* gut gelaunt sein[262]; *in een slecht ~
zijn* schlecht gelaunt sein[262]

humeurig launenhaft, launisch

de **hummel** Krümel (m[9]), Wurm (o[32])

de **hummus** Hummus (m[19a], o[39a])

de **humor** Humor (m[5])

de **humorist** Humorist (m[14])

humoristisch humoristisch, humorvoll

de **humus** Humus (m[19a])

¹hun (pers vnw[82]) ihnen[3]: *ik zal het ~ geven*
ich werde es ihnen geben

²hun (bez vnw[80]) ihr: *ze waren met ~ tienen*
sie waren zu zehnt

het **hunebed** Hünengrab (o[32]), Hünenbett (o[37])

hunkeren (+ naar) sich sehnen nach[+3]

huppelen 1 hüpfen **2** [trippelen] tänzeln

huren 1 [van zaken] mieten **2** [van perso-
neel] in Dienst nehmen[212], einstellen, anstellen

de **¹hurken** (zn, mv): *op de ~ zitten* hocken

²hurken (ww) hocken, kauern

het **hurktoilet** Hockabort (m[5])

de **hut 1** Hütte (v[21]) **2** [op schip] Kabine (v[21])

de **hutkoffer** Kabinenkoffer (m[9])

hutselen (durch)schütteln, mischen, mengen

de **hutspot** Eintopf (m[6]), Eintopfgericht (o[29])

de **huur** Miete (v[21]): *de kale ~* die kalte Miete;
kamers te ~ Zimmer frei

de **huurachterstand** Mietrückstand (m[6])

de **huurauto** Mietauto (o[36]), Mietwagen (m[11])

het **huurcontract** Mietkontrakt (m[5]), Mietvertrag (m[6])

de **huurder** Mieter (m[9])

het **huurhuis** Miet(s)haus (o[32]), Mietwohnung
(v[20])

de **huurkoop** Mietkauf (m[6]), Leasing (o[36])

de **huurling** Söldner (m[9])

de **huurmoord** bezahlte(r) Mord (m[5])

de **huurovereenkomst** Mietvertrag (m[6])

de **huurprijs** Miete (v[21]), Mietpreis (m[5])

de **huurschuld** Mietschuld (v[20])

de **huurtoeslag** Mietbeihilfe (v[21]), Wohngeld
(o[31])

de **huurverhoging** Mietsteigerung (v[20]),
Mieterhöhung (v[20])

de **huurwoning** Mietwohnung (v[20])

huwbaar heiratsfähig

het **huwelijk 1** [de plechtigheid, het huwen]
Heirat (v[20]) **2** [toestand] Ehe (v[21]): *in het ~ treden* heiraten (*of:* sich verheiraten)

huwelijks: *~e staat* Ehestand (m[19]); *~e
voorwaarden* Ehevertrag (m[6])

het **huwelijksaanzoek** Heiratsantrag (m[6])

het **huwelijksgeschenk** Hochzeitsgeschenk
(o[29])

de **huwelijksnacht** Hochzeitsnacht (v[25])

de **huwelijksplechtigheid** Hochzeitsfeier
(v[21])

de **huwelijksreis** Hochzeitsreise (v[21])

huwen heiraten, sich verheiraten (mit[+3])

de **huzaar** Husar (m[14])

de **huzarensalade** Fleischsalat (m[5])

de **hyacint** Hyazinthe (v[21])

de **hybride** Hybride (v[21])

de **hybrideauto** Hybridauto (o[36])

hydraulisch hydraulisch

de **hyena** Hyäne (v[21])

de **hygiëne** Hygiene (v[28])

hygiënisch hygienisch

de **hymne** Hymne (v[21]), Lobgesang (m[6])

de **hype** Hype (m[13])

hypen hypen

hyperactief hyperaktiv

de **hyperbool** Hyperbel (v[21])

hypercorrect hyperkorrekt

de **hyperlink** [comp] Hyperlink (m[13], 2e nvl:
ook -), Link (m[13], 2e nvl: ook -)

hypermodern hypermodern, hochmodern

hypernerveus hypernervös

de **hyperventilatie** Hyperventilation (v[20])

hyperventileren an Hyperventilation leiden[199]

de **hypnose** Hypnose (v[21])

hypnotisch hypnotisch

hypnotiseren hypnotisieren[320]

de **hypnotiseur** Hypnotiseur (m[5])

de **hypochonder** Hypochonder (m[9])

de **¹hypocriet** (zn) Heuchler (m[9])

²hypocriet (bn) heuchlerisch

de **hypotenusa** Hypotenuse (v[21])

hypothecair hypothekarisch

de **hypotheek** Hypothek (v[20])

de **hypotheekrente** Hypothekenzinsen (mv)

de **hypotheekrenteaftrek** Hypothekenzin-
senabzug (m[6])

de **hypothese** Hypothese (v[21])

hypothetisch hypothetisch

de **hysterie** Hysterie (v[21])

hysterisch hysterisch

i

de **i** [letter] i, I (o[39a]) ‖ [fig] *de puntjes op de i zetten* das Tüpfelchen auf das i setzen
Iberisch iberisch: *het ~ schiereiland* die Pyrenäenhalbinsel, die Iberische Halbinsel
de **icetea** Eistee (m[19]), Icetea (m[13])
de **icoon 1** [rel] Ikone (v[21]) **2** [fig] Ikone (v[21]): *zij is een ~ van de jaren tachtig* sie ist eine Ikone der Achtzigerjahre **3** [comp] Icon (o[36])
de **ICT** afk van *informatie- en communicatietechnologie* Informations- und Kommunikationstechnologie (v[21]), ICT
de **ICT'er** afk van *informatie- en communicatietechnoloog* Informations- und Kommunikationstechniker (m[9]), Informations- und Kommunikationstechnikerin (v[22])
het **¹ideaal** (zn) Ideal (o[29])
²ideaal (bn) ideal
idealiseren idealisieren[320]
het **idealisme** Idealismus (m[19a])
de **idealist** Idealist (m[14])
idealistisch idealistisch
idealiter im Idealfall
het/de **idee 1** [gedachte] Idee (v[21]), Gedanke (m[18]): *geen (flauw) ~* keine (blasse) Ahnung **2** [mening] Ansicht (v[20]): *naar mijn ~* meiner Ansicht nach
ideëel ideell
de **ideeënbus** Briefkasten (m[12]) für Verbesserungsvorschläge
het/de **idee-fixe** fixe Idee (v[21])
idem idem, ebenso: [scherts] *~ dito* genau derselbe, dasselbe
identiek identisch, vollkommen gleich
de **identificatie** Identifizierung (v[20])
de **identificatieplicht** Ausweispflicht (v[20])
identificeren identifizieren[320]
de **identiteit** Identität (v[28])
het **identiteitsbewijs** Personalausweis (m[5])
de **identiteitscontrole** Ausweiskontrolle (v[21])
de **identiteitskaart** Personalausweis (m[5]), Ausweis (m[5])
de **ideologie** Ideologie (v[21])
ideologisch ideologisch
het **idioom** Idiom (o[29])
de **¹idioot** (zn) Idiot (m[14])
²idioot (bn, bw) **1** idiotisch **2** [belachelijk] blöd
idolaat abgöttisch: *~ van iem., iets zijn* in jmdn., in[+4] etwas vernarrt sein[262]
het **idool** Idol (o[29])
de **idylle** Idyll (o[29])
idyllisch idyllisch

ieder jeder (jede, jedes): *~e 2 uur* alle 2 Stunden
iedereen jeder(mann), ein jeder
het **iederwijs** 'Iederwijs'-Schule; Schule, in der die Kinder selbst entscheiden, was sie wann lernen wollen
iel mager, dünn
iemand jemand, einer: *~ anders* jemand anders; *zomaar ~* irgendjemand, irgendeiner; *een zeker ~* ein gewisser Jemand
de **iep** Ulme (v[21]), Rüster (v[21])
de **Ier** Ire (m[15]), Irin (v[22]), Irländer (m[9]), Irländerin (v[22])
Ierland Irland (o[39])
het **¹Iers** (zn) Irisch (o[41])
²Iers (bn) irisch, irländisch
iets etwas, [een beetje] ein wenig: *een ~je* ein klein wenig; *~ anders* etwas anderes; *~ nieuws* etwas Neues; *anders nog ~?* sonst noch etwas?; *dat is net ~ voor hem* a) [zoiets kan men van hem verwachten] das sieht ihm ähnlich; b) [daar houdt hij van] das ist sein Fall; *hij heeft ~* [een probleem] mit ihm ist etwas los
het **ietsepietsie**: *een ~* ein klitzekleines bisschen
ietwat etwas, ein wenig
de **iftar** Iftar (o[35]), Fastenbrechen (o[35])
de **iglo** Iglu (m+o)
de **i-grec** Ypsilon (o[36])
ijdel 1 [m.b.t. mensen] eitel **2** [m.b.t. beloften] leer **3** [vergeefs] vergeblich: *~e hoop* eitle Hoffnungen
de **ijdelheid** Eitelkeit (v[20])
de **ijdeltuit 1** [vrouw] Zierpuppe (v[21]) **2** [man] Geck (m[14])
ijken eichen
de **¹ijl**: *in allerijl* in aller Eile, eilends
²ijl (bn) **1** [m.b.t. klank] schwach, dünn **2** [m.b.t. lucht] dünn
ijlen 1 [snellen] eilen, hasten **2** [in koorts] fantasieren[320]
ijlings eiligst, schleunigst
het **ijltempo** Eiltempo (o[39])
het **ijs** Eis (o[39]): *met ~ bedekt* eisbedeckt; [fig] *beslagen ten ~ komen* gut auf[+4] etwas vorbereitet sein[262]
de **ijsafzetting** Eisbildung (v[20])
de **ijsbaan** Eisbahn (v[20])
de **ijsbeer** Eisbär (m[14]), Polarbär (m[14])
ijsberen rastlos auf und ab gehen[168]
de **ijsberg** Eisberg (m[5])
de **ijsbergsla** Eis(berg)salat (m[5]), Krachsalat (m[5])
de **ijsbloemen** Eisblumen (mv)
het **ijsblokje** Eiswürfel (m[9])
de **ijsbreker** Eisbrecher (m[9])
de **ijscoman** Eismann (m[8]), Eisverkäufer (m[9])
ijselijk 1 [afschuwelijk] scheußlich, fürchterlich, grässlich **2** [zeer, erg] unheimlich
de **ijsemmer** Eiskühler (m[9])

het **ijshockey** Eishockey (o³⁹)
het **ijsje** Eis (o³⁹): *twee ~s graag!* zwei Eis, bitte!
de **ijskast** Kühlschrank (m⁶): [fig] *een plan in de ~ leggen* einen Plan auf⁺⁴ Eis legen
de **ijsklomp** Eisklumpen (m¹¹)
het **ijsklontje** Eiswürfel (m⁹)
ijskoud 1 eiskalt: *ik kreeg een ~e rilling* es lief mir eiskalt über den Rücken; *een ~e ontvangst* ein eisiger Empfang **2** [onverstoorbaar] seelenruhig, unverfroren
IJsland Island (o³⁹)
de **IJslander** Isländer (m⁹), Isländerin (v²²)
het **¹IJslands** (zn) Isländisch (o⁴¹)
²IJslands (bn) isländisch
de **ijslolly** Eis (o³⁹) am Stiel
de **ijsmuts** Pudelmütze (v²¹)
de **ijspegel** Eiszapfen (m¹¹)
de **ijssalon** Eisdiele (v²¹), Eiscafé (o³⁶)
de **ijsschots** Eisscholle (v²¹)
de **ijstaart** Eistorte (v²¹)
de **ijsthee** Eistee (m¹³)
de **ijstijd** Eiszeit (v²⁰)
de **ijsvogel** Eisvogel (m¹⁰)
ijsvrij 1 [zonder ijs] eisfrei **2** [vrij van school] frei zum Schlittschuhlaufen
de **IJszee** Eismeer (o²⁹), Polarmeer (o²⁹)
de **ijver 1** Fleiß (m¹⁹) **2** [geestdrift] Eifer (m¹⁹): *al te grote ~* Übereifer **3** [het onafgebroken bezig zijn] Emsigkeit (v²⁸) **4** [het druk bezig zijn] Geschäftigkeit (v²⁸)
de **ijveraar** Eiferer (m⁹)
ijveren eifern (für⁺⁴, gegen⁺⁴)
ijverig 1 fleißig **2** eifrig: *~ in de weer* eifrig bemüht; *~e pogingen doen* sich eifrig bemühen **3** [naarstig] emsig **4** [druk bezig] geschäftig
de **ijzel** Eisregen (m¹⁹): *kans op ~* Glatteisgefahr (v²⁸)
ijzelen: *het ijzelt* es gibt Glatteis
het **ijzer** Eisen (o³⁵)
het/de **ijzerdraad** Eisendraht (m⁶): *omheining van ~* Drahtzaun (m⁶)
ijzeren eisern, Eisen…: *~ hek* Eisengitter (o³³)
het **ijzererts** Eisenerz (o²⁹)
de **ijzerhandel 1** [winkel] Eisen(waren)handlung (v²⁰) **2** [handel] Eisenhandel (m⁹)
ijzerhoudend eisenhaltig
de **ijzerindustrie** Eisenindustrie (v²¹)
ijzersterk 1 [m.b.t. gezondheid, wil] eisern **2** [m.b.t. kleding, schoenen] strapazierfähig ‖ *~e argumenten* starke Argumente; *een ~ nummer* eine bärenstarke Nummer
de **ijzertijd** Eisenzeit (v²⁰)
de **ijzervreter** Eisenfresser (m⁹), Draufgänger (m⁹)
de **ijzerwaren** Eisenwaren (mv v²¹)
de **ijzerzaag** Eisensäge (v²¹)
ijzig 1 [koud] [ook fig] eisig, eiskalt **2** [ijzingwekkend] schauderhaft, grausig
ijzingwekkend schauderhaft, grausig

het **¹ik** (zn) Ich (o, 2e nvl: -(s); mv: -(s))
²ik (pers vnw) ich⁸²: *als ik jou geweest was* ich an deiner Stelle
de **ik-figuur** Icherzähler (m⁹)
de **ik-vorm** Ichform (v²⁸)
ikzelf ich selbst, ich selber
de **¹illegaal** (zn) [buitenlander] Illegale(r) (m⁴⁰ᵃ)
²illegaal (bn) illegal, gesetzwidrig
de **illegaliteit** Illegalität (v²⁸)
de **illusie** Illusion (v²⁰): *zich ~s maken* sich Illusionen hingeben¹⁶⁶; *~s wekken* Illusionen erwecken
de **illusionist** Illusionist (m¹⁴)
illuster illuster, berühmt
de **illustratie** Illustration (v²⁰)
illustratief illustrativ
de **illustrator** Illustrator (m¹⁶)
illustreren illustrieren³²⁰
het/de **image** Image (o³⁶)
imaginair imaginär
het/de **imago** Image (o³⁶)
de **imam** Imam (m⁵, m¹³)
de **¹imbeciel** (zn) **1** Imbezil(l)e(r) (m⁴⁰ᵃ, v⁴⁰ᵇ) **2** [stommerik] Idiot (m¹⁴)
²imbeciel (bn) **1** imbezil(l) **2** [dom] doof
het **IMF** afk van *Internationaal Monetair Fonds* Internationaler Währungsfonds (m¹⁹ᵃ), IWF
de **imitatie** Imitation (v²⁰), Imitat (o²⁹)
de **imitator 1** [navolger] Nachahmer (m⁹) **2** [nabootser] Imitator (m¹⁶)
imiteren imitieren³²⁰, nachahmen
de **imker** Bienenzüchter (m⁹), Imker (m⁹)
immaterieel immateriell, unstofflich
immens immens, unermesslich
immer immer, stets
immers ja; doch: *hij is ~ kalm* er ist ja ruhig; *dat was een stomme zet, ~ daardoor … * das war ein dummer Zug, denn dadurch …
de **immigrant** Immigrant (m¹⁴), Einwanderer (m⁹)
de **immigratie** Immigration (v²⁰), Einwanderung (v²⁰)
immigreren immigrieren³²⁰, einwandern
de **immobiliën** [Belg] Immobilien (mv v²¹)
immoreel unmoralisch, unsittlich
de **immuniteit** Immunität (v²⁰)
immuun immun
het/de **i-mode** I-Mode (v²⁸)
de **impact** Wirkung (v²⁰)
de **impasse** Sackgasse (v²¹)
het/de **imperiaal** [op auto] Dachgepäckträger (m⁹)
het **imperialisme** Imperialismus (m, 2e nvl: -; mv: Imperialismen)
de **imperialist** Imperialist (m¹⁴)
imperialistisch imperialistisch
het **imperium** Imperium (o, 2e nvl: -s; mv: Imperien)
impertinent impertinent, unverschämt
het **implantaat** Implantat (o²⁹)
implanteren implantieren

de **implementatie** Implementierung (v[20])
implementeren implementieren
de **implicatie** Implikation (v[20])
impliceren implizieren[320]
impliciet implizit
imploderen implodieren[320]
de **implosie** Implosion (v[20])
imponeren imponieren[320+3], beeindrucken
impopulair unpopulär, unbeliebt
de **import** Import (m[5]), Einfuhr (v[20])
het **importartikel** Einfuhrware (v[21]), Einfuhrartikel (m[9])
importeren importieren[320], einführen
de **importeur** Importeur (m[5])
imposant imposant
impotent impotent
de **impotentie** Impotenz (v[28])
impregneren imprägnieren[320]
het **impresariaat** Agentur (v[20])
de **impresario** Agent (m[14])
de **impressie** Eindruck (m[6])
het **impressionisme** Impressionismus (m[19a])
de **impressionist** Impressionist (m[14])
impressionistisch impressionistisch
improductief unproduktiv
de **improvisatie** Improvisation (v[20])
improviseren improvisieren[320]
de **impuls** Impuls (m[5]), Antrieb (m[5])
impulsief impulsiv
¹in (bn) in: *dat is* in [populair] das ist in
²in (bw) **1** [van spreker weg] in[+4] ... (hinein): *hij ging het huis* in er ging ins Haus (hinein) **2** [naar spreker toe] in[+4] ... (herein): *hij kwam het huis* in er kam ins Haus (herein) ‖ *dat wil er bij mij niet* in das will mir nicht in den Kopf; *dag* in, *dag uit* tagaus, tagein; *jaar* in, *jaar uit* jahraus, jahrein; *de bal is* in der Ball ist im Feld
³in (vz) **1** [m.b.t. plaats; ook fig] in [bij beweging gericht op doel[+4], anders[+3]]: *in het water duiken* ins Wasser tauchen; *in uw plaats* an Ihrer Stelle; *in volle zee* auf hoher See **2** [bij een tijdsduur] in[+3], an[+3], binnen[+3], innerhalb[+2]: *in maart* im März; *in het begin* am Anfang; *in 2001* 2001, im Jahre 2001 **3** [ten tijde van] zu[+3] **4** [wat betreft] an[+3]: *iem. in kennis evenaren* jmdm. an Kenntnissen gleichkommen[193] **5** [m.b.t. de wijze, de vorm] in[+3], auf[+4]: *iets in het Engels zeggen* etwas auf Englisch sagen ‖ *in bloei* in Blüte; *in slaap* im Schlaf
de **inachtneming** Beachtung (v[28]): *met ~ van* unter Beachtung[+2]
inademen einatmen
de **inauguratie** Inauguration (v[20])
inaugureren inaugurieren[320]
inbedden einbetten in[+4], betten in[+4]
zich **inbeelden** sich einbilden
de **inbeelding** Einbildung (v[20])
inbegrepen inbegriffen, (mit) einbegriffen: *bij de prijs ~ zijn* im Preis einbegriffen sein[262]

het **inbegrip**: *met ~ van* einschließlich[+2]
inbellen sich einwählen
de **inbeslagneming** Beschlagnahme (v[21])
inbinden 1 [van boek] (ein)binden[131] **2** [zich gematigder opstellen] einlenken
inblazen: *iets nieuw leven ~* etwas neu beleben
inblikken eindosen
de **inboedel** Mobiliar (o[29]), Hausrat (m[19])
de **inboedelverzekering** Hausratversicherung (v[20])
inboeten einbüßen, verlieren[300]
inboezemen einflößen: *iem. afschuw ~* jmdm. Abscheu einflößen
de **inboorling** Eingeborene(r) (m[40a], v[40b])
de **inborst** Naturell (o[29]), Gemüt (o[31])
de **inbouw 1** [lett] Einbau (m, 2e nvl: -(e)s; mv: -ten) **2** [fig] Aufnahme (v[21])
inbouwen 1 einbauen (in[+4]): *een clausule ~* eine Klausel einbauen; *veiligheidsmaatregelen ~* Sicherheitsmaßnahmen einplanen **2** [met andere gebouwen omgeven] umbauen
de **inbouwkeuken** Einbauküche (v[21])
de **inbox** Inbox (v[20])
de **inbraak** Einbruch (m[6])
inbranden einbrennen[138] (in[+4])
inbreken einbrechen[137] (in[+4])
de **inbreker** Einbrecher (m[9])
de **inbreng 1** [alg] Beitrag (m[6]) **2** [in spaarbank] Einlage (v[21]) **3** [bijdrage aan prestatie] Anteil (m[5])
inbrengen 1 [naar binnen] einbringen[139] (in[+4]) **2** [in huwelijk] einbringen[139] **3** [in spaarbank] einlegen **4** [als loon thuisbrengen] einbringen[139] **5** [aanvoeren] vorbringen[139], einwenden[308] ‖ *niets in te brengen hebben* nichts zu melden (*of:* bestellen) haben
de **inbreuk** Eingriff (m[5]), Verletzung (v[20]): *~ op de bepalingen* Verstoß (m[6]) gegen die Bestimmungen
inburgeren einbürgern (in[+3])
de **inburgeringscursus** Integrationskurs (m[5]), Einbürgerungskurs (m[5])
de **inbussleutel** Sechskantstiftschlüssel (m[9])
incalculeren einkalkulieren[320] (in[+4])
incapabel unfähig, ungeeignet
de **incarnatie** Inkarnation (v[20])
incasseren (ein)kassieren[320], einziehen[318]; [invorderen] beitreiben[290]: *klappen ~* Schläge einstecken; *een doelpunt ~* ein Tor einstecken
het **incasseringsvermogen**: *een groot ~ hebben* viel einstecken können[194]
het **incasso** Inkasso (o[36]), Einkassierung (v[20])
de **incest** Inzest (m[5])
incestueus inzestuös
inchecken einchecken
het **incident** Zwischenfall (m[6])
incidenteel 1 [toevallig] zufällig **2** [af en

toe] gelegentlich, ab und zu **3** [terloops]
beiläufig
inclusief inklusive[+2], einschließlich[+2], einbegriffen, inbegriffen
het **¹incognito** (zn) Inkognito (o[36])
²incognito (bw) inkognito
incompetent inkompetent
incompleet inkomplett, unvollständig
in concreto in concreto; im Einzelfall
inconsequent inkonsequent
de **inconsequentie** Inkonsequenz (v[20])
incontinent an Inkontinenz leidend
incorrect inkorrekt, unkorrekt
incourant 1 [m.b.t. waren] nicht marktgängig **2** [m.b.t. fondsen] nicht börsengän-
gig
de **incrowd** Ingroup (v[27]); Clique (v[21])
de **incubatietijd** Inkubationszeit (v[20])
indammen eindämmen, eindeichen
zich **indekken** sich absichern (gegen[+4])
indelen einteilen (in[+4]): *bij de zoogdieren* ~
den Säugetieren zuordnen
de **indeling** Einteilung (v[20])
indenken: *zich in iets* ~ sich in[+4] etwas (hin)-
eindenken[140]; sich[3] etwas vorstellen
inderdaad in der Tat, tatsächlich
inderhaast in aller Eile, schleunigst
indertijd damals
indeuken einbeulen, eindrücken
de **index** Index (m, 2e nvl: -(es); mv: -e of Indi-
zes)
het **indexcijfer** Indexziffer (v[21]), Indexzahl (v[20])
indexeren indexieren[320], indizieren[320]
India Indien (o[39])
de **indiaan** Indianer (m[9])
indiaans indianisch
Indiaas indisch
het **indianenverhaal** [ongeloofwaardig] Räu-
berpistole (v[21])
de **indicatie 1** Indikation (v[20]): *een medische* ~
eine medizinische Indikation; *op medische* ~
aus Gesundheitsgründen **2** [aanwijzing] In-
diz (o, 2e nvl: -es; mv: Indizien)
indien wenn, falls
indienen einreichen, vorlegen: *ingediend
wetsontwerp* Gesetzesvorlage (v[21]); *een aanklacht* ~ eine Klage einreichen; *een verzoek* ~
einen Antrag stellen; *een verzoekschrift* ~
eine Eingabe machen; *een wetsontwerp* ~
einen Gesetzentwurf vorlegen
de **indiening** Einreichung (v[20]), Vorlegung
(v[28]); *zie indienen*
de **indiensttreding** Dienstantritt (m[5])
de **Indiër** Inder (m[9]), Inderin (v[22])
de **indigestie** Indigestion
indikken eindicken
indirect indirekt: *-e loonkosten* Lohnne-
benkosten, Lohnzusatzkosten; [taalk] *~e
rede* indirekte (*of:* abhängige) Rede
Indisch 1 [Indonesisch] indonesisch **2** [Indi-
aas] indisch

indiscreet indiskret
het/de **individu** Individuum (o, 2e nvl: -s; mv: Individuen)
individueel individuell
de **indoctrinatie** Indoktrination (v[20])
indommelen einnicken, eindämmern
Indonesië Indonesien (o[39])
de **Indonesiër** Indonesier (m[9]), Indonesierin
(v[22])
Indonesisch indonesisch
indoor- Hallen…
indopen eintauchen (in[+4])
indraaien (hin)eindrehen (in[+4]): *de bak* ~ im
Knast landen; *de straat* ~ in die Straße einbiegen[129]
¹indringen (onov ww) eindringen[143] (in[+4])
²indringen (ov ww) (hinein)drängen (in[+4])
zich **³indringen** (wdk ww) sich eindrängen (in[+4])
indringend eingehend, eindringlich
de **indringer** Eindringling (m[5]); [binnenvallen-
de vijand] Invasor (m[16])
indrinken: *zich mee* ~ sich[3] Mut antrinken
indruisen widersprechen[274+3], verstoßen[285]
(gegen[+4]): *tegen de wet* ~ gegen das Gesetz
verstoßen
de **indruk** Eindruck (m[6]): *een* ~ *geven* einen
Eindruck vermitteln; *onder de* ~ *zijn* beein-
druckt sein[262]; *de* ~ *wekken* den Eindruck erwecken; ~ *maken op iem.* Eindruck auf jmdn.
machen, jmdn. beeindrucken
indrukken eindrücken: *het gaspedaal* ~
aufs Gaspedal treten[291]; *de toets* ~ auf die
Taste drücken
indrukwekkend imposant, imponierend
in dubio in dubio: ~ *staan* zweifeln
de **industrialisatie** Industrialisierung (v[20])
industrialiseren industrialisieren[320]
de **industrie** Industrie (v[21]): *de zware* ~ die
Schwerindustrie
de **¹industrieel** (zn) Industrielle(r) (m[40a], v[40b])
²industrieel (bn) industriell
het **industriegebied** Industriegebiet (o[29])
het **industrieland** Industrieland (o[32]), Indus-
triestaat (m[16])
het **industrieterrein** Gewerbegebiet (o[29])
indutten einnicken
ineen ineinander, zusammen
ineenkrimpen sich (zusammen)krümmen
ineens 1 [plotseling] plötzlich **2** [tegelijk]
auf einmal, zugleich: *bedrag* ~ Pauschalbetrag (m[6])
ineenschrompelen zusammenschrumpfen
ineenstorten zusammenbrechen[137]
de **ineenstorting** Zusammenbruch (m[6])
inefficiënt ineffizient, unwirksam
inenten (ein)impfen, vakzinieren[320]: ~ *tegen* impfen gegen[+4]
de **inenting** Impfung (v[20]), Vakzination (v[20])
het **inentingsbewijs** Impfschein (m[5]), Impf-
pass (m[6])

infaam infam, niederträchtig
de **infanterie** Infanterie (v²¹)
de **infanterist** Infanterist (m¹⁴), Grenadier (m⁵)
infantiel infantil
het **infarct** Infarkt (m⁵)
infecteren infizieren³²⁰, anstecken
de **infectie** Infektion (v²⁰), Ansteckung (v²⁰)
inferieur inferior
het **inferno** Inferno (o)
de **infiltrant** Infiltrant (m¹⁴)
de **infiltratie** Infiltration (v²⁰)
infiltreren infiltrieren³²⁰, eindringen¹⁴³ (in ⁺⁴)
de **inflatie** Inflation (v²⁰), Geldentwertung (v²⁰)
inflatoir inflatorisch
de **influenza** Influenza (v²⁷); Grippe (v²¹)
influisteren einflüstern
de **info** Info (v²⁷), Information (v²⁰)
de **informant** Informant (m¹⁴)
de **informateur** Politiker (m⁹) der den Auftrag hat, die Möglichkeiten einer Kabinettsbildung zu sondieren
de **informatica** Informatik (v²⁸)
de **informaticus** Informatiker (m⁹)
de **informatie 1** Information (v²⁰, meestal mv), Auskunft (v²⁵): ~ *inwinnen* Erkundigungen einziehen³¹⁸ (über⁺⁴); *ter* ~ zur Information **2** [gegevens] Daten (mv)
de **informatiebalie** Auskunftsstelle (v²¹), Auskunftsschalter (m⁹)
de **informatiedrager** Datenträger (m⁹), Informationsträger (m⁹)
informatief informativ
de **informatietechnologie** Informationstechnologie (v²¹)
de **informatieverwerking** Datenverarbeitung (v²⁰), DV, Informationsverarbeitung (v²⁰)
de **informatisering** Computerisierung (v²⁸)
informeel informell
informeren: *(bij iem.)* ~ *naar* sich (bei jmdm.) erkundigen nach⁺³; *telefonisch* ~ telefonisch nachfragen; *informeer eens waar hij woont* frag mal nach, wo er wohnt; *iem. omtrent iets* ~ jmdn. über⁺⁴ etwas unterrichten
de **infostress** Infostress (m⁵)
infrarood infrarot, Infrarot...
de **infrastructuur** Infrastruktur (v²⁰)
het **infuus** Infusion (v²⁰): *aan het* ~ *liggen* am Tropf hängen¹⁸⁴
ingaan (hinein)gehen¹⁶⁸ in⁺⁴: *het bos* ~ in den Wald (hinein)gehen; *de politiek* ~ in die Politik gehen¹⁶⁸; *de regeling gaat de 1e april in* die Regelung tritt am 1. April in Kraft; *dat ijsje gaat er wel in* dieses Eis ist eine Gaumenfreude; *(nader) op iets* ~ (näher) auf⁺⁴ etwas eingehen; *tegen iets* ~ sich einer Sache³ widersetzen
de **ingang 1** Eingang (m⁶); [van bus, tram] Einstieg (m⁵): ~ *vinden* sich durchsetzen; *met* ~

van heden mit Wirkung ab heute; *met* ~ *van 1 mei* vom 1. Mai an; *met onmiddellijke* ~ ab sofort **2** [code voor computer] Code (m¹³)
het **ingangsexamen** [Belg] Zulassungsprüfung (v²⁰)
ingebeeld eingebildet
ingebouwd eingebaut
de **ingebruikneming 1** Inbetriebnahme (v²¹) **2** [opening] Eröffnung (v²⁰)
ingeburgerd eingebürgert
ingelegd 1 eingelegt **2** [ingemaakt] eingemacht
ingemaakt 1 eingemacht **2** [sport] weggeputzt
ingenaaid [m.b.t. boek] geheftet, broschiert
de **ingenieur 1** [hts] Ingenieur (m⁵), Ing. **2** [universiteit] Diplomingenieur, Dipl.-Ing.: *bouwkundig* ~ Bauingenieur; *civiel* ~ Tiefbauingenieur
ingenieus ingeniös, erfinderisch
ingenomen: *iedereen is met haar* ~ alle sind von ihr eingenommen; *met zichzelf* ~ *zijn* von sich selbst eingenommen sein²⁶²; *ik ben met het plan zeer* ~ der Plan gefällt mir sehr
ingesloten anliegend, anbei: *alles* ~ alles einbegriffen; ~ *zenden wij* anbei senden wir
ingespannen angestrengt
de **ingesprektoon** Besetztzeichen (o³⁵)
ingetogen besinnlich; [zedig] sittsam
ingeval falls
ingeven eingeben¹⁶⁶; [neg] einflüstern
de **ingeving** Eingebung (v²⁰), Einfall (m⁶): *een* ~ *krijgen* eine Eingebung haben¹⁸²
ingevolge infolge⁺², gemäß⁺³
de **ingewanden** Eingeweide (o³³, meestal mv): *de* ~ *van de aarde* das Innere der Erde
de **ingewijde** Eingeweihte(r) (m⁴⁰ᵃ, v⁴⁰ᵇ)
ingewikkeld verwickelt, kompliziert
ingeworteld eingewurzelt
de **ingezetene** Einwohner (m⁹)
ingezonden eingesandt: ~ *brief* Leserbrief (m⁵)
de **ingooi** Einwurf (m⁶)
ingooien einwerfen³¹¹: *zijn eigen glazen* ~ [fig] *sich*³,⁴ ins eigene Fleisch schneiden
ingraven eingraben¹⁸⁰ (in⁺⁴), vergraben¹⁸⁰
het **ingrediënt 1** [van spijzen] Zutat (v²⁰) **2** [van farmaceutische producten] Bestandteil (m⁵)
de **ingreep** Eingriff (m⁵)
ingrijpen eingreifen¹⁸¹ (in⁺⁴): *de politie moest* ~ die Polizei musste einschreiten
ingrijpend drastisch, einschneidend, tief greifend
ingroeien (hin)einwachsen³⁰² (in⁺⁴)
de **inhaalmanoeuvre** Überholmanöver (o³³)
de **inhaalrace** Aufholjagd (v²⁰): *aan een* ~ *beginnen* zur Aufholjagd blasen; eine Aufholjagd hinlegen

de **inhaalstrook** Überholspur (v[20])
het **inhaalverbod** Überholverbot (o[29])
de **inhaalwedstrijd** Nachholspiel (o[29])
inhaken [arm in arm gaan lopen] sich einhaken; [aanknopen bij] aufgreifen[181]: *op die opmerking wil ik even ~* diese Bemerkung möchte ich mal aufgreifen
inhakken einhauen[185]: *op de vijand ~* auf den Feind einhauen; *dat hakt erin* das läuft ins Geld
inhalen 1 [van oogst] einbringen[139], einfahren[153] **2** [van netten, vlag] einholen, einziehen[318] **3** [van zeilen, verloren tijd, president] einholen **4** [iem. die ons vooruit is] einholen; [passeren] überholen **5** [het verzuimde, slaap, examen] nachholen **6** [de achterstand] aufholen: *iem. die beter is ~* jmdm. gleichkommen[193]; *zijn achterstand ~* seinen Rückstand aufholen, aufarbeiten
inhaleren inhalieren[320], einatmen
inhalig habgierig, habsüchtig
de **inham** Bucht (v[20]), Meeresbucht (v[20]), Bai (v[20])
inhebben: *de pest ~* stinksauer sein[262]; *contactlenzen ~* Haftschalen tragen[288]
inheems einheimisch
inherent inhärent: *~ aan* inhärent[+3]
de **inhoud** Inhalt (m[5]): *rijk aan ~* inhalt(s)reich
¹**inhouden** (ov ww) **1** [bevatten] enthalten[183] **2** [behelzen] bedeuten **3** [onderdrukken, beheersen] anhalten[183], zurückhalten[183], unterdrücken: *ingehouden pijn* verhaltener Schmerz; *ingehouden tranen* verhaltene Tränen; *ingehouden vreugde* unterdrückte Freude; *de adem ~* den Atem anhalten; *de tranen ~* die Tränen hinunterschlucken; *zijn vaart ~* mit der Geschwindigkeit heruntergehen[168] **4** [niet uitbetalen] einbehalten[183]
zich ²**inhouden** (wdk ww) sich zurückhalten[183]: *ik kon me niet langer ~* ich konnte mich nicht länger zurückhalten
de **inhouding** Abzug (m[6])
de **inhoudsmaat** Hohlmaß (o[29]), Kubikmaß (o[29])
de **inhoudsopgave** Inhaltsverzeichnis (o[29a])
inhuldigen feierlich in ein Amt einführen
inhuren einstellen, engagieren[320]
de **initiaal** Initiale (v[21]), Anfangsbuchstabe (m[18])
het **initiatief** Initiative (v[21]): *het ~ nemen* die Initiative ergreifen[181]; *op iemands ~* auf jemands Anregung; *op eigen ~* aus eigener Initiative
de **initiatiefnemer** Initiator (m[16]), Anreger (m[9])
de **initiator** Initiator (m[16])
initiëren initiieren
injecteren injizieren[320], (ein)spritzen
de **injectie** Injektion (v[20]), Einspritzung (v[20]), Spritze (v[21])
de **injectienaald** Injektionsnadel (v[21])

inkapselen einkapseln, verkapseln
de **inkeer** Einkehr (v[28]), Selbstbesinnung (v[28])
inkepen (ein)kerben (in[+4]), (ein)ritzen (in[+4])
de **inkeping** Einkerbung (v[20])
de **inkijk** Einblick (m[5])
inkijken hineinsehen[261], hereinsehen[261]; [een boek, brief] einsehen[261], durchsehen[261]
de **inkjet** Tintenstrahler (m[9])
inklaren abfertigen; verzollen
de **inklaring** Abfertigung (v[20])
inkleden [ook fig] einkleiden (in[+4])
inkleuren ausmalen: *een gebied ~* ein Gebiet auf der Karte ausmalen
inklinken sich senken
inkoken einkochen
de **inkom** [Belg] Eintritt (m[5])
het ¹**inkomen** (zn) Einkommen (o[35]); [salaris] Gehalt (o[32])
²**inkomen** (ww) **1** hineinkommen[193], hereinkommen[193] **2** [m.b.t. belastingen, bestellingen, betalingen, brieven, klachten] eingehen[168] **3** [m.b.t. schepen, treinen] einlaufen[198] ‖ *daar kan ik ~* das kann ich verstehen; *daar komt niets van in* daraus wird nichts
de **inkomsten** Einkünfte (mv); [ontvangsten] Einnahmen (mv v[21]): *~ in natura* Sachbezüge (mv m[6])
de **inkomstenbelasting** Einkommen(s)steuer (v[21])
de **inkoop** Einkauf (m[6]): *inkopen doen* einkaufen, Einkäufe machen
inkopen einkaufen
de **inkoper** Einkäufer (m[9])
inkoppen einköpfen
inkorten [korter maken, minderen] kürzen
¹**inkrimpen** (onov ww) [m.b.t. stoffen] schrumpfen
²**inkrimpen** (ov ww) [kleiner maken] abbauen, einschränken: *het personeel ~* das Personal abbauen
de **inkt** Tinte (v[21])
de **inktvis** Tintenfisch (m[5])
de **inktvlek** Tintenfleck (m[5]), Tintenklecks (m[5])
inktzwart kohlschwarz, pechschwarz
inkwartieren einquartieren[320], unterbringen[139] (in[+3] (of: bei[+3]))
inladen 1 [van voertuig] beladen[196] **2** [van lading] einladen[196], verladen[196]
de **inlander** Eingeborene(r) (m[40a])
inlands [inheems] einheimisch, inländisch
inlassen einschalten, einfügen, einschieben[237]; [radio, tv] einblenden; [een pauze] einlegen
¹**inlaten** (ov ww) einlassen[197] (in[+4])
zich ²**inlaten** (wdk ww): *zich ~ met* sich einlassen mit[+3]; *zich met speculaties ~* sich auf[+4] Spekulationen einlassen
de **inleg** Einlage (v[21]); [bij het spel] Einsatz (m[6])
inleggen 1 einlegen **2** [geld] einzahlen
het **inlegkruisje** Slipeinlage (v[21])
inleiden einführen, einleiten

de **inleider** Referent (m[14])

de **inleiding** Einleitung (v[20]), Einführung (v[20])

zich **inleven** sich hineinversetzen (in[+4])

inleveren 1 einliefern, abgeben[166]; [een klacht, verzoek] einreichen **2** [het met minder moeten doen] kürzer treten[291]

inlezen einlesen[201]: ~ *in* einlesen in[+4]

inlichten: *iem. over iets* ~ jmdn. über[+4] etwas informieren[320]; *verkeerd ingelicht* falsch unterrichtet

de **inlichting** Auskunft (v[25]), Information (v[20], meestal mv): *om ~en vragen* um Auskunft bitten[132]

de **inlichtingendienst** [mil] Nachrichtendienst (m[5])

inlijsten einrahmen

inlijven 1 [van zaken] einverleiben[+3], annektieren[320] **2** [van personen] einreihen in[+4]

de **inlijving 1** [van zaken] Einverleibung (v[20]), Annektierung (v[20]) **2** [van personen] Einreihung (v[20])

de **inlineskate** Inlineskate (m[13])

inlineskaten inlineskaten

inloggen sich einloggen

¹**inlopen** (onov ww) **1** hereinlaufen[198], hereingehen[168], hineinlaufen[198], hineingehen[168]: [m.b.t. schip] *de haven* ~ in den Hafen (ein)laufen[198]; *een huis* ~ in ein Haus gehen[168]; *een straat* ~ in eine Straße einbiegen[129] **2** [het slachtoffer worden] hereinfallen[154]: *iem. er laten* ~ jmdn. hereinlegen

²**inlopen** (ov ww) [schoenen] einlaufen[198]

inlossen 1 einlösen **2** [van hypotheek] tilgen

inluiden einläuten

inmaken 1 [wecken] einmachen, einkochen **2** [verslaan] wegputzen, abfertigen

zich **inmengen** sich einmischen (in[+4])

de **inmenging** Einmischung (v[20]): ~ *in binnenlandse aangelegenheden* Einmischung in innere Angelegenheiten

inmiddels mittlerweile

in natura in natura: *loon* ~ Naturallohn (m[6])

innemen 1 [alg] einnehmen[212] **2** [van kleding] einnähen **3** [van rijbewijs] einziehen[318]

innemend einnehmend, gewinnend

innen kassieren[320], einziehen[318], eintreiben[290]: *een cheque* ~ einen Scheck einlösen

het ¹**innerlijk** (zn) Innere(s) (o[40c])

²**innerlijk** (bn, bw) inner; innerlich [meer als tegenstelling van *äußerlich*]

innig innig; [minder sterk] herzlich

de **inning** Inkasso (o[36]), Einziehung (v[20]), Eintreibung (v[20]); [van cheque] Einlösung (v[20])

de **innovatie** Innovation (v[20])

innovatief innovativ

inpakken einpacken (in[+4]); *zich laten* ~ [inpalmen] sich einwickeln lassen[197] || ~ *en wegwezen!* nichts wie weg hier!

inpalmen 1 [zich toe-eigenen] einstecken

2 [voor zich winnen]: *iem.* ~ jmdn. bestricken

inpassen (hin)einpassen (in[+4])

inpeperen einpfeffern: [fig] *ik zal het hem* ~ ich werde es ihm einschärfen

inperken einschränken, eindämmen

inpikken 1 [zich toe-eigenen] einstecken, sich[3] zueignen **2** [Belg; inhaken] einhaken, aufgreifen[181]

inplakken einkleben (in[+4])

inpluggen einstöpseln

inpolderen eindeichen, einpoldern

inpompen (hin)einpumpen (in[+4]); [fig] eintrichtern

inpraten: *op iem.* ~ auf jmdn. einreden

inprenten (jmdm. etwas) einschärfen

de **input** [van computer] Input (m[13], o[36]), Eingabe (v[21])

de **inquisitie** Inquisition (v[20])

inregenen hereinregnen, hineinregnen

inrekenen festnehmen[212], einsperren

inrichten 1 einrichten **2** [Belg] organisieren[320]: *de ~de macht* ± der Schulträger

de **inrichter** [Belg] Organisator (m[16])

de **inrichting 1** [aankleding] Einrichtung (v[20]) **2** [regeling] Anordnung (v[20]), Organisation (v[20]) **3** [instituut] Anstalt (v[20])

¹**inrijden** (onov ww) (hinein)fahren[153] (in[+4]); [op een dier] (hinein)reiten[221] (in[+4])

²**inrijden** (ov ww) [van auto] einfahren[153]

de **inrit** Einfahrt (v[20]): *verboden* ~! keine Einfahrt!

inroepen: *iemands hulp* ~ jmdn. um Hilfe bitten[132]

inroosteren einplanen

de **inruil** Eintausch (m[5]); [van auto enz.] Inzahlungnahme (v[21])

inruilen umtauschen, eintauschen; [auto enz.] in Zahlung geben[166]: ~ *voor* eintauschen gegen[+4]

de **inruilwaarde** Wiederverkaufswert (m[5])

inruimen einräumen

inrukken einrücken (in[+4])

inschakelen 1 einschalten **2** [inzetten] einsetzen

inschatten einschätzen

inschenken einschenken, eingießen[175]

inschepen einschiffen, verschiffen

inscheuren einreißen[220]

¹**inschieten** (onov ww) [missen] entgehen[168]

²**inschieten** (ov ww) einschießen[238]: *zijn geld erbij* ~ sein Geld einbüßen

inschikkelijk nachgiebig, gefügig

inschikken 1 [inschikkelijk zijn] nachgeben[166] **2** [plaatsmaken] zusammenrücken

het **inschrijfgeld** Anmeldegebühr (v[20])

¹**inschrijven** (onov ww) **1** [intekenen] subskribieren[320]; [alg] vorausbestellen **2** [bij aanbesteding] ein Angebot einreichen **3** [op lening, aandelen] zeichnen: *op een lening* ~ eine Anleihe zeichnen

²**inschrijven** (ov ww) **1** [alg] einschrei-

ben[252]; [in een officieel register] eintragen[288]: *zich als student laten* ~ sich immatrikulieren lassen[197]; sich als Student einschreiben lassen **2** [voor cursus, wedstrijd] anmelden

de **inschrijving 1** [alg] Einschreibung (v[20]), Eintragung (v[20]); [als student] Immatrikulation (v[20]), Einschreibung (v[20]) **2** [voor wedstrijd, cursus] Anmeldung (v[20]) **3** [op boek] Subskription (v[20]); [op aandelen, lening] Zeichnung (v[20]); [alg] Vorausbestellung (v[20]) **4** [bij aanbesteding] Angebot (o[29]); *zie* ¹*inschrijven*

het **inschrijvingsformulier** Anmeldeformular (o[29])

inschuiven 1 (hin)einschieben[237] (in[+4]) **2** [opschuiven] zusammenrücken

de **inscriptie** Inschrift (v[20])

het **insect** Insekt (o[37])

het **insecticide** Insektizid (o[29]), Insektengift (o[29])

inseinen: *iem.* ~ jmdm. informieren[320]

de **inseminatie** Insemination (v[20])

insgelijks gleichfalls, ebenfalls

de **insider** Eingeweihte(r) (m[40a], v[40b]), Insider (m[9])

het **insigne** Abzeichen (o[35])

de **insinuatie** Unterstellung (v[20])

insinueren unterstellen

¹**inslaan** (onov ww) **1** [ingaan] einschlagen[241], einbiegen[129]: *een weg* ~ einen Weg einschlagen (*of:* einbiegen) **2** [met kracht in iets dringen] einschlagen[241]: *de bliksem is ingeslagen* der Blitz hat eingeschlagen **3** [indruk maken] zünden, ankommen[193]: *dat idee sloeg in* dieser Gedanke zündete (*of:* kam an)

²**inslaan** (ov ww) **1** einschlagen[241] **2** [inkopen] einkaufen

de **inslag** Einschlag (m[6])

inslapen einschlafen[240]

inslikken verschlucken

insluipen [ook fig] sich einschleichen[242]

de **insluiper** Einsteigedieb (m[5])

insluiten 1 [bijsluiten] beifügen, beilegen **2** [omsingelen] einschließen[245] **3** [opsluiten] einsperren **4** [betekenen] bedeuten

insmeren einschmieren; [zalf, olie] einreiben[219]

insneeuwen 1 einschneien **2** [naar binnen sneeuwen] hineinschneien, hereinschneien

insnijden einschneiden[250]

¹**inspannen** (ov ww) **1** [van trekdieren] einspannen **2** [van wagen] anspannen **3** [met kracht inzetten] anstrengen

zich ²**inspannen** (wdk ww) sich anstrengen

inspannend anstrengend

de **inspanning** Anstrengung (v[20]); [moeite] Bemühung (v[20]): *te grote* ~ Überanstrengung (v[20]); *met* ~ *van alle krachten* unter Aufbietung aller Kräfte

inspecteren inspizieren[320]

de **inspecteur 1** [alg] Inspektor (m[16]): ~ *van*

politie Polizeikommissar (m[5]) **2** [ond] Schulrat (m[6])

de **inspectie 1** Inspektion (v[20]) **2** [mil] Inspektion (v[20]), Inspizierung (v[20]) **3** [ond] Schulamt (o[32]) **4** [belastingen] Finanzamt (o[32])

de **inspectrice** Inspektorin (v[22])

¹**inspelen** (onov ww) (+ op) sich einstellen auf[+4]

²**inspelen** (ov ww) einspielen

zich ³**inspelen** (wdk ww) sich einspielen

de **inspiratie** Inspiration (v[20]), Anregung (v[20])

inspireren inspirieren[320], anregen

de **inspraak** Mitbestimmung (v[28]), Mitsprache (v[28])

inspreken 1 einflößen: *iem. moed* ~ jmdm. Mut einflößen **2** [op geluidsband] einsprechen[274]

inspringen 1 [springen in] (hinein)springen[276] (in[+4]) **2** [achteruitwijken] einspringen[276], zurückstehen[279] **3** [typ] einrücken: *een regel laten* ~ eine Zeile einrücken **4** [iem. vervangen] einspringen[276]: *voor een collega* ~ für einen Kollegen einspringen **5** [reageren] reagieren[320]: *op iets* ~ auf[+4] etwas reagieren

inspuiten einspritzen

de **inspuiting** Einspritzung (v[20]), Spritze (v[21])

instaan einstehen[279] (für[+4])

instabiel instabil, unstabil

de **installateur** Installateur (m[5])

de **installatie 1** [techn] Installation (v[20]); [de apparatuur] Anlage (v[21]) **2** [in een ambt] Einweisung (v[20]) **3** [van nieuw lid] Aufnahme (v[21])

¹**installeren** (ov ww) **1** [techn] installieren[320] **2** [in een ambt] einweisen[307] (in[+4]) **3** [van nieuw lid] aufnehmen[212] (in[+4])

zich ²**installeren** (wdk ww) sich installieren[320]

de **instandhouding 1** Instandhaltung (v[20]) **2** [behoud] Erhaltung (v[28]) **3** [van orde, regel] Aufrechterhaltung (v[28])

de **instantie 1** [jur] Instanz (v[20]); [officiële instelling] Instanz (v[20]), Dienststelle (v[21]); [overheid] Behörde (v[21]): *in eerste* ~ zuerst, zunächst; *openbare* ~*s* öffentliche Instanzen

de **instantkoffie** Pulverkaffee (m[19]), Instantkaffee (m[19])

instappen einsteigen[281] (in[+4]): *achteraan* ~ (*in de trein, bus*) hinten einsteigen (in den Zug, Bus)

insteken 1 [iets ergens insteken] einstecken; [van draad] einfädeln **2** [inprikken] einstechen[277] **3** [achteruitparkeren] zurücksetzen

instellen 1 [oprichten] gründen: *een commissie* ~ eine Kommission einsetzen **2** [invoeren] einführen **3** [beginnen] einleiten: *een strafvervolging* ~ ein Strafverfahren einleiten **4** [voor gebruik gereedmaken] einstellen ‖ [fig] *zich* ~ *op* sich einstellen auf[+4]

de **instelling 1** [het oprichten] Gründung (v[20]), Einsetzung (v[20]) **2** [het invoeren] Einführung (v[20]) **3** [het beginnen] Einleitung (v[20]) **4** [techn] Einstellung (v[20]) **5** [instituut] Anstalt (v[20]) **6** [mentaliteit] Einstellung (v[20]); *zie instellen*

instemmen: *met iem., met iets* ~ jmdm., etwas[3] zustimmen

de **instemming** Zustimmung (v[20]): *met algemene* ~ unter allgemeiner Zustimmung

het **instinct** Instinkt (m[5])

instinctief instinktiv, instinktmäßig

instinken hereinfallen[154]: *ergens* ~ auf[+4] etwas hereinfallen

de **instinker** Falle (v[21]), verzwickte Frage (v[21])

het **instituut** Institut (o[29]), Anstalt (v[20]), Einrichtung (v[20])

instoppen einstecken: *iem. warm* ~ jmdn. warm einmumme(l)n

instorten einstürzen, zusammenstürzen, zusammenbrechen[137]: *de zieke is weer ingestort* der Kranke hat einen Rückfall bekommen

de **instorting** Einsturz (m[6]), Zusammenbruch (m[6]); [van zieke] Rückfall (m[6]); *zie instorten*

de **instroom** Zustrom (m[6])

de **instructeur** Instrukteur (m[5]), Lehrer (m[9]); [mil] Ausbilder (m[9])

de **instructie 1** Instruktion (v[20]) **2** [ond] Unterricht (m[5]) **3** [dienstvoorschrift] Dienstanweisung (v[20]) **4** [comp] Befehl (m[5])

instructief instruktiv, lehrreich

instrueren instruieren[320]

het **instrument** Instrument (o[29])

instrumentaal instrumental, Instrumental...

het **instrumentenbord** Armaturenbrett (o[31]), Armaturentafel (v[21])

instuderen einstudieren[320], einüben

de **instuif** Fete (v[21])

insturen einsenden[263]

intact intakt, unbeschädigt

het **intakegesprek** Aufnahmegespräch (o[29])

de **inteelt** Inzucht (v[20])

integendeel im Gegenteil

integer integer

integraal integral, Integral...

de **integraalhelm** Integralhelm (m[5])

de **integratie** Integration (v[20])

integreren integrieren[320] (in[+4])

de **integriteit** Integrität (v[28])

intekenen [op boek] subskribieren[320] (auf [+4]); [op lening] zeichnen: *op een lening* ~ eine Anleihe zeichnen

de **intekenlijst 1** [voor bestelling] Subskriptionsliste (v[21]) **2** [voor geldelijke bijdrage] Sammelliste (v[21])

het **intellect** Intellekt (m[19])

de [1]**intellectueel** (zn) Intellektuelle(r) (m[40a], v[40b])

[2]**intellectueel** (bn, bw) intellektuell

intelligent intelligent

het **intelligent design** intelligentes Design

(o[36])

de **intelligentie** Intelligenz (v[28])

het **intelligentiequotiënt** Intelligenzquotient (m[14])

de **intelligentietest** Intelligenztest (m[5])

de **intelligentsia** Intelligenz (v[20])

intens intensiv, stark

intensief intensiv: ~ *contact* intensiver Kontakt; *intensieve veehouderij* Intensivhaltung

de **intensiteit** Intensität (v[20])

de **intensive care** Intensivstation (v[20])

intensiveren intensivieren[320]

de **intentie** Intention (v[20]), Absicht (v[20])

de **interactie** Interaktion (v[20])

interactief interaktiv: *een* ~ *computerprogramma* ein interaktives Computerprogramm

de **intercedent** Stellenvermittler (m[9])

de **intercity** Intercityzug (m[6]), Intercity (m[13]), IC

de **intercom** Gegensprechanlage (v[21])

de **intercommunale** [Belg] interkommunales Amt (o[32])

intercontinentaal interkontinental

interdisciplinair interdisziplinär

interen seine Ersparnisse angreifen[181]

interessant interessant

het/de **interesse** Interesse (o[38])

interesseren interessieren[320]

de **interest** Zinsen (mv m[16]); *zie rente*

de **interface 1** [systeemkoppeling] Schnittstelle (v[21]) **2** [gebruikersinterface] Oberfläche (v[21]), Interface (o, 2e nvl: -; mv: -s)

het **interieur** Interieur (o[29], o[36]), Innere(s) (o[40c])

het **interim** [Belg] **1** [tussentijdse betrekking] Aushilfsstellung (v[20]) **2** [plaatsvervanger] Aushilfskraft (v[25])

het **interimbureau** [Belg] Büro (o[36]) für Zeitarbeit

de **interland** Länderkampf (m[6]); [voetb] Länderspiel (o[29])

de **interlandwedstrijd** Länderspiel (o[29]), Länderkampf (m[6])

interlokaal: ~ *gesprek* Ferngespräch (o[29])

intermenselijk zwischenmenschlich

het **intermezzo** Intermezzo (o[36], mv: ook Intermezzi)

intern intern: ~*e geneeskunde* innere Medizin (v[28])

het **internaat** Internat (o[29])

internationaal international: *internationale wedstrijd* Länderspiel (o[29]); *het Internationaal Gerechtshof* der Internationale Gerichtshof, Weltgerichtshof

de **international** Nationalspieler (m[9])

internationaliseren internationalisieren

interneren internieren[320]

het **internet** Internet (o[39]): *op het* ~ *surfen* im Internet surfen

het **internetadres** Internetadresse (v[21]), Web-

adresse (v²¹)
internetbankieren Onlinebanking (o³⁹, o³⁹ᵃ)
het **internetcafé** Internetcafé (o³⁶)
de **internetprovider** Internetprovider (m⁹)
de **internettelefonie** Internettelefonie (v²⁸)
de **internettelevisie** Internet-TV (o³⁹)
internetten im Internet surfen
de **internetter** Internetnutzer (m⁹)
de **internetveiling** Internetauktion (v²⁰), Internetversteigerung (v²⁰)
de **internist** Internist (m¹⁴)
de **interpellatie** Interpellation (v²⁰), Anfrage (v²¹)
interpelleren interpellieren³²⁰
de **interpretatie** Interpretation (v²⁰)
interpreteren interpretieren³²⁰
de **interpunctie** Interpunktion (v²⁰); [in tekst] Zeichensetzung (v³⁵)
interregionaal interregional
interrumperen unterbrechen¹³⁷
de **interruptie** Interruption (v²⁰), Unterbrechung (v²⁰); [bij redevoering] Zwischenruf (m⁵)
het **interval** Intervall (o²⁹)
de **interventie** Intervention (v²⁰)
het **interview** Interview (o³⁶)
interviewen interviewen
de **interviewer** Interviewer (m⁹)
intiem intim: *~e vriend* Intimus (m, 2e nvl: -; mv: Intimi); *~ contact, ~e omgang* Intimverkehr (m¹⁹)
de **intifada** Intifada (v²⁸)
intikken 1 [inslaan] einschlagen²⁴¹: *een ruit ~* eine Fensterscheibe einschlagen **2** [intypen] eintippen
de **intimidatie** Einschüchterung (v²⁰)
intimideren einschüchtern
de **intimiteit** Intimität (v²⁰)
de **intocht** Einzug (m⁶)
intoetsen [comp] eingeben¹⁶⁶, eintippen: *gegevens ~ (in)* Daten eingeben (in⁺⁴)
intolerant intolerant
de **intolerantie** Intoleranz (v²⁰)
intomen zügeln, bezähmen
de **intonatie** Intonation (v²⁰)
het **intranet** Intranet (o³⁶)
intrappen eintreten²⁹¹: *een open deur ~* offene Türen einrennen²²²; [fig] *daar trapt niemand in* darauf fällt niemand herein
intraveneus intravenös
de **intrede** Eintritt (m⁵)
intreden eintreten²⁹¹; [r-k] in einen Orden eintreten
de **intrek**: *zijn ~ nemen in een hotel* in einem Hotel einkehren; *zijn ~ nemen bij een vriend* zu einem Freund ziehen³¹⁸
¹intrekken (onov ww) **1** [indringen in] einziehen³¹⁸ in⁺⁴ **2** [gaan wonen bij] ziehen³¹⁸ zu +³
²intrekken (ov ww) **1** einziehen³¹⁸ **2** [terug-

nemen] zurückziehen³¹⁸: *een aanklacht ~* eine Klage zurückziehen; *een order ~* einen Auftrag annullieren³²⁰; *een rijbewijs ~* jmdm. den Führerschein entziehen³¹⁸; *de steun ~* jmdm. die Unterstützung entziehen³¹⁸; *een wet ~* ein Gesetz aufheben¹⁸⁶
de **intrekking 1** Einziehen (o³⁹) **2** [het terugnemen] Zurücknahme (v²⁸) **3** [het opheffen] Aufhebung (v²⁰) **4** [het ongedaan maken] Entzug (m¹⁹): *de ~ van het rijbewijs* der Führerscheinentzug; *zie ¹intrekken*
de **intrigant** Intrigant (m¹⁴)
de **intrige** Intrige (v²¹), Machenschaft (v²⁰)
intrigeren intriguieren³²⁰: *dat intrigeert mij* das macht mich neugierig
de **introducé,** de **introducee** Gast (m⁶)
introduceren: *iem. ~ (bij)* jmdn. einführen (bei⁺³)
de **introductie 1** Einführung (v²⁰) **2** [muz] Introduktion (v²⁰)
introvert introvertiert
de **intuïtie** Intuition (v²⁰): *bij ~* durch Intuition
intuïtief intuitiv
intussen inzwischen; [nochtans] trotzdem
intypen eintippen
de **inval** Einfall (m⁶): *een ~ doen (in)* einfallen¹⁵⁴ (in⁺⁴); *de geniale ~* [ook] der Geistesblitz
de **¹invalide** (zn) Invalide (m¹⁵), Körperbehinderte(r) (m⁴⁰ᵃ, v⁴⁰ᵇ)
²invalide (bn) invalid(e), körperbehindert
de **invalidenwagen** Leichtkraftfahrzeug (o²⁹)
de **invaliditeit** Invalidität (v²⁸)
invallen 1 [instorten] einfallen¹⁵⁴, einstürzen **2** [naar binnen komen] einfallen¹⁵⁴ **3** [binnendringen] einfallen¹⁵⁴ in⁺⁴ **4** [plotseling beginnen] einfallen¹⁵⁴, einbrechen¹³⁷ **5** [iem. vervangen] für jmdn. einspringen²⁷⁶ **6** [te binnen schieten] einfallen¹⁵⁴
de **invaller** Ersatzmann (m⁸), Vertreter (m⁹); [sport] Ersatzspieler (m⁹), Reservespieler (m⁹)
de **invalshoek** [gezichtspunt] Blickwinkel (m⁹)
de **invalsweg** Einfallstraße (v²¹)
de **invasie** Invasion (v²⁰)
de **inventaris** Inventar (o²⁹), Bestand (m⁶)
inventariseren inventarisieren³²⁰
inventief erfinderisch
de **inventiviteit** Erfindungskraft (v²⁸), Erfindungsgabe (v²⁸)
investeren investieren³²⁰ (in⁺³, ⁺⁴)
de **investering** Investierung (v²⁰); [geïnvesteerd geld] Investition (v²⁰)
de **investeringsmaatschappij** Investmentgesellschaft (v²⁰), Kapitalverwaltungsgesellschaft (v²⁰)
invetten einfetten
de **invitatie** Einladung (v²⁰), Invitation (v²⁰)
inviteren einladen¹⁹⁶
de **in-vitrofertilisatie** In-vitro-Fertilisation (v²⁰)
¹invliegen (onov ww) hereinfliegen¹⁵⁹, hin-

einfliegen[159] ‖ [fig] *ergens* ~ auf[+4] etwas hereinfallen[154]

²invliegen (ov ww) [uittesten; transporte-
ren] einfliegen[159]

de **invloed** Einfluss (m⁶): ~ *hebben op* Einfluss
haben[182] auf[+4]; *beeinflussen; rijden onder* ~
unter Alkoholeinfluss fahren[153]

invloedrijk einflussreich

invoegen 1 einschalten, einschieben[237]
2 [in het verkeer] sich einfädeln

de **invoegstrook** Beschleunigungsspur (v²⁰)

de **invoer** Einfuhr (v²⁰), Import (m⁵); [comp]
Eingabe (v²¹)

invoeren 1 einführen **2** [van goederen]
einführen, importieren[320] **3** [comp] eingeben[166] ‖ *zorgvuldig* ~ einpflegen

de **invoerrechten** Einfuhrzoll (m⁶): *vrij van* ~
zollfrei

invorderen einziehen[318], eintreiben[290]
invreten sich einfressen[162], anfressen[162]
invriezen einfrieren[163]

de **invrijheidstelling** Entlassung (v²⁰), Freilassung (v²⁰)

het **invulformulier** Vordruck (m⁵), Formular
(o²⁹)

invullen 1 [een open ruimte vullen] ausfüllen: *een datum* ~ ein Datum eintragen[288]; *een
formulier* ~ ein Formular ausfüllen; *een lege
plek* ~ eine Lücke ausfüllen; [fig; pej] *iets
voor iem.* ~ etwas für jmdn. bestimmen
2 [uitwerken] ausarbeiten: *details* ~ Einzelheiten ausarbeiten **3** [aanvullen] ergänzen

de **invulling 1** [het invullen] Ausfüllung (v²⁰)
2 [interpretatie] Auslegung (v²⁰): *een eigen* ~
geven aan een opdracht einen Auftrag eigenwillig auslegen

¹inwendig (bn) inner: *voor* ~ *gebruik* zur in-
nerlichen Anwendung

²inwendig (bw) innen, von innen, innerlich

het **inwendige** Innere(s) (o⁴⁰ᶜ)

¹inwerken (onov ww) einwirken (auf[+4])

²inwerken (ov ww) einarbeiten

zich **³inwerken** (wdk ww) sich einarbeiten

de **inwerking** Einwirkung (v²⁰)

de **inwerkingtreding** Inkrafttreten (o³⁹)

de **inwerktijd** Einarbeitungszeit (v²⁰)

inwerpen einwerfen[311] (in[+4])

inwijden einweihen

de **inwijding** Einweihung (v²⁰)

de **inwijkeling** [Belg] **1** [immigrant] Einwanderer (m⁹) **2** [wie binnen het land verhuist]
Übersiedler (m⁹)

inwijken [Belg] einwandern

inwikkelen einwickeln, einhüllen (in[+4])

inwilligen einwilligen (in[+4]), genehmigen:
een verzoek ~ eine Bitte gewähren

inwinnen einziehen[318], einholen: *advies* ~
sich Rat holen; [officieel] ein Gutachten einholen; *inlichtingen* ~ *over iets* Erkundigungen
über[+4] etwas einziehen

inwisselbaar [valuta] einwechselbar, um-
wechselbar; [cheques] einlösbar

inwisselen einwechseln, umwechseln

inwonen: *bij iem.* ~ bei jmdm. (ein)woh-
nen; ~*de kinderen* zu Hause wohnende Kinder

de **inwoner** Einwohner (m⁹)

de **inwoning** Unterkunft (m⁶)

de **inworp** Einwurf (m⁶)

inwrijven einreiben[219] (in[+4])

de **inzage** Einsicht (v²⁸): *ter* ~ *liggen* ausliegen[202]

inzake bezüglich[+2], hinsichtlich[+2]

inzakken 1 [wegzakken] einsinken[266] (in[+3])
2 [instorten] einfallen[154], zusammenfallen[154]
3 [m.b.t. personen] zusammenbrechen[137]

inzamelen einsammeln

de **inzameling** Sammlung (v²⁰), Kollekte (v²¹)

inzegenen einsegnen

inzenden einsenden[263], einschicken

de **inzender** Einsender (m⁹); [op tentoonstelling enz.] Aussteller (m⁹)

de **inzending 1** Einsendung (v²⁰) **2** [voor ten-
toonstelling] Ausstellungsstück (o²⁹)

inzepen einseifen

de **inzet 1** Einsatz (m¹⁹) **2** [inleg] Einlage (v²¹);
[bij spel] Einsatz (m⁶) **3** [bij verkoping] erstes
Gebot (o²⁹)

¹inzetten (ov ww) **1** einsetzen **2** [bij veiling]
aufbieten[130]: *een schilderij op 100 euro* ~ ein
Bild mit 100 Euro aufbieten **3** [beginnen]
starten **4** [muz] anstimmen

zich **²inzetten** (wdk ww) sich einsetzen (für[+4])

het **inzicht 1** [opvatting] Ansicht (v²⁰) **2** [besef]
Einsicht (v²⁸), Erkenntnis (v²⁴): *tot het* ~ *komen
dat …* zu der Einsicht kommen, dass …; *nieuwe* ~*en verwerven in iets* neue Erkenntnisse
über[+4] etwas gewinnen[174]

inzichtelijk einsichtig

het **¹inzien** (zn): *mijns* ~*s* meiner Meinung nach;
bij nader ~ bei genauerer Betrachtung

²inzien (ww) **1** [vluchtig doorzien] einsehen[261] **2** [beseffen] erkennen[189], einsehen[261]:
iem. iets doen ~ jmdm. etwas klarmachen
3 [inschatten] sehen[261]: *het somber* ~
schwarzsehen; *de toestand ernstig* ~ die Lage
für ernst halten[183]

de **inzinking 1** Einsinken (o³⁹) **2** [verzakking]
Einsenkung (v²⁰) **3** [van zieke] Rückfall (m⁶);
[psychisch] Depression (v²⁰); [lichamelijk]
Schwäche (v²¹) **4** [ec] Depression (v²⁰)

inzitten: *dat zit er niet in* das ist nicht drin;
over iets ~ *sich³ Sorge(n) um etwas machen;
ik zit erover in es liegt mir schwer auf der
Seele

de **inzittende** Insasse (m¹⁵)

inzoomen näher heranholen

het **ion** Ion (o³⁷)

i.p.v. afk van *in plaats van* anstatt[+2], statt[+2]

het **IQ** IQ (m) (afk van *Intelligenzquotient*)

Iraaks irakisch

Iraans iranisch

Irak Irak (m¹⁹, meestal met lw)

de **Irakees** Iraker (m[9]), Irakerin (v[22])
Iran Iran (m[19], meestal met lw)
de **Iraniër** Iraner (m[9]), Iranerin (v[22])
de **iris** Iris (v, mv: -)
de **irisscan** Irisscan (m[13], o[36])
de **ironie** Ironie (v[21])
ironisch ironisch
irrationeel irrational
irreëel irreal, unwirklich
irrelevant irrelevant
de **irrigatie** Bewässerung (v[20])
irrigeren bewässern
irritant irritierend
de **irritatie** Irritation (v[20])
irriteren irritieren[320]
de **ischias** Ischias (m+v)
de **islam** Islam (m[19], m[19a])
de **islamiet** Islamit (m[14]), Mohammedaner (m[9])
het **islamisme** Islamismus (m[19a])
islamitisch islamisch, islamitisch
de **isolatie** Isolation (v[20])
het **isolatieband** Isolierband (o[32])
de **isoleercel** Isolierzelle (v[21])
het **isolement** Isolierung (v[20]), Isoliertheit (v[28])
isoleren isolieren[320]
Israël Israel (o[39], o[39a])
de **Israëli** Israeli (m, 2e nvl: Israeli(s); mv: Israeli(s); v, 2e nvl: Israeli; mv: Israeli(s))
de **Israëliër** Israeli (m, 2e nvl: -(s); mv: -(s); v, 2e nvl: -; mv: -(s))
Israëlisch israelisch
de/het **issue** Thema (o, mv: Themen); Angelegenheit (v[20])
de **IT** afk van *informatietechnologie* Informationstechnologie (v[21]), IT
de **Italiaan** Italiener (m[9])
het **¹Italiaans** (zn) Italienisch (o[41])
²Italiaans (bn) italienisch
Italië Italien (o[39])
het **item** Item (o[36])
de **IT'er** Informationstechnologe (m[15]), Informationstechnologin (v[22]), Informationsexperte (m[15]), Informationsexpertin (v[22])
i.t.t. afk van *in tegenstelling tot* im Gegensatz zu
i.v.m. afk van *in verband met* im (*of:* in) Zusammenhang mit[+3]
het **ivoor** Elfenbein (o[29])
Ivoorkust Elfenbeinküste (v[21])
ivoren elfenbeinern, Elfenbein…
de **Ivoriaan** Ivorer (m[9]), Ivorerin (v[20])
Ivoriaans (von) der Elfenbeinküste
het **Ivriet** Iwrit(h) (o)

j

de **j** [letter] j, J (o)

het **¹ja** (zn) Ja (o³⁶): *ja op iets zeggen* Ja (*of:* ja) zu⁺³ etwas sagen

²ja (tw) ja: *er zijn al te veel auto's, ja toch?* es gibt schon zu viele Autos, nicht wahr?

de **jaap** [snee] Schnitt (m⁵), Schnittwunde (v²¹)

het **jaar** Jahr (o²⁹): *dit* ~ dieses Jahr; ~ *in*, ~ *uit* jahraus, jahrein; *in de jaren tachtig* in den Achtzigerjahren, in den achtziger Jahren; *hij stierf in het* ~ *1800* (im Jahre) 1800 starb er; *ik heb hem in jaren niet gezien* ich habe ihn seit Jahren nicht gesehen; *op zijn 13e* ~ mit 13 Jahren; *op jaren komen* in die Jahre kommen¹⁹³; *(aan het) begin van het* ~ zum Jahresanfang; *per* ~ pro Jahr, im Jahr; *einde van het* ~ Jahresende (o³⁸)

het **jaarabonnement** Jahresabonnement (o³⁶)

de **jaarbeurs** Messe (v²¹)

het **jaarboek** Jahrbuch (o³²)

de **jaarcijfers 1** [van onderneming] Jahresergebnisse (mv) **2** [balans en resultatenrekening] Jahresabschluss (m⁶) **3** [jaarverslag] Geschäftsbericht (m⁵), Jahresbericht (m⁵)

de **jaargang** Jahrgang (m⁶)

de **jaargenoot** Altersgenosse (m¹⁵); [student] Studienkollege (m¹⁵)

het **jaargetijde** Jahreszeit (v²⁰)

de **jaarkaart** Jahreskarte (v²¹)

jaarlijks jährlich, Jahres-

de **jaarmarkt** Jahrmarkt (m⁶)

de **jaarring** Jahresring (m⁵)

het **jaartal** Jahreszahl (v²⁰)

de **jaartelling** Zeitrechnung (v²⁰)

de **jaarvergadering** Jahresversammlung (v²⁰)

het **jaarverslag** Jahresbericht (m⁵); [hand voornamelijk] Geschäftsbericht (m⁵)

de **jaarwisseling** Jahreswechsel (m⁹)

de **¹jacht** [het jagen] Jagd (v²⁰): ~... Jagd...; ~ *maken op* Jagd machen auf⁺⁴; *op* ~ *gaan* auf die Jagd gehen¹⁶⁸; *op* ~ *zijn* auf der Jagd sein²⁶²

het **²jacht** [scheepv] Jacht (v²⁰)

jachten (sich) hetzen

het **jachtgebied** Jagdgebiet (o²⁹), Jagdrevier (o²⁹)

het **jachtgeweer** Jagdgewehr (o²⁹)

de **jachthaven** Jachthafen (m¹²)

de **jachthond** Jagdhund (m⁵)

jachtig gehetzt

het **jachtluipaard** Gepard (m⁵), Jagdleopard (m¹⁴)

het **jachtseizoen** Jagdzeit (v²⁰)

de **jachtvergunning** Jagdrecht (o²⁹)

het **jack** Jacke (v²¹)

de **jackpot** Jackpot (m¹³)

het/de **jacquet** Cutaway (m¹³)

de **jacuzzi**ᴹᴱᴿᴷ Jacuzzi (m, 2e nvl: -(s); mv: -s); Whirlpool (m¹³)

de/het **jade** Jade (m)

jagen jagen: *hazen* ~ Hasen (*of:* auf⁺⁴ Hasen) jagen; *een wet erdoor* ~ ein Gesetz durchpeitschen; *zijn geld erdoor* ~ sein Geld auf den Kopf hauen, zum Schornstein hinausjagen; *iem. de schrik op het lijf* ~ jmdm. einen Schrecken einjagen; *iem. op de vlucht* ~ jmdm. in die Flucht jagen

de **jager 1** Jäger (m⁹) **2** [vliegtuig, ook] Jagdflugzeug (o²⁹)

de **jaguar** Jaguar (m⁵)

Jahweh Jahwe, Jahve

het **jak** [kledingstuk] Jacke (v²¹)

de **jakhals** Schakal (m⁵)

jakkeren jagen, brausen

jakkes pfui (Teufel)

de **jaknikker** Jasager (m⁹), Erfüllungsgehilfe (m¹⁵)

de **jakobsschelp** Jakobsmuschel (v²¹)

jaloers eifersüchtig, neidisch

de **jaloezie 1** [afgunst] Eifersucht (v²⁸), Neid (m¹⁹) **2** [scherm] Jalousie (v²¹)

de **jam** Marmelade (v²¹); [van één soort fruit] Konfitüre (v²¹)

Jamaica Jamaika (o³⁹, 2e nvl: -(s))

de **Jamaicaan** Jamaikaner (m⁹), Jamaikanerin (v²²)

Jamaicaans jamaikanisch

de **jambe** Jambe (v²¹), Jambus (m, 2e nvl: -; mv: Jamben)

het/de **¹jammer** (zn) Jammer (m¹⁹)

²jammer (bn) schade, bedauerlich: *het is* ~ *dat ...* es ist schade (*of:* bedauerlich), dass ...; *het is* ~ *van die vaas* es ist schade um⁺⁴ die Vase; *het is* ~ *voor hem* es ist schade für ihn

³jammer (tw) schade

jammeren jammern; [zwak] wimmern

de **jammerklacht** Wehklage (v²¹)

jammerlijk jämmerlich, kläglich

de **jampot** Marmeladenglas (o³²)

Jan: *boven* ~ *zijn* über den Berg sein²⁶²; ~ *en alleman kwam* alle Welt kam; ~ *met de pet* der kleine Mann

de **janboel:** *het is daar een* ~ es ist da eine polnische Wirtschaft

janboerenfluitjes: *op zijn* ~ schlampig, schludrig

de **janet** [Belg] [scheldw] Homo (m¹³), Homosexuelle(r) (m⁴⁰ᵃ, v⁴⁰ᵇ), Schwuler (m⁴⁰ᵃ)

janken 1 [m.b.t. hond] winseln; [luider] jaulen **2** [m.b.t. mens] flennen, plärren

Jan Klaassen Kasper (m⁹), Kasperle (m+o)

de **januari** Januar (m⁵, 2e nvl: ook -): *in* ~ im Januar; *sinds* ~ seit (dem) Januar; *tot* ~ bis Januar

de **januskop** Januskopf (m⁶)

Japan Japan (o^{39})
de **Japanner** Japaner (m^9)
het **^{1}Japans** (zn) Japanisch (o^{41})
^{2}Japans (bn) japanisch
de **Japanse** Japanerin (v^{22})
de **japon** Kleid (o^{31})
jarenlang jahrelang: *een ~e vriendschap* eine langjährige Freundschaft
het **jargon** Jargon (m^{13})
jarig: *~ zijn* Geburtstag haben^{182}; *als je dat doet, ben je nog niet ~!* wenn du das machst, kannst du dich auf etwas gefasst machen!
de **jarige** Geburtstagskind (o^{31})
de **jas 1** [overjas] Mantel (m^{10}) **2** [deel van kostuum] Jacke (v^{21}), Jackett (o^{36}, o^{29})
het **jasje 1** [van kostuum] Jacke (v^{21}), Jackett (o^{36}, o^{29}) **2** [verschillend van broek] Sakko (m^{13}, o^{36})
de **jasmijn** Jasmin (m^5)
de **jaszak** Manteltasche (v^{21}); [in jasje] Jackentasche (v^{21})
de **jat** Flosse (v^{21}), Tatze (v^{21}), Klaue (v^{21})
jatten klauen
jawel jawohl, (ja) doch
het **jawoord** Jawort (o^{29})
jazeker ja, natürlich; [Z-Du] freilich
de **jazz** Jazz (m, 2e nvl: -)
de **jazzballet** Jazzballett (o^{29})
de **jazzband** Jazzband (v^{27})
^{1}je (pers vnw^{82}) du^1, dir^3, dich^4
^{2}je (bez vnw) dein^{80}; [beleefdheidsvorm] Ihr^{80} || *dat is je van het* das ist super
^{3}je (onb vnw) man: *zoiets zeg je niet* so etwas sagt man nicht; [inf] *daar heb je het gedonder* da haben wir die Bescherung
de **jeans** Jeans (mv)
jee oje!, jemine!: *o ~, nou zullen we het hebben* oje, jetzt schlägt's dreizehn
de **jeep** Jeep (m^{13})
jegens gegen^{+4}, gegenüber^{+3}
Jehova: *~'s getuigen* Zeugen Jehovas
Jemen Jemen (m^{19})
de **Jemeniet** Jemenit (m^{15}), Jemenitin (v^{22})
Jemenitisch jemenitisch
de **jenaplanschool** Jenaplan-Schule (v^{21})
de **jenever** Genever (m^9), Korn (m^{19}), Schnaps (m^6)
de **jeneverbes 1** [bes] Wacholderbeere (v^{21}) **2** [struik] Wacholder (m^9)
jengelen 1 [drenzen] quengeln, greinen **2** [eentonig klinken] dudeln, leiern
jennen triezen, piesacken
de **jerrycan** Kanister (m^9)
de **jet** Jet (m^{13}): *met een ~ vliegen* jetten
de **jetlag** Jetlag (m^{19})
de **jetset** Jetset (m^{13})
de **jetski**^{MERK} Jetski (m^{13}, m^7, 2e nvl: ook -; mv: ook -)
de **jeu** Reiz (m^5), Glanz (m^{19}): *de ~ is eraf* der Lack ist ab
het **jeu de boules** Boulespiel (o^{29})

de **jeugd** Jugend (v^{28})
de **jeugdherberg** Jugendherberge (v^{21})
de **jeugdherinnering** Jugenderinnerung (v^{20})
jeugdig 1 jugendlich: *~e persoon* Jugendliche(r) (m^{40a}, v^{40b}) **2** [nog niet lang bestaand] jung
het **jeugdjournaal** Nachrichten (mv) für Jugendliche
de **jeugdliefde** Jugendliebe (v^{21}); Jugendgeliebte(r) (m), Jugendgeliebte (v)
de **jeugdpuistjes** Akne (v^{21})
de **jeugdrechtbank** [Belg] Jugendgericht (o^{29})
de **jeugdrechter** [Belg] Jugendrichter (m^9)
de **jeugdvriend** Jugendfreund (m^5)
de **jeugdwerkloosheid** Jugendarbeitslosigkeit (v^{20})
de **jeugdzonde** Jugendsünde (v^{21})
de **jeuk** Jucken (o^{39}), Juckreiz (m^5): *ik heb ~* es juckt mich; *ik heb ~ op mijn rug* mir juckt der Rücken; [fig] *ergens ~ van krijgen* Ausschlag von etwas bekommen
jeuken jucken: *mijn been jeukt* mein Bein juckt, das Bein juckt mir (*of*: mich)
jezelf 1 (+ 3e naamval) dir selbst, dir selber **2** (+ 4e naamval) dich selbst, dich selber
de **jezuïet** Jesuit (m^{14})
Jezus Jesus (m, 2e nvl: Jesu, 3e naamval Jesus of Jesu; 4e naamval Jesus of Jesum; aanspreekvorm: Jesus of Jesu)
de **jicht** Gicht (v^{28})
Jiddisch jiddisch: *het ~* das Jiddisch(e)
de **jihad** Dschihad (m^{19a})
jij [binnen de familie of tegen kinderen] du^{82}; [ook in brief] du; [vormelijk] Sie^{83}: *~ tegen iem. zeggen* jmdn. duzen
jijen (jmdn.) duzen
de **jingle** Erkennungsmelodie (v^{21})
het **jiujitsu** Jiu-Jitsu (o)
jl. afk van *jongstleden* d.J. (afk van *dieses Jahres*); v.J. (afk van *vorigen Jahres*)
de **job** Job (m^{13})
Job Hiob (m^{13}): *zo arm als ~* arm wie eine Kirchenmaus
de **jobdienst** [Belg] Arbeitsvermittlungsstelle (v^{21}) für Studenten
de **jobstijding** Hiobsbotschaft (v^{20})
de **jobstudent** [Belg] Jobber (m^9), Werkstudent (m^{14})
het **joch,** het **jochie** Knirps (m^5)
de **jockey** Jockey (m^{13})
jodelen jodeln
het **jodendom** [rel] Judentum (o^{39})
het **Jodendom** [volk] Judentum (o^{39})
de **Jodenvervolging** Judenverfolgung (v^{20})
de **jodin** [rel] Jüdin (v^{22})
de **Jodin** [etnisch] Jüdin (v^{22})
het **jodium** Jod (o^{39})
de **Joegoslaaf** Jugoslawe (m^{15})
Joegoslavië Jugoslawien (o^{39})

Joegoslavisch jugoslawisch
de **Joegoslavische** Jugoslawin (v²²)
de **joekel** Riese (m¹⁵), Riesen…
joelen johlen, toben
joggen joggen
de **jogger** Jogger (m⁹)
de **jogging** Jogging (o³⁹)
het **joggingpak** Jogginganzug (m⁵)
joh: *hé ~, kijk een beetje uit!* Mensch, pass ein bisschen auf!
de **joint** Joint (m¹³)
de **joint venture** Joint Venture (o, 2e nvl: -(s); mv: -(s))
de **jojo** Jo-Jo (o³⁶)
de **joker** Joker (m⁹): *iem. voor ~ zetten* jmdn. blamieren³²⁰; *voor ~ staan* sich blamieren³²⁰
de **jokkebrok** Lügenpeter (m⁹), Lügenbold (m⁵)
jokken schwindeln, flunkern
de **jol** Jolle (v²¹)
jolig lustig, fröhlich
het **¹jong** (zn) **1** [jongen] Junge (m¹⁵) **2** [jong dier] Junge(s) (o⁴⁰ᶜ)
²jong (bn, bw) jung⁵⁸; [jeugdig, ook] jugendlich: *een ~e hond* [ook] ein Welpe; *de ~ste leerling* der jüngste; [van twee] der jüngere Schüler; *~ en oud* Jung und Alt, Junge und Alte; *van ~s af* von Jugend auf
de **jongedame** junge Dame (v²¹), Fräulein (o³⁵)
de **jongeheer 1** junger Herr (m¹⁴, 2e, 3e, 4e nv ev: Herrn) **2** [penis] kleiner Mann (m⁸)
de **jongelui** junge Leute (mv)
de **jongeman** junger Mann (m⁸), Jüngling (m⁵)
de **¹jongen** (zn) **1** Junge (m¹⁵): *de grote ~s* die hohen Tiere; *oude ~!* alter Junge!; *onze ~s* unsere Jungs; *toffe ~s* prima Kerle **2** [vrijer] Freund (m⁵)
²jongen (ww) jungen
jongensachtig jungenhaft
de **jongensdroom** Kindheitstraum (m⁶)
de **jongere** Jugendliche(r) (m⁴⁰ᵃ, v⁴⁰ᵇ)
het **jongerencentrum** Jugendzentrum (o, mv: Jugendzentren)
het **jongerenwerk** Jugendarbeit (v²⁸)
jongleren jonglieren³²⁰
de **jongleur** Jongleur (m⁵)
jongstleden letzt, vorig: *de 2e april ~* am 2. April dieses Jahres
de **jonkheer** 'Jonkheer' (m); Adelstitel
het **jonkie** Junge(s) (o⁴⁰ᶜ); Kleine(s) (o⁴⁰ᶜ)
de **jonkvrouw** 'Jonkvrouw' (v); Adelstitel
de **jood** [rel] Jude (m¹⁵)
de **Jood** [etnisch] Jude (m¹⁵), Jüdin (v²²)
joods [rel] jüdisch
het **¹Joods** (zn) [taal] Jiddisch (o⁴¹)
²Joods (bn, bw) [mbt volk] jüdisch
Joost: *dat mag ~ weten* weiß der Kuckuck
Jordaans jordanisch
Jordanië Jordanien (o³⁹, 2e nvl: -(s))
de **Jordaniër** Jordanier (m⁹), Jordanierin (v²²)
de **jota** Jota (o³⁶)

jou dir³, dich⁴: *een herrie van heb ik ~ daar* ein Heidenlärm
jouen: *(iem.) jijen en ~* (jmdn.) duzen
de **joule** Joule (o, 2e nvl: -(s); mv: -), J
het **journaal 1** [boekh] Journal (o²⁹) **2** [dagboek] Tagebuch (o³²) **3** [nieuws] [op tv] Nachrichten (mv), Tagesschau (v²⁰); [in bioscoop] Wochenschau (v²⁰)
de **journalist** Journalist (m¹⁴)
de **¹journalistiek** (zn) Journalismus (m¹⁹ᵃ)
²journalistiek (bn, bw) journalistisch
jouw dein⁸⁰: *mijn boek en het ~e* mein Buch und das deine (*of:* deinige)
joviaal jovial, leutselig
de **joypad** Joypad (o³⁶)
de **joyriding** (wilde) Spritztour (v²⁰) mit einem gestohlenen Fahrzeug
de **joystick** Joystick (m¹³)
jr. afk van *junior* junior, jr., jun.
de **jubel** Jubel (m¹⁹)
jubelen jubeln, jauchzen
de **jubelstemming** Hochstimmung (v²⁸)
de **jubilaris** Jubilar (m⁵)
jubileren ein Jubiläum feiern
het **jubileum** Jubiläum (o, 2e nvl: -s; mv: Jubiläen)
het **judo** Judo (o³⁹, o³⁹ᵃ)
de **judoka** Judoka (m¹³)
de **juf** Lehrerin (v²²); [aanspreektitel] Frau …
het **juffershondje** Schoßhündchen (o³⁵): *beven als een ~* zittern wie Espenlaub
de **juffrouw 1** Fräulein (o³⁵) **2** [onderwijzeres] Lehrerin (v²²); [aanspreektitel] Frau …
juichen jauchzen, jubeln
de **juichkreet** Jauchzer (m⁹), Freudenschrei (m⁵)
¹juist (bn, bw) **1** [billijk] gerecht: *een ~e verdeling* eine gerechte Verteilung **2** [goed, precies] richtig, recht: *de ~e waarde* der genaue Wert; *dat is ~* das ist richtig; *op het ~e ogenblik* im richtigen (*of:* rechten) Augenblick **3** [vooral] gerade: *~ in deze omstandigheden* gerade unter diesen Umständen **4** [zoeven] gerade, eben: *zoals ik ~ opmerkte* wie ich eben (*of:* gerade) bemerkte; *het is ~ 4 uur* es ist gerade 4 Uhr
²juist (tw) [goed geraden] eben: *~!* ganz recht!
de **juistheid** Richtigkeit (v²⁸); [preciesheid] Genauigkeit (v²⁸)
het **juk** Joch (o²⁹)
het **jukbeen** Jochbein (o²⁹), Wangenbein (o²⁹)
de **jukebox** Jukebox (v, mv: -es), Musikbox (v²⁰)
de **juli** Juli (m¹³, 2e nvl: ook -); [in gesproken taal, ook] Julei (m¹³, 2e nvl: ook -): *in ~* im Juli
¹jullie (pers vnw⁸²) ihr¹, euch³, ⁴
²jullie (bez vnw⁸⁰) euer
de **jumbojet** Jumbojet (m¹³)
jumpen jumpen
de **jumper** Jumper (m⁹)
de **jungle** [ook fig] Dschungel (m⁹)

de **juni** Juni (m^{13}, 2e nvl: ook -); [in gesproken taal, ook] Juno (m^{13}, 2e nvl: ook -): *in* ~ im Juni

de ^{1}**junior** (zn) Junior (m^{16})
  ^{2}**junior** (bn) junior

de **junk,** de **junkie** Junkie (m^{13}) /dzjungkie/

het **junkfood** Junkfood (o)

de **junta** Junta (v, mv: Junten): *militaire* ~ Militärjunta

jureren jurieren^{320}

juridisch juristisch, Rechts…: ~*e hulp* Rechtsbeistand (m^{19})

de **jurisdictie** Jurisdiktion (v^{20})

de **jurisprudentie** Rechtsprechung (v^{20})

de **jurist** Jurist (m^{14})

de **jurk** Kleid (o^{31})

de **jury** Jury (v^{27})

het **jurylid 1** [bij wedstrijd] Preisrichter (m^9), Kampfrichter (m^9) **2** [bij rechtbank] Geschworene(r) (m^{40a}, v^{40b})

de **juryrechtspraak** Rechtsprechung (v^{20}) durch Schwurgericht

de **jus** Bratensaft (m^6), Soße (v^{21})

de **jus d'orange** Orangensaft (m^6)

de **juskom** Soßenschüssel (v^{21})

de **justitie** Justiz (v^{28}): *minister van Justitie* Justizminister (m^9)

justitieel justiziell, gerichtlich

het **justitiepaleis** [Belg] Gerichtsgebäude (o^{33})

de **jute** Jute (v^{28})

juten aus Jute, Jute…

Jutland Jütland (o^{39})

jutten Strandgut sammeln

de **jutter** Strandräuber (m^9)

het **juweel** Juwel (m^{16}, o^{37}); [fig] Juwel (o^{29})

de **juwelier** Juwelier (m^5)

de **k** [letter] k, K (o)
de **kaaiman** Kaiman (m⁵)
de **kaak** Kiefer (m⁹); [boven- en onderkaak samen] Kinnbacke (v²¹): *hou je kaken op elkaar!* halt die Klappe! ‖ *iem., iets aan de ~ stellen* jmdn., etwas anprangern
het **kaakbeen** Kieferknochen (m¹¹)
de **kaakchirurg** Kieferchirurg (m¹⁴)
het **kaakje** Keks (m⁵, o²⁹, 2e nvl: ook -; mv: ook -)
de **kaakslag** Ohrfeige (v²¹), Maulschelle (v²¹)
kaal 1 kahl: *een ~ hoofd* ein kahler Kopf **2** [van kleren] abgenutzt, abgetragen **3** [zuinig, armelijk] schäbig
de **kaalkop** Kahlkopf (m⁶), Glatze (v²¹)
kaalplukken 1 [lett] rupfen: *een kip ~* ein Huhn rupfen **2** [afzetten] schröpfen, rupfen, ausziehen **3** [m.b.t. criminelen; onteigenen] ± zur Kasse bitten¹³²
kaalscheren kahl scheren²³⁶, kahl rasieren³²⁰
de **kaalslag** [ook fig] Kahlschlag (m⁶)
de **kaap** Kap (o³⁶)
Kaapverdië Kapverden (mv), Kapverdische Inseln (mv)
de **Kaapverdiër** Kapverdier (m⁹), Kapverdierin (v²²)
Kaapverdisch kapverdisch
de **kaars** Kerze (v²¹)
het **kaarslicht** Kerzenlicht (o³⁹)
kaarsrecht kerzengerade
het **kaarsvet** Kerzenwachs (o³⁹)
de **kaart** Karte (v²¹): [sport] *de rode ~* die Rote Karte; *een haalbare ~ zijn* ausführbar sein²⁶²; *geen haalbare ~* unausführbar; [fig] *open ~ spelen* mit offenen Karten spielen; [sport] *iem. een gele ~ geven* jmdm. die Gelbe Karte zeigen; *de ~ en schudden* die Karten mischen; *iem. in de ~ spelen* jmdm. in die Hände arbeiten; [fig] *van de ~ zijn* außer Fassung sein²⁶²
kaarten Karten spielen
de **kaartenbak** Karteikasten (m¹², m¹¹), Kartei (v²⁰)
het **kaartenhuis** [ook fig] Kartenhaus (o³²)
de **kaarting** [Belg] Kartenturnier (o²⁹)
het **kaartje 1** [toegangsbewijs] Eintrittskarte (v²¹), Karte (v²¹) **2** [visitekaartje] Visitenkarte (v²¹), Karte (v²¹) **3** [spoorw] Fahrkarte (v²¹), Karte (v²¹) **4** [voor bus, tram] Fahrschein (m⁵): *een ~ kopen* eine Karte lösen ‖ *een ~ leggen* eine Partie Karten spielen
kaartlezen die Karte lesen²⁰¹: *het ~* das Kartenlesen
het **kaartspel** Kartenspiel (o²⁹)

het **kaartsysteem** Kartei (v²⁰), Kartothek (v²⁰)
de **kaartverkoop** Kartenverkauf (m⁶)
de **kaas** Käse (m⁹): *harde ~* Hartkäse; *zachte ~* Weichkäse; *boterham met ~* Käsebrot (o²⁹); *daar heeft hij geen ~ van gegeten* davon versteht er nichts
de **kaasboer 1** [boer die kaas maakt] Käser (m⁹) **2** [kaasverkoper] Käsehändler (m⁹)
de **kaasfondue** Käsefondue (o³⁶, v²⁷)
de **kaasschaaf** Käsehobel (m⁹)
de **kaasstolp** Käseglocke (v²¹)
kaatsen 1 [sport] Schlagball spielen **2** [terugstuiten] [van de grond] aufspringen²⁷⁶; [van muur] zurückprallen
het **kabaal** Lärm (m¹⁹), Spektakel (m⁹), Radau (m¹⁹): *~ maken* Lärm machen, randalieren³²⁰
kabbelen [ook fig] plätschern
de **kabel** Kabel (o³³); [gevlochten staaldraad, ook] Drahtseil (o²⁹): *een ~ leggen* ein Kabel (ver)legen; *op de ~ aangesloten zijn* einen Kabelanschluss haben¹⁸²
de **kabelbaan** Drahtseilbahn (v²⁰), Seilbahn (v²⁰)
de **kabelexploitant** Kabelbetreiber (m⁹), Kabelanbieter (m⁹)
de **kabeljauw** Kabeljau (m⁵, m¹³)
het **kabelnet** Kabelnetz (o²⁹)
de **kabeltelevisie** Kabelfernsehen (o³⁹)
het **kabeltouw** Kabeltau (o²⁹)
het **kabinet 1** [soort kast] Kabinettschrank (m⁶) **2** [zaal voor kunstvoorwerpen e.d., verzameling] Kabinett (o²⁹) **3** [klein vertrek] Kabinett (o²⁹) **4** [gezamenlijke ministers] Kabinett (o²⁹) **5** [Belg; ministerie] Ministerium (o, 2e nvl: -s; mv: Ministerien)
de **kabinetschef** Kabinettschef (m¹³)
de **kabinetscrisis** Kabinettskrise (v²¹)
de **kabinetsformatie** Kabinettsbildung (v²⁰)
de **kabouter** Zwerg (m⁵)
de **¹kachel** (zn) Ofen (m¹²)
²kachel (bn) blau, besoffen
het **kadaster 1** [grondbeschrijving] Grundbuch (o³²) **2** [dienst, kantoor] Katasteramt (o³²)
het **kadaver** Kadaver (m⁹)
de **kade** Kai (m¹³, m⁵)
het **kader 1** [omlijsting] Rahmen (m¹¹): *in het ~ van* im Rahmen⁺² **2** [leiding, ook militair] Kader (m⁹): *vast ~* Kader, Stammpersonal (o³⁹) **3** [Belg; gezamenlijke ambtenaren] ± Beamtenschaft (v²⁸)
het **kadetje** Semmel (v²¹)
het **kaf** Spreu (v²⁸): *het ~ van het koren scheiden* die Spreu vom Weizen trennen
de **kaffer** Lümmel (m⁹)
het/de **kaft** Umschlag (m⁶)
kaften einschlagen²⁴¹
de **kajak** Kajak (m¹³)
de **kajotter** [Belg] Mitglied (o³¹) der Christlichen Arbeiterjugend
de **kajuit** Kajüte (v²¹)
de **kak** [inf] **1** [poep] Kacke (v²⁸), Kot (m¹⁹)

2 [iets verachtelijks] Kacke (v[28]) **3** [bluf, praats] Bluff (m[13]), Prahlerei (v[20]): *kale ~, kouwe* ~ Wichtigtuerei (v[20])
kakelbont kunterbunt
kakelen 1 [m.b.t. kippen] gackern **2** [m.b.t. mensen] plappern, schnattern
kakelvers ganz frisch
het **¹kaki** Kaki (m[13])
²kaki (bw) kakifarben, kakifarbig
kakken kacken: *iem. te ~ zetten* jmdn. lächerlich machen
de **kakkerlak** Kakerlak (m[14], m[16])
de **kalebas** Kürbis (m, 2e nvl: -ses; mv: -se)
de **kalender** Kalender (m[9])
het **kalenderjaar** Kalenderjahr (o[29])
het **kalf** Kalb (o[32]): *als het ~ verdronken is, dempt men de put* wenn das Kind in den Brunnen gefallen ist, deckt man ihn zu
het **kalfsmedaillon** Kalbsmedaillon (o[36])
de **kalfsoester** Kalbsmedaillon (o[36])
het **kalfsvlees** Kalbfleisch (o[39]); [toebereid] Kalbsbraten (m[11])
het **kaliber** Kaliber (o[33]); [fig ook] Schlag (m[6])
het **kalium** Kalium (o[39])
de **kalk** Kalk (m[19]): *gebluste* ~ gelöschter Kalk
de **kalkaanslag** Kalkablagerung (v[20])
kalken 1 [witten] kalken, tünchen **2** [slordig schrijven] schmieren
de **kalknagel** Pilznagel (m[10])
de **kalkoen** Truthuhn (o[32]); [gebraden] Pute (v[21])
het/de **kalksteen** Kalkstein (m[5])
de **kalligrafie** Kalligrafie (v[21]); Schönschreib(e)kunst (v)
kalm ruhig: *er ~ bij blijven* seine Ruhe bewahren; *~ aan!* immer mit der Ruhe!; *een ~ leventje leiden* ein gemächliches Leben führen
¹kalmeren (onov ww) sich beruhigen
²kalmeren (ov ww) beruhigen, besänftigen
het **kalmeringsmiddel** Beruhigungsmittel (o[33])
kalmpjes ruhig, gemächlich; *zie kalm*
de **kalmte** Ruhe (v[28]): *de ~ bewaren* die Ruhe bewahren
kalven, kalveren kalben
de **kalverliefde** erste Liebe (v[21])
de **kam 1** Kamm (m[6]); [van bergen, ook] Grat (m[5]) **2** [van strijkinstrument] Steg (m[5]) || *alles over één ~ scheren* alles über einen Kamm scheren[236]
de **kameel** Kamel (o[29])
het/de **kameleon** Chamäleon (o[36])
de **kamer 1** [alg] Kammer (v[21]): *donkere ~* Dunkelkammer; *Eerste en Tweede Kamer* Erste und Zweite Kammer; *de Kamer van Koophandel* die Handelskammer; [Belg] *Kamer van Volksvertegenwoordigers* Kammer von Volksvertretern **2** [vertrek] Zimmer (o[33]): *op ~s wonen* möbliert wohnen
de **kameraad** Kamerad (m[14]), Freund (m[5]), Kameradin (v[22]), Freundin (v[22])
de **kameraadschap** Kameradschaft (v[28])
kameraadschappelijk kameradschaftlich
kamerbreed: *het ~ tapijt* der Teppichboden
het **kamerdebat** Parlamentsdebatte (v[21])
de **kamergenoot** Stubenkamerad (m[14]), Stubengenosse (m[15])
de **kamerjas** Morgenrock (m[6]), Morgenmantel (m[10])
het **kamerlid** Parlamentsmitglied (o[31])
het **kamermeisje** Zimmermädchen (o[35])
de **kamermuziek** Kammermusik (v[28])
Kameroen Kamerun (o[39])
de **Kameroener** Kameruner (m[9]), Kamerunerin (v[22])
Kameroens kamerunisch
het **kamerorkest** Kammerorchester (o[33])
de **kamerplant** Zimmerpflanze (v[21])
de **kamertemperatuur** Zimmertemperatur (v[20]): *op ~* zimmerwarm
de **kamerverkiezing** Parlamentswahl (v[20])
de **kamerzetel** Parlamentssitz (m[5])
de **kamfer** Kampfer (m[19])
het **¹kamgaren** (zn) Kammgarn (o[29])
²kamgaren (bn) Kammgarn...
de **kamikaze** Kamikazeflieger (m[9]), Kamikaze (m)
de **kamille** Kamille (v[21])
kammen kämmen
het **kamp** Lager (o[33]): *op ~ gaan* ins Lager fahren[153]
de **kampeerboerderij** ± Bauernhof (m[6]) mit einfachen Übernachtungsmöglichkeiten; Heuhotel (o[36])
de **kampeerder** Zeltler (m[9]), Camper (m[9])
het **kampeerterrein** Zeltplatz (m[6]), Campingplatz (m[6])
de **kampeerwagen** Wohnwagen (m[11]), Caravan (m[13]), Wohnmobil (o[29])
het **kampement** Lager (o[33])
kampen kämpfen
de **kamper** Bewohner (m[9]) eines Wohnwagenlagers
kamperen zelten, campen
de **kamperfoelie** Geißblatt (o[39])
de **kampioen** [sport] Meister (m[9]), Meisterin (v[22]): *Europees ~* Europameister
het **kampioenschap** Meisterschaft (v[20]): *Europees ~* Europameisterschaft
het **kampvuur** Lagerfeuer (o[33])
de **kan** Kanne (v[21]): *de zaak is in ~nen en kruiken* die Sache ist unter Dach und Fach
het **kanaal** Kanal (m[6]): *het Kanaal* der Kanal (of: der Ärmelkanal); [Belg] *Kanaal 2* [commerciële tv-zender] Kanal 2
de **Kanaaltunnel** Kanaltunnel (m[19])
de **kanalisatie** Kanalisierung (v[20])
kanaliseren [ook fig] kanalisieren[320]
de **kanarie** Kanarienvogel (m[10])
kanariegeel kanariengelb

de **kandelaar** Leuchter (m⁹)

de **kandidaat 1** Kandidat (m¹⁴) **2** [bij een examen] Prüfling (m⁵), Examenskandidat (m¹⁴) **3** [bij verkiezing] Kandidat (m¹⁴): *iem. ~ stellen* jmdn. als Kandidaten aufstellen; *zich ~ stellen (voor)* kandidieren³²⁰ (für⁺⁴) **4** [sollicitant] Bewerber (m⁹): *~ voor een betrekking* Anwärter auf eine Stellung

de **kandidatuur 1** Kandidatur (v²⁰) **2** [Belg] Grundstudium (o, 2e nvl: -s; mv: Grundstudien)

kandideren kandidieren (für⁺⁴)

de **kandij** Kandis (m¹⁹ᵃ)

het/de **kaneel** Zimt (m¹⁹)

de **kangoeroe** Känguru (o³⁶)

de **kanjer 1** [knots] Kaventsmann (m⁸): *een ~ van een vis* ein Riesenfisch **2** [topper] Ass (o²⁹)

de **kanker** Krebs (m⁵): *aan ~ lijden* krebskrank sein²⁶²

de **kankeraar** Nörgler (m⁹), Meckerer (m⁹)

kankeren nörgeln, meckern: *op iem. ~* an jmdm. nörgeln

het **kankergezwel** Krebsgeschwulst (v²⁵), Karzinom (o²⁹)

de **kankerpatiënt** Krebskranke(r) (m⁴⁰ᵃ, v⁴⁰ᵇ)

kankerverwekkend krebserregend

de **kannibaal** Kannibale (m¹⁵)

het **kannibalisme** Kannibalismus (m¹⁹ᵃ); [inf] Menschenfresserei (v²⁰)

de **kano** Paddelboot (o²⁹); [sport] Kanu (o³⁶)

kanoën paddeln, Kanu fahren¹⁵³

het **kanon** Kanone (v²¹), Geschütz (o²⁹)

het **kanonschot** Kanonenschuss (m⁶)

de **kanonskogel** Kanonenkugel (v²¹)

de **kanovaarder** Kanufahrer (m⁹), Kanute (m¹⁵)

de **kans** Chance (v²¹), Möglichkeit (v²⁰), Gelegenheit (v²⁰), Aussicht (v²⁰): *~ van slagen* Aussicht auf Erfolg; *met ~ van slagen* aussichtsreich; *zijn plannen hebben geen ~ van slagen* seine Pläne sind aussichtslos; *er is alle ~, dat …* es ist sehr wahrscheinlich, dass …; *hij heeft grote ~ het te krijgen* er hat die besten Aussichten, es zu bekommen; *de ~ keert* das Glück wendet sich; *dan loop je ~ je geld te verliezen* dann läufst du Gefahr, dein Geld zu verlieren; *zijn ~en staan goed* seine Chancen stehen gut; *een ~ wagen* sein Glück versuchen; *zijn ~ schoon zien* seine Chance wahrnehmen²¹²; *ik zie er geen ~ toe* ich sehe keine Möglichkeit; *daar is niet veel ~ op* es besteht kaum Aussicht darauf; *de ~ is verkeken* die Gelegenheit ist verpasst; *hij zag ~ te vluchten* es gelang ihm zu fliehen **KANS** [med] Nacken-Schulter-Arm-Syndrom (o²⁹)

kansarm unterprivilegiert

de **kansberekening** Wahrscheinlichkeitsrechnung (v²⁰)

de **kansel** Kanzel (v²¹)

de **kanselarij** Kanzlei (v²⁰)

de **kanselier** Kanzler (m⁹): *vrouwelijke ~* Kanzlerin (v²²)

de **kanshebber** Favorit (m¹⁴)

kansloos chancenlos, aussichtslos, ohne Chance

kansrijk aussichtsreich, Erfolg versprechend

het **kansspel** Hasardspiel (o²⁹), Glücksspiel (o²⁹)

de **¹kant 1** [zijde] [ook fig] Seite (v²¹): *een andere ~ op kijken* wegsehen²⁶¹; *dat is mijn zwakke ~* das ist meine schwache Seite; *de stad brandde aan alle ~en* die Stadt brannte an allen Ecken (und Enden); *aan de andere ~* andererseits; *aan de ene ~* einerseits; *hij staat aan mijn ~* er steht auf meiner Seite; *van de ~ van het bestuur* vonseiten des Vorstandes; *ik van mijn ~* ich meinerseits; *van vaders ~* [verwantschap] väterlicherseits **2** [rand] Rand (m⁸) **3** [snijlijn van twee vlakken] Kante (v²¹): *iets op zijn ~ zetten* etwas auf die Kante stellen **4** [oever] Ufer (o³³): *die oplossing raakt ~ noch wal* die Lösung ist ganz und gar falsch ‖ *de kamer aan ~ maken* das Zimmer aufräumen; *aan de hoge ~ zijn* [van bedrag] ziemlich hoch sein²⁶²; *iets over zijn ~ laten gaan* etwas hinnehmen²¹²; [fig] *ik weet niet welke ~ dit op gaat* ich weiß nicht, wohin das führt; *zich van ~ maken* sich umbringen

de **²kant** [een weefsel] Spitze (v²¹, meestal mv): *Brusselse ~* Brüsseler Spitzen

de **kanteel** Zinne (v²¹)

¹kantelen (onov ww) (um)kippen

²kantelen (ov ww) kanten: *een kist ~* eine Kiste kanten

het **kantelraam** Kippfenster (o³³)

¹kanten (bn) [van kant] Spitzen…: *een ~ kraagje* ein Spitzenkragen

²kanten (ov ww) [kanten maken] bestoßen²⁸⁵

zich **³kanten** (wdk ww) sich sträuben: *zich tegen iets ~* sich gegen⁺⁴ etwas sträuben

kant-en-klaar fix und fertig; Fertig…

de **kant-en-klaarmaaltijd** Fertiggericht (o²⁹)

de **kantine** Kantine (v²¹)

het **kantje 1** [bladzijde] Seite (v²¹) **2** [rand] Rand (m⁸) ‖ *op het ~ af ontsnapt* mit knapper Not entkommen; *dat was op het ~ af* da hätte wenig gefehlt; *het was ~ boord* das ist gerade noch mal gut gegangen; *de ~s eraf lopen* sich³ kein Bein ausreißen²²⁰

de **kantlijn 1** [marge] Rand (m⁸) **2** [rib] Kante (v²¹)

het **kanton** Kanton (m⁵); [jur] Bezirk (m⁵)

het **kantongerecht** Amtsgericht (o²⁹)

de **kantonrechter** Amtsrichter (m⁹)

het **kantoor 1** [alg] Büro (o³⁶): *op een ~ werken* in einem Büro arbeiten; *~ houden* sein Büro haben **2** [het lokaal zonder meer] Geschäftsraum (m⁶) **3** [van gemeente, rijk] Dienststelle (v²¹), Amt (o³²) **4** [van advocaat] Kanzlei (v²⁰) **5** [van krant] Geschäftsstelle (v²¹)

de **kantoorbaan** Bürojob (m[13])
de **kantoorboekhandel** Schreibwarengeschäft (o[29])
het **kantoorgebouw** Bürogebäude (o[33]), Bürohaus (o[32])
het **kantoorpersoneel** Büropersonal (o[39])
de **kantoortijd,** de **kantooruren** Bürostunden, Geschäftsstunden (mv): *na* ~ nach Büroschluss
de **kanttekening** Randbemerkung (v[20]), Randnotiz (v[20])
de **¹kap 1** [muts] Kappe (v[21]) **2** [capuchon] Kapuze (v[21]) **3** [droogkap] Trockenhaube (v[21]) **4** [van huis] Dachstuhl (m[6]): [bouwk] *twee onder één* ~ Doppelhaus (o[32]) **5** [van lamp] Schirm (m[5]) **6** [van auto, rijtuig, kinderwagen] Verdeck (o[29]) **7** [motorkap] Motorhaube (v[21]) **8** [van apparatuur] Verschlussdeckel (m[9])
de **²kap** [van bomen] Schlag (m[6])
de **kapel** Kapelle (v[21])
de **kapelaan** Kaplan (m[6])
de **kapelmeester** Kapellmeister (m[9])
kapen 1 [van bus, vliegtuig] entführen **2** [gappen] mausen, stibitzen
de **kaper 1** [hist] Kaper (m[9]) **2** [ontvoerder] Entführer (m[9]); [van personen] Geiselnehmer (m[9])
de **kaping** Entführung (v[20])
het **¹kapitaal** (zn) Kapital (o[29]): *eigen* ~ Eigenkapital
²kapitaal (bn) kapital, Kapital…, stattlich: ~ *gebouw* stattliches Gebäude (o[33])
de **kapitaalgoederen** Kapitalgüter (mv), Sachkapital (o[29])
kapitaalkrachtig kapitalkräftig
de **kapitaalmarkt** Kapitalmarkt (m[6])
de **kapitaalvernietiging** Kapitalvernichtung (v[20])
het **kapitalisme** Kapitalismus (m[19a])
de **kapitalist** Kapitalist (m[14]), Kapitalistin (v[22])
kapitalistisch kapitalistisch
de **kapitein 1** [mil] Hauptmann (m, 2e nvl: -(e)s; mv: Hauptleute) **2** [scheepv] Kapitän (m[5])
het **kapittel** Kapitel (o[33]): *een stem in het* ~ *hebben* auch ein Wörtchen mitzureden haben[182]
kapittelen abkanzeln
het **kapje 1** [hoedje] Käppchen (o[35]), Häubchen (o[35]) **2** [van brood] Kanten (m[11]); *zie ¹kap*
de **kaplaars** Schaftstiefel (m[9])
het **kapmes** Hackmesser (o[33])
de **kapok** Kapok (m[13])
kapot kaputt, entzwei: *het speelgoed is* ~ das Spielzeug ist entzwei; *ze was er* ~ *van* sie war davon zutiefst betroffen; ~ *van de rit* ganz kaputt von der Fahrt; *hij was er niet* ~ *van* er konnte sich nicht dafür begeistern
kapotgaan 1 entzweigehen[168], kaputtgehen[168] **2** [doodgaan] [inf] verrecken, krepieren[320]

het **kapotje** Pariser (m[9])
kapotmaken kaputt machen, zerstören
kapotvallen (herunterfallen und) kaputtgehen[168] ‖ [inf] *je kunt* ~ soll dich doch der Schlag treffen
¹kappen (onov ww) [breken met, ophouden] aufhören (mit[+3]): ~ *met die onzin!* Schluss mit dem Unsinn!
²kappen (ov ww) **1** [van haar] frisieren[320] **2** [omhakken] fällen, schlagen[241]; [scheepv] kappen: *bomen* ~ Bäume fällen
de **kapper** Friseur (m[5])
de **kappertjes** Kapern (mv v[21])
het/de **kapsalon** Frisiersalon (m[13])
kapseizen kentern, umschlagen[241]
het **kapsel** Frisur (v[20])
de **kapsones** Getue (o[39]): ~ *hebben* sich wichtig machen; ~ *maken* Wind machen
de **kapstok** Kleiderablage (v[21]), Garderobe (v[21]); [staand] Kleiderständer (m[9])
de **kaptafel** Toilettentisch (m[5])
de **kapucijner** [erwt] Kapuzinererbse (v[21])
de **kar 1** Karren (m[11]), Karre (v[21]) **2** [fiets] Drahtesel (m[9]) **3** [auto] Kiste (v[21])
het **karaat** Karat (o[29])
de **karabijn** Karabiner (m[9])
de **karaf** Karaffe (v[21])
het **karakter** Charakter (m[5])
de **karaktereigenschap** Charaktereigenschaft (v[20])
karakteriseren charakterisieren[320]
de **¹karakteristiek** (zn) Charakteristik (v[20])
²karakteristiek (bn, bw) charakteristisch
karakterloos charakterlos
de **karaktertrek** Charakterzug (m[6])
de **karamel 1** [gebrande suiker] Karamell (m[19]) **2** [toffee] Karamelle (v[21])
het **karaoke** Karaoke (o[39], o[39a])
het **karate** Karate (o[39], o[39a])
de **karavaan** Karawane (v[21])
de **karbonade** Kotelett (o[36], o[29])
de **¹kardinaal** (zn) Kardinal (m[6])
²kardinaal (bn) kardinal, grundlegend: *kardinale fout* Kardinalfehler (m[9]); ~ *punt* Kardinalpunkt (m[5]); Hauptpunkt (m[5])
de **kariboe** Karibu (o[36], m[13])
karig karg[59]: ~ *voedsel* karge Nahrung; ~ *zijn met woorden* wortkarg sein
de **karikatuur** Karikatur (v[20]), Zerrbild (o[31])
Karinthië Kärnten (o[39])
de **Karinthiër** Kärntner (m[9]), Kärntnerin (v[22])
Karinthisch kärntnerisch
het/de **karkas** Gerippe (o[33]), Skelett (o[29])
het **karma** Karma(n) (o[39])
de **karnemelk** Buttermilch (v[28])
karnen buttern
de **karper** Karpfen (m[11])
het **karpet** Teppich (m[5])
¹karren (onov ww) fahren[153], karren
²karren (ov ww) karren
het **karrenspoor** Karrenspur (v[20])

de **karrenvracht** Fuhre (v²¹)
het **karretje** Wägelchen (o³⁵), kleine Karre (v²¹); [fiets] Fahrrad (o³²): *zich voor iemands ~ laten spannen* sich vor jemands Karren spannen lassen¹⁹⁷
het **kartel** Kartell (o²⁹)
kartelen rändeln; zacken
het **kartelmes** Wellenschliffmesser (o³³)
de **kartelrand** Rändelrand (m⁸)
karten Gokart fahren¹⁵³
het **karting** Karting (o³⁹)
het **karton 1** [materiaal] Pappe (v²¹) **2** [doos] Karton (m¹³, m⁵), Pappkarton (m¹³)
kartonnen aus Karton, aus Pappe, Papp…: *~ doos* Karton (m¹³, m⁵); Pappschachtel (v²¹)
de **karwats** Karbatsche (v²¹), Riemenpeitsche (v²¹)
het/de **karwei** Arbeit (v²⁰), Aufgabe (v²¹)
de **karwij** Kümmel (m⁹)
de **kas 1** [geldkas] Kasse (v²¹) **2** [anat] [holte] Höhle (v²¹) **3** [van horloge] Gehäuse (o³³) **4** [broeikas] Gewächshaus (o³²), Treibhaus (o³²)
het **kasboek** Kassenbuch (o³²): *een ~ bijhouden* ein Kassenbuch führen
de **kasbon** Kassenobligation (v²⁰)
de **kasgroente** Treibhausgemüse (o³³)
het **kasjmier** [stof] Kaschmir (m⁵)
de **kasplant** Treibhauspflanze (v²¹): [fig] *ze is een ~je* sie ist wie aus Porzellan
de **kassa** Kasse (v²¹): *centrale ~* Hauptkasse
de **kassabon** Kassenzettel (m⁹), Kassenbon (m¹³)
de **kassier** Kassierer (m⁹)
het **kassucces** Kassenerfolg (m⁵)
de **kast** [meubel] Schrank (m⁶); [ombouw] Gehäuse (o³³) ‖ *een ~ van een huis* ein (sehr) großes Haus; *een oude ~* [gebouw] ein alter Kasten; [fig] *hij zit op de ~* er ist in Harnisch; [fig] *iem. op de ~ jagen* jmdn. auf die Palme bringen; [fig] *uit de ~ komen (als …)* sich outen (als …), sein Coming-out (als …) haben
de **kastanje** Kastanie (v²¹): *tamme ~* Edelkastanie; [de vrucht ervan] Marone (v²¹); Esskastanie (v²¹)
de **kastanjeboom** Kastanie (v²¹)
kastanjebruin kastanienbraun
de **kastdeur** Schranktür (v²⁰)
de **kaste** Kaste (v²¹)
het **kasteel** Schloss (o³²); [burcht] Burg (v²⁰); [fort] Kastell (o²⁹); [schaken] Turm (m⁶)
de **kastelein** Wirt (m⁵)
het **kastenstelsel** Kastenwesen (o³⁹)
het **kastticket** [Belg] Kassenzettel (m⁹), Kassenbon (m¹³)
kastijden züchtigen
het **kastje 1** Schränkchen (o³⁵), Kästchen (o³⁵) **2** [in schoolbank] Fach (o³²) **3** [televisie] Flimmerkiste (v²¹): *voor het ~ zitten* vor der Flimmerkiste hocken
de **kat 1** Katze (v²¹): *de ~ uit de boom kijken* se-

hen, wie der Hase läuft; *maak dat de ~ wijs!* mir kannst du viel erzählen!; [Belg] *geen ~* niemand, keine (keiner, keines) **2** [snibbig persoon] Kratzbürste (v²¹), Katze (v²¹) **3** [grauw] Anpfiff (m⁵): *iem. een ~ geven* jmdm. eins auf den Deckel geben¹⁶⁶; *een ~ krijgen* eins auf den Deckel kriegen
katachtig katzenartig
de **katalysator** Katalysator (m¹⁶)
de **katapult** Katapult (o²⁹, m⁵); [speelgoed, ook] Schleuder (v²¹)
de **kater** [ook fig] Kater (m⁹)
het/de **katern** Heft (o²⁹)
de **katheder** Katheder (m+o); Rednerpult (o²⁹)
de **kathedraal** Kathedrale (v²¹)
de **katheter** Katheter (m⁹)
de **kathode** Kathode (v²¹)
het **katholicisme** [opvattingen] Katholizismus (m¹⁹ᵃ); [godsdienst] katholische Religion (v²⁰)
de **¹katholiek** (zn) Katholik (m¹⁴)
²katholiek (bn) katholisch
het **katje** Kätzchen (o³⁵)
het/de **katoen** Baumwolle (v²⁸)
katoenen baumwollen, Baumwoll…
de **katrol** [de schijf] Rolle (v²¹); [het hele toestel] Flaschenzug (m⁶)
het **kattebelletje** Zettel (m⁹)
katten [vitten] nörgeln, meckern; [afkraken] jmdn. heruntermachen
de **kattenbak** Katzenklo (o³⁶)
de **kattenbakkorrels** Katzenstreu (v²⁸)
de **kattenkop** Katzenkopf (m⁶); [persoon] Kratzbürste (v²¹)
het **kattenkwaad** Unfug (m¹⁹): *~ uithalen* Unfug treiben²⁹⁰ (of: machen)
het **kattenluik** Katzenklappe (v²¹)
de **kattenpis**: [fig] *dat is geen ~* das ist kein Katzendreck
katterig: *~ zijn* einen Kater haben¹⁸²
kattig schnippisch
de **katzwijm**: *in ~ liggen* in Ohnmacht liegen²⁰²
de **kauw** Dohle (v²¹)
kauwen kauen: [fig] *op iets ~* (ewig) auf etwas herumkauen
het/de **kauwgom** Kaugummi (m¹³, o³⁶)
de **kavel** [perceel grond] Parzelle (v²¹)
de **kaviaar** Kaviar (m⁵)
de **Kazach** Kasache (m¹⁵), Kasachin (m²²)
Kazachs kasachisch
Kazachstan Kasachstan (o³⁹)
de **kazerne** Kaserne (v²¹)
de **kazuifel** Kasel (v²¹)
de **kebab** Kebab (m¹³)
de **keel** Kehle (v²¹), Hals (m⁶); [strot] Gurgel (v²¹): *rauwe ~* rauer Hals; *schorre ~* heisere Kehle; *het hangt me de ~ uit* es hängt mir zum Hals heraus; *een grote ~ opzetten* laut den heulen anfangen¹⁵⁵; *het eten niet door de ~ kunnen krijgen* keinen Bissen hinunterbringen können¹⁹⁴; *pijn in de ~ hebben* Halsschmerzen haben¹⁸²; *het hart klopte haar in de*

~ das Herz schlug ihr bis zum Hals (herauf); *hij krijgt een brok in de* ~ er ist den Tränen nahe; *de woorden bleven mij in de* ~ *steken* die Worte blieben mir im Hals stecken

het **keelgat** Schlund (m[6]), Kehle (v[21]): *ik heb iets in het verkeerde* ~ *gekregen* mir ist etwas in die falsche Kehle geraten

de **keelholte** Rachenhöhle (v[21]), Rachen (m[11])

de **keel-, neus- en oorarts** Hals-Nasen-Ohren-Arzt (m[6])

de **keelontsteking** Halsentzündung (v[20])

de **keelpijn** Halsweh (o[39]), Halsschmerzen (mv m[16])

keepen [sport] im Tor stehen[279], Torhüter sein[262]

de **keeper** [sport] Torwart (m[5]), Torhüter (m[9])

de **keer 1** [draai] Wendung (v[20]) **2** [maal] Mal (o[29]): *voor de eerste* ~ das erste Mal (*of:* zum ersten Mal); *voor één* ~ ein einziges Mal; *twee* ~ zweimal; *een enkele* ~ ab und zu; *een paar* ~ ein paar Mal; *vele keren* viele Male; *de volgende* ~ nächstes (*of:* das nächste) Mal; *tot de volgende* ~*!* bis zum nächsten Mal!

de **keerkring** Wendekreis (m[5])

het **keerpunt** Wendepunkt (m[5]), Wende (v[21])

de **keerzijde 1** [lett] Rückseite (v[21]), Kehrseite (v[21]) **2** [fig] Schattenseite (v[21]), Kehrseite

de **keet 1** [loods] Schuppen (m[11]) **2** [bouwkeet] Bude (v[21]) **3** [troep] Unordnung (v[28]), Chaos (o[39a]) **4** [herrie] Krach (m[6]): ~ *schoppen* Krach machen

keffen kläffen, belfern

het **keffertje** Kläffer (m[9])

de **kegel** Kegel (m[9])

de **kegelbaan** Kegelbahn (v[20])

kegelen kegeln, Kegel spielen

de **kei 1** Stein (m[5]) **2** [grote straatsteen] Pflasterstein (m[5]); [kinderhoofdje] Katzenkopf (m[6]) **3** [meervoud; rolgesteente] Geröll (o[29]) **4** [fig] Könner (m[9]), Ass (o[29]) || *iem. op de* ~*en zetten* jmdn. auf die Straße setzen

keihard 1 [zeer hard] steinhart, knochenhart: ~*e muziek* ohrenbetäubende Musik **2** [sport] knallhart **3** [meedogenloos] schonungslos: *de* ~*e feiten* die knallharten Tatsachen

keilen werfen[311]: *iem. de deur uit* ~ jmdn. hinauswerfen[311]

de **keizer** Kaiser (m[9])

de **keizerin** Kaiserin (v[22])

keizerlijk kaiserlich, Kaiser…

het **keizerrijk** Kaiserreich (o[29])

de **keizersnede** [med] Kaiserschnitt (m[5])

de **kelder** Keller (m[9]) || [fig] *naar de* ~ *gaan* **a)** [m.b.t. schip] untergehen[168]; **b)** sinken[266]; **c)** [te gronde gaan] zugrunde (*of:* zu Grunde) gehen[168]

kelderen 1 [scheepv] sinken[266], untergehen[168] **2** [m.b.t. koers, prijzen] stürzen, fallen[154]

het **kelderluik** Kellerluke (v[21])

kelen [doden] abstechen[277]: [fig] *iem.* ~ jmdm. den Hals abschneiden[250]

de **kelk** Kelch (m[5])

de **kelner** Kellner (m[9]): ~*!* Herr Ober!

de **kemphaan 1** [vogel] Kampfläufer (m[9]) **2** [fig] Kampfhahn (m[6]), Streithahn (m[6])

de **kenau** Mannweib (o[31])

kenbaar kenntlich: *iets* ~ *maken* etwas kenntlich machen; *zijn mening* ~ *maken* seine Meinung äußern

het **kengetal 1** [netnummer] Vorwahl (v[20]) **2** [wisk] Kennzahl (v[20]), Kennziffer (v[21])

Kenia Kenia (o[39])

de **Keniaan** Kenianer (m[9]), Kenianerin (v[22])

Keniaans kenianisch

Keniaas kenianisch

het **kenmerk** Kennzeichen (o[35]), Merkmal (o[29])

kenmerken kennzeichnen

kenmerkend kennzeichnend, charakteristisch

de **kennel** Kennel (m[9]), Hundezwinger (m[9])

¹**kennelijk** (bn) sichtlich

²**kennelijk** (bw) offenbar: *in* ~*e staat (van dronkenschap) verkeren* offensichtlich betrunken sein[262]; *met de* ~*e bedoeling* in der unverkennbaren Absicht

kennen 1 kennen[189]: *ik heb hem leren* ~ ich habe ihn kennengelernt; *ik ken hem door en door* ich kenne ihn genau; *zich niet laten* ~ sich[3] nichts anmerken lassen[197] **2** [beheersen] können[194]: *Duits* ~ Deutsch können; *zijn les* ~ seine Lektion können **3** [herkennen] erkennen[189]: *zijn opvatting over iets* ~ *geven* seine Ansicht zu[+3] etwas äußern; *te* ~ *geven dat …* zu erkennen geben, dass …; *zich als een waar vriend doen* ~ sich als ein wahrer Freund erweisen[307]

de **kenner** Kenner (m[9])

de **kennersblik** Kennerblick (m[5])

de ¹**kennis 1** Kenntnis (v[24]): ~ *met iem. maken* jmdn. kennenlernen; ~ *van iets hebben* Kenntnis von[+3] etwas haben[182]; ~ *van iets krijgen* etwas erfahren[153]; ~ *van iets nemen* Kenntnis von[+3] etwas nehmen[212]; *iem. van iets in* ~ *stellen* jmdn. von[+3] etwas in Kenntnis setzen **2** [bewustzijn] Bewusstsein (o[39]): *bij* ~ bei vollem Bewusstsein; *weer bij* ~ *komen* wieder zu[+3] sich kommen[193]; *buiten* ~ *zijn, raken* bewusstlos sein, das Bewusstsein verlieren **3** [wetenschap, wat iem. weet] Wissen (o[39]), Kenntnisse (mv): *zijn* ~ *van het Duits* seine Deutschkenntnisse

de ²**kennis** [bekende] Bekannte(r) (m[40a], v[40b]): *kring van* ~*sen* Bekanntenkreis (m[5])

de **kennisgeving** Anzeige (v[21]), Mitteilung (v[20]); [officieel] Bekanntmachung (v[20]): *voor* ~ *aannemen* zur Kenntnis nehmen[212]

de **kennismaatschappij** Wissensgesellschaft (v[20])

kennismaken 1 [met iem.] Bekanntschaft machen: *aangenaam kennis te maken!* sehr angenehm!; ~ *met de nieuwe buren* mit den neuen Nachbarn Bekanntschaft machen **2** [met iets] sich bekannt machen

de **kennismaking** Bekanntschaft (v²⁰)

kennisnemen zur Kenntnis nehmen²¹²

de **kennisneming** Kenntnisnahme (v²¹)

de **kennissenkring** Bekanntenkreis (m⁵), Bekanntschaft (v²⁰)

kenschetsen kennzeichnen, charakterisieren³²⁰

het **kenteken** Kennzeichen (o³⁵), Merkmal (o²⁹): ~ *van een auto* Kennzeichen eines Wagens; *een* ~ *afgeven voor een auto* ein Auto zulassen¹⁹⁷

het **kentekenbewijs** Kraftfahrzeugschein (m⁵), Kraftfahrzeugbrief (m⁵); [ook] Zulassung (v²⁰)

de **kentekenplaat** Nummernschild (o³¹)

kenteren kentern

de **kentering** Kentern (o³⁹), [fig] Umschwung (m⁶)

de **keper**: *iets op de* ~ *beschouwen* etwas genauer betrachten

het **keppeltje** Käppchen (o³⁵); Kippa(h) (v)

de **keramiek** Keramik (v²⁸)

keramisch keramisch

de **kerel** Kerl (m⁵): *aardige* ~ patenter Kerl, netter Mensch (m¹⁴); *potige* ~ kräftiger Bursche (m¹⁵)

¹**keren** (onov ww) drehen, umdrehen, sich ändern: [fig] *het tij is gekeerd* das Blatt hat sich gewendet; *de wind keert* der Wind dreht; *de chauffeur keerde* der Autofahrer drehte; *naar huis* ~ heimkehren; *per ~de post* postwendend; *in zichzelf gekeerd* in sich⁴ gekehrt

²**keren** (ov ww) wenden³⁰⁸, kehren, drehen: *het kwaad* ~ dem Übel Einhalt gebieten¹³⁰; *de auto* ~ den Wagen wenden; *iets ondersteboven* ~ das Unterste zuoberst kehren; *de rug naar iem.* ~ jmdm. den Rücken zukehren; *je kunt hier niet* ~ [kleine ruimte] es ist hier sehr eng; [volle ruimte] es ist hier knallvoll, knackend voll

zich ³**keren** (wdk ww) sich drehen, sich kehren: *zich tegen zijn vriend* ~ sich gegen seinen Freund stellen

de **kerf** Kerbe (v²¹), Einschnitt (m⁵)

de **kerfstok** Kerbholz (o³²): *iets op zijn* ~ *hebben* etwas auf dem Kerbholz haben¹⁸²

de **kerk** Kirche (v²¹): *naar de* ~ *gaan* zur Kirche (*of:* in die Kirche) gehen¹⁶⁸

de **kerkbank** Kirchenbank (v²⁵)

de **kerkdienst** Gottesdienst (m⁵)

kerkelijk kirchlich, Kirchen…

de **kerkenraad 1** [prot] Presbyterium (o, 2e nvl: -s; mv: Presbyterien) **2** [r-k] Pfarrgemeinderat (m⁶)

de **kerker** Kerker (m⁹)

de **kerkfabriek** [Belg] Kirchenvorstand (m⁶)

de **kerkganger** Kirch(en)gänger (m⁹)

het **kerkgebouw** Kirchenbau (m, 2e nvl: -(e)s; mv: -ten)

het **kerkgenootschap** Glaubensgemeinschaft (v²⁰)

het **kerkhof** Friedhof (m⁶); [bij een kerk] Kirchhof (m⁶)

de **kerkklok** Kirchenglocke (v²¹); [het uurwerk] Kirchturmuhr (v²⁰)

het **kerkkoor** Kirchenchor (m⁶)

de **kerkmuziek** Kirchenmusik (v²⁸)

het **kerkplein** Kirchplatz (m⁶)

de **kerktoren** Kirchturm (m⁶)

de **kerkuil** Schleiereule (v²¹)

kermen wimmern, winseln

de **kermis** Kirmes (v, mv: -sen), Jahrmarkt (m⁶): *naar de* ~ *gaan* auf den Jahrmarkt gehen¹⁶⁸; *van een koude* ~ *thuiskomen* sein blaues Wunder erleben

de **kermisexploitant** Schausteller (m⁹), Schaubudenbesitzer (m⁹)

de **kern** Kern (m⁵); [belangrijkste gedeelte] Herzstück (o²⁹): *een* ~ *van waarheid* ein Körnchen Wahrheit; *tot de* ~ *van de zaak doordringen* das Wesentliche einer Sache erfassen

kernachtig kernig, markig

het **kernafval** Atommüll (m¹⁹), Atomabfall (m⁶)

de **kernbom** Atombombe (v²¹)

de **kerncentrale** Atomkraftwerk (o²⁹), Kernkraftwerk (o²⁹)

het **kerndoel** wichtigstes Ziel (o²⁹)

de **kernenergie** Kernenergie (v²¹)

de **kernfusie** Kernfusion (v²⁰)

de **kernfysica** Atomphysik (v²⁰), Kernphysik (v²⁰)

kerngezond kerngesund

de **kernmacht** Atommacht (v²⁵)

de **kernoorlog** Atomkrieg (m⁵), Nuklearkrieg (m⁵)

de **kernproef** Atomversuch (m⁵)

de **kernreactie** Kernreaktion (v²⁰)

de **kernreactor** Kernreaktor (m¹⁶), Atomreaktor (m¹⁶)

de **kernsplitsing** Kernspaltung (v²⁰)

de **kerntaak** Kernaufgabe (v²¹), zentrale Aufgabe

het **kernwapen** Kernwaffe (v²¹), Atomwaffe (v²¹)

de **kerosine** Kerosin (o³⁹)

de **kerrie** Curry (o³⁶) /k**u**rrie/

de **kers** Kirsche (v²¹): *zure* ~ Sauerkirsche; *met hem is het kwaad ~en eten* mit ihm ist nicht gut Kirschen essen; [fig] *de* ~ *op de taart* das Sahnehäubchen

de **kersenbonbon** Weinbrandkirsche (v²¹)

de **kerst** Weihnachten (o, 2e nvl: -; mv: -): *met de* ~ zu Weihnachten

de **kerstavond** Heiliger Abend (m⁵), Heiligabend (m⁵), Weihnachtsabend (m⁵)

de **kerstboom** Weihnachtsbaum (m⁶)

de **kerstdag** Weihnachtstag (m⁵): *prettige ~en!* fröhliche (*of:* frohe) Weihnachten!

kerstenen christianisieren

het **kerstfeest** Weihnachtsfest (o[39]): *gelukkig* ~*!* frohe Weihnachten!; *zalig* ~ gesegnete Weihnachten!

het **Kerstkind** Christkind (o[39])

de **kerstkrans** Weihnachtskranz (m[6])

het **kerstlied** Weihnachtslied (o[31])

de **Kerstman** Weihnachtsmann (m[8])

Kerstmis [het feest] Weihnachten (o, 2e nvl: -; mv: -): *met* ~ zu Weihnachten

de **kerstnacht** Christnacht (v[25]), Heilige Nacht (v[25])

de **kerstomaat** Cocktailtomate (v[21])

het **kerstpakket** Weihnachtspaket (o[29])

de **kerststal** Weihnachtskrippe (v[21]), Krippe (v[21])

de **Kerstster** Weihnachtsstern (m[5])

de **kerststol** Weihnachtsstollen (m[11])

de **kerstvakantie** Weihnachtsferien (mv)

kersvers 1 ganz frisch **2** [net, pas] gerade, eben erst

de **kervel** Kerbel (m[19])

kerven (ein)kerben, einschneiden[250]

de **ketchup** Ketchup (m[13], o[36], 2e nvl: ook -)

de **ketel** Kessel (m[9]): *elektrische* ~ elektrischer Kocher (m[9])

het/de **ketelsteen** Kesselstein (m[19])

de **keten** Kette (v[21]): *een* ~ *van ongevallen* eine Kette von Unfällen

ketenen ketten, fesseln

de **ketjap** Sojasoße (v[21])

ketsen zurückspringen[276], abprallen; [m.b.t. keu] gicksen; [m.b.t. vuurwapen] versagen

de **ketter** Ketzer (m[9]): *vloeken als een* ~ fluchen wie ein Fuhrmann; *roken als een* ~ rauchen wie ein Schlot

de **ketterij** Ketzerei (v[20])

ketters ketzerisch

de **ketting** Kette (v[21])

de **kettingbotsing** Massenkarambolage (v[21])

de **kettingbrief** Kettenbrief (m[5])

de **kettingkast** Kettenschutz (m[5])

de **kettingreactie** Kettenreaktion (v[20])

de **kettingroker** Kettenraucher (m[9])

het **kettingslot** Kettenschloss (o[32])

de **kettingzaag** Kettensäge (v[21])

de **keu** Queue (o[36])

de **keuken** Küche (v[21]): *open* ~ Kochecke (v[21])

de **keukendoek 1** [vaatdoek] Spültuch (o[32]) **2** [handdoek] Küchenhandtuch (o[32]) **3** [droogdoek] Geschirrtuch (o[32])

de **keukenkast** Küchenschrank (m[6]), Geschirrschrank (m[6])

het **keukenkruid** Küchenkraut (o[32])

de **keukenmachine** Küchenmaschine (v[21])

de **keukenrol** Küchenrolle (v[21]), Haushaltsrolle (v[21])

het **keukenschort** Küchenschürze (v[21])

Keulen Köln (o[39]): *de dom van* ~ der Kölner Dom

de **Keulenaar** Kölner (m[9]), Kölnerin (v[22])

Keuls kölnisch, Kölner

de **keur 1** [het uitgezochte] Auswahl (v[20]): *een* ~ *van spijzen* eine reiche Auswahl von Speisen **2** [het beste] Elite (v[21]), Blüte (v[21]) **3** [van wijn] Auslese (v[21]) **4** [op goud en zilver] Stempel (m[9])

keuren 1 untersuchen, prüfen **2** [van dienstplichtigen] mustern **3** [medisch] ärztlich untersuchen **4** [van vlees] beschauen || *iem. geen blik waardig* ~ jmdn. keines Blickes würdigen

keurig 1 [prima] fein, ausgezeichnet **2** [netjes] ordentlich, gepflegt; tadellos

de **keuring 1** [onderzoek] Untersuchung (v[20]), Prüfung (v[20]) **2** [van dienstplichtigen] Musterung (v[20]) **3** [medisch] ärztliche Untersuchung (v[20]) **4** [van vlees] Beschauung (v[28]); *zie* keuren

de **keuringsdienst** Prüfstelle (v[21]): *de* ~ *van waren* der Warenprüfdienst

het **keurkorps** Elitetruppe (v[21])

het **keurmerk 1** [stempel] Gütezeichen (o[35]) **2** [kwaliteitsmerk] ± Spitzenerzeugnis (o[29]), ± Qualitätserzeugnis (o[29])

het **keurslijf** Zwangsjacke (v[21])

de **keus** Wahl (v[20]); [sortering] Auswahl (v[20]): *ruime* ~ reiche Auswahl; *een* ~ *doen* eine Wahl treffen[289]; *naar* ~ nach eigener Wahl

de **keutel** Kot (m[5], m[13]); [klein mens] Knirps (m[5])

keuvelen plaudern, sich unterhalten[183]

de **keuze** *zie* keus

het **keuzemenu** [ook computer] Menü (o[36])

het **keuzepakket** [school] Wahlpflichtfächer (mv)

het **keuzevak** [verplicht] Wahlpflichtfach (o[32]); [facultatief] Wahlfach (o[32])

de **kever** Käfer (m[9])

het **keyboard** [muz, comp] Keyboard (o[36])

de **keycard** Keycard (v[27]), elektronischer Schlüssel (m[9])

de **keycord** Keycord (m[13]), Schlüsselband (o[32])

kg afk van *kilogram* Kilogramm (o[29]), kg

ki afk van *kunstmatige inseminatie* Insemination (v[20]), künstliche Befruchtung (v[20])

kibbelen sich zanken, (sich) streiten[287]

de **kibbeling** ± frittierte Stückchen (mv o[35]) Kabeljau

de **kibboets** Kibbuz (m, 2e nvl: -; mv: -im of -e)

de **kick** Kick (m[13], 2e nvl: ook -)

kickboksen Kickboxen (o[39])

kicken stehen[279] (auf[4])

kidnappen kidnappen

de **kidnapper** Kidnapper (m[9]), Entführer (m[9])

de **kidnapping** Kidnapping (o[36])

de **kids** [inf] Kids (mv)

kiekeboe: -! kuckuck!

het **kiekje** Foto (o[36])

de **¹kiel** [scheepv] Kiel (m[5])

de **²kiel** [kledingstuk] Kittel (m[9])

kielekiele killekille!: *het was* ~ das war sehr knapp

kielhalen kielholen

het **kielzog** Kielwasser (o[33]): *in iemands ~ varen* [fig] in jemand(e)s Kielwasser segeln, schwimmen

de **kiem** [ook fig] Keim (m[5]): *in de ~ smoren* im Keim ersticken

kiemen keimen

kien clever, schlau

de **kiepauto** Kipper (m[9])

kiepen kippen

kieperen 1 [gooien] schmeißen[247], werfen[311] **2** [vallen] purzeln, fallen[154]

de **kier** Spalt (m[5]): *de deur staat op een ~* die Tür ist angelehnt

kierewiet [inf] verrückt, wild: *het is om ~ van te worden!* es ist zum Verrücktwerden!

de [1]**kies** Backenzahn (m[6]): *ik heb net een maaltijd achter de kiezen* ich habe gerade gegessen; *zijn kiezen op elkaar houden* nichts preisgeben[166]; *een rotte ~* [lett] ein fauler Zahn; [fig] ein Schandfleck

[2]**kies** (bn, bw) **1** [fijngevoelig] feinfühlig **2** [kieskeurig] wählerisch **3** [delicaat, discreet] rücksichtsvoll, delikat, taktvoll

kiesbaar wählbar

de **kiesbrief** [Belg] Wahlbenachrichtigung (v[20]), Stimmzettel (m[9]), Wahlzettel (m[9])

het **kiesdistrict** Wahlbezirk (m[5])

de **kiesdrempel** Sperrklausel (v[21]): *de ~ van vijf procent* die Fünfprozentklausel

kieskeurig wählerisch

de **kieskring** Wahlkreis (m[5])

de **kiespijn** Zahnweh (o[39]), Zahnschmerzen (mv m[16]): *ik kan hem missen als ~* er kann mir gestohlen bleiben

het **kiesrecht** Stimmrecht (o[39]), Wahlrecht (o[39])

het **kiesstelsel** Wahlsystem (o[29])

de **kiestoon** [telec] Freizeichen (o[35])

kietelen kitzeln

de **kieuw** Kieme (v[21])

de **kieviet** Kiebitz (m[5]): *hij loopt als een ~* er läuft wie ein Wiesel

het **kiezel 1** [steentje] Kiesel (m[9]) **2** [grind] Kies (m[19])

de **kiezelsteen** Kieselstein (m[5])

[1]**kiezen** (onov ww) wählen; sich entscheiden[232]: *~ of delen* entweder - oder-; *hij heeft voor een deeltijdbaan gekozen* er hat sich für eine Teilzeitbeschäftigung entschieden

[2]**kiezen** (ov ww) wählen: [telec] *een nummer ~* eine Nummer wählen; *een president ~* einen Präsidenten wählen; *een richting ~* eine Richtung einschlagen[241]

de **kiezer** Wähler (m[9])

de **kift 1** [ruzie] Zank (m[19]) **2** [afgunst] Neid (m[19])

de **kijf**: *buiten ~* unstreitig, zweifellos; *dat staat buiten ~* das steht außer Frage

de **kijk 1** Blick (m[19]), Einsicht (v[28]): *een goede ~ op iets hebben* den richtigen Blick für[4] etwas haben[182]; *je hebt een verkeerde ~ op haar* du

beurteilst sie falsch; *nu had hij een andere ~ op de zaak* jetzt sah er die Sache ganz anders **2** [het bekijken] Schau (v[20]): *met zijn gevoelens te ~ lopen* seine Gefühle zur Schau stellen; *iem. te ~ zetten* jmdn. lächerlich machen; *tot ~ auf Wiedersehen || daar is geen ~ op* das ist nicht drin

het **kijkcijfer** Einschaltquote (v[21])

de **kijkdichtheid** [telec] Sehbeteiligung (v[20])

kijken sehen[261], schauen: *winkels ~* sich[3] Geschäfte ansehen; *boos ~* böse dreinblicken; *vriendelijk ~* freundlich gucken; *ze hebben televisie gekeken* sie haben ferngesehen; *kijk, wat ik heb gevonden* schauen Sie, was ich gefunden habe; *kijk hem eens lopen* schau, wie der läuft; *kijk eens aan!* [verrast] sieh mal einer an!; [verbaasd] schau, schau!; *hij komt pas ~* er ist ein Anfänger; *het rapport laten ~* das Zeugnis zeigen; *kijk uit, dat niets gebeurt!* sieh zu, dass nichts passiert!; *daar sta ik van te ~* das überrascht mich; *niet zo nauw ~* es nicht so genau nehmen[212]; *naar beneden ~* hinuntersehen[261]; [fig] *naar iem. ~* sich um jmdn. kümmern; *hij keek lelijk op zijn neus* er war schwer enttäuscht; *kijk uit je doppen!* aufgepasst!

de **kijker 1** [toeschouwer] Zuschauer (m[9]) **2** [telec] Fernsehzuschauer (m[9]) **3** [toneelkijker] Opernglas (o[32]) **4** [verrekijker] Fernrohr (o[29]) **5** [meervoud; ogen] Augen (mv o[38]) || *iem. in de ~ hebben* jmdn. durchschauen; *hij loopt in de ~(d)* er fällt auf

het **kijkje** Blick (m[19]), Einblick (m[5])

de **kijkoperatie** endoskopische Operation (v[20]), Schlüssellochoperation (v[20])

de **kijkwoning** [Belg] Modellwohnung (v[20]), Musterwohnung (v[20])

kijven keifen, schelten[235]

de **kik**: *geen ~ geven* nicht mucksen

kikken sich mucksen

de **kikker** [ook fig] Frosch (m[6])

de **kikkerbad** Planschbecken (o[35])

het **kikkerbilletje** Froschschenkel (m[9])

het **kikkerdril** Froschlaich (m[5])

de **kikkererwt** Kichererbse (v[21])

het **kikkerland** Sumpfland (o[32]); [Nederland] nasse(s) Ländchen (o)

het **kikkervisje** Kaulquappe (v[21])

de **kikvors** Frosch (m[6]): *groene ~* Teichfrosch

de **kikvorsman** Froschmann (m[8])

kil nasskalt; [fig] frostig

de **killer** Killer (m[9])

het/de **kilo** Kilo (o[36]), Kilogramm (o[29])

de **kilocalorie** Kilokalorie (v[21])

de/het **kilogram** Kilogramm (o[29]), kg

de **kilometer** Kilometer (m[9]), km

de **kilometerteller** Kilometerzähler (m[9])

de **kilometervergoeding** Entfernungspauschale (v[21])

de **kilowatt** Kilowatt (o, 2e nvl: -s; mv: -), kW

het **kilowattuur** Kilowattstunde (v[21])

de **kilt** Kilt (m, 2e nvl: -(e)s; mv: -s); Schotten-rock (m⁶)

de **kilte** feuchte Kälte (v²⁸)

de **kim** Horizont (m⁵)

de **kimono** Kimono (m¹³)

de **kin** Kinn (o²⁹): *dubbele* ~ Doppelkinn

het **kind** Kind (o³¹): *het* ~ *met het badwater weggooien* das Kind mit dem Bade ausschütten; *uit de kleine ~eren zijn* aus den kleinen Kindern heraus sein²⁶²; *kleine ~eren worden groot* aus Kindern werden Leute; [fig] *ik krijg er een* ~ *van!* das macht mich noch verrückt!; *een* ~ *kan de was doen* das ist kinderleicht; *van* ~ *af aan iem. kennen* jmdn. von Kind auf kennen¹⁸⁹; *het* ~ *van de rekening zijn* die Zeche bezahlen müssen, etwas ausbaden müssen

kinderachtig kindisch: *ergens niet* ~ *mee zijn* mit⁺³ etwas nicht kleinlich sein²⁶²

de **kinderarbeid** Kinderarbeit (v²⁸)

de **kinderarts** Kinderarzt (m⁶)

de **kinderbescherming** [activiteit] Jugendschutz (m¹⁹)

de **Kinderbescherming** [instantie] Jugendamt (o³²)

de **kinderbijslag** Kindergeld (o³⁹)

het **kinderboek** Kinderbuch (o³²)

de **kinderboerderij** ± kleine(r) Zoo (m¹³) mit Kleintieren (für Kinder)

het **kinderdagverblijf** Kindertagesstätte (v²¹)

de **kinderhand** Kinderhand (v²⁵): *een* ~ *is gauw gevuld* Kindeshand ist leicht gefüllt

het **kinderhoofdje** Pflasterstein (m⁵), Katzenkopf (m⁶)

de **kinderjaren** Kinderjahre (mv o²⁹), Kindheit (v²⁸)

de **kinderkamer** Kinderzimmer (o³³)

kinderlijk kindlich, kindhaft: ~ *blij* froh wie ein Kind

kinderloos kinderlos

het **kindermeisje** Kindermädchen (o³⁵)

het **kindermenu** Kinderteller (m⁹), Kindermenü (o³⁶)

de **kindermishandeling** Kindesmisshandlung (v²⁰)

de **kinderoppas** Babysitter (m⁹)

de **kinderopvang** Kinderkrippe (v²¹)

de **kinderporno** Kinderporno (m¹³)

de **kinderrechter** Jugendrichter (m⁹)

kinderrijk kinderreich

het **kinderslot** Kindersicherung (v²⁰)

het **kinderspel** [ook fig] Kinderspiel (o²⁹)

de **kindersterfte** Kindersterblichkeit (v²⁰)

de **kinderstoel** Kinderstuhl (m⁶)

het **kindertehuis** Kinderheim (o²⁹)

de **kindertelefoon**ᴹᴱᴿᴷ Kindersorgentelefon (o²⁹)

de **kindertijd** Kinderzeit (v²⁸)

de **kinderverlamming** Kinderlähmung (v²⁸)

de **kinderwagen** Kinderwagen (m¹¹)

de **kinderziekte** [ook fig] Kinderkrankheit (v²⁰)

het **kinderzitje** Kindersitz (m⁵)

kinds kindisch, senil

kindsbeen: *van* ~ *af* von Kindheit an

de **kindsoldaat** Kindersoldat (m¹⁴)

de **kinesist,** de **kinesitherapeut** [Belg] Physiotherapeut (m¹⁴)

de **kinesitherapie** [Belg] Physiotherapie (v²⁸)

de **kinine** Chinin (o³⁹)

de **kink**: *er is een* ~ *in de kabel* die Sache hat einen Haken

de **kinkhoest** Keuchhusten (m¹⁹)

de **kiosk** Kiosk (m⁵)

de **kip** Henne (v²¹), Huhn (o³²): *hij is er als de ~pen bij* er geht ran wie Blücher; *hij loopt rond als een* ~ *zonder kop* er läuft kopflos umher; *praten als een* ~ *zonder kop* faseln

de/het **kipfilet** Hühnerbrustfilet (o³⁶)

kiplekker: *ik voel me* ~ mir geht's prima

de **kippenborst** Hühnerbrust (v²⁵) [ook misvorming]

het **kippenboutje** Hühnerschlegel (m⁹)

het **kippenei** Hühnerei (o³¹)

het **kippengaas** Maschendraht (m⁶)

het **kippenhok** Hühnerstall (m⁶) [ook fig]

de **kippenren** Hühnerauslauf (m⁶); [groot] Hühnerhof (m⁶)

de **kippensoep** Hühnersuppe (v²¹)

het **kippenvel** [fig] Gänsehaut (v²⁵)

kippig kurzsichtig

de **Kirgies** Kirgise (m¹⁵), Kirgisin (v²²)

Kirgizië Kirgisien (o³⁹)

Kirgizisch kirgisisch

kirren girren, gurren

de **kirsch** Kirsch (m¹³), Kirschwasser (o³³)

kissebissen sich in die Haare kriegen

de **kist 1** Kiste (v²¹) **2** [doodkist] Sarg (m⁶) **3** [geldkist, vioolkist] Kasten (m¹²) **4** [meubel] Truhe (v²¹)

kisten [van lijk] einsargen: [fig] *ik laat me niet* ~ ich lasse mich nicht unterkriegen

het/de **kit** [vulmiddel] Kitt (m¹⁹)

kitesurfen Kitesurfen (o³⁵)

kits: *alles* ~*!* es ist alles in (bester) Butter!

de **kitsch** Kitsch (m¹⁹)

de **kittelaar** Kitzler (m⁹)

kitten [lijmen] kitten

kittig 1 [rap] flink **2** [pittig] flott, keck

de **kiwi 1** [struisvogel] Kiwi (m¹³) **2** [vrucht] Kiwi (v²⁷)

klaaglijk kläglich

de **Klaagmuur** Klagemauer (v²¹)

de **klaagzang** Elegie (v²¹), Klagelied (o³¹)

klaar 1 [af] fertig **2** [gereed] bereit; [luchtv, scheepv] klar: *het schip ligt voor het vertrek* ~ das Schiff ist abfahrbereit **3** [duidelijk, helder] klar; [zuiver] rein, klar: *dat is zo* ~ *als een klontje* das ist sonnenklar

klaarblijkelijk offenbar, offensichtlich

de **klaarheid** Klarheit (v²⁸), Deutlichkeit (v²⁸): *iets tot* ~ *brengen* etwas aufklären

klaarkomen 1 [gereedkomen] fertig werden[310] **2** [orgasme krijgen] kommen[193], fertig werden[310]

klaarkrijgen: *iets* ~ etwas fertigbringen[139]

klaarleggen bereitlegen, zurechtlegen

klaarlicht helllicht: *op ~e dag* am helllichten Tag

klaarliggen bereitliegen[202]

klaarmaken fertig machen; [van eten] zubereiten: *iem. voor een examen* ~ jmdn. auf ein Examen vorbereiten

de **klaar-over** Schülerlotse (m[15])

klaarspelen fertigbringen[139], hinkriegen

klaarstaan bereitstehen[279], bereit sein[262]: *voor iem.* ~ jmdn. zu Diensten stehen[279]

klaarstomen trimmen

klaarwakker hellwach

klaarzetten hinstellen, zurechtstellen

de **klacht 1** [uiting van smart] Klage (v[21]) **2** [uiting van ontevredenheid] Klage (v[21]), Beschwerde (v[21]), Beanstandung (v[20]) **3** [jur] Beschwerde (v[21]), Klage (v[21]), Anzeige (v[21]): *een ~ indienen* [bij politie] Anzeige erstatten; [bij rechtbank] eine Klage einreichen **4** [hand] Reklamation (v[20])

het **¹klad 1** [vlek] Klecks (m[5]) **2** [bederf] Verschlechterung (v[20])

het **²klad** [concept] Kladde (v[21]), Konzept (o[29]): *in het ~ schrijven* sich[3] ein Konzept machen

het **kladblaadje** Zettel (m[9]); Schmierzettel (m[9])

het **kladblok** Konzeptblock (m[6]), Notizblock (m[6])

kladden 1 klecksen **2** [smeren] schmieren

kladderen klecksen, schmieren, sudeln

het **kladje** [ontwerp] Kladde (v[21])

het **kladpapier** Konzeptpapier (o[29]), Schmierpapier (o[29])

de **kladversie** vorläufige Fassung (v[20]), Rohfassung (v[20])

klagen 1 klagen: ~ *over* klagen über[+4] **2** [zijn misnoegen uiten] sich beklagen, sich beschweren: *over iem.* ~ sich über jmdn. beschweren; *ik heb niet over hem te* ~ ich kann mich nicht über ihn beklagen

de **klager 1** [iem. die klaagt] Klagende(r) (m[40a], v[40b]) **2** [jur] Kläger (m[9])

klakkeloos 1 [ongemotiveerd] unbegründet **2** [onverwachts] unversehens **3** [zonder bedenken] bedenkenlos

klakken knallen: *met de tong* ~ mit der Zunge schnalzen

klam feucht, klamm: *het ~me zweet* der kalte Schweiß

de **klamboe** Moskitonetz (o[29])

de **klandizie** Kundschaft (v[28])

de **klank 1** [toon] Klang (m[6]), Laut (m[5]) **2** [spraakgeluid] Laut (m[5]) **3** [van muziek] Klänge (mv), Klangfarbe (v[21]) || *lege ~en* leere Phrasen

het **klankbord** Resonanzboden (m[12]) || [fig] *voor iem. een ~ vormen* jmdm. Gehör schenken

de **klant** Kunde (m[15]): *rare* ~ komischer Kauz (m[6]); *vaste* ~ Stammkunde; *vrolijke* ~ lustiger Bruder (m[10])

de **klantenbinding** Kundendienst (m[5])

de **klantenkaart** Kundenkarte (v[21])

de **klantenkring** Kundenkreis (m[5])

de **klantenservice** Kundendienst (m[5])

klantvriendelijk kundenfreundlich

de **klap 1** [slag] Schlag (m[6]), Hieb (m[5]): *een ~ in het gezicht* [fig] ein Schlag ins Gesicht; ~ *om de oren* Ohrfeige (v[21]); *een lelijke* ~ *krijgen* [in zaken] eine schwere Schlappe erleiden[199]; *in één* ~ mit einem Schlag; *dat is de* ~ *op de vuurpijl!* das schlägt dem Fass den Boden aus! **2** [tik] Klaps (m[5]): *een* ~ *van de molen hebben* einen Klaps haben[182] **3** [knal] Knall (m[5]): ~ *(knal) van de zweep* Peitschenknall || *geen* ~ *uitvoeren* keinen Handschlag tun[295]; *ik begrijp er geen* ~ *van* ich verstehe überhaupt nichts davon

de **klapband** Reifenplatzer (m[9]): *ik kreeg een* ~ ich hatte einen Platten

de **klapdeur** Schwingtür (v[20])

de **klaplong** Luftbrust (v[25]), Gasbrust (v[25])

de **klaploper** Schmarotzer (m[9])

klappen 1 klatschen, knallen: *in de handen* ~ in die Hände klatschen; *het* ~ *van de zweep kennen* seine Sache verstehen[279] **2** [ontploffen] platzen **3** [praten] schwatzen: *uit de school* ~ aus der Schule plaudern

de **klapper 1** [register] Register (o[33]) **2** [succesnummer] Hit (m[13], 2e nvl: -(s)) **3** [ringband] Ringbuch (o[32])

klapperen klappern: *het raam klappert* das Fenster klappert; *de zeilen* ~ die Segel flappen

klappertanden mit den Zähnen klappern

het **klappertje** Zündblättchen (o[35])

de **klaproos** Klatschmohn (m[19])

de **klapschaats** Klappschlittschuh (m[5])

de **klapstoel** Klappstuhl (m[6])

het **klapstuk 1** [rundvlees] Hochrippe (v[21]) **2** [successtuk] Glanznummer (v[21])

de **klaptafel** Klapptisch (m[5])

de **klapzoen** Schmatz (m[5], m[6])

de **klare** Klare(r) (m[40a]), Schnaps (m[6])

klaren: *iets* ~ etwas schaffen

de **klarinet** Klarinette (v[21])

de **klas 1** [afdeling, categorie] Klasse (v[21]): *2e ~ reizen* zweite(r) Klasse fahren[153]; [van school] *de lagere ~sen* die Unterstufe; *de hogere ~sen* die Oberstufe **2** [lokaal] Klassenzimmer (o[33]): [fig] *voor de ~ staan* unterrichten

de **klasgenoot** Klassenkamerad (m[14])

het **klaslokaal** Klassenzimmer (o[33])

de **klasse** Klasse (v[21]): *de hogere, lagere ~n* die oberen, unteren Klassen; die Oberschicht, Unterschicht; [sport] *in de tweede* ~ *spelen* in der zweiten Klasse, Liga spielen || *dat is een ~ apart* das ist Sonderklasse; ~ *hebben* Klasse haben

het **klassement** [sport] Klassement (o^{36}), Rangliste (v^{21}): *algemeen* ~ Gesamtwertung (v^{20}); *individueel* ~ Einzelwertung (v^{20})

het **klassenboek** Klassenbuch (o^{32})

de **klassenjustitie** Klassenjustiz (v^{28})

de **klassenleraar** Klassenlehrer (m^9)

de **klassenraad** [Belg] Klassenrat (m^6)

de **klassenstrijd** Klassenkampf (m^6)

de **klassenvertegenwoordiger** Klassenvertreter (m^9), Klassensprecher (m^9)

klasseren 1 klassifizieren^{320}, klassieren^{320}: [sport] *zich* ~ sich qualifizieren^{320} **2** [Belg] unter Denkmalschutz stellen

de **klassering** Klassifikation (v^{20})

klassiek klassisch

de **klassieken** Klassiker (mv m^9)

de **klassieker 1** [lied] Evergreen (o); [boek] immer wieder gelesene(s) Buch (o^{32}); [film] immer wieder gern gesehene(r) Film (m^5) **2** [sport] Klassiker (m^9)

klassikaal: ~ *onderwijs* Klassenunterricht (m^{19})

de **klastitularis** [Belg] Klassenlehrer (m^9)

klateren plätschern

het **klatergoud** Flittergold (o^{39}), Rauschgold (o^{39}); [fig] Flitter (m^9)

klauteren klettern

de **klauw 1** [van hoefdier] Klaue (v^{21}) **2** [van roofdier] Kralle (v^{21}) **3** [mensenhand] Pfote (v^{21}), Klaue (v^{21}) ‖ *de zaak is uit de ~en gelopen* die Sache ist außer Kontrolle geraten

het/de **klavecimbel** Cembalo (o^{36}, mv: ook Cembali)

de **klaver** [plantk] Klee (m^{19})

het **klaverblad** [ook fig] Kleeblatt (o^{32}); [voor verkeer, ook] Autobahnkreuz (o^{29})

de **klaveren** Treff (o^{36}), Kreuz (o, 2e nvl: -es; mv: -)

klaverjassen jassen

het **klavertjevier** Glücksklee (m^{19})

het **klavier 1** [toetsenbord] Tastatur (v^{20}) **2** [piano] Klavier (o^{29})

kledderen klecksen

kleddernat klatschnass, klitschnass

^{1}**kleden** (ov ww) kleiden: *in het zwart gekleed zijn* in^{+4} Schwarz gekleidet sein^{262}; *naar de laatste mode gekleed gaan* sich nach der neuesten Mode kleiden

zich ^{2}**kleden** (wdk ww) [aankleden] sich anklei-den, sich anziehen^{318}

de **klederdracht** Tracht (v^{20}): *nationale* ~ Nationaltracht

de **kledij** Kleidung (v^{20}), Bekleidung (v^{20}); [het kleden] Bekleidung (v^{20})

de **kleding** Kleidung (v^{20}), Kleider (mv o^{31})

het **kledingstuk** Kleidungsstück (o^{29})

het **kleed 1** [vloerkleed] Teppich (m^5) **2** [tafelkleed] Decke (v^{21}) **3** [gewaad] Kleid (o^{31}), Gewand (o^{32}) **4** [Belg; jurk, japon] Kleid (o^{31})

het **kleedgeld** Kleidergeld (o^{31})

het **kleedhokje** Umkleidekabine (v^{21})

het **kleedje 1** [klein tapijt] Brücke (v^{21}), kleiner Teppich (m^5) **2** [tafelkleedje] Deckchen (o^{35})

de **kleedkamer 1** [sport] Umkleideraum (m^6) **2** [theat] Garderobe (v^{21})

Kleef Kleve (o^{39})

het/de **kleefband** Kleb(e)streifen (m^{11})

de **kleefstof** Klebstoff (m^5)

de **kleerborstel** Kleiderbürste (v^{21})

de **kleerhanger** [knaapje] Kleiderbügel (m^9)

de **kleerkast** Kleiderschrank (m^6); [fig] Muskelpaket (o^{29})

de **kleermaker** Schneider (m^9), Maßschneider (m^9)

de **kleermakerszit** Schneidersitz (m^5)

de **kleerscheuren:** *er zonder* ~ *af komen* mit heiler Haut davonkommen^{193}

klef 1 [m.b.t. brood] klebrig, teigig **2** [klam] klamm, nasskalt; [fig] klebrig

de **klei 1** Lehm (m^{19}), Ton (m^{19}) **2** [voor pottenbakkerij] Töpferton (m^{19}): *van* ~ tönern

de **kleiduif** Tontaube (v^{21})

kleien modellieren, kneten

klein 1 [niet groot] klein: *zeer* ~ sehr klein, winzig; ~ *geld* Kleingeld (o^{39}); ~ *snijden* klein schneiden^{250}; ~ *maken* zerkleinern; ~ *maar dapper* klein, aber oho!; ~ *maar fijn* klein, aber fein; *in het* ~ *verkopen* im Kleinen verkaufen **2** [kleingeestig] kleinlich, engstirnig

kleinburgerlijk kleinbürgerlich, spießbürgerlich

de **kleindochter** Enkelin (v^{22})

Klein Duimpje Däumling (m^5)

de **kleine** Kleine(r) (m^{40a}), Kleine (v^{40b}); [kind ook] Kleine(s) (o^{40c})

kleineren 1 [van personen] herabsetzen **2** [iemands verdiensten] schmälern, herabsetzen

kleingeestig kleinlich, engstirnig

het **kleingeld** Kleingeld (o^{39})

de **kleinigheid** Kleinigkeit (v^{20}), Bagatelle (v^{21})

het **kleinkind** Enkelkind (o^{31})

kleinkrijgen kleinkriegen, unterkriegen: *hij is niet klein te krijgen* er ist nicht kleinzukriegen

de **kleinkunst** Kleinkunst (v^{28})

^{1}**kleinmaken** (ov ww) **1** zerkleinern, klein machen **2** [fig] unterkriegen, kleinkriegen **3** [van geld] wechseln

zich ^{2}**kleinmaken** (wdk ww) sich ducken

het **kleinood** Kleinod (o^{29}, mv: ook Kleinodien)

kleinschalig kleinmaßstäbig, kleinmaßstäblich; [m.b.t. bedrijf, onderneming enz.] Klein-

het **kleintje** Kleine(r) (m^{40a}), Kleine (v^{40b}), Kleine(s) (o^{40c}): *de* ~s [kinderen] die Kleinen; *een* ~ *krijgen* ein Baby bekommen^{193}; *op de* ~s *passen* sparsam sein^{262}; *voor geen* ~ *vervaard zijn* sich nicht einschüchtern lassen^{197}

kleinzerig wehleidig, empfindlich

kleinzielig kleinlich, engherzig

de **kleinzoon** Enkel (m^9)

de **¹klem** (zn) **1** Klemme (v²¹): *mijn vinger zit in de*
~ mein Finger ist eingeklemmt; [fig] *in de ~*
zitten in der Klemme stecken²⁷⁸ **2** [nadruk]
Nachdruck (m¹⁹)
²klem (bn) eingekeilt: ~ *zitten* festsitzen²⁶⁸
klemmen klemmen: *zijn vinger* ~ sich³ den
Finger klemmen; *een* ~*d betoog* eine über-
zeugende Argumentation
klemrijden einkeilen
de **klemtoon** Ton (m⁶), Akzent (m⁵), Betonung
(v²⁰)
klemvast fangsicher
de **klep 1** Deckel (m⁹), Klappe (v²¹) **2** [van pet]
Schirm (m⁵) **3** [van motor, pomp] Ventil (o²⁹)
4 [mond] Klappe
de **klepel** Klöppel (m⁹), Schwengel (m⁹)
kleppen 1 [m.b.t. deur, raam] klappern
2 [m.b.t. klok] läuten **3** [snateren] plappern
klepperen klappern
de **kleptomaan** Kleptomane (m¹⁵)
de **kleren** Kleider (mv o³¹), Kleidung (v²⁰): *de* ~
maken de man Kleider machen Leute; *met* ~
en al in voller Bekleidung; *zoiets gaat je niet in*
de koude ~ *zitten* so etwas nimmt einen ganz
schön mit; *zie kleed*
klerikaal klerikal
de **klerk** [verouderd of negatief] Schreiber
(m⁹); [bij notaris] Kanzleiangestellte(r) (m⁴⁰ᵃ)
de **¹klets** (zn) **1** [slag] Klaps (m⁵) **2** [kwak] Klecks
(m⁵) **3** [kletspraat] Geschwätz (o³⁹)
²klets (bn) klatschnass, klitschnass
³klets (tw) klatsch!
¹kletsen (onov ww) **1** [babbelen] schwatzen
2 [zwammen] faseln **3** [roddelen] klatschen
4 [met een klets vallen] klatschen
²kletsen (ov ww) **1** [met kletsend geluid
slaan, werpen] klatschen **2** [praat uitslaan]
faseln: *onzin* ~ Unsinn reden
de **kletskoek** Quatsch (m¹⁹)
de **kletskous** Klatschtante (v²¹)
de **kletsmajoor** Schwätzer (m⁹), Faselhans
(m⁶)
kletsnat klatschnass, klitschnass, pudelnass
de **kletspraat** Quatsch (m¹⁹)
het **kletspraatje 1** [babbeltje] Plauderei (v²⁰)
2 [geroddel] Gerede (o³⁹), Klatsch (m¹⁹)
kletteren 1 [m.b.t. wapens] klirren
2 [m.b.t. regen] prasseln, klatschen **3** [m.b.t.
hagel] prasseln
kleumen frieren¹⁶³
de **kleur** Farbe (v²¹): ~ *houden* farbecht sein²⁶²;
een ~ *krijgen* erröten; ~ *bekennen* Farbe be-
kennen¹⁸⁹
de **kleurdoos** Buntstiftkasten (m¹²)
kleurecht farbecht
¹kleuren (onov ww) sich färben, erröten:
van schaamte ~ vor Scham erröten
²kleuren (ov ww) färben
kleurenblind farbenblind
de **kleurenfoto** Farbfoto (o³⁶), Farbbild (o³¹)
het **kleurenspectrum** Farbspektrum (o, 2e

nvl: Farbspektrums; mv: Farbspektren of
Farbspektra)
de **kleurentelevisie** Farbfernsehen (o³⁹);
[toestel] Farbfernseher (m⁹)
kleurig farbig, bunt, farbenfroh
het **kleurkrijt** farbige Kreide (v²¹), Farbstift
(m⁵)
de **kleurling 1** [halfbloed] Mischling (m⁵)
2 [niet-blanke] Farbige(r) (m⁴⁰ᵃ, v⁴⁰ᵇ)
kleurloos farblos; [fig] farblos, langweilig;
[pol] politisch neutral
het **kleurpotlood** Farbstift (m⁵), Buntstift (m⁵)
kleurrijk farbig, farbenreich, farbenprächtig
de **kleurschakering** Farbschattierung (v²⁰)
de **kleurspoeling** Haarfärbemittel (o³³)
de **kleurstof** Farbstoff (m⁵), Farbe (v²¹)
het **kleurtje** Farbe (v²¹); [op wangen] frische
Röte (v²⁸)
de **kleuter** Kleinkind (o³¹), Kleine(s) (o⁴⁰ᶜ)
het **kleuterbad** Planschbecken (o³⁵)
de **kleuterleidster** Kindergärtnerin (v²²)
het **kleuteronderwijs** Vorschulerziehung (v²⁸)
de **kleuterschool** Kindergarten (m¹²)
kleven kleben: *een smet kleeft op iem.* ein
Makel haftet an jmdm.
kleverig klebrig
kliederen kleckern, schmieren
de **kliek** Clique (v²¹); [familie] Sippschaft (v²⁰)
het **kliekje** Rest (m⁵)
de **¹klier** [fig] Ekel (o³³)
de **²klier** [orgaan] Drüse (v²¹)
klieren sich flegelhaft benehmen²¹²: *hij kan*
behoorlijk ~ er schikaniert gern
klieven spalten²⁷⁰; [van golven, lucht]
durchschneiden²⁵⁰, durchfurchen
het **klif** Kliff (o²⁹), Klippe (v²¹)
de **¹klik** (zn) [geluid] Klicks (m⁵), Klick (m¹³)
²klik (tw) klick!
klikken 1 [geluid] klicken **2** [goed uitpak-
ken] klappen: *het klikte meteen tussen ons* wir
verstanden uns sofort **3** [verklikken] petzen
de **kliko** Kliko-Behälter (m⁹), Entsorgungsbe-
hälter (m⁹)
de **klikspaan** Petzer (m⁹); [meisje] Petze (v²¹)
de **klim**: *dat is een hele* ~ das geht ganz schön
rauf
het **klimaat** Klima (o³⁶)
klimaatneutraal klimaneutral: ~ *produ-*
ceren klimaneutral produzieren
de **klimaatverandering** Klimawandel (m¹⁹)
klimmen steigen²⁸¹; [met handen en voe-
ten] klettern: *trappen* ~ Treppen steigen; *in*
een boom ~ auf einen Baum klettern
de **klimmer** Kletterer (m⁹); [bergbeklimmer]
Bergsteiger (m⁹)
de **klimmuur** Kletterwand (v²⁵)
het/de **klimop** Efeu (m¹⁹)
de **klimplant** Kletterpflanze (v²¹)
het **klimrek** Kletterwand (v²⁵), Sprossenwand
(v²⁵)

het **klimtouw** Klettertau (o^{29}), Kletterseil (o^{29})
de **klimwand** Kletterwand (v^{25})
de **kling** Klinge (v^{21})
   klingelen klingeln, klirren
de **kliniek** Klinik (v^{20})
   klinisch klinisch
de **klink 1** Klinke (v^{21}) **2** [deurkruk] Türklinke (v^{21})
   ¹klinken (onov ww) **1** [een geluid geven] tönen, (er)klingen^{191}, schallen^{231} **2** [toosten] anstoßen^{285} (auf^{+4})
   ²klinken (ov ww) [vastmaken] (ver)nieten
de **¹klinker** [taalk] Vokal (m^5), Selbstlaut (m^5)
de **²klinker** [steen] Klinker (m^9)
   klinkklaar rein: klinkklare onzin glatter Unsinn
de **klinknagel** Niete (v^{21})
de **klip** [ook fig] Klippe (v^{21}): tussen de ~pen doorzeilen [fig] Schwierigkeiten aus dem Wege gehen^{168}; een ~ omzeilen [ook fig] eine Klippe umschiffen; op de ~pen lopen [ook fig] scheitern
   klip-en-klaar klipp und klar
de **klipper** Klipper (m^9)
   klissen [Belg] verhaften, festnehmen^{212}: een inbreker ~ einen Einbrecher festnehmen^{212}
de **klit** Klette (v^{21}): ze hangen als ~ten aan elkaar sie halten zusammen wie die Kletten
   klitten: aan iem. ~ wie die Klette an jmdm. hängen^{184}
het **klittenband** Klettband (o^{32})
de **klodder** Klecks (m^5)
   klodderen klecksen
   kloek 1 [groot en sterk] stattlich, kräftig, stramm **2** [flink] tüchtig **3** [dapper] mutig, kühn **4** [m.b.t. zaken] stattlich
de **klojo** [inf] Stümper (m^9), Schussel (m^9)
de **klok 1** [bel, glazen stolp] Glocke (v^{21}): dat klinkt als een ~ das ist vortrefflich **2** [uurwerk] Uhr (v^{20}): een man van de ~ ein pünktlicher Mensch; de ~ staat op tien uur die Uhr zeigt zehn; een race tegen de ~ ein Wettlauf mit der Zeit
het **klokgelui** Läuten (o^{35}), Glockenläuten (o^{35})
het **klokhuis** [bij fruit] Kerngehäuse (o^{33})
het **klokje 1** Glöckchen (o^{35}) **2** [uurwerk] kleine Uhr (v^{20}): het ~ rond slapen rund um die Uhr schlafen^{240}
   ¹klokken (ww) **1** [de prikklok hanteren] stechen^{277} **2** [sport] stoppen
   ²klokken (ww) [m.b.t. geluid] glucksen, gluckern
de **klokkenluider 1** [lett] Glöckner (m^9) **2** [fig] anonymer Informant (m^{14}), Hinweisgeber (m^9)
het **klokkenspel** Glockenspiel (o^{29})
de **klokkentoren** Glockenturm (m^6)
   klokkijken die Uhrzeit ablesen^{201}
de **klokslag** Glockenschlag (m^6): ~ tien Schlag zehn

de **klokvast** [Belg] pünktlich: ~e treinen pünktliche Züge
de **klomp 1** [schoeisel] Holzschuh (m^5) **2** [brok] Klumpen (m^{11}) || [fig] dat kun je op je ~en aanvoelen das sieht doch ein Blinder
   klonen klonen
de **klont** Klumpen (m^{11}): een ~ boter, suiker ein Stückchen Butter, Zucker
   klonteren klumpen
   klonterig klumpig: ~ meel klumpiges Mehl
het **klontje** Klümpchen (o^{35}): ~ suiker Stück (o^{29}) Zucker; zo klaar als een ~ sonnenklar
de **kloof 1** Kluft (v^{25}) **2** [spleet] Spalte (v^{21}) **3** [barst, scheur] Riss (m^5): vol kloven rissig
   klooien 1 [zeuren] nölen, quengeln **2** [prutsen] stümpern
de **kloon** [biol] Klon (m^5)
het **klooster** Kloster (o^{34})
de **kloosterling** Mönch (m^5), Nonne (v^{21})
de **kloot 1** [kogel, bol] Kugel (v^{21}), Ball (m^6) **2** [inf] [teelbal] Ei (o^{31}): [inf] alles gaat naar de kloten alles geht zum Teufel; [inf] kloten! Scheiße!
het **klootjesvolk** [inf] die kleinen Leute (mv)
de **klootzak 1** [inf] [balzak] Hodensack (m^6) **2** [scheldw] [persoon] Scheißer (m^9), Scheißkerl (m^5)
de **klop** Schlag (m^6); [op deur] Klopfen (o^{39}): ~ krijgen [inf] Prügel kriegen; [sport] geschlagen werden^{310}
de **klopboor** Schlagbohrmaschine (v^{21})
de **klopgeest** Klopfgeist (m^7), Poltergeist (m^7)
de **klopjacht** Treibjagd (v^{20})
   ¹kloppen (onov ww) **1** klopfen, pochen: met ~d hart mit klopfendem Herzen; er wordt geklopt es klopft **2** [in orde zijn] stimmen: dat klopt niet met uw brief das stimmt nicht mit Ihrem Brief überein
   ²kloppen (ov ww) klopfen, schlagen^{241}: eieren ~ Eier quirlen; eiwit stijf ~ Eiweiß steif schlagen
de **klopper** [van deur] Klopfer (m^9)
de **klos 1** [rolletje] Rolle (v^{21}), Spule (v^{21}) **2** [blok] Klotz (m^6) || de ~ zijn der Dumme sein^{262}
   klossen [lomp lopen] latschen, stampfen
   klote [inf] mies, sau…, Sau…, Scheiß…
   kloten [inf] **1** [prutsen] herumhantieren^{320} **2** [zaniken] meckern
   klotsen klatschen, platschen
   ¹kloven (onov ww) sich spalten^{270}
   ²kloven (ov ww) spalten^{270}
de **klucht** Posse (v^{21}), Schwank (m^6)
de **kluif** Knochen (m^{11}) (mit Fleisch): [fig] dat is een hele ~ das ist eine harte Nuss
de **kluis 1** Tresor (m^5) **2** [safeloket] Schließfach (o^{32})
   kluisteren fesseln: ~ aan fesseln an^{+4}; hij zit gekluisterd aan de buis er sitzt gebannt vor der Glotze
de **kluit 1** Klumpen (m^{11}) **2** [klomp aarde]

Scholle (v^{21}) || *hij is flink uit de ~en gegroeid* er ist tüchtig gewachsen

het **kluitje** Klümpchen (o^{35}): *op een ~* dicht beisammen; *iem. met een ~ in het riet sturen* jmdn. mit leeren Versprechungen abspeisen

kluiven nagen (an^{+3})

de **kluizenaar** Klausner (m^9); [fig] Stubenhocker (m^9)

klunen 'klunen'; mit Schlittschuhen über Land laufen

de **klungel**, de **klungelaar** Stümper (m^9), Pfuscher (m^9)

klungelen pfuschen, stümpern

klungelig stümperhaft

de **kluns** Stümper (m^9), Pfuscher (m^9)

de **klus** Aufgabe (v^{21}), Auftrag (m^6): *ik heb daar een hele ~ aan* das ist keine einfache Aufgabe

het **klusje** Gelegenheitsarbeit (v^{20})

de **klusjesman** [manusje-van-alles] Faktotum (o^{36}), Gelegenheitsarbeiter (m^9)

klussen 1 [zwartwerken] schwarzarbeiten **2** [karweitjes opknappen] jobben, Gelegenheitsarbeiten machen

de **kluts**: *de ~ kwijtraken* den Kopf verlieren^{300}; *de ~ kwijt zijn* den Kopf verloren haben^{182}

klutsen quirlen, schlagen^{241}

het **kluwen** Knäuel (m^9, o^{33})

het **klysma** Klysma (o, mv: Klysmen); Einlauf (m^{19})

km afk van *kilometer* Kilometer (m^9), km

het **KMI** [Belg] 'KMI' (o), Königliches Meteorologisches Institut von Belgien

de **kmo** [Belg] afk van *kleine of middelgrote onderneming* kleines oder mittelständisches Unternehmen (o^{35})

km/u afk van *kilometer per uur* Kilometer je Stunde, Stundenkilometer (m^9), km/h

het **knaagdier** Nagetier (o^{29})

de **knaagtand** Nagezahn (m^6)

de **knaap** Bursche (m^{15}), Kerl (m^5): *een ~ van een snoek* ein Riesenhecht

knabbelen knabbern; [hoorbaar] knuspern

het **knabbeltje** etwas zum Knabbern

het **knäckebröd** Knäckebrot (o^{29})

knagen nagen: *~ aan* nagen an^{+3}; *een ~d geweten* ein nagendes Gewissen

de **knak** Knick (m^5), Knack (m^5); [fig] Knacks (m^5)

^{1}**knakken** (onov ww) knicken, knacken: *zijn gezondheid is geknakt* seine Gesundheit hat einen Knacks bekommen

^{2}**knakken** (ov ww) brechen^{137}, knicken

de **knakker** [inf] Kerl (m^5): *een rare ~* ein komischer Kauz (*of:* Kerl)

de **knakworst** Knackwurst (v^{25})

de ^{1}**knal** (zn) [geluid] Knall (m^5), Schlag (m^6)

^{2}**knal** (bn, bw) **1** [geweldig] pfundig, großartig, toll **2** [m.b.t. kleuren] knall..., grell, knallig

de **knaldemper** Schalldämpfer (m^9)

^{1}**knallen** (onov ww) **1** knallen **2** [sport; alles geven] sich völlig verausgaben

^{2}**knallen** (ov ww) knallen, schießen^{238}

de **knalpot** Auspufftopf (m^6)

knalrood knallrot, grellrot

knap 1 [mooi] hübsch, schön: *~ in de kleren* adrett gekleidet **2** [bekwaam] tüchtig, fähig, geschickt: *een ~ violist* ein begabter Geiger; *~ gedaan* fein gemacht **3** [intelligent] klug, gescheit: *een ~pe kop* ein kluger Kopf || *dat is ~ duur* das ist ganz schön teuer

knappen 1 [m.b.t. brandend hout, vuur] prasseln, knistern **2** [barsten] bersten^{127}, zerspringen^{276} **3** [breken] zerreißen^{220}: *het touw knapt* das Seil (zer)reißt

knappend [bros] knusprig

de **knapperd** kluger Kopf (m^6), gescheiter Kopf (m^6)

knapperen knistern, prasseln

knapperig knusp(e)rig; [van groente] knackig

de **knapzak** Knappsack (m^6)

knarsen 1 [met de tanden] knirschen **2** [m.b.t. scharnier, slot] knarren

knarsetanden mit den Zähnen knirschen: [fig] *~d* zähneknirschend

de **knauw** [beet] Biss (m^5); [fig] Knacks (m^5)

knauwen nagen, kauen

de **knecht 1** [handwerksgezel] Geselle (m^{15}) **2** [op boerderij] Knecht (m^5) **3** [bediende] Diener (m^9)

kneden kneten

kneedbaar knetbar, formbar

de **kneedbom** Plastikbombe (v^{21})

de **kneep** Kniff (m^5): *hij kent de knepen* er kennt alle Kniffe; *daar zit 'm de ~!* **a)** [daar zit het probleem] da sitzt der Haken!; **b)** [dat is de truc] das ist der Trick!

de ^{1}**knel** (zn) [klem] Klemme (v^{21}): *in de ~ zitten* in der Klemme sitzen^{268}

^{2}**knel** (bn) eingeklemmt: *~ zitten* eingeklemmt sein^{262}

^{1}**knellen** (onov ww) drücken; [m.b.t. kleding] kneifen^{192}

^{2}**knellen** (ov ww) klemmen, umklammern

het **knelpunt** Engpass (m^6)

knetteren 1 [m.b.t. vuur] prasseln **2** [m.b.t. donder] krachen **3** [m.b.t. motor, schoten] knattern

knettergek plemplem

het **kneusje 1** [ei] Knickei (o^{31}) **2** [auto] Unfallauto (o^{36}) **3** [persoon] Versager (m^9), Ei (o^{31})

kneuterig 1 [gezellig] behaglich, gemütlich **2** [krenterig] kleinkariert

kneuzen quetschen, prellen

de **kneuzing** Quetschung (v^{20}), Prellung (v^{20}); [van vruchten] Druckstelle (v^{21})

de **knevel** [snor] Schnurrbart (m^6)

knevelen [ook fig] knebeln

knibbelen feilschen, knausern

de **knie** Knie (o, 2e nvl: -s; mv: -): [fig] *door de ~ën gaan* in die Knie gehen^{168}; *iets onder de ~*

hebben etwas im Griff haben[182]; *iets onder de
~ krijgen* etwas in den Griff bekommen[193]
de **knieband** Kniesehne (v[21])
de **kniebeschermer** Knieschoner (m[9]), Knie-
schützer (m[9])
de **kniebroek** Kniehose (v[21])
de **kniebuiging 1** [uit eerbied] Knicks (m[5]);
[diep] Kniefall (m[6]) **2** [sport] Kniebeuge (v[21]):
diepe ~ Hocke (v[21])
het **kniegewricht** Kniegelenk (o[29])
de **knieholte** Kniekehle (v[21])
knielen (nieder)knien
de **knieschijf** Kniescheibe (v[21])
de **kniesoor** Griesgram (m[5]), Kopfhänger (m[9])
de **knieval** Kniefall (m[6])
kniezen sich grämen, sich härmen
knijpen kneifen[192] ‖ *'m ~* Schiss haben[182];
[inf] *ertussenuit ~* auskneifen, stiften gehen
de **knijper 1** [persoon] Kneifende(r) (m[40a], v[40b])
2 [vrek] Knauser (m[9]) **3** [wasknijper] Klammer (v[21])
de **knijpfles** Spritzflasche (v[21])
de **knijpkat** Dynamotaschenlampe (v[21])
de **knik** Knick (m[5]); [met het hoofd] Nicken (o[39])
knikkebollen [dutten] einnicken
knikken 1 [met het hoofd] nicken: *ja ~* ja
nicken **2** [gedeeltelijk breken] knicken: [fig]
met ~de knieën mit schlotternden Knien
de **knikker** Murmel (v[21]): *kale ~* Glatzkopf (m[6]);
er is iets aan de ~ da stimmt etwas nicht
knikkeren mit Murmeln spielen: *iem. eruit
~* jmdn. hinausschmeißen[247]
de **knip 1** [met schaar] Schnitt (m[5]), Einschnitt
2 [met duim en wijsvinger] Knips (m[5]): *hij is
geen ~ voor de neus waard* er ist keinen Schuss
Pulver wert **3** [klem] Klammer (v[21]) **4** [gren-
deltje] Riegel (m[9]): *de ~ op de deur doen* den
Riegel vorschieben[237] **5** [beurs] Geldbeutel
(m[9]): *de hand op de ~ houden* den Daumen
auf den Geldbeutel halten
het **knipmes** Klappmesser (o[33]), Schnappmesser (o[33])
knipogen blinzeln, zwinkern: *tegen iem. ~*
jmdm. zublinzeln, jmdm. zuzwinkern
het **knipoogje** Augenblinzeln (o[39]): *iem. een ~
geven* jmdm. zublinzeln
knippen 1 schneiden[250]: *zijn nagels ~* sich[+3]
die Nägel schneiden/beschneiden; *zich laten
~* sich[+3] die Haare schneiden lassen **2** [van
kaartjes] lochen, knipsen **3** [met de vingers]
knipsen **4** [comp] ausschneiden: *~ en plakken* [comp] ausschneiden und einfügen ‖ *hij
is voor die betrekking (als) geknipt* er ist für
diese Stelle wie geschaffen
knipperen 1 [met de ogen] blinzeln, zwinkern **2** [m.b.t. auto] blinken
het **knipperlicht** Blinklicht (o[31]); [van auto]
Blinker (m[9]), Blinkleuchte (v[21])
het **knipsel 1** [snipper] Schnipsel (m[9], o[33])
2 [uitgeknipt bericht] Ausschnitt (m[5])

het **KNMI** 'KNMI' (o), Königliches Niederländisches Meteorologisches Institut
de **kno-arts** HNO-Arzt (m[6]), Hals-Nasen-Ohren-Arzt (m[6])
de **knobbel 1** Knoten (m[11]) **2** [aanleg] Begabung (v[20]): *een ~ voor iets hebben* Talent für[+4]
etwas haben[182]
de **¹knock-out** (zn) Knock-out (m[13], 2e nvl: ook
-)
²knock-out (bn) knock-out
de **knoei:** *in de ~ zitten* (over iets) in der Patsche
sitzen[268] (wegen[+2] etwas)
de **knoeiboel 1** [slordig werk] Pfuscherei (v[20])
2 [bedrog, zwendel] Schwindel (m[19])
3 [troep] Schweinerei (v[20])
knoeien 1 [morsen] kleckern, sudeln
2 [prutsen] stümpern **3** [bedriegen] schwindeln
de **knoeier 1** Sudler (m[9]) **2** Stümper (m[9])
3 Schwindler (m[9]); *zie knoeien*
de **knoeierij,** het **knoeiwerk** *zie knoeiboel*
de **knoest** Knorren (m[11])
de **knoet** [van haar] Dutt (m[5], m[13]), Haarknoten (m[11])
het/de **knoflook** Knoblauch (m[19])
knokig knochig, knöch(e)rig
de **knokkel** Fingerknöchel (m[9])
knokken sich raufen, sich prügeln
de **knokpartij** Schlägerei (v[20]), Prügelei (v[20])
de **knokploeg** Schlägertruppe (v[21])
de **knol 1** [stengel-, wortelknol] Knolle (v[21])
2 [raap] Rübe (v[21]) **3** [paard] Gaul (m[6])
het **knolgewas** Knollengewächs (o[29])
de **knolraap** Kohlrübe (v[21]), Steckrübe (v[21])
de **knolselderij** Knollensellerie (m[13], ook v,
mv: -)
de **knoop 1** [aan kledingstuk] Knopf (m[6])
2 [alle andere betekenissen] Knoten (m[11]):
een ~ leggen einen Knoten machen; *een ~
losmaken* einen Knoten lösen; *iets uit de ~
krijgen* etwas entknoten ‖ [fig] *in de ~ zitten* in
der Patsche/Klemme/Tinte sitzen
het **knooppunt** Knotenpunkt (m[5])
het **knoopsgat** Knopfloch (o[32])
de **knop 1** Knopf (m[6]): [fig] *de ~ omzetten* den
Schalter umlegen; [fig] *(bij zichzelf) een ~ omdraaien* umschalten **2** [plantk] Knospe (v[21])
3 [oorclip] Ohr(en)clip (m[13])
knopen (ver)knoten, knüpfen: *aan elkaar ~*
verknoten, verknüpfen; *een das ~* eine Krawatte binden[131]; [fig] *de eindjes (met moeite)
aan elkaar kunnen ~* gerade mit seinem Geld
auskommen[193]
knorren 1 [grommen] knurren, brummen
2 [m.b.t. varken] grunzen
knorrig mürrisch, unwirsch
de **knot 1** [kluwen] Knäuel (o[33]) **2** [haarwrong]
Haarknoten (m[11])
de **¹knots** (zn) **1** [knuppel] Keule (v[21]) **2** [iets
groots] Riesen…: *een ~ van een bult* eine Rie-
senbeule

²**knots** (bn, bw) verrückt, bekloppt

knotten 1 [m.b.t. bomen] kappen, stutzen **2** [fig] stutzen

de **knotwilg** Kappweide (v²¹), Kopfweide (v²¹)

de **knowhow** Know-how (o³⁹, o³⁹ᵃ)

knudde: *het is* ~ das ist unter aller Kritik

de **knuffel 1** [liefkozing] Umarmung (v²⁰): *iem. een stevige* ~ *geven* jmdn. ordentlich drücken **2** [knuffeldier] Plüschtier (o²⁹), Kuscheltier (o²⁹)

het **knuffeldier** Kuscheltier (o²⁹)

knuffelen (ab)knutschen; [sterker] hätscheln

de **knuist** Faust (v²⁵)

de **knul 1** [alg] Kerl (m⁵) **2** [sukkel] Trottel (m⁹): *een goeie* ~ ein Trottel **3** [lomperd] Lümmel (m⁹)

knullig tölpelhaft, unbeholfen

de **knuppel 1** Knüppel (m⁹) **2** [fig] Lümmel (m⁹)

knus behaglich, gemütlich, kuschelig

de **knutselaar** Bastler (m⁹)

knutselen basteln

het **knutselwerk** Bastelarbeit (v²⁰), Bastelei (v²⁰)

de **koala** Koala (m¹³), Beutelbär (m¹⁴)

het **kobalt** Kobalt (o)

koddig komisch, drollig, ulkig

de **koe** Kuh (v²⁵): *oude koeien uit de sloot halen* alten Kohl aufwärmen; *men weet nooit, hoe een* ~ *een haas vangt* man kann nie wissen, wie der Hase läuft

de **koehandel** Kuhhandel (m¹⁹)

de **koeienletter** Riesenbuchstabe (m¹⁸)

koeioneren kujonieren³²⁰, schikanieren³²⁰

de **koek** Kuchen (m¹¹): *gevulde* ~ mit Mandelmasse gefüllter Kuchen; *het is voor hem gesneden* ~ das ist für ihn ein Leichtes; *dat gaat erin als* ~ das kommt gut an; *dat is oude* ~ das ist kalter Kaffee; *het was* ~ *en ei tussen hen* sie waren ein Herz und eine Seele

de **koekenpan** Bratpfanne (v²¹)

het **koekje** Plätzchen (o³⁵); [droog] Keks (m⁵, o²⁹): *hij kreeg een* ~ *van eigen deeg* ihm wurde mit gleicher Münze heimgezahlt

de **koekoek 1** [vogel] Kuckuck (m⁵) **2** [dakkapel] Dachgaube (v²¹)

de **koekoeksklok** Kuckucksuhr (v²⁰)

de **koektrommel** Keksdose (v²¹)

koel 1 kühl **2** [kalm] kühl, kalt(blütig)

koelbloedig kaltblütig

de **koelbox** Kühlbox (v²⁰)

de **koelcel** Kühlraum (m⁶)

koelen 1 kühlen **2** [ontladen] kühlen (an⁺³), auslassen¹⁹⁷ (an⁺³)

de **koeler** Kühler (m⁹)

het **koelhuis** Kühlhaus (o³²)

de **koeling** Kühlung (v²⁰)

de **koelkast** Kühlschrank.(m⁶)

de **koeltas** Kühltasche (v²¹)

de **koelte** Kühle (v²⁸), Kühlung (v²⁸)

koeltjes kühl, frostig, kalt

de **koeltoren** Kühlturm (m⁶)

de **koelvloeistof** Kühlflüssigkeit (v²⁰)

het **koelwater** Kühlwasser (o³⁴)

koen kühn, beherzt

de **koepel** Kuppel (v²¹)

de **koepeltent** Kuppelzelt (o²⁹)

de **Koerd** Kurde (m¹⁵), Kurdin (v²²)

Koerdisch kurdisch

Koerdistan Kurdistan (o³⁹)

koeren girren, gurren

de **koerier** Kurier (m⁵); Bote (m¹⁵), Botin (v²²)

de **koers 1** Kurs (m⁵): *de* ~*en dalen, stijgen* die Kurse fallen, steigen; ~ *zetten naar* Kurs nehmen²¹² auf⁺⁴; *uit de* ~ *raken* vom Kurs abkommen¹⁹³ **2** [sport] Rennen (o³⁵)

de **koersdaling** Kursrückgang (m⁶)

koersen steuern; [sport] (mit)fahren¹⁵³

de **koersschommeling** Kursschwankung (v²⁰)

de **koerswijziging** Kursänderung (v²⁰)

de **koerswinst** Kursgewinn (m⁵)

koest ruhig, still: *zich* ~ *houden* kuschen

koesteren 1 [verzorgen] hegen und pflegen **2** [verwarmen] (er)wärmen: *zich in de zon* ~ sich sonnen **3** [bij zichzelf voelen] hegen: *de hoop, illusies* ~ die Hoffnung, Illusionen hegen; *het voornemen* ~ die Absicht haben¹⁸²

het **koeterwaals** Kauderwelsch (o³⁹)

de **koets** Kutsche (v²¹)

de **koetsier** Kutscher (m⁹)

de **koevoet** Kuhfuß (m⁶), Brechstange (v²¹)

Koeweit Kuwait (o³⁹)

de **Koeweiter** Kuwaiter (m⁹), Kuwaiterin (v²²)

Koeweits kuwaitisch

de **koffer** Koffer (m⁹); [kist] Truhe (v²¹); [bed] Falle (v²¹)

de **kofferbak** Kofferraum (m⁶)

de **koffie** Kaffee (m¹⁹): *slappe* ~ dünner Kaffee; *sterke* ~ starker Kaffee; *dat is geen zuivere* ~ an der Sache ist etwas faul

de **koffieboon** Kaffeebohne (v²¹)

het **koffiedik** Kaffeesatz (m¹⁹)

het/de **koffiefilter** Kaffeefilter (m⁹)

de **koffiekan** Kaffeekanne (v²¹)

het **koffiekopje** Kaffeetasse (v²¹)

de **koffiemelk** Kaffeemilch (v²⁸)

de **koffiepot** Kaffeekanne (v²¹)

de **koffieshop** Coffeeshop (m¹³)

de **koffietafel** ausgedehnte Brotmahlzeit (v²⁰) mit einer warmen Vorspeise

de **koffietijd**, de **koffie-uur** Kaffeezeit (v²⁰)

het **koffiezetapparaat** Kaffeemaschine (v²¹)

koffiezetten Kaffee kochen (*of:* machen)

de **kogel 1** Kugel (v²¹): *de* ~ *krijgen* erschossen werden³¹⁰ **2** [hard schot] Bombenschuss (m⁶) || *de* ~ *is door de kerk* die Würfel sind gefallen

de **kogelbiefstuk** Steak (o³⁶) von der Kugel; Rumpsteak (o³⁶)

het **kogelgewricht** Kugelgelenk (o²⁹)

het **kogellager** Kugellager (o³³)
  kogelslingeren Hammerwerfen (o³⁹)
  kogelstoten Kugelstoßen (o³⁹)
  kogelvrij kugelsicher, kugelfest: ~ *vest* Schutzweste (v²¹)
de **koikarper** Koi (m¹³)
de **kok** Koch (m⁶)
  koken kochen: *eten* ~ Essen kochen
  kokendheet kochend heiß
de ¹**koker** [kooktoestel] Kocher (m⁹)
de ²**koker 1** Behälter (m⁹) **2** [foedraal] Futteral (o²⁹) **3** [voor pijlen] Köcher (m⁹) **4** [voor sigaren] Etui (o³⁶) **5** [van lift] Schacht (m⁶) **6** [voor tabletten] Röhrchen (o³⁵) || [fig] *dat komt niet uit* zijn ~ das ist nicht auf seinem Mist gewachsen
  koket kokett
  kokhalzen 1 würgen: *hij stond te* ~ er musste heftig würgen **2** [walgen] sich ekeln (vor⁺³)
de **kokkerd** [neus] Gurke (v²¹)
  kokkerellen kochen
het **kokos** Kokosnuss (v²⁵): *geraspte* ~ Kokosraspel (mv)
de **kokosmat** Kokosmatte (v²¹)
de **kokosnoot** Kokosnuss (v²⁵)
de **kokospalm** Kokospalme (v²¹)
de **koksmuts** Kochmütze (v²¹)
de **kolder** Blödsinn (m¹⁹): [fig] *de ~ in de kop hebben* einen Koller haben¹⁸²
de **kolen** Kohle (v²¹, meestal mv): *op hete* ~ *zitten* (wie) auf (glühenden) Kohlen sitzen²⁶⁸
de **kolencentrale** Kohlekraftwerk (o²⁹)
de **kolenmijn** Kohlenbergwerk (o²⁹), Kohlengrube (v²¹)
de **kolere**: [inf] *krijg de ~!* rutsch mir den Buckel runter!
de **kolf** Kolben (m¹¹)
het **kolfje**: *dat is een ~ naar mijn hand* das passt mir in den Kram
de **kolibrie** Kolibri (m¹³)
het/de **koliek** Kolik (v²⁰)
de **kolk** [draaikolk] Strudel (m⁹); [put] Gully (m¹³, o³⁶)
  kolken strudeln, wirbeln
de **kolom 1** Säule (v²¹) **2** [typ] Spalte (v²¹): *in twee ~men* zweispaltig **3** [boekhouden] Kolumne (v²¹)
de **kolonel** Oberst (m⁵, m¹⁴)
  koloniaal kolonial, kolonial…, Kolonial…
het **kolonialisme** Kolonialismus (m¹⁹ᵃ)
de **kolonie** Kolonie (v²¹)
de **kolonisatie** Kolonisation (v²⁰)
  koloniseren kolonisieren³²⁰
de **kolonist** Kolonist (m¹⁴)
de **kolos** Koloss (m⁵); [personen meestal] Riese (m¹⁵)
  kolossaal kolossal, riesenhaft, riesig
  kolven [m.b.t. borstvoeding] abpumpen
de ¹**kom** (zn) **1** Schale (v²¹), Schüssel (v²¹) **2** [aardr] Mulde (v²¹); [groot] Becken (o³⁵)

3 [bassin] Bassin (o³⁶) || *bebouwde* ~ geschlossene Ortschaft (v²⁰)
²**kom** (tw) [aansporing] komm (schon)!, los!
de **komaf** Herkunft (v²⁵), Geburt (v²⁰)
de **kombuis** Kombüse (v²¹)
de **komediant** Komödiant (m¹⁴)
de **komedie** Komödie (v²¹)
de **komeet** Komet (m¹⁴)
  komen kommen¹⁹³: *er komt regen* wir bekommen Regen; *het kwam als* een verrassing es kam überraschend; *de dingen, die ~ zullen,* afwachten der Dinge harren, die da kommen sollen; *de dokter laten ~* den Arzt kommen lassen¹⁹⁷; *kom hier!* komm (hier)her!; *daar komt niets van in!* das kommt nicht infrage!; *~ aanlopen* angelaufen kommen; *~ aanrijden* angefahren kommen; *iem. ~ bezoeken* jmdn. besuchen; *ik kom (je) helpen* ich komme, um (dir) zu helfen; *de trap ~ oplopen* die Treppe heraufkommen; *hij kwam te vallen* er fiel (hin); *hij kwam naast me zitten* er setzte sich neben mich; *hij kwam te sterven* er starb; *hoe kom je aan dat geld?* woher hast du das Geld?; *hoe ~ we aan een goed huis?* wie kommen wir zu einem guten Haus?; *er komt geen eind aan* es nimmt kein Ende; *achter het geheim ~* hinter das Geheimnis kommen; *bij iem. ~ zu* jmdm. kommen; *hoe kom je erbij?* wie kommst du dazu?; *daar komt nog bij dat …* hinzu kommt noch, dass …; *dat komt door het vele drinken* das kommt vom vielen Trinken; *ik ben benieuwd of die wet erdoor komt* ich bin gespannt, ob das Gesetz durchgebracht wird; *daar kan ik in ~* das kann ich mir vorstellen; *om het leven ~* ums Leben kommen; *hoe ~ ze op dat idee?* wie kommen sie auf diese Idee?; *op krachten ~* zu Kräften kommen; *ik kwam op tijd bij hem* ich kam rechtzeitig zu⁺³ ihm; *dat komt op 50 euro* das beläuft sich auf 50 Euro; *met iem. tot zaken ~* mit jmdm. ins Geschäft kommen; *ik kom er niet uit* ich krieg's nicht hin; *komt er nog wat van!* wird's bald!
  komend 1 [volgend] nächst, kommend: *~e week* nächste (of: kommende) Woche **2** [toekomstig] künftig
de ¹**komiek** (zn) Komiker (m⁹)
²**komiek** (bn, bw) komisch
de **komijn** Kümmel (m⁹)
  komisch komisch, drollig
de **komkommer** Gurke (v²¹)
de **komkommertijd** [vakantietijd] Saure-Gurken-Zeit (v²⁰)
de **komma** Komma (o³⁶, mv: ook Kommata)
de **kommer 1** [gebrek] Elend (o³⁹) **2** [leed] Kummer (m¹⁹), Elend (o³⁹): *~ en kwel* Kummer und Sorge
het **kompas** Kompass (m⁵)
de **kompasnaald** Kompassnadel (v²¹)
het **kompres** Kompresse (v²¹)
de **komst** Eintreffen (o³⁹), Ankunft (v²³), Be-

such (m⁵): ~ *van de Messias* Kommen (o³⁹) des Messias; *er is onweer op* ~ ein Gewitter ist im Anzug; *er is een kind op* ~ es ist ein Kind unterwegs

het **konijn** Kaninchen (o³⁵): *tam* ~ Hauskaninchen (o³⁵)

het **konijnenhok** Kaninchenstall (m⁶)

het **konijnenhol** Kaninchenbau (m⁵)

de **koning** König (m⁵): *de* ~ *te rijk zijn* sich königlich freuen

de **koningin** Königin (v²²)

Koninginnedag Geburtstag (m⁵) der Königin

koningsgezind königstreu, royalistisch

het **koningshuis** Königshaus (o³²)

koninklijk königlich

het **koninkrijk** Königreich (o²⁹)

konkelen kungeln, mauscheln, intrigieren³²⁰

de **kont** Hintern (m¹¹), Arsch (m⁶)

het **konvooi** Konvoi (m¹³)

de **kooi 1** [voor vogels] Bauer (o³³), Käfig (m⁵) **2** [voor wilde dieren] Käfig (m⁵) **3** [voor honden] Zwinger (m⁹) **4** [voor schapen e.d.] Stall (m⁶) **5** [scheepv] Koje (v²¹)

de **kook** Kochen (o³⁹): *aan de* ~ *brengen* zum Kochen bringen¹³⁹; *van de* ~ *zijn* [lett] nicht mehr kochen; [fig] durcheinander sein

het **kookboek** Kochbuch (o³²)

de **kookgelegenheid** Kochgelegenheit (v²⁰)

de **kookkunst** Kochkunst (v²⁵)

de **kookplaat** Kochplatte (v²¹)

het **kookpunt** [ook fig] Siedepunkt (m⁵)

de **kookwekker** Küchenwecker (m⁹)

de ¹**kool** [plantk] Kohl (m¹⁹): *een* ~ ein Kohlkopf (m⁶); *Chinese* ~ Chinakohl; *groene~* Wirsingkohl; *rode~* Rotkohl; *witte~* Weißkohl

de ²**kool** [steen-, houtskool] Kohle (v²¹)

het **kooldioxide** Kohlendioxid (o²⁹)

het **koolhydraat** Kohle(n)hydrat (o²⁹)

de **koolmees** Kohlmeise (v²¹)

het **koolmonoxide** Kohlen(mon)oxid (o³⁹)

de **koolraap** Kohlrübe (v²¹), Steckrübe (v²¹)

de **koolrabi** Kohlrabi (m, 2e nvl: -(s); mv: -(s))

de **koolstof** Kohlenstoff (m⁵)

de **koolvis** Seelachs (m⁵)

de **koolwaterstof** Kohlenwasserstoff (m⁵)

het **koolwitje** Kohlweißling (m⁵)

het **koolzaad** Raps (m⁵)

het **koolzuur** Kohlensäure (v²⁸)

koolzuurhoudend kohlensäurehaltig

de **koon** Wange (v²¹), Backe (v²¹)

de **koop** Kauf (m⁶): ~ *op afbetaling* Abzahlungskauf; *een goede* ~ *doen* einen guten Kauf machen; *te* ~ *(aan)bieden* zum Kauf anbieten¹³⁰; *met iets te* ~ *lopen* etwas zur Schau tragen²⁸⁸; *het huis staat te* ~ das Haus steht zum Kauf (aus); *te* ~ *gevraagd* zu kaufen gesucht; *te* ~ *(zijn)* zu verkaufen (sein); *dat is overal te* ~ das ist überall zu haben; *op de* ~ *toe* noch dazu; *iets op de* ~ *toe nemen* etwas in Kauf nehmen²¹²

de **koopakte** Kaufvertrag (m⁶)

de **koopavond** Dienstleistungsabend (m⁵)

het **koopcontract** Kaufvertrag (m⁶)

koopgraag kauflustig

het **koophuis** Eigenheim (o²⁹); [appartement] Eigentumswohnung (v²⁰)

het **koopje** Gelegenheitskauf (m⁶): *op een* ~ für einen Spottpreis

de **koopjesjager** Schnäppchenjäger (m⁹)

de **koopkracht** Kaufkraft (v²⁵)

de **koopman** Kaufmann (m⁸, mv: ook Kaufleute), Händler (m⁹)

de **koopsom** Kaufsumme (v²¹)

de **koopvaardij** Handelsschifffahrt (v²⁸)

de **koopvaardijvloot** Handelsflotte (v²¹)

de **koopwaar** Handelsware (v²¹)

koopziek kaufsüchtig

de **koopzondag** verkaufsoffener Sonntag (m⁵)

het **koor** Chor (m⁶): *in* ~ im Sprechchor

het/de **koord 1** Schnur (v²⁵) **2** [touw] Seil (o²⁹)

de **koorddanser** Seiltänzer (m⁹), Seilakrobat (m¹⁴)

de **koorknaap** Chorknabe (m¹⁵)

de **koorts** Fieber (o³³): ~ *hebben* Fieber haben¹⁸²

koortsachtig, koortsig fiebrig, fieberhaft

de **koortslip** Herpeslippe (v²¹)

de **koortsthermometer** Fieberthermometer (o³³)

de **koortsuitslag** Fieberflecken (mv)

koortsvrij fieberfrei

de **koorzang** Chorgesang (m⁶)

koosjer koscher

de **koosnaam** Kosename (m¹⁸)

het **kootje** [van vinger] Fingerglied (o³¹); [van teen] Zehenglied (o³¹)

de **kop 1** Kopf (m⁶): *een kale* ~ eine Glatze; ~ *op!* Kopf hoch!; *iem. aan zijn* ~ *zeuren* jmdm. in den Ohren liegen²⁰²; [fig] *met* ~ *en schouders boven iem. uitsteken* jmdm. haushoch überlegen sein²⁶²; *zich niet op de* ~ *laten zitten* sich³ nicht auf den Kopf spucken lassen¹⁹⁷; *over de* ~ *gaan* [lett] sich überschlagen²⁴¹; [fig] Pleite gehen¹⁶⁸; *van* ~ *tot teen* von Kopf bis Fuß **2** [mond] Klappe (v²¹): *hou je* ~*!* halt die Klappe! **3** [verstand] Kopf (m⁶) **4** [manschappen] Köpfe (mv m⁶), Besatzung (v²⁰) **5** [wat doet denken aan kop] Kopf (m⁶), Spitze (v²¹): *de* ~ *van Groningen* der nördliche Teil der Provinz Groningen; [sport] *de* ~ *nemen* die Spitze übernehmen²¹²; *op* ~ *komen* sich an die Spitze setzen; *op* ~ *liggen* an der Spitze liegen²⁵² **6** [in krant] Schlagzeile (v²¹) **7** [drinkkom] Tasse (v²¹) **8** [wolk] Gewitterwolke (v²¹) ‖ *iets op de* ~ *tikken* etwas erstehen²⁷⁹; *de* ~ *indrukken* **a)** [van bijv. gerucht] zum Schweigen bringen¹³⁹; **b)** [anders] unterdrücken; *de* ~ *opsteken* aufkommen¹⁹³; *op* zijn ~ *krijgen* eins auf den Deckel bekommen[193]; *zich over de ~ werken* sich übernehmen[212]

de **kopbal** Kopfball (m[6]), Kopfstoß (m[6])

kopen 1 kaufen **2** [van kaartjes] lösen **3** [aankopen] erwerben[309]

de **kop-en-schotel** Tasse (v[21]) und Untertasse (v[21])

de **¹koper** [wie koopt] Käufer (m[9])

het **²koper** [metaal] Kupfer (o[39])

het/de **koperdraad** Kupferdraht (m[6])

koperen kupfern, Kupfer...

het **koperwerk** Kupfer (o[39])

de **kopgroep** Spitzengruppe (v[21])

de **kopie** Kopie (v[21]); [afschrift, ook] Abschrift (v[20])

het **kopieerapparaat** Kopiergerät (o[29]), Kopierer (m[9])

kopiëren kopieren[320]; [afschrift maken, ook] abschreiben[252]; [van kunstwerk] nachbilden

de **kopij** Manuskript (o[29])

het **kopje** [drinkkom] Tasse (v[21]) ‖ *iem. een ~ kleiner maken* jmdn. einen Kopf kleiner machen

kopjeduikelen einen Purzelbaum machen

kopje-onder mit dem Kopf unter Wasser

de **koplamp** Scheinwerfer (m[9])

de **koploper** Spitzenreiter (m[9])

de **¹koppel** [riem] Koppel (o[33]), Koppelriemen (m[11])

het **²koppel 1** [paar] Paar (o[29]), Gespann (o[29]) **2** [stel, menigte] Koppel (v[21]) **3** [techn] Drehmoment (o[29])

de **koppelaar** Ehestifter (m[9])

de **koppelaarster** Ehestifterin (v[22])

de **koppelbaas** Arbeitsvermittler (m[9]), Subunternehmer (m[9])

koppelen 1 [van dieren] koppeln **2** [van mensen] verkuppeln **3** [elek, nat, spoorw] koppeln, kuppeln **4** [van woorden] koppeln **5** [ruimtev] andocken

de **koppeling 1** [van mensen] Verkupp(e)lung (v[20]) **2** [elek, nat, spoorw] Kopp(e)lung (v[20]), Kupp(e)lung (v[20]) **3** [van auto] Kupplung (v[20])

het **koppelteken** Bindestrich (m[5])

het **koppelwerkwoord** Kopula (v[27], mv: ook Kopulae)

koppen köpfen

koppig 1 [eigenzinnig] dickköpfig, eigensinnig **2** [naar het hoofd stijgend] schwer

de **koppigaard** [Belg] Dickkopf (m[6])

de **koppigheid** Starrsinn (m[19])

de **koprol** Rolle (v[21]); [sport] Purzelbaum (m[6])

kopschuw kopfscheu

de **kop-staartbotsing** Auffahrunfall (m[6])

de **kopstoot** Kopfstoß (m[6])

het **kopstuk 1** [bovenste deel] Kopf (m[6]) **2** [op de voorgrond tredend figuur] Prominente(r) (m[40a], v[40b])

de **koptelefoon** Kopfhörer (m[9])

de **kopzorg** Kopfzerbrechen (o[39])

het **¹koraal** [muz] Choral (m[6])

het **²koraal** [dierk; kraal] Koralle (v[21])

het **koraaleiland** Koralleninsel (v[21])

het **koraalrif** Korallenriff (o[29])

de **Koran** Koran (m[5])

kordaat beherzt, entschlossen

het **kordon** Kordon (m[13])

Korea Korea (o[39])

de **Koreaan** Koreaner (m[9]), Koreanerin (v[22])

Koreaans koreanisch

het **koren** Korn (o[29]), Getreide (o[33])

de **korenbloem** Kornblume (v[21])

de **korenwolf** Feldhamster (m[9])

de **korf** Korb (m[6])

het **korfbal** Korbball (m[6])

korfballen Korbball spielen

het **korhoen** Birkhuhn (o[32])

de **koriander** Koriander (m[9])

de **kornuit** Kumpan (m[5]), Kamerad (m[14])

de **korporaal** Obergefreite(r) (m[40a], v[40b])

het **korps** Korps (o, 2e nvl: -; mv: -) /koor/

de **korpschef** Polizeichef (m[13])

de **korrel** Korn (o[32])

korrelig körnig, gekörnt

het **korreltje** Körnchen (o[35]): *iets met een ~ zout nemen* etwas nicht so ernst nehmen[212]

het **korset** Korsett (o[29], o[36])

de **korst 1** [van kaas, brood] Rinde (v[21]) **2** [hard] Kruste (v[21]) **3** [op wond] Kruste (v[21]), Schorf (m[5])

het **korstmos** Flechte (v[21])

kort 1 kurz[58]: *~e vakantie* Kurzurlaub (m[5]); *sinds ~* seit Kurzem; *tot voor ~* bis vor Kurzem; *te ~ komen* zu kurz kommen[193]; *ik kom (geld) te ~* ich habe zu wenig Geld dabei; *iem. ~ houden* **a)** [met geld] jmdn. kurzhalten[183]; **b)** [met vrijheid] jmdn. an der Kandare haben[182]; **c)** [met vrijheid] jmdn. an der Kandare halten[183]; *alles ~ en klein slaan* alles zerschlagen[241] **2** [beknopt] kurz gefasst: *~ verhaal* Kurzgeschichte (v[21]); *~ en bondig* kurz und bündig; *om ~ te gaan* kurz und gut; *in het ~* kurz (gesagt); *nieuws in het ~* Kurznachrichten (mv v[20]); *het ~ maken* **a)** [bij het vertellen] sich kurzfassen; **b)** [vlug afwerken] eine Sache kurz abtun[295] **3** [klein] gedrungen

kortaangebonden kurz angebunden

kortademig kurzatmig

kortaf kurz (angebunden)

¹korten (onov ww) kürzer werden[310], abnehmen[212]

²korten (ov ww) kürzen: *iem. op zijn salaris ~* jmdm. das Gehalt kürzen; *de tijd ~* die Zeit verkürzen

het **kortetermijngeheugen** Kurzzeitgedächtnis (o[29a])

de **korting 1** Rabatt (m[5]), Preisnachlass (m[5], m[6]), Ermäßigung (v[20]); [voor contante betaling] Skonto (m[13], o[36], mv: ook Skonti) **2** [inhouding] Kürzung (v[20]): *~ op het loon* Lohn-

kürzung (v[20])
kortom kurz(um)
kortsluiten kurzschließen[245]
de **kortsluiting** Kurzschluss (m[6])
kortstondig kurz, von kurzer Dauer
kortweg 1 kurz **2** [eenvoudigweg] kurz-
weg
kortwieken die Flügel stutzen: [fig] *iem.* ~
jmdm. die Flügel beschneiden
kortzichtig kurzsichtig
korzelig mürrisch, griesgrämig
kosmisch kosmisch
de **kosmonaut** Kosmonaut (m[14])
de **kosmos** Kosmos (m[19]), Weltall (o[39])
de **kost 1** [wat betaald moet worden] Kosten
(mv): *bijkomende ~en* Nebenkosten; *~en van
levensonderhoud* Lebenshaltungskosten; *de
~en dragen* die Kosten tragen[288]; *dat brengt
veel ~en met zich mee* das bringt viele Unkosten mit sich; *~en noch moeite sparen* weder
Kosten noch Mühe scheuen; *bijdrage in de
~en* Unkostenbeitrag (m[6]); *iem. op ~en jagen*
jmdn. in Unkosten stürzen **2** [levensonder-
houd] Lebensunterhalt (m[19]): *de ~ verdienen*
(sich[3]) seinen Lebensunterhalt verdienen
3 [dagelijkse voeding] Kost (v[28]): ~ *in inwoning* Kost und Logis, Verpflegung und Unterkunft; *ergens in de ~ zijn* bei jmdm. woh-
nen || *ten ~e van* auf Kosten[+2]; *dat gaat ten ~e
van zijn gezondheid* das geht auf Kosten seiner Gesundheit; *zijn ogen de ~ geven* die Augen offen halten[183]
kostbaar 1 [van grote waarde] kostbar,
wertvoll **2** [veel kostend] kostspielig
de **kostbaarheid** Kostbarkeit (v[28])
kostelijk köstlich
kosteloos kostenfrei, kostenlos, unent-
geltlich
kosten kosten: *moeite ~* Mühe kosten; *dat
kan je je baan ~* das kann dich die Stellung
kosten; *zie kost*
de **kosten-batenanalyse** Kosten-Nutzen-
Analyse (v[21])
kostenbesparend kostensparend
kostendekkend kostendeckend
de **kostenstijging** Kostensteigerung (v[20])
de **koster** Küster (m[9]), Kirchendiener (m[9])
de **kostganger** Kostgänger (m[9])
het **kostgeld** Kostgeld (o[39])
de **kostprijs** Selbstkostenpreis (m[5])
de **kostschool** Internat (o[29])
het **kostuum 1** [pak] [met broek] Anzug (m[6]);
[met rok] Kostüm (o[29]) **2** [theat; hist] Kostüm
(o[29])
de **kostwinner** Ernährer (m[9]), Verdiener (m[9])
het **kot** [Belg; studentenkamer] Zimmer (o[33]): *op
~ zitten* ein Zimmer haben[182]
de **kotbaas** [Belg] [pop] Zimmervermieter (m[9])
de **kotelet** Kotelett (o[36])
de **koter** Wurm (o[32]), Wicht (m[5])
de **kotmadam** [Belg] [pop] Zimmervermiete-

rin (v[22])
kotsbeu: [Belg] *iets ~ zijn* von etwas die
Nase voll haben, etwas gründlich satthaben
kotsen kotzen: *het is om te ~* es ist zum
Kotzen
kotsmisselijk kotzübel, speiübel
de **kotstudent** [Belg] Student (m[14]), der ein
Zimmer gemietet hat
de **kotter** Kutter (m[9])
de **kou 1** Kälte (v[28]): *hevige ~* grimmige Kälte;
[fig] *iem. in de ~ laten staan* jmdn. fallen lassen[197] **2** [verkoudheid] Erkältung (v[20])
koud kalt[58]: *ik heb het ~* ich friere, mir ist
kalt; *dat laat mij ~* das ist mir egal; *iem. ~ maken* jmdn. kaltmachen; *ik werd er ~ van* es
überlief mich kalt || *~e drukte* Windmacherei
(v[28]); *we waren ~ thuis toen ...* wir waren kaum
zu Hause, als ...
koudbloedig [ook fig] kaltblütig
de **koudwatervrees** übertriebene Angst (v[25])
het **koufront** Kaltfront (v[20]), Kältefront (v[20])
de **koukleum** Fröstler (m[6]), Fröstling (m[5])
de **kous 1** Strumpf (m[6]) **2** [van olielamp] Docht
(m[5]) || *daarmee is de ~ af* damit ist die Sache
erledigt
de **kousenvoeten**: *op ~* [fig] auf Zehenspit-
zen
kouvatten sich erkälten
kouwelijk verfroren, fröst(e)lig
het **¹kozijn** [van venster] Fensterrahmen (m[11]);
[van deur] Türrahmen (m[11])
de **²kozijn** [Belg] [neef] Vetter (m[17])
de **kraag** Kragen (m[11]): *iem. bij zijn ~ pakken*
jmdn. am (of: beim) Kragen packen || *hij heeft
een stuk in zijn ~* er hat einen sitzen
de **kraai** Krähe (v[21])
kraaien krähen
het **kraaiennest** Krähennest (o[31])
de **kraaienpootjes** Krähenfüße (mv m[6])
de **kraak** [inbraak] Bruch (m[6]), Einbruch (m[6]):
een ~ zetten einbrechen[137]
de **kraakactie** Hausbesetzung (v[20])
het **kraakbeen** Knorpel (m[9])
het **kraakpand** besetztes Haus (o[32])
de **kraakstem** knarrende Stimme (v[21])
de **kraal** Perle (v[21]), Glasperle (v[21])
de **kraam** Bude (v[21])
de **kraamafdeling** Entbindungsstation (v[20]),
Entbindungsabteilung (v[20])
het **kraambed** Wochenbett (o[37])
de **kraamhulp 1** [persoon] Wochenpfleger
(m[9]), Wochenpflegerin (v[22]) **2** [kraamverple-
ging] Wochenpflege (v[21])
de **kraamkliniek** Entbindungsanstalt (v[20]),
Entbindungsheim (o[29])
de **kraamverzorgster** Wochenpflegerin (v[22])
de **kraamvisite** Wochenbettbesuch (m[5])
de **kraamvrouw** Wöchnerin (v[22])
de **kraamzorg** Mütterfürsorge (v[21])
de **¹kraan 1** [in leiding] Hahn (m[6]) **2** [hijskraan]
Kran (m[5], m[6]) **3** [kraanvogel] Kranich (m[5])

de **²kraan** [uitblinker] Ass (o²⁹), Kanone (v²¹)
de **kraandrijver** Kranführer (m⁹)
de **kraanvogel** Kranich (m⁵)
de **kraanwagen** Kranwagen (m¹¹)
het **kraanwater** Leitungswasser (o³⁹)
de **krab 1** [dierk] Krabbe (v²¹) **2** [schram] Schramme (v²¹), Kratzer (m⁹)
de **krabbel 1** [schram] Schramme (v²¹) **2** [meervoud; van pen, potlood] Gekritzel (o³⁹) **3** [schets] Skizze (v²¹)
   krabbelen 1 [krabben] kratzen **2** [slecht schrijven] kritzeln
   krabben kratzen
de **krabber** Kratzer (m⁹)
de **kracht** Kraft (v²⁵): *argumenten* ~ *bijzetten* Argumenten Nachdruck verleihen²⁰⁰; *zijn woorden* ~ *bijzetten* seinen Worten Taten folgen lassen; *met* ~ *optreden* kräftig auftreten²⁹¹; *met vereende* ~*en* mit vereinten Kräften; *op* ~*en komen* zu Kräften kommen¹⁹³; *op eigen* ~ aus eigener Kraft; *van* ~ *worden* in Kraft treten²⁹¹; *van* ~ *zijn* in Kraft sein²⁶²; *die wet is niet meer van* ~ dieses Gesetz ist nicht mehr in Kraft
de **krachtbron** Kraftquelle (v²¹)
   krachtdadig energisch, tatkräftig
   krachteloos 1 [zwak] kraftlos **2** [ongeldig] außer Kraft: ~ *maken* entkräften; *een besluit* ~ *maken* einen Beschluss außer Kraft setzen
   krachtens kraft⁺², aufgrund⁺², auf Grund⁺²
   krachtig 1 [sterk] kräftig: ~*e wind* starker Wind **2** [met grote uitwerking] kräftig, wirksam **3** [met kracht, flink] kraftvoll, energisch: ~ *remmen* scharf bremsen
de **krachtmeting** Kraftprobe (v²¹)
de **krachtpatser** Kraftmeier (m⁹), Muskelpaket (o²⁹)
de **krachtproef** Kraftprobe (v²¹)
de **krachtsinspanning** Kraftanstrengung (v²⁰)
de **krachtsport** Kraftsport (m⁵), Schwerathletik (v²⁸)
de **krachtterm** Kraftausdruck (m⁶)
de **krachttraining** Krafttraining (o³⁶)
de **krak** [ook fig] Knacks (m⁵)
   krakelen krakeelen, sich streiten²⁸⁷
de **krakeling** Brezel (v²¹): *zoute* ~ Salzbrezel (v²¹)
   ¹kraken (onov ww) [gekraak laten horen] [m.b.t. vloer, dak, radio, telefoon, bot] knacken; [m.b.t. bed, trap, stem, schoen] knarren; [m.b.t. ijs] krachen; [m.b.t. sneeuw] knirschen; [m.b.t. papier] knistern
   ²kraken (ov ww) **1** [met gekraak doen breken] [ook fig] knacken: *een brandkast* ~ einen Geldschrank knacken; *een computer* ~ einen Computer knacken; *noten* ~ Nüsse knacken **2** [afkraken] heruntermachen **3** [chem] kracken, spalten ‖ *een huis* ~ ein Haus besetzen
de **kraker 1** [van brandkast] Knacker (m⁹)

2 [van huis] Hausbesetzer (m⁹) **3** [van computer] Hacker (m⁹) **4** [succesnummer] Schlager (m⁹)
   krakkemikkig klapp(e)rig, wack(e)lig
de **kram** Krampe (v²¹); [med] Klammer (v²¹): [Belg] *uit zijn* ~*men schieten* aufbrausen
de **kramiek** [Belg] Weizenbrot (o²⁹) mit Rosinen
de **kramp** Krampf (m⁶)
   krampachtig [ook fig] krampfhaft
   kranig tüchtig
   krankjorum verrückt
   krankzinnig 1 [geestesziek] geisteskrank, geistesgestört **2** [dwaas; heel erg] wahnsinnig, irrsinnig: ~ *duur* wahnsinnig teuer
de **krankzinnige** Irrsinnige(r) (m⁴⁰ᵃ, v⁴⁰ᵇ), Wahnsinnige(r) (m⁴⁰ᵃ, v⁴⁰ᵇ)
de **krans** Kranz (m⁶)
de **kransslagader** Herzkranzschlagader (v²¹)
de **krant** Zeitung (v²⁰), Tageszeitung (v²⁰)
het **krantenartikel** Zeitungsartikel (m⁹)
het **krantenbericht** Zeitungsbericht (m⁵)
de **krantenbezorger** Zeitungsausträger (m⁹)
de **krantenkiosk** Zeitungskiosk (m⁵)
het **krantenknipsel** Zeitungsausschnitt (m⁵)
de **krantenkop** Schlagzeile (v²¹)
de **krantenwijk**: *een* ~ *hebben* Zeitungen austragen²⁸⁸
   krap knapp, eng: *een* ~*pe overwinning* ein knapper Sieg; *ze hebben het* ~ sie kommen nur knapp aus; [fig] ~ *zitten* knapp bei Kasse sein²⁶²
de **¹kras** (zn) Kratzer (m⁹)
   ²kras (bn, bw) **1** [m.b.t. personen] rüstig **2** [m.b.t. zaken] krass: ~*se maatregelen* krasse Maßnahmen ‖ [fig] *dat is* ~ das ist starker Tobak
het **kraslot** Rubbellos (o²⁹)
   krassen 1 kratzen **2** [m.b.t. vogels] krächzen
het **krat 1** [kist] Lattenkiste (v²¹) **2** [voor flessen] Kasten (m¹²): *een* ~ *bier* ein Kasten Bier
de **krater** Krater (m⁹)
het **krediet 1** [lett] Kredit (m⁵): *doorlopend* ~ durchlaufender Kredit **2** [fig] Vertrauen (o³⁹)
de **kredietbank** Kreditbank (v²⁰)
de **kredietcrisis** Kreditkrise (v²¹), Kreditklemme (v²¹)
de **kredietinstelling** Kreditbank (v²⁰), Kreditanstalt (v²⁰)
   kredietwaardig kreditwürdig; kreditfähig
de **kreeft** [dier] Krebs (m⁵); [zeekreeft] Hummer (m⁹)
de **Kreeft** [astrol] Krebs (m⁵)
de **Kreeftskeerkring** Wendekreis (m⁵) des Krebses
de **kreek 1** [inham] Bucht (v²⁰) **2** [beekje] Bächlein (o³⁵)
de **kreet 1** [schreeuw] Schrei (m⁵): *een* ~ *van vreugde* ein Aufschrei der Freude; *een* ~ *sla-*

ken einen Schrei ausstoßen[285] **2** [bewering] Phrase (v[21]): *holle* ~ leere Phrase

de **krekel** Grille (v[21])

het **Kremlin** Kreml (m[19], m[19a])

het **kreng 1** [rottend dier] Aas (o[29]) **2** [scheldw] Luder (o[33]) **3** [rotding] Scheißding (o[31]), Biest (o[31])

krenken kränken, verletzen: *iem. geen haar* ~ jmdm. kein Haar krümmen

de **krent 1** Korinthe (v[21]) **2** [gierigaard] Knauser (m[9]) **3** [zitvlak] Hintern (m[11])

de **krentenbol** Rosinenbrötchen (o[35])

het **krentenbrood** Rosinenbrot (o[29])

krenterig knauserig

de **kreuk** Knitter (m[9]), Knautschfalte (v[21])

de **kreukel** Knitter (m[9]), Knautschfalte (v[21]): *een auto in de* ~*s rijden* ein Auto kaputt fahren[153]

kreukelen (zer)knittern, (zer)knautschen

kreukelig knitt(e)rig, knautschig

de **kreukelzone** Knautschzone (v[21])

kreuken *zie kreukelen*

kreukvrij knitterfest

kreunen ächzen, stöhnen; [zacht] wimmern

kreupel lahm: ~ *lopen,* ~ *zijn* lahmen, hinken

het **kreupelhout** Dickicht (o[29]), Gebüsch (o[29])

de **krib,** de **kribbe 1** [voederbak] Krippe (v[21]) **2** [dam] Buhne (v[21])

kribbig kribb(e)lig

de **kriebel** Kribbeln (o[39]), Kitzel (m[9]): *ik krijg er de* ~*s van!* es geht mir auf die Nerven!

kriebelen 1 [jeuken] kribbeln **2** [kietelen] kitzeln **3** [klein schrijven] kritzeln

de **kriebelhoest** Reizhusten (m[11])

kriebelig 1 [geprikkeld] kribb(e)lig **2** [m.b.t. schrift] kritz(e)lig

de **kriek 1** Herzkirsche (v[21]) **2** [Belg; bier] Kirschbier (o[29]) ‖ *zich een* ~ *lachen* sich[3] einen Ast lachen

krieken anbrechen[137], dämmern: *het* ~ *van de dag* Tagesanbruch (m[6])

de **krielkip** Zwerghuhn (o[32])

het **krieltje** [kleine aardappel] Kartöffelchen (o[35])

krijgen 1 [alg] bekommen[193]; [inf] kriegen; [ontvangen, ook] erhalten[183]: *een kind* ~ ein Kind bekommen; *een kleur* ~ erröten; *een ongeluk* ~ einen Unfall erleiden[199]; *griep, koorts* ~ die Grippe, Fieber bekommen (*of:* kriegen); *hij kreeg een jaar* er bekam ein Jahr Gefängnis; *ik krijg het koud* mir wird kalt; *een wet erdoor* ~ ein Gesetz durchbringen[139]; *dat krijgt hij nooit voor elkaar* das bringt er nie fertig; *men krijgt niets van hem gedaan* er lässt sich auf nichts ein; *iem. aan het spreken* ~ jmdn. zum Reden bringen[139]; *in elke boekhandel te* ~ in jeder Buchhandlung erhältlich; *iets ten geschenke* ~ etwas geschenkt bekommen; *een vlek uit een rok* ~ einen Fleck aus ei-

nem Rock herausbekommen; *iets niet voor elkaar kunnen* ~ etwas nicht fertigbringen können[194]; *ik zal je wel* ~*!* ich kriege dich noch!; *ik zal hem wel* ~*!* dem will ich's aber zeigen!; *ik krijg er wat van!* es geht mir auf die Nerven! **2** [grijpen] kriegen, fassen: *de dief* ~ den Dieb fassen

de **krijger** Krieger (m[9])

het **krijgertje:** ~ *spelen* Fangen spielen

de **krijgsgevangene** Kriegsgefangene(r) (m[40a], v[40b])

krijgshaftig 1 [dapper] tapfer **2** [oorlogszuchtig] kriegerisch

de **krijgsheer** Kriegsherr (m[14], 2e, 3e, 4e nv enk: Kriegsherrn)

het **Krijgshof** [Belg] oberstes Militärgericht (o[29])

de **krijgslist** Kriegslist (v[20])

de **krijgsmacht** Streitkräfte (mv v[25])

de **krijgsraad** Militärgericht (o[29]), Kriegsgericht (o[29])

krijsen kreischen, gellen

het **krijt** Kreide (v[21]): *pijpje* ~ Kreidestift (m[5]); *bij iem. in het* ~ *staan* bei jmdm. in der Kreide sein (*of:* stehen)

het **krijtje** Kreide (v[21]), Kreidestift (m[5])

de **krijtrots** Kreidefelsen (m[11]), Kreideberg (m[5])

krijtwit kreideweiß

de **krik** Wagenheber (m[9])

de **krimp** Schrumpfung (v[20]), Schrumpfen (o[39]): *economische* ~ Wirtschaftseinbruch, schrumpfende Wirtschaft; ~ *van de bevolking* Bevölkerungsschwund[166] ‖ *geen* ~ *geven* nicht nachgeben[166]

krimpen 1 schrumpfen **2** [m.b.t. textiel] schrumpfen, einlaufen[198] **3** [m.b.t. hout] schwinden[258] **4** [van pijn] sich[4] krümmen **5** [m.b.t. wind] krimpen

het/de **krimpfolie** Schrumpffolie (v[21])

krimpvrij krumpfecht, krumpffrei, schrumpffrei

de **kring 1** Kreis (m[5]) **2** [onder ogen] Ring (m[5]) **3** [om maan en zon] Hof (m[6])

kringelen sich ringeln, sich winden[313]

de **kringloop** Kreislauf (m[6])

het **kringlooppapier** Recyclingpapier (o[39])

de **kringloopwinkel** Gebrauchtwarengeschäft (o[29])

de **kringspier** Ringmuskel (m[17])

krioelen wimmeln

kriskras kreuz und quer

het **kristal** Kristall (m[5])

kristalhelder kristallklar

kristallen kristallen; [meestal] Kristall…

kristalliseren kristallisieren[320]

de **kristalsuiker** Kristallzucker (m[9])

de **¹kritiek** (zn) Kritik (v[20]): ~ *op iem. leveren* Kritik an jmdm. üben

²kritiek (bn) kritisch: *op het* ~*e moment* im kritischen Moment

de **kritiekloos** kritiklos
kritisch kritisch
kritiseren kritisieren[320]
de **Kroaat** Kroate (m[15]), Kroatin (v[22])
Kroatië Kroatien (o[39])
Kroatisch kroatisch
de **kroeg** Kneipe (v[21])
de **kroegbaas** Wirt (m[5])
de **kroegentocht** Zechtour (v[20])
de **kroegloper** Kneipbruder (m[10]), Zechbruder
de **kroepoek** 'Kroepoek' (m); indonesische Garnelencracker
de **[1]kroes** (zn) Becher (m[9])
[2]kroes (bn) kraus, gekräuselt
het **kroeshaar** krauses Haar (o[39]), Kraushaar (o[39])
[1]kroezen (onov ww) sich kräuseln
[2]kroezen (ov ww) krausen, kräuseln
krokant knusprig
de **kroket** Krokette (v[21])
de **krokodil** Krokodil (o[29])
de **krokodillentranen** Krokodilstränen (mv v[21])
de **krokus** Krokus (m, 2e nvl: -; mv: -(se))
de **krokusvakantie** Frühlingsferien (mv)
krols hitzig
krom 1 krumm[59]: zich ~ lachen sich krummlachen **2** [gebrekkig] unbeholfen
krombuigen verbiegen[129]
kromgroeien schief wachsen[302], verwachsen[302]
kromliggen krummliegen[202], sich krummlegen
de **kromme** Kurve (v[21])
[1]krommen (onov ww) sich krümmen
[2]krommen (ov ww) krümmen
het/de **krommenaas**: [Belg] zich van ~ gebaren sich dumm stellen
de **kromming** Krümmung (v[20])
kromtrekken sich (ver)ziehen[318]
kronen krönen: tot koning ~ zum König krönen
de **kroniek** Chronik (v[20])
de **kroning** Krönung (v[20])
de **kronkel** Windung (v[20]), Schlinge (v[21]): een (rare) ~ in zijn hersens hebben einen Vogel haben[182]
kronkelen sich winden[313]; [m.b.t. beekje, pad e.d. vooral] sich schlängeln: ~ van de pijn sich vor Schmerzen krümmen
kronkelig sich windend, sich schlängelnd, gewunden
de **kronkelweg** Schlängelweg (m[5])
de **kroon** Krone (v[21]): iem. naar de ~ steken mit jmdm. um die Palme ringen[224]; de ~ spannen alle (of: alles) übertreffen[289]
de **kroongetuige** Kronzeuge (m[15])
het **kroonjaar** Jubeljahr (o[29])
het **kroonjuweel 1** [lett] Kronjuwel (m[16], o[29]) **2** [fig] Juwel (o[29])
de **kroonkurk** Kron(en)korken (m[11])

de **kroonlijst** Dachgesims (o[29])
de **kroonluchter** Kronleuchter (m[9])
de **kroonprins** Kronprinz (m[14])
de **kroonprinses** Kronprinzessin (v[22])
het **kroos** Wasserlinse (v[21]), Entengrün (o[39])
het **kroost** Kinder (mv o[31]), Nachkommen (mv m[15])
de **[1]krop** [van vogel; med] Kropf (m[6])
de **[2]krop** [stronk] Kopf (m[6]): een ~ sla ein Salatkopf
het **krot** Loch (o[32])
de **krottenwijk** Elendsviertel (o[33])
het **kruid 1** [plant] Kraut (o[32]): geneeskrachtige ~en Heilkräuter **2** [specerij] Gewürz (o[29])
kruiden [ook fig] würzen
de **kruidenboter** Kräuterbutter (v[28])
de **kruidenier** Lebensmittelhändler (m[9]); [fig] Krämer (m[9]), Spießer (m[9])
het **kruidenrekje** Gewürzständer (m[9])
de **kruidenthee** Kräutertee (m[13])
kruidig würzig, aromatisch
het **kruidje-roer-mij-niet** [ook fig] Mimose (v[21])
de **kruidkoek** Gewürzkuchen (m[11])
de **kruidnagel** Gewürznelke (v[21]), Nelke (v[21])
[1]kruien (onov ww) **1** [m.b.t. rivier] Eisgang haben[182] **2** [m.b.t. ijs] sich stauen
[2]kruien (ov ww) karren
de **kruier** Gepäckträger (m[9]), Träger (m[9])
de **kruik 1** Krug (m[6]) **2** [bedkruik] Wärmflasche (v[21])
het/de **kruim 1** [broodkruimel] Krume (v[21]) **2** [Belg; neusje van de zalm] das Feinste vom Feinen
de **kruimel 1** [brokkelig stukje] Krümel (m[9]), Krume (v[21]): [fig] geen ~ kein Körnchen **2** [klein kind] Knirps (m[5])
het **kruimeldeeg** Krümelteig (m[5])
de **[1]kruimeldief** [persoon] kleiner Dieb (m[5])
de **[2]kruimeldief**[MERK] [elektrisch apparaat] Handstaubsauger (m[9])
[1]kruimelen (onov ww) krümeln
[2]kruimelen (ov ww) zerkrümeln
kruimelig krüm(e)lig
het **kruimelwerk** Kleinigkeit (v[20])
kruimig mehlig
de **kruin 1** [van hoofd] Wirbel (m[9]), Scheitel (m[9]) **2** [bovenste deel] [alg] Krone (v[21]); [van berg ook] Gipfel (m[9]); [ronde top] Kuppe (v[21]); [van bomen ook] Wipfel (m[9]); [van golf ook] Kamm (m[6])
kruipen [ook fig] kriechen[195]
kruiperig kriecherisch
het **kruis 1** [alg, muz; stuit] Kreuz (o[29]): ~ of munt Kopf oder Zahl; het Rode Kruis das Rote Kreuz; [r-k] een ~ slaan ein Kreuz schlagen, sich bekreuzigen **2** [kruisbeeld] Kruzifix (o[29]) **3** [van broek] Schritt (m[5])
de **kruisband** Kreuzband (o[32])
het **kruisbeeld** Kruzifix (o[29])
de **kruisbes** Stachelbeere (v[21])

de **kruisbestuiving** Fremdbestäubung (v[20]); [plantk] Allogamie (v)

de **kruisboog 1** [bouwk] Gewölberippe (v[21]), Kreuzrippe (v[21]) **2** [pijl-en-boog] Armbrust (v[25])

kruiselings kreuzweise, gekreuzt

kruisen kreuzen: *elkaar* ~ sich kreuzen; *met gekruiste armen* mit verschränkten Armen

de **kruiser** Kreuzer (m[9])

kruisigen kreuzigen

de **kruisiging** Kreuzigung (v[20])

de **kruising** Kreuzung (v[20])

de **kruiskopschroevendraaier** Kreuz-schlitzschraubenzieher (m[9])

het **kruispunt** Kreuzung (v[20]), Kreuzungspunkt (m[5]): *het verkeer op een* ~ der Kreuzungsver-kehr; [fig] *op een* ~ *staan* an einer Kreuzung im Leben stehen

de **kruisraket** Marschflugkörper (m[9])

de **kruisridder** Kreuzritter (m[9])

de **kruissnelheid** Reisegeschwindigkeit (v[20])

de **kruisspin** Kreuzspinne (v[21])

de **kruissteek** Kreuzstich (m[5])

het **kruisteken** Kreuzzeichen (o[35])

de **kruistocht** [hist, ook fig] Kreuzzug (m[6])

de **kruisvaarder** Kreuzfahrer (m[9])

het **kruisverhoor** Kreuzverhör (o[29])

de **kruisweg** Kreuzweg (m[5])

de **kruiswoordpuzzel,** het **kruiswoord-raadsel** Kreuzworträtsel (o[33])

het **kruit** Schießpulver (o[33]), Pulver (o[33])

de **kruitdamp** Pulverdampf (m[19])

het **kruitvat** [ook fig] Pulverfass (o[32])

de **kruiwagen** Schubkarren (m[11]): [fig] *een* ~ *hebben* einen Fürsprecher haben[182]

de **¹kruk 1** [loopstok] Krücke (v[21]): *met* ~*ken lo-pen* an Krücken gehen[168] **2** [handvat] Griff (m[5]); [aan stok, paraplu] Krücke (v[21]) **3** [deurknop] Türgriff (m[5]) **4** [zwengel] Kur-bel (v[21]) **5** [zitkruk] Schemel (m[9])

de **²kruk** [persoon] Flasche (v[21]), Stümper (m[9])

de **krukas** Kurbelwelle (v[21])

de **krul 1** Kringel (m[9]), Ringel (m[9]) **2** [van hout] Hobelspan (m[6]) **3** [van haar; kort] Krause (v[21]); [lang] Locke (v[21]) **4** [versiering] Schnör-kel (m[9])

¹krullen (onov ww) sich kräuseln, sich lo-cken, sich ringeln

²krullen (ov ww) kräuseln, locken, ringeln

de **krullenbol 1** [kroeskop] Krauskopf (m[6]) **2** [langharig] Lockenkopf (m[6])

de **krulspeld** Lockenwickler (m[9]), Wickler (m[9])

de **krulstaart** Ringelschwanz (m[6])

de **krultang** Frisierstab (m[6])

kubiek Kubik…: ~*e meter* Kubikmeter (m[9], o[33])

de **kubus** Kubus (m, 2e nvl: -; mv: Kuben)

kuchen hüsteln, sich[4] räuspern

de **kudde** [ook fig] Herde (v[21]): *in* ~*n* herden-weise

het **kuddedier** [ook fig] Herdentier (o[29])

kuieren spazieren[320], bummeln

de **kuif** Schopf (m[6]); [van vogels] Haube (v[21])

het **kuiken 1** Küken (o[35]) **2** [fig] [man] Schafs-kopf (m[6]); [vrouw] dumme Gans (v[25])

de **kuil** Grube (v[21]), Loch (o[32])

het **kuiltje 1** [in kin, wangen] Grübchen (o[35]) **2** [voor jus] Aushöhlung (v[20])

de **kuip 1** [vat] Fass (o[32]) **2** [van bad] Wanne (v[21])

de **kuiperij** Intrige (v[21]), Machenschaft (v[20])

de **¹kuis** (zn) [Belg; schoonmaak] Saubermachen (o[39]); [in huis] Hausputz (m[19]): *de grote* ~ das Großrein(e)machen

²kuis (bn) keusch, züchtig, sittsam

kuisen [Belg] säubern, reinigen

de **kuisheid** Keuschheit (v[28])

de **kuisheidsgordel** Keuschheitsgürtel (m[9])

de **kuisvrouw** [Belg; inf] Putzfrau (v[25])

de **kuit 1** [anat] Wade (v[21]) **2** [van vis] Laich (m[5]): ~ *schieten* laichen

het **kuitbeen** Wadenbein (o[29])

de **kuitspier** Wadenmuskel (m[17])

kukeleku kikeriki

kukelen purzeln

de **kul,** de **kulkoek** Blödsinn (m[19]), Unsinn (m[19])

de **kummel** Kümmel (m[9])

de **kumquat** Kumquat (v[20])

de **kunde** Können (o[39]), Könnerschaft (v[28])

kundig kundig, tüchtig: *een* ~ *arts* ein er-fahrener Arzt; *ter zake* ~ sachverständig

de **kundigheid 1** [kennis] Kenntnisse (mv v[24]) **2** [bekwaamheid] Können (o[39]), Tüchtigkeit (v[28])

de **kunne** Geschlecht (o[31])

het **¹kunnen** (zn) Können (o[39]), Fähigkeit (v[20])

²kunnen (ww) können[194]: *(dat) kan best* mag sein; *het zou* ~ es ist möglich; *dat kan niet* das ist unmöglich; *dat kan zo niet* das lässt sich so nicht machen; *het kan niet anders* es geht nicht anders; *dat kan ik echt niet* das schaffe ich nie; *ik kan niet meer* ich bin erschöpft; *daar kan ik niet bij* das ist mir zu hoch; *ik kan er niet meer tegen* ich ertrage es nicht länger; *hij kan er wat van* er hat es in[+3] sich; *ik kan ook zon-der* ich komme auch ohne aus; *je kunt gerust zijn* du kannst ohne Sorge sein; *daar kun je van op aan* darauf kannst du dich verlassen; *hij kan me wat!* der kann mir (mal)!; *er* ~ *2000 mensen in de zaal* der Saal fasst 2000 Men-schen; *het kon erger* es hätte auch schlimmer kommen können; *hij kan er niets aan doen* er kann nichts dafür; *je kunt nooit weten* man kann nie wissen; *dat zou een idee van jou* ~ *zijn* dieser Einfall könnte von dir sein

de **kunst 1** Kunst (v[25]): *uit de* ~! meisterhaft! **2** [handigheidje] Kunstgriff (m[5]), Kunststück (o[29]), Kniff (m[5]): *dat is juist de* ~ das ist eben der Kniff

de **kunstacademie** Kunstakademie (v[21]), Kunsthochschule (v[21]) het **kunstbeen** künstliche(s) Bein (o^{29}), Bein-prothese (v^{21})

de **kunstbloem** Kunstblume (v^{21})

de **kunstcriticus** Kunstkritiker (m^{9})

de **kunstenaar** Künstler (m^{9})

het **kunst- en vliegwerk**: met ~ mit Müh und Not

het **kunstgebit** künstliches Gebiss (o^{29})

de **kunstgeschiedenis** Kunstgeschichte (v^{21})

het **kunstgras** Kunst(stoff)rasen (m^{11})

de **kunstgreep** Kunstgriff (m^{5}), Kniff (m^{5})

de **kunsthandelaar** Kunsthändler (m^{9})

het/de **kunsthars** Kunstharz (o^{29})

de **kunstheup** künstliches Hüftgelenk (o^{25})

kunstig kunstvoll, kunstreich

het **kunstijs** Kunsteis (o^{39})

de **kunstijsbaan** Kunsteisbahn (v^{20})

het **kunstje** Kunststück (o^{29}); [truc] Trick (m^{13}, m^{6}), Kniff (m^{5}): zo is het een klein ~! so ist es keine Kunst!

het **kunstleer** Kunstleder (o^{39})

het **kunstlicht** Kunstlicht (o^{39}), künstliches Licht (o^{39})

de **kunstliefhebber** Kunstfreund (m^{5}), Kunstliebhaber (m^{9})

de **kunstmaan** Erdsatellit (m^{14})

kunstmatig künstlich

de **kunstmest** Kunstdünger (m^{9})

de **kunstnijverheid** Kunsthandwerk (o^{39})

kunstrijden Eiskunstlauf (m^{19})

de **kunstrijder** Eiskunstläufer (m^{9})

kunstschaatsen Eiskunstlauf (m^{19}), Eiskunstlaufen (o^{39})

de **kunstschat** Kunstschatz (m^{6}), Kunstwert (m^{5}, meestal mv)

de **kunstschilder** Kunstmaler (m^{9}), Maler (m^{9})

de ^{1}**kunststof** (zn) Kunststoff (m^{5})

^{2}**kunststof** (bn) Kunststoff…

het **kunststuk** Kunststück (o^{29})

de **kunstverzameling** Kunstsammlung (v^{20})

de **kunstvezel** Kunstfaser (v^{21})

het **kunstvoorwerp** Kunstgegenstand (m^{6})

de **kunstvorm** Kunstform (v^{20}), Kunstgattung (v^{20})

het **kunstwerk** Kunstwerk (o^{29})

kunstzinnig kunstsinnig

de **kür** Kür (v^{20})

kuren eine Kur machen; [inf] kuren

het/de ^{1}**kurk** [stofnaam] Kork (m^{5})

de ^{1}**kurk** [kurken stop] Korken (m^{11})

kurkdroog knochentrocken

de **kurkentrekker** Korkenzieher (m^{9})

de **kurkuma** Kurkuma (v, 2e nvl: -; mv: Kurkumen)

de **kus** Kuss (m^{6})

het **kushandje** Kusshand (m^{6})

het ^{1}**kussen** (zn) **1** [als steun] Kissen (o^{35}) **2** [van stoelen enz.] Polster (o^{33})

^{2}**kussen** (ww) küssen: elkaar ~ sich küssen

het/de **kussensloop** Kissenbezug (m^{6}), Kissenüberzug (m^{6})

de ^{1}**kust** [strand; strook land] Küste (v^{21}) ∥ [fig] de ~ is veilig die Luft ist rein

de ^{2}**kust**: te ~ en te keur in Hülle und Fülle

het **kustgebied** Küstengebiet (o^{29})

de **kustlijn** Küstenlinie (v^{21})

de **kustplaats** Küstenort (m^{5})

de **kuststreek** Küstengebiet (o^{29})

de **kuststrook** Küstenstreifen (m^{11}), Küstenstrich (m^{5})

de **kustvaarder** Küstenfahrzeug (o^{29})

de **kustwacht** Küstenwache (v^{21})

de **kut** [inf] Fotze (v^{21}), Möse (v^{21})

de **kuub** Kubikmeter (m+o)

de ^{1}**kuur** [med] Kur (v^{20}): een ~ doen eine Kur machen

de ^{2}**kuur** [gril] Laune (v^{21}), Schrulle (v^{21})

het **kuuroord** Kurort (m^{5})

het ^{1}**kwaad** (zn) [het slechte] Böse(s) (o^{40c}); [kwade handeling] Übel (o^{33}): een noodzakelijk ~ ein notwendiges Übel; van ~ tot erger immer schlimmer; ~ van iem. denken von jmdm. schlecht denken^{140}; iem. ~ doen jmdm. etwas zuleide (of: zu Leide) tun; dat doet meer ~ dan goed das schadet mehr, als es nützt; ik (hij enz.) zal je geen ~ doen! es geschieht dir nichts (Böses)!; dat zal hem geen ~ doen das wird ihm nicht schaden; dat kan geen ~ das schadet nicht; ~ met ~ vergelden Böses mit Bösem vergelten^{170}

^{2}**kwaad** (bn, bw) **1** [slecht] böse, schlimm, übel: het zijn kwade tijden es sind schlimme Zeiten; dat is lang niet ~ das ist gar nicht übel **2** [boos, nijdig] böse, zornig, verärgert: iem. ~ maken jmdn. böse machen; zich ~ maken sich erbosen, sich aufregen; ~ worden böse werden^{310}; ~ zijn op iem. böse auf jmdn. sein^{262} ∥ het te ~ krijgen sich nicht beherrschen können^{194}; ~ bloed zetten böses Blut schaffen

kwaadaardig 1 [boos van aard] böse, boshaft **2** [gevaarlijk] bösartig; [med ook] maligne

kwaaddenkend argwöhnisch, misstrauisch

de **kwaadheid** Ärger (m^{19}), Zorn (m^{19})

kwaadschiks übel; zie goedschiks

kwaadspreken [roddelen] klatschen: ~ over iem. jmdn. verleumden

kwaadwillig böswillig

de **kwaal 1** [ziekte] Übel (o^{33}), Leiden (o^{35}) **2** [gebrek] Fehler (m^{9}), Laster (o^{33})

de **kwab** Wulst (m^{25})

het **kwadraat** Quadrat (o^{29}, o^{37})

kwadratisch quadratisch

de **kwajongen** Bengel (m^{9}), Schelm (m^{5})

kwajongensachtig schelmisch, schalkhaft

de **kwajongensstreek** Lausbubenstreich (m^{5})

de **kwak 1** [geluid] Klatsch (m^{5}) **2** [massa] Klacks (m^{5}), Klecks (m^{5})

kwaken quaken

de **kwakkel**: *aan de ~ zijn* kränkeln
kwakkelen 1 [met gezondheid] kränkeln
2 [m.b.t. het weer] unbeständig sein[262]
het **kwakkelweer** unbeständiges Wetter (o[39])
¹kwakken (onov ww) schmettern, knallen
²kwakken (ov ww) schmettern, donnern, knallen
de **kwakzalver 1** [in geneeskunde] Quacksalber (m[9]) **2** [bedrieger] Scharlatan (m[5]) **3** [knoeier in zijn vak] Stümper (m[9])
de **kwakzalverij** Quacksalberei (v[20]), Kurpfuscherei (v[20])
de **kwal 1** [dierk] Qualle (v[21]) **2** [scheldw] Ekel (o[33])
de **kwalificatie** Qualifikation (v[20])
de **kwalificatiewedstrijd** Qualifikationsspiel (o[29])
¹kwalificeren (ov ww) qualifizieren[320]
zich **²kwalificeren** (wdk ww) sich qualifizieren[320] (für[+4])
kwalijk übel, schlimm: *een ~e zaak* eine schlimme Sache; *iem. iets ~ nemen* jmdm. etwas übel nehmen[212]; *neemt u me niet ~!* Entschuldigung!, entschuldigen Sie!; *nou moet je me niet ~ nemen, maar ...* nichts für ungut, aber ...
kwalitatief qualitativ
de **kwaliteit 1** Qualität (v[20]) **2** [rang, functie] Funktion (v[20]), Eigenschaft (v[20]): *in zijn ~ van voorzitter* in seiner Eigenschaft als Vorsitzender
kwantificeren quantifizieren
de **kwantiteit** Quantität (v[20]), Menge (v[21])
het **kwantum** Quantum (o, 2e nvl: -s; mv: Quanten)
de **kwantumkorting** Mengenrabatt (m[5])
de **kwantumtheorie** Quantentheorie (v[21])
de **kwark** Quark (m[19])
de **kwarktaart** Quarkkuchen (m[11]), Käsekuchen (m[11])
het **kwart** Viertel (o[33]): *het is ~ over 5* es ist Viertel nach 5; *het is ~ voor 5* es ist Viertel vor 5; *om ~ over 5* um viertel 6; *om ~ voor 5* um drei viertel 5
het **kwartaal** Quartal (o[29]), Vierteljahr (o[29]): *per ~* vierteljährlich, dreimonatlich
de **kwartaalcijfers** Quartalszahlen (mv)
de **kwartel** Wachtel (v[21])
het **kwartet** Quartett (o[29])
het **kwartetspel** Quartett (o[29]), Quartettspiel (o[29])
kwartetten Quartett spielen
de **kwartfinale** Viertelfinale (o[33], o[36])
het **kwartier 1** [tijdsduur] Viertelstunde (v[21]) **2** [van maan] Viertel (o[33]) **3** [stadswijk] Viertel (o[33]) **4** [onderkomen] Quartier (o[29])
het **kwartje** Viertelgulden (m[11])
het **kwarts** Quarz (m[5])
de **kwartslag** Vierteldrehung (v[20]): *hij draaide zich een ~ om* er machte eine Vierteldrehung
de **kwast 1** [om te verven] Pinsel (m[9]) **2** [om te

reinigen] Bürste (v[21]) **3** [knoest] Ast (m[6]) **4** [zot, gek] Narr (m[14]), Pinsel (m[9]); [verwaand] Geck (m[14]): *rare ~* komischer Kauz (m[6])
de **kwatong** [Belg] Verleumder (m[9]): *~en beweren ...* das Gerücht geht ...
de **kwebbel 1** [persoon] Quasseltante (v[21]) **2** [mond] Klappe (v[21]): *houd je ~!* halt die Klappe!
kwebbelen quasseln, quatschen
de **kweek** Zucht (v[28]), Züchtung (v[20]): *een ~je maken van iets* eine Kultur von etwas anlegen ‖ [sport] *eigen ~* aus eigenem Nachwuchs
de **kweekplaats 1** Zuchtstätte (v[21]) **2** [fig] Brutstätte (v[21])
de **kweekvijver** Fischteich (m[5])
kweken 1 [van dieren, planten] züchten **2** [opkweken] heranziehen[318] **3** [haat, verbittering] erzeugen **4** [behoefte] wecken
de **kweker** Züchter (m[9])
de **kwekerij** Gärtnerei (v[20])
kwekken 1 [praten] schnattern, quatschen **2** [m.b.t. kikkers, eenden] quaken
de **kwelgeest** Quälgeist (m[7])
kwellen quälen
de **kwelling** Qual (v[20]), Plage (v[21])
het **kwelwater** Drängewasser (o[39]); [door de dijk heen] Kuverwasser (o[39])
de **kwestie 1** Frage (v[21]) **2** [onenigheid] Streit (m[5]) **3** [probleem] Frage (v[21]), Problem (o[29]): *de persoon in ~* die fragliche Person; *dat is de ~ niet* darum handelt es sich nicht **4** [aangelegenheid] Frage (v[21]), Sache (v[21]): *dat is een ~ van smaak* das ist Geschmackssache; *een netelige ~* eine heikle Frage
kwetsbaar verwundbar, verletzbar
de **kwetsbaarheid** Verwundbarkeit (v[28]); [gevoeligheid] Verletzlichkeit (v[28])
kwetsen verwunden; verletzen [ook fig]
de **kwetsuur** Verwundung (v[20]), Verletzung (v[20])
kwetteren 1 [m.b.t. mensen] schnattern, quatschen **2** [m.b.t. vogels] zwitschern
de **kwibus** Tüte (v[21]): *gekke ~* komischer Kauz (m[6])
kwiek 1 [levendig] flink, lebhaft, rege **2** [zwierig] keck, flott
het/de **kwijl** Geifer (m[19]), Sabber (m[19])
kwijlen geifern, sabbern
kwijnen 1 dahinschwinden[258], dahinsiechen **2** [verflauwen] abflauen
kwijnend 1 [van gezondheid] schwach, hinfällig **2** [van planten] hinwelkend
kwijt 1 [verloren] verloren, weg: *ik ben mijn bril ~* meine Brille ist weg; *iemands naam ~ zijn* jemands Namen vergessen haben[182] **2** [vrij, verlost van] los: *iets wel ~ willen* etwas loswerden wollen[315] **3** [zich ontdaan hebbend van] los: *alles ~ zijn* alles los sein
kwijten: *een schuld ~* eine Schuld bezahlen;

zich van een plicht ~ sich einer Verpflichtung
entledigen; *zich van een taak* ~ eine Aufgabe
erledigen
kwijtraken 1 [verliezen] verlieren[300]
2 [verlost worden van] loswerden[310]
kwijtschelden 1 [ontheffen] erlassen[197]
2 [vergeven] vergeben[166]
het **kwik** Quecksilber (o[39]): *het* ~ *daalt* das
Quecksilber (im Thermometer) fällt
de **kwikstaart** Bachstelze (v[21])
het **kwikzilver** Quecksilber (o[39])
de **kwinkslag** Scherz (m[5]), Witz (m[5])
de **kwintessens** Quintessenz (v[20])
het **kwintet** Quintett (o[29])
kwispelen, kwispelstaarten wedeln
kwistig freigebig; [sterker] verschwenderisch
de **kwitantie** Quittung (v[20])

I

de **l** [letter] l, L (o[39a])

de **la** [lade] Schublade (v[21])

de **laadbak 1** [container] Container (m[9]), Behälter (m[9]) **2** [van vrachtauto] Pritsche (v[21])

het **laadruim** Laderaum (m[6])

de **laadruimte** Laderaum (m[6])

het **laadvermogen** Ladefähigkeit (v[28])

de **¹laag** (zn) **1** Schicht (v[20]); [van delfstof ook] Flöz (o[29]): *een ~ kolen* eine Kohlenschicht, ein Kohlenflöz **2** [bevolkingsgroep] Schicht (v[20]) || [fig] *iem. de volle ~ geven* jmdn. abkanzeln; [fig] *de volle ~ krijgen* zur Schnecke gemacht werden[310]

²laag (bn, bw) **1** [van geringe hoogte] niedrig, tief: *~ste punt* Tiefpunkt (m[5]); *zij woont één verdieping lager* sie wohnt eine Etage tiefer **2** [muz] tief: *~ zingen* tief singen[265] **3** [gering] niedrig, gering: *een lage straf* eine geringe Strafe **4** [min, gemeen] niedrig, gemein, niederträchtig **5** [gering van stand] nieder, niedrig: *lagere school* Grundschule (v[21])

laag-bij-de-gronds banal, ordinär

de **laagbouw** Flachbau (m, 2e nvl: -(e)s; mv: -ten)

laagdrempelig 1 [bereikbaar] niedrigschwellig, unbürokratisch **2** [begrijpelijk] einfach, leicht verständlich

laaggeschoold [beperkt opgeleid] angelernt; [sterker] unqualifiziert: *~e arbeid* einfache Arbeit, unqualifizierte Arbeit

laaghartig niederträchtig, gemein

het **laagland** Tiefland (o[32], o[29]); [aan kust, langs rivier] Niederung (v[20])

het **laagseizoen** Nebensaison (v[27])

de **laagte 1** [het laag zijn] Niedrigkeit (v[28]) **2** [diepte] Tiefe (v[21]); [in de grond] Senkung (v[20]), Mulde (v[21])

de **laagvlakte** Tiefebene (v[21]), Tiefland (o[32], o[29])

laagvliegen Tiefflug (m[6])

het **laagwater** Niedrigwasser (o[33])

laaien lodern

laaiend [woedend] wutentbrannt, rasend || *~ enthousiast* hell begeistert

laakbaar tadelnswert, tadelnswürdig

de **laan** Allee (v[21]): *iem. de ~ uitsturen* jmdn. feuern

de **laars** Stiefel (m[9]): [fig] *iets aan zijn ~ lappen* sich nicht den Teufel um[+4] etwas scheren[236]

laat spät: *later* später; [daarna] nachher; *tot ~ in de nacht* bis spät in die Nacht; *hoe ~ is het?* wie spät ist es?; *hoe ~?* wie spät?; [fig]

weten hoe ~ het is wissen, was die Glocke geschlagen hat; *we zijn wat (te) ~* wir haben uns verspätet; *te ~ komen* zu spät kommen[193]

de **laatbloeier** [fig] Spätentwickler (m[9])

laatdunkend dünkelhaft, eingebildet

de **laatdunkendheid** Dünkel (m[19]), Einbildung (v[28])

de **laatkomer** Nachzügler (m[9])

¹laatst (bn) letzt: *de ~e keer* das letzte Mal; *de ~e van de maand* der Letzte des Monats; *in de ~e tijd* in letzter Zeit, neuerdings; *van de ~e tijd* neuzeitlich, modern; *de ~e hand aan iets leggen* letzte Hand an[+4] etwas legen

²laatst (bw) **1** [onlangs] neulich, kürzlich, vor Kurzem **2** [in combinatie met 'het'] zuletzt: *op het ~* zuletzt; *tot het ~ toe* bis zum Ende; *op z'n ~* spätestens; *voor het ~* zum letzten Mal

de **laatste** Letzte(r) (m[40a], v[40b])

de **laatstgenoemde** Letztgenannte(r) (m[40a], v[40b])

laattijdig [Belg] spät

het **lab** Labor (o[29], o[36])

het/de **label 1** [adreskaartje] Anhänger (m[9]) **2** [etiket] Etikett (o[29], o[37], o[36]), Aufkleber (m[9])

het **labeur** [Belg] Schwerarbeit (v[28])

labeuren [Belg] sich abarbeiten, schuften

labiel labil

het **labo** [Belg] Labor (o[29], o[36])

de **laborant** Laborant (m[14])

het **laboratorium** Laboratorium (o, 2e nvl: -s; mv: Laboratorien), Labor (o[29], o[36])

de **labrador** Labrador (m[5])

het **labyrint** [ook fig] Labyrinth (o[29])

de **lach** Lachen (o[39]): *in de ~ schieten* auflachen

de **lachbui** Lachanfall (m[6])

lachen [hoorbaar] lachen; [alleen zichtbaar] lächeln: *~ om iets* über[+4] etwas lachen; *zich krom* (of: *een ongeluk*) *~* sich[3] einen Ast lachen; *het is om te ~* das ist zum Lachen; *ik kan er niet om ~* ich lache nicht zum Lachen; *iem. aan het ~ maken* jmdn. zum Lachen bringen[139]; *ik lach erom!* ich mache mir (gar) nichts daraus!; *laat me niet ~!* dass ich nicht lache!

lachend lachend; [zacht, lief] lächelnd

de **lacher** Lacher (m[9]): *de ~s op zijn hand hebben* die Lacher auf seiner Seite haben[182]

lacherig lachlustig

het **lachertje** Witz (m[5]): *dit plan is een ~* dieser Plan ist lächerlich

het **lachgas** Lachgas (o[29]), Rauschgas (o[29])

het **lachje** Lächeln (o[39])

het **lachsalvo** Lachsalve (v[21])

de **lachspiegel** Zerrspiegel (m[9]), Vexierspiegel (m[9])

de **lachspier** Lachmuskel (m[17]): *op de ~en werken* die Lachmuskeln arg strapazieren

lachwekkend lächerlich, zum Lachen

laconiek lakonisch

de **lacune** Lücke (v[21])

de **ladder 1** [ook fig] Leiter (v²¹): *dubbele ~* Stehleiter **2** [in kous e.d.] Laufmasche (v²¹), Masche (v²¹) **3** [muz] Tonleiter (v²¹)
ladderen eine Laufmasche bekommen¹⁹³
de **ladderwagen** Drehleiter (v²¹)
ladderzat stockbetrunken, stockbesoffen
de **lade** Schublade (v²¹), Schubfach (o³²)
laden 1 laden¹⁹⁶ **2** [beladen] beladen¹⁹⁶
de **lading** Ladung (v²⁰): *explosieve ~* Sprengladung
de **ladyshave** Ladyshave (m¹³)
laf 1 [lafhartig] feige **2** [m.b.t. spijzen] fade
de **lafaard,** de **lafbek** Feigling (m⁵), Angstmeier (m⁹)
lafhartig feige
de **lafheid 1** Feigheit (v²⁸) **2** Fadheit (v²⁸); *zie laf*
het **lagedrukgebied** Tiefdruckgebiet (o²⁹), Tief (o³⁶)
het **lagelonenland** Niedriglohnland (o³²), Billiglohnland (o³²)
het **lager 1** [techn] Lager (o³³) **2** [kamp] Lager (o³³)
het **Lagerhuis** englische(s) Unterhaus (o³²)
de **lagerwal**: *aan ~ raken* herunterkommen¹⁹³
de **lagune** Lagune (v²¹)
het/de **¹lak** [lakverf] Lack (m⁵)
het/de **²lak** [maling]: *ik heb ~ aan hem* ich schere mich den Teufel um ihn; *ik heb er ~ aan* es ist mir schnuppe
de **lakei** Lakai (m¹⁴)
het **¹laken** (zn) **1** [wollen weefsel] Tuch (o²⁹) **2** [op bed] Betttuch (o³²): [fig] *de ~s uitdelen* das Sagen haben¹⁸²
²laken (ww) tadeln, rügen
lakken lackieren³²⁰
de **lakmoesproef 1** [scheik] Lackmusprobe (v²¹) **2** [figuurlijk] Nagelprobe (v²¹)
laks lasch
de **laksheid** Laschheit (v²⁰)
de **lakverf** Lackfarbe (v²¹)
het **lakwerk** Lackarbeit (v²⁰)
lallen lallen
het **¹lam** (zn) Lamm (o³²)
²lam (bn, bw) **1** [verlamd] lahm, gelähmt: *iem. ~ slaan* jmdn. krumm und lahm schlagen²⁴¹ **2** [m.b.t. schroef] ausgeleiert **3** [beroerd, akelig] misslich, elend **4** [dronken] blau ‖ *zich ~ schrikken* einen Heidenschreck bekommen¹⁹³
de **lama 1** [dierk] Lama (o³⁶) **2** [stof] Lama (o³⁹)
de **lambrisering** Täfelung (v²⁰), Vertäfelung (v²⁰)
de **lamel** Lamelle (v²¹)
de **lamheid** Lahmheit (v²⁸), Gelähmtheit (v²⁸): *met ~ geslagen* wie gelähmt
het **laminaat** Laminat (o²⁹)
lamleggen lahmlegen
lamlendig 1 [naar, beroerd] elend **2** [traag] lahm, matt
de **lamme** Lahme(r) (m⁴⁰ᵃ, v⁴⁰ᵇ)

de **lamp** Lampe (v²¹); [gloeilamp] Birne (v²¹): *staande ~* Stehlampe ‖ [fig] *tegen de ~ lopen* erwischt werden³¹⁰
de **lampenkap** Lampenschirm (m⁵)
de **lampion** Lampion (m¹³)
het **lamsvlees** Lammfleisch (o³⁹); [bereid] Lammbraten (m¹¹)
de **lamswol** Lammwolle (v²⁸)
de **lanceerbasis** Abschussbasis (v, mv: Abschussbasen)
het **lanceerplatform** Startrampe (v²¹)
lanceren 1 [van raket, torpedo] abschießen²³⁸ **2** [van bericht, mode, artikel] lancieren³²⁰
de **lancering** [raket] Abschuss (m⁶), Start (m¹³)
het **lancet** Lanzette (v²¹)
het **land 1** Land (o³²): *~ van herkomst* Heimat (v²⁰); *~ en volk* Land und Leute; *'s ~s wijs, 's ~s eer* andere Länder, andere Sitten; *producten uit eigen ~* (ein)heimische Produkte **2** [het platteland] Land (o³⁹): *op het ~ gaan wonen* aufs Land ziehen³¹⁸ ‖ *hier te ~e* hierzulande; *ik heb het ~ aan hem* ich kann ihn nicht leiden¹⁹⁹
de **landbouw** Landbau (m¹⁹), Ackerbau (m¹⁹): *~ en veeteelt* Landwirtschaft (v²⁸); *minister van Landbouw* Landwirtschaftsminister (m⁹)
het **landbouwbedrijf** Landwirtschaftsbetrieb (m⁵)
het **landbouwbeleid** Landwirtschaftspolitik (v²⁰)
de **landbouwer** Landwirt (m⁵)
de **landbouwgrond** Ackerboden (m¹²), Ackerland (o³⁹)
landbouwkundig landwirtschaftlich
de **landbouwkundige** Agronom (m¹⁴)
de **landbouwmachine** Landmaschine (v²¹)
de **landbouwschool** Landwirtschaftsschule (v²¹)
de **landbouwuniversiteit** landwirtschaftliche Hochschule (v²¹)
landelijk 1 ländlich **2** [nationaal] national; [in Duitsland vaak] bundesweit, Bundes...: *~e dagbladen* überregionale Zeitungen
landen landen (an, auf, in*³)
de **landengte** Landenge (v²¹)
de **landenwedstrijd** Länderkampf (m⁶); [vooral voetbal] Länderspiel (o²⁹)
landerig lustlos; verdrossen
de **landerijen** Ländereien (mv v²⁰)
de **landgenoot** Landsmann (m, 2e nvl: -(e)s; mv: Landsleute)
het **landgoed** Landgut (o³²), Gut (o³²)
het **landhuis** Landhaus (o³²)
de **landing** Landung (v²⁰)
de **landingsbaan** Landebahn (v²⁰), Landepiste (v²¹)
het **landingsgestel** Fahrgestell (o²⁹), Fahrwerk (o²⁹)
de **landingstroepen** Landungstruppen (mv v²¹)

het **landingsvaartuig** Landungsfahrzeug (o^{29})

landinwaarts landeinwärts

de **landkaart** Landkarte (v^{21})

het **landklimaat** Landklima (o^{39})

de **landloper** Landstreicher (m^9), Stromer (m^9)

de **landmacht** Heer (o^{29}), Landstreitkräfte (mv v^{25})

het **landmark** Wahrzeichen (o^{35})

de **landmeter** Land(ver)messer (m^9)

de **landmijn** Landmine (v^{21})

het **landnummer** Landeskennzahl (v^{20})

de **landrot** Landratte (v^{21})

het **landsbelang** Staatsinteresse (o^{38}): *iets doen in het ~* etwas im Interesse des Landes tun

het **landschap** Landschaft (v^{28})

de **landsgrens** Landesgrenze (v^{21})

de **landskampioen** Landesmeister (m^9)

de **landstreek** Landstrich (m^5), Gegend (v^{20})

de **landsverdediging** [Belg] Verteidigung (v^{20}): *ministerie van Landsverdediging* Verteidigungsministerium (o, 2e nvl: -s; mv: Verteidigungsministerien)

de **landtong** Landzunge (v^{21})

het **landverraad** Landesverrat (m^{19})

de **landverrader** Landesverräter (m^9)

de **landweg** Landweg (m^5)

de **landwijn** Landwein (m^5)

de **landwind** Landwind (m^5)

de **landwinning** Landgewinnung (v^{28})

lang 1 [m.b.t. ruimte en afstand] lang^{58}: *zij zijn even ~* sie sind gleich groß **2** [lange tijd] lange: *~ geleden* vor langer Zeit; *vrij ~* längere Zeit; *op zijn ~st* höchstens; *sedert ~* seit Langem; *~ van stof* langatmig || *bij ~e (na) niet* bei Weitem nicht; *dat is ~ niet kwaad* das ist gar nicht übel; *hoe ~er, hoe mooier* immer schöner

langdradig weitschweifig, langatmig

langdurig länger; *~e droogte* anhaltende Dürre; *~e vriendschap* langjährige Freundschaft; *~e ziekte* langwierige Krankheit

de **langeafstandsraket** Langstreckenrakete (v^{21})

de **langeafstandsvlucht** Langstreckenflug (m^6)

het **langetermijngeheugen** Langzeitgedächtnis (o^{29a})

langgerekt 1 [m.b.t. vorm] gedehnt **2** [van lange duur, lang volgehouden] lang gezogen

langharig langhaarig

langlaufen langlaufen; Langlauf betreiben^{290}

de **langlaufer** Langläufer (m^9)

langlopend langfristig

de **langoustine** Langustine (v^{21})

¹langs (bw) **1** entlang-, herunter-: *de straat ~ gaan* die Straße entlanggehen^{168} (*of*: heruntergehen) **2** [voorbij] vorbei-: *(bij iem.) ~ komen* (bei jmdn.) vorbeikommen^{193}; *iem. er-*

van ~ geven **a)** [slaan] jmdn. durchprügeln; **b)** [terechtwijzen] jmdn. rüffeln; *ergens niet ~ kunnen* nicht umhinkönnen^{194}

²langs (vz) **1** [in de lengte van] entlang^{97}, an^{+3} … entlang: *~ het bos* entlang dem Wald, den Wald entlang, am Wald entlang **2** [voorbij] an^{+3} … vorbei, an^{+3} … vorüber: *ik kom ~ uw huis* ich komme an Ihrem Hause vorbei (*of*: vorüber) **3** [aan] an^{+3}: *de bomen ~ de weg* die Bäume am Weg **4** [via, op] auf^{+3}: *~ de kortste weg* auf dem kürzesten Wege || *~ elkaar heen praten, leven* aneinander vorbeireden, nebeneinanderher leben

langsgaan 1 [voorbijkomen] [lopend] vorbeigehen^{168}; [rijdend] vorbeifahren^{153} **2** [bezoeken] vorbeigehen

langskomen vorbeikommen^{193}

de **langslaper** Langschläfer (m^9)

de **langspeelplaat** Langspielplatte (v^{21}), LP (v^{27})

de **langstlevende** länger Lebende(r) (m^{40a}, v^{40b}); [jur] überlebende(r) Teil (m^5)

¹langszij (bw) längsseits

²langszij (vz) längsseits^{+2}

languit der Länge nach, längelang

langverwacht seit langem erwartet; (lang) ersehnt

langwerpig länglich

langzaam langsam: *langzaamaan!* immer schön langsam!

¹langzaamaan (bw) allmählich

²langzaamaan (tw) immer schön langsam!, immer mit der Ruhe!

de **langzaamaanactie** Bummelstreik (m^{13})

langzamerhand allmählich, nach und nach

lankmoedig langmütig

de **lans** Lanze (v^{21}): *[fig] een ~ breken voor iem., iets* für jmdn., für^{+4} etwas eine Lanze brechen^{137}

de **lantaarn** Laterne (v^{21})

de **lantaarnpaal** Laternenpfahl (m^6)

lanterfanten herumlungern

Laos Laos (o^{39a})

de **Laotiaan** Laote (m^{15}), Laotin (v^{22})

Laotiaans laotisch

de **lap 1** [stuk stof] Lappen (m^{11}), Stück (o^{29}) Stoff **2** [waarmee men iets verstelt] Flicken (m^{11}) **3** [poetslap] Lappen (m^{11}) **4** [vod] Fetzen (m^{11}) **5** [stuk] Stück (o^{29}): *een ~ grond* ein Grundstück **6** [stukje vlees] Stück (o^{29}), Scheibe (v^{21})

het **lapje**: *iem. voor het ~ houden* jmdn. auf den Arm nehmen^{212}

de **lapjeskat** dreifarbige, schildpattfarbene Katze (v^{21})

Lapland Lappland (o^{39})

de **Laplander** Lappländer (m^9), Lappländerin (v^{22})

Laplands lappländisch, lappisch

het **lapmiddel** Notbehelf (m^5)

lappen 1 [ver-, herstellen] flicken **2** [ruiten] ledern: *ramen* ~ Fenster ledern **3** [sport] überrunden **4** [slim uitvoeren] deichseln: *dat heeft hij 'm gauw gelapt* das hat er fix gemacht; *wie heeft me dat gelapt?* wer hat mir diesen Streich gespielt? **5** [geld bijeenbrengen] Geld zusammenlegen

de **lappendeken 1** [deken] Flickendecke (v²¹) **2** [figuurlijk] Flickwerk (o³⁹)

de **lappenmand** Flickkorb (m⁶): *in de ~ zijn* kränkeln

de **laptop** Laptop (m¹³)

het **lapwerk** Flickwerk (o³⁹)

larderen [ook fig] spicken

de **larie** Larifari (o³⁹), Quatsch (m¹⁹), Blödsinn (m¹⁹)

de **lariekoek** Larifari (o³⁹), Quatsch (m¹⁹), Blödsinn (m¹⁹)

de **lariks** Lärche (v²¹)

de **larve** Larve (v²¹)

de **las 1** [verbindingsstuk] Lasche (v²¹) **2** [lasplaats] Schweißstelle (v²¹)

de **lasagne** Lasagne (mv)

het **lasapparaat** Schweißgerät (o²⁹)

de **lasbril** Schweißbrille (v²¹); [alg] Schutzbrille (v²¹)

de **laser** Laser (m⁹)

de **laserprinter** Laserdrucker (m⁹)

de **lasershow** Lasershow (v²⁷)

de **laserstraal** Laserstrahl (m¹⁶)

het **laserwapen** Laserwaffe (v²¹)

de **lasnaad** Schweißnaht (v²⁵)

lassen schweißen

de **lasser** Schweißer (m⁹)

de **lasso** Lasso (m¹³, o³⁶)

de **last 1** [wat zwaar is] Last (v²⁰) **2** [druk, nood, hinder] Last (v²⁰), Bürde (v²¹): *de ~ der jaren* die Bürde der Jahre; *~ met de spijsvertering* Verdauungsbeschwerden (mv v²¹); *daar krijg je nog ~ mee!* damit bekommst du noch Ärger; *~ van slapeloosheid hebben* an Schlaflosigkeit leiden¹⁹⁹; *iem. ~ bezorgen* jmdm. Schwierigkeiten machen; *~ veroorzaken* belästigen; *hebt u ~ van de zon?* stört Sie die Sonne? **3** [beschuldiging] Last (v²⁰): *iem. iets ten ~e leggen* jmdm. etwas zur Last legen **4** [lading, vracht] Ladung (v²⁰), Fracht (v²⁰) **5** [financiële verplichtingen] Last (v²⁰), Kosten (mv), Abgaben (mv): *buitengewone ~en* außergewöhnliche Belastungen; *sociale ~en* Soziallasten, Sozialabgaben; *ten ~e van de koper komen* zulasten (of: zu Lasten) des Käufers gehen¹⁶⁸ **6** [bevel, opdracht] Befehl (m⁵): *op ~ van* auf Befehl⁺²

het **lastdier** Lasttier (o²⁹)

de **lastenverlichting** Steuer- und Abgabenerleichterung (v²⁰)

de **lastenverzwaring** zusätzliche Belastung (v²⁰)

de **laster** Verleumdung (v²⁰)

de **lasteraar** Verleumder (m⁹), Lästerer (m³)

de **lastercampagne** Verleumdungskampagne (v²¹)

lasteren verleumden: *God ~* Gott lästern

lasterlijk verleumderisch; [m.b.t. God] lästerlich

het **lasterpraatje** verleumderische Rede (v²¹)

de **lastgeving** Auftrag (m⁶)

lastig 1 [vervelend] lästig, unbequem: *een ~ kind* ein lästiges Kind **2** [moeilijk] schwer, schwierig, heikel, misslich: *een ~e situatie* eine missliche (of: heikle) Lage; *een ~ examen* ein schwieriges Examen

lastigvallen belästigen

de ¹**last minute** Last-Minute-Reise (v²¹): *een ~ boeken* eine Last-Minute-Reise buchen

²**last minute** (bn) in letzter Minute

de **lastpak**, de **lastpost** lästiger Mensch (m¹⁴), lästiges Kind (o³¹)

de **lat** Latte (v²¹): [sport] *onder de ~ staan* im Tor stehen²⁷⁹; *schot op de ~* Schuss an die Latte; [fig] *de ~ te hoog leggen* die Latte/Messlatte zu hoch legen; [Belg; fig] *de ~ gelijk leggen* an alle die gleichen Anforderungen stellen; [sport] *op de lange ~ten staan* auf den Brettern stehen

¹**laten** (ov ww) lassen¹⁹⁷: *iets ~ voor wat het is* etwas gut sein lassen; *laat dat!* lass das (sein)!; *laat maar!* lassen Sie nur!; *we zullen alles maar zo ~* wir wollen alles beim Alten lassen; *we zullen het hierbij ~* wir wollen es hierbei bewenden lassen; *ik kan niet ~ u te zeggen* ich kann nicht umhin, Ihnen zu sagen

²**laten** (hww) lassen¹⁹⁷: *dat laat zich denken* das lässt sich denken; *ik heb mijn agenda thuis ~ liggen* ich habe meinen Terminkalender zu Hause liegen lassen¹⁹⁷; *ik heb geen geld voor een fiets, laat staan voor een auto* ich habe kein Geld für ein Fahrrad, geschweige (denn) für ein Auto; *laat staan dat ... geschweige* (denn), dass ...; *een vak ~ vallen* ein Fach abwählen; *~ vragen hoe het gaat* fragen lassen, wie es geht; *men liet het mij weten* man ließ es mich wissen; *~ ze het maar doen!* sollen sie es doch tun!; *~ we elkaar helpen!* wir wollen uns³ gegenseitig helfen; *laat ik nu oppassen!* jetzt heißt es aufpassen!; *~ we er niet meer over praten!* Schwamm drüber!; *laat ik maar zwijgen!* darüber kann ich besser schweigen!

latent latent

later später: *op ~e leeftijd* in fortgeschrittenem Alter

lateraal lateral, Seiten-

het **latertje**: *dat wordt een ~* es wird spät werden

het **Latijn** Latein (o³⁹): *~ leren* Latein lernen

Latijns lateinisch: *~ Amerika* Lateinamerika (o³⁹)

Latijns-Amerika Lateinamerika (o³⁹)

Latijns-Amerikaans lateinamerikanisch

de **latrelatie** Wochenendbeziehung (v²⁰), LAT-Beziehung (v²⁰), Living-apart-together-Beziehung (v²⁰)

het **latwerk 1** [hekwerk] Lattenzaun (m⁶)
2 [geraamte van hout] Lattengerüst (o²⁹)

de **laurier** Lorbeer (m¹⁶)

lauw [ook fig] lau

de **lauweren** mit Lorbeeren krönen

de **lauwerkrans** Lorbeerkranz (m⁶)

lauwwarm lau(warm)

de **lava** Lava (v, mv: Laven)

de **lavabo** [Belg] Waschbecken (o³⁵)

de **lavastroom** Lavastrom (m⁶)

laveloos sternhagelvoll

laven laben: zich ~ *aan* sich laben an⁺³

de **lavendel** Lavendel (m¹⁹)

laveren 1 [scheepv] kreuzen **2** [fig] lavieren³²⁰ **3** [dronken] taumeln

het **lawaai** Lärm (m¹⁹); [van mensen ook] Radau (m¹⁹): *hinder van het* ~ Lärmbelästigung (v²⁰); ~ *maken (schoppen)* lärmen

lawaaierig lärmend, geräuschvoll

de **lawaaimaker 1** Lärmmacher (m⁹) **2** [opschepper] Aufschneider (m⁹)

de **lawine** [ook fig] Lawine (v²¹)

het **lawinegevaar** Lawinengefahr (v²⁰)

het **laxeermiddel** Abführmittel (o³³), Purgiermittel (o³³)

laxeren laxieren³²⁰

het **lazarus** [inf] stockbesoffen, sternhagelvoll

de **lazer**: *iem. op zijn* ~ *geven* **a)** [een standje] jmdm. einen Rüffel erteilen; **b)** [pak slaag] jmdm. das Leder gerben

¹**lazeren** (onov ww) [inf] **1** [vallen] segeln, fliegen¹⁵⁹; [botsen] donnern **2** [zaniken] quengeln

²**lazeren** (ov ww) [inf] [smijten] donnern, schmeißen²⁴⁷

het **lcd-scherm** LCD-Screen (m¹³), LCD-Schirm (m⁵)

de **leaseauto** geleaste(s) Auto (o³⁶)

leasen leasen

de **leasing** Leasing (o³⁶)

de **lector 1** [van uitgeverij] Lektor (m¹⁶) **2** [aan universiteit] Dozent (m¹⁴)

de **lectuur** Lektüre (v²¹)

de **ledematen** Glieder (mv o³¹), Gliedmaßen (mv v²¹)

de **ledenlijst** Mitgliederliste (v²¹)

het **ledental** Mitgliederzahl (v²⁰)

de **ledenvergadering** Mitgliederversammlung (v²⁰)

het **leder** *zie* ¹*leer*

lederen *zie* ²*leren*

de **lederwaren** Lederwaren (mv v²¹)

ledigen (ent)leeren

het **ledikant** Bett (o³⁷), Bettgestell (o²⁹)

de **ledlamp** LED-Lampe (v²¹)

het ¹**leed** Leid (o³⁹), Kummer (m¹⁹): *iem.* ~ *veroorzaken* jmdm. Kummer machen; *niemand* ~ *doen* keinem etwas zuleide (*of:* zu Leide) tun²⁹⁵

²**leed** (bn): *iets met lede ogen aanzien* voll Be-

dauern zusehen (bei etwas)

het **leedvermaak** Schadenfreude (v²⁸): *vol* ~ schadenfroh

het **leedwezen** Bedauern (o³⁹): *tot ons* ~ zu unserem Bedauern

leefbaar: *het bestaan* ~ *maken* das Dasein lebenswert gestalten; *een huis* ~ *maken* ein Haus wohnlich machen

de **leefbaarheid** Lebensqualität (v²⁸)

het **leefklimaat** Lebensumstände (mv m⁶)

het **leefloon** Sozialhilfe (v²¹); [Belg] Eingliederungseinkommen (o³⁵)

het **leefmilieu** [Belg] Umwelt (v²⁰)

de **leeftijd** Alter (o³³): *op twintigjarige* ~ im Alter von 20 Jahren, mit 20 Jahren; *op die* ~ in dem Alter; *een man op* ~ ein Mann in vorgerücktem Alter; *hij is al op* ~ er ist schon bei Jahren; *als men op* ~ *komt* wenn man älter wird; *hij is van mijn* ~ er ist in meinem Alter; [film] *alle* ~*en* jugendfrei; [Belg] *de derde* ~ die Senioren

de **leeftijdgenoot** Altersgenosse (m¹⁵), Gleichaltrige(r) (m⁴⁰ᵃ, v⁴⁰ᵇ)

de **leeftijdsdiscriminatie** Altersdiskriminierung (v²⁰)

de **leeftijdsgrens** Altersgrenze (v²¹)

de **leeftijdsklasse** Altersklasse (v²¹)

de **leefwijze** Lebensweise (v²¹)

leeg leer: *lege band* Plattfuß (m⁶)

de **leegdrinken** leeren, austrinken²⁹³

het **leeggoed** [Belg] Leergut (o³⁹)

de **leegheid** Leere (v²⁸), Leerheit (v²⁰)

het **leeghoofd** Hohlkopf (m⁶)

leeglopen 1 [m.b.t. vat enz.] leerlaufen¹⁹⁸ **2** [m.b.t. zaal] sich leeren **3** [niets doen] faulenzen

de **leegloper** Müßiggänger (m⁹)

leegmaken leeren, leer machen

leegpompen auspumpen, leer pumpen

leegstaan leer stehen²⁷⁹

de **leegstand** Leerstehen (o³⁹)

de **leegte** Leere (v²⁸); [fig ook] Öde (v²¹)

de **leek** Laie (m¹⁵): *volslagen* ~ blutiger Laie

het/de **leem** Lehm (m¹⁹)

de **leemte** Lücke (v²¹): *in een* ~ *voorzien* eine Lücke füllen

het **leen**: *iem. geld te* ~ *geven* jmdm. Geld leihen²⁰⁰ (*of:* borgen); *een boek van iem. te* ~ *krijgen* von jmdm. ein Buch geliehen bekommen¹⁹³; [inf] *iem. geld te* ~ *vragen* jmdn. anpumpen

de **leenheer** Lehnsherr (m¹⁴)

de **leenman** Lehnsmann (m⁸)

het **leenstelsel** Lehnswesen (o³⁹)

leep schlau, gerissen

het ¹**leer** [leder] Leder (o³³): *van* ~ *trekken* vom Leder ziehen³¹⁸

de ²**leer** [lering] Lehre (v²¹) ‖ ~ *om* ~ Wurst wider⁺⁴ Wurst

het **leerboek** Lehrbuch (o³²)

het **leercontract** Ausbildungsvertrag (m⁶)

de **leergang** Lehrgang (m[6]), Kurs (m[5])

het **leergeld** [ook fig] Lehrgeld (o[31])

leergierig lernbegierig, lerneifrig

de **leergierigheid** Lernbegier(de) (v[28]), Lerneifer (m[19])

het **leerjaar** Lehrjahr (o[29]), Schuljahr (o[29])

de **leerkracht** Lehrkraft (v[25])

de **leerling 1** [scholier] Schüler (m[9]) **2** [leerjongen, leermeisje] Lehrling (m[5]); [met leerovereenkomst] Auszubildende(r) (m[40a], v[40b]) **3** [volgeling] Jünger (m[9]), Schüler (m[9])

leerlooien gerben

de **leermeester** Lehrer (m[9])

de **leermethode** Lehrmethode (v[21]), Unterrichtsmethode (v[21])

het **leermiddel** Lehrmittel (o[33])

het **leerplan** Lehrplan (m[6])

de **leerplicht** Schulpflicht (v[20])

leerplichtig schulpflichtig

leerrijk lehrreich

de **leerschool** Schule (v[21])

de **leerstelling** Lehrsatz (m[6])

de **leerstoel** Lehrstuhl (m[6]): *een ~ bekleden* einen Lehrstuhl innehaben

de **leerstof** [door leerling te verwerken] Lernstoff (m[5]); [te doceren stof] Lehrstoff (m[5])

het **leertje** Stück (o[29]) Leder, Lederstück (o[29])

het **leervak** Lehrfach (o[32])

de **leerweg** ± Studienrichtung (v[20]); [zelden] Lehrweg (m[5])

leerzaam 1 [leergierig] lernbegierig **2** [leerrijk] lehrreich, aufschlussreich

het **leesapparaat** Leseautomat (m[14]), Lesegerät (o[29])

leesbaar lesbar; [van schrift ook] leserlich

leesblind leseblind

het **leesboek** Lesebuch (o[32])

de **leesbril** Lesebrille (v[21])

de **leeslamp** Leselampe (v[21])

de **leesmoeder** ± Mutter (v[26]) die beim Leseunterricht hilft

de **leest 1** Leisten (m[11]) **2** [taille] Taille (v[21]) **3** [vorm van het lichaam] Wuchs (m[19]) || [fig] *op dezelfde ~ schoeien* über einen Leisten schlagen[241]

het **leesteken** Satzzeichen (o[35]), Interpunktionszeichen (o[35])

de **leesvaardigheid** Lesefertigkeit (v[20])

het **leesvoer** Lesestoff (m[19]), Lektüre (v[21])

de **leeszaal** Lesesaal (m, mv: Lesesäle)

de **leeuw** Löwe (m[15])

de **Leeuw** [sterrenbeeld] Löwe (m[15])

het **leeuwendeel** Löwenanteil (m[19])

de **leeuwentemmer** Löwenbändiger (m[9])

de **leeuwerik** Lerche (v[21])

de **leeuwin** Löwin (v[22])

het/de **lef** Mumm (m[19]), Schneid (m[19])

de **lefgozer** Dicktuer (m[9])

de **leg** Legen (o): *aan de ~ zijn* legen; [fig] *van de ~ zijn* durcheinander sein

legaal legal, gesetzlich

het **legaat** Legat (o), Vermächtnis (o[29])

de **legalisatie** Legalisation (v[20]), Legalisierung (v[20])

legaliseren legalisieren[320], beglaubigen

de **legbatterij** Legebatterie (v[21])

legen (ent)leeren

de **legenda** Legende (v[21])

legendarisch legendär

de **legende** Legende (v[21])

het **leger 1** [ligplaats] Lager (o[33]) **2** [landmacht] Heer (o[29]); [leger(korps)] Armee (v[21]): ~, marine en luchtmacht Streitkräfte (mv v[25]); [BRD ook] Bundeswehr (v[28]); ~ des Heils Heilsarmee (v[28]) **3** [grote menigte] Heer (o[29])

de **legerbasis** Militärbasis (v, mv: Militärbasen); Militärstützpunkt (m[5])

legeren lagern

legergroen ± graugrün; [m.b.t. vroegere Duitse uniformen] feldgrau

de [1]**legering** (zn) Lagern (o[39])

de [2]**legering** (zn) Legierung (v[20])

de **legerleiding** Heeresleitung (v[20])

de **legermacht** Heer (o[29]), Armee (v[21])

de **leges** Gebühren (mv v[20]): *vrij van ~* gebührenfrei

leggen legen: *de hoorn op de haak ~ den* Hörer auflegen; *een kaartje ~* Karten spielen; *kabels ~* Kabel (ver)legen; *iets opzij ~* **a)** [lett] etwas beiseitelegen; **b)** [sparen] etwas auf die hohe Kante legen

de **legging** Leggings (mv), Leggins (mv)

legio: *zij heeft ~ vrienden* sie hat eine Unzahl Freunde

het **legioen** Legion (v[20])

de **legionella** [bacterie] Legionella-Bakterie (v[21]), Legionellen (mv); [ziekte] Legionärskrankheit (v[28])

de **legislatuur 1** [wetgevende macht] Legislative (v[21]) **2** [Belg] [periode] Legislaturperiode (v[21])

legitiem legitim; *~e portie* Pflichtteil (m[5]); *een ~e reden* ein legitimer Grund

de **legitimatie** [identiteitsbewijs] Ausweis (m[5]): *geen geldige ~ bij zich hebben* keinen gültigen Ausweis dabei haben

het **legitimatiebewijs** Ausweis (m[5])

de **legitimatieplicht** Ausweispflicht (v[20])

[1]**legitimeren** (ov ww) legitimieren[320]

zich [2]**legitimeren** (wdk ww) sich ausweisen

de **legkast** Wäscheschrank (m[6])

de **legkip** Legehenne (v[21]), Legehuhn (o[32])

de **legpuzzel** Puzzle (o[36]), Puzzlespiel (o[29])

de **leguaan** Leguan (m[5])

de [1]**lei** [stofnaam] Schiefer (m[9])

de [2]**lei 1** [om op te schrijven] Schiefertafel (v[21]) **2** [op het dak] Schieferplatte (v[21])

de [3]**lei** [Belg] Allee (v[21])

de **leiband**: [fig] *hij loopt aan de ~ van ... er* geht am Gängelband[+2]

leiden [alg] führen; [richting aan iets geven, ook] leiten, lenken; [besturen] leiten:

een *bedrijf* ~ einen Betrieb leiten (*of:* führen); *een delegatie* ~ eine Delegation führen; *een school* ~ eine Schule leiten; *een vergadering* ~ eine Versammlung leiten; *dat leidt tot niets* das führt zu nichts; *een druk leven* ~ sehr beschäftigt sein

de **leider 1** [persoon die leidt] Leiter (m⁹), Führer (m⁹) **2** [sport] Spitzenreiter (m⁹); [ploeg, ook] Tabellenführer (m⁹) **3** [dictator] Führer (m⁹)

het **leiderschap** Führerschaft (v²⁰), Leitung (v²⁸)

de **leiding 1** [het leiden, bestuur] Leitung (v²⁸), Führung (v²⁸); *onder* ~ *staan* geleitet (*of:* geführt) werden³¹⁰; [sport] *de* ~ *nemen* die Führung übernehmen²¹² **2** [buis, e.d.] Leitung (v²⁰)

leidinggevend leitend, führend: ~ *personeel* leitende Angestellte (mv); *een* ~*e functie hebben* eine leitende Funktion haben

het **leidingwater** Leitungswasser (o³⁹)

de **leidraad 1** [richtsnoer] Leitlinie (v²¹) **2** [handleiding] Leitfaden (m¹²), Anleitung (v²⁰)

het **leidsel** Zügel (m⁹), Zaum (m⁶)

de **leidsman** Führer (m⁹)

de **leidster,** de **leidsvrouw** Führerin (v²²)

leien schiefern, aus Schiefer, Schiefer…

het/de **leisteen** Schiefer (m⁹)

het ¹**lek** (zn) **1** [alg] undichte Stelle (v²¹) **2** [plaats waar vloeistof doorlekt] Leck (o³⁶), Leckage (v²¹)

²**lek** (bn) [alg] undicht; [vloeistoffen doorlatend] leck: *een* ~*ke band hebben* einen Plattfuß (*of:* Platten) haben¹⁸²

de **lekkage 1** Leckage (v²¹) **2** [het lek] Leck (o³⁶)

lekken [alg] undicht sein²⁶²; [van vloeistoffen] lecken

lekker 1 [smakelijk] lecker, appetitlich: *een* ~ *hapje* ein Leckerbissen; *het smaakt* ~ es schmeckt lecker **2** [m.b.t. geur] gut, angenehm: *het ruikt* ~ es riecht gut **3** [plezierig] angenehm, behaglich, bequem: ~ *weer* angenehmes Wetter; *die schoenen zitten* ~ diese Schuhe sitzen bequem **4** [m.b.t. gezondheid] wohl: *ik voel me niet* ~ ich fühle mich nicht wohl **5** [met leedvermaak] schön: *die hebben we* ~ *beetgehad* den haben wir schön angeführt; *ik doe het* ~ *toch* ich tue es doch **6** [als aansporing] schön, fein ‖ *je bent niet* ~*!* du bist wohl nicht ganz gescheit!; *dank je* ~*!* ich danke!; *je bent me een* ~*e* du bist mir der, die Richtige; *zie lekkers*

de **lekkerbek** Leckermaul (o³²)

het **lekkerbekje** Schellfischfilet (o³⁶) in Backteig

de **lekkernij 1** [iets lekkers] Leckerbissen (m¹¹), Delikatesse (v²¹) **2** [snoep] Süßigkeit (v²⁰)

het **lekkers** [snoep] Süßigkeiten (mv v²⁰) ‖ *het is me wat* ~*!* das ist eine schöne Bescherung!

de **lel 1** [afhangend velletje] Lappen (m¹¹); [van oor] Ohrläppchen (o³⁵) **2** [klap] Schlag (m⁶), Hieb (m⁵) **3** [groot stuk] ± kolossales Stück (o²⁹)

de **lelie** Lilie (v²¹)

het **lelietje-van-dalen** Maiglöckchen (o³⁵)

lelijk 1 hässlich; [sterker] garstig: *er* ~ *uitzien* hässlich aussehen²⁶¹ **2** [kwetsend] hässlich, gemein **3** [slecht, erg] böse, schlimm: ~*kwaal* schlimmes Übel; *er* ~ *aan toe zijn* schlimm dran sein; *zich* ~ *vergissen* sich böse irren **4** [ontevreden] böse

de **lelijkerd** hässliche Person (v²⁰); [sterker] Scheusal (o²⁹), Ekel (o³³): ~*! du Ekel!*

lemen lehmig, aus Lehm, Lehm…

het **lemmet** Klinge (v²¹)

de **lemming** Lemming (m⁵)

de **lende** Lende (v²¹)

de **lendenbiefstuk** Lendensteak (o³⁶), Lendchen (o³⁵)

de **lendendoek** Lendenschurz (m⁵)

¹**lenen** (ov ww) leihen²⁰⁰; [omgangstaal] pumpen: *aan iem. geld* ~ jmdm. Geld leihen

zich ²**lenen** (wdk ww): *zich* ~ *voor* sich eignen für⁺⁴ (*of:* zu⁺³); *daarvoor leen ik me niet* dazu gebe ich mich nicht her

de **lener 1** [wie te leen geeft] Leiher (m⁹), Verleiher (m⁹) **2** [ontvanger] Leiher (m⁹), Entleiher (m⁹)

lengen sich längen

de **lengte** Länge (v²¹): *de kamer is 6 m in de* ~ die Länge des Zimmers beträgt 6 m; *in de* ~ *vouwen* der Länge nach falten; *tot in* ~ *van dagen* noch lange Jahre; *over de hele* ~ auf der ganzen Länge

de **lengteas** Längsachse (v²¹)

de **lengtecirkel** Längenkreis (m⁵)

de **lengtemaat** Längenmaß (o²⁹)

de **lengterichting** Längsrichtung (v²⁰)

lenig geschmeidig, biegsam

de **lenigheid** Geschmeidigkeit (v²⁰)

de **lening 1** [het te leen geven] Leihen (o³⁹) **2** [opnemen van geld] Anleihe (v²¹): *hypothecaire* ~ Hypothekarkredit (m⁵); *een* ~ *sluiten* eine Anleihe aufnehmen²¹² **3** [wat verstrekt wordt] Darlehen (o³⁵), Kredit (m⁵)

de **lens 1** Linse (v²¹) **2** [contactlens] Kontaktlinse (v²¹)

de **lente** Frühling (m⁵)

lenteachtig frühlingshaft, Frühlings…

de **lepel** Löffel (m⁹)

de **lepelaar** Löffler (m⁹), Löffelreiher (m⁹)

lepelen löffeln

de **lepra** Lepra (v²⁸), Aussatz (m¹⁹)

de **leraar 1** Lehrer (m⁹) **2** [bij het vwo] Gymnasiallehrer (m⁹)

de **lerarenopleiding** Lehrerausbildung (v²⁰)

de **lerares** Lehrerin (v²²); *zie leraar*

¹**leren** (bn) ledern, aus Leder, Leder…

²**leren** (ww) **1** [onderwijzen] lehren⁺⁴, unterrichten⁺⁴: *iem.* ~ *dansen* jmdn. tanzen lehren;

de tijd zal het ~ die Zeit wird es lehren
2 [kennis, vaardigheid opdoen] lernen: *iets van buiten* ~ etwas auswendig lernen; *iem. ~ kennen* jmdn. kennenlernen; *van zijn fouten* ~ aus seinen Fehlern lernen; *hij leert voor banketbakker* er lernt Konditor

de **lering** Lehre (v²¹): ~ *uit iets trekken* aus⁺³ etwas eine Lehre ziehen³¹⁸

de **les 1** [onderwijs] Unterricht (m⁵): ~ *geven* Unterricht (*of:* Stunden) geben¹⁶⁶; *Duitse ~ geven* Deutsch lehren; ~ *nemen* Unterricht (*of:* Stunden) nehmen²¹² **2** [lesuur] Stunde (v²¹): *de ~ valt uit* der Unterricht fällt aus **3** [hoofdstuk] Lektion (v²⁰) **4** [opgegeven werk] Aufgabe (v²¹) **5** [lering] Lehre (v²¹) ‖ *iem. een ~je leren* jmdm. eine Lektion erteilen/geben; *iem. de ~ lezen* jmdm. eine Lektion erteilen; *een wijze ~* eine lehrreiche Lektion

de **lesauto** Fahrschulauto (o³⁶)
de **lesbevoegdheid** Lehrbefähigung (v²⁰), Lehrbefugnis (v²⁴)
de **lesbienne** Lesbierin (v²²)
   lesbisch lesbisch
   lesgeven unterrichten, Stunden geben¹⁶⁶
het **leslokaal** Klassenraum (m⁶), Klassenzimmer (o³³)
het **lesmateriaal** Lehrmittel (mv o³³)
de **Lesothaan** Lesother (m⁹), Lesotherin (v²²)
   Lesothaans lesothisch
   Lesotho Lesotho (o³⁹)
het/de **lesrooster** Stundenplan (m⁶)
   ¹lessen (onov ww) [les nemen] Stunden nehmen²¹²; [bij rijschool] Fahrstunden nehmen²¹²
   ²lessen (ov ww) [blussen, stillen] löschen
de **lessenaar** Pult (o²⁹); [muz ook] Notenpult (o²⁹)
   lest letzt: *ten langen ~e* zuletzt, zu guter Letzt
het **lesuur** Stunde (v²¹)
de **Let** Lette (m¹⁵), Lettin (v²²)
de **lethargie** Lethargie (v²¹)
   Letland Lettland (o)
de **Letlander** Lettländer (m⁹), Lettländerin (v²²)
   Letlands lettisch
   Lets lettisch
het **letsel** Verletzung (v²⁰), Schaden (m¹²): *zwaar lichamelijk* ~ schwere Körperschäden; ~ *krijgen* verletzt werden³¹⁰; *(iem.)* ~ *toebrengen* (jmdn.) verletzen
   ¹letten (onov ww) [acht geven, opletten] achten (auf⁺⁴), Acht geben¹⁶⁶ (auf⁺⁴): *let op mijn woorden!* merke dir meine Worte!
   ²letten (ov ww) [beletten] abhalten¹⁸³ (von ⁺³): *wat let je?* was hält dich davon ab?
de **letter 1** [letterteken] Buchstabe (m¹⁸): *kleine* ~ [van contract, polis] Kleingedruckte(s) (o⁴⁰ᶜ) **2** [typ] Letter (v²¹); [letteren] Literatur (v²⁸); [wetenschap] Philologie (v²⁸)

de **letteren 1** [taal- en letterkunde] Philologie (v²¹), Sprach- und Literaturwissenschaft (v²⁰) **2** [literatuur] Literatur (v²⁰)
de **lettergreep** Silbe (v²¹)
de **letterkunde 1** [literatuur] Literatur (v²⁸) **2** [studie, wetenschap] Literaturwissenschaft (v²⁰)
   letterkundig literarisch
   letterlijk 1 [naar de letter] wörtlich **2** [volstrekt] buchstäblich, förmlich
het **letterteken** Schriftzeichen (o³⁵)
het **lettertype** Letter (v²¹), Schrift (v²⁰), Schriftart (v²⁰)
de **leugen** Lüge (v²¹): ~ *en bedrog* Lug und Trug; *~s verzinnen* Lügen spinnen²⁷² ‖ *al is de* ~ *nog zo snel, de waarheid achterhaalt haar wel* die Lüge mag noch so geschwind sein, die Wahrheit holt sie ein
de **leugenaar** Lügner (m⁹): *iem. tot een ~ maken* jmdn. als Lügner hinstellen
   leugenachtig 1 [dikwijls liegende] lügnerisch **2** [onwaar] lügenhaft
de **leugenachtigheid** Lügenhaftigkeit (v²⁸)
de **leugendetector** Lügendetektor (m¹⁶)
de **leuk 1** [grappig] drollig, witzig, lustig: *een ~e grap* ein gelungener Witz **2** [aardig] nett, reizend, schön: *een ~ snuitje* ein hübsches Gesicht ‖ [iron] *dat kan ~ worden* das kann ja lustig werden
de **leukemie** Leukämie (v²¹)
de **leukerd** Spaßvogel (m¹⁰)
de **¹leukoplast** [biol] Leukoplast (m¹⁴)
het **²leukoplast**ᴹᴱᴿᴷ [pleister] Leukoplast (o²⁹)
   leunen 1 [schuin] (sich) lehnen (an⁺⁴ (*of:* gegen⁺⁴)): *naar buiten* ~ sich hinauslehnen **2** [recht] sich stützen (auf⁺⁴): *op zijn ellebogen* ~ sich auf die Ellbogen stützen
de **leuning 1** [van bank, stoel] Lehne (v²¹) **2** [van balkon, brug, trap] Geländer (o³³)
de **leunstoel** Lehnstuhl (m⁶), Armstuhl (m⁶)
   leuren hausieren³²⁰
de **leus** Losung (v²⁰), Parole (v²¹)
de **¹leut** [pret] Spaß (m⁶): *voor de* ~ zum Spaß
de **²leut** [koffie] Kaffee (m¹⁹)
   leuteren faseln, schwafeln
de **leuze** zie leus
het **¹leven** (zn) **1** [het bestaan] Leben (o³⁵): *het ~ op land* das Leben auf dem Land; *hoe staat het ~?* wie steht's?; *een eind aan zijn ~ maken* seinem Leben ein Ende machen; *in ~ blijven* am Leben bleiben¹³⁴; *in ~ zijn* am Leben sein²⁶²; *om het ~ brengen* umbringen¹³⁹; *om het ~ komen* umkommen¹⁹³; *bij ~ en welzijn* so Gott will; *voor het ~ benoemen* auf Lebenszeit ernennen **2** [levensduur] Leben (o³⁵): *mijn ~ lang* mein Leben lang **3** [geluid] Lärm (m¹⁹) ‖ *iets in het ~ roepen* etwas ins Leben rufen; *zie leventje*
   ²leven (ww) leben; existieren³²⁰: *manier van ~* Lebensstil (m⁵); ~ *en laten* ~ leben und leben lassen¹⁹⁷; *iem. laten ~* jmdn. am Leben las-

sen[197]; *het is daar goed* ~ es lässt sich dort gut leben; *hij kan goed* ~ er hat sein gutes Auskommen; *met hem valt niet te* ~ es ist kein Auskommen mit ihm; *die dan leeft, die dan zorgt* kommt Zeit, kommt Rat; *zo waar als ik leef* so wahr ich lebe; *lang zal hij* ~*!* er lebe hoch!; *leve de jubilaris!* es lebe der Jubilar!; *naar iets toe* ~ einer Sache[3] entgegenleben
de **levend** lebend, lebendig; ~*e beelden* lebende Bilder; ~*e taal* lebende Sprache (v[21]); ~ *wezen* Lebewesen (o[35]); *geen* ~*e ziel* keine Menschenseele; ~ *begraven* lebendig begraben; *weer* ~ *maken* wieder lebendig machen
levendig 1 [beweeglijk, druk, opgewekt] lebhaft, rege: *een* ~*e straat* eine belebte Straße; ~ *verkeer* reger Verkehr (m[19]); [belangstelling enz.] ~ *houden* lebendig erhalten[183]; ~ *van geest zijn* geistig rege sein[262] **2** [krachtig, duidelijk] lebhaft: *dat kan ik me* ~ *voorstellen* das kann ich mir lebhaft vorstellen
de **levendigheid** Lebhaftigkeit (v[28]), Belebtheit (v[28]), Lebendigkeit (v[28]); *zie levendig*
levenloos leblos; ~ *geboren* tot geboren
levensbedreigend lebensbedrohlich, lebensbedrohend
de **levensbehoeften** Lebensbedürfnisse (mv o[29a])
het **levensbelang**: *van* ~ lebensnotwendig
de **levensbeschouwing** Weltanschauung (v[20])
de **levensduur** Lebensdauer (v[28]): *van korte* ~ kurzlebig; *van lange* ~ langlebig
levensecht lebensecht
de **levenservaring** Lebenserfahrung (v[20])
de **levensfase** Lebensphase (v[21])
de **levensgenieter** Genussmensch (m[14])
het **levensgevaar** Lebensgefahr (v[28])
levensgevaarlijk lebensgefährlich
de **levensgezel** Lebensgefährte (m[15])
levensgroot lebensgroß
de **levenskunstenaar** Lebenskünstler (m[9])
levenslang lebenslänglich, lebenslang
het **levenslied** Chanson (o[36])
de **levensloop** Lebenslauf (m[6])
de **levenslust** Lebenslust (v[28])
levenslustig lebenslustig, lebensfroh
de **levensmiddelen** Lebensmittel (mv o[33])
levensmoe lebensmüde
de **levensomstandigheden** Lebensumstände (mv m[6])
het **levensonderhoud** Lebensunterhalt (m[19]): *kosten van* ~ Lebenshaltungskosten (mv)
de **levensovertuiging** Grundüberzeugung (v[20])
de **levenspartner** Lebenspartner (m[9])
de **levensstandaard** Lebensstandard (m[13])
de **levensstijl** Lebensstil (m[5])
het **levensteken** Lebenszeichen (o[35])
levensvatbaar lebensfähig
de **levensverwachting** Lebenserwartung

(v[28])
de **levensverzekering** Lebensversicherung (v[20])
de **levensvreugde** Lebensfreude (v[28])
de **levenswandel** Lebenswandel (m[9])
het **levenswerk** Lebenswerk (o[29])
de **levenswijsheid** Lebensweisheit (v[20])
de **levenswijze** Lebensweise (v[28]), Lebensart (v[20])
het **leventje**: *een lekker* ~ ein angenehmes Leben
de **lever** Leber (v[21]): *iets op zijn* ~ *hebben* etwas auf dem Herzen haben[182]; [Belg] *het ligt op zijn* ~ es wurmt ihn
de **leverancier** Lieferant (m[14])
de **leverantie** Lieferung (v[20])
leverbaar lieferbar: *direct* ~ sofort lieferbar
leveren liefern: *direct te* ~ sofort lieferbar; *kritiek op iem.* ~ an jmdm. Kritik üben; *aan zaken* ~ Geschäfte beliefern; *iem. iets* ~ jmdm. (*of:* an[+4] jmdm.) etwas liefern; [fig] jmdm. etwas einbrocken; *hij heeft prachtig werk geleverd* er hat prachtvolle Arbeit geleistet; *hij levert het 'm* er bringt es fertig
de **levering** Lieferung (v[20]): *directe* ~ sofortige Lieferung; *bewijs van* ~ Lieferschein (m[5])
de **leveringstermijn** Lieferfrist (v[20]), Lieferzeit (v[20])
de **leverpastei** Leberpastete (v[21])
de **levertijd** Lieferzeit (v[20])
de **leverworst** Leberwurst (v[25])
lezen lesen[201]: *iets op iemands gezicht* ~ etwas in[+3] jemands Miene lesen; *ik heb over de fout heen gelezen* ich habe den Fehler überlesen; *dat boek leest gemakkelijk* dieses Buch liest sich leicht; *daar staat te* ~ da steht; [fig] *tussen de regels door* ~ zwischen den Zeilen lesen
de **lezer** Leser (m[9]): *kring van* ~*s* Leserkreis (m[5])
de **lezing 1** [het lezen] Lektüre (v[28]), Lesen (o[39]): *na* ~ *van uw brief* nachdem ich Ihren Brief gelesen habe **2** [behandeling in parlement] Lesung (v[20]) **3** [voordracht] Vortrag (m[6]): *een* ~ *houden* einen Vortrag halten **4** [versie] Lesart (v[20])
de **lhbt'er** afk van *lesbienne, homo, biseksueel, transgender* ± LSBT (mv) (afk van *Lesben, Schwule, Bisexuelle und Transgender*)
de **liaan** Liane (v[21])
de **¹Libanees** (zn) Libanese (m[15]), Libanesin (v[22])
   ²Libanees (bn) libanesisch
   Libanon Libanon (m[19], m[19a], meestal met lw)
de **libel** Libelle (v[21])
de **¹liberaal** (zn) Liberale(r) (m[40a], v[40b])
   ²liberaal (bn, bw) liberal
   liberaliseren liberalisieren[320]
het **liberalisme** Liberalismus (m[19a])
   Liberia Liberia (o[39])
de **Liberiaan** Liberianer (m[9]), Liberianerin (v[22])

Liberiaans liberianisch
de **libero** Libero (m[13])
de **libido** Libido (v)
Libië Libyen (o[39])
de **Libiër** Libyer (m[9]), Libyerin (v[22])
Libisch libysch
de **¹licentiaat** [Belg] [persoon] Lizenziat (m[14])
het **²licentiaat** [Belg] [graad] Lizenziat (o[29])
de **licentie** Lizenz (v[20])
het **lichaam** Körper (m[20]); [instelling e.d., ook] Körperschaft (v[20]): *vreemd* ~ Fremdkörper; *een hol* ~ ein Hohlkörper; *over zijn hele* ~ *beven* am ganzen Körper zittern
de **lichaamsbeweging** Körperbewegung (v[20])
de **lichaamsbouw** Körperbau (m[19])
het **lichaamsdeel** Körperteil (m[5])
de **lichaamstaal** Körpersprache (v[21])
de **lichaamsverzorging** Körperpflege (v[28])
lichamelijk körperlich: *~e opvoeding* Leibeserziehung (v[28]); *~ gehandicapt* körperbehindert; *het toebrengen van ~ letsel* Körperverletzung (v[20])
het **¹licht** (zn) **1** [alg] Licht (o[31]): *de ~en van een auto* die Autoscheinwerfer (mv m[9]); *groen ~ geven* grünes Licht geben[166]; *zijn ~ bij iem. opsteken* sich[4] bei jmdm. erkundigen; *het ~ zien* **a)** [m.b.t. mens] das Licht der Welt erblicken; **b)** [m.b.t. boek] erscheinen[233]; *iets aan het ~ brengen* etwas ans Licht bringen[139]; *aan het ~ komen* ans Licht kommen[193]; *in het ~ van de omstandigheden* unter Berücksichtigung der Verhältnisse; *groot* ~ Fernlicht **2** [bliksemstraal] Blitz (m[5]) **3** [verkeerslicht] Ampel (v[21]): *het ~ staat op groen* die Ampel steht auf Grün
²licht (bn) **1** [niet zwaar, luchtig] leicht: *~ in het hoofd* schwindlig **2** [niet donker] hell: *het wordt ~* es wird hell **3** [m.b.t. kleur] hell: *~ bier* helles Bier **4** [makkelijk] leicht: *iets ~ opvatten* etwas leichtnehmen **5** [m.b.t. spijzen] leicht **6** [lichtzinnig] leicht
³licht (bw) **1** leicht: *~ wegen* leicht wiegen[312]; *~ verteerbaar* leicht verdaulich **2** [helder] hell
de **lichtbak** **1** [verlichting] Leuchte (v[21]) **2** [verlichte bak] Leuchtplatte (v[21])
het **lichtbeeld** Lichtbild (o[31])
lichtblauw hellblau
de **lichtbron** Lichtquelle (v[21])
de **lichtbundel** Lichtbündel (o[33]), Lichtgarbe (v[21])
lichtelijk leicht: *~ verbaasd* leicht erstaunt
¹lichten (ov ww) **1** [licht geven] leuchten **2** [aanbreken van de dag] dämmern **3** [bliksemen] blitzen; [weerlichten] wetterleuchten
²lichten (ov ww) **1** [optillen] heben[186]; [van hoed] lüften; [van anker] lichten **2** [verwijderen] herausnehmen[212] **3** [legen] leeren: *de brievenbus ~* den Briefkasten leeren
lichtend leuchtend

de **lichter** Leichter (m[9])
lichterlaaie: *in ~ staan* lichterloh brennen[138]
lichtgelovig leichtgläubig
lichtgeraakt leicht erregbar, reizbar
lichtgevend leuchtend, Leucht…
lichtgevoelig lichtempfindlich
het **lichtgewicht** **1** [gewichtsklasse] Leichtgewicht (o[39]) **2** [persoon; letterlijk] Leichtgewichtler (m[9]) **3** [persoon; figuurlijk] Null (v[20])
lichtgewond leicht verletzt
de **lichting** **1** [het optillen] Hebung (v[20]) **2** [het oproepen van soldaten] Einberufung (v[20]) **3** [de opgeroepen soldaten] Rekruten (mv m[14]), Jahrgang (m[6]): *de ~ van 2000* der Jahrgang 2000 **4** [van brievenbus] Leerung (v[20])
het **lichtjaar** Lichtjahr (o[29])
het **lichtjesfeest** Lichterfest (o[29])
de **lichtkogel** Leuchtkugel (v[21])
de **lichtkoker** Lichtschacht (m[6]); [groot] Lichthof (m[6])
de **lichtkrant** Laufschrift-Ticker (m[9])
de **lichtmast** Lichtmast (m[16], m[5])
het **lichtnet** Lichtnetz (o[29])
de **lichtpen** [comp] Lichtstift (m[5]), Lichtgriffel (m[9])
het **lichtpunt** **1** Lichtpunkt (m[5]) **2** [fig] Lichtblick (m[5])
de **lichtreclame** Leuchtreklame (v[21]), Lichtreklame (v[21])
de **lichtschakelaar** Lichtschalter (m[9])
het **lichtsignaal** Lichtsignal (o[29])
de **lichtsterkte** Lichtstärke (v[21])
de **lichtstraal** Lichtstrahl (m[16])
lichtvaardig leichtfertig, unbesonnen
de **lichtval** Lichteinfall (m[19])
lichtvoetig leichtfüßig
lichtzinnig leichtsinnig, leichtfertig
de **lichtzinnigheid** Leichtsinn (m[19]), Leichtfertigkeit (v[28])
het **lid** **1** [deksel] Deckel (m[9]) **2** [van lichaam, vinger, stengel] Glied (o[31]): *die ziekte had hij allang onder de leden* diese Krankheit steckte ihm schon lange im Leib; *zijn arm is uit het ~* er hat sich den Arm verrenkt **3** [gewricht] Gelenk (o[29]) **4** [ooglid] Lid (o[31]) **5** [van wetsartikel] Absatz (m[6]) **6** [groepslid] Mitglied (o[31]); [van familie, beroep] Angehörige(r) (m[40a], v[40b]): *~ worden van een vereniging* einem Verein beitreten, Mitglied eines Vereins werden **7** [deel van een geheel] Teil (m[5])
het **lidgeld** [Belg] Mitgliedsbeitrag (m[6])
de **lidkaart** [Belg] Mitgliedskarte (v[21])
het/de **lidmaat** Mitglied (o[31]); [van kerkgenootschap] Gemeindemitglied (o[31])
het **lidmaatschap** Mitgliedschaft (v[20])
de **lidmaatschapskaart** Mitgliedskarte (v[21])
de **lidstaat** Mitgliedsland (o[32]), Mitglied(s)staat (m[16])
het **lidwoord** Artikel (m[9])
Liechtenstein Liechtenstein (o[39])

de **Liechtensteiner** Liechtensteiner (m⁹), Liechtensteinerin (v²²)
Liechtensteins liechtensteinisch
het **lied** Lied (o³¹)
de **lieden** Leute (mv)
liederlijk liederlich
het **liedje** Lied (o³¹): *het is het oude ~* es ist das alte Lied
het **¹lief** (zn): *~ en leed* Freud und Leid; *zijn ~* sein Schatz, seine Geliebte
²lief (bn) lieb; [vriendelijk, ook] liebenswürdig; [aardig, ook] hübsch, nett, reizend: *een ~ gezichtje* ein liebes Gesicht; *een ~ hoedje* ein reizendes Hütchen; *lieve hemel!* du lieber Himmel!; *een ~ sommetje* ein hübsches Sümmchen; *iets voor ~ nemen* mit⁺³ etwas vorliebnehmen²¹²
³lief (bw) **1** [op vriendelijke wijze] lieb, nett **2** [bekoorlijk] hübsch, reizend **3** [gaarne] gern: *het ~st had ik … am liebsten hätte ich
liefdadig karitativ, wohltätig
de **liefdadigheid** Wohltätigkeit (v²⁸)
de **liefde** Liebe (v²⁸): *~ van de ouders voor de kinderen* Liebe der Eltern zu den Kindern; *uit ~ voor iem. iets doen* jmdm. zuliebe etwas tun²⁹⁵ ‖ *de ~ bedrijven* sich lieben; [inf] Liebe machen
liefdeloos lieblos
liefderijk liebevoll
de **liefdesbrief** Liebesbrief (m⁵)
het **liefdesleven** Liebesleben (o³⁵)
het **liefdesverdriet** Liebeskummer (m¹⁹)
liefdevol liebevoll
het **liefdewerk** Liebeswerk (o²⁹)
liefelijk lieblich, anmutig
liefhebben lieben, lieb haben¹⁸²
de **liefhebber 1** [wie van iets houdt] Liebhaber (m⁹), Freund (m⁵): *~ van muziek* Musikliebhaber (m⁹); Musikfreund (m⁵) **2** [amateur] Amateur (m⁵) **3** [gegadigde] Interessent (m¹⁴)
de **liefhebberij** Liebhaberei (v²⁰); [hobby, ook] Hobby (o³⁶): *uit ~* zum Vergnügen
het **liefje** Geliebte (m⁴⁰ᵃ, v⁴⁰ᵇ), Schatz (m⁶); [kind] Liebe(s) (o⁴⁰ᶜ), Süße(s) (o⁴⁰ᶜ), Herzchen (o³⁵)
liefkozen liebkosen
de **liefkozing** Liebkosung (v²⁰)
liefst am liebsten; [bij voorkeur, ook] vorzugsweise: *~ niet* lieber nicht; *hij heeft maar ~ 50 euro verloren* er hat nicht weniger als 50 Euro verloren
de **liefste** Liebste(r) (m⁴⁰ᵃ, v⁴⁰ᵇ), Geliebte(r) (m⁴⁰ᵃ, v⁴⁰ᵇ)
lieftallig anmutig, lieblich
liegen lügen²⁰⁴: *dat lieg je!* das ist gelogen!; *hij liegt dat hij barst* er lügt das Blaue vom Himmel herunter; *dat liegt er niet om* das ist kein Pappenstiel; *tegen iem. ~* jmdn. belügen
de **lier 1** [muz] Leier (v²¹) **2** [hijswerktuig] Winde (v²¹)

de **lies** [anat] Leiste (v²¹), Leistenbeuge (v²¹)
de **liesbreuk** Leistenbruch (m⁶)
de **lieslaars** Langschäfter (m⁹)
het **lieveheersbeestje** Marienkäfer (m⁹)
de **lieveling** Liebling (m⁵)
het **lievelingsgerecht** Lieblingsgericht (o²⁹), Leibgericht (o²⁹)
liever lieber: *of ~ gezegd* oder besser gesagt
de **lieverd** Liebling (m⁵)
lieverlede: *van ~* nach und nach, allmählich
de **lift 1** [hijstoestel] Aufzug (m⁶), Fahrstuhl (m⁶), Lift (m⁵, m¹³): [fig] *in de ~ zitten* sich im Aufwind befinden¹⁵⁷; [m.b.t. prijzen] (an)steigen²⁸¹ **2** [het gratis meerijden] Mitfahrgelegenheit (v²⁰): *een ~ krijgen* mitgenommen werden³¹⁰
liften per Anhalter (*of*: per Autostopp) fahren¹⁵³, trampen
de **lifter** Anhalter (m⁹), Tramper (m⁹)
de **liftkoker** Liftschacht (m⁶)
de **liga** Liga (v, mv: Ligen)
het **ligbad** Badewanne (v²¹)
de **ligdag** Liegetag (m⁵)
de **ligfiets** Liegerad (o³²)
het **liggeld** [havengeld] Hafengebühr (v²⁰)
liggen liegen²⁰²: *gaan ~* sich legen; [languit ook] sich hinlegen; [tegen hond] *ga ~!* Platz!; *te bed ~* im Bett liegen; *hier ligt (begraven)* hier ruht; *die zaak ligt gevoelig* es ist eine heikle Sache; *ik heb mijn horloge laten ~* ich habe meine Uhr liegen lassen; *dat werk ligt mij niet* diese Arbeit liegt mir nicht; *het ligt aan u* es liegt an Ihnen; *dat ligt eraan … das kommt drauf an …*; *in scheiding ~* in Scheidung liegen; *het ligt niet in mijn bedoeling* es ist nicht meine Absicht; *de kamer ligt op het zuiden* das Zimmer liegt nach Süden; *hij ligt op de divan te slapen* er schläft auf dem Sofa; *erbij ~* aussehen, wirken
de **ligging** Lage (v²¹): *~ van het kind* Kindslage
light light, kalorienarm
de **lightrail** Lightrail (v²⁸), Light Rail (v²⁸)
de **ligplaats** Liegeplatz (m⁶), Ankerplatz (m⁶)
de **ligstoel** Liegestuhl (m⁶)
de **liguster** Liguster (m⁹)
de **ligweide** Liegewiese (v²¹)
lijdelijk [passief] untätig; [bij verzet] passiv
het **¹lijden** (zn) Leiden (o³⁵)
²lijden (onov ww) **1** leiden¹⁹⁹: *~ aan* leiden an⁺³; *~ onder* leiden unter⁺³ **2** [schade hebben] leiden¹⁹⁹: *te ~ hebben* zu leiden haben¹⁸²
³lijden (ov ww) **1** [verdragen] erleiden¹⁹⁹, dulden: *de zaak lijdt geen uitstel* die Sache duldet keinen Aufschub **2** [ondervinden] leiden¹⁹⁹, erleiden¹⁹⁹: *honger ~* Hunger leiden; *pijn ~* Schmerzen (er)leiden; *geen twijfel ~* außer allem Zweifel stehen²⁷⁹; *een groot verlies ~* einen hohen Verlust erleiden
lijdend leidend; [taalk] passiv: *~e vorm* Pas-

siv (o[29]); Leideform (v[20]); *het ~ voorwerp* das Akkusativobjekt

de **lijdensweg** Leidensweg (m[5])

de **lijder 1** [wie lijdt] Leidende(r) (m[40a], v[40b]) **2** [wie ziek is] Kranke(r) (m[40a], v[40b])

lijdzaam geduldig, ergeben

de **lijdzaamheid** Ergebung (v[28]), Geduld (v[28])

het **lijf 1** [leven] Leben (o[33]) **2** [lichaam] Leib (m[7]): *iets aan den lijve ondervinden* etwas am eigenen Leib erfahren[153]; *hij stond in levenden lijve voor ons* er stand leibhaftig vor uns; *iem. te ~ gaan* jmdm. zu Leibe gehen[168]; *iem. tegen het ~ lopen* jmdm. in die Arme laufen[198]; *blijf van mijn ~* bleib mir vom Leibe!; *zich iem. van het ~ houden* sich jmdn. vom Leibe halten[183] **3** [onderlijf, buik] Leib (m[7]) ‖ *dat heeft niets om het ~* das hat nichts auf sich

de **lijfarts** Leibarzt (m[6])

de **lijfeigene** Leibeigene(r) (m[40a], v[40b])

lijfelijk leiblich

de **lijfrente** Leibrente (v[21])

de **lijfspreuk** Wahlspruch (m[6])

de **lijfstraf** Körperstrafe (v[21])

de **¹lijfwacht** [bescherming] Leibwache (v[21])

de **²lijfwacht** [persoon] Leibwächter (m[9])

het **lijk** Leiche (v[21]), Leichnam (m[5]): *zo wit als een ~* leichenblass

lijkbleek leichenblass

¹lijken (onov ww) **1** [overeenkomst hebben met] ähneln[+3], gleichen[176+3]: *ze lijkt op haar moeder* sie ähnelt (*of:* gleicht) ihrer Mutter; *het lijkt er niet naar* ich sehe überhaupt keine Übereinstimmung; *het lijkt nergens naar* es sieht nach nichts aus **2** [schijnen] scheinen[233]: *het lijkt erop, dat* es sieht aus, als ob; *dat lijkt alleen maar zo* das scheint nur so; *je lijkt wel gek* du bist wohl verrückt

²lijken (onov ww) [aanstaan] gefallen[154]: *dat lijkt me wel wat* das hört sich gut an

de **lijkkist** Sarg (m[6])

de **lijkschouwer** Leichenbeschauer (m[9])

de **lijkschouwing** Leichenschau (v[20])

de **lijkwagen** Leichenwagen (m[11])

de **lijm** Leim (m[5])

lijmen 1 leimen, kleben **2** [herstellen] kitten, leimen **3** [overhalen] überreden, beschwatzen

de **lijmpoging** Vermittlungsversuch (m[5]), Kittversuch (m[5])

de **lijn 1** [touw] Leine (v[21]) **2** [telec] Leitung (v[20]): *de ~ is dood* die Leitung ist tot; *blijft u aan de ~* bleiben Sie bitte am Apparat; *iem. aan de ~ hebben* jmdn. am Apparat haben **3** [sport] Linie (v[21]) **4** [fig] [weg] Linie (v[21]), Tendenz (v[20]): *geen vaste ~ in iets kunnen ontdekken* keine klare Linie erkennen können[194]; *dat ligt in de ~ der verwachting* das entspricht den Erwartungen; *op één ~ zitten* eine gemeinsame Linie verfolgen; *over de hele ~* auf der ganzen Linie **5** [meetk] Linie (v[21]): *rechte ~* gerade Linie **6** [rimpel] Linie (v[21]): *scherpe*

~en in het gezicht scharfe Linien im Gesicht **7** [omtrek] Linie (v[21]): *de slanke ~* die schlanke Linie; *in grote ~en* in groben Zügen **8** [bus, tram] Linie (v[21])

de **lijndienst** Liniendienst (m[5]), Linienverkehr (m[19])

lijnen auf seine Linie achten

de **lijnkaart** [Belg] ± Sammelfahrschein (m[5])

de **lijnolie** Leinöl (o[29])

lijnrecht 1 schnurgerade **2** [volkomen] vollkommen: *~ in strijd met* in krassem Widerspruch mit[+3]

de **lijnrechter** Linienrichter (m[9])

het **lijntje 1** Linie (v[21]) **2** Leine (v[21]) **3** [streepje] Strich (m[5]): *iem. aan het ~ houden* jmdn. hinhalten[183]; *zie lijn*

het **lijntoestel** Linienmaschine (v[21])

lijntrekken trödeln, bummeln

de **lijnvlucht** Linienflug (m[6])

het **lijnzaad** Leinsamen (m[11])

lijp doof, behämmert

de **lijst 1** [van schilderij, spiegel] Rahmen (m[11]): *de ~ van een deur* der Türrahmen **2** [opgave] Liste (v[21]): *[rapport] een mooie ~* ein gutes Zeugnis; *alfabetische ~* alphabetisches Verzeichnis (o[29a]) **3** [rand, richel] [van meubels] Leiste (v[21])

de **lijstaanvoerder 1** [sport] Tabellenführer (m[9]) **2** [pol] Listenführer (m[9]), Spitzenkandidat (m[14])

de **lijster** Drossel (v[21])

de **lijsterbes** [boom] Eberesche (v[21])

de **lijsttrekker** *zie lijstaanvoerder (2)*

lijvig 1 [m.b.t. persoon] beleibt, korpulent **2** [m.b.t. boek] dickleibig

lijzig [m.b.t. spreken] schleppend

de **lijzijde** Leeseite (v[21])

de **¹lik 1** [het likken] Lecken (o[39]) **2** [hoeveelheid] Klecks (m[5]), Klacks (m[5]) **3** [slag] Maulschelle (v[21]) ‖ *~ op stuk geven* zurückschlagen

de **²lik** [gevangenis] Kittchen (o[35])

de **likdoorn** Hühnerauge (o[38])

de **likeur** Likör (m[5])

likkebaarden sich[3] die Lippen lecken

likken lecken: *ijs ~* Eis lecken

likmevestje: *een vent van ~* eine Niete; *een programma van ~* ein mieses Programm

het **lik-op-stukbeleid** Schnellverfahren (o[35])

het **¹lila** (zn) Lila (o[33])

²lila (bn) lila, lilafarben, lilafarbig

de **lilliputter** Liliputaner (m[9])

Limburg Limburg (o[39])

de **Limburger** Limburger (m[9]), Limburgerin (v[22])

Limburgs Limburger (onv), limburgisch

de **limerick** Limerick (m[13])

het **limiet** Limit (o[29], o[36]): *iem. een ~ stellen* jmdm. ein Limit setzen

limiteren limitieren

de **limoen** Limone (v[21])

de **limonade** Limonade (v[21])

de **limonadesiroop** Sirup (m[5])
de **limousine** Limousine (v[21])
de **linde** Linde (v[21])
  lineair linear
  linea recta schnurstracks
  [1]**linedansen** (ww) sich mit Linedancing (o[39]) beschäftigen
het [2]**linedansen** Linedancing (o[39])
de **lingerie** Damenwäsche (v[28])
de **linguïst** Linguist (m[14]), Sprachwissenschaftler (m[9])
de **linguïstiek** Linguistik (v[28]), Sprachwissenschaft (v[28])
het/de **liniaal** Lineal (o[29])
de **linie** Linie (v[21])
  liniëren liniieren[320], linieren[320]
de [1]**link** (zn) **1** Verbindung (v[20]): *een ~ leggen tussen twee zaken* zwei Sachen miteinander in Verbindung bringen[139] **2** [schakel] Glied (o[31]) **3** [comp] Link (m[13], 2e nvl: ook -)
  [2]**link** (bn, bw) **1** [slim] pfiffig, gewieft **2** [jofel] flippig **3** [riskant] brenzlig || *ik kijk wel ~ uit!* ich werde mich hüten!
  linken [comp] verlinken
de [1]**linker** (zn) [hand] linke Hand (v[25])
  [2]**linker** (bn) link
de **linkerarm** linker Arm (m[5])
het **linkerbeen** linkes Bein (o[29])
de **linkerhand** linke Hand (v[25]), Linke (v[40b]): *aan de ~* zur Linken
de **linkerkant** linke Seite (v[21])
de **linkerzijde** linke Seite (v[21]); [pol ook] Linke (v[40b])
het [1]**links** (zn) [pol] Linke (v[40b])
  [2]**links** (bn) **1** [lett; pol] link: *een ~e groepering* eine linke Gruppe; *een ~e partij* eine Linkspartei **2** [linkshandig] linkshändig **3** [onhandig] linkisch
  [3]**links** (bw) **1** [lett; pol] links: *~ houden* sich links halten[183]; *~ van mij* links von mir; *iem. ~ laten liggen* jmdn. links liegen lassen[197] **2** [linkshandig] links **3** [onhandig] linkisch
de **linksachter** linker Verteidiger (m[9])
  linksaf nach links
de **linksback** linke(r) Verteidiger (m[9])
de **linksbuiten** Linksaußen (m[11])
  linkshandig linkshändig
  linksom linksherum
het [1]**linnen** (zn) [weefsel] Leinwand (v[28]), Leinen (o[35])
  [2]**linnen** (bn) leinen, Leinen…
het **linnengoed** Leinenwäsche (v[28]), Wäsche (v[28])
de **linnenkast** Wäscheschrank (m[6])
het/de [1]**linoleum** (zn) Linoleum (o[39])
  [2]**linoleum** (bn) Linoleum…
het **linolzuur** Linolsäure (v[21])
het **lint** Band (o[32])
het **lintje 1** Bändchen (o[35]) **2** [ridderorde] Orden (m[11])
de **lintmeter** [Belg] Messband (o[32])

de **lintworm** Bandwurm (m[8])
de **linze** [plant, vrucht] Linse (v[21])
de **lip 1** Lippe (v[21]): *op elkaars ~ zitten* dicht an dicht sitzen[268] **2** [van gesp] Dorn (m[5])
de **lipgloss** Lippengloss (o, 2e nvl: -; mv: -), Lipgloss (o, 2e nvl: -; mv: -)
het **lipje** Zunge (v[21]), Lasche (v[21])
  liplezen Lippenlesen (o[39])
de **lippenstift** Lippenstift (m[5])
de **liquidatie** Liquidation (v[20])
  liquide liquid(e), flüssig
  liquideren liquidieren[320]
de **lire** Lira (v, mv: Lire)
het/de **lis** Iris (v, mv: -), Schwertlilie (v[21])
de **lisdodde** Rohrkolben (m[11])
  lispelen lispeln
de **list** List (v[20])
  listig listig
de **litanie** Litanei (v[20])
de **liter** Liter (m[9], o[33]), l: *met ~s tegelijk* literweise
  literair literarisch: *~e kritiek* Literaturkritik (v[20])
de **literatuur** Literatur (v[20])
de **literatuurgeschiedenis** Literaturgeschichte (v[21])
de **literatuurlijst** Literaturverzeichnis (o[29a])
de **literfles** Literflasche (v[21])
de **litho** Litho (o), Lithografie (v[21])
de **Litouwen** Litauen (o[39])
de **Litouwer** Litauer (m[9]), Litauerin (v[22])
  Litouws litauisch
het **lits-jumeaux** Doppelbett (o[37])
het **litteken** Narbe (v[21]): *vol ~s* vernarbt
de **liturgie** Liturgie (v[21])
  liturgisch liturgisch
  live live, direkt
de **live-uitzending** Livesendung (v[20]), Direktsendung (v[20])
de **living** Wohnzimmer (o[33])
de **livrei** Livree (v[21])
de **lob** [sport] Lob (m[13], 2e nvl: ook -)
de **lobbes** herzensguter Mensch (m[14]); [hond] gütiger Koloss (m[5])
de **lobby** Lobby (v[27])
  lobbyen mit einer Lobby (politischen) Druck ausüben
de **locatie** [van film] Drehort (m[5])
de **locoburgemeester** stellvertretende(r) Bürgermeister (m[9])
de **locomotief** Lokomotive (v[21])
  lodderig dösig, schläfrig
het/de [1]**loden** (zn) [wollen stof] Loden (m[11])
  [2]**loden** (bn) Loden…
  [3]**loden** (bn) **1** [lett] bleiern, Blei… **2** [fig] bleiern, bleischwer
het/de **loeder** Luder (o[33])
de **loef** Luv (v[28], o[39]): [fig] *iem. de ~ afsteken* jmdm. den Rang ablaufen[198]
de **loefzijde** Luvseite (v[21])
de **loei 1** [iets groots] Riesen… **2** [harde klap]

knallender Schlag (m[6]): *iem. een ~ verkopen* jmdm. eine knallen

loeien 1 [m.b.t. dieren] brüllen; [m.b.t. koeien] muhen **2** [m.b.t. storm, vuur, sirene] heulen

loeihard knallhart: *een ~ schot* eine Bombe

de **loempia** Frühlingsrolle (v[21])

loensen schielen

de **loep** Lupe (v[21])

loepzuiver lupenrein

de **loer 1** [het loeren] Lauer (v[28]): *op de ~ staan* auf der Lauer stehen[279] **2** [streek] Streich (m[5]): *iem. een ~ draaien* jmdm. einen Streich spielen

loeren lauern; [gluren] spähen: *naar iem. ~* nach jmdm. schielen

de [1]**lof 1** [eer] Lob (o[29]): *met ~* mit Auszeichnung; *iem. ~ toezwaaien* jmdm. Lob spenden **2** [r-k] Andacht (v[20])

het/de [2]**lof** [witlof] Chicorée (v[28], m[19])

loffelijk lobenswert, löblich

het **loflied** Loblied (o[31])

de **loftrompet**: *de ~ over iem. steken* ein Loblied auf jmdn. anstimmen, singen

de **loftuiting** Lobpreisung (v[20])

de **lofzang** Lobgesang (m[6])

log schwerfällig, plump

de **logaritme** Logarithmus (m, 2e nvl: -; mv: Logarithmen)

het **logboek** Logbuch (o[32]); [alg] Tagebuch (o[32])

de **loge** Loge (v[21])

de **logé**, de **logee** Logiergast (m[6]), Logierbesuch (m[5])

het **logeerbed** Gästebett (o[37])

de **logeerkamer** Fremdenzimmer (o[33]), Gästezimmer (o[33])

logen laugen

logenstraffen Lügen strafen

logeren wohnen: *uit ~ gaan* auf Logierbesuch gehen[168]

de **logica** Logik (v[28])

het **logies** Unterkunft (v[25]): *~ en ontbijt* Übernachtung (v[20]) und Frühstück

de **login** Log-in (o[36])

logisch logisch: *nogal ~!* logo!

de [1]**logistiek** Logistik (v[28])

   [2]**logistiek** (bn) logistisch

het **logo** Logo (m[13], o[36])

de **logopedie** Logopädie (v[28])

de **logopedist** Logopäde (m[15]), Logopädin (v[22])

de **loipe** Loipe (v[21])

de **lok** Locke (v[21]), Haarlocke (v[21])

het [1]**lokaal** (zn) [alg] Lokal (o[29]), Raum (m[6])

   [2]**lokaal** (bn) lokal, örtlich, Orts..., Lokal...: *~ gesprek* Ortsgespräch (o[29])

het **lokaas** Köder (m[9])

lokaliseren lokalisieren[320]

de **lokaliteit** Lokalität (v[20]), Raum (m[6])

het **loket** Schalter (m[9])

de **lokettist** Schalterbeamte(r) (m[40a]), Schal-

terbeamtin (v[22])

lokken 1 (an)locken, herbeilocken **2** [door aas] [ook fig] ködern **3** [lokken tot] verlocken

het **lokkertje**, het **lokmiddel** Lockmittel (o[33])

de **lokroep** Lockruf (m[5]): [fig] *de ~ van de zee* der Lockruf des Meeres

de **lol** Spaß (m[19]): *~ hebben* sich amüsieren[320]; Spaß haben[182]; *~ maken* Spaß machen; *voor de ~* im (of: zum) Spaß; *de ~ is er voor mij af* mir ist der Spaß vergangen; *ergens ~ in hebben* Spaß an[+3] etwas finden[157]

de **lolbroek** Spaßmacher (m[9]), Spaßvogel (m[10])

het **lolletje** Spaß (m[6])

lollig spaßig, ulkig, witzig, lustig

de **lolly** Lutscher (m[9])

de **lommerd** Leihhaus (o[32])

lommerrijk Schatten spendend, schattenreich; [bladerrijk] belaubt

de [1]**lomp** (zn) Lumpen (m[11]): *in ~en gekleed* zerlumpt

   [2]**lomp** (bn, bw) **1** [m.b.t. vorm] plump **2** [in beweging] plump, schwerfällig **3** [onhandig] plump, linkisch **4** [onbeleefd] grob[58], rüde

de **lomperd 1** [onhandig] Tölpel (m[9]) **2** [onbehouwen] Grobian (m[5])

de **lompheid 1** Plumpheit (v[28]) **2** [onbeleefdheid] Grobheit (v[28]); *zie [2]lomp*

de **lomschool** Sonderschule (v[21]) für Lernbehinderte

Londen London (o[39])

Londens Londoner

lonen (sich) lohnen: *het loont de moeite* es lohnt die Mühe, es lohnt sich

lonend lohnend; [voordelig] einträglich

de **long** Lunge (v[21])

de **longarts** Lungenarzt (m[6])

de **longdrink** Longdrink (m[13])

het **longemfyseem** Lungenemphysem (o[29])

de **longkanker** Lungenkrebs (m[5])

de **longlist** Longlist (v[27])

de **longontsteking** Lungenentzündung (v[20])

lonken äugeln: *naar iem. ~* nach jmdm. äugeln

de **lont** Lunte (v[21]): [fig] *~ ruiken* Lunte riechen[223]; [fig] *een kort ~je hebben* schnell explodieren

loochenen leugnen

het **lood 1** Blei (o[39]) **2** [bouwk] Lot (o[29]): *in het ~ staan* im Lot sein[262] **3** [dieplood] Lot (o[29]) ‖ *dat is ~ om oud ijzer* das ist Jacke wie Hose; *met ~ in de schoenen schweren Herzens; *uit het ~ geslagen zijn* fassungslos sein[262]

de **loodgieter** Klempner (m[9]), Installateur (m[5])

het **loodje** [ter verzegeling] Plombe (v[21]) ‖ *het ~ moeten leggen* den Kürzeren ziehen[318]; *de laatste ~s wegen het zwaarst* das dicke Ende kommt nach

de **loodlijn** Senkrechte (v[40b]), Lotrechte (v[40b]), Lot (o[29])

loodrecht lotrecht, senkrecht
de **¹loods** [persoon] Lotse (m¹⁵)
de **²loods** [berg-, werkplaats] Schuppen (m¹¹)
loodsen lotsen
loodvrij bleifrei
loodzwaar [ook fig] bleischwer
het **loof** Laub (o³⁹), Laubwerk (o³⁹); [van aard-appelen, knollen e.d.] Kraut (o³⁹)
de **loofboom** Laubbaum (m⁶)
het **loofbos** Laubwald (m⁸)
het **Loofhuttenfeest** Laubhüttenfest (o²⁹)
looien gerben: *huiden* ~ Felle gerben
het **looizuur** Gerbsäure (v²¹)
de **¹look** [stijl] Look (m¹³)
het/de **²look** [plantk] Lauch (m⁵)
loom 1 [traag] träge **2** [zonder energie] träge, matt: ~ *weer* drückendes Wetter (o³⁹)
de **loomheid** Trägheit (v²⁸), Mattigkeit (v²⁸)
het **loon** Lohn (m⁶): ~ *in natura* Naturallohn; *hij heeft zijn verdiende* ~ das geschieht ihm recht
de **loonarbeid** Lohnarbeit (v²⁸)
de **loonbelasting** Lohnsteuer (v²¹)
de **loondienst**: *in vaste* ~ *zijn* in einem festen Arbeitsverhältnis stehen²⁷⁹
de **looneis** Lohnforderung (v²⁰)
de **loongrens** Einkommensgrenze (v²¹)
de **loonlijst** Lohnliste (v²¹): *op de* ~ *staan* auf der Lohnliste stehen
de **loonmatiging** Lohnzurückhaltung (v²⁸)
het **loonstrookje** Lohnstreifen (m¹¹)
de **loonsverhoging** Lohnerhöhung (v²⁰)
de **loop 1** [alg] Lauf (m⁶) **2** [vlucht] Flucht (v²⁰): *op de* ~ *gaan* die Flucht ergreifen¹⁸¹ **3** [voortgang in de tijd] Lauf (m¹⁹), Verlauf (m¹⁹): *in de* ~ *van de avond* im Lauf(e) des Abends; *in de* ~ *van een jaar* im Verlauf eines Jahres **4** [van vuurwapen] Lauf (m⁶)
de **loopafstand**: *op* ~ *liggen* zu Fuß zu erreichen sein
de **loopbaan** Laufbahn (v²⁰); [van sterren] Bahn (v²⁰)
de **loopbrug** Fußgängerbrücke (v²¹)
de **loopgraaf** Schützengraben (m¹²)
de **loopgravenoorlog** Grabenkrieg (m⁵)
het **loopje** **1** [korte loop] kleiner Spaziergang (m⁶) **2** [muz] Lauf (m⁶) **3** [foefje] Kniff (m⁵), Trick (m¹³) ‖ *een* ~ *met iem. nemen* jmdn. zum Besten haben¹⁸²
de **loopjongen** Laufbursche (m¹⁵)
de **looplamp** Handlampe (v²¹)
de **loopneus** Triefnase (v²¹)
de **looppas** Laufschritt (m⁵)
de **loopplank** Laufbrett (o³¹), Laufsteg (m⁵)
het **looprek** [voor minder validen] Gehhilfe (v²¹)
loops brünstig; [m.b.t. teef] läufig
de **loopster** [sport] Läuferin (v²²)
de **looptijd** [van wissel, lening] Laufzeit (v²⁰)
het **loopvlak** Lauffläche (v²¹)
¹loos (bn): *er is iets* ~ es ist etwas los
²loos (bn) **1** [leeg] taub **2** [niet echt] blind,

falsch: ~ *alarm* falscher Alarm (m⁵)
de **loot 1** [scheut] Schössling (m⁵), Spross (m⁵) **2** [stek] Ableger (m⁹) **3** [telg] Spross (m⁵)
lopen 1 [m.b.t. mensen, dieren; ook fig] gehen¹⁶⁸, laufen¹⁹⁸: *trappen* ~ Treppen steigen; *alles laten* ~ **a)** [zich nergens mee bemoeien] den Dingen ihren Lauf lassen¹⁹⁷; **b)** [incontinent zijn] an⁺³ Inkontinenz leiden¹⁹⁹; [fig] *over zich heen laten* ~ zu gefügig sein²⁶²; *niet over zich heen laten* ~ sich behaupten; *ergens losjes overheen* ~ flüchtig über⁺⁴ etwas hinweggehen; *iets laten* ~ [laten schieten] etwas durchgehen lassen; [laten rusten] etwas auf sich beruhen lassen **2** [m.b.t. zaken] laufen¹⁹⁸, gehen¹⁶⁸: *dat is te gek om los te* ~! das ist ja irre!; *de motor laten* ~ den Motor laufen lassen¹⁹⁷; *de winkel loopt goed* das Geschäft geht gut; *dat loopt als een trein* das läuft bestens; *anders* ~ *dan verwacht* anders verlaufen, als erwartet **3** [zich snel voortbewegen] laufen¹⁹⁸: ~ *van heb ik jou daar* laufen haste, was kannste; *het op een* ~ *zetten* Reißaus nehmen²¹²
lopend laufend; ~*e band* Fließband (o³²); *de* ~*e werkzaamheden* die laufenden Arbeiten; *aan de* ~*e band* [voortdurend] laufend
de **loper 1** Läufer (m⁹) **2** [sleutel] Hauptschlüssel (m⁹)
het/de **lor 1** [oude lap] Lumpen (m¹¹) **2** [prul] wertloses Ding (o³¹); [in meervoud] wertloses Zeug (o³⁹): *een* ~ *van een boek* ein wertloses Buch ‖ *het kan mij geen* ~ *schelen* es ist mir einerlei
de **lorrie** Lore (v²¹)
los 1 [niet bevestigd] los, beweglich **2** [afzonderlijk] einzeln: ~*se onderdelen* Einzelteile (mv o²⁹); [reserveonderdelen] Ersatzteile (mv o²⁹, m⁵); ~*se nummers* Einzelhefte (mv o²⁹); *elk deel is* ~ *te koop* jeder Band ist einzeln erhältlich **3** [niet vastzittend] locker, lose: *een* ~*se tand* ein lockerer Zahn; *de grond* ~ *maken* den Boden locker machen; *de knoop zit* ~ der Knopf ist lose **4** [niet star] locker, lose: *een* ~*se houding* eine lockere Haltung **5** [lichtvaardig, losbandig] leichtsinnig, locker ‖ ~ *werk* Gelegenheitsarbeit (v²⁰); *ze leven er maar op* ~ sie leben in den Tag hinein; *erop* ~ drauflos; *erop* ~ *slaan* drauflosschlagen²⁴¹; *zie losjes*
losbandig locker; [neg] liederlich
de **losbandigheid** Lockerheit (v²⁸); [neg] Liederlichkeit (v²⁸)
losbarsten 1 [losgaan] aufplatzen **2** [uitbreken] ausbrechen¹³⁷ **3** [m.b.t. onweer] losbrechen¹³⁷
de **losbol** Bonvivant (m¹³); [neg] Wüstling (m⁵)
losbranden [beginnen] losschießen²³⁸, loslegen
losbreken losbrechen¹³⁷
losdraaien losdrehen; [open] aufdrehen
de **loser** Loser (m⁹), Versager (m⁹)

luchtalarm

losgaan 1 [loslaten] sich lösen, sich lockern **2** [feesten] ausgelassen feiern, ausflippen

het **losgeld** Lösegeld (o[31])

losjes 1 [niet hecht] locker, lose **2** [vluchtig] leicht, leichthin

loskloppen verquirlen, verrühren: *eieren* ~ Eier verquirlen

losknopen 1 [van kleding] aufknöpfen **2** [van touw] aufknüpfen

loskomen 1 [vrijkomen van iets] loskommen[193] (von[+3]), sich lösen: *het vliegtuig kwam niet van de grond los* das Flugzeug kam nicht vom Boden los **2** [beschikbaar worden] frei werden[310] **3** [m.b.t. gevangene] freikommen[193]

loskoppelen loskoppeln, abkoppeln

loskrijgen 1 loskriegen, losbekommen[193] **2** [vrij krijgen] (jmdn.) freibekommen[193]

[1]**loslaten** (onov ww) sich lösen: *de lijm laat los* der Kleber löst sich; *hij laat niet los* er lässt nicht locker

[2]**loslaten** (ov ww) **1** [vrijlaten] loslassen[197] **2** [in de steek laten] im Stich lassen[197] **3** [verklappen] preisgeben[166]: *geen woord ~ over iets* sich über etwas[4] ausschweigen

loslippig geschwätzig, redselig

loslopen 1 [vrij rondlopen] frei herumlaufen[198] **2** [losraken] sich lockern || *het zal wel ~! * das wird sich schon geben!; *dat is te gek om los te lopen!* das ist ja irre!

loslopend frei herumlaufend: *verboden voor ~e honden* Hunde sind anzuleinen

losmaken 1 losmachen, lösen, aufmachen, (auf)trennen: *de bovenste knoop ~* den obersten Knopf aufmachen; *de tongen ~* die Zungen lösen **2** [aftroggelen] loseisen: *geld ~* Geld loseisen **3** [minder vast maken] lockern: *de spieren ~* die Muskeln lockern

de **losprijs** Lösegeld (o[31])

losraken 1 [vrij komen] sich lösen **2** [m.b.t. knoop, veter] aufgehen[168] **3** [weer vlot worden]: *de boot is losgeraakt* das Schiff ist wieder flott

losrukken losreißen[220]

de **löss** Löss (m[5], Löß (m[5])

losscheuren losreißen[220]

losschroeven losschrauben

lossen 1 [ontladen] entladen[196], ausladen[196], löschen **2** [proberen kwijt te raken] abhängen || *een schot ~* einen Schuss abgeben[166]

losslaan losschlagen[241]

lossnijden losschneiden[250]

losstaan: *dat staat los van het feit, dat … * das hat niets zu tun mit der Tatsache, dass …

lostrekken herausziehen[318]

los-vast ± halbfest, leicht lösbar: *een ~e verhouding* ± eine lose Beziehung

losweken abweichen, lösen

loszitten locker sein[262], locker sitzen[268]

het **lot 1** [loterijbriefje] Los (o[29]): *het winnende ~* das große Los **2** [noodlot] Schicksal (o[39]); *[wat het noodlot beschikt]* Geschick (o[29]), Los (o[29]): *zijn ~ aanvaarden* sein Schicksal hinnehmen

loten 1 losen: *om iets ~* um etwas losen **2** [door het lot verkrijgen] gewinnen[174], ziehen[318]

de **loterij** Lotterie (v[21])

de **lotgenoot** Schicksalsgenosse (m[15])

de **loting** Losen (o[39]): *bij ~ bepalen* durch das Los bestimmen

de **lotion** Lotion (v[20], v[27])

lotje: *van ~ getikt zijn* einen Sparren haben[182]

de **lotto** Lotto (o[36])

de **lotus** [plantk] Lotos (m, 2e nvl: -; mv: -)

de **lotusbloem** Lotosblume (v[21])

louche dubios, fragwürdig, zwielichtig

de **lounge** Lounge (v[27])

louter rein, lauter: *~ leugens* lauter Lügen; *~ uit gewoonte* lediglich aus Gewohnheit; *het is ~ onzin* es ist barer Unsinn; *het is ~ toeval* es ist reiner Zufall

louteren läutern

loven loben, rühmen, preisen[216]: *God ~* Gott loben; *~ en bieden* feilschen

de **loverboy** Loverboy (m[13])

de **lowbudgetfilm** Low-Budget-Film (m[5])

loyaal loyal

de **loyaliteit** Loyalität (v[20])

lozen 1 [laten weglopen] ableiten, abführen **2** [zien kwijt te raken] loswerden[310]

de **lozing 1** Abführung (v[20]), Abfluss (m[6]) **2** [m.b.t. het lichaam] Ausscheidung (v[20])

de **lp** Langspielplatte (v[21]), LP (v[27])

het **lpg** Autogas (o[29])

het **lso** [Belg] afk van *lager secundair onderwijs* ± Sekundarstufe I (v[28])

de **lucht 1** [gasvormige stof] Luft (v[28]): *~ inademen* Luft einatmen; *aan zijn gemoed ~ geven* sich[3] Luft machen; *dat is gebakken ~* das ist eine Luftnummer **2** [dampkring] Luft (v[25]), Atmosphäre (v[21]): *uit de ~ komen vallen* [Belg] sehr erstaunt sein[262]; *[fig] een slag in de ~* ein Schlag ins Wasser; *dat hangt in de ~* **a)** [is onzeker] das hängt in der Luft; **b)** [dreigt te komen] das liegt in der Luft; *het aanbod kwam uit de ~ vallen* das Angebot kam unerwartet **3** [buitenlucht] Luft (v[28]) **4** [reuk, geur] Geruch (m[6]): *~ van iets krijgen* Wind von[+3] etwas bekommen[193] **5** [uitspansel] Himmel (m[9]): *een blauwe ~* ein blauer Himmel || *het onweer is niet van de ~* das Gewitter nimmt kein Ende; *de ~ klaren* ein klärendes Gespräch führen; *[radio, tv] de ~ ingaan* in den Äther hinausgehen/geben

de **luchtaanval** Luftangriff (m[5])

de **luchtafweer** Flugabwehr (v[28])

het **luchtafweergeschut** Flugabwehrgeschütz (o[29])

het **luchtalarm** Fliegeralarm (m[5]), Luftalarm

(m[5])
de **luchtballon** Luftballon (m[5], m[13])
het **luchtbed** Luftmatratze (v[21])
de **luchtbel** Luftblase (v[21])
de **luchtbevochtiger** Luftbefeuchter (m[9])
de **luchtbrug** [luchtverbinding] Luftbrücke (v[21]); [voetbrug] Brücke (v[21])
luchtdicht luftdicht, hermetisch
de **luchtdruk** Luftdruck (m[19]): *gebied van hoge* ~ Hoch (o[36]); *gebied van lage* ~ Tief (o[36])
het **luchtdrukpistool** Luft(druck)pistole (v[21])
luchten 1 [aan de buitenlucht blootstellen] lüften: *gevangenen* ~ Häftlinge an die frische Luft führen **2** [uiten] Luft machen+[3]: *zijn hart* ~ seinem Herzen Luft machen ‖ *iem. niet kunnen* ~ *(of zien)* jmdn. nicht ausstehen können[194]
de **luchter 1** [kandelaar] Armleuchter (m[9]) **2** [lichtkroon] Kronleuchter (m[9])
het/de **luchtfilter** Luftfilter (m[9])
de **luchtfoto** Luftbild (o[31]), Luftaufnahme (v[21])
luchtgekoeld luftgekühlt
het **luchtgevecht** Luftkampf (m[6]), Luftgefecht (o[29])
luchthartig sorglos, leichtherzig
de **luchthaven** Flughafen (m[12])
de **luchthavenbelasting** Flughafengebühr (v[20])
luchtig 1 [niet compact] locker: ~ *deeg* lockerer Teig (m[5]) **2** [m.b.t. kleding] luftig **3** [fris] luftig, frisch ‖ *iets* ~ *opnemen* etwas leichtnehmen[212]
luchtigjes leicht, leichthin; *zie luchtig*
het **luchtje**: *een* ~ *scheppen* an die Luft gehen[168]; [fig] *er is (of: er zit) een* ~ *aan* hier ist etwas faul
het **luchtkasteel** Luftschloss (o[32])
de **luchtkoker** Luftschacht (m[6])
het **luchtkussen** Luftkissen (o[35])
de **luchtlaag** Luftschicht (v[20])
de **luchtlandingstroepen** Luftlandetruppen (mv v[21])
luchtledig luftleer
de **luchtlijn** Fluglinie (v[21])
de **luchtmacht** Luftwaffe (v[21])
de **luchtmachtbasis** Luftstützpunkt (m[5])
de **luchtpijp** Luftröhre (v[21])
de **luchtpost** Luftpost (v[28]): *per* ~ per Luftpost
het **luchtruim** Luftraum (m[6])
het **luchtschip** Luftschiff (o[29])
de **luchtspiegeling** Luftspieg(e)lung (v[20])
de **luchtsprong** Luftsprung (m[6])
de **luchtstreek** Zone (v[21]): *gematigde luchtstreken* gemäßigte Zonen
de **luchtstroom** Luftzug (m[6])
de **luchtvaart** Luftfahrt (v[28]), Flugwesen (o[39])
de **luchtvaartmaatschappij** Fluggesellschaft (v[20])
de **luchtverfrisser** Raumspray (o[36])
het **luchtverkeer** Luftverkehr (m[19]), Flugverkehr (m[19])

de **luchtverkeersleider** Flugleiter (m[9])
de **luchtverversing** Ventilation (v[20]), Entlüftung (v[20])
de **luchtvervuiling** Luftverschmutzung (v[20])
de **luchtvochtigheid** Luftfeuchtigkeit (v[20])
de **luchtweerstand** Luftwiderstand (m[19])
de **luchtwegen** Atemwege (mv), Luftwege (mv)
de **luchtzak** Luftloch (o[32])
de **luchtziekte** Luftkrankheit (v[28])
de **lucifer** Streichholz (o[32])
het **lucifersdoosje** Streichholzschachtel (v[21])
het **lucifershoutje**: *afknappen als* ~*s* abknicken wie Streichhölzer
lucky glücklich
lucratief lukrativ, einträglich
ludiek spielerisch: ~*e acties* witzige Aktionen
luguber düster, unheimlich, gruselig
de [1]**lui** (mv) Leute (mv)
[2]**lui** (bn, bw) träge, faul, bequem: *een* ~*e stoel* ein bequemer Sessel; ~ *zijn* faul sein, faulenzen
de **luiaard 1** Faulenzer (m[9]) **2** [dierk] Faultier (o[29])
luid laut
[1]**luiden** (onov ww) **1** [weerklinken] läuten, klingen[191] **2** [m.b.t. mededelingen] lauten
[2]**luiden** (ov ww) läuten: *de klok* ~ die Glocke läuten
luidkeels aus vollem Hals(e), lauthals, laut
luidop [Belg] laut
luidruchtig laut, lautstark
de **luidspreker** Lautsprecher (m[9])
de **luier** Windel (v[21])
luieren faulenzen
de **luifel** Vordach (o[32]), Schirmdach (o[32])
de **luiheid** Faulheit (v[28]), Trägheit (v[28])
het **luik 1** [voor raam] Fensterladen (m[12]), Laden (m[12]) **2** [alg] Luke (v[21]) **3** [van triptiek] Flügel (m[9])
Luik Lüttich (o[39])
de **luilak** Faulpelz (m[5])
Luilekkerland Schlaraffenland (o[39])
de **luim** Laune (v[21]), Stimmung (v[20]); [kuur] Grille (v[21])
de **luipaard** Leopard (m[14])
de **luis** Laus (v[25]): *vol luizen* verlaust
de **luister** Glanz (m[19]), Pracht (v[28]); [fig] Ruhm (m[19])
de **luisteraar 1** [alg] Zuhörer (m[9]) **2** [van radio] Hörer (m[9]): *geachte* ~*s!* verehrte Hörerinnen und Hörer!
het **luisterboek** Hörbuch (o[32])
luisteren 1 zuhören, hören, hinhören; [sterker] horchen: *gespannen* ~ angespannt horchen; *luister eens goed!* hör mal gut zu!; *ik luister!* ich höre!; *aandachtig naar iem.* ~ jmdm. aufmerksam zuhören; *naar een plaat* ~ eine Platte hören; *zijn oor te* ~ *leggen* herumhorchen **2** [geheten zijn] hören auf+[4] **3** [af-

lyrisch

luisteren] horchen, lauschen **4** [gehoorza-
men] gehorchen: *naar iem.* ~ auf jmdn. hören ‖ *dat luistert nauw* das erfordert große
Genauigkeit
luisterrijk glänzend, prachtvoll
de **luistertoets** Hörverständnistest (m¹³)
de **luistervaardigheid** Hörverständnis (o²⁹ᵃ)
de **luistervink** Horcher (m⁹), Lauscher (m⁹)
de **luit** Laute (v²¹)
de **luitenant** Leutnant (m¹³): *eerste* ~ Ober-
leutnant
de **luiwagen** Schrubber (m⁹)
de **luiwammes** Faulpelz (m⁵)
luizen: *iem. erin* ~ jmdn. hereinlegen
de **luizenbaan**: *hij heeft een* ~ er hat einen bequemen Posten
het **luizenleven**: [inf] *een* ~ *leiden* leben wie
die Made im Speck
lukken gelingen¹⁶⁹
lukraak aufs Geratewohl
de **lul** [inf] **1** [sukkel] Trottel (m⁹) **2** [penis]
Schwanz (m⁶): *voor* ~ *staan* sich lächerlich
machen
de **lulkoek** [inf] Quark (m¹⁹), Quatsch (m¹⁹)
lullen [inf] schwatzen, faseln
lullig [inf] läppisch, doof, dumm
lumineus glänzend
de **lummel 1** [sufferd] Trottel (m⁹) **2** [vlegel]
Lümmel (m⁹)
lummelen herumlungern, trödeln
de **lunch** Lunch (m⁵, m¹³, 2e nvl: ook -)
het **lunchconcert** Lunchkonzert (o²⁹), Mittags-
konzert (o²⁹)
lunchen lunchen
het **lunchpakket** Lunchpaket (o²⁹)
de **lunchpauze** Mittagspause (v²¹)
de **lunchroom** Konditorei (v²⁰), Café (o³⁶); [in
museum e.d.] Erfrischungsraum (m⁶)
de **luren**: *iem. in de* ~ *leggen* jmdn. hereinlegen
lurken lutschen, nuckeln
de **lurven**: *iem. bij zijn* ~ *pakken* jmdn. beim Wickel packen
de **lus 1** [aan handdoek, kleding e.d.] Aufhän-
ger (m⁹) **2** [strik] Schleife (v²¹) **3** [in tram]
Schlaufe (v²¹) **4** [voor ceintuur e.d.] Schlaufe
(v²¹)
de **lust 1** [begeerte, trek] Lust (v²⁵) **2** [plezier]
Lust (v²⁸), Vergnügen (o³⁹), Freude (v²⁸) ‖ *een*
~ *voor het oog zijn* eine Augenweide sein
lusteloos lustlos, matt
de **lusteloosheid** Mattigkeit (v²⁸), Lustlosig-
keit (v²⁸)
lusten 1 [believen, behagen] belieben⁺³
2 [zin hebben in] mögen²¹⁰: *'m* ~ gern trinken²⁹³; *heel graag taart* ~ Torte für sein Leben
gern essen¹⁵²; *hij lust geen vlees* er mag kein
Fleisch; *lust je nog wat?* willst du noch etwas?;
[fig] *iem. wel rauw* ~ jmdn. nicht ausstehen
können¹⁹⁴; *ik lust hem rauw!* er mag nur kommen! ‖ *hij zal ervan* ~ er kriegt noch sein Fett
de **lusthof** Lustgarten (m¹²)

lustig lustig, fröhlich, munter
de **lustmoord** Lustmord (m⁵)
het **lustobject** Lustobjekt (o²⁹)
het **lustrum 1** [periode] Jahrfünft (o²⁹) **2** [feest]
fünfjährliche Jubiläumsfeier (v²¹)
luthers lutherisch: *de ~e Bijbel* die Luther-
bibel
luttel 1 [weinig] wenig **2** [klein] klein, gering
luwen abflauen, sich legen; [fig] nachlassen¹⁹⁷
de **luwte** [windvrije plaats] Windschatten (m¹⁹)
de **luxaflex**ᴹᴱᴿᴷ Lamellenjalousie (v²¹)
de ¹**luxe** (zn) Luxus (m¹⁹ᵃ)
²**luxe** (bn, bw) luxuriös, Luxus…
het **luxeartikel** Luxusartikel (m⁹)
Luxemburg Luxemburg (o³⁹)
de **Luxemburger** Luxemburger (m⁹), Luxem-
burgerin (v²²)
Luxemburgs luxemburgisch, Luxemburger
luxueus luxuriös
het **lyceum** Gymnasium (o, 2e nvl: -s; mv: Gymnasien)
de **lymfklier** Lymphknoten (m¹¹)
lynchen lynchen
de **lynx** Luchs (m⁵)
de **lyriek** Lyrik (v²⁸)
lyrisch lyrisch: ~ *dichter* Lyriker (m⁹)

de **m** [letter] m, M (o)

de **ma** Mama (v²⁷)

de **maag** Magen (m¹¹): *een bedorven ~ hebben* sich³ den Magen verdorben haben¹⁸²; *het aan zijn ~ hebben* Magenbeschwerden haben¹⁸²; [fig] *iem. iets in de ~ splitsen* jmdm. etwas aufschwatzen; [fig] *daar zit ik mee in mijn ~* das liegt mir schwer im Magen

de **maagband** Magenband (o³²)

de **maagd** Jungfrau (v²⁰)

de **Maagd** [sterrenbeeld] Jungfrau (v²⁰)

het **maag-darmkanaal** Magen-Darm-Kanal (m⁶)

maagdelijk jungfräulich: *~ woud* Urwald (m⁸)

de **maagdelijkheid** Jungfräulichkeit (v²⁸)

het **maagdenvlies** Jungfernhäutchen (o³⁵)

de **maagkwaal** Magenleiden (o³⁵), Magenkrankheit (v²⁰)

de **maagpijn** Magenschmerzen (mv m¹⁶)

het **maagsap** Magensaft (m⁶)

het **maagzuur**: *last van ~ hebben* Sodbrennen (o³⁹) haben¹⁸²

de **maagzweer** Magengeschwür (o²⁹)

maaien mähen

de **maaimachine** Mähmaschine (v²¹)

de **maak**: *in de ~ zijn* a) [herstellen] in Reparatur sein²⁶²; b) [maken] in Arbeit sein (of: vorbereitet werden)

het **maaksel** Erzeugnis (o²⁹ᵃ), Produkt (o²⁹)

de/het ¹**maal 1** [keer] Mal (o²⁹): *voor de eerste ~* zum ersten Mal(e); *een enkele ~* dann und wann; *herhaalde malen* wiederholt; *de laatste ~* das letzte Mal **2** [vermenigvuldigingsteken] mal: *drie ~ vijf* drei mal fünf

het ²**maal 1** [maaltijd] Mahl (o³², o²⁹), Essen (o³⁵) **2** [hoeveelheid eten] Portion (v²⁰)

de **maalstroom** Mahlstrom (m⁶), [fig] Strudel (m⁹)

het **maalteken** Malzeichen (o³⁵)

de **maaltijd** Mahlzeit (v²⁰), Essen (o³⁵): *een ~ bereiden* eine Mahlzeit zubereiten

de **maaltijdcheque** [Belg] Essensgutschein (m⁵)

de **maan** Mond (m⁵): *halve~* Halbmond; *nieuwe~* Neumond; *volle~* Vollmond; *bij heldere ~* bei hellem Mondschein; *mijn geld is naar de ~* mein Geld ist futsch; *loop naar de ~!* scher dich zum Teufel!; *hij kan naar de ~ lopen!* er kann mir den Buckel runterrutschen

de **maand** Monat (m⁵): *per ~ betalen* monatlich zahlen; *betaling over 3 ~en* Ziel 3 Monate; *om de drie ~en* dreimonatlich (of: vierteljährlich);

de volgende ~ kom ik nächsten Monat komme ich

het **maandabonnement** [voor reizen] Monatskarte (v²¹): *het ~ op een krant* das Monatsabonnement einer Zeitung

de **maandag** Montag (m⁵): *'s ~s* am Montag; *op ~* am Montag

maandags montäglich, Montags...

het **maandblad** Monatsheft (o²⁹), Monatsschrift (v²⁰)

maandelijks monatlich, Monats...

maandenlang monatelang

de **maandkaart** Monatskarte (v²¹)

het **maandsalaris** Monatsgehalt (o³²)

het **maandverband** Damenbinde (v²¹)

de **maanfase**, de **maangestalte** Mondphase (v²¹)

de **maanlanding** Mondlandung (v²⁰)

het **maanlandschap** Mondlandschaft (v²⁰)

het **maanlicht** Mondlicht (o³⁹)

het **maanmannetje** Mann (m⁸) im Mond

de **maansverduistering** Mondfinsternis (v²⁴)

het **maanzaad** Mohnsamen (m¹¹)

¹**maar** (zn) Aber (o³³): *er is een ~ bij* die Sache hat ein Aber; *geen maren!* nur kein Aber!

²**maar** (bw) **1** [waarschuwing, aanbeveling] nur: *het is ~, dat je het weet* damit du es nur weißt **2** [ergernis over het voortduren] bloß, nur: *ze scheldt ~* sie schimpft nur; *en ~ staan und stundenlang (herum)stehen²⁷⁹* **3** [een wens uitdrukkend] nur, doch: *was hij er ~* wäre er nur da **4** [slechts] nur: *het kost ~ twee euro* es kostet nur zwei Euro

³**maar** (vw) **1** [tegenstelling] aber, jedoch; [na ontkenning] sondern: *niet hij, ~ zij* nicht er, sondern sie; *hij sliep, ~ zij hield de wacht* er schlief, sie jedoch wachte **2** [een tegenwerping uitdrukkend] aber: *~ waarom?* aber warum?

de **maarschalk** Marschall (m⁶)

de **maart** März (m⁵, 2e nvl: ook -): *in ~* im März

maarts märzlich, März...

de **maas** Masche (v²¹): *de mazen van de wet* die Maschen des Gesetzes

de **Maas** [rivier] Maas (v²⁸)

de ¹**maat 1** [makker] Kamerad (m¹⁴), Kumpan (m⁵) **2** [helper] Gehilfe (m¹⁵); [inf] Kumpel (m⁹, m¹³) **3** [bij het spel] Partner (m⁹)

de ²**maat 1** Maß (o²⁹), Größe (v²¹): *iem. de ~ nemen* bei jmdm. Maß nehmen²¹²; [fig] *beneden de ~* unter aller Kritik; *we hebben niets in uw ~* wir haben nichts in Ihrer Größe; *met twee maten meten* mit zweierlei Maß messen²⁰⁸ **2** [muz] Takt (m⁵): *in de ~ blijven* im Takt bleiben¹³⁴

de **maatbeker** Messbecher (m⁹)

maatgevend maßgebend

het **maatgevoel** Taktgefühl (o³⁹)

het **maatglas** Messglas (o³²)

maathouden [muz] den Takt halten¹⁸³; [fig] maßhalten¹⁸³: *hij weet geen maat te hou-*

den er kennt weder Maß noch Ziel

het **maatje** Freund (m⁵), Freundin (v²²): *met iem. goede* ~*s zijn* mit⁺³ jmdm. gut auskommen¹⁹³

de **maatjesharing** Matjeshering (m⁵)

het **maatkostuum** Maßanzug (m⁶)

de **maatregel** Maßnahme (v²¹): ~*en nemen* Maßnahmen ergreifen¹⁸¹; Maßnahmen treffen²⁸⁹; *geen halve* ~*en nemen* energisch vorgehen¹⁶⁸

de **maatschap** Gesellschaft (v²⁰)

maatschappelijk gesellschaftlich, sozial: ~*e positie* gesellschaftliche Stellung (v²⁰); ~ *werk* Sozialarbeit (v²⁸)

de **maatschappij** Gesellschaft (v²⁰)

de **maatschappijleer** Gesellschaftslehre (v²⁸), Sozialkunde (v²⁸)

de **maatstaf** Maßstab (m⁶): *dat is geen* ~ das ist nicht maßgebend

het **maatwerk** Maßarbeit (v²⁰)

macaber makaber

de **macaroni** Makkaroni (mv)

Macedonië Mazedonien (o³⁹)

de **Macedoniër** Mazedonier (m⁹), Mazedonierin (v²²)

Macedonisch mazedonisch

de **machete** Machete (v²¹)

machinaal maschinell; [fig] mechanisch

de **machine** Maschine (v²¹)

de **machinebankwerker** Maschinenschlosser (m⁹)

het **machinegeweer** Maschinengewehr (o²⁹), MG

de **machinekamer** Maschinenraum (m⁶)

de **machinerie** Maschinerie (v²¹)

de **machinist** Maschinist (m¹⁴); [spoorw] Lokomotivführer (m⁹), Lokführer (m⁹)

de **macho** Macho (m¹³)

de **macht 1** [vermogen] Macht (v²⁸), Kraft (v²⁵): *niet bij* ~*e zijn iets te doen* nicht in der Lage sein, etwas zu tun; *alles doen wat in iemands* ~ *ligt* alles tun, was in⁺³ jemands Macht steht **2** [sterkte, kracht] Macht (v²⁸): *uit alle* ~ *schreeuwen* aus Leibeskräften schreien²⁵³ **3** [autoriteit, heerschappij] Macht (v²⁸), Gewalt (v²⁸): ~ *uitoefenen* Macht ausüben; *de* ~ *over het stuur verliezen* die Herrschaft über das Auto verlieren³⁰⁰; *iets in zijn* ~ *hebben* etwas in der Gewalt haben¹⁸²; *honger naar* ~ Machthunger (m¹⁹); *strijd om de* ~ Machtkampf (m⁶) **4** [persoon of personen, lichaam] Gewalt (v²⁰), Macht (v²⁵): *de openbare* ~ die öffentliche Gewalt; *de uitvoerende* ~ die vollziehende Gewalt, Vollziehungsgewalt; *de wetgevende* ~ die gesetzgebende Gewalt **5** [groot aantal] Menge (v²¹) **6** [wisk] Potenz (v²⁰): *drie tot de derde* ~ drei in der dritten Potenz

machteloos machtlos: ~ *toezien* ohnmächtig zusehen²⁶¹

de **machteloosheid** Machtlosigkeit (v²⁸), Ohnmacht (v²⁰)

de **machthebber** Machthaber (m⁹); [iem. die aan de touwtjes trekt] Drahtzieher (m⁹), Strippenzieher (m⁹)

¹**machtig** (bn) **1** mächtig: *iets* ~ *zijn* einer Sache² mächtig sein²⁶² **2** [indrukwekkend] gewaltig, großartig **3** [erg zwaar] schwer: ~ *eten* schweres Essen

²**machtig** (bw) riesig, außerordentlich: *het was* ~ *mooi* es war außerordentlich schön

machtigen ermächtigen, bevollmächtigen

de **machtiging** Ermächtigung (v²⁰), Vollmacht (v²⁰)

het **machtsblok** Machtblock (m¹³)

de **machtshonger** Machthunger (m¹⁹)

het **machtsmiddel** Machtmittel (o³³)

het **machtsmisbruik** Machtmissbrauch (m¹⁹)

de **machtsovername** Machtübernahme (v²⁸)

de **machtspolitiek** Machtpolitik (v²⁸)

de **machtspositie** Machtstellung (v²⁰)

de **machtsstrijd** Machtkampf (m⁶)

het **machtsvacuüm** Machtvakuum (o, 2e nvl: -s; mv: -vakua of -vakuen)

machtsverheffen potenzieren³²⁰

het **machtsvertoon** Machtentfaltung (v²⁸)

macrobiotisch makrobiotisch

Madagaskar Madagaskar (o³⁹)

de **made** Made (v²¹)

het **madeliefje** [plantk] Gänseblümchen (o³⁵)

de **madonna** Madonna (v, mv: Madonnen)

Madrileens Madrider

de **maestro** Maestro (m¹³, mv: ook Maestri), Meister (m⁹)

maf bescheuert, blöde

maffen pennen, knacken

de **maffia** Mafia (v)

de **maffioso** Mafioso (m, mv: Mafiosi)

de **mafkees** Vollidiot (m¹⁴)

het **magazijn 1** [bergplaats] Lager (o³³, o³⁴), Warenlager (o³³, o³⁴) **2** [van vuurwapen] Magazin (o²⁹)

de **magazijnbediende** Lagerarbeiter (m⁹)

de **magazijnier** [Belg] Lagerarbeiter (m⁹), Lagerverwalter (m⁹)

het **magazine** Magazin (o²⁹)

mager 1 [alg] mager: ~*e melk* Magermilch (v²⁸) **2** [lang en mager] hager **3** [vel over been] dürr **4** [fig] mager, schwach: *een* ~*e troost* ein magerer (*of:* schwacher) Trost

magertjes 1 mager **2** [krap, armoedig] dürftig, knapp

de **magie** Magie (v²⁸), Zauberkunst (v²⁸)

de **magiër** Magier (m⁹)

magisch magisch

magistraal meisterhaft, großartig

de **magistraat 1** [overheidspersoon] hohe(r) Verwaltungsbeamte(r) (m⁴⁰ᵃ) **2** [rechterlijk ambtenaar] Richter (m⁹) **3** [geschiedenis] Magistrat (m⁵)

de **magnaat** Magnat (m¹⁴)

de **magneet** Magnet (m⁵)

de **magneetkaart** Magnetkarte (v²¹)

de **magneetzweeftrein** Magnetschwebe-bahn (v[20])

het **magnesium** Magnesium (o[39])
   magnetisch magnetisch
   magnetiseren magnetisieren[320]

de **magnetiseur** Magnetiseur (m[5])

het **magnetisme** Magnetismus (m[19a])

de **magnetron**, de **magnetronoven** Mikro-wellenherd (m[5])
   magnifiek prächtig, prachtvoll, wunder-schön

het **mahonie** Mahagoni (o[39])

het **mahoniehout** Mahagoni (o[39]), Mahagoni-holz (o[32])

de **mail** [comp] Mail (v[27], Z-Dui, Zwi, Oostr o[36])

het **mailadres** Mailadresse (v[21])

de **mailbox** Mailbox (v[20])
   mailen (jmdn.) mailen: *(aan) iem.* ~ jmdm. mailen, jmdn. anmailen

de **mailing** Mailing (o[36], 2e nvl: ook -)

de **mailinglijst** Mailingliste (v[21])

het/de **maillot** Strumpfhose (v[21])

het **mailtje** Mail (v[27], Z-Dui, Zwi, Oostr o[36]), E-Mail (v[27], Z-Dui, Zwi, Oostr o[36])

de **mais, maïs** Mais (m[19])

de **maiskolf** Maiskolben (m[11])

de **maiskorrel** Maiskorn (o[32])

de **maîtresse** Mätresse (v[21]), Geliebte (v[40b])

de **maizena** Maizena (o[39]), Maisstärke (v[21]), Speisestärke (v[21])

de **majesteit** Majestät (v[20]): *Zijne* ~ Seine Ma-jestät
   majestueus majestätisch

de **¹majeur** Dur (o, 2e nvl: -)
   ²majeur (bn): *~e belangen* erhebliche Be-lange

de **majoor** Major (m[5])

de **majoraan** Majoran (m[5])
   mak zahm; [soms] fromm[59]

de **makelaar** Makler (m[9]): ~ *in onroerend goed* Immobilienmakler

de **makelaardij** Maklergeschäft (o[29])

de **makelij** Fabrikation (v[20]), Machart (v[20])
   maken 1 [vervaardigen] machen, herstel-len, anfertigen **2** [voortbrengen, scheppen] machen, schaffen[230]: *hij gaat het helemaal* ~ *er* wird es noch weit bringen; *je hebt het ernaar gemaakt* du hast es dir selbst zuzuschreiben **3** [doen, verrichten] machen: *stampij* ~ *over iets* viel Aufhebens von[+3] etwas machen; *hij heeft hier niets te* ~ er hat hier nichts zu su-chen **4** [weer in orde maken] machen, repa-rieren[320] **5** [veroorzaken] machen, bewirken: *iem. aan het lachen* ~ jmdn. lachen machen ‖ *hoe maak je het?* wie geht es dir?; *ze* ~ *het goed* es geht ihnen gut; *daar heb je niets mee te* ~ das geht dich nichts an; *hij kan me niets* ~ er kann mir nichts anhaben; *ik laat me niet bang* ~ ich lasse mich nicht einschüchtern; *zich kwaad* ~ böse werden

de **maker 1** Hersteller (m[9]) **2** [schepper]

Schöpfer (m[9]) **3** [auteur] Verfasser (m[9]) **4** [muz] Komponist (m[14])

de **make-up** Make-up (o[36])
   makkelijk *zie gemakkelijk*

de **makker** Kamerad (m[14]), Freund (m[5]), Ge-fährte (m[15])

het **makkie**: *een* ~ *hebben* es leicht haben[182]

de **makreel** Makrele (v[21])

de **¹mal** [model, patroon, vorm] Schablone (v[21])
   ²mal (bn, bw) [dwaas, zot] närrisch, verrückt, albern: *~le praat* dummes Gerede; *doe niet zo ~!* mache keine Dummheiten!; *ben je ~?* ach was!; *ik ben niet zo ~!* so dumm bin ich nicht!
   malafide mala fide, in böser Absicht

de **Malagassiër** Madagasse (m[15]), Madagassin (v[22])
   Malagassisch madagassisch

de **malaise 1** Malaise (v[21]) **2** [hand] Flaute (v[21]) **3** [ec] Depression (v[20])

de **malaria** Malaria (v[28])
   Malawi Malawi (o[39])

de **Malawiër** Malawier (m[9]), Malawierin (v[22])
   Malawisch malawisch

de **Malediven** die Malediven (mv)
   Maleis malaiisch
   Maleisië Malaysia (o[39])

de **Maleisiër** Malaysier (m[9]), Malaysierin (v[22])
   Maleisisch malaysisch
   ¹malen [niet goed bij het hoofd zijn] spinnen[272]: *hij is aan het* ~ er spinnt ‖ *wat maal ik erom!* was kümmert's mich!
   ²malen (ov ww) **1** [met molen] mahlen: *kof-fie* ~ Kaffee mahlen **2** [van water] auspum-pen

het **mali** [Belg] Defizit (o[29])
   Mali Mali (o[39])

de **maliënkolder** Kettenpanzer (m[9]); [hemd] Panzerhemd (o[37])

de **¹Malinees** Malier (m[9]), Malierin (v[22])
   ²Malinees (bn) malisch

de **maling**: *iem. in de* ~ *nemen* jmdn. zum Nar-ren halten[183]; *ik heb er* ~ *aan!* ich pfeife dar-auf!; *ik heb* ~ *aan je!* ich huste dir was!

de **mallemoer**: *dat gaat je geen* ~ *aan* das geht dich einen Dreck an; *naar zijn* ~ kaputt; [inf] *dat is naar zijn* ~ [kapot] das ist im Eimer; [verdwenen] das ist futsch

de **malligheid 1** [dwaze daad] Torheit (v[20]), Verrücktheit (v[20]) **2** [gekheid] Unsinn (m[19])

de **malloot** Idiot (m[14])
   mallotig verrückt
   mals 1 [zacht, sappig] zart, saftig: *~ gras* saftiges Gras; *~ vlees* zartes Fleisch; [toebe-reid] saftiger Braten **2** [mild] mild: *~e regen* milder Regen

het/de **malt** alkoholfreies Bier (o[29])
   Malta Malta (o[39])

de **¹Maltees** Malteser (m[9]), Malteserin (v[22])
   ²Maltees (bn) maltesisch
   Maltezer: *het* ~ *kruis* das Malteserkreuz

de **malus** Malus (m, 2e nvl: -(ses); mv: -(se))

de **malversatie** Veruntreuung (v[20])
de **mama** Mama (v[27]), Mami (v[27]), Mutti (v[27])
de **mamma** Mama (v[27])
de **mammoet** Mammut (o[29], o[36])
de **mammoettanker** Supertanker (m[9])
de **man** Mann (m[8]): *de gewone* ~ der Mann auf (*of:* von) der Straße; *als* **één** ~ stond het volk op das Volk erhob sich wie ein Mann; *dat kost tien euro de* ~ das kostet zehn Euro pro Person; *we waren* **met** *vier* ~ wir waren zu viert; *met* ~ *en* *macht* mit aller Macht
het **management** Management (o[36])
het **managementteam** Management (o[36])
     managen managen
de **manager** Manager (m[9])
de **manche 1** [bij kaartspel] Partie (v[21]) **2** [paardensport] Durchgang (m[6]) **3** [bij races] Lauf (m[6])
de **manchet 1** Manschette (v[21]) **2** [op bier] Schaumkrone (v[21])
de **manchetknoop** Manschettenknopf (m[6])
het **manco** Manko (o[36])
de **mand** Korb (m[6]): [fig] *door de* ~ *vallen* sich verraten[218]; scheitern, durchfallen
het **mandaat** Mandat (o[29]), Auftrag (m[6])
de **mandarijn,** het **mandarijntje** Mandarine (v[21])
de **mandataris 1** [gemachtigde] Mandatar (m[5]) **2** [Belg; politicus] Mandatsträger (m[9]); [alg] Abgeordnete(r) (m[40a])
de **mandekking** [sport] Manndeckung (v[20])
het **mandje** Körbchen (o[35])
de **mandoline** Mandoline (v[21])
de **mandril** Mandrill (m[5])
de **manege 1** [rijschool] Reitschule (v[21]) **2** [rijbaan] Manege (v[21]), Reitbahn (v[20])
de **¹manen** (mv) [haren] Mähne (enk v[21])
     ²manen (ww) mahnen: *tot voorzichtigheid* ~ zur Vorsicht mahnen
de **maneschijn** Mondschein (m[19])
het **mangaan** Mangan (o[29])
het **mangat** Mannloch (o[32])
de **mangel** [werktuig] Mangel (v[21]): *iem. door de* ~ *halen* jmdn. durch die Mangel drehen
de **mango** Mango (v[27], mv: ook Mangonen)
de **mangrove** Mangrove (v[21])
     manhaftig mannhaft, tapfer, unerschrocken
de **maniak** Monomane (m[15]), Fanatiker (m[9])
     maniakaal manisch
de **manicure** Maniküre (v[21])
de **manie** Manie (v[21])
de **manier 1** [wijze van doen, van handelen] Art (v[20]), Weise (v[21]), Art und Weise: *op deze* ~ auf diese (Art und) Weise; *ieder* *op zijn* ~ jeder nach seiner Art; *op de volgende* ~ folgendermaßen; *op de een of andere* ~ irgendwie; *dat is zijn* ~ *van doen* das ist seine Art; *dat is toch geen* ~ *van doen!* das ist doch keine Art!; *de* ~ *waarop hij zich gedraagt ...* die Art und Weise, wie er sich benimmt ... **2** [omgangs-

vorm] Manier (v[20]): *goede* ~*en hebben* gute Manieren haben[182]
het **¹manifest** Manifest (o[29])
     ²manifest (bn) [duidelijk] manifest, deutlich
de **manifestatie 1** [betoging] Kundgebung (v[20]); [protestbetoging] Demonstration (v[20]) **2** [cultureel] Veranstaltung (v[20])
zich **manifesteren** sich manifestieren[320]
de **manipulatie** Manipulation (v[20])
     manipuleren manipulieren[320]
     manisch manisch
het **manjaar** Mannjahr (o[29]), Personenjahr (o[29])
de **mank** lahm: ~ *lopen* hinken, humpeln; [m.b.t. paard] lahmen
het **mankement 1** [gebrek] Mangel (m[10]), Fehler (m[9]) **2** [van machine] Defekt (m[5]), Mangel (m[10]) **3** [lichaamsgebrek] Gebrechen (o[35])
     mankeren fehlen, mangeln: *dat mankeert er nog maar* **aan**! das fehlt gerade noch!; *het mankeert hem aan ...* es fehlt (*of:* mangelt) ihm an[+3]; *wat mankeert je?* was fehlt dir?; *er mankeert nogal wat* **aan** da stimmt allerhand nicht, daran ist allerhand nicht in Ordnung
de **mankracht** menschliche Arbeitskraft (v[25])
     manmoedig mannhaft, mutig
het **manna** Manna (o+v)
     mannelijk 1 männlich **2** [flink] mannhaft
de **mannelijkheid 1** Männlichkeit (v[28]) **2** [moed, flinkheid] Mannhaftigkeit (v[28])
het **mannenkoor** Männerchor (m[6])
de **mannenstem** Männerstimme (v[21])
de **mannentaal** kräftige Sprache (v[28])
de **mannequin** Mannequin (o[36])
het **mannetje 1** Männlein (o[35]), Männchen (o[35]), Kerlchen (o[35]) **2** [man] Mann (m[8]): *zijn* ~ *staan* seinen Mann stehen[279]; *ik zal wel een* ~ *sturen* ich werde schon jmdn. schicken **3** [mannelijk dier] Männchen (o[35])
de **mannetjesputter 1** Kraftmeier (m[9]); [vrouw] Mannweib (o[31]) **2** [knap in het vak] Kanone (v[21])
de **manoeuvre** Manöver (o[33]): *op* ~ *gaan* ins Manöver ziehen[318]; *op* ~ *zijn* im Manöver sein[262]
     manoeuvreren manövrieren[320]
de **manometer** Manometer (o[33])
     mans Manns: *hij is* ~ *genoeg* er ist Manns genug; *zij is heel* **wat** ~ sie steht ihren Mann
de **manschappen** Mannschaft (v[20])
     manshoog mannshoch
de **mantel** Mantel (m[10]) || *iets met de* ~ *der liefde bedekken* etwas mit dem Mantel der Liebe bedecken; *iem. de* ~ *uitvegen* jmdn. abkanzeln
de **mantelorganisatie** ± Tarnorganisation (v[20])
het **¹mantelpak** Kostüm (o[29])
de **mantelzorg** 'Mantelzorg' (v); freiwillige Betreuung von Pflegebedürftigen
de **mantra** Mantra (o[36])

de **manufacturen** Manufakturwaren (mv v²¹)

het **manuscript** Manuskript (o²⁹): *in* ~ handschriftlich

het **manusje-van-alles** Faktotum (o³⁶, mv: ook Faktoten), Mädchen (o³⁵) für alles

het **manuur** Arbeitsstunde (v²¹)

het **manwijf** Mannweib (o³¹)

de **map** Mappe (v²¹): *leren* ~ Ledermappe

de **maquette** Maquette (v²¹), Modell (o²⁹)

de **marathon** Marathon (m¹³), Marathonlauf (m⁶)

marchanderen feilschen

marcheren marschieren³²⁰

de **marconist** Funker (m⁹)

de ¹**marechaussee** [politiekorps] Grenzschutz (m¹⁹); [militaire politie] Militärpolizei (v²⁸)

de ²**marechaussee** [korpslid] Grenzschutzbeamte(r) (m⁴⁰ᵃ)

de **margarine** Margarine (v²¹)

de **marge 1** [typ] Rand (m⁸) **2** [speelruimte] Marge (v²¹), Spielraum (m⁶) **3** [hand] Marge (v²¹), Handelsspanne (v²¹)

marginaal marginal, Marginal..., Rand...

de **margriet** [plantk] Margerite (v²¹)

het **Mariabeeld** Marienbild (o³¹), Muttergottesbild (o³¹)

Maria-Hemelvaart Mariä Himmelfahrt (geen lw)

de **Mariaverering** Marienverehrung (v²⁸)

de **marihuana** Marihuana (o³⁹)

de **marinade** Marinade (v²¹)

de **marine** Marine (v²¹), Kriegsmarine

de **marinebasis** Marinebasis (v, mv: Marinebasen); [in buitenland] Marinestützpunkt (m⁵)

marineblauw marine(blau)

de **marineofficier** Marineoffizier (m⁵)

marineren marinieren³²⁰

de **marinier** Marineinfanterist (m¹⁴)

de **marionet** Marionette (v²¹)

maritiem maritim: ~ *station* Marinestation (v²⁰)

de **marjolein** [plantk] Majoran (m⁵)

de **mark** Mark (v, mv: -): *Duitse* ~ Deutsche Mark, DM

markant markant

de **markeerstift** Marker (m, 2e nvl: -s; mv: -(s))

de **marker** Marker (m⁹, m¹³)

markeren markieren³²⁰

de **marketing** Marketing (o³⁹, o³⁹ᵃ)

de **markies 1** [titel] Marquis (m, 2e nvl: -; mv: -) **2** [zonnescherm] Markise (v²¹)

de **markt** Markt (m⁶): *morgen is er* ~ morgen ist Markt; *naar de* ~ *gaan* auf den Markt (*of:* zum Markt) gehen¹⁶⁸; *de zwarte* ~ der Schwarzmarkt; *een* ~ *vinden* Absatz finden¹⁵⁷; *gat in de* ~ Marktnische (v²¹); *het artikel ligt goed in de* ~ der Artikel ist marktgängig ǁ *van alle* ~*en thuis zijn* in allen Sätteln gerecht sein²⁶²

het **marktaandeel** Marktanteil (m⁵)

de **marktdag** Markttag (m⁵)

de **markteconomie** Marktwirtschaft (v²⁰)

de **marktkoopman** Markthändler (m⁹)

de **marktkraam** Marktbude (v²¹), Marktstand (m⁶)

het **marktonderzoek** Marktforschung (v²⁰)

de **marktprijs** Marktpreis (m⁵)

de **marktwaarde** Marktwert (m⁵)

de **marktwerking** Marktwirtschaft (v²⁰), freie Marktwirtschaft (v²⁰)

de **marmelade** Marmelade (v²¹)

het **marmer** Marmor (m⁵)

marmeren marmorn, Marmor...

de **marmot 1** [alpenmarmot] Murmeltier (o²⁹) **2** [cavia] Meerschweinchen (o³⁵)

de **Marokkaan** Marokkaner (m⁹), Marokkanerin (v²²)

Marokkaans marokkanisch

Marokko Marokko (o³⁹)

de ¹**mars** (zn) Marsch (m⁶): *een* ~ *spelen* einen Marsch spielen; *op* ~ *gaan* sich in Marsch setzen

²**mars** (tw) marsch: *voorwaarts* ~*!* vorwärts marsch!

Mars [astron, myth] Mars (m¹⁹ᵃ)

het/de **marsepein** Marzipan (o²⁹)

de **marskramer** Hausierer (m⁹)

het **marsmannetje** Marsmensch (m¹⁴)

de **martelaar** Märtyrer (m⁹)

het **martelaarschap** Martyrium (o, 2e nvl: -s; mv: Martyrien)

de **marteldood** Märtyrertod (m⁵), Martertod (m⁵)

martelen martern, foltern; [kwellen] quälen

de **martelgang** Martyrium (o, mv: Martyrien)

de **marteling** Marter (v²¹), Folter (v²¹)

de **marter** Marder (m⁹)

het **marxisme** Marxismus (m¹⁹ᵃ)

de **marxist** Marxist (m¹⁴)

marxistisch marxistisch

de **mascara** Mascara (o²⁹), Wimperntusche (v²¹)

de **mascotte** Maskotte (v²¹), Maskottchen (o³⁵)

het **masker** Maske (v²¹): [fig] *het* ~ *afdoen* die Maske fallen lassen¹⁹⁷

de **maskerade 1** [optocht] Maskenzug (m⁶) **2** [verkleding] Maskerade (v²¹)

maskeren maskieren³²⁰, verbergen¹²⁶

het **masochisme** Masochismus (m¹⁹ᵃ)

de **masochist** Masochist (m¹⁴)

de **massa 1** [alg, nat] Masse (v²¹): *soortelijke* ~ Dichte (v²¹) **2** [hoeveelheid] Menge (v²¹), Masse (v²¹): *bij* ~*'s* massenweise **3** [menigte] Menge (v²¹)

massaal massenhaft, massig; [groots] massiv

de **massabijeenkomst** Massenkundgebung (v²⁰)

de **massage** Massage (v²¹)

het **massagraf** Massengrab (o³²)

het **massamedium** Massenmedium (o, 2e nvl: -s; mv: Massenmedien)

de **massamoord** Massenmord (m[5])

de **massaproductie** Massenproduktion (v[20])

de **massasprint** Massenspurt (m[5])

het **massavernietigingswapen** Massenvernichtungswaffe (v[21])

masseren massieren[320]

de **masseur** Masseur (m[5])

het [1]**massief** (zn) Massiv (o[29])

[2]**massief** (bn) massiv

de **mast** Mast (m[5], m[16])

de **master** Master (m[9])

het **masterplan** Masterplan (m[6])

de **masturbatie** Masturbation (v[20])

masturberen masturbieren[320]

de [1]**mat** (zn) Matte (v[21]): *de groene* ~ der Rasen

[2]**mat** (bn, bw) matt; [hand ook] flau

de **matador** Matador (m[5], m[14])

de **match** Spiel (o[29]), Match (o[36], m[13], mv: ook -e)

het **matchpoint** Matchball (m[6]): *op* ~ *staan* einen Matchball haben

de **mate** Maß (o[29]), Grad (m[5]): *in gelijke* ~ in gleichem Maße; *in hoge* ~ in hohem Maße; *in meerdere of mindere* ~ mehr oder weniger; *een grote* ~ *van vertrouwen* ein hohes Maß an (*of:* von) Vertrauen; *in welke* ~*?* inwiefern?; *met* ~ mit Maßen; *in zekere* ~ in gewissem Maße

mateloos maßlos, außerordentlich

de **matennaaier** Zuträger (m[9])

het **materiaal** Material (o, 2e nvl: -s; mv: Materialien)

het **materialisme** Materialismus (m[19a])

de **materialist** Materialist (m[14])

materialistisch materialistisch

de **materie** Materie (v[21])

het [1]**materieel** (zn) Material (o, 2e nvl: -s; mv: Materialien)

[2]**materieel** (bn) materiell: *materiële schade* Sachschaden (m[12])

de **materniteit** [Belg] Entbindungsabteilung (v[20])

het **matglas** Mattglas (o[39])

de **matheid 1** [moeheid] Mattigkeit (v[28]) **2** [m.b.t. kleur] Mattheit (v[28])

de **mathematicus** Mathematiker (m[9])

mathematisch mathematisch

matig mäßig

matigen mäßigen

de **matiging** Mäßigung (v[28])

de **matinee** Matinee (v[21])

matineus: *hij is* ~ er ist ein Frühaufsteher

het **matje** (kleine) Matte (v[21]): [fig] *iem. op het* ~ *roepen* jmdn. zur Verantwortung ziehen[318]

de **matrak** [Belg] Schlagstock (m[6]), Gummiknüppel (m[9])

het/de **matras** Matratze (v[21])

de **matrijs** Matrize (v[21]), Mater (v[21])

de **matrix** Matrix (v, mv: Matrizen, Matrizes)

de **matroos** Matrose (m[15]): *licht* ~ Leichtmatrose

de **matse** Matze (v[21]), Matzen (m[11])

matsen begünstigen: *ik zal je* ~ [bij aankoop] ich mache dir einen guten Preis; *de examinator heeft me gematst* der Prüfer hat (bei mir) ein Auge zugedrückt

de **mattenklopper** Teppichklopfer (m[9])

Mauritaans mauretanisch

Mauritanië Mauretanien (o[39])

de **Mauritaniër** Mauretanier (m[9]), Mauretanierin (v[22])

de **Mauritiaan** Mauritier (m[9]), Mauritierin (v[22])

Mauritiaans mauritisch

Mauritius Mauritius (o[39a])

het **mausoleum** Mausoleum (o, 2e nvl: -s; mv: Mausoleen)

mauwen miauen

de **mavo** [Ned] **1** [ond] allgemein bildende(r) Sekundarunterricht (m[19]) **2** [school] ± Realschule (v[21])

m.a.w. afk van *met andere woorden* m.a.W. (afk van *mit anderen Worten*)

het **maxi** [mode] Maxi (o[39])

maximaal maximal, Maximal…: *het maximale bedrag* der Maximalbetrag

het **maximum** Maximum (o, 2e nvl: -s; mv: Maxima)

de **maximumsnelheid** Höchstgeschwindigkeit (v[20])

de **maximumtemperatuur** Höchsttemperatur (v[20])

de **mayonaise** Mayonnaise (v[21])

de **mazelen** Masern (mv)

de **mazout** [Belg] Heizöl (o[29])

de **mazzel** Dusel (m[19]), Massel (m[19])

mazzelen Dusel (*of:* Massel, Glück) haben[182]

het **mbo** [Ned; ond] berufsbildende(r) Sekundarunterricht (m[19]) der Oberstufe

me mir[3], mich[4]

de **ME** afk van *mobiele eenheid* Bereitschaftspolizei (v[20])

de **meander** Mäander (m[9])

de **meao** [Ned] ± mittlere Handelsschule (v[21])

de **mecanicien** Mechaniker (m[9])

de **mechanica** Mechanik (v[20])

het/de **mechaniek** Mechanismus (m, 2e nvl: -; mv: Mechanismen)

mechanisch mechanisch

mechaniseren mechanisieren[320]

de **mechanisering** Mechanisierung (v[20])

het **mechanisme** Mechanismus (m, 2e nvl: -; mv: Mechanismen)

de **medaille** Medaille (v[21])

het **medaillon** Medaillon (o[36])

mede mit, auch

medeaansprakelijk mitverantwortlich

de **medeburger** Mitbürger (m[9])

mededeelzaam mitteilsam, offen(herzig)

¹mededelen (onov ww) [een aandeel krijgen] teilhaben[182] (an[+3])

²mededelen (ov ww) [berichten] mitteilen; [officieel] anzeigen

de **mededeling 1** [bericht] Mitteilung (v[20]) **2** [officieel] Anzeige (v[21]) **3** [verklaring] Aussage (v[21])

de **mededinger** Mitbewerber (m[9]), Konkurrent (m[14])

de **mededinging** Konkurrenz (v[20]), Wettbewerb (m[5])

het **mededogen** Mitleid (o[39]), Erbarmen (o[39])

de **mede-eigenaar** Miteigentümer (m[9]), Mitinhaber (m[9])

de **medeklinker** Mitlaut (m[5]), Konsonant (m[14])

de **medeleerling** Mitschüler (m[9])

het **medeleven** Anteilnahme (v[28]); [rouwbeklag] Beileid (o[39])

het **medelijden** Mitleid (o[39]), Erbarmen (o[39]): ~ *met iem. hebben* Mitleid mit jdmm. haben, jdmm. bemitleiden; *ik heb ~ met je!* du dauerst mich!

de **medemens** Mitmensch (m[14]), Nächste(r) (m[40a], v[40b])

medeondertekenen mitunterzeichnen

medeplichtig mitschuldig

de **medeplichtige** Mitschuldige(r) (m[40a], v[40b])

de **medeplichtigheid** Mittäterschaft (v[28]), Beihilfe (v[28]): ~ *aan moord* Beihilfe zum Mord

de **medereiziger** Mitreisende(r) (m[40a], v[40b])

medeschuldig mitschuldig

de **medestander,** de **medestrijder** Mitkämpfer (m[9])

medeverantwoordelijk mitverantwortlich

de **medewerker** Mitarbeiter (m[9])

de **medewerking** Mitarbeit (v[28]), Mitwirkung (v[28]): ~ *verlenen aan iets* an[+3] (of: bei[+3]) etwas mitwirken; *met ~ van* unter Mitwirkung[+2] (of: von[+3])

het **medeweten** Wissen (o[39]): *buiten mijn* ~ ohne mein Wissen

de **medezeggenschap** Mitbestimmungsrecht (o[29]), Mitbestimmung (v[28])

de **media** Medien (enkelvoud: Medium)

mediageniek medienwirksam

de **mediaspeler** Mediaplayer (m[9])

de **mediaster** Medienstar (m[13])

de **mediastilte** Medienstille (v[28]), Medienruhe (v[28])

de **mediator** Vermittler (m[9]), Mediator (m[16])

het **medicament** Medikament (o[29])

de **medicijn 1** [geneesmiddel] Medizin (v[20]), Arznei (v[20]) **2** [geneeskunde] Medizin (v[28]): *~en studeren* Medizin studieren[320]

de **medicus** Arzt (m[6]), Mediziner (m[9])

medio Mitte (v[21]): ~ *mei* Mitte Mai

medisch medizinisch; [m.b.t. behandeling, advies] ärztlich: ~ *student* Medizinstudent (m[14]); *~e verklaring* (ärztliches) Attest (o[29])

de **meditatie** Meditation (v[20])

mediteren meditieren[320]

mediterraan mediterran

het **medium** Medium (o, 2e nvl: -s; mv: Medien)

mee mit, auch

meebrengen 1 mitbringen[139] **2** [fig] mit sich bringen[139]: *dat brengt de zaak met zich mee* das bringt die Sache mit sich

meedelen *zie* ¹mededelen

meedenken mitdenken[140]

meedingen sich mitbewerben[309]: ~ *naar* sich mitbewerben[309] um[+4]

meedoen (+ aan) mitmachen (bei[+3]), teilnehmen[212] (an[+3]), sich beteiligen (an[+3])

meedogenloos schonungslos, rücksichtslos

mee-eten mitessen[152]

de **mee-eter 1** [med] Mitesser (m[9]) **2** [gast] Gast (m[6])

meegaan 1 mitgehen[168], mitkommen[193]: [fig] *met iem.* ~ mit jmdm. einverstanden sein[262]; *met zijn tijd* ~ mit der Zeit gehen **2** [goed blijven] halten[183]

meegaand gefügig; [toegevend] nachgiebig

¹meegeven (onov ww) [doorbuigen] nachgeben[166]

²meegeven (ov ww) mitgeben[166]: *iem. een boek* ~ jmdm. ein Buch mitgeben

meehelpen mithelfen[188+3]

meekomen mitkommen[193]

meekrijgen mitbekommen[193]

het **meel** Mehl (o)

de **meeldraad** [plantk] Staubfaden (m[12])

meeleven mitfühlen, mitempfinden[157]

meelijwekkend Mitleid erregend

meelopen 1 mitgehen[168]: *met iem. een eindje* ~ jmdn. ein Stück begleiten **2** [klakkeloos volgen] mitlaufen[198]

de **meeloper** Mitläufer (m[9])

meeluisteren mithören

meemaken 1 mitmachen **2** [van reis] miterleben **3** [beleven] miterleben **4** [doorstaan] durchmachen **5** [bijwonen] beiwohnen[+3]

meenemen mitnehmen[212]: *dat is mooi meegenomen* das ist eine hübsche Zugabe; [bij het schilderen] *die rand kun je mooi even* ~ den Rand kannst du gleich schön mit bemalen; [fig] *voorstellen* ~ Vorschläge berücksichtigen

meepraten mitreden, mitsprechen[274]: *maar wat* ~ nur nachbeten

de **meeprater** Nachbeter (m[9])

het **¹meer** (zn) See (m[17])

²meer (bw) **1** mehr: ~ *dan vroeger* mehr als früher; ~ *en* ~ mehr und mehr; *min of* ~ mehr oder weniger **2** [vaker] öfter: *je moet wat ~ komen* du sollst öfter kommen **3** [verder] sonst: *wie waren er nog* ~? wer war sonst noch da?

[3]**meer** (telw) mehr: ~ *dan tien* mehr als zehn (of: über zehn); *hoe langer* hoe ~ immer mehr; *hoe vroeger je komt des* te ~ *tijd hebben we* je eher du kommst, desto mehr Zeit haben wir; *onder* ~ unter anderem; *zonder* ~ ohne Weiteres

de **ME'er** Bereitschaftspolizist (m[14])
　meerdaags mehrtägig
　meerder größer, höher, weiter: *het* ~*e loon* der höhere Lohn; *de* ~*e moeite* die größere Mühe; *ter* ~*e zekerheid* zur größeren Sicherheit

de [1]**meerdere** (zn) Vorgesetzte(r) (m[40a], v[40b]): *hij is mijn* ~ *in kennis* er ist mir an Kenntnissen überlegen
　[2]**meerdere** (telw) mehrere

de **meerderheid 1** [groter aantal] Mehrheit (v[20]); [van stemmen] Majorität (v[20]): *met* ~ *van stemmen* mit Stimmenmehrheit **2** [overmacht, overwicht] Überlegenheit (v[28])
　meerderjarig volljährig, mündig: *iem.* ~ *verklaren* jmdn. für mündig erklären

de **meerderjarigheid** Volljährigkeit (v[28]), Mündigkeit (v[28])
　meerderlei mehrerlei
　meerekenen mitrechnen
　meerijden mitfahren[153]; [op rijdier] mitreiten[221]

het **meerjarenplan** Langzeitprogramm (o[29])
　meerjarig mehrjährig

de **meerkeuzetoets** Multiple-Choice-Verfahren (o[35])

de **meerkeuzevraag** Mehrwahlfrage (v[21])

de **meerkoet** Blesshuhn (o[32])
　meermaals, meermalen öfter, mehrmals

de **meerpaal** Duckdalbe (v[21])

de **meerprijs** Mehrpreis (m[5])
　meerstemmig mehrstimmig

het **meervoud** Mehrzahl (v[20]), Plural (m[5])
　meervoudig mehrfach

de **meervoudsvorm** Mehrzahlform (v[20]), Pluralform (v[20])

de **meerwaarde** Mehrwert (m[19])

het **meerwerk** Mehrarbeit (v[28])

de **mees** Meise (v[21])
　meesjouwen mit, bei sich tragen[188]; [inf] mitschleppen
　meeslepen 1 [met zich slepen] mitschleppen **2** [m.b.t. stroom] mitreißen[220] **3** [mede ten val brengen] mitreißen[220] **4** [m.b.t. gevoelens] hinreißen[220], mitreißen[220]
　meeslepend hinreißend
　meesleuren mitschleifen
　meesmuilen schmunzeln, ironisch lächeln
　meespelen mitspielen

[1]**meest** (bn) **1** [het grootste deel] meist: *de* ~ *tijd* die meiste Zeit **2** [zeer veel] größt, meist: *met de* ~*e aandacht* mit größter Aufmerksamkeit

[2]**meest** (bw) [in de hoogste mate] am meis-

ten, meist: *de* ~ *barbaarse daad* die barbarischste Tat; *het* ~ *ertoe bijdragen* am meisten dazu beitragen[288]
　meestal meist, meistens

de **meester 1** [in ambacht] Meister (m[9]) **2** [leermeester] Lehrer (m[9]) **3** [jurist] Jurist (m[14]), Volljurist (m[14]): ~ *in de rechten* Jurist, Volljurist; *Mr. Meyer* Dr. Meyer **4** [autoriteit op zijn vakgebied] Meister (m[9]), Könner (m[9]) **5** [leider] Herr (m[14], 2e, 3e, 4e nv ev: Herrn), Meister (m[9]): *de toestand* ~ *zijn* die Situation unter Kontrolle haben[182]; *een taal* ~ *zijn* eine Sprache beherrschen; *een opstand* ~ *worden* einen Aufstand bezwingen[319]; *zich* ~ *maken van iets* sich einer Sache[2] bemächtigen

het **meesterbrein** Superhirn (o[29])

de **meesteres** Herrin (v[22]), Meisterin (v[22])

de **meesterhand** Meisterhand (v[25])
　meesterlijk meisterhaft, Meister...

het **meesterschap** Meisterschaft (v[28])

het **meesterstuk** Meisterstück (o[29])

het **meesterwerk** Meisterwerk (o[29])

de **meet** [sport] Linie (v[21]), Ziellinie (v[21]) || *van* ~ *(af)* aan von Anfang an
　meetbaar messbar
　meetellen mitzählen

de **meeting** Meeting (o[36])

het **meetinstrument** Messinstrument (o[29])

de **meetkunde** Geometrie (v[28])
　meetkundig geometrisch

de **meetlat** Messlatte (v[21]): [fig] *iem. langs de* ~ *leggen* an jmdn. die Messlatte anlegen

het **meetlint** Metermaß (o[29])
　meetronen lotsen

de **meeuw** Möwe (v[21])
　meevallen 1 [minder erg dan verwacht] halb so schlimm sein[262]: *het werk valt mee* die Arbeit ist halb so schlimm; *hij is* me *meegevallen* er ist gar nicht so übel; *het valt* reuze *mee* es ist halb so wild; *het zal* wel ~ es wird schon gehen **2** [beter dan verwacht] die Erwartungen übertreffen[289]

de **meevaller** Glücksfall (m[6])
　meevoelen mitfühlen, mitempfinden[157]
　meevoeren mitführen
　meewarig mitleidig, mitleidsvoll
　meewerken mitwirken, mitarbeiten: *het weer werkt mee* das Wetter hilft mit
　meezingen mitsingen[265]
　meezitten Glück haben[182]: *het zit mee* es klappt; *het zat hem* niet *mee* er hatte Pech

de **megabioscoop** große(s) Kinozentrum (o, 2e nvl: -s; mv: Kinozentren); Cinemax (m)

de **megabyte** Megabyte (o[36], 2e nvl: ook -; mv: ook -)

de **megafoon** Megafon (o[29])

de **megahertz** Megahertz (o)
　megalomaan megaloman, megalomanisch

de **mei** Mai (m[5], 2e nvl: ook -): *in* ~ im Mai

de **meid 1** [meisje] Mädchen (o[35]): *een aardige*

~ ein nettes Mädchen; *een schattige kleine* ~ eine süße Kleine **2** [hulp] Haushaltshilfe (v²¹) **3** [inf] [slet] Dirne (v²¹)

de **meidengroep** Mädchenband (v²⁷)

de **meidoorn** Weißdorn (m⁵), Hagedorn (m⁵)

de **meikever** Maikäfer (m⁹)

de **meineed** Meineid (m⁵)

het **meisje 1** Mädchen (o³⁵) **2** [vriendin] Mädchen (o³⁵), Freundin (v²²)

meisjesachtig mädchenhaft

de **meisjesnaam** Mädchenname (m¹⁸)

mej. afk van *mejuffrouw* Fräulein (o³⁵), Frl.

de **mejuffrouw** Fräulein (o³⁵)

mekaar einander; [1e persoon] uns; [2e persoon] euch; [3e persoon] sich: *dat komt voor* ~ das geht in Ordnung

het **mekka** Mekka (o)

mekkeren [ook fig] meckern

melaats aussätzig

de **melaatse** Aussätzige(r) (m⁴⁰ᵃ, v⁴⁰ᵇ)

de **melaatsheid** Aussatz (m¹⁹), Lepra (v²⁸)

de **melancholie** Melancholie (v²⁸), Schwermut (v²⁸)

melancholiek melancholisch, schwermütig

het/de **melange** Melange (v²¹), Mischung (v²⁰)

¹**melden** (ww) melden, berichten

zich ²**melden** (wdk ww) sich melden

de **melding** Meldung (v²⁰), Bericht (m⁵): ~ *maken van iets* etwas erwähnen

de **meldkamer** Zentrale (v²¹)

melig 1 [lett] mehlig **2** [fig] fade, albern

de **melk** Milch (v²⁸): *volle* ~ Vollmilch; *hij heeft veel in de* ~ *te brokkelen* er hat großen Einfluss; *hij heeft niets in de* ~ *te brokkelen* er hat nichts zu melden

de **melkboer** Milchmann (m⁸)

de **melkbus** Milchkanne (v²¹)

de **melkchocolade** Milchschokolade (v²¹)

melken melken(²⁰⁷)

de **melkfles** Milchflasche (v²¹)

het **melkgebit** Milchgebiss (o²⁹)

de **melkkoe** [ook fig] Milchkuh (v²⁵)

de **melkmachine** Melkmaschine (v²¹)

het/de **melkpoeder** Milchpulver (o³³), Trockenmilch (v²⁸)

de **melktand** Milchzahn (m⁶)

het **melkvee** Milchvieh (o³⁹)

de **Melkweg** Milchstraße (v²⁸)

de **melodie** Melodie (v²¹)

melodieus melodiös

het **melodrama** Melodrama (o, mv: Melodramen); Melodram (o³⁷)

melodramatisch melodramatisch

de **meloen** Melone (v²¹)

het/de **membraan** Membran (v²⁰)

het/de **memo 1** Memo (o³⁶), Notiz (v²⁰) **2** [papiertje] Notizzettel (m⁹)

de **memoires** Memoiren (mv)

memorabel memorabel, denkwürdig

het **memorandum** Memorandum (o, 2e nvl: -s; mv: Memoranden of Memoranda)

memoreren erwähnen

de **memorie** Gedächtnis (o²⁹ᵃ); [verhandeling] Denkschrift (v²⁰): ~ *van toelichting* Begleitschreiben (o³⁵); [bij wetsvoorstellen] Erläuterung (v²⁰) des Gesetzentwurfs; *kort van* ~ *zijn* ein kurzes Gedächtnis haben¹⁸²

memoriseren memorieren³²⁰

men man

de **meneer** Herr (m¹⁴, 2e, 3e, 4e nv ev: Herrn): ~ *Müller* Herr Müller; ~ *de directeur* der Herr Direktor; [als aanspreking] Herr Direktor; *zeker* ~ ja sicher, mein Herr!

menen 1 [denken] glauben, denken¹⁴⁰, meinen: *ik meen dat hij komt* ich glaube, er kommt **2** [bedoelen] meinen: *meende hij jou?* meinte er dich?; *dat meent u niet!* das ist nicht Ihr Ernst!

menens!: *het was hem* ~ er meinte es ernst; *nu is het* ~*!* jetzt gilt's!

de **mengeling** Mischung (v²⁰)

het/de **mengelmoes** Gemisch (o²⁹), Mischmasch (m⁵)

¹**mengen** (ov ww) **1** [stoffen dooreen werken] mischen, mixen, mengen **2** [met iets anders in betrekking brengen] in Verbindung bringen¹³⁹

zich ²**mengen** (wdk ww) sich einmischen, sich mischen

de **mengkleur** Mischfarbe (v²¹)

de **mengkraan** Mischbatterie (v²¹)

het **mengpaneel** Mischpult (o²⁹)

het **mengsel** Gemisch (o²⁹), Mischung (v²⁰)

het **mengvoeder** Mischfutter (o³⁹)

de **menie** Mennige (v²⁸)

meniën mit Mennige bestreichen²⁸⁶

menig mancher, manche, manches

menigeen mancher, manch einer

menigmaal manches Mal, häufig, oft

de **menigte** Menge (v²¹), Masse (v²¹)

de **mening** Meinung (v²⁰), Ansicht (v²⁰): *van* ~ *zijn* der Meinung sein²⁶²; *ik ben een andere* ~ *toegedaan* ich bin anderer Meinung; *van* ~ *veranderen* seine Meinung ändern; *volgens mijn* ~ meiner Meinung (of: Ansicht) nach

de **meningsuiting** Meinungsäußerung (v²⁰): *vrijheid van* ~ Meinungsfreiheit (v²⁸)

het **meningsverschil** Meinungsverschiedenheit (v²⁰)

de **meniscus** Meniskus (m, 2e nvl: -; mv: Menisken)

mennen lenken

de **menopauze** Menopause (v²¹)

de ¹**mens 1** Mensch (m¹⁴): *de grote* ~*en* die Erwachsenen **2** [personen] Menschen (mv m¹⁴), Leute (mv): *geen* ~ *op straat* keine Menschenseele auf der Straße; *geen* ~ *ter wereld* niemand auf der Welt; *onder de* ~*en komen* unter die Leute gehen¹⁶⁸

het ²**mens** Person (v²⁰), Mensch (o³¹), Frau (v²⁰): *een aardig* ~ eine nette Frau

de **mensa** Mensa (v²⁷, mv: ook Mensen)
de **mensaap** Menschenaffe (m¹⁵)
het **mensbeeld** Menschenbild (o³¹)
menselijk menschlich
menselijkerwijs: ~ *gesproken* nach menschlichem Ermessen
de **menselijkheid** Menschlichkeit (v²⁰): *misdaden tegen de* ~ Verbrechen gegen die Menschlichkeit
de **menseneter** Menschenfresser (m⁹)
de **mensengedaante** Menschengestalt (v²⁰)
de **mensenhandel** Menschenhandel (m¹⁹)
de **mensenhater** Menschenhasser (m⁹), Menschenfeind (m⁵)
de **mensenheugenis**: *sinds* ~ seit Menschengedenken
de **mensenkennis** Menschenkenntnis (v²⁸)
het **mensenleven** Menschenleben (o³⁵)
de **mensenmassa** Menschenmasse (v²¹)
het **mensenrecht** Menschenrecht (o²⁹)
de **mensenrechtenactivist** Menschenrechtler (m⁹)
mensenschuw menschenscheu
de **mensensmokkel 1** Menschenhandel (m¹⁹) **2** [illegaal over de grens brengen] Einschleusung (v²⁸) (von Menschen), Ausschleusung (v²⁸) (von Menschen)
de **mensenvriend** Menschenfreund (m⁵)
het **mens-erger-je-niet** Mensch, ärger(e) dich nicht
de **mensheid** [mensdom] Menschheit (v²⁸)
menslievend menschenfreundlich
mensonterend menschenunwürdig
mensonwaardig menschenunwürdig
de **menstruatie** Menstruation (v²⁰)
de **menstruatiepijn** Menstruationsschmerz (m¹⁶, meestal mv)
menstrueren menstruieren³²⁰
menswaardig menschenwürdig
de **menswetenschappen** Humanwissenschaften (mv)
mentaal mental, geistig
de **mental coach** Mentalcoach (m¹³, 2e nvl: ook -)
de **mentaliteit** Mentalität (v²⁰)
de **menthol** Menthol (o³⁹)
de **mentor** Mentor (m¹⁶)
de **mentrix** Mentorin (v²²)
het **menu 1** [maaltijd] Menü (o³⁶) **2** [spijskaart] Speisekarte (v²¹) **3** [comp] Menü (o³⁶)
de **menubalk** Menüleiste (v²¹), Menübalken (m¹¹)
het/de **menuet** Menuett (o²⁹, o³⁶)
de **menukaart** Speisekarte (v²¹)
de **mep** Schlag (m⁶), Hieb (m⁵): *iem. een* ~ *geven* jmdm. einen Hieb versetzen
meppen hauen¹⁸⁵
merci danke (schön)!
de **merel** Amsel (v²¹), Schwarzdrossel (v²¹)
meren [scheepv] festmachen, vertäuen
het **merendeel** Mehrzahl (v²⁸), größerer Teil

(m⁵), Mehrheit (v²⁸): *voor het* ~ größtenteils; *het* ~ *van de ambtenaren* der größere Teil der Beamten
merendeels größtenteils
het **merg** Mark (o³⁹)
de **mergel** Mergel (m⁹)
de **meridiaan** Meridian (m⁵)
het **merk 1** [handelsmerk] Marke (v²¹): *gedeponeerd* ~ Schutzmarke **2** [soort] Sorte (v²¹) **3** [kenteken] Kennzeichen (o²⁹), Merkmal (o²⁹) **4** [op goud en zilver] Stempel (m⁹)
het **merkartikel** Markenartikel (m⁹)
merkbaar merkbar, spürbar, merklich
merken 1 [van merk voorzien] markieren³²⁰ **2** [bemerken, zien] bemerken: *iem. iets laten* ~ jmdn. etwas merken lassen¹⁹⁷; *niets laten* ~ nichts merken lassen¹⁹⁷
de **merkkleding** Markenkleidung (v²⁰)
het **merkteken** Kennzeichen (o³⁵), Merkmal (o²⁹)
merkwaardig 1 [opvallend] bemerkenswert, auffallend **2** [vreemd] seltsam, merkwürdig
de **merkwaardigheid** Merkwürdigkeit (v²⁰)
de **merrie** Stute (v²¹)
het **mes** Messer (o³³): *het* ~ *erin zetten* entschieden gegen⁺⁴ etwas vorgehen¹⁶⁸
mesjogge, mesjokke meschugge, verrückt
het **mespunt** Messerspitze (v²¹)
de **mess** [scheepv] Messe (v²¹); [mil] Kasino (o³⁶)
messcherp messerscharf
de **messentrekker** Messerstecher (m⁹)
de **Messias** Messias (m)
het **messing** [metaal] Messing (o³⁹)
de **messteek** Messerstich (m⁵)
de **mest** Mist (m¹⁹), Dünger (m⁹)
mesten 1 [land] düngen **2** [vee] mästen
de **mesthoop** Misthaufen (m¹¹); [fig] Schweinestall (m⁶)
het **mestkalf** Mastkalb (o³²)
de **mestkever** Mistkäfer (m⁹)
de **meststof** Dünger (m⁹), Düngemittel (o³³)
de **mestvaalt** *zie* mesthoop
het **mestvee** Mastvieh (o³⁹)
de **mestvork** Mistgabel (v²¹)
met 1 [alg] mit⁺³; [benevens] nebst⁺³, samt⁺³: *huis* ~ *tuin* Haus mit (*of:* nebst, samt) Garten **2** [ondanks] trotz⁺², bei⁺³: ~ *al zijn geld* trotz all seines Geldes; ~ *dat al* trotz alledem; ~ *de beste wil* beim besten Willen **3** [ten tijde van] zu⁺³: ~ *Pasen* zu Ostern **4** [ten getale van] zu⁺³: ~ *zijn vieren* zu vieren (*of:* zu viert) **5** [binnen] in⁺³: ~ *een uur* in einer Stunde **6** [m.b.t. de hoeveelheid waarmee iets verandert] um⁺⁴: ~ *10% toenemen* um 10% zunehmen²¹²; ~ *10% dalen* um 10% sinken²⁶⁶; ~ *10% groeien* um 10% wachsen³⁰²; ~ *5 euro verlagen* um 5 Euro herabsetzen; ~ *5 euro verhogen* um 5 Euro steigern **7** [ter gelegenheid van] zu⁺³: ~ *zijn verjaardag* zu seinem Ge-

burtstag **8** [m.b.t. de wijze; soms] mit⁺³: ~ *ij-ver* mit Fleiß; ~ *opzet* absichtlich; ~ *scherp schieten* scharf schießen²³⁸; *iem.* ~ *rust laten* jmdn. in Ruhe lassen¹⁹⁷; ~ *vakantie gaan* in Urlaub gehen¹⁶⁸

de **¹metaal** Metallindustrie (v²¹)

het **²metaal** Metall (o²⁹)

metaalachtig metallisch

de **metaaldetector** Metalldetektor (m¹⁶)

de **metaalindustrie** Metallindustrie (v²¹)

de **metaalmoeheid** Metallermüdung (v²⁸)

de **metafoor** Metapher (v²¹)

metafysisch metaphysisch

metalen 1 metallen, Metall... **2** [m.b.t. klank, stem] metallisch

metallic metallic

de **metamorfose** Metamorphose (v²¹)

meteen 1 [tegelijkertijd] gleichzeitig, zugleich **2** [onmiddellijk] sofort, gleich

meten messen²⁰⁸: *zich met iem.* ~ sich mit jmdm. messen

de **meteoor** Meteor (m⁵)

de **meteoriet** Meteorit (m¹⁴)

de **meteorologie** Meteorologie (v²⁸)

meteorologisch meteorologisch: ~*e dienst* Wetterdienst (m⁵); ~ *instituut* Wetteramt (o³²)

de **meteoroloog** Meteorologe (m¹⁵)

de **¹meter 1** [lengtemaat] Meter (m⁹, o³³), m **2** [persoon die meet] Messer (m⁹) **3** [toestel] Messgerät (o²⁹), Messer (m⁹) **4** [teller voor elektriciteit, gas enz.] Zähler (m⁹)

de **²meter** [doopmoeder] Patin (v²²), Taufpatin (v²²)

de **meterkast** Zählerschrank (m⁶), Zählerkasten (m¹¹)

de **metgezel** Gefährte (m¹⁵)

het **methaan** Methan (o³⁹)

het **methadon** Methadon (o³⁹)

de **methode** Methode (v²¹); [wijze van handelen] Verfahren (o³⁵)

de **methodiek** Methodik (v²⁰)

methodisch methodisch, planmäßig

het **metier** Metier (o³⁶)

de **meting** Messung (v²⁰)

de **¹metriek** (zn) Metrik (v²⁰)

²metriek (bn) metrisch: ~ *stelsel* metrisches System (o²⁹)

metrisch metrisch

de **metro** U-Bahn (v²⁰)

de **metronoom** Metronom (o), Taktmesser (m⁹)

de **metropool** Metropole (v²¹)

het **metrostation** U-Bahnhof (m⁶)

het **metrum** Metrum (o, mv: Metren)

de **metselaar** Maurer (m⁹)

metselen mauern

het **metselwerk 1** [gemetseld werk] Mauerwerk (o³⁹) **2** [metselaarswerk] Maurerarbeit (v²⁸)

de **metten**: [fig] *korte* ~ *maken* kurzen Prozess machen

metterdaad wirklich, tatsächlich

de **metworst** Mettwurst (v²⁵)

het **meubel** Möbel (o³³)

de **meubelmaker** Tischler (m⁹), Schreiner (m⁹)

het **meubelstuk** Möbel (o³³), Möbelstück (o²⁹)

de **meubelzaak** Möbelgeschäft (o²⁹), Möbelladen (m¹²)

het **meubilair** Mobiliar (o²⁹)

meubileren möblieren³²⁰

de **meug**: *ieder zijn* ~ jeder nach seinem Geschmack

de **meute** Meute (v²¹)

de **mevrouw** Frau (v²⁰); [aanspreking] gnädige Frau, Frau [naam volgt; of indien zij een titel heeft, volgt titel]: *zat die* ~ *hier?* saß die Dame hier?

de **Mexicaan** Mexikaner (m⁹)

Mexicaans mexikanisch

Mexico Mexiko (o³⁹)

mezelf [3e naamval] mir selbst/selber; [4e naamval] mich selbst/selber; [1e naamval] ich selbst/selber: *ik dacht bij* ~ ich dachte mir; *een deel van* ~ ein Stück von mir; *ik blijf altijd* ~ ich bleibe immer ich selbst

de **¹mezzosopraan** [zangeres] Mezzosopranistin (v²²)

de **²mezzosopraan** [stem] Mezzosopran (m⁵)

m.i. afk van *mijns inziens* m.E. (afk van *meines Erachtens*)

miauw miau

miauwen miauen

de **micro** [Belg] Mikro (o³⁶)

de **microbe** Mikrobe (v²¹)

de **microchip** Mikrochip (m¹³)

de **microfilm** Mikrofilm (m⁵)

de **microfoon** Mikrofon (o²⁹)

de **microgolf** [Belg] Mikrowellenherd (m⁵)

het **microkrediet** Mikrokredit (m⁵)

het **micro-organisme** Mikroorganismus (m, 2e nvl: -; mv: Mikroorganismen)

de **microprocessor** Mikroprozessor (m¹⁶)

de **microscoop** Mikroskop (o²⁹)

microscopisch mikroskopisch

de **middag** Mittag (m⁵); [tijd na 12 uur] Nachmittag (m⁵): *om 2 uur 's* ~*s* 2 Uhr nachmittags; *heden* ~ heute Nachmittag

het **middagdutje** Mittagsschlaf (m¹⁹), Mittagsschläfchen (o³⁵)

het **middageten,** het **middagmaal** Mittagessen (o³⁵)

de **middagpauze** Mittagspause (v²¹)

de **middagtemperatuur** Mittagstemperatur (v²⁰)

het **middaguur** ['s middags 12 uur] Mittagsstunde (v²¹); [uur in de namiddag] Nachmittagsstunde (v²¹)

het **middel 1** Mittel (o³³): *door* ~ *van* mittels⁺², *durch*⁺⁴ **2** [taille] Taille (v²¹) **3** [geld] Mittel (mv o³³): *algemene* ~*en* öffentliche Mittel **4** [geneesmiddel] Mittel (o³³), Heilmittel (o³³): *verdovende ~en* Betäubungsmittel; [drugs] Drogen, Rauschgift **5** [rechtsmiddel] Rechtsmittel (o³³)

de **middelbaar** mittler: ~ *beroepsonderwijs* Berufsfachschule (v²¹); ~ *onderwijs* ± weiterführende Schulen (mv v²¹); *middelbare scholen* weiterführende Schulen; [inf] Oberschulen; *van middelbare leeftijd* mittleren Alters; *een stad van middelbare grootte* eine mittelgroße Stadt

de **middeleeuwen** Mittelalter (o³⁹)

middeleeuws mittelalterlich

het **middelgebergte** Mittelgebirge (o³³)

middelgroot mittelgroß, mittler, Mittel...

middellands mittelländisch: *de Middellandse Zee* das Mittelmeer

middellang von mittlerer Länge

de **middellijn** Durchmesser (m⁹), Diameter (m⁹)

de **middelmaat** Mittelmaß (o²⁹)

middelmatig mittelmäßig: *van ~e grootte* (von) mittlerer Größe

de **middelmatigheid** Mittelmäßigkeit (v²⁸)

het **middelpunt** Mittelpunkt (m⁵)

middelpuntvliedend zentrifugal: *~e kracht* Zentrifugalkraft

middels mittels⁺²

middelst mittler, Mittel...

het **middeltje** Mittel (o³³); [taille] schlanke Taille (v²¹)

de **middelvinger** Mittelfinger (m⁹)

het ¹**midden** (zn) Mitte (v²¹): *in het ~ van januari* Mitte Januar; *in het ~ van de stad* in der Stadtmitte; *dit blijft nog in het ~* das steht noch dahin; *iets in het ~ brengen* etwas vorbringen¹³⁹; *iets in het ~ laten* etwas dahingestellt sein lassen¹⁹⁷; *op het ~ van de dag* mitten am Tag; *te ~ van haar familie* inmitten⁺² ihrer Familie

²**midden** (bw) mitten: *~ op de dag* am hellichten Tage; *hij is ~ 60* er ist Mitte sechzig

Midden-Amerika Mittelamerika (o³⁹)

de **middenberm** Mittelstreifen (m¹¹)

middendoor entzwei, mittendurch

Midden-Europa Mitteleuropa (o³⁹)

het ¹**middengewicht** [krachtsport] Mittelgewicht (o³⁹)

de ²**middengewicht** [persoon] Mittelgewichtler (m⁹)

de **middengolf** Mittelwelle (v²¹)

middenin mittendrin, in der Mitte [zijn]; in die Mitte [komen]: *hij gaat ~ staan* er stellt sich in die Mitte; *hij staat ~* er steht in der Mitte; *hij staat er ~* er steht mittendrin

de **middenjury** [Belg] (zentrale) Prüfungskommission (v²⁰)

het **middenkader** mittlerer Kader (m⁹)

de **middenklasse 1** [middenstand] Mittelstand (m¹⁹) **2** [van kwaliteit] Mittelklasse (v²¹)

de **middenkoers** Mittelkurs (m⁵)

de **middenmoot** [fig] Mittelfeld (o³¹)

het **middenoor** Mittelohr (o³⁷)

het **Midden-Oosten** Mittlerer Osten (m¹⁹), Nahost (m¹⁹)

het **middenrif** Zwerchfell (o²⁹)

het **middenschip** [van kerk] Mittelschiff (o²⁹)

de **middenstand** Mittelstand (m¹⁹)

de **middenstander** Einzelhändler (m⁹)

het **middenstandsdiploma** Befähigungsnachweis (m⁵) für Einzelhändler und Gewerbetreibende

de **middenstip** Mittelpunkt (m⁵)

het **middenveld** Mittelfeld (o³¹); [spelers] Mittelfeldspieler (mv)

de **middenvelder** Mittelfeldspieler (m⁹)

de **middenweg** [fig] Mittelweg (m⁵)

de **middernacht** Mitternacht (v²⁵)

middernachtelijk mitternächtlich

het **midgetgolf** Minigolf (o³⁹)

midscheeps mittschiffs..., Mittschiffs...

de **midvoor** Mittelstürmer (m⁹)

de **midweek** von Montag bis Freitag (m⁹)

de **midwinter** Mittwinter (m⁹)

de **midzomer** Mittsommer (m⁹)

de **miep** Tussi (v²⁷), Schnepfe (v²¹)

de **mier** Ameise (v²¹): *rode ~* Rote Waldameise

mieren 1 [peuteren] herumfummeln an⁺³ **2** [zeuren] quengeln

de **miereneter** Ameisenbär (m¹⁴)

de **mierenhoop** Ameisenhaufen (m¹¹)

de **mierenneuker** [inf] Haarspalter (m⁹), Beckmesser (m⁹)

de **mierikswortel** Meerrettich (m⁵)

de **mieter**: [inf] *ik geef er geen ~ om!* ich schere mich den Teufel darum!; *iem. op zijn ~ geven* jmdn. verprügeln; [de les lezen] jmdm. die Leviten lesen²⁰¹; *op zijn ~ krijgen* die Hose voll kriegen

mieteren [inf] **1** [gooien] schmeißen²⁴⁷ **2** [vallen] herunterfliegen¹⁵⁹, stürzen

het **mietje** [scheldw; inf] warmer Bruder (m¹⁰), Schwule(r) (m⁴⁰ᵃ): *laten wij elkaar geen ~ noemen!* wir wollen einander nichts vormachen!

miezeren nieseln

miezerig 1 [m.b.t. weer] trübe **2** [m.b.t. persoon] mick(e)rig

de **migraine** Migräne (v²¹)

de **migrant** [emigrant] Auswanderer (m⁹); [immigrant] Einwanderer (m⁹)

de **migratie** Migration (v²⁰)

migreren migrieren; wandern

de **mihoen** Glasnudeln (mv)

mij mir³, mich⁴

mijden (jmdn.) meiden²⁰⁶

de **mijl** Meile (v²¹): *Engelse ~* englische Meile

mijlenver meilenweit

de **mijlpaal** [ook fig] Meilenstein (m⁵)

mijmeren träumen: *over iets ~* über⁺⁴ etwas sinnieren³²⁰

de **mijmering** Träumerei (v²⁰)

de ¹**mijn** (zn) **1** [voor mijnbouw] Bergwerk (o²⁹), Grube (v²¹), Zeche (v²¹), Mine (v²¹) **2** [mil]

Mine (v²¹): *~ leggen* Minen legen
²**mijn** (bez vnw⁸⁰) **1** [van mij] mein (m), meine (v), mein (o): *ik heb ~ voet bezeerd* ich habe mir den Fuß (*of:* ich habe meinen Fuß) verletzt **2** [zelfst] der, die, das Meine (*of:* Meinige): *jouw boek en het ~e* dein Buch und das meine (*of:* meinige); *de ~en* die Meinen (*of:* die Meinigen); *het ~ en dijn* das Mein und Dein; *ik wil er het ~e van hebben* ich will es genau wissen

de **mijnbouw** Bergbau (m¹⁹)
mijnbouwkundig: *~ ingenieur* Bergingenieur (m⁵)
de **mijnenlegger** Minenleger (m⁹)
de **mijnenveger** Minensuchboot (o²⁹)
het **mijnenveld** Minenfeld (o³¹)
mijnerzijds meinerseits
de **mijnheer** Herr (m¹⁴, 2e, 3e, 4e nv ev: Herrn): *~ de directeur* der Herr Direktor; [als aanspreking] Herr Direktor; *goedemorgen ~!* [bijv.] guten Morgen, Herr Doktor, Herr Lehrer, Herr Schmidt!; *~, u wenst?* was wünschen Sie?
de **mijningenieur** Bergingenieur (m⁵)
de **mijnramp** Grubenkatastrophe (v²¹)
de **mijnschacht** Schacht (m⁶), Förderschacht (m⁶)
de **mijnstreek** Berg(bau)revier (o²⁹); [met kolenmijnen, ook] Kohlenrevier (o²⁹)
de **mijnwerker** Bergarbeiter (m⁹), Kumpel (m⁹, m¹³)
de ¹**mijt** [stapel] Haufen (m¹¹), Miete (v²¹), Feim (m⁵)
de ²**mijt** [insect] Milbe (v²¹)
de **mijter** Mitra (v, mv: Mitren)
de **mik** [brood] Brot (o²⁹)
mikken 1 zielen: *~ op* zielen auf⁺⁴ **2** [streven naar] anstreben **3** [gooien] werfen³¹¹
de **mikmak** Kram (m¹⁹), Plunder (m¹⁹)
het **mikpunt** Zielscheibe (v²¹)
Milaan Mailand (o³⁹)
de ¹**Milanees** (zn) Mailänder (m⁹)
²**Milanees** (bn) mailändisch
mild 1 [vrijgevig] großzügig **2** [zacht] mild
de **mildheid 1** [goedgeefsheid] Großzügigkeit (v²⁸) **2** [zachtheid] Milde (v²⁸)
de **milicien** [Belg] Wehrpflichtige(r) (m⁴⁰ᵃ)
het **milieu** Umwelt (v²⁰); [sociale kring] Milieu (o³⁶): *gunstig voor het ~* umweltfreundlich
het **milieubeheer** Umweltschutz (m¹⁹)
het **milieubeleid** Umweltpolitik (v²⁸)
de **milieubescherming** Umweltschutz (m¹⁹)
de **milieubeweging** Ökobewegung (v²⁰)
milieubewust umweltbewusst
de **milieueffectrapportage** Umweltverträglichkeitsprüfung (v²⁰)
de **milieuheffing** Umweltabgabe (v²¹)
de **milieuramp** Umweltkatastrophe (v²¹)
het **milieurecht** Umweltrecht (o²⁹)
de **milieuvervuiling** Umweltverschmutzung (v²⁰)

milieuvriendelijk umweltfreundlich
de ¹**militair** (zn) Soldat (m¹⁴): *de ~en* Militär (o³⁹)
²**militair** (bn) militärisch, Militär…, militär…: *~e academie* Militärakademie (v²¹); *~e dienst* Wehrdienst (m¹⁹); *~ gerechtshof* Militärgericht (o²⁹); *~ gezag* Militärgewalt (v²⁸); *~e politie* Militärpolizei (v²⁸)
de ¹**militant** (zn) [Belg] engagiertes Mitglied (o³¹), engagierter Anhänger (m⁹): *vakbonds~* engagiertes Gewerkschaftsmitglied (o³¹)
²**militant** (bn) militant
het **militarisme** Militarismus (m¹⁹ᵃ)
militaristisch militaristisch
de **military** Military (v²⁷)
de **militie 1** Miliz (v²⁰) **2** [Belg; hist; militaire dienstplicht] Wehrpflicht (v²⁸)
miljard Milliarde (v²¹), Md., Mrd.
de **miljardair** Milliardär (m⁵)
het **miljoen** Million (v²⁰), Mill., Mio.: *één ~ inwoners* eine Million Einwohner; *drie ~* drei Millionen
de **miljoenennota** Staatshaushaltsplan (m⁶)
de **miljoenenschade** Millionenschaden (m¹⁹)
de **miljoenenstad** Millionenstadt (v²⁵)
de **miljonair** Millionär (m⁵)
de **milkshake** Milchmischgetränk (o²⁹), Milchmixgetränk (o²⁹)
het **mille** Mille (o, 2e nvl: -; mv: -): *per ~* per mille; *pro ~* pro mille
het **millennium** Millennium (o, 2e nvl: -s; mv: Millennien)
de **millibar** Millibar (o³⁶), mbar, mb
de/het **milligram** Milligramm (o²⁹), mg
de **milliliter** Milliliter (m⁹, o³³), ml
de **millimeter** Millimeter (o³³, m⁹), mm
millimeteren die Haare kurz schneiden²⁵⁰
de **milt** Milz (v²⁰)
het **miltvuur** Milzbrand (m¹⁹), Anthrax (m¹⁹ᵃ)
de **mime 1** [gebaar] Gebärde (v²¹) **2** [mimespel] Mimik (v²⁸), Mimodrama (o, 2e nvl: -s; mv: Mimodramen)
de **mimespeler** Pantomime (m¹⁵)
de **mimiek** Mimik (v²⁸)
de **mimosa** Mimose (v²¹)
min 1 [minus] weniger, minus: *10 ~ 3* 10 weniger (*of:* minus) 3; *~ 2°* minus 2°; *~ of meer* mehr oder weniger; *~ 5 m AP* 5 m unter Amsterdamer Pegel **2** [zwak] schwächlich **3** [gemeen] schäbig: *het is ~ van hem* es ist schäbig von ihm || *zo ~ mogelijk* möglichst wenig; *hij is me te ~* er ist mir zu gering
minachten gering schätzen: *geminacht* verachtet
minachtend geringschätzig, verächtlich
de **minachting** Geringschätzung (v²⁸): *iem. met ~ behandelen* jmdn. geringschätzig behandeln
de **minaret** Minarett (o²⁹)
de **minarine** [Belg] halb fette Margarine (v²¹)
-minded gesinnt, -begeistert, liebend

minder weniger, geringer, schlechter: *~e kwaliteit* geringere Qualität (v[20]); *van ~ belang* von geringerer Bedeutung; *ze is er niet ~ om* sie ist darum nicht schlechter; *hij wou niet ~ zijn dan zijn broer* er wollte nicht hinter seinem Bruder zurückstehen; *niemand ~ dan de chef* kein Geringerer als der Chef; *met zijn broer wordt het ~* mit seinem Bruder geht es abwärts

minderbedeeld einkommensschwach

de **mindere** [ondergeschikte] Untergebene(r) (m[40a], v[40b]): *hij is de ~ van zijn broer* er steht hinter seinem Bruder zurück

¹**minderen** (onov ww) abnehmen[212], nachlassen[197]: *de pijn mindert* der Schmerz lässt nach

²**minderen** (ov ww) vermindern, verringern: *vaart ~* die Geschwindigkeit vermindern

het **minderhedenvraagstuk** Minderheitenfrage (v[28])

de **minderheid 1** [het minder zijn] Unterlegenheit (v[20]) **2** [kleinste groep] Minderheit (v[20]): *nationale ~* nationale Minderheit; *religieuze ~* religiöse Minderheit; *de ~ vormen* in der Minderzahl sein[262]

de **mindering** Verminderung (v[20]), Minderung (v[20]): *in ~ brengen* in Abzug bringen[139]

minderjarig minderjährig; *~e* Minderjährige(r) (m[40a], v[40b])

de ¹**mindervalide** (zn) **1** [geestelijk] geistig Behinderte(r) (m[40a], v[40b]) **2** [lichamelijk] Körperbehinderte(r) (m[40a], v[40b])

²**mindervalide** (bn) **1** geistig behindert **2** körperbehindert

minderwaardig minderwertig, geringwertig

de **minderwaardigheid** Minderwertigkeit (v[28])

het **minderwaardigheidscomplex** Minderwertigkeitskomplex (m[5])

het ¹**mineraal** (zn) Mineral (o[29], mv: ook Mineralien)

²**mineraal** (bn) mineralisch, Mineral-: *minerale bron* Mineralquelle (v[21])

het **mineraalwater** Mineralwasser (o[34])

de **mineur** [muz] Moll (o[39a]): *a~* a-Moll; [fig] *in ~ zijn* niedergeschlagen sein

het **mini** [mode] Mini (o[39])

de **miniatuur** Miniatur (v[20]): *in ~* im Kleinen

de **minibar** Minibar (v[27])

de ¹**miniem** (zn) [Belg; sport] Junior (m[16])

²**miniem** (bn) minimal, sehr klein, gering, winzig

de **minima** Einkommensschwache(n) (mv m[40a], v[40b])

minimaal minimal, Minimal...: *~ bedrag* Minimalbetrag (m[6]); Mindestbetrag (m[6])

minimaliseren minimalisieren[320]

het **minimum** Minimum (o, 2e nvl: -s; mv: Minima), Mindestmaß (o[39])

het **minimumaantal** Mindestzahl (v[20])

de **minimumleeftijd** Mindestalter (o[39])

het **minimumloon** Mindestlohn (m[6]), Minimallohn (m[6])

de **minimumprijs** Mindestpreis (m[5]), Minimalpreis (m[5])

de **minimumtemperatuur** Tiefsttemperatur (v[20])

de **minirok** Minirock (m[6])

de **minister** Minister (m[9]), Ministerin (v[22]); [bondsrepubliek] Bundesminister; [van deelstaat] Minister; [van stadstaat] Senator (m[16]): *~ van Binnenlandse Zaken* Innenminister; *~ van Buitenlandse Zaken* Außenminister; *~ van Defensie* Verteidigungsminister; *~ van Economische Zaken* Wirtschaftsminister; *~ van Financiën* Finanzminister; *~ van Justitie* Justizminister; *~ van Onderwijs* Kultusminister; *~ van Verkeer en Waterstaat* Verkehrsminister

het **ministerie** Ministerium (o, 2e nvl: -s; mv: Ministerien); [BRD] Bundesministerium: *~ van Binnenlandse Zaken* Innenministerium; *~ van Buitenlandse Zaken* Auswärtiges Amt (o[32]); Außenministerium; *~ van Defensie* Verteidigungsministerium; *~ van Economische Zaken* Wirtschaftsministerium; *~ van Financiën* Finanzministerium; *~ van Justitie* Justizministerium; *~ van Onderwijs* Kultusministerium; *~ van Verkeer en Waterstaat* Verkehrsministerium; *Openbaar Ministerie* Staatsanwaltschaft (v[28])

ministerieel ministeriell

de **minister-president** Premier (m[13]), Premierminister (m[9]); [in deelstaten] Ministerpräsident (m[14])

de **ministerraad** Ministerrat (m[6])

de **ministerspost** Ministeramt (o[32])

de **minnaar 1** Geliebte(r) (m[40a], v[40b]) **2** [van jacht, sport] Liebhaber (m[9]), Freund (m[5])

de **minnares** Geliebte (v[40b]), Freundin (v[22])

de **minne**: *een zaak in der ~ schikken* etwas gütlich beilegen; [jur] sich mit jmdm. vergleichen[176]

minnekozen (lieb)kosen

minnelijk gütlich

minnetjes schwach

de **minnezanger** Minnesänger (m[9])

het **minpunt** Minuspunkt (m[5])

minst mindest, wenigst, geringst: *het ~* am wenigsten; *hij heeft de ~e fouten gemaakt* er hat die wenigsten Fehler gemacht; *hij heeft het ~e geld* er hat das wenigste Geld; *hij weet er niet het ~e van* er hat nicht die geringste Ahnung davon; *bij het ~e of geringste* bei der geringsten Kleinigkeit; *niet in het ~* gar nicht; *op zijn ~* mindestens; *ten ~e* mindestens; *een gevangenisstraf van ten ~e twee jaar* nicht unter zwei Jahren Gefängnis

de **minstbedeelden** Einkommensschwache(n) (mv m[40a], v[40b])

minstens mindestens, wenigstens

de **minstreel** Minstrel (m¹³)

het **minteken** Minuszeichen (o³⁵)

minus minus, weniger

minuscuul winzig: ~ *klein* sehr klein

minutieus minutiös, peinlich genau

de **minuut 1** Minute (v²¹): *op de* ~ *af* auf die Minute; *een* ~ *stilte* eine Gedenkminute, Schweigeminute **2** [van akte] Original (m⁵)

minvermogend minderbemittelt

minzaam freundlich, liebenswürdig

miraculeus wunderbar, erstaunlich

het **mirakel** Mirakel (o³³), Wunder (o³³)

¹mis (bn, pred) **1** [niet raak] daneben: ~!, ~ *poes!* *glad* ~! weit gefehlt! **2** [verkeerd] falsch: *dat is* ~! das ist falsch; *het* ~ *hebben* sich irren; *hij heeft het niet zo ver* ~ er hat nicht so ganz Unrecht; *hij is lang niet* ~ er ist nicht auf den Kopf gefallen; *dat is lang niet* ~ das ist nicht von Pappe; *daar is niks* ~ *mee* dagegen ist nichts einzuwenden; *het is weer* ~ *met* hem es steht wieder schlecht um ihn

de **²mis** (zn) Messe (v²¹): *de* ~ *lezen* die Messe lesen (*of:* zelebrieren)

het **misbaar** Lärm (m¹⁹), Spektakel (m⁹)

het **misbaksel** Missgestalt (v²⁰)

het **misbruik** Missbrauch (m⁶): ~ *maken van zijn macht* seine Macht missbrauchen; *seksueel* ~ sexuelle(r) Missbrauch; ~ *van sterkedrank* Alkoholmissbrauch

misbruiken missbrauchen

de **misdaad** Verbrechen (o³⁵)

de **misdaadbestrijding** Verbrechensbekämpfung (v²⁰)

misdadig verbrecherisch

de **misdadiger** Verbrecher (m⁹): *gevaarlijke (zware)* ~ Schwerverbrecher

de **misdadigheid** Kriminalität (v²⁸)

misdeeld [arm] arm, bedürftig: *geestelijk* ~ geistesschwach

de **misdienaar** Messdiener (m⁹), Ministrant (m¹⁴)

misdoen 1 [misdrijven] verbrechen¹³⁷ **2** [onrecht aandoen] antun²⁹⁵

zich **misdragen** sich schlecht benehmen²¹²

het **misdrijf** Vergehen (o³⁵), Verbrechen (o³⁵): *plaats van het* ~ Tatort (m⁵)

misdrijven verbrechen¹³⁷

de **misdruk** Fehldruck (m⁵)

miserabel miserabel, erbärmlich, elend

de **misère** Misere (v²¹), Not (v²⁵), Elend (o³⁹)

misgaan misslingen²⁰⁹

de **misgeboorte** Fehlgeburt (v²⁰)

de **misgreep** Fehlgriff (m⁵)

misgrijpen fehlgreifen¹⁸¹

misgunnen missgönnen, nicht gönnen

het **¹mishagen** (zn) Missfallen (o³⁹)

²mishagen (ww) missfallen¹⁵⁴: *het mishaagt mij* es missfällt mir

mishandelen misshandeln, malträtieren³²⁰

de **mishandeling** Misshandlung (v²⁰)

miskennen verkennen¹⁸⁹: *het is niet te* ~ *es ist unverkennbar

de **miskenning** Verkennung (v²⁰)

de **miskleun** Fehlgriff (m⁵), Schnitzer (m⁹)

miskleunen einen Schnitzer machen

de **miskoop** Fehlkauf (m⁶)

de **miskraam** Fehlgeburt (v²⁰)

misleiden täuschen, irreführen: *zich laten* ~ sich täuschen lassen¹⁹⁷

misleidend irreführend

de **misleiding** Täuschung (v²⁰), Irreführung (v²⁸)

¹mislopen (onov ww) [misgaan] misslingen²⁰⁹, fehlschlagen²⁴¹

²mislopen (ov ww) **1** [niet treffen] verfehlen: *iem.* ~ jmdn. verfehlen **2** [niet krijgen] verpassen: *iets* ~ etwas verpassen; *hij is de prijs misgelopen* der Preis ist ihm entgangen

de **mislukkeling** Versager (m⁹)

mislukken misslingen²⁰⁹, fehlschlagen²⁴¹, scheitern: *mislukt genie* gescheiterte Existenz (v²⁰); *een mislukte dominee* ein verhinderter Pfarrer; *mislukte oogst* Missernte (v²¹); *het mislukt* es missglückt

de **mislukking** Misserfolg (m⁵), Fehlschlag (m⁶)

mismaakt missgestaltet, missgebildet

de **mismaaktheid** Missbildung (v²⁰)

het **mismanagement** Missmanagement (o³⁹)

mismoedig missmutig, niedergeschlagen

misnoegd verstimmt, verärgert

het **misnoegen** Missfallen (o³⁹), Ärger (m¹⁹)

de **misoogst** Missernte (v²¹)

de **mispel** Mispel (v²¹)

mispeuteren [Belg] anstellen, verüben: *wat heeft hij mispeuterd?* was hat er angestellt (*of:* verübt)?

misplaatst unangebracht, unpassend: *strengheid is* ~ Strenge ist fehl am Platz

misprijzen missbilligen, tadeln

het **mispunt** [fig] Ekel (o³⁹): ~! du Ekel!

zich **misrekenen** sich verrechnen, sich täuschen

de **misrekening** Fehlkalkulation (v²⁰), Fehlrechnung (v²⁰)

het **missaal** Missal (o²⁹), Missale (o)

misschien vielleicht; etwa

misschieten fehlschießen, danebenschießen²³⁸

misselijk 1 [onpasselijk] übel, schlecht: *ik ben* ~ mir ist übel (*of:* schlecht); *ik word* ~ mir wird übel (*of:* schlecht) **2** [fig] widerlich: *een* ~*e streek* ein elender Streich; *je wordt er* ~ *van* es ist zum Kotzen

de **misselijkheid 1** [lett] Übelkeit (v²⁸) **2** [fig] Widerlichkeit (v²⁸)

¹missen (onov ww) [ontbreken] fehlen: *ik mis mijn auto erg* das Auto fehlt mir sehr; *hij mist de nodige kennis* ihm fehlt das nötige Wissen; *hij miste daartoe de moed* ihm fehlte der Mut dazu; *dat kan niet* ~ das kann nicht fehlen

²missen (ov ww) **1** [niet bereiken] verfehlen, verpassen: *het doel* ~ das Ziel verfehlen; *zijn kans* ~ seine Chance verpassen; *de trein* ~ den Zug verpassen; *zijn uitwerking* ~ seine Wirkung verfehlen **2** [kwijt zijn] vermissen, entbehren: *ik kan hem niet* ~ ich kann ihn nicht entbehren; *hij kan niet gemist worden* er ist unabkömmlich; *iets moeten* ~ etwas entbehren müssen[211]; *wij hebben je gisteren gemist* wir haben dich gestern vermisst; *ik mis mijn vulpen* ich vermisse meinen Füller **3** [geen doel treffen] verfehlen

de **misser** [ook fig] Fehlschlag (m⁶); [van schot] Fehlschuss (m⁶)

de **missie** Mission (v²⁰)

de **missionaris** Missionar (m⁵)

misslaan fehlschlagen[241], danebenhauen[185]

de **misslag** [ook fig] Fehlschlag (m⁶)

misstaan 1 [lett] nicht stehen[279] **2** [fig] schlecht anstehen[279]

de **misstand** Missstand (m⁶)

de **misstap** [ook fig] Fehltritt (m⁵)

de **missverkiezing** Misswahl (v²⁰)

de **mist** Nebel (m⁹)

mistasten [ook fig] fehlgreifen[181]

de **mistbank** Nebelbank (v²⁵)

misten neblig sein[262], nebeln

het **mistgordijn** Nebelschleier (m⁹)

de **misthoorn** Nebelhorn (o³²)

mistig neblig; [fig] vage

de **mistlamp** Nebelscheinwerfer (m⁹)

de **mistletoe** Mistel (v²¹)

mistroostig missmutig, niedergeschlagen, trübselig: ~ *weer* trübes Wetter

de **mistvorming** Nebelbildung (v²⁰)

de **misvatting** Irrtum (m⁸), Missverständnis (o²⁹ᵃ)

het **misverstand** Missverständnis (o²⁹ᵃ): *hier heerst een* ~! hier liegt ein Missverständnis vor!

misvormd entstellt, verunstaltet

misvormen entstellen, verunstalten

de **misvorming** Entstellung (v²⁰), Verunstaltung (v²⁰)

de **mitella** Armschlinge (v²¹), Mitella (v, mv: Mitellen)

de **mitrailleur** Maschinengewehr (o²⁹), MG

mits vorausgesetzt, dass …

de **mix** Mischung (v²⁰)

de **mixdrank** Mischgetränk (o²⁹)

mixen mixen, mischen

de **mixer** Mixer (m⁹)

het **mkb** afk van *midden- en kleinbedrijf* Mittel- und Kleinbetriebe (mv)

MKZ afk van *mond-en-klauwzeer* Maul- und Klauenseuche (v²⁸), MKS

ml afk van *milliliter* Milliliter (m⁹, o³³), ml

de **mlk-school** ± Sonderschule (v²¹) für Lernbehinderte

mm afk van *millimeter* Millimeter (o³³, m⁹), mm

de **mms** afk van *multimedia message service* Multimedia Message Service (m+o, 2e nvl: -; mv: -s), MMS

mobiel mobil, beweglich: ~*e eenheid* Bereitschaftspolizei (v²⁸); ~ *nummer* Handynummer (v²¹)

het **mobieltje** Handy (o³⁶), Mobiltelefon (o²⁹)

het/de **mobilhome** Wohnmobil (o²⁹)

de **mobilisatie** Mobilmachung (v²⁰)

mobiliseren mobilmachen, mobilisieren[320]

de **mobiliteit** Mobilität (v²⁸), Beweglichkeit (v²⁸)

de **mobilofoon** Funksprechgerät (o²⁹), Sprechfunkgerät (o²⁹)

de **mocassin** Mokassin (m⁵, m¹³)

modaal 1 [taalk] modal **2** [gemiddeld] durchschnittlich: *modale werknemer* Durchschnittsarbeitnehmer (m⁹); *Jan Modaal* Durchschnittsverdiener; ~ *inkomen* Durchschnittseinkommen (o³⁵); mittleres Einkommen (o³⁵)

de **modaliteit** Modalität (v²⁰)

de **modder** Schlamm (m⁵, m⁶): *iem., iets door de* ~ *halen* jmdn., etwas in den Dreck ziehen[318]

het **modderbad** Fangobad (o³²), Moorbad (o³²), Schlammbad (o³²)

modderen [prutsen] pfuschen

het/de **modderfiguur**: *een* ~ *slaan* eine klägliche Figur machen

modderig schlammig; [bevuild] dreckig

de **modderpoel** Schlammtümpel (m⁹); [fig] Sumpf (m⁶)

de **modderschuit** Baggerschute (v²¹), Baggerschiff (o²⁹)

moddervet feist, dick und fett

de **mode** Mode (v²¹), Trend (m¹³): *dat is geen* ~ *meer* das ist aus der Mode; *aan* ~ *onberhevig zijn* der Mode unterliegen[202]; *in de* ~ *zijn* in (der) Mode sein[262]; *dat is erg in de* ~ das ist große Mode; *uit de* ~ *raken* aus der Mode kommen[193]

het **modeartikel** Modeartikel (m⁹)

het **modeblad** Modezeitschrift (v²⁰)

de **modegek** Modegeck (m¹⁴), Modenarr (m¹⁴)

de **modegril** Modelaune (v²¹)

het **¹model** (zn) **1** [voorbeeld, ook persoon] Modell (o²⁹) **2** [vorm] Form (v²⁰): *iets in* ~ *brengen* etwas in Form bringen

²model (bn, bw) **1** [correct] vorschriftsmäßig **2** [perfect] musterhaft

het **modelbedrijf** Musterbetrieb (m⁵)

de **modelbouw** Modellbau (m¹⁹)

modelleren modellieren[320]

de **modelwoning** Modellwohnung (v²⁰), Musterwohnung (v²⁰)

de **modem** Modem (m+o¹³)

de **modeontwerper** Modeschöpfer (m⁹)

modern modern, neu, zeitgemäß, zeitgenössisch: *de* ~*e jeugd* die heutige Jugend; ~*e talen* neuere (*of:* lebende) Sprachen

moderniseren modernisieren[320], erneuern

de **modeshow** Mode(n)schau (v²⁰)
het **modeverschijnsel** Modeerscheinung (v²⁰)
de **modezaak** [winkel] Mode(n)geschäft (o²⁹)
modieus modisch
de **modificatie** Modifikation (v²⁰)
modificeren modifizieren³²⁰
de **modulatie** Modulation (v²⁰)
de **module** Modul (o²⁹)
de **modus** Modus (m, 2e nvl: -; mv: Modi)
moe müde: ~ *van het werken* müde von der Arbeit; *het werk ~ zijn* der Arbeit² müde sein²⁶²; *ik ben het* ~ ich bin (*of:* habe) es satt; *hij is het leven ~* er ist lebensmüde
de **moed** Mut (m¹⁹): *met nieuwe ~* mit frischem Mut; *~ geven* Mut geben¹⁶⁶; *~ houden* nicht verzagen; *iem. ~ inspreken* jmdm. Mut machen; *~ scheppen* Mut fassen; *de ~ laten zakken* den Mut sinken lassen¹⁹⁷; *het is mij bang te ~e* es ist mir ängstlich zumute (*of:* zu Mute); *hij heeft goede ~* er ist sehr zuversichtlich
moedeloos mutlos, niedergeschlagen
de **moedeloosheid** Mutlosigkeit (v²⁸)
de **moeder** Mutter (v²⁶); [ook] Mutti (v²⁷): *aanstaande ~* werdende Mutter
het **moederbedrijf** Firmenmutter (v²⁶)
Moederdag Muttertag (m⁵)
het **moederhuis** [Belg] Entbindungsanstalt (v²⁰), Entbindungsheim (o²⁹)
de **moederkoek** Plazenta (v²⁷), Mutterkuchen (m¹¹)
het **moederland** Mutterland (o³²)
de **moederlief** liebe Mutter (v²⁶): *daar helpt geen ~ aan* da hilft kein Bitten und kein Flehen
de **moederliefde** Mutterliebe (v²⁸)
moederlijk mütterlich
de **moedermaatschappij** Muttergesellschaft (v²⁰)
de **moedermelk** Muttermilch (v²⁸)
de **moeder-overste** Oberin (v²²)
het **moederschap** Mutterschaft (v²⁸)
de **moederskant**: *van ~* mütterlicherseits
het **moederskindje 1** Mamas Liebling (m⁵) **2** [onzelfstandig] sehr an der Mutter hängende(s) Kind (o³¹); [jongen vooral] Muttersöhnchen (o³⁵)
de **moedertaal** Muttersprache (v²¹)
de **moedervlek** Muttermal (o²⁹, o³²)
de **moederziel**: *~ alleen* mutterseelenallein
moedig mutig, tapfer
moedwillig absichtlich, mutwillig
de **moeflon** Mufflon (m¹³), Muffel (m⁹)
de **moeheid** Müdigkeit (v²⁸), Ermüdung (v²⁰)
moeilijk 1 schwer, schwierig **2** [met veel moeite en last gepaard] mühsam, mühselig
de **moeilijkheid** Schwierigkeit (v²⁰); [last] Unannehmlichkeit (v²⁰): *in moeilijkheden geraken* in Schwierigkeiten geraten²¹⁸; *er zit nog een ~ aan de zaak* die Sache hat noch einen Haken; *op grote moeilijkheden stuiten* auf⁺⁴ große

Schwierigkeiten stoßen²⁸⁵; *er ontstonden moeilijkheden* es gab Schwierigkeiten
de **moeite** Mühe (v²¹); [hulp] Bemühungen (mv v²⁰); *~ bij het slikken* Schluckbeschwerden (mv v²¹); *~ doen* sich³ Mühe geben¹⁶⁶; *alle ~ doen* alles aufbieten¹³⁰; *doet u geen ~!* machen Sie sich³ keine Mühe; *het gaat in één ~ door!* es ist ein Aufwaschen; *zich ~ geven* sich³ Mühe geben¹⁶⁶; *het heeft ons veel ~ gekost* es hat uns⁺⁴ viel Mühe gekostet; *het loont de ~ niet* es lohnt sich nicht; *met ~ in zijn onderhoud voorzien* sich mühsam ernähren; *als het niet teveel ~ is* wenn es nicht zu viel Mühe macht; *het is de ~ (niet) waard* es lohnt sich (nicht)
moeiteloos mühelos
moeizaam mühsam, mühselig
de **moer** Mutter (v²¹) ǁ *dat kan me geen ~ schelen* das ist mir scheißegal; *daar klopt geen ~ van* das stimmt hinten und vorne nicht
het **moeras** Sumpf (m⁶), Morast (m⁵, m⁶)
moerassig sumpfig, morastig
de **moersleutel** Mutternschlüssel (m⁹)
het **moes** Mus (o²⁹), Brei (m⁵)
de **moesson** Monsun (m⁵)
de **moestuin** Gemüsegarten (m¹²)
moeten 1 [noodzakelijk, verplicht, logisch zijn] müssen²¹¹: *moet dat nou?* muss das sein? **2** [advies] müssen²¹¹: *dat moet u ook eens lezen!* das müssen Sie auch mal lesen! **3** [wenselijkheid] müssen²¹¹: *hij moest eens een jaartje in dienst, dan ...* der müsste ein Jahr beim Militär sein, dann ... **4** [bevel, opdracht] sollen²⁶⁹: *je moet komen!* du sollst kommen!; *je moet de groeten hebben van ...* ich soll dich grüßen von⁺³ ... **5** [behoren] sollen²⁶⁹: *je moest je schamen!* du solltest dich schämen! **6** [bewering, gerucht] sollen²⁶⁹: *hij moet erg ziek zijn* er soll sehr krank sein **7** [onzekerheid] sollen²⁶⁹: *moet dat een tuin voorstellen?* das soll einen Garten vorstellen? **8** [Belg; hoeven] brauchen: *u moet niet komen* Sie brauchen nicht zu kommen **9** [overige gevallen]: *als het dan moet, vooruit dan maar!* wenn schon, denn schon!; *dat moest er nog bijkomen!* das fehlte gerade noch!; *wat moet je?* was willst du?
de **Moezel** Mosel (v²⁸)
de **moezelwijn** Moselwein (m⁵), Mosel (m⁹)
de **¹mof 1** [voor de handen] Muff (m⁵) **2** [techn] Muffe (v²¹)
de **²mof** [scheldw] Teutone (m¹⁵)
¹mogelijk (bn) möglich, etwaig, eventuell
²mogelijk (bw) womöglich: *de grootst ~e voordelen* die größtmöglichen Vorteile; *zo ~* wo möglich (*of:* wenn möglich); *zo veel ~* möglichst viel; *zo spoedig ~* möglichst bald; *dat is goed ~* das ist durchaus möglich; *al het ~e doen* alles Mögliche tun²⁹⁵; *zich zoveel ~ inspannen* sich so viel wie möglich anstrengen; *iets ~ maken* etwas ermöglichen; *in de kortst ~e tijd* in kürzester Zeit

mogelijkerwijs möglicherweise, vielleicht

de **mogelijkheid** Möglichkeit (v[20]): *met geen* ~ unmöglich

mogen 1 [toestemming hebben] dürfen[145]: *je mag uitgaan!* du darfst ausgehen **2** [kunnen] können[194]: *u mag ervan uitgaan, dat ...* Sie können davon ausgehen, dass ... **3** [noodlot, veronderstelling, behoren] sollen[269]: *het heeft niet ~ zijn!* es hat nicht sein sollen!; *mocht het regenen, dan ...* sollte es regnen, so ...; *hij mocht zich wel wat inspannen* er sollte sich etwas anstrengen **4** [mogelijkheid] können[194]: *je mocht anders te laat komen* du könntest sonst zu spät kommen **5** [alg] mögen[210]: *het moge hem goed gaan* möge es ihm gut gehen; *hij mag wel oppassen!* er mag sich in Acht nehmen!; *ik mag hem niet!* ich mag ihn nicht; *hij mag een deskundige zijn, maar ...* er mag ein Sachverständiger sein, aber ...; *wat hij ook mocht beweren, men geloofde hem niet* was er auch behaupten mochte, man glaubte ihm nicht || [afwijzend] *het mocht wat!* ach was!; *ik mag sterven, als ...* ich will sterben, wenn ...

de **mogendheid** Macht (v[25]): *grote* ~ Großmacht (v[25])

het **mohair** Mohair (m[13])

Mohammed Mohammed (m)

de **mohammedaan** Mohammedaner (m[9])

mohammedaans mohammedanisch

Mohikanen: [fig] *de laatste der* ~ der Letzte der Mohikaner

de **mok** [beker] Becher (m[9])

de **moker** Fausthammer (m[10])

de **mokerslag** Hammerschlag (m[6])

de **mokka** Mokka (m[13])

het/de **mokkel 1** [inf] Mieze (v[21]) **2** [dik meisje] Dickerchen (o[33])

mokken schmollen

de **¹mol** [dierk; spion] Maulwurf (m[6])

de **²mol 1** [muz] b (o, 2e nvl: -; mv: -) **2** [toonaard] Moll (o, 2e nvl: -; mv: -)

Moldavië Moldawien (o[39])

de **Moldaviër** Moldawier (m), Moldawierin (v)

Moldavisch moldawisch

moleculair molekular, Molekular-

het/de **molecule** Molekül (o[29])

de **molen** Mühle (v[21]): [fig] *door de* ~ *gaan* scharf geprüft werden[310]

de **molenaar** Müller (m[9])

de **molensteen** Mühlstein (m[5])

de **molenwiek** Mühlenflügel (m[9])

molesteren belästigen, misshandeln

mollen kaputt machen

mollig mollig

het/de **molm 1** [van turf] Torfmull (m[5]) **2** [houtmolm, humus] Mulm (m[19])

de **molotovcocktail** Molotowcocktail (m[13])

de **molshoop** Maulwurfshaufen (m[11]), Maulwurfshügel (m[9])

het **molton** Molton (m[13]): ~ *deken* Moltonde-

cke (v[21])

de **Molukken** Molukken (mv)

de **Molukker** Südmolukke (m[15])

het/de **mom, het mombakkes** Maske (v[21])

het **moment** Moment (m[5]), Augenblick (m[5])

momenteel augenblicklich, momentan

de **momentopname** Momentaufnahme (v[21])

mompelen murmeln

Monaco Monaco (o[39])

de **monarch** Monarch (m[14])

de **monarchie** Monarchie (v[21])

de **monarchist** Monarchist (m[14])

de **mond 1** [van mens] Mund (m[8]); [inf] Maul (o[32]), Klappe (v[21]): *een grote* ~ *hebben* einen großen Mund haben[182]; *de* ~ *houden* den Mund halten[183]; *geen* ~ *opendoen* den Mund nicht auftun[295]; *een grote* ~ *opzetten* einen großen Mund haben[182]; *iem. de* ~ *snoeren* jmdm. den Mund stopfen; *de* ~ *van iets vol hebben* nicht aufhören von[+3] etwas zu reden; *iedereen heeft er de* ~ *vol van* jedermann spricht davon; *bij* ~*e van* durch[+4]; *met open* ~ *staan kijken* Mund und Augen aufsperren; *met de* ~ *vol tanden staan* sprachlos sein[262]; *iem. naar de* ~ *praten* jmdm. nach dem Mund reden; *het nieuwtje ging van* ~ *tot* ~ die Nachricht ging von Mund zu Mund **2** [van buis, geweer, kanon, rivier] Mündung (v[20])

mondain mondän

monddood mundtot

het **¹mondeling** (zn) [examen] mündliche Prüfung (v[20])

²mondeling (bn, bw) mündlich

het **mond-en-klauwzeer** Maul- und Klauenseuche (v[28])

de **mondharmonica** Mundharmonika (v[27])

de **mondhoek** Mundwinkel (m[9])

de **mondholte** Mundhöhle (v[21])

de **mondhygiënist** Dentalhygieniker (m[9]), Dentalhygienikerin (v[22])

mondiaal mondial, weltweit

de **mondialisering** Mondialisierung (v[20])

mondig mündig: ~ *verklaren* mündig sprechen[274]

de **mondigheid** Mündigkeit (v[28])

de **monding** [van kanon, rivier] Mündung (v[20])

het **mondje** Mündchen (o[35]): [fig] ~ *dicht!* halt den Mund!; *hij is niet op zijn* ~ *gevallen* er ist nicht auf den Mund gefallen

mondjesmaat kärglich, karg, spärlich

het **mondkapje** Mundschutz (m[5]); [med] Atemschutz (m[5])

de **mond-op-mondbeademing** Mund-zu-Mund-Beatmung (v[20])

het **mondorgel** Mundharmonika (v[27])

het **mondstuk** Mundstück (o[29])

de **mond-tot-mondreclame** Mundpropaganda (v[28])

de **mondvol**: *een* ~ ein Mundvoll

de **mondvoorraad** Mundvorrat (m[6]), Proviant (m[5])

de **Monegask** Monegasse (m¹⁵), Monegassin (v²²)
Monegaskisch monegassisch
monetair Währungs-, monetär
de **moneybelt** Geldgürtel (m⁹), Geldgurt (m⁵)
Mongolië die Mongolei (v²⁸)
de **Mongoliër** Mongole (m¹⁵), Mongolin (v²²)
Mongolisch mongolisch
mongoloïde mongoloid
de **mongool** mongoloide Person (v²⁰)
de **Mongool** Mongole (m¹⁵), Mongolin (v²²)
Mongools mongolisch
de **monitor 1** [techn] Monitor (m¹⁶) **2** [Belg] [jeugdleider] Jugendleiter (m⁹) **3** [Belg] [studiementor] Studienberater (m⁹), Mentor (m¹⁶)
het **monitoraat** [Belg] Studienberatung (v²⁰)
de **monitrice 1** [Belg] [jeugdleidster] Jugendleiterin (v²²) **2** [Belg] [studiementrix] Studienberaterin (v²²), Mentorin (v²²)
de **monnik** Mönch (m⁵)
het **monnikenwerk** Geduldsarbeit (v²⁰)
de **monnikspij** Mönchskutte (v²¹)
mono mono-, Mono-: *een uitzending in ~* eine Monosendung
de **monocle** Monokel (o³³)
de **monocultuur** Monokultur (v²⁰)
de **¹monofoon** Monofon (o²⁹), monofoner Klingelton (m⁶)
²monofoon (bn) monofon
monogaam monogam
de **monogamie** Monogamie (v²⁸)
de **monografie** Monografie (v²¹)
het **monogram** Monogramm (o²⁹)
de **monoloog** Monolog (m⁵), Selbstgespräch (o²⁹)
de **¹monomaan** Monomane (m¹⁵)
²monomaan (bn) monoman, monomanisch
het **monopolie** Monopol (o²⁹)
de **monopoliepositie** Monopolstellung (v²⁰)
de **monopolist** Monopolist (m¹⁴)
monotoon monoton
de **monseigneur** Monseigneur (m⁵, m¹³), Mgr.
het **¹monster** [staal] Muster (o³³), Probe (v²¹): *volgens ~ kopen* nach Muster (of: Probe) kaufen
het **²monster** [gedrocht] Ungeheuer (o³³)
monsterachtig 1 scheußlich **2** [afschrikwekkend] ungeheuerlich
¹monsteren (onov ww) [scheepv] anmustern, anheuern
²monsteren (ov ww) **1** beurteilen, prüfen **2** [inspecteren] mustern
monsterlijk abscheulich, scheußlich
monstrueus monströs
de **montage** Montage (v²¹)
de **montagebouw** Fertigbau (m, 2e nvl: -(e)s; mv: -ten)
de **montagefoto** Phantombild (o³¹)
de **Montenegrijn** Montenegriner (m⁹), Montenegrinerin (v²²)
Montenegrijns montenegrinisch
Montenegro Montenegro (o³⁹)
monter munter, heiter
monteren montieren³²⁰
de **montessorischool** Montessorischule (v²¹)
de **monteur** Monteur (m⁵), Mechaniker (m⁹)
het/de **montuur** [van bril] Gestell (o²⁹), Brillenfassung (v²⁰)
het **monument** Denkmal (o³²)
monumentaal monumental
de **monumentenzorg** Denkmal(s)pflege (v²⁸)
mooi schön, hübsch: *het ~e* das Schöne; *~ zo!* schön!; *wel, nu nog ~er!* das wäre noch schöner!; *zich ~ maken* sich herausputzen; *je hebt ~ praten* du hast gut reden; *dat komt ~ uit* das trifft sich gut; *ik heb me ~ vergist!* ich habe mich arg geirrt!; *iets ~er voorstellen dan het is* etwas schönfärben; [iron] *jij bent ook een ~e!* du bist mir aber einer!; *het is te ~ om waar te zijn* es ist zu schön, um wahr zu sein
de **mooiprater** Schmeichler (m⁹), Schönredner (m⁹)
het **moois** Schöne(s) (o⁴⁰ᶜ): *iets ~* etwas Schönes; *dat is ook wat ~!* das ist ja eine schöne Geschichte!
de **moord** Mord (m⁵): *de ~ op de rechter* der Mord an dem Richter; *poging tot ~* Mordversuch (m⁵); *een ~ begaan* einen Mord begehen¹⁶⁸ (of: verüben); *~ en brand schreeuwen* Zeter und Mordio schreien²⁵³; [inf] *stik de ~!* verrecke!
de **moordaanslag** Mordanschlag (m⁶); [pol] Attentat (o²⁹): *de ~ op ...* der Mordanschlag auf⁺⁴ ...
moorddadig 1 mörderisch **2** [geweldig] toll
moorden morden: *~d* [m.b.t. werk, ziekte e.d.] aufreibend; *~d klimaat* mörderisches Klima
de **moordenaar** Mörder (m⁹)
de **moordkuil** [fig] *van zijn hart geen ~ maken* aus seinem Herzen keine Mördergrube machen
de **moordpartij** Gemetzel (o³³), Blutbad (o³²)
de **moordzaak** Mordfall (m⁶), Mordsache (v²¹)
de **moorkop** [gebak] Mohrenkopf (m⁶)
de **moot** Stück (o²⁹), Scheibe (v²¹)
de **mop 1** [koekje] Plätzchen (o³⁵) **2** [vlek] Klecks (m⁵) **3** [grap] Witz (m⁵): *een flauwe ~* ein fauler Witz; *schuine ~* Zote (v²¹); *~pen tappen* Witze erzählen **4** [liedje, wijsje] Melodie (v²¹)
de **mopperaar** Meckerer (m⁹), Nörgler (m⁹)
mopperen meckern, nörgeln, murren
de **moraal** Moral (v²⁰)
moraliseren moralisieren³²⁰
moralistisch moralistisch
het **moratorium** Moratorium (o, mv: Moratorien); [experimenten] Versuchsstopp (m¹³)
morbide morbid

mordicus: ~ tegen iets zijn etwas rigoros ablehnen

het **¹moreel** (zn) Moral (v²⁸)

²moreel (bn, bw) moralisch

de **mores**: iem. ~ leren jmdn. Mores lehren

de **morfine** Morphium (o³⁹), Morphin (o³⁹)

morfologisch morphologisch

de **¹morgen** (zn) Morgen (m¹¹): 's ~s am Morgen, morgens; 's ~s vroeg frühmorgens; vroeg in de ~ am frühen Morgen; goede ~! guten Morgen!; op een ~ eines Morgens; tegen de ~ gegen Morgen; van de ~ tot de avond vom Morgen bis zum Abend

²morgen (bw) morgen: ~ vroeg morgen früh; de dag van ~ der morgige Tag; ~ brengen! prost Mahlzeit!

morgenavond morgen Abend

morgenmiddag morgen Nachmittag; [12 uur] morgen Mittag

morgenochtend morgen früh

het **morgenrood** Morgenrot (o³⁹), Morgenröte (v²⁸)

morgenvroeg morgen früh

het **mormel 1** [lelijk schepsel] Scheusal (o²⁹) **2** [lelijke hond] Köter (m⁹)

de **mormoon** Mormone (m¹⁵)

de **morning-afterpil** Pille (v²¹) danach

morrelen herumfingern: aan iets ~ an⁺³ etwas herumfingern

morren murren

morsdood mausetot

het **morse** Morsezeichen (mv): in ~ seinen morsen

morsen kleckern: op de jas ~ auf⁺⁴ den Mantel kleckern

het **morseteken** Morsezeichen (o³⁵)

morsig schmutzig, dreckig, schlampig

de **mortel** Mörtel (m¹⁹)

het/de **mortier** Mörser (m⁹)

de **mortiergranaat** Mörsergranate (v²¹)

het **mortuarium** Mortuarium (o, 2e nvl: -s; mv: Mortuarien)

het **mos** Moos (o²⁹): met ~ begroeid moosbedeckt

mosgroen moosgrün

de **moskee** Moschee (v²¹)

Moskou Moskau (o³⁹)

de **moslim** Muslim (m⁵, m¹³, 2e nvl: ook -), Moslem (m¹³)

de **moslima** Muslima (v²⁷, mv: ook Muslimen), Muslime (v²¹), Muslimin (v²²), Moslime (v²¹), Moslemin (v²²)

moslims moslemisch

de **mossel** Muschel (v²¹)

de **mosterd** Senf (m⁵): als ~ na de maaltijd komen zu spät kommen¹⁹³

het **mosterdgas** Senfgas (o²⁹), Gelbkreuz (o²⁹)

de **¹mot** [een insect] Motte (v²¹): de ~ zit erin es ist von Motten angefressen

de **²mot** [ruzie] Zank (m¹⁹), Krach (m⁶): ~ hebben sich zanken; ~ krijgen met iem. Krach mit

jmdm. bekommen¹⁹³; ~ zoeken Streit suchen

het **motel** Motel (o³⁶)

het **motet** [muz] Motette (v²¹)

de **motie** Antrag (m⁶), Votum (o, 2e nvl: -s; mv: Voten of Vota): ~ van vertrouwen Vertrauensvotum, Vertrauensantrag; ~ van wantrouwen Misstrauensvotum, Misstrauensantrag; een ~ indienen einen Antrag stellen

het **motief** Motiv (o²⁹)

de **motivatie** Motivation (v²⁰), Motivierung (v²⁰)

motiveren motivieren³²⁰, begründen

de **motor 1** Motor (m¹⁶, m⁵): de ~ afzetten den Motor abstellen; de ~ starten den Motor einschalten **2** [motorfiets] Motorrad (o³²)

de **motoragent** Motorradpolizist (m¹⁴)

het **motorblok** Motorblock (m⁶)

de **motorboot** Motorboot (o²⁹)

de **motorcoureur** Motorradrennfahrer (m⁹)

de **motorcross** Motocross (o, 2e nvl: -; mv: -e)

de **motorfiets** Motorrad (o³²)

de **motoriek** Motorik (v²⁸)

motorisch motorisch

het **motorjacht** Motorjacht (v²⁰)

de **motorkap** Haube (v²¹), Motorhaube (v²¹)

de **motorolie** Motor(en)öl (o²⁹)

het **motorongeluk** Motorradunfall (m⁶), Motorradunglück (o²⁹)

de **motorpech** Motorschaden (m¹²), Motorpanne (v²¹)

de **motorrace**, het **motorrennen** Motorradrennen (o³⁵)

de **motorrijder** Motorradfahrer (m⁹)

de **motorrijtuigenbelasting** Kraftfahrzeugsteuer (v²¹)

het **motorschip** Motorschiff (o²⁹)

het **motorsport** Motorradsport (m¹⁹)

het **motorvoertuig** Kraftfahrzeug (o²⁹), Kfz

de **motregen** Sprühregen (m¹¹), Nieselregen (m¹¹)

motregenen nieseln

mottig 1 [pokdalig] pockig **2** [m.b.t. het weer] neblig

het **motto** Motto (o³⁶)

de **mountainbike** Mountainbike (o³⁶)

de **mousse** Mousse (v²⁷)

mousseren moussieren³²⁰, schäumen: ~de wijn Schaumwein (m⁵)

het/de **mout** Malz (o³⁹)

de **mouw** Ärmel (m⁹): daar is wel een ~ aan te passen das lässt sich schon machen; overal een ~ aan weten te passen immer Rat wissen³¹⁴; iem. iets op de ~ spelden jmdm. einen Bären aufbinden¹³¹; iets uit de ~ schudden etwas aus dem Ärmel schütteln

mouwloos ärmellos

het **mozaïek** Mosaik (o³⁷, o³⁵)

de **Mozambikaan** Moçambiquer (m⁹), Moçambiquerin (v²²)

Mozambikaans mosambikanisch

Mozambique Mosambik (o³⁹)

de **mp3** MP3
de **mp3-speler** MP3-Spieler (m⁹)
de **MRI-scan** MRT (v²⁸), Magnetresonanzto-
mografie (v²¹), Kernspintomografie (v²¹)
MS afk van *multiple sclerose* MS (v²¹) (afk
van *multiple Sklerose*)
msn'enᴹᴱᴿᴷ chatten über MSN
het **mt** afk van *managementteam* Managementteam (o³⁶)
de **mts** afk van *middelbaar technische school*
Fachoberschule (v²¹) für Technik
het/de **mud** Hektoliter (m⁹, o³³)
mudvol gestopft voll, gedrängt voll
de **muesli** Müsli (o, 2e nvl: -s; mv: -)
de **muezzin** Muezzin (m¹³)
muf 1 [onfris] muffig, dumpf **2** [saai] öde
de **mug** Mücke (v²¹): *van een ~ een olifant maken* aus einer Mücke einen Elefanten machen
de **muggenbeet** Mückenstich (m⁵)
de **muggenbult** Mückenstich (m⁵)
de **muggenolie** Mückenschutzmittel (o³³)
muggenziften Haarspalterei treiben²⁹⁰
de **muggenzifter** Haarspalter (m⁹)
de **¹muil 1** [bek] Maul (o³²), Fresse (v²¹), Schnauze (v²¹) **2** [van groot roofdier, monster] Rachen (m¹¹)
de **²muil** [schoeisel] Schlappen (m¹¹), Pantoffel
(m¹⁷)
het **muildier** Maultier (o²⁹)
de **muilezel** Maulesel (m⁹)
de **muilkorf** Maulkorb (m⁶)
muilkorven: [fig] *iem. ~* jmdn. mundtot
machen
de **muis** [ook anat, ook comp] Maus (v²⁵)
de **muisarm** Mausarm (m⁵)
de **muiscursor** Mauszeiger (m⁹)
muisgrijs mausgrau, mausfarbig
het **muisje** Mäuschen (o³⁵): *dat ~ zal een staartje
hebben* die Sache wird noch ein Nachspiel
haben; *~s* Aniszucker (m¹⁹)
de **muisklik** Mausklick (m¹³)
de **muismat** [comp] Mausmatte (v²¹), Maus-
pad (o³⁶), Mousepad (o³⁶)
muisstil mäuschenstill
muiten meutern
de **muiter** Meuterer (m⁹)
de **muiterij** Meuterei (v²⁰)
de **muizenissen** Grillen (mv v²¹)
de **muizenval** Mausefalle (v²¹), Mäusefalle
(v²¹)
mul locker
de **mulat** Mulatte (m¹⁵), Mulattin (v²²)
multi- Multi-, multi-
multicultureel multikulturell: *multiculture-
le samenleving* multikulturelle Gesellschaft
multifunctioneel multifunktional
multilateraal multilateral
de **multimiljonair** Multimillionär (m⁵)
de **multinational** multinationaler Konzern
(m⁵), Multi (m¹³)

de **multiplechoicetest** Multiple-Choice-Test
(m¹³, m⁵)
de **multiplechoicevraag** Multiple-Choice-
Frage (v²¹)
het **multiplex** Sperrholzplatten (mv), Tischler-
platten (mv)
multiraciaal ethnisch gemischt
multiresistent multiresistent: *~e bacte-
riën* multiresistente Bakterien
de **multivitamine** Multivitamine (v²¹)
de **multoband, de multomap** Ringbuch (o³²)
het **mum**: *in een ~ van tijd* im Nu
de **mummie** Mumie (v²¹)
de **munitie** Munition (v²⁸)
de **¹munt 1** Münze (v²¹): *in vreemde ~ omrekenen* in ausländische Währung umrechnen;
[fig] *~ uit iets slaan* Kapital aus⁺³ etwas schlagen²⁴¹ **2** [munt voor automaat] Marke (v²¹),
Münze (v²¹) || *met gelijke ~ betalen* mit glei-
cher Münze heimzahlen
de **²munt** [plantk] Minze (v²¹)
de **munteenheid** Währung(seinheit) (v²⁰)
munten münzen, prägen: *het op iem. gemunt hebben* es auf jmdn. abgesehen haben¹⁸²; *die opmerking was op mij gemunt* diese
Bemerkung war auf mich gemünzt
het **muntgeld** Hartgeld (o³¹), Kleingeld (o³⁹)
het **muntstelsel** Währungssystem (o²⁹)
het **muntstuk** Geldstück (o²⁹), Münze (v²¹)
murmelen murmeln
murw mürbe, weich: *~ maken* zermürben
de **mus** Sperling (m⁵), Spatz (m¹⁴)
het **museum** Museum (o, 2e nvl: -s; mv: Museen)
de **musical** Musical (o³⁶)
musiceren musizieren³²⁰, Musik machen
de **musicus** Musiker (m⁹)
de **muskaatdruif** Muskateller (m⁹)
de **muskaatwijn** Muskateller (m⁹)
de **musketier** Musketier (m⁵)
de **muskiet** Moskito (m¹³), Malariamücke (v²¹)
het **muskietengaas, het muskietennet**
Moskitonetz (o²⁹)
de **muskusrat** Bisamratte (v²¹)
de **must** Muss (o)
de **mutant** Mutante (v²¹)
de **mutatie 1** [wisseling] Wechsel (m⁹) **2** [wij-
ziging] Änderung (v²⁰) **3** [biol] Mutation (v²⁰)
muteren mutieren
de **muts 1** Mütze (v²¹) **2** [klederdracht] Haube
(v²¹)
de **mutualiteit 1** [wederkerigheid] Mutuali-
tät (v²⁰) **2** [Belg; ziekenfonds] Krankenkasse
(v²¹)
de **muur 1** [buitenmuur] Mauer (v²¹); [binnen-
muur] Wand (v²⁵) **2** [voetb] Mauer (v²¹)
het **muurbloempje** [fig] Mauerblümchen (o³⁵)
de **muurkrant** Wandzeitung (v²⁰)
de **muurschildering** Wandgemälde (o³³)
muurvast 1 [m.b.t. schroef, dop] völlig fest
2 [m.b.t. onderhandelingen] total festge-

fahren: ~ *zitten* total festgefahren sein[262]
de **muurverf** Tünche (v[21])
de **muzak** Berieselungsmusik (v[20]), Muzak (v[27])
de **muze** Muse (v[21]): *de lichte* ~ die leichte Muse
de **muziek 1** Musik (v[28]) **2** [gedrukte of geschreven muziek] Noten (mv): *iets op* ~ *zetten*
etwas vertonen ‖ [fig] *daar zit* ~ *in* darin
steckt Musik; [fig] *er zit* ~ *in die jongen* in dem
Jungen steckt was drin
het **muziekboek** Notenbuch (o[32])
het **muziekinstrument** Musikinstrument (o[29])
het **muziekje**: *een* ~ *opzetten* (ein bisschen)
Musik auflegen
de **muziekkapel** Musikkapelle (v[21])
het **muziekkorps** Musikkorps (o, 2e nvl: -; mv:
-)
de **muziekles** Musikstunde (v[21])
het **muziekmobieltje** Musikhandy (o[36])
de **muzieknoot** Notenzeichen (o[35]), Note (v[21])
het **muziekpapier** Notenpapier (o[29])
de **muziekschool** Musikschule (v[21])
de **muzieksleutel** Notenschlüssel (m[9])
de **muziekstandaard** Notenständer (m[9])
het **muziekstuk** Musikstück (o[29])
de **muziekuitvoering** musikalische Darbie-
tung (v[20]), Konzert (o[29])
muzikaal musikalisch
de **muzikant** Musikant (m[14]), Musiker (m[9])
mw. afk van *mevrouw* Fr. (afk van *Frau*)
Myanmar Myanmar (o[39])
de **¹Myanmarees** Myanmare(r) (m[15]), Myan-
marin (v[22])
²Myanmarees (bn) myanmarisch
het **mysterie** Mysterium (o, 2e nvl: -s; mv: Mys-
terien)
mysterieus mysteriös, geheimnisvoll
de **¹mystiek** (zn) Mystik (v[28])
²mystiek (bn) mystisch
de **mythe** Mythos (m, 2e nvl: -; mv: Mythen)
mythisch mythisch
de **mythologie** Mythologie (v[21])
mythologisch mythologisch

n

de **n** [letter] n, N (o)

¹na (bw) nahe: *iem. te na komen* jmdm. zu nahe kommen[193]; *dat was zijn eer te na* das verbot ihm seine Ehre; *wat eten we na* was gibt es zum Nachtisch; *op één na* bis auf einen; *op 100 euro na* bis auf 100 Euro; *op mijn broer na* außer meinem Bruder; *op een beetje na* bis auf weniges; *bij lange na niet* bei Weitem nicht; *mijn beste pak op één na* mein zweitbester Anzug

²na (vz) nach[+3]: *na mij* nach mir; *jaar na jaar* Jahr um Jahr; *dag na dag* Tag für Tag; *na gewerkt te hebben … nachdem er gearbeitet hatte …

de **naad** Naht (v[25]) ‖ *zich uit de ~ werken* sich abarbeiten

het **naadje** *het ~ van de kous willen weten* alles haarklein wissen wollen[315]

naadloos nahtlos

de **naaf** Nabe (v[21])

de **naaidoos** Nähkasten (m[12])

naaien 1 nähen **2** [een boek] heften **3** [vulg] [seksuele gemeenschap hebben] vögeln, ficken, bumsen **4** [inf] [beduvelen] bescheißen[234]

het **naaigaren** Nähgarn (o[29])

het **naaigerei** Nähzeug (o[39])

de **naaimachine** Nähmaschine (v[21])

de **naaister** Näherin (v[22]); [beroep] Schneiderin (v[22])

het **¹naakt** (zn) **1** [model] Nacktmodell (o[29]) **2** [schilderij] Akt (m[5])

²naakt (bn, bw) [ook fig] nackt

de **naaktheid** Nacktheit (v[28]), Blöße (v[28])

de **naaktloper** Nudist (m[14])

de **naaktslak** Nacktschnecke (v[21])

het **naaktstrand** Nacktbadestrand (m[6])

de **naald** Nadel (v[21])

de **naaldboom** Nadelbaum (m[6])

het **naaldbos** Nadelwald (m[8]), Nadelholz (o[32])

de **naaldhak** Pfennigabsatz (m[6]), Bleistiftabsatz (m[6])

het **naaldhout** Nadelholz (o[32])

de **naam** Name (m[18]); [reputatie] Ruf (m[19]): *de ~ hebben van* im Ruf stehen[279+2]; *het mag geen ~ hebben* es ist nicht der[2] Rede wert; *een goede ~ hebben* einen guten Ruf haben[182]; *~ maken* sich[3] einen Namen machen; *hoe was de ~ ook alweer?* wie war doch gleich Ihr Name?; *het kind bij zijn ware ~ noemen* das Kind beim rechten Namen nennen; *in ~ der wet* im Namen des Gesetzes; *onder een valse ~* unter falschem Namen; *op zijn eigen ~ han-*

delen im eigenen Namen handeln; *de zaak staat op de ~ van zijn vrouw* das Geschäft läuft auf den Namen seiner Ehefrau; *uit ~ van de chef* im Namen des Chefs; *een geleerde van ~* ein namhafter Gelehrter; *iem. van ~ kennen* jmdn. dem Namen nach kennen[189]

het **naambordje** Namensschild (o[31])

de **naamdag** Namenstag (m[5]), Namensfest (o[29])

de **naamgenoot** Namensvetter (m[17])

het **naamkaartje** Besuchskarte (v[21]), Visitenkarte (v[21])

naamloos namenlos, anonym: *naamloze vennootschap* Aktiengesellschaft (v[20])

het **naamplaatje** Namensschild (o[31])

de **naamval** Kasus (m, 2e nvl: -; mv: -), Fall (m[6])

het **naamwoord** Nennwort (o[29]), Nomen (o, mv: Nomina): *het bijvoeglijk ~* das Adjektiv; *het zelfstandig ~* das Substantiv

naamwoordelijk nominal: *het ~ deel van het gezegde* das Prädikativ; *het ~ gezegde* das Prädikat

na-apen (jmdn.) nachäffen, nachahmen

de **na-aper** Nachäffer (m[9])

de **na-aperij** Nachäfferei (v[20])

¹naar (bn, bw) **1** [akelig] unheimlich, leidig **2** [onpasselijk] übel, schlecht **3** [onaangenaam] unangenehm, scheußlich, eklig: *~ weer* unangenehmes Wetter; *de nare gewoonte* die leidige Gewohnheit; *ik ben ~* mir ist schlecht; *ik word ~* mir wird schlecht

²naar (bw): *ja, maar het is er ook ~!* ja, aber es ist auch danach!; *de prijs is er ook ~* der Preis ist denn auch entsprechend

³naar (vz) **1** [in de richting van, bij personen] zu[+3]: *~ de dokter gaan* zum Arzt gehen[168] **2** [in de richting van, bij zaken] zu[+3]: *~ het station* zum Bahnhof; *~ het postkantoor* zur Post; *~ bed* zu Bett; *~ school* zur Schule **3** [naar binnen] in[+4]: *~ de bioscoop* ins Kino; *~ een concert* ins Konzert; *~ het buitenland* ins Ausland **4** [bij aardrijkskundige namen met lidwoord] in[+4]: *~ Zwitserland* in die Schweiz **5** [bij aardrijkskundige namen zonder lidwoord; bij windstreken; bij bepaalde werkwoorden en bepaalde andere woorden] nach[+3]: *~ Berlijn* nach Berlin; *~ Polen* nach Polen; *~ het noorden* nach Norden; *ruiken* ~ riechen[223] nach; *~ huis* nach Hause; *~ rechts* nach rechts; *~ boven* nach oben **6** [in bepaalde uitdrukkingen] auf[+4]: *~ zijn kamer gaan* auf sein Zimmer gehen[168] **7** [bij See, Meer, Küste] an[+4]: *~ zee gaan* ans Meer fahren[153]; *~ de kust gaan* an die Küste fahren[153] **8** [overeenkomstig] nach[+3]: *~ mijn mening* meiner Meinung nach

⁴naar (vw) [zoals] wie: *men zegt* ~ wie man sagt

naargeestig 1 [treurig] trübe **2** [akelig] düster

¹naargelang (vz) je nach[+3]: *~ van zaken* je

nach den Umständen

²naargelang (vw): *(al)* ~ je nach⁺³, je nachdem

de **naarling** Ekel (o³³)

naarmate in dem Maße, wie; je nachdem: ~ *hij werkt* je nachdem er arbeitet

naarstig fleißig, emsig

naartoe -hin, -her: *ergens* ~ irgendwohin; [fig] *ergens* ~ *willen* auf etwas⁴ hinauswollen

¹naast (bn) nächst: *in de* ~*e toekomst* in nächster Zukunft; *in mijn* ~*e omgeving* in meiner näheren Umgebung; *ten* ~*e bij* ungefähr

²naast (bw): *hij staat mij het* ~ er steht mir am nächsten; *dat ligt mij het* ~ *aan het hart* das liegt mir sehr am Herzen

³naast (vz) neben [bij rust⁺³, bij beweging gericht op doel⁺⁴]: *hij zit* ~ *mij* er sitzt neben mir; *hij gaat* ~ *mij zitten* er setzt sich neben mich; *vlak* ~ *het postkantoor* gleich neben dem Postamt; *je schenkt er* ~ du gießt daneben; [voetb] *hij schoot* ~ *het doel* er schoss am Tor vorbei; [fig] *dat is er helemaal* ~ das ist ganz falsch

de **naaste** Nächste(r) (m⁴⁰ᵃ, v⁴⁰ᵇ): *zijn* ~*n liefhebben* seine Nächsten lieben

de **naastenliefde** Nächstenliebe (v²⁸)

de **nabehandeling** Nachbehandlung (v²⁰)

de **nabeschouwing** nachträgliche Betrachtung (v²⁰)

nabespreken ± evaluieren

de **nabestaande** Hinterbliebene(r) (m⁴⁰ᵃ, v⁴⁰ᵇ)

nabestellen nachbestellen

¹nabij (bn, bw) nah⁶⁰: *het Nabije Oosten* Nahost [zonder lidwoord]; der Nahe Osten; *zij was de dood* ~ sie war dem Tode nahe; *zeer* ~ sehr nahe, in nächster Nähe; *de tijd is* ~ *dat …* die Zeit ist nahe, wo …; *zij is om en* ~ *de twintig* sie ist etwa zwanzig Jahre alt; *tot* ~ *de grens* bis nahe an die Grenze; *iets van* ~ *bekijken* etwas aus der Nähe betrachten; *iem. van* ~ *kennen* jmdn. näher kennen¹⁸⁹; *van zeer* ~ *op iem. schieten* aus nächster Nähe auf jmdn. schießen²³⁸

²nabij (vz) nahe⁺³: ~ *de stad* nahe der Stadt

nabijgelegen nahe gelegen, benachbart

de **nabijheid** Nähe (v²⁸)

nablijven 1 [schoolblijven] nachsitzen²⁶⁸ **2** [achterblijven] zurückbleiben¹³⁴

nablussen nachlöschen

nabootsen nachahmen; [namaken] nachbilden

de **nabootsing** Nachahmung (v²⁰), Nachbildung (v²⁰)

naburig benachbart: ~*e staat* Nachbarstaat (m¹⁶)

de **nacht** Nacht (v²⁵): ~*en lang* nächtelang; *goede* ~*!* gute Nacht!; *bij* ~ nachts, in der Nacht; *'s* ~*s* nachts, in der Nacht; *tot diep in de* ~ bis spät in die Nacht; *op een* ~ eines Nachts

de **nachtarbeid** Nachtarbeit (v²⁸)

nachtblind nachtblind

nachtbraken 1 [vermaak zoeken] nächtlichen Vergnügungen nachgehen¹⁶⁸ **2** ['s nachts werken] nachts arbeiten

de **nachtbraker 1** [boemelaar] Nachtschwärmer (m⁹) **2** [werker] Nachtarbeiter (m⁹)

de **nachtclub** Nachtklub (m¹³)

de **nachtcrème** Nachtcreme (v²⁷)

de **nachtdienst** Nachtdienst (m⁵)

het **nachtdier** Nachttier (o²⁹)

de **nachtegaal** Nachtigall (v²⁰)

nachtelijk nächtlich, Nacht…

het **nachthemd** Nachthemd (o³⁷)

de **nachtjapon** Nachthemd (o³⁷)

de **nachtkaars**: *uitgaan als een* ~ ausgehen wie das Hornberger Schießen

het **nachtkastje** Nachtschränkchen (o³⁵)

het **nachtleven** Nachtleben (o³⁹)

de **nachtmerrie** Albtraum (m⁶)

de **nachtmis** Mette (v²¹), Mitternachtsmesse (v²¹)

de **nachtploeg** Nachtschicht (v²⁰)

de **nachtrust** Nachtruhe (v²⁸)

het **nachtslot** Nachtschloss (o³²): *op het* ~ *doen* den Nachtschlossriegel vorschieben²³⁷

de **nachttrein** Nachtzug (m⁶)

het **nachtverblijf** Nachtlager (o³³), Nachtquartier (o²⁹)

de **nachtvlucht** Nachtflug (m⁶)

de **nachtvorst** Nachtfrost (m⁶)

de **nachtwaker** Nachtwächter (m⁹)

het **nachtwerk** Nachtarbeit (v²⁸)

de **nachtzuster** Nachtschwester (v²¹)

de **nacompetitie** Aufstiegsrunde (v²¹)

de **nadagen**: *in zijn* ~ *zijn* a) [ouder worden] (sichtlich) älter werden³¹⁰; b) [aftakelen, aflopen] zu Ende gehen¹⁶⁸

de **nadarafsluiting** [Belg] Absperrgitter (o³³)

nadat nachdem

het **nadeel** Nachteil (m⁵); [schade] Schaden (m¹²): *iem.* ~ *berokkenen* jmdm. Schaden zufügen; ~ *lijden bij* Schaden erleiden¹⁵⁹ bei⁺³; *in mijn* ~ zu meinem Nachteil; *ten nadele van de firma* zuungunsten (*of:* zu Ungunsten) der Firma

nadelig nachteilig, schädlich: ~ *voor de gezondheid zijn* der Gesundheit³ schaden

het **¹nadenken** (zn) Nachdenken (o³⁹): *zonder* ~ ohne Nachdenken; *dat stemt tot* ~ das stimmt nachdenklich

²nadenken (ww) nachdenken¹⁴⁰, überlegen, *sich³ überlegen*: *over iets* ~ über⁺⁴ etwas nachdenken

nadenkend nachdenklich

nader näher; [nauwkeuriger] genauer: *iets* ~*s weten* etwas Näheres; ~ *bericht* weitere Nachricht (v²⁰); ~*e gegevens* weitere Einzelheiten; *salaris* ~ *overeen te komen* Gehalt nach Vereinbarung; *tot* ~ *order* bis auf Weiteres

naderbij näher

naderen 1 sich nähern⁺³: *hij nadert de zestig*

er geht auf die sechzig zu **2** [in aantocht zijn] näher kommen[193], nahen: *bij het ~ van de vijand* beim Herannahen des Feindes

naderhand nachher, später, hinterher

de **nadering** Herannahen (o[39])

nadien danach, nachher

nadoen: *iem. ~* jmdn. nachahmen; *iets ~* etwas[+4] nachahmen; *(voor) iem. iets ~* jmdm. etwas nachahmen

de **nadruk** Nachdruck (m[19]): *de ~ leggen op iets* etwas betonen (*of:* hervorheben); *met ~* nachdrücklich

nadrukkelijk nachdrücklich

nagaan 1 [volgen] nachgehen[168+3], folgen[+3] **2** [inspecteren] kontrollieren[320] **3** [zich voorstellen] sich[3] vorstellen, sich[3] denken[140]: *moet je ~!* stell dir vor! **4** [controleren] (nach)prüfen: *iemands gangen ~* jmdn. auf Schritt und Tritt beobachten || *voor zover we kunnen ~* soweit wir feststellen können[194]

nagalmen nachhallen; [fig] nachklingen[191]

de **nageboorte** Nachgeburt (v[20])

de **nagedachtenis** Andenken (o[39]): *ter ~ van iem.* zur Erinnerung an jmdn.

de **nagel** [ook spijker] Nagel (m[10]): *op zijn ~s bijten* an den Nägeln beißen

nagelbijten an den Nägeln kauen

het/de **nagellak** Nagellack (m[5])

de **nagelriem** Nagelhaut (v[25])

het **nagelschaartje** Nagelschere (v[21])

de **nagelvijl** Nagelfeile (v[21])

nagenoeg nahezu, fast

het **nagerecht** Nachtisch (m[5]), Dessert (o[36])

het **nageslacht 1** [alg] Nachwelt (v[28]) **2** [nakomelingschap] Nachkommenschaft (v[28])

nageven [als toegift] zugeben[166]: *dat moet men hem ~* das muss man ihm lassen

nahouden 1 [van leerling] nachsitzen lassen[197] **2** [bezitten] (sich[3]) halten[183]: *er een auto op ~* (sich[3]) ein Auto halten

naïef naiv

de **naïeveling** Naivling (m[5])

de **na-ijver 1** [afgunst] Neid (m[19]) **2** [wedijver] Wetteifer (m[19])

de **naïviteit** Naivität (v[28])

het **najaar** Herbst (m[5])

de **najaarsmode** Herbstmode (v[21])

najagen nachjagen[+3]; verfolgen: *een doel ~* ein Ziel verfolgen

nakaarten nachkarten

het **nakie**: *in zijn ~ staan* ganz nackt dastehen

nakijken 1 [achternazien] nachsehen[261+3], nachblicken[+3], nachschauen[+3] **2** [controleren] nachsehen[261], nachprüfen **3** [techn] überholen || *het ~ hebben* das Nachsehen haben[182]

de **nakomeling** Nachkomme (m[15])

nakomen nachkommen[193+3]: *nagekomen berichten* später eingelaufene Nachrichten; *een belofte ~* ein Versprechen halten[183]; *een gebod ~* ein Gebot befolgen; *zijn verplichtin-*

gen ~ seinen Verpflichtungen nachkommen

het **nakomertje** Nesthäkchen (o[35])

nalaten 1 [bij overlijden] hinterlassen[197] **2** [vermaken] hinterlassen[197], vermachen **3** [zich onthouden van] unterlassen **4** [verzuimen] verfehlen, versäumen: *ik kan niet ~ u te zeggen* ich kann nicht umhin, Ihnen zu sagen

de **nalatenschap** Hinterlassenschaft (v[20]), Erbschaft (v[20]), Nachlass (m[5], m[6])

nalatig [slordig] nachlässig, fahrlässig

de **nalatigheid** Nachlässigkeit (v[20]), Fahrlässigkeit (v[20])

naleven befolgen

de **naleving** Einhaltung (v[28]), Befolgung (v[28])

nalezen nachlesen[201]

nalopen 1 [achternalopen] nachlaufen[198+3] **2** [controleren] nachsehen[261]

de **namaak** Nachahmung (v[28])

namaken nachmachen[+4], nachahmen[+4]; [van bankbiljet e.d.] fälschen

name: *met ~* besonders, namentlich

namelijk nämlich

namens namens[+2], im Namen[+2], im Auftrag[+2]: *~ mij* in meinem Namen

nameten nachmessen[208]

Namibië Namibia (o[39])

de **Namibiër** Namibier (m[9]), Namibierin (v[22])

Namibisch namibisch

de **namiddag** Nachmittag (m[5]): *in de ~* am Nachmittag, nachmittags

de **nanny** Kindermädchen (o[35]), Kinderpflegerin (v[22])

naoorlogs Nachkriegs...: *~e toestanden* Nachkriegszustände (mv m[6])

het **napalm** Napalm (o[39])

Napels Neapel (o[39])

napluizen nachforschen[+3]

¹**napraten** (onov ww) [blijven praten] sich hinterher unterhalten[183]

²**napraten** (ov ww) [hetzelfde zeggen] (jmdm.) nachplappern, (jmdm.) nachbeten

de **naprater** Nachbeter (m[9])

de **nar** Narr (m[14])

de **narcis** Narzisse (v[21])

de **narcose** Narkose (v[21]): *iem. onder ~ brengen* jmdn.[+4] narkotisieren[320]

de **narcoticabrigade** Rauschgiftdezernat (o[29])

het **narcoticum** Narkotikum (o, 2e nvl: -s; mv: Narkotika)

narekenen nachrechnen[+4]

de **narigheid** Ärger (m[19])

naroepen (jmdm.) nachrufen[226]

narrig mürrisch

de ¹**nasaal** (zn) Nasallaut (m[5])

²**nasaal** (bn, bw) nasal

de **naschok** Nachbeben (o[35])

de **nascholing** Weiterbildung (v[20]), Fortbildung (v[20])

het **naschrift** Nachschrift (v[20]), NS

het **naseizoen** Nachsaison (v[27])
de **nasi** [alg] gekochte(r) Reis (m[5]): *de ~ rames*
das Nasirames; *de ~ goreng* das Nasigoreng
naslaan nachschlagen[241+4]
het **naslagwerk** Nachschlagewerk (o[29])
de **nasleep** Nachspiel (o[29]), Folgeerscheinun-
gen (mv v[20])
de **nasmaak** Nachgeschmack (m[19])
naspelen nachspielen
naspeuren, nasporen nachforschen[+3]
nastaren nachstarren[+3]
nastreven nachstreben[+3]: *een doel ~* ein
Ziel anstreben
nasynchroniseren synchronisieren[320]
het **¹nat** (zn) [vloeistof] Nass (o[39]); [kookvocht]
Sud (m[5]); [water] Wasser (o[39])
²nat (bn, bw) nass[59]
³nat (tw): *~!* [geverfd] frisch gestrichen!
natafelen noch bei Tisch sitzen bleiben[134]
natekenen abzeichnen, nachzeichnen
natellen nachzählen[+4]
de **natheid** Nässe (v[28])
de **natie** Nation (v[20])
nationaal national, National...: *de nationale economie* die Volkswirtschaft; *~ elftal* Na-
tionalelf (v[20]); *nationale feestdag* Nationalfei-
ertag (m[5]); *het ~ inkomen* das Volkseinkom-
men; *~ kampioen* Landesmeister (m[9]); *~ park*
Nationalpark (m[13])
het **nationaalsocialisme** Nationalsozialismus
(m[19a])
de **nationaalsocialist** Nationalsozialist (m[14])
nationaalsocialistisch nationalsozialis-
tisch
het **nationalisme** Nationalismus (m[19a])
de **nationalist** Nationalist (m[14])
nationalistisch nationalistisch
de **nationaliteit** 1 Staatsangehörigkeit (v[28]),
Staatsbürgerschaft (v[28]) 2 [mensen] Nationa-
litäten (mv v[20])
natmaken nass machen; [een beetje] befeuchten: *maak je borst maar nat!* mach dich
auf etwas gefasst!
natrappen 1 [fig] (jmdn.) hinterher diffa-
mieren[320] 2 [voetb] nachhaken
natrekken 1 [nareizen] nachreisen[+3]
2 [controleren] nachgehen[168+3]
het **natrium** Natrium (o[39])
het **nattevingerwerk**: *dat is ~* das ist (nur)
über den Daumen gepeilt
de **nattigheid** Nässe (v[28]), Feuchtigkeit (v[28]):
[fig] *~ voelen* den Braten riechen[223]
de **natura**: *in ~* Natural..., Sach...; *betaling in ~*
Sachleistung (v[20])
de **naturalisatie** Naturalisation (v[20])
naturaliseren naturalisieren[320]
het **naturalisme** Naturalismus (m[19a])
naturel [niet gekleurd] naturfarben
het **naturisme** Freikörperkultur (v[28]), FKK

de **naturist** Anhänger (m[9]) der Freikörperkultur
de **natuur** Natur (v[20]): *de menselijke ~* die
menschliche Natur; *puur ~* pur Natur; *van
nature* von Natur aus
het **natuurbehoud** Naturschutz (m[19])
de **natuurbescherming** Naturschutz (m[19])
het **natuurgebied** Naturlandschaft (v[20]): *be-
schermd ~* Naturschutzgebiet (o[29])
de **natuurgeneeswijze** Naturheilverfahren
(o[35])
de **natuurgenezer** Naturarzt (m[6]); Naturheil-
kundige(r) (m[40a]); Physiater (m)
natuurgetrouw naturgetreu
de **natuurkunde** Physik (v[28])
natuurkundig physikalisch
de **natuurkundige** Physiker (m[9])
de **natuurliefhebber** Naturfreund (m[5])
natuurlijk natürlich; [vanzelfsprekend,
ook] selbstverständlich
de **natuurmens** Naturmensch (m[14])
het **natuurmonument** Naturdenkmal (o[32])
het **natuurproduct** Naturprodukt (o[29]), Natur-
erzeugnis (o[29a])
de **natuurramp** Naturkatastrophe (v[21])
het **natuurreservaat** Naturschutzgebiet (o[29])
het **natuurschoon** Naturschönheit (v[20])
het/de **natuursteen** Naturstein (m[5])
het **natuurtalent** Naturtalent (o[29])
het **natuurverschijnsel** Naturerscheinung
(v[20])
de **natuurvoeding** Naturkost (v[28])
de **natuurwetenschap** Naturwissenschaft
(v[20])
het **¹nauw** (zn) 1 [moeilijkheid, nood] Enge (v[21]),
Klemme (v[21]): *iem. in het ~ brengen* jmdn. in
die Enge treiben[290]; *in het ~ raken* in[+4] Bedrängnis geraten[218]; *in het ~ zitten* in der
Klemme sitzen[268] 2 [zee-engte] Meerenge
(v[21]): *het Nauw van Calais* der Ärmelkanal
²nauw (bn, bw) 1 [niet wijd, intiem] eng,
knapp: *~ bevriend* eng befreundet; *~ sluiten*
[van kleren] eng (*of:* knapp) anliegen[202]
2 [precies] genau: *hij neemt het zeer ~* er
nimmt es sehr genau; *niet zo ~ kijken* es nicht
so genau nehmen[212]; *het komt er niet zo ~ op
aan!* so genau braucht man es nicht zu nehmen!
nauwelijks kaum: *ik was ~ thuis, of ...* ich
war kaum zu Hause, da ...
nauwgezet gewissenhaft, genau; [stipt]
pünktlich
nauwkeurig genau; [grondig] eingehend
de **nauwkeurigheid** Genauigkeit (v[28])
nauwlettend genau, sorgfältig
nauwsluitend eng anliegend
n.a.v. afk van *naar aanleiding van* anlässlich[+2]
de **navel** Nabel (m[9]): *tot boven de ~ reikend* na-
belfrei
de **navelsinaasappel** Navel (v[27]), Naveloran-

ge (v²¹)

navelstaren Nabelschau betreiben²⁹⁰

de **navelstreng** Nabelschnur (v²⁵)

het **naveltruitje** nabelfreies T-Shirt (o³⁶)

navenant (dem)entsprechend

navertellen nacherzählen⁺⁴

de **navigatie** Navigation (v²⁸)

de **navigator** [persoon] Navigator (m¹⁶)

navigeren 1 navigieren³²⁰ **2** [manoeuvreren] manövrieren³²⁰

de **NAVO** NATO (v²⁸)

navoelen (jmdm. etwas) nachempfinden¹⁵⁷

navolgen nachfolgen⁺³, folgen⁺³: *een voorbeeld* ~ einem Beispiel folgen

navolgend nachstehend, nachfolgend

de **navolger** Nachahmer (m⁹)

de **navolging** Nachahmung (v²⁰): *in* ~ *van de Russen* nach dem Vorbild der Russen

de **navraag** Nachfrage (v²¹): *bij* ~ auf Nachfrage

navragen nachfragen (bei⁺³)

navrant herzzerreißend, erschütternd

navullen nachfüllen

de **navulverpakking** Nachfüllpack (o³⁶), Nachfüllpackung (v²⁰)

de **naweeën** [ook fig] Nachwehen (mv v²¹)

nawerken nachwirken

de **nawerking** Nachwirkung (v²⁰)

het **nawoord** Nachwort (o²⁹)

de **nazaat** Nachkomme (m¹⁵), Nachfahr (m¹⁴)

nazeggen nachsagen⁺⁴

nazenden (jmdm. etwas) nachsenden²⁶³

de **nazi** Nazi (m¹³)

nazien 1 [achternakijken] nachsehen⁺³ **2** [doorlezen] durchsehen²⁶¹ **3** [corrigeren] korrigieren³²⁰, nachsehen²⁶¹⁺⁴: *iets in een boek* ~ etwas⁺⁴ in einem Buch nachschlagen²⁴¹

de **nazit** Nachsitzung (v²⁰), Nachgespräch (o²⁹); [inf] Nachklatsch (m⁵)

de **nazomer** Nachsommer (m⁹), Spätsommer (m⁹)

de **nazorg 1** [bij patiënten] Nachsorge (v²⁸) **2** [bij machines] Wartung (v²⁰)

NB afk van *nota bene* NB

n.C., n.Chr. afk van *na Christus* nach Christus, nach Christo, n.Chr.; unserer Zeitrechnung, u.Z.

de **neanderthaler** Neandertaler (m⁹)

de **necropolis** Nekropole (v²¹), Nekropolis (v, 2e nvl: -; mv: Nekropolen)

de **nectar** Nektar (m⁵)

de **nectarine** Nektarine (v²¹)

nederig 1 [eenvoudig] einfach, bescheiden **2** [deemoedig] demütig

de **nederigheid** Bescheidenheit (v²⁸), Demut (v²⁸)

de **nederlaag** Niederlage (v²¹): *een* ~ *lijden* eine Niederlage erleiden¹⁹⁹

Nederland die Niederlande (mv)

de **Nederlander** Niederländer (m⁹), Niederländerin (v²²)

het **Nederlanderschap** niederländische Staatsangehörigkeit (v²⁸)

het **¹Nederlands** (zn) Niederländisch (o⁴¹)

²Nederlands (bn) niederländisch: *in het* ~ *vertalen* ins Niederländische übersetzen

Nederlandstalig 1 [Nederlands sprekend] Niederländisch sprechend **2** [in het Nederlands] niederländisch: *met* ~*e ondertitels* mit niederländischen Untertiteln

de **Neder-Rijn** Niederrhein (m¹⁹)

de **nederzetting** Niederlassung (v²⁰), Ansiedlung (v²⁰)

het **¹nee** (zn) Nein (o, 2e nvl: -(s); mv: -(s))

²nee (tw) nein: *wel* ~*!* aber nein!; ~ *zeker niet!* natürlich nicht!; *hij zegt van* ~ er sagt Nein (*of:* nein); ~ *toch!* aber nein!; ~ *maar! wat ben je groot geworden!* nein! wie groß du geworden bist!

de **neef 1** [zoon van oom, tante] Cousin (m¹³), Vetter (m¹⁷) **2** [zoon van broer, zuster] Neffe (m¹⁵)

neen zie ¹*nee*

neer nieder, hinunter, herunter, hinab, herab: *op en* ~ auf und ab, auf und nieder

neerbuigend herablassend

neerdalen herabsteigen²⁸¹, hinabsteigen²⁸¹; [m.b.t. vliegtuig] niedergehen¹⁶⁸

neergaan hinuntergehen¹⁶⁸, hinabgehen¹⁶⁸: ~*de beweging* Abwärtsbewegung (v²⁰); ~*de conjunctuur* rückläufige Konjunktur; *op- en* ~ auf und ab gehen; [in bokswedstrijd] niedergehen¹⁶⁸

de **neergang** Niedergang (m⁶), Rückgang (m⁶)

neergooien hinwerfen³¹¹

neerhalen 1 [een muur] niederreißen²²⁰ **2** [neerschieten] abschießen²³⁸ **3** [bekritiseren] heruntermachen **4** [naar beneden halen] niederholen, einholen

neerkijken 1 [lett] hinuntersehen²⁶¹, heruntersehen²⁶¹ **2** [met minachting] herabsehen²⁶¹: ~ *op iem.* auf jmdn. herabsehen

neerknielen niederknien, hinknien

neerkomen 1 [op de grond komen] landen (auf⁺³): *met een smak* ~ aufschlagen²⁴¹ **2** [treffen] treffen²⁸⁹: *op hem komt alles neer* [ook] er ist für alles verantwortlich **3** [de strekking hebben] hinauslaufen¹⁹⁸ (auf⁺⁴): *de inhoud komt op het volgende neer* der Inhalt ist kurz folgender **4** [m.b.t. vliegtuig] niedergehen¹⁶⁸, landen

de **neerlandicus** Niederlandist (m¹⁴)

neerlaten herablassen¹⁹⁷, herunterlassen¹⁹⁷

¹neerleggen (ov ww) **1** [op iets leggen] hinlegen: *waar moet ik het boek* ~*?* wo soll ich das Buch hinlegen?; [fig] *iets naast zich* ~ etwas nicht beachten **2** [deponeren] hinterlegen, deponieren³²⁰ **3** [afstand doen van] niederlegen: *het werk* ~ die Arbeit niederlegen **4** [betalen] hinlegen, hinblättern **5** [doodschieten] töten, umlegen

zich **²neerleggen** (wdk ww) [erin berusten] sich

abfinden[157] (mit[+3]), sich fügen[+3]
neerploffen (hin)fallen[154], (hin)plumpsen: *in een stoel* ~ sich in einen Sessel plumpsen lassen[197]
neersabelen niedersäbeln, niederhauen[185]
neerschieten 1 niederschießen[238]: *iem.* ~ jmdn. niederschießen **2** [van vliegtuig] abschieße n[238]
¹neerslaan (onov ww) **1** [bezinken, condenseren] sich niederschlagen[241] **2** [neervallen] hinstürzen
²neerslaan (ov ww) **1** [iem., zijn ogen, een opstand] niederschlagen[241] **2** [zijn kraag] herunterschlagen[241] **3** [doen bezinken] niederschlagen[241]
neerslachtig niedergeschlagen, gedrückt
de **neerslag 1** Niederschlag (m[6]): *er is kans op* ~ es gibt möglicherweise Niederschlag; *een* ~ *van kalk* eine Kalkablagerung **2** [resultaat] Niederschlag (m[6]): *zijn* ~ *vinden in* seinen Niederschlag finden[157] in[+3]
neersteken (jmdn.) niederstechen[277]
¹neerstorten (onov ww) [neervallen] niederstürzen; [m.b.t. parachutist] abstürzen: *het* ~ der Absturz
²neerstorten (ov ww) [omlaag werpen] hinunterstürzen
neerstrijken 1 [m.b.t. vogels] sich niederlassen[197]; [m.b.t. vliegtuig] niedergehen[168] **2** [zich vestigen] sich niederlassen[197] (in[+3])
neertellen [betalen] hinlegen, hinblättern
neervallen 1 [op de grond vallen] hinfallen[154]; [m.b.t. hagel, regen] niedergehen[168] **2** [door oververmoeidheid] umfallen[154]
neervlijen hinlegen
neerzetten 1 [plaatsen] hinsetzen, hinstellen: *een huis* ~ ein Haus bauen **2** [theat, film] darstellen: *een personage* ~ eine Figur darstellen **3** [behalen] erzielen: *een tijd* ~ eine Zeit erzielen
neerzien: [fig] *op iem.* ~ auf jmdn. herabsehen[261]
de **neet 1** Nisse (v[21]) **2** [fig]: *kale* ~ Habenichts (m[5])
het **¹negatief** (zn) Negativ (o[29])
²negatief (bn, bw) negativ
negen neun: *alle* ~ alle neun (*of:* alle neune); *zie* ²*acht*
¹negende (zn) [deel] Neuntel (o[33])
²negende (rangtelw) der (die, das) neunte: *ten* ~ neuntens
negenjarig neunjährig
negenmaal neunmal
het **negental** neun: *een* ~ etwa neun
negentien neunzehn
negentig neunzig
de **neger** Neger (m[9]), Schwarze(r) (m[40a])
¹negeren (ov ww) quälen, zwiebeln, piesacken
²negeren (ov ww) **1** [ontkennen] negie-

ren[320] **2** [geen notitie van iem. of iets nemen] ignorieren[320]
de **negerin** Negerin (v[22]), Schwarze (v[40b])
het **negligé** Negligé (o[36]): *in* ~ im Negligé
neigen neigen
de **neiging 1** Neigung (v[20]): ~ *tot iets* Neigung zu[+3] etwas **2** [sterker] Hang (m[19]): ~ *tot liegen* Hang zum Lügen; ~ *tot overgeven* Brechreiz (m[5]) **3** [beursterm] Tendenz (v[20]): *een* ~ *tot dalen tonen* eine fallende Tendenz zeigen
de **nek** Nacken (m[11]), Genick (o[29]): *zijn* ~ *breken* sich[3] das Genick brechen[137]; [fig] *iem. de* ~ *breken* jmdm. das Genick brechen[137]; *een stijve* ~ *hebben* einen steifen Nacken haben[182]; *iem. de* ~ *omdraaien* jmdm. den Hals umdrehen; [fig] *zijn* ~ *uitsteken* Kopf und Kragen riskieren[320]; *iem. met de* ~ *aanzien* jmdn. über die Schulter ansehen[261]; [fig] *iem. in zijn* ~ *hijgen* jmdm. auf den Fersen sitzen; *over zijn* ~ *gaan* kotzen; *uit zijn* ~ *kletsen* faseln
de **nek-aan-nekrace** Kopf-an-Kopf-Rennen (o[35])
nekken 1 [doden] (jmdn.) den Hals umdrehen **2** [de genadeslag geven] zugrunde (*of:* zu Grunde) richten
de **nekslag** [fig] Todesstoß (m[6])
nemen nehmen[212]: *de moeite* ~ sich[3] die Mühe nehmen; *de verantwoordelijkheid op zich* ~ die Verantwortung übernehmen; *een verplichting op zich* ~ eine Verpflichtung übernehmen; *tot vrouw* ~ zur Frau nehmen; *als u de moeite wilt* ~ *om boven te komen* wenn Sie sich heraufbemühen wollen; [fig] *dat neem ik niet!* das lasse ich mir nicht bieten!; *men moet alles maar* ~, *zoals het valt* man muss die Dinge nehmen, wie sie sind; *het ervan* ~ sich[3] etwas gönnen
het **neofascisme** Neofaschismus (m[19a])
het **neonazisme** Neonazismus (m[19a])
het **neonlicht** Neonlicht (o[39])
de **nep** [inf] Schwindel (m[9]); [schijnvertoning] Augenwischerei (v[20]); [afzetterij] Nepp (m[19])
Nepal Nepal (o[39])
de **¹Nepalees** Nepalese (m[15]), Nepalesin (v[22])
²Nepalees (bn) nepalesisch
neppen neppen, übervorteilen
de **nepper 1** [iets dat namaak is] Imitation (v[20]) **2** [persoon die zich onecht gedraagt] Wichtigtuer (m[9]) **3** [afzetter] Nepper (m[9])
de **nerd** Nerd (m, 2e nvl: -s; mv: -s); [ook] Computerfreak (m)
de **nerf 1** [plantk] Nerv (m[16]), Ader (v[21]) **2** [in leer] Narbe (v[21]) **3** [in hout, papier] Faser (v[21])
nergens nirgends, nirgendwo; [niets] nichts: *dat dient* ~ *toe* das ist zu nichts nütze; ~ *over spreken* von nichts reden; *zich* ~ *mee bemoeien* a) [bekommeren] sich um nichts kümmern; b) [inmengen] sich nicht einmischen; *dat is* ~ *goed voor* das taugt nichts; ~ *zijn* a) [op geen enkele plaats] nirgendwo

sein[262]; **b)** [niets bereikt hebben] erst am Anfang stehen[279]; **c)** [niet meetellen] weg vom
Fenster sein[262]; *hij geeft ~ om* ihm ist alles egal
de **nering** Geschäft (o[29]); [hand] Handel (m[19])
de **¹nerts** [dier] Nerz (m[5])
het **²nerts** [bont] Nerz (m[5])
nerveus nervös
de **nervositeit** Nervosität (v[20])
het **nest 1** [van dieren, bed, kleine plaats] Nest
(o[31]) **2** [van roofvogels, meestal] Horst (m[5])
3 [eigenwijs meisje] Kröte (v[21]) **4** [stel pan-
nen, schalen] Satz (m[6]) **5** [worp] Wurf (m[6]) ||
[fig] *uit een goed ~ komen* aus einem guten
Stall kommen[193]; *zich in de ~en werken* sich[3]
den Teufel auf den Hals laden
¹nestelen (ww) nisten
zich **²nestelen** (wdk ww) sich einnisten (in[+3])
het **¹net 1** [alg; ook fig] Netz (o[29]) **2** [internet]
Net (o[39]): [van tv] *op het eerste ~* im ersten
Programm
het **²net** (zn): *in het ~ schrijven* ins Reine schreiben[252]
³net (bn, bw) **1** [fatsoenlijk, keurig] anständig **2** [schoon] sauber **3** [opgeruimd] ordentlich
⁴net (bw) gerade, eben, genau: *~ genoeg*
gerade genug; *~ mijn idee* genau meine Idee;
~ van pas komen gerade gelegen kommen; *hij
is ~ zijn vader* er ist ganz der Vater; *hij is ~
thuis* er ist gerade nach Hause gekommen;
dat is ~ wat voor hem **a)** [dat kan men van
hem verwachten] das sieht ihm ähnlich;
b) [dat moet hij net hebben] das ist gerade
das Richtige für ihn; *~ zolang, tot* so lange,
bis; *~ zo!* eben!; *ik weet het zo ~ nog niet* das
weiß ich noch nicht so recht; *ik blijf ~ zo lief
thuis* ich bleibe genauso gern zu Hause
de **netbal** Netzball (m[6])
netelig [hachelijk] misslich, heikel
de **netelroos** Nesselsucht (v[28]), Nesselfieber
(o[39])
de **netheid 1** [keurigheid] Anständigkeit (v[28])
2 [zin voor orde] Ordentlichkeit (v[28])
3 [orde] Ordnung (v[28])
netjes 1 [naar behoren] anständig **2** [keu-
rig] sauber: *~ werken* sauber arbeiten **3** [or-
delijk] ordentlich **4** [aardig, sierlijk] sauber,
fein: *dat is niet ~* das ist nicht fein; *~ schrijven*
sauber schreiben[252]; *wat ben je ~ vandaag!* du
hast dich aber heute fein gemacht!
het **netnummer** Vorwahl (v[20]), Vorwahlnummer (v[21])
de **netspanning** Netzspannung (v[20])
de **nettiquette** Netiquette (v[28])
netto netto, Netto…
de **nettowinst** Nettogewinn (m[5]), Reingewinn (m[5])
het **netvlies** Netzhaut (v[25])
het **netwerk** Netz (o[29]); [m.b.t. leidingen, dra-
den] Netzwerk (o[29]): *het sociale ~* das soziale
Netz; *mobiel ~* Mobilnetz (o[29])

netwerken [comp] netzwerken, netzwer-
keln
de **netwerker** Netzwerker (m[9])
neuken [inf] ficken, vögeln, bumsen
Neurenberg Nürnberg (o[39])
neuriën summen
de **neurologie** Neurologie (v[28])
de **neuroloog** Neurologe (m[15])
de **neuroot** Neurotiker (m[9])
de **neurose** Neurose (v[21])
de **neuroticus** Neurotiker (m[9])
neurotisch neurotisch
de **neus 1** [alg] Nase (v[21]): *hij doet alsof zijn ~
bloedt* **a)** [zich van de domme houden] er
stellt sich dumm; **b)** [alsof er niets aan de
hand is] er tut so, als ob er nichts merkt; *een
frisse ~ halen* frische Luft schnappen; [fig] *een
fijne ~ voor iets hebben* ein feines Gespür für
etwas haben[182]; *niet verder kijken dan zijn ~
lang is* nicht weiter sehen[261] als seine Nase;
dat komt mijn ~ uit davon habe ich die Nase
voll; *de ~ ophalen voor* die Nase rümpfen
über[+4]; *zijn ~ snuiten* sich[3] die Nase putzen;
dat ga ik jou niet aan je ~ hangen das binde ich
dir nicht auf die Nase; *iem. bij de ~ hebben*
jmdn. an der Nase herumführen; *iem. iets
door de ~ boren* jmdn. um etwas bringen[139];
langs zijn ~ weg nebenbei; *met zijn ~ in de boter vallen* Schwein haben, den richtigen Moment erwischen; *(raar) op zijn ~ kijken* ein lan-
ges Gesicht machen; [Belg] *van zijn ~ maken*
sich aufregen **2** [van schoen] Spitze (v[21])
3 [m.b.t. wijn] Blume (v[21]); *zie neusje*
de **neusbloeding** Nasenbluten (o[39])
de **neusdruppels** Nasentropfen (mv m[11])
het **neusgat** Nasenloch (o[32])
de **neusholte** Nasenhöhle (v[21])
de **neushoorn** Nashorn (o[32])
het **neusje** Näschen (o[35]): [fig] *het ~ van de zalm*
das Feinste vom Feinen
de **neuslengte** Nasenlänge (v[21])
de **neusverkoudheid** Schnupfen (m[11])
de **neusvleugel** Nasenflügel (m[9])
de **neut** [borrel] Schnaps (m[6])
neutraal neutral
neutraliseren neutralisieren[320]
de **neutraliteit** Neutralität (v[20])
het **neutron** Neutron (o[37])
neuzen 1 [snuffelen] schnüffeln **2** [komen
kijken] sich umgucken
de **nevel** Nebel (m[9]); [waas] Dunst (m[19])
nevelig 1 [vaag] nebelhaft **2** [mistig] neblig
de **nevenactiviteit** Nebenbeschäftigung (v[20])
de **nevenfunctie** Nebentätigkeit (v[20])
de **neveninkomsten** Nebeneinkünfte (mv
v[25])
het **nevenproduct** Nebenprodukt (o[29])
nevenstaand nebenstehend
de **ngo** afk van *niet-gouvernementele organisatie, non-governmental organization* Nicht-

regierungsorganisation (v[20]), NGO (v[27])
Nicaragua Nicaragua (o[39])
de **Nicaraguaan** Nicaraguaner (m[9]), Nicara-
guanerin (v[22])
Nicaraguaans nicaraguanisch
de **nicht 1** [dochter van oom, tante] Cousine
(v[21]), Base (v[21]) **2** [dochter van broer, zuster]
Nichte (v[21]) **3** [mannelijke homo] Tunte (v[21]),
Schwester (v[21])
nichterig tuntig, halbseiden
de **nicotine** Nikotin (o[39])
niemand niemand, keine (keiner, keines): ~
anders dan hij niemand anders als er; *anders*
~ sonst niemand
het **niemandsland** Niemandsland (o[39])
niemendal gar nichts
de **nier** Niere (v[21]): *in hart en ~en* durch und
durch
de **niersteen** Nierenstein (m[5])
de **niesbui** Niesanfall (m[6])
de **¹niet** [klinknagel] Niet (m[5], o[29]), Niete (v[21])
de **²niet** [in loterij] Niete (v[21])
het **³niet** Nichts (o[39]): *uit het ~ tevoorschijn roepen*
aus dem Nichts hervorrufen[226]
⁴niet (bw) nicht: *om* ~ umsonst; *ik vrees van* ~
ich fürchte nein; *zo* ~, *dan ...* wenn nicht,
dann ...; *ik geloof van* ~ ich glaube nicht
nieten 1 [met klinknagels] (ver)nieten
2 [met nietjes] heften (an[+4])
nietig 1 [ongeldig] nichtig, ungültig: ~ *verklaren* für nichtig erklären **2** [zonder waar-
de] nichtig **3** [onbeduidend] unbedeutend,
winzig
de **nietigheid** Nichtigkeit (v[28]), Ungültigkeit
(v[28])
het **nietje** Heftklammer (v[21])
de **nietmachine** Hefter (m[9]), Heftmaschine
(v[21])
niet-officieel inoffiziell
het **¹niets** (zn) Nichts (o[29])
²niets (onb vnw) nichts: ~ *nieuws* nichts
Neues; *het is ~!* das macht nichts!; *daar is* ~
aan te doen! da ist nichts zu machen!; ~ *doen*
dan werken immer nur arbeiten; *een vent van*
~ eine Niete; ~ *daarvan* nichts da!; *daar komt*
~ *van!* daraus wird nichts!; *voor* ~ umsonst; ~
voor ~ nichts ist umsonst
³niets (bw) gar: ~ *geen zin* gar keine Lust
het **nietsdoen** Nichtstun (o[39])
de **nietsnut** Nichtsnutz (m[5])
nietsontziend rücksichtslos, schonungslos
nietsvermoedend nichts ahnend, ahnungslos
nietszeggend nichts sagend
¹niettegenstaande (vz) trotz[+2, soms +3]: ~ *dat*
trotzdem
²niettegenstaande (vw) obwohl
niettemin trotzdem, dennoch
nietwaar nicht, nicht wahr, oder
nieuw neu, Neu...: *~e auto* [ook] Neuwa-
gen (m[11]); *~e druk* [ook] Neudruck (m[5]); ~

gebouw [ook] Neubau (m, 2e nvl: -s; mv:
-ten); *de ~ere tijd* die Neuzeit; *in het* ~ *steken*
neu einkleiden; *het ~e is eraf* es hat den Reiz
des Neuen verloren; *dat is het ~ste* das ist das
Neueste
nieuwbakken [ook fig] frisch gebacken
de **nieuwbouw** Neubau (m, 2e nvl: -s; mv:
-ten)
de **nieuwbouwwijk** Neubauviertel (o[33])
de **nieuweling** Neuling (m[5]), Neueinsteiger
(m[9])
de **nieuwemaan** Neumond (m[19])
nieuwerwets neumodisch
de **nieuwigheid 1** [nieuw denkbeeld e.d.]
Neuerung (v[20]) **2** [iets nieuws] Neuheit (v[20])
het **nieuwjaar** Neujahr (o[29]): *gelukkig ~!* prosit
Neujahr!, ein glückliches neues Jahr!
de **nieuwjaarsdag** Neujahrstag (m[5])
de **nieuwjaarswens** Neujahrswunsch (m[6])
de **nieuwkomer** Neueinsteiger (m[9]), Neuling
(m[5])
het **nieuws 1** [bericht, tijding] Nachricht (v[20]);
[officieel] Meldung (v[20]): *wat is er voor ~?* was
gibt's Neues?; *dat is oud ~!* das ist doch kalter
Kaffee! **2** [nieuwsberichten] Nachrichten
(mv): *het laatste* ~ die neuesten Nachrichten;
het plaatselijk ~ die Lokalnachrichten
het **nieuwsbericht** Nachricht (v[20])
de **nieuwsbrief** Rundschreiben (o[35]), Rundbrief (m[5])
de **nieuwsdienst** Pressedienst (m[5]); [radio/tv]
Nachrichtenstudio (o[36])
nieuwsgierig (+ naar) neugierig (auf[+4])
de **nieuwsgierigheid** Neugier (v[28])
de **nieuwsgroep** [discussiegroep] Newsgrup-
pe (v[21])
de **nieuwslezer** Nachrichtensprecher (m[9])
het **nieuwsoverzicht** Nachrichtenübersicht
(v[20])
de **nieuwswaarde** Nachrichtenwert (m[5])
de **nieuwszender** Nachrichtensender (m[9])
het **nieuwtje 1** [iets nieuws] Neuheit (v[20]), No-
vität (v[20]) **2** [bericht] Neuigkeit (v[20])
Nieuw-Zeeland Neuseeland (o[39])
de **Nieuw-Zeelander** Neuseeländer (m[9]),
Neuseeländerin (v[22])
Nieuw-Zeelands neuseeländisch
niezen niesen
Niger Niger (o[39])
de **¹Nigerees** Nigrer (m[9]), Nigrerin (v[22])
²Nigerees (bn) nigrisch
Nigeria Nigeria (o[39])
de **Nigeriaan** Nigerianer (m[9]), Nigerianerin
(v[22])
Nigeriaans nigerianisch
nihil nichts: *het resultaat was* ~ das Ergebnis
war gleich null
de **nijd** Neid (m[19]), Missgunst (v[28])
nijdig 1 [boos] wütend, böse **2** [vinnig]
grimmig
de **Nijl** Nil (m[19], m[19a])

het **nijlpaard** Nilpferd (o²⁹), Flusspferd (o²⁹)
nijpend bitter: ~*e armoede* bittere Armut;
~ *gebrek (aan)* erheblicher Mangel (an⁺³)
de **nijptang** Kneifzange (v²¹), Beißzange (v²¹)
nijver fleißig, emsig, betriebsam
de **nijverheid** Industrie (v²¹), Gewerbe (o³³)
de **nikab** Nikab (m¹³), Niqab (m¹³)
het **nikkel** Nickel (o³⁹)
nikkelen aus Nickel, Nickel…
niks: *een boek van* ~ ein jämmerliches Buch;
een vent van ~ ein Schlappschwanz; ~ *hoor!*
ja, Pustekuchen!; *zie* ¹*niets*
niksen herumsitzen²⁶⁸, faulenzen
de **niksnut** Nichtsnutz (m⁵), Taugenichts (m⁵)
de **nimf** Nymphe (v²¹)
nimmer nie(mals)
de **nippel** Nippel (m⁹)
nippen nippen: ~ *aan* nippen an⁺³
het **nippertje**: *op het* ~ **a)** [tijdsbepaling] im
letzten Augenblick; **b)** [maar net] mit knapper Not
de **nis** Nische (v²¹)
het **nitraat** Nitrat (o²⁹)
het **nitriet** Nitrit (o²⁹)
het **niveau** Niveau (o³⁶), Ebene (v²¹): *op het
hoogste* ~ auf höchster Ebene; *onder zijn* ~
werken unter (seinem) Niveau arbeiten; *overleg op ministerieel* ~ Beratungen auf Ministerebene
nivelleren [ook fig] nivellieren³²⁰
de **nivellering** Nivellierung (v²⁰)
nl. afk van *namelijk* nämlich
nobel nobel
de **Nobelprijs** Nobelpreis (m⁵)
noch noch: ~ … ~ weder … noch; *hij heeft* ~
geld ~ *goed* er hat weder Geld noch Gut
nochtans dennoch, trotzdem
de **no-claimkorting** Schadenfreiheitsrabatt
(m⁵)
node ungern, widerstrebend, zögernd: *ik
doe het* ~ ich tue es ungern ‖ *van* ~ vonnöten,
nötig
nodeloos unnötig; [bijwoord ook] unnöti-
gerweise
¹**nodig** (zn): *het* ~*e* das Nötige; *het hoogst* ~*e*
das Notwendigste; *het* ~*e kosten* einiges kosten
²**nodig** (bn, bw) nötig, notwendig, dringend:
beslist ~ unbedingt nötig; *zo* ~ wenn nötig;
het is hoog ~ es ist sehr nötig; ~ *hebben* nötig
haben¹⁸²; brauchen; *iets hard* ~ *hebben* etwas
dringend brauchen; *je hebt er niets* ~*!* du hast
da nichts zu schaffen!; *ik moet er* ~ *heen* ich
muss dringend hin; *het* ~ *vinden* es für nötig
halten¹⁸³; [inf] ~ *moeten* mal (dringend)
müssen
noemen nennen²¹³: *om (maar) eens iets te* ~
zum Beispiel; *een straat naar iem.* ~ eine Straße nach jmdm. benennen²¹³; *iem.* ~ *naar …*
jmdn. nennen nach⁺³ …
noemenswaardig nennenswert

de **noemer** Nenner (m⁹): [fig] *onder één* ~
brengen auf einen (gemeinsamen) Nenner
bringen¹³⁹
de ¹**noest** (zn) Knorren (m¹¹)
²**noest** (bn, bw) emsig, unermüdlich
nog noch: ~ *maar een week* nur noch eine
Woche; *tot* ~ *toe* bis jetzt, bisher; *dat ontbrak
er* ~ *maar aan* das fehlte gerade noch; *hij zal* ~
wel komen er wird schon noch kommen; *om*
~ *maar te zwijgen van* ganz zu schweigen
von⁺³; *dat is* ~ *zo gek niet* das ist gar nicht
übel; *al is hij* ~ *zo dom* und wenn er noch so
dumm ist
de **noga** Nugat (m¹³, o³⁶)
nogal ziemlich: *het gaat* ~ es geht so ziemlich; *hij is* ~ *vlijtig* er ist ziemlich fleißig
nogmaals nochmals, abermals
de **no-goarea** No-go-Area (v²⁷)
de **nok 1** [van dak] First (m⁵) **2** [techn] Nocken
(m⁹)
de **nomade** Nomade (m¹⁵)
nominaal nominal, Nominal…: ~ *bedrag*
Nominalbetrag (m⁶); *vaste nominale premie*
Kopfpauschale (v²¹)
de **nominatie 1** [benoeming] Ernennung (v²⁰)
2 [voordracht] Kandidatenliste (v²¹): *op de* ~
staan … nahe daran sein²⁶² …
de **non** Nonne (v²¹)
het **non-actief**: *op* ~ *stellen* in den Ruhestand
versetzen
de **nonchalance 1** Lässigkeit (v²⁸) **2** [slordig-
heid] Nachlässigkeit (v²⁸); [ernstiger] Fahrlässigkeit (v²⁰)
nonchalant 1 lässig **2** [slordig] nachlässig;
[ernstiger] fahrlässig
non-profit nicht auf Gewinn gerichtet
de **nonsens** Unsinn (m¹⁹), Blödsinn (m¹⁹)
non-stop nonstop
de **non-stopvlucht** Nonstop-Flug (m⁶)
non-verbaal nonverbal
de **nood** Not (v²⁵): ~ *breekt wet* Not kennt kein
Gebot; *geen* ~*!* keine Sorge!; *hij heeft geen* ~
er leidet keine Not; *als de* ~ *aan de man komt*
wenn Not am Mann ist; *uit* ~ notgedrungen;
in geval van ~ im Notfall, notfalls; *van de* ~
een deugd maken aus der Not eine Tugend
machen
de **noodgang** Höllentempo (o³⁶): *met een* ~ in
Höllentempo; mit Karacho
het **noodgebouw** Notbau (m¹⁹), Behelfsbau
(m¹⁹)
noodgedwongen notgedrungen
het **noodgeval** Notfall (m⁶)
de **noodhulp 1** [tijdelijke werkkracht] Aushil-
fe (v²¹), Aushilfskraft (v²⁵) **2** [bij ramp] Katas-
trophenhilfe (v²¹)
de **noodklok** Sturmglocke (v²¹), Alarmglocke
(v²¹): *de* ~ *luiden* Alarm schlagen
de **noodkreet** Notschrei (m⁵)
de **noodlanding** Notlandung (v²⁰)
noodlijdend Not leidend

het **noodlot** [alg] Schicksal (o^{29}); [neg] Ver-
hängnis (o^{29a})
noodlottig verhängnisvoll, fatal
de **noodmaatregel** Notmaßnahme (v^{21})
de **noodoplossing** Notlösung (v^{20})
de **noodrem** Notbremse (v^{21})
de **noodsituatie** Notsituation (v^{20}), Notlage
(v^{21})
de **noodsprong** Notlösung (v^{20})
de **noodstop** [plotselinge stop] Notstopp
(m^{13}); [door remmen] Notbremsung (v^{20}): *een
~ maken* eine Notbremsung machen
de **noodtoestand** Notlage (v^{21}); [jur] Ausnah-
mezustand (m^6), Notstand (m^6)
de **nooduitgang** Notausgang (m^6); [in bus
e.d.] Notausstieg (m^5)
de **noodvaart** Höllentempo (o^{36}): *met een ~
wie die Feuerwehr*
het **noodverband 1** [lett] Notverband (m^6)
2 [fig] Notmaßnahme (v^{21})
het **¹noodweer** [slecht weer] Unwetter (o^{33})
de **²noodweer** [verweer] Notwehr (v^{28}): *uit ~
handelen* aus Notwehr handeln
de **noodzaak** Notwendigkeit (v^{20}): *zonder ~*
ohne Not; *uit ~* notgedrungen; *door de situatie bepaalde ~* Sachzwang (m^6)
noodzakelijk notwendig: *het strikt ~e* das
unbedingt Notwendige
noodzakelijkerwijs notwendig(erweise)
noodzaken nötigen, zwingen^{319}
nooit nie(mals): *~ ofte nimmer* nie und nimmer
de **Noor** Norweger (m^9), Norwegerin (v^{22})
de **¹noord** (zn) Norden (m^{19})
²noord (bn, bw) nördlich: *de wind is ~* der
Wind weht von Norden
Noord-Afrika Nordafrika (o^{39})
Noord-Amerika Nordamerika (o^{39})
de **Noord-Amerikaan** Nordamerikaner (m^9),
Nordamerikanerin (v^{22})
Noord-Amerikaans nordamerikanisch
de **Noord-Brabander** Nordbrabanter (m^9),
Nordbrabanterin (v^{22})
Noord-Brabant Nordbrabant (o^{39})
Noord-Brabants nordbrabantisch
noordelijk nördlich: *~ van Parijs* nördlich
von Paris; *~ van de stad* nördlich der Stadt
het **noorden** Norden (m^{19}): *het hoge ~* der hohe
Norden; *naar het ~* nach Norden; *op het ~ liggen* nach Norden liegen^{202}; *ten ~ van Parijs*
nördlich von Paris; *uit, van het ~* aus, von
Norden
de **noordenwind** Nordwind (m^5)
de **noorderbreedte** nördliche Breite (v^{21})
de **noorderkeerkring** nördlicher Wendekreis
(m^{19})
het **noorderlicht** Nordlicht (o^{31}), Polarlicht
(o^{31})
de **noorderzon**: [fig] *met de ~ vertrekken* bei
Nacht und Nebel verschwinden^{258}
Noord-Holland Nordholland (o^{39})

Noord-Ierland Nordirland (o^{39})
de **Noordkaap** Nordkap (o, 2e nvl: -s)
Noord-Korea Nordkorea (o^{39})
de **Noord-Koreaan** Nordkoreaner (m^9),
Nordkoreanerin (v^{22})
Noord-Koreaans nordkoreanisch
noordoost, noordoostelijk nordöstlich
het **noordoosten** Nordosten (m^{19})
de **noordpool** Nordpol (m^{19})
de **noordpoolcirkel** nördlicher Polarkreis
(m^{19})
het **noordpoolgebied** Nordpolargebiet (o^{29}),
Arktis (v^{28})
¹noordwaarts (bn) nördlich
²noordwaarts (bw) nordwärts
noordwest, noordwestelijk nordwest-
lich
het **noordwesten** Nordwesten (m^{19})
de **Noordzee** Nordsee (v^{28})
het **¹Noors** (zn) Norwegisch (o^{41})
²Noors (bn) norwegisch
Noorwegen Norwegen (o^{39})
de **¹noot** [muz] Note (v^{21}): *veel noten op zijn zang
hebben* anspruchsvoll sein^{262}
de **²noot 1** [vrucht] Nuss (v^{25}) **2** [boom] Nussbaum (m^6)
de **³noot** [aantekening] Anmerkung (v^{20}), Notiz
(v^{20}): *ergens een kritische ~ bij plaatsen* zu etwas eine kritische Anmerkung machen
de **nootmuskaat** Muskatnuss (v^{25})
de **nop 1** [oneffenheid] Noppe (v^{21}) **2** [onder
sportschoen] Stollen (m^{11}): *schoen met ~pen*
Stollenschuh (m^5)
nopen 1 [dwingen] zwingen^{319}, nötigen
2 [aanzetten] veranlassen: *iem. tot spoed ~*
jmdn. zur Eile veranlassen
het **nopjes**: *in zijn ~ zijn* vergnügt sein; *in zijn ~
zijn met iets* sich freuen über etwas^4
noppes nix, nichts
de **nor** Kittchen (o^{35}), Knast (m^6, m^5)
het **nordic walking** Nordicwalking (o^{39}),
Nordic Walking (o^{39})
de **noren** Schnelllaufschlittschuhe (mv m^5)
de **norm** Norm (v^{20}): *de ~ halen* das Soll erfüllen
normaal normal: *~ gesproken* normaler-
weise; *hij is niet ~* er ist nicht bei Verstand
de **normaalschool** [Belg] pädagogische
Hochschule (v^{21})
¹normaliseren (onov ww) [normaal wor-
den] sich normalisieren^{320}
²normaliseren (ov ww) **1** [standaardiseren]
normieren^{320} **2** [van rivier] regulieren^{320}
normaliter normalerweise
het **normbesef** Sittlichkeit (v^{20}), Moral (v^{28})
normeren normen, normieren^{320}
de **normering 1** [het normeren] Normung
(v^{20}) **2** [maatstaf] Normierung (v^{20})
de **normvervaging** Normenerosion (v^{20})
nors barsch, mürrisch, unwirsch
de **nostalgie** Nostalgie (v^{21})
nostalgisch nostalgisch

de **nota 1** [rekening] Rechnung (v²⁰) **2** [pol] Note (v²¹): *diplomatieke* ~ diplomatische Note ‖ ~ *nemen van iets* Kenntnis (*of:* Notiz) von etwas nehmen
nota bene 1 [let wel] nota bene!, wohlgemerkt! **2** [warempel] wahrhaftig!

het **notariaat** Notariat (o²⁹)
notarieel notariell
de **notaris** Notar (m⁵)
het **notariskantoor** Notariat (o²⁹)
de **notebook** Notebook (o³⁶)
de **notenbalk** Notenlinien (mv v²¹)
de **notenboom** Nussbaum (m⁶)
de **notendop** Nussschale (v²¹): [fig] *in een* ~ kurz zusammengefasst
de **notenkraker** Nussknacker (m⁹)
het **notenschrift** Notenschrift (v²⁰)
noteren notieren³²⁰: *iets* ~ (sich³) etwas notieren; *een bestelling* ~ eine Bestellung vormerken
de **notering** Notierung (v²⁰)
de **notie** Ahnung (v²⁰), Idee (v²¹): *niet de minste* ~ keine blasse Ahnung
de **notitie** Notiz (v²⁰): *~s maken* sich³ Notizen machen; ~ *van iets nemen* Notiz von etwas nehmen²¹²; *hij nam geen* ~ *van mij* er beachtete mich nicht
het **notitieboekje** Notizbuch (o³²)
notoir [berucht] notorisch; [algemeen bekend] allbekannt
de **notulen** Protokoll (o²⁹): *de* ~ *maken* das Protokoll führen; *in de* ~ *opnemen* protokollieren³²⁰
notuleren protokollieren³²⁰
de **notulist** Protokollant (m¹⁴), Protokollführer (m⁹)
nou: ~ *ja, wat zal ik zeggen?* na ja, was soll ich sagen?; ~ *en of!* na, und ob!; *zie ¹nu*
de **novelle** [verhaal, wijzigingswet] Novelle (v²¹)
de **november** November (m⁹, 2e nvl: ook -): *in* ~ im November
het **novum** Novum (o, 2e nvl: -s; mv: Nova)
de **nozem** Halbstarke(r) (m⁴⁰ᵃ, v⁴⁰ᵇ)
het **¹nu** (zn) Jetzt (o³⁹ᵃ)
²nu (bw) **1** jetzt, nun **2** [tegenwoordig] heute: *tot nu toe* bis jetzt, bisher **3** [vanaf dit ogenblik] jetzt, nun, nunmehr ‖ *nu gebeurde het, dat ...* nun geschah es, dass ...; *nu eens ..., dan weer ... bald ..., bald ...*; *nu en dan* dann und wann; *van nu af aan* von nun an
³nu (vw) nun, da; jetzt, da: *nu hij rijk is* nun, da er reich ist
⁴nu (tw) nun, denn, bloß: *hoe kun je dat nu doen?* wie kannst du das bloß tun?
de **nuance** Nuance (v²¹)
nuanceren nuancieren³²⁰
de **nuancering** Nuancierung (v²⁰)
nuchter nüchtern: *op de ~e maag* auf nüchternen Magen
de **nuchterheid** Nüchternheit (v²⁸)

nucleair nuklear
het **nudisme** Nudismus (m¹⁹ᵃ), Freikörperkultur (v²⁸)
de **nudist** Nudist (m¹⁴), FKKler (m⁹)
nuffig spröde, geziert
de **nuk** Grille (v²¹), Laune (v²¹)
nukkig launenhaft, launisch, grillenhaft
de **¹nul** (zn) Null (v²⁰): *hij is een* ~ er ist eine Null; ~ *op het rekest krijgen* abgewiesen werden³¹⁰
²nul (bn) null: *van* ~ *en gener waarde verklaren* für null und nichtig erklären
³nul (telw) null: *zijn invloed is gelijk* ~ sein Einfluss ist gleich null; *10° onder* ~ 10 Grad unter null; ~ *komma* ~ null Komma nichts; *in het jaar* ~ anno dazumal
de **nulmeridiaan** Nullmeridian (m¹⁹)
het **nulpunt** Nullpunkt (m⁵)
numeriek zahlenmäßig
het **nummer 1** [cijfer] Nummer (v²¹): *brieven onder* ~ Briefe unter Chiffre **2** [persoon of zaak] Nummer (v²¹) ‖ [bij wedstrijd] ~ *1 worden* Erster werden³¹⁰; [inf] *een ~tje maken* eine Nummer machen; [fig] *een ~tje weggeven* eine Show abziehen³¹⁸; *iem. op zijn* ~ *zetten* jmdn. zurechtweisen³⁰⁷; [Belg] *groen* ~ [politie, brandweer] Notrufnummer; [gratis nummer] kostenlose Nummer; *mobiel* ~ Handynummer
het **nummerbord** Nummernschild (o³¹)
nummeren nummerieren³²⁰
de **nummering** Nummerierung (v²⁰)
de **nummermelder** Rufnummernanzeige (v²¹)
de **nummerweergave** Rufnummernanzeige (v²¹)
de **¹nurks** (zn) Nörgler (m⁹)
²nurks (bn) mürrisch
het **nut** Nutzen (m¹⁹): *ik heb er veel* ~ *van gehad* es hat mir viel genützt; *zich iets ten ~te maken* sich³ etwas zunutze (*of:* zu Nutze) machen; *van* ~ *zijn* nützen, helfen¹⁸⁸⁺³; *het is van geen* ~ es nützt nichts
het **nutsbedrijf** Versorgungsbetrieb (m⁵): *openbare nutsbedrijven* Stadtwerke (mv o²⁹)
nutteloos nutzlos, unnütz: ~ *werk doen* unnütze Arbeit verrichten
de **nutteloosheid** Nutzlosigkeit (v²⁸)
nuttig nützlich: ~ *gewicht* Nutzlast (v²⁰); *zijn geld* ~ *besteden* sein Geld vernünftig anwenden; *het ~e met het aangename verenigen* das Angenehme mit dem Nützlichen verbinden¹³¹
nuttigen verzehren, zu⁺³ sich nehmen²¹²
de **nv** afk van *naamloze vennootschap* Aktiengesellschaft (v²⁰), AG
de **¹nylon** [kous] Nylonstrumpf (m⁶)
het/de **²nylon** [stof] Nylon (o³⁹, o³⁹ᵃ)
³nylon (bn) aus Nylon, Nylon...

o

o oh!, o!: *o ja!* o ja!; *o jee!* herrje!; *o nee!* ach
nein!; *o wee!* o weh!, auweh!; *o zo!* ach so!;
o-o! oh, oh!

o.a. 1 afk van *onder andere* unter anderem
(afk *u.a.*) **2** afk van *onder anderen* unter anderen (afk *u.a.*)

de **oase** [ook fig] Oase (v²¹)

de **obelisk** Obelisk (m¹⁴)

de **O-benen** O-Beine (mv o²⁹)

de **ober** Ober (m⁹), Kellner (m⁹): ~! Herr Ober!

de **obesitas** Obesität (v²⁸), Obesitas (v²⁸)

het **object** Objekt (o²⁹): *indirect* ~ Dativobjekt;
(direct) ~ Objekt, Akkusativobjekt

het **¹objectief** (zn) [lens] Objektiv (o²⁹)

²objectief (bn, bw) objektiv

de **objectiviteit** Objektivität (v²⁸)

obligaat obligatorisch

de **obligatie** Obligation (v²⁰)

obsceen obszön, schlüpfrig

obscuur obskur: *een ~ zaakje* ein zweifelhaftes Geschäft

obsederen faszinieren³²⁰

de **observatie** Beobachtung (v²⁰), Observation
(v²⁰)

de **observatiepost** Beobachtungsposten
(m¹¹)

de **observator 1** [waarnemer] Beobachter
(m⁹) **2** [sterrenkundige] Observator (m¹⁶)

het **observatorium** Observatorium (o, 2e nvl:
-s; mv: Observatorien)

observeren beobachten, observieren³²⁰

de **obsessie** Obsession (v²⁰), Zwangsvorstel-
lung (v²⁰)

het **obstakel** Hindernis (o²⁹ᵃ)

obstinaat obstinat, starrsinnig

de **obstipatie** Obstipation (v²⁰)

de **obstructie** Obstruktion (v²⁰): ~ *voeren* ob-
struieren³²⁰

de **occasie** [Belg] (günstige) Gelegenheit (v²⁰)

de **occasion 1** Okkasion (v²⁰), Gelegenheitskauf (m⁶) **2** [auto] Gebrauchtwagen (m¹¹)

occult okkult

het **occultisme** Okkultismus (m¹⁹ᵃ)

de **oceaan** Ozean (m⁵): *Atlantische* ~ [ook] At-
lantik (m¹⁹); *de Grote* (of: *Stille*) ~ [ook] der
Pazifik

Oceanië Ozeanien (o³⁹)

¹och (zn) Ach (o³⁶)

²och (tw) ach!: ~ *kom!* ach was!

de **ochtend** Morgen (m¹¹)

het **ochtendblad** Morgenblatt (o³²), Morgenzeitung (v²⁰)

het **ochtendgloren** Morgenrot (o³⁹)

het **ochtendhumeur**: *een ~ hebben* ein Mor-
genmuffel sein²⁶²

de **ochtendjas** Morgenrock (m⁶), Morgenmantel (m¹⁰)

de **ochtendkrant** Morgenzeitung (v²⁰), Morgenblatt (o³²)

de **ochtendmens** Morgenmensch (m¹⁴)

de **ochtendschemering** Morgendämme-
rung (v²⁸)

de **ochtendspits** morgendliche Rushhour (v²⁷)

het/de **octaaf** Oktave (v²¹)

het **octaan** Oktan (o²⁹)

het **octet** Oktett (o²⁹)

de **octopus** Oktopode (m¹⁵)

het **octrooi** Patent (o²⁹): *voor iets ~ aanvragen*
etwas zum Patent anmelden; *door een ~ be-
schermd* patentgeschützt

het **octrooirecht** Patentrecht (o²⁹)

het **¹oculair** (zn) Okular (o²⁹)

²oculair (bn) okular, Okular…

de **ode** Ode (v²¹)

de **oecumene** Ökumene (v²⁸)

oecumenisch ökumenisch

het **oedeem** Ödem (o²⁹)

het **oedipuscomplex** Ödipuskomplex (m⁵)

oef uff!

het **oefenboek** Übungsbuch (o³²)

oefenen 1 [trainen] üben, trainieren³²⁰
2 [van deugden] üben, sich üben in⁺³: *geduld*
~ Geduld üben

de **oefening** Übung (v²⁰): ~ *baart kunst* Übung
macht den Meister; [sport] *vrije* ~ [zonder
toestellen] Freiübung; [met vrije figuren]
Kürübung

de **oefenmeester** Trainer (m⁹)

het **oefenterrein** Übungsgelände (o³³)

de **oefenwedstrijd** Trainingsspiel (o²⁹)

de **oehoe** Uhu (m¹³)

oei ach!, au!

Oekraïens ukrainisch

de **Oekraïne** die Ukraine (v²⁸)

de **Oekraïner** Ukrainer (m⁹), Ukrainerin (v²²)

de **oen** Blödmann (m⁸), Knallkopf (m⁶)

oeps hoppla, oops

de **Oeral** der Ural (m¹⁹)

het **oerbos** Urwald (m⁸)

oergezellig urgemütlich

de **oerknal** Urknall (m¹⁹)

de **oermens** Urmensch (m¹⁴), Vorzeitmensch
(m¹⁴)

oeroud uralt

oersaai stinklangweilig, todlangweilig

de **oertijd** Urzeit (v²⁰): *wereld in de* ~ Urwelt
(v²⁰)

het **oerwoud** Urwald (m⁸); [fig] Dschungel (m⁹,
o³³)

de **OESO** OECD (v)

de **oester** Auster (v²¹)

de **oesterbank** Austernbank (v²⁵)

de **oesterzwam** Austernpilz (m⁵)

het **oestrogeen** Östrogen (o²⁹)

het **oeuvre** Gesamtwerk (o²⁹), Œuvre (o³⁶)
de **oever** Ufer (o³³): *buiten de ~s treden* über die Ufer treten²⁹¹
oeverloos uferlos
de **Oezbeek** Usbeke (m¹⁴), Usbekin (v²²)
Oezbeeks usbekisch
Oezbekistan Usbekistan (o³⁹)
of 1 [nevenschikkend] oder: *nu of nooit* jetzt oder nie; *of ... of* entweder ... oder; *een jaar of veertig* etwa vierzig Jahre; *een dag of wat* einige Tage; *niet meer of minder dan* nicht mehr oder weniger als **2** [onderschikkend, in afhankelijke vragen] ob: *hij wist niet of hij lachen of huilen zou* er wusste nicht, ob er lachen oder weinen sollte; *ik vroeg hem, of hij bij mij kwam, of dat ik bij hem zou komen* ich fragte ihn, ob er zu mir komme, oder ob ich zu ihm kommen solle; *heeft hij geld? nou en of!* hat er Geld? und ob! **3** [in toegevende zinnen] ob: *of je roept of schreeuwt, ik doe toch niet open* ob du rufst oder schreist, ich mache doch nicht auf; *weer of geen weer ... of* gutes oder schlechtes Wetter ist ... **4** [in vergelijkende modale bijzinnen] als ob; wie wenn; als: *hij deed, of hij het niet hoorde* er tat, als ob er es nicht hörte (*of:* als hörte er es nicht) **5** [in bijzin na ontkennende hoofdzin]: *er zijn niet veel boeken, of hij heeft ze gelezen* es gibt nicht viele Bücher, die er nicht gelesen hat; *het duurde niet lang, of het begon te regenen* es dauerte nicht lange, da fing es an zu regnen; *het scheelde niet veel of hij was gevallen* es fehlte nicht viel, und er wäre gefallen; *ik kan niet uitgaan, of ik kom hem tegen* ich kann nicht ausgehen, ohne ihm zu begegnen; *ik kan niet anders zeggen, of uw boek bevalt me* ich kann Ihnen nichts anderes sagen, als dass Ihr Buch mir gefällt; *nauwelijks zag hij me, of ...* kaum sah er mich, da ...
het ¹**offensief** (zn) Offensive (v²¹)
²**offensief** (bn, bw) offensiv
het **offer** Opfer (o³³): *een ~ brengen* ein Opfer bringen¹³⁹
de **offerande** Opfergabe (v²¹), Opfer (o³³)
offeren opfern; [betalen] spenden
het **offerfeest** Opferfeier (v²¹)
het **Offerfeest** Opferfest (o²⁹), Opferfeier (v²¹)
de **offerte** Offerte (v²¹), Angebot (o²⁹): *een ~ doen* ein Angebot machen
de **officemanager** Officemanager (m⁹)
de **official** [sport] Funktionär (m⁵)
officieel offiziell, amtlich
de **officier 1** [mil] Offizier (m⁵) **2** [rechtswezen] Staatsanwalt (m⁶): *~ van justitie* Staatsanwalt (m⁶)
officieus inoffiziell, offiziös
offline offline
offreren anbieten¹³⁰; [hand] offerieren³²⁰
de **offsetdruk** Offsetdruck (m⁵)
offshore Offshore...: *~boring* Offshorebohrung (v²⁰)

de **offshoring** Offshoring (o³⁹)
ofschoon obgleich, obwohl, obschon
ofte: *nooit ~ nimmer* nie und nimmer
oftewel, ofwel oder, beziehungsweise
ogen [er uitzien] aussehen²⁶¹
het **ogenblik** Augenblick (m⁵), Moment (m⁵): *een ~je!* einen Augenblick bitte!; *in een ~* in einem Nu; *op dat ~* in dem Augenblick; *op het ~* im Augenblick, momentan, zurzeit; *op het ~, dat ... in dem Augenblick, wo ...; *onder de omstandigheden van het ~* unter den jetzigen Umständen
¹**ogenblikkelijk** (bn) sofortig
²**ogenblikkelijk** (bw) sofort
ogenschijnlijk 1 [schijnbaar] scheinbar **2** [naar het uiterlijk] anscheinend, dem Anschein nach
de **ogenschouw** Augenschein (m¹⁹): *iets in ~ nemen* etwas in Augenschein nehmen²¹²
het/de **ohm** Ohm (o, 2e nvl: -(s); mv: -)
de **ok** afk van *operatiekamer* Operationssaal (m, 2e nvl: -s; mv: Operationssäle), OP
OK o.k., O.K., okay, alles klar, abgemacht, einverstanden
de **okapi** Okapi (o³⁶)
oké okay, alles klar, abgemacht, einverstanden, o.k., O.K.
de **oker** Ocker (m⁹, o³³)
de **oksel**, de **okselholte** Achselhöhle (v²¹)
de **oktober** Oktober (m⁹, 2e nvl: ook -)
de **oldtimer** Oldtimer (m⁹)
de **oleander** Oleander (m⁹)
de **olie** Öl (o²⁹): *ruwe ~* Rohöl; *~ bijvullen* Öl nachfüllen; *~ controleren* Öl kontrollieren³²⁰
de **oliebol 1** Krapfen (m¹¹) **2** [persoon] Dummkopf (m⁶)
de **olieboycot** Ölboykott (m¹³, m⁵)
de **oliebron** Ölquelle (v²¹)
de **oliecrisis** Ölkrise (v²¹)
oliedom stockdumm
de **oliekachel** Ölofen (m¹²)
de **olielamp** Öllampe (v²¹)
oliën ölen
de **olieraffinaderij** Ölraffinerie (v²¹), Erdölraffinerie (v²¹)
het **oliesel** Ölung (v²⁰): *het laatste (of: Heilig) ~ toedienen* die Letzte Ölung geben
de **olietanker** Öltanker (m⁹)
de **olieverf** Ölfarbe (v²¹)
de **olievlek** Ölfleck (m⁵), Ölflecken (m¹¹): *zich als een ~ uitbreiden* um sich greifen¹⁸¹
de **olifant** Elefant (m¹⁴): *als een ~ in de porseleinkast* wie ein Elefant im Porzellanladen
de **olifantshuid** Elefantenhaut (v²⁵)
de **oligarchie** Oligarchie (v²¹)
de **olijf** Olive (v²¹); [boom] Olivenbaum (m⁶)
de **olijfberg** Ölberg (m¹⁹)
de **olijfboom** Olivenbaum (m⁶), Ölbaum (m⁶)
het ¹**olijfgroen** (zn) Olivgrün (o³⁹)
²**olijfgroen** (bn) olivgrün
olijfkleurig olivenfarbig, olivenfarben

de **olijfolie** Olivenöl (o²⁹)
olijk schalkhaft
de **olm** Ulme (v²¹), Rüster (v²¹)
o.l.v. afk van *onder leiding van* unter (der) Leitung von⁺³
O.L.V. [Belg] afk van *Onze-Lieve-Vrouw:* *~-Hemelvaart* Mariä Himmelfahrt (v²⁸)
de **olympiade** Olympiade (v²¹)
olympisch olympisch: *~ kampioen* Olympiasieger (m⁹); *de Olympische Spelen* die Olympischen Spiele
¹**om** (bw) **1** [m.b.t. een richting] um⁺⁴: *de hoek om fietsen* um die Ecke radeln **2** [verstreken] herum, abgelaufen: *enige uren waren reeds om* einige Stunden waren schon herum; *uw tijd is om* Ihre Zeit ist abgelaufen; *hoe moet hij zijn tijd om krijgen?* wie soll er seine Zeit hinbringen? **3** [ergens omheen] um: *een sjaal om hebben* einen Schal umhaben¹⁸²; *een sjaal om krijgen* einen Schal umbekommen¹⁹³ || *om en om iets doen* reihum etwas tun²⁹⁵; *dat is een uur om* das ist ein Umweg von einer Stunde; *een straatje om gaan* einen kleinen Spaziergang machen; *hij heeft hem om* er hat einen sitzen
²**om** (vz) **1** [rondom] um⁺⁴ ... (herum): *om de tafel zitten* um den Tisch (herum) sitzen²⁶⁸ **2** [voorbij] um⁺⁴: *om de hoek kijken* um die Ecke schauen **3** [op het moment van] um⁺⁴: *om negen uur* um neun Uhr **4** [omstreeks] um⁺⁴ ... (herum): *om en bij de 60* etwa 60 **5** [telkens na]: *om de drie uur* alle drei Stunden; *om de maand* jeden zweiten Monat; *om beurten* abwechselnd **6** [wegens] wegen⁺², für⁺⁴: *hij deed het om het geld* er tat es wegen des Geldes (*of:* fürs Geld); *bekend om het natuurschoon* bekannt wegen der Naturschönheit **7** [met het doel, teneinde] um: *hij kwam om mij te helpen* er kam, um mir zu helfen **8** [in 'om te +' onbepaalde wijs is 'om' vaak overbodig en wordt dan in het Duits niet vertaald]: *ik ben bereid om u te helpen* ich bin bereit, Ihnen zu helfen; *geen stoel om op te zitten* kein Stuhl zum Sitzen; *om zo te zeggen* sozusagen; *het is om te lachen* es ist zum Lachen; *het is om gek te worden* es ist zum Verrücktwerden; *het is om wanhopig van te worden* es ist zum Verzweifeln
het **OM** afk van *Openbaar Ministerie* StA (afk van *Staatsanwaltschaft*)
de **oma** Oma (v²⁷); [liefkozend] Omi (v²⁷)
de **omafiets** Hollandrad (o³²)
Oman Oman (o³⁹)
de **Omaniet** Omaner (m⁹), Omanerin (v²²)
Omanitisch omanisch
omarmen umarmen
de **omarming** Umarmung (v²⁰)
ombinden umbinden¹³¹
ombouwen umbauen
ombrengen 1 [de tijd] verbringen¹³⁹, zubringen¹³⁹ **2** [doden] umbringen¹³⁹

de **ombudsman** Ombudsmann (m⁸, mv: ook Ombudsleute)
¹**ombuigen** (onov ww) sich biegen¹²⁹
²**ombuigen** (ov ww) **1** [lett] umbiegen¹²⁹ **2** [veranderen] ändern, verändern **3** [bezuinigen] Sparmaßnahmen ergreifen¹⁸¹
omcirkelen einkreisen, umranden
omdat weil, da
omdoen umtun²⁹⁵, umhängen; [een das, sjaal] umbinden¹³¹; [een ketting] umlegen: *de veiligheidsgordel ~* sich anschnallen
omdopen umtaufen
¹**omdraaien** (onov ww) **1** [van mening veranderen] umschwenken **2** [keren] (um)kehren
²**omdraaien** (ov ww) [ronddraaien] umdrehen, umwenden³⁰⁸
zich ³**omdraaien** (wdk ww) sich umdrehen
omduwen umstoßen²⁸⁵, umwerfen³¹¹
de **omelet** Omelett (o²⁹, o³⁶)
omfloerst verschleiert, umflort
omgaan 1 [rondgaan] umhergehen¹⁶⁸: *een straatje ~* einen kleinen Spaziergang machen **2** [voorbijgaan] vorübergehen¹⁶⁸: *de dag ging om* der Tag ging vorüber **3** [verkeren met] verkehren (mit⁺³) **4** [hanteren] umgehen¹⁶⁸: *hij kan goed met dieren ~* er kann gut mit Tieren umgehen **5** [omvallen] umkippen **6** [verzet opgeven] umschwenken: *het parlement ~* das Parlament schwenkte um **7** [gebeuren] umgehen¹⁶⁸, vorgehen¹⁶⁸: *dat gaat buiten ons om* damit haben wir nichts zu tun; *je weet niet, wat er in een kind omgaat* man weiß nicht, was in einem Kind vorgeht
omgaand umgehend: *per ~e* umgehend
de **omgang** Umgang (m¹⁹), Verkehr (m¹⁹): *prettig in de ~* umgänglich; *hij is lastig in de ~* er ist schwierig im Umgang; *veel ~ met iem. hebben* viel mit jmdm. verkehren
de **omgangsregeling** Umgangsregelung (v²⁰)
de **omgangstaal** Umgangssprache (v²¹)
de **omgangsvormen** Formen (mv), Umgangsformen (mv)
omgekeerd umgekehrt: *de ~e wereld* die verkehrte Welt; *het ~e van mooi* das Gegenteil von schön; *juist ~* gerade umgekehrt
omgeven umgeben¹⁶⁶
de **omgeving** Umgebung (v²⁰)
omgooien umwerfen³¹¹
de **omhaal 1** [drukte] Getue (o³⁹): *met veel ~* umständlich **2** [van woorden] Weitschweifigkeit (v²⁸) **3** [bij voetbal] Rückzieher (m⁹)
omhakken umhacken, umhauen¹⁸⁵
omhalen 1 [voetb] einen Rückzieher machen **2** [Belg; collecteren] einsammeln
de **omhaling** [Belg] Einsammlung (v²⁰)
omhanden: *iets ~ hebben* eine Beschäftigung haben¹⁸²
omhangen umhängen

omheen herum: *ergens niet ~ kunnen* um[+4] etwas nicht herumkommen[193]

omheinen umzäunen, einzäunen

de **omheining** Umzäunung (v[20]), Zaun (m[6])

omhelzen umarmen: *iem.* ~ jmdn. umarmen

de **omhelzing** Umarmung (v[20])

omhoog in die Höhe, empor, hoch: *handen ~!* Hände hoch!; *naar ~* hinauf; *van ~* von oben

omhooggaan in die Höhe gehen[168]; [m.b.t. prijzen, ook] steigen[281], anziehen[318]

omhoogkomen 1 [m.b.t. water] steigen[281] **2** [zich oprichten] sich aufrichten **3** [vooruitkomen] emporkommen[193]

omhoogzitten [in moeilijkheden zitten] in der Klemme sitzen[268]; [fin] in Geldnot sein

omhullen umhüllen, einhüllen

het **omhulsel** Umhüllung (v[20]), Hülle (v[21])

de **omissie** Unterlassung (v[20])

de **omkadering** [Belg] ± Stab-Studentenrate (v[21])

omkeerbaar umkehrbar

omkeren umkehren, umdrehen: *een kaart* ~ eine Spielkarte aufdecken; [fig] *elk dubbeltje* ~ jeden Pfennig umdrehen

omkijken 1 [achterwaarts kijken] sich umsehen[261]: *naar iem.* ~ sich nach jmdm. umsehen **2** [zorg tonen] sich kümmern um[+4]

[1]**omkleden** (ov ww) umziehen[318]: *zich* ~ sich umziehen[318]

[2]**omkleden** (ov ww) [met iets omgeven] umkleiden

omkomen [sterven] umkommen[193]: [fig] ~ *van de honger* umkommen vor Hunger || *een hoek* ~ um eine Ecke herumkommen

omkoopbaar bestechlich

omkopen bestechen[277]

de **omkoping** Bestechung (v[20])

omlaag: *(naar)* ~ nach unten; [van de spreker af] hinunter, hinab; [naar de spreker toe] herunter, herab; *van* ~ von unten herauf (*of:* hinauf)

omlaaggaan hinuntergehen[168], hinabgehen[168]; [m.b.t. koers e.d.] sinken[266]; [plotseling] fallen[154]

omleggen 1 [om iets heen leggen] umlegen, anlegen: *een verband* ~ (jmdm.) einen Verband anlegen **2** [omkeren] umdrehen, umwenden[308] **3** [een rivier, het verkeer] umleiten

omleiden umleiten

de **omleiding** Umleitung (v[20])

omliggend umliegend: *~e plaatsen* umliegende Orte (mv m[5]), Nachbarorte (mv m[5])

omlijnen 1 [met een lijn omgeven] umranden **2** [duidelijk aangeven] umreißen[220]

omlijsten einrahmen; [fig ook] umrahmen

de **omlijsting 1** [de lijst] Rahmen (m[11]) **2** [het omlijsten] Umrahmung (v[20])

de **omloop 1** [kringloop] Kreislauf (m[6]) **2** [circulatie] Umlauf (m[19]), Zirkulation (v[20]): *in ~ brengen* in Umlauf bringen[139]; *in ~ zijn* in (*of:* im) Umlauf sein[262] **3** [van molen, toren] Umgang (m[6])

de **omloopsnelheid** Umlauf(s)geschwindigkeit (v[20])

omlopen 1 [een omweg maken] einen Umweg machen **2** [een wandeling maken] spazieren gehen[168]: *nog een straatje* ~ einen kleinen Spaziergang machen **3** [van richting veranderen] drehen **4** [omverlopen] umrennen[222], umlaufen[198] **5** [rondlopen] zirkulieren[320]

de **ommekeer** Umschwung (m[6]), Wende (v[21])

het **ommetje** (kleine(r)) Spaziergang (m[6])

het **ommezien**: *in een* ~ im Handumdrehen, im Nu

de **ommezijde** Rückseite (v[21]): *zie* ~ bitte wenden

de **ommezwaai** Umschwung (m[6]), Wende (v[21])

ommuren ummauern

de **omnisport** [Belg] Breitensport (m[5])

de **omnivoor** Omnivore (m[15])

omploegen umpflügen

ompraten umstimmen, überreden

omranden umranden, umrändern

de **omrastering** Drahtzaun (m[6]), Umzäunung (v[20])

omrekenen umrechnen

omrijden 1 [rondrijden] umherfahren[153]: *een eindje* ~ eine Spazierfahrt machen **2** [langs een omweg rijden] umfahren[153] **3** [omverrijden] umfahren[153] **4** [om iets heen rijden] umfahren[153]

omringen umringen, umgeben[166]

de **omroep** Rundfunk (m[19])

omroepen [telec] ansagen, durchsagen

de **omroeper** [telec] Sprecher (m[9]), Ansager (m[9])

de **omroepinstallatie** Lautsprecheranlage (v[21])

omroeren umrühren, durchrühren

omruilen umtauschen

omschakelen 1 [lett] umschalten **2** [anders inrichten] umschalten **3** [aanpassen bij] umstellen

omscholen umschulen

de **omscholing** Umschulung (v[20])

omschoppen umtreten[291]

omschrijven 1 [definiëren] umschreiben[252] **2** [beschrijven] beschreiben[252]

de **omschrijving** Umschreibung (v[20]), Beschreibung (v[20])

omsingelen [een stad, vijand] einschließen[245]; [een huis] umstellen; [leger] einkesseln

[1]**omslaan** (onov ww) **1** [omvallen] umschlagen[241], umstürzen **2** [plotseling veranderen] umschlagen[241]: *in het tegendeel* ~ ins Gegenteil umschlagen **3** [om iets heen bewegen]

biegen[129]: *een hoek* ~ um eine Ecke biegen

²omslaan (ov ww) **1** [omkeren, omvouwen] umschlagen[241] **2** [omdoen] umschlagen[241], umwerfen[311] **3** [omverslaan] umwerfen[311] **4** [gelijk verdelen over] umlegen, verteilen

omslachtig umständlich

het/de **omslag 1** Umschlag (m⁶) **2** [van kosten] Umlegung (v²⁰) **3** [drukte, omhaal] Umstand (m⁶, meestal mv)

de **omslagdoek** Umschlag(e)tuch (o³²)

het **omslagpunt** Umschlag (m⁶)

omsluiten umschließen[245]

omsmelten umschmelzen[248]

omspitten umgraben[180]

omspoelen [reinigen] ausspülen

omspringen umgehen[168]

de **omstander** Umstehende(r) (m⁴⁰ᵃ)

omstandig umständlich, ausführlich

de **omstandigheid 1** [gesteldheid, toestand] Umstand (m⁶), Verhältnis (o²⁹ᵃ): *de tegenwoordige* omstandigheden die gegenwärtigen Verhältnisse; *in de gegeven* omstandigheden bei den gegebenen Umständen; *naar* omstandigheden redelijk wel den Umständen entsprechend recht gut; *naar* omstandigheden handelen je nach den Umständen handeln; *wegens* omstandigheden umstandshalber **2** [breedvoerigheid] Umständlichkeit (v²⁸)

omstoten umstoßen[285]

omstreden umstritten

¹omstreeks (bw) ungefähr, etwa, circa

²omstreeks (vz) um⁺⁴ (herum): ~ *Pasen* um Ostern (herum)

de **omstreken** Umgebung (v²⁰)

omstrengelen umschlingen[246]

omtoveren verzaubern

de **omtrek 1** [buitenlijn, grenslijn] Umriss (m⁵), Kontur (v²⁰) **2** [meetk] [van voorwerp] Umfang (m⁶): *binnen een* ~ *van …* im Umkreis von⁺³ *…* **3** [omstreken] Umgebung (v²⁰)

omtrekken 1 [omvertrekken] umreißen[220] **2** [ergens omheen trekken] umgehen[168]

¹omtrent (bw) ungefähr, etwa: *of daar* ~ oder da herum

²omtrent (vz) **1** [betreffende] in Bezug auf⁺⁴, über⁺⁴ **2** [nabij] um⁺⁴ *…* (herum): ~ *Pasen* um Ostern (herum)

omturnen umkrempeln, herumkriegen: *iem.* ~ jmdn. herumkriegen

omvallen umfallen[154]

de **omvang** Umfang (m⁶)

omvangrijk umfangreich

omvatten umfassen

omver um…, über den Haufen, nieder…

omverblazen umblasen[133]

omverduwen umstoßen[285]

omvergooien umwerfen[311]

omverhalen umreißen[220], niederreißen[220]

omverlopen umrennen[222]

omverpraten überreden, bereden

omverrijden umfahren[153]

omverwerpen 1 [tegen de grond werpen] umstoßen[285], umwerfen[311] **2** [doen vallen] stürzen

omvliegen 1 sausen um⁺⁴ **2** [m.b.t. tijd] dahinfliegen[159]

omvormen umformen, umbilden

omvouwen (um)falten

omwaaien umwehen

de **omweg** Umweg (m⁵): *langs een* ~ auf Umwegen; *zonder ~en* [fig] ohne Umschweife

omwentelen 1 [een steen] umwälzen **2** [een rad] umdrehen

de **omwenteling 1** [om een as] Umdrehung (v²⁰) **2** [meetk] Rotation (v²⁰) **3** [techn] Drehung (v²⁰), Tour (v²⁰): *aantal ~en* Drehzahl (v²⁰) **4** [revolutie] Umwälzung (v²⁰), Revolution (v²⁰)

omwerken umarbeiten

¹omwikkelen (ww) umwickeln, wickeln um⁺⁴

²omwikkelen (ww) umwickeln

omwisselen (um)wechseln, umtauschen

omwonend umwohnend

de **omwonenden**, de **omwoners** Umwohner (mv m⁹)

omzeilen 1 umsegeln **2** [fig] [uit de weg gaan] umgehen[168], ausweichen[306]

de **omzendbrief** [Belg] Rundbrief (m⁵), Rundschreiben (o³⁵)

de **omzet** Umsatz (m⁶): *jaarlijkse* ~ Jahresumsatz

de **omzetbelasting** Umsatzsteuer (v²¹)

¹omzetten (onov ww) [snel lopen om iets] rennen[222] um⁺⁴

²omzetten (ov ww) **1** [doen verwisselen van plaats] umstellen, umsetzen **2** [muz] transponieren[320] **3** [chem] umsetzen (in⁺⁴) **4** [omschakelen] umschalten, umstellen **5** [verhandelen] umsetzen

de **omzetting** Umstellung (v²⁰), Umsetzung (v²⁰); *zie* ¹*omzetten*

omzichtig umsichtig, behutsam

omzien *zie* omkijken

¹omzomen (ww) umsäumen

²omzomen (ww) umsäumen

omzwaaien 1 [in de rondte zwaaien] herumschwenken **2** [van studierichting veranderen] umsatteln

de **omzwerving** Wanderung (v²⁰), Irrfahrt (v²⁰)

onaandoenlijk unempfindlich

onaangedaan ungerührt, unberührt

onaangekondigd nicht angekündigt

onaangenaam [niet plezierig] unangenehm

onaangepast unangepasst

onaangetast unangetastet

onaannemelijk 1 [niet aanvaardbaar] unannehmbar **2** [m.b.t. bewering] unglaubwürdig

onaantastbaar unantastbar
onaantrekkelijk reizlos
onaanvaardbaar unannehmbar
onaanzienlijk 1 unansehnlich **2** [niet groot] unbedeutend, unbeträchtlich
onaardig unfreundlich || *niet* ~ [vrij goed] nicht übel
onachtzaam nachlässig, unachtsam
onaf unfertig
onafgebroken ununterbrochen
onafhankelijk unabhängig
de **onafhankelijkheid** Unabhängigkeit (v[28])
onafscheidelijk unzertrennlich
onafzienbaar unabsehbar, unübersehbar
onbaatzuchtig uneigennützig, selbstlos
onbarmhartig unbarmherzig, erbarmungslos
onbeantwoord unbeantwortet, unerwidert
onbebouwd unbebaut
onbedaarlijk unbändig
onbedekt [openlijk] unumwunden, unverhüllt
onbedoeld unbeabsichtigt, unabsichtlich
onbedorven unverdorben
onbeduidend unbedeutend
onbedwingbaar unbezwingbar
onbegaanbaar unwegsam
onbegonnen undurchführbar: *dat is een ~ werk* das ist verlorene Liebesmühe
onbegrensd unbegrenzt, grenzenlos
onbegrijpelijk unbegreiflich, unfassbar
het **onbegrip 1** [m.b.t. personen] Unverständnis (o[29]), Verständnislosigkeit (v[20]): *wederzijds* ~ gegenseitiges Unverständnis **2** [m.b.t. zaken] Unverständlichkeit (v[20])
onbehaaglijk unbehaglich
het **onbehagen** Unbehagen (o[39]), Missbehagen (o[39])
onbeheerd herrenlos, unbeaufsichtigt
onbeheerst unbeherrscht
onbeholpen unbeholfen, ungeschickt
onbehoorlijk 1 [ongepast] ungehörig **2** [onwelvoeglijk] unanständig
onbehouwen [vlegelachtig] flegelhaft
onbekend unbekannt: *dat is hier* ~ das kennt man hier nicht
de **onbekende** Unbekannte(r) (m[40a], v[40b])
onbekommerd unbekümmert, unbesorgt
onbekwaam unfähig
de **onbekwaamheid** Unfähigkeit (v[28])
onbelangrijk unbedeutend, unwichtig
onbelast 1 [niet belast] unbelastet, unbeschwert **2** [vrij van belasting] steuerfrei
onbeleefd unhöflich
de **onbeleefdheid** Unhöflichkeit (v[20])
onbelemmerd ungehindert, unbehindert
onbemand unbemannt
onbemiddeld unbemittelt
onbemind unbeliebt
de **onbenul** Tollpatsch (m[5]), Tölpel (m[9])

onbenullig 1 [dom] albern, einfältig, tölpelhaft **2** [gering] unbedeutend, geringfügig
onbepaald unbestimmt: *voor ~e tijd* auf unbestimmte Zeit; ~ *lidwoord* unbestimmter Artikel; ~ *voornaamwoord* unbestimmtes Fürwort, Indefinitpronomen; *de ~e wijs* der Infinitiv
onbeperkt unbeschränkt, unbegrenzt: ~ *gezag* unumschränkte Gewalt
onbeproefd unversucht
onbereikbaar unerreichbar
onberekenbaar unberechenbar
onberispelijk tadellos, untad(e)lig
onbeschaafd 1 [ongeciviliseerd] unzivilisiert **2** [ongemanierd] ungeschliffen
onbeschaamd unverschämt
onbeschadigd unbeschädigt, unversehrt
onbescheiden unbescheiden
onbeschoft unverschämt
onbeschreven unbeschrieben
onbeschrijfelijk unbeschreiblich
onbeslist unentschieden
onbespeelbaar unbespielbar
onbespoten ungespritzt
onbespreekbaar tabu
onbesproken 1 [niet besproken] unbesprochen **2** [onberispelijk] unbescholten **3** [niet gehuurd] nicht reserviert, frei
onbestaanbaar unmöglich: *dat is ~!* so was gibt's nicht!
onbestelbaar unzustellbar
onbestemd unbestimmt
onbestendig unbeständig, veränderlich
onbestuurbaar 1 [niet te leiden] unregierbar **2** [m.b.t. vaar-, voertuig] unlenkbar
onbesuisd 1 [onnadenkend] unbesonnen **2** [onstuimig] ungestüm
onbetaalbaar unbezahlbar
onbetaald unbezahlt; [m.b.t. rekeningen ook] unbeglichen, offen
onbetamelijk ungebührlich, unschicklich
onbetekenend unbedeutend
onbetrouwbaar unzuverlässig
de **onbetrouwbaarheid** Unzuverlässigkeit (v[28])
onbetuigd: *zich niet ~ laten* regen Anteil nehmen[212] (an[+3])
onbetwist unbestritten, unangefochten
onbevangen unbefangen
onbevestigd unbestätigt
onbevlekt unbefleckt, makellos
onbevoegd unbefugt; [jur] unzuständig
onbevooroordeeld unvoreingenommen
onbevredigd unbefriedigt
onbevredigend unbefriedigend
onbewaakt unbewacht
onbeweeglijk 1 [lett] unbeweglich **2** [onverzettelijk] unerschütterlich
onbewerkt unbearbeitet; [niet bewerkt, ook] roh: ~ *staal* Rohstahl (m[6]); ~*e stoffen*

Rohstoffe (mv m⁵)
onbewezen unbewiesen
onbewogen 1 [roerloos] unbewegt **2** [on-aangedaan] unbewegt, ungerührt
onbewolkt unbewölkt, wolkenlos, heiter
onbewoonbaar unbewohnbar
onbewoond unbewohnt
onbewust unbewusst
onbezoldigd unbesoldet
onbezonnen unbesonnen, unüberlegt
onbezorgd sorglos, unbesorgt
onbezwaard 1 unbeschwert **2** [vrij van lasten, van hypotheek] unbelastet
onbillijk unbillig, ungerecht
onbrandbaar nicht brennbar, feuerfest
onbreekbaar unzerbrechlich, bruchfest
het **onbruik**: *in ~ raken* außer Gebrauch kommen¹⁹³
onbruikbaar unbrauchbar
onbuigzaam 1 [niet buigzaam] unbiegsam **2** [koppig] unbeugsam
onchristelijk unchristlich
de **oncoloog** Onkologe (m¹⁵)
oncomfortabel unkomfortabel, unbequem
oncontroleerbaar unkontrollierbar
de **ondank** Undank (m¹⁹)
ondankbaar undankbar
de **ondankbaarheid** Undankbarkeit (v²⁸)
¹**ondanks** (vz) trotz⁺², ˢᵒᵐˢ ⁺³: *~ alles* trotz allem; *~ dat alles* trotz alledem
²**ondanks** (vw) obwohl
ondeelbaar 1 unteilbar: *een ~ getal* eine unteilbare Zahl **2** [zeer klein] winzig: *~ klein* unendlich klein
ondefinieerbaar undefinierbar
ondemocratisch undemokratisch
ondenkbaar undenkbar
¹**onder** (bw) unten: *naar ~* **a)** nach unten; **b)** [van spreker af] hinunter; **c)** [naar spreker toe] herunter; *van ~* von unten; *~ in de fles* unten in der Flasche; *de zon is ~* die Sonne ist untergegangen; *erop of er~* entweder oder; *ten ~ gaan* zugrunde (*of:* zu Grunde) gehen¹⁶⁸
²**onder** (vz) **1** [m.b.t. plaats] unter [bij beweging gericht op doel⁺⁴, anders⁺³]: *~ de tafel liggen* unter dem Tisch liegen²⁰²; *~ de tafel leggen* unter den Tisch legen; *~ de brug door* unter der Brücke hindurch **2** [minder dan] unter⁺³: *~ de zestig (jaar)* unter sechzig (Jahren) **3** [onder de verantwoording van] unter⁺³: *~ zijn voorganger* unter seinem Vorgänger **4** [in de kring van] unter⁺³: *~ andere* unter anderem; *~ anderen* unter anderen; *~ elkaar* unter sich, untereinander **5** [gedurende] unter⁺³, während⁺²: *~ het werk* unter (*of:* während) der Arbeit **6** [bij het drinken, eten van] bei⁺³: *~ een glas wijn* bei einem Glas Wein
onderaan unten: *helemaal ~* zuunterst

de **onderaannemer** Subunternehmer (m⁹)
onderaards unterirdisch
onderaf unten: *van ~* von unten
de **onderafdeling** Unterabteilung (v²⁰)
de **onderarm** Unterarm (m⁵)
het **onderbeen** Unterschenkel (m⁹)
onderbelicht unterbelichtet
onderbetalen unterbezahlen
onderbewust unterbewusst
het **onderbewustzijn** Unterbewusstsein (o³⁹)
onderbezet 1 [met te weinig personeel] unterbesetzt **2** [met te weinig werk] unterbeschäftigt
de **onderbezetting** Unterbesetzung (v²⁰); [m.b.t. personeel] Personalmangel (m¹⁹)
onderbinden unterbinden¹³¹; [met riem of gesp] anschnallen
de **onderbouw 1** [bouwk] Unterbau (m, 2e nvl: -(e)s; mv: -ten) **2** [van school] Unterstufe (v²¹) **3** [pol] Basis (v, mv: Basen)
onderbouwen [ook fig] unterbauen, untermauern
onderbreken unterbrechen¹³⁷
de **onderbreking** Unterbrechung (v²⁰)
onderbrengen unterbringen¹³⁹
de **onderbroek** Unterhose (v²¹)
de **onderbuik** Unterleib (m⁷)
het **onderbuikgevoel 1** [intuïtie] Bauchgefühl (o²⁹) **2** [negatieve gevoelens] latente(r) Groll (m¹⁹)
de **onderdaan** Untertan (m¹⁴, m¹⁶)
het **onderdak** Unterkunft (v²⁵): *iem. ~ verschaffen* jmdn. bei⁺³ sich aufnehmen²¹²
onderdanig 1 [ondergeschikt] untergeben **2** [onderworpen] untertänig
de **onderdanigheid** Untertänigkeit (v²⁸)
het **onderdeel 1** [onderafdeling] Unterabteilung (v²⁰) **2** [bestanddeel] Teil (m⁵), Bestandteil (m⁵) **3** [bij reparatie] Ersatzteil (o²⁹), Einzelteil (o²⁹) **4** [van auto, fiets, machine e.d.] Zubehörteil (o²⁹) **5** [fractie] Bruchteil (m⁵) **6** [mil] Einheit (v²⁰)
de **onderdirecteur** stellvertretender Direktor (m¹⁶)
¹**onderdoen** (onov ww) [de mindere zijn] unterlegen sein²⁶²: *voor niemand ~* keinem etwas nachgeben¹⁶⁶
²**onderdoen** (ov ww) [onderbinden] unterbinden¹³¹; [met riem, gesp] anschnallen
onderdompelen untertauchen
onderdoor untendurch, unter⁺³ hindurch: *er ~ gaan* [lett] hindurchgehen¹⁶⁸ unter⁺³; [fig] zugrunde (*of:* zu Grunde) gehen¹⁶⁸
onderdrukken unterdrücken
de **onderdrukker** Unterdrücker (m⁹)
de **onderdrukking** Unterdrückung (v²⁰)
onderduiken [ook fig] untertauchen
de **onderduiker** Untergetauchte(r) (m⁴⁰ᵃ, v⁴⁰ᵇ)
onderen unten: *van ~* unten; *naar ~* nach unten
¹**ondergaan** (ww) untergehen¹⁶⁸: *de ~de*

zon die untergehende Sonne

²ondergaan (ww) **1** [verduren] erleiden[199] **2** [doorstaan] erdulden: *een operatie* ~ sich einer Operation[3] unterziehen[318]; *straf* ~ Strafe verbüßen; *de invloed* ~ *van* beeinflusst werden[310] von[+3]

de **ondergang** Untergang (m[6])

ondergeschikt 1 [afhankelijk] untergeordnet: *aan iem., aan iets* ~ *maken* jmdm., einer Sache unterordnen **2** [lager in rang] untergeben

de **ondergeschikte** Untergebene(r) (m[40a], v[40b])

ondergeschoven untergeschoben

de **ondergetekende** Unterzeichnete(r) (m[40a], v[40b])

het **ondergoed** Leibwäsche (v[28]), Unterwäsche (v[28])

ondergraven [ook fig] untergraben[180]

de **ondergrens** Untergrenze (v[21])

de **ondergrond 1** [bodem] Untergrund (m[6]) **2** [fig] Grundlage (v, mv: Basen) **ondergronds 1** [onder de grond] unterirdisch: ~*e parkeergarage* Tiefgarage (v[21]); ~*e spoorweg* U-Bahn (v[20]) **2** [heimelijk] im Untergrund: ~*e beweging* Untergrundbewegung (v[20])

de **ondergrondse 1** [metro] U-Bahn (v[20]) **2** [verzetsbeweging] Untergrundbewegung (v[20])

onderhand inzwischen

de **onderhandelaar** Unterhändler (m[9])

onderhandelen verhandeln

de **onderhandeling** Verhandlung (v[20])

onderhands: *iets* ~ *verkopen* etwas unter der Hand verkaufen

onderhavig betreffend, vorliegend: *in het* ~*e geval* im vorliegenden Fall

het **onderhemd** Unterhemd (o[37])

onderhevig unterworfen[+3]: *aan bederf* ~ verderblich; *aan (invoer)rechten* ~ zollpflichtig; *dat is aan geen twijfel* ~ das unterliegt keinem Zweifel

het **onderhoud 1** [levensonderhoud] Unterhalt (m[19]), Lebensunterhalt (m[19]): *in zijn* ~ *voorzien* seinen Lebensunterhalt bestreiten **2** [verzorging, voeding] Versorgung (v[28]) **3** [van zaken] Instandhaltung (v[20]), Unterhaltung (v[28]), Unterhalt (m[19]); [van tuin, ook] Pflege (v[28]); [van machine, ook] Wartung (v[20]): *in goede staat van* ~ in gutem Zustand **4** [gesprek] Gespräch (o[29]), Unterredung (v[20])

¹onderhouden (ov ww) **1** [doen voortduren] unterhalten[183] **2** [verzorgen] ernähren, unterhalten[183], versorgen **3** [naleven] einhalten[183] **4** [in stand houden] instand (*of:* in Stand) halten[183]; [van tuin, ook] pflegen; [van machine, ook] warten **5** [onder het oog brengen] zur Rede stellen **6** [aangenaam bezighouden] unterhalten[183]

zich **²onderhouden** (wdk ww) sich unterhalten[183]

onderhoudend unterhaltend, unterhaltsam

de **onderhoudsbeurt** Inspektion (v[20])

de **onderhoudskosten 1** [voor personen] Unterhaltskosten (mv) **2** [voor zaken] Erhaltungskosten (mv)

de **onderhuur** Untermiete (v[28]): *een woning van iem. in* ~ *hebben* bei jmdm. in (*of:* zur) Untermiete wohnen; *in* ~ *geven* untervermieten

de **onderhuurder** Untermieter (m[9])

onderin unten

de **onderjurk** Unterkleid (o[31])

de **onderkaak** Unterkiefer (m[9])

de **onderkant** Unterseite (v[21])

onderkennen erkennen[189]

de **onderkin** Doppelkinn (o[29])

onderkoeld [ook fig] unterkühlt

¹onderkomen (ww) verkommen, verfallen

het **²onderkomen** (zn) Unterkunft (v[25]), Unterkommen (o[35])

³onderkomen (ww) unterkommen[193]

de **onderlaag** Unterschicht (v[20])

het **onderlaken** Betttuch (o[32])

onderlangs unten an[+3] … vorbei

onderlegd beschlagen

de **onderlegger 1** Unterlage (v[21]) **2** [balk] Träger (m[9])

het **onderlichaam** Unterkörper (m[9])

onderliggen 1 [lett] unten liegen[202] **2** [fig] jmdm. unterlegen sein[262]

het **onderlijf** Unterleib (m[7])

onderling gegenseitig, wechselseitig; [van twee] beiderseitig; [bijwoord ook] untereinander

de **onderlip** Unterlippe (v[21])

onderlopen überschwemmt werden[310]

ondermaats unter dem Mindestmaß

ondermijnen [ook fig] unterminieren[320], untergraben[180]

ondernemen unternehmen[212]

ondernemend unternehmend

de **ondernemer** Unternehmer (m[9]), Unternehmerin (v[22])

de **onderneming** Unternehmen (o[35])

de **ondernemingsgeest** Unternehmungsgeist (m[19])

de **ondernemingsraad** Betriebsrat (m[6])

de **onderofficier** Unteroffizier (m[5])

het **onderonsje 1** [kleine kring] intime Gesellschaft (v[20]) **2** [gesprek] (vertrauliches) Gespräch (o[29])

onderontwikkeld unterentwickelt

het **onderpand** Pfand (o[32])

de **onderpastoor** [Belg] [r-k] Kaplan (m[6])

het **onderricht** Unterricht (m[5])

onderrichten unterrichten

onderschatten unterschätzen

de **onderschatting** Unterschätzung (v[20])

het **onderscheid** Unterschied (m[5]): *men moet* ~

maken man muss unterscheiden

¹onderscheiden (bn) **1** [verschillend] verschieden **2** [uiteenlopend] unterschieden

²onderscheiden (ww) **1** [scheiden] unterscheiden[232] **2** [onderkennen] unterscheiden[232], erkennen[189] **3** [decoratie verlenen] auszeichnen

zich **³onderscheiden** (wdk ww) sich unterscheiden[232]

de **onderscheiding 1** [het onderscheiden] Unterscheidung (v[20]) **2** [eerbied] Ehrfurcht (v[28]), Respekt (m[19]) **3** [decoratie] Auszeichnung (v[20]), Orden (m[11]): [Belg; ond] *met* ~ mit Auszeichnung

het **onderscheidingsvermogen** Unterscheidungsvermögen (o[39])

onderscheppen [opvangen] abfangen[155]

het **onderschrift** Unterschrift (v[20])

onderschrijven [ook fig] unterschreiben[252]

het **onderspit**: *het* ~ *delven* den Kürzeren ziehen[318]

onderst unter; [alleronderst] unterst

onderstaan unter Wasser stehen[279]

onderstaand nachstehend

het **onderste** Unterste(s) (o[40c]); [van twee] Untere(s) (o[40c])

ondersteboven auf den Kopf; [verkeerd om] verkehrt herum: *alles* ~ *gooien* alles durcheinanderwerfen[311]; ~ *keren* das Unterste zuoberst kehren; ~ *zetten* auf den Kopf stellen; *ik was er helemaal van* ~ ich war ganz durcheinander

de **ondersteek** Bettschüssel (v[21]), Bettpfanne (v[21])

het **onderstel 1** [van auto, vliegtuig e.d.] Untergestell (o[29]), Fahrgestell (o[29]) **2** [uit planken] Gestell (o[29])

ondersteunen 1 [stutten] stützen **2** [helpen, bijstaan] unterstützen

de **ondersteuning 1** [het ondersteunen] Stützen (o[39]) **2** [hulp, bijstand] Unterstützung (v[20])

onderstrepen unterstreichen[286]

het **onderstuk** Unterteil (o[29], m[5])

ondertekenen unterzeichnen, unterschreiben[252]

de **ondertekening 1** [het ondertekenen] Unterzeichnung (v[20]) **2** [handtekening] Unterschrift (v[20])

ondertitelen untertiteln

de **ondertiteling** Untertitelung (v[20])

de **ondertoon** Unterton (m[6])

ondertussen inzwischen, mittlerweile; [niettemin] indessen, allerdings

onderuit unten heraus, unten hinaus: ~ *gaan* [ook fig] zu Fall kommen[193]; [sport] *een tegenstander* ~ *halen* einen Gegner umsäbeln; *ergens niet* ~ *kunnen* nicht umhinkönnen[194]

onderuitgaan 1 [vallen] hinfallen[154]; [uit-

glijden] ausrutschen; [flauwvallen] umkippen **2** [figuurlijk] auf dem Bauch landen

ondervangen abfangen[155]: *bezwaren* ~ Bedenken beseitigen

onderverdelen unterteilen, (unter)gliedern (in[+4])

de **onderverdeling** Unterteilung (v[20]), Untergliederung (v[20])

onderverhuren untervermieten

onderverzekerd unterversichert

ondervinden 1 [alg] erfahren[153] **2** [beleven] erleben **3** [ontmoeten] begegnen[+3]

de **ondervinding** Erfahrung (v[20]): *bij* ~ aus Erfahrung

ondervoed unterernährt

de **ondervoeding** Unterernährung (v[28])

de **ondervoorzitter** Vizepräsident (m[14])

de **ondervraagde 1** [iem. die om informatie gevraagd wordt] Befragte(r) (m[40a], v[40b]) **2** [iem. die verhoord wordt] Vernommene(r) (m[40a], v[40b])

ondervragen [inlichtingen vragen] befragen; [verhoren] vernehmen[212], verhören

de **ondervraging** [het vragen om informatie] Befragung (v[20]); [verhoor] Verhör (o[29]), Vernehmung (v[20])

onderwaarderen unterbewerten

onderweg unterwegs

de **onderwereld** Unterwelt (v[28])

het **onderwerp 1** [stof, thema] Gegenstand (m[6]), Thema (o, 2e nvl: -s; mv: Themen) **2** [boven een brief] Betreff (m[5]) **3** [taalk] Subjekt (o[29])

onderwerpen unterwerfen[311]

onderwijl unterdessen

het **onderwijs 1** [onderricht] Unterricht (m[5]): *bijzonder* ~ Privatunterricht; *lager* ~ Grundschulunterricht; *openbaar* ~ öffentlicher Unterricht; *schriftelijk* ~ Fernunterricht; *speciaal* ~ Sonderunterricht; [Belg] *technisch secundair* ~ weiterführender technischer Unterricht; [Belg] *vernieuwd secundair* ~ erneuerter weiterführender Unterricht; *het middelbaar, voortgezet* ~ der Sekundarbereich; [Belg] *kunstsecundair* ~ weiterführender Kunstunterricht; ~ *in vreemde talen* Fremdsprachenunterricht; *ministerie van Onderwijs* Kultusministerium (o, 2e nvl: -s; mv: Kultusministerien); ~ *geven (aan iem.)* (jmdm.) Unterricht geben[166] (*of:* erteilen) **2** [instellingen] Unterrichtswesen (o[39])

de **onderwijsinspectie** Schulaufsichtsbehörde (v[21])

de **onderwijsinstelling** Bildungsanstalt (v[20]), Lehranstalt (v[20])

de **onderwijskunde** Schulpädagogik (v[28])

onderwijzen unterrichten, lehren: *iem. (in het) Frans* ~ jmdn. in Französisch unterrichten

onderwijzend: ~ *personeel* Lehrerschaft (v[20])

de **onderwijzer** Lehrer (m[9])

de **onderwijzeres** Lehrerin (v²²)
onderworpen 1 unterworfen **2** [berustend] ergeben **3** [blootgesteld aan] ausgesetzt⁺³
de **onderzeeër** Unterseeboot (o²⁹), U-Boot (o²⁹)
onderzees unterseeisch, Untersee...
de **onderzetter** Untersetzer (m⁹)
de **onderzijde** Unterseite (v²¹): *aan de ~* unterseits
het **onderzoek** Untersuchung (v²⁰); [diepgaand] Forschung (v²⁰); [toetsing, ook] Prüfung (v²⁰); [jur ook; politie ook] Ermittlung (v²⁰); [wetenschappelijk] Forschung (v²⁰): *een ~ instellen (naar)* eine Untersuchung anstellen (über⁺⁴); *wetenschappelijk ~* wissenschaftliche Forschung; *het gerechtelijk ~* [procedure] das Untersuchungsverfahren; [speurwerk] die Ermittlungen
onderzoeken untersuchen; [diepgaand] forschen; [controleren] prüfen; [jur ook; politie ook] ermitteln; [wetenschappelijk] erforschen
de **onderzoeker** Forscher (m⁹)
de **onderzoeksrechter** Untersuchungsrichter (m⁹)
ondeskundig unfachmännisch
de ¹**ondeugd 1** Untugend (v²⁰); [sterker] Laster (o³³) **2** [guitigheid] Schelmerei (v²⁰)
de ²**ondeugd** [persoon] Schelm (m⁵)
ondeugdelijk 1 von schlechter Qualität **2** [ongeschikt] untauglich, ungeeignet
ondeugend 1 [stout] ungezogen **2** [uitdagend] pikant **3** [schalks] schelmisch, schalkhaft
de **ondeugendheid** Ungezogenheit (v²⁰), Schalkhaftigkeit (v²⁰); *zie ondeugend*
ondiep 1 [m.b.t. water] nicht tief; [doorwaadbaar] seicht **2** [m.b.t. afmeting] nicht tief
het **ondiepe** Nichtschwimmerbecken (o³⁵)
de **ondiepte** seichte Stelle (v²¹), Untiefe (v²¹)
het **ondier** Untier (o²⁹), Ungeheuer (o³³)
het **onding 1** Unding (o²⁹) **2** [prul] wertloses Zeug (o³⁹)
ondoelmatig unzweckmäßig
ondoenlijk unmöglich
ondoordacht unüberlegt, unbesonnen
ondoordringbaar undurchdringlich
ondoorgrondelijk unergründlich
ondoorzichtig [ook fig] undurchsichtig
ondraaglijk unerträglich
ondubbelzinnig unzweideutig: *op ~e wijze* auf unmissverständliche Weise
onduidelijk 1 undeutlich **2** [moeilijk te begrijpen] unklar; [sterker] unverständlich
de **onduidelijkheid** Undeutlichkeit (v²⁸), Unklarheit (v²⁰); *zie onduidelijk*
onecht 1 [vals] unecht, falsch **2** [onwettig] unehelich: *~ kind* uneheliches Kind
oneens uneinig: *zij zijn het met elkaar ~* sie

sind (sich) uneinig; *zij is het ermee ~* sie ist damit nicht einverstanden
oneerbaar unsittlich, unanständig
oneerbiedig unehrerbietig, respektlos
oneerlijk unehrlich; [door knoeierij] unlauter
de **oneerlijkheid** Unehrlichkeit (v²⁸)
oneetbaar ungenießbar, nicht essbar
oneffen uneben; [hobbelig] holprig
de **oneffenheid** Unebenheit (v²⁰), Holprigkeit (v²⁸)
oneigenlijk [fig] übertragen: *~ gebruik* Zweckentfremdung (v²⁸)
oneindig unendlich
de **oneindigheid** Unendlichkeit (v²⁸)
de **oneliner** Einzeiler (m⁹), Oneliner (m¹³)
de **onenigheid** Uneinigkeit (v²⁰)
onervaren unerfahren
de **onervarenheid** Unerfahrenheit (v²⁸)
oneven ungerade
onevenredig unverhältnismäßig
onevenwichtig unausgeglichen
onfatsoenlijk unanständig
onfeilbaar unfehlbar
de **onfeilbaarheid** Unfehlbarkeit (v²⁸)
onfortuinlijk unglücklich
onfris [niet fris, niet helder] unsauber; [m.b.t. water, lucht, adem] unrein
ongaarne ungern
ongeacht ungeachtet⁺², trotz⁺²
ongebonden ungebunden
ongeboren ungeboren
ongebreideld zügellos, ungehemmt
ongebruikelijk ungebräuchlich, unüblich
ongebruikt unbenutzt, ungebraucht
ongecompliceerd unkompliziert
ongedaan: *~ maken* rückgängig machen
ongedeerd unversehrt, unverletzt; [fig] heil
ongedekt ungedeckt
het **ongedierte** Ungeziefer (o³⁹)
ongedisciplineerd undiszipliniert
het **ongeduld** Ungeduld (v²⁸): *vol ~* voller Ungeduld
ongeduldig ungeduldig
ongedurig ruhelos, unruhig
ongedwongen 1 [niet gedwongen] freiwillig **2** [ongekunsteld] ungezwungen
ongeëvenaard einzigartig, unvergleichlich
ongegeneerd ungeniert
ongegrond unbegründet
ongehinderd unverhindert
ongehoord [fig] unerhört
ongehoorzaam ungehorsam
de **ongehoorzaamheid** Ungehorsam (m¹⁹)
ongehuwd unverheiratet, ledig
ongeïnteresseerd uninteressiert
ongekend 1 ungeahnt **2** [enorm] unerhört
ongekroond ungekrönt
ongekunsteld ungekünstelt

ongeldig ungültig; [jur] nichtig: ~ *verklaren* für ungültig (*of:* für nichtig) erklären

ongelegen ungelegen: *het kwam mij erg ~ es kam mir sehr ungelegen*

ongeletterd ungebildet

het **¹ongelijk** (zn) Unrecht (o³⁹): *zijn ~ bekennen* sein Unrecht eingestehen²⁷⁹; *~ geven* Unrecht geben¹⁶⁶; *~ hebben* Unrecht haben¹⁸²; *~ krijgen* Unrecht bekommen¹⁹³; *iem. in het ~ stellen* jmdn. ins Unrecht setzen

²ongelijk (bn, bw) **1** [verschillend] ungleich: *een ~e strijd* ein ungleicher Kampf **2** [ongelijkmatig] ungleichmäßig **3** [oneffen] uneben, holprig

de **ongelijkheid** Ungleichheit (v²⁰), Ungleichmäßigkeit (v²⁰), Unebenheit (v²⁰), Holprigkeit (v²⁸); *zie ²ongelijk*

ongelijkmatig ungleichmäßig

ongelikt ungeschliffen, ungehobelt

ongelimiteerd unlimitiert, unbegrenzt

ongelofelijk unglaublich

het **ongeloof** Unglaube (m¹⁸)

ongeloofwaardig unglaubwürdig, unglaubhaft

ongelovig ungläubig

de **ongelovige** Ungläubige(r) (m⁴⁰ᵃ, v⁴⁰ᵇ)

het **ongeluk 1** [tegenspoed] Unglück (o³⁹), Missgeschick (o²⁹), Unheil (o³⁹) **2** [ongeval] Unfall (m⁶), Unglück (o²⁹): *plaats van het ~* Unfallstelle (v²¹); *oorzaak van het ~* Unfallursache (v²¹); *per ~* aus Versehen; *een ~ zit in een klein hoekje* (das) Unglück kommt über Nacht **3** [ongunstige toestand] Unglück (o³⁹) || *een stuk ~* ein Ekel; *zich een ~ haasten* sich mächtig beeilen; *zich een ~ lachen* sich einen Bruch lachen

het **ongelukje** Betriebsunfall (m⁶)

ongelukkig 1 [alg] unglücklich: *~ genoeg was hij ziek* unglücklicherweise war er krank **2** [invalide] behindert

ongelukkigerwijs unglücklicherweise

de **ongeluksdag** Unglückstag (m⁵)

het **ongeluksgetal** Unglückszahl (v²⁰)

de **ongeluksvogel** Unglücksvogel (m¹⁰), Pechvogel (m¹⁰)

het **ongemak 1** [ongerief] Unbequemlichkeit (v²⁰) **2** [hinder, last] Beschwerde (v²¹) **3** [gebrek, kwaal] Gebrechen (o³⁵)

ongemakkelijk 1 [niet gerieflijk] unbequem **2** [lastig, moeilijk] unbequem, lästig **3** [m.b.t. kind, leerling] schwierig

ongemanierd unmanierlich, ungesittet

ongemeen ungemein, außerordentlich

ongemerkt unbemerkt, unbeachtet

ongemoeid unbehelligt, ungestört: *iem. ~ laten* jmdn. ungestört lassen¹⁹⁷

ongemotiveerd unmotiviert, unbegründet

ongenaakbaar [fig] unnahbar, unzugänglich

de **ongenade** Ungnade (v²⁸)

ongenadig 1 [onbarmhartig] erbarmungslos, mitleid(s)los **2** [zeer erg] tüchtig, gehörig: *~ koud* abscheulich kalt

ongeneeslijk unheilbar

ongenietbaar ungenießbar

het **ongenoegen 1** [ontevredenheid] Missvergnügen (o³⁹): *zich iemands ~ op de hals halen* jemands Unwillen erregen **2** [onenigheid] Streit (m⁵)

ongenuanceerd undifferenziert

ongeoefend ungeübt

ongeoorloofd unerlaubt, verboten

ongeopend ungeöffnet

ongeorganiseerd [niet geleid] ungeordnet; nicht organisiert

ongepast 1 [misplaatst] unpassend **2** [onbetamelijk] unziemlich, unanständig

de **ongerechtigheid** Ungerechtigkeit (v²⁰)

het **ongerede**: *in het ~ raken* **a)** [verliezen] abhandenkommen¹⁹³; **b)** verloren gehen¹⁶⁸; **c)** [in de war raken] in Unordnung geraten²¹⁸

ongeregeld 1 [onregelmatig] unregelmäßig **2** [wanordelijk] ungeordnet **3** [zonder regels] regellos: *~e goederen* Ramschware (v²¹)

de **ongeregeldheid 1** [wanordelijkheid] Unordnung (v²⁸), Regellosigkeit (v²⁸) **2** [relletjes] Krawalle (mv m⁵), Unruhen (mv v²¹)

ongeremd ungehemmt

ongerept unberührt

het **ongerief** Unbequemlichkeit (v²⁰), Ungelegenheit (v²⁰): *iem. ~ veroorzaken* jmdm. Ungelegenheiten bereiten

ongerieflijk unbequem, unbehaglich

ongerijmd ungereimt, unsinnig

ongerust besorgt: *~ erover zijn, dat het niet goed zal gaan* um den Erfolg in Sorge sein; *zich ~ maken* sich³ Sorgen machen (um⁺⁴)

de **ongerustheid** Besorgnis (v²⁴)

ongeschikt [m.b.t. personen] unfähig; [m.b.t. personen en zaken] ungeeignet, untauglich; [m.b.t. tijd] ungelegen: *hij is niet ~* er ist ganz nett

ongeschonden unverletzt, unversehrt

ongeschoold ungeschult, ungelernt

ongeslagen ungeschlagen, unbesiegt

ongesteld 1 [licht ziek] unwohl, unpässlich **2** [menstruatie hebbend] menstruierend: *zij is ~* sie hat ihre Periode (*of:* ihre Regel)

ongestoord ungestört

ongestraft ungestraft

ongetrouwd unverheiratet, ledig

ongetwijfeld ohne Zweifel, zweifellos

ongevaarlijk ungefährlich

het **ongeval** Unfall (m⁶), Unglück (o²⁹): *~ met dodelijke afloop* Unfall mit tödlichem Ausgang

de **ongevallenverzekering** Unfallversicherung (v²⁰)

ongeveer ungefähr, etwa, circa

ongeveinsd unverstellt, ungeheuchelt

ongevoelig unempfindlich: ~ *voor* unempfindlich gegen[+4]
ongevraagd unaufgefordert, ungebeten
ongewapend unbewaffnet
ongewenst unerwünscht
ongewijzigd unverändert
ongewild ungewollt
ongewis ungewiss, unsicher
ongewoon 1 [niet alledaags] ungewöhnlich **2** [niet gewend] ungewohnt **3** [zeer] ungewöhnlich: ~ *belangrijk* außergewöhnlich wichtig
ongezeglijk ungehorsam, unfolgsam
ongezellig ungemütlich
ongezien 1 [ongemerkt] ungesehen **2** [zonder gezien te hebben] unbesehen
ongezoet ungesüßt
ongezond ungesund
ongezouten 1 [lett] ungesalzen **2** [fig] unverblümt, ungeschminkt
ongrijpbaar ungreifbar
ongunstig ungünstig
onguur 1 [ruw, gemeen] schäbig, unlauter **2** [schrikwekkend] widerlich, garstig: *een ongure kerel* ein widerlicher Kerl
onhaalbaar [onuitvoerbaar] undurchführbar; [onbereikbaar] unerreichbar
onhandelbaar 1 [m.b.t. personen] widerspenstig **2** [m.b.t. zaken] schwer handhabbar
onhandig 1 [lomp, links] ungeschickt, linkisch **2** [moeilijk te hanteren] unhandlich
de **onhandigheid 1** Ungeschicktheit (v^{28}) **2** [onhandige daad] Ungeschicklichkeit (v^{20})
onhebbelijk unmanierlich, taktlos, grob
het **onheil** Unheil (o^{39}), Katastrophe (v^{21})
onheilspellend Unheil verkündend, unheimlich, ominös: ~*e blik* unheimlicher Blick; *een ~ teken* ein Unheil verkündendes Zeichen
de **onheilsprofeet** Unheilsbote (m^{15}), Unglücksbote (m^{15})
onherbergzaam unwirtlich
onherkenbaar nicht wiederzuerkennen
onherroepelijk unwiderruflich
onherstelbaar 1 [m.b.t. schade, verlies] unersetzlich **2** [niet ongedaan te maken] nicht wiedergutzumachen
onheuglijk undenklich
onheus unhöflich, unfreundlich, grob
on hold: *een project ~ zetten* ein Projekt verschieben, ein Projekt auf Eis legen
onhoorbaar unhörbar
onhoudbaar unhaltbar
onhygiënisch unhygienisch
onjuist 1 [onwaar] unrichtig, falsch **2** [niet ter zake dienend] unzutreffend
de **onjuistheid** Unrichtigkeit (v^{20})
onkerkelijk unkirchlich, außerkirchlich
onkies unzart, taktlos
onklaar 1 [onduidelijk] unklar **2** [defect]

defekt
de **onkosten** Unkosten (mv); [bij het werk] Spesen (mv): ~ *maken* sich[4] in Unkosten stürzen
de **onkostenvergoeding** Unkostenvergütung (v^{20})
onkreukbaar [integer] unbestechlich
het **onkruid** Unkraut (o^{32})
onkuis 1 [onzedig] unkeusch **2** [ruw] anstößig
de **onkunde** Unkenntnis (v^{28}), Unwissenheit (v^{28}): *uit* ~ aus Unkenntnis
onkundig unkundig: *iem.* ~ *van iets laten* jmdn. in[+3] Unkenntnis über[+4] etwas lassen[197]
onkwetsbaar unverwundbar, unverletzbar
onlangs neulich, vor Kurzem
onleesbaar 1 [m.b.t. schrift] unleserlich **2** [m.b.t. inhoud] unlesbar
online online
onlogisch unlogisch
onlosmakelijk unlöslich, unlösbar
de **onlust 1** [gevoel van onbehagen] Unlust (v^{28}) **2** [meervoud; twisten] Wirren (mv v^{21})
de **onmacht 1** [machteloosheid] Ohnmacht (v^{20}), Unvermögen (o^{39}) **2** [bezwijming] Ohnmacht (v^{20})
onmatig unmäßig
de **onmens** Unmensch (m^{14})
onmenselijk unmenschlich
onmerkbaar unmerkbar
onmetelijk unermesslich
[1]**onmiddellijk (bn) 1** [dadelijk] sofortig **2** [rechtstreeks] unmittelbar, direkt: ~ *gevaar* direkte Gefahr; *in de* ~*e nabijheid* in nächster Nähe
[2]**onmiddellijk (bw)** sofort, (so)gleich, unverzüglich: ~ *om de hoek* gleich um die Ecke
de **onmin** Zwietracht (v^{28}), Uneinigkeit (v^{20})
onmisbaar unentbehrlich
onmiskenbaar unverkennbar
onmogelijk unmöglich
de **onmogelijkheid** Unmöglichkeit (v^{20})
onmondig unmündig
onnadenkend unbedacht, unüberlegt
onnaspeurbaar unerforschlich
onnatuurlijk unnatürlich
onnauwkeurig ungenau
de **onnauwkeurigheid** Ungenauigkeit (v^{20})
onnavolgbaar unnachahmlich
onneembaar uneinnehmbar
onnodig unnötig
onnoemelijk unsagbar, unbeschreiblich
onnozel 1 [onschuldig] unschuldig, harmlos **2** [onervaren] einfältig, grün **3** [dom] einfältig, albern **4** [onbeduidend] lächerlich
de **onnozelheid 1** [onschuld] Unschuld (v^{28}), Harmlosigkeit (v^{28}) **2** [domheid] Einfältigkeit (v^{28})
onomkeerbaar nicht umkehrbar
onomkoopbaar unbestechlich

onomstotelijk unumstößlich
onomwonden unumwunden
ononderbroken ununterbrochen
onontbeerlijk unentbehrlich
onontkoombaar unvermeidlich
onontwikkeld 1 [niet tot ontwikkeling gekomen] unentwickelt; [ec] unterentwickelt **2** [zonder ontwikkeling] ungebildet
onooglijk [lelijk] hässlich
onoorbaar 1 [ontoelaatbaar] unzulässig **2** [onbetamelijk] unschicklich
onopgehelderd ungeklärt
onopgemerkt unbemerkt, unbeachtet
onopgevoed unerzogen
onophoudelijk unaufhörlich, unablässig
onoplettend unaufmerksam
onoplosbaar unlösbar
onopvallend unauffällig
onopzettelijk unabsichtlich
onovergankelijk intransitiv: *een ~ werkwoord* ein intransitives Verb
onoverkomelijk unüberwindlich
onovertroffen unübertroffen
onoverwinnelijk unbesiegbar
onoverzichtelijk unübersichtlich
onpaar [Belg] ungerade
onparlementair umgangssprachlich, salopp; [bn] nicht salonfähig
onpartijdig unparteiisch
onpasselijk unpässlich: *ik word ~* mir wird übel
onpeilbaar 1 unermesslich **2** [ondoorgrondelijk] unergründlich
onpersoonlijk unpersönlich
onplezierig unangenehm, unerfreulich
onpraktisch unpraktisch
onprettig unerfreulich, unangenehm: *een ~e mededeling* eine unerfreuliche Mitteilung; *hij voelt zich ~* er fühlt sich unwohl, unbehaglich
onproductief unproduktiv
het **onraad** Gefahr (v[20]): *~ bespeuren* Unrat wittern
onrealistisch unrealistisch, nicht realistisch
het **onrecht** Unrecht (o[39]): *ten ~e* zu Unrecht
onrechtmatig unrechtmäßig
onrechtvaardig ungerecht
de **onrechtvaardigheid** Ungerechtigkeit (v[20])
onredelijk 1 [ongegrond] unbegründet **2** [onbillijk] unangemessen
onregelmatig unregelmäßig
de **onregelmatigheid** Unregelmäßigkeit (v[20])
onreglementair regelwidrig
onrein unrein
onrendabel unrentabel
onrijp unreif
onroerend unbeweglich: *~ goed* Immobilien (mv)

de **onroerendezaakbelasting** Grundsteuer (v[21, 20])
de **onrust** Unruhe (v[28])
onrustbarend beunruhigend
onrustig unruhig
de **onruststoker** Unruhestifter (m[9]), Aufwiegler (m[9])
het **¹ons** (zn) hundert Gramm (o[29]): *een ~ kaas* hundert Gramm Käse
²ons (pers vnw[82]) uns
³ons (bez vnw[80]) unser(e): *we zijn met ~ achten* wir sind zu acht(en); *de, het onze* der, die, das Unsrige (*of:* Unsere); *de onzen* die Unseren, die Unsrigen
onsamenhangend unzusammenhängend
onschadelijk unschädlich, harmlos
onschatbaar unschätzbar
onschendbaar unverletzlich
onscherp unscharf
de **onschuld** Unschuld (v[28])
onschuldig unschuldig: *iem. ~ verklaren* jmdn. für unschuldig erklären
onsmakelijk unappetitlich
onsportief unsportlich, unfair
onstandvastig unbeständig
onsterfelijk unsterblich
de **onsterfelijkheid** Unsterblichkeit (v[28])
onstuimig stürmisch, ungestüm
onstuitbaar unaufhaltsam
onsympathiek unsympathisch
onszelf uns selbst
ontaard 1 entartet **2** [zeer] fürchterlich
ontaarden entarten: *~ in* entarten zu[+3]
ontactisch taktlos
ontberen entbehren
de **ontbering** Entbehrung (v[20])
ontbieden kommen lassen[197]
het **ontbijt** Frühstück (o[29])
ontbijten frühstücken
de **ontbijtkoek** Honigkuchen (m[11])
ontbinden 1 [wisk] zerlegen **2** [van contract] (auf)lösen **3** [een huwelijk, de Kamer, een vennootschap] auflösen **4** [chem] zersetzen
de **ontbinding 1** [wisk] Zerlegung (v[20]) **2** [van contract] Lösung (v[20]) **3** [van huwelijk, Kamer] Auflösung (v[20]) **4** [chem] Zersetzung (v[28]) **5** [rotting] Fäulnis (v[28]), Verwesung (v[28])
ontbloot entblößt: *niet van aanleg ~* nicht ohne Begabung
ontbloten entblößen
de **ontboezeming** Herzenserguss (m[6])
ontbossen entwalden
ontbranden 1 [lett] sich entzünden **2** [fig] entbrennen[138]
ontbreken [niet voorhanden zijn] fehlen, mangeln: *~d bedrag* Fehlbetrag (m[6]); *er ~ nog 10 euro* es fehlen noch zehn Euro; *dat ontbreekt er nog maar aan!* das fehlt gerade noch!

ontcijferen entziffern
ontdaan bestürzt, entsetzt
ontdekken entdecken
de **ontdekker** Entdecker (m⁹)
de **ontdekking** Entdeckung (v²⁰)
¹**ontdoen** (ov ww) entledigen⁺², befreien
(von⁺³): *van vuil* ~ von Schmutz befreien
zich ²**ontdoen** (wdk ww): *zich ~ van* sich entledi-
gen⁺²; *zich van iem., van iets (lastigs)* ~ sich³
jmdn., etwas vom Hals(e) schaffen
ontdooien abtauen, auftauen; [fig] auftauen
ontduiken [van wet e.d.] umgehen¹⁶⁸: *de
belasting* ~ die Steuern hinterziehen³¹⁸
ontegenzeglijk unbestreitbar, unstreitig
onteigenen enteignen
de **onteigening** Enteignung (v²⁰)
ontelbaar 1 unzählbar **2** [zeer veel] unzählig
ontembaar [ook fig] unzähmbar
onterecht unberechtigt
onteren 1 entehren **2** [schenden] schänden
onterven enterben
ontevreden unzufrieden: ~ *over* unzufrieden mit⁺³
de **ontevredenheid** Unzufriedenheit (v²⁸)
zich **ontfermen** sich erbarmen⁺²
ontfutselen ablisten: *iem. zijn geld* ~ jmdm.
sein Geld ablisten
ontgaan entgehen¹⁶⁸: *dat ontgaat mij* das
entgeht mir
ontgelden entgelten¹⁷⁰: *hij moest het* ~ er
musste es entgelten
ontginnen 1 [van grond] urbar machen
2 [mijnb] abbauen, ausbeuten
de **ontginning 1** [van grond] Urbarmachung
(v²⁰) **2** [mijnb] Abbau (m¹⁹)
ontglippen 1 [ontsnappen] entschlüpfen,
entwischen **2** [m.b.t. woord] entfahren¹⁵³
ontgoochelen enttäuschen
de **ontgoocheling** Enttäuschung (v²⁰)
ontgroeien entwachsen³⁰²: *aan de kinder-
schoenen* ~ den Kinderschuhen entwachsen
ontgroenen [studententaal] inkorporie-
ren¹⁹³, die studentischen Inkorporationsri-
tuale durchlaufen lassen⁷³
het **onthaal 1** [ontvangst] Aufnahme (v²¹);
[met voedsel en drank] Bewirtung (v²⁰): *een
goed ~ vinden* eine gute Aufnahme finden¹⁵⁷
2 [Belg; receptie, ontvangstbalie] Empfang
(m⁶), Rezeption (v²⁰)
de **onthaalouder** [Belg] Tagesvater (m⁹), Ta-
gesmutter (v²⁶), Tageseltern (mv)
onthaasten entschleunigen, einen Gang
zurückschalten
onthalen aufnehmen²¹²; [trakteren] bewirten: *op iets* ~ mit⁺³ etwas bewirten
onthand: *ik ben er erg door* ~! ich vermisse
es sehr!
ontharen enthaaren

ontheemd [ook fig] heimatlos
ontheffen entheben¹⁸⁶⁺², entbinden¹³¹⁺²
de **ontheffing** Enthebung (v²⁰), Befreiung
(v²⁰): ~ *van belastingplicht* Steuerbefreiung
onthoofden enthaupten, köpfen
¹**onthouden** (ov ww) **1** [niet geven] vorent-
halten¹⁸³: *iem. zijn loon* ~ jmdm. den Lohn
vorenthalten **2** [in het geheugen houden]
behalten¹⁸³, sich³ merken: *onthoud dat* merke
dir das!; *iem. iets helpen* ~ jmdm. an⁺⁴ etwas
erinnern
zich ²**onthouden** (wdk ww): *zich ~ van* sich ent-
halten¹⁸³⁺²
de **onthouding 1** [het niet meedoen] Enthaltung (v²⁰) **2** [het zich ontzeggen] Enthaltung
(v²⁸)
onthullen [ook fig] enthüllen
de **onthulling** Enthüllung (v²⁰)
onthutst bestürzt, betroffen
ontijdig ungelegen; [te vroeg] vorzeitig
¹**ontkennen** (onov ww) [niet bekennen]
leugnen
²**ontkennen** (ov ww) **1** [niet erkennen]
leugnen, bestreiten²⁸⁷, abstreiten²⁸⁷: *een
daad* ~ eine Tat leugnen **2** [niet bevestigen]
verneinen
ontkennend verneinend
de **ontkenning** Verneinung (v²⁰), Leugnung
(v²⁰); *zie* ¹*ontkennen*
de **ontkerkelijking** Entkirchlichung (v²⁰)
ontketenen [fig] entfesseln
ontkiemen [ook fig] (auf)keimen
ontkleden entkleiden, auskleiden
de **ontknoping** Auflösung (v²⁰), Lösung (v²⁰)
ontkomen entkommen¹⁹³⁺³, entrinnen²²⁵⁺³:
aan een gevaar ~ einer Gefahr entrinnen
ontkoppelen 1 [techn] abkoppeln, ent-
koppeln, loskoppeln **2** [automotor] auskup-
peln
ontkrachten entkräften
ontkurken entkorken
ontladen entladen¹⁹⁶
¹**ontlasten** (ov ww) entlasten
zich ²**ontlasten** (wdk ww) [ontlasting hebben]
sich entleeren
de **ontlasting 1** [verlichting] Entlastung (v²⁰)
2 [stoelgang] Stuhl(gang) (m¹⁹) **3** [uitwerp-
selen] Stuhl (m⁶), Fäzes (mv), Kot (m¹⁹)
ontleden 1 zergliedern, zerlegen: *een lijk* ~
eine Leiche sezieren³²⁰ **2** [nauwkeurig on-
derzoeken] analysieren³²⁰
ontlenen 1 [overnemen] entlehnen **2** [ont-
nemen] entnehmen²¹²: *aan het rapport ~ wij*
(aus) dem Bericht entnehmen wir **3** [te danken hebben] herleiten: *zijn naam aan iets* ~
seinen Namen von etwas herleiten **4** [ont-
vangen] bekommen¹⁹³
ontlokken entlocken: *iem. een bekentenis*
~ jmdm. ein Geständnis entlocken
ontlopen 1 [ontsnappen] entkommen¹⁹³,
entgehen¹⁶⁸ **2** [mijden] ausweichen³⁰⁶: *iem.* ~

jmdm. ausweichen **3** [verschillen] sich unterscheiden[232]: *ze ~ elkaar niet veel* der Unterschied ist nicht groß

ontluiken sich entfalten

ontluisteren des Glanzes berauben

ontmaagden entjungfern

ontmantelen 1 [van industrie] demontieren[320] **2** [van organisatie] auflösen

ontmaskeren entlarven

ontmoedigen entmutigen

de **ontmoediging** Entmutigung (v[20])

ontmoeten 1 [toevallig] begegnen[+3] (+ sein), treffen[289+4]: *een vriend ~* einem Freund begegnen **2** [opzettelijk] sich treffen[289] **3** [ondervinden] stoßen[285] auf[+4]

de **ontmoeting** [ook sport] Begegnung (v[20]), Treffen (o[35]): *vriendschappelijke ~* Freundschaftsspiel (o[29])

de **ontmoetingsplaats** Begegnungsstätte (v[21])

ontnemen 1 [afnemen] abnehmen[212], fortnehmen[212]: *een kind een mes ~* einem Kind ein Messer abnehmen **2** [fig] nehmen[212]: *iem. het leven ~* jmdm. das Leben nehmen; *iem. het woord ~* jmdm. das Wort entziehen[318]

de **ontnieter** Enthefter (m[9])

de **ontnuchtering** Ernüchterung (v[20])

ontoegankelijk [ook fig] unzugänglich

ontoelaatbaar unzulässig

ontoereikend ungenügend, unzureichend

ontoerekeningsvatbaar unzurechnungsfähig, schuldunfähig

ontoonbaar schmutzig, schäbig

ontploffen explodieren[320]

de **ontploffing** Explosion (v[20])

ontplooien entfalten

zich **ontpoppen** sich entpuppen

ontraadselen enträtseln, entschlüsseln

ontraden abraten[218]: *iem. iets ~* jmdm. von[+3] etwas abraten

ontrafelen entwirren

ontredderd 1 [m.b.t. personen] erschüttert **2** [m.b.t. zaken] zerrüttet

ontregelen durcheinanderbringen[139]

ontroeren rühren, ergreifen[181], bewegen

de **ontroering** Rührung (v[28])

ontroostbaar untröstlich

de **¹ontrouw** (zn) Untreue (v[28])

²ontrouw (bn) untreu, treulos

ontruimen räumen

de **ontruiming** Räumung (v[20])

ontschepen ausschiffen, landen

ontschieten [vergeten] entfallen[154]

ontsieren verunzieren[320]; [sterker] verunstalten

ontslaan entlassen[197], kündigen[+3]: *iem. op staande voet ~* jmdn. fristlos entlassen; *iem. uit de gevangenis ~* jmdn. aus dem Gefängnis entlassen; *iem. van zijn eed ~* jmdn. von sei-

nem Eid (*of:* seines Eides) entbinden[131]

het **ontslag** Entlassung (v[20]), Kündigung (v[20]): *~ aanvragen* um seine Entlassung bitten[132]; *iem. zijn ~ geven* jmdn. entlassen, jmdm. kündigen; *zijn ~ indienen* seine Entlassung einreichen; *~ nemen* kündigen; [minister] zurücktreten; *~ op staande voet* Rausschmiss (m[5]); Rauswurf (m[6])

de **ontslagvergoeding** Kündigungsvergütung (v[20]), Abfindung (v[20])

ontsluieren [ook fig] entschleiern

de **ontsluiting** Aufschließung (v[28]), Erschließung (v[28])

ontsmetten desinfizieren[320]

de **ontsmetting** Desinfektion (v[20])

ontsnappen 1 [ontkomen] entgehen[168], entrinnen[225] **2** [m.b.t. gas, lucht] entweichen[306], ausströmen **3** [uit gevangenschap] entkommen[193], entwischen **4** [sport] sich lösen: *uit het peloton ~* sich aus dem Peloton lösen

de **ontsnapping 1** Entrinnen (o[39]) **2** Entweichen (o[39]), Ausströmung (v[20]) **3** Flucht (v[20]); *zie ontsnappen*

¹ontspannen (bn) entspannt, gelockert

²ontspannen (ov ww) [slapper maken] entspannen, lockern

zich **³ontspannen** (wdk ww) sich entspannen, sich erholen

de **ontspanning 1** [foto] Entspannung (v[20]) **2** [verpozing] Entspannung (v[20]), Erholung (v[28])

ontsporen [ook fig] entgleisen

de **ontsporing** Entgleisung (v[20])

ontspringen entspringen[276]

ontspruiten [ook fig] entsprießen[275]

het **¹ontstaan** (zn) Entstehung (v[20]), Entstehen (o[39])

²ontstaan (ww) entstehen[279]

¹ontsteken (onov ww) [med] sich entzünden

²ontsteken (ov ww) [doen ontbranden] anzünden; [techn] zünden

de **ontsteking 1** Anzünden (o[39]) **2** [med] Entzündung (v[20]) **3** [techn] Zündung (v[20])

ontsteld bestürzt, entsetzt

¹ontstellen (onov ww) erschrecken[151], sich entsetzen

²ontstellen (ov ww) entsetzen, erschrecken

ontstellend entsetzlich: *~ duur* schrecklich teuer; *~ koud* entsetzlich kalt

de **ontsteltenis** Schrecken (m[11]), Entsetzen (o[39])

ontstemd [ook fig] verstimmt

de **ontstentenis 1** [gebrek] Ermangelung (v[28]) **2** [afwezigheid] Abwesenheit (v[28]): *bij ~* in[+3] Ermangelung[+2], in[+3] Abwesenheit[+2]

ontstijgen sich erheben[186]

ontstoken entzündet

ontstoppen eine Verstopfung beseitigen

onttrekken entziehen[318]: *zich aan zijn ver-*

plichtingen ~ sich seinen Verpflichtungen entziehen; *aan de eigenlijke bestemming* ~ zweckentfremden; *het aan de eigenlijke bestemming* ~ die Zweckentfremdung

onttronen [ook fig] entthronen

de **ontucht** Unzucht (v[28]): ~ *plegen* Unzucht treiben[290]

ontvallen 1 [sterven] entrissen werden[310]: *aan zijn gezin* ~ seiner Familie entrissen werden **2** [ontglippen] entschlüpfen; [m.b.t. woord, ook] entfahren[153]

ontvangen 1 [krijgen] empfangen[146], erhalten[183], bekommen[193]: *onderwijs* ~ Unterricht bekommen **2** [begroeten] empfangen[146]: [sport] *de ~de ploeg* der Gastgeber **3** [wie om een onderhoud verzoekt] empfangen[146] **4** [onthalen] aufnehmen[212]

de **ontvanger 1** [persoon, toestel] Empfänger (m[9]) **2** [ambtenaar] Einnehmer (m[9]): ~ *van de belastingen* Steuereinnehmer

de **ontvangst 1** [onthaal] Aufnahme (v[21]) **2** [het ontvangen] Empfang (m[19]): *datum van* ~ Eingangsdatum (o, 2e nvl: -s; mv: Eingangsdaten); *na* ~ *van* nach Empfang[+2]; *in* ~ *nemen* in Empfang nehmen[212] **3** [inkomsten] Einnahmen (mv v[21]) **4** [telec] Empfang (m[19])

ontvankelijk 1 [voor indrukken e.d.] empfänglich (für[+4]) **2** [jur] zulässig: *niet* ~ *verklaren* als unzulässig abweisen[307]

ontvellen (ab)schürfen, aufschürfen

de **ontvelling** Schürfung (v[20]), Abschürfung (v[20])

ontvetten entfetten

ontvlambaar [ook fig] entflammbar

ontvlammen 1 [vlam vatten] entflammen, sich entzünden **2** [fig] entflammen

ontvluchten entfliehen[160+3]: *de stad* ~ der Stadt entfliehen

de **ontvluchting** Flucht (v[20])

de **ontvoerder** Entführer (m[9])

ontvoeren entführen

de **ontvoering** Entführung (v[20])

ontvouwen entfalten

ontvreemden entwenden

ontwaken 1 erwachen, aufwachen **2** [fig] erwachen, sich regen

¹**ontwapenen** (onov ww) [wapens afschaffen] abrüsten

²**ontwapenen** (ov ww) entwaffnen

de **ontwapening 1** Entwaffnung (v[20]) **2** [afschaffen van wapens] Abrüstung (v[28])

ontwaren gewahren, gewahr werden[310]

ontwarren entwirren

ontwennen abgewöhnen: *iem. iets* ~ jmdm. etwas abgewöhnen

de **ontwenning** Abgewöhnung (v[28]); [van alcohol, drugs] Entziehung (v[20])

de **ontwenningskuur** Entziehungskur (v[20])

de **ontwenningsverschijnselen** Entzugserscheinungen (mv)

het **ontwerp** Entwurf (m[6]); [techn ook] Plan (m[6]); [concept] Konzept (o[29])

ontwerpen entwerfen[311]; [techn] planen

de **ontwerper** Entwerfer (m[9]), Designer (m[9])

ontwijken ausweichen[306+3]

ontwijkend ausweichend

de **ontwikkelaar** [foto] Entwickler (m[9])

ontwikkeld 1 entwickelt **2** [beschaafd, kundig] gebildet: *minder* ~ zurückgeblieben

¹**ontwikkelen** (ov ww) **1** entwickeln **2** [vormen] bilden **3** [ontplooien] entfalten

zich ²**ontwikkelen** (wdk ww) sich entwickeln

de **ontwikkeling 1** Entwicklung (v[20]) **2** [vorming] Bildung (v[20]): *algemene* ~ Allgemeinbildung (v[28]) **3** [beschaving] Bildung (v[20]) **4** [ontplooiing] Entfaltung (v[20]): *tot* ~ *komen* sich entwickeln

de **ontwikkelingshulp** Entwicklungshilfe (v[28])

het **ontwikkelingsland** Entwicklungsland (o[32])

de **ontwikkelingsmaatschappij** ± Bauunternehmen (o[35])

ontworstelen entringen[224+3]

ontwortelen [ook fig] entwurzeln

ontwrichten 1 [lett] verrenken **2** [fig] zerrütten

het **ontzag** Respekt (m[19]), Ehrfurcht (v[28])

ontzaglijk ungeheuer, riesig

¹**ontzeggen** (ov ww) **1** [betwisten] absprechen[274]: *iem. het recht* ~ jmdm. das Recht absprechen **2** [weigeren] verweigern: *iem. de toegang* ~ jmdm. den Zutritt verweigern

zich ²**ontzeggen** (wdk ww) verzichten auf[+4]

de **ontzegging** Verweigerung (v[20]): *de* ~ *van de rijbevoegdheid* der Führerscheinentzug

ontzenuwen entkräften, widerlegen

ontzet 1 [ontsteld] entsetzt **2** [uit het verband gerukt] aus dem Lot

ontzetten 1 [uit een ambt zetten] entheben[186]: *iem. uit zijn ambt* ~ jmdm. seines Amtes entheben; [jur] entziehen[318]: *iem. uit de ouderlijke macht* ~ jmdm. die elterliche Gewalt entziehen **2** [bevrijden] entsetzen, befreien

ontzettend entsetzlich: ~ *rijk* furchtbar reich

de **ontzetting** Entsetzen (o[39])

¹**ontzien** (ov ww) (ver)schonen

zich ²**ontzien** (wdk ww) sich schonen

onuitgesproken unausgesprochen

onuitputtelijk unerschöpflich

onuitroeibaar unausrottbar

onuitspreekbaar unaussprechbar

onuitsprekelijk unaussprechlich

onuitstaanbaar unausstehlich

onuitvoerbaar unausführbar, undurchführbar

onvast 1 [m.b.t. grond] weich **2** [m.b.t. slaap] unruhig, leicht **3** [op de benen] unsicher **4** [m.b.t. karakter, weer] unbeständig **5** [m.b.t. markt, prijzen] schwankend

onveilig unsicher

de **onveiligheid** Unsicherheit (v[20])
onveranderd unverändert
onveranderlijk unveränderlich
onverantwoord verantwortungslos
onverantwoordelijk unverantwortlich
onverbeterlijk unverbesserlich
onverbiddelijk unerbittlich, unnachsichtig
onverbloemd unumwunden
onverbrekelijk un(auf)löslich
onverdedigbaar unhaltbar
onverdeeld ungeteilt
onverdiend 1 unverdient 2 [buiten zijn schuld] unverschuldet
onverdienstelijk: *niet* ~ (gar) nicht schlecht
onverdraagzaam unverträglich, intolerant
onverenigbaar unvereinbar
onvergeeflijk unverzeihlich
onvergelijkbaar unvergleichbar
onvergetelijk unvergesslich
onverhard nicht befestigt, unbefestigt
¹**onverhoeds** (bn) unerwartet
²**onverhoeds** (bw) unversehens
onverholen unverhohlen, unverhüllt
onverhoopt unverhofft
onverklaarbaar unerklärlich, unerklärbar
onverkoopbaar unverkäuflich
onverkort 1 [m.b.t. film, toneelstuk e.d.] ungekürzt 2 [m.b.t. rechten] uneingeschränkt
onverkwikkelijk unerfreulich
de **onverlaat** Bösewicht (m[5], m[7])
onverlet: *dat laat* ~ *dat …* das ändert nichts an der Tatsache, dass …
onvermijdelijk unvermeidlich
¹**onverminderd** (bn, bw) unvermindert
²**onverminderd** (vz) unbeschadet[+2]
onvermoeibaar, onvermoeid unermüdlich
het **onvermogen** Unvermögen (o[39])
onvermurwbaar unerbittlich
onverricht: ~*er zake* unverrichteter Dinge
onverschillig 1 gleichgültig: *hij is mij* ~ er ist mir gleichgültig 2 [om het even] gleich, egal: *het is me totaal* ~ es ist mir ganz gleich (*of:* egal)
de **onverschilligheid** Gleichgültigkeit (v[28])
onverschrokken unerschrocken, unverzagt
onverslijtbaar unverwüstlich
onverstaanbaar unverständlich
onverstandig unvernünftig
onverstoorbaar unerschütterlich
onverteerbaar [ook fig] unverdaulich
onvertogen unanständig
onvervalst unverfälscht; [fig] waschecht
onvervangbaar unersetzlich, unersetzbar
onvervreemdbaar unveräußerlich
onvervuld unerfüllt

onverwacht, onverwachts unerwartet, plötzlich
onverwarmd ungeheizt
onverwoestbaar unverwüstlich
onverzadigbaar unersättlich, unstillbar
onverzadigd ungesättigt
onverzekerd nicht versichert
onverzettelijk unerschütterlich, unbeugsam
onverzoenlijk unversöhnlich
onverzorgd 1 [slordig] ungepflegt 2 [zonder verzorging] unversorgt
onvindbaar unauffindbar
onvoldaan 1 [onbevredigd] unbefriedigt, enttäuscht 2 [niet betaald] unbezahlt
onvoldoend ungenügend, unzureichend
de **onvoldoende** Note (v[21]) 'ungenügend': *een* ~ *krijgen* die Note 'ungenügend' bekommen[193]
onvolkomen unvollkommen; [niet volledig, ook] unvollständig
onvolledig unvollständig
onvolprezen sehr lobenswert
onvoltooid unvollendet
onvolwassen 1 [niet volgroeid] nicht ausgewachsen 2 [geestelijk onrijp] unreif
onvoorbereid unvorbereitet
onvoordelig unvorteilhaft
onvoorspelbaar nicht vorhersagbar, nicht voraussagbar
onvoorstelbaar unvorstellbar
onvoorwaardelijk unbedingt, bedingungslos: ~*e gevangenisstraf* Gefängnisstrafe ohne Bewährung
onvoorzichtig unvorsichtig
de **onvoorzichtigheid** Unvorsichtigkeit (v[20])
onvoorzien unvorhergesehen
de **onvrede** Unfriede (m[18]), Unfrieden (m[11])
onvriendelijk unfreundlich
onvrij unfrei
onvrijwillig unfreiwillig
onvruchtbaar [ook fig] unfruchtbar
onwaar unwahr: ~ *bericht* Falschmeldung (v[20])
onwaarachtig 1 unwahrhaftig 2 [onoprecht] unaufrichtig
onwaardig unwürdig, unwert: *hij is deze gunst* ~ er ist dieser Gunst[2] unwürdig (*of:* unwert)
de **onwaarheid** Unwahrheit (v[20])
onwaarschijnlijk unwahrscheinlich
de **onwaarschijnlijkheid** Unwahrscheinlichkeit (v[20])
onwankelbaar unerschütterlich
het **onweer** Gewitter (o[33]); [zwaar] Unwetter (o[33])
onweerlegbaar unwiderlegbar
de **onweersbui** Gewitterschauer (m[9])
onweerstaanbaar unwiderstehlich; [niet tegen te houden] unaufhaltsam
onwel unwohl, unpässlich

onwelkom unwillkommen
onwelevend unhöflich
onwennig nicht heimisch
onweren gewittern: *het onweert* es gewittert; *ik hoor het ~* ich höre das Gewitter
onwerkbaar: *een onwerkbare situatie* eine unmögliche Situation
onwerkelijk unwirklich
onwetend unwissend
de **onwetendheid** Unwissenheit (v[28])
onwettig 1 [strijdig met de wet] ungesetzlich, gesetzwidrig **2** [m.b.t. kinderen] unehelich
onwezenlijk unwirklich
onwijs 1 [dwaas] töricht **2** [heel erg] wahnsinnig: *~ gaaf!* Spitze!
de **onwil** Nichtwollen (o[39]); [weerspannigheid] Widerspenstigkeit (v[28]): *uit pure ~* nur aus Mangel an gutem Willen
onwillekeurig unwillkürlich
onwillig widerwillig
onwrikbaar 1 [onomstotelijk] unumstößlich **2** [fig] unerschütterlich
onzacht unsanft
onzalig unselig
onzedelijk unsittlich
onzeker 1 [in twijfel] unsicher **2** [besluiteloos] unentschlossen **3** [onvast] unsicher, schwankend **4** [niet vaststaand] unsicher, ungewiss
de **onzekerheid** Ungewissheit (v[20]), Unsicherheit (v[20])
onzelfstandig unselbstständig
Onze-Lieve-Heer der liebe Gott
Onze-Lieve-Vrouw Unsere Liebe Frau (v[28])
onzerzijds unser(er)seits
het **onzevader** Vaterunser (o[33])
onzichtbaar unsichtbar
onzijdig 1 [neutraal] neutral: *zich ~ houden* neutral bleiben[134] **2** [onpartijdig] unparteiisch **3** [taalk] sächlich
de **onzin** Unsinn (m[19]): *~!* Unsinn!, Quatsch!; *~ verkopen* Unsinn reden
onzindelijk 1 [vuil] unsauber **2** [m.b.t. kind] nicht sauber; [m.b.t. huisdier] nicht stubenrein
onzinnig unsinnig: *~ duur* unsinnig teuer
onzorgvuldig unsorgfältig
onzuiver 1 unrein **2** [bruto] brutto **3** [afdruk] undeutlich **4** [bedoelingen] unlauter **5** [redenering] falsch, irrig **6** [weegschaal] ungenau
het **oog 1** [alg; gezichtsorgaan] Auge (o[38]): *zijn ogen niet (kunnen) geloven* seinen Augen nicht trauen; *zijn ogen de kost geven* die Augen offen haben[182]; *een open ~ voor iets hebben* für[+4] etwas aufgeschlossen sein[262]; *hij heeft er ~ voor* er hat ein Auge dafür; *zijn ogen in zijn zak hebben* Tomaten auf den Augen haben[182]; *het ~ houden op iem., iets* jmdn., etwas im Auge behalten[183]; *grote*

ogen opzetten (große) Augen machen; *de ogen voor iets sluiten* die Augen vor[+3] etwas verschließen[245]; *zijn ogen uitkijken* sich nicht sattsehen können[194] (an[+3]); *mijn ~ viel erop* mein Blick fiel darauf; *zover het ~ reikt* so weit das Auge reicht; *aan één ~ blind zijn* auf einem Auge blind sein[262]; *door het ~ van de naald kruipen* mit knapper Not entkommen[193]; *iem., iets in het ~ krijgen* jmdn., etwas erblicken; *in het ~ lopen* ins Auge fallen[154]; *in het ~ lopend* augenfällig; *in mijn ogen ...* meiner Ansicht nach ...; *met het ~ op* im Hinblick auf[+4]; *met het blote ~* mit bloßem Auge; *met een half ~ kijken naar* einen flüchtigen Blick werfen[311] auf[+4]; *iem. naar de ogen zien* vor jmdm. kriechen[195]; *iem. iets onder het ~ brengen* jmdn. auf[+4] etwas aufmerksam machen; *iets onder ogen krijgen* etwas sehen[261]; *een gevaar onder ogen zien* einer Gefahr[3] ins Auge sehen; *op het ~* dem Anschein nach; *iets op het ~ hebben* etwas im Auge haben[182]; *iem. uit het ~ verliezen* jmdn. aus dem Auge verlieren[300]; *iets voor ogen houden* etwas im Auge haben[182]; *het staat me niet voor ogen* es schwebt mir nicht vor Augen **2** [ronde opening] Öhr (o[29]): *het ~ van een naald* das Nadelöhr **3** [van haak, knoop, schakel] Öse (v[21])
de **oogappel 1** [pupil] Pupille (v[21]) **2** [oogbol] Augapfel (m[10]) **3** [dierbaar bezit] Augenstern (m[5])
de **oogarts** Augenarzt (m[6]), Augenärztin (v[22])
de **ooggetuige** Augenzeuge (m[15])
het **ooggetuigenverslag** Augenzeugenbericht (m[5])
het/de **ooghaar** Augenwimper (v[21])
de **oogheelkundige** Augenarzt (m[6])
de **ooghoek** Augenwinkel (m[9])
de **ooghoogte**: *op ~* in Augenhöhe
het **oogje 1** [klein oog] Äuglein (o[35]): *een ~ op iem. hebben* jmdn. gernhaben[182]; *een ~ dichtdoen* ein Auge zudrücken; *een ~ in het zeil houden* nach dem Rechten sehen[261] **2** [ringetje] Öse (v[21])
de **oogklep** Augenklappe (v[21]): *~pen voor hebben* Scheuklappen tragen[288]
het **ooglid** Augenlid (o[31]), Lid (o[31])
oogluikend: *iets ~ toelaten* etwas geflissentlich übersehen[261]
het **oogmerk 1** [bedoeling] Absicht (v[20]): *met het ~* in der Absicht **2** [doel] Zweck (m[5])
de **oogontsteking** Augenentzündung (v[20])
de **oogopslag** Blick (m[5]): *in een ~* mit einem Blick
het **oogpunt** [ook fig] Blickpunkt (m[5])
de **oogschaduw** Lidschatten (m[11])
de **oogst** Ernte (v[21]); [van wijn] Lese (v[21])
oogsten [ook fig] ernten
oogstrelend: *~ zijn* eine Augenweide sein; augenberückend sein
de **oogsttijd** Erntezeit (v[20])
oogverblindend [ook fig] blendend; [fig

ook] glänzend

de **oogwenk** [zeer korte tijd] Augenblick (m⁵): *in een* ~ im Nu

de **oogwimper** Augenwimper (v²¹)

het **oogwit** Weiß(e) (o) im Auge

de **ooi** Mutterschaf (o²⁹)

de **ooievaar** Storch (m⁶)

ooit je(mals): *als ik je* ~ *kan helpen* wenn ich dir irgendeinmal helfen kann; *wel heb je* ~*!* na, so was!; *de beste prestatie* ~ die beste Leistung aller Zeiten; *ben je daar* ~ *geweest?* bist du jemals dort gewesen?

ook [alg] auch; [bijgeval] vielleicht, etwa: *niet alleen … maar* ~ nicht nur … sondern auch; *hoe heet hij* ~ *weer?* wie heißt er doch gleich?; *hoe was dat* ~ *weer?* wie war das nur?; *hoe het* ~ *zij* wie dem auch sei; *waar dan* ~ wo auch immer; *wie dan* ~ wer auch immer

de **oom** Onkel (m⁹)

het **oor 1** [gehoororgaan] Ohr (o³⁷): *iem. een* ~ *aannaaien* jmdn. übers Ohr hauen¹⁸⁵; *dat gaat het ene* ~ *in, het andere uit* das geht zum einen Ohr herein, zum anderen wieder hinaus; *zijn oren niet geloven* seinen Ohren nicht trauen; *een open* ~ *voor iem, iets hebben* ein offenes Ohr für⁺⁴ jmdn., etwas haben¹⁸²; *ik heb er wel oren naar* das sagt mir wohl zu; *zijn* ~ *te luisteren leggen* sich umhören; *de oren spitsen* aufhorchen; *een open* ~ *vinden* ein geneigtes Ohr finden¹⁵⁷; *geheel* ~ *zijn* ganz Ohr sein²⁶²; *aan één* ~ *doof zijn* auf einem Ohr taub sein²⁶²; *dat zal ik in mijn* ~ *knopen* das will ich mir hinter die Ohren schreiben; *met zijn oren staan te klapperen* mit den Ohren schlackern; *met een half* ~ *luisteren* mit halbem Ohr zuhören; *het is op een* ~ *na gevild* es ist fast fertig; *iets komt iem. ter ore* etwas kommt jmdm. zu Ohren; *tot over de oren in de schulden steken* bis über die Ohren in⁺³ Schulden stecken; *tot over de oren verliefd zijn* bis über die Ohren verliebt sein²⁶²; [Belg] *op zijn beide (twee) oren slapen* sich³ keine Sorgen machen **2** [van kopje, kruik] Henkel (m⁹)

de **oorarts** Ohrenarzt (m⁶)

de **oorbel** Ohrring (m⁵)

het **oord** [plaats] Ort (m⁵); [streek] Gegend (v²⁰)

het **oordeel 1** [mening] Ansicht (v²⁰), Meinung (v²⁰) **2** [uitspraak, rechtspraak] Urteil (o²⁹): *dat laat ik aan uw* ~ *over* das überlasse ich Ihrem Urteil; *ik ben van* ~ ich bin der Ansicht (of: der Meinung) **3** [verstand] Verstand (m¹⁹)

oordeelkundig vernünftig

oordelen 1 [rechtspreken] ein Urteil sprechen²⁷⁴ **2** [tot een gevolgtrekking komen] urteilen: *over iem., iets* ~ über⁺⁴ jmdn., etwas urteilen; *te* ~ *naar⁺³ …* nach⁺³ … zu urteilen **3** [van mening zijn] der Meinung sein²⁶²

het **oordopje 1** [tegen lawaai] Ohrpfropf (m⁵) **2** [oortelefoon] Kopfhörer (m⁹)

de **oordruppels** Ohrentropfen (mv)

de **oorkonde** Urkunde (v²¹)

de **oorlel** Ohrläppchen (o³⁵)

de **oorlog** [ook fig] Krieg (m⁵): *koude* ~ Kalter Krieg; *in tijd(en) van* ~ in Kriegszeiten; ~ *voeren tegen iem.* gegen jmdn. (of: mit jmdm.) Krieg führen

de **oorlogsheld** Kriegsheld (m¹⁴)

de **oorlogsmisdadiger** Kriegsverbrecher (m⁹)

het **oorlogspad**: *op het* ~ *zijn* auf dem Kriegspfad sein²⁶²

het **oorlogsschip** Kriegsschiff (o²⁹)

de **oorlogssterkte** Kriegsstärke (v²⁸)

de **oorlogsverklaring** Kriegserklärung (v²⁰); [fig] Kampfansage (v²¹)

oorlogzuchtig kriegerisch, kriegslüstern

oorlogvoerend Krieg führend

de **oorlogvoering** Krieg(s)führung (v²⁰)

oormerken 1 Ohrmarken anbringen¹³⁹ bei **2** [fin] für zweckgebunden erklären: *de gelden zijn niet geoormerkt* die Gelder sind nicht zweckgebunden

de **oorontsteking** Ohrenentzündung (v²⁰)

de **oorpijn** Ohrenschmerz (m¹⁶, meestal mv)

de **oorschelp** Ohrmuschel (v²¹)

het/de **oorsmeer** Ohrenschmalz (o³⁹)

de **oorsprong** Ursprung (m⁶): *certificaat van* ~ Ursprungszeugnis (o²⁹ᵃ); *land van* ~ Ursprungsland (o³²); Herkunftsland (o³²)

oorspronkelijk ursprünglich

het **oortje** Ohrhörer (m⁹), Ohrknopf (m⁶)

oorverdovend ohrenbetäubend

de **oorvijg** Ohrfeige (v²¹)

de **oorworm**, de **oorwurm** Ohrwurm (m⁸)

de **oorzaak** Ursache (v²¹): ~ *en gevolg* Ursache und Wirkung; *kleine oorzaken hebben grote gevolgen* kleine Ursachen, große Wirkung

oorzakelijk ursächlich, kausal

de **¹oost** (zn) Osten (m¹⁹): ~ *west, thuis best* eigener Herd ist Goldes wert

²oost (bn, bw) östlich: *de wind is* ~ der Wind kommt von Ost

het **Oostblok** Ostblock (m¹⁹)

de **Oost-Duitse** DDR-Bürgerin (v²²)

de **Oost-Duitser** DDR-Bürger (m⁹); [omgangstaal] Ossi (m¹³)

Oost-Duitsland Deutsche Demokratische Republik (v²⁸), DDR, Ostdeutschland (o³⁹)

oostelijk östlich: ~ *van Utrecht* östlich von Utrecht; ~ *van de stad* östlich der Stadt

het **oosten 1** Osten (m¹⁹): *ten* ~ *van* östlich von⁺³, östlich⁺² **2** [Levant] Orient (m¹⁹): *het Nabije Oosten* der Nahe Osten; Nahost [zonder lidwoord]; *het Verre Oosten* der Ferne Osten; Fernost [zonder lidwoord]

Oostenrijk Österreich (o³⁹)

de **Oostenrijker** Österreicher (m⁹)

Oostenrijks österreichisch

de **Oostenrijkse** Österreicherin (v²²)

de **oostenwind** Ostwind (m⁵)

de **oosterburen** östliche Nachbarn (mv m¹⁵,

m[17])
oosters östlich; [m.b.t. Oriënt] orientalisch
Oost-Europa Osteuropa (o[39])
Oost-Europees osteuropäisch
de **oostkust** Ostküste (v[21])
oostwaarts ostwärts
de **Oostzee** Ostsee (v[28])
het **ootje**: *iem. in het ~ nemen* jmdn. zum Besten haben[182]
ootmoedig demütig
¹**op** (bw) **1** [omhoog] auf; [van spreker af] hinauf; [naar spreker toe] herauf: *trap op en trap af* treppauf, treppab; *op en af* auf und ab [heen en weer]; *op en neer lopen* auf und ab gehen[168] **2** [m.b.t. plaats] auf: *hij had een bril op* er hatte eine Brille auf; *hij is op* [uit bed] er ist auf; [afgemat] er ist erschöpft; *mijn geld is op* mein Geld ist hin; *het bier is op* das Bier ist alle; *mijn geduld is op* ich bin mit meiner Geduld zu Ende; *tegen iem. op kunnen* jmdm. gewachsen sein[262]; [bij werkwoord, aansporend] *schrijf op!* schreib nur!; *vertel maar op* erzähl nur!
²**op** (vz) **1** [m.b.t. plaats; ook fig] auf [bij rust+3, bij beweging gericht op doel+4]; an [bij beweging gericht op doel+4, anders+3]; in [bij beweging gericht op doel+4, anders+3]: *op zijn kamer zijn* auf (of: in) seinem Zimmer sein[262]; *hij woont op de derde verdieping* er wohnt im dritten Stock; *op een plaats zijn* an einer Stelle sein[262]; *op een plaats zetten* an eine Stelle stellen; *op het bord schrijven* an die Tafel schreiben[252]; *op het bord staan* an der Tafel stehen[279]; *hij is nog op school* er geht noch in die Schule; *op kantoor zijn* im Büro sein[262]; *op straat zijn* auf der Straße sein[262]; *op een afdeling werken* in einer Abteilung arbeiten; *op zijn hoogst* von oben her; *op een diepte van ...* in einer Tiefe von+3 ...; *op drie mijl van A.* drei Meilen von A. (entfernt) **2** [m.b.t. een tijd] an+3; in+3, auf+4, zu+3: *op die dag* an dem Tag; *op de 1e maart* am 1. März; *op zekere dag* eines Tages; *op zekere avond* eines Abends; *op dit ogenblik* in diesem Augenblick; *op zijn laatst* spätestens; *op zijn vroegst* frühestens; *van vandaag op morgen* von heute auf morgen; *van de ene dag op de andere* von einem Tag zum anderen **3** [m.b.t. een ligging] gegen+4: *het huis ligt op het oosten* das Haus liegt gegen Osten **4** [m.b.t. een wijze] auf+4, in+3: *op deze wijze* auf diese Weise (of: in dieser Weise); *op vriendelijke toon* in freundlichem Ton **5** [m.b.t. een oorzaak] auf+4: *op zijn initiatief* auf seine Initiative **6** [mbt een beperking]: *op zichzelf* an sich; *op zijn hoogst* höchstens; *allen op mijn vader na* alle außer meinem Vater **7** [in ruil voor] gegen+4 **8** [m.b.t. een herhaling] über+4: *fout op fout maken* Fehler über Fehler machen
de **opa** Opa (m[13])
de **opaal** Opal (m[5])

opbaren aufbahren
opbellen anrufen[226]
opbergen 1 [wegbergen] aufräumen **2** [wegsluiten] wegschließen[245] **3** [in iets opbergen] einräumen
opbeuren 1 [optillen] aufheben[186], hochheben[186] **2** [fig] aufheitern, aufmuntern
opbiechten eingestehen[279], beichten
opbieden 1 [hoger bieden] mehr bieten[130] **2** [kaartspel] reizen **3** [fig] überbieten[130]
opbinden aufbinden[131]
opblaasbaar aufblasbar
de **opblaasboot** Schlauchboot (o[29])
opblazen 1 [doen opzwellen] aufblasen[133] **2** [met springstof] sprengen **3** [fig] aufbauschen
opblijven aufbleiben[134]
opbloeien aufblühen, erblühen
het **opbod**: *bij ~ verkopen* versteigern
opboksen ankämpfen: *tegen iem., iets ~* gegen jmdn., etwas ankämpfen
opborrelen hervorquellen[217], hervorsprudeln, aufsprudeln; [fig] aufwallen
de **opbouw** [het opbouwen] Aufbau (m[19])
opbouwen aufbauen
opbouwend aufbauend: *~e kritiek* konstruktive Kritik
opbranden ausbrennen[138], abbrennen[138], herunterbrennen[138]
¹**opbreken** (onov ww) **1** [in keel opstijgen] [ook fig] aufstoßen[285] **2** [weggaan] aufbrechen[137]
²**opbreken** (ov ww) **1** [openbreken] aufbrechen[137], aufreißen[220] **2** [afbreken] abbrechen[137]
opbrengen 1 [opleveren] eintragen[288], einbringen[139]: *rente ~* Zinsen tragen[288]; *Zinsen bringen*[139]; *dat heeft zijn geld opgebracht* das hat sich bezahlt gemacht **2** [betalen] aufbringen[139] **3** [arresteren] festnehmen[212] **4** [bedekken met] auftragen[288]: *verf ~* Farbe auftragen[139] **5** [begrip, geduld, moed] aufbringen[139]
de **opbrengst** Ertrag (m[6])
opdagen erscheinen[233]: *komen ~* erscheinen[233]
opdat damit
opdelen aufteilen
opdienen auftragen[288], servieren[320]
opdiepen 1 [met moeite vinden] aufstöbern **2** [uit diepte ophalen] hervorziehen[318]
zich **opdirken** sich aufdonnern, sich auftakeln
opdissen [ook fig] auftischen
opdoeken auflösen
opdoemen auftauchen
opdoen 1 [kopen] kaufen **2** [zich verschaffen] sammeln: *ervaringen ~* Erfahrungen sammeln **3** [krijgen] sich³ zuziehen[318]: *een ziekte ~* sich³ eine Krankheit zuziehen[318] **4** [vernemen] erfahren[153] **5** [opdienen] auftragen[288], servieren[320] **6** [opdweilen] aufwi-

schen
¹opdoffen (ov ww) putzen
zich **²opdoffen** (wdk ww) sich herausputzen
de **opdoffer** Schlag (m⁶), Hieb (m⁵)
de **opdonder** [inf] **1** [stomp, stoot] Hieb (m⁵), Schlag (m⁶) **2** [klein persoon] Knirps (m⁵)
opdonderen [inf] sich zum Teufel scheren
opdraaien [opwinden] aufziehen³¹⁸ ‖ *ik moet voor alles* ~ **a)** [betalen] ich muss für alles aufkommen¹⁹³; **b)** [de last dragen] ich muss alles ausbaden; *ik moet er voor* ~ ich habe die ganze Arbeit auf dem Hals
de **opdracht 1** [last, taak] Auftrag (m⁶): *in* ~ *van* im Auftrag⁺²; *volgens* ~ auftragsgemäß **2** [toewijding] Widmung (v²⁰)
de **opdrachtgever** Auftraggeber (m⁹)
opdragen 1 [gelasten] auftragen²⁸⁸: *iem. iets* ~ jmdm. etwas auftragen²⁸⁸ **2** [toevertrouwen] betrauen mit⁺³ **3** [toewijden] widmen: *een boek* ~ *aan iem.* jmdm. ein Buch widmen **4** [naar boven dragen] hinauftragen²⁸⁸, herauftragen²⁸⁸ **5** [dragen tot het versleten is] abtragen²⁸⁸ **6** [r-k] [de mis] zelebrieren³²⁰
opdraven: *iem. laten* ~ jmdn. kommen lassen¹⁹⁷; jmdn. antanzen lassen¹⁹⁷
opdreunen herunterleiern, ableiern
opdrijven hochtreiben²⁹⁰, hochschrauben
¹opdringen (onov ww) [voorwaarts dringen] vordrängen
²opdringen (ov ww) aufdrängen: *iem. iets* ~ jmdm. etwas aufdrängen
zich **³opdringen** (wdk ww) sich aufdrängen
opdringerig zudringlich, aufdringlich
opdrinken trinken²⁹³, austrinken²⁹³
opdrogen auftrocknen; [m.b.t. beek, rivier] austrocknen; [m.b.t. bron; ook fig] versiegen
de **opdruk** Aufdruck (m⁵)
opdrukken aufdrucken
opduikelen aufstöbern, auftreiben²⁹⁰
¹opduiken (onov ww) auftauchen
²opduiken (ov ww) [boven water halen] heraufholen
opdweilen aufwischen
opeen aufeinander, zusammen: *dicht* ~ *schrijven* gedrängt schreiben²⁵²
opeengepakt zusammengedrängt
de **opeenhoping** Anhäufung (v²⁰)
opeens auf einmal
opeenvolgend aufeinanderfolgend
de **opeenvolging** Aufeinanderfolge (v²¹)
opeisen 1 [vorderen] fordern; [geld, stukken e.d.] einfordern; [bij eis tot teruggave] zurückfordern **2** [aanspraak maken] beanspruchen: *gerechtelijk* ~ einklagen; *de verantwoordelijkheid* ~ die Verantwortung übernehmen²¹²
open 1 offen: *een* ~ *been* ein offenes Bein; ~ *dag* Tag der offenen Tür; ~ *gesprek* offenes Gespräch; ~ *plek in het bos* Lichtung (v²⁰);

~ *deuren intrappen* offene Türen einrennen²²²; *met* ~ *raam slapen* bei offenem Fenster schlafen²⁴⁰; *mijn huis staat altijd voor je* ~ meine Tür ist immer für dich offen; ~ *en bloot* unverhüllt **2** [niet bezet] frei, leer: *de betrekking is* ~ die Stelle ist frei ‖ *een* ~ *gezicht* ein offenes Gesicht; *een* ~ *vraag* eine offene Frage
het **¹openbaar** (zn) Öffentlichkeit (v²⁸): *in het* ~ in der Öffentlichkeit
²openbaar (bn, bw) öffentlich: *de openbare mening* die öffentliche Meinung; [jur] *Openbaar Ministerie* Staatsanwaltschaft (v²⁸); *de openbare school* die öffentliche Schule (v²⁰); *het* ~ *vervoer* die öffentlichen Verkehrsmittel; ~ *maken* veröffentlichen; ~ *worden* bekannt werden³¹⁰; *op de openbare weg* auf offener Straße
de **openbaarheid** Öffentlichkeit (v²⁸): ~ *aan iets geven* etwas an die Öffentlichkeit bringen¹³⁹
de **openbaarmaking** Veröffentlichung (v²⁰)
openbaren offenbaren
de **openbaring** Offenbarung (v²⁰)
openbarsten aufbersten¹²⁷, aufplatzen
openbreken 1 [met geweld openen] aufbrechen¹³⁷ **2** [wijzigen] ändern
de **opendeurdag** [Belg] Tag (m⁵) der offenen Tür
opendoen aufmachen, auftun²⁹⁵, öffnen; [met een sleutel] aufschließen²⁴⁵: *er werd niet opengedaan* niemand machte auf
opendraaien aufdrehen
openduwen aufstoßen²⁸⁵
openen 1 [open doen] öffnen, aufmachen: *de ogen* ~ die Augen aufmachen (*of:* öffnen); [comp] *een bestand* ~ eine Datei öffnen **2** [beginnen] eröffnen: *een zaak* ~ ein Geschäft eröffnen; *een zitting* ~ eine Sitzung eröffnen
de **opener** Öffner (m⁹)
opengaan aufgehen¹⁶⁸, sich öffnen
openhalen aufreißen²²⁰, aufritzen
openhartig offen(herzig)
de **openhartigheid** Offenherzigkeit (v²⁸), Offenheit (v²⁸)
de **openheid** Offenheit (v²⁸)
openhouden offen halten¹⁸³
de **opening** [alg] Öffnung (v²⁰): ~ *van zaken geven* völligen Aufschluss geben¹⁶⁶ (über⁺⁴) **2** [begin] Eröffnung (v²⁰)
de **openingsplechtigheid** Eröffnungsfeier (v²¹)
openlaten offen lassen¹⁹⁷
openlijk 1 [in het openbaar] öffentlich **2** [onverholen] offen
de **openlucht**: *in de* ~ im Freien
het **openluchtmuseum** Freilichtmuseum (o, 2e nvl: -s; mv: Freilichtmuseen)
het **openluchttheater** Freilichttheater (o³³)
openmaken aufmachen, öffnen

openslaan aufschlagen[241]

openslaand ~_e deur_ Flügeltür (v[20]); ~ _raam_ Flügelfenster (o[33])

opensnijden aufschneiden[250]

opensperren aufsperren, aufreißen[220]

openspringen aufspringen[276]

openstaan offen stehen[279]: ~ _voor nieuwe ideeën_ für neue Ideen aufgeschlossen sein[262]

openstellen öffnen: _een weg voor het verkeer_ ~ eine Straße für den Verkehr freigeben[166]

op-en-top ganz und gar, durch und durch

opentrekken aufziehen[318]

openvallen 1 [vallend opengaan] aufgehen[168] **2** [vacant worden] frei werden[310]

openvouwen auffalten, auseinanderfalten

openzetten öffnen, aufmachen

de **opera** Oper (v[21])

de **operatie** Operation (v[20])

operatief operativ

de **operatiekamer** Operationssaal (m[6], mv: Operationssäle)

de **operatietafel** Operationstisch (m[5])

operationeel gebrauchsfähig; [mil] einsatzfähig

de **operator** Operator (m[16])

de **operazanger** Opernsänger (m[9])

opereren operieren[320]

de **operette** Operette (v[21])

opeten aufessen[152]; [m.b.t. dieren] auffressen[162]

opflakkeren [ook fig] aufflackern

¹**opfleuren** (onov ww) aufblühen

²**opfleuren** (ov ww) aufmuntern

opflikkeren 1 [opvlammen] aufflackern **2** [inf] [opdonderen] verhauen[185]

¹**opfokken** (ov ww) **1** [grootbrengen] aufziehen[318], aufzüchten **2** [opwinden] aufbringen[139]

zich ²**opfokken** (wdk ww) sich hochschaukeln

¹**opfrissen** (onov ww) frisch werden[310]

²**opfrissen** (ov ww) [m.b.t. personen] erfrischen; [fig] auffrischen

opgaan 1 [opkomen, rijzen] aufgehen[168]: _de zon gaat op_ die Sonne geht auf **2** [naar boven gaan] hinaufgehen[168]; [van berg] hinaufsteigen[281]: _de trap_ ~ die Treppe hinaufgehen[168] **3** [m.b.t. deling] aufgehen[168] **4** [afleggen] machen: _voor een examen_ ~ ein Examen machen **5** [opraken] alle werden[310]: _het eten zal wel_ ~ das Essen wird schon alle werden; _zijn geld gaat op_ sein Geld geht drauf **6** [in beslag genomen worden] aufgehen[168] in⁺[3]: _in zijn werk_ ~ in seiner Arbeit aufgehen **7** [juist zijn] stimmen, zutreffen[289]: _die regel gaat hier niet op_ diese Regel trifft hier nicht zu ‖ _er gaan stemmen op_ es werden Stimmen laut; _in de menigte_ ~ sich in der Menge verlieren[300]; _de straat_ ~ auf die Straße gehen[168]; _het slechte pad_ ~ auf die schiefe Bahn geraten[218]

opgaand 1 [m.b.t. deling, zon] aufgehend **2** [opwaarts] aufsteigend: ~_e beweging_ Aufwärtsbewegung (v[20]); ~_e lijn_ aufsteigende Linie

de **opgang** Aufgang (m[6]) ‖ ~ _maken_ **a)** [bijval vinden] Anklang finden[157]; **b)** [in de mode komen] im Kommen sein[262]

de **opgave 1** [vermelding] Angabe (v[21]): _onder_ ~ _van ..._ mit Angabe⁺[2] ... **2** [lijst, staat] Verzeichnis (o[29a], Liste (v[21]) **3** [vraagstuk, taak] Aufgabe (v[21])

opgeblazen 1 [gezwollen] aufgedunsen **2** [verwaand] aufgeblasen

opgefokt hektisch

opgeilen [inf] aufgeilen

opgelaten aufgeschmissen: _zich_ ~ _voelen_ aufgeschmissen sein[262]

het **opgeld** [fig] ~ _doen_ Anklang finden[157]

opgelegd: _een_ ~_e kans_ eine einmalige Chance

opgepropt voll gepfropft

opgeruimd 1 [lett] aufgeräumt **2** [fig] heiter

opgescheept: _met iem., iets_ ~ _zitten_ jmdn., etwas auf dem Hals haben[182]

opgeschoten: _een_ ~ _jongen_ ein halbwüchsiger Junge

opgetogen entzückt, begeistert

¹**opgeven** (onov ww) [roemen] rühmen: _hoog van iem._ ~ jmdn. hoch rühmen

²**opgeven** (ov ww) **1** [vermelden] angeben[166]: _als reden_ ~ als Grund angeben **2** [afgeven] hergeben[166]: _geef op!_ her damit! **3** [braken] auswerfen[311], aushusten **4** [gelasten te doen] aufgeben[166]: _huiswerk_ ~ Hausaufgaben aufgeben **5** [verliezen] aufgeben[166] **6** [aanmelden] sich (an)melden

opgewassen gewachsen: _tegen iem., iets_ ~ _zijn_ jmdm., einer Sache gewachsen sein[262]

opgewekt munter, heiter

de **opgewektheid** Munterkeit (v[28]), Heiterkeit (v[28])

opgewonden aufgeregt, erregt

opgezet 1 [m.b.t. dode dieren] ausgestopft **2** [gezwollen] aufgedunsen **3** [Belg; blij] froh: ~ _zijn met iets_ froh sein[262] über⁺[4] etwas, sich freuen über⁺[4] etwas

opgooien hochwerfen[311]

opgraven ausgraben[180]

de **opgraving** Ausgrabung (v[20])

opgroeien aufwachsen[302], heranwachsen[302]

de **ophaalbrug** Zugbrücke (v[21])

de **ophaaldienst** [huisvuil] Müllabfuhr (v[20])

ophalen 1 [van kleding, schouders, neus] hochziehen[318]; [van net, anker] einholen; [van steken] aufnehmen[212] **2** [inzamelen] einsammeln: _geld_ ~ Geld einsammeln **3** [afhalen] abholen: _iem. komen_ ~ jmdn. abholen **4** [opfrissen] auffrischen: _zijn Duits_ ~ seine

Deutschkenntnisse auffrischen **5** [verbeteren] verbessern: *zijn cijfer* ~ seine Note verbessern **6** [openhalen] aufreißen[220]

ophanden: ~ *zijn* bevorstehen[279]; *de* ~ *zijnde verkiezingen* die anstehenden Wahlen

¹ophangen (onov ww): [telec] *ik moet nu* ~ ich muss jetzt aufhängen

²ophangen (ov ww) **1** aufhängen: *een schilderij* ~ ein Gemälde aufhängen **2** [ter dood brengen] (auf)hängen: *iem.* ~ jmdn. (auf)hängen; *zich* ~ [ook] sich erhängen

ophebben 1 [alg] aufhaben[182]: *zijn eten* ~ das Essen aufhaben; *huiswerk* ~ Schulaufgaben aufhaben; *het ontbijt* ~ gefrühstückt haben[182]; *wat* ~ beschwipst sein[262] **2** [houden van] mögen[210]: *veel met iem.* ~ große Stücke auf jmdn. halten[183]

de **ophef**: *veel* ~ *van iets maken* viel Aufhebens von[+3] etwas machen; *met veel* ~ mit viel Lärm

opheffen 1 [optillen] aufheben[186], hochheben[186] **2** [opslaan] erheben[186]: *de ogen* ~ die Augen erheben **3** [afschaffen] [van wet, beleg] aufheben[186]; [van vereniging] auflösen: *belemmeringen* ~ Hindernisse beseitigen; *een zaak* ~ ein Geschäft auflösen **4** [tenietdoen] aufheben[186]: *krachten, die elkaar* ~ Kräfte, die sich aufheben

de **opheffingsuitverkoop** Räumungsverkauf (m[6])

ophefmakend [Belg] sensationell

¹ophelderen (onov ww) [weer helder worden] sich aufheitern

²ophelderen (ov ww) aufklären

de **opheldering** Aufklärung (v[20])

ophemelen herausstreichen[286]

ophijsen 1 [zeilen] (auf)hissen **2** [kleding] hochziehen[318]

ophitsen aufhetzen, aufstacheln

ophoepelen sich packen

ophogen erhöhen, aufschütten

ophokken einsperren

¹ophopen (ov ww) aufhäufen

zich **²ophopen** (wdk ww) sich häufen

¹ophouden (onov ww) [stoppen, uitscheiden] aufhören: *hou toch op!* hör doch auf!; ~ *met schieten* das Schießen einstellen; ~ *met regenen* zu regnen aufhören; *het tijdschrift houdt op te bestaan* die Zeitschrift geht ein; *zonder* ~ unaufhörlich

²ophouden (ov ww) **1** [op het hoofd houden] aufbehalten[183] **2** [tegenhouden] aufhalten[183], zurückhalten[183] **3** [uitsteken] hinhalten[183]: *de hand* ~ die Hand hinhalten **4** [hooghouden] aufrechterhalten[183]: *de eer* ~ die Ehre aufrechterhalten

zich **³ophouden** (wdk ww) [verblijven] sich aufhalten[183] ‖ *een plas* ~ den Harn (*of:* Urin) halten[183]

de **opinie** Meinung (v[20]): *de publieke* ~ die öffentliche Meinung, die Öffentlichkeit

het **opinieonderzoek** Meinungsumfrage (v[21])

het/de **opium** Opium (o[39])

opjagen 1 hetzen: *dieren* ~ Tiere aufscheuchen; *iem.* ~ jmdn. hetzen **2** [doen stijgen] in die Höhe treiben[290]

opjutten aufreizen, aufstacheln

opkalefateren ausbessern, aufmöbeln

opkijken 1 aufsehen[261]: [fig] *tegen iem.* ~ zu jmdm. aufsehen **2** [verbaasd zijn] sich (ver)wundern: *daar kijk ik van op!* das wundert mich!; *hij zal vreemd* ~*!* er wird Augen machen!

¹opkikkeren (onov ww) aufmuntern, sich erholen

²opkikkeren (ov ww) aufmuntern

het **opkikkertje** Stärkung (v[20]); [borrel] Schnaps (m[6])

opklapbaar hochklappbar

het **opklapbed** Klappbett (o[37])

opklappen hochklappen, aufklappen

¹opklaren (onov ww) sich aufklären

²opklaren (ov ww) klären

de **opklaring** Aufheiterung (v[20])

opklimmen 1 [naar boven klimmen] hinaufsteigen[281], heraufsteigen[281] **2** [groter, hoger worden] aufsteigen[281]

opkloppen 1 [lett] schlagen[241]: *eiwit* ~ Eiweiß schlagen **2** [fig] aufbauschen

¹opknappen (onov ww) sich erholen: *daar knap je van op!* das tut gut; *het weer knapt op* das Wetter wird besser

²opknappen (ov ww) **1** [reinigen] [m.b.t. personen] frisch machen; [van zaken] auffrischen, aufarbeiten; [van een huis] herrichten **2** [uitvoeren] deichseln **3** [tot taak geven] aufhalsen

opknopen (jmdn.) aufknüpfen, (auf)hängen

opkomen 1 [boven de horizon komen] aufgehen[168]: *de zon komt op* die Sonne geht auf **2** [naar boven komen] heraufkommen[193]: *de trap* ~ die Treppe heraufkommen **3** [uit bed komen] aufstehen[279] **4** [ontkiemen] aufgehen[168] **5** [theat] auftreten[291] **6** [opgang maken] aufkommen[193] **7** [m.b.t. koorts] ausbrechen[137] **8** [m.b.t. onweer] heraufziehen[318] **9** [m.b.t. vloed] kommen[193] **10** [in de geest oprijzen] aufkommen[193] **11** [verschijnen] erscheinen[233], kommen[193] **12** [mil] einrücken: *moeten* ~ eingezogen werden **13** [opgroeien] aufkommen[193] **14** [zich verzetten tegen] protestieren[320]: *tegen iets* ~ gegen[+4] etwas protestieren; *tegen iem.* ~ sich jmdm. widersetzen **15** [opdraaien voor iets of iem.] aufkommen[193]: *voor de schade* ~ für den Schaden aufkommen **16** [verdedigen] eintreten[291]: *voor iem., voor iets* ~ für jmdn., für[+4] etwas eintreten; [moeite doen voor iets] etwas befürworten

de **opkomst 1** [opgang] Aufgang (m[6]): *de* ~ *van de zon* der Sonnenaufgang **2** [het kie-

men] Aufgehen (o³⁹) **3** [theat] Auftritt (m⁵)
4 [fig] [bloei] Aufstieg (m⁵): *een land in ~* ein
aufstrebendes Land **5** [eerste ontwikkeling]
Entstehung (v²⁰) **6** [bij vergadering] Besuch
(m⁵), Teilnahme (v²¹) **7** [bij verkiezingen]
Wahlbeteiligung (v²⁰) **8** [mil] Einberufung
(v²⁰) || *die muziek is weer in ~* diese Musik ist
wieder im Kommen

opkopen aufkaufen

de **opkoper** Aufkäufer (m⁹)

opkrabbelen sich aufraffen

opkrassen [ophoepelen] verduften

opkrikken 1 [van auto] mit einem Wagenheber anheben¹⁸⁶ **2** [verbeteren] anheben¹⁸⁶

opkroppen hinunterschlucken, verbei-
ßen¹²⁵: *zijn woede ~* seine Wut unterdrücken

opkuisen [Belg] putzen, reinigen

oplaadbaar aufladbar

oplaaien [ook fig] auflodern

opladen aufladen¹⁹⁶

de **oplader** Ladegerät (o²⁹)

de **oplage** Auflage (v²¹)

oplappen ausbessern, flicken

oplaten auflassen¹⁹⁷, steigen lassen¹⁹⁷: *een
vlieger ~* einen Drachen steigen lassen

de **oplawaai** Schlag (m⁶), Stoß (m⁶)

oplazeren [inf] abhauen¹⁸⁵

opleggen 1 auflegen: *iem. de handen ~*
jmdm. die Hand auflegen **2** [van schip] auflegen **3** [verplichten tot] auferlegen: *een
boete ~* eine Buße auferlegen; *iem. een taak
~* jmdm. eine Aufgabe zuweisen³⁰⁷; *iem. het
zwijgen ~* jmdm. Schweigen auferlegen
4 [dwingen te aanvaarden] aufzwingen³¹⁹

de **oplegger** Aufleger (m⁹): *truck met ~* Sattelzug (m⁶)

opleiden 1 ausbilden: *iem. voor onderwijzer
~* jmdn. zum Lehrer ausbilden **2** [voor exa-
men] vorbereiten

de **opleiding 1** Ausbildung (v²⁰) **2** [voor exa-
men] Vorbereitung (v²⁰) **3** [vorming] Bildung
(v²⁰)

het **opleidingscentrum,** het **opleidingsin-
stituut** Ausbildungsstätte (v²¹)

opletten aufpassen: *let op!* [ook] Achtung!

oplettend aufmerksam

de **oplettendheid** Aufmerksamkeit (v²⁸)

opleuken aufhübschen

opleven aufleben: *doen ~* beleben

opleveren 1 [afleveren] übergeben¹⁶⁶
2 [opbrengen] (ein)bringen¹³⁹: *winst ~* Gewinn bringen¹³⁹; *het zoeken leverde niets op*
die Suche blieb ohne Erfolg; *het onderzoek leverde niets nieuws op* die Untersuchung er-
gab nichts Neues

de **opleving** Aufleben (o³⁹), Belebung (v²⁰)

oplezen vorlesen²⁰¹; [officieel] verlesen²⁰¹

¹**oplichten** (ov ww) **1** [optillen] (auf)he-
ben¹⁸⁶, lüften: *de hoed even ~* den Hut lüften;
[fig] *de sluier ~* den Schleier lüften **2** [bedrie-
gen] betrügen²⁹⁴

²**oplichten** (ov ww) [helder worden] sich
aufhellen

de **oplichter** Schwindler (m⁹), Betrüger (m⁹)

de **oplichterij** Betrug (m¹⁹), Schwindel (m¹⁹),
Betrügerei (v²⁰)

de **oplichting** Betrug (m¹⁹), Schwindel (m¹⁹)

oplikken auflecken

de **oploop** Auflauf (m⁶)

¹**oplopen** (onov ww) **1** [naar boven lopen]
hinaufgehen¹⁶⁸: *de trap ~* die Treppe hinaufgehen **2** [naar boven gaan] ansteigen²⁸¹:
deze weg loopt sterk op dieser Weg steigt
stark an **3** [toenemen] ansteigen²⁸¹, steigen²⁸¹: *de prijzen lopen op* die Preise ziehen
an **4** [botsen] (an)prallen: *tegen iem. ~* gegen jmdn. (an)prallen

²**oplopen** (ov ww) [krijgen] sich³ zuzie-
hen³¹⁸, davontragen²⁸⁸: *een ziekte ~* sich eine
Krankheit zuziehen; *een wond ~* eine Wunde
davontragen

oplopend [m.b.t. weg] ansteigend

oplosbaar 1 [in vloeistof] löslich, auflösbar
2 [van raadsel] lösbar

de **oploskoffie** Instantkaffee (m¹³), Pulverkaffee (m¹³)

het **oplosmiddel** Lösungsmittel (o³³)

¹**oplossen** (onov ww) [in vloeistof] sich lösen, sich auflösen (in⁺³)

²**oplossen** (ov ww) [ontwarren] (auf)lösen,
klären

de **oplossing** Lösung (v²⁰)

opluchten erleichtern: *dat lucht op!* das tut
gut!

de **opluchting** Erleichterung (v²⁸)

opluisteren: *een feest ~* den Glanz eines
Festes erhöhen

de **opmaak** Aufmachung (v²⁰)

de **opmaat** Auftakt (m⁵)

¹**opmaken** (ww) **1** [opeten] aufessen¹⁵²
2 [verkwisten] verschwenden **3** [in orde ma-
ken] machen: *het bed ~* das Bett machen; *het
haar ~* die Haare machen **4** [een contract
e.d.] aufstellen, aufsetzen; [een rekening]
aufstellen, machen **5** [de berekening maken
van] aufstellen: *een begroting ~* ein Budget
aufstellen; *de inventaris ~* das Inventar aufnehmen²¹²; *de kas ~* den Kassenbestand aufnehmen²¹² **6** [versieren] garnieren³²⁰ **7** [typ]
aufmachen **8** [make-up aanbrengen]
schminken **9** [concluderen] schließen²⁴⁵:
daaruit maak ik op, dat … daraus schließe ich,
dass …

zich ²**opmaken** (wdk ww) **1** [zich gereedmaken]
sich anschicken **2** [make-up aanbrengen]
Make-up auflegen (*of:* auftragen), sich
schminken

de **opmars** Aufmarsch (m⁶): *de computer is in ~*
der Computer ist im Vormarsch

opmerkelijk 1 bemerkenswert **2** [raar]
merkwürdig, sonderbar

opmerken bemerken

de **opmerking 1** [uiting] Bemerkung (v^{20}) **2** [aantekening] Notiz (v^{20})
opmerkzaam aufmerksam: *iem. op iets ~ maken* jmdn. auf^{+4} etwas aufmerksam machen
opmeten aufmessen^{208}, vermessen^{208}
opnaaien 1 [vastnaaien op iets] aufnähen (auf^{+4}) **2** [opjutten] aufhetzen
de **opname** Aufnahme (v^{21})
opnemen 1 [alg] aufnehmen^{212} **2** [met een doek wegnemen] aufwischen **3** [geld van de bank] abheben^{186}; [lenen] aufnehmen^{212} **4** [bekijken] mustern **5** [een plaats geven] aufnehmen^{212}: *in een gezin ~* in eine Familie aufnehmen **6** [optekenen] aufnehmen^{212}: *bestellingen ~* Bestellungen aufnehmen **7** [vastleggen op geluidsband of film] aufnehmen^{212}, aufzeichnen **8** [de meterstand] ablesen^{201}: *de tijd ~* die Zeit stoppen **9** [beginnen] aufnehmen^{212}: *contact ~ met iem.* Kontakt mit jmdm. aufnehmen **10** [hervatten] aufgreifen^{181}: *het gesprek weer ~* das Gespräch wieder aufgreifen **11** [opvatten] aufnehmen^{212}: *iets verkeerd ~* etwas falsch verstehen **12** [vakantiedagen] nehmen^{212} || *het tegen iem. ~* es mit jmdm. aufnehmen^{212}; *het voor iem. ~* für jmdn. Partei ergreifen^{181}
opnieuw aufs Neue, von Neuem, wiederum
opnoemen nennen^{213}, aufzählen
de **opoe** Oma (v^{27})
opofferen opfern
de **opoffering** Opfer (o^{33}): *zich ~en getroosten* Opfer bringen^{139}
opofferingsgezind opferwillig
het **oponthoud** Aufenthalt (m^5); [vertraging, ook] Verzögerung (v^{20})
oppakken 1 [opnemen] aufnehmen^{212}, aufheben^{186} **2** [optillen] hochheben^{186} **3** [inrekenen] festnehmen^{212}
de **oppas** Betreuer (m^9); [bij kinderen] Babysitter (m^9)
oppassen 1 [opletten] aufpassen, Acht geben^{166}: *pas op!* pass auf!, Achtung! **2** [zich gedragen] sich benehmen^{212} **3** [zich in acht nemen] sich hüten, sich in Acht nehmen^{212} **4** [verzorgen] aufpassen: *op een kind ~* auf ein Kind aufpassen
oppassend ordentlich, tüchtig
de **oppasser** Aufseher (m^9), Wärter (m^9)
oppeppen 1 (jmdn.) aufputschen **2** (etwas) aufpeppen
de **oppepper** Kick (m^{13}, 2e nvl: ook -)
opperbest ausgezeichnet, vorzüglich
het **opperbevel** Oberbefehl (m^{19})
de **opperbevelhebber** Oberbefehlshaber (m^9)
opperen äußern, vorschlagen^{241}: *bezwaren ~* Bedenken äußern; *een plan ~* einen Plan vorschlagen
het **oppergezag** Oberherrschaft (v^{28})

het **opperhoofd** Oberhaupt (o^{32}); [van volksstam] Häuptling (m^5)
de **opperhuid** Oberhaut (v^{28})
oppermachtig allmächtig
opperst 1 oberst **2** [voornaamst] höchst
het **oppervlak** zie *oppervlakte*
oppervlakkig oberflächlich
de **oppervlakkigheid** Oberflächlichkeit (v^{20})
de **oppervlakte 1** Oberfläche (v^{21}) **2** [grootte] Oberfläche (v^{21}), Fläche (v^{21})
het **oppervlaktewater** Oberflächenwasser (o^{33})
het **Opperwezen** Allmächtige(r) (m^{40a})
oppeuzelen aufknabbern
oppiepen anpiepsen: *iem. ~* jmdn. anpiepsen
oppikken 1 [door vogels] aufpicken **2** [meenemen] mitnehmen^{212}; [door politie] aufgreifen^{181}; [schipbreukelingen] auffischen; [afhalen] abholen **3** [opvangen] mitbekommen^{193}
oppimpen aufpimpen
opplakken aufkleben
oppoetsen (auf)polieren^{320}
oppompen aufpumpen
de **opponent** Opponent (m^{14})
opponeren opponieren^{320}
opporren [aansporen] antreiben^{290}
het **opportunisme** Opportunismus (m^{19a})
de **opportunist** Opportunist (m^{14})
opportunistisch opportunistisch
de **opposant** Gegner (m^9), Widersacher (m^9)
de **oppositie** Opposition (v^{20}): *~ voeren* Opposition (be)treiben^{299}
de **oppositiepartij** Oppositionspartei (v^{20})
oppotten 1 [opsparen] horten **2** [in een pot sparen] eintopfen
oprakelen 1 [vuur] schüren **2** [fig] aufrühren
opraken ausgehen^{168}, zur Neige gehen^{168}: *mijn geduld raakt op* mir geht die Geduld aus
oprapen 1 [van de grond] aufheben^{186} **2** [een gevallen steek] aufnehmen^{212} || *iem. uit de goot ~* jmdn. aus der Gosse auflesen^{201}
oprecht aufrichtig, ehrlich
de **oprechtheid** Aufrichtigkeit (v^{28}), Ehrlichkeit (v^{28})
^{1}**oprichten** (ov ww) **1** [bouwen] errichten **2** [vestigen, stichten] gründen: *een vereniging ~* einen Verein gründen **3** [omhoogheffen] aufrichten
zich ^{2}**oprichten** (wdk ww) sich aufrichten
de **oprichter** Gründer (m^9)
de **oprichting 1** [het bouwen] Errichtung (v^{20}) **2** [het stichten] Gründung (v^{20})
oprijden hinauffahren^{153}, herauffahren^{153}; [op rijdier] hinaufreiten^{221}, heraufreiten^{221}: *~ tegen* fahren^{153} gegen^{+4}; [van achteren] auffahren^{153} auf^{+4}; *een weg ~* auf eine Straße fahren
de **oprijlaan** Auffahrt (v^{20}), Zufahrt (v^{20})

oprijzen 1 [omhoog rijzen] emporragen, aufragen **2** [gaan staan] sich aufrichten **3** [opkomen] erwachen

de **oprisping** Rülpser (m⁹), Aufstoßen (o³⁹)

de **oprit** Auffahrt (v²⁰)

de **oproep 1** Aufruf (m⁵) **2** [belpoging] Anruf (m¹): *gemiste ~en* verpasste Anrufe

oproepen 1 [aansporen] aufrufen²²⁶ **2** [mil] einziehen³¹⁸ **3** [ontbieden] aufrufen²²⁶; [getuigen] aufrufen²²⁶; [voor de zitting] vorladen¹⁹⁶: *sollicitanten* ~ Bewerber zum Vorstellungsgespräch einladen¹⁹⁶ **4** [tevoorschijn doen komen] heraufbeschwören²⁶⁰: *verbazing* ~ Erstaunen hervorrufen²²⁶

het **oproer 1** Aufruhr (m⁵) **2** [opstand] Aufstand (m⁶), Erhebung (v²⁰); [van militairen] Putsch (m⁵)

de **oproerkraaier,** de **oproerling** Aufwiegler (m⁹)

de **oproerpolitie** Einsatzkommando (o³⁶) der Polizei

oprollen 1 aufrollen **2** [onschadelijk maken] hochgehen lassen¹⁹⁷

de **oprotpremie** Rückkehrprämie (v²¹)

oprotten abhauen¹⁸⁵

opruien aufhetzen, aufwiegeln

opruimen 1 [netjes maken] aufräumen **2** [uitverkopen] ausverkaufen: *dat ruimt op!* das schafft Platz!

de **opruiming** Ausverkauf (m⁶), Schlussverkauf (m⁶)

oprukken vorrücken

opscharrelen auftreiben²⁹⁰

opschepen: *iem. met iets* ~ jmdm. etwas aufhalsen; *zie opgescheept*

de **opscheplepel** Schöpflöffel (m⁹), Vorlegelöffel (m⁹)

opscheppen 1 [bijeenscheppen] aufschaufeln **2** [van eten] (sich) auftun²⁹⁵, sich bedienen: [fig] *ik heb het ook niet voor het* ~ so viel habe ich auch nicht **3** [opsnijden] angeben¹⁶⁶

de **opschepper** Angeber (m⁹)

opschepperig angeberisch

de **opschepperij** Angeberei (v²⁰)

opschieten 1 [naar boven schieten] hochfahren¹⁵³ **2** [groeien] aufschießen²³⁸ **3** [vooruitkomen] vorankommen¹⁹³ **4** [voortmaken] sich beeilen: *schiet op! beeil dich!* **5** [overweg kunnen] auskommen¹⁹³; *zie opgeschoten*

de **opschik** Putz (m¹⁹), Schmuck (m¹⁹)

opschikken aufrücken

opschilderen neu anstreichen²⁸⁶

opschorten aufschieben²³⁷, verschieben²³⁷

het **opschrift 1** [op brief, deur, fles e.d.] Aufschrift (v²⁰) **2** [op gedenkteken, munt] Inschrift (v²⁰) **3** [hoofd] Überschrift (v²⁰): *het ~ van een boek* der Titel eines Buches

het **opschrijfboekje** Notizbuch (o³²)

opschrijven aufschreiben²⁵², notieren³²⁰; [op de rekening zetten] anschreiben²⁵² ‖ *ten dode opgeschreven zijn* dem Tode geweiht

sein²⁶²

¹**opschrikken** (onov ww) [van schrik opspringen] aufschrecken²⁵¹

²**opschrikken** (ov ww) aufschrecken, aufscheuchen

opschroeven [opdrijven] hochschrauben

opschudden 1 [losser maken] aufschütteln **2** [opschrikken] wachrütteln, aufrütteln: *een ingeslapen organisatie* ~ eine schläfrige Organisation wachrütteln; *ze werd opgeschud uit haar dromen* sie wurde aus ihren Träumen aufgerüttelt/gerissen

de **opschudding** Aufregung (v²⁰), Erregung (v²⁰)

¹**opschuiven** (onov ww) [opschikken] aufrücken

²**opschuiven** (ov ww) **1** [lett] weiterschieben²³⁷ **2** [doen opengaan] zurückschieben²³⁷ **3** [uitstellen] aufschieben²³⁷

opsieren [ook fig] ausschmücken

¹**opslaan** (onov ww) [duurder worden] aufschlagen²⁴¹

²**opslaan** (ov ww) **1** [alg] aufschlagen²⁴¹: *een bal* ~ einen Ball aufschlagen **2** [van deksel, luik enz.] aufklappen **3** [verhogen, duurder maken] erhöhen, aufschlagen²⁴¹ **4** [opbergen] lagern, speichern: *goederen* ~ Waren lagern **5** [comp] speichern: *gegevens* ~ Daten speichern

de **opslag 1** [het opslaan] [ook sport] Aufschlag (m⁶) **2** [muz] Auftakt (m⁵) **3** [verhoging van prijs, loon enz.] Aufschlag (m⁶), Erhöhung (v²⁰): *om ~ vragen* um eine Gehaltserhöhung bitten¹³² **4** [het opbergen] Lagerung (v²⁰), Speicherung (v²⁰): *de ~ van gegevens* die Speicherung von Daten **5** [opslagplaats] Lager (o³³), Speicher (m⁹)

de **opslagplaats,** de **opslagruimte** Lagerraum (m⁶)

opslokken verschlingen²⁴⁶

¹**opsluiten** (ov ww) einschließen²⁴⁵, einsperren (in⁺³, ⁺⁴)

zich ²**opsluiten** (wdk ww) sich einschließen²⁴⁵; [fig] sich zurückziehen³¹⁸

de **opsluiting** Haft (v²⁸), Freiheitsentzug (m¹⁹)

de **opsmuk** Schmuck (m¹⁹), Putz (m¹⁹)

opsnorren auftreiben²⁹⁰, aufstöbern

opsnuiven einatmen; [med] inhalieren³²⁰

opsodemieteren [inf] sich zum Teufel scheren

opsolferen [Belg] andrehen: *iem. iets* ~ jmdm. etwas andrehen

opsommen aufzählen

de **opsomming** Aufzählung (v²⁰)

opsouperen durchbringen¹³⁹

opsparen sparen, zusammensparen

opspelden anstecken, anheften

opspelen [razen] toben, wettern

opsplitsen teilen, aufteilen

opsporen aufstöbern: *een misdadiger* ~ einen Verbrecher ermitteln de **opsporing** Ermittlung (v[20]), Fahndung (v[20])

de **opsporingsdienst** [van politie] Fahndung (v[20]): *fiscale* ~ Steuerfahndung (v[20])

de **opspraak**: *in* ~ *brengen* ins Gerede bringen[139]; *in* ~ *komen* ins Gerede kommen[193]

opspringen aufspringen[276]; [van schrik, uit de slaap] auffahren[153], hochfahren[153]

opspuiten 1 [omhoogspuiten] aufwerfen[311]; [van terrein] aufspülen **2** [van kennis] herunterleiern

opstaan 1 [gaan staan] aufstehen[279], sich erheben[186] **2** [uit bed komen] aufstehen[279] **3** [levend worden] auferstehen[279] **4** [in opstand komen] sich auflehnen

opstaand: ~*e kraag* Stehkragen (m[11]); ~*e rand* hoch stehender Rand

de **opstand** Aufstand (m[6]), Revolte (v[21]): *in* ~ *komen tegen* sich auflehnen gegen[+4]

de **opstandeling** Aufständische(r) (m[40a])

opstandig 1 [oproerig] aufständisch, rebellisch **2** [weerspannig] widersetzlich

de **opstanding** Auferstehung (v[20])

de **opstap 1** [trede] Stufe (v[21]) **2** [fig] Sprungbrett (o[31])

¹**opstapelen** (ov ww) aufstapelen

zich ²**opstapelen** (wdk ww) sich häufen

opstappen 1 [op fiets e.d.] aufsteigen[281]; [in tram e.d.] einsteigen[281] **2** [vertrekken] gehen[168], fortgehen[168] **3** [opzeggen] kündigen

¹**opsteken** (onov ww) zunehmen[212], stärker werden[310]: *de wind steekt op* der Wind nimmt zu

²**opsteken** (ov ww) **1** [in de hoogte steken] (auf)heben[186]: *de vinger* ~ sich melden **2** [van haar] aufstecken **3** [leren van iets] klüger werden[310] (von[+3]) **4** [aansteken] anstecken, anzünden

het **opstel** Aufsatz (m[6]): *een* ~ *maken* einen Aufsatz schreiben[252]

¹**opstellen 1** [ontwerpen] entwerfen[311], aufstellen **2** verfassen, aufsetzen: *een brief* ~ einen Brief aufsetzen **3** [plaatsen] aufstellen

zich ²**opstellen** (wdk ww) sich aufstellen: *zich verdekt* ~ sich unauffällig (*of:* verdeckt) aufstellen

de **opsteller** Verfasser (m[9])

de **opstelling 1** Aufstellung (v[20]) **2** [standpunt] Haltung (v[20]), Standpunkt (m[5]) **3** [van brief e.d.] Aufsetzen (o[39])

opstijgen aufsteigen[281]

opstoken 1 [beter doen branden] schüren **2** [verbranden] verbrennen[138] **3** [ophitsen] aufhetzen

de **opstoker** Aufhetzer (m[9]); [pol] Aufwiegler (m[9])

het **opstootje** Krawall (m[5])

de **opstopping** Stauung (v[20]), Verkehrsstockung (v[20])

opstormen hinaufstürmen, heraufstürmen

opstrijken 1 [krijgen] kassieren[320] **2** [met strijkbout] aufbügeln

opstropen aufkrempeln

opstuiven 1 [m.b.t. sneeuw, stof] aufstieben[283] **2** [m.b.t. personen] auffahren[153], aufbrausen

opsturen zusenden[263], zuschicken

¹**optakelen** (ov ww) **1** [ophijsen] hochwinden[313] **2** [van schip] auftakeln

zich ²**optakelen** (wdk ww) [fig] sich aufdonnern

optekenen aufschreiben[252], notieren[320]

optellen 1 [bijeentellen] addieren[320], zusammenzählen **2** [opsommen] aufzählen

de **optelling,** de **optelsom** Addition (v[20])

opteren: *voor iets* ~ für[+4] etwas optieren[320]

de **opticien** Optiker (m[9])

de **optie 1** [keuze] Option (v[20]) **2** [Belg; keuzevak] Wahlfach (o[32])

de **optiebeurs** Optionsbörse (v[21])

de **optiek** Optik (v[28])

optillen aufheben[186], hochheben[186]

optimaal optimal

het **optimisme** Optimismus (m[19a])

de **optimist** Optimist (m[14])

optimistisch optimistisch

optioneel Options-, Vorkaufs-

optisch optisch

de **optocht** Zug (m[6]), Umzug (m[6]), Aufzug (m[6])

optornen ankämpfen: ~ *tegen* ankämpfen gegen[+4]

het ¹**optreden** (zn) **1** [op toneel] Auftreten (o[39]), Auftritt (m[5]) **2** [manier van handelen] Auftreten (o[39]), Vorgehen (o[39])

²**optreden** (ww) **1** [op toneel] auftreten[291] **2** [handelen] auftreten[291], vorgehen[168]: *handelend* ~ einschreiten[254]; *tegen iem.* ~ gegen jmdn. vorgehen

het **optrekje** kleine Wohnung (v[20])

¹**optrekken** (onov ww) **1** [m.b.t. auto] anziehen[318], beschleunigen **2** [zich bezighouden] sich beschäftigen: *met iem.* ~ sich mit jmdm. beschäftigen **3** [langzaam verdwijnen] aufsteigen[281] **4** [opmarcheren] aufmarschieren[320]

²**optrekken** (ov ww) **1** [omhoogtrekken] hochziehen[318]: *lonen* ~ Löhne erhöhen; *zijn neus voor iets* ~ die Nase über[+4] etwas rümpfen; *de schouders* ~ die Achseln zucken **2** [opbouwen] errichten

optrommelen zusammentrommeln

optuigen 1 [scheepv] auftakeln **2** [een paard] aufzäumen **3** [versieren] schmücken

zich **optutten** sich aufdonnern, sich aufbrezeln

opvallen auffallen[154]

opvallend auffallend, auffällig

de **opvang 1** Aufnahme (v[21]) **2** [steun] Betreuung (v[28])

het **opvangcentrum 1** [voor daklozen] Obdachlosenasyl (o[29]) **2** [voor vluchtelingen] Auffanglager (o[33]) **3** [voor mensen in nood]

Anlaufstelle (v[21])
opvangen auffangen[155]
opvaren hinauffahren[153]: *de rivier* ~ den Fluss hinauffahren
de **opvarenden** Passagiere (mv m[5]) und Bemannung (v[20]); [alleen de bemanning] Schiffsbesatzung (v[20])
opvatten 1 [ter hand nemen] aufnehmen[212]: *zijn studie weer* ~ sein Studium wiederaufnehmen **2** [gaan gevoelen] empfinden[157]: *liefde voor iets* ~ von Liebe für[+4] etwas ergriffen werden[310] **3** [beschouwen] auffassen
de **opvatting** Auffassung (v[20]), Ansicht (v[20])
opvegen auffegen, aufkehren
opvijzelen [fig] aufmöbeln, verbessern
opvissen auffischen; [fig ook] aufgabeln
opvlammen aufflammen; [sterk] auflodern
opvliegen 1 [m.b.t. vogel] auffliegen[159]; [de trap] hinauffliegen[159] **2** [driftig worden] aufbrausen
opvliegend aufbrausend, jähzornig
de **opvlieger** Hitzewallung (v[20])
opvoeden erziehen[318]
opvoedend erzieherisch, Erziehungs...
de **opvoeder** Erzieher (m[9])
de **opvoeding** Erziehung (v[28])
de **opvoedkunde** Pädagogik (v[28])
opvoedkundig pädagogisch
de **opvoedkundige** Pädagoge (m[15]), Pädagogin (v[22])
opvoeren 1 [opdrijven] erhöhen, steigern, hinaufschrauben: *een opgevoerde brommer* ein frisiertes Moped; *de snelheid* ~ die Geschwindigkeit erhöhen **2** [theat] aufführen: *een stuk* ~ ein Stück aufführen
de **opvoering 1** [het opdrijven] Erhöhung (v[20]), Steigerung (v[20]) **2** [theat] Aufführung (v[20])
opvolgen 1 folgen[+3] **2** [raad, bevel] befolgen[+4]: *iem.* ~ jmdm. nachfolgen
de **opvolger** Nachfolger (m[9])
de **opvolging 1** [m.b.t. ambt enz.] Nachfolge (v[21]); [op de troon] Thronfolge (v[21]) **2** [het naleven] Befolgung (v[20])
opvouwbaar faltbar, zusammenlegbar: *opvouwbare boot* Faltboot (o[29]); *opvouwbare fiets* Klapprad (o[32])
opvouwen (zusammen)falten
opvragen anfordern, zurückfordern, abrufen[226]; [geld van de bank] abheben[186]: *informatie* ~ Informationen anfordern
opvreten auffressen[162]: *hij wordt opgevreten van de zenuwen* er stirbt vor Nervosität; [scherts] *ik kan je wel* ~ ich könnte dich auffressen
opvriezen wieder zu frieren anfangen[155]
opvrolijken aufheitern, aufmuntern
opvullen füllen
opwaaien aufwehen, aufwirbeln

opwaarderen aufwerten
[1]**opwaarts** (bn) aufwärts gerichtet
[2]**opwaarts** (bw) aufwärts
opwachten 1 warten auf[+4] **2** [met vijandige bedoeling] (jmdm.) auflauern
de **opwachting**: *bij iem. zijn* ~ *maken* jmdm. seine Aufwartung machen
[1]**opwarmen** (ov ww) **1** [lett] aufwärmen **2** [fig] erwärmen
zich [2]**opwarmen** (wdk ww) [sport] sich aufwärmen
opwegen aufwiegen[312]: *het een weegt tegen het ander op* das eine wiegt das andere auf; *het weegt tegen elkaar op* es gleicht sich aus
opwekken 1 [wakker maken] wecken: *argwaan* ~ Argwohn wecken **2** [levend maken] auferwecken: *iem. uit de dood* ~ jmdn. vom Tode auferwecken **3** [prikkelen] anregen **4** [opvrolijken] aufmuntern **5** [doen ontstaan] erzeugen: *elektriciteit* ~ Elektrizität erzeugen **6** [aansporen] anregen
opwekkend 1 [vrolijk stemmend] ermunternd: *de eetlust* ~ appetitanregend **2** [med] anregend
de **opwekking** [het doen ontstaan] Erzeugung (v[20])
opwellen aufwallen, aufsteigen[281], (auf)quellen[217]: ~*de driften* aufwallende Triebe
de **opwelling 1** Aufwallen (o[39]), Aufquellen (o[39]) **2** [opbruising] Regung (v[20]), Ausbruch (m[6])
[1]**opwerken** (ov ww) [opnieuw bewerken] aufbereiten
zich [2]**opwerken** (wdk ww) sich hocharbeiten (zu[+3])
[1]**opwerpen** (ov ww) **1** [omhoogwerpen] hinaufwerfen[311], heraufwerfen[311] **2** [barricade, dam] aufwerfen[311] **3** [vraag] aufwerfen[311]
zich [2]**opwerpen** (wdk ww) sich aufwerfen[311] (zu[+3])
[1]**opwinden** (ov ww) **1** aufwickeln **2** [ophijsen] aufwinden[313] **3** [uurwerk] aufziehen[318] **4** [in geestdriftige stemming brengen] begeistern
zich [2]**opwinden** (wdk ww) sich aufregen (über[+4])
opwindend 1 [spannend] aufregend **2** [prikkelend] erregend, aufreizend
de **opwinding** Aufregung (v[20]), Erregung (v[20])
opwrijven blank reiben[219], polieren[320]
opzadelen 1 [lett] (auf)satteln **2** [fig] aufhalsen: *iem. met iets* ~ jmdm. etwas aufhalsen
opzeggen 1 [afzeggen] kündigen, beenden: *zijn abonnement* ~ das Abonnement abbestellen; *een contract* ~ einen Vertrag kündigen; *het vertrouwen in het bestuur* ~ dem Vorstand das Vertrauen entziehen **2** [uit het hoofd zeggen] aufsagen
de **opzegging** Kündigung (v[20]), Abbestellung

(v[20])

de **¹opzegtermijn** Kündigungsfrist (v[20])

de **¹opzet** [ontwerp] Entwurf (m[6]), Anlage (v[21]), Plan (m[6])

het **²opzet** [bedoeling, voornemen] Absicht (v[20]); [jur] Vorsatz (m[6]): met ~ absichtlich; zonder ~ unabsichtlich

opzettelijk absichtlich

¹opzetten (onov ww) **1** [zwellen] (an)-schwellen[256] **2** [naderen] herankommen[193]; [m.b.t. onweer] aufziehen[318]; [m.b.t. de vloed] heraufkommen[193]

²opzetten (ov ww) **1** [op iets zetten] aufsetzen: een bril ~ eine Brille aufsetzen **2** [grammofoonplaat] auflegen **3** [overeind zetten] aufsetzen, aufstellen: zijn kraag ~ seinen Kragen hochschlagen[241]; een tent ~ ein Zelt aufschlagen[241] **4** [beginnen] gründen **5** [opstoken] aufwiegeln, aufhetzen **6** [een dier] ausstopfen **7** [op touw zetten] organiseren[320], veranstalten: iets breed ~ etwas breit anlegen ‖ grote ogen ~ große Augen machen

het **opzicht 1** [toezicht] Aufsicht (v[28]) **2** [betrekking] Hinsicht (v[20]), Beziehung (v[20]): ten ~e van in Bezug auf[+4]; in elk ~ in jeder Hinsicht; in geen ~ in keiner Weise; in vele ~en in mancher Hinsicht

de **opzichter** Aufseher (m[9])

opzichtig auffällig, auffallend

het **¹opzien** (zn) Aufsehen (o[39]): ~ baren Aufsehen erregen

²opzien (ww) **1** [omhoogzien] hinaufsehen[261] **2** [de ogen opslaan] aufsehen[261] **3** [eerbiedigen] emporblicken **4** [vrezen] scheuen, mit Befürchtung entgegensehen[261]: tegen iets ~ etwas³ mit Befürchtung entgegensehen; tegen de kosten ~ die Kosten scheuen; er tegen ~ de waarheid te zeggen sich scheuen, die Wahrheit zu sagen

opzienbarend aufsehenerregend

opzij 1 [uit de weg] beiseite, zur Seite **2** [aan de zijkant] seitlich: hij wendde het hoofd naar ~ er wandte den Kopf seitwärts, zur Seite; de wind van ~ seitlicher Wind

opzitten 1 [overeind zitten] aufsitzen[268] **2** [m.b.t. honden] Männchen machen ‖ er zit niets anders op! es bleibt mir (dir usw.) nichts anderes übrig!; het zit erop! das wäre geschafft!

opzoeken 1 aufsuchen **2** [naslaan] nachschlagen[241] **3** [bezoeken] aufsuchen, besuchen

opzuigen aufsaugen[229]

opzwellen (auf)schwellen[256]

opzwepen [ook fig] aufpeitschen

het **orakel** Orakel (o[33])

de **orang-oetan** Orang-Utan (m[13])

het **¹oranje** (zn) Orange (o, 2e nvl: -; mv: -)

²oranje (bn) orange, orange(n)farbig

Oranje [vorstenhuis] das Haus (o[39]) Oranien

de **oratie** [inaugurele rede] Antrittsrede (v[21])

het **oratorium** Oratorium (o, 2e nvl: -s; mv: Oratorien)

de **orchidee** Orchidee (v[21])

de **orde 1** [regelmaat] Ordnung (v[28]): voor de goede ~ ordnungshalber; ~ op zaken stellen seine Angelegenheiten in Ordnung bringen[139] **2** [geregelde toestand] Ordnung (v[28]): de openbare ~ die öffentliche Ordnung; iets in ~ brengen (of: maken) **a)** etwas in Ordnung bringen[139]; **b)** [repareren] reparieren[320]; dat komt in ~! das geht in Ordnung! **3** [volgorde] Ordnung (v[28]): aan de ~ komen zur Sprache kommen[193]; aan de ~ stellen zur Diskussion stellen; aan de ~ zijn auf der Tagesordnung stehen[279]; tot de ~ van de dag overgaan zur Tagesordnung übergaan[168] **4** [biol] Ordnung (v[20]) **5** [grootte] Größe (v[21]), Größenordnung (v[28]) **6** [vereniging, kloosterorde] Orden (m[11]): ~ van advocaten Anwaltskammer (v[21]); de ~ van de benedictijnen [ook] der Benediktinerorden; een ~ verlenen einen Orden verleihen[200] ‖ dat is van een heel andere ~ das ist von ganz anderer Art/Natur

ordelijk ordentlich, geordnet

ordeloos ungeordnet, unordentlich

ordenen ordnen

de **ordening** Ordnung (v[28])

ordentelijk ordentlich, anständig

de **order 1** [bevel] Befehl (m[5]), Auftrag (m[6]); [mil] Order (v[27], v[1]): tot nader ~ bis auf Weiteres; ik ben tot uw ~s ich stehe zu Ihren Diensten **2** [opdracht, bestelling] Auftrag (m[6]), Bestellung (v[20]), Order (v[27]): een ~ plaatsen einen Auftrag erteilen

de **orderportefeuille** Auftragsbestand (m[6])

de **ordeverstoring** Ruhestörung (v[20])

ordinair ordinär

de **ordner** Ordner (m[9])

de **ordonnans** Melder (m[9])

de **oregano** Oregano (m[13])

oreren 1 reden **2** [hoogdravend] schwadronieren[320]

het **orgaan** Organ (o[29])

de **orgaandonatie** Organspende (v[21])

de **organisatie** Organisation (v[20]): de rechterlijke ~ die Gerichtsverfassung

de **organisatieadviseur** Unternehmensberater (m[9]), Organisationsberater (m[9])

de **organisator** Organisator (m[16])

organisatorisch organisatorisch

organisch organisch

organiseren 1 organisieren[320] **2** [op touw zetten] organisieren[320], veranstalten

het **organisme** Organismus (m, 2e nvl: -; mv: Organismen)

de **organist** Organist (m[14])

het **orgasme** Orgasmus (m, 2e nvl: -; mv: Orgasmen)

het **orgel** Orgel (v[21]); [draaiorgel] Drehorgel (v[21]); [klein] Leierkasten (m[12])

het **orgelconcert** Orgelkonzert (o[29])

de **orgie** Orgie (v²¹)
de **Oriënt** Orient (m¹⁹)
de **oriëntatie** Orientierung (v²⁸)
    oriënteren orientieren³²⁰: *het ~de gesprek* das Sondierungsgespräch; *zich ~* sich orientieren
de **oriëntering** Orientierung (v²⁸)
het **oriënteringsvermogen** Orientierungssinn (m¹⁹)
de **originaliteit** Originalität (v²⁰)
de **origine** Herkunft (v²⁵), Abstammung (v²⁸)
het ¹**origineel** (zn) Original (o²⁹)
    ²**origineel** (bn, bw) **1** originell: *originele ideeën* originelle Ideen **2** [oorspronkelijk] original: *originele tekst* Originaltext (m⁵); *originele verpakking* Originalverpackung (v²⁰)
de **orka** Schwertwal (m⁵)
de **orkaan** Orkan (m⁵)
de **orkaankracht** Orkanstärke (v²⁸)
het **orkest** Orchester (o³³)
    orkestreren orchestrieren³²⁰
het **ornaat** Ornat (m⁵, o²⁹): *in vol ~* in vollem Ornat
het **ornament** Ornament (o²⁹)
de **orthodontist** Kieferorthopäde (m¹⁵)
    orthodox orthodox
de **orthopedagoog** Heilpädagoge (m¹⁵)
de **orthopedie** Orthopädie (v²⁸)
    orthopedisch orthopädisch
de **os** Ochse (m¹⁵): *slapen als een os* schlafen²⁴⁰ wie ein Dachs
de **OS** afk van *Olympische Spelen* Olympische Spiele (mv), OS
de **ossenhaas** Rinderfilet (o³⁶); [toebereid] Lendenbraten (m¹¹), Filetbraten (m¹¹)
de **ossenstaartsoep** Ochsenschwanzsuppe (v²¹)
de **otter** Otter (m⁹)
    oubollig altmodisch, rückständig
    oud alt⁵⁸: *de ~e dag* das Alter; *mijn ~e heer* mein Alter Herr; *een ~-lid van de vereniging* ein früheres Vereinsmitglied; *de ~e lui* die Senioren; [fig] *een ~e rot* ein alter Hase; *een kind van een jaar ~* ein einjähriges Kind; *jong en ~* Alt und Jung; *~en en jongen* Alte und Junge; *~en van dagen* alte Leute; *~ en nieuw vieren* Silvester feiern; *hij is weer de ~e* er ist wieder der Alte; *zo ~ als de weg naar Rome* so alt wie die Welt; *hoe ~er, hoe gekker* Alter schützt vor Torheit nicht; *iem. als ~ vuil behandelen* jmdn. wie den letzten Dreck behandeln
    oud- alt-, Alt-, ehemalig
    oudbakken [ook fig] altbacken
de **oudedagsvoorziening** Altersversorgung (v²⁸)
de **oudejaarsavond** Silvesterabend (m⁵)
de **oudelui** Alte (mv)
de **ouder** Elternteil (m⁵): *~s* Eltern
de **ouderavond** Elternabend (m⁵)
de **oudercommissie** Elternbeirat (m⁶)

de **ouderdom** Alter (o³³)
de **ouderdomskwaal** Altersbeschwerde (v²¹)
het **ouderdomspensioen** Altersrente (v²¹), Rente (v²¹); [van ambtenaren] Pension (v²⁰)
de **ouderdomsvoorziening** Altersversorgung (v²⁸)
de **ouderejaars** [student] älteres Semester (o³³)
    ouderlijk elterlich, Eltern-: *het ~ huis* das Elternhaus
de **ouderling** Kirchenälteste(r) (m⁴⁰ᵃ, v⁴⁰ᵇ)
het **ouderschapsverlof** Erziehungsurlaub (m⁵)
    ouderwets 1 altmodisch **2** [echt] richtig: *een ~e winter* ein richtiger Winter
de **oudgediende 1** [oud-soldaat] Veteran (m¹⁴) **2** [iem. met ervaring] alter Hase (m¹⁵)
de **oudheid 1** [tijd] Altertum (o³⁹) **2** [het oudzijn] Alter (o³³) **3** [voorwerp] Altertümer (mv o³²) **4** [tijdvak] Altertum (o³⁹), Antike (v²⁸)
de **oudheidkunde** Archäologie (v²⁸)
het **oudjaar** Silvester (m⁹, o³³)
het **oudje 1** [man] Alte(r) (m⁴⁰ᵃ) **2** [vrouw] Alte (v⁴⁰ᵇ)
de **oud-leerling** ehemaliger Schüler (m⁹)
de **oudoom** Großonkel (m⁹)
    oudsher: *van ~* von alters her
de **oudste** Älteste(r) (m⁴⁰ᵃ, v⁴⁰ᵇ)
de **oud-strijder** Veteran (m¹⁴)
de **oudtante** Großtante (v²¹)
de **outbox** Outbox (v²⁰, mv: ook -es)
de **outcast** Outcast (m¹³), Paria (m¹³); Ausgestoßene(r) (m⁴⁰ᵃ)
de **outfit** Outfit (o³⁶, 2e nvl: ook -)
de **outlet** Outlet (o³⁶)
de **outplacement** Outplacement (o³⁶)
de **output** Output (m¹³, o³⁶)
de **outsider 1** [niet-ingewijde] Außenstehende(r) (m⁴⁰ᵃ, v⁴⁰ᵇ) **2** [sport] Außenseiter (m⁹)
de **outsourcing** Outsourcing (o³⁹)
de **ouverture** Ouvertüre (v²¹)
de **ouwe**: *de ~* der Alte (m⁴⁰ᵃ)
de **ouwehoer** [inf] Quatschkopf (m⁶)
    ouwehoeren [inf] quatschen
de **ouwel** Oblate (v²¹)
    ouwelijk ältlich
het **ov** afk van *openbaar vervoer* öffentliche Verkehrsmittel (mv), öV
het ¹**ovaal** (zn) Oval (o²⁹)
    ²**ovaal** (bn) oval
de **ovatie** Ovation (v²⁰)
    ovationeel stürmisch, tosend
de **ov-chipkaart** [Ned] Chipkarte (v²¹) zur Zahlung im öffentlichen Nahverkehr
de **oven** Ofen (m¹²); [in fornuis] Backofen (m¹²)
de **ovenschaal** Auflaufform (v²⁰), feuerfeste Form (v²⁰)
de **ovenschotel** Auflauf (m⁶)
de **ovenwant** Topfhandschuh (m⁵)
    ¹**over** (bw) **1** [van de ene kant naar de andere] über⁺⁴: *zij ging de straat ~* sie ging über die

Straße; ~ *en weer* hin und her; [wederzijds] gegenseitig; ~ *en weer praten* hin und her reden **2** [voorbij] vorüber, vorbei: *de pijn is* ~ die Schmerzen sind vorüber **3** [ongebruikt] übrig: *er is niet veel* ~ es ist nicht viel übrig; *hij heeft tijd te* ~ er hat Zeit im Überfluss **4** [naar een andere plaats]: *morgen zijn we* ~ [verhuisd] morgen sind wir umgezogen; *hij is* ~ [bevorderd] er ist versetzt worden; *ze zijn* ~ [op bezoek] sie sind zu Besuch; *familie ~ hebben* Verwandtenbesuch haben[182]

²**over** (vz) **1** [m.b.t. het bedekken van een oppervlak] über [bij rust[+3], anders[+4]]: *een deken – het bed leggen* eine Decke über das Bett legen **2** [aan de andere kant van] über[+3]: ~ *de grens wonen* über der Grenze wohnen **3** [naar de andere kant van] über[+4]: ~ *de grens vluchten* über die Grenze fliehen[160] **4** [van de ene kant naar de andere] über[+4]: *de brug – de rivier* die Brücke über den Fluss **5** [langs de oppervlakte van] über[+4]: *de bal rolt ~ het veld* der Ball rollt über das Feld **6** [meer dan] über[+4]: *het is ~ zessen* es ist über sechs (Uhr) **7** [na] in[+3]: ~ *een week* in einer Woche **8** [gedurende] über[+4]: ~ *een periode van 10 jaar* über eine Periode von 10 Jahren **9** [wat betreft] über[+4]: *heersen* ~ herrschen über **10** [via] über[+4]: *wij rijden* ~ *Keulen* wir fahren über Köln; ~ *de post* mit der Post **11** [door, ten gevolge van] über[+4]: *verdrietig zijn* ~ traurig sein[262] über

¹**overal** (bw) alles: ~ *van weten* alles wissen[314] ²**overal** (vw) [op alle plaatsen] überall
de **overall** Overall (m[13])
overbekend allbekannt, weit bekannt
overbelast überlastet
overbelasten überlasten
de **overbelasting** Überlastung (v[20])
overbelichten überbelichten
de **overbevissing** Überfischung (v[20])
de **overbevolking** Übervölkerung (v[28])
overbevolkt übervölkert
het **overblijfsel** Überrest (m[5]), Rest (m[5])
overblijven 1 [resteren] (übrig) bleiben[134] **2** [logeren] übernachten **3** [op school] in der Mittagspause in der Schule bleiben[134]
overbluffen verblüffen, verdutzen
overbodig überflüssig
overboeken (gireren) überweisen[307]
overboord über Bord
overbrengen 1 [van de ene plaats naar de andere brengen] bringen[139], überbringen[139]: *naar het pakhuis* ~ ins Lagerhaus bringen **2** [zeggen] ausrichten: *groeten* ~ Grüße ausrichten **3** [overdragen] übertragen[288]: *een besmetting* ~ eine Ansteckung übertragen **4** [vertalen] übersetzen **5** [verklikken] (jmdm. etwas) zutragen[288]
de **overbrenging** Überbringung (v[20]); [techn] Übertragung (v[20]), Übersetzung (v[20]); *zie overbrengen*

overbrieven (jmdm. etwas) zutragen[288]
overbruggen überbrücken
de **overbruggingsperiode** Zwischenzeit (v[28])
de **overbuur** Gegenüber (o[33])
de **overcapaciteit** Überkapazität (v[20])
overcompleet überzählig
de **overdaad** Überfluss (m[19])
overdadig überreichlich, üppig
overdag tagsüber
overdekken 1 [geheel bedekken] überdecken **2** [met een dak] überdachen: *overdekt zwembad* Hallenbad (o[32])
overdenken überdenken[140], nachdenken[140] über[+4], sich[3] überlegen
de **overdenking** Überlegung (v[20])
overdoen 1 [opnieuw doen] noch einmal tun[295], noch einmal machen, wiederholen **2** [verkopen] verkaufen
overdonderen verblüffen
de **overdosis** Überdosis (v, mv: Überdosen)
de **overdracht** Übertragung (v[20]), Übergabe (v[21])
overdrachtelijk übertragen, bildlich
overdragen übertragen[288]: *iets aan iem.* ~ jmdm. etwas übertragen; *zijn vorderingen aan iem.* ~ seine Forderungen an jmdn. abtreten[291]
overdreven übertrieben
¹**overdrijven** (ww) vorüberziehen[318]
²**overdrijven** (ww) übertreiben[290]
de **overdrijving** Übertreibung (v[20])
de **overdruk 1** [van artikel] Sonderdruck (m[5]) **2** [spanning] Überdruck (m[6])
overduidelijk überdeutlich
overdwars quer: ~*e doorsnede* Querschnitt (m[5])
overeen [over elkander] übereinander: [Belg] *de armen* ~ mit den Armen übereinander
¹**overeenkomen** (onov ww) [overeenstemmen] übereinstimmen: *in iets* ~ in[+3] etwas übereinstimmen; ~ *met* übereinstimmen mit[+3]
²**overeenkomen** (ov ww) [een overeenkomst sluiten] vereinbaren: *een prijs* ~ einen Preis vereinbaren
overeenkomend 1 [gelijk] übereinstimmend **2** [gelijkend] ähnlich
de **overeenkomst 1** [gelijkheid] Übereinstimmung (v[20]) **2** [gelijkenis] Übereinstimmung (v[20]), Ähnlichkeit (v[20]): *vertonen met* ~ Ähnlichkeit aufweisen[307] mit[+3] **3** [afspraak] Übereinkunft (v[25]), Vereinbarung (v[20]): *een schriftelijke* ~ eine schriftliche Vereinbarung **4** [contract] Vertrag (m[6])
¹**overeenkomstig** (bn, bw) ähnlich: ~*e gevallen* ähnliche Fälle; ~ *hiermede* dementsprechend; ~ *zijn met* entsprechen[274+3]
²**overeenkomstig** (vz) gemäß[+3], entsprechend[+3]: ~ *zijn wens* seinem Wunsch gemäß;

hij wordt ~ zijn werk *betaald* er wird seiner Arbeit entsprechend bezahlt
overeenstemmen übereinstimmen
de **overeenstemming** Übereinstimmung (v[20]): *tot ~ komen* Übereinstimmung erreichen
overeind aufrecht, gerade: *~ komen (opstaan)* hochkommen[193]; *~ gaan zitten* sich aufrichten; *iets ~ houden* etwas aufrechterhalten[183]
overgaan 1 [gaan] gehen[168]: *van het ene schip op het andere ~* von einem Schiff auf das andere gehen **2** [verhuizen] umziehen[318] **3** [bevorderd worden] versetzt werden[310] **4** [in andere handen komen] übergehen[168] (auf[+4]) **5** [in een andere toestand komen] übergehen[168]: *tot ontbinding ~* in[+4] Fäulnis übergehen **6** [zich over iets bewegen] gehen[168] über[+4]: *de brug ~* über die Brücke gehen **7** [voorbijgaan] vorbeigehen[168], vorübergehen[168]: *de pijn gaat over* der Schmerz geht vorbei **8** [beginnen met iets] übergehen[168]: *tot stemmen ~* zur Abstimmung übergehen **9** [geluid geven] gehen[168]: *de telefoon gaat over* das Telefon geht
de **overgang 1** Übergang (m[6]) **2** [bevordering] Versetzung (v[20]) **3** [med] Wechseljahre (mv o[29])
het **overgangsexamen** Versetzungsprüfung (v[20])
de **overgangsperiode** Übergangsperiode (v[21])
overgankelijk transitiv
de **overgave 1** [het overhandigen] Übergabe (v[21]) **2** [capitulatie] Übergabe (v[21]) **3** [toewijding] Hingabe (v[28]) **4** [berusting] Ergebung (v[28])
overgelukkig überglücklich
¹**overgeven** (onov ww) [braken] sich übergeben[166]
²**overgeven** (ov ww) **1** [overreiken] übergeben[166]: *een boek ~* ein Buch übergeben **2** [overdragen] übergeben[166]: *een ambt ~* ein Amt übergeben
zich ³**overgeven** (wdk ww) **1** [aan de vijand] sich ergeben[166] **2** [toevertrouwen] sich anvertrauen **3** [zich wijden aan] sich hingeben[166] **4** [verslaafd raken aan] sich ergeben[166]
overgevoelig überempfindlich; [sentimenteel] empfindsam
het **overgewicht** Übergewicht (o[39])
¹**overgieten** (ww) [in een ander vat] umgießen[175]
²**overgieten** (ww) übergießen[175]
¹**overgooien** (onov ww) [opnieuw gooien] noch einmal werfen[311]
²**overgooien** (ov ww) [een bal] herüberwerfen[311], hinüberwerfen[311]
de **overgooier** Trägerkleid (o[31])
het **overgordijn** Übergardine (v[21])
de **overgrootmoeder** Urgroßmutter (v[26])

de **overgrootvader** Urgroßvater (m[10])
overhaast übereilt, überstürzt
overhaasten überstürzen: *niets ~* nichts überstürzen
overhalen 1 [bepraten] überreden **2** [ompraten] umstimmen **3** [een hendel] umlegen
de **overhand** Oberhand (v[28]): *de ~ hebben* die Oberhand haben[182]; *de ~ krijgen* die Oberhand gewinnen[174]; *die mening heeft thans de ~* die Meinung herrscht jetzt vor
overhandigen übergeben[166], überreichen
de **overheadkosten** allgemeine Unkosten (mv); [ec] Gemeinkosten (mv)
de **overheadprojector** Overheadprojektor (m[16])
overhebben 1 [overhouden] übrig haben[182]: *ik heb nog iets over* ich habe noch etwas übrig **2** [willen missen] übrig haben[182]: *iets voor iem. ~* etwas für jmdn. übrighaben; *alles voor iem. ~* alles für jmdn. hergeben[166]; *daar heb ik geen geld voor over* dafür gebe ich mein Geld nicht her; *geen goed woord voor iem. ~* jmdm. kein gutes Wort gönnen; *ik zou er wat voor ~, als …* ich gäbe etwas dafür, wenn …
overheen über: *een kist waar een kleed ~ ligt* eine Kiste mit einer Decke darüber; *ik ben er nu ~* ich bin jetzt darüber hinweg; *over iets heen komen* über etwas hinwegkommen[193]; *jaren zijn er ~ gegaan* seitdem sind Jahre verstrichen; *ergens losjes ~ gaan* flüchtig über etwas hinweggehen[168]
overheerlijk vorzüglich, ausgezeichnet
overheersen beherrschen, vorherrschen, dominieren[320]: *een ~de kleur* eine vorherrschende Farbe; *een ~de positie* eine dominierende Stellung
de **overheerser** Herrscher (m[9])
de **overheersing 1** [onderdrukking] Beherrschung (v[28]): *vreemde ~* Fremdherrschaft (v[28]) **2** [overvleugeling] Vorherrschaft (v[28])
de **overheid** Staat (m[16]), Behörde (v[21])
het **overheidsbedrijf** Staatsbetrieb (m[5])
de **overheidsdienst** Behörde (v[21]): *in ~ zijn* im öffentlichen Dienst stehen[279]
overheidswege: *van ~* staatlich, behördlich, behördlicherseits
overhellen 1 überhängen[184]: *het schip helt over naar bakboord* das Schiff hat Schlagseite nach Backbord **2** [fig] neigen (zu[+3])
het **overhemd** Oberhemd (o[37])
overhevelen 1 [in een ander vat overbrengen] umfüllen **2** [fig] überführen; [geld] leiten
overhoophalen 1 [lett] durcheinanderwerfen[311] **2** [fig] durcheinanderbringen[139]
overhoopliggen: *met iem. ~* sich mit jmdm. überworfen haben[182]
overhoren prüfen, abfragen: *woordjes ~* Vokabeln abfragen; *de klas ~* die Klasse prüfen

de **overhoring** Prüfung (v²⁰)
overhouden 1 [als overschot] übrig behalten¹⁸³ **2** [van ziekte e.d.] (zurück)behalten¹⁸³ ‖ *dat houdt niet over* das könnte besser sein
overig übrig: *het ~e* das Übrige, der Rest; *al het ~e* alles Übrige; *voor het ~e* übrigens
overigens übrigens
overijld übereilt
overjarig 1 [van het vorige jaar] vom vergangenen Jahr **2** [plantk] ausdauernd
de **overjas** Mantel (m¹⁰)
de **overkant** andere Seite (v²¹): *aan de ~* auf der anderen Seite; *aan de ~ van de zee* jenseits⁺² des Meeres; *naar de ~ (gaan enz.)* hinüber(gehen¹⁶⁸ usw.)
de **overkapping** Überdachung (v²⁰)
overkijken (noch einmal) durchsehen²⁶¹
overkoepelend: *~e organisatie* Dachverband (m⁶)
overkoken überkochen
overkomelijk überwindbar
¹**overkomen** (ww) **1** [van elders komen] herüberkommen¹⁹³ **2** [over iets heen komen] kommen¹⁹³ über⁺⁴: *de rivier ~* über den Fluss kommen¹⁹³ **3** [begrepen worden] ankommen¹⁹³: *bij het publiek goed ~* beim Publikum gut ankommen
²**overkomen** (ww) passieren³²⁰: *dat is mij nog nooit ~* das ist mir noch nie passiert
¹**overladen** (ww) umladen¹⁹⁶
²**overladen** (ww) **1** [te zwaar laden] überladen¹⁹⁶ **2** [overstelpen] überladen¹⁹⁶, überhäufen: *een ~ programma* ein überladenes Programm
overlangs der Länge nach
overlappen überlappen, sich überschneiden²⁵⁰
de **overlast** [hinder] Belästigung (v²⁰): *iem. ~ bezorgen* jmdn. belästigen
overlaten 1 [laten overblijven] übrig lassen¹⁹⁷: *iets te wensen ~* etwas zu wünschen übrig lassen **2** [zich niet bekommeren om] überlassen¹⁹⁷: *aan zijn lot ~* seinem Schicksal überlassen **3** [laten zorgen voor] überlassen¹⁹⁷
overleden gestorben
de **overledene** Verstorbene(r) (m⁴⁰ᵃ, v⁴⁰ᵇ)
het **overleg 1** [nadenken] Überlegung (v²⁰): *met ~* mit Bedacht **2** [beraadslaging] Beratung (v²⁰), Beratschlagung (v²⁰): *~ plegen* met sich beraten²¹⁸ mit⁺³ **3** [raadpleging] Rücksprache (v²¹): *in ~ met* nach Rücksprache mit⁺³; *in onderling ~* im gegenseitigen Einvernehmen
¹**overleggen** (ww) vorlegen: *stukken ~* Unterlagen vorlegen
²**overleggen** (ww) **1** [overwegen] überlegen **2** [beraadslagen] beratschlagen, beraten: *iets met iem. ~* mit jmdm. etwas beratschlagen (*of:* beraten)
de ¹**overlegging** Vorlage (v²¹): *onder ~ van* gegen Vorlage⁺²
de ²**overlegging** Überlegung (v²⁰)
overleven überleben
de **overlevende** Überlebende(r) (m⁴⁰ᵃ, v⁴⁰ᵇ)
overleveren 1 [in handen stellen] ausliefern, übergeben¹⁶⁶ **2** [van verhalen] überliefern
de **overlevering** Überlieferung (v²⁰)
het **overlevingspensioen** [Belg] Hinterbliebenenrente (v²¹)
overlezen noch einmal lesen²⁰¹
het ¹**overlijden** (zn) Tod (m⁵): *bij het ~ van* beim Tode⁺²; *bij ~* im Todesfall
²**overlijden** (ww) sterben²⁸²
het **overlijdensbericht** Todesnachricht (v²⁰); [in de krant] Todesanzeige (v²¹)
de **overloop 1** [het overstromen] Überlauf (m⁶) **2** [bij trap] Treppenabsatz (m⁶) **3** [gang] Flur (m⁵)
overlopen 1 [over iets heen lopen] gehen¹⁶⁸ über⁺⁴ **2** [overvloeien] überlaufen¹⁹⁸ **3** [deserteren] überlaufen¹⁹⁸: *naar de vijand ~* zum Feind überlaufen ‖ *~ van vriendelijkheid* sich vor Freundlichkeit³ überschlagen
de **overloper** Überläufer (m⁹)
de **overmaat** Übermaß (o³⁹): *tot ~ van ramp* zu allem Unglück
de **overmacht 1** [grotere macht] Übermacht (v²⁸) **2** [meerderheid] Übermacht (v²⁸), Überzahl (v²⁸) **3** [force majeure] höhere Gewalt (v²⁰)
overmaken 1 [opnieuw maken] noch einmal machen; [omwerken] umarbeiten **2** [een bedrag] überweisen³⁰⁷
overmannen übermannen, überwältigen
overmatig übermäßig
overmeesteren überwältigen
de **overmoed** Übermut (m¹⁹): *in ~* im Übermut
overmoedig übermütig
overmorgen übermorgen
overnachten übernachten
de **overnachting** Übernachtung (v²⁰)
de **overname** Übernahme (v²¹)
overnemen übernehmen²¹²: *iets uit een boek ~* etwas aus einem Buch übernehmen
de **overpeinzing** Nachdenken (o³⁹)
overplaatsen versetzen
de **overplaatsing** Versetzung (v²⁰)
overplanten umpflanzen, verpflanzen
de **overproductie** Überproduktion (v²⁸)
overreden überreden
de **overredingskracht** Überredungskunst (v²⁵)
¹**overrijden** (ww) **1** [over iets rijden] fahren¹⁵³ über⁺⁴ **2** [nog eens rijden] noch einmal fahren¹⁵³
²**overrijden** (ww) überfahren¹⁵³: *iem. ~* jmdn. überfahren
overrijp überreif
overrompelen überrumpeln
overrulen überrollen

overschaduwen 1 überschatten **2** [overtreffen] in den Schatten stellen

overschakelen umschalten

de **overschakeling** Umschaltung (v[20])

overschatten überschätzen

overschieten 1 [overblijven] übrig bleiben[134] **2** [opnieuw schieten] noch einmal schießen[238]

het **overschot 1** [rest] Rest (m[5]), Überrest (m[5]): *het stoffelijk ~* die sterblichen Reste; [Belg] *~ van gelijk hebben* vollkommen Recht haben[182] **2** [geld] Überschuss (m[6])

overschreeuwen überschreien[253]

overschrijden 1 [stappen over] überschreiten[254]: *de grens ~* die Grenze überschreiten **2** [te ver gaan] überschreiten[254]: *zijn bevoegdheid ~* seine Befugnisse überschreiten; *zijn tegoed ~* sein Guthaben überziehen[318]

overschrijven 1 [opnieuw schrijven] noch einmal schreiben[252]; [omwerken] umschreiben[134] **2** [afschrijven] abschreiben[252] **3** [van het klad] ins Reine schreiben[252]: *iets in het net ~* etwas ins Reine schreiben **4** [op een andere naam] überschreiben[252] **5** [overmaken] überweisen[307]: *een bedrag ~* einen Betrag überweisen

de **overschrijving 1** [het overboeken] Überweisung (v[20]) **2** [het op een andere naam zetten] Überschreibung (v[20]), Umschreibung (v[20])

[1]**overslaan** (onov ww) **1** [m.b.t. stem] sich überschlagen[241] **2** [m.b.t. brand, epidemie] übergreifen (auf[+4])

[2]**overslaan** (ov ww) **1** [verzuimen, passeren, weglaten] überschlagen[241] **2** [een schoolklas] überspringen[276] **3** [overladen] umladen[196]

de **overslag 1** [wat over iets heen slaat] Umschlag (m[6]); [aan kleren, ook] Aufschlag (m[6]) **2** [van lading] Umschlag (m[19])

[1]**overspannen** (bn) **1** [overdreven] überspannt **2** [overwerkt] überanstrengt, überarbeitet **3** [overprikkeld] überreizt: *~ conjunctuur* überhitzte Konjunktur

[2]**overspannen** (ov ww) **1** [overwelven] überspannen **2** [te veel inspannen] überanstrengen: *zich ~* sich überanstrengen

het **overspel** Ehebruch (m[6]): *~ plegen* Ehebruch begehen[168]

overspelen noch einmal spielen

overspelig ehebrecherisch

overspoelen überspülen; [ook fig] überschwemmen, überfluten

overspringen 1 [over iets heen springen] überspringen[276], springen[276] über[+4] **2** [van het een op het andere overgaan] überspringen[276]: *elektrische vonken springen over* elektrische Funken springen über

het **overstaan**: *ten ~ van* in Anwesenheit von[+3]

overstag: *~ gaan* **a)** [lett] über Stag gehen[168]; **b)** [fig] seine Meinung ändern

overstappen 1 [over iets stappen] treten[291] über[+4] **2** [van trein, bus veranderen] umsteigen[281] **3** [van onderwerp, van baan veranderen] hinüberwechseln **4** [overgaan op] umsteigen[281] (auf[+4])

de **overste** [mil] Oberstleutnant (m[13], m[5])

de **oversteekplaats** Fußgängerüberweg (m[5])

oversteken 1 [naar de overzijde gaan] überqueren: *de rivier, de straat ~* den Fluss, die Straße überqueren **2** [ruilen] tauschen: *tegelijk ~* Zug um Zug

overstelpen überhäufen

overstemmen 1 [met meerderheid van stemmen] überstimmen **2** [door geluid] übertönen

overstromen [ook fig] überschwemmen, überfluten

de **overstroming** Überschwemmung (v[20])

overstuur: *mijn maag is ~* mein Magen ist verstimmt; *hij is helemaal ~* er ist ganz durcheinander

de **overtocht** [over water] Überfahrt (v[20])

overtollig überflüssig

overtreden übertreten[291], verletzen

de **overtreder** Übertreter (m[9]): *~ van regels* Regelverletzer (m[9])

de **overtreding** Übertretung (v[20]): *in ~ zijn* sich einer Übertretung[2] schuldig machen

overtreffen übertreffen[289]: *iem. in kennis ~* jmdn. an[+3] Kenntnissen übertreffen; *de vraag overtreft het aanbod* die Nachfrage übersteigt das Angebot

het/de **overtrek** Überzug (m[6])

[1]**overtrekken** (ww) **1** [naar de andere zijde trekken] (hinüber)ziehen[318] über[+4] **2** [de lijnen natrekken] durchzeichnen **3** [m.b.t. wolken, buien e.d.] vorüberziehen[318], sich verziehen[318]

[2]**overtrekken** (ww) **1** [bekleden] überziehen[318] **2** [overdrijven] überziehen[318], überspitzen

overtroeven übertrumpfen

overtuigd überzeugt

[1]**overtuigen** (ov ww) überzeugen: *iem. van iets ~* jmdn. von[+3] etwas überzeugen

zich [2]**overtuigen** (wdk ww) sich überzeugen

overtuigend überzeugend

de **overtuiging** Überzeugung (v[20]): *tot de ~ komen* zu der Überzeugung kommen[193]

overtypen abtippen

de **overuren** Überstunden (mv v[21])

de **overval** Überfall (m[6])

overvallen überfallen[154]

de **overvaller** Räuber (m[9])

overvaren überfahren[153]

oververhit überhitzt

oververhitten überhitzen

oververmoeid übermüdet

de **oververtegenwoordiging** Übervertretung (v[20])

de **oververzekering** Überversicherung (v[20]),

Höherversicherung (v[20])
overvleugelen überflügeln
overvliegen fliegen[159] über[+4]: *de oceaan ~* über den Ozean fliegen
de **overvloed** Überfluss (m[19]): *in ~* in (*of:* im) Überfluss; *een ~ van ...* ein Überfluss an[+3] ...; *ten ~e* zu allem Überfluss
overvloedig reichlich
overvloeien überfließen[161]
overvoeren 1 [te veel voer geven] überfüttern **2** [de markt] überschwemmen
overvol überfüllt, übervoll
overvragen einen zu hohen Preis fordern
overwaaien 1 [weggevoerd worden] herüberwehen, hinüberwehen **2** [overgaan] vorbeigehen[168] **3** [van elders komen]: *komen ~* hinüberkommen[193]; herüberkommen[193]
de **overwaarde** Mehrwert (m[19])
overwaarderen überbewerten
de **¹overweg** Bahnübergang (m[6])
²overweg (bw): *met iem. ~ kunnen* mit jmdm. auskommen[193]
overwegen 1 [overdenken] erwägen[303] **2** [de doorslag geven] überwiegen[312]
overwegend [hoofdzakelijk] überwiegend
de **overweging** Erwägung (v[20]): *iem. iets in ~ geven* jmdm. etwas zu bedenken geben[166]; *in ~ nemen* in Erwägung ziehen[318]
overweldigen überwältigen
overweldigend überwältigend
het **overwerk** Mehrarbeit (v[28])
¹overwerken (ww) Überstunden machen: *twee uur ~* zwei Überstunden machen
zich **²overwerken** (wdk ww) sich überarbeiten
overwerkt überarbeitet, überanstrengt
het **overwicht** [meer macht of aanzien] Überlegenheit (v[28]), Autorität (v[28]): *militair ~* militärische Überlegenheit
de **overwinnaar** Sieger (m[9]); *zie ¹overwinnen*
¹overwinnen (onov ww) siegen
²overwinnen (ov ww) besiegen, siegen über[+4], überwinden[313]: *een gevoel ~* ein Gefühl überwinden; *moeilijkheden ~* Schwierigkeiten überwinden; *de slaap ~* den Schlaf besiegen
de **overwinning 1** Sieg (m[5]): *~ op* Sieg über[+4]; *zeker van de ~* siegesgewiss **2** [van zichzelf] Überwindung (v[28])
de **overwinningsroes** Siegestaumel (m[19])
overwinteren überwintern
overwoekeren überwuchern
overzees überseeisch, Übersee...
overzetten 1 [overvaren] überfahren[153] **2** [vertalen] übersetzen, übertragen[288]
het **overzicht** Übersicht (v[20]): *beknopt ~* Abriss (m[5]); [sport] *~ houden* eine gute Spielübersicht behalten, den Überblick behalten
overzichtelijk übersichtlich
¹overzien (ov ww) durchsehen[261]
²overzien (ov ww) übersehen[261]: *niet te ~*

unabsehbar; *gemakkelijk te ~* übersichtlich
de **overzijde** *zie overkant*
overzwemmen schwimmen[257] über[+4]: *de rivier ~* über den Fluss schwimmen[257]
de **ov-jaarkaart** Jahreskarte (v[21]) für die öffentlichen Verkehrsmittel
de **ovulatie** Ovulation (v[20])
de **oxidatie** Oxidation (v[20])
het **oxide** Oxid (o[29])
oxideren oxidieren[320]
de **ozb** afk van *onroerendezaakbelasting* Grundsteuer (v[21, 20])
het/de **ozon** Ozon (m[19], o[39])
de **ozonlaag** Ozonschicht (v[28])

p

de **p** [letter] p, P (o) ‖ *hij heeft* de p *(erover) in* er ist (stink)sauer (darüber⁺⁴)

de **pa** Papa (m¹³), Vater (m¹⁰)

p/a afk van *per adres* per Adresse, p.A.

het **paadje** (schmaler) Pfad (m⁵)

paaien [tevredenstellen] beschwichtigen

de **paal 1** Pfahl (m⁶); [voor elektrische leidingen] Mast (m⁵, m¹⁶) **2** [doelpaal] Pfosten (m¹¹) ‖ *dat staat als* een ~ *boven water!* das steht unumstößlich fest; *aan iets* ~ *en perk stellen* einer Sache³ Grenzen setzen; *voor* ~ *staan* bis auf die Knochen blamiert sein

¹paaldansen (ww) Stange tanzen

het **²paaldansen** Stangentanzen (o³⁹)

de **paalwoning** Pfahlbau (m, 2e nvl: -(e)s; mv: -ten), Stelzenhaus (o³²)

het **¹paar 1** [twee bij elkaar behorende] Paar (o²⁹); *twee* ~ *schoenen* zwei Paar Schuhe **2** [enige] paar: *in een* ~ *woorden* mit ein paar Worten; *een* ~ *keer* ein paar Mal(e)

²paar (bn) [Belg] gerade

het **paard** Pferd (o²⁹) ‖ *werken als een* ~ arbeiten wie ein Pferd; *een gegeven* ~ *moet men niet in de bek zien* einem geschenkten Gaul sieht (*of:* schaut) man nicht ins Maul; *over het* ~ *getild zijn* auf dem hohen Ross sitzen²⁶⁸

de **paardenbloem** Löwenzahn (m¹⁹)

de **paardenfokker** Pferdezüchter (m⁹)

de **paardenkastanje** Rosskastanie (v²¹)

de **paardenkracht** [maat van arbeidsvermogen] Pferdestärke (v²¹), PS

het **paardenmiddel** [fig] Rosskur (v²⁰), Gewaltkur (v²⁰)

de **paardenrennen** Pferderennen (o³⁵)

de **paardensport** Pferdesport (m¹⁹)

de **paardensprong** [schaken] Rösselsprung (m⁶)

de **paardenstaart** [ook fig] Pferdeschwanz (m⁶)

de **paardenstal** Pferdestall (m⁶)

de **paardenvijg** Pferdeapfel (m¹⁰)

paardrijden reiten²²¹

de **paardrijder** Reiter (m⁹)

het **paarlemoer** Perlmutter (o³⁹, v²⁸)

het **¹paars** (zn) Violett (o³³, o³⁶)

²paars (bn) violett

paarsgewijs paarweise; [plantk] paarig

de **paartijd** Paarungszeit (v²⁰)

het **paartje** Pärchen (o³⁵)

paasbest: *op zijn* ~ *zijn* sich in Schale geworfen haben

de **paasdag** Osterfeiertag (m⁵): *eerste* ~ Ostersonntag; *tweede* ~ Ostermontag

het **paasei** Osterei (o³¹)

de **paashaas** Osterhase (m¹⁵)

de **paasvakantie** Osterferien (mv)

de **pabo** [Ned] 'Pabo' (v); niederländische Ausbildung für Grundschullehrer

de **pacemaker** Herzschrittmacher (m⁹), Schrittmacher

de **pacht** Pacht (v²⁰): *in* ~ *geven* in Pacht geben¹⁶⁶; *in* ~ *hebben* in Pacht haben¹⁸²

pachten pachten

de **pachter** Pächter (m⁹)

de **pachtsom** Pachtsumme (v²¹), Pachtgeld (o³¹)

het **pacifisme** Pazifismus (m¹⁹ᵃ)

de **pacifist** Pazifist (m¹⁴)

pacifistisch pazifistisch

het **pact** Pakt (m⁵)

het **¹pad** [weg] Pfad (m⁵): *op* ~ *zijn* unterwegs sein²⁶²; *al vroeg op* ~ *zijn* schon früh auf den Beinen sein²⁶²

de **²pad** [dierk] Kröte (v²¹)

de **³pad** [koffiekussentje] Pad (o³⁶), Kaffeepad (o³⁶)

de **paddenstoel** Pilz (m⁵): *eetbare* ~ Speisepilz; *als* ~*en uit de grond schieten* wie Pilze aus dem Boden schießen²³⁸

de **paddo** halluzinogener Pilz (m⁵), Zauberpilz (m⁵)

de **padvinder** Pfadfinder (m⁹)

de **padvinderij** Pfadfinderbewegung (v²⁸)

de **paella** Paella (v²⁷)

paf [versteld] baff: ~ *staan* baff sein²⁶²

paffen 1 [roken] paffen **2** [schieten] knallen

pafferig aufgedunsen, schwammig

pag. afk van *pagina* Seite (v²¹), S.

de **page** Page (m¹⁵), Edelknabe (m¹⁵)

de **pagina** Seite (v²¹)

de **pagode** Pagode (v²¹)

paintballen Paintball spielen

de **pais:** ~ *en vree* Friede(n) und Einigkeit

het **pak 1** [bundel] Packen (m¹¹), Pack (m⁵, m⁶), Bündel (o³³); [pakket] Paket (o²⁹): *een* ~ *kranten* ein Pack(en) Zeitungen **2** [kostuum] Anzug (m⁶): *een nat* ~ *halen* klatschnass werden **3** [dracht] Tracht (v²⁰) **4** [vracht, laag] Haufen (m¹¹): *een* ~ *sneeuw* hoher Schnee ‖ *een* ~ *slaag* eine Tracht Prügel; *iem. een* ~ *slaag geven* jmdn. verprügeln; *iem. een* ~ *voor de broek geven* jmdm. die Hosen stramm ziehen³¹⁸; *bij de* ~*ken neerzitten* den Kopf hängen lassen¹⁹⁷

de **pakezel** Packesel (m⁹)

het **pakhuis** Lager (o³³), Lagerhaus (o³²)

het **pakijs** Packeis (o³⁹)

de **Pakistaan** Pakistaner (m⁹), Pakistanerin (v²²)

Pakistaans pakistanisch

Pakistan Pakistan (o³⁹)

het **pakje 1** Päckchen (o³⁵), Paket (o²⁹) **2** [stapeltje] Bündel (o³³): *het* ~ *bankbiljetten* das

Bündel Geldscheine **3** [sigaretten, thee enz.] Packung (v[20]), Päckchen (o[35])

de **¹pakken** (onov ww) [houden, grijpen] packen: *de sneeuw pakt niet* der Schnee backt nicht ‖ *een kou ~ sich[4] erkälten; iem. te ~ nemen* jmdn. zum Besten haben[182]; *hij heeft het te ~* **a)** [is verkouden] er hat sich erkältet; **b)** [is verliefd] er ist verliebt; **c)** [hij heeft het door] er hat den (richtigen) Dreh heraus

de **²pakken** (ov ww) **1** [inpakken] packen: *iets in kisten ~* etwas in Kisten[+4] packen; *iets in papier ~* etwas in Papier einpacken **2** [beetpakken, grijpen] ergreifen[181], packen: *een dief ~* einen Dieb festnehmen[212] **3** [omhelzen] an[+4] sich drücken, umarmen **4** [betrappen] erwischen: *iem. te ~ krijgen* jmdn. erwischen **5** [vangen] fassen **6** [boeien] fesseln **7** [tot zich nemen] nehmen[212]: *er eentje ~* [een borrel] einen heben[186] **8** [opnemen] nehmen[212]: *een boek ~* ein Buch nehmen

pakkend 1 [boeiend] fesselnd **2** [effectief] wirkungsvoll

de **pakkerd** Kuss (m[6])

het **pakket** Paket (o[29]); [licht] Päckchen (o[35]): *~ maatregelen* Maßnahmenkatalog (m[5])

pakkie-an: *dat is niet mijn ~* das ist nicht mein Bier

de **pakking 1** Packung (v[20]) **2** [techn] Dichtung (v[20])

het **pakpapier** Packpapier (o[29])

de **paksoi** Pak-Choi (m[19])

pakweg [met zelfstandig naamwoord in meervoud] so um die; [met zelfstandig naamwoord in enkelvoud] etwa: *zo'n reis kost ~ 1800 euro* eine solche Reise kostet so um die 1800 Euro

de **¹pal** Sperrklinke (v[21]); [van slot] Zuhaltung (v[20]); [van geweer] Sicherung (v[20])

²pal (bw) **1** [vast] fest: *~ staan* standhalten[183]; *~ staan voor de vrijheid* die Freiheit bis zum Äußersten verteidigen **2** [juist, precies] direkt

het **paleis** [vorstelijk verblijf] Schloss (o[32]): *het koninklijk ~* [ook] der Königspalast **2** [prachtig gebouw] Palast (m[6]): *~ van justitie* Gerichtsgebäude (o[33])

de **Palestijn** Palästinenser (m[9]), Palästinenserin (v[22])

Palestijns palästinensisch

Palestina Palästina (o[39])

het **palet** Palette (v[21])

de **paling** Aal (m[5]): *gerookte ~* Räucheraal

de **palissade** Palisade (v[21])

de **pallet** Palette (v[21])

de **¹palm** [boom, palmtak] Palme (v[21])

de **²palm** [van de hand] Handfläche (v[21]), Handteller (m[9])

de **palmboom** Palme (v[21])

de **palmolie** Palmöl (o[29])

Palmpasen Palmsonntag (m[5])

de **palmtak** Palm(en)zweig (m[5])

de **palmtop** [comp] Palmtop (m[13])

het **pamflet** Pamphlet (o[29])

pamperen pampern

het **pampus**: *voor ~ liggen* sich nicht mehr rühren können[194]; [dronken] stockbetrunken sein[262]

de **pan 1** [kookpan] Pfanne (v[21]); [diep] Topf (m[6]) **2** [braadpan] Bratpfanne (v[21]) **3** [dakpan] Dachziegel (m[9]), Ziegel **4** [duinpan] Mulde (v[21]) ‖ *de ~ uit rijzen* [m.b.t. prijzen] in die Höhe schießen[238]; *onder de ~nen zijn* versorgt sein[262]

Panama Panama (o[39])

de **Panamees** Panamaer (m[9]), Panamaerin (v[22])

het/de **pancreas** Pankreas (o, 2e nvl: -; mv: Pankreaten)

het **pand 1** [van jas] Rockschoß (m[6]) **2** [van jurk] Teil (m[5]) **3** [onderpand] Pfand (o[32]): *in ~ geven* als Pfand geben[166] **4** [perceel] Haus (o[32]), Gebäude (o[33])

de **panda** Panda (m[13])

de **pandbrief** Pfandbrief (m[5])

de **pandjesjas** Frack (m[6])

het **paneel 1** [van deur e.d.] Füllung (v[20]), Paneel (o[29]) **2** [schilderstuk] Tafelbild (o[31]): *op ~ schilderen* auf[+4] Holz malen **3** [schakelbord] Tafel (v[21]), Pult (o[29])

het **paneermeel** Paniermehl (o[29])

het **panel** Forum (o, 2e nvl: -s; mv: Foren of Fora)

paneren panieren[320]

de **panfluit** Panflöte (v[21])

de **paniek** Panik (v[20])

paniekerig panikartig

het **paniekvoetbal 1** [voetb] Panikfußball (m[6]) **2** [fig] kopflose(s) Handeln (o)

de **paniekzaaier** Panikmacher (m[9])

panisch panisch

panklaar kochfertig; [van kip] bratfertig

de **panne** Panne (v[21])

de **pannenkoek** Pfannkuchen (m[11])

de **pannenlap** Topflappen (m[11])

de **pannenspons** Topfkratzer (m[9])

het **panorama** Panorama (o, 2e nvl: -s; mv: Panoramen)

de **pantalon** Hose (v[21])

de **panter** Panther (m[9])

de **pantoffel** Pantoffel (m[17]), Hausschuh (m[5])

de **pantoffelheld** Pantoffelheld (m[14])

de **pantomime** Pantomime (v[21])

het **pantser** Panzer (m[9])

de **pantserdivisie** Panzerdivision (v[20])

pantseren [ook fig] panzern

de **pantserwagen** Panzerwagen (m[11])

de **panty** Strumpfhose (v[21])

de **pap** [half vloeibaar gerecht] Brei (m[5]) ‖ *een vinger in de ~ hebben* ein Wörtchen mitzureden haben[182]; *ik kan geen ~ meer zeggen* ich bin ganz erschossen

de **papa** Papa (m[13]), Vati (m[13])

de **papaja** [vrucht en boom] Papaya (v^{27}), Papaye (v^{21})

de **paparazzo** Paparazzo (m, 2e nvl: -s; mv: Paparazzi)

de **papaver** Mohn (m^5)

de **papegaai** [ook fig] Papagei (m^{14}, m^5)

de **paper** Paper (o^{36})

de **paperassen** Papiere (mv o^{29})

de **paperback** Paperback (o^{36})

de **paperclip** Büroklammer (v^{21}), Heftklammer (v^{21})

het **Papiamento** Papiamento (o)

het **papier** Papier (o^{29}): *oud* ~ Altpapier; *hij heeft goede ~en* a) [goede getuigschriften] er hat gute Zeugnisse; b) [goede kansen] er kann sich gute Chancen ausrechnen

papieren papieren, Papier...: ~ *bloemen* Papierblumen (mv v^{21}); ~ *geld* Papiergeld (o^{39})

het **papiergeld** Papiergeld (o^{39})

het **papier-maché** Papiermaschee (o^{36})

de **papiermand** Papierkorb (m^6)

het **papiertje 1** Papierchen (o^{35}) **2** [briefje] Zettel (m^9)

de **papierversnipperaar** Reißwolf (m^6); Aktenvernichter (m^9)

de **papierwinkel** Papierkram (m^{19})

de **papil** Papille (v^{21})

het **papkind** [slappeling] Muttersöhnchen (o^{35})

de **paplepel** Dessertlöffel (m^9): *met de ~ ingegeven* mit der Muttermilch eingesogen

Papoea-Nieuw-Guinea Papua-Neuguinea (o^{39})

de **Papoea-Nieuw-Guineeër** Papua-Neuguineer (m^9), Papua-Neuguineerin (v^{22})

Papoea-Nieuw-Guinees papua-neuguineisch

de **pappa** Papa (m^{13}), Vati (m^{13})

de **pappenheimer**: *zijn ~s kennen* seine Pappenheimer kennen^{189}

papperig *zie pappig*

de **pappie** Papi (m^{13}), Vati (m^{13})

pappig 1 [brijachtig, niet vast] pappig, breiig **2** [van personen] aufgeschwemmt

de **paprika** Paprika (m^{13}, mv: ook -)

het **paprikapoeder** gemahlene(r) Paprika (m^{13}), Paprikapulver (o^{33})

de **paps** Papi (m^{13}), Vati (m^{13})

de **papyrus** Papyrus (m, mv: Papyri)

de **papzak** Dickwanst (m^6)

de **paraaf** Paraphe (v^{21}), Namenszug (m^6)

paraat parat, bereit; [mil] einsatzbereit

de **paraatheid** Einsatzbereitschaft (v^{28})

de **parabel** Parabel (v^{21}), Gleichnis (o^{29a})

de **parabool** Parabel (v^{21})

de **parachute** Fallschirm (m^5)

parachutespringen Fallschirmspringen (o^{39})

de **parachutesprong** Fallschirmabsprung (m^6)

de **parachutist** Fallschirmspringer (m^9); [mil] Fallschirmjäger (m^9): [mil] ~*en* Fallschirmtruppen (mv)

de **parade** Parade (v^{21})

het **paradepaard** [ook fig] Paradepferd (o^{29})

paraderen paradieren^{320}

het **paradijs** Paradies (o^{29})

paradijselijk paradiesisch

de **¹paradox** (zn) Paradox (o^{29})

²paradox (bn) paradox

paradoxaal paradox

paraferen paraphieren^{320}, abzeichnen

de **paraffine** Paraffin (o^{29})

de **parafrase** Paraphrase (v^{21})

parafraseren paraphrasieren^{320}

de **paragnost** Paragnost (m^{14})

de **paragraaf** Paragraf (m^{14})

Paraguay Paraguay (o^{39})

de **Paraguayaan** Paraguayer (m^9), Paraguayerin (v^{22})

Paraguayaans paraguayisch

de **¹parallel** (zn) Parallele (v^{21})

²parallel (bn, bw) parallel, Parallel...: ~ *lopen* parallel laufen^{198}

de **parallelweg** Parallelstraße (v^{21})

de **Paralympics**, de **Paralympische Spelen** Paralympics (mv)

paramedisch: *de ~e opleiding* die Ausbildung zu einem medizinischen Hilfsberuf

de **parameter** Parameter (m^9)

de **¹paramilitair** (zn) Paramilitär (m^{13})

²paramilitair (bn) paramilitärisch

de **paranoia** Paranoia (v)

paranoïde paranoid

paranormaal paranormal

de **paraplu** Regenschirm (m^5), Schirm (m^5)

de **paraplubak** Schirmständer (m^9)

de **parapsychologie** Parapsychologie (v^{28})

de **parasiet** Parasit (m^{14}), Schmarotzer (m^9)

parasiteren schmarotzen

de **parasol** Sonnenschirm (m^5)

parastataal [Belg] halbstaatlich

de **parastatale** [Belg] halbstaatlicher Betrieb (m^5)

de **paratroepen** Fallschirmjägertruppen (mv)

de **paratyfus** Paratyphus (m^{19a})

het **parcours** Strecke (v^{21}), Rennstrecke; [paardensport] Parcours (m, 2e nvl: -; mv: -)

pardoes [plotseling] plötzlich

het **¹pardon** (zn) Pardon (m^{19}, o^{39}), Verzeihung (v^{28}): ~ *vragen* um Verzeihung bitten^{132}; *geen ~ kennen* kein(en) Pardon kennen^{189} || *het generaal* ~ die Generalamnestie; *zonder* ~ ohne Pardon

²pardon (tw) Entschuldigung!, Verzeihung!, entschuldigen Sie!, verzeihen Sie!: ~, *kunt u mij zeggen, waar ... is?* verzeihen Sie, wo ist ...?

de **parel** [ook fig] Perle (v^{21})

parelen perlen: ~*de lach* perlendes Lachen

het **parelhoen** Perlhuhn (o^{32})

het **parelsnoer** Perlenschnur (v^{25})

de **parelvisser** Perlenfischer (m⁹)

¹**paren** (onov ww) [biol] sich paaren; *zie gepaard*

²**paren** (ov ww) [bijeenvoegen] paaren: *hij paart vlijt aan degelijkheid* er paart Fleiß mit Gründlichkeit

pareren parieren³²⁰

het/de **parfum** Parfum (o³⁶), Parfüm (o²⁹, o³⁶)

parfumeren parfümieren³²⁰

de **paria** Paria (m¹³)

¹**Parijs** (zn) Paris (o³⁹)

²**Parijs** (bn) Pariser

de **Parijzenaar** Pariser (m⁹), Pariserin (v²²)

de **paring** Paarung (v²⁰)

de **pariteit** Parität (v²⁰)

het **park** Park (m¹³), Anlagen (mv v²¹)

de **parka** Parka (m+v²⁷)

de **parkeerautomaat** Parkscheinautomat (m¹⁴)

de **parkeerbon** Strafzettel (m⁹) für falsches Parken

de **parkeerder** Parker (m⁹)

de **parkeergarage** Parkhaus (o³²); [ondergronds] Tiefgarage (v²¹)

het **parkeergeld** Parkgebühr (v²⁰)

de **parkeergelegenheid** Parkplatz (m⁶)

de **parkeermeter** Parkuhr (v²⁰), Parkometer (o³³, m⁹)

de **parkeerplaats** Parkplatz (m⁶), Parklücke (v²¹)

de **parkeerschijf** Parkscheibe (v²¹)

het **parkeerterrein** Parkplatz (m⁶)

het **parkeerverbod** Parkverbot (o²⁹)

parkeren parken: *verboden te* ~ Parken verboten; *op een andere plaats* ~ umparken

het **parket** 1 [vloer, plaats in theater] Parkett (o²⁹, o³⁶) 2 [Openbaar Ministerie] Staatsanwaltschaft (v²⁸) ‖ *iem. in een moeilijk* ~ *brengen* jmdn. in eine missliche Lage bringen¹³⁹

de **parketvloer** Parkett(fuß)boden (m¹²)

de **parkiet** Wellensittich (m⁵)

de **parking** Parkplatz (m⁶)

het **parlement** Parlament (o²⁹)

parlementair parlamentarisch

de **parlementariër** Parlamentarier (m⁹)

het **parlementslid** Parlamentsmitglied (o³¹)

de **parlementsverkiezing** Parlamentswahl (v²⁰, meestal mv)

parmantig selbstsicher, stolz, keck

parochiaal parochial, Parochial-, Pfarr-

de **parochiaan** Gemeinde(mit)glied (o³¹)

de **parochie** Pfarrgemeinde (v²¹), Gemeinde (v²¹), Pfarrei (v²⁰)

de **parodie** Parodie (v²¹)

parodiëren parodieren³²⁰

de **parool** Parole (v²¹), Losung (v²⁰)

het ¹**part**: *mijn geheugen speelt me ~en* mein Gedächtnis lässt mich im Stich

het ²**part** 1 [deel] Teil (m⁵, o²⁹) 2 [aandeel] Anteil (m⁵) 3 [van sinaasappel e.d.] Stück (o²⁹) ‖ ~ *noch deel aan iets hebben* an⁺³ etwas überhaupt nicht beteiligt sein²⁶²; *voor mijn* ~ meinetwegen

het/de **parterre** Parterre (o³⁶), Erdgeschoss (o²⁹)

de **participant** Teilhaber (m⁹)

de **participatie** Beteiligung (v²⁰), Partizipation (v²⁰)

participeren partizipieren³²⁰, teilnehmen²¹², teilhaben¹⁸² (an⁺³)

de ¹**particulier** (zn) Privatperson (v²⁰)

²**particulier** (bn, bw) privat, Privat…: *~e aangelegenheid* Privatangelegenheit (v²⁰)

partieel partiell, teilweise, Teil…

de **partij** 1 [gedeelte, hoeveelheid] Partie (v²¹) 2 [spel] Partie (v²¹): ~ *biljart* Partie Billard 3 [ook pol; groep personen] Partei (v²⁰): [jur] *eisende* ~ Kläger (m⁹); *de strijdende ~en* die streitenden Parteien; *iemands* ~ *kiezen* jemands Partei ergreifen¹⁸¹; ~ *kiezen voor, tegen* Partei ergreifen¹⁸¹ für⁺⁴, gegen⁺⁴; *op een* ~ *stemmen* für eine Partei stimmen, eine Partei wählen 4 [feest] Party (v²⁷) 5 [huwelijksverbintenis, huwelijkskandidaat] Partie (v²¹) 6 [muz] Partie (v²¹) ‖ *ook van de* ~ *zijn* mit von der Partie sein²⁶²

het **partijbestuur** Parteivorstand (m⁶)

het **partijcongres**, de **partijdag** Parteitag (m⁵)

partijdig parteiisch

de **partijdigheid** Parteilichkeit (v²⁸)

de **partijleider** Parteiführer (m⁹)

de ¹**partijpolitiek** (zn) Parteipolitik (v²⁸)

²**partijpolitiek** (bn, bw) parteipolitisch

het **partijtje** 1 [spel] Partie (v²¹) 2 [feest] Party (v²⁷)

het **partikel** Partikel (o³³, v²¹)

de **partituur** Partitur (v²⁰)

de **partizaan** Partisan (m¹⁶, m¹⁴)

het **partje** Stückchen (o³⁵), Scheibe (v²¹)

de **partner** Partner (m⁹)

de **partnerruil** Partnertausch (m¹⁹)

het **partnerschap** Partnerschaft (v²⁰): *het geregistreerd* ~ die eingetragene Lebenspartnerschaft

parttime Teilzeit…

de **parttimebaan** Teilzeitbeschäftigung (v²⁰)

de **parttimer** Teilzeitkraft (v²⁵), Teilzeitbeschäftigte(r) (m⁴⁰ᵃ, v⁴⁰ᵇ)

de **party** Party (v²⁷)

de **partydrug** Partydroge (v²¹)

de **partytent** Partyzelt (o²⁹)

de **parvenu** Parvenü (m¹³), Emporkömmling (m⁵)

het ¹**pas** [goede gelegenheid]: *dat komt mij goed te* ~ das kommt mir sehr zustatten; *dat kan bij iets te* ~ *komen* das kann man bei⁺³ etwas gebrauchen; *ik moet er altijd aan te* ~ *komen* ich muss immer hinzukommen; *dat komt niet te* ~ das ist unpassend; *te* ~ *en te onpas* bei passender und unpassender Gelegenheit; *dat komt net van* ~ das kommt gerade gelegen

de ²**pas** 1 [stap] Schritt (m⁵): *in de* ~ im Gleichschritt; *met iem. in de* ~ *blijven* mit jmdm. Schritt halten[183]; *op tien* ~*sen afstand auf* zehn Schritt Abstand **2** [bergpas] Pass (m[6]) **3** [paspoort] Pass (m[6]): *een* ~ *aanvragen* einen Pass beantragen; *de* ~ *is verlopen* der Pass ist abgelaufen

³pas (bn, bw) [passend]: ~ *zijn* genau passen

⁴pas (bw) **1** [kort geleden] gerade, (so)eben: *hij is* ~ *aangekomen* er ist eben angekommen **2** [niet meer dan] erst: *ze is* ~ *zes jaar* sie ist erst sechs (Jahre alt) **3** [niet vroeger dan] erst: ~ *om acht uur* erst um acht Uhr

het **Pascha** Passah (o[19])

Pasen Ostern (o, 2e nvl: -; mv: -): *met* ~ zu Ostern

de **pasfoto** Passbild (o[31])

pasgeboren neugeboren

pasgetrouwd frisch verheiratet

het **pasje 1** [kleine stap] kleiner Schritt (m[5]) **2** [legitimatiebewijs] Ausweis (m[5])

de **paskamer** Ankleidekabine (v[21]), Kabine (v[21])

pasklaar 1 [lett] zum Anprobieren fertig **2** [fig] maßgerecht, passend: [fig] *iets* ~ *maken voor* etwas zuschneiden[250] auf[+4]

het **paspoort** Pass (m[6]), Reisepass

de **pass** [sport] Pass (m[6]): *foutieve* ~ Fehlpass

de **passaat** Passat (m[5]), Passatwind (m[5])

de **passage** Passage (v[21])

de **passagier** Passagier (m[5]), Fahrgast (m[6]); [luchtv ook] Fluggast (m[6])

het **passagiersschip** Passagierschiff (o[29])

de **passant 1** [voorbijganger] Passant (m[14]) **2** [reiziger] Durchreisende(r) (m[40a]); *zie en passant*

¹passen (ww) [een bal spelen] passen

²passen (onov ww) **1** [de juiste grootte hebben] passen: *die jas past me* der Mantel passt mir; *de sleutel past in het slot* der Schlüssel passt in das Schloss; ~ *bij* passen zu[+3]; *bij elkaar* ~ zusammenpassen; [bij betaling] *heeft u het gepast?* haben Sie es passend? **2** [bij het kaartspel] passen: *ik pas!* (ich) passe! **3** [betamen] passen, gehören **4** [schikken] passen, gelegen kommen[193]: *het past me nu niet* es passt mir jetzt nicht **5** [waken] achten, aufpassen: *op de kinderen* ~ auf die Kinder aufpassen || *ik pas ervoor* darauf verzichte ich

³passen (ov ww) **1** [aanmeten] anprobieren[320], anpassen: *schoenen* ~ Schuhe anprobieren **2** [afmeten] abmessen[208] || [fig] *met veel* ~ *en meten* mit langem Hin und Her

passend passend: ~ *bij* passend zu[+3]; ~*e arbeid* zumutbare Arbeit (v[20]); *regeling inzake* ~*e arbeid* Zumutbarkeitsregelung (v[20])

de **passer** Zirkel (m[9])

de **passerdoos** [met tekengerei] Reißzeug (o[29])

¹passeren (onov ww) [gebeuren] passieren[320], geschehen[173] *hij was de vijftig gepasseerd* er hatte die fünfzig überschritten

²passeren (ov ww) **1** [inhalen] überholen: *iem. links* ~ jmdn. links überholen; *mag ik even* ~? dürfte ich mal vorbei? **2** [overtrekken, overgaan] passieren[320] **3** [voorbijgaan] vorbeigehen[168], vorübergehen[168] **4** [akte] unterzeichnen **5** [overslaan] übergehen[168]: *iem.* ~ [bij benoeming] jmdn. übergehen; *zich gepasseerd voelen* sich übergangen fühlen

de **passie** Passion (v[20])

het **¹passief** (zn) **1** [het geheel der financiële verplichtingen] Passiva (mv), Passiven (mv) **2** [taalk] Passiv (o[29])

²passief (bn) passiv

het **passiespel** Passionsspiel (o[29])

de **passievrucht** Passionsfrucht (v[25]), Maracuja (v[27])

de **passiviteit** Passivität (v[28])

het **password** Passwort (o[32]), Kennwort (o[32])

de **pasta 1** [deegwaren] Teigwaren (mv v[21]), Nudeln (mv v[21]) **2** [broodbelegsel] Paste (v[21]), Pasta (v, mv: Pasten)

de **pastei** Pastete (v[21])

het **pasteitje** Pastetchen (o[35])

het **pastel** Pastell (o[29])

de **pastelkleur** Pastellfarbe (v[21])

de **pasteltint** Pastellton (m[6])

pasteuriseren pasteurisieren[320]

de **pastille** Pastille (v[21])

de **pastoor** Pfarrer (m[9])

pastoraal pastoral

het **pastoraat** Pfarramt (o[32])

de **pastorie** Pfarrhaus (o[32])

de **pasvorm** Sitz (m[5]), Schnitt (m[5]), Passform (v[20])

het **¹pat** (zn) [schaken] Patt (o[36])

²pat (bn) [schaken] patt

de **patat**, de **patates frites** Pommes frites (mv): *een* ~*(je) met* eine Pommes mit Mayo

de **patatkraam** Würstchenbude (v[21])

de **patch** [comp] Patch (o[36], 2e nvl: ook -)

de **paté** Pastete (v[21])

het **¹patent** Patent (o[29])

²patent (bn, bw) vortrefflich, ausgezeichnet

patenteren patentieren[320]

de **pater** Pater (m[9], mv: ook Patres)

de **¹paternoster** [rozenkrans] Rosenkranz (m[6])

het **²paternoster** [onzevader] Paternoster (o[33])

pathetisch pathetisch

pathologisch pathologisch

de **patholoog** Pathologe (m[15]): ~-*anatoom* pathologischer Anatom (m[14])

het **pathos** Pathos (o[39a])

het **patience** Patience (v[21])

de **patiënt** Patient (m[14]), Patientin (v[22])

de **patio** Patio (m[13])

de **patisserie** Konditorei (v[20])

de **patriarch** Patriarch (m[14])

patriarchaal patriarchalisch

het **patriarchaat** Patriarchat (o[29])

de **patrijs** [vogel] Rebhuhn (o[32])

de **patrijspoort** [scheepv] Bullauge (o[38])
de **patriot** Patriot (m[14])
 patriottisch patriotisch
het **patriottisme** Patriotismus (m[19a])
 patronaal [Belg] Arbeitgeber...
het **patronaat 1** [Belg] Arbeitgeber (mv m[9])
 2 Schirmherrschaft (v[28]), Patronat (o[29])
de **¹patroon** [mil] Patrone (v[21]): *losse* ~ Platzpatrone
het **²patroon 1** [van behang, stoffen] Muster (o[33]) **2** [knippatroon] Schnittmuster (o[33]) **3** [model] Modell (o[29])
de **³patroon 1** [beschermheer] Schutzherr (m[14], 2e, 3e, 4e nv enk: Schutzherrn), Gönner (m[9]) **2** [beschermheilige] Patron (m[5]) **3** [werkgever] Chef (m[13])
de **patrouille** Streife (v[21]), Patrouille (v[21])
 patrouilleren patrouillieren[320]
de **¹pats** (zn) Patsch (m[5]), Schlag (m[6])
 ²pats (tw) patsch!
de **patser** Protz (m[5], m[14]), Wichtigtuer (m[9])
 patserig protzig
de **patstelling** Patt (o[36])
de **pauk** Pauke (v[21])
de **paukenist** Paukist (m[14])
de **paus** Papst (m[6])
 pauselijk päpstlich
de **pauw** Pfau (m[16])
de **pauze** Pause (v[21])
 pauzeren pausieren[320], eine Pause machen
het **paviljoen** Pavillon (m[13])
de **pavlovreactie** Pawlowreflex (m[5])
het **pay-per-view** Pay-per-View (o[39])
de **pc** PC (m[13], 2e nvl: ook -; mv: ook -)
de **pech** Pech (o[39]), Panne (v[21]): ~ *hebben* Pech haben[182]; ~ *met de wagen hebben* eine Panne mit dem Wagen haben[182]
de **pechdienst** [Belg] Straßenwacht (v[20])
de **pechstrook** [Belg] Standspur (v[20])
de **pechvogel** Pechvogel (m[10]), Unglücksrabe (m[15])
het/de **pedaal** Pedal (o[29])
de **pedaalemmer** Treteimer (m[9])
 pedagogisch pädagogisch: ~*e academie* Pädagogische Hochschule (v[21])
de **pedagoog** Pädagoge (m[15])
 pedant pedantisch
de **peddel** Paddel (o[33])
 peddelen [kanoën] paddeln
de **pedicure** Pediküre (v[21])
de **pedofiel** Pädophile(r) (m[40a])
de **pee**: *de* ~ *inhebben* sauer sein[262]
de **peen** Möhre (v[21]), Karotte (v[21])
de **peer 1** [vrucht] Birne (v[21]) **2** [boom] Birne (v[21]), Birnbaum (m[6]) **3** [gloeilamp] Birne (v[21]) || *hij is een aardige* ~ er ist ein netter Kerl
de **pees** Sehne (v[21])
de **peetoom** Patenonkel (m[9]), Pate (m[15])
de **peettante** Patentante (v[21]), Patin (v[22])
de **peetvader** Pate (m[15])
de **pegel** [ijskegel] Eiszapfen (m[11])

de **peignoir** Morgenrock (m[6])
het **peil 1** [merkteken] Stand (m[19]), Niveau (o[36]), Pegel (m[9]) **2** [niveau] Niveau (o[36]), Stufe (v[21]): [fig] *beneden* ~ *zijn* unter allem Niveau sein[262]; *op* ~ *houden* aufrechterhalten[183]; *op een hoog* ~ *staan* auf einer hohen Stufe stehen[279] || *daar is geen* ~ *op te trekken* darauf ist kein Verlass
de **peildatum** Stichtag (m[5])
 peilen 1 [diepte opnemen] peilen, loten **2** [plaats bepalen] anpeilen, orten **3** [hoeveelheid opmeten] bestimmen **4** [fig] ergründen, ausloten: *de stemming* ~ die Stimmung ausloten
het **peilglas** Wasserstands(an)zeiger (m[9])
de **peiling** Peilung (v[20]), Lotung (v[20]), Ortung (v[20]), Bestimmung (v[20]), Ergründung (v[20]); *zie peilen*
het **peillood** Senkblei (o[29])
 peilloos unermesslich
de **peilstok** Peilstock (m[6])
 peinzen sinnen[267], grübeln: *over iets* ~ über[+4] etwas nachsinnen[267]; *ik peins er niet over ...* ich denke nicht im Entferntesten daran ...
 peinzend sinnend, grübelnd
het/de **pek** Pech (o[29])
de **pekel 1** Pökel (m[9]) **2** [strooizout] Streusalz (o[39])
 pekelen (ein)pökeln
het **pekelvlees** Pökelfleisch (o[39])
de **pekinees** [hond] Pekinese (m[15])
de **pelgrim** Pilger (m[9]), Wallfahrer (m[9])
de **pelgrimage** Pilgerfahrt (v[20]), Wallfahrt (v[20])
de **pelgrimstocht** Pilgerfahrt (v[20]), Wallfahrt (v[20])
de **pelikaan** Pelikan (m[5])
 pellen schälen, pellen: *noten, eieren, garnalen* ~ Nüsse ausschälen, Eier pellen, Garnelen schälen
het **peloton 1** [mil] Zug (m[6]) **2** [wielersp] Hauptfeld (o[31])
de **pels** Pelz (m[5])
het **pelsdier** Pelztier (o[29])
de **pelsjager** Pelztierjäger (m[9])
de **pen 1** [schrijfpen, veer van vogel] Feder (v[21]): *in de* ~ *klimmen* zur Feder greifen[181]; *het is in de* ~ es wird vorbereitet **2** [houten pen] Holznagel (m[10]); [spie] Keil (m[5]) **3** [metalen pin] Stift (m[5]), Nadel (v[21]) **4** [van cello, van stekelvarken] Stachel (m[17])
de **penalty** [sport] Elfmeter (m[9]), Strafstoß (m[6]): *een* ~ *nemen* einen Elfmeter schießen[238]; *het nemen van* ~'s das Elfmeterschießen (o[39])
de **penaltystip** Elfmeterpunkt (m[5])
de **penarie**: *in de* ~ *zitten* in der Patsche sitzen[268]
het/de **pendant** Pendant (o[36]), Gegenstück (o[29])
de **pendel** Pendelverkehr (m[19]), Pendeln (o[35])

de **pendelaar** Pendler (m[9])
de **pendeldienst** Pendeldienst (m[5])
  pendelen pendeln
de **pendule** Pendeluhr (v[20]), Stutzuhr (v[20])
  penetrant penetrant, durchdringend
de **penetratie** Penetration (v[20])
  [1]**penetreren** (onov ww) eindringen[143] (in[+4])
  [2]**penetreren** (ov ww) penetrieren[320]
  penibel peinlich
de **penicilline** Penizillin (o[29])
de **penis** Penis (m, 2e nvl: -; mv: -se of Penes), Glied (o[31])
  penitentiair Straf-, straf-: *een ~e inrichting* ein Strafanstalt
de **penlight** Penlight (o[36]), Minitaschenlampe (v[21])
  pennen schreiben[252]
de **pennenstreek** Federstrich (m[5])
de **pennenvrucht** ± schriftstellerische Arbeit (v[20])
de **penning 1** [alg] Münze (v[21]) **2** [van rechercheur] Marke (v[21])
de **penningmeester** Kassenwart (m[5]), Schatzmeister (m[9])
de **pens 1** [dierk] Pansen (m[11]) **2** [inf] [buik] Wanst (m[6]), Wampe (v[21]): *zijn ~ vol eten* sich[3] den Wanst vollschlagen[241] **3** [als voedsel] Kaldaunen (mv v[21]), Kutteln (mv v[21])
het **penseel** Pinsel (m[9])
het **pensioen** [m.b.t. ambtenaren] Pension (v[20]); [m.b.t. niet-ambtenaren] Rente (v[21]): *met ~ gaan* in Pension (*of:* auf Rente) gehen[168]
het **pensioenfonds** Pensionskasse (v[21]), Rentenversicherungsanstalt (v[20]), Rentenkasse (v[21])
  pensioengerechtigd [m.b.t. ambtenaren] pensionsberechtigt; [m.b.t. niet-ambtenaren] rentenberechtigt: *~e leeftijd* Pensionsalter (o[33]); Rentenalter (o[33])
het **pension** Pension (v[20]): *half ~* Halbpension; *volledig ~* Vollpension
  pensioneren pensionieren[320], in den Ruhestand versetzen
de **pensionering** Pensionierung (v[20])
de **pensiongast** Pensionsgast (m[6]), Hausgast (m[6])
de **pensionhouder** Pensionsinhaber (m[9])
de **pentekening** Federzeichnung (v[20])
de **penvriend** Brieffreund (m[5])
de **peper** Pfeffer (m[19])
  peperduur sündhaft teuer
  peperen pfeffern
het **peper-en-zoutstel** Gewürzständer (m[9])
de **peperkoek** Pfefferkuchen (m[11])
de **peperkorrel** Pfefferkorn (o[32])
de **pepermolen** Pfeffermühle (v[21])
de **pepermunt** [plant] Pfefferminze (v[28])
het **pepermuntje** Pfefferminzpastille (v[21])
de **pepermunthee** Pfefferminztee (m[13])
de **pepernoot** Pfeffernuss (v[25])

het **pepmiddel** Pepmittel (o[33]), Aufputschmittel (o[33])
de **pepperspray** Pfefferspray (m[13], o[36])
de **peptalk** aufpeppende(n) Worte (mv)
  per pro[+4], per[+4], je[+4]: *~ adres* per Adresse; *~ post* durch die Post, per Post; *~ schip* mit dem Schiff, per Schiff; *~ vliegtuig* per Flugzeug, mit dem Flugzeug; *~ 1 maart* ab[+3, +4] 1. März
het **perceel 1** [stuk grond] Parzelle (v[21]), Grundstück (o[29]) **2** [pand] Haus (o[32]), Gebäude (o[33])
het **percent** Prozent (o[29]): *tegen 8 ~* zu 8 Prozent
het **percentage** Prozentsatz (m[6])
de **percussie** Perkussion (v[20])
de **perenboom** Birnbaum (m[6]), Birne (v[21])
  perfect perfekt
de **perfectie** Perfektion (v[28]): *in de ~* perfekt
  perfectioneren perfektionieren[320]
de **perfectionist** Perfektionist (m[14])
  perfide perfid(e)
de **perforatie** Perforation (v[20]), Lochung (v[20])
de **perforator** Perforator (m[16]), Locher (m[9])
  perforeren perforieren[320], (durch)lochen
de **performance** Performance (v[27]), Auftreten (o[39])
de **pergola** Pergola (v, mv: Pergolen)
de **periferie** Peripherie (v[21])
de **perikelen** Affären (mv v[21]), Vorfälle (mv m[6])
de **periode** Periode (v[21])
het/de [1]**periodiek** (zn) **1** [tijdschrift] Zeitschrift (v[20]) **2** [salarisverhoging] regelmäßige Gehaltserhöhung (v[20])
  [2]**periodiek** (bn, bw) periodisch: *~ aftreden* turnusmäßig zurücktreten[291]
de **periscoop** Periskop (o[29])
het **perk** Beet (o[29]): *dat gaat alle ~en te buiten* das überschreitet jedes Maß; *binnen de ~en blijven* sich in Grenzen halten[183]; *binnen de ~en der wet* innerhalb der gesetzlichen Grenzen
het **perkament** Pergament (o[29])
de [1]**permanent** [kapsel] Dauerwelle (v[21])
  [2]**permanent** (bn, bw) permanent, ständig
  permanenten eine Dauerwelle machen
de **permissie** Genehmigung (v[20]), Erlaubnis (v[24])
  [1]**permitteren** (ov ww) erlauben, gestatten
zich [2]**permitteren** (wdk ww) sich[3] erlauben: *dat kan ik mij niet ~* das kann ich mir nicht leisten
  perplex perplex, verblüfft, verdutzt
het **perron** Bahnsteig (m[5])
de [1]**pers** [Perzisch tapijt] Perser (m[9])
de [2]**pers** [werktuig, journalisten] Presse (v[21]): *ter ~e gaan* gedruckt werden[310]; *een goede ~ krijgen* eine gute Presse bekommen
de **Pers** Perser (m[9])
het **persagentschap** Nachrichtenagentur (v[20])
het **persbericht** Pressemeldung (v[20])
het **persbureau** Pressebüro (o[36])
de **persconferentie** Pressekonferenz (v[20])

per se 1 [op zichzelf] an und für sich **2** [met alle geweld] unbedingt
persen pressen: *broeken* ~ Hosen dämpfen
de **persfotograaf** Pressefotograf (m¹⁴)
de **persiflage** Persiflage (v²¹)
persifleren persiflieren³²⁰
de **perskaart** Pressekarte (v²¹)
het/de **personage 1** Person (v²⁰) **2** [theat] Figur (v²⁰)
de **personalia** Personalien (mv)
het **¹personeel** (zn) [alg] Personal (o³⁹), Angestellte (mv m⁴⁰ᵃ); [van bedrijf] Betriebsangehörige (mv m⁴⁰ᵃ), Belegschaft (v²⁰)
²personeel (bn) **1** [m.b.t. iemands persoon] persönlich **2** [m.b.t. één of meer personen] personell, personal
de **personeelsafdeling** Personalabteilung (v²⁰)
de **personeelschef** Personalchef (m¹³)
de **personeelszaken 1** [zaken m.b.t. het personeel] Personalangelegenheiten (mv) **2** [afdeling] Personalabteilung (v²⁰)
de **personenauto** Personenauto (o³⁶), Pkw
de **personificatie** Personifikation (v²⁰)
personifiëren personifizieren³²⁰
de **persoon** Person (v²⁰): *jeugdig* ~ Jugendliche(r) (m⁴⁰ᵃ, v⁴⁰ᵇ); *in eigen* ~ persönlich
persoonlijk persönlich: *strikt* ~ [van abonnement] nicht übertragbar; [taalk] ~e *voornaamwoorden* [ook] Personalpronomen
de **persoonlijkheid** Persönlichkeit (v²⁸)
de **persoonsbeschrijving** Personenbeschreibung (v²⁰)
het **persoonsbewijs** Personalausweis (m⁵)
persoonsgebonden personengebunden
de **persoonsvorm** [taalk] Personalform (v²⁰)
het **perspectief** Perspektive (v²¹)
de **perssinaasappel** Apfelsine (v²¹) zum Auspressen
de **persvrijheid** Pressefreiheit (v²⁸)
pertinent entschieden, bestimmt: ~e *leugen* unverschämte Lüge (v²¹)
Peru Peru (o³⁹)
de **Peruaan** Peruaner (m⁹), Peruanerin (v²²)
Peruaans peruanisch
pervers pervers, abartig
Perzië Persien (o³⁹)
de **perzik** Pfirsich (m⁵)
Perzisch persisch: *de* ~e *Golf* der Persische Golf; ~ *tapijt* Perserteppich (m⁵); Perser (m⁹)
de **peseta** Peseta (v, mv: Peseten), Pesete (v²¹)
het **pessimisme** Pessimismus (m¹⁹ᵃ)
de **pessimist** Pessimist (m¹⁴)
pessimistisch pessimistisch
de **pest** Pest (v²⁸): *de* ~ *aan iem., iets hebben* jmdn., etwas wie die Pest hassen; [inf] *krijg de* ~! hol dich der Teufel!; *de* ~ *inhebben* ärgerlich sein²⁶²; *de* ~ *inkrijgen* ärgerlich werden³¹⁰
de **pestbui** Stinklaune (v²¹)
pesten piesacken, schikanieren³²⁰

pesterig schikanös
de **pesterij** Schikane (v²¹)
pesthekel: *een* ~ *aan iem. hebben* jmdn. hassen wie die Pest
het **pesticide** Pestizid (o²⁹)
de **pestkop** Quälgeist (m⁷)
de **pesto** Pesto (o³⁶, m¹³)
de **pet** Mütze (v²¹): ~ *met klep* Schirmmütze; *dat gaat boven mijn* ~ das geht über meinen Verstand; *er met de* ~ *naar gooien* pfuschen; [niet veel doen] faulenzen; *van iem. geen hoge* ~ *op hebben* von⁺³ jmdm. keine hohe Meinung haben¹⁸²; *het is huilen met de* ~ *op* es ist zum Heulen; *zie petje*
het **petekind** Patenkind (o³¹)
de **peter** Pate (m¹⁵)
de **peterselie** Petersilie (v²¹)
petieterig winzig
de **petitie** Petition (v²⁰), Bittschrift (v²⁰)
het **petje** Mützchen (o³⁵): *ik neem mijn* ~ *af voor deze prestatie* ich ziehe meinen Hut vor dieser Leistung
petrochemisch petrochemisch
de **petroleum 1** Petroleum (o³⁹) **2** [aardolie] Erdöl (o³⁹)
de **pets** Schlag (m⁶), Hieb (m⁵)
petto: *in* ~ *hebben* in petto haben¹⁸²
de **petunia** Petunie (v²¹)
de **peuk** Stummel (m⁹); [van sigaret, ook] Kippe (v²¹)
de **peul** Schote (v²¹), Hülse (v²¹)
de **peulenschil** [fig] Kleinigkeit (v²⁰), Pappenstiel (m⁵)
de **peulvrucht** Hülsenfrucht (v²⁵)
de **peuter** Kleinkind (o³¹), Knirps (m⁵)
peuteren 1 [in tanden, vuur] stochern: *in zijn neus* ~ in der Nase bohren **2** [knutselen] tüfteln, basteln: *aan iets* ~ an⁺³ etwas herumfummeln
de **peuterleidster** Leiterin (v²²) einer Kinderkrippe, Kindertagesstätte
de **peuterspeelzaal** Kindertagesstätte (v²¹)
de **peutertuin** [Belg] Kindertagesstätte (v²¹)
peuzelen schmausen, knabbern (an⁺³)
pezen 1 [hard lopen, rijden] rasen **2** [hard werken] schuften **3** [hard leren] büffeln
pezig sehnig; [m.b.t. gestalte] drahtig
de **pfeiffer** pfeiffersche(s) Drüsenfieber (o³³), Pfeiffer-Syndrom (o)
het **pgb** [Ned] afk van *persoonsgebonden budget* persönliche(s) Budget (o³⁶)
het **phishing** Phishing (o³⁹)
de **pH-waarde** pH-Wert (m⁵)
de **pi** Pi (o)
de **pianist** Pianist (m¹⁴), Klavierspieler (m⁹)
de **¹piano** [instrument] Klavier (o²⁹)
het **²piano** (zn) [muz] [het zacht spelen of zingen] Piano (o³⁶)
³piano (bw) [muz] piano
het **pianoconcert** Klavierkonzert (o²⁹)
de **pianoles** Klavierstunde (v²¹)

pianospelen Klavier spielen
de **pianostemmer** Klavierstimmer (m⁹)
de **pias** Hanswurst (m⁵)
de **piccolo 1** [muz] Piccolo (o³⁶) **2** [bediende] Piccolo (m¹³)
de **picknick** Picknick (o²⁹, o³⁶)
   picknicken picknicken
de **picknickmand** Picknickkorb (m⁶)
de **pick-up 1** [grammofoon] Plattenspieler (m⁹) **2** [vrachtauto] Pritschenwagen (m¹¹)
het **pictogram** Piktogramm (o²⁹)
de **pief** Typ (m¹⁶)
de **¹piek 1** [hoogtepunt] Spitze (v²¹) **2** [haar] Strähne (v²¹) **3** [bergtop] Spitze (v²¹), Gipfel (m⁹)
de **²piek** [gulden] Gulden (m¹¹)
   pieken fransig sein²⁶²
de **piekeraar** Grübler (m⁹)
   piekeren grübeln: *ik pieker er niet over!* ich denke nicht daran!
   piekfijn piekfein, tipptopp
het **piekhaar** strähniges Haar (o³⁹)
het **piekuur** Spitzenzeit (v²⁰); [in het verkeer] Stoßzeit (v²⁰), Hauptverkehrszeit (v²⁰)
de **piemel** [penis] Pimmel (m⁹)
   pienter gescheit, klug; [gewiekst] schlau
   piep piep(s)
   piepen 1 [alg] piepen, piepsen; [scherper] quieken **2** [van deur, remmen] quietschen **3** [klagend geluid] wimmern || *hij is 'm gepiept* er ist auf und davon; *'m ~ stiften gehen*¹⁶⁸
de **pieper 1** [iem. die piept] Pieper (m⁹) **2** [aardappel] Kartoffel (v²¹) **3** [oproeppapparaat] Piepser (m⁹)
   piepjong blutjung
   piepklein winzig
het **piepschuim** Styropor (o³⁹)
de **piepstem** Piepsstimme (v²¹)
de **pieptoon** Pfeifton (m⁶)
de **piepzak**: *in de ~ zitten* in tausend Ängsten schweben
de **¹pier 1** [landhoofd] Mole (v²¹), Pier (m⁵, m¹³) **2** [van luchthaven] Flugsteig (m⁵)
de **²pier** [worm] Regenwurm (m⁸): *zo dood als een ~* mausetot
de **piercing** Piercing (o³⁹)
het **pierenbad** Planschbecken (o³⁵)
   pierewaaien bummeln, sumpfen
de **pierewaaier** Liederjan (m⁵)
de **pies** [inf] *zie pis*
   piesen [inf] *zie pissen*
de **piet**: *een hoge ~* ein hohes Tier; *hij is een (hele) ~ in wiskunde* er ist ein Ass in Mathematik
   Piet: *hoge piet* hohes Tier (o²⁹); *Zwarte ~* Knecht Ruprecht; *hij voelt zich weer een hele piet* [na ziekte] er ist wieder ganz auf der Höhe; *hij is een hele piet* er ist ein großer Herr; *voor ~ Snot staan* dastehen²⁷⁹ wie die Kuh vorm Scheunentor

de **piëteit** Pietät (v²⁰)
   pietepeuterig 1 [heel klein] winzig **2** [overdreven precies] pingelig
het **pietje-precies** Erbsenzähler (m⁹)
   pietluttig kleinlich, pingelig, pedantisch
het **pietsje**: *een ~* ein bisschen
het **pigment** Pigment (o²⁹)
de **pigmentvlek** Pigmentfleck (m⁵)
de **pij** Kutte (v²¹)
de **pijl** Pfeil (m⁵): *~ en boog* Pfeil und Bogen
de **pijler** Pfeiler (m⁹)
de **pijlkoker** Pfeilköcher (m⁹)
   pijlsnel pfeilschnell
de **pijltjestoets** Richtungstaste (v²¹)
de **pijn** Schmerz (m¹⁶, meestal mv): *~ in de maag* Magenschmerzen (mv m¹⁶); *~ hebben* Schmerzen haben¹⁸²; *~ lijden* Schmerzen leiden¹⁹⁹; *de ~ verlichten* die Schmerzen lindern; *met ~ en moeite* mit Mühe und Not; *~ doen* wehtun²⁹⁵; schmerzen
de **pijnappel** Kiefernzapfen (m¹¹)
de **pijnbank** Folter (v²¹), Folterbank (v²⁵): *iem. op de ~ leggen* jmdn. auf die Folter spannen
de **pijnboom** Kiefer (v²¹)
de **pijngrens** Schmerzschwelle (v²¹)
   pijnigen peinigen, quälen, foltern: *zijn hersens ~* sich³ das Gehirn abmartern
de **pijniging** Peinigung (v²⁰), Folterung (v²⁰)
   pijnlijk 1 [pijn veroorzakend] schmerzhaft: *een ~e operatie* eine schmerzhafte Operation **2** [pijn doend] schmerzend: *~e voeten* schmerzende Füße **3** [wat verdriet doet] schmerzlich **4** [netelig, penibel] peinlich: *een ~e stilte* eine peinliche Stille **5** [zeer nauwkeurig] peinlich
   pijnloos schmerzlos
   pijnstillend schmerzstillend
de **pijnstiller** Schmerzmittel (o³³)
de **pijp 1** [tabaks-, orgelpijp] Pfeife (v²¹) **2** [buis voor gas, vloeistof] Rohr (o²⁹) **3** [broekspijp] Hosenbein (o²⁹) **4** [gang van hol] Röhre (v²¹) **5** [drop, kaneel, lak] Stange (v²¹) || *hij is de ~ uit* er ist abgekratzt
   pijpen [inf; seksueel] blasen¹³³, flöten || [fig] *naar iemands ~ dansen* nach jemand(e)s Pfeife tanzen
de **pijpenkrul** Ringellocke (v²¹)
de **pijpenla** [smalle ruimte] Schlauch (m⁶)
de **pijpenrager** Pfeifenreiniger (m⁹)
de **pijpensteel** Pfeifenrohr (o²⁹): [fig] *het regent pijpenstelen* es regnet Bindfäden
de **pijpleiding,** de **pijplijn** Rohrleitung (v²⁰), Pipeline (v²⁷)
de **pijpsleutel** Steckschlüssel (m⁹)
de **pijptabak** Pfeifentabak (m¹⁹)
de **¹pik** [haat] Pik (m⁵, m¹³): *de ~ op iem. hebben* einen Pik auf jmdn. haben¹⁸²
de **²pik** [penis] Pimmel (m⁹), Schwanz (m⁶): [fig] *iem. op zijn ~ trappen* jmdm. auf den Schwanz treten
de **³pik** [houweel] Pickel (m⁹)

de **⁴pik** [met snavel] Hieb (m⁵)
pikant pikant
pikdonker stockfinster, stockdunkel
het **pikhouweel** Spitzhacke (v²¹), Pickel (m⁹)
pikken 1 [met de snavel steken, oppikken]
picken **2** [stelen] klauen || *een bioscoopje ~*
ins Kino gehen¹⁶⁸; *dat pik ik niet* das lasse ich
mir nicht gefallen
pikzwart pechschwarz, rabenschwarz
de **pil 1** [medicijn, anticonceptiepil] Pille (v²¹)
2 [dik boek] Wälzer (m⁹) **3** [dikke snee
brood] Butterbrot (o²⁹)
de **pilaar** Pfeiler (m⁹), Säule (v²¹)
de **piloot** [luchtv] Pilot (m¹⁴), Flugzeugführer
(m⁹): *eerste ~* Flugkapitän (m⁵); *tweede ~*
Kopilot
de **pilot** Pilotprojekt (o²⁹), Pilot (m¹⁴); [tv-pro-
gramma] Pilotfolge (v²¹), Pilotfilm (m⁵)
het/de **pils,** het/de **pilsener** Pils (o, 2e nvl: -; mv: -),
Pils(e)ner (o³³)
pimpelen picheln, zechen
de **pimpelmees** Blaumeise (v²¹)
pimpelpaars blaurot, violett
pimpen pimpen
de **pin** [van hout, metaal] Stift (m⁵)
het **pinapparaat** Bezahlautomat (m¹⁴)
de **pinautomaat** Bezahlautomat (m¹⁴)
het/de **pincet** Pinzette (v²¹)
de **pincode** PIN (v²⁸), persönliche Geheimzahl
(v²⁰)
de **pinda** Erdnuss (v²⁵)
de **pindakaas** Erdnussbutter (v²⁸)
de **pindasaus** Soße (v²¹) auf der Basis von Erdnüssen
de **pineut**: *hij is de ~* er ist der Dumme
pingelen feilschen; [voetb] fummeln
het **pingpong** Tischtennis (o³⁹ᵃ)
pingpongen Tischtennis spielen
de **pinguïn** Pinguin (m⁵)
de **pink** kleiner Finger (m⁹)
de **pinksterbloem** Wiesenschaumkraut (o³⁹)
de **pinksterdag** Pfingstfeiertag (m⁵): *eerste ~*
Pfingstsonntag (m⁵); *tweede ~* Pfingstmon-
tag (m⁵)
Pinksteren Pfingsten (o, 2e nvl: -; mv: -):
met ~ zu Pfingsten
de **pinkstergemeente** Pfingstgemeinde (v²¹)
pinnen 1 [betalen] mit der Karte zahlen
2 [geld opnemen] Geld aus dem Automaten
abheben¹⁸⁶
de **pinpas** Scheckkarte (v²¹), Kreditkarte (v²¹)
de **pint**: *een ~ pakken* ein Glas Bier trinken
het **pintje** [Belg] (Glas) Bier (o²⁹), Bierchen (o³⁵)
de **pioenroos** Pfingstrose (v²¹)
de **pion 1** [stuk] Stein (m⁵) **2** [schaken] Bauer
(m¹⁵)
de **pionier** [ook fig] Pionier (m⁵)
het **pionierswerk** [ook fig] Pionierarbeit (v²⁸)
het/de **pipet** Pipette (v²¹)
pips: *er ~ uitzien* spitz aussehen²⁶¹

de **piraat** Pirat (m¹⁴), Seeräuber (m⁹)
de **piramide** Pyramide (v²¹)
het **piramidespel** Pyramidenspiel (o²⁹)
de **piranha** Piranha (m¹³)
de **piratenzender** Piratensender (m⁹)
de **piraterij** Piraterie (v²¹)
de **pirouette** Pirouette (v²¹)
de **pis** [inf] Harn (m¹⁹), Piss (m¹⁹), Pisse (v²⁸)
de **pisang** Banane (v²¹) || *de ~ zijn* der Dumme
sein²⁶²
pisnijdig stinkwütend
de **pispaal** Prügelknabe (m¹⁵)
de **pispot** Nachttopf (m⁶)
de **pissebed** [insect] Kellerassel (v²¹)
pissen [inf] harnen, pissen, pinkeln
pissig [inf] sauer
de **pistache** Pistazie (v²¹)
de **piste** Piste (v²¹)
de **pistolet** Brötchen (o³⁵)
het **pistool** Pistole (v²¹)
de **pit 1** [van kaars, olielamp] Docht (m⁵)
2 [gaspit] Flamme (v²¹) **3** [in vruchtvlees]
Kern (m⁵): *zonder ~* kernlos || *er zit ~ in hem* er
hat Mumm
het **pitje**: *op een laag ~* [ook fig] auf Sparflamme
de **pits** [sport] Box (v²⁰)
pitten [slapen] pennen
pittig 1 [energiek] schneidig: *een ~ meisje*
ein rassiges Mädchen **2** [kruidig] würzig;
[m.b.t. wijn] rassig || *een ~ proefwerk* eine
gepfefferte Klassenarbeit
pittoresk pittoresk, malerisch
de **pixel** Pixel (o³³, 2e nvl: ook -), Bildpunkt (m⁵)
de **pizza** Pizza (v²⁷, mv: ook Pizzen)
de **pizzakoerier** Pizzakurier (m⁵), Pizzabote
(m¹⁵)
de **pizzeria** Pizzeria (v²⁷)
de **pk** afk van *paardenkracht* Pferdestärke (v²¹),
PS
de **PKN** afk van *Protestantse Kerk in Nederland*
Protestantische Kirche (v²¹) in den Niederlanden, PKN
de **plaag** Plage (v²¹)
de **plaaggeest** Quälgeist (m⁷), Quäler (m⁹)
de **plaat 1** [alg] Platte (v²¹): [muz] *een nieuwe ~
opzetten* eine neue Platte auflegen **2** [gra-
vure] Stich (m⁵) **3** [afbeelding] Bild (o³¹)
4 [zandbank] Sandbank (v²⁵) || *de ~ poetsen*
die Platte putzen, ausreißen²²⁰; *uit zijn ~ gaan*
ausflippen
het **plaatje** kleine Platte (v²¹), Bildchen (o³⁵); *zie
plaat*
de **plaats 1** [alg] Ort (m⁵): *~ van bestemming*
Bestimmungsort; *ter ~e* an Ort und Stelle; *~
van het misdrijf* Tatort **2** [dorp, stadje] Ort-
schaft (v²⁰) **3** [binnenplaats] Hof (m⁶) **4** [plek,
ruimte] Stelle (v²¹), Platz (m⁶): *een vacante ~*
eine offene Stelle; *zekere ~* Toilette (v²¹); *in
de eerste ~* an erster Stelle; *in uw ~* an Ihrer
Stelle; *stel je in mijn ~* versetz dich in meine

Lage; *in ~ van ...* anstatt[+2] ..., statt[+2] ...; *in ~ van de vader kwam de dochter* (an)statt[+2] des Vaters kam die Tochter; *in de ~ komen* an die Stelle treten[291]; *iets op zijn ~ leggen* etwas an seinen Platz legen; [fig] *iem. op zijn ~ zetten* jmdm. den Kopf waschen[304]; *op enkele ~en* stellenweise; *de ambulance was onmiddellijk ter ~e* der Krankenwagen war sofort zur Stelle; *daar ter ~e* dort; *hier ter ~e* hier; *de teleurstelling maakte ~ voor vreugde* die Enttäuschung wich der Freude **5** [passage in boek e.d.] Stelle (v[21]) **6** [staan-, zitplaats, positie] Platz (m[6]): *strengheid is hier niet op zijn ~* Strenge ist hier fehl am Platz

de **plaatsbepaling** Ortsbestimmung (v[20]), Ortung (v[20])

de **plaatsbespreking** Platzreservierung (v[20])

het **plaatsbewijs 1** [openbaar vervoer] Fahrschein (m[5]), Fahrkarte (v[21]) **2** [toegangsbewijs] Eintrittskarte (v[21])

plaatselijk örtlich, lokal: *~e krant* Lokalzeitung (v[20]); *~e tijd* Ortszeit (v[20]); *~e verdoving* örtliche Betäubung (v[20])

¹**plaatsen** (ov ww) **1** [plaats geven] stellen, setzen; [machine, stoelen, een monument] aufstellen: *een advertentie ~* eine Annonce (in eine Zeitung) einrücken; *orders ~* Aufträge erteilen; *waar wilt u die meubels ~?* wo wollen Sie diese Möbel hinstellen?; *mensen ~* Leute unterbringen[139]; *ik kan zijn opmerking niet ~* ich verstehe seine Bemerkung nicht; [fig] *iem. niet kunnen ~* jmdn. nicht unterbringen können; [fig] *iem. nicht einordnen können*; *hier geen fietsen ~!* keine Fahrräder abstellen!; *een artikel in de krant ~* einen Artikel in die Zeitung setzen; *in een tehuis ~* in einem Heim unterbringen[139]; *onder militair bestuur ~* der[3] Militärverwaltung unterstellen **2** [een bal plaatsen] platzieren[320] **3** [geld beleggen] anlegen: *een lening ~* eine Anleihe unterbringen[139] **4** [plaats toekennen in wedstrijd] setzen; *hij is als nummer één geplaatst* er wurde als Nummer eins gesetzt

zich ²**plaatsen** (wdk ww) sich qualifizieren[320]: *zich ~ voor de finale* sich für das Finale qualifizieren

het **plaatsgebrek** Platzmangel (m[19])

plaatshebben stattfinden[157]; [gebeuren] sich ereignen

de **plaatsing 1** [van meubels] Aufstellung (v[20]) **2** [onderbrenging] Unterbringung (v[20]) **3** [sport] Platzierung (v[20]), Qualifizierung (v[20]) **4** [van advertentie] Einrückung (v[20]) **5** [in inrichting] Einweisung (v[20]); *zie* ¹*plaatsen*

plaatsmaken: *voor iets ~* Platz für[+4] etwas machen; *plaats voor iem. maken* jmdm. Platz machen

de **plaatsnaam** Ortsname (m[18])

plaatsnemen Platz nehmen[212] (an, auf, hinter, neben, in, unter, vor, zwischen[+3]), sich

setzen (an, auf, hinter[+4] enz.)

het **plaatstaal** Stahlblech (o[29])

plaatsvervangend stellvertretend

de **plaatsvervanger 1** Stellvertreter (m[9]) **2** [sp en op het werk] Ersatzmann (m[8], mv: ook Ersatzleute)

plaatsvinden stattfinden[157], erfolgen

de **placebo** Placebo (o[36])

de **placemat** Platzdeckchen (o[35])

de **placenta** Plazenta (v[27], mv: ook Plazenten)

de **pladijs** [Belg] [schol] Scholle (v[21])

het **plafond 1** [zoldering] Decke (v[21]) **2** [luchtv] Gipfelhöhe (v[21]) **3** [maximum] Höchstgrenze (v[21]): [fig] *hij zit aan zijn ~* er hat seine Leistungsgrenze erreicht

de **plafonnière** Deckenleuchte (v[21])

de **plag** Sode (v[21]), Plagge (v[21])

plagen 1 [kwellen] plagen, quälen **2** [treiteren] ärgern; [goedaardig] necken: *mag ik u even ~?* [beleefdheidsformule] darf ich Sie einen Augenblick stören?

plagerig quälerisch; [goedaardig] neckisch

de **plagerij** Quälerei (v[20]); [goedaardig] Neckerei (v[20])

het **plagiaat** Plagiat (o[29])

de **plaid** Plaid (m[13], o[36])

de **plak 1** [medaille] Medaille (v[21]) **2** [schijf] Scheibe (v[21]) || *onder de ~ zitten* unter dem Pantoffel stehen[279]; *zie plaque*

het **plakband** Kleb(e)streifen (m[11])

het **plakboek** Buch (o[32]) zum Einkleben

het **plakkaat 1** Plakat (o[29]) **2** [vlek] Klecks (m[5])

plakken 1 [kleven] kleben, haften: *een band ~* einen Reifen flicken **2** [blijven ~] hängen bleiben[134]; *hij is de hele avond blijven ~* er ist den ganzen Abend hängen geblieben

de **plakker** [sticker] Aufkleber (m[9])

plakkerig klebrig

het **plakplaatje** Buntbild (o[31])

het **plaksel 1** Klebstoff (m[5]) **2** [pap] Kleister (m[9])

de **plakstift** Klebestift (m[5])

plamuren spachteln

het/de **plamuur** Grundiermasse (v[21]), Spachtelmasse (v[21])

het **plamuurmes** Spachtel (m[9], v[21])

het **plan 1** [alg] Plan (m[6]): *~nen maken* Pläne machen; *het ~ voor een aanslag beramen* einen Anschlag planen; *volgens ~* planmäßig **2** [ontwerp] Plan (m[6]), Entwurf (m[6]) **3** [voornemen] Absicht (v[20]), Vorhaben (o[35]): *van ~ zijn* die Absicht haben[182]; *met het ~* in der Absicht; *zijn ~ trekken* a) [bedenken wat men wil] einen Beschluss fassen; b) [zijn gang gaan] seine eigenen Wege gehen[168]; c) [Belg] sich retten; *het ~ opvatten (om)* den Plan (of: Vorsatz) fassen, ... **4** [niveau] Niveau (o[6]), Stufe (v[21]): *op een hoger ~ staan* auf einem höheren Niveau stehen[279]

het **plan de campagne** Schlachtplan (m[6])

de **planeconomie** Planwirtschaft (v[28])

pleister

de **planeet** Planet (m[14])
het **planetarium** Planetarium (o, 2e nvl: -s; mv: Planetarien)
de **plank** 1 [alg] Brett (o[31]): *zo stijf als een* ~ steif wie ein Brett; *de* ~ *misslaan* danebenhauen[185]; *dat is van de bovenste* ~ das ist Spitzenklasse 2 [vloerplank] Diele (v[21]) 3 [scheepv] Planke (v[21]) 4 [zeer dik] Bohle (v[21]) 5 [over een sloot] Steg (m[5])
de **plankenkoorts** Lampenfieber (o[39])
het **plankgas** Vollgas (o[39]): ~ *geven* Vollgas geben[166]
het **plankton** Plankton (o[39])
plankzeilen surfen
planmatig planmäßig
plannen planen
de **planning** Planung (v[20]), Planen (o[39])
de **planologie** Raumplanung (v[20])
de **plant** Pflanze (v[21])
plantaardig pflanzlich: ~ *vet* Pflanzenfett (o[29])
de **plantage** Plantage (v[21])
planten 1 [poten] pflanzen 2 [aanplanten] anpflanzen 3 [stevig vastzetten] setzen
de **planteneter** Pflanzenfresser (m[9])
de **plantengroei** Pflanzenwuchs (m[19]), Vegetation (v[20])
de **plantentuin** botanischer Garten (m[12])
de **planter** Pflanzer (m[9])
de **plantkunde** Botanik (v[28]), Pflanzenkunde (v[28])
het **plantsoen** Anlagen (mv v[21]), Park (m[13])
de **plaque** Zahnbelag (m[6]), Plaque (v[27])
de **plaquette** Plakette (v[21])
de **plas** 1 [op straat] Pfütze (v[21]) 2 [poel] Pfuhl (m[5]), Tümpel (m[9]) 3 [meer] See (m[17]) 4 [bloed, gemorste vloeistof] Lache (v[21]) 5 [grote hoeveelheid vocht] Menge (v[21]) 6 [urine] Urin (m[19])
plasje: *een* ~ *doen* Pipi machen
het **plasma** Plasma (o, 2e nvl: -s; mv: Plasmen)
het **plasmascherm** Plasmabildschirm (m[5]), Plasmaschirm (m[5])
de **plasma-tv** Plasma-TV (o[39a])
plassen 1 [in water bewegen] planschen 2 [urineren] urinieren[320], pinkelen
het **plastic** Plastik (o[39]); [ook] Kunststoff (m[5])
de **plastiek** Plastik (v[20])
plastificeren plastifizieren[320]
plastisch plastisch
het ¹**plat** (zn) 1 [plat gedeelte] Fläche (v[21]) 2 [plat dak] Flachdach (o[32]) 3 [streektaal] Platt (o, 2e nvl: -(s))
²**plat** (bn, bw) 1 [vlak] flach, platt: ~ *bord* flacher Teller (m[9]); ~*te neus* platte Nase (v[21]); ~ *vlak* flache Ebene (v[21]); ~ *op zijn buik liggen* platt auf dem Bauch liegen[202] 2 [niet beschaafd] platt, vulgär: ~ *praten* Platt sprechen[274]; ~*te humor* derber (*of*: platter) Humor 3 [zonder koolzuur] still: ~ *water* stilles Wasser ‖ *de haven is* ~ die Hafenarbeiter

streiken; *de fabriek gaat* ~ die Fabrik wird lahmgelegt; *de zaal* ~ *krijgen* das Publikum hinreißen (*of*: begeistern)
de **plataan** Platane (v[21])
platbranden niederbrennen[138], einäschern
het **plateau** Plateau (o[36]), Hochebene (v[21])
het **platenboek** Bildband (m[6]), Bilderbuch (o[32])
de **platenspeler** Plattenspieler (m[9])
het **platform** Plattform (v[20])
platgaan [inf] 1 [gaan slapen] sich hinhauen 2 [onder de indruk raken] sich hinreißen lassen[197] 3 [comp] ausfallen[154]; abstürzen
het ¹**platina** (zn) Platin (o[39])
²**platina** (bn) aus Platin
platleggen [door staking] lahmlegen
platliggen flach liegen[202]
platlopen [lett] zertreten[291]: [fig] *bij iem. de deur* ~ jmdm. die Tür einrennen[222]
platonisch platonisch
platspuiten ruhig stellen
de **plattegrond** 1 [grondtekening] Grundriss (m[5]) 2 [kaart] Plan (m[6]); [van stad] Stadtplan (m[6]) 3 [van schoolklas] Klassenspiegel (m[9])
de **plattekaas** [Belg] Quark (m[19])
het **platteland** Land (o[39])
plattrappen [vertrappen] zertreten[291]
plattreden: [fig] *platgetreden paden* ausgetretene Pfade
de **platvis** Plattfisch (m[5])
platvloers derb, grob, platt
de **platvoet** Plattfuß (m[6])
platzak blank, abgebrannt
plausibel plausibel, einleuchtend
plaveien pflastern
het **plaveisel** Pflaster (o[33])
de **plavuis** Fliese (v[21]), Steinplatte (v[21])
het/de **playback** Play-back (o, 2e nvl: -; mv: -s)
playbacken Play(-)back singen[265]
de **playboy** Playboy (m[13])
de **plebejer** Plebejer (m[9])
het **plebs** Plebs (m[19])
plechtig feierlich
de **plechtigheid** Feierlichkeit (v[20]): *feestelijke* ~ Festakt (m[5])
plechtstatig feierlich, gravitätisch
de **plee** Klo (o[36]), Örtchen (o[35])
het **pleeggezin** Pflegefamilie (v[21])
het **pleegkind** Pflegekind (o[31])
de **pleegouders** Pflegeeltern (mv)
plegen 1 [gewoon zijn] pflegen 2 [begaan] verüben, begehen[168]: *geweld* ~ Gewalt gebrauchen; *een staatsgreep* ~ einen Staatsstreich durchführen; *verraad* ~ Verrat üben ‖ *een telefoontje* ~ anrufen, telefonieren
het **pleidooi** Plädoyer (o[36]) /pleddwajjee/
het **plein** Platz (m[6])
de **pleinvrees** Platzangst (v[25])
de ¹**pleister** [hechtpleister] Pflaster (o[33]): [fig] *de* ~ *op de wond* das Trostpflaster
het ²**pleister** [gips] Gips (m[19]); [op muren] Putz (m[19])

pleisteren [een muur] verputzen
de **pleisterplaats** Rastplatz (m⁶)
het **pleisterwerk 1** [het pleisteren] Putzarbeit (v²⁸) **2** [bepleistering] Putz (m¹⁹) **3** [versiering] Stuckverzierung (v²⁰)
het **pleit** Rechtsstreit (m⁵) ‖ *het ~ is beslecht* die Entscheidung ist gefallen
de **pleitbezorger** [fig] Anwalt (m⁶), Fürsprecher (m⁹)
pleiten plädieren³²⁰: *~ voor* plädieren für⁺⁴; *dat pleit voor hem* das spricht für ihn
de **pleiter** Anwalt (m⁶), Verteidiger (m⁹)
de **plek 1** [vlek] Fleck (m⁵) **2** [plaats] Stelle (v²¹)
plenair Plenar-: *~e vergadering* Plenarversammlung (v²⁰); Vollversammlung (v²⁰)
plengen vergießen¹⁷⁵, verschütten
de **plensbui** Platzregen (m¹¹), Gussregen (m¹¹)
plenty sehr viel, jede Menge
plenzen in Strömen regnen
het **pleonasme** Pleonasmus (m, mv: Pleonasmen)
pletten 1 [met wals platpersen] walzen **2** [verbrijzelen] zerquetschen
pletter: *te ~ slaan* zerschmettern; *te ~ vallen* zerschellen; *hij viel te ~* er stürzte zu Tode; *zich te ~ werken* sich zu Tode schuften; *zich te ~ vervelen* sich zu Tode langweilen
pleuren schmeißen²⁴⁷, knallen
het/de **pleuris** Pleuritis (v, mv: Pleuritiden)
de **plevier, de pluvier** Regenpfeifer (m⁹)
het **plexiglas** Plexiglas (o³⁹)
plezant lustig, vergnüglich
het **plezier** Vergnügen (o³⁹), Freude (v²⁸), Spaß (m¹⁹): *veel ~!* viel Vergnügen!; *~ hebben* (of: *maken*) sich amüsieren³²⁰; *dat doet me ~!* das freut mich!; *~ hebben in* Spaß haben¹⁸² an⁺³; *ik heb er geen ~ in* es macht mir kein Vergnügen; *doe me het ~ niet meer te schreeuwen!* tu mir den Gefallen und schrei nicht mehr!; *met alle ~* mit dem größten Vergnügen; *voor zijn ~* zu seinem Vergnügen
plezieren (er)freuen
plezierig 1 [m.b.t. zaken] erfreulich, angenehm: *een ~e vakantie* angenehme Ferien; *iets ~ vinden* etwas angenehm finden¹⁵⁷ **2** [m.b.t. personen] nett: *een ~e collega* ein netter Kollege
het **plezierjacht** Jacht (v²⁰)
de **plezierreis** Vergnügungsreise (v²¹), Vergnügungsfahrt (v²⁰)
de **plicht** Pflicht (v²⁰): *zijn ~ doen* seine Pflicht tun²⁹⁵; *zijn ~ vervullen* seine Pflicht erfüllen
plichtmatig pflichtmäßig, pflichtgemäß
de **plichtpleging** Höflichkeit (v²⁰)
het **plichtsbesef** Pflichtgefühl (o³⁹)
plichtsgetrouw pflichttreu
het **plichtsverzuim** Pflichtverletzung (v²⁰)
de **plint** Fußleiste (v²¹)
de **¹ploeg 1** [arbeiders] Gruppe (v²¹), Kolonne (v²¹) **2** [bij ploegendienst] Schicht (v²⁰): *in ~en werken* Schichtarbeit machen **3** [sport]

Mannschaft (v²⁰): *de nationale ~* die Nationalmannschaft
de **²ploeg** [landbouwwerktuig] Pflug (m⁶)
ploegen pflügen
de **ploegendienst** Schichtarbeit (v²⁸), Schicht (v²⁰)
de **ploegleider** Mannschaftsführer (m⁹)
de **ploegschaar** Pflugschar (v²⁰)
het **ploegverband**: [sport] *in ~* als Mannschaft
de **ploert** Lump (m¹⁴), Schuft (m⁵)
de **ploeteraar** Arbeitstier (o²⁹)
ploeteren sich abrackern
de **plof 1** [van gas] Puff (m⁶) **2** [geluid van vallend, stotend lichaam] Plumps (m⁵): *~!* plumps!
ploffen 1 puffen **2** plumpsen **3** [van woede] platzen; *zie plof*
plomberen [van tanden] füllen
plomp plump; [ruw] grob
plompverloren mir nichts, dir nichts: *hij sloeg het aanbod ~ af* er schlug mir nichts, dir nichts das Angebot aus
de **¹plons** (zn) Plumps (m⁵)
²plons (tw) plumps!
plonzen plumpsen
de **plooi** Falte (v²¹): *in ~en vallen* Falten werfen³¹¹; [fig] *de ~en gladstrijken* die letzten Mängel beseitigen
plooibaar [fig] geschmeidig, flexibel
¹plooien (ov ww) **1** [lett] falten **2** [regelen] einrichten: [fig] *ik zal het wel ~* ich werde es schon machen
zich **²plooien** (wdk ww) [fig] sich fügen
de **plooirok** Faltenrock (m⁶)
de **plot** Plot (m+o)
plotseling plötzlich
het/de **pluche** Plüsch (m¹⁹): *beer van ~* Plüschbär (m¹⁴)
pluchen Plüsch-
de **plug 1** [voor schroeven] Dübel (m⁹) **2** [stekker] Stöpsel (m⁹), Stecker (m⁹)
de **pluim 1** [op helm, hoed] Feder (v²¹), Federbusch (m⁶) **2** [kwastje aan muts] Troddel (v²¹), Quaste (v²¹) **3** [bloeiwijze] Rispe (v²¹) **4** [compliment] Lob (o²⁹), Kompliment (o²⁹)
de **pluimage** Gefieder (o³³): [fig] *vogels van diverse ~* Leute aller Art
het **pluimvee** Federvieh (o³⁹), Geflügel (o³⁹)
de **¹pluis** [vlokje] Fussel (v²¹, m⁹)
²pluis (bn, bw): *die zaak is niet ~* die Sache ist nicht geheuer; *het is daar niet ~* es geht dort nicht mit rechten Dingen zu
pluizen [pluisjes afgeven] fusseln
de **pluk 1** [het plukken] Pflücken (o³⁹) **2** [oogst] Ernte (v²¹) ‖ *een ~ haar* ein Haarbüschel
¹plukken (onov ww) [trekken] zupfen
²plukken (ov ww) **1** pflücken **2** [veren uittrekken] rupfen **3** [fig] ernten: *de vruchten van zijn werk ~* die Früchte seiner Arbeit ernten
de **plumeau** Federbüschel (o³³), Federwedel

(m[9])

de **plumpudding** Plumpudding (m[13])

de **plunderaar** Plünderer (m[9])

plunderen plündern

de **plundering** Plünderung (v[20])

de **plunje** Klamotten (mv); [pak] Kluft (v[20])

de **plunjezak** Kleidersack (m[6]); [scheepv] Seesack (m[6])

het/de **¹plus** (zn) Plus (o[39a])

²plus (vz) plus[+2], und

plusminus ungefähr, etwa, rund

het **pluspunt** Pluspunkt (m[5])

plussen nachdenken[140], hin und her überlegen

het **plusteken** Pluszeichen (o[35])

het **plutonium** Plutonium (o[39])

pneumatisch pneumatisch: ~e hamer Presslufthammer (m[10])

de **po** Nachttopf (m[6]), Topf (m[6])

pochen prahlen, angeben[166]

pocheren pochieren[320]

de **pochet** Einstecktuch (o[32])

het **pocketboek** Taschenbuch (o[32])

de **podcast** Podcast (m[13])

het **podium** Podium (o, 2e nvl: -s; mv: Podien)

de **poedel** Pudel (m[9])

poedelen plätschern

poedelnaakt pudelnackt, splitternackt

de **poedelprijs** Trostpreis (m[5])

het **poeder** [ook farm] Pulver (o[33]); [toiletartikel] Puder (m[9])

de **poederblusser** Löschpulvergerät (o[29]), Trockenlöscher (m[9])

de **poederbrief** Pulverbrief (m[5])

het **poederdoosje** Puderdose (v[21])

poederen pudern

de **poedermelk** Milchpulver (o[33])

de **poedersneeuw** Pulverschnee (m[19])

de **poedersuiker** Puderzucker (m[19])

de **poedervorm** Pulverform (v[28])

de **poef** [zitkussen] Puff (m[5], m[13])

het/de **poeha** Wirbel (m[9]), Tamtam (o[39]): veel ~ over iets maken viel Lärm um[+4] etwas machen

de **poel** Pfuhl (m[5]), Tümpel (m[9])

het/de **poelet** Suppenfleisch (o[39])

de **poelier** Geflügelhändler (m[9])

de **poema** Puma (m[13])

het/de **poen** [geld] Pinke (v[28]), Moneten (mv)

de **¹poep** [inf] [uitwerpselen] Kacke (v[28]), Kot (m[19]), Scheiße (v[28])

de **²poep** [inf; Belg] [achterste] Hintern (m[11]); Arsch (m[6]): op zijn ~ krijgen ein paar auf den Hintern bekommen

poepen [inf] **1** [zijn behoefte doen] scheißen[234], kacken, einen Haufen machen: in zijn broek ~ in die Hose machen **2** [Belg; neuken] bumsen, ficken, vögeln

de **poes** Katze (v[21]); [roep] Miez(e)!: dat is niet voor de ~ das ist kein Pappenstiel

het **poesiealbum** Poesiealbum (o, 2e nvl: -s; mv: Poesiealben)

het **poesje** Kätzchen (o[35]), Miezchen (o[35])

poeslief katzenfreundlich

de **poespas 1** [mengelmoes] Mischmasch (m[5]) **2** [opgeblazenheid] Theater (o[39])

de **poesta** Puszta (v)

de **poet** Beute (v[28])

poëtisch poetisch, dichterisch

de **poets** Streich (m[5]): iem. een ~ bakken jmdm. einen Streich spielen

de **poetsdoek** Putztuch (o[32])

poetsen putzen: schoenen ~ Schuhe putzen

de **poetsvrouw** Raumpflegerin (v[22]), Putzfrau (v[20])

de **poëzie** Poesie (v[21])

de **pof** [krediet]: op de ~ auf Borg, auf Pump

de **pofbroek** Pumphose (v[21])

poffen 1 [op krediet kopen] auf Pump kaufen **2** [op krediet leveren] auf Pump liefern **3** [van kastanjes] rösten

het **poffertje** kleine(r) Eierkuchen (m[11])

pogen versuchen, probieren[320]

de **poging** Versuch (m[5]): ~ tot diefstal versuchter Diebstahl (m[6]); een uiterste ~ ein letzter Versuch; al mijn ~en all meine Bemühungen; een ~ doen einen Versuch machen

de **pogrom** Pogrom (m[5], o[29])

de **pointe** Pointe (v[21]) /pwɛːntə/

de **pok** Pocke (v[21]): de ~ken die Pocken

pokdalig pockennarbig

poken stochern

het **poker** Poker (o[39], m[19])

pokeren pokern, Poker spielen

de **pokken** Pocken (mv v[21])

het **pokkenbriefje** Impfschein (m[5])

het **pokkenweer** Sauwetter (o[39])

de **pol** Büschel (o[33])

polair polar: ~e lucht Polarluft (v[28])

de **polarisatie** Polarisierung (v[20])

polariseren polarisieren[320]

de **polder** Polder (m[9])

het **poldermodel** Poldermodell (o[29])

de **polemiek** Polemik (v[20])

Polen Polen (o[39])

de **poli** Poliklinik (v[20]), Ambulanz (v[20])

de **poliep** Polyp (m[14])

polijsten polieren[320]

de **polikliniek** Poliklinik (v[20])

poliklinisch poliklinisch, ambulant

de **polio** Polio (v[28]), Kinderlähmung (v[28])

de **polis** Police (v[21])

de **polishouder** Policeninhaber (m[9])

de **politicologie** Politologie (v[28])

de **politicus** Politiker (m[9])

de **politie** Polizei (v[20]): vanwege de ~ polizeilich

de **politieagent** Polizist (m[14])

de **politieauto** Polizeiauto (o[36]), Streifenwagen (m[11])

het **politiebericht** Durchsage (v[21]) der Polizei

de **politiebewaking** Polizeischutz (m[19])

het **politiebureau** Polizeiwache (v²¹)
de **politiehond** Polizeihund (m⁵)
de ¹**politiek** (zn) Politik (v²⁰): *binnenlandse ~* Innenpolitik; *buitenlandse ~* Außenpolitik; *economische ~* Wirtschaftspolitik; *financiële ~* Finanzpolitik; *betreffende de binnenlandse ~* innenpolitisch; *betreffende de buitenlandse ~* außenpolitisch
²**politiek** (bn, bw) politisch
de **politiemacht** [aantal agenten] Polizeiaufgebot (o²⁹)
de **politieman** Polizist (m¹⁴), Polizeibeamte(r) (m⁴⁰ᵃ)
de **politiepost** Polizeiposten (m¹¹)
de **politierechter** Einzelrichter (m⁹)
de **politiestaat** Polizeistaat (m¹⁶)
het **politietoezicht** Polizeiaufsicht (v²⁸)
de **politieverordening** polizeiliche Anordnung (v²⁰)
politioneel polizeilich
politiseren politisieren³²⁰
politoeren polieren³²⁰
de **polka** Polka (v²⁷)
de **poll** Poll (m¹³); Meinungsumfrage (v²¹)
het **pollen** Pollen (m¹¹), Blütenstaub (m¹⁹)
de **pollepel** Kochlöffel (m⁹)
het **polo** [sport] Polo (o³⁹), Polospiel (o³⁹)
de **polonaise** Polonaise (v²¹)
het **poloshirt** Polohemd (o³⁷)
de **pols 1** [polsader, polsslag] Puls (m⁵): *zwakke ~* schwacher Puls **2** [gewricht] Handgelenk (o²⁹)
het **polsbandje** Handgelenkbändchen (o³⁵)
polsen: *iem. ~ over een benoeming* bei jmdm. wegen einer Ernennung vorfühlen
het **polshorloge** Armbanduhr (v²⁰)
de **polsslag** Pulsschlag (m⁶), Puls (m⁵)
de **polsstok** Sprungstab (m⁶)
polsstokhoogspringen Stabhochsprung (m¹⁹)
de **polyester** Polyester (m⁹)
de ¹**polyfoon** Polyfon (o²⁹), polyfoner Klingelton (m⁶)
²**polyfoon** (bn) polyfon
de **polygamie** Polygamie (v²⁸)
polytechnisch polytechnisch
het **polytheen** Polyäthylen (o²⁹)
de **pomp 1** [alg] Pumpe (v²¹) **2** [benzinepomp] Zapfsäule (v²¹) **3** [benzinestation] Tankstelle (v²¹)
de **pompbediende** Tankwart (m⁵)
de **pompelmoes** Pampelmuse (v²¹)
pompen pumpen
pompeus pompös
de **pomphouder** Tankwart (m⁵)
de **pompoen** Kürbis (m⁵, 2e nvl: -ses; mv: -se)
het **pompstation 1** [gebouw] Pumpstation (v²⁰) **2** [benzinepomp] Tankstelle (v²¹)
de **poncho** Poncho (m¹³)
het **pond** Pfund (o²⁹): *per ~* per Pfund; *het ~ sterling* das Pfund Sterling

poneren [veronderstellen] annehmen²¹²: *een stelling ~* eine These aufstellen
ponsen lochen
de **ponskaart** Lochkarte (v²¹)
de **pont** Fähre (v²¹), Fährboot (o²⁹)
pontificaal [plechtig] feierlich
de **ponton** Ponton (m¹³)
de **pony** Pony (o³⁶)
de **pooier** [souteneur] Zuhälter (m⁹)
de **pook** Schüreisen (o³⁵), Schürhaken (m¹¹)
de ¹**pool** (zn) [van tapijt e.d.] Pol (m⁵)
de ²**pool** (zn) [aardr, nat] Pol (m⁵)
de **Pool** Pole (m¹⁵), Polin (v²²)
de **poolcirkel** Polarkreis (m⁵)
de **poolexpeditie** Polarexpedition (v²⁰)
het **poolgebied** Polargebiet (o²⁹)
het **poolijs** Polareis (o³⁹)
het **poollicht** Polarlicht (o³¹)
Pools polnisch
de **poolshoogte**: *~ nemen* [fig] sich erkundigen
de **Poolster** Polarstern (m¹⁹)
de **poolzee** Polarmeer (o²⁹), Eismeer (o²⁹)
de **poon** Knurrhahn (m⁶)
de **poort** Tor (o²⁹); [klein] Pforte (v²¹)
het **poortje** kleines Tor (o²⁹), Pförtchen (o³⁵)
de **poos** Weile (v²⁸), Zeit (v²⁸) lang
de **poot 1** [lidmaat van dier] Pfote (v²¹); [van insecten, vogels] Bein (o²⁹); [van roofdieren] Tatze (v²¹) **2** [inf] [hand, handschrift] Pfote (v²¹), Klaue (v²¹): *blijf er met je poten af!* Pfoten weg!; *geen ~ uitsteken* keinen Finger rühren **3** [van stoel, tafel] Bein (o²⁹); [van fauteuil] Fuß (m⁶) ‖ *op zijn achterste poten gaan staan* [ook fig] sich auf die Hinterbeine stellen; *op hoge poten* aufgebracht; *op zijn ~ spelen* wettern; *een brief op poten* ein geharnischter Brief; *iets op poten zetten* etwas auf die Beine stellen; *zijn ~ stijf houden* nicht nachgeben¹⁶⁶
het **pootgoed** [plantk] Pflanzgut (o³⁹), Setzlinge (mv m⁵)
het **pootje** Pfötchen (o³⁵), Füßchen (o³⁵), Beinchen (o³⁵): *op zijn ~s terecht komen* [fig] gut ausgehen¹⁶⁸; *iem. ~ haken* jmdm. ein Bein stellen; *zie poot*
pootjebaden im Wasser (of: im Meer) waten
de **pop 1** [ook van insect] Puppe (v²¹) **2** [muz] Pop (o³⁹, o³⁹ᵃ) ‖ *daar heb je de ~pen aan het dansen* da hast du die Bescherung
het **popcorn** Popcorn (o)
popelen: *~ van ongeduld* vor Ungeduld brennen¹³⁸
het **popfestival** Popfestival (o³⁶)
de **popgroep** Popgruppe (v²¹)
het **popje** Püppchen (o³⁵): *mijn ~!* mein Herzchen!
de **popmuziek** Popmusik (v²⁸)
het **poppenhuis** Puppenhaus (o³²)
de **poppenkast 1** [lett] Puppenspiel (o²⁹), Kasperletheater (o³³) **2** [fig] Theater (o³⁹)

popperig puppig, winzig
de **popster** Popstar (m¹³)
populair populär
populairwetenschappelijk populärwissenschaftlich
populariseren popularisieren³²⁰
de **populariteit** Popularität (v²⁸)
de **populatie** Population (v²⁰)
de **populier** Pappel (v²¹)
het **populisme** Populismus (m¹⁹ᵃ)
de **pop-up** [comp] Pop-up (o³⁶)
de **por** Stoß (m⁶), Puff (m⁶), Schubs (m⁵)
poreus porös
de **porie** Pore (v²¹)
de **porno** Porno (m¹³)
de **pornografie** Pornografie (v²¹)
pornografisch pornografisch
¹porren (onov ww) [in het vuur] stochern (in⁺³)
²porren (ov ww) **1** [duwen] stoßen²⁸⁵
2 [aansporen] anspornen, antreiben²⁹⁰: *daarvoor is hij niet te* ~ dafür ist er nicht zu haben
het **porselein** Porzellan (o²⁹)
porseleinen porzellanen, Porzellan-
de **porseleinkast** Porzellanschrank (m⁶): *als een olifant in de* ~ wie ein Elefant im Porzellanladen
de **¹port** [wijn] Portwein (m⁵)
het/de **²port** [porto] Porto (o³⁶, mv: ook Porti), Postgebühr (v²⁰): *vrij van* ~ portofrei
het **portaal 1** [van kerk e.d.] Portal (o²⁹) **2** [vestibule] Flur (m⁵), Vorhalle (v²¹), Diele (v²¹)
portable Reiseschreibmaschine (v²¹), Kofferschreibmaschine (v²¹)
de **portal** Portal (o²⁹)
de **portefeuille 1** [mapje voor papieren] Brieftasche (v²¹); [voor grotere stukken] Mappe (v²¹) **2** [ambtelijke dienst] Geschäftsbereich (m⁵), Ressort (o³⁶), Amtsbereich (m⁵): *minister zonder* ~ Minister ohne Geschäftsbereich
de **portemonnee** Portemonnaie (o³⁶)
de **portie 1** [hoeveelheid] Portion (v²⁰): *een grote* ~ *geduld hebben* eine große Dosis Geduld haben¹⁸² **2** [aandeel, deel] Anteil (m⁵), Teil (m⁵): *legitieme* ~ Pflichtteil; *hij heeft zijn* ~ *gehad* er hat sein(en) Teil weg
het/de **portiek** Hauseingang (m⁶)
de **¹portier** [persoon] Portier (m¹³) /portj̲e̲e̲/, Pförtner (m⁹)
het **²portier** [deur] Wagentür (v²⁰), Tür (v²⁰)
het/de **porto** *zie ²port*
de **portofoon** Sprechfunkgerät (o²⁹), Funksprechgerät (o²⁹)
de **portokosten** Portokosten (mv)
de **Porto Ricaan** Puerto Ricaner (m⁹), Puerto Ricanerin (v²²)
Porto Ricaans puerto-ricanisch
Porto Rico Puerto Rico (o²⁹)
het **portret** Porträt (o³⁶, o²⁹), Bild (o³¹): [fig] *een lastig* ~ ein lästiger Mensch

de **portretschilder** Porträtmaler (m⁹), Porträtist (m¹⁴)
portretteren porträtieren³²⁰
Portugal Portugal (o³⁹)
de **¹Portugees** (zn) [inwoner] Portugiese (m¹⁵), Portugiesin (v²²)
het **²Portugees** (zn) [taal] Portugiesisch (o⁴¹)
³Portugees (bn) portugiesisch
portvrij portofrei
de **pose** Pose (v²¹)
poseren posieren³²⁰: *voor een schilder* ~ einem Maler Modell stehen²⁷⁹; einem Maler Modell sitzen²⁶⁸
de **positie 1** [betrekking] Position (v²⁰), Stellung (v²⁰) **2** [toestand] Lage (v²¹): *maatschappelijke* ~ gesellschaftliche Stellung; *in* ~ *zijn* [van vrouwen] in anderen Umständen sein²⁶² **3** [plaats] Standort (m⁵), Position (v²ᶜ) **4** [houding] Position (v²⁰)
de **¹positief** (zn) [foto] Positiv (o²⁹)
²positief (bn, ww) positiv
de **positieven**: *niet bij zijn* ~ *zijn* **a)** [bewusteloos] bewusstlos sein²⁶²; **b)** [niet goed bij zinnen] nicht ganz bei Verstand sein²⁶²; *weer bij zijn* ~ *komen* wieder zu⁺³ sich kommen¹⁹³
de **¹post 1** [alg; plaats] Posten (m¹¹) **2** [ambt, betrekking] Posten (m¹¹), Stellung (v²⁰), Stelle (v²¹) **3** [van deur, raam] Pfosten (m¹¹)
de **²post 1** [postbestelling] Post (v²⁰): *per* ~ per (*of:* mit der, durch die) Post **2** [postkantoor] Postamt (o³²), Post (v²⁰): *naar de* ~ *brengen* zur Post bringen¹³⁹
de **³post** [comm; posting] Post (m, 2e nvl: Post(e)s; mv: Posts)
het **postadres** Postanschrift (v²⁰)
het **postagentschap** Poststelle (v²¹)
de **postbezorging** Postzustellung (v²⁸)
de **postbode** Postbote (m¹⁵), Briefträger (m⁹)
de **postbus** Post(schließ)fach (o³²)
de **postcode** Postleitzahl (v²⁰)
de **postdoc** Postdoktorand (m¹⁴)
de **postduif** Brieftaube (v²¹)
de **postelein** Portulak (m⁵, m¹³)
¹posten (ww) [op de post doen] zur Post bringen¹³⁹
²posten (ww) **1** [bij staking] Streikposten aufstellen (vor⁺³) **2** [op de uitkijk staan] Posten stehen²⁷⁹
de **poster** [affiche] Poster (m⁹, o³³)
posteren posieren³²⁰, aufstellen
poste restante postlagernd
de **posterijen** Postwesen (o³⁹), Post (v²⁰)
de **posting** [comm] Posting (o³⁶)
de **postkamer** Poststelle (v²¹)
het **postkantoor** Postamt (o³²), Post (v²⁰)
de **postkoets** Postkutsche (v²¹)
postmodern postmodern
postnataal postnatal
het **postnummer** [Belg] Postleitzahl (v²⁰)
de **postorder** schriftliche Bestellung (v²⁰)
het **postorderbedrijf** Versandhaus (o³²)

het **postpakket** Postpaket (o²⁹)
het **postpapier** Briefpapier (o²⁹)
de **postrekening** Postscheckkonto (o³⁶, 2e nvl: -s; mv: ook Postscheckkonten en Postcheckkonti)
postuum postum, posthum
het **postuur** Gestalt (v²⁰), Figur (v²⁰), Statur (v²⁰): *flink van* ~ stattlich; *klein van* ~ von kleiner Gestalt
het **postvak** Postfach (o³²)
postvatten (einen) Posten beziehen³¹⁸: *het idee heeft postgevat* die Idee hat Fuß gefasst
de **postwissel** Postanweisung (v²⁰)
de **postzegel** Briefmarke (v²¹): *een* ~ *van 44 cent* eine Briefmarke zu 44 Cent; *speciale* ~ Sonderbriefmarke
de **postzegelverzameling** Briefmarkensammlung (v²⁰)
de ¹**pot 1** [vaatwerk] Topf (m⁶): ~*ten en pannen* Kochgeschirr (o³⁹); *gewone* ~ Hausmannskost (v²⁸); *eten wat de* ~ *schaft* essen, was auf den Tisch kommt **2** [po] Nachttopf (m⁶), Topf (m⁶) **3** [inzet bij het spel] Pot (m¹⁹), Spielkasse (v²¹): [sport] *in de* ~ *zetten* einsetzen ‖ *de* ~ *bier* das (Glas) Bier; *het is een* ~ est is gehupft wie gesprungen; *hij kan me de* ~ *op* er kann mir den Buckel runterrutschen; *zie potje*
de ²**pot** [inf] [lesbienne] Lesbe (v²¹)
potdicht 1 [geheel dicht] fest verschlossen **2** [m.b.t. personen] verschwiegen wie das Grab **3** [m.b.t. verkeerswegen] verstopft
poten 1 [in de grond zetten] pflanzen, setzen **2** [van vis] aussetzen
potent potent
de **potentaat** Potentat (m¹⁴)
de **potentiaal** Potenzial (o²⁹)
de **potentie** Potenz (v²⁰)
het ¹**potentieel** (zn) Potenzial (o²⁹)
²**potentieel** (bn) potenziell
de **potgrond** Blumenerde (v²¹)
potig handfest, stämmig, stramm
het **potje** Töpfchen (o³⁵): *het* ~ *bier* das (Glas) Bier; *het* ~ *jam* das Glas Marmelade; *hij maakt er een* ~ *van* er treibt es zu bunt; *een* ~ *voetballen* eine Partie Fußball spielen
het **potjeslatijn** Kauderwelsch (o³⁹ᵃ)
het **potlood** Bleistift (m⁵): *rood* ~ Rotstift (m⁵)
de **potloodslijper** Bleistiftspitzer (m⁹)
de **potloodventer** Exhibitionist (m¹⁴)
de **potplant** Topfpflanze (v²¹)
het/de **potpourri** Potpourri (o³⁶)
potsierlijk possierlich, drollig
potten 1 [sparen] sparen, Geld zurücklegen **2** [van plant] (ein)topfen
de **pottenbakker** Töpfer (m⁹)
de **pottenkijker** Topfgucker (m⁹)
potverteren die Ersparnisse verjubeln
de **potvis** Pottwal (m⁵)
de **poule** [sport] Gruppe (v²¹)
pover 1 [armoedig] ärmlich **2** [schraal]

dürftig
de **powerpointpresentatie** PowerPoint-Präsentation (v²⁰)
de **praal** Pomp (m¹⁹), Pracht (v²⁸), Prunk (m¹⁹)
het **praalgraf** Grabmal (o³²)
de **praalwagen** Prunkwagen (m¹¹)
de **praat 1** [het geklets] Geplauder (o³⁹): *iem. aan de* ~ *houden* jmdn. aufhalten¹⁸³; [aan het lijntje houden] jmdn. hinhalten¹⁸³; *aan de* ~ *komen* ins Gespräch kommen¹⁹³ **2** [het gesprokene] Rede (v²¹): *wat is dat voor* ~? was sind das für Reden? ‖ *hij kreeg zijn auto niet aan de* ~ er konnte sein Auto nicht in Gang bringen
praatgraag redselig
de **praatgroep** Gesprächsgruppe (v²¹)
het **praatje** Plauderei (v²⁰): ~*s (geroddel)* Gerede (o³⁹); Klatsch (m¹⁹); ~*s over iem. rondstrooien* jmdn. ins Gerede bringen¹³⁹; *veel* ~*s hebben* große Töne spucken; *met iem. een* ~ *maken* mit jmdm. plaudern
de **praatjesmaker** Angeber (m⁹), Großmaul (o³²)
de **praatpaal** Notrufsäule (v²¹)
het **praatprogramma** Talkshow (v²⁷) /to: ksjoo/
de **praatstoel**: *op zijn* ~ *zitten* kein Ende finden können¹⁹⁴
praatziek schwatzhaft, geschwätzig
de **pracht** Pracht (v²⁸), Prunk (m¹⁹): *een* ~ *van een huis* ein Prachthaus
prachtig prächtig, prachtvoll, wunderschön: *een* ~ *uitzicht* eine herrliche Aussicht; ~ *van kleur* farbenprächtig
de **prachtkerel** Prachtkerl (m⁵)
het **practicum** Praktikum (o, mv: Praktika): ~ *lopen* ein Praktikum machen
de **pragmaticus** Pragmatiker (m⁹)
pragmatisch pragmatisch
de **prairie** Prärie (v²¹)
de **prak** Happen (m¹¹): *in de* ~ *rijden* zu Schrott fahren¹⁵³
prakken zermanschen
¹**prakkiseren** (onov ww) [peinzen] grübeln
²**prakkiseren** (ov ww) [uitdenken] sich³ ausdenken¹⁴⁰, ersinnen²⁶⁷
de **praktijk** Praxis (v, mv: Praxen): *man van de* ~ Mann der Praxis; *op de* ~ *gericht* praxisbezogen; *in* ~ *brengen* in die Praxis umsetzen; *de* ~ *verleren* aus der Übung kommen¹⁹³; *de* ~ *van een arts* die Praxis eines Arztes
praktisch praktisch; [bijna] fast, beinahe
praktiseren praktizieren³²⁰
pralen prahlen
de **praline** Praline (v²¹)
prat: ~ *gaan op* sich rühmen⁺²
praten 1 [iets zeggen] reden, sprechen²⁷⁴: *je hebt gemakkelijk* ~! du hast leicht reden; *praat me er niet van!* reden wir nicht mehr davon; *laten we er niet meer over* ~! sprechen wir nicht mehr darüber!; *laat de mensen maar* ~!

lass die Leute nur reden!; *iem. aan het* ~ *krij-gen* jmdn. zum Sprechen bringen[139]; *hij praat maar wat* er faselt bloß; *zich eruit* ~ sich her-ausreden; *eromheen* ~ drum herumreden; *daar weet ik van mee te* ~ davon kann ich ein Lied singen; *al dat* ~ all das Gerede **2** [babbe-len] plaudern, schwatzen **3** [roddelen] klat-schen

de **prater** Plauderer (m[9]): *hij is geen* ~ er sagt nicht viel; *hij is een gezellige* ~ er ist ein ge-mütlicher Plauderer

de **prauw** Prau (v[23])

de/het **pre** Prä (o[39]): *een* ~ *hebben vergeleken met iem.* jmdm. gegenüber einen Vorteil haben

precair prekär, heikel

het **precedent** Präzedenzfall (m[6])

precies genau, präzis(e): ~ *om 3 uur* Punkt drei Uhr; *het is* ~ *3 uur* es ist gerade 3 Uhr; ~ *op tijd* pünktlich; *hij is erg* ~ er ist sehr pünkt-lich; *hij kijkt niet zo* ~ er nimmt es nicht so ge-nau

preciseren präzisieren[320]

de **precisie** Präzision (v[28]), Genauigkeit (v[28])

de **predestinatie** Prädestination (v[28])

het **predicaat** Prädikat (o[29])

de **predikant** [dominee] Pfarrer (m[9])

prediken predigen

de **preek** Predigt (v[20])

de **preekstoel** Kanzel (v[21])

prefab vorgefertigt

preferent bevorrechtigt: ~*e aandelen* Vor-zugsaktien (mv v[21]); ~*e crediteuren* bevor-rechtigte Gläubiger (mv m[9])

prefereren vorziehen[318], bevorzugen: *zij prefereert sinaasappels boven appels* sie bevor-zugt Orangen vor Äpfeln, sie zieht Apfelsi-nen[+4] Äpfeln vor

pregnant prägnant

de **prehistorie** Prähistorie (v[21]), Vorgeschichte (v[21])

prehistorisch prähistorisch, vorgeschicht-lich

de **prei** Porree (m[13])

preken predigen

de **prelude 1** [muziek] Präludium (o, mv: Prä-ludien) **2** [fig; aanloop] Vorspiel (o[29]): *de* ~ *tot de Tweede Wereldoorlog* das Vorspiel zum Zweiten Weltkrieg

prematuur vorzeitig, verfrüht

de **premie** Prämie (v[21]); [van sociale verzeke-ring] Beitrag (m[6]): *jaarlijkse* ~ Jahresprämie

de **premieheffing** Einziehen (o[39]) der Sozial-beiträge

de **premier** Premierminister (m[9]), Premier (m[13]), Ministerpräsident (m[14])

de **première** Premiere (v[21])

de **preminiem** [Belg] junges Mitglied (o[31]) (von etwa 6-10 Jahren) eines Sportvereins

prenataal pränatal

de **prent 1** [plaat] Bild (o[31]) **2** [gravure] Stich (m[5])

de **prentbriefkaart** Ansichtskarte (v[21])

prenten (ein)prägen: *in het geheugen* ~ ins Gedächtnis (ein)prägen

het **prentenboek** Bilderbuch (o[32])

prepaid Prepaid-, vorausbezahlt: ~ *belte-goed* Prepaid-Guthaben

het **preparaat** Präparat (o[29])

¹prepareren (ov ww) präparieren[320]

zich **²prepareren** (wdk ww): *zich* ~ *(voor)* sich vorbereiten auf[+4] (of: für[+4])

het **prepensioen** Vorruhestand (m[6]), Frühren-te (v[21])

de **preselectie** [Belg] Vorrunde (v[21])

het **¹present** (zn) Geschenk (o[29]): *iem. iets* ~ *ge-ven* jmdm. etwas schenken; ~ *krijgen* ge-schenkt bekommen[193]

²present (bn) anwesend, gegenwärtig

de **presentatie** Präsentation (v[20])

de **presentator** [telec] Moderator (m[16]), Prä-sentator (m[16])

het **presenteerblaadje** Tablett (o[36], o[29])

presenteren 1 [voorstellen] vorstellen, präsentieren[320] **2** [aanbieden] anbieten[130], präsentieren[320] **3** [optreden als presentator] moderieren[320] **4** [mil] präsentieren[320]

de **presentie** Präsenz (v[28]), Anwesenheit (v[28])

de **presentielijst** Anwesenheitsliste (v[21])

de **president 1** [staatshoofd] Präsident (m[14]) **2** [voorzitter] Vorsitzende(r) (m[40a], v[40b])

de **president-commissaris** Vorsitzende(r) (m[40a]) des Aufsichtsrates

de **president-directeur** Generaldirektor (m[16])

presidentieel präsidial: *een presidentiële rede* eine Rede des Präsidenten

het **presidentschap** Präsidentschaft (v[20])

de **presidentsverkiezing** Präsidentenwahl (v[20])

pressen pressen

de **pressie 1** [druk] Druck (m[19]) **2** [dwang] Zwang (m[6])

de **prestatie** Leistung (v[20])

het **prestatieloon** Leistungslohn (m[6])

presteren leisten: *goed* ~ *eine gute Leis-tung erbringen*[139]

het **prestige** Prestige (o[39])

prestigieus Prestige-: *een* ~ *project* ein Prestigeprojekt

de **pret** Vergnügen (o[39]), Spaß (m[19]), Freude (v[28]): *dolle* ~ riesiger Spaß; *voor de* ~ zum Spaß; ~ *hebben* sich amüsieren[320]

de **pretendent** Prätendent (m[14]), Anwärter (m[9])

pretenderen prätendieren[320], behaupten

de **pretentie** Anmaßung (v[20]): *zonder* ~ an-spruchslos; *veel* ~*s hebben* anmaßend sein[262]

pretentieus prätentiös, anmaßend

het **pretje** Vergnügen (o[35]), Spaß (m[6])

de **pretogen** schalkhafte Augen (mv)

het **pretpark** Vergnügungspark (m[13]), Erlebnis-park (m[13])

prettig angenehm, gemütlich: *ik voel me niet erg* ~ ich fühle mich nicht recht wohl; ~ *weekend!* schönes Wochenende!
preuts spröde, prüde
de **preutsheid** Sprödigkeit (v²⁸), Prüderie (v²⁸)
prevaleren³²⁰, überwiegen³¹²
prevelen murmeln
de **preventie** Prävention (v²⁰)
preventief 1 präventiv: ~ *middel* Präventivmittel (o³³) **2** [jur] vorläufig: *preventieve hechtenis* Untersuchungshaft (v²⁸)
het **prieel** Gartenlaube (v²¹), Laube (v²¹)
priegelig winzig, fummelig
de **priem** Ahle (v²¹), Pfriem (m⁵)
het **priemgetal** Primzahl (v²⁰)
de **priester** Priester (m⁹)
het **priesterschap** Priesteramt (o³²), Priestertum (o³⁹)
prijken prangen
de **prijs** Preis (m⁵); [in loterij, ook] Treffer (m⁹), Gewinn (m⁵); *kostende* ~ Selbstkostenpreis; ~ *per stuk* Einzelpreis; *hoge* ~ *stellen* op großen Wert legen auf⁺⁴; *beneden de* ~ unter dem Preis; *ver beneden de* ~ *verkopen* zu Schleuderpreisen verkaufen; *sterk in* ~ *verhoogde artikelen* verteuerte Waren; *op* ~ *stellen* schätzen; *iets zeer op* ~ *stellen* etwas sehr schätzen; *tegen de* ~ *van* zum Preis von⁺³; *voor geen* ~ um keinen Preis
de **prijsbeheersing** Preiskontrolle (v²¹)
prijsbewust preisbewusst
de **prijsdaling** Preissenkung (v²⁰), Preisrückgang (m⁶); *plotselinge* ~ Preissturz (m⁶)
prijsgeven preisgeben¹⁶⁶
het **prijskaartje** Preisschild (o³¹)
de **prijsklasse** Preisklasse (v²¹)
de **prijslijst** Preisliste (v²¹), Preisverzeichnis (o²⁹ᵃ)
de **prijsopgave** Preisangabe (v²¹)
de **prijsschommeling** Preisschwankung (v²⁰)
de **prijsstijging** Preissteigerung (v²⁰), Preiserhöhung (v²⁰)
de **prijsuitreiking** Preisverteilung (v²⁰)
de **prijsvechter 1** [bedrijf dat op prijs concurreert] Preisbrecher (m⁹), Preiskämpfer (m⁹) **2** [iem. die vecht voor een prijs] Preiskämpfer (m⁹)
de **prijsverhoging** Preiserhöhung (v²⁰), Preissteigerung (v²⁰)
de **prijsverlaging** Preissenkung (v²⁰)
de **prijsvraag** Preisausschreiben (o³⁵): *een* ~ *uitschrijven* ein Preisausschreiben veranstalten
de **prijswinnaar** Preisträger (m⁹)
¹**prijzen** (ww) [de prijs vermelden] auszeichnen
²**prijzen** (ww) [loven] preisen²¹⁶, loben, rühmen: *zich gelukkig* ~ sich glücklich preisen
prijzenswaardig lobenswert, löblich; [te waarderen] anerkennenswert
prijzig teuer

de **prik 1** [steek] Stich (m⁵) **2** [met naald] Einstich (m⁵): *een* ~ *krijgen* eine Spritze bekommen¹⁹³ **3** [priklimonade] Brause(limonade) (v²¹) || *dat is hier vaste* ~ das ist hier gang und gäbe; *bronwater met, zonder* ~ Mineralwasser mit, ohne Kohlensäure
de **prikactie** Warnstreik (m¹³, m⁵)
het **prikbord** Schwarzes Brett (o³¹), Pinnwand (v²⁵)
het **prikje**: *voor een* ~ für einen Spottpreis
de **prikkel 1** [doorn] Stachel (m¹⁷) **2** [biol, psych] Reiz (m⁵) **3** [aansporing] Ansporn (m¹⁹), Anreiz (m⁵)
prikkelbaar reizbar, empfindlich
het/de **prikkeldraad** Stacheldraht (m⁶)
de **prikkeldraadversperring** Drahtverhau (m⁵)
prikkelen 1 [op de huid, tong] prickeln **2** [irriteren] reizen **3** [aansporen] anregen
prikkelend prickelnd; reizend
de **prikkeling** Prickeln (o³⁹): ~ *van een zenuw* Nervenreiz (m⁵)
prikken 1 [steken] stechen²⁷⁷ **2** [vaststeken] stecken, heften **3** [bepalen] festsetzen **4** [injecteren] spritzen
de **prikklok** Stechuhr (v²⁰)
pril früh, zart: ~*le jeugd* frühe Jugend
prima prima, hervorragend
de ¹**primaat** [zoogdier] Primat (m¹⁴)
het ²**primaat** [voorrang] Primat (o²⁹, m⁵): *het* ~ *hebben* das/den Primat haben
primair primär: ~*e kleuren* Primärfarben (mv v²¹); ~ *getal* Primzahl (v²⁰); ~ *onderwijs* Elementarunterricht; Grundschulunterricht; ~ *reageren* unmittelbar reagieren
de **primeur**: *de* ~ *hebben* als Erste(r) eine Nachricht bringen¹³⁹; als Erste(r) eine Nachricht bekommen¹⁹³
primitief primitiv
de **primula** Primel (v²¹)
het **principe** Prinzip (o, 2e nvl: -s; mv: Prinzipien, soms -e), Grundsatz (m⁶): *in* ~ im Prinzip, grundsätzlich; *uit* ~ prinzipiell, grundsätzlich
principieel prinzipiell, grundsätzlich
de **prins** Prinz (m¹⁴)
prinselijk prinzlich
de **prinses** Prinzessin (v²²)
de **prinsessenboon** Prinzessbohne (v²¹)
prinsheerlijk fürstlich
Prinsjesdag [Ned] die festliche Eröffnung (v²⁰) des niederländischen Parlaments(jahres)
de **print** Ausdruck (m⁵)
printen ausdrucken
de **printer** Drucker (m⁹)
de **prior** Prior (m¹⁶)
de **prioriteit** Priorität (v²⁰)
het **prisma** Prisma (o, 2e nvl: -s; mv: Prismen)
het **privaatrecht** Privatrecht (o³⁹)
de **privacy** privater Lebensbereich (m⁵): *iemands* ~ *schenden* jemandes Privatsphäre/In-

timsphäre verletzen
privatiseren privatisieren[320]
privé privat, persönlich
het **privéleven** Privatleben (o[39])
de **privésfeer**: *problemen in de* ~ Probleme im Privatleben
het **privilege** Privileg (o[29], mv: meestal Privilegien)
pro pro: *het* ~ *en contra* das Pro und Kontra
probaat probat, erprobt, bewährt
het **probeersel** Versuch (m[5])
proberen probieren[320], versuchen
het **probleem** Problem (o[29]), Frage (v[21])
het **probleemgeval** Problemfall (m[6])
probleemloos problemlos
de **probleemstelling** Problemstellung (v[20])
de **problematiek** Problematik (v[28])
problematisch problematisch
het **procedé** Verfahren (o[35])
procederen prozessieren[320], einen Prozess führen
de **procedure** Verfahren (o[35])
de **procedurefout** Verfahrensfehler (m[9])
het **procent** Prozent (o[29]): *tegen 8* ~ zu 8 Prozent
procentueel prozentual
het **proces** Prozess (m[5]): *iem. een* ~ *aandoen* einen Prozess gegen jmdn. anstrengen; *zonder vorm van* ~ ohne jeden Prozess
de **proceskosten** Gerichtskosten (alleen mv)
de **processie** Prozession (v[20])
de **processor** Prozessor (m[16])
het **proces-verbaal 1** [schriftelijk vastgelegd verslag] Protokoll (o[29]) **2** [bekeuring] Anzeige (v[21])
de **proclamatie** Proklamation (v[20])
proclameren proklamieren[320]
de **procuratiehouder** Prokurist (m[14])
de **procureur** Prozessbevollmächtigte(r) (m[40a])
de **procureur-generaal** Generalstaatsanwalt (m[6])
pro Deo kostenlos, kostenfrei
de **producent** Produzent (m[14])
de **producer** Producer (m[9]), Produzent (m[14])
produceren produzieren[320]
het **product** Produkt (o[29])
de **productie** Produktion (v[28]): *iets in* ~ *nemen* die Produktion von[+3] etwas aufnehmen[212]; *in* ~ *komen* in Produktion gehen[168]
productief produktiv: *zijn tijd* ~ *maken* seine Zeit (aus)nutzen
het **productieproces** Produktionsprozess (m[5])
de **productiviteit** Produktivität (v[28]): *stijging van de* ~ Produktivitätssteigerung (v[20])
het **productschap** ± Marktverband (m[6]), ± Verbundwirtschaft (v[20])
de **proef 1** Probe (v[21]): *iem. op de* ~ *stellen* jmdn. auf die Probe stellen; *bij wijze van* ~ versuchsweise **2** [chem, nat] Versuch (m[5]), Experiment (o[29]): *proeven nemen* Versuche anstellen

de **proefballon**: [fig] *een* ~*netje oplaten* einen Versuchsballon steigen lassen
het **proefdier** Versuchstier (o[29])
proefdraaien Probe laufen[198]: *een motor laten* ~ einen Motor Probe laufen lassen[197]
het **proefkonijn** Versuchskaninchen (o[35])
het **proeflokaal** Ausschank (m[6]), Probierstube (v[21])
de **proefneming** Experiment (o[29]), Versuch (m[5])
het **proefnummer** Probenummer (v[21])
proefondervindelijk experimentell: *iets* ~ *vaststellen* etwas empirisch feststellen, etwas durch Versuche feststellen
de **proefperiode** Probezeit (v[20])
de **proefpersoon** Versuchsperson (v[20])
het **proefproces** Musterprozess (m[5])
de **proefrit** Probefahrt (v[20])
het **proefschrift** Dissertation (v[20]), Doktorarbeit (v[20])
de **proeftijd** Probezeit (v[20]); [bij voorwaardelijke veroordeling] Bewährungsfrist (v[20])
de **proeftuin** Versuchsfeld (o[31])
het **proefwerk** Klassenarbeit (v[20]): *een* ~ *maken* eine Klassenarbeit schreiben[252]
proesten prusten; [niezen] niesen
de **proeve** Probe (v[21]), Versuch (m[5])
proeven 1 [van drank, eten] kosten, probieren[320] **2** [een smaak waarnemen] schmecken **3** [fig] erkennen[189], spüren
de **proeverij** Probe (v[21])
de **prof 1** [professor] Professor (m[16]), Prof. **2** [professional] Profi (m[13])
profaan profan
de **profclub** Profiklub (m[13])
de **profeet** Prophet (m[14])
de **professional** [sport] Profi (m[13]), Berufssportler (m[9])
professioneel professionell
de **professor** Professor (m[16]): ~ *in de medicijnen* Professor der (of: für) Medizin
de **profetie** Prophezeiung (v[20])
profetisch prophetisch
proficiat ich gratuliere!, Glückwunsch
het **profiel** Profil (o[29])
de **profielschets** Bewerberprofil (o[29])
de **profielzool** Profilsohle (v[21])
het **profijt** Profit (m[5]), Nutzen (m[19]): ~ *trekken van iets* aus[+3] etwas Profit schlagen[241]
profileren profilieren[320]
profiteren profitieren[320]: ~ *van* profitieren von[+3]
de **profiteur** Profiteur (m)
pro forma pro forma; der Form[2] halber (of: wegen)
het **profvoetbal** Profifußball (m[6])
de **prognose** Prognose (v[21])
het **programma** Programm (o[29]): *volgens* ~ programmgemäß
het **programmablad** Programmheft (o[29])
de **programmamaker** Programmgestalter

(m[9])
programmatisch programmatisch
de **programmatuur** Software (v[27])
de **programmeertaal** Programmiersprache (v[21])
programmeren programmieren[320]
de **programmeur** Programmierer (m[9])
de **progressie** Progression (v[20])
progressief progressiv: ~ *tarief* Stufentarif (m[5])
het **project** Projekt (o[29]), Plan (m[6]), Entwurf (m[5])
projecteren 1 [ontwerpen] projektieren[320], planen **2** [in tekening, op een scherm] projizieren[320] **3** [psych] projizieren[320]
de **projectie** Projektion (v[20])
het **projectiel** Geschoss (o[29]), Projektil (o[29])
het **projectiescherm** Bildwand (v[25])
de **projectleider** Projektleiter (m[9])
de **projectontwikkelaar** Projektentwickler (m[9])
de **projector** Projektor (m[16])
de **proleet** Prolet (m[14])
het **proletariaat** Proletariat (o[29])
de **proletariër** Proletarier (m[9])
de **prolongatie** Prolongation (v[20]), Verlängerung (v[20])
prolongeren prolongieren[320], verlängern
de **proloog** Prolog (m[5]), Vorspiel (o[29])
de **promenade** Promenade (v[21])
het **promillage** Promillesatz (m[6])
het **promille** Promille (o, 2e nvl: -(s); mv: -)
prominent prominent
promoten promoten, Werbung machen für[+4]
de **promotie 1** [bevordering tot hogere rang] Beförderung (v[20]), Aufstieg (m[5]); [tot doctor] Promotion (v[20]): ~ *maken* befördert werden[310] **2** [reclame] Promotion (v[28]) **3** [sport] Aufstieg (m[5])
de **promotor 1** [bevorderaar] Förderer (m[9]) **2** [van doctor] Doktorvater (m[10]) **3** [sport] Promotor (m[16])
de **promovendus** Doktorand (m[14])
promoveren 1 promovieren[320] **2** [sport] aufsteigen[281]
prompt prompt, sofort; [stipt] pünktlich
pronken prunken, prahlen
pronkerig prunkhaft
het **pronkstuk** Prunkstück (o[29])
de **pronkzucht** Prunksucht (v[28])
de **prooi** [ook fig] Beute (v[28]), Raub (m[6])
proost prost!, prosit!, zum Wohl!
proosten anstoßen[285]: ~ *op* de goede afloop auf den Erfolg anstoßen
de **prop 1** [alg] Ball (m[6]) **2** [in afvoerbuis, bloedvat] Pfropf (m[5]) **3** [plug, stop] Pfropfen (m[11]) **4** [papier] Kugel (v[21]) **5** [van zacht materiaal] Bausch (m[5], m[6]): ~ *watten* Wattebausch **6** [in de mond] Knebel (m[9]) || *met iets op* de ~*pen komen* etwas aufs Tapet bringen[139]

het **propaangas** Propan(gas) (o[39])
de **propaganda** Propaganda (v[28])
propagandistisch propagandistisch
propageren propagieren[320]
de **propedeuse** Propädeutik (v)
de **propeller** Propeller (m[9])
proper sauber
het **propje** Kügelchen (o[35])
de **proportie** Proportion (v[20]), Verhältnis (o[29a]): *de zaak neemt* reusachtige ~*s aan* die Sache nimmt ungeheure Ausmaße an
proportioneel proportional
proppen pfropfen: ~ *in* pfropfen in[+4]
propvol gepfropft voll, proppenvoll
prosit prost!, prosit!, zum Wohl!
het/de **prospectus** Prospekt (m[5])
de **prostaat** Prostata (v, mv: Prostatae)
de **prostituee** Prostituierte (v[40b])
de **prostitutie** Prostitution (v[28])
de **protectie 1** [bescherming] Schutz (m[19]) **2** [steun, voorspraak] Protektion (v[20])
het **protectionisme** Protektionismus (m[19a])
het/de **proteïne** Protein (o[29])
het **protest** Protest (m[5]): ~ *aantekenen* Protest erheben[186] (gegen[+4])
de **protestactie** Protestaktion (v[20])
de [1]**protestant** (zn) Protestant (m[14])
[2]**protestant** (bn) protestantisch, evangelisch
protestants protestantisch, evangelisch
de **protestbeweging** Protestbewegung (v[20])
protesteren protestieren[320]
de **protestmars** Protestmarsch (m[5])
de **prothese** Prothese (v[21])
het **protocol** Protokoll (o[29])
protocollair protokollarisch
het **proton** Proton (o)
de **protonkaart** [Belg] Chipkarte (v[21])
het **prototype** Prototyp (m[16])
protserig protzig, protzenhaft
het/de **proviand** Proviant (m[5]): ~ *inslaan* Proviant fassen, sich mit Proviant versorgen
de **provider** Provider (m[9])
de [1]**provinciaal** (zn) Provinzbewohner (m[9])
[2]**provinciaal** (bn, bw) provinzial; [kleinsteeds] provinziell
de **provincie** Provinz (v[20])
de **provisie 1** Provision (v[20]) **2** [voorraad] Vorrat (m[6])
provisorisch provisorisch
de **provocatie** Provokation (v[20])
provoceren provozieren[320]
het **proza** Prosa (v[28])
prozaïsch prosaisch
de **pruik** Perücke (v[21])
pruilen schmollen
de **pruim 1** Pflaume (v[21]); [kwets] Zwetsche (v[21]), Zwetschge (v[21]) **2** [tabak] Priem (m[5])
pruimen 1 [tabak] priemen, Tabak kauen **2** [eten] schmausen || [fig] *iem.* niet *kunnen* ~

jmdn. nicht leiden können[194]; *het eten is niet te* ~ das Essen schmeckt scheußlich

de **pruimenboom** Pflaumenbaum (m[6])

Pruisen Preußen (o[39])

Pruisisch preußisch

het **prul** wertloses Ding (o[31]); [in meervoud] wertloses Zeug (o[39]): *hij is een ~ (in zijn vak)* er ist ein Stümper; *een ~ van een vent* eine Flasche

de **prullaria** Klimbim (m[19]), Kram (m[19])

de **prullenbak** Papierkorb (m[6])

de **prullenmand** Papierkorb (m[6]): [scherts] *dat opstel is goed voor de* ~ dieser Aufsatz gehört in den Papierkorb

de ¹**prut** (zn) **1** [bezinksel] Satz (m[19]) **2** [modder] Schlamm (m[19]), Dreck (m[19])
²**prut** (bn, bw) mies

de **pruts** [Belg] wertloses Ding (o[31])

prutsen 1 [knoeien] stümpern **2** [knutselen] (herum)basteln

prutser 1 [knoeier] Stümper (m[9]) **2** [knutselaar] Bastler (m[9])

het **prutswerk 1** [knoeierk] Pfuscharbeit (v[20]) **2** [knutselwerk] Bastelarbeit (v[20])

pruttelen 1 [mopperen] murren **2** [borrelend koken] brodeln [m.b.t. water]; brutzeln [in vet]

het **PS** afk van *postscriptum* PS (o) (afk van *Postskript(um)*)

de **psalm** Psalm (m[16])

het **psalmboek** Psalter (m[9])

pseudo- pseudo-, Pseudo-

het **pseudoniem** Pseudonym (o[29])

de **psoriasis** Psoriasis (v, 2e nvl: -; mv: Psoriasen); Schuppenflechte (v[21])

pst pst

de **psyche** Psyche (v[21])

psychedelisch psychedelisch

de **psychiater** Psychiater (m[9])

de **psychiatrie** Psychiatrie (v[21])

psychiatrisch psychiatrisch

psychisch psychisch

de **psychoanalyse** Psychoanalyse (v[21]): *in ~ zijn* in Psychoanalyse sein

de **psychologie** Psychologie (v[28])

psychologisch psychologisch

de **psycholoog** Psychologe (m[15])

de **psychopaat** Psychopath (m[14])

de **psychose** Psychose (v[21])

psychosomatisch psychosomatisch

de **psychotherapeut** Psychotherapeut (m[14])

de **psychotherapie** Psychotherapie (v[28])

psychotisch psychotisch

PTSS [med] PTBS (v, 2e nvl: -) (afk van *posttraumatische Belastungsstörung*); PTSD (v, 2e nvl: -) (afk van *post-traumatic stress disorder*)

de **PTT** Post- und Fernmeldewesen (o[39]); [in Duitsland] Deutsche Bundespost

de **puber** pubertierende(r) Jugendliche(r) (m[40a], v[40b])

puberaal pubertär

puberen pubertieren

de **puberteit** Pubertät (v[28])

de **publicatie 1** Publikation (v[20]), Veröffentlichung (v[20]) **2** [bekendmaking] Bekanntmachung (v[20])

publiceren publizieren[320], veröffentlichen

de **publicist** Publizist (m[14])

de **publiciteit** Publizität (v[28]): *~ aan iets geven* etwas³ Publizität verschaffen

de **public relations** Public Relations (mv), Öffentlichkeitsarbeit (v[28]), PR

het ¹**publiek** (zn) Publikum (o[39]): *voor eigen ~* vor eigenem Publikum; *het grote ~* die breite Masse; *veel ~ trekken* ein Publikumserfolg sein
²**publiek** (bn, bw) öffentlich: *~ domein* öffentliches Eigentum (o[39]); *de ~e opinie* die öffentliche Meinung; *~e vrouw* Prostituierte (v[40b]); Dirne (v[21]); *~e werken* Stadtwerke (mv o[29]); *iets ~ maken* etwas publik machen

de **publieksprijs** Publikumspreis (m[5]); [toneel e.d.] Zuschauerpreis (m[5])

de **publiekswissel** Publikumswechsel (m[9])

de **puck** Puck (m[13])

de **pudding** Pudding (m[5], m[13])

de **puf** [lust] Puste (v[28]): *ik heb er geen ~ in* mir fehlt die Puste dazu

puffen schnaufen; [m.b.t. locomotief] keuchen

het **pufje** Inhalationsdosis (v, 2e nvl: -; mv: Inhalationsdosen)

de **pui** Fassade (v[21]), Front (v[20])

puik prima, fein, spitze

puilen (hervor)quellen[217]

het/de **puimsteen** Bimsstein (m[5])

het **puin 1** [stukken steen] Schutt (m[19]) **2** [bouwval, ruïne] Trümmer (mv) **3** [fig] Schrott (m[5]): *een auto in ~ rijden* einen Wagen zu Schrott fahren[153]

de **puinhoop 1** [lett] Schutthaufen (m[11]), Trümmerhaufen (m[11]) **2** [fig] Wust (m[19]), Durcheinander (o[39])

puinruimen 1 [opruimen] Trümmer (mv) beseitigen **2** [fig] die Drecksarbeit machen

de **puist** Pustel (v[21]); [puistje] Pickel (m[9])

de **pukkel 1** [puistje] Pickel (m[9]) **2** [mil] Tornister (m[9])

de **pul 1** [vaas] Vase (v[21]) **2** [bierpul] Krug (m[6])

pulken fummeln, bohren: *in de neus ~* in der Nase bohren

de **pullover** Pullover (m[9]), Pulli (m[13])

de **pulp** Pulp (m[16])

pulseren pulsieren[320]

de **pummel** Lümmel (m[9]), Rüpel (m[9])

de **pump** Pumps (m, 2e nvl: -; mv: -)

de **punaise** Heftzwecke (v[21]), Reißzwecke (v[21])

de **punctie** Punktion (v[20])

punctueel pünktlich

de **punk 1** [stroming] Punk (m[19], 2e nvl: ook -) **2** [punker] Punk (m[13], 2e nvl: ook -), Punker (m⁹), Punkerin (v²²)

het **¹punt 1** [cijfer] Note (v²¹) **2** [sport] Punkt (m⁵): *overwinning op ~en* Punktsieg (m⁵); *nederlaag op ~en* Punktniederlage (v²¹); *op ~en winnen* nach Punkten siegen **3** [plaats, ogenblik, feit] Punkt (m⁵): *het dode ~* der tote Punkt; *~en van overeenkomst* Berührungspunkte; *het ~ in kwestie* der fragliche Punkt; *het mooiste ~ van de stad* die schönste Ecke der Stadt; *~ voor ~* Punkt für Punkt; *het ~ is echter dat … das* Problem ist aber, dass …; *op het ~ staan te vertrekken* im Begriff sein²⁶² abzureisen; *op dit ~ geeft hij niet toe* in diesem Punkt gibt er nicht nach || *een ~ hebben* einen Punkt haben

de **²punt 1** [leesteken] Punkt (m⁵): *ergens een ~ achter zetten* einen Schlussstrich unter⁺⁴ etwas ziehen³¹⁸ **2** [puntig uiteinde] Spitze (v²¹): *de ~ van een tafel* die Ecke eines Tisches; *een ~ aan een potlood slijpen* einen Bleistift (an)spitzen **3** [hoek van een lap] Zipfel (m⁹) **4** [stuk taart] ein Stück (o²⁹) Kuchen

de **puntbaard** Spitzbart (m⁶)

het **puntdak** Satteldach (o³²), Spitzdach (o³²)

punten (an)spitzen, zuspitzen

de **puntenlijst** Schulzeugnis (o²⁹ᵃ)

de **puntenslijper** Bleistiftspitzer (m⁹)

de **punter** ± Kahn (m⁶)

puntgaaf tadellos

het **punthoofd**: *je krijgt er een ~ van!* es ist wirklich zum Verzweifeln!

puntig 1 [spits, scherp] spitz(ig), scharf **2** [snedig] witzig, treffend

het **puntje 1** [kleine punt] Pünktchen (o³⁵) **2** [stip] Tupfen (m¹¹) **3** [broodje] Brötchen (o³⁵) || *als ~ bij paaltje komt* wenn es darauf ankommt; *daar kan jij een ~ aan zuigen* davon kannst du dir eine Scheibe abschneiden; *iets tot in de ~s kennen* etwas aus dem Effeff können¹⁹⁴; *alles was tot in de ~s verzorgd* alles war tipptopp in Ordnung

de **puntkomma** Semikolon (o³⁶), Strichpunkt (m⁵)

puntsgewijs punktweise, Punkt für Punkt

de **puntzak** Tüte (v²¹)

de **¹pupil** [pleegkind] Mündel (o³³, m⁹); [leerling] Schüler (m⁹)

de **²pupil** [van het oog] Pupille (v²¹)

het/de **puppy** Welpe (m¹⁵)

de **puree** Püree (o³⁶): *in de ~ zitten* in der Patsche sitzen²⁶⁸

pureren pürieren

purgeren purgieren³²⁰, abführen

puriteins puritanisch

het **purper** Purpur (m¹⁹)

purperen purpurn, Purpur…

de **purser** Purser (m⁹)

het/de **pus** Eiter (m¹⁹)

pushen 1 [duwen] stoßen²⁸⁵ **2** [promoten] pushen

de **put 1** [kuil] Grube (v²¹) **2** [waterput] Brun-

nen (m¹¹) **3** [waterafvoerput] Gully (m¹³, o³⁶) || [fig] *in de ~ zitten* einen Moralischen haben¹⁸²; *dat is een bodemloze ~* das ist ein Fass ohne Boden

de **putsch** Putsch (m⁵)

putten schöpfen

puur pur, rein: *pure chocola* bittere Schokolade; *pure onzin* reiner Unsinn; *het was ~ toeval dat ik hem zag* das war reiner Zufall, dass ich ihn sah; *~ slecht* durch und durch schlecht; *whisky ~* Whisky pur

de **puzzel 1** [legpuzzel] Puzzle (o³⁶), Puzzlespiel (o²⁹) **2** [denkpuzzel] Rätsel (o³³) **3** [fig] Rätsel (o³³)

puzzelen 1 [legpuzzels] puzzeln **2** [denkpuzzels] Rätsel lösen

het **pvc** PVC (o³⁶, ³⁹ᵃ)

de **pygmee** Pygmäe (m¹⁵)

de **pyjama** Pyjama (m¹³) /puudzjaama/, Schlafanzug (m⁶)

de **pylon** [verk] Leitkegel (m⁹), Pylon (m¹⁴), Pylone (v²¹)

de **pyloon** [bv. van brug] Pylon (m¹⁴), Pylone (v²¹)

de **Pyreneeën** Pyrenäen (mv)

de **pyromaan** Pyromane (m¹⁵)

de **pyrrusoverwinning** Pyrrhussieg (m⁵)

de **python** Python (m¹³, mv: ook Pythonen)

q

de **q** [letter] q, Q (o)
  Qatar Katar (o^{39})
de **^{1}Qatarees** Katarer (m^9), Katarerin (v^{22})
  ^{2}Qatarees (bn) katarisch
  qua qua: ~ *grootte* was die Größe betrifft; ~ *inhoud* vom Inhalt her
de **quarantaine** Quarantäne (v^{21})
  quartair quartär: ~*e sector* quartärer Sektor (m^{16})
  quasi 1 quasi, gleichsam, angeblich: ~*-geleerde* Scheingelehrte(r) (m^{40a}, v^{40b}); *hij luisterde* ~ *aandachtig* er hörte scheinbar aufmerksam zu **2** [Belg; bijna] fast, beinahe: *het is* ~ *onmogelijk* es ist fast unmöglich
  quatre-mains vierhändig
de **quatsch** Quatsch (m^{19})
de **querulant** Querulant (m^{14})
de **queue** Schlange (v^{21}), Reihe (v^{21})
de **quiche** Quiche (v^{27})
de **quilt** Quilt (m^{13})
  quilten quilten
  quitte quitt /kwit/: ~ *zijn* quitt sein^{262}; ~ *spelen* null für null herauskommen
het **qui-vive**: *op zijn* ~ *zijn* auf dem Quivive sein^{262}
de **quiz** Quiz (o, 2e nvl: -; mv: -)
de **quizmaster** Quizmaster (m^9)
  quizzen quizzen
het **quorum** Quorum (o^{39})
de **quota,** de **quote** Quote (v^{21})
het **quotiënt** Quotient (m^{14})
het **quotum** Quote (v^{21})

r

de **r** [letter] r, R (o)
de **ra** Rah (v^{20}), Rahe (v^{21})
de **raad 1** [adviserend of besturend orgaan]
Rat (m^6): ~ *van beheer*, ~ *van bestuur* Verwaltungsrat; ~ *van toezicht*, ~ *van commissarissen* Aufsichtsrat; *Hoge Raad* Oberstes Gericht
(der Niederlande); [Du] Bundesgerichtshof
(m^6); *Raad van Europa* Europarat; *de Raad van
State* der Staatsrat; *lid van de* ~ Gemeinderat;
[in stad] Stadtrat; *lid van de* ~ *zijn* [ook] im Rat
sitzen^{268} **2** [advies] Rat (m^{19}): *hij wil geen* ~
aannemen er lässt sich^3 nicht raten; *iem.* ~
geven jmdm. raten^{218}; *jmdm. einen Rat geben*^{166}; ~ *inwinnen* sich^3 Rat holen; *geen* ~
meer weten sich^3 keinen Rat mehr wissen^{314};
naar (iemands) ~ *luisteren* auf^{+4} (jemands) Rat
hören; *iem. om* ~ *vragen* jmdn. um Rat fragen; *op iemands* ~ auf^{+4} jemands Rat hin; *bij
iem. te rade gaan* jmdn. zurate (*of:* zu Rate)
ziehen^{318}; *ten einde* ~ *zijn* weder aus noch ein
wissen^{314}
raadgevend beratend
de **raadgever** Ratgeber (m^9), Berater (m^9)
de **raadgeving** Rat (m^{19}), Ratschlag (m^6)
het **raadhuis** Rathaus (o^{32})
raadplegen zurate (*of:* zu Rate) ziehen^{318}:
iem., iets ~ jmdn., etwas zurate (*of:* zu Rate)
ziehen^{318}; *een dokter* ~ einen Arzt konsultieren^{320}
het **raadsbesluit** Ratsbeschluss (m^6)
het **raadsel** Rätsel (o^{33})
raadselachtig rätselhaft
het **raadslid** Stadtrat (m^6), Gemeinderat (m^6),
Stadträtin (v^{22}), Gemeinderätin (v^{22})
de **raadsman 1** Berater (m^9) **2** [jur] Rechtsanwalt (m^6)
de **raadzaal** Rathaussaal (m^6, mv: Rathaussäle)
raadzaam ratsam, empfehlenswert
de **raaf** Rabe (m^{15})
raak getroffen: *een rake opmerking* eine
treffende Bemerkung; *maar* ~ *praten* ins
Blaue hineinreden; *maar* ~ *schieten* ins Blaue
hineinschießen^{238}; *het schot is* ~ der Schuss
trifft; *die klap was* ~ der Hieb hat gesessen;
[fig] *die was* ~*!* das hat gesessen; *het is weer* ~
es geht wieder hoch her; ~ *schieten*, ~ *slaan*
treffen^{289}
de **raaklijn** Berührungslinie (v^{21}), Tangente
(v^{21})
het **raakpunt** [ook fig] Berührungspunkt (m^5)
het **raakvlak 1** [wisk] Tangentialebene (v^{21})
2 [fig] Berührungspunkt (m^5)
het **raam 1** [venster] Fenster (o^{33}): *bij* (*of:* *voor*)

het ~ *staan* am Fenster stehen^{279}; *met open* ~
slapen bei offenem Fenster schlafen^{240} **2** [lijst,
omlijsting] Rahmen (m^{11}) **3** [kader] Rahmen
(m^{11})
het **raamkozijn** Fensterrahmen (m^{11})
het **raamwerk** Rahmen (m^{11}), Gerüst (o^{29}), Gerippe (o^{33}): *het Europese* ~ der europäische
Rahmen
de **raap** [plantk] Rübe (v^{21}) ‖ *recht voor zijn* ~
geradeheraus
de **raapstelen** Stielmus (o^{29})
raar 1 [vreemd] sonderbar, merkwürdig,
komisch: *een rare vent* ein komischer Kauz; ~
van iets opkijken sich wundern; *zich* ~ *gedragen* sich sonderbar benehmen^{212}; *wat* ~*!*
merkwürdig! **2** [niet wijs] verrückt **3** [onpasselijk] schlecht, übel: *ik voel me zo* ~ mir ist
schlecht
raaskallen faseln, Unsinn reden
de **raat** Wabe (v^{21})
de **rabarber** Rhabarber (m^{19})
het **rabat** [korting] Rabatt (m^5)
de **rabbi** Rabbi (m, 2e nvl: -(s); mv: -nen of -s)
de **rabbijn** Rabbiner (m^9)
rabiaat rabiat: ~ *antisemitisme* rabiate(r)
Antisemitismus
de **race** Rennen (o^{35}): *nog in de* ~ *zijn* noch im
Rennen sein; *het is een gelopen* ~ das Rennen
ist gelaufen
de **raceauto** Rennwagen (m^{11})
de **racebaan** Rennbahn (v^{20})
de **racefiets** Rennrad (o^{32})
racen [te voet] ein Rennen laufen^{198}; [met
auto, fiets, motor] ein Rennen fahren^{153}
het **racisme** Rassismus (m^{19a})
de **racist** Rassist (m^{14})
racistisch rassistisch
het **racket** Schläger (m^9)
het **¹rad** (zn) Rad (o^{32}): ~ *van avontuur* Glücksrad
(o^{32}); *iem. een* ~ *voor de ogen draaien* jmdm.
blauen Dunst vormachen
²rad (bn, bw) schnell, flink, rasch: ~ *van tong
zijn* zungenfertig sein, ein flinkes Mundwerk
haben
de **radar** Radar (m^5, o^{29})
de **radarcontrole** Radarkontrolle (v^{21}); [verdekt] Radarfalle (v^{21}); [pop] Flitzerblitzer
(m^9)
de **raddraaier** Rädelsführer (m^9)
radeloos ratlos, verzweifelt
raden raten^{218}; [goed gissen] erraten: *iem.
iets* ~ jmdm. etwas raten; *geraden!* erraten!;
dat is je geraden! das lass dir geraten sein!
het **raderwerk** [ook fig] Getriebe (o^{33})
de **radiateur** Kühler (m^9)
de **radiator** [verwarmingselement] Radiator
(m^{16}), Heizkörper (m^9)
de **¹radicaal** (zn) Radikale(r) (m^{40a}, v^{40b})
²radicaal (bn, bw) radikal
radicaliseren (sich) radikalisieren^{320}
de **radijs** Radieschen (o^{35})

de **radio 1** [omroep] Rundfunk (m[19]): ~ en televisie Funk und Fernsehen **2** [zendstation]
Radio (zonder lw): Radio Luxemburg Radio
Luxemburg **3** [toestel] Rundfunkgerät (o[29]),
Radiogerät (o[29]): draagbare ~ Kofferradio
(o[36]) **4** [uitzending] Radio (o[39]), Rundfunk
(m[19]): voor de ~ im Rundfunk; naar de ~ luisteren Radio (of: Rundfunk) hören; iets op de ~
horen etwas im Radio hören
   radioactief radioaktiv: ~ afval Atommüll
(m[19])
de **radioactiviteit** Radioaktivität (v[28])
de **radio-cassetterecorder** Radiorekorder
(m[9])
   radiografisch: ~ bestuurd ferngelenkt
de **radiologie 1** [wetenschap] Radiologie (v[21])
2 [geneesk] Röntgenologie (v[21])
de **radioloog** Radiologe (m[15])
de **radio-omroep** Rundfunkanstalt (v[20]),
Rundfunk (m[19])
het **radioprogramma** Radioprogramm (o[29])
het **radiostation** Rundfunkstation (v[20])
het **radiotoestel** Radiogerät (o[29]), Rundfunkgerät (o[29])
de **radio-uitzending** Rundfunksendung (v[20])
de **radiozender** Rundfunksender (m[9])
het **radium** Radium (o[39])
de **radslag** Rad (o[32])
de **rafel** Franse (v[21])
   ¹**rafelen** (onov ww) fransen
   ²**rafelen** (ov ww) zerfransen
   rafelig fransig, ausgefranst
de **raffinaderij** Raffinerie (v[21])
het **raffinement** Raffinement (o[36])
   raffineren raffinieren[320]
het **rag** Spinn(en)gewebe (o[33])
de **rage** Hype (m[13]), Mode (v[21]): het is een ~ es ist
große Mode
de **ragebol** [woeste haardos] Wuschelkopf
(m[6])
   ragfijn hauchfein, hauchzart
de **ragout** Ragout (o[36])
de **rail 1** [spoorstaaf] Schiene (v[21]): uit de ~s lopen aus den Schienen springen[276] **2** [richel
waarover wieltjes lopen] Schiene (v[21])
3 [spoor] Gleis (o[29]), Bahn (v[20]): per ~ mit der
Bahn ǁ [fig] iets op de ~s zetten etwas anbah-
nen
de **raison**: à ~ van ... zum Preis von ...
   rakelings hart, haarscharf: ~ gaan langs
fast streifen; iem. ~ voorbijgaan hart an
jmdm. vorbeigehen[168]
   ¹**raken** (onov ww) [geraken tot] geraten[218],
kommen[193]: bevriend ~ sich anfreunden; verloren ~ verloren gehen[168]; buiten zichzelf ~
außer[+4, +3] sich geraten; aan de drank ~ sich
dem Trunk ergeben[166]; aan het vertellen ~ ins
Erzählen kommen[193]; met iem. aan de praat ~
mit jmdm. ins Gespräch kommen[193]; zie geraken
   ²**raken** (ov ww) **1** [treffen] treffen[289] **2** [aan-
gaan, betreffen] angehen[168], betreffen[289]
3 [beroeren] berühren: [fig] iemands hart ~
jemands Herz rühren; dat raakt me niet das
berührt mich nicht
de **raket** Rakete (v[21]): een ~ lanceren eine Rakete abschießen[238]
het **raketschild** Raketenschild (m[5])
de **rakker** [deugniet] Racker (m[9]), Schlingel
(m[9])
de **rally** Rallye (v[27])
de **ram 1** [schaap] Widder (m[9]) **2** [konijn]
Rammler (m[9])
de **Ram** [sterrenbeeld] Widder (m[9])
de **ramadan** Ramadan (m[19], m[19a])
   ramen [begroten] veranschlagen (mit[+3]);
[schatten] schätzen (auf[+4])
de **raming** Veranschlagung (v[20]), Schätzung
(v[20]): een ~ van de kosten ein Kostenvoranschlag, ein Kostenanschlag
de **ramkoers** Konfrontationskurs (m[5]): op ~
liggen auf Konfrontationskurs sein
de **rammel**: een pak ~ eine Tracht Prügel
de **rammelaar** [speelgoed] Klapper (v[21])
   rammelen 1 [ratelen, klepperen] klappern, rasseln; [m.b.t. voertuig] rumpeln: met
een bos sleutels ~ mit einem Schlüsselbund
rasseln **2** [slecht gecomponeerd zijn] nicht
stimmen **3** [schudden] schütteln, rütteln:
iem. door elkaar ~ jmdn. kräftig schütteln
4 [knorren] knurren: ik rammelde van de honger ich hatte einen Bärenhunger
de **rammelkast 1** [piano] Klimperkasten (m[12])
2 [wagen] Klapperkasten (m[12])
   rammen 1 [beuken] rammen **2** [een auto,
schip] rammen **3** [slaan] schlagen[241]: iem. in
elkaar ~ jmdn. zusammenschlagen
de **rammenas** Rettich (m[5])
de **ramp** Katastrophe (v[21]), Unheil (o[35]): dat is
(toch) geen ~ das ist (doch) kein Beinbruch
het **rampenplan** Katastrophenplan (m[6])
het **rampgebied** Katastrophengebiet (o[29])
de **rampspoed 1** [tegenslag] Missgeschick
(o[29]) **2** [onheil] Unheil (o[39])
   rampzalig unheilvoll, unglückselig: met ~e
gevolgen mit verheerenden Folgen
de **ramsj** Ramsch (m[5])
de **ranch** Ranch (v, 2e nvl: -; mv: -(e)s)
de **rancune** Groll (m[19]): ~ tegen iem. hebben einen Groll gegen jmdn. hegen
   rancuneus nachtragend
de **rand 1** [omtrek] Rand (m[8]), Kante (v[21]): de ~
van het aanrecht die Kante der Anrichte; ~
van de tafel Tischkante; aan de ~ van de afgrond am Rand des Abgrundes; tot de ~ gevuld randvoll **2** [omlijsting] Rand (m[8]), Rahmen (m[11]) **3** [geweven rand] Borte (v[21])
de **randapparatuur** peripheres Gerät (o[29]),
Zusatzgerät (o[29])
de **randgroep** Randgruppe (v[21])
het **randje**: op het ~ an der Grenze; dat was op
het ~ das ist noch einmal gut gegangen

het **randverschijnsel** Randerscheinung (v[20])
de **randvoorwaarde** Vorbedingung (v[20])
de **rang** Rang (m[6]): *militaire ~en* militärische Ränge; [fig] *zij wil voor een dubbeltje op de eerste ~ zitten* sie verlangt viel für wenig Geld
het **rangeerterrein** Rangierbahnhof (m[6]), Verschiebebahnhof (m[6])
rangeren rangieren[320]
de **ranglijst** Rangliste (v[21]); [sport ook] Tabelle (v[21])
het **rangnummer** Rangnummer (v[21])
de **rangorde** Rangordnung (v[20])
rangschikken ordnen: *~ onder* zählen zu[+3]; [indelen in groepen] klassifizieren[320]
de **rangschikking 1** Ordnung (v[20]) **2** [ordening] Rangordnung (v[20]), Klassifizierung (v[20])
het **rangtelwoord** Ordnungszahl (v[20])
de **ranja**[MERK] Orangeade (v[21])
de **¹rank** (zn) **1** [twijg] Ranke (v[21]) **2** [loot] Trieb (m[5])
²rank (bn, bw) rank, schlank: *een ~e boot* ein instabiles Boot
de **ransel 1** [mil] Tornister (m[9]) **2** [ranseling] Prügel (mv m[9]): *iem. een pak ~ geven* jmdm. die Hucke vollhauen[185]
ranselen prügeln
het **rantsoen** Ration (v[20])
rantsoeneren rationieren[320]
ranzig ranzig
rap 1 [vlug] rasch **2** [vaardig] flink
rapen [verzamelen] sammeln; [oppakken] aufheben[186]; [haastig] raffen
rappen [muz] rappen
de **rapper** [muz] Rapper (m[9]), Rapsänger (m[9])
het **rapport 1** [verslag] Bericht (m[5]); [van deskundige] Gutachten (o[35]): *~ uitbrengen over* Bericht erstatten über[+4], ein Gutachten abgeben[166] über[+4] **2** [school] Zeugnis (o[29a]) **3** [mil] Rapport (m[5])
de **rapportage** Berichterstattung (v[20])
het **rapportcijfer** Zensur (v[20]), Note (v[21])
de **rapportenvergadering** Zensurenkonferenz (v[20])
rapporteren 1 [berichten] berichten **2** [mil] melden
de **rapporteur** Berichterstatter (m[9])
de **rapsodie** Rhapsodie (v[21])
rara: *~, wat is dat?* rate mal, was ist denn das?
de **rariteit** Rarität (v[20])
het **¹ras** (zn) Rasse (v[21])
²ras (bn, bw) rasch, geschwind; [weldra] bald
de **rasartiest** eingefleischte(r) Künstler (m[9])
rasecht: *een ~e Berlijner* ein richtiger Berliner
de **rashond** Rassehund (m[5])
de **rasp** Raspel (v[21]), Reibe (v[21])
het **raspaard** Rassepferd (o[29])
raspen raspeln; [van aardappel, kaas, noten] reiben[219]: *geraspte kaas* Reibkäse (m[9])
de **rassendiscriminatie** Rassendiskriminierung (v[20])

de **rassenhaat** Rassenhass (m[19])
de **rassenstrijd** Rassenkampf (m[6])
de **¹raster** [hekwerk] Gitter (o[33])
de **²raster** [glasplaat met netwerk] Raster (m[9])
het **rasterwerk** Gitter (o[33])
raszuiver rasserein
de **rat** Ratte (v[21])
de **rataplan**: *de hele ~* der ganze Kram
de **ratatouille** Ratatouille (v[27], o[36])
de **ratel 1** [houten klepper] Knarre (v[21]) **2** [kletskous] Plappermaul (o[32]) **3** [mond] Klappe (v[21])
ratelen 1 [alg] rasseln, rattern: *~de machinegeweren* ratternde Maschinengewehre; *de wekker ratelt* der Wecker rasselt **2** [met ratel] knarren **3** [m.b.t. schrijfmachine] klappern **4** [praten] plappern: *ze hield niet op met ~* sie schnatterte immer weiter
de **ratelslang** Klapperschlange (v[21])
ratificeren ratifizieren[320]
rationaliseren rationalisieren[320]
rationalistisch rationalistisch
rationeel 1 [verstandelijk, doordacht] rational **2** [doelmatig] rationell
het/de **ratjetoe** Mischmasch (m[5])
rato: *naar ~* verhältnismäßig
de **rats**: *in de ~ zitten* in der Patsche sitzen[268]
het **rattengif** Rattengift (o[29])
het **rattenkruit** Rattengift (o[29])
rauw 1 [ongekookt] roh: *~ vlees* rohes Fleisch **2** [ontveld] wund: *~e plek* wunde Stelle **3** [schor] rau: *~e keel* rauer Hals; *~e stem* raue Stimme **4** [grof] grob, roh, rau
de **rauwkost** Rohkost (v[28])
de **ravage 1** [verwoesting] Verwüstung (v[20]) **2** [bende] wildes Durcheinander (o[39])
de **rave** Rave (m[13], o[36])
het **ravijn** Schlucht (v[20]); [met beek] Klamm (v[20])
de **ravioli** Ravioli (mv)
ravotten sich balgen, herumtollen
het **rayon 1** [gebied] Bezirk (m[5]) **2** [afdeling] Abteilung (v[20])
de **rayonchef** Abteilungsleiter (m[9])
razen [tekeergaan] rasen, toben, wüten
razend rasend, wütend, toll: *~ veel geld* schrecklich viel Geld; *~ op iem. zijn* wütend auf jmdn. sein[262]; *ben je ~?* bist du toll?; *het is om ~ te worden* es ist zum Verrücktwerden
razendsnel blitzschnell, pfeilschnell
de **razernij** Raserei (v[28])
de **razzia** Razzia (v, mv: Razzien): *een ~ houden* eine Razzia machen
de **r&b** afk van *rhythm-and-blues* Rhythm and Blues (m, 2e nvl: - - -), R & B
de **reactie** Reaktion (v[20])
de **reactiesnelheid** Reaktionsgeschwindigkeit (v[20]), Reaktionsschnelligkeit (v[20])
de **¹reactionair** (zn) Reaktionär (m[5])
²reactionair (bn, bw) reaktionär
de **reactor** Reaktor (m[16])

de **reader** Reader (m⁹)
de **reageerbuis** Reagenzglas (o³²)
de **reageerbuisbaby** Retortenbaby (o³⁶)
reageren reagieren³²⁰: ~ *op* reagieren auf⁺⁴
de **realisatie** Realisierung (v²⁰), Realisation (v²⁰)
realiseerbaar realisierbar
realiseren realisieren³²⁰: *zich iets* ~ etwas realisieren, etwas erkennen¹⁸⁹
het **realisme** Realismus (m¹⁹ᵃ)
de **realist** Realist (m¹⁴)
realistisch realistisch
de **realiteit** Realität (v²⁰)
de **realiteitszin** Realitätssinn (m⁵)
de **realitysoap** Realitysoap (v²⁷), Reality-Soap (v²⁷)
de **reallifesoap** Reallifesoap (v²⁷), Real-Life-Soap (v²⁷)
reanimeren wieder beleben; [geneesk] reanimieren
de **rebel** Rebell (m¹⁴)
rebelleren rebellieren³²⁰
de **rebellie** Rebellion (v²⁰)
rebels 1 rebellisch **2** [woest] wütend
de **rebound** Rebound (m¹³)
de **rebus** Rebus (m+o), Bilderrätsel (o³³)
recalcitrant widerspenstig
recapituleren rekapitulieren³²⁰
de **recensent** Rezensent (m¹⁴)
de **recenseren** rezensieren³²⁰
de **recensie** Rezension (v²⁰)
recent neu: *van ~e datum* neueren Datums
recentelijk neulich, vor Kurzem
het **recept** Rezept (o²⁹)
de **receptie 1** [ontvangst] Empfang (m⁶) **2** [in hotel] Empfang (m⁶), Rezeption (v²⁰)
de **receptionist** Empfangschef (m¹³)
het **reces** Parlamentsferien (mv)
de **recessie** Rezession (v²⁰)
de **recette** Einnahmen (mv v²¹)
het/de **rechaud** Rechaud (m¹³, o³⁶)
de **recherche** Kriminalpolizei (v²⁸), Kripo (v²⁷)
de **rechercheur** Kriminalbeamte(r) (m⁴⁰ᵃ), Fahnder (m⁹)
het ¹**recht** (zn) **1** [gerechtigheid] Gerechtigkeit (v²⁸): *iem.* ~ *doen* jmdm. Gerechtigkeit widerfahren lassen¹⁹⁷ **2** [rechtsregels] Recht (o³⁹): *burgerlijk* ~ bürgerliches Recht **3** [studie] Jura (zonder lw): *~en studeren* Jura studieren³²⁰ **4** [rechtspraak] Recht (o³⁹): ~ *spreken* Recht sprechen²⁷⁴ **5** [gelijk] Recht (o³⁹): *in zijn* ~ *staan* im Recht sein²⁶² **6** [bevoegdheid, aanspraak] Recht (o²⁹): ~ *van bestaan hebben* eine Daseinsberechtigung haben¹⁸², *alle ~en voorbehouden* alle Rechte vorbehalten; ~ *op iets hebben* ein Anrecht auf⁺⁴ etwas haben¹⁸² **7** [belasting] Zoll (m⁶), Steuer (v²¹)
²**recht** (bn, bw) **1** [niet scheef] gerade: *de ~e weg* **a)** [lett] der gerade Weg; **b)** [fig] der rechte Weg; ~ *staan* gerade stehen²⁷⁹; [fig] *iets* ~ *zetten* etwas berichtigen **2** [omhoog

gericht] gerade, aufrecht **3** [rechtvaardig] (ge)recht **4** [juist] recht, richtig: ~ *tegenover mij* mir genau gegenüber
de **rechtbank** Gericht (o²⁹)
rechtbuigen gerade biegen¹²⁹
rechtdoor geradeaus
rechtdoorzee geradeheraus, ohne Umschweife
rechteloos rechtlos: ~ *maken* rechtlos machen
de ¹**rechter** (zn) **1** [persoon] Richter (m⁹) **2** [het college] Gericht (o²⁹): *voor de* ~ *brengen* vor den Richter bringen¹³⁹
²**rechter** (bn) recht: *de* ~ *deur* die rechte Tür
de **rechterarm** rechter Arm (m⁵)
het **rechterbeen** rechtes Bein (o²⁹)
de **rechter-commissaris** Untersuchungsrichter (m⁹)
de **rechterhand** [ook fig] rechte Hand (v²⁵): *aan uw* ~ zu Ihrer Rechten
de **rechterkant** rechte Seite (v²¹): *aan de* ~ auf der rechten Seite
rechterlijk richterlich: *~e macht* richterliche Gewalt (v²⁰)
de **rechteroever** rechtes Ufer (o³³)
de **rechtervoet** rechter Fuß (m⁶)
de **rechterzijde** rechte Seite (v²¹); [pol] Rechte (v⁴⁰ᵇ): *aan de* ~ auf der rechten Seite
rechtgeaard rechtschaffen
de **rechthebbende** Berechtigte(r) (m⁴⁰ᵃ, v⁴⁰ᵇ)
de **rechthoek** Rechteck (o²⁹)
rechthoekig rechteckig
rechtlijnig g(e)radlinig
rechtmatig rechtmäßig
rechtop aufrecht, gerade: ~ *lopen* aufrecht gehen¹⁶⁸; ~ *zetten* aufrecht hinstellen; ~ *gaan zitten* sich aufrichten
het ¹**rechts** (zn) [pol] Rechte (v⁴⁰ᵇ)
²**rechts** (bn) **1** recht: *het ~e huis* das rechte Haus **2** [rechtshandig] rechtshändig ‖ *~e partij* Rechtspartei (v²⁰)
³**rechts** (bw) rechts: ~ *houden* sich rechts halten¹⁸³; ~ *zijn* rechtshändig sein²⁶²
de **rechtsachter** rechter Verteidiger (m⁹)
rechtsaf nach rechts
de **rechtsbescherming** Rechtsschutz (m¹⁹)
de **rechtsbijstand** Rechtshilfe (v²⁸)
de **rechtsbuiten** Rechtsaußen (m¹¹)
rechtschapen rechtschaffen, redlich
het **rechtsgebied 1** [bevoegdheid] Gerichtsbarkeit (v²⁸) **2** [ressort] Gerichtsbezirk (m⁵) **3** [al wat de rechtspraak betreft] juristisches Gebiet (o²⁹)
rechtsgeldig rechtskräftig
de **rechtsgeleerde** Jurist (m¹⁴)
de **rechtsgelijkheid** Gleichberechtigung (v²⁸)
het **rechtsgevoel** Rechtsgefühl (o²⁹), Rechtsempfinden (o³⁵)
rechtshandig rechtshändig
de **rechtshulp** Rechtsberatung (v²⁰): *het bureau voor* ~ die Rechtsberatungsstelle

rechtsom rechts(her)um
rechtsomkeert: ~ *maken* rechtsum kehrt-machen
de **rechtsongelijkheid** Rechtsungleichheit (v[20])
de **rechtsorde** Rechtsordnung (v[28])
de **rechtspersoon** juristische Person (v[20])
de **rechtspersoonlijkheid** Rechtsfähigkeit (v[28])
de **rechtspositie** Rechtsstellung (v[20])
de **rechtspraak 1** [jurisprudentie] Rechtspre-chung (v[20]) **2** [rechtspleging] Rechtspflege (v[28])
rechtspreken Recht sprechen[274]
de **rechtsstaat** Rechtsstaat (m[16])
rechtstreeks direkt, unmittelbar: ~*e verbinding* direkte Verbindung; ~*e vlucht* Direktflug (m[6])
de **rechtsvervolging** gerichtliche Verfol-gung (v[20]): *een ~ tegen* iem. *instellen* jmdn. gerichtlich verfolgen; *iem. van ~ ontslaan* jmdn. freisprechen[274]
de **rechtsvordering** Klage (v[21]): *een ~ tegen iem. instellen* Klage gegen jmdn. erheben[186]
rechtswege: *van ~* von Rechts wegen
de **rechtswinkel** Rechtsberatungsstelle (v[21])
de **rechtszaak** Rechtssache (v[21]), Rechtsfall (m[6])
de **rechtszaal** Gerichtssaal (m[6], mv: Gerichts-säle)
de **rechtszitting** Gerichtsverhandlung (v[20])
rechttoe: ~, *rechtaan* immer geradeaus
rechttrekken [ook fig] zurechtrücken
rechtuit 1 [in rechte richting] geradeaus **2** [ronduit] geradeheraus
rechtvaardig gerecht
rechtvaardigen rechtfertigen
de **rechtvaardiging** Rechtfertigung (v[20])
rechtzetten 1 [lett] gerade stellen **2** [recti-ficeren] berichtigen, richtigstellen
rechtzinnig rechtgläubig
de **recidivist** Rückfalltäter (m[9]), Wiederho-lungstäter (m[9])
het **recital** Recital (o[36])
het **recitatief** Rezitativ (o[29])
reciteren rezitieren[320]
de **reclamatie** Reklamation (v[20]), Beschwerde (v[21])
de **reclame 1** [bezwaar(schrift)] Reklamation (v[20]), Beschwerde (v[21]) **2** [openbare aanprij-zing] Reklame (v[21]), Werbung (v[28]): ~ *maken* Reklame machen, werben[309]
de **reclameaanbieding** Werbeangebot (o[29])
de **reclameboodschap** Werbesendung (v[20])
het **reclamebureau** Werbebüro (o[36]), Werbe-agentur (v[20])
de **reclamecampagne** Werbekampagne (v[21])
de **reclamefolder** Werbeprospekt (m[5])
reclameren reklamieren[320]
de **reclamespot** Werbespot (m[13])
de **reclamestunt** Werbeknüller (m[9])

de **reclamezuil** Litfaßsäule (v[21])
de **reclassering 1** Resozialisierung (v[20]) **2** [de organisatie] Resozialisierungshilfe (v[28])
de **reclasseringsambtenaar** Bewährungs-helfer (m[9])
recommanderen empfehlen[147]
de **reconstructie** Rekonstruktion (v[20])
reconstrueren rekonstruieren[320]
de **reconversie** [Belg] Sanierung (v[20]), Um-strukturierung (v[20])
het **record** Rekord (m[5]); [sport ook] Höchstleis-tung (v[20]): *het ~ breken* den Rekord bre-chen[137]; *een ~ vestigen* einen Rekord aufstel-len
de **recorder** Rekorder (m[9])
de **recordhouder** Rekordhalter (m[9]), Rekord-inhaber (m[9])
de **recordpoging** Rekordversuch (m[5])
de **recreant** Erholung Suchende(r) (m[40a])
de **recreatie** Erholung (v[28])
recreatief erholsam
het **recreatiegebied** Erholungsgebiet (o[29])
recreëren sich erholen
de **recruiter** Recruiter (m[9])
rectaal rektal
de **rectificatie** Berichtigung (v[20])
rectificeren berichtigen
de **rector 1** [van atheneum, gymnasium] Di-rektor (m[16]) **2** [r-k] Rektor (m[16]) **3** [univ] Rek-tor (m[16])
het **rectoraat** Direktorat (o[29]), Rektorat (o[29])
het **reçu** Empfangsschein (m[5])
recyclen wieder verwenden[308], recyceln
recycleren [Belg] wieder verwenden[308], re-cyceln
de **recycling** Recycling (o[39])
de **redacteur** Redakteur (m[5])
de **redactie** Redaktion (v[20])
redactioneel redaktionell
de **redactrice** Redakteurin (v[22])
reddeloos rettungslos
redden 1 retten: *iem. van de verdrinkings-dood ~* jmdn. vor dem Ertrinken retten; ~*d zwemmen* Rettungsschwimmen (o[39]); *zich eruit ~* sich herauswinden[313] **2** [klaar krijgen] schaffen
de **redder** Retter (m[9])
de **redding** Rettung (v[20])
de **reddingsactie** Rettungsaktion (v[20])
de **reddingsboot** Rettungsboot (o[29])
de **reddingspoging** Rettungsversuch (m[5])
het **reddingswerk** Rettungsarbeiten (mv v[20])
de **¹rede 1** [redevoering] Rede (v[21]): *een ~ hou-den* eine Rede halten[183] **2** [denkvermogen] Verstand (m[19]), Vernunft (v[28]): *met ~ begaafd* vernünftig; *naar ~ luisteren* Vernunft anneh-men[212]; *iem. tot ~ brengen* jmdn. zur Vernunft bringen[139] **3** [het spreken] Rede (v[21]): *iem. in de ~ vallen* jmdm. ins Wort fallen[154]
de **²rede** [ankerplaats] Reede (v[21])
redelijk 1 [met rede begaafd] vernunftbe-

gabt, vernünftig **2** [billijk] angemessen, gerecht: *een ~e prijs* ein angemessener Preis **3** [tamelijk] ziemlich: *~ goed* ziemlich gut
redelijkerwijs berechtigterweise

de **redelijkheid** Angemessenheit (v²⁸): *in ~* mit Recht
redeloos 1 unvernünftig **2** [ongegrond] grundlos

de **reden 1** [beweeggrond] Grund (m⁶), Beweggrund (m⁶): *daar heb ik mijn ~ voor* dafür habe ich meine Gründe; *om die ~* aus diesem Grund; *om ~ dat hij … weil er …; er is ~ om aan te nemen dat …* es besteht Grund zur Annahme, dass … **2** [argument] Grund (m⁶) **3** [wisk] Verhältnis (o²⁹ᵃ)

de **redenaar** Redner (m⁹)
de **redenatie** Argumentation (v²⁰)
redeneren 1 [praten] reden **2** [argumenteren] argumentieren³²⁰: *ik redeneer zo …* ich denke so …

de **redenering** Argumentation (v²⁰)
de **reder** Reeder (m⁹)
de **rederij** Reederei (v²⁰)
redetwisten disputieren³²⁰, sich streiten²⁸⁷
de **redevoering** Rede (v²¹)
redigeren redigieren³²⁰
het **redmiddel** Rettungsmittel (o³³); Hilfsmittel (o³³)
reduceren reduzieren³²⁰
de **reductie** Reduktion (v²⁰): *~ op de prijs* Preisnachlass (m⁵, m⁶)
het/de **ree** [hert] Reh (o²⁹): *jong ~* Rehkitz (o²⁹)
de **reebok** Rehbock (m⁶)
de **reebout** Rehkeule (v²¹); [gebraden] Rehbraten (m¹¹)
reeds bereits, schon
reëel 1 [werkelijk bestaand] reell, wirklich: *de reële waarde* der Realwert **2** [van de werkelijkheid uitgaand] realistisch: *reële politiek* Realpolitik (v²⁸)
de **reeks 1** [rij] Reihe (v²¹) **2** [opeenvolging] Serie (v²¹)
de **reep 1** [linnen, papier] Streifen (m¹¹) **2** [chocolade] Tafel (v²¹), Riegel (m⁹)
de **reet 1** [kier] Ritze (v²¹), Spalt (m⁵): *~ van de deur* Türspalt **2** [vulg] [zitvlak] Arsch (m⁶) ‖ *het kan me geen ~ schelen* es ist mir scheißegal
het **referaat** Referat (o²⁹)
het **referendum** Volksentscheid (m⁵)
de **referent 1** [rapporteur] Berichterstatter (m⁹) **2** [wie een referaat houdt] Referent (m¹⁴)
de **referentie** [inlichting] Referenz (v²⁰)
het **referentiekader** Bezugsrahmen (m¹¹)
refereren 1 *~ over* referieren über⁺⁴ **2** [verwijzen] sich beziehen³¹⁸ (auf⁺⁴)
de **reflectant** Bewerber (m⁹), Interessent (m¹⁴)
reflecteren reflektieren³²⁰
de **reflectie** Reflexion (v²⁰)
de **reflector** Reflektor (m¹⁶)

de **reflex** Reflex (m⁵)
de **reformatie** Reformation (v²⁰): *de Reformatie* die Reformation
reformatorisch reformatorisch
de **reformwinkel** Reformhaus (o³²)
het **refrein** Refrain (m¹³), Kehrreim (m⁵)
de **refter** Remter (m⁹), Rempter (m⁹)
de **regatta** Regatta (v, mv: Regatten)
het **regeerakkoord** ± Koalitionsabkommen (o³⁵); ± Koalitionsvereinbarung (v²⁰)
de **regeerperiode** Legislaturperiode (v²¹)
de **regel 1** [voorschrift, gewoonte] Regel (v²¹): *een ~ in acht nemen* eine Regel befolgen; *in de ~* in der Regel; *volgens de ~s van de kunst* nach allen Regeln der Kunst; *in strijd met de ~s* gegen die Regeln **2** [lijn] Linie (v²¹) **3** [korte mededeling] Zeile (v²¹)
regelbaar regelbar, regulierbar
regelen regeln; [techn ook] regulieren³²⁰
de **regelgeving 1** [het geven van voorschriften] Regelung (v²⁰) **2** [gegeven voorschriften] Vorschriften (mv), Verordnungen (mv)
de **regeling 1** Regelung (v²⁰); [techn] Regulierung (v²⁰) **2** [verordening] Regelung (v²⁰)
de **regelmaat** Regelmäßigkeit (v²⁰), Gleichtakt (m¹⁹)
regelmatig regelmäßig
de **regelneef** [scherts] 'Regelneef' (m); jemand, der immer alles für andere regeln möchte
regelrecht 1 geradewegs, direkt **2** [op de man af] direkt; [bijwoord ook] geradeheraus
de **regen** Regen (m¹¹): *zure ~* saurer Regen; *van de ~ in de drup komen* aus dem (of: vom) Regen in die Traufe kommen¹⁹³
regenachtig regnerisch
de **regenboog** Regenbogen (m¹¹)
de **regenboogtrui** Regenbogentrikot (o³⁶)
het **regenboogvlies** Regenbogenhaut (v²⁵)
de **regenbui** Regenschauer (m⁹), Regenguss (m⁶)
de **regendruppel** Regentropfen (m¹¹)
regenen [ook fig] regnen
de **regenjas** Regenmantel (m¹⁰)
de **regenkleding** Regenkleidung (v²⁸)
de **regenmeter** Regenmesser (m⁹)
het **regenpak** Regenmontur (v²⁰)
de **regenpijp** Regenrohr (o²⁹)
de **regent 1** [pol] Regent (m¹⁴) **2** [van weeshuis e.d.] Vorsteher (m⁹), Leiter (m⁹) **3** [Belg] ± Mittelschullehrer (m⁹)
de **regentijd** Regenzeit (v²⁰)
de **regenton** Regenfass (o³²), Regentonne (v²¹)
de **regenval** Regenfall (m⁶)
de **regenvlaag** Regenbö (v²⁰), Regenschauer (m⁹)
het **regenwater** Regenwasser (o³³)
het **regenweer** Regenwetter (o³⁹)
de **regenworm** Regenwurm (m⁸)
het **regenwoud** Regenwald (m⁸)
regeren regieren³²⁰

de **regering** Regierung (v[20])
het **regeringsbeleid** Regierungspolitik (v[28])
het **regeringsbesluit** Regierungsbeschluss (m[6])
de **regeringscrisis** Regierungskrise (v[21])
de **regeringsleider** Regierungschef (m[13])
de **regeringspartij** Regierungspartei (v[20])
de **regeringsverklaring** Regierungserklärung (v[20])
de **regie** Regie (v[28]): [fig] de ~ kwijt zijn das Heft nicht mehr in der Hand haben
het **regime** Regime (o[33], o[36])
het **regiment** Regiment (o[31])
de **regio** Region (v[20]): per ~ regional
regionaal regional
regisseren Regie führen
de **regisseur** Regisseur (m[5]), Spielleiter (m[9])
het **register 1** [ook muz] Register (o[33]) **2** [ook fig]: alle ~s openzetten alle Register ziehen[318]
de **registeraccountant** ± Wirtschaftsprüfer (m[9])
de **registratie** Registrierung (v[20])
registreren registrieren[320]
het **reglement** Reglement (o[36]); [statuten] Satzung (v[20])
reglementair reglementarisch
reglementeren reglementieren[320]
de **regressie** Regression (v[20])
regressief regressiv
reguleren regulieren[320]
de **regulering** Regulierung (v[20])
regulier regulär
de **rehabilitatie** Rehabilitation (v[20])
rehabiliteren rehabilitieren[320]
de **¹rei 1** [koor] Chor (m[6]) **2** [dans] Reigen (m[11])
de **²rei** [Belg] Kanal (m[6]), Gracht (v[20])
de **reiger** Reiher (m[9]): blauwe ~ Graureiher
reiken reichen: tot aan het plafond ~ bis zur Decke reichen
reikhalzend sehnsuchtsvoll
het **reiki** Reiki (o[39])
de **reikwijdte** Reichweite (v[21])
reilen: het ~ en zeilen der Handel und Wandel; zoals het reilt en zeilt wie die Dinge liegen
rein rein
de **reïncarnatie** Reinkarnation (v[20])
reinigen [ook fig] reinigen
de **reiniging 1** [het reinigen] Reinigung (v[20]) **2** [reinigingsdienst] Müllabfuhr (v[20])
de **reinigingsdienst** Müllabfuhr (v[20]); [stedelijk] Stadtreinigung (v[20])
het **reinigingsmiddel** Reinigungsmittel (o[33])
de **reis** Reise (v[21]): enkele ~ einfache Fahrkarte; enkele ~ Arnhem! einfach Arnheim, bitte!; een ~ naar het buitenland eine Reise ins Ausland; op ~ gaan auf Reisen gehen[168]; goede ~! gute Reise!
het **reisbureau** Reisebüro (o[36])
de **reischeque** Reisescheck (m[13])
de **reisgenoot** Reisegefährte (m[15])
het **reisgezelschap** Reisegesellschaft (v[20])

de **reisgids** [persoon en boek] Reiseführer (m[9])
de **reiskosten** Reisekosten (mv), Reisespesen (mv)
de **reiskostenvergoeding 1** [vergoeding] Erstattung (v[20]) der Reisekosten **2** [bedrag] zurückerstattete(n) Reisekosten (mv)
de **reisleider** Reiseleiter (m[9])
de **reisorganisator** Reiseveranstalter (m[9])
de **reisplanner** Reiseplaner (m[9])
de **reisverzekering** Reiseversicherung (v[20])
reizen reisen: per trein ~ mit der Bahn reisen (of: fahren)
reizend reisend; [rondtrekkend] wandernd, Wander...
de **reiziger** Reisende(r) (m[40a], v[40b])
de **¹rek** [rekbaarheid] Dehnbarkeit (v[28]): de ~ is eruit **a)** [lett] es dehnt sich nicht mehr; **b)** [fig] der Elan ist weg
het **²rek 1** [sport] Reck (o[29], o[36]) **2** [stelling] Gestell (o[29]), Regal (o[29]); [droogrek] Trockner (m[9]) **3** [lepelrek] Löffelbrett (o[31])
rekbaar [ook fig] dehnbar
¹rekenen (onov ww) **1** [cijferen] rechnen: uit het hoofd ~ im Kopf rechnen **2** [rekening houden met] rechnen mit[+3]: reken maar! darauf kannst du Gift nehmen! **3** [vertrouwen op] rechnen mit[+3], sich verlassen[197] auf[+4]
²rekenen (ov ww) **1** [als prijs vragen] (be)rechnen **2** [houden voor] halten[183] für[+4], rechnen zu[+3]: iem. tot zijn vrienden ~ jmdn. zu seinen Freunden rechnen **3** [veronderstellen] voraussetzen
de **rekenfout** Rechenfehler (m[9])
het **Rekenhof** [Belg] Rechnungshof (m[6])
de **rekening** Rechnung (v[20]); [bij bank] Konto (o[36], mv: ook Konten en Konti): ~ en verantwoording doen Rechenschaft ablegen; een ~ openen ein Konto eröffnen; ~ houden met iets etwas berücksichtigen; ~ houden met iem. auf jmdn. Rücksicht nehmen[212]; de ~ graag! zahlen bitte!; in ~ brengen in Rechnung stellen; per slot van ~ schließlich; dat is voor mijn ~ [ook fig] das geht auf meine Rechnung
de **rekening-courant** Kontokorrent (o[29])
de **rekeninghouder** Kontoinhaber (m[9])
het **rekeningnummer 1** [bij bank] Kontonummer (v[21]) **2** [van nota] Rechnungsnummer (v[21])
de **Rekenkamer** Rechnungshof (m[6])
de **rekenliniaal** Rechenschieber (m[9])
de **rekenmachine** Rechenmaschine (v[21])
de **rekenschap** Rechenschaft (v[28]): zich ~ van iets geven sich über[+4] etwas im Klaren sein[262]
de **rekensom** Rechenaufgabe (v[21])
het **rekest** Bittgesuch (o[29]), Eingabe (v[21]): een ~ indienen ein Bittgesuch einreichen
¹rekken (onov ww) sich dehnen
²rekken (ov ww) **1** [langer, wijder maken] dehnen, strecken **2** [lang doen duren] in die Länge ziehen[318]: zijn leven ~ sein Leben fris-

ten
rekruteren 1 [mil] einberufen[226], einziehen[318] **2** [fig] rekrutieren[320]
de **rekruut** Rekrut (m[14])
de **rekstok** Reckstange (v[21]), Reck (o[29], o[36])
het **rekverband** Streckverband (m[6])
het **rekwisiet** Requisit (o[37])
de **rel** Krawall (m[5]): *het is een hele ~ geworden* es
hat viel Staub aufgewirbelt
het **relaas** Bericht (m[5])
het **relais** Relais (o, 2e nvl: -; mv: -)
relateren beziehen[318] (auf+4)
de **relatie 1** [betrekking] Verbindung (v[20]), Beziehung (v[20]); [in zaken] Geschäftsverbindung **2** [persoon] Bekannte(r) (m[40a], v[40b]),
Freund (m[5])
het **relatiebureau** Partnervermittlungsbüro
(o[36])
relatief relativ, verhältnismäßig
het **relatiegeschenk** Werbegeschenk (o[29])
relativeren relativieren[320]
de **relativiteit** Relativität (v[20])
relaxed gelöst, relaxed
relaxen relaxen
relevant relevant
het **relict** Relikt (o[29])
het **reliëf** Relief (o[36], o[29]): *in ~* erhaben; [fig] *~
aan iets geven* einer Sache[3] Relief geben[166]
de **religie** Religion (v[20])
religieus religiös
de **relikwie** Reliquie (v[21])
de **reling** Reling (v[27], v[23])
het **relletje 1** [opstootje] Krawall (m[5]) **2** [op-
schudding] Aufruhr (m[5])
de **rem 1** Bremse (v[21]): *de ~ aanzetten* die
Bremse betätigen **2** [remming] Hemmung
(v[20]): *alle ~men losgooien* sich gehen lassen[197]
de **rembekrachtiging** Servobremse (v[21])
het **remblok** Bremsklotz (m[6])
het **rembours**: *onder ~* per (of: unter) Nach-
nahme
de **remedial teacher** Lehrer (m[9]) der Förderunterricht erteilt
het/de **remedie 1** [med] Heilmittel (o[33]) **2** [fig] Rezept (o[29]): *~ voor verveling* Rezept gegen Lan-
geweile
de **remigrant** Remigrant (m[14]), Rückwanderer
(m[9])
de **remigratie** Rückwanderung (v[20])
de **remise 1** [van geld] Überweisung (v[20])
2 [van tram, bus] Depot (o[36]) **3** [sport] Remis
(o, 2e nvl: -; mv: -) /remi̱ə/: *het spel eindigde in
~* das Spiel endete unentschieden
het **remlicht** Bremslicht (o[31]), Bremsleuchte
(v[21])
remmen [ook fig] bremsen
de **remming** Hemmung (v[20])
het/de **rempedaal** Bremspedal (o[29])
het **remspoor** Bremsspur (v[20])
de **remvoering** Bremsbelag (m[6])
de **remweg** Bremsweg (m[5])

de **[1]ren 1** [snelle loop] Lauf (m[6]), Rennen (o[39])
2 [harddraverij] Pferderennen (o[39])
de **[2]ren** [kippenloop] Auslauf (m[6])
de **renaissance** Renaissance (v[21])
de **renbaan** Rennbahn (v[20])
rendabel rentabel
het **rendement 1** [opbrengst] Ertrag (m[6]),
Rendite (v[21]) **2** [nuttig effect] Nutzeffekt
(m[5])
renderen sich rentieren[320], sich lohnen
het **rendez-vous** Verabredung (v[20])
het **rendier** Ren (o[29], o[36]), Rentier (o[29])
rennen rennen[222]
de **renner** Rennfahrer (m[9])
de **renovatie** Renovierung (v[20])
renoveren renovieren[320], erneuern
het **renpaard** Rennpferd (o[29])
het **rensport** Rennsport (m[19])
de **rentabiliteit** Rentabilität (v[28])
de **rente 1** [opbrengst van een kapitaal] Zins
(m[16], meestal mv): *~ wegens te late betaling*
Verzugszinsen; *~ op* ~ Zinseszins(en) **2** [in-
komsten uit vermogen, pensioen] Rente (v[21])
renteloos zinslos
de **rentenier** Privatmann (m, 2e nvl: -(e)s; mv:
Privatleute)
rentenieren privatisieren[320]
het **rentepercentage** Zinssatz (m[6]), Zinsfuß
(m[6])
de **rentestand** Zinsfuß (m[6]), Zinssatz (m[6])
de **renteverhoging** Zinserhöhung (v[20])
de **renteverlaging** Zinssenkung (v[20])
de **rentevoet** Zinsfuß (m[6]), Zinssatz (m[6])
de **rentmeester** Verwalter (m[9])
de **rentree** Comeback (o[36], 2e nvl: ook -), Rückkehr (v[20])
de **reorganisatie** Reorganisation (v[20])
reorganiseren reorganisieren[320]
rep: *in ~ en roer zijn* in heller Aufregung sein
de **reparateur** Mechaniker (m[9])
de **reparatie** Reparatur (v[20]), Ausbesserung
(v[20]): *~s* [aan gebouw bijv.] Instandsetzungs-
arbeiten (mv v[20])
repareren reparieren[320], wiederherstellen
[1]repatriëren (onov ww) heimkehren
[2]repatriëren (ov ww) repatriieren[320]
het **repertoire** Repertoire (o[36]), Spielplan (m[6])
repeteren 1 [herhalen] wiederholen **2** [in-
studeren] proben, einstudieren[320]
de **repetitie 1** [herhaling] Wiederholung (v[20])
2 [herhaalde oefening] Repetition (v[20]), Probe (v[21]) **3** [proefwerk] Klassenarbeit (v[20])
de **replica** Replik (v[20]), Replikat (o[29])
de **repliek** Replik (v[21]): *iem. van ~ dienen* jmdm.
geharnischt antworten
de **reportage** Reportage (v[21])
de **reporter** Reporter (m[9]), Berichterstatter
(m[9])
[1]reppen (ov ww) [aanroeren] erwähnen:
over (of: *van*) *iets ~* etwas erwähnen
zich **[2]reppen** (wdk ww) sich beeilen

de **represaille** Repressalie (v²¹, meestal mv)
de **representant** Repräsentant (m¹⁴), Vertreter (m⁹)
de **representatie** Repräsentation (v²⁰)
representatief repräsentativ: *een representatieve functie* eine repräsentative Funktion; *een ~ figuur* eine repräsentative Person
representeren repräsentieren³²⁰
de **repressie** Repression (v²⁰)
repressief repressiv
de **reprimande** Rüge (v²¹), Verweis (m⁵)
de **reprise 1** Wiederholung (v²⁰) **2** [film] Reprise (v²¹)
reproduceren reproduzieren³²⁰
de **reproductie** Reproduktion (v²⁰)
het **reptiel** Reptil (o, 2e nvl: -s; mv: Reptilien, zelden -e)
de **republiek** Republik (v²⁰)
de **republikein** Republikaner (m⁹)
republikeins republikanisch
de **reputatie** Ruf (m¹⁹), Leumund (m¹⁹)
het **requiem** Requiem (o³⁶)
het **requisitoir** [ook fig] Plädoyer (o³⁶)
de **research** Forschung (v²⁰)
het **reservaat** Reservat (o²⁹)
de **reserve 1** [voorraad] Reserve (v²¹) **2** [voorbehoud] Vorbehalt (m⁵) **3** [terughoudendheid] Zurückhaltung (v²⁸) **4** [sport] Ersatzspieler (m⁹) **5** [plaatsvervanger] Ersatzmann (m⁸)
de **reservebank** Reservebank (v²⁵), Ersatzbank (v²⁵)
het **reserveonderdeel** Ersatzteil (o²⁹)
reserveren reservieren³²⁰; [van geld] zurücklegen
de **reservesleutel** Ersatzschlüssel (m⁹), Reserveschlüssel (m⁹)
het **reservewiel** Reserverad (o³²), Ersatzrad (o³²)
het **reservoir** Reservoir (o²⁹)
resetten resetten, neu starten
de **residentie** Residenz (v²⁰)
het **residu** Rest (m⁵), Rückstand (m⁶)
resistent resistent
de **resolutie** Resolution (v²⁰)
resoluut resolut, entschlossen
de **resonantie** Resonanz (v²⁰)
resoneren resonieren³²⁰
het **resort** Resort (o³⁶)
resp. afk van *respectievelijk* beziehungsweise, bzw.
het **respect** Respekt (m¹⁹), Achtung (v²⁸): *~ voor iem. hebben* Respekt vor jmdm. haben¹⁸²; *met alle ~, maar …* bei aller Achtung, aber …
respectabel respektabel
respecteren respektieren³²⁰, achten: *zich doen* ~ sich³ Respekt verschaffen
respectief jeweilig
¹**respectievelijk** (bn) jeweilig
²**respectievelijk** (bw) respektive, beziehungsweise

de **respectloos** respektlos: *iem. ~ behandelen* jmdn. respektlos behandeln
het **respijt** Aufschub (m⁶), Frist (v²⁰)
het/de **respons** Respons (m⁵)
het **ressentiment** Ressentiment (o³⁶)
het **ressort** Ressort (o³⁶), Amtsbereich (m⁵)
ressorteren ressortieren³²⁰: *~ onder* ressortieren bei⁺³
de **rest** Rest (m⁵): *~jes (van het eten)* Reste; *voor de ~* übrigens
het **restant** Rest (m⁵, m⁷), Restbestand (m⁶)
het **restaurant** Restaurant (o³⁶), Gaststätte (v²¹)
de **restauratie 1** Restauration (v²⁰) **2** [restaurant] Gaststätte (v²¹)
het **restauratierijtuig**, de **restauratiewagen** Speisewagen (m¹¹)
restaureren restaurieren³²⁰
resten übrig bleiben¹³⁴
resteren übrig bleiben¹³⁴; *~d bedrag* Restbetrag (m⁶)
restitueren (zurück)erstatten
de **restitutie** Rückerstattung (v²⁰), Erstattung
de **restrictie** Restriktion (v²⁰), Vorbehalt (m⁵)
restylen restylen; umgestalten
het **resultaat** Resultat (o²⁹), Ergebnis (o²⁹ᵃ); [gunstig] Erfolg (m⁵): *zonder ~ blijven* ergebnislos bleiben¹³⁴; *geen ~ opleveren* kein Resultat bringen¹³⁹
resulteren 1 [voortvloeien] resultieren (aus⁺³) **2** [als gevolg hebben] resultieren (in⁺³)
het **resumé** Resümee (o³⁶), Zusammenfassung (v²⁰)
resumeren resümieren³²⁰, zusammenfassen
de **resusfactor** Rhesusfaktor (m¹⁹)
rete- sau-
de **retoriek** Rhetorik (v²⁰), Redekunst (v²⁸)
retorisch rhetorisch
het/de **retort** Retorte (v₁²¹)
retoucheren retuschieren³²⁰
het ¹**retour** (zn) [retourbiljet] Rückfahrkarte (v²¹)
²**retour** (bw) zurück || [fig] *op zijn ~ zijn* zurückgehen¹⁶⁸; *hij is op zijn ~* mit ihm geht es abwärts
het **retourbiljet** Rückfahrkarte (v²¹)
retourneren retournieren³²⁰, zurücksenden²⁶³
het **retourtje** Rückfahrkarte (v²¹)
de **retourvlucht 1** [terugreis] Rückflug (m⁶) **2** [heen en weer] Hin- und Rückflug (m⁶)
de **retriever** Retriever (m⁹)
het **retrospectief** retrospektiv
de **return 1** [terugslag] Return (m¹³) **2** [returnwedstrijd] Rückspiel (o²⁹) **3** [computer] Enter (o³⁹): *een harde ~* ein harter Zeilenumbruch; *een zachte ~* ein weicher Zeilenumbruch
de **reu** Rüde (m¹⁵)
de **reuk 1** [reukzin] Geruch (m¹⁹); [van hond, wild] Witterung (v²⁰) **2** [geur] Geruch (m⁶), Duft (m⁶) **3** [fig] Geruch (m¹⁹)

het **ribfluweel** Cord(samt) (m⁵)

het **reukloos** geruchlos

het **reukorgaan** Riechorgan (o²⁹), Geruchsorgan (o²⁹)

het **reuma** Rheuma (o³⁹)

de **reumatiek** Rheumatismus (m, 2e nvl: -; mv: Rheumatismen)

reumatisch rheumatisch

de **reünie** Treffen (o³⁵); [van oud-klasgenoten] Klassentreffen (o³⁵)

de **reuring 1** [drukte] Trubel (m⁹) **2** [beroering] Aufruhr (m⁵), Aufregung (v²⁰): *voor ~ zorgen* für Aufregung sorgen

de **reus** Riese (m¹⁵)

reusachtig riesig, riesenhaft: *~ succes* Riesenerfolg (m⁵); *~ groot* riesengroß

reutelen röcheln

¹**reuze** (bn) riesig, fabelhaft: *dat is ~!* das ist ja fabelhaft!

²**reuze** (bw) riesig, gewaltig

de **reuzel** Schweineschmalz (o²⁹), Schmalz (o²⁹)

reuzeleuk sehr amüsant, köstlich

het **reuzenrad** Riesenrad (o³²)

de **reuzenslalom** Riesenslalom (m¹³)

de **revalidatie** Rehabilitation (v²⁰), Reha (v²⁷)

het **revalidatiecentrum** Rehabilitationszentrum (o, mv: Rehabilitationszentren)

revalideren rehabilitieren³²⁰

de **revaluatie** Aufwertung (v²⁰)

revalueren aufwerten

de **revanche** Revanche (v²¹): *~ nemen* sich revanchieren³²⁰

zich **revancheren** sich revanchieren³²⁰

de **revers** [op-, omslag] Revers (o, 2e nvl: -; mv: -)

reviseren überholen: *geheel ~* generalüberholen

de **revisie** [jur] Revision (v²⁰) **2** [techn] Überholung (v²⁰)

de **revival** Revival (o³⁶)

de **revolte** Revolte (v²¹)

de **revolutie** Revolution (v²⁰)

de ¹**revolutionair** (zn) Revolutionär (m⁵)

²**revolutionair** (bn, bw) revolutionär

de **revolver** Revolver (m⁹)

de **revue** Revue (v²¹) ‖ *iets de ~ laten passeren* etwas Revue passieren lassen¹⁹⁷

het/de **Riagg** afk van *Regionale Instelling voor Ambulante Geestelijke Gezondheidszorg* regionales Institut (o²⁹) für ambulante Psychiatrie

riant 1 [aantrekkelijk] reizend **2** [royaal] beachtlich; [m.b.t. ruimte] geräumig

de **rib 1** Rippe (v²¹): *een ~ kneuzen* eine Rippe quetschen; *dat is een ~ uit je lijf!* das reißt ein großes Loch in den Geldbeutel! **2** [scheepv] Rippe (v²¹), Spant (o³⁷) **3** [wisk] Kante (v²¹)

de **ribbel 1** [verhoogd] Rippe (v²¹), Riffel (v²¹) **2** [verlaagd] Rille (v²¹), Riffel (v²¹)

de **ribbenkast** Brustkorb (m⁶)

de **ribbroek** Cordhose (v²¹)

de **ribeye** Ribeyesteak (o³⁶)

de **richel** Leiste (v²¹)

¹**richten** (ov ww) richten; [van schreden, van iem.] lenken: *een brief aan iem. ~ einen Brief an jmdn. richten; het oog op iets ~ den Blick auf⁺⁴ etwas richten; de blik ten hemel ~ zum Himmel aufblicken; een verzoek tot iem. ~ eine Bitte an jmdn. richten; het woord tot iem. ~ das Wort an jmdn. richten*

zich ²**richten** (wdk ww) **1** (+ naar) sich richten nach⁺³ **2** (+ tot iem.) sich an jmdn. wenden³⁰⁸

de **richting** Richtung (v²⁰): [sport] *de bal werd van ~ veranderd* der Ball wurde abgefälscht; *~ Londen gaan* in Richtung London gehen¹⁶⁸; *in de ~ van het zuiden* in Richtung Süden; [fig] *~ geven aan iets* eine Sache steuern (of: lenken)

de **richtingaanwijzer** Blinkleuchte (v²¹), Blinker (m⁹)

de **richtlijn** Richtlinie (v²¹)

de **richtmicrofoon** Richtmikrofon (o²⁹)

de **richtprijs** Richtpreis (m⁵)

het **richtsnoer** [ook fig] Richtschnur (v²⁰)

de **ridder** Ritter (m⁹)

ridderen einen Orden verleihen²⁰⁰

ridderlijk ritterlich

de **ridderorde** Orden (m¹¹)

de **ridderzaal** Rittersaal (m⁶, mv: Rittersäle)

ridicuul lächerlich

de **riedel 1** [loopje] Jingle (m¹³, 2e nvl: ook -; mv: ook -) **2** [slagzin] Phrase (v²¹) **3** [reeks, rij] Reihe (v²¹)

de **riek** Gabel (v²¹)

rieken riechen²²³

de **riem 1** [om iets vast te binden] Riemen (m¹¹); [van hond] Leine (v²¹) **2** [gordel] Riemen (m¹¹), Gürtel (m⁹), Gurt (m⁵) **3** [roeispaan] Ruder (o³³), Riemen (m¹¹)

het **riet 1** [grassoort] Ried (o²⁹), Schilfrohr (o²⁹): *een huis met ~ dekken* ein Haus mit Rohr decken **2** [rietstengel] Schilfrohr (o²⁹), Schilf (o²⁹): *beven als een ~* zittern wie Espenlaub

rieten schilfen, Schilf…, Rohr…: *~ dak* Schilfdach (o³²); *~ meubelen* Korbmöbel (mv o³³)

het **rietje** Trinkhalm (m⁵), Strohhalm (m⁵)

de **rietsuiker** Rohrzucker (m¹⁹)

het **rif** [klip] Riff (o²⁹)

rigoureus rigoros

de **rij 1** Reihe (v²¹): *in de ~ staan* [bijv. voor loket] Schlange stehen²⁷⁹; *op de ~ af* der Reihe nach **2** [file] Schlange (v²¹)

de **rijbaan** [van weg] Fahrbahn (v²⁰)

het **rijbewijs** Führerschein (m⁵): *het ~ halen* den Führerschein machen; *het ~ intrekken* jmdm. den Führerschein entziehen³¹⁸

de **rijbroek** Reithose (v²¹)

¹**rijden** (onov ww) **1** [in, op een voertuig] fahren¹⁵³: *verkeerd ~* sich verfahren; *door rood ~* eine rote Ampel überfahren; *we gaan een eindje ~* wir machen eine Tour **2** [op een dier] reiten²²¹: *op welk paard wil je ~?* welches

Pferd willst du reiten? **3** [schaatsen] Schlittschuh laufen[198]

²rijden (ov ww) [vervoeren] fahren[153]: *zijn
auto in puin* ~ seinen Wagen zu Bruch fahren;
een rondje ~ eine Runde fahren || *zit niet zo
op die stoel te* ~*!* rutsche nicht so auf dem
Stuhl herum!

de **rijder 1** [ruiter] Reiter (m[9]) **2** [van voertuig]
Fahrer (m[9]) **3** [schaatser] Schlittschuhläufer
(m[9])

het **rijdier** Reittier (o[29])

rijendik in dichten Reihen

het **rijexamen** Fahrprüfung (v[20])

het **rijgedrag** Fahrverhalten (o[39])

rijgen 1 [aan een snoer] anreihen, aufrei-
hen **2** [met grote steken naaien] heften, reihen

de **rijglaars** Schnürstiefel (m[9])

de **rijinstructeur** Fahrlehrer (m[9])

het **¹rijk** (zn) Reich (o[29]); [overheid] Staat (m[16]):
het ~ *alleen hebben* allein (zu Hause) sein[262]; *op
het Romeinse Rijk* das Römische Reich; *op
kosten van het* ~ auf Staatskosten

het **²rijk** (zn): ~ *en arm* Reich und Arm; ~*en en armen* Reiche und Arme (mv)

³rijk (bn, bw) reich; [m.b.t. inhoud] reichhal-
tig || *ik ben je liever kwijt dan* ~ ich sehe dich
lieber von hinten als von vorne

de **rijkaard** Reiche(r) (m[40a], v[40b])

de **rijkdom** Reichtum (m[8])

rijkelijk reichlich: ~ *genoeg* mehr als genug; *iem.* ~ *belonen* jmdn. reich belohnen

de **rijkelui** reiche Leute (mv)

het **rijkeluiskind** Kind (o[31]) aus reichem Haus,
Kind (o[31]) reicher Eltern

de **rijksambtenaar** Staatsbeamte(r) (m[40a])

de **rijksbegroting** Staatshaushalt (m[5])

de **rijksdaalder** ehemalige niederländische
Münze (v[21]) im Werte von hfl 2,50

de **rijksdienst** [instantie] Staatsbehörde (v[21])

de **rijksinstelling** staatliche Institution (v[20])

het **rijksinstituut** staatliche(s) Institut (o[29])

het **rijksmuseum** staatliches Museum (o, 2e
nvl: -s; mv: Museen): *het Rijksmuseum (in Amsterdam)* das Rijksmuseum

de **rijksoverheid** Staat (m[19])

de **rijkspolitie** staatliche Polizei (v[28])

het **rijksregisternummer** [Belg] kombinierte
Steuer- und Sozialversicherungsnummer
(v[21])

de **rijksuniversiteit** staatliche Universität
(v[20])

de **Rijkswacht** [Belg] ± staatliche Polizei (v[28])

de **rijkswachter** [Belg] Mitglied (o[31]) der
staatlichen Polizei

de **rijksweg** Staatsstraße (v[21]); [Du] Bundes-
straße (v[21]); [autosnelweg] Autobahn (v[20])

rijkswege: *van* ~ von Staats wegen

de **rijlaars** Reitstiefel (m[9])

de **rijles** Fahrstunde (v[21]); [in manege] Reit-
stunde (v[21])

het **rijm** Reim (m[5]): *op* ~ *brengen* in Reime bringen[139]

de **rijmelarij** Reimerei (v[20]), Gereime (o)

rijmen 1 [op rijm dichten] reimen **2** [rijm
hebben] sich reimen: ~ *op* sich reimen auf[+4]
3 [overeenstemmen] sich reimen **4** [in overeenstemming brengen] sich[3] zusammenreimen: *dat valt niet te* ~ *met ...* ich kann mir das
nicht zusammenreimen

het **rijmpje** Reim (m[5])

de **Rijn** Rhein (m[19])

de **rijnaak** Rheinkahn (m[6])

het **Rijndal** Rheintal (o[39])

het **rijnschip** Rheinschiff (o[29])

de **rijnwijn** Rheinwein (m[5])

de **¹rijp** [rijm] Reif (m[19]); [losser] Raureif (m[19])

²rijp (bn) reif: *op* ~*ere leeftijd* im reiferen Alter; *na* ~ *beraad* nach reiflicher Überlegung

het **rijpaard** Reitpferd (o[29])

rijpen reifen

de **rijpheid** Reife (v[28])

de **rijping** Reifung (v[28])

het **rijs 1** [twijg] Reis (o[31]) **2** [takken] Reisig (o[39])

de **rijschool 1** [autorijschool] Fahrschule (v[21])
2 [manege] Reitschule (v[21])

het **rijshout** Reisig (o[39])

de **rijsnelheid** Fahrgeschwindigkeit (v[20])

de **rijst** Reis (m[19])

de **rijstebrij**, de **rijstepap** Reisbrei (m[5])

de **rijstijl** Fahrstil (m[5])

de **rijstkorrel** Reiskorn (o[32])

de **rijstrook** Fahrspur (v[20]), Fahrstreifen (m[11])

de **rijsttafel** Reistafel (v[21])

de **rijtaks** [Belg] Kraftfahrzeugsteuer (v[21])

rijten reißen[220]: *in stukken* ~ zerreißen[220]

de **rijtijd** Fahrzeit (v[20])

het **rijtjeshuis** Reihenhaus (o[32])

het **rijtuig** Wagen (m[11]); [huurrijtuig] Droschke
(v[21])

de **rijvaardigheid** Fahrtüchtigkeit (v[28])

het **rijverbod** Fahrverbot (o[29])

de **rijweg** Fahrbahn (v[20])

het **rijwiel** Fahrrad (o[32])

het **rijwielpad** Fahrradweg (m[5]), Radweg (m[5])

de **rijwielstalling** Fahrradwache (v[21])

rijzen 1 [omhooggaan] steigen[281], aufgehen[168]: *de barometer rijst* das Barometer
steigt **2** [gisten] aufgehen[168] **3** [zich oprich-
ten] sich erheben[186] **4** [opkomen] aufkommen[193] **5** [oprijzen] sich erheben[186]

rijzig hochgewachsen: ~ *van gestalte* von
hohem Wuchs

de **rikketik** Pumpe (v[21])

de **riksja** Rikscha (v[27])

rillen zittern: ~ *van de kou* vor[+3] Kälte zittern; [fig] *het is om van te* ~ es ist schauderhaft

rillerig fröstelnd: *ik ben* ~ mich fröstelt

de **rilling 1** [huivering] Schauder (m[9]): *er ging
een koude* ~ *door zijn leden* es überlief ihn kalt
2 [koortsrilling] Schüttelfrost (m[6])

de **rimboe** Dschungel (m⁹)

de **rimpel 1** [in huid] Falte (v²¹), Runzel (v²¹); [in vrucht] Runzel (v²¹); [in stof] Falte (v²¹) **2** [golfje] Kräuselung (v²⁰)

¹**rimpelen** (onov ww) [m.b.t. huid] sich runzeln; [m.b.t. water] sich kräuseln

²**rimpelen** (ov ww) [van voorhoofd] runzeln; [van water] kräuseln

rimpelig runz(e)lig

de **ring 1** Ring (m⁵): ~*en om de ogen* Ringe unter den Augen; *gouden* ~ Goldring (m⁵) **2** [om de maan] Hof (m⁶)

de **ringbaard 1** [van oor tot oor] Kranzbart (m⁶) **2** [rondom de mond] Schnauz- und Kinnbart (m⁶)

de **ringband** Ringbuch (o³²), Ringheft (o²⁹)

ringeloren kujonieren³²⁰, schikanieren³²⁰

ringen beringen: *vogels* ~ Vögel beringen

de **ringmap** Ringbuch (o³²)

de **ringslang** Ringelnatter (v²¹)

de **ringtone** Klingelton (m⁶), Rington (m⁶), Ringtone (m¹³)

de **ringvaart** Ringkanal (m⁶)

de **ringvinger** Ringfinger (m⁹)

de **ringweg** Ring (m⁵), Ringstraße (v²¹)

de **ringworm** Ringelwurm (m⁸)

rinkelen 1 [m.b.t. metaal, glas] klirren **2** [m.b.t. geld] klimpern **3** [m.b.t. telefoon] klingeln

de **rinoceros** Rhinozeros (o²⁹ᵃ, 2e nvl: ook -)

de **riolering** Kanalisation (v²⁰)

het **riool** Abzugskanal (m⁶), Kanal

de **riooljournalistiek** Gossenjournalismus (m¹⁹ᵃ)

het **risico** Risiko (o³⁶, mv: ook Risiken): [bij verzekering] *een eigen* ~ *van ...* eine Selbstbeteiligung von ...; *een* ~ *aanvaarden* ein Risiko auf sich nehmen²¹²; *hij wil geen* ~ *nemen* er will kein Risiko eingehen; *op eigen* ~ auf eigenes Risiko

de **risicogroep** Risikogruppe (v²¹)

de **risicowedstrijd** Risikowettkampf (m⁶)

riskant riskant

riskeren riskieren³²⁰

de **rit 1** [het rijden] Fahrt (v²⁰); [op rijdier] Ritt (m⁵) **2** [afstand] Fahrt (v²⁰); [bij wielrennen] Etappe (v²¹); [bij schaatsen] Lauf (m⁶): [schaatssport] *de derde* ~ *op de 500 m* der dritte 500-m-Sprint || *de zaak weer op de* ~ *krijgen* die Sachen wieder ins rechte Gleis bringen

het **ritme** Rhythmus (m, 2e nvl: -; mv: Rhythmen)

ritmisch rhythmisch

de ¹**rits** [serie] Reihe (v²¹)

de ²**rits** [ritssluiting] Reißverschluss (m⁶)

¹**ritselen** (onov ww) [geluid maken] rascheln

²**ritselen** (ov ww) [voor elkaar brengen] deichseln

ritsen [verk] sich nach dem Reißverschlussverfahren einfädeln

de **ritssluiting** Reißverschluss (m⁶)

het ¹**ritueel** (zn) Ritual (o²⁹)

²**ritueel** (bn, bw) rituell

de **rivaal** Rivale (m¹⁵)

rivaliseren rivalisieren³²⁰

de **rivaliteit** Rivalität (v²⁰)

de **rivier** Fluss (m⁶); [groot, ook] Strom (m⁶)

de **rivierarm** Flussarm (m⁵)

de **rivierbedding** Flussbett (o³⁷)

de **riviermond** Flussmündung (v²⁰)

r.-k. afk van *rooms-katholiek* römisch-katholisch, r.-k., röm.-kath.

de **rob** Robbe (v²¹)

de **robbenjacht** Robbenjagd (v²⁰), Robbenfang (m⁶)

de **robijn** Rubin (m⁵)

de **robot** Roboter (m⁹)

robuust robust, kräftig

de **rochel** [fluim] Schleim (m⁵), Auswurf (m⁶)

rochelen 1 [fluimen opgeven] Schleim absondern **2** [een keelgeluid maken] röcheln

de **rock** Rock (m¹⁹, m¹⁹ᵃ)

de **rocker** Rocker (m⁹)

de **rock-'n-roll** Rock'n'Roll (m, 2e nvl: Rock'-n'Roll(s))

het **rococo** Rokoko (o³⁹, o³⁹ᵃ)

de **roddel** Klatsch (m¹⁹): ~ *en achterklap* Klatsch und Tratsch

de **roddelaar** Klatschmaul (o³²), Klatschtante (v²¹)

het **roddelblad** Sensationsblatt (o³²)

roddelen klatschen

de **roddelpers** Sensationspresse (v²¹), Skandalpresse (v²¹)

de **rodehond** Röteln (mv)

de **rodekool** Rotkohl (m¹⁹), Rotkraut (o³⁹)

het **Rode Kruis** Rotes Kreuz (o³⁹): *het* ~ *das Rote Kreuz*

de **rodelbaan** Rodelbahn (v²⁰)

rodelen rodeln

de **rodeo** Rodeo (m+o)

de **rododendron** Rhododendron (m+o, mv: Rhododendren)

de **roe** *zie roede*

de **roebel** Rubel (m⁹)

de **roede 1** [twijg, penis] Rute (v²¹) **2** [voor gordijn, traploper] Stange (v²¹)

het **roedel** Rudel (o³³), Rotte (v²¹)

de **roeibaan** Regattastrecke (v²¹)

de **roeiboot** Ruderboot (o²⁹)

roeien rudern

de **roeier** Ruderer (m⁹)

de **roeiriem,** de **roeispaan** Ruder (o³³), Riemen (m¹¹)

de **roeisport** Rudersport (m¹⁹)

de **roeiwedstrijd** Ruderregatta (v, mv: Ruderregatten)

roekeloos leichtsinnig, tollkühn

de **roem 1** [lof] Ruhm (m¹⁹) **2** [in kaartspel] Sequenz (v²⁰)

de **Roemeen** Rumäne (m¹⁵), Rumänin (v²²)

het **¹Roemeens** (zn) Rumänisch (o⁴¹)
²Roemeens (bn) rumänisch
roemen 1 [loven] rühmen, loben **2** [in kaartspel] eine Sequenz ansagen
Roemenië Rumänien (o³⁹)
de **roemer** Römer (m⁹)
roemloos ruhmlos
roemrijk ruhmreich
roemrucht berühmt
de **roep** Ruf (m⁵)
roepen 1 rufen²²⁶: *ik voel me er niet toe ge-roepen* ich habe wenig Lust dazu **2** [wekken] wecken ‖ *iets in het leven* ~ etwas ins Leben rufen
de **roepia** Rupiah (v)
de **roeping** Berufung (v²⁰)
de **roepnaam** Rufname (m¹⁸)
het **roer** Ruder (o³³), Steuerruder (o³³); [fig] *aan het* ~ *staan* am Ruder sein²⁶²; [ook fig] *het* ~ *omgooien* das Ruder herumwerfen³¹¹; *hou je* ~ *recht!* bleib senkrecht!; *het* ~ *in handen houden, niet uit handen geven* [fig] das Heft in der Hand behalten, das Heft nicht aus der Hand geben
roerbakken pfannenrühren
de **roerdomp** Rohrdommel (v²¹)
het **roerei** Rührei (o³¹)
roeren rühren: *zijn mond* ~ schnattern; *zijn mond weten te* ~ nicht auf den Mund gefallen sein²⁶²; *iem. tot tranen toe* ~ jmdn. zu Tränen rühren
roerend 1 [aandoenlijk] rührend: *een* ~ *verhaal* eine rührende Geschichte **2** [niet vast] beweglich: ~ *goed* Mobilien (mv); bewegliche Güter (mv) ‖ *het* ~ *eens zijn* sich ganz einig sein²⁶²
de **roerganger** Rudergänger (m⁹), Rudergast (m⁶)
het **Roergebied** Ruhrgebiet (o³⁹)
roerig lebhaft, unruhig
roerloos unbewegt, reg(ungs)los
de **roes** Rausch (m⁶)
het/de **roest** Rost (m¹⁹): *een laag* ~ eine Rostschicht
roestbruin rostbraun
roesten rosten, Rost ansetzen
roestig rostig
de **roestplek**, de **roestvlek** Rostfleck (m⁵)
roestvrij rostfrei: ~ *staal* rostfreier Stahl
het **roet** Ruß (m¹⁹): [fig] ~ *in het eten gooien* jmdm. die Suppe versalzen
het/de **roetfilter** Rußfilter (m⁹)
roetsjen hinunterrutschen
roetzwart rußschwarz
de **roffel** Wirbel (m⁹), Trommelwirbel
roffelen [op de trom] wirbeln
de **rog** Rochen (m¹¹)
de **rogge** Roggen (m¹¹)
het **roggebrood** Roggenbrot (o²⁹)
de **rok 1** [van vrouwen] Rock (m⁶) **2** [van mannen] Frack (m⁶)
de **rokade** Rochade (v²¹)

roken 1 rauchen **2** [vis, vlees] räuchern
de **roker** Raucher (m⁹)
rokerig rauchig
de **rokkenjager** Schürzenjäger (m⁹)
het **rokkostuum** Frack (m⁶)
de **rol 1** [lijst] Liste (v²¹) **2** [theat] Rolle (v²¹): *de ~len omkeren* die Rollen (ver)tauschen **3** [opgerold iets] Rolle (v²¹)
de **rolbezetting** Rollenbesetzung (v²⁰)
het **rolgordijn** Rouleau (o³⁶), Rollo (o³⁶)
de **rolkoffer** Rollkoffer (m⁹)
de **rollade** Rollbraten (m¹¹)
de **rollator** Rollator (m¹⁶), Gehwagen (m¹¹), Gehwägelchen (o³⁵)
rollebollen 1 [buitelen] purzeln **2** [vrijen] es (mit jmdm.) treiben²⁹⁰
¹rollen (onov ww) **1** rollen; [buitelen, ook] sich wälzen; [fig] *aan het* ~ *brengen* ins Rollen bringen¹³⁹; *de donder rolt* der Donner (g)rollt; *de kinderen rolden over elkaar* die Kinder purzelten übereinander; [fig] *ergens in* ~ in⁺⁴ etwas hineinkommen¹⁹³ **2** [makkelijk gaan] sich durchschlagen²⁴¹
²rollen (ov ww) **1** [plat maken] rollen, walzen; [gras] mähen: *een sigaret* ~ eine Zigarette rollen **2** [stelen] klauen
het **rollenspel** Rollenspiel (o²⁹)
de **roller** Roller (m⁹)
de **rollerskate** Rollerskate (m¹³)
het **rolletje**: *het gaat op ~s* es läuft wie am Schnürchen
het **rolluik** Rollladen (m¹², m¹¹)
het **rolmodel** Rollenmodell (o²⁹)
de **rolschaats** Rollschuh (m⁵)
rolschaatsen Rollschuh laufen¹⁹⁸
de **rolschaatser** Rollschuhläufer (m⁹)
de **rolstoel** Rollstuhl (m⁶)
de **roltrap** Rolltreppe (v²¹)
de **rolverdeling** Rollenverteilung (v²⁰)
de **Roma** Roma (mv)
de **roman** Roman (m⁵): ~ *in brieven* Briefroman
de **romance** Romanze (v²¹)
de **romanticus** Romantiker (m⁹)
de **romantiek** Romantik (v²⁸)
romantisch romantisch
romantiseren romantisieren
Rome Rom (o³⁹)
de **Romein** Römer (m⁹)
Romeins römisch: ~*e cijfers* römische Ziffern; *het* ~*e Rijk* das Römische Reich
romig sahnig
de **rommel 1** [warboel] Wust (m¹⁹), Durcheinander (o³⁹): ~ *maken* alles in Unordnung bringen¹³⁹ **2** [oude spullen] Gerümpel (o³⁹) **3** [ondeugdelijke waar] Schund (m¹⁹) ‖ *de hele* ~ der ganze Kram
rommelen 1 [snuffelen] (herum)stöbern, (herum)kramen **2** [dof dreunen] grollen; [in buik, maag] knurren **3** [knoeien] pfuschen **4** [regelen] deichseln ‖ *in de club begon het te* ~ im Verein begann es zu brodeln

rommelig unordentlich, wüst

de **rommelmarkt** Flohmarkt (m⁶), Trödel-
markt (m⁶)

de **romp** Rumpf (m⁶)

de **romper** Windelhöschen (o³⁵)

de **rompslomp** Kram (m¹⁹), Umstände (mv
m⁶): *administratieve ~* Papierkram

het **¹rond** (zn): *in het ~ kijken* um⁺⁴ sich blicken,
umherblicken; *drie kilometer in het ~* drei Kilometer im Umkreis

²rond (bn, bw) rund: *een ~ getal* eine runde
Zahl; *~ 25 euro* etwa 25 Euro; *~ voor iets uitkomen* etwas offen gestehen²⁷⁹; *een wet ~
hebben* ein Gesetz fertig haben¹⁸²

³rond (vz) um⁺⁴ ... (herum): *~ de tafel* um den
Tisch (herum); *~ de middag* gegen Mittag

rondbazuinen ausposaunen

rondbrengen austragen²⁸⁸

ronddelen herumreichen, herumgeben¹⁶⁶

¹ronddraaien (onov ww) sich herumdrehen

²ronddraaien (ov ww) herumdrehen

ronddwalen herumirren, umherirren

de **ronde 1** Runde (v²¹): *het gerucht doet de ~*
das Gerücht kursiert **2** [sport] Runde (v²¹),
Durchgang (m⁶); [wielerwedstrijd] Rundfahrt
(v²⁰)

ronden runden

de **rondetafelconferentie** Konferenz (v²⁰)
am runden Tisch, Round-Table-Konferenz

rondgaan herumgehen¹⁶⁸: *het praatje gaat
rond* es geht die Rede

de **rondgang** Runde (v²¹), Rundgang (m⁶)

rondhangen herumlungern

de **ronding** Rundung (v²⁰)

het **rondje**: *een ~ geven* eine Runde ausgeben¹⁶⁶

rondkijken umherblicken, sich umsehen²⁶¹

rondkomen auskommen¹⁹³: *hij kan goed ~*
er hat sein gutes Auskommen

rondleiden (herum)führen

de **rondleiding** Führung (v²⁰)

rondlopen herumgehen¹⁶⁸, umhergehen¹⁶⁸: *met een plan ~* sich mit einem Plan
tragen²⁸⁸

rondneuzen herumstöbern, herumschnüf-
feln

¹rondom (bw) rundherum

²rondom (vz) um⁺⁴ ... (herum): *~ de tafel* um
den Tisch herum

het **rondpunt** [Belg] [verkeersplein] Kreisel
(m⁹)

de **rondreis** Rundreise (v²¹)

rondreizen herumreisen, umherreisen

rondrijden herumfahren¹⁵³, umherfah-
ren¹⁵³

de **rondrit** Rundfahrt (v²⁰)

rondslingeren: *iets laten ~* etwas herum-
liegen lassen¹⁹⁷

rondsturen herumschicken

de **rondte** Runde (v²¹): *uren in de ~* im ganzen
Umkreis; *in de ~ draaien* sich drehen

rondtrekken herumziehen³¹⁸, umherzie-
hen³¹⁸

ronduit rundheraus; [bepaald] schlicht: *~
gezegd* rundheraus gesagt; *dat is ~ gelogen*
das ist schlicht gelogen

de **rondvaart** Rundfahrt (v²⁰)

de **rondvaartboot** Rundfahrtboot (o²⁹)

rondvertellen herumerzählen, herumtra-
gen²⁸⁸

rondvliegen herumfliegen¹⁵⁹, umherflie-
gen¹⁵⁹

de **rondvlucht** Rundflug (m⁶)

de **rondvraag** Rundfrage (v²¹)

de **¹rondweg** (zn) Ringstraße (v²¹)

²rondweg (bw) rundheraus

rondzwerven herumstreifen, umherstrei-
fen

ronken 1 [snurken] schnarchen **2** [m.b.t.
motor] brummen

ronselen (an)werben³⁰⁹

de **röntgenfoto** Röntgenaufnahme (v²¹),
Röntgenbild (o³¹)

het **röntgenonderzoek** Röntgenuntersu-
chung (v²⁰)

de **röntgenstralen** Röntgenstrahlen (mv)

het **¹rood** (zn) [rode kleur] Rot (o³³); [blos] Röte
(v²⁸)

²rood (bn) rot⁵⁹: *het Rode Kruis* das Rote
Kreuz; *~ potlood* Rotstift (m⁵); *rode wijn* roter Wein (m⁵), Rotwein (m⁵); *~ worden* rot
werden³¹⁰; *het verkeerslicht staat op ~* die Ampel zeigt Rot; *in de rode cijfers komen* in die
roten Zahlen kommen¹⁹³; *hij staat ~* er hat
sein Konto überzogen, er schreibt rote Zahlen

roodachtig rötlich

roodbont 1 [m.b.t. vee] scheckig braun,
scheckig **2** [m.b.t. stoffen] rotweiß

het **roodborstje** Rotkehlchen (o³⁵)

roodbruin rotbraun

roodgloeiend rot glühend: *de telefoon
staat ~* das Telefon klingelt fortwährend

roodharig rothaarig

de **roodhuid** Rothaut (v²⁵)

Roodkapje Rotkäppchen (o³⁹)

de **roodvonk** Scharlach (m¹⁹), Scharlachfieber
(o³⁹)

de **¹roof** [het roven; het geroofde] Raub (m⁵)

de **²roof** [op wond] Schorf (m⁵), Kruste (v²¹)

de **roofbouw** Raubbau (m¹⁹): *~ plegen op*
Raubbau treiben²⁹⁰ mit⁺³

het **roofdier** Raubtier (o²⁹)

de **roofmoord** Raubmord (m⁵)

de **roofoverval** Raubüberfall (m⁶)

de **rooftocht** Raubzug (m⁶); [minder sterk]
Diebeszug (m⁶)

de **roofvogel** Raubvogel (m¹⁰)

¹rooien (ov ww) [klaarspelen] fertigbringen¹³⁹

²rooien (ov ww) [landb] ausgraben¹⁸⁰; [een
bos, bomen] roden

de **rooilijn** Bauflucht (v^{20}), Baufluchtlinie (v^{21})

de **rook** Rauch (m^{19}): [fig] *in ~ opgaan* in Rauch aufgehen^{168}; *onder de ~ van Amsterdam* in der Nähe von Amsterdam

de **rookbom** Rauchbombe (v^{21})

het **rookgordijn** Rauchschwaden (m^{11}, meestal mv): [fig] *een ~ optrekken* sich einnebeln; Rauchschwaden legen

de **rookmelder** Rauchmelder (m^9)

de **rookpaal** Raucherzone (v^{21})

de **rookpauze** Zigarettenpause (v^{21}), Rauchpause (v^{21})

de **rookpluim** Rauchfahne (v^{21})

het **rooksignaal** Rauchzeichen (o^{35}), Rauchsignal (o^{29})

het **rookverbod** Rauchverbot (o^{29})

het **rookvlees** Rauchfleisch (o^{39}), Räucherfleisch (o^{39})

rookvrij rauchfrei: *een ~ gebouw* ein rauchfreies Gebäude

de **rookwolk** Rauchwolke (v^{21})

de **rookworst** Rauchwurst (v^{25})

de **room** Sahne (v^{28}); [fig] Rahm: [fig] *de ~ is er al af* das Beste ist schon weg

de **roomboter** Butter (v^{28})

het **roomijs** Sahneeis (o^{39})

de **roomkaas** Sahnekäse (m^9), Butterkäse (m^9)

roomkleurig cremefarben

rooms katholisch: *~er zijn dan de paus* päpstlicher sein als der Papst

de **roomsaus** Sahnesoße (v^{21})

rooms-katholiek römisch-katholisch

de **roomsoes** Windbeutel (m^9)

de **roos 1** [plantk] Rose (v^{21}) **2** [van kompas] Windrose (v^{21}) **3** [van schietschijf] Schwarze(s) (o^{40c}): *in de ~ schieten* ins Schwarze treffen^{289} **4** [haarroos] Schuppen (mv v^{21}) || *op rozen zitten* auf Rosen gebettet sein^{262}; *slapen als een ~* schlafen^{240} wie ein Murmeltier

rooskleurig [fig] rosig: *de toekomst is niet ~* die Zukunft sieht nicht rosig aus; *~ voorstellen* im rosigsten Licht erscheinen lassen^{197}

het/de **rooster 1** [raamwerk] Rost (m^5) **2** [als afsluiting van openingen] Gitter (o^{33}) **3** [schema] Plan (m^6); [school] Stundenplan (m^6): *volgens ~ aftreden* turnusgemäß ausscheiden^{232}

roosteren rösten

het **¹ros** (zn) [paard] Ross (o^{29}): *stalen ~* Stahlross (o^{29})

²ros (bn) rot, rötlich: *~se baard* fuchsroter Bart; *~se buurt* Amüsierviertel (o^{33})

de **rosbief** Roastbeef (o^{36})

de **rosé** Rosé (m^{13}), Roséwein (m^5)

rossig rötlich; [m.b.t. haar] rotblond

de **¹rot** (zn) [rat] Ratte (v^{21}): *een oude ~* ein alter Hase

²rot (zn) **1** [het rot zijn] Fäulnis (v^{28}) **2** [rotte plek] faule Stelle (v^{21})

³rot (bn, bw) **1** [in staat van bederf] faul: *~te appel* fauler Apfel **2** [m.b.t. hout] morsch

3 [naar] faul, beschissen: *zich ~ lachen* sich totlachen; *zich ~ voelen* sich beschissen fühlen

het/de **rotan** Rotan (m^5), Rotang (m^5)

de **rotatie** Rotation (v^{20})

het **rotding** Dreckding (o^{29})

roteren rotieren^{320}

het **rotje** Knallerbse (v^{21}), Knallfrosch (m^6)

de **rotonde** [verkeersplein] Kreisel (m^9)

de **rotopmerking** gehässige Bemerkung (v^{20})

de **rotor** Rotor (m^{16}); [van motor ook] Läufer (m^9)

de **rots** Felsen (m^{11}), Fels (m^{18})

rotsachtig felsig: *~e bodem* felsiger Boden

het **rotsblok** Felsblock (m^6)

de **rotsspleet** Felsspalt (m^5), Felsritze (v^{21})

de **rotstekening** Felszeichnung (v^{20}), Felsbild (o^{31})

de **rotstreek** Gemeinheit (v^{20})

de **rotstuin** Steingarten (m^{12})

rotsvast felsenfest

de **rotswand** Fels(en)wand (v^{25})

rotten (ver)faulen, (ver)modern

rottig 1 [onaangenaam] mies **2** [onbenullig] lumpig

de **rottigheid** Unannehmlichkeit (v^{20})

de **rotting** [het rotten] Fäulnis (v^{28})

de **rottweiler** Rottweiler (m^9)

het **rotweer** Sauwetter (o^{39})

de **rotzak** [scheldw; vulg] Scheißkerl (m^5)

de **rotzooi** Mist (m^{19})

rotzooien 1 [rommel veroorzaken] schweinigeln **2** [harrewarren] sich zanken **3** [onpraktisch werken] schludern

het/de **rouge** Rouge (o^{36})

de **roulatie** Umlauf (m^{19})

rouleren 1 in (*of:* im) Umlauf sein^{262} **2** [beurtelings waargenomen worden] rollieren^{320}, roulieren^{320}

de **roulette** Roulette (o^{36})

de **route** Route (v^{21})

de **routekaart 1** [kaart] Streckenkarte (v^{21}) **2** [pol] Roadmap (v^{27}), Staßenkarte (v^{21})

de **routeplanner** Routenplaner (m^9)

de **routine** Routine (v^{28})

het **routineonderzoek** Routineuntersuchung (v^{20})

het **routinewerk** Routinearbeit (v^{20})

de **rouw** Trauer (v^{28}): *in de ~ zijn* trauern; *in diepe ~ dompelen* in tiefe Trauer versetzen

de **rouwadvertentie** Traueranzeige (v^{21}), Todesanzeige (v^{21})

de **rouwband** Trauerbinde (v^{21}), Trauerflor (m^5)

rouwen trauern: *om iem. ~* um jmdn. trauern

rouwig traurig: *ik ben er niet ~ om!* ich bedau(e)re es nicht!

de **rouwkrans** Trauerkranz (m^6)

de **rouwplechtigheid** Trauerfeier (v^{21})

de **rouwstoet** Trauerzug (m^6)

roven rauben
de **rover** Räuber (m⁹)
de **roversbende** Räuberbande (v²¹)
royaal großzügig; [vrijgevig] nobel, freigebig: *een royale fooi* ein nobles Trinkgeld; *een ~ huis* ein geräumiges Haus; *een royale bui hebben* die Spendierhosen anhaben¹⁸²; *hij erkende dat ~* er gab es großzügig zu; *een royale overwinning* ein hoher Sieg
de **royalty** Tantieme (v²¹)
royeren [schrappen als lid] ausschließen²⁴⁵
roze rosafarben; [onverbuigbaar] rosa
de **rozemarijn** Rosmarin (m¹⁹)
de **rozenbottel** Hagebutte (v²¹)
de **rozengeur**: *het is niet alles ~ en maneschijn* es herrscht nicht eitel Sonnenschein
de **rozenkrans** Rosenkranz (m⁶)
de **rozenstruik** Rosenstrauch (m⁸), Rosenstock (m⁶)
rozig 1 [rooskleurig] rosig **2** [loom] wohlig
de **rozijn** Rosine (v²¹)
RSI afk van *repetitive strain injury* RSI-Syndrom (o³⁹), RSI (o³⁹ᵃ)
het/de ¹**rubber** (zn) Gummi (m¹³, o³⁶), Kautschuk (m¹⁹)
²**rubber** (bn) aus Gummi, Gummi…
de **rubberboot** Schlauchboot (o²⁹)
rubberen aus Gummi, Gummi…
de **rubberlaars** Gummistiefel (m⁹)
rubriceren rubrizieren³²⁰
de **rubriek** Rubrik (v²⁰)
de **ruchtbaarheid**: *~ aan iets geven* etwas bekannt machen
de **rucola** Rucola (m¹⁹, ¹⁹ᵃ)
rudimentair rudimentär
de **rug** Rücken (m¹¹): *je kan m'n ~ op!* rutsch mir den Buckel runter!; *dat is weer achter de ~!* das ist überstanden!; *met de handen op de ~* die Hände auf dem Rücken; *er liep een koude rilling over mijn ~* es überlief mich eiskalt
het **rugby** Rugby (m³⁹, 2e nvl: ook -)
rugbyen Rugby spielen
de **rugdekking** Rückendeckung (v²⁰)
ruggelings rücklings
de **ruggengraat** [ook fig] Rückgrat (o²⁹)
het **ruggenmerg** Rückenmark (o³⁹)
de **ruggensteun 1** [lett] Rückenstütze (v²¹) **2** [fig] Rückhalt (m⁵)
de **ruggenwervel** Rückenwirbel (m⁹)
de **ruggespraak** Rücksprache (v²⁸)
de **rugleuning** Rückenlehne (v²¹)
de **rugpijn** Rückenschmerz (m¹⁶)
de **rugslag** Rückenschwimmen (o³⁹): *100 m ~* 100 m Rücken
de **rugwind** Rückenwind (m⁵)
de **rugzak** Rucksack (m⁶)
rugzwemmen rückenschwimmen²⁵⁷
de ¹**rui** Mauser (v²⁸)
de ²**rui** [Belg] [in straatnamen] Kanal (m⁶), Gracht (v²⁰)
ruien [m.b.t. vogels] (sich) mausern

de **ruif** Raufe (v²¹), Futterraufe (v²¹)
ruig 1 [borstelig, ruw] struppig **2** [grof, harig] rau **3** [fig] roh, rau; [m.b.t. taal] derb: *het gaat er ~ toe* es geht wüst zu
de **ruigte 1** [wild gewas] Gestrüpp (o²⁹) **2** [het ruig zijn] Struppigkeit (v²⁸), Rauheit (v²⁸), Rohheit (v²⁸), Derbheit (v²⁸); *zie ruig*
ruiken riechen²²³; [jagerstaal] wittern: *gevaar ~* Gefahr wittern
de **ruiker** Strauß (m⁶), Blumenstrauß (m⁶)
de **ruil 1** Tausch (m⁵): *in ~ voor* im Tausch für⁺⁴ (*of: gegen*⁺⁴) **2** [uitwisseling] Austausch (m¹⁹)
ruilen 1 tauschen **2** [omruilen] umtauschen
de **ruilhandel** Tauschhandel (m¹⁹)
het **ruilmiddel** Tauschmittel (o³³)
de **ruilverkaveling** Flurbereinigung (v²⁰)
het ¹**ruim** (zn) [van schip] Schiffsraum (m⁶)
²**ruim** (bn) **1** [zich ver uitstrekkend] weit: *in ~e kring* in weitem Kreis **2** [veel ruimte biedend] geräumig; [m.b.t. kleding] weit: *een ~ huis* [open] frei: *~e blik* Fernblick (m¹⁹) **4** [uitgebreid] reichhaltig: *een ~e keus* eine große Auswahl **5** [m.b.t. tijd] reichlich **6** [rijkelijk] reichlich: *in ~e mate* in reichem Maße; *~ gebruik van iets maken von*⁺³ etwas reichlich Gebrauch machen; *het niet ~ hebben* nur knapp auskommen¹⁹³ **7** [niet bekrompen] großzügig
³**ruim** (bw) **1** [op grote afstand] weit: *~ uit elkaar staan* weit auseinanderstehen²⁷⁹ **2** [overvloedig] reichlich: *~ meten* reichlich messen²⁰⁸; *~ wonen* ein geräumiges Haus haben²⁰ **3** [onbekrompen] großzügig: *~ denken* großzügig denken¹⁴⁰ **4** [meer dan] gut: *~ vijf jaar* gut fünf Jahre; *~ een uur* eine gute Stunde
ruimdenkend großzügig
ruimen 1 [een stad, vesting] räumen **2** [schoonmaken] reinigen **3** [opruimen] räumen: *sneeuw ~* Schnee räumen; *iem. uit de weg ~* jmdn. aus dem Weg räumen
ruimhartig großzügig
ruimschoots reichlich
de **ruimte** Raum (m⁶); [heelal, ook] Weltraum (m¹⁹): *iem. de ~ geven* jmdm. Raum geben¹⁶⁶; *~ maken* Raum schaffen²³⁰; *~ sparen* Raum sparen; *financiële ~* finanzieller Spielraum; *in de ~ zwammen* ins Blaue hineinreden
het **ruimtegebrek** Raummangel (m¹⁹), Platzmangel (m¹⁹)
het **ruimtelaboratorium** Raumlabor (o³⁶, o²⁹)
ruimtelijk räumlich: *~ inzicht hebben* räumliches Vorstellungsvermögen haben
het **ruimtepak** Raumanzug (m⁶)
het **ruimteschip** Raumfahrzeug (o²⁹), Raumschiff (o²⁹)
het **ruimtestation** Raumstation (v²⁰)
de **ruimtevaarder** Astronaut (m¹⁴), Raumfahrer (m⁹)
de **ruimtevaart** Weltraumfahrt (v²⁸), Raumfahrt (v²⁸)

ruimtevaartuig

het **ruimtevaartuig** Raumfahrzeug (o²⁹), Raumschiff (o²⁹)

het **ruimteveer** Raumfähre (v²¹)

de **ruin** Wallach (m⁵)

de **ruïne** Ruine (v²¹); [meervoud] Trümmer (mv) **ruïneren** ruinieren³²⁰

de **ruis** Geräusch (o²⁹), Rauschen (o³⁹) **ruisen** rauschen

de **ruit 1** [glazen plaat] Scheibe (v²¹), Glasscheibe **2** [op stoffen] Karo (o³⁶) **3** [vierhoek] Raute (v²¹)

de ¹**ruiten** Karo (zonder lw; alleen mv) ²**ruiten** (bn) kariert

het/de **ruitenaas** Karoass (o²⁹)

de **ruitenboer** Karobube (m¹⁵)

de **ruitensproeier** Scheibenwaschanlage (v²¹)

de **ruitenwisser** Scheibenwischer (m⁹)

de **ruiter** Reiter (m⁹)

de **ruiterij** Reiterei (v²⁰)

ruiterlijk offen, unumwunden, rundheraus: ~ voor iets uitkomen etwas offen gestehen²⁷⁹

het **ruiterpad** Reitweg (m⁵)

de **ruitersport** Reitsport (m¹⁹)

het **ruitjespapier** kariertes Papier (o²⁹)

de ¹**ruk 1** Ruck (m⁵): een ~ aan de teugel geven einen Ruck am Zügel geben¹⁶⁶ **2** [afstand] Strecke (v²¹) **3** [tijdsduur] Weile (v²⁸): in één ~ door in einem fort || dat kan me geen ~ schelen ich mache mir überhaupt nichts daraus ²**ruk** (bn, pred) [inf] [waardeloos] scheiße, beschissen

rukken zerren; [harder] reißen²²⁰: aan een touw ~ an einem Seil zerren; iem. iets uit de handen ~ jmdm. etwas aus den Händen reißen; de woorden uit hun verband ~ die Worte aus dem Zusammenhang reißen

de **rukwind** Windstoß (m⁶) **rul** locker

de **rum** Rum (m¹³)

de **rumboon** ± Weinbrandbohne (v²¹)

het **rumoer 1** [lawaai] Lärm (m¹⁹) **2** [opschudding] Aufregung (v²⁰) **rumoerig** lärmend, laut, unruhig

de **run 1** [grote toeloop] Run (m¹³), Ansturm (m⁶) (auf⁺⁴) **2** [sport] Lauf (m⁶) **3** [comp] Durchlauf (m⁶)

het **rund 1** Rind (o³¹) **2** [scheldw] Rindvieh (o³⁹); [voor vrouw] blöde Kuh (v²⁵) || bloeden als een ~ bluten wie ein Schwein

het **rundergehakt** Rinderhackfleisch (o³⁹)

de **runderlap** Stück (o²⁹) Rindfleisch

het **rundvee** Rindvieh (o³⁹)

het **rundvlees** Rindfleisch (o³⁹); [toebereid] Rinderbraten (m¹¹) **runnen** leiten

de **running**: in de ~ zijn dabei sein; im Geschäft sein; uit de ~ zijn weg vom Fenster sein

de **rups** Raupe (v²¹)

de **rupsband** Raupe(nkette) (v²¹), Gleiskette (v²¹)

het **rupsvoertuig** Raupenfahrzeug (o²⁹)

de **Rus** Russe (m¹⁵)

de **rush 1** [stormloop] Rush (m¹³), Ansturm (m⁶) **2** [sport] Rush (m¹³) **Rusland** Russland (o³⁹)

het ¹**Russisch** (zn) Russisch (o⁴¹) ²**Russisch** (bn) russisch

de **rust 1** Ruhe (v²⁸): zich te(r) ~e begeven sich schlafen legen **2** [innerlijke vrede] Ruhe (v²⁸), Frieden (m¹¹): iem. met ~ laten jmdn. in Ruhe lassen¹⁹⁷; tot ~ komen zur Ruhe kommen¹⁹³ **3** [sport] Halbzeit (v²⁰) **4** [muz] Pause (v²¹): een kwart ~ eine Viertelpause

de **rustdag** Ruhetag (m⁵) **rusteloos 1** [zonder ophouden] rastlos **2** [zonder innerlijke rust] rastlos, ruhelos, unruhig **rusten** [rust houden; slapen] ruhen; [pauzeren] rasten: wat ~ ein wenig ausruhen; we zullen dat maar laten ~ wir wollen das auf sich³ beruhen lassen; ~ op [ook fig] ruhen auf⁺³ **rustgevend** beruhigend

het **rusthuis** Erholungsheim (o²⁹) **rustiek** rustikal **rustig** ruhig: zich ~ houden sich ruhig verhalten¹⁸³

de **rustplaats** Ruheplatz (m⁶), Ruhestätte (v²¹): laatste ~ letzte Ruhestätte

het **rustpunt** Ruhepunkt (m⁵)

de **ruststand** [sport] Halbzeitstand (m⁶)

de **rustverstoring** Ruhestörung (v²⁰) **ruw 1** [ruig] rau **2** [oneffen] rau: ~e handen raue Hände **3** [niet bewerkt] roh: ~e olie Rohöl (o²⁹) **4** [niet nauwkeurig] grob, roh **5** [wild, onstuimig] rau: ~ weer raues Wetter **6** [onbeschaafd] roh, grob, derb: ~ spelen hart spielen **ruwweg** grob

de **ruzie** Streit (m⁵), Zank (m¹⁹): ~ maken Streit anfangen¹⁵⁵; ~ zoeken Streit suchen; hooglopende ~ hebben sich heftig streiten²⁸⁷ **ruziën** sich streiten²⁸⁷, sich zanken

de **ruziezoeker** Zänker (m⁹); [inf] Streithammel (m¹⁰) **Rwanda** Ruanda (o³⁹)

de ¹**Rwandees** Ruander (m⁹), Ruanderin (v²²) ²**Rwandees** (bn) ruandisch

S

de **s** [letter] s (o), S (o)
saai langweilig, fade: *het is daar een ~e boel!* das ist vielleicht ein müder Laden!
saamhorig zusammengehörig
de **saamhorigheid** Zusammengehörigkeit (v[28])
saampjes zusammen
de **sabbat** Sabbat (m[5])
de **sabbatical**, het **sabbatical year** Sabbatical (o[36]), Sabbatjahr (o[29])
sabbelen lutschen; [m.b.t. zuigeling] nuckeln
de **sabel** [wapen] Säbel (m[9])
de **sabotage** Sabotage (v[21]): *~ plegen* Sabotage begehen[168]; Sabotage treiben[290]
saboteren sabotieren[320]
de **saboteur** Saboteur (m[5])
het **sacrament** Sakrament (o[29])
Sacramentsdag Fronleichnam (m[19], meestal zonder lw), Fronleichnamsfest (o[29])
de **sacristie** Sakristei (v[20])
het **sadisme** Sadismus (m[19a])
de **sadist** Sadist (m[14])
sadistisch sadistisch
het **sadomasochisme** Sadomasochismus (m[19a])
de **safari** Safari (v[27]): *op ~ gaan* auf Safari gehen[168]
de **¹safe** (zn) Tresor (m[5]), Geldschrank (m[6]), Safe (m[13], o[36])
²safe (bn) sicher
de **saffier** Saphir (m[5])
de **saffraan** [specerij] Safran (m[19])
saffraangeel safrangelb
de **sage** Sage (v[21]): *rijk aan ~n* sagenreich
de **sago** Sago (m[19])
de **Sahara** Sahara (v[28])
het/de **¹saillant** (zn) Vorsprung (m[6])
²saillant (bn) markant
Saksen Sachsen (o[39])
Saksisch sächsisch
de **salade** Salat (m[5])
de **salamander** Salamander (m[9])
de **salami** Salami (v[27], mv: ook -)
de **salariëring** Bezahlung (v[20]), Besoldung (v[20])
het **salaris** Gehalt (o[32]): *vast ~* festes Gehalt; *een ~ ontvangen* ein Gehalt beziehen[318]
de **salarisschaal** Gehaltsstufe (v[21])
de **salarisverhoging** Gehaltserhöhung (v[20])
het **saldo** Saldo (m[13], mv: ook Salden en Saldi): *batig ~* Aktivsaldo; *nadelig ~* Passivsaldo; [Ned; verk] *reizen op ~* eine Chipkarte nut-

zen, die mit Guthaben aufgeladen wird
het **saldotekort** Debetsaldo (m[13])
de **salesmanager** Salesmanager (m[9]), Verkaufsleiter (m[9])
de **salie** Salbei (m[19], v[28])
de **salmiak** Salmiak (m[19], o[39])
de **salmonella** Salmonelle (v[21])
het **salomonsoordeel** salomonische(s) Urteil (o[29])
het/de **salon** Salon (m[13])
salonfähig salonfähig
het **salpeterzuur** Salpetersäure (v[28])
de **salto** Salto (m[13], mv: ook Salti)
salueren salutieren[320]: *iem. ~ vor* jmdm. salutieren
het **¹saluut** (zn) [mil] Salut (m[5])
²saluut (tw) [heil] Heil!
het **saluutschot** Salutschuss (m[6])
de **Salvadoraan** Salvadorianer (m[9]), Salvadorianerin (v[22])
Salvadoraans salvadorianisch
het **salvo** [ook fig] Salve (v[21])
de **samba** Samba (v[27])
de **sambal** Sambal (o+m)
samen [bijeen] zusammen, beisammen; [met elkaar] zusammen, miteinander: *het ~ eens zijn* sich einig sein[262]; *~ uit, ~ thuis* ± mitgefangen, mitgehangen
samenbrengen zusammenbringen[139]
samendrukken zusammendrücken
samengaan zusammengehen[168]
samengesteld zusammengesetzt: *~e interest* Zinseszins (m[16], meestal mv)
de **samenhang** Zusammenhang (m[6])
samenhangen zusammenhängen [184]
samenknijpen zusammenkneifen [192]
samenkomen *zie* bijeenkomen
de **samenkomst** *zie* bijeenkomst
samenleven zusammenleben
de **samenleving** Gesellschaft (v[20])
het **samenlevingscontract** Partnerschaftsvertrag (m[6]), Lebenspartnerschaftsurkunde (v[21])
de **samenloop**: *de ~ van omstandigheden* das Zusammentreffen verschiedener Umstände
¹samenpakken (ov ww) zusammenpacken
zich **²samenpakken** (wdk ww) [m.b.t. wolken] sich zusammenballen; [m.b.t. onweer] sich zusammenziehen[318]
samenpersen zusammenpressen
het **samenraapsel** Mischmasch (m[5]): *~ van leugens* Lügengewebe (o[33])
samenscholen sich ansammeln
de **samenscholing** Ansammlung (v[20])
samensmelten zusammenschmelzen[248], verschmelzen[248]; [fig] (miteinander) verschmelzen[248], fusionieren[320]: *de bedrijven zijn samengesmolten* die Betriebe haben fusioniert
de **samensmelting** [ook fig] Verschmelzung (v[20])

samenspannen sich verschwören[260]

het **samenspel** Zusammenspiel (o[29])

de **samenspraak** Wechselgespräch (o[29]), Dialog (m[5])

het **samenstel** Komplex (m[5]), Struktur (v[20]), Gefüge (o[33])

samenstellen 1 [alg] zusammenstellen, zusammensetzen **2** [vervaardigen] herstellen **3** [schrijven] verfassen **4** [vormen] bilden **5** [een overzicht] zusammenstellen

de **samensteller** Hersteller (m[9]); [van tijdschrift, programma e.d.] Mitarbeiter (m[9])

de **samenstelling 1** [wijze waarop iets is samengesteld] Zusammensetzung (v[20]) **2** [het bijeenplaatsen] Zusammenstellung (v[20]); *zie samenstellen*

[1]**samentrekken** (ov ww) zusammenziehen[318]

zich [2]**samentrekken** (wdk ww) sich zusammenziehen[318]

samenvallen zusammenfallen[154], zusammentreffen[289]

samenvatten zusammenfassen

de **samenvatting** Zusammenfassung (v[20])

samenvloeien zusammenfließen[161]

samenvoegen zusammenfügen; [combineren van schoolklassen e.d.] zusammenlegen

samenwerken 1 [m.b.t. personen] zusammenarbeiten **2** [m.b.t. zaken] zusammenwirken

de **samenwerking** Zusammenarbeit (v[28])

samenwonen [bij elkaar wonen] zusammenwohnen; [ongehuwd] zusammenleben

het **samenzijn** Beisammensein (o[39]), Zusammensein (o[39])

de **samenzweerder** Verschwörer (m[9])

samenzweren sich verschwören[260]

de **samenzwering** Verschwörung (v[20])

samsam: ~ *doen* halbe-halbe machen

het **sanatorium** Sanatorium (o, 2e nvl: -s; mv: Sanatorien)

de **sanctie** Sanktion (v[20]): *~s uitvaardigen tegen* Sanktionen verhängen gegen[+4]

sanctioneren sanktionieren[320]

de **sandaal** Sandale (v[21])

de **sandwich** Sandwich (m+o, 2e nvl: - of -(e)s; mv: -(e)s of -e); [Belg] Brötchen (o[35])

saneren sanieren[320]

de **sanering** Sanierung (v[20])

het [1]**sanitair** (zn) Sanitäranlagen (mv v[21])

[2]**sanitair** (bn) sanitär, hygienisch

santé prosit!, zum Wohl!

de **santenkraam**: *de hele* ~ der ganze Kram

het **sap** Saft (m[6]): *een glas* ~ ein Glas Saft

de **sapcentrifuge** Entsafter (m[9])

de **sappel**: *zich* ~ *maken* **a)** [ploeteren] sich abrackern; **b)** [bezorgd zijn] besorgt sein[262]

sappelen sich abrackern

sappig saftig

het **sarcasme** Sarkasmus (m, 2e nvl: -; mv: Sarkasmen)

sarcastisch sarkastisch

de **sarcofaag** Sarkophag (m[5]), Steinsarg (m[6])

de **sardine** Sardine (v[21])

Sardinië Sardinien (o[39])

de **sarong** Sarong (m[13], 2e nvl: ook -)

sarren quälen, piesacken; [een dier] quälen

de **sas**: *in zijn* ~ *zijn* gut aufgelegt sein[262]

Satan Satan (m[5])

satanisch satanisch, teuflisch

de **saté** Saté (o, 2e nvl: -; mv: -s)

de **satelliet** Satellit (m[14]): *uitzending via* ~ Satellitenübertragung (v[20])

de **satellietschotel** Parabolschüssel (v[21])

de **satellietstaat** Satellitenstaat (m[16])

de **satellietverbinding** Satellitenverbindung (v[20])

de **satésaus** kräftig gewürzte Soße (v[21]) auf der Basis von Erdnüssen

het **satéstokje** Satéspießchen (o)

het **satijn** Atlas (m, 2e nvl: -(ses); mv: -se), Satin (m[13])

satijnen Atlas..., Satin...: *~ jurk* Atlaskleid (o[31])

de **satire** Satire (v[21])

satirisch satirisch

de **saucijs** Saucischen (o[35])

het **saucijzenbroodje** ± Würstchen (o[35]) in Blätterteig

Saudi-Arabië Saudi-Arabien (o[39])

Saudi-Arabisch saudi-arabisch

de **Saudiër** Saudi (m[13]), Saudi-Araber (m[9]), Saudi-Araberin (v[22])

Saudisch saudi-arabisch, saudisch

de **sauna** Sauna (v[27], mv: ook Saunen)

de **saus 1** [alg] Soße (v[21]); [voor tabak, ook] Beize (v[21]) **2** [verf] Tünche (v[21])

de **sauskom** Sauciere (v[21]), Soßenschüssel (v[21])

de **sauslepel** Soßenlöffel (m[9])

sauteren sautieren[320]

sauzen 1 [van tabak] soßen, beizen **2** [een muur e.d.] tünchen **3** [regenen] gießen[175]

de **savanne** Savanne (v[21]), Baumsteppe (v[21])

saven speichern

de **savooiekool** Wirsing (m[19]), Wirsingkohl (m[19])

de **sax** Saxofon (o[29])

de **saxofonist** Saxofonist (m[14])

de **saxofoon** Saxofon (o[29])

de **S-bocht** S-Kurve (v[21])

het/de **scala** Skala (v[27], mv: ook Skalen)

de **scalp** Skalp (m[5])

het **scalpel** Skalpell (o[29])

scalperen skalpieren[320]

de **scan** Scanbild (o[31]), Szintigramm (o[29])

scanderen skandieren[320]

Scandinavië Skandinavien (o[39])

de **Scandinaviër** Skandinavier (m[9]), Skandinavierin (v[22])

Scandinavisch skandinavisch

scannen scannen, abtasten

de **scanner** Scanner (m[9])

het **scenario 1** [theat] Szenario (o[36]) **2** [film] Drehbuch (o[32])

de **scenarioschrijver** Drehbuchautor (m[16])

de **scene** Szene (v[21])

de **scène** Szene (v[21]), Auftritt (m[5]): *in ~ zetten* in Szene setzen; *maak geen ~s* [ook] mach kein Theater!

de **scepsis** Skepsis (v[28])

de **scepter** Zepter (o[33], m[9]): *de ~ zwaaien* das Zepter schwingen[259] (*of:* führen)

sceptisch skeptisch

de **schaaf** Hobel (m[9])

de **schaafwond** Schürfwunde (v[21])

het **¹schaak** Schach (o[36])

²schaak (bn): *~ staan* im Schach stehen[279]; *~ zetten* Schach bieten[130]

het **schaakbord** Schachbrett (o[31])

schaakmat (schach)matt: *iem. ~ zetten* jmdn. (schach)matt setzen

de **schaakpartij** Schachpartie (v[21]): *afgebro-ken ~* Hängepartie (v[21])

het **schaakspel** Schachspiel (o[29])

het **schaakstuk** Schachfigur (v[20])

het **schaaktoernooi** Schachturnier (o[29])

de **schaal 1** [schaalverdeling] Skala (v[27], mv: ook Skalen), Maßstab (m[6]): *de ~ van Richter* die Richterskala; *op een ~ van een op veertig* im Maßstab eins zu vierzig; *op ~ tekenen* maßstab(s)getreu zeichnen **2** [van ei] Schale (v[21]) **3** [van weekdier] Schild (m[5]) **4** [schotel] Schale (v[21]), Schüssel (v[21]) **5** [weegschaal] Waage (v[21]) **6** [toonladder] Tonleiter (v[21]), Skala (v[27], mv: ook Skalen) **7** [fig] Umfang (m[6])

het **schaaldier** Schal(en)tier (o[29]), Krustentier (o[29])

het **schaalmodel** maßstabsgerechte(s) Modell (o[29])

de **schaalverdeling** Skala (v[27])

de **schaalvergroting** Erweiterung (v[20]); Ver-größerung (v[20]): *~ in de landbouw* Vergröße-rung der landwirtschaftlichen Betriebsfläche pro Hof

het **schaambeen** Schambein (o[29])

de **schaamdelen** Schamteile (mv m[5])

het **schaamhaar** Schamhaar (o[29])

de **schaamlippen** Schamlippen (mv v[21])

het **¹schaamrood** (zn) Schamröte (v[28])

²schaamrood (bn) schamrot

de **schaamstreek** Schamgegend (v[28]), Intim-bereich (m[5])

de **schaamte** Scham (v[28]): *valse ~* falsche Scham; *plaatsvervangende ~ voelen* sich für jmdn., etwas (fremd)schämen

schaamteloos schamlos, unverschämt

het **schaap** [ook fig] Schaf (o[29]): *onnozel ~* Schafskopf (m[6]); *een kudde schapen* [ook] eine Schafherde

schaapachtig dämlich, blöde

de **schaapherder** Schäfer (m[9]), Schafhirt (m[14])

het **schaapje** Schäfchen (o[35]): [fig] *zijn ~s op het droge hebben* sein Heu im Trocknen haben[182]

de **schaar 1** [knipwerktuig, ook van kreeft] Schere (v[21]) **2** [ploegschaar] Schar (v[23])

¹schaars (bn) knapp, spärlich: *geld is ~* Geld ist knapp; *~ worden* knapp werden[310]; *~ arti-kel* Mangelware (v[21])

²schaars (bw) [op karige wijze] spärlich: *~ bevolkt* spärlich besiedelt; *~ gekleed* spärlich bekleidet; *~ verlicht* spärlich beleuchtet

de **schaarste** Knappheit (v[28]) (an[+3])

de **schaats** Schlittschuh (m[5]): *een scheve ~ rij-den* krumme Sachen machen

de **schaatsbaan** Schlittschuhbahn (v[20])

het **¹schaatsen** (zn) Eislauf (m[19]), Schlittschuh-laufen (o[39])

²schaatsen (ww) Schlittschuh laufen[198], eis-laufen[198]

de **schaatser** Schlittschuhläufer (m[9]), Eisläufer (m[9])

schabouwelijk [Belg] arg, schlecht

de **¹schacht 1** [van laars, lans] Schaft (m[6]) **2** [van veer, pen] Kiel (m[5]) **3** [van lift, mijn] Schacht (m[6])

de **²schacht** [Belg] ± Erstsemester (o[33])

de **schade** Schaden (m[12]): *materiële ~* Sachscha-den; *~ aan gewassen* Flurschaden; *zijn ~ inha-len* das Versäumte nachholen; *~ lijden* Scha-den erleiden[199]; *(iem.) ~ toebrengen* (jmdm.) Schaden zufügen; *~ veroorzaken* Schaden verursachen; *iem. de ~ vergoeden* jmdm. den Schaden ersetzen; *het onderwijs lijdt ~* der Unterricht wird beeinträchtigt; *door ~ en schande wordt men wijs* durch Schaden wird man klug

het **schadebedrag** Schadenbetrag (m[6])

de **schadeclaim** Schaden(s)ersatzforderung (v[20])

de **schade-expert** Schadensachbearbeiter (m[9])

het **schadeformulier** Unfallprotokoll (o[29]), Schaden(s)protokoll (o[29])

schadelijk schädlich: *~ insect, ~ wezen, ~e plant* Schädling (m[5]); *~ voor het milieu* um-weltschädlich

schadeloosstellen entschädigen

de **schadeloosstelling** Entschädigung (v[20]): *eis tot ~* Schaden(s)ersatzklage (v[21])

schaden schaden[+3], schädigen[+4]

de **schadepost** Verlustposten (m[11])

de **schadevergoeding** Schaden(s)ersatz (m[19]), Entschädigung (v[20]): *plicht tot ~* Ersatz-pflicht (v[28]); *~ geven* Schaden(s)ersatz leisten

de **schadeverzekering** Schaden(s)versiche-rung (v[20])

schadevrij unfallfrei

de **schaduw** Schatten (m[11]): *je kunt niet in zijn ~ staan* du kannst ihm das Wasser nicht rei-chen; *uit de ~ treden* aus dem Schatten treten

het **schaduwbeeld** [ook fig] Schattenbild (o[31])

schaduwen [schaduw aanbrengen] schat-

tieren[320]: *iem. ~* jmdn. beschatten
het **schaduwkabinet** Schattenkabinett (o[29])
de **schaduwrijk** schattig, schattenreich
de **schaduwzijde** [ook fig] Schattenseite (v[21])
schaffen schaffen[230]: *raad ~* Rat schaffen
schaften 1 [pauzeren] Pause machen
2 [eten] essen[152]
de **schakel 1** Glied (o[31]) **2** [fig] Bindeglied (o[31])
de **schakelaar** Schalter (m[9])
de **schakelarmband** Gliederarmband (o[32])
het **schakelbord** Schaltbrett (o[31]), Schalttafel
(v[21])
schakelen 1 [aaneenhechten] verbinden[131]
2 [m.b.t. auto] schalten **3** [elek] schalten:
parallel ~ parallel schalten; *in serie ~* in Reihe
schalten
de **schakeling** Schaltung (v[20]): [auto] *automatische ~* Automatik (v[20])
de **schakelkast** Schaltschrank (m[6])
schaken 1 [sport] Schach spielen **2** [ont-
voeren] entführen
de **schaker** [sport] Schachspieler (m[9])
schakeren schattieren[320], nuancieren[320]
de **schakering** Schattierung (v[20]), Nuance (v[21])
het **schaliegas** Schiefergas (o[29])
schalks schalkhaft, schelmisch
schallen schallen[231], hallen
schamel 1 [armoedig] ärmlich **2** [slecht]
dürftig **3** [karig] kärglich
zich **schamen** sich schämen: *zich over iem., over
iets ~* sich wegen jemands, sich wegen[+2] einer
Sache schämen; *zich voor iem. ~* sich vor
jmdm. schämen; *zich dood ~* sich zu Tode
schämen
schampen streifen
schamper verächtlich, geringschätzig
schamperen höhnen, spotten
het **schampschot** Streifschuss (m[6])
het **schandaal** Skandal (m[5]): *bij een ~ betrokken
zijn* in einen Skandal verwickelt sein[262]
de **schandaalpers** Skandalpresse (v[21]), Sensationspresse (v[21])
schandalig skandalös, schändlich
de **schande** Schande (v[28]): *iem. te ~ maken*
jmdm. Schande bringen[139]; *~ van iets spreken*
über[+4] etwas empört sein[262]
schandelijk schändlich: *~ duur* sündhaft
teuer
de **schandknaap** Strichjunge (m[15])
de **schandpaal** Schandpfahl (m[6]), Pranger
(m[9]): [fig] *iem. aan de ~ nagelen* jmdn. an den
Pranger stellen
de **schandvlek** Schandfleck (m[5])
de **schans** Schanze (v[21])
het **schansspringen** Skispringen (o[39])
het/de **schap** Schrankbrett (o[31]), Regal (o[29])
de **schapenkaas** Schafkäse (m[9])
de **schapenscheerder** Schafscherer (m[9])
de **schapenvacht** Schafpelz (m[5])
het **schapenvlees** Schaffleisch (o[39]); [toebe-
reid] Hammelbraten (m[11])

het **schapenwolkje** Schäfchenwolke (v[21],
meestal mv)
schappelijk 1 [m.b.t. prijs] kulant **2** [m.b.t.
personen] umgänglich **3** [behoorlijk] fair || *er
nog ~ afkomen* glimpflich davonkommen[193]
de **schar** Kliesche (v[21])
¹scharen (ov ww) [opstellen] scharen
zich **²scharen** (wdk ww) sich scharen, sich stellen:
*zich ~ aan de zijde van … sich auf die Seite[+2] …
stellen; zich achter iem., iets ~* sich hinter
jmdn., hinter[+4] etwas stellen
het/de **scharminkel** wandelndes Gerippe (o[33])
het **scharnier** Scharnier (o[29])
scharnieren sich um ein Scharnier drehen
de **scharrel** Flirt (m[13])
de **scharrelaar 1** [sjacheraar] Schacherer (m[9])
2 [prutser] Pfuscher (m[9]) **3** [met meisjes]
Schürzenjäger (m[9])
het **scharrelei** Landei (o[31])
scharrelen 1 [m.b.t. kippen] scharren **2** [in
laden, kasten] herumwühlen, kramen **3** [sja-
cheren] schachern **4** [vrijen] flirten || *bij elkaar
~ zusammenraffen
de **scharrelkip** Freilandhuhn (o[32])
de **schat** Schatz (m[6])
de **schatbewaarder** [Belg] Schatzmeister
(m[9])
schateren schallend lachen: *~ van het lachen* aus vollem Halse lachen
schaterend: *~ gelach* schallendes Gelächter (o[33])
de **schaterlach** schallendes Gelächter (o[33])
de **schatgraver** Schatzgräber (m[9])
het **schatje** Schätzchen (o[35]), Liebling (m[5])
de **schatkamer** Schatzkammer (v[21])
de **schatkist** [staatskas] Staatskasse (v[21])
schatplichtig steuerpflichtig; [fig] zu Dank
verpflichtet
schatrijk steinreich
de **schattebout** Liebling (m[5]), Schatz (m[6])
schatten schätzen, abschätzen; [door taxa-
teur] taxieren[320], bewerten: *iets grof ~* etwas
über den Daumen peilen
schattig goldig, niedlich, süß
de **schatting** Schätzung (v[20]), Taxation (v[20]),
Taxierung (v[20]): *naar ~* schätzungsweise
schaven 1 [met schaaf] hobeln **2** [huiden]
schaben **3** [fig] feilen **4** [afschuren]: *zijn huid
~* sich[3] die Haut schürfen
het **schavot** Schafott (o[29])
de **schavuit** Schurke (m[15]), Schuft (m[5])
de **schede** Scheide (v[21])
de **schedel** Schädel (m[9])
de **schedelbasisfractuur** Schädelbasisbruch
(m[6])
scheef schief: *een scheve voorstelling van
iets geven* eine falsche Vorstellung von etwas
geben[166]; *~ trekken* [m.b.t. deuren] sich verziehen[318]; *hij zet een ~ gezicht* er macht ein
schiefes Maul; *het zit ~* es ist schiefgegangen
de **scheefgroei** Fehlentwicklung (v[20])

scheel schielend; [fig] scheel: *schele hoofd-pijn* Migräne (v²¹); ~ *oog* schielendes Auge (o³⁸)
scheelzien schielen
de **scheen** Schienbein (o²⁹)
het **scheenbeen** Schienbein (o²⁹)
de **scheenbeschermer** Schienbeinschoner (m⁹)
de **scheepsbouw** Schiff(s)bau (m¹⁹)
de **scheepsbouwer** Schiff(s)bauer (m⁹)
de **scheepshut** Kabine (v²¹), Schiffshütte (v²¹)
de **scheepslading** Schiffsladung (v²⁰)
de **scheepsramp** Schiffskatastrophe (v²¹)
het **scheepsrecht**: *driemaal is* ~ aller guten Dinge sind drei
het **scheepsruim** Schiffsraum (m⁶)
de **scheepswerf** Schiffswerft (v²⁰)
de **scheepvaart** Schifffahrt (v²⁸): *Raad voor de Scheepvaart* Seeamt (o³²)
het **scheepvaartverkeer** Schiffsverkehr (m¹⁹)
het **scheerapparaat** Rasierapparat (m⁵): *elektrisch* ~ Elektrorasierer (m⁹)
de **scheerkwast** Rasierpinsel (m⁹)
de **scheerlijn** Spannschnur (v²⁵, v²⁰); [van een tent] Zeltleine (v²¹)
het **scheermes** Rasiermesser (o³³)
het **scheermesje** Rasierklinge (v²¹)
de **scheerwol** Schurwolle (v²⁸), Scherwolle (v²⁸)
de **scheerzeep** Rasierseife (v²¹)
de **scheet** Furz (m⁶), Pup (m⁵), Pups (m⁵): *een* ~ *laten* furzen, einen Furz lassen¹⁹⁷
scheidbaar trennbar
¹**scheiden** (onov ww) sich trennen, sich scheiden²³²: *hier* ~ *onze wegen* hier trennen (*of:* scheiden) sich unsere Wegen; *zij gaan* ~ sie wollen sich scheiden lassen
²**scheiden** (ov ww) trennen, scheiden²³²: *een muur scheidt de tuinen* eine Mauer trennt die Gärten; *een gescheiden vrouw* ein geschiedener Mann
zich ³**scheiden** (wdk ww) sich trennen, sich scheiden²³²
de **scheiding** 1 [alg; ook bij huwelijk] Scheidung (v²⁰), Trennung (v²⁰), Ehescheidung (v²⁰): *in* ~ *liggen* in Scheidung liegen²⁰² 2 [in het haar] Scheitel (m⁹): *een* ~ *in het haar maken* das Haar scheiteln, einen Scheitel ziehen 3 [tussen de aanhangers van een partij, enz.] Spaltung (v²⁰)
de **scheidslijn** Trennlinie (v²¹)
de **scheidsmuur** [fig] Barriere (v²¹); [lett] Trennwand (v²⁵)
de **scheidsrechter** Schiedsrichter (m⁹)
de **scheikunde** Chemie (v²⁸)
scheikundig chemisch
de **scheikundige** Chemiker (m⁹)
de ¹**schel**: *de ~len vallen iem. van de ogen* es fällt jmdm. wie Schuppen von den Augen
²**schel** (bn, bw) 1 [m.b.t. geluid] schrill, grell, gellend 2 [m.b.t. kleur, licht] grell

schelden schimpfen, schelten²³⁵: *iem. de huid vol* ~ jmdn. mit Schimpfwörtern überschütten; *op iem.* ~ auf jmdn. schelten (*of:* schimpfen)
de **scheldnaam** Schimpfname (m¹⁸)
het **scheldwoord** Schimpfwort (o³²)
de **schele** Schieler (m⁹)
schelen 1 [verschillen] differieren³²⁰, verschieden sein²⁶²: *ze* ~ *twee jaar* sie sind im Alter zwei Jahre auseinander; *zij* ~ *haast niets* [in leeftijd] sie sind fast gleich alt; [in lengte] sie sind fast gleich lang; *dat scheelt veel* das macht einen großen Unterschied 2 [mankeren] fehlen: *wat scheelt je?* was fehlt dir?; *het scheelde weinig of …* es fehlte wenig, so … || *het kan mij niets* ~ es ist mir egal; *wat kan het je* ~? was kümmert es dich?; *het kon hem weinig* ~ es kümmerte ihn wenig
de **schelm** Schurke (m¹⁵), Schelm (m⁵)
de **schelp** Muschel (v²¹)
het **schelpdier** Schalentier (o²⁹), Muschel (v²¹)
de **schelvis** Schellfisch (m⁵)
het **schema** Schema (o³⁶, mv: ook Schemen of Schemata)
schematisch schematisch
schematiseren schematisieren³²⁰
de **schemer** Dämmerung (v²⁰), Zwielicht (o³⁹)
het ¹**schemerdonker** (zn) Dämmerlicht (o³⁹)
²**schemerdonker** (bn) dämm(e)rig
schemeren dämmern: *het schemert* es dämmert; *het licht schemert door de bladeren* das Licht schimmert durch die Blätter; *het schemert me voor de ogen* es flimmert mir vor den Augen; *er schemert mij zoiets voor de geest* ich habe eine vage Vorstellung davon
schemerig dämm(e)rig
de **schemering** Dämmerung (v²⁰), Zwielicht (o³⁹): *de* ~ *valt* die Dämmerung bricht an
de **schemerlamp** Schirmlampe (v²¹); [groot] Stehlampe (v²¹)
de **schemertoestand** Dämmerzustand (m⁶)
schenden 1 [ontwijden] schänden; [van meisje, ook] entehren 2 [ontsieren] verschandeln 3 [beschadigen] beschädigen: *geschonden* a) [m.b.t. gezicht] entstellt; b) [m.b.t. voorwerpen] schadhaft 4 [niet nakomen, niet ontzien] verletzen
de **schending** Schändung (v²⁰), Beschädigung (v²⁰), Verletzung (v²⁰), Entehrung (v²⁰); *zie schenden*
de **schenkel** Schenkel (m⁹)
schenken 1 [gieten] (ein)schenken, (ein)gießen¹⁷⁵; [serveren] servieren³²⁰ 2 [geven] schenken, spenden: *iem. zijn vertrouwen* ~ jmdm. sein Vertrauen schenken; *aandacht* ~ *aan iem., iets* jmdm., einer Sache Aufmerksamkeit schenken
de **schenking** Gabe (v²¹), Spende (v²¹); [jur] Schenkung (v²⁰): *een* ~ *(aan iem.) doen* eine Schenkung (an jmdn.) machen
de **schennis** Schändung (v²⁰), Entehrung (v²⁰)

de **schep** Schaufel (v²¹); [lepel] Löffel (m⁹): *dat kost een ~ geld* das kostet einen Haufen Geld

de **schepen** [Belg] Beigeordnete(r) (m⁴⁰ᵃ)

het **schepencollege** [Belg] Magistrat (m⁵)

het **schepijs** ± Speiseeis (o³⁹)

het **schepje** (kleine) Schaufel (v²¹); [lepeltje] Löffelchen (o³⁵): *er een ~ (boven)op doen* **a)** [de prijs verhogen] den Preis erhöhen; **b)** [meer moeite doen] sich mehr anstrengen; **c)** [overdrijven] übertreiben²⁹⁰

het **schepnet** Kescher (m⁹), Käscher (m⁹)

¹scheppen (ww) [voortbrengen] schaffen²³⁰: *orde ~* Ordnung schaffen; *voorwaarden ~* Bedingungen schaffen

²scheppen (ww) **1** [vaste stoffen verplaatsen] schaufeln **2** [putten, ademen] schöpfen: *een luchtje ~* frische Luft schöpfen; *vermaak ~ in* seine Freude haben¹⁸² an⁺³ **3** [sport] unterlaufen¹⁹⁸ || *een fietser ~* einen Radfahrer umfahren¹⁵³

scheppend: *~ vermogen* Schöpferkraft (v²⁵); schöpferische Kraft (v²⁵)

de **schepper** Schöpfer (m⁹)

de **schepping** Schöpfung (v²⁰)

het **scheppingsverhaal** Schöpfungsgeschichte (v²¹), Schöpfungsbericht (m⁵)

het **schepsel** Geschöpf (o²⁹)

¹scheren (ww) [snel bewegen] streichen²⁸⁶: *zwaluwen ~ over het water* Schwalben streichen über das Wasser; *scheer je weg!* scher dich fort!

²scheren (ww) [afsnijden] rasieren³²⁰; [van heg, dier] scheren²³⁰

de **scherf** Scherbe (v²¹); [dun, fijn; ook van granaat] Splitter (m⁹)

de **schering** [van weefsel] Kette (v²¹): *~ en inslag* [fig] gang und gäbe

het **scherm 1** Schirm (m⁵) **2** [kamerscherm] Wandschirm (m⁵) **3** [theat] Vorhang (m⁶): [fig] *achter de ~en blijven* hinter den Kulissen bleiben¹³⁴

schermen fechten¹⁵⁶: *met woorden ~* das große Wort führen

de **schermutseling** Scharmützel (o³³); [met woorden] Geplänkel (o³³)

het **¹scherp** (zn) [van mes e.d.] Schneide (v²¹): *met ~ schieten* scharf schießen²³⁸

²scherp (bn, bw) **1** [alg] scharf⁵⁸: *~e blik* scharfer Blick (m¹⁹); *~e prijzen* scharfe Preise; *~e mosterd* scharfer Senf; *~ zeilen* hart am Wind segeln **2** [m.b.t. dolk] scharf⁵⁸, spitz **3** [m.b.t. geluid] scharf⁵⁸, durchdringend **4** [meetk] spitz: *~e hoek* spitzer Winkel (m⁹) **5** [m.b.t. kou, wind] scharf⁵⁸, eisig **6** [m.b.t. pijn] scharf⁵⁸, stechend **7** [m.b.t. toezicht] scharf⁵⁸, streng **8** [m.b.t. vloeistof] scharf⁵⁸, ätzend, beißend **9** [m.b.t. woord] scharf⁵⁸, beißend

scherpen 1 [slijpen] schärfen, wetzen, schleifen²⁴³; [van potlood] spitzen **2** [van zintuigen, verstand] schärfen

scherpomlijnd scharf (of: fest) umrissen, fest abgegrenzt

de **scherpschutter** Scharfschütze (m¹⁵)

de **scherpslijper 1** [muggenzifter] Haarspalter (m⁹) **2** [ophitser] Scharfmacher (m⁹)

de **scherpte** Schärfe (v²⁸); [strengheid] Härte (v²⁸)

scherpzinnig scharfsinnig

de **scherts** Scherz (m⁵), Spaß (m⁶)

schertsen scherzen, spaßen

schertsend scherzend, scherzhaft

de **schertsfiguur** Witzfigur (v²⁰)

de **schertsvertoning** Theater (o³⁹), Komödie (v²¹)

de **schets 1** [ook fig] Skizze (v²¹) **2** [ontwerp] Entwurf (m⁶) **3** [beschrijving] Schilderung (v²⁰) **4** [kort overzicht] Abriss (m⁵)

het **schetsboek** Skizzenbuch (o³²)

schetsen 1 skizzieren³²⁰ **2** [ontwerpen] entwerfen³¹¹ **3** [beschrijven] schildern, darstellen

schetteren [m.b.t. trompetten] schmettern

de **scheur** Riss (m⁵); [barst] Sprung (m⁶): [fig] *zijn ~ opentrekken* das Maul aufreißen

de **scheurbuik** Skorbut (m⁵)

¹scheuren (onov ww) [m.b.t. muur] einen Riss (of: Risse) bekommen¹⁹³ || *door een bocht ~* brausend durch eine Kurve fahren¹⁵³

²scheuren (ov ww) reißen²²⁰: *niet ~* reißfest; *in stukken ~* zerreißen²²⁰; *zijn kleren waren gescheurd* seine Kleider waren zerrissen

de **scheuring** Spaltung (v²⁰)

de **scheurkalender** Abreißkalender (m⁹)

de **scheut 1** [uitloper] Schössling (m⁵), Trieb (m⁵) **2** [hoeveelheid vloeistof] Schuss (m⁶): *een ~ melk* ein Schuss Milch **3** [van pijn] Stich (m⁵)

scheutig [vrijgevig] freigebig, spendabel

schichtig scheu, kopfscheu

¹schielijk (bn) rasch, geschwind

²schielijk (bw) hastig, plötzlich: *~ eten* hastig essen¹⁵²

schier [bijna] fast, beinahe

het **schiereiland** Halbinsel (v²¹)

de **schietbaan** Schießstand (m⁶)

het **¹schieten** (zn) Schießen (o³⁹)

²schieten (ww) schießen²³⁸: *daar schiet me iets te binnen!* da fällt mir etwas ein!; *iets laten ~* etwas schießen lassen¹⁹⁷; *in de hoogte ~* in die Höhe schießen; *in de kleren ~* in die Kleider fahren¹⁵³; *in de lucht ~* in die Luft schießen; *de tranen ~ hem in de ogen* die Tränen schießen ihm in die Augen; *er naast ~* danebenschießen; *op iem. ~* auf jmdn. schießen; *uit de grond ~* aufschießen

het **schietgebedje** Stoßgebet (o²⁹)

het **schietlood** Senklot (o²⁹), Lot (o²⁹), Senkblei (o²⁹)

de **schietpartij** Schießerei (v²⁰)

de **schietschijf** Schießscheibe (v²¹)

de **schietstoel** Schleudersitz (m⁵)

de **schiettent** Schießbude (v²¹)

¹**schiften** (onov ww) [m.b.t. melk] gerinnen²²⁵

²**schiften** (ov ww) 1 [sorteren] sortieren³²⁰ 2 [afzonderen] trennen 3 [doorkijken en ordenen] sichten

de **schijf 1** [alg] Scheibe (v²¹) 2 [damschijf] Damestein (m⁵) 3 [grammofoonplaat] Schallplatte (v²¹) 4 [deel van een katrol] Rolle (v²¹)

de **schijfrem** Scheibenbremse (v²¹)

de **schijn** Schein (m¹⁹), Anschein (m¹⁹): ~ *bedriegt* der Schein trügt; *geen* ~ *van kans* nicht die geringste Chance; *het heeft de* ~ *alsof ...* es hat den Anschein, als ob ...; *de* ~ *ophouden* den Schein wahren; *de* ~ *wekken* den Anschein erwecken; *voor de* ~ zum Schein **schijnbaar** scheinbar: *hij heeft* ~ *gelijk* er hat anscheinend Recht

de **schijnbeweging** Täuschungsmanöver (o³³), Finte (v²¹)

de ¹**schijndood** (zn) Scheintod (m¹⁹)

²**schijndood** (bn) scheintot

schijnen scheinen²³³: *naar het schijnt* allem Anschein nach; *de zon schijnt* die Sonne scheint

de **schijngestalte** Phase (v²¹)

schijnheilig scheinheilig

het **schijnhuwelijk** Scheinehe (v²¹)

het **schijnsel** Schein (m⁵), Schimmer (m⁹)

het **schijntje** Kleinigkeit (v²⁰): *ik kocht het voor een* ~ ich kaufte es für eine Kleinigkeit

de **schijnvertoning** Ablenkungsmanöver (o³³): *het is maar een* ~ das ist alles nur Theater

de **schijnwerper** Scheinwerfer (m⁹): [fig] *in de* ~*s staan* im Rampenlicht stehen, im Scheinwerferlicht stehen

het/de **schijt** [inf] Scheiße (v²⁸), Kacke (v²⁸): *ik heb* ~ *aan die mensen!* ich scheiße auf diese Leute! **schijten** [inf] scheißen²³⁴, kacken

de **schijterd** Angsthase (m¹⁵)

schijterig voll Schiss: *doe niet zo* ~*!* hast du etwa Schiss?!

de **schijterij** [inf] Scheißerei (v²⁸), Dünnschiss (m¹⁹): *aan de* ~ *zijn* Dünnschiss haben¹⁸²

de **schik 1** [tevreden stemming] Vergnügen (o³⁹), Freude (v²⁸): *ik ben ermee in mijn* ~ ich freue mich darüber; *hij is niet in zijn* ~ er ist nicht gut gelaunt; *enorm in zijn* ~ *zijn* sehr vergnügt sein²⁶² 2 [plezier] Spaß (m⁶): ~ *hebben* Spaß haben¹⁸²; *hij heeft* ~ *in zijn leven* er hat Spaß am Leben; *ik heb er geen* ~ *in* es gefällt mir nicht

¹**schikken** (onov ww) [gelegen komen] passen: *als het u schikt!* wenn es Ihnen passt!

²**schikken** (ov ww) 1 [ordenen] ordnen; [van meubels, ook] gruppieren³²⁰, platzieren³²⁰: *bloemen* ~ Blumen ordnen 2 [regelen] einrichten: *ik zal het zo* ~*, dat ...* ich werde es so einrichten, dass ...

zich ³**schikken** (wdk ww) sich ergeben¹⁶⁶, sich fügen: *zich in zijn lot* ~ sich in sein Schicksal ergeben (*of:* fügen); *zich naar de omstandigheden* ~ sich in die Umstände fügen; *zich naar iem.* ~ *sich* jmdm. fügen; *zich om een tafel* ~ *sich um einen Tisch setzen; zie geschikt*

de **schikking 1** [ordening] Ordnung (v²⁸); [van figuren op schilderstuk e.d.] Anordnung (v²⁸) 2 [overeenkomst] Einigung (v²⁰): *de minnelijke* ~ die gütliche Einigung; [jur] der Vergleich; *een* ~ *tot stand brengen* einen Vergleich zustande (*of:* zu Stande) bringen¹³⁹

de **schil** Schale (v²¹)

het **schild 1** [van ridder, insect, het wapen] Schild (m⁵): [fig] *iets in zijn* ~ *voeren* etwas im Schilde führen 2 [uithangbord] Schild (o³¹)

de **schilder 1** [huisschilder] Maler (m⁹), Anstreicher (m⁹) 2 [kunstschilder] Maler (m⁹) **schilderachtig** malerisch **schilderen 1** [met verf] malen; [verven] anstreichen²⁸⁶ 2 [beschrijven] schildern

het **schilderij** Gemälde (o³³)

de **schilderijententoonstelling** Gemäldeausstellung (v²⁰)

de **schildering 1** [het schilderen] Malen (o³⁹) 2 [wijze van schilderen] Malweise (v²¹) 3 [het geschilderde] Malerei (v²⁰) 4 [beschrijving] Schilderung (v²⁰), Darstellung (v²⁰)

de **schilderkunst** Malerei (v²⁸)

het **schildersatelier** Maleratelier (o³⁶)

het **schildersbedrijf** Malerbetrieb (m⁵)

de **schildersezel** Staffelei (v²⁰)

het **schilderstuk** Gemälde (o³³), Bild (o³¹)

het **schilderwerk** [aan huizen e.d.] Malerarbeiten (mv v²⁰), Anstrich (m⁵): *het* ~ *bladdert* der Anstrich blättert ab

de **schildklier** Schilddrüse (v²¹)

de **schildknaap** Schildträger (m⁹), Schildknappe (m¹⁵)

de **schildpad 1** [dier] Schildkröte (v²¹) 2 [stof] Schildpatt (o³⁹)

de **schildwacht** Schildwache (v²¹), Posten (m¹¹), Wachtposten (m¹¹)

de **schilfer 1** [van huid] Schuppe (v²¹) 2 [van muur e.d.] Abschilferung (v²⁰) 3 [van hout, metaal] Splitter (m⁹) **schilferen 1** [m.b.t. huid] sich (ab)schuppen 2 [m.b.t. muur] abblättern **schillen** schälen

de **schim** Schatten (m¹¹)

de **schimmel** [paard, zwam] Schimmel (m⁹) **schimmelen** schimmeln, schimm(e)lig werden³¹⁰ **schimmelig** schimm(e)lig

het **schimmenspel** Schattenspiel (o²⁹), Schattentheater (o³³) **schimpen** schimpfen, schmähen: ~ *op iets* auf⁺⁴ etwas schimpfen

het **schip** [scheepv; van kerk] Schiff (o²⁵): *schoon* ~ *maken* reinen Tisch machen; [fig] *het* ~ *in gaan* baden gehen¹⁶⁸

de **schipbreuk** Schiffbruch (m⁶): ~ *lijden* [ook fig] Schiffbruch erleiden¹⁹⁹; [fig ook] schei-

tern
de **schipbreukeling** Schiffbrüchige(r) (m⁴⁰ᵃ, v⁴⁰ᵇ)
de **schipper** Schiffer (m⁹)
schipperen taktieren³²⁰: *hij wil altijd ~ er sucht immer Kompromisse*
de **schipperstrui** Troyer (m⁹)
het **schisma** Schisma (o, mv: Schismen); Kirchenspaltung (v²⁰)
schitteren [ook fig] glänzen; [m.b.t. ogen, ster, zon, ook] leuchten
schitterend glänzend, glanzvoll, leuchtend
de **schittering** Glänzen (o³⁹), Leuchten (o³⁹); [praal] Glanz (m¹⁹); *zie schitteren*
de **schizofrenie** Schizophrenie (v²¹)
de **schlager** Schlager (m⁹)
de **schlemiel** Schlemihl (m⁵); Pechvogel (m¹⁰)
de **schmink** Schminke (v²¹)
schminken schminken
de **schnabbel** Nebenverdienst (m⁵)
de **schnitzel** Schnitzel (o³³)
het **schoeisel** Schuhe (mv m⁵), Schuhwerk (o³⁹)
de **schoen** Schuh (m⁵): *hoge ~* Stiefel (m⁹); *lage ~* Halbschuh; *de ~ knelt (me)* der Schuh drückt (mich); *iem. iets in de ~en schuiven* jmdm. etwas in die Schuhe schieben²³⁷; *stevig (of: vast) in zijn ~en staan* seiner Sache gewiss sein²⁶², selbstsicher sein; *de moed zinkt hem in de ~en* das Herz rutscht ihm in die Hose; *ik zou niet graag in zijn ~en staan* ich möchte nicht in seiner Haut stecken; *de stoute³ ~en aantrekken* sich³ ein Herz fassen; [Belg] *in nauwe ~tjes zitten* sich in einer misslichen Lage befinden¹⁵⁷
de **schoenenzaak** Schuhgeschäft (o²⁹)
de **schoener** Schoner (m⁹)
de **schoenlepel** Schuhlöffel (m⁹)
de **schoenmaat** Schuhgröße (v²¹), Schuhnummer (v²¹)
de **schoenmaker** Schuhmacher (m⁹), Schuster (m⁹)
het/de **schoensmeer** Schuhcreme (v²⁷), Schuhwichse (v²¹)
de **schoenveter** Schnürsenkel (m⁹)
de **schoenzool** Schuhsohle (v²¹)
de **schoep** Schaufel (v²¹)
de **schoffel** Schuffel (v²¹)
schoffelen schuffeln
schofferen grob behandeln; [inf] wie (den letzten) Dreck behandeln
het **schoffie** Rabauke (m¹⁵), Rüpel (m⁹)
de **¹schoft** [schoelje] Schuft (m⁵), Lump (m¹⁴)
de **²schoft** [schouder] Widerrist (m⁵)
schofterig schuftig, schurkisch
de **schok 1** [stoot] Stoß (m⁶); [hevig] Erschütterung (v²⁰) **2** [elektrisch] Schlag (m⁶) **3** [beroering] Schock (m¹³, m⁵)
het **schokbeton** Rüttelbeton (m¹³, m⁵)
de **schokbreker** Stoßdämpfer (m⁹)
de **schokdemper** Stoßdämpfer (m⁹)

het **schokeffect** Schockeffekt (m⁵), Schockwirkung (v²⁰)
¹schokken (onov ww) **1** schütteln **2** [m.b.t. wagens e.d.] rumpeln, rütteln, holpern **3** [betalen] blechen
²schokken (ov ww) [verbijsteren] erschüttern
de **¹schol 1** [aardkluit, ijsschots, deel van aardkorst] Scholle (v²¹) **2** [vis] Scholle (v²¹), Goldbutt (m⁵)
²schol (tw) [Belg] prost
de **scholekster** Austernfischer (m⁹)
scholen [opleiden] schulen, ausbilden
de **scholengemeenschap** ± Gesamtschule (v²¹)
de **scholier 1** Schüler (m⁹) **2** [Belg; sport] Junior (m¹⁶)
de **scholing** Schulung (v²⁰), Ausbildung (v²⁰)
de **schommel 1** [speelgoed] Schaukel (v²¹) **2** [dikke vrouw] Maschine (v²¹)
schommelen 1 [op golven, op de schommel] schaukeln **2** [m.b.t. slinger] pendeln, (hin und her) schwingen²⁵⁹ **3** [m.b.t. koersen, prijzen] schwanken **4** [waggelend lopen] watscheln
de **schommeling** [van koersen, prijzen, temperatuur] Schwankung (v²⁰)
de **schommelstoel** Schaukelstuhl (m⁶)
de **schoof** Garbe (v²¹)
schooien betteln
de **schooier 1** [bedelaar] Bettler (m⁹) **2** [landloper] Vagabund (m¹⁴) **3** [schoft] Schuft (m⁵), Lump (m¹⁴)
de **school 1** Schule (v²¹): *openbare ~* Gemeinschaftsschule; *bijzondere ~* Bekenntnisschule, Konfessionsschule; *~ maken* Schule machen; *naar ~ gaan* in die Schule (of: zur Schule) gehen¹⁶⁸; *op ~* in der Schule; *op ~ doen* einschulen; *op een andere ~ doen* umschulen; *op een goede ~ zijn* eine gute Schule besuchen; *van ~ nemen* ausschulen; *van ~ veranderen* die Schule wechseln; *vrij van ~* schulfrei **2** [groep vissen] Schwarm (m⁶): *een ~ haringen* ein Heringsschwarm **3** [methode] Schule (v²¹)
de **schoolagenda** Aufgabenheft (o²⁹)
de **schoolarts** Schularzt (m⁶)
de **schoolbank** Schulbank (v²⁵)
de **schoolbel** Schulklingel (v²¹)
het **schoolbestuur** Schulträger (m⁹)
schoolblijven nachsitzen²⁶⁸, nachbrummen
het **schoolboek** Schulbuch (o³²)
het **schoolbord** Wandtafel (v²¹)
de **schoolbus** Schulbus (m⁵, 2e nvl: -ses; mv: -se)
de **schooldag** Schultag (m⁵)
het **schoolfeest** Schulfeier (v²¹), Schulfest (o²⁹)
schoolgaand: *~e jongen* Schuljunge (m¹⁵); *~e kinderen* Schuljugend (v²⁸); *~ meisje* Schulmädchen (o³⁵)

het **schoolgebouw** Schulgebäude (o[33])
het **schoolgeld** Schulgeld (o[31]): *ik zou mijn ~ maar terugvragen* lass dir dein Lehrgeld zurückgeben
het **schoolhoofd** Schulleiter (m[9])
het **schooljaar** Schuljahr (o[29])
de **schooljeugd** Schuljugend (v[28])
de **schooljongen** Schuljunge (m[15]), Schüler (m[9])
de **schooljuffrouw** Lehrerin (v[22])
de **schoolkeuze** Wahl (v[20]) der Schule
de **schoolklas** Schulklasse (v[21]), Klasse (v[21])
de **schoolkrant** Schülerzeitung (v[20])
het **schoollokaal** Klassenzimmer (o[33])
de **schoolmeester 1** [onderwijzer] Schullehrer (m[9]) **2** [beweter] Schulmeister (m[9]), Schulfuchs (m[6]): *de ~ spelen* schulmeistern; den Schulmeister spielen
het **schoolmeisje** Schulmädchen (o[35])
het **schoolonderzoek** ± Vorprüfung (v[20])
het **schoolplein** Schulhof (m[6])
het **schoolreisje** Schulausflug (m[6]), Klassenfahrt (v[20])
de **schoolreünie** Klassentreffen (o[35])
schools 1 [als op school] schulisch, schulgerecht, Schul- **2** [weinig zelfstandig] schulmeisterlich, pedantisch
de **schoolslag** [sport] Brustschwimmen (o[39]): *100 m ~* 100 m Brust
de **schooltas** Schulmappe (v[21]), Schultasche (v[21]); [op de rug gedragen] Schulranzen (m[11])
de **schooltijd** Schulzeit (v[20]): *onder, buiten, na ~* während, außerhalb, nach der Schule
het **schoolvak** Schulfach (o[32])
de **schoolvakantie** Schulferien (mv)
de **schoolverlater** Schulabgänger (m[9]): *voortijdig ~* Schulabbrecher (m[9])
het **schoolverzuim** Schulversäumnis (o[29])
het **schoolvoorbeeld** Musterbeispiel (o[29]), Paradebeispiel (o[29])
de **schoolvriend** Schulkamerad (m[14])
schoolziek schulkrank
schoolzwemmen Schulschwimmen (o[35])
schoon 1 [mooi] schön: *zijn kans ~ zien* seine Chance nutzen **2** [niet vuil] sauber, rein **3** [helemaal] völlig
de **schoonbroer** Schwager (m[10])
de **schoondochter** Schwiegertochter (v[26])
de **schoonheid** Schönheit (v[20])
de **schoonheidsfout** Schönheitsfehler (m[9])
het/de **schoonheidssalon** Kosmetiksalon (m[13])
de **schoonheidsspecialiste** Kosmetikerin (v[22])
de **schoonheidswedstrijd** Schönheitswettbewerb (m[5])
schoonhouden rein halten[183], sauber halten[183]
de **schoonmaak** Saubermachen (o[39]); [in huis] Hausputz (m[19]): *de grote ~* das Großrein(e)machen
de **schoonmaakster** Putzfrau (v[20])

schoonmaken sauber machen, reinigen
de **schoonmaker** Putzer (m[9])
de **schoonmoeder** Schwiegermutter (v[26])
de **schoonouders** Schwiegereltern (mv)
het **schoonschrift** Schönschrift (v[28])
het **schoonspringen** Kunstspringen (o[39])
de **schoonvader** Schwiegervater (m[10])
de **schoonzoon** Schwiegersohn (m[6])
de **schoonzus** Schwägerin (v[22])
schoonzwemmen Kunstschwimmen (o[39])
de **schoorsteen 1** [op dak, op schip] Schornstein (m[5]) **2** [van fabriek] Schlot (m[5]), Fabrikschornstein (m[5]) **3** [schoorsteenmantel] Kamin (m[5])
de **schoorsteenmantel** Kaminmantel (m[10]), Schornsteinmantel (m[10])
de **schoorsteenveger** Schornsteinfeger (m[9])
schoorvoetend ungern; [aarzelend] zögernd
de **schoot 1** Schoß (m[6]): [fig] *het hoofd in de ~ leggen* sich fügen **2** [scheepv] Schot (v[20])
het **schoothondje** Schoßhündchen (o[35])
de **¹schop** [trap] Fußtritt (m[5]), Tritt (m[5]): *vrije ~* Freistoß (m[6]); *iem. een ~ geven* jmdm. einen Tritt (*of:* Fußtritt) versetzen (*of:* geben)
de **²schop** [schep] Schaufel (v[21]); [spade] Spaten (m[11]): [fig] *op de ~ gaan* [fysiek] völlig umgestaltet werden; [bv. van organisatie] eine Umstrukturierung erfahren
¹schoppen (ww) treten[291]: *iem. ~* jmdn. treten; [fig] *tegen iem. aan ~* gegen jmdn. anrennen[222] || *herrie ~* Krach machen; *het ver ~* es weit bringen[139]
de **²schoppen** (zn) [kaartspel] Pik (o[36]), Schippen (zonder lw; alleen mv)
het/de **schoppenaas** Pikass (o[29])
schor heiser
het **schorem** Gesindel (o[39]), Mob (m[19]), Pack (o[39])
de **schorpioen** Skorpion (m[5])
de **Schorpioen** [sterrenbeeld] Skorpion (m[5])
de **schors** Rinde (v[21])
schorsen 1 [van ambtenaar] suspendieren[320] **2** [sport] sperren **3** [van vergadering] unterbrechen[137] **4** [van proces] aussetzen
de **schorseneer** Schwarzwurzel (v[21])
de **schorsing 1** Suspension (v[20]) **2** [sport] Sperrung (v[20]) **3** Unterbrechung (v[20]) **4** Aussetzung (v[20]); *zie schorsen*
het/de **schort** Schürze (v[21])
schorten [haperen] hapern, fehlen: *wat schort eraan?* wo hapert es denn?
het **schot 1** [met wapen; ook sport] Schuss (m[6]): *buiten ~ blijven* außer Schussweite bleiben[134] **2** [afscheiding] Verschlag (m[6]), Scheidewand (v[25]), Trennwand (v[25]) **3** [scheepv] Schott (o[37]): *waterdicht ~* wasserdichtes Schott || *er zit geen ~ in het werk* die Arbeit kommt nicht voran; *er komt ~ in* die Sache kommt in Fluss
de **Schot** Schotte (m[15]), Schottin (v[22])
de **schotel 1** [schaal] Schüssel (v[21]); [kom]

Schale (v²¹): *vliegende* ~ fliegende Untertasse **2** [gerecht] Platte (v²¹): *koude* ~ [met vlees] kalte Platte; [met vis] Schwedenplatte

de **schotelantenne** Parabolantenne (v²¹), Schüsselantenne (v²¹); [inf] Schüssel (v²¹)

het **schoteltje 1** [klein bord] Schüsselchen (o³⁵) **2** [van kopje] Untertasse (v²¹)

Schotland Schottland (o³⁹)

de ¹**schots** (zn) Eisscholle (v²¹), Scholle

²**schots** (bn, bw): ~ *en scheef* kreuz und quer

Schots schottisch: *met een ~e ruit* mit Schottenmuster; *~e rok* Schottenrock (m⁶)

de **schotwond** Schusswunde (v²¹)

de **schouder** Schulter (v²¹), Achsel (v²¹): *een jurk met blote ~s* ein schulterfreies Kleid; *de ~s ophalen* die Achseln zucken; [fig] *zijn ~s onder iets zetten* sich hinter⁺⁴ etwas klemmen; [fig] *een last van iemands ~s nemen* jmdm. eine Last abnehmen

de **schouderband 1** [van kledingstuk] Träger (m⁹): *zonder ~jes* trägerlos **2** [draagband] Schulterriemen (m¹¹), Tragriemen (m¹¹)

het **schouderblad** Schulterblatt (o³²)

het **schouderklopje**: *iem. een ~ geven* jmdm. auf die Schulter klopfen; [fig] jmdm. ein Kompliment machen

de **schoudertas** Schultertasche (v²¹), Umhängetasche (v²¹)

de **schoudervulling** Schulterpolster (o³³)

de **schouw** [schoorsteen] Kamin (m⁵)

de **schouwburg** Theater (o³³), Schauspielhaus (o³²): *naar de ~ gaan* ins Theater gehen¹⁶⁸

het **schouwspel** Schauspiel (o²⁹)

schraal 1 [mager, ook mbt grond] mager, dürr: *een schrale troost* ein schwacher Trost **2** [m.b.t. kost] karg⁵⁹, schmal⁵⁹ **3** [m.b.t. huid, weer, wind] rau

schragen (unter)stützen; [fig] unterstützen

de **schram** Schramme (v²¹)

schrammen schrammen, ritzen

schrander klug⁵⁸, gescheit, intelligent

schranzen futtern

de ¹**schrap** (zn) [streep] Strich (m⁵)

²**schrap** (bw): *zich ~ zetten tegen* [ook fig] sich (an)stemmen gegen⁺⁴

¹**schrapen** (onov ww) [inhalig zijn] raffgierig sein²⁶² || *zijn keel* ~ sich räuspern

²**schrapen** (ov ww) **1** [van aardappels, wortels] schaben **2** [van vis] schuppen

schraperig raffgierig, raffsüchtig

schrappen 1 [van aardappels, wortels] schaben **2** [van vis] schuppen **3** [doorstrepen] streichen²⁸⁶

de **schrede** Schritt (m⁵)

de **schreef** Strich (m⁵), Linie (v²¹): *dat gaat over de ~!* das geht zu weit!

de **schreeuw** Aufschrei (m⁵), Schrei (m⁵)

schreeuwen 1 [alg; ook m.b.t. aap, papegaai, pauw, varken] schreien²⁵³ **2** [gillen, krijsen] kreischen

schreeuwend schreiend: *~e kleuren*

schreiende Farben; *~ duur* furchtbar teuer

de **schreeuwer 1** Schreier (m⁹), Schreihals (m⁶) **2** [snoever] Großmaul (o³²), Angeber (m⁹)

de **schreeuwlelijk** Schreihals (m⁶)

schreien 1 [huilen] weinen: *van vreugde ~* vor⁺³ Freude weinen **2** [grienen] flennen

schriel 1 [gierig] karg, filzig **2** [mager] mager

het **schrift** [handschrift, lettertekens] Schrift (v²⁰); [cahier] Schreibheft (o²⁹), Heft: *op ~ brengen* zu Papier bringen¹³⁹; aufschrijben²⁵²: *ik heb het op ~* ich habe es schriftlich

de **Schrift** (Heilige) Schrift (v²⁸), Bibel (v²¹)

schriftelijk schriftlich; [per brief] brieflich

schrijden schreiten²⁵⁴

de **schrijfbenodigdheden** Schreibbedarf (m¹⁹)

het **schrijfblok** Schreibblock (m⁶)

de **schrijffout** Schreibfehler (m⁹)

het **schrijfgerei** Schreibzeug (o³⁹)

de **schrijfmachine** Schreibmaschine (v²¹): *met de ~ geschreven* maschine(n)geschrieben

het **schrijfpapier** Schreibpapier (o²⁹)

de **schrijftaal** Schriftsprache (v²¹)

de **schrijftafel** Schreibtisch (m⁵)

de **schrijfvaardigheid** schriftliche Ausdrucksfähigkeit; [m.b.t. vreemde taal] Schreibfertigkeit (v²⁰)

schrijlings rittlings

schrijnen brennen¹³⁸: *de wond schrijnt* die Wunde brennt; *~de armoede* bittere Armut

de **schrijnwerker** Tischler (m⁹), Schreiner (m⁹)

het ¹**schrijven** (zn) Schreiben (o³⁵), Brief (m⁵)

²**schrijven** (ww) schreiben²⁵²: *iem. ~* jmdm. schreiben, an jmdn. schreiben; *een boek ~* ein Buch schreiben (of: verfassen); *schrijf dat maar op je buik* darauf kannst du lange warten

de **schrijver 1** [iem. die schrijft] Schreiber (m⁹) **2** [van artikelen, boeken] Autor (m¹⁶); [letterkundige, ook] Schriftsteller (m⁹) **3** [auteur van een genoemd werk] Verfasser (m⁹)

de **schrik** Schrecken (m¹¹), Schreck (m⁵): *iem. ~ aanjagen* jmdn. in Schrecken versetzen; *de ~ sloeg mij om het hart* der Schreck(en) fuhr mir durch (of: in) die Glieder

schrikaanjagend schreckenerregend

schrikbarend schrecklich, entsetzlich

het **schrikbeeld** Schreckbild (o³¹)

het **schrikbewind** Schreckensherrschaft (v²⁰), Terrorherrschaft (v²⁰), Schreckensregime (o³³, o³⁶), Terrorregime (o³³, o³⁶): [fig] *hij voerde een waar ~* er übte eine wahre Schreckensherrschaft aus

het/de **schrikdraad** Elektrozaun (m⁶)

de **schrikkeldag** Schalttag (m⁵)

het **schrikkeljaar** Schaltjahr (o²⁹)

de **schrikkelmaand** Monat (m⁵), in dem ein Schalttag eingelegt wird

schrikken erschrecken¹⁵¹: *wakker ~* aus

dem Schlaf aufschrecken[251]; *zich dood* ~ zu
Tode erschrecken[151]; *iem. laten* ~ jmdn. erschrecken [zwak vervoegd]

schril 1 [m.b.t. geluid] schrill, grell **2** [m.b.t.
kleuren] grell **3** [m.b.t. tegenstelling] krass,
schroff

schrobben schrubben, scheuern

de **schrobber** Schrubber (m[9])

de **schrobbering** Rüffel (m[9]), Ausputzer (m[9])

de **schroef 1** [alg] Schraube (v[21]) **2** [bank-
schroef] Schraubstock (m[6]) **3** [van snaarin-
strument] Wirbel (m[9]) **4** [scheepsschroef]
Schraube (v[21]) || *alles staat op losse schroeven*
alles ist infrage gestellt

de **schroefdop** Schraubdeckel (m[9])

de **schroefdraad** Gewinde (o[33])

schroeien ansengen, versengen

schroeven schrauben

de **schroevendraaier** Schraubenzieher (m[9])

schrokken schlingen[246], gierig essen[152]:
naar binnen ~ hinunterschlingen

schromelijk gewaltig, fürchterlich

schromen sich scheuen: *zonder* ~ ohne
Scheu

schrompelen schrumpfen

de **schroom** Scheu (v[28]): *zonder* ~ ohne Scheu

het **¹schroot 1** [hagel] Schrot (m[5], o[29]) **2** [oud ij-
zer] Schrott (m[5]), Altmetall (o[29]): *tot* ~ *verwerken* verschrotten

de **²schroot** [lat] Latte (v[21])

de **schroothoop** Schrotthaufen (m[11]): *deze
auto is rijp voor de* ~ [ook] dieses Auto ist
schrottreif

de **schub** Schuppe (v[21])

schuchter schüchtern, zaghaft

schudden schütteln: *iem. de hand* ~ jmdm.
die Hand schütteln; *iem. wakker* ~ jmdn. aus
dem Schlaf rütteln; *iem. door elkaar* ~ jmdn.
durchschütteln; *het hoofd* ~ den Kopf schütteln; ~ *van het lachen* sich vor Lachen schüt-
teln || *dat kun je wel* ~ das kannst du dir aus
dem Kopf schlagen

de **schuier** Bürste (v[21])

de **schuif 1** Schieber (m[9]) **2** [grendel] Riegel
(m[9])

de **schuifbalk** Schiebebalken (m[11])

het **schuifdak** Schiebedach (o[32])

de **schuifdeur** Schiebetür (v[20])

schuifelen 1 [sloffen] schlurfen, latschen
2 [als teken van misnoegen] scharren

het **schuifje** (kleiner) Schieber (m[9])

het **schuifraam** Schiebefenster (o[33])

de **schuiftrompet** Zugtrompete (v[21])

de **schuifwand** Schiebewand (v[25])

schuilen 1 [zich verbergen] sich verbergen[126]: *daar schuilt iets achter* es steckt etwas
dahinter **2** [staan schuilen] unterstehen[279];
[gaan schuilen] sich unterstellen **3** [te vinden
zijn] liegen[202], stecken[278]

schuilgaan sich verbergen[126], sich verstecken

de **schuilhoek** Schlupfwinkel (m[9]), Versteck
(o[29])

zich **schuilhouden** sich versteckt halten[183]

de **schuilkelder** Luftschutzkeller (m[9]), Luft-
schutzraum (m[6])

de **schuilnaam** Deckname (m[18]), Pseudonym
(o[29])

de **schuilplaats 1** Unterschlupf (m[5]), Versteck
(o[29]) **2** [toevluchtsoord] Zufluchtsort (m[5])
3 [mil] Unterstand (m[6])

het **schuim 1** Schaum (m[6]): *opspattend* ~ *van
golven* [ook] Gischt (m[5], v[20]) **2** [geklopt eiwit]
Schaum (m[19]), Schnee (m[19]) **3** [gespuis] Auswurf (m[19])

schuimbekken Schaum vor dem Mund
haben[182]: ~ *van woede* schäumen vor Wut[3]

het **schuimblusapparaat** Schaumlöscher (m[9])

schuimen schäumen

de **schuimkraag** Schaumkrone (v[21])

het **schuimpje** Baiser (o), Meringe (v[21])

het **schuimplastic** Schaumstoff (m[5])

het **schuimrubber** Schaumgummi (m[13])

de **schuimspaan** Schaumkelle (v[21]), Schaumlöffel (m[9])

de **schuimwijn** Schaumwein (m[5])

schuin 1 [scheef] schräg: ~*e lijn* schräge Linie; [fig] *met een* ~ *oog kijken naar* etwas,
jmdn. mit schiefen Blicken betrachten
2 [hellend] abschüssig **3** [dubbelzinnig]
zweideutig

de **schuinsmarcheerder** Schürzenjäger (m[9])

de **schuinte** Schräge (v[21]); [het hellen] Neigung (v[28])

de **schuit** Kahn (m[6]), Schute (v[21])

het **schuitje 1** [kleine boot] Kahn (m[6]), Nachen
(m[11]) **2** [van luchtballon] Gondel (v[21])
3 [spoel] Schiffchen (o[35]) **4** [blokvorm] Block
(m[6]) || *in hetzelfde* ~ *zitten* im gleichen Boot
sitzen[268]

schuiven 1 schieben[237]: *de stoelen bij elkaar*
~ die Stühle zusammenrücken **2** [van opium]
rauchen **3** [in het damspel] ziehen[318] **4** [geld
betalen, dokken] blechen || [fig] *laat hem
maar* ~ lass ihn nur machen; [fig] *de schuld op
iem.* ~ die Schuld auf jmdn. (ab)schieben;
[fig] *iets voor zich uit* ~ etwas vor sich[3] her-
schieben

de **schuiver 1** [opiumschuiver] Opiumraucher
(m[9]) **2** [sport] Roller (m[9]): *een* ~ *maken* ausrutschen

de **schuld** Schuld (v[20]): *nationale* ~ Staatsschuld; ~ *bekennen* sich schuldig bekennen[189]; *iem. de* ~ *van iets geven* jmdm. für[+4]
etwas die Schuld geben[166]; *de* ~ *krijgen* die
Schuld bekommen; ~ *aan iets hebben* an[+3] etwas schuld sein[262]; *buiten mijn* ~ ohne meine
Schuld; [jur] *door grove* ~ durch grobe Fahrlässigkeit; *dood door* ~ fahrlässige Tötung;
diep in de ~*en zitten* [ook] hoch verschuldet
sein[262]; *zich in de* ~*en steken* sich in Schulden[4]
stürzen; *de* ~ *van iets op zich nemen* die Schuld

an[+3] etwas auf sich nehmen[212]; *eigen ~ dikke bult* ± selber Schuld!

de **schuldbekentenis 1** [document] Schuldschein (m[5]) **2** [belijdenis] Schuldbekenntnis (o[29a])

schuldbewust schuldbewusst

de **schuldeiser** Gläubiger (m[9])

de **schuldenaar** Schuldner (m[9])

het **schuldgevoel** Schuldgefühl (o[29])

schuldig schuldig: *zich aan iets ~ maken* sich[3] etwas zuschulden (*of:* zu Schulden) kommen lassen[197]; *zich aan een misdrijf ~ maken* [ook] sich eines Verbrechens schuldig machen; *aan een misdrijf ~ zijn* an einem Verbrechen schuldig sein[262]; *iem. ~ verklaren* jmdn. schuldig sprechen[274]

de **schuldige** Schuldige(r) (m[40a], v[40b])

de **schuldvraag** Schuldfrage (v[21])

de **schulp 1** [versiersel] Rüsche (v[21]) **2** [schelp] Muschel (v[21]); [fig] *in zijn ~ kruipen* klein beigeben[166]

schunnig 1 [armoedig] schäbig: *zich ~ gedragen* sich schäbig benehmen[212] **2** [obsceen] schweinisch, schlüpfrig

schuren scheuern, reiben[219]; [met schuurpapier] schmirgeln: *blank ~* blank scheuern

de **schurft** Krätze (v[28]); [bij dieren] Räude (v[21]) ‖ *de ~ aan iem., iets hebben* jmdn., etwas gefressen haben

de **schurk** Schurke (m[15]), Halunke (m[15])

de **schurkenstaat** Schurkenstaat (m[16])

de **schurkenstreek** Schurkenstreich (m[5]), Schurkentat (v[20]), üble(r) Streich (m[5])

het **¹schut**: *voor ~ staan* sich blamieren[320]; *iem. voor ~ zetten* jmdn. blamieren

het **²schut 1** [scherm] Schirm (m[5]) **2** [kamerscherm] Wandschirm (m[5]) **3** [stuw] Schütz (o[29]) **4** [beschutting] Schutz (m[19])

het **schutblad** Vorsatz (m[6]), Vorsatzblatt (o[32])

de **schutkleur** Schutzfarbe (v[21]), Tarnfarbe (v[21])

de **schutsluis** Kammerschleuse (v[21])

de **schutspatroon** [r-k] Schutzheilige(r) (m[40a], v[40b])

schutten schleusen

de **schutter** Schütze (m[15])

schutteren [onhandig doen] stümpern

de **schutting** Zaun (m[6]), Bretterzaun (m[6])

de **schuttingtaal**: *~ uitslaan* zotige (*of:* schmutzige) Reden führen

het **schuttingwoord** vulgäres und unanständiges Wort aus dem Sexualbereich; Fourletterword (o)

de **schuur** [groot] Scheune (v[21]); [klein] Schuppen (m[11])

de **schuurmachine** Schleifmaschine (v[21])

het **schuurmiddel** Scheuermittel (o[33])

het **schuurpapier** Schmirgelpapier (o[29])

het **schuurpoeder** Scheuerpulver (o[33])

de **schuurspons** Topfkratzer (m[9])

schuw scheu, furchtsam

schuwen scheuen

de **schwalbe** Schwalbe (v[21])

de **sciencefiction** Science-Fiction (v[28])

de **sclerose** [med] Sklerose (v[21])

de **scooter** Motorroller (m[9])

de **scootmobiel** Elektromobil (o[29])

de **score 1** [aantal behaalde punten] Spielstand (m[6]) **2** [uitslag] Ergebnis (o[29a]), Endstand (m[6])

het **scorebord** Anzeigetafel (v[21])

scoren erzielen, scoren: *een doelpunt ~* ein Tor schießen[238]; *de gelijkmaker ~* ausgleichen

de **scout 1** [lid van scouting] Scout (m[13]), Pfadfinder (m[9]) **2** [talentscout] Scout (m[13]), Talentjäger (m[9])

de **scouting** Pfadfinderbewegung (v[28])

scrabbelen[MERK] Scrabble spielen

screenen überprüfen, durchleuchten

de **screensaver** Screensaver (m[9]), Bildschirmschoner (m[9])

het **script** [van film] Drehbuch (o[32]), Skript (o[36], o[37])

de **scriptie** Referat (o[29]); [voor academisch examen] Diplomarbeit (v[20])

scrollen scrollen

het **scrotum** Skrotum (o, mv: Skrota); Hodensack (m[6])

de **scrupule** Skrupel (m[9]), Bedenken (o[35])

scrupuleus skrupulös, peinlich genau

de **sculptuur** Skulptur (v[20])

de **seance** Sitzung (v[20]); [m.b.t. spiritisme] Séance (v)

sec trocken, herb, dry

de **seconde** Sekunde (v[21])

de **secondelijm** Sekundenkleber (m[9])

de **secondewijzer** Sekundenzeiger (m[9])

de **second opinion** Zweitmeinung (v[20])

het **secreet 1** [afscheidsel] Sekret (o[29], 2e nvl: ook -) **2** [mispunt] Ekel (o[33])

de **secretaire** Sekretär (m[5])

de **secretaresse** Sekretärin (v[22])

het **secretariaat** Sekretariat (o[29])

de **secretaris 1** [persoon belast met correspondentie] Sekretär (m[5]), Schriftführer (m[9]): *particulier ~* Privatsekretär **2** [gemeentesecretaris] Stadtdirektor (m[16]) **3** [vogel] Sekretär (m[5])

de **secretaris-generaal** Generalsekretär (m[5])

de **sectie 1** [anat] Sektion (v[20]), Autopsie (v[21]) **2** [deel van gebied] Abschnitt (m[5]) **3** [afdeling] Abteilung (v[20]), Sektion (v[20]) **4** [in school] Fachbereich (m[5])

de **sector 1** [meetk] Sektor (m[16]) **2** [afdeling] Sektor (m[16]), Bereich (m[5]): *~ van het front* Frontabschnitt (m[5]); *de oostelijke ~ van Berlijn* der Ostsektor Berlins; *huizen in de vrije ~* Häuser auf dem freien Markt

de **secularisatie** Säkularisierung (v[20]), Säkularisation (v[20])

seculier säkular; weltlich

secundair sekundär

secuur genau, präzis(e), pünktlich
¹sedert (bw) seitdem, seither
²sedert (vz) seit⁺³: ~ *kort* seit Kurzem
³sedert (vw) seit(dem)
sedertdien seitdem, seither
seffens [Belg] (so)gleich, sofort
het **segment** Segment (o²⁹)
het **sein** Signal (o²⁹), Zeichen (o³⁵)
¹seinen (onov ww) [door tekens] [radio] funken; [morse] morsen; [met lichtsignalen] blinken: *met vlaggen* ~ Flaggensignale geben¹⁶⁶
²seinen (ov ww) **1** [bekendmaken] signaliseren³²⁰ **2** [telegrafisch] telegrafieren³²⁰
de **seinlamp** Signallampe (v²¹)
de **seinvlag** Signalflagge (v²¹)
seismisch seismologisch, seismisch
de **seismograaf** Seismograf (m¹⁴)
het **seizoen 1** [jaargetijde] Jahreszeit (v²⁰) **2** [periode met bepaalde kenmerken] Saison (v²⁷); [theat ook] Spielzeit (v²⁰)
de **seizoenarbeid** Saisonarbeit (v²⁸)
de **seizoenarbeider** Saisonarbeiter (m⁹)
de **seizoenkaart** Saisonkarte (v²¹); [concert, theater] Saisonabonnement (o³⁶)
de **seizoenopruiming** Saisonschlussverkauf (m⁶)
seizoensgebonden saisonbedingt, saisongebunden, Saison-
de **seizoenwerkloosheid** saisonbedingte Arbeitslosigkeit (v²⁰)
de **seks** Sex (m¹⁹, m¹⁹ᵃ): ~ *hebben met iem.* mit jmdm. sexuell verkehren; [inf] mit jmdm. Sex treiben/machen; *onveilige* ~ ungeschützter Geschlechtsverkehr
de **sekse** Geschlecht (o³¹)
de **seksfilm** Sexfilm (m⁵)
de **seksist** Sexist (m¹⁴)
seksistisch sexistisch
het **seksleven** Sexualleben (o³⁹)
de **seksshop** Sexshop (m¹³), Sexboutique (v²¹)
het **sekssymbool** Sexsymbol (o²⁹)
de **seksualiteit** Sexualität (v²⁸)
seksueel sexuell, geschlechtlich: *seksuele voorlichting* Sexualaufklärung (v²⁸)
de **sekte** Sekte (v²¹)
de **selderie,** de **selderij** Sellerie (m, 2e nvl: -s; mv: -(s); ook v, mv: -)
de **selderieknol** Sellerieknolle (v²¹)
select ausgewählt, erlesen
selecteren selektieren³²⁰, auswählen
de **selectie** Selektion (v²⁸), Auswahl (v²⁸)
selectief selektiv
de **selfmade man** Selfmademan (m, 2e nvl: -s; mv: Selfmademen)
de **selfservice** Selbstbedienung (v²⁰)
de **sellotape** Sellotape (o³⁶, m¹³), Tesafilm (m⁵), transparentes Klebeband (o³²)
de **semafoon** Piepser (m⁹); drahtlose Personensuchanlage
het **semester** Semester (o³³), Halbjahr (o²⁹)

semi- halb, Halb...
het **seminarie** Seminar (o²⁹); [r-k] Priesterseminar (o²⁹); [prot] Predigerseminar (o²⁹)
het **semioverheidsbedrijf** halbstaatliche(r) Betrieb (m⁵)
semipermanent ± provisorisch
de **senaat** Senat (m⁵)
de **senator** Senator (m¹⁶)
Senegal Senegal (m¹⁹)
de **¹Senegalees** Senegalese (m¹⁵), Senegalesin (v²²)
²Senegalees (bn) senegalesisch
seniel senil: ~*e aftakeling* Altersschwäche (v²⁸)
de **seniliteit** Senilität (v²⁸)
de **¹senior** (zn) Senior (m¹⁶)
²senior (bn) senior, sen.
de **seniorenkaart** Seniorenpass (m⁶)
de **sensatie** Sensation (v²⁰): *op* ~ *belust* sensationslüstern; *een vreemde* ~ eine sonderbare Empfindung
de **sensatiepers** Sensationspresse (v²⁸)
de **sensatiezucht** Sensationsgier (v²⁰), Sensationssucht (v²⁵)
sensationeel sensationell
sensibel sensibel
sensitief sensitiv
de **sensor** Sensor (m¹⁶)
sensueel sensuell, sinnlich
het **sentiment** Sentiment (o³⁶), Gefühl (o²⁹)
de **sentimentaliteit** Sentimentalität (v²⁰)
sentimenteel sentimental, empfindsam
separaat separat, getrennt: ~ *zenden* mit getrennter Post senden²⁶³
het **separatisme** Separatismus (m¹⁹ᵃ)
de **separatist** Separatist (m¹⁴)
separeren separieren³²⁰, absondern, trennen
seponeren einstellen: *de zaak wordt geseponeerd* das Verfahren wird eingestellt
de **september** September (m⁹, 2e nvl: ook -)
septisch septisch: ~*e shock* bakterieller Schock || *de* ~*e put* die Klärgrube
sereen ruhig: *een serene stilte* eine abgeklärte Stille
de **serenade** Serenade (v²¹), Ständchen (o³⁵)
de **sergeant** Unteroffizier (m⁵)
de **sergeant-majoor** Feldwebel (m⁹)
de **serie** Serie (v²¹), Reihe (v²¹); [opeenvolging] Folge (v²¹); [sport] Vorlauf (m⁶), Qualifikationsvorlauf (m⁶): ~ *postzegels* Satz (m⁶) Briefmarken; *een* ~ *op de tv* eine Fernsehreihe, eine Fernsehserie
de **seriemoordenaar** Serienmörder (m⁹)
het **serienummer** Seriennummer (v²¹)
de **serieproductie** Serienproduktion (v²⁰)
serieus seriös, ernsthaft
de **sering** Flieder (m⁹)
seropositief seropositiv; HIV-positiv
het **serpent** [persoon] Schlange (v²¹), Giftkröte (v²¹)

de **serpentine** Papierschlange (v²¹), Luft-
schlange (v²¹)

de **serre** Veranda (v, mv: Veranden)

het **serum** Serum (o, 2e nvl: -s; mv: Seren of
Sera)

de **serveerster** Serviererin (v²²), Kellnerin (v²²)

de **server** [comp] Server (m⁹)
serveren 1 [opdienen] auftragen²⁸⁸, servieren³²⁰ **2** [sport] aufschlagen²⁴¹

het **servet** Serviette (v²¹)

de **servetring** Serviettenring (m⁵)

de **service 1** [dienstbetoon] Kundendienst
(m¹⁹), Service (m+o, 2e nvl: -; mv: -s) **2** [sport]
Aufschlag (m⁶)

de **servicebeurt** gratis Überholung (v²⁰), gratis Inspektion (v²⁰)

de **serviceflat** [tehuis] Seniorenheim (o²⁹); [in-
dividueel] Seniorenwohnung (v²⁰)

de **servicekosten** Unterhaltskosten (mv)
Servië Serbien (o³⁹)

de **Serviër** Serbe (m¹⁵), Serbin (v²²)

het **servies,** het **serviesgoed** Service (o, 2e
nvl: -(s); mv: -)

het **¹Servisch** (zn) Serbisch (o⁴¹)
²Servisch (bn) serbisch

de **sesam** Sesam (m¹³)

het **sesamzaad** Sesam (m¹³)

de **sessie** Session (v²⁰), Sitzung (v²⁰)

de **set** Satz (m⁶)

het **setpoint** Satzball (m⁶)

de **setter** Setter (m⁹): *Ierse* ~ Irischer Setter

het/de **sexappeal** Sex-Appeal (m¹⁹)

de **sextant** Sextant (m¹⁴)

het **sextet** Sextett (o²⁹)
sexy sexy
sf afk van *sciencefiction* Science-Fiction (v²⁸),
SF

de **sfeer** Atmosphäre (v²¹); [fig; gebied] Sphäre
(v²¹)

de **sfinx** Sphinx (v²³)
shabby schäbig, armselig

de **shag** Shag (m¹³), Feinschnitt (m⁵)

de **shampoo** Shampoo (o³⁶)

de **shanty** Shanty (o³⁶)

het **shantykoor** Shantychor (m⁶)

de **sharia** Scharia (v²⁸), Scheria (v²⁸)

de **sheet** Transparent (o²⁹)

de **sheriff** Sheriff (m¹³)

de **sherry** Sherry (m¹³)

de **shilling** Schilling (m⁵, mv na telw onverb)

het **shirt** Shirt (o³⁶), Freizeithemd (o³⁷); [sport]
Trikot (o³⁶)

de **shirtreclame** Trikotwerbung (v²⁸)
shit 1 [hasj] Shit (m¹⁹, o³⁹) **2** [inf] [rotzooi]
Scheiße (v²⁸)

de **shoarma** Schawarma (v)

de **shock** Schock (m¹³)
shockproof stoßsicher

de **shocktherapie** Schockbehandlung (v²⁰)

de **shocktoestand** Schock (m¹³): *in* ~ *verkeren*
unter Schock stehen

de **shortlist** Shortlist (v²⁷)

de **shorts** Shorts (mv)

de **short story** Kurzgeschichte (v²¹)

het **shorttrack** Shorttrack (m¹⁹)

de **shot 1** [opname] Aufnahme (v²¹) **2** [injectie]
Schuss (m⁶) **3** [belangrijk persoon] hohes Tier
(o²⁹)

de **shovel** Löffelbagger (m⁹)

de **show** [expositie] Ausstellung (v²⁰), Schau
(v²⁰); [theat] Show (v²⁷)

de **showbusiness** Showbusiness (o³⁹ᵃ), Show-
geschäft (o³⁹)
showen vorführen, zeigen

de **showroom** Ausstellungsraum (m⁶)

de **shredder** Schredder (m⁹); [papier] Aktenvernichter (m⁹)

de **shuttle 1** [verkeer] Shuttle (m¹³) **2** [bad-
minton] Federball (m⁶) **3** [ruimteveer] Raumfähre (v²¹)

de **si** si
Siberië Sibirien (o³⁹)
siberisch: *dat laat me* ~ das ist mir wurs(ch)t
Siberisch sibirisch: *het laat mij siberisch* das
lässt mich eiskalt

de **Siciliaan** Sizilianer (m⁹)
Siciliaans sizilianisch
Sicilië Sizilien (o³⁹)
sidderen zittern, beben

de **siddering** Zittern (o³⁹)

de **sier**: *goede* ~ *maken* sich gütlich tun²⁹⁵

het **sieraad 1** [bijou] Schmuck (m⁵), Schmuck-
stück (o²⁹) **2** [fig] Zierde (v²¹)
sieren schmücken, zieren: [fig] *het siert hem,
dat …* es gereicht ihm zur Ehre, dass …
sierlijk zierlich, anmutig, elegant

de **sierlijkheid** Zierlichkeit (v²⁸), Eleganz (v²⁸),
Anmut (v²⁸)

de **sierplant** Zierpflanze (v²¹)
Sierra Leone Sierra Leone (o³⁹)

de **Sierra Leoner** Sierra-Leoner (m⁹), Sierra-
Leonerin (v²²)
Sierra Leoons sierra-leonisch

de **sierstrip** Zierleiste (v²¹)

de **siësta** Siesta (v²⁷): ~ *houden* Siesta halten

de **sigaar** Zigarre (v²¹): *hij is altijd de* ~ er ist immer der Dumme

de **sigaret** Zigarette (v²¹)

het **sigarettenpapier** Zigarettenpapier (o²⁹)

het **signaal** Signal (o²⁹)

het **signalement** Personalbeschreibung (v²⁰)
signaleren 1 [aanwezigheid constateren]
bemerken, sichten **2** [wijzen op] hinwei-
sen³⁰⁷ auf⁺⁴

de **signalisatie** [Belg] Ausschilderung (v²⁰),
Beschilderung (v²⁰)

de **signatuur** Signatur (v²⁰); [karakter] Charakter (m⁵): [pol] *van linkse, rechtse* ~ links,
rechts orientiert
signeren [van boek, schilderij] signieren³²⁰
significant signifikant

het **¹sijpelen** (zn) Sickern (o³⁹)

²**sijpelen** (ww) sickern
de　**sijs** Zeisig (m⁵)
de　**sik 1** [baard] Spitzbart (m⁶): *zij krijgt er een ~ van* es hängt ihr zum Hals heraus **2** [geit] Ziege (v²¹)
de　**sikh** Sikh (m)
de　**sikkel** Sichel (v²¹): *~ van de maan* Mondsichel
　　sikkeneurig verdrießlich, mürrisch
de　**sikkepit**: *het is geen ~ waard* es ist keinen Pfifferling (*of:* Heller) wert
　　Silezië Schlesien (o³⁹)
het/de　**silhouet** Silhouette (v²¹), Schattenriss (m⁵)
de　**silo** Silo (m¹³, o³⁶)
de　**simkaart** SIM-Karte (v²¹)
　　simpel 1 [eenvoudig] einfach, simpel **2** [onnozel] einfältig, beschränkt
　　simpelheid 1 [eenvoudigheid] Einfachheit (v²⁸) **2** [onnozelheid] Einfältigkeit (v²⁸)
　　simplistisch einfältig, simplifizierend
de　**simulant** Simulant (m¹⁴)
de　**simulatie** Simulation (v²⁰)
　　simuleren simulieren³²⁰
de ¹**simultaan** (zn) Simultanspiel (o²⁹)
²**simultaan** (bn) simultan
de　**simultaanpartij** Simultanpartie (v²¹)
　　simultaanschaken simultan Schach spielen, simultan spielen
de　**sinaasappel** Apfelsine (v²¹), Orange (v²¹)
het　**sinaasappelsap** Orangensaft (m⁶), Apfelsinensaft
　　¹**sinds** (bw) [van die tijd af] seitdem
　　²**sinds** (vz) seit⁺³: *~ 14 dagen* seit 14 Tagen
　　³**sinds** (vw) [van het tijdstip af dat] seit(dem)
de　**sinecure** Sinekure (v²¹): *dat is geen ~* das ist keine leichte Aufgabe
　　Singapore Singapur (o³⁹)
de ¹**Singaporees** Singapurer (m⁹), Singapurerin (v²²)
²**Singaporees** (bn) singapurisch
de　**singel 1** [gracht] Ringwall (m⁶), Gracht (v²⁰) **2** [bosbouw] Mantel (m¹⁰) **3** [buikriem van paard] Sattelgurt (m⁵) **4** [band] Gurt (m⁵)
　　singelen [sport] im Einzel spielen
de　**singer-songwriter** Singer-Songwriter (m, 2e nvl: - -s; mv: - -)
de　**single 1** [sport] Einzel (o³³), Einzelspiel (o²⁹) **2** [grammofoonplaat] Single (v²⁷, mv: ook -)
　　sinister unheilvoll, sinister
de　**sint** Sankt: *de ~* Sankt Nikolaus (m, 2e nvl: -)
de　**sintel** Schlacke (v²¹), Zinder (m⁹)
de　**sintelbaan** [sport] Aschenbahn (v²⁰)
de　**sinterklaas** Nikolaus (m, 2e nvl: -; mv: -e): [fig] *voor ~ spelen* den Wohltäter spielen
de　**Sinterklaas** Sankt Nikolaus (m, 2e nvl: -)
de　**sinterklaasavond** Nikolausabend (m⁵)
de　**sint-juttemis**: *met ~* am Nimmerleinstag
de　**sinus** Sinus (m)
　　sip betreten
　　Sire Sire (m¹³)
de　**sirene** Sirene (v²¹)

de　**siroop** Sirup (m⁵)
　　sissen 1 [scherp geluid maken] zischen **2** [m.b.t. kat, vos, locomotief] fauchen
de　**sisser**: *met een ~ aflopen* keine unangenehmen Folgen haben¹⁸²
de　**sisyfusarbeid** Sisyphusarbeit (v²⁰)
de　**sitdownstaking** Sitzstreik (m¹³)
de　**site** Site (v²⁷), Seite (v²¹)
de　**situatie** Situation (v²⁰), Lage (v²¹), Zustand (m⁶)
　　situeren situieren³²⁰
de　**sjaak**: [inf] *de ~ zijn* der Dumme sein, der Gelackmeierte sein
de　**sjaal** Schal (m¹³, m⁵)
de　**sjabloon** [ook fig] Schablone (v²¹)
de　**sjacheraar** Schacherer (m⁹)
de　**sjah** Schah (m¹³)
de　**sjalot** Schalotte (v²¹)
de　**sjans**: *~ hebben* gut ankommen¹⁹³
de　**sjasliek** Schaschlik (m+o)
de　**sjeik** Scheich (m¹³, m⁵)
de　**sjekel** Schekel (m⁹)
het　**sjekkie** Selbstgedrehte (v⁴⁰ᵇ)
de　**sjerp** Schärpe (v²¹)
　　sjezen 1 [hardlopen] sausen **2** [zakken voor examen] durchfallen¹⁵⁴, durchfliegen¹⁵⁹: *gesjeesd student* verbummelter Student
de　**sjiiet** Schiit (m¹⁴)
de　**sjoege**: *geen ~ van iets hebben* keine blasse Ahnung von⁺³ etwas haben¹⁸²; *geen ~ geven* nicht reagieren³²⁰
de　**sjoelbak** Sjoelbak (m)
　　sjoelen mit dem Sjoelbak spielen
　　sjoemelen schummeln; [op kleine schaal] mogeln
　　sjofel, sjofeltjes schäbig, armselig
　　sjokken schlurfen, trotten
　　sjorren 1 [vastbinden] zurren **2** [trekken] zerren
　　sjotten [Belg] [een balletje trappen] eine Runde kicken
de　**sjouw** Plackerei (v²⁰), Schufterei (v²⁰): *dat is een hele ~!* das ist aber eine Plackerei!
　　¹**sjouwen** (onov ww) sich abrackern, sich abmühen, schuften
²**sjouwen** (ov ww) schleppen
het　**skai** Skai (o³⁹, o³⁹ᵃ)
de　**skate** Skate (m¹³)
het　**skateboard** Roll(er)brett (o³¹), Skateboard (o³⁶)
　　skateboarden skateboarden, skaten, Roll(er)brett fahren¹⁵³
　　skaten skaten
de　**skeeler** Inlineskate (m¹³), Inlineskater (m⁹), Inliner (m⁹)
　　skeeleren skaten, inlineskaten
het　**skelet** Skelett (o²⁹)
de　**skelter** [sport] Gokart (m¹³, 2e nvl: ook -)
de　**sketch** Sketch (m⁵)
de　**ski** Ski (m⁷, mv: ook -)
het ¹**skiën** (zn) Skifahren (o³⁹), Skilaufen (o³⁹)

²**skiën** (ww) Ski fahren¹⁵³, Ski laufen¹⁹⁸

de **skiër** Skiläufer (m⁹), Skifahrer (m⁹)

de **skiff** Skiff (o²⁹)

de **skilift** Skilift (m⁵, m¹³)

de **skipas** Skipass (m⁶)

de **skipiste** Skipiste (v²¹)

de **skischans** Sprungschanze (v²¹)

de **skischoen** Skischuh (m⁵)

skispringen Skispringen (o³⁹)

de **sla** Salat (m⁵), Kopfsalat (m⁵)

de **slaaf** Sklave (m¹⁵)

slaafs sklavisch

de **slaag**: ~ *krijgen* Prügel bekommen¹⁹³; *iem. een pak ~ geven* a) [klappen geven] jmdn. verprügeln; b) [nederlaag toebrengen] jmdm. eine Abreibung geben, jmdn. fertig machen

slaags: ~ *raken* aneinandergeraten²¹⁸

¹**slaan** (onov ww) **1** schlagen²⁴¹: *de bliksem is in de toren geslagen* der Blitz hat in den Turm eingeschlagen; *met de deur ~* die Tür zuschlagen **2** [betreffen] sich beziehen (auf⁺⁴): *dat slaat op mij!* das bezieht sich auf mich!; *dat slaat nergens op* a) [heeft er niets mee te maken] das geht völlig daneben; b) [is waardeloos] das ist unter aller Kritik || *zijn tong slaat dubbel* er lallt

²**slaan** (ov ww) schlagen²⁴¹: [damspel] *een schijf ~* einen Stein schlagen; *de trommel ~* die Trommel schlagen; *iem. in elkaar ~* jmdn. zusammenschlagen

de ¹**slaap** [anat] Schläfe (v²¹)

de ²**slaap** [het slapen] Schlaf (m¹⁹): ~ *hebben* schläfrig sein²⁶²; ~ *krijgen* schläfrig werden³¹⁰; *in ~ sussen* [ook fig] einschläfern; *in ~ vallen* einschlafen²⁴⁰

de **slaapbank** Schlafcouch (v²⁷, v²⁰), Bettcouch (v²⁷, v²⁰)

slaapdronken schlaftrunken

de **slaapkamer** Schlafzimmer (o³³)

de **slaapkop** Langschläfer (m⁹); [suffer] Schlafmütze (v²¹)

het **slaapliedje** Wiegenlied (o³¹), Schlaflied (o³¹)

het **slaapmiddel** Schlafmittel (o³³)

de **slaapmuts** Schlafmütze (v²¹)

het **slaapmutsje** [drankje] Schlaftrunk (m⁶)

de **slaappil** Schlaftablette (v²¹), Schlafpille (v²¹)

de **slaapplaats** Schlafstelle (v²¹), Schlafstätte (v²¹)

de **slaapstad** Schlafstadt (v²⁵)

het/de **slaaptablet** Schlafpille (v²¹), Schlaftablette (v²¹)

slaapverwekkend einschläfernd

de **slaapwandelaar** Schlafwandler (m⁹), Nachtwandler (m⁹)

slaapwandelen schlafwandeln, nachtwandeln

de **slaapzaal** Schlafsaal (m⁶, mv: Schlafsäle)

de **slaapzak** Schlafsack (m⁶)

het **slaatje** Salat (m⁵) || [fig] *ergens een ~ uit*

slaan seinen Schnitt bei⁺³ etwas machen

slabakken [Belg] [slecht gaan] schlecht gehen, abflauen, daniederliegen²⁰²: *de ~de economie* die daniederliegende Wirtschaft

het **slabbetje** Lätzchen (o³⁵), Latz (m⁶)

de **slacht** Schlachtung (v²⁰)

slachten schlachten

het **slachthuis** Schlachthaus (o³²), Schlachthof (m⁶)

de **slachting 1** [het slachten] Schlachtung (v²⁰) **2** [massamoord] Gemetzel (o³³)

het **slachtoffer 1** [persoon] Opfer (o³³) **2** [offerdier] Opfertier (o²⁹)

de **slachtofferhulp** Opferhilfe (v²¹)

de **slachtpartij** Blutbad (o³²), Gemetzel (o³³)

het **slachtvee** Schlachtvieh (o³⁹)

de ¹**slag 1** [klap] Schlag (m⁶), Hieb (m⁵) **2** [van hart, pols, klok, zuiger] Schlag (m⁶): *op ~ van elven* Schlag elf; *van ~ zijn* a) [m.b.t. klok] verkehrt schlagen²⁴¹; b) [fig] durcheinander sein²⁶² **3** [bij het kaartspel] Stich (m⁵) **4** [mil] Schlacht (v²⁰): ~ *leveren* eine Schlacht liefern **5** [van machine] Tour (v²⁰), Umdrehung (v²⁰) **6** [roeien] Schlag (m⁶) **7** [zwemmen] Zug (m⁶) **8** [schaatsen] Schritt (m⁵) **9** [dammen] Schlagen (o³⁹) || *er zit een ~ in het wiel* das Rad eiert; *geen ~ doen* keinen Handschlag tun; *de ~ te pakken krijgen* den Dreh heraushaben¹⁸²; *zijn ~ slaan* seinen Schnitt machen; *aan de ~ gaan* an die Arbeit gehen¹⁶⁸; *druk aan de ~ zijn* fleißig bei der Arbeit sein²⁶²; [fig] *een ~ in de lucht* ein Schlag ins Wasser; *iets met de Franse ~ doen* etwas oberflächlich tun²⁹⁵; *een ~ om de arm houden* sich ein Hintertürchen offenhalten¹⁸³; *hij was op ~ dood* er war auf der Stelle tot; *van ~ raken* aus dem Tritt geraten²¹⁸; *zonder ~ of stoot* widerstandslos; [Belg] *zich uit de ~ trekken* sich zu retten wissen³¹⁴

het ²**slag 1** [soort] Art (v²⁰), Schlag (m⁶): *mensen van zijn ~* Leute von seinem Schlag **2** [duiventil] Taubenschlag (m⁶)

de **slagader** Arterie (v²¹), Schlagader (v²¹)

de **slagboom** Schlagbaum (m⁶), Schranke (v²¹); [spoorw] Bahnschranke (v²¹), Schranke

slagen gelingen¹⁶⁹, Erfolg haben¹⁸²; [bij examen] durchkommen¹⁹³, bestehen²⁷⁹: *hij is geslaagd voor het examen* er hat die Prüfung bestanden; *ik slaag in iets* etwas gelingt mir; *de tekening is goed geslaagd* die Zeichnung ist (gut) gelungen; *ben je naar je zin geslaagd?* hast du etwas Passendes gefunden?

de **slager** Metzger (m⁹), Fleischer (m⁹)

de **slagerij** Metzgerei (v²⁰), Fleischerei (v²⁰)

het **slaghoedje** Zündhütchen (o³⁵)

het **slaghout** [sport] Schlagholz (o³²)

het **slaginstrument** Schlaginstrument (o²⁹)

de **slagregen** Sturzregen (m¹¹), Platzregen (m¹¹)

de **slagroom** Schlagsahne (v²⁸), Sahne (v²⁸)

het **slagschip** Schlachtschiff (o²⁹)

de **slagtand** Stoßzahn (m[6]); [wild zwijn] Hauer (m[9])

slagvaardig schlagfertig; [energiek] tatkräftig

het **slagveld** Schlachtfeld (o[31])

het **slagwerk** [muz] Schlagzeug (o[39])

de **slagwerker** Schlagzeuger (m[9])

de **slagzij** Schlagseite (v[21])

de **slagzin** Schlagwort (o[32], o[29])

de **slak 1** [dierk] Schnecke (v[21]) **2** [van metaal, steenkool] Schlacke (v[21])

slaken: *een kreet* ~ aufschreien[253]

de **slakkengang**: [fig] *met een* ~ *gaan* im Schneckentempo gehen[168]

het **slakkenhuis 1** Schneckenhaus (o[32]) **2** [med] Schnecke (v[21])

de **slalom** Slalom (m[13])

de **slamix** Marinade (v[21]), Salatsoße (v[21])

de **slampamper** Müßiggänger (m[9])

de **slang 1** [dierk] Schlange (v[21]) **2** [voor gas, vloeistof] Schlauch (m[6]) **3** [ec] Schlange (v[21]): *monetaire* ~ Währungsschlange (v[21])

de **slangenbeet** Schlangenbiss (m[5])

het **slangengif** Schlangengift (o[29])

de **slangenmens** Schlangenmensch (m[14])

slank schlank: *de ~e lijn* die schlanke Linie; *zo* ~ *als een den* schlank wie eine Tanne

de **slaolie** Salatöl (o[29]), Speiseöl (o[29])

slap 1 [niet strak gespannen, niet stevig] schlaff: *de ~pe lach hebben* einen Lachkrampf haben[182]; *zich* ~ *lachen* sich kaputtlachen **2** [van koffie, soep] dünn: *~pe koffie* schwacher (*of:* dünner) Kaffee **3** [niet doortastend] schwach, schlaff: ~ *geklets* fades Geschwätz **4** [hand] lustlos, matt, flau

slapeloos schlaflos

slapen schlafen[240]; [inf] pennen: *gaan* ~ schlafen gehen[168]; ~ *als een marmot* schlafen wie ein Dachs; *slaap lekker!* schlaf wohl!

de **slaper 1** Schläfer (m[9]); [fig] Träumer (m[9]) **2** [logé] Schlafgast (m[6])

slaperig schläfrig

de **slapheid 1** Schlaffheit (v[28]) **2** Schwäche (v[21]) **3** Flaute (v[21]); *zie slap*

de **slapjanus** Schlappschwanz (m[6]), Schlappohr (o)

slapjes 1 [hand] flau, lustlos **2** [na ziekte] schwach, flau **3** [niet energiek] lasch, lax

de **slappeling** Schwächling (m[5])

de **slapte** *zie slapheid*

de **slasaus** Salatsoße (v[21]), Dressing (o[36])

de **slash** Schrägstrich (m[5])

de **slavenarbeid** Sklavenarbeit (v[20])

de **slavendrijver** [fig] Leuteschinder (m[9])

de **slavernij** Sklaverei (v[28])

de **slavin** Sklavin (v[22])

het **¹Slavisch** (zn) Slawisch (o[41])

²Slavisch (bn) slawisch

slecht schlecht: *een* ~ *cijfer* eine schlechte Note; ~ *gehumeurd* schlecht (*of:* übel) gelaunt; *hij ziet er* ~ *uit* er sieht schlecht aus; *het*

ziet er ~ *uit* es sieht schlimm aus; *hij is er* ~ *aan toe* er ist schlecht (*of:* übel) daran; *een ~e betaler* ein säumiger Zahler; *een* ~ *geweten hebben* ein schlechtes Gewissen haben; *dat is* ~ *te horen* das kann man kaum hören

slechten 1 [van huis] abreißen[220] **2** [van dijk, wal] abtragen[288] **3** [van vesting] schleifen || *een taboe* ~ ein Tabu aufheben/brechen

slechtgehumeurd schlecht gelaunt, übel gelaunt

slechtgemanierd schlecht erzogen, unerzogen, unmanierlich

slechthorend schwerhörig

slechts nur, bloß, lediglich

slechtziend schwachsichtig, sehbehindert

de **sledehond** Schlittenhund (m[5])

de **slee** Schlitten (m[11]); [fig] *een* ~ *van een wagen* ein Straßenkreuzer

sleeën Schlitten fahren[153]

de **sleep 1** [deel van japon] Schleppe (v[21]) **2** [scheepv] Schleppzug (m[6]) **3** [stoet] Zug (m[6]): *een hele* ~ *kinderen* eine große Kinderschar

de **sleepboot** Schleppdampfer (m[9]), Schlepper (m[9])

de **sleepkabel** Schleppseil (o[29]); [m.b.t. auto] Abschleppseil (o[29])

de **sleepkosten** Abschleppkosten (mv)

het **sleepnet** Schleppnetz (o[29])

het **sleeptouw** Schlepptau (o[29]) || [ook fig] *op* ~ *nemen* in Schlepp nehmen[212]

Sleeswijk-Holstein Schleswig-Holstein (o[39])

sleets verschlissen, abgenutzt

slenteren schlendern

¹slepen (onov ww) schleppen, schleifen: *over de grond* ~ auf dem Boden schleifen; *met z'n linkervoet* ~ den linken Fuß nachziehen[318]

²slepen (ov ww) schleppen: *zich naar huis* ~ sich nach Hause schleppen; *iem. door het examen* ~ jmdn. durch die Prüfung bringen[139]

slepend schleppend: ~*e gang* schleppender Gang; ~*e ziekte* schleichende Krankheit

de **slet** [scheldw; inf] **1** [slordige vrouw] Schlampe (v[21]) **2** [hoer] Dirne (v[21])

de **sleuf 1** [smalle groef] Rille (v[21]) **2** [uitgraving] Rinne (v[21]) **3** [van brievenbus, spaarpot] Einwurf (m[6]), Schlitz (m[5]) **4** [bosbouw] Schneise (v[21])

de **sleur** Schlendrian (m[19]), Trott (m[5])

sleuren schleppen, zerren, ziehen[318]

de **sleutel** Schlüssel (m[9]): *Engelse* ~ Engländer (m[9])

het **sleutelbeen** Schlüsselbein (o[29])

de **sleutelbos** Schlüsselbund (m[5], o[29])

sleutelen basteln: *aan een auto* ~ an einem Wagen basteln

de **sleutelfiguur** Schlüsselfigur (v[20])

het **sleutelgat** Schlüsselloch (o[32])

de **sleutelhanger** Schlüsselanhänger (m[9])
de **sleutelpositie** Schlüsselstellung (v[20])
het **slib** Schlamm (m[5], m[6])
de **sliding** [voetb] Sliding Tackling (o[36])
de **sliert 1** [lange rij] [personen] Kette (v[21]), Reihe (v[21]); [voertuigen] Kolonne (v[21]) **2** [haar] Strähne (v[21]) **3** [regen, vermicelli] Faden (m[12])
het **slijk** Schlamm (m[5], m[6]) || *door het ~ halen* durch den Schmutz ziehen[318]
het/de **slijm** Schleim (m[5])
de **slijmbal** *zie slijmerd*
de **slijmbeurs** Schleimbeutel (m[9])
slijmen [ook fig] schleimen
de **slijmerd** [inf] Schleimscheißer (m[9])
slijmerig [ook fig] schleimig
het **slijmvlies** Schleimhaut (v[25])
slijpen 1 [scherp maken] schleifen[243], wetzen, schärfen **2** [diamanten, glaswerk] schleifen[243] **3** [een potlood] (an)spitzen
de **slijpsteen** Schleifstein (m[5]), Wetzstein (m[5])
de **slijtage** Abnutzung (v[28]), Verschleiß (m[19])
¹slijten (onov ww) sich abnutzen: *de jas begint te ~* der Mantel wird schon kahl
²slijten (ov ww) **1** [van kleding] verschleißen[244], abnutzen, abtragen[288] **2** [verkopen] verkaufen, vertreiben[290] **3** [doorbrengen] verbringen[139]
de **slijter** [van drank] Wein- und Spirituosenhändler (m[9])
de **slijterij** Wein- und Spirituosenhandlung (v[20])
slikken 1 [innemen] schlucken: *iets ~* etwas hinunterschlucken **2** [accepteren] schlucken, hinnehmen[212]: *heel wat moeten ~* viel einstecken müssen[211]
slim [schrander] klug[58], gescheit; [sluw] schlau: *iem. te ~ af zijn* jmdn. überlisten
de **slimheid** Klugheit (v[28]), Gescheitheit (v[28]), Schlauheit (v[28]); *zie slim*
de **slimmerd** Schlaukopf (m[6])
de **slimmigheid** Schlauheit (v[28])
de **slinger 1** [bocht, lus] Schleife (v[21]) **2** [manoeuvre] Schlenker (m[9]) **3** [versiering] Girlande (v[21]) **4** [draaiende arm] Kurbel (v[21]); [van pomp] Schwengel (m[9]) **5** [van uurwerk] Pendel (o[33]) **6** [werptuig] Schleuder (v[21])
de **slingerbeweging** Pendelbewegung (v[20])
¹slingeren (onov ww) **1** [regelmatig heen en weer gaan] schwingen[259], pendeln **2** [zwaaiende beweging maken] baumeln, schaukeln: *met de benen ~* mit den Beinen schlenkern **3** [m.b.t. vaartuig] schlingern, rollen **4** [m.b.t. voertuig] schlingern; [slippen] schleudern **5** [m.b.t. dronkaard] taumeln, schwanken **6** [ordeloos ergens liggen] herumliegen[202]: *zijn boeken laten ~* seine Bücher herumliegen lassen || *iem. op de bon ~* jmdm. einen Strafzettel verpassen
²slingeren (ov ww) schleudern
zich **³slingeren** (wdk ww) sich schlängeln, sich

winden[313]
de **slingerplant** Schlingpflanze (v[21])
slinken 1 abnehmen[212], schwinden[258] **2** [bij het koken] einkochen **3** [m.b.t. geld, voorraad] zusammenschrumpfen
slinks hinterlistig, arglistig, tückisch: *~e streek* Tücke (v[21]); *op ~e wijze* tückisch
de **slip 1** [afhangend deel] Zipfel (m[9]) **2** [strookje] Zettel (m[9]) **3** [broekje] Slip (m[13]) || [met voertuig] *in een ~ raken* ins Schleudern geraten[218]
het **slipgevaar** Rutschgefahr (v[28]), Schleudergefahr (v[28])
het **slipje** Slip (m[13])
slippen 1 [m.b.t. auto, fiets] rutschen, schlittern: *ik slipte* ich kam ins Rutschen **2** [m.b.t. koppeling] schleifen || *(ongemerkt) mee naar binnen ~* mit hineinschlüpfen
de **slipper** Slipper (m[9], mv: ook -s)
het **slippertje**: *een ~ maken* einen Seitensprung machen
de **sliptong** kleine Seezunge (v[21])
slissen lispeln
slobberen 1 [slurpen] schlürfen **2** [m.b.t. kleren] schlottern, schlenkern
de **slobbertrui** Schlabberpullover (m[9])
de **sloddervos 1** [vrouw] Schlampe (v[21]) **2** [man] Schluderer (m[9])
de **sloeber**: *arme ~* armer Schlucker (m[9])
de **sloep** Schaluppe (v[21]), Rettungsboot (o[29])
de **sloerie** [scheldw; inf] **1** [slons] Schlampe (v[21]) **2** [slet] Dirne (v[21])
de **slof 1** [pantoffel] Pantoffel (m[17]): [fig] *alles op z'n ~fen doen* alles ganz bequem tun[295] **2** [strijkstok] Frosch (m[6]) **3** [pak] Stange (v[21]): *een ~ sigaretten* eine Stange Zigaretten
sloffen schlurfen, latschen
de **slogan** Slogan (m[13])
de **slok** Schluck (m[5], m[6]); [teug, ook] Zug (m[6]): *in één ~* in einem Zug
de **slokdarm** Speiseröhre (v[21])
de **slokop** Vielfraß (m[5])
de **slons** *zie sloddervos*
slonzig schlampig, schlud(e)rig
de **sloof** [zwoegende vrouw] Arbeitstier (o[29])
sloom träge: *slome duikelaar* Trottel (m[9])
de/het **¹sloop** [van kussen] Kissenbezug (m[6]), Kissenüberzug (m[6])
de **²sloop** [het slopen] [van huizen] Abbruch (m[19]); [van auto's, vliegtuigen] Verschrottung (v[20])
de **sloopauto** schrottreifes Auto (o[36])
het **slooppand** abbruchreife(s) Gebäude (o[33])
de **sloot 1** [greppel] Graben (m[12]): *van de wal in de ~ raken* vom Regen in die Traufe kommen[193]; *hij loopt in geen zeven sloten tegelijk* ihm passiert nicht so leicht etwas **2** [grote hoeveelheid] Unmenge (v[21])
slootjespringen über Gräben springen[276]
het **slootwater** [slechte soep, slechte koffie] Plempe (v[21]), Brühe (v[21])

het **slop** Gasse (v²¹); [doodlopend] Sackgasse (v²¹): [fig] *in het ~ raken* in eine Sackgasse geraten²¹⁸
slopen 1 [afbreken] abreißen²²⁰, abbrechen¹³⁷; [slechten] schleifen **2** [machines, stellages] abbauen; [voertuigen, vliegtuigen] verschrotten; [vaartuigen] abwracken **3** [ondermijnen] abzehren, verzehren: *een ~de ziekte* eine schleichende Krankheit

de **sloper 1** [ondernemer] Abbruchunternehmer (m⁹) **2** [handelaar] Schrotthändler (m⁹)

de **sloperij 1** [voor auto's] Autoverwertung (v²⁰) **2** [voor huizen] Abbruchfirma (v, mv: Abbruchfirmen)

de **sloppenwijk** Slum (m¹³)
slordig 1 nachlässig **2** [ordeloos] unordentlich **3** [ongeveer] etwa, ungefähr, circa: *een ~e drie miljoen* etwa drei Millionen

de **slordigheid** Unordentlichkeit (v²⁰); [inf] Schlamperei (v²⁰)
slorpen schlürfen

het **slot 1** [sluitmiddel, ook van vuurwapen] Schloss (o³²); [van boeken, kleding, sieraden] Schließe (v²¹): *achter ~ en grendel* hinter Schloss und Riegel; *achter ~ houden* unter Verschluss halten¹⁸³; *achter ~ zetten* einsperren; *op ~ verschlossen*; *op ~ doen* verschließen²⁴⁵ **2** [kasteel] Schloss (o³²) **3** [einde] Schluss (m⁶): *ten ~te* zum Schluss; *tot ~* zum Schluss; *per ~ van rekening* schließlich, letzten Endes

het **slotakkoord** Schlussakkord (m⁵)

de **slotfase** Schlussphase (v²¹)

de **slotgracht** Burggraben (m¹²), Schlossgraben (m¹²)

de **slotkoers** Schlusskurs (m⁵)

de **slotsom 1** [resultaat] Ergebnis (o²⁹ᵃ), Resultat (o²⁹) **2** [gevolgtrekking] Schlussfolgerung (v²⁰), Schluss (m⁶)

het **slotwoord** Schlusswort (o²⁹)

de **Sloveen** Slowene (m¹⁵), Slowenin (v²²)
Sloveens slowenisch
sloven sich abrackern, sich (ab)plagen
Slovenië Slowenien (o³⁹)

de **Slowaak** Slowake (m¹⁵), Slowakin (v²²)
Slowaaks slowakisch
Slowakije die Slowakei (v²⁸)

de ¹**slow motion** (zn) Zeitlupentempo (o³⁹)
²**slow motion** (bn) Zeitlupen…: *in ~* in Zeitlupe

de **sluier** Schleier (m⁹)
sluik schlicht, glatt

de **sluikreclame** Schleichwerbung (v²⁸)
sluikstorten [Belg] illegal Müll abladen¹⁹⁶
sluimeren schlummern
sluipen (sich) schleichen²⁴²: *naar binnen ~* hineinschleichen; *er is een fout in de rekening geslopen* es hat sich ein Fehler in die Rechnung eingeschlichen

de **sluipmoord** Meuchelmord (m⁵)

de **sluipmoordenaar** Meuchelmörder (m⁹), Meuchler (m⁹) || *overgewicht is een ~* Übergewicht ist ein stiller Killer (of: leiser Mörder)

de **sluipschutter** Heckenschütze (m¹⁵)

het **sluipverkeer** Schleichverkehr (m¹⁹)

de **sluipweg** Schleichweg (m⁵)

de **sluis** Schleuse (v²¹)
¹**sluiten** (onov ww) **1** [dichtgaan] schließen²⁴⁵ **2** [passen] (an)schließen²⁴⁵ **3** [kloppen, logisch zijn] schlüssig sein²⁶² **4** [geen verlies opleveren] stimmen
²**sluiten** (ov ww) **1** [dichtmaken] schließen²⁴⁵, zumachen **2** [opbergen] schließen²⁴⁵ **3** [beëindigen] schließen²⁴⁵ **4** [aangaan] schließen²⁴⁵, abschließen²⁴⁵

de **sluiting 1** [handeling] Schließen (o³⁹), Schließung (v²⁰): *~ van de zendtijd* Sendeschluss (m¹⁹); *na ~ van de beurs* nach Börsenschluss **2** [middel tot sluiten] Verschluss (m⁶): *luchtdichte ~* luftdichter Verschluss **3** [van bedrijf] Stilllegung (v²⁰)

de **sluitingstijd 1** [van winkels] Geschäftsschluss (m¹⁹), Ladenschluss (m¹⁹) **2** [van cafés] Sperrstunde (v²¹)

de **sluitpost** *als ~ op de begroting dienen* das Schlusslicht sein

de **sluitspier** Schließmuskel (m¹⁷)
sluizen schleusen

de **slungel** Schlaks (m⁴)
slungelig schlaksig, staksig

de **slurf 1** [snuit] Rüssel (m⁹) **2** [van vliegtuigen] Fluggastbrücke (v²¹)
slurpen schlürfen
sluw 1 [listig] schlau **2** [geslepen] gerissen

de **sluwheid 1** Schlauheit (v²⁸) **2** Gerissenheit (v²⁸)

de **sm** SM

de **smaad** Schmach (v²⁸); [jur] Beleidigung (v²⁰)

de **smaak 1** Geschmack (m⁶): *de ~ van iets te pakken krijgen* an⁺³ etwas Geschmack finden¹⁵⁷; *dat is een kwestie van ~* das ist Geschmack(s)sache; *smaken verschillen* die Geschmäcker sind verschieden; *geen ~ hebben* keinen (guten) Geschmack haben; *in de ~ vallen* Anklang finden¹⁵⁷; *iets op ~ afmaken* etwas abschmecken **2** [trek, eetlust] Appetit (m⁵): *met ~ eten* mit Appetit essen¹⁵²

het **smaakje** [bijsmaak] Beigeschmack (m¹⁹)

de **smaakmaker** [persoon] Trendsetter (m⁹)

de **smaakpapil** Geschmackspapille (v²¹)

de **smaakstof** Geschmacksstoff (m⁵)
smaakvol geschmackvoll
smachten schmachten, lechzen (nach⁺³)
smadelijk schmählich, schmachvoll

de **smak 1** [bons] Schlag (m⁶), Knall (m⁵) **2** [val] Fall (m¹⁹) **3** [grote hoeveelheid] Menge (v²¹)
smakelijk 1 [lekker] schmackhaft, appetitlich: *eet ~* guten Appetit! **2** [vrolijk] herzlich, genüsslich: *~ lachen* herzlich lachen; *~ vertellen* genüsslich erzählen
smakeloos geschmacklos
¹**smaken** (onov ww) [smaak hebben] schme-

cken: *hoe smaakt het?* wie schmeckt es?

²smaken (ov ww) [genieten] genießen[172], erleben: *het genoegen* ~ das Vergnügen haben[182]

¹smakken (onov ww) **1** [vallen] hart fallen[154], hart aufschlagen[241] (auf+4) **2** [geluid maken] schmatzen

²smakken (ov ww) [gooien] schmeißen[247]

smal schmal[59]: *~le zijde* Schmalseite (v[21])

het **smaldeel** Geschwader (o[33])

smalen: *op iem.* ~ über jmdn. herziehen[318]

smalletjes schmal, mager

het **smalspoor** Schmalspur (v[28])

de **smaragd** Smaragd (m[5])

de **smart 1** [lichamelijke pijn] Schmerz (m[16]) **2** [verdriet] Schmerz (m[16]), Kummer (m[19]) **3** [verlangen] Sehnsucht (v[25])

het **smartboard** Smartboard (o[36])

de **smartdrug** Smartdrug (v[27]), intelligente Droge (v[21])

smartelijk 1 [pijnlijk] schmerzhaft **2** [verdriet veroorzakend] schmerzlich

het **smartengeld** Schmerzensgeld (o[39])

de **smartlap** Schnulze (v[21])

de **smash** Smash (m[13], 2e nvl: ook -), Schmetterball (m[6])

smashen schmettern

smeden [ook fig] schmieden

de **smederij** [smidse] Schmiede (v[21])

het **smeedijzer** Schmiedeeisen (o[35])

de **smeekbede** Flehen (o[39]), inständige Bitte (v[21])

het **smeekschrift** Bittgesuch (o[29])

het/de **smeer 1** [smeermiddel] Schmiere (v[21]) **2** [dierlijk vet] Fett (o[29]), Talg (m[19])

smeerbaar streichfähig

de **smeerboel** Sauerei (v[20]), Schweinerei (v[20])

het **smeergeld** Schmiergeld (o[31])

de **smeerkaas** Schmierkäse (m[9]), Streichkäse (m[9])

de **smeerlap 1** [viezerik] Schmierfink (m[14], m[16]), Schmutzfink (m[14], m[16]) **2** [eerloos persoon] Schuft (m[5]), Lump (m[14])

het **smeermiddel 1** [middel om te smeren] Schmiermittel (o[33]), Schmierstoff (m[5]) **2** [fig] Schmiermittel (o[33])

de **smeerolie** Schmieröl (o[29])

de **smeerpijp 1** [voor afvalwater] Abwasserleitung (v[20]) **2** [persoon] Schmierfink (m[14], m[16]), Schmutzfink (m[14], m[16])

smeken flehentlich bitten[132+4], flehen (zu+3)

smelten schmelzen[248]: *het vlees smelt op de tong* der Braten zergeht auf der Zunge

de **smeltkroes** Schmelztiegel (m[9])

het **smeltpunt** Schmelzpunkt (m[5])

smeren 1 [invetten] (ab)schmieren; [met olie] ölen **2** [van boter, vet voorzien] (be)schmieren, (be)streichen[286] **3** *hem* ~ [ervandoor gaan] abhauen[185]; verduften ‖ [fig] *de keel* ~ sich[3] die Kehle schmieren

smerig 1 [vuil] schmutzig, dreckig **2** [vet-

tig] schmierig **3** [schunnig] schmutzig, obszön

de **smering** Schmierung (v[20]), Ölen (o[39])

de **smeris** Bulle (m[15])

de **smet** Fleck (m[5]); [fig] Makel (m[9]): *een ~ op iem. werpen* jmdm. einen Makel anhängen[184]; *een ~ op iemands blazoen* ein Fleck auf jemandes weißer Weste

smetteloos fleckenlos; [voornamelijk fig] makellos

smeuïg 1 [zacht, gebonden] sämig **2** [smakelijk] [ook fig] unterhaltsam, unterhaltend

smeulen glimmen[179]; [ook fig] schwelen

de **smid** Schmied (m[5])

de **smiezen**: *iem. in de ~ hebben* jmdn. durchschauen; *iets in de ~ hebben* etwas wittern; *dat loopt in de ~* das springt ins Auge

smijten schmeißen[247]: *met geld ~* mit Geld um sich schmeißen

smikkelen schnabulieren[320]

smiley Smiley (m[36])

de **smoel 1** [mond] Maul (o[32]), Fresse (v[21]), Klappe (v[21]): *hou je* ~ halt die Klappe **2** [gezicht] Fresse (v[21]): *iem. op zijn* ~ *slaan* jmdm. die Fresse polieren[320]

het **smoelenboek** Fratzenbuch (o[32]), Gesichterbuch (o[32])

het **smoelwerk** Fratze (v[21]), Fresse (v[21])

de **smoes** Ausrede (v[21]), Ausflucht (v[25]): *~jes verkopen* mit Ausreden kommen

het **smoesje** Ausrede (v[21]), Ausflucht (v[25])

smoezelig schmudd(e)lig, angeschmutzt

smoezen [zacht praten] tuscheln

de **smog** Smog (m[13], 2e nvl: ook -)

de **smoking** Smoking (m[13])

de **smokkel** Schmuggel (m[19])

de **smokkelaar** Schmuggler (m[9]); [van mensen] Schleuser (m[9]), Schlepper (m[9])

de **smokkelarij** Schmuggelei (v[20]), Schmuggel (m[19])

smokkelen 1 schmuggeln **2** [van mensen] schleusen, schleppen **3** [oneerlijk zijn] schwindeln, mogeln

de **smokkelwaar** Schmuggelware (v[21]), Schmuggelgut (o[32])

de **¹smoor**: *de ~ inhebben* sauer sein[262]

²smoor (bn) *zie* smoorverliefd

smoorheet erstickend heiß

smoorverliefd hoffnungslos verliebt

de **smoothie** Smoothie (m[13])

¹smoren (onov ww) [stikken] ersticken

²smoren (ov ww) **1** [doen stikken] ersticken: *iets in de kiem* ~ etwas im Keim ersticken **2** [gaar laten worden] schmoren **3** [techn] drosseln

de **smos**: [Belg] *broodje* ~ ± Schinkenbrötchen (o[35])

het **smout** Schmalz (o[29])

de **sms 1** [techniek] afk van *short message service* SMS (v, 2e nvl: -; mv: -) **2** [berichtje] SMS (v, 2e nvl: -; mv: -)

de **sms-alert** SMS-Alarmierung (v[20])

sms'en simsen
smullen schlemmen, schnabulieren[320]: [fig] *van iets ~* etwas genießen[172]
de **smulpaap** Schlemmer (m[9])
de **smurf** Schlumpf (m[6])
de **smurrie** Matsch (m[19])
snaaien stibitzen (voltooid deelwoord: stibitzt); mausen
de **snaar** [muz, sport] Saite (v[21]): [fig] *een gevoelige ~ raken* eine empfindliche Saite bei jmdn. berühren
het **snaarinstrument** Saiteninstrument (o[29])
de **snack** Snack (m[13])
de **snackbar** Snackbar (v[27]), Imbissstube (v[21])
snakken 1 [vurig verlangen] sich sehnen (nach[+3]), schmachten (nach[+3]) **2** [hijgend happen] schnappen, ringen[224]: *naar adem ~* nach[+3] Atem ringen
¹**snappen** (onov ww) [happen] schnappen
²**snappen** (ov ww) **1** [betrappen] erwischen, ertappen **2** [begrijpen] kapieren[320], verstehen[279]
de **snars**: *geen ~* einen Dreck, nicht die Bohne; *hij begrijpt er geen ~ van* davon versteht er nicht die Bohne
de **snater** Maul (o[32]), Schnabel (m[10])
snateren schnattern
de **snauw** Anschnauzer (m[9]): *iem. een ~ geven* jmdn. anschnauzen
snauwen anschnauzen, anfahren[153]: *tegen iem. ~* jmdn. anschnauzen
snauwerig barsch, bissig
de **snavel** Schnabel (m[10])
snedig schlagfertig, scharfsinnig
de **snee 1** [het snijden] Schnitt (m[5]) **2** [wond] Schnitt (m[5]), Schnittwunde (v[21]) **3** [snit] Schnitt (m[5]) **4** [afgesneden stuk] Schnitte (v[21]), Scheibe (v[21]) **5** [scherp gedeelte] Schneide (v[21]) || [fig] *op het scherp van de ~* hart auf hart
de **sneer** höhnische Bemerkung (v[20])
de **sneeuw** Schnee (m[19]): *eeuwige ~* Firn (m[5], m[16]); Firnschnee (m[19]); *er valt ~* es schneit; [Belg] *zwarte ~ zien* darben
de **sneeuwbal** Schneeball (m[6])
het **sneeuwbaleffect** Kettenreaktion (v[20])
sneeuwblind schneeblind
de **sneeuwbril** Schneebrille (v[21])
de **sneeuwbui** Schneeschauer (m[9])
sneeuwen [ook fig] schneien
de **sneeuwgrens** Schneegrenze (v[21])
de **sneeuwjacht** Schneetreiben (o[39]), Schneegestöber (o[33])
de **sneeuwketting** Schneekette (v[21])
de **sneeuwklas**: [Belg] *op ~ gaan* mit der Klasse in den Wintersport fahren[153]
het **sneeuwklokje** Schneeglöckchen (o[35])
de **sneeuwman** Schneemann (m[8]) || *de verschrikkelijke ~* der Schneemensch, der Yeti
de **sneeuwploeg** [machine] Schneepflug (m[6])
de **sneeuwpop** Schneemann (m[8])

sneeuwruimen Schnee räumen
de **sneeuwschoen** Schneeschuh (m[5])
de **sneeuwschuiver 1** [schop] Schneeschaufel (v[21]), Schneeschieber (m[9]) **2** [machine] Schneepflug (m[6]), Schneeräumer (m[9])
de **sneeuwstorm** Schneesturm (m[6])
de **sneeuwval** Schneefall (m[6], meestal mv)
de **sneeuwvlok** Schneeflocke (v[21])
sneeuwvrij schneefrei
sneeuwwit schneeweiß
Sneeuwwitje Schneewittchen (o[35])
snel 1 [vlug] schnell, rasch, geschwind **2** [modern] flott, modern: *een ~le auto* ein Flitzer
de **snelbinder** Gepäckträgerspannband (o[32])
het **snelbuffet** Schnellimbiss (m[5])
de **snelheid** Geschwindigkeit (v[20]): *een ~ van 450 km per uur* eine Stundengeschwindigkeit von 450 km; *op ~ komen* auf Touren kommen[193]
de **snelheidsbegrenzer** Tempobegrenzer (m[9]), Tempomat (m[14])
de **snelheidsbeperking** Tempolimit (o[36], o[29])
de **snelheidscontrole** Geschwindigkeitskontrolle (v[21])
de **snelheidsmaniak** Raser (m[9])
de **snelkoker** Schnellkochtopf (m[6])
de **snelkookpan** Schnellkochtopf (m[6]), Dampfkochtopf (m[6])
de **snelkoppeling** [comp] Verknüpfung (v[20])
snelladen [snel opladen] schnellladen[196]
de **snellader** Schnelllader (m[9]), Schnellladegerät (o[29])
snellen eilen
het **snelrecht** Schnellverfahren (o[35])
de **sneltoets** Tastenkombination (v[20]), Schnelltaste (v[21])
de **sneltrein** Schnellzug (m[6]), D-Zug (m[6])
de **sneltreinvaart** Eiltempo (o[39]): *iets in ~ bespreken* etwas im Eiltempo besprechen
het **snelverkeer** Schnellverkehr (m[19])
snelwandelen Gehen (o[39])
de **snelweg** Autobahn (v[20]): *de elektronische ~* die Datenautobahn
snerpen [pijn veroorzaken] schneiden[250]: *een ~de kou* eine schneidende Kälte
de **snert 1** [erwtensoep] Erbsensuppe (v[21]) **2** [onzin] Quatsch (m[19]) **3** [rotzooi] Mist (m[19])
het **snertweer** Sauwetter (o[33])
sneu schade: *wat ~!* wie schade!
sneuvelen 1 [omkomen] umkommen[193], fallen[154] **2** [breken] zerbrechen[137] || *het record sneuvelde* der Rekord wurde gebrochen
snibbig schnippisch, bissig
de **snijbiet** Mangold (m[19])
de **snijbloem** Schnittblume (v[21])
de **snijboon** Schnittbohne (v[21]): *een rare ~* ein wunderlicher Kauz
de **snijbrander** Schneidbrenner (m[9])
snijden 1 [alg; ook fig] schneiden[250]: *de lijnen ~ elkaar* die Linien schneiden sich; *de*

sfeer was om te ~ die Atmosphäre war zum Zerreißen gespannt; *in de begroting* ~ den Etat kürzen **2** [te veel laten betalen] übervorteilen

de **snijmachine** Schneidemaschine (v²¹)

de **snijplank** Schneidebrett (o³¹)

het **snijpunt** Schnittpunkt (m⁵)

de **snijtand** Schneidezahn (m⁶)

de **snijwond** Schnittwunde (v²¹)

de ¹**snik** (zn): *hij is niet goed* ~ er ist übergeschnappt

de ²**snik** (zn) Schluchzer (m⁹): *de laatste* ~ der letzte Atemzug

snikheet erstickend heiß

snikken schluchzen

de **snip** [vogel] Schnepfe (v²¹)

de **snipper** [stukje] Schnitzel (m⁹, o³³)

de **snipperdag** Urlaubstag (m⁵)

snipperen schnippeln, schnitzeln

snipverkouden: ~ *zijn* einen argen Schnupfen haben¹⁸²

de **snit** Schnitt (m⁵), Zuschnitt (m⁵), Fasson (v²⁷)

de **snob** Snob (m¹³)

snoeien 1 zurückschneiden²⁵⁰, stutzen **2** [bezuinigen] einschränken: *in de begroting* ~ den Etat kürzen

de **snoek** Hecht (m⁵)

de **snoekbaars** Zander (m⁹)

de **snoekduik,** de **snoeksprong** Hechtsprung (m⁶)

de **snoep** Süßigkeiten (mv v²⁰)

snoepen naschen

de **snoeper** Nascher (m⁹): [fig] *oude* ~ Lustgreis (m⁵)

de **snoeperij** Süßigkeiten (mv v²⁰)

het **snoepgoed** Süßigkeiten (mv)

het **snoepje** Bonbon (m¹³, o³⁶), Süßigkeit (v²⁰)

het **snoepreisje** angebliche Dienstreise (v²¹)

de **snoepwinkel** Süßwarengeschäft (o²⁹): *als een kind in een* ~ wie ein Kind im Süßwarenladen

het **snoer** Schnur (v²⁵)

snoeren: *iem. de mond* ~ jmdn. mundtot machen

de **snoes** Herzchen (o³⁵)

de **snoeshaan**: *een rare* ~ ein sonderbarer Kauz

de **snoet 1** [snuit, bek] Schnauze (v²¹) **2** [mond] Schnauze (v²¹), Maul (o³²) **3** [gezicht] Fratze (v²¹)

snoeven angeben¹⁶⁶, prahlen, aufschneiden²⁵⁰

snoezig reizend, niedlich, süß

de **snol** [scheldw; inf] Dirne (v²¹), Nutte (v²¹), Flittchen (o³⁵)

snood ruchlos, niederträchtig, verrucht

de **snor 1** [van personen] Schnurrbart (m⁶) **2** [van dieren] Schnurrhaar (o²⁹) ‖ *dat zit wel* ~ das ist o.k., das geht in Ordnung

de **snorkel** Schnorchel (m⁹)

snorkelen schnorcheln

snorren [een brommend geluid maken] s(chn)urren, schwirren, summen

de **snorscooter** ± leichter Motorroller (m⁹)

het/de **snot** [neusvocht] Rotz (m¹⁹)

de **snotaap,** de **snotjongen** Rotzjunge (m¹⁵)

de **snotneus** [ook fig] Rotznase (v²¹)

snotteren 1 rotzen **2** [grienen] flennen

snowboarden snowboarden

snuffelen schnüffeln

de **snufferd** [inf] Schnauze (v²¹)

het **snufje 1** [nieuwigheid] Neuheit (v²⁰): *het nieuwste* ~ die letzte Neuheit **2** [geringe hoeveelheid] Prise (v²¹): *een* ~ *peper* eine Prise Pfeffer

snugger gescheit, klug

de **snuisterijen** Nippsachen (mv), Nippes (mv)

de **snuit 1** Schnauze (v²¹); [van insect, olifant, zwijn] Rüssel (m⁹) **2** [gezicht] Schnauze (v²¹)

snuiten 1 [neus reinigen] schnäuzen: *zijn neus* ~ sich schnäuzen **2** [een kaars] putzen

de **snuiter** Kauz (m⁶), Vogel (m¹⁰)

snuiven 1 schnauben²⁴⁹: *van woede* ~ vor Wut schnauben **2** [drugs gebruiken] schnupfen: *cocaïne* ~ Kokain schnupfen; [jargon] koksen

snurken schnarchen

so 1 [Ned] afk van *schriftelijke overhoring* (schriftliche) Arbeit (v²⁰) **2** [Belg] afk van *secundair onderwijs* weiterführende Schulen (mv)

de **soa** afk van *seksueel overdraagbare aandoening* (übertragbare) Geschlechtskrankheit (v²⁰)

de **soap** Soap (v²⁷)

de **soapie** Soapie (m¹³)

de **soapster** Soapstar (m¹³)

sober 1 [eenvoudig] einfach, schlicht; [met weinig tevreden] genügsam: *een ~e stijl* ein nüchterner Stil **2** [armoedig] dürftig, karg: *een ~ bestaan leiden* ärmlich leben, ein karges Dasein führen

de **soberheid 1** [eenvoud] Schlichtheit (v²⁰), Einfachheit (v²⁰) **2** [armoede] Kargheit (v²⁰)

sociaal sozial: *sociale bijstand* Sozialhilfe (v²⁸); *de gemeentelijke sociale dienst* das Sozialamt der Gemeinde; *sociale lasten* Sozialabgaben (mv v²¹); *sociale partners* Sozialpartner (mv m⁹); Tarifpartner (mv m⁹); ~ *product* Sozialprodukt (o²⁹); *sociale voorzieningen* [uitkeringen] Sozialleistungen (mv v²⁰); [Belg] ~ *assistent* Sozialarbeiter (m⁹); ~ *werker* Sozialarbeiter (m⁹)

de **sociaaldemocraat** Sozialdemokrat (m¹⁴)

sociaaldemocratisch sozialdemokratisch

het **socialisme** Sozialismus (m¹⁹ᵃ)

de **socialist** Sozialist (m¹⁴)

socialistisch sozialistisch

de **sociëteit** Klub (m¹³), Verein (m⁵)

de **sociologie** Soziologie (v²⁸)

sociologisch soziologisch

de **socioloog** Soziologe (m¹⁵)

de **soda 1** [natriumcarbonaat] Soda (v^{27}) **2** [sodawater] Sodawasser (o^{33}), Soda (v^{27})

de **sodemieter** [scheldw; vulg] Arschloch (o^{32}): *een arme ~* ein armer Schlucker; *als de ~* dalli, dalli! || *iem. op zijn ~ geven* jmdn. verprügeln; *er geen ~ van snappen* nicht die Bohne davon verstehen

¹**sodemieteren** (onov ww) [inf] **1** [vallen] stürzen **2** [zaniken] quengeln

²**sodemieteren** (ov ww) [inf] [smijten] schmeißen^{247}

soebatten betteln, (flehentlich) bitten^{132}

het **soelaas 1** [verzachting] Linderung (v^{20}) **2** [troost] Trost (m^{19})

de **soenniet** Sunnit (m^{14})

de **soep** Suppe (v^{21}) || *het is niet veel ~s* damit ist es nicht weit her, damit hat es nichts auf sich; *een auto in de ~ rijden* ein Auto zu Bruch fahren^{153}; *iets in de ~ laten lopen* etwas vermasseln; *de ~ wordt niet zo heet gegeten als ze wordt opgediend* der Brei wird nicht so heiß gegessen, wie er gekocht wird

het **soepballetje** Suppenklößchen (o^{35})

het **soepbord** Suppenteller (m^9)

soepel geschmeidig, biegsam, elastisch

de **soepgroente** Suppengemüse (o^{33}), Suppengrün (o^{39})

de **soepkop** Suppentasse (v^{21})

de **soeplepel** Suppenlöffel (m^9)

de **soepstengel** Suppenstange (v^{21})

het **soepzootje** Durcheinander (o^{39}), Chaos (o^{39a})

de **soes** Windbeutel (m^9)

de **soesa** Umstände (mv m^6), Rummel (m^{19})

de ¹**soeverein** (zn) Souverän (m^5)

²**soeverein** (bn, bw) souverän, überlegen: *~ gebied* Hoheitsgebiet (o^{29}); *~e rechten* Hoheitsrechte (mv o^{29})

de **soevereiniteit** Souveränität (v^{28})

soezen 1 [suffen] (vor sich hin) dösen **2** [mijmeren] seinen Gedanken nachhängen^{184}

soezerig dösig

de **sof** Pleite (v^{21}), Fiasko (o^{36}), Reinfall (m^6)

de **sofa** Sofa (o^{36}), Couch (v^{27}, v^{20})

het **sofinummer** kombinierte Sozialversicherungs- und Steuernummer (v^{21})

het **softbal** Softball (m^{19})

softballen Softball spielen

de **softie** Softie (m^{13})

het **softijs** Softeis (o^{39})

de **softporno** Softporno (m^{13})

de **software** Software (v^{27})

de **soja 1** [ketjap] Sojasoße (v^{21}) **2** [plant] Sojabohne (v^{21}), Soja (v, mv: Sojen)

de **sojaboon** Sojabohne (v^{21})

de **sojasaus** Sojasoße (v^{21})

de **sok 1** [kous] Socke (v^{21}): *een held op ~ken* ein Angsthase; *hij zet er de ~ken in* er nimmt die Beine in die Hand; *iem. van de ~ken praten* dauernd auf jmdn. einreden; *iem. van de*

~ken rijden jmdn. über den Haufen fahren^{153} **2** [techn] Muffe (v^{21}) **3** [sukkel] Trottel (m^9)

de **sokkel** Sockel (m^9)

het **solarium** Solarium (o, 2e nvl: -s; mv: Solarien)

de **soldaat** Soldat (m^{14}): *~ 1e klasse* Gefreite(r) (m^{40a}); *iets ~ maken* etwas alle machen

het/de **soldeer** Lot (o^{29}), Lötmetall (o^{29})

de **soldeerbout** Lötkolben (m^{11})

het **soldeersel** Lot (o^{29}), Lötmetall (o^{29})

de **solden** [Belg] **1** [winkelrestant] Restposten (m^{11}) **2** [seizoenopruiming] Schlussverkauf (m^6)

solderen löten

de **soldij** Sold (m^5)

solidair solidarisch: *zich ~ verklaren met iem.* sich mit jmdm. solidarisch erklären

de **solidariteit** Solidarität (v^{28})

solide solid(e)

de **solist** Solist (m^{14})

de ¹**solitair** (zn) [eenling] [mens, dier] Einzelgänger (m^9)

²**solitair** (bn, bw) solitär

sollen: *niet met zich laten ~* nicht mit^{+3} sich spaßen lassen^{197}

de **sollicitant** Bewerber (m^9)

de **sollicitatie** Bewerbung (v^{20})

de **sollicitatiebrief** Bewerbungsschreiben (o^{35})

het **sollicitatiegesprek** Vorstellungsgespräch (o^{29}), Bewerbungsgespräch (o^{29}), Einstellungsgespräch (o^{29})

solliciteren sich^4 bewerben^{309}: *~ naar* sich^4 bewerben um^{+4}

het/de ¹**solo** (zn) Solo (o^{36}, mv: ook Soli)

²**solo** (bw) solo

de **solutie** Gummilösung (v^{20})

solvabel solvent, zahlungsfähig

de **solvabiliteit** Solvenz (v^{20}), Zahlungsfähigkeit (v^{28})

solvent solvent, zahlungsfähig

de **som 1** [uitkomst van optelling] Summe (v^{21}): *8−5=3* acht weniger (*of:* minus) fünf ist (*of:* macht, gibt) drei; *5+3=8* fünf und (*of:* plus) drei ist (*of:* macht, gibt) acht; *3×5=15* drei mal fünf ist (*of:* macht, gibt) fünfzehn; *15:3=5* fünfzehn (geteilt) durch drei ist (*of:* macht, gibt) fünf; *3²=9* drei hoch zwei ist neun; *3³=27* drei hoch drei ist siebenundzwanzig; *√9=3* die Wurzel aus neun ist drei; *de derdemachtswortel van 27 is 3* die dritte Wurzel aus siebenundzwanzig ist drei **2** [opgave] Rechenaufgabe (v^{21}): *~men maken* Rechenaufgaben machen **3** [bedrag] Summe (v^{21}), Betrag (m^6): *een ~ geld* eine Geldsumme

Somalië Somalia (o^{39})

de **Somaliër** Somalier (m^9), Somalierin (v^{22})

Somalisch somalisch

somber 1 [donker] düster; [m.b.t. weer] trübe **2** [droevig] düster, trübe

de **somberte 1** [duisternis] Düsterkeit (v^{28})

2 [treurigheid] Düsterkeit (v[28]), Trübheit (v[28])
de **sommatie** Aufforderung (v[20]), Mahnung (v[20])
sommeren auffordern, mahnen
sommige manche[68], einige
soms 1 [nu en dan] zuweilen, bisweilen, manchmal **2** [misschien] etwa, vielleicht
de **sonar** Sonar (o[29])
de **sonate** Sonate (v[21])
de **sonde** Sonde (v[21])
sonderen sondieren[320]
de **sondevoeding** Sondenernährung (v[20])
het **songfestival** Songfestival (o)
de **songtekst** Songtext (m[5]); Liedtext
het **sonnet** Sonett (o[29])
de/het **soort 1** [categorie] Art (v[20]), Sorte (v[21]): *een raar ~ mensen* ein sonderbarer Menschenschlag; *enig in zijn ~* einzigartig; *~ zoekt ~* Gleich und Gleich gesellt sich gern **2** [kwaliteit] Sorte (v[21]) **3** [biol] Gattung (v[20]), Art (v[20])
soortelijk spezifisch
het **soortement** Art (v[20])
soortgelijk derartig, ähnlich
de **soortgenoot** Artgenosse (m[15])
de **soos** Klub (m[13]): *op de ~ eten* im Klub essen[152]
het **sop** [zeepwater] Seifenwasser (o[39]): *iem. in zijn eigen ~ gaar laten koken* jmdn. in seinem eigenen Fett schmoren lassen[197] || *het ruime ~* die offene See; *het ruime ~ kiezen* in See stechen[277]
soppen eintauchen
de **¹sopraan 1** [stem] Sopran (m[5]) **2** [jongen] Sopranist (m[14])
de **²sopraan** [zangeres] Sopranistin (v[22])
de **sorbet** Sorbet (m[13], o[36]), Sorbett (m[5], o[29])
sorry Entschuldigung!, Verzeihung!
sorteren sortieren[320]: *effect ~* Wirkung erzielen; *goed gesorteerd* (gut) assortiert
de **sortering** Sortierung (v[20]): *ruime ~* reiche Auswahl (v[20]); reiches Sortiment (o[29])
SOS SOS: *een ~-bericht* ein SOS-Ruf (m[5])
de **sossen** [Belg] Sozis (mv)
de **soufflé** Auflauf (m[6])
souffleren soufflieren
de **souffleur** Souffleur (m[5])
de **soul** Soul (m[19])
de **sound** Sound (m[13])
de **soundbite** Soundbite (m+o)
de **soundcheck** Soundcheck (m[13]), Tonprobe (v[21])
de **soundtrack** Soundtrack (m[13])
het **souper** Souper (o[36])
de **souteneur** Zuhälter (m[9])
het **souterrain** Souterrain (o[36]), Kellergeschoss (o[29])
het **souvenir** Souvenir (o[36]), Andenken (o[35])
de **sovjet** Sowjet (m[13])
de **Sovjet-Unie** Sowjetunion (v[28]), SU
sowieso sowieso
de **spa**[MERK] [mineraalwater] Mineralwasser (o[34])

de **¹spaak** (zn) [van wiel] Speiche (v[21])
²spaak (bw): *dat loopt ~* das geht schief
het **spaakbeen** Speiche (v[21])
de **spaan 1** [stukje hout] Span (m[6]) **2** [schuimspaan] Schaumlöffel (m[9]) **3** [roeispaan] Ruder (o[33])
de **spaander** Holzspan (m[6]), Span (m[6]): [fig] *waar gehakt wordt, vallen ~s* wo gehobelt wird, fallen Späne
de **spaanplaat** Spanplatte (v[21])
¹Spaans (zn) Spanisch (o[41])
²Spaans (bn) spanisch: *~e peper* spanischer Pfeffer
³Spaans (bw): *het ~ benauwd hebben* eine Heidenangst haben[182]
de **spaarbank** Sparkasse (v[21]): *geld op de ~ zetten* Geld auf die Sparkasse bringen[139]
het **spaarbankboekje** Spar(kassen)buch (o[32])
de **spaarder** Sparer (m[9])
het **spaargeld** Spargeld (o[31]), Ersparnisse (mv v[24])
de **spaarlamp** Energiesparlampe (v[21])
de **spaarpot** Sparbüchse (v[21])
het **spaarvarken** Sparschwein (o[29])
spaarzaam sparsam
de **spade** Spaten (m[11])
de **spagaat** Spagat (m[5], o[29])
de **spaghetti** Spaghetti (mv)
de **spalk** Schiene (v[21])
spalken schienen
de **spam** Spam (o[36])
het **spamfilter** Spamfilter (m[9], o[33])
spammen spammen
het **span** [gespan] Gespann (o[29]): *het ~ paarden* das Gespann Pferde
het **spandoek** Transparent (o[29]), Spruchband (o[32])
de **spaniël** Spaniel (m[13])
de **Spanjaard** Spanier (m[9]), Spanierin (v[22])
Spanje Spanien (o[39])
de **spankracht** Spannkraft (v[28])
spannen spannen: *het zal erom ~!* es wird spannend! || *dat spant de kroon* das übertrifft alles
spannend spannend
de **spanning** Spannung (v[20])
de **spanningsboog** [techn] Spannungskurve (v[21])
het **spanningsveld** Spannungsfeld (o[31])
het **spant 1** [van dak] Sparren (m[11]) **2** [van schip] Spant (o[37])
de **spanwijdte** Spannweite (v[21])
de **spar 1** [naaldboom] Tanne (v[21]); [fijne spar] Fichte (v[21]) **2** [spant] Sparren (m[11])
de **sparappel** Tannenzapfen (m[11])
sparen 1 sparen: *kosten noch moeite ~* weder Kosten noch Mühe sparen **2** [ontzien] schonen: *iem. ~* jmdn. schonen; *zijn krachten ~* seine Kräfte schonen **3** [verzamelen] sammeln: *postzegels ~* Briefmarken sammeln
sparren sparren

de **sparringpartner** Sparringspartner (m⁹)
spartelen zappeln
spastisch spastisch
de **spat** [spetter, vlek] Spritzer (m⁹) ‖ *geen ~ uitvoeren* keinen Finger krumm machen
de **spatader** Krampfader (v²¹)
het **spatbord 1** [van auto] Kotflügel (m⁹) **2** [van (motor)fiets] Schutzblech (o²⁹)
de **spatel** Spachtel (m⁹, v²¹), Spatel (m⁹, v²¹)
de **spatie** Leerzeichen (o³⁵)
de **spatiebalk** Leertaste (v²¹)
spatten spritzen; [m.b.t. vonken] sprühen: *uit elkaar ~* (zer)platzen
de **speaker 1** [omroeper] Sprecher (m⁹) **2** [luidspreker] Lautsprecher (m⁹)
de **specerij** Gewürz (o²⁹), Würze (v²¹)
de **specht** Specht (m⁵)
¹**speciaal** (bn) speziell, Sonder…, Spezial…: *speciale aanbieding* Sonderangebot (o²⁹); *speciale prijs* Sonderpreis (m⁵)
²**speciaal** (bw) speziell, besonders, eigens
de **speciaalzaak** Fachgeschäft (o²⁹), Spezialgeschäft (o²⁹)
de **specialisatie** Spezialisierung (v²⁰)
specialiseren spezialisieren³²⁰: *zich ~ in* sich spezialisieren auf⁺⁴
het **specialisme** Spezialgebiet (o²⁹)
de **specialist** Spezialist (m¹⁴); [in geneeskunde, ook] Facharzt (m⁶)
specialistisch Spezial…: *~e kennis* Spezialwissen (o³⁹)
de **specialiteit** Spezialität (v²⁰)
de **specie** [bouwk] Mörtel (m⁹)
de **specificatie** Spezifikation (v²⁰)
specificeren spezifizieren³²⁰
specifiek spezifisch
het **specimen** Spezimen (o, mv: Spezimina); Probestück (o), Muster (o³³)
spectaculair spektakulär, aufsehenerregend
het **spectrum** Spektrum (o, 2e nvl: -s; mv: Spektra of Spektren)
het/de **speculaas** Spekulatius (m, 2e nvl: -; mv: -)
de **speculaaspop** Spekulatiusfigur (v²⁰)
de **speculant** Spekulant (m¹⁴)
de **speculatie** Spekulation (v²⁰)
speculeren spekulieren³²⁰
de **speech** Speech (m⁵, mv: ook -es), Ansprache (v²¹)
speechen eine Ansprache halten¹⁸³
de **speed 1** [snelheid] Speed (m¹³) **2** [middel] Speed (o³⁶)
de **speedboot** Schnellboot (o²⁹); [sport] Rennboot (o²⁹)
het **speeksel** Speichel (m¹⁹)
de **speelautomaat** Spielautomat (m¹⁴)
de **speelbal** [ook fig] Spielball (m⁶)
de **speeldoos** [muziekdoos] Spieldose (v²¹), Spieluhr (v²⁰)
de **speelfilm** Spielfilm (m⁵)
het **speelgoed** Spielzeug (o³⁹); [artikelen]

Spielwaren (mv v²¹)
de **speelhal** Spielhalle (v²¹)
de **speelhelft 1** [halve speelduur] Spielzeithälfte (v²¹), Halbzeit (v²⁰) **2** [veld] Spielfeldhälfte (v²¹)
de **speelkaart** Spielkarte (v²¹)
de **speelkameraad** Spielkamerad (m¹⁴)
het **speelkwartier** Schulpause (v²¹)
de **speelplaats** Spielplatz (m⁶)
de **speelruimte** [tussenruimte] [ook fig] Spielraum (m⁶)
speels spielerisch
de **speelsheid** Verspieltheit (v²⁸)
de **speeltafel** Spieltisch (m⁵)
het **speeltje** Spielzeug (o²⁹)
de **speeltuin** Spielplatz (m⁶)
het **speelveld** Spielfeld (o³¹), Spielfläche (v²¹)
de **speen 1** [tepel] Zitze (v²¹) **2** [op zuigfles] Sauger (m⁹) **3** [fopspeen] Schnuller (m⁹), Lutscher (m⁹)
de **speer** Speer (m⁵)
de **speerpunt** Speerspitze (v²¹) ‖ *de ~en van een beleid, van een actie* die Schwerpunkte einer Politik, das Schwergewicht einer Aktion
het **speerwerpen** Speerwerfen (o³⁹)
het **spek** Speck (m⁵): *gerookt ~* Räucherspeck
spekglad spiegelglatt
spekken spicken
het **spektakel 1** [schouwspel] Spektakel (o³³) **2** [lawaai] Spektakel (m⁹), Lärm (m¹⁹)
het **spel** Spiel (o²⁹): *een ~ kaarten* ein Kartenspiel; *gelijk ~* Unentschieden (o³⁵); *ruw ~* rohes (of: hartes) Spiel; *zijn leven op het ~ zetten* sein Leben aufs Spiel setzen; *vrij ~ hebben* freies Spiel haben
het **spelbederf** unsportliches Verhalten (o³⁹)
de **spelbreker** Spielverderber (m⁹)
de **spelcomputer** Spielcomputer (m⁹)
de **speld 1** [naaigerei] Stecknadel (v²¹): *er is geen ~ tussen te krijgen!* **a)** [iem. praat maar door] man kommt nicht zu Wort!; **b)** [het sluit als een bus] es ist nichts dagegen einzuwenden!; *men kan een ~ horen vallen* man kann eine Nadel fallen hören **2** [broche] Nadel (v²¹)
spelden feststecken, heften: *een zoom ~* einen Saum feststecken
het **speldenkussen** Nadelkissen (o³⁵)
de **speldenprik** [ook fig] Nadelstich (m⁵)
het **speldje** [broche] Nadel (v²¹), Anstecknadel (v²¹)
spelen 1 [alg] spielen: *dat speelt hem door het hoofd* das geht ihm im Kopfe herum **2** [een rol spelen] mitspielen ‖ *de baas ~* den Chef (of: Boss) spielen
spelenderwijs spielend
de **speleoloog** Speläologe (m¹⁴); Höhlenforscher (m⁹)
de **speler** Spieler (m⁹)
de **spelfout** Rechtschreib(ungs)fehler (m⁹)
de **speling 1** [grillige wending] Spiel (o²⁹): *een*

~ *van het lot* ein Spiel des Schicksals **2** [ruim-te] Spielraum (m⁶)

de **spelleider** Spielleiter (m⁹)
spellen buchstabieren³²⁰

het **spelletje 1** [spel] Spiel (o²⁹), Spielchen (o): ~*s doen* spielen; Spiele machen; *ergens een ~ van maken* etwas (nur) als Spiel(erei) auffassen; [fig] *een ~ spelen met iem.* (s)ein Spiel mit jmdm. treiben **2** [partijtje] Spiel (o²⁹), Partie (v²¹), Runde (v²¹): *een ~ domino* eine Partie Domino

de **spelling** Rechtschreibung (v²⁸)
de **spelonk** Höhle (v²¹)
de **spelregel** [sport] Spielregel (v²¹)
de **spelt** Dinkel (m⁹), Spelz (m⁵), Spelt (m⁵)
de **spelverdeler** Spielmacher (m⁹); [volleybal] Steller (m)
de **spencer** Pullunder (m⁹)
spenderen ausgeben¹⁶⁶: ~ *aan* ausgeben¹⁶⁶ für⁺⁴

het **sperma** Sperma (o, 2e nvl: -s; mv: Spermen), Samen (m¹¹)
de **spermabank** Spermabank (v²⁰), Samenbank (v²⁰)
de **spertijd** Sperrzeit (v²⁰)
het **spervuur** Sperrfeuer (o³³)
de **sperwer** Sperber (m⁹)
de **sperzieboon** Prinzessbohne (v²¹), Brechbohne (v²¹)
de **spetter 1** [spat] Spritzer (m⁹) **2** [vrouw] Klasseweib (o³¹) **3** [man] toller Typ (m¹⁶, m¹⁴)
spetteren spritzen; [m.b.t. vonken] sprühen

de **speurder** Kriminalbeamte(r) (m⁴⁰ᵃ)
¹**speuren** (onov ww) [nasporen] fahnden
²**speuren** (ov ww) [het spoor volgen] spüren, wittern
de **speurhond** Spürhund (m⁵)
de **speurtocht** Streifzug (m⁶), Suche (v²¹)
het **speurwerk** Nachforschungen (mv), Fahndung (v²⁰)
spichtig 1 [puntig] spitz **2** [mager] hager
de **spie** Keil (m⁵)
spieden spähen
de **spiegel** Spiegel (m⁹)
het **spiegelbeeld** Spiegelbild (o³¹)
het **spiegelei 1** Spiegelei (o³¹) **2** [spoorw] Kelle (v²¹)
¹**spiegelen** (onov ww) spiegeln
zich ²**spiegelen** (wdk ww) sich spiegeln: *zich in het water ~* sich im Wasser spiegeln; *zich aan iem. ~* sich³ jmdn. zum Vorbild nehmen²¹²
spiegelglad spiegelglatt
de **spiegeling** Spiegelung (v²⁰)
het **spiegelschrift** Spiegelschrift (v²⁰)
het **spiekbriefje** Spickzettel (m⁹)
spieken abgucken, spicken
de **spier** Muskel (m¹⁷): *gescheurde ~* Muskelriss (m⁵); *een ~ verrekken* einen Muskel zerren; *geen ~ vertrekken* keine Miene verziehen³¹⁸
de **spierbal** Muskelbündel (o³³)

de **spierkracht** Muskelkraft (v²⁵)
spiernaakt splitter(faser)nackt
de **spierpijn** Muskelschmerz (m¹⁶), Muskelkater (m⁹)
het **spierweefsel** Muskelgewebe (o³³)
spierwit schneeweiß; [doodsbleek] kreideweiß
de **spies** Spieß (m⁵)
de **spijbelaar** Schwänzer (m⁹)
spijbelen (die Schule) schwänzen
de **spijker** Nagel (m¹⁰): ~*s op laag water zoeken* kritteln
de **spijkerbroek** Jeans (mv), Bluejeans (mv), Nietenhose (v²¹)
spijkeren nageln
spijkerhard stahlhart, steinhart
het **spijkerjasje** Jeansjacke (v²¹)
het **spijkerschrift** Keilschrift (v²⁸)
de **spijl** Stab (m⁶)
de **spijs** Speise (v²¹)
de **spijskaart** Speisekarte (v²¹)
de **spijsvertering** Verdauung (v²⁸)
de **spijt** Bedauern (o³⁹): *tot mijn ~* zu meinem Bedauern; ~ *van iets hebben* etwas bedauern
spijten bedauern, leidtun²⁹⁵: *het spijt me!* ich bedauere (es)!, es tut mir leid!; *het spijt me voor hem* es tut mir leid für ihn
spijtig bedauerlich: *het is ~!* es ist schade
de **spike** Spike (m¹³): [schoenen] ~*s* Spikes (mv m¹³)
de **spikkel** Tupfen (m¹¹), Sprenkel (m⁹)
spiksplinternieuw funkelnagelneu
de **spil 1** [as] Achse (v²¹) **2** [fig] Mittelpunkt (m⁵) **3** [sport] Mittelläufer (m⁹)
spilziek verschwenderisch
de **spilzucht** Verschwendungssucht (v²⁸)
de **spin** [dierk] Spinne (v²¹)
de **spinazie** Spinat (m¹⁹): ~ *à la crème* Rahmspinat
de **spindoctor** Spin Doctor (m¹³), Medienberater (m⁹), PR-Berater (m⁹)
het **spinet** Spinett (o²⁹)
de **spinnaker** Spinnaker (m⁹)
spinnen 1 [draden maken] spinnen²⁷² **2** [m.b.t. katten] schnurren
het **spinnenweb** Spinn(en)gewebe (o³³)
de **spinnerij** Spinnerei (v²⁰)
het **spinnewiel** Spinnrad (o³²)
het **spinrag** Spinn(en)gewebe (o³³)
de **spion** Spion (m⁵); [neg] Spitzel (m⁹)
de **spionage** Spionage (v²⁸)
spioneren spionieren³²⁰
de **spiraal** Spirale (v²¹)
het **spiraaltje** [voorbehoedmiddel] Spirale (v²¹)
de **spirit** Schwung (m¹⁹)
het **spiritisme** Spiritismus (m¹⁹ᵃ)
spiritueel spirituell, spiritual: *de spirituele kracht* die Geisteskraft
de **spiritus** Spiritus (m, 2e nvl: -; mv: -se)
het **spit 1** [braadspit] Spieß (m⁵) **2** [med] Hexenschuss (m¹⁹)

de **¹spits** (zn) **1** [top] Spitze (v²¹): *iets op de ~ drijven* etwas auf die Spitze treiben²⁹⁰; *het* (of: *de*) ~ *afbijten* den Reigen eröffnen, in vorderster Linie stehen **2** [mil] Spitze (v²¹) **3** [spitsuur] Spitzenzeit (v²⁰) **4** [sport] Spitze (v²¹)

²spits (bn, bw) **1** [puntig] spitz **2** [bits] spitz **3** [scherpzinnig] scharfsinnig || *een ~e vent* ein kluger Kopf

de **spitsboog** Spitzbogen (m¹¹)

spitsen spitzen: *gespitst zijn op iets* auf⁺⁴ etwas gefasst sein²⁶²

de **spitskool** Spitzkohl (m⁵)

de **spitsroede**: ~*n lopen* Spießruten laufen¹⁹⁸

de **spitsstrook** Spitzenzeitfahrstreifen (m¹¹), Stoßzeitfahrstreifen (m¹¹)

de **spitstechnologie** [Belg] Spitzentechnologie (v²¹)

het **spitsuur** Hauptverkehrszeit (v²⁰), Stoßzeit (v²⁰)

spitsvondig spitzfindig

spitten graben¹⁸⁰

de **spitzen** Spitzenschuhe (mv)

de **spleet** Spalt (m⁵), Spalte (v²¹)

het **spleetoog** Schlitzauge (o³⁸)

¹splijten (onov ww) sich spalten²⁷⁰

²splijten (ov ww) spalten²⁷⁰

de **splijtstof** Spaltmaterial (o, 2e nvl: -s; mv: Spaltmaterialien)

de **splijtzwam** ± Stänkerer (m⁹), Hetzer (m⁹); [pol] Spalter (m)

de **splinter** Splitter (m⁹)

splinteren splittern

splinternieuw (funkel)nagelneu

de **splinterpartij** Splitterpartei (v²⁰)

het **split 1** [spleet] Schlitz (m⁵) **2** [steenslag] Splitt (m⁵)

de **spliterwt** Schälerbse (v²¹)

de **splitpen** Splint (m⁵)

¹splitsen (ov ww) **1** [verdelen] teilen; [splijten] spalten²⁷⁰ **2** [een kabel, touw] spleißen²⁷³ **3** [atomen] spalten²⁷⁰

zich **²splitsen** (wdk ww) sich teilen; [m.b.t. weg] sich gabeln

de **splitsing** Teilung (v²⁰), Spaltung (v²⁰), Gabelung (v²⁰): ~ *van autosnelweg* Autobahndreieck (o²⁹); *zie* ¹splitsen

de **spoed** Eile (v²⁸): ~ *maken* eilen, sich beeilen; *met de meeste* ~ schleunigst

de **spoedcursus** Schnellkurs (m⁵)

het **spoeddebat** Dringlichkeitsdebatte (v²¹)

spoedeisend dringend, dringlich

¹spoeden (onov ww) eilen

zich **²spoeden** (wdk ww) sich beeilen

het **spoedgeval** Notfall (m⁶), dringender Fall (m⁶)

¹spoedig (bn) baldig

²spoedig (bw) bald⁶⁵: *ik kom (zeer)* ~! ich komme (recht) bald!

de **spoel** Spule (v²¹)

de **spoelbak** Spülbecken (o³⁵)

spoelen 1 [reinigen] spülen: *zijn mond* ~ den Mund spülen **2** [verplaatsen] spülen, schwemmen **3** [op een spoel winden] (auf)spulen

de **spoeling 1** [het spoelen] Spülen (o³⁹) **2** [van wc] Spülung (v²⁰) **3** [veevoeder] Schlempe (v²¹)

de **spoiler** Spoiler (m⁹)

spoken spuken, geistern: *het spookt in dit huis* in diesem Haus spukt es; *het kan op zee geducht* ~ das Meer kann furchtbar toben

de **sponning** Nut (v²⁰), Falz (m⁵)

de **spons** Schwamm (m⁶)

de **sponsor** Sponsor (m¹⁶, m¹³)

sponsoren sponsern

de **sponsoring** Sponsoring (o³⁹), Sponsorschaft (v²⁰)

spontaan spontan

de **spontaniteit** Spontaneität (v²⁰), Spontanität (v²⁰)

het **spook** Gespenst (o³¹); [scheldw] Kröte (v²¹): *je ziet spoken!* du siehst Gespenster!

spookachtig gespensterhaft, gespenstisch

het **spookhuis 1** Spukhaus (o³²) **2** [kermisattractie] Geisterbahn (v²⁰)

de **spookrijder** Geisterfahrer (m⁹), Falschfahrer (m⁹)

de **¹spoor** [van bloem, haan, ruiter] Sporn (m, 2e nvl: -(e)s; mv: Sporen): *een paard de sporen geven* einem Pferd die Sporen geben¹⁶⁶; *zijn sporen verdienen* sich³ die Sporen verdienen

het **²spoor 1** [alg; ook fig] [afdruk] Spur (v²⁰): *niet het geringste* ~ nicht die geringste Spur; *iem. op het* ~ *zijn* jmdm. auf der Spur sein²⁶² **2** [afdruk in het wegdek] Spurrille (v²¹) **3** [spoorweg, trein] Bahn (v²⁰): *met het* ~ *reizen* mit dem Zug (of: mit der Bahn) fahren¹⁵³; *per* ~ mit der Bahn **4** [rails] Gleis (o²⁹): *met enkel* ~ eingleisig; *met dubbel* ~ doppelgleisig; *de trein komt binnen op* ~ *2* der Zug fährt auf Gleis 2 ein **5** [spoorwegbedrijf] Bahn (v²⁰), Eisenbahn (v²⁰)

de **spoorbaan** Gleis (o²⁹), Schienenweg (m⁵)

het **spoorboekje** Kursbuch (o³²)

de **spoorboom** Eisenbahnschranke (v²¹)

de **spoorbreedte** Spurbreite (v²¹), Spurweite (v²¹)

de **spoorbrug** Eisenbahnbrücke (v²¹)

de **spoorlijn** Bahnlinie (v²¹), Bahnverbindung (v²⁰)

spoorloos spurlos

spoorslags spornstreichs

de **spoorverbinding** Eisenbahnverbindung (v²⁰)

de **spoorvorming** Bildung (v²⁰) von Spurrillen: ~! Spurrillen!

de **spoorweg** Eisenbahn (v²⁰)

de **spoorwegmaatschappij** Eisenbahngesellschaft (v²⁰)

het **spoorwegnet** Eisenbahnnetz (o²⁵), Bahnnetz (o²⁹)

de **spoorwegovergang** Bahnübergang (m⁶)
spoorzoeken Spuren suchen
sporadisch sporadisch, vereinzelt
de **spore** Spore (v²¹)
¹**sporen** (onov ww) [m.b.t. fiets, wagen] spuren
²**sporen** (onov ww) [reizen] mit der Bahn reisen
de **sporenplant** Sporenpflanze (v²¹)
de ¹**sport** [ontspanning] Sport (m⁵, mv: ook Sportarten): *aan ~ doen* Sport (be)treiben²⁹⁰
de ²**sport** [van ladder] Sprosse (v²¹)
het **sportartikel** Sportartikel (m⁹)
de **sportarts** Sportarzt (m⁶)
de **sportclub** Sportklub (m¹³), Sportverein (m⁵)
de **sportdag** Sportfest (o²⁹)
de **sportdrank** Sportgetränk (o²⁹), Energy-drink (m¹³)
sporten Sport (be)treiben²⁹⁰
de **sporter** Sportler (m⁹)
de **sportfiets** Sportrad (o³²)
de **sporthal** Sporthalle (v²¹)
sportief sportlich
de **sportiviteit** Sportlichkeit (v²⁸)
de **sportliefhebber** Sport(s)freund (m⁵), Sportfan (m¹³)
de **sportman** Sportler (m⁹)
het **sportpark** Sportanlage (v²¹), Sportstätte (v²¹)
de **sportschool 1** [opleidingsinstituut] Kampfsportschule (v²¹) **2** [fitnesscentrum] Sportstudio (o³⁶)
de **sporttas** Sporttasche (v²¹)
het **sportterrein** Sportplatz (m⁶); [complex] Sportanlage (v²¹)
het **sportveld** Sportplatz (m⁶)
de **sportvereniging** Sportverein (m⁵)
het **sportvliegtuig** Sportflugzeug (o²⁹)
de **sportvrouw** Sportlerin (v²²)
de **sportwagen** Sportwagen (m¹¹)
de **sportzaal** Sporthalle (v²¹)
de ¹**spot** [reclamefilmpje, lamp] Spot (m¹³)
de ²**spot** [ironie] Spott (m¹⁹): *bittere ~* bitterer Spott
spotgoedkoop spottbillig
het **spotlight** Spotlight (o³⁶)
de **spotprent** Karikatur (v²⁰)
de **spotprijs** Spottpreis (m⁵)
spotten 1 spotten (über⁺⁴) **2** [de draak steken met] spaßen: *hij laat niet met zich ~* er lässt nicht mit⁺³ sich spaßen
de **spotter** Spötter (m⁹)
de **spouwmuur** Hohlmauer (v²¹)
de **spraak** Sprache (v²¹)
het **spraakgebrek** Sprachfehler (m⁹), Sprachstörung (v²⁰)
de **spraakkunst** Sprachlehre (v²¹), Grammatik (v²⁰)
spraakmakend einflussreich: *een ~ artikel* ein aufsehenerregender, sensationeller Artikel

de **spraakstoornis** Sprachstörung (v²⁰)
de **spraakverwarring** Sprachverwirrung (v²⁰)
spraakzaam gesprächig: *niet ~* einsilbig
de **sprake**: *er is ~ van (men zegt), dat ...* es geht die Rede, dass ...; *als er ~ is van geld* wenn es sich um Geld handelt; *iets ter ~ brengen* etwas zur Sprache bringen¹³⁹; *geen ~ van!* **a)** [als antwoord op een verzoek] das kommt nicht infrage!; **b)** [dat had je gedacht, ook] von wegen!
sprakeloos sprachlos
sprankelen [ook fig] funkeln, sprühen
het **sprankje** [vonk] Funke (m¹⁸), Funken (m¹¹): *er is nog een ~ hoop* es gibt noch einen Funken (von) Hoffnung
de **spray** Spray (m¹³, o³⁶)
sprayen sprayen
de **spreadsheet** Spreadsheet (o³⁶), Tabellenblatt (o³²)
de **spreekbeurt** Referat (o²⁹), Vortrag (m⁶)
de **spreekbuis** [ook fig] Sprachrohr (o²⁹)
de **spreekkamer** Sprechzimmer (o³³)
het **spreekkoor** Sprechchor (m⁶): *spreekkoren aanheffen* Sprechchöre anstimmen
de **spreektaal** Umgangssprache (v²¹)
het **spreekuur** Sprechstunde (v²¹)
de **spreekvaardigheid** Sprachfertigkeit (v²⁸)
het **spreekverbod** Redeverbot (o²⁹), Sprechverbot (o²⁹): *iem. een ~ opleggen* jmdm. ein Redeverbot auferlegen
het **spreekwoord** Sprichwort (o³²)
spreekwoordelijk sprichwörtlich
de **spreeuw** Star (m⁵)
de **sprei** Tagesdecke (v²¹)
spreiden 1 [uitspreiden] (aus)breiten: *iets over een aantal weken ~* etwas auf einige Wochen verteilen **2** [uiteenplaatsen] spreizen: *de benen ~* die Beine spreizen
de **spreiding 1** Ausbreitung (v²⁰), Verteilung (v²⁰) **2** Spreizung (v²⁰); *zie spreiden*
de **spreidsprong**, de **spreidstand** Grätsche (v²¹)
spreken sprechen²⁷⁴, reden: *een taal ~* eine Sprache sprechen; *iem. ~* jmdn. sprechen; *dat spreekt vanzelf* das versteht sich; *~ voor iem., iets* sprechen für jmdn., etwas; *hij is slecht te ~* er ist übel gelaunt; *we ~ elkaar nader!* wir sprechen uns noch!; *[aan de telefoon] met wie spreek ik?* mit wem spreche ich?; *daar spreekt u mee!* am Apparat!; *(zeer) te ~ zijn over iets mit⁺³* etwas sehr zufrieden sein²⁶²; *van zich doen ~* von sich³ reden machen; *om niet te ~ van ... geschweige* denn ...; *dit voorbeeld spreekt voor zich(zelf)* dieses Beispiel spricht für sich; *~ is zilver, zwijgen is goud* Reden ist Silber, Schweigen ist Gold
sprekend sprechend: *een ~ bewijs* ein schlagender Beweis; *~e film* Tonfilm (m⁵); *~e kleuren* helle Farben; *dat portret lijkt ~* das Porträt ist gut getroffen
de **spreker 1** [redenaar] Redner (m⁹): *de vorige*

~ der Vorredner **2** [woordvoerder] Sprecher (m[9])
sprenkelen sprengen, besprengen
de **spreuk** Spruch (m[6])
de **spriet 1** [voelhoorn] Fühler (m[9]) **2** [gras] Halm (m[5]) **3** [scheepv] Spriet (o[29]) **4** [mager persoon] Bohnenstange (v[21])
het/de **springconcours** Springturnier (o[29])
springen 1 [alg] springen[276]: *je kunt hoog of laag* ~ und wenn du dich auf den Kopf stellst; *wij zitten er om te* ~ wir brauchen es dringend; [fig] *hij staat te* ~ *om ...* er brennt darauf ...; *op de fiets* ~ sich aufs Fahrrad schwingen[259]; *het stoplicht sprong op rood* die Ampel sprang auf Rot; [fig] *eruit* ~ herausragen **2** [barsten] springen[276]: *de buis is gesprongen* das Rohr ist geplatzt; *gesprongen lippen* gesprungene Lippen **3** [doen ontploffen] sprengen: *een mijn doen* ~ eine Mine sprengen; *de speelbank laten* ~ die Spielbank sprengen **4** [uitsteken] herausspringen[276] **5** [failliet gaan] Bankrott machen: *op* ~ *staan* [m.b.t. bank, zaak] vor dem Bankrott stehen[279]
het **springkasteel** Hüpfburg (v[20])
de **springlading** Sprengladung (v[20])
springlevend springlebendig, quicklebendig
het **springnet** Sprungtuch (o[32])
de **springplank** [ook fig] Sprungbrett (o[31])
de **springschans** Sprungschanze (v[21])
de **springstof** Sprengstoff (m[5]), Sprengmittel (o[33])
de **springstok** Sprungstab (m[6])
het **springtij** Springtide (v[21]), Springflut (v[20])
het **springtouw** Sprungseil (o[29]), Springseil (o[29])
het **springuur** [Belg] [voor leraar] Springstunde (v[21]); [voor leerlingen] Freistunde (v[21])
de **springvloed** Springflut (v[20])
het **springzeil** Sprungtuch (o[32])
de **sprinkhaan** Heuschrecke (v[21])
de **sprinklerinstallatie** Sprinkleranlage (v[21])
de **sprint** Sprint (m[13])
sprinten sprinten
de **sprinter 1** [sport] Sprinter (m[9]) **2** [trein] S-Bahn (v[20])
de **sprits** Spritzkuchen (m[11])
sproeien sprengen
de **sproeier 1** [van gieter] Brause (v[21]) **2** [van douche] Brause (v[21]) **3** [in tuin] Rasensprenger (m[9]), Sprenger (m[9]) **4** [in carburateur] Düse (v[21])
de **sproeikop** Düse (v[21]), Brause (v[21]); *zie sproeier*
de **sproet** Sommersprosse (v[21])
sprokkelen Holz sammeln
de **sprong** Sprung (m[6]); [groot] Satz (m[6]): *in één* ~ mit einem Sprung (of: Satz); *de prijzen gaan met* ~*en omhoog* die Preise steigen sprunghaft an || *het hoeft niet op stel en* ~ es braucht nicht auf der Stelle zu sein

het **sprookje** Märchen (o[35])
sprookjesachtig märchenhaft
de **sprot** Sprotte (v[21])
de **spruit 1** [plantk] Trieb (m[5]), Spross (m[5]), Schössling (m[5]) **2** [telg] Sprössling (m[5])
spruiten sprießen[275]
de **spruitjes** Rosenkohl (m[19])
de **spruw** Soor (m[5])
spugen 1 spucken **2** [overgeven] sich erbrechen[137]
spuien 1 [water] ablassen[197] **2** [uiten] von sich[3] geben[166]: *kritiek* ~ Kritik von sich geben
het **spuigat** Speigat(t) (o[37], o[36])
de **spuit 1** [instrument] Spritze (v[21]) **2** [injectie] Spritze (v[21]) **3** [geweer] Knarre (v[21])
de **spuitbus** Sprühdose (v[21]), Spraydose (v[21])
spuiten 1 [alg] spritzen; [van drugs, ook] fixen, schießen[238]: *een auto* ~ ein Auto spritzen; *de tuin* ~ den Garten sprengen
de **spuiter** Spritzer (m[9]); [van drugs, ook] Fixer (m[9])
de **spuitgast** Feuerwehrmann (m[8], mv: ook Feuerwehrleute)
het **spuitje** Spritze (v[21])
het **spuitwater** Sprudel (m[9]), Sprudelwasser (o[34])
het **spul 1** [gereedschap, waar] Zeug (o[39]), Sachen (mv) **2** [kleding] Sachen (mv), Klamotten (mv) **3** [groep] Bande (v[21]): *het hele* ~ die ganze Bande **4** [problemen] Schwierigkeiten (mv)
de **spurt** Spurt (m[13])
spurten spurten
sputteren 1 [in pan] brutzeln **2** [m.b.t. motor] stottern **3** [mopperen] murren
het **spuug** Spucke (v[28]), Speichel (m[19])
spuugzat: *iets* ~ *zijn* von etwas die Nase voll haben, etwas gründlich satthaben
spuwen speien[271], spucken: *vuur* ~ Feuer speien
de **spyware** [comp] Spyware (v[21])
het **squadron** Staffel (v[21])
het **squash** Squash (o[39a])
squashen Squash (o[39a]) spielen
sr. afk van *senior* senior, sen.
Sri Lanka Sri Lanka (o[39])
de **Sri Lankaan** Sri-Lanker (m[9]), Sri-Lankerin (v[21])
Sri Lankaans sri-lankisch
sst (p)st!, pscht!
de **staaf** Stab (m[6]); [van edelmetaal] Barren (m[11]): ~ *goud* Goldbarren
de **staafmixer** Stabmixer (m[9])
de **staak 1** Stange (v[21]) **2** [persoon] Bohnenstange (v[21])
het **staakt-het-vuren** Feuereinstellung (v[20])
het **¹staal 1** [metaal] Stahl (m[6]) **2** [med] Eisen (o[39])
het **²staal** [monster] Muster (o[33]), Probe (v[21])
de **staalborstel** Drahtbürste (v[21])
de **staalkaart 1** [lett] Musterkarte (v[21])

2 [bonte mengeling] bunte Sammlung (v[20])

de **staalkabel** Drahtseil (o[29])

het **staaltje** Probe (v[21])

de **staalwol** Stahlwolle (v[28])

staan stehen[279]: *hoe ~ de zaken?* [fig] wie geht's?; *zoals de zaken nu ~* wie die Dinge jetzt liegen; *het staat 2-1* es steht 2:1; *blijven ~* stehen bleiben[134]; *er staat een stevige bries* es weht eine steife Brise; *gaan ~* aufstehen; *die jas staat u goed* der Mantel steht Ihnen gut; *zijn eten laten ~* sein Essen stehen lassen[197]; *laat ~* geschweige denn; *wie weet wat ons nog te wachten staat* wer weiß, was uns[3] noch alles bevorsteht; *hij staat te lezen* er steht und liest; *ik sta al een uur te wachten* ich warte schon eine Stunde; *achter iem., achter iets ~* zu jmdm., zu[+3] etwas stehen; *bij het raam ~* am Fenster stehen; *bij het raam gaan ~* sich ans Fenster stellen; *boven iem. ~* über jmdm. stehen; *daar sta ik buiten* damit habe ich nichts zu tun; *het stoplicht staat op groen* die Ampel steht auf Grün; *ik sta erop dat …* ich bestehe darauf, dass …; *ik sta op mijn recht!* ich bestehe auf meinem Recht!; *in brand ~* in Flammen stehen, brennen; *het huis staat op instorten* das Haus droht einzustürzen; *te huur, te koop ~* zu vermieten, zu verkaufen sein, zum Verkauf stehen; *tegenover iem. ~* [ook fig] jmdm. gegenüberstehen; *hoe sta jij daar tegenover?* wie stehst du dazu?; *3 staat tot 5 als …* 3 verhält sich zu 5 wie …; *tot ~ brengen* zum Stehen bringen[139]; *op het punt ~ iets te gaan doen* im Begriff(e) sein, etwas zu tun

staand: *~e klok* Standuhr (v[20]); *~e lamp* Stehlampe (v[21]); *~e receptie* Stehempfang (m[6]); *~e uitdrukking* Redensart (v[20]); *op zichzelf ~ geval* Einzelfall (m[6]); *zich ~ houden* **a)** [lett] sich auf den Beinen halten; **b)** [fig] sich behaupten; *iets ~e houden* bei[+3] etwas bleiben[134]

staande während[+2]: *~ de vergadering* während der Sitzung

de **staanplaats** Stehplatz (m[6]); [voor taxi's] Stand (m[6])

de **staar** Star (m[5]): *grauwe ~* grauer Star

de **staart 1** [van dier] Schwanz (m[6]); [lang en behaard, ook] Schweif (m[5]): [fig] *met de ~ tussen de benen afdruipen* den Schwanz einziehen[318] **2** [vlecht] Zopf (m[6]) **3** [van komeet] Schweif (m[5]) **4** [van vliegtuig] Heck (o[29]) **5** [van optocht, vlieger] Schwanz (m[6]) **6** [overschot] Rest (m[5])

het **staartbeen** Steißbein (o[29])

de **staartdeling** ± Division (v[20])

de **staartvin** Schwanzflosse (v[21])

de **staat 1** [toestand] Stand (m[6]), Zustand (m[6]): *burgerlijke ~* Familienstand; *de ~ van zijn gezondheid* sein Gesundheitszustand; *in goede ~* in gutem Zustand; *in ~ stellen* instand (*of:* in Stand) setzen; *in ~ zijn* imstande (*of:* im Stan-

de) sein[262]; *tot alles in ~ zijn* zu allem fähig sein[262]; *in alle staten zijn* aus dem Häuschen sein, außer sich[3] sein; *~ maken op* rechnen auf[+4] **2** [pol] Staat (m[16]): *de Gedeputeerde Staten* die Deputiertenstaaten, das Provinzparlament; *de Provinciale Staten* die Provinzialstände; *de Raad van State* der Staatsrat **3** [lijst] Liste (v[21])

de **staatkunde 1** [wetenschap] Staatslehre (v[28]) **2** [toepassing daarvan] Politik (v[28])
staatkundig politisch

het **staatsbedrijf** Staatsunternehmen (o[35]), Staatsbetrieb (m[5])

het **staatsbelang** Staatsinteresse (o[38])

het **staatsbestel** Staatssystem (o[29])

het **staatsbezoek** Staatsbesuch (m[5])

het **Staatsblad** Gesetzblatt (o[32]); [Du] Bundesgesetzblatt (o[32]): *een wet in het ~ afkondigen* ein Gesetz im Gesetzblatt veröffentlichen

de **staatsburger** Staatsbürger (m[9]); [ook] Staatsangehörige(r) (m[40a])

het **staatsburgerschap** Staatsbürgerschaft (v[28]), Staatsangehörigkeit (v[28])

de **Staatscourant** ± Staatsanzeiger (m[9]); [Du] Bundesanzeiger (m[9])

het **staatsexamen** staatliche Abschlussprüfung (v[20])

het **staatsgeheim** Staatsgeheimnis (o[29a])

de **staatsgreep** Staatsstreich (m[5]), Putsch (m[5])

het **staatshoofd** Staatsoberhaupt (o[32])

het **staatsieportret** offizielle(s) Porträt (o[36])

de **staatsinrichting** Staatssystem (o[29]); [het leervak] Staatsbürgerkunde (v[28])

de **staatsinstelling** staatliche Institution (v[20])

de **staatslening** Staatsanleihe (v[21]); [Du] Bundesanleihe (v[21])

de **staatsloterij** Staatslotterie (v[21])

de **staatsman** Staatsmann (m[8])

het **staatsrecht** Staatsrecht (o[39])
staatsrechtelijk staatsrechtlich

de **staatsschuld** Staatsschuld (v[20])

de **staatssecretaris** Staatssekretär (m[5])
staatswege: *van ~* vonseiten (*of:* von Seiten) des Staates, staatlich
stabiel stabil

de **stabilisatie** Stabilisierung (v[20])
stabiliseren stabilisieren[320]

de **stabiliteit** Stabilität (v[28])

het **stabiliteitspact** Stabilitätspakt (m[5])

de **stacaravan** Wohnwagen (m[11])
staccato staccato

de **stad** Stadt (v[25]): *grote ~* Großstadt; *kleine ~* Kleinstadt; *de ~ uit zijn* verreist sein[262]

het **stadhuis** Rathaus (o[32]), Stadthaus (o[32])

het **stadion** Stadion (o, 2e nvl: -s; mv: Stadien)

het **stadium** Stadium (o, 2e nvl: -s; mv: Stadien)
stads städtisch

het **stadsbestuur** Stadtverwaltung (v[20]), Magistrat (m[5])

de **stadsbus** Stadtomnibus (m[5])

het **stadsdeel 1** [stadswijk] Stadtteil (m[5]),

Stadtviertel (o^{33}) **2** [bestuurlijke eenheid] Stadtbezirk (m^5)

het **stadslicht** [van auto] Standlicht (o^{39})

de **stadsmens** Stadtmensch (m^{14})

de **stadsmuur** Stadtmauer (v^{21}); [geschiedenis] Ringmauer (v^{21})

de **stadsschouwburg** Stadttheater (o^{33})

de **stadstaat** Stadtstaat (m^{16})

de **stadsvernieuwing** Stadtsanierung (v^{20})

de **stadswijk** Stadtteil (m^5), Stadtviertel (o^{33}), Stadtbezirk (m^5)

de **staf** Stab (m^6): *generale* ~ Generalstab

de **stafchef** Generalstabschef (m^{13})

de **stafhouder** [Belg] ± Vorsitzende(r) (m^{40a}, v^{40b}) der Anwaltskammer

de **stafkaart** Generalstabskarte (v^{21})

het **staflid** Mitglied (o^{31}) des Stabes

het **stag** Stag (o^{29}, o^{37})

de **stage** Praktikum (o, 2e nvl: -s; mv: Praktika): ~ *lopen* als Praktikant arbeiten

de **stageplaats** Praktikantenstelle (v^{21})

de **stagiair** Praktikant (m^{14})

de **stagnatie** Stockung (v^{20}); [ec] Stagnation (v^{20})

stagneren stocken, stagnieren^{320}

de **sta-in-de-weg** Hindernis (o^{29a})

¹**staken** (onov ww) [het werk neerleggen] streiken || *de stemmen* ~ die Stimmen sind gleich

²**staken** (ov ww) einstellen: *de betalingen* ~ die Zahlungen einstellen; *de studie* ~ das Studium abbrechen^{137}

de **staker** Streikende(r) (m^{40a}, v^{40b})

de **staking** **1** [van betaling, productie e.d.] Einstellung (v^{20}); [van studie] Abbruch (m^6) **2** [m.b.t. arbeiders enz.] Streik (m^{13}): *in* ~ *gaan* in (den) Streik treten^{291}; *in* ~ *zijn* streiken; ~ *van een wedstrijd* ein Spielabbruch || ~ *van stemmen* Stimmengleichheit (v^{28})

de **stakingsbreker** Streikbrecher (m^9)

de **stakker** armer Schlucker (m^9)

de **stal** Stall (m^6)

de **stalagmiet** Stalagmit (m)

¹**stalen** (bn) **1** [lett] stählern, Stahl...: ~ *meubelen* Stahlrohrmöbel (mv o^{33}); ~ *ros* Drahtesel (m^9) **2** [fig] eisern, stählern: ~ *zenuwen* stählerne Nerven

²**stalen** (ww) [ook fig] stählen

stalken stalken

de **stalker** Stalker (m^9)

de **stalking** Stalking (o^{39})

stallen [van auto, fiets e.d.] abstellen

het **stalletje** [kraam] Stand (m^6), Bude (v^{21})

de **stalling** **1** [het stallen] Abstellen (o^{39}) **2** [fietsen] Fahrradstand (m^6); [auto's] Garage (v^{21})

de **stam** Stamm (m^6)

het **stamboek** Zuchtbuch (o^{32}); [landb] Herdbuch (o^{32}); [bij paarden] Stutbuch (o^{32})

het **stamboekvee** Herdbuchvieh (o^{39})

de **stamboom** Stammbaum (m^6)

het **stamcafé** Stammlokal (o^{29}); [inf] Stammkneipe (v^{21})

de **stamcel** Stammzelle (v^{21})

stamelen stammeln

de **stamgast** Stammgast (m^6)

het **stamhoofd** Stammesführer (m^9), Stammeshäuptling (m^5)

de **stamhouder** Stammhalter (m^9)

het **stamkapitaal** Stammkapital (o^{29}, mv: ook Stammkapitalien)

stammen stammen

de **stammenstrijd** **1** [conflict] Stammeskrieg (m^5), Stammesfehde (v^{21}) **2** [ruzie] Kampf (m^6) zwischen einzelnen Gruppierungen; [pol] Flügelkämpfe (mv)

stampen **1** stampfen; [als teken van bijval e.d.] trampeln **2** [met moeite leren] pauken

de **stamper** **1** [werktuig] Stampfer (m^9); [in vijzel] Stößel (m^9); [van stratenmakers] Ramme (v^{21}) **2** [plantk] Stempel (m^9)

de **stampij** Tamtam (o^{39}): *veel* ~ *maken over iets* großes Tamtam um^{+4} etwas machen

de **stamppot** Eintopfgericht (o^{29}), Eintopf (m^6)

stampvoeten aufstampfen, trampeln

stampvol gerammelt voll

de **stamvader** Stammvater (m^{10}), Urvater (m^{10})

de ¹**stand** (zn) **1** [houding] Stand (m^{19}), Stellung (v^{20}): ~ *van een schakelaar* Stellung eines Schalters **2** [toestand, gesteldheid] Stand (m^6): ~ *van de barometer* Barometerstand; *de* ~ *van zaken* der Stand der Dinge **3** [sport] Stand (m^6): *de* ~ *is 0-0* der Stand ist 0:0 **4** [rang] Stand (m^6): *burgerlijke* ~ Standesamt (o^{32}); *overeenkomstig zijn* ~ standesgemäß **5** [ligging] Lage (v^{21}): *op* ~ *wonen* ± in einer vornehmen (*of:* schicken) Gegend wohnen **6** [wezen, bestaan] Stand (m^{19}): *in* ~ *houden* aufrechterhalten^{183}; *tot* ~ *brengen* zustande (*of:* zu Stande) bringen^{139}; *tot* ~ *komen* zustande (*of:* zu Stande) kommen^{193}

de ²**stand** (zn) [kraam] Stand (m^6)

de ¹**standaard** (zn) **1** [vaandel] Standarte (v^{21}) **2** [scheepv] Stander (m^9) **3** [steun] Ständer (m^9) **4** [muntwezen] Währung (v^{20}) **5** [maatstaf] Standard (m^{13})

²**standaard** (bw) als Standard, Standard...

de **standaardisatie** Standardisation (v^{20})

standaardiseren standardisieren^{320}

het **standaardwerk** Standardwerk (o^{29})

het **standbeeld** Statue (v^{21}), Standbild (o^{31})

stand-by alarmbereit

standhouden **1** [staande blijven] standhalten^{183}, sich behaupten, sich halten^{183} **2** [blijven bestaan] Bestand haben^{182}

de **stand-in** Stand-in (m^{13})

de **standing** Rang (m^6), Ansehen (o^{39})

het **standje** **1** [tadel] Tadel (m^9) **2** [houding] Stellung (v^{20})

het **standlicht** [Belg] Standlicht (o^{31})

de **standplaats 1** Standort (m⁵) **2** [vaste plaats] Standort (m⁵), Standplatz (m⁶), Stand (m⁶): ~ *van taxi's* Taxistand

het **standpunt** Standpunkt (m⁵): *van dit ~ beschouwd* von diesem Standpunkt aus; *op het ~ staan* auf dem Standpunkt stehen²⁷⁹; *zijn ~ bepalen ten opzichte van een kwestie* Stellung nehmen²¹² zu einer Frage

standrechtelijk standrechtlich

het **standsverschil** Standesunterschied (m⁵)

de **stand-upcomedian** Stand-up-Comedian (m¹³)

standvastig standhaft, beharrlich

de **standwerker** Markthändler (m⁹)

de **stang** Stange (v²¹): [fig] *iem. op ~ jagen* jmdn. auf die Palme bringen¹³⁹

de **stank** Gestank (m¹⁹)

het **stanleymes** Stanleymesser (o³³)

stansen stanzen

stante pede auf der Stelle

de **stap** [ook fig] Schritt (m⁵): *gerechtelijke ~pen doen* gerichtlich vorgehen¹⁶⁸ (gegen⁺⁴); *op ~ gaan* sich auf den Weg machen; *~ voor ~* Schritt für Schritt

de ¹**stapel** (zn) **1** [opgetaste hoop] Stapel (m⁹), Stoß (m⁶) **2** [scheepv] Stapel (m⁹): *van ~ lopen* vom Stapel laufen¹⁹⁸; [fig] vonstattengehen¹⁶⁸; *te hard van ~ lopen* voreilig sein²⁶²

²**stapel** (bn) völlig verrückt: *~ op* verrückt auf⁺⁴

het **stapelbed** Etagenbett (o³⁷), Stockbett (o³⁷)

stapelen stapeln, aufstapeln

stapelgek völlig verrückt

het **stapelhuis** [Belg] Lager (o³³), Lagerhaus (o³²)

de **stapelwolk** Quellwolke (v²¹)

stappen 1 gehen¹⁶⁸, schreiten²⁵⁴: [fig] *naar de rechter ~* ein Gericht anrufen; [fig] *over iets heen ~* sich über⁺⁴ etwas hinwegsetzen **2** [een stap doen] steigen²⁸¹ in⁺⁴; treten²⁹¹ in ⁺⁴: *in een plas ~* in eine Pfütze treten; *in de auto, in de trein ~* ins Auto, in den Zug steigen; *eruit ~* [ophouden] ausscheiden; [inf] aussteigen; [zelfmoord plegen; form] aus dem Leben scheiden **3** [boemelen] bummeln: *een avond gaan ~* einen Abend bummeln gehen

het **stappenplan** Stufenplan (m⁶), Phasenplan (m⁶)

stapvoets im Schritt

star starr

staren starren, stieren

de **start** Start (m¹³): *koude ~* Kaltstart; [sport] *staande ~* stehender Start; *valse ~* Fehlstart

de **startbaan** Startbahn (v²⁰), Rollbahn (v²⁰), Piste (v²¹)

het **startblok** Startblock (m⁶): [fig] *in de ~ken staan* startbereit sein²⁶²

starten starten

de **starter** Starter (m⁹)

het **startgeld** Startgeld (o³¹)

de **startkabel** Starthilfekabel (o³³)

startklaar startbereit, startklar

de **startmotor** Anlasser (m⁹)

de **startpagina**ᴹᴱᴿᴷ [comp] Leitseite (v²¹), Startseite (v²¹)

het **startpunt** Startpunkt (m⁵)

het **startschot** Startschuss (m⁶)

het **startsein** Startsignal (o²⁹)

stateloos staatenlos

de **Staten-Generaal** Generalstaaten (mv)

het **statief** Stativ (o²⁹)

het **statiegeld** Pfand (o³²): *~ op blikjes en wegwerpflessen* Dosenpfand (o³²)

statig 1 [deftig] würdig, würdevoll: *een ~e eik* eine mächtige Eiche **2** [plechtig] feierlich

het **station 1** [alg; halte] Station (v²⁰): *het ~ binnenrijden* [m.b.t. trein] einlaufen¹⁹⁸ **2** [gebouw] Bahnhof (m⁶): *centraal ~* Hauptbahnhof; *ik breng je naar het ~* ich bringe dich zur Bahn

stationair stationär: *het ~ draaien* der Leerlauf (m⁶)

de **stationcar** Kombi (m¹³), Kombiwagen (m¹¹)

stationeren stationieren³²⁰

de **stationschef** Bahnhofsvorsteher (m⁹)

de **stationsrestauratie** Bahnhofsrestaurant (o³⁶)

statisch statisch

de **statistiek** Statistik (v²⁰)

statistisch statistisch

de **status** Status (m, 2e nvl: -; mv: -)

de/het **status-quo** Status quo (m, 2e nvl: - -)

het **statussymbool** Statussymbol (o²⁹)

statutair statutarisch, statutengemäß

de **statuur** [aanzien] Statur (v²⁰); Ansehen (o³⁵): *hij heeft onvoldoende ~ voor die functie* er hat nicht die Statur für dieses Amt; *iem. van zijn ~* ein Mann seines Formats

het **statuut** Statut (o³⁷), Satzung (v²⁰)

staven 1 [bekrachtigen] bestätigen **2** [bewijzen] beweisen³⁰⁷: *met bewijzen ~* mit Beweisen belegen

de **stayer** Steher (m⁹)

de **steak** Steak (o³⁶)

het/de **steaming** [Belg] Abziehen (o)

stedelijk städtisch, Stadt...

de **stedeling** Städter (m⁹), Stadtbewohner (m⁹)

de **stedenbouw** Städtebau (m¹⁹)

de **stedenbouwkunde** Städtebau (m¹⁹), Stadtplanung (v²⁰)

de **stedenbouwkundige** Stadtplaner (m⁹)

¹**steeds** (bn, bw) [als in de stad] städtisch

²**steeds** (bw) immer, stets

de **steeg 1** [straatje] Gasse (v²¹) **2** [weg] Weg (m⁵)

de **steek 1** [van angel, mes, dolk enz.] Stich (m⁵) **2** [scheepv] Stek (m¹³) **3** [bij borduren, naaien] Stich (m⁵) **4** [bij breien, haken] Masche (v²¹): *een ~ laten vallen* eine Masche fallen lassen¹⁹⁷ **5** [toespeling] Stich (m⁵): *~ on-*

der water Seitenhieb (m⁵) **6** [pijn] Stich (m⁵) ‖ [fig] *dat houdt geen ~!* das ist nicht stichhaltig!; *iem. in de ~ laten* jmdn. im Stich lassen¹⁹⁷; *ik begrijp er geen ~ van!* ich begreife nicht die Bohne davon!

steekhoudend stichhaltig

de **steekpartij** Messerstecherei (v²⁰)

de **steekpenningen** Bestechungsgelder (mv o³¹)

de **steekproef** Stichprobe (v²¹)

de **steeksleutel** Gabelschlüssel (m⁹)

de **steekvlam** Stichflamme (v²¹)

de **steekwagen** Stechkarren (m¹¹), Sackkarren (m¹¹)

het **steekwapen** Stichwaffe (v²¹)

de **steel** Stiel (m⁵); [van bloem, ook] Stängel (m⁹)

de **steelpan** Stieltopf (m⁶)

steels verstohlen, heimlich

de **steen 1** Stein (m⁵) **2** [bouwmateriaal] Backstein (m⁵), Ziegelstein (m⁵), Ziegel (m⁹): *de eerste ~ leggen* den Grundstein legen **3** [dobbelsteen] Würfel (m⁹) ‖ *~ en been klagen* laut klagen; [fig] *de onderste ~ moet boven komen* alles muss ans Licht kommen

de **steenbok** Steinbock (m⁶)

de **Steenbok** [sterrenbeeld] Steinbock (m⁶)

de **Steenbokskeerkring** Wendekreis (m¹⁹) des Steinbocks

de **steenboor** Steinbohrer (m⁹)

de **steendruk** Steindruck (m⁵), Lithografie (v²¹)

steengoed klasse, spitze: *dat is ~!* das ist klasse! (*of:* Klasse!)

steengrillen Steingrillen (o³⁵)

de **steengroeve** Steinbruch (m⁶)

de **steenhouwer** Steinmetz (m¹⁴)

de **steenkool** Steinkohle (v²¹, vaak meervoud)

steenkoud eiskalt

de **steenpuist** Furunkel (m⁹, o³³)

steenrijk steinreich

het **steenslag** Splitt (m⁵), Rollsplitt (m⁵), Schotter (m⁹)

de **steentijd** Steinzeit (v²⁰)

het **steentje** Steinchen (o³⁵): *zijn ~ (aan iets) bijdragen* sein Scherflein (zu⁺³ etwas) beitragen²⁸⁸

de **steenuil** Steinkauz (m⁶), Steineule (v²¹)

de **steenweg** [Belg] Landstraße (v²¹)

de **steenworp** Steinwurf (m⁶)

¹steevast (bn) fest

²steevast (bw) ständig

de **steiger 1** [scheepv] Landungsbrücke (v²¹), Landungssteg (m⁵) **2** [bouwk] Gerüst (o²⁹), Baugerüst (o²⁹): *in de ~s staan* eingerüstet sein²⁶²

steigeren [m.b.t. paard] sich bäumen

steil 1 [min of meer loodrecht] steil, schroff; [naar beneden, ook] jäh **2** [star] starr

steilen glätten

de **steiltang** Glätteisen (o³⁵)

de **stek 1** [van plant] Steckling (m⁵), Ableger (m⁹) **2** [vaste plek] Platz (m⁶), Lieblingsplatz (m⁶)

stekeblind stockblind

de **stekel** Stachel (m¹⁷)

de **stekelbaars** Stichling (m⁵)

stekelig [ook fig] stach(e)lig

het **stekelvarken** Stachelschwein (o²⁹)

steken 1 [prikken] stechen²⁷⁷ **2** [pijn veroorzaken] stechen²⁷⁷: *de zon steekt* die Sonne sticht **3** [uitspitten] stechen²⁷⁷: *zoden ~* Rasen stechen **4** [opbergen, stoppen, ergens in doen] stecken: *iets in zijn zak ~* etwas in die Tasche stecken; *de hoofden bij elkaar ~* die Köpfe zusammenstecken; *zich in schulden ~* Schulden machen **5** [bevestigen] stecken **6** [zich bevinden] stecken²⁷⁸: *de sleutel steekt in het slot* der Schlüssel steckt im Schloss ‖ *in brand ~* in Brand stecken; *er steekt wat achter* es steckt etwas dahinter; *blijven ~* stecken bleiben¹³⁴; [fig] *veel tijd in iets ~* viel Zeit in etwas⁴ (hinein)stecken

stekend stechend

stekken durch Stecklinge vermehren

de **stekker** Stecker (m⁹)

de **stekkerdoos** Doppelsteckdose (v²¹), Mehrfachsteckdose (v²¹)

het **stel 1** [set] Satz (m⁶), Garnitur (v²⁰): *een goed ~ hersens hebben* Grütze im Kopf haben¹⁸² **2** [het paar] Paar (o²⁹): *een raar ~* ein seltsames Gespann **3** [een aantal] einige: *een heel ~ mensen* eine Menge Leute **4** [kooktoestel] Kocher (m⁹) ‖ *op ~ en sprong* auf der Stelle

stelen stehlen²⁸⁰: [fig] *om te ~* entzückend

de **stellage 1** [rek] Stellage (v²¹) **2** [steiger] Gerüst (o²⁹) **3** [verhoging] Podest (o²⁹, m⁵)

stellen 1 [plaatsen] stellen, setzen: *het is slecht met haar gesteld* es geht ihr schlecht; *een vraag ~* eine Frage stellen; *iem. verantwoordelijk ~ voor* jmdn. verantwortlich machen für⁺⁴; *vertrouwen in iem. ~* sein Vertrauen auf jmdn. setzen **2** [in een toestand brengen] setzen, versetzen: *in werking, buiten werking ~* in Betrieb, außer Betrieb setzen **3** [genoegen nemen met] auskommen¹⁹³: *het met iem. goed, slecht kunnen ~* gut, schlecht mit jmdm. auskommen; *heel wat met iem. te ~ hebben* seine liebe Not mit jmdm. haben¹⁸² **4** [bepalen] stellen: *een diagnose ~* eine Diagnose stellen **5** [op schrift brengen] schreiben²⁵², abfassen **6** [veronderstellen] annehmen²¹²: *iets ~* [zeggen] etwas sagen ‖ *voorwaarden ~* Bedingungen stellen

stellig 1 [werkelijk] entschieden **2** [zeker] bestimmt, gewiss, sicher: *het ~e voornemen* der feste Vorsatz; *iets ~ beweren* etwas mit großer Bestimmtheit behaupten

de **stelling 1** [probleem] Problemstellung (v²⁰) **2** [wijze waarop iem., iets gesteld is] Stellung (v²⁰), Position (v²⁰): *~ nemen tegen* Stellung nehmen²¹² gegen⁺⁴ **3** [stellage] Stellage (v²¹),

Gestell (o²⁹); [steiger] Gerüst (o²⁹) **4** [thesis] These (v²¹) **5** [wisk] Lehrsatz (m⁶)

de **stellingname** Stellungnahme (v²¹)

stelpen stillen: *bloed* ~ Blut stillen

de **stelplaats** [Belg] **1** [voor treinen] Abstellbahnhof (m⁶) **2** [loods] Depot (o³⁶)

de **stelregel** Grundsatz (m⁶), Prinzip (o²⁹, mv: ook Prinzipien)

de **stelschroef** Stellschraube (v²¹), Justierschraube (v²¹)

het **stelsel** System (o²⁹)

stelselmatig systematisch, planmäßig

de **stelt** Stelze (v²¹): *de boel op ~en zetten* alles auf den Kopf stellen

de **steltloper** [persoon en vogel] Stelzenläufer (m⁹)

de **stem** Stimme (v²¹): *zijn ~ kwijt zijn* seine Stimme verloren haben¹⁸²; *zijn ~ op iem. uitbrengen* jmdm. seine Stimme geben¹⁶⁶; *er gaan ~men op …* Stimmen werden laut, …

de **stemband** Stimmband (o³²)

het **stembiljet** [stembriefje] Stimmzettel (m⁹)

het **stembureau** Wahllokal (o²⁹)

de **stembus** Wahlurne (v²¹)

de **stemcomputer** Wahlcomputer (m⁹)

het **stemdistrict** Wahlbezirk (m⁵), Stimmbezirk (m⁵)

het **stemgeluid** Stimme (v²¹), Klang (m⁶) der Stimme

stemgerechtigd stimmberechtigt

het **stemhokje** Wahlkabine (v²¹), Wahlzelle (v²¹)

het **stemlokaal** Wahllokal (o²⁹)

stemloos stimmlos

stemmen stimmen; [bij verkiezing] wählen

stemmig dezent

de **stemming** Stimmung (v²⁰): *in een goede ~ zijn* in guter Stimmung sein, gut aufgelegt sein **2** [het stemmen] Abstimmung (v²⁰), Stimmabgabe (v²¹): *tot ~ overgaan* zur Abstimmung schreiten²⁵⁴; *zich van ~ onthouden* sich der Stimme enthalten¹⁸³

de **stemmingmakerij** Stimmungsmache (v²⁸)

de **stempel 1** [alg] Stempel (m⁹): [fig] *zijn ~ op iets drukken* einer Sache³ seinen Stempel aufdrücken; *van de oude ~* von altem Schrot und Korn **2** [afdruk met reliëf] Prägung (v²⁰)

de **stempelautomaat** [in bus, tram] Entwerter (m⁹)

stempelen 1 [brieven] stempeln, abstempeln **2** [munten] prägen **3** [Belg; werkloos zijn] arbeitslos sein²⁶²: [m.b.t. steuntrekkers] *gaan ~* stempeln gehen¹⁶⁸

het **stempelgeld** [Belg] [pop] Arbeitslosengeld (o³⁹), Unterstützungsgeld (o³¹)

het **stempelkussen** Stempelkissen (o³⁵)

de **stemplicht** Wahlpflicht (v²⁰)

het **stemrecht** Stimmrecht (o³⁹), Wahlrecht (o³⁹)

de **stemverheffing** Stimmaufwand (m¹⁹)

de **stemvork** Stimmgabel (v²¹)

de **stemwijzer**ᴹᴱᴿᴷ Wahl-O-Mat (m¹⁴), Wahlberatung (v²⁸) mit Hilfe des Computers

het/de **stencil** [afdruk] Abzug (m⁶)

stencilen vervielfältigen

stenen steinern, Stein…

de **stengel** Stängel (m⁹): *zoute ~* Salzstange (v²¹)

de **stengun** leichte(s) Maschinengewehr (o²⁹)

stenigen steinigen

de **stennis**: *~ maken* großes Tamtam machen; Wirbel verursachen

het/de **steno** Steno (v²⁸)

de **stenograaf** Stenograf (m¹⁴)

de **stenografie** Stenografie (v²¹)

de **stenotypist** Stenotypist (m¹⁴)

de **step 1** [dans] Stepp (m¹³) **2** [autoped] Roller (m⁹)

de **steppe** Steppe (v²¹)

steppen 1 [een step dansen] steppen, Stepp tanzen **2** [met autoped] rollern

de **steps** Stepps (mv)

de **ster** Stern (m⁵); [beroemdheid] Star (m¹³): *vallende ~* Sternschnuppe (v²¹); *vaste ~* Fixstern; *zij is een ~ in wiskunde* sie ist ein Ass in Mathematik; *een restaurant met drie ~ren* ein 3-Sterne-Restaurant

de ¹**stereo** (zn) **1** [stereometrie] Stereometrie (v²⁸) **2** [stereofonie] Stereo (o³⁹) **3** [stereoapparatuur] Stereoanlage (v²¹)

²**stereo** (bn) stereo, Stereo…

de **stereo-installatie** Stereoanlage (v²¹)

stereotiep stereotyp; klischeehaft

het **sterfbed** [doodsbed] Sterbebett (o³⁷) **2** [wijze van sterven] Tod (m⁵)

de **sterfdag** Sterbetag (m⁵), Todestag (m⁵)

sterfelijk sterblich

het **sterfgeval** Sterbefall (m⁶), Todesfall (m⁶)

de **sterfte 1** [het sterven] Sterben (o³⁹) **2** [aantal sterfgevallen] Sterblichkeit (v²⁸), Mortalität (v²⁸)

het **sterftecijfer** Sterblichkeitsziffer (v²¹), Sterbeziffer (v²¹)

steriel steril

de **sterilisatie** Sterilisation (v²⁰), Sterilisierung (v²⁰)

steriliseren sterilisieren³²⁰

sterk [alg] stark⁵⁸; [krachtig, ook] kräftig; [onverslijtbaar, ook] strapazierfähig: *100 man ~* 100 Mann stark; *~ aanbevelen* sehr empfehlen¹⁴⁷; *dat lijkt me ~* das glaube ich nicht; *ik maak me ~, dat …* ich wette, dass …; *wie niet ~ is, moet slim zijn* wo Stärke nicht hilft, muss man List versuchen

de **sterkedrank** starkes Getränk (o²⁹), Schnaps (m⁶)

sterken stärken, kräftigen

de **sterkte** [alg] Stärke (v²¹); [kracht, ook] Kraft (v²⁵): [mil] *effectieve ~* Effektivstärke (v²⁸); *de ~ van het materiaal* die Festigkeit des Materials; *~!* Hals- und Beinbruch!; *iem. veel ~ wensen* jmdm. viel Kraft wünschen; *een zon-*

nebril *op* ~ eine optische Sonnenbrille
de **stern** Seeschwalbe (v²¹)
het **sterrenbeeld** Sternbild (o³¹)
de **sterrenhemel** Sternhimmel (m¹⁹)
de **sterrenkijker** astronomische(s) Fernrohr (o²⁹)
de **sterrenkunde** Astronomie (v²⁸), Sternkunde (v²⁸)
de **sterrenkundige** Astronom (m¹⁴)
het **sterrenstelsel** Sternsystem (o²⁹)
de **sterrenwacht** Sternwarte (v²¹)
het **sterretje** Sternchen (o³⁵): ~*s zien* Sterne sehen²⁶¹
de **sterveling** Sterbliche(r) (m⁴⁰ᵃ, v⁴⁰ᵇ): *geen* ~ keine Sterbensseele
   sterven 1 sterben²⁸²: ~ *van honger* sterben vor⁺³ Hunger; *op* ~ *na dood zijn* in den letzten Zügen liegen²⁰²; *op* ~ *liggen* im Sterben liegen²⁰² **2** [wemelen] wimmeln von⁺³
de **stethoscoop** Stethoskop (o²⁹)
de **steun 1** [stut] Stütze (v²¹) **2** [ondersteuning] Unterstützung (v²⁰), Stütze (v²¹): ~ *verlenen* Unterstützung gewähren **3** [houvast] Halt (m¹⁹) **4** [uitkering] Arbeitslosengeld (o³⁹), Fürsorge (v²⁸)
de **steunbeer** Strebepfeiler (m⁹)
¹**steunen** (ww) [kermen] stöhnen, ächzen
²**steunen** (onov ww) **1** [leunen] sich stützen, sich lehnen: *op een stok* ~ sich auf einen Stock stützen **2** [vertrouwen op] sich stützen (auf⁺⁴)
³**steunen** (ov ww) **1** [stutten] stützen **2** [steun verlenen aan] unterstützen: *een motie* ~ einen Antrag unterstützen
de **steunkous** Stützstrumpf (m⁶)
de **steunpilaar 1** [lett] Stützpfeiler (m⁹) **2** [fig] Stütze (v²⁸)
het **steunpunt** Stützpunkt (m⁵)
de **steuntrekker** Unterstützungsempfänger (m⁹)
de **steunzool** Einlage (v²¹)
de **steur** Stör (m⁵)
de **steven** Steven (m¹¹)
   stevenen steuern
   stevig 1 [sterk] kräftig: ~*e bries* steife Brise; ~*e handdruk* fester Händedruck; ~*e schoenen* festes Schuhwerk **2** [flink] kräftig, tüchtig: ~ *eten* tüchtig essen¹⁵²
de **steward** Steward (m¹³), Flugbegleiter (m⁹)
de **stewardess** Stewardess (v²⁰), Flugbegleiterin (v²²)
   stichtelijk erbaulich
   stichten 1 [grondvesten] gründen, stiften **2** [doen ontstaan] stiften: *brand* ~ Brand stiften **3** [in godsdienstige stemming brengen] erbauen
de **stichter** [oprichter] Gründer (m⁹), Stifter (m⁹)
de **stichting 1** [het stichten] Gründung (v²⁰) **2** [lichaam met rechtspersoonlijkheid] Stiftung (v²⁰) **3** [instelling] Anstalt (v²⁰) **4** [gods-

dienstige stemming] Erbauung (v²⁰)
de **stick** [sport] Schläger (m⁹), Hockeyschläger (m⁹)
de **sticker** Aufkleber (m⁹), Sticker (m⁹)
het **stickie** Joint (m¹³)
de **stiefbroer** Stiefbruder (m¹⁰)
de **stiefdochter** Stieftochter (v²⁶)
het **stiefkind** Stiefkind (o³¹)
de **stiefmoeder** Stiefmutter (v²⁶)
de **stiefvader** Stiefvater (m¹⁰)
de **stiefzoon** Stiefsohn (m⁶)
de **stiefzuster** Stiefschwester (v²¹)
   stiekem 1 [heimelijk] heimlich **2** [achterbaks] hinterhältig
de **stiekemerd** Heimtücker (m⁹)
de **stielman** [Belg] Fachmann (m⁸, mv: meestal Fachleute)
de **stier** Stier (m⁵); [mannelijk rund, ook] Bulle (m¹⁵)
de **Stier** [sterrenbeeld] Stier (m⁵)
het **stierengevecht** Stierkampf (m⁶)
de **stierenvechter** Stierkämpfer (m⁹)
   stierlijk schrecklich: ~ *vervelend* stinklangweilig
   Stiermarken die Steiermark (v²⁸)
de ¹**stift 1** [puntig voorwerp, viltstift] Stift (m⁵) **2** [potloodstaafje, ballpointvulling] Mine (v²¹)
de ²**stift** [sticht] Stift (o²⁹)
de **stifttand** Stiftzahn (m⁶)
het **stigma** Stigma (o, mv: Stigmata, Stigmen)
   stigmatiseren stigmatisieren
   stijf 1 [m.b.t. ledematen, rug, spieren] steif: ~ *van de kou* steif (of: starr) vor Kälte; ~ *staan van het vuil* starren von (of: vor) Schmutz **2** [vormelijk] förmlich, steif **3** [houterig] hölzern, steif **4** [stevig] steif, fest: *hij hield het kind* ~ *tegen zich aan* er hielt das Kind fest an⁺⁴ sich gedrückt || ~ *staan van de fouten* strotzen von (of: vor) Fehlern
de **stijfkop** Starrkopf (m⁶); [een kind] Trotzkopf (m⁶)
   stijfkoppig starrköpfig, trotzköpfig
het/de **stijfsel 1** [voor textiel] Stärke (v²¹) **2** [plaksel] Kleister (m⁹)
de **stijgbeugel** Steigbügel (m⁹)
   stijgen steigen²⁸¹: ~ *met* steigen um⁺⁴; ~ *tot* steigen auf⁺⁴
de **stijging** Steigerung (v²⁰), Anstieg (m⁵): ~ *van de temperatuur* Temperaturanstieg
de ¹**stijl 1** [opstaande paal] Pfosten (m¹¹): *de* ~ *van een deur* der Türpfosten **2** [spijl] Stab (m⁶)
de ²**stijl** [uitdrukkingsvorm] Stil (m⁵): *in* ~ stilvoll
het **stijlbloempje** Stilblüte (v²¹)
   stijldansen Standardtanz (m⁶)
de **stijlfiguur** Stilfigur (v²⁰)
   stijlloos stillos
   stijlvol stilvoll; [smaakvol] geschmackvoll; [fig] elegant
   stikdonker stockfinster, stockdunkel

stikheet erstickend heiß

¹stikken (onov ww) ersticken: ~ *van het lachen* vor[+3] Lachen ersticken ‖ ~ *van het geld* im Geld ersticken; *het stikt hier van de toeristen* es wimmelt hier von Touristen; *iem. laten* ~ jmdn. sitzen lassen

²stikken (onov ww) [naaien] steppen

de **stikstof** Stickstoff (m[19])

stil still: *~le agent* Geheimpolizist (m[14]); *~le armoede* verborgene Armut; *een ~le getuige* ein stummer Zeuge ‖ *de Stille Oceaan* der Stille Ozean, der Pazifik

stileren stilisieren[320]

de **stiletto** Schnappmesser (o[33])

¹stilhouden (onov ww) [stoppen] (an)halten[183]

²stilhouden (ov ww) [verzwijgen] geheim halten[183]

stilleggen 1 [van bedrijven, mijnen] stillleggen **2** [van verkeer] lahmlegen

stillen stillen; [dorst] löschen; [pijn] lindern

stilletjes 1 [zachtjes] leise **2** [stiekem] heimlich

het **stilleven** Stillleben (o[35])

stilliggen 1 [niet bewegen] still liegen[202] **2** [niet functioneren] stillliegen[202]

stilstaan stillstehen[279]; [m.b.t. water, ook] stehen[279]: *bij een onderwerp* ~ bei einem Thema verweilen

de **stilstand 1** Stillstand (m[19]): *tot* ~ *brengen* stoppen **2** [Belg; halte] Haltestelle (v[21])

de **stilte 1** Stille (v[28]): *minuut* ~ Schweigeminute (v[21]); *in diepe* ~ in tiefer Stille; *de* ~ *voor de storm* die Stille vor dem Sturm **2** [kalmte] Ruhe (v[28]); *~!* Ruhe! ‖ *in* ~ heimlich

stilzetten abstellen

stilzitten 1 [zich niet verroeren] still sitzen[268] **2** [niets doen] stillsitzen[268], müßig sein[262]

het **¹stilzwijgen** (zn) Schweigen (o[39])

²stilzwijgen (ww) schweigen[255]

stilzwijgend 1 [zonder te spreken] stillschweigend, schweigend **2** [niet genoemd] stillschweigend ‖ *ergens* ~ *aan voorbijgaan* etwas stillschweigend übergehen

de **stimulans** Stimulans (o, 2e nvl: -; mv: Stimulanzien of Stimulantia)

stimuleren stimulieren[320], anregen: *~d middel* Aufputschmittel (o[33])

de **stinkbom** Stinkbombe (v[21])

het **stinkdier** Stinktier (o[29]), Stinkmarder (m[9])

stinken stinken[284]: *erin* ~ hereinfallen[154]; [fig] *die zaak stinkt* die Sache stinkt

stinkend stinkend, Stink- ‖ *zij is* ~ *rijk* sie ist stinkreich

de **stip** Punkt (m[5]), Tupfen (m[11])

het **stipendium** Stipendium (o, 2e nvl: -s; mv: Stipendien)

stippelen punktieren[320]; [een stof] tüpfeln

de **stippellijn** punktierte Linie (v[21])

stipt pünktlich, gewissenhaft; [precies] genau: ~ *op tijd* pünktlich

de **stiptheid** Pünktlichkeit (v[28]), Gewissenhaftigkeit (v[28])

de **stiptheidsactie** Dienst (m[5]) nach Vorschrift

stockeren [Belg] [van goederen] lagern

stoeien 1 [ravotten] sich balgen **2** [vrijen] herumspielen

de **stoel** Stuhl (m[6]); [met armleuning] Sessel (m[9]): *iets niet onder ~en of banken steken* kein(en) Hehl aus[+3] etwas machen

stoelen [berusten op] sich gründen (auf[+4])

de **stoelendans** Reise (v[21]) nach Jerusalem: *een ~ om ministerposten* ein Tanz um Ministerposten

de **stoelgang** Stuhlgang (m[19]), Stuhl (m[19])

de **stoeltjeslift** Sessellift (m[5], m[13]), Sesselbahn (v[20])

de **stoep 1** [stenen opstap] Türstufe (v[21]): *bij iem. op de ~ staan* bei jmdm. vor der Tür stehen[279] **2** [trottoir] Bürgersteig (m[5]), Gehsteig (m[5])

de **stoeprand** Bordsteinkante (v[21]), Bordstein (m[5])

de **stoeptegel** Gehwegplatte (v[21])

stoer 1 [flink] rüstig **2** [robuust] stramm, stämmig, robust: ~ *doen* sich aufspielen

de **stoet 1** [optocht] Zug (m[6]), Aufzug (m[6]) **2** [gevolg] Gefolge (o[33]): *een ~ mensen* eine Menge Leute

de **stoeterij** Gestüt (o[29])

de **stoethaspel** Tölpel (m[9]), Tollpatsch (m[5])

het **¹stof** Staub (m[19]): ~ *afnemen* Staub wischen; ~ *doen opwaaien* Staub aufwirbeln

de **²stof** [materie, onderwerp, weefsel] Stoff (m[5]): *vaste* ~ fester Stoff; *kort van* ~ *zijn* kurz angebunden sein[262]; *lang van* ~ langatmig; [fig] *veel* ~ *doen opwaaien* viel Staub aufwirbeln; ~ *tot nadenken hebben* Stoff zum Nachdenken haben

de **stofdoek** Staubtuch (o[32]), Staublappen (m[11])

de **stoffeerder** [van meubels] Polsterer (m[9]); [van woningen] Raumausstatter (m[9])

stoffelijk materiell, stofflich

¹stoffen (bn) aus Stoff, Stoff...

²stoffen (ww) Staub wischen

de **stoffer** Handfeger (m[9]), Handbesen (m[11]): ~ *en blik* Schaufel und Besen

stofferen 1 [bekleden] polstern **2** [een kamer] ausschlagen[241], ausstatten

stoffig staubig, bestaubt

de **stofjas** Kittel (m[9]), Arbeitsmantel (m[10])

de **stofkap** Schutzhaube (v[21])

de **stofwisseling** Stoffwechsel (m[9])

stofzuigen staubsaugen (staubsaugte, staubgesaugt), saugen (saugte, gesaugt)

de **stofzuiger** Staubsauger (m[9])

de **stok 1** [dunne stam] Stock (m[6]): *de ~ van een roos* der Stock einer Rose **2** [stuk hout] Stock (m[6]), Stab (m[6]): *met een ~ lopen* am Stock gehen[168] **3** [sport] Kartenstock (m[6]) ‖ [fig] *het met iem. aan de ~ hebben* Krach mit jmdm. haben[182]

het	**stokbrood** Stangenbrot (o[29])
stokdoof stocktaub
[1]**stoken** (onov ww) **1** [verwarmen] heizen: *een vuurtje ~* ein Feuer machen **2** [opruien] hetzen: *onrust ~* Unruhe stiften
[2]**stoken** (ov ww) **1** [als brandstof gebruiken] heizen mit[+3], brennen[138] **2** [distilleren] brennen[138]: *brandewijn ~* Branntwein brennen
de	**stoker 1** Heizer (m[9]) **2** [opruier] Hetzer (m[9])
het	**stokje** Stöckchen (o[35]), Stäbchen (o[35]): *een ~ vanille* eine Stange Vanille; *met ~s eten* mit Stäbchen essen ‖ *ergens een ~ voor steken* einer Sache[3] einen Riegel vorschieben[237]; *van zijn ~ vallen* aus den Latschen kippen
stokken stocken, aussetzen
stokoud steinalt
het	**stokpaardje** Steckenpferd (o[29])
stokstijf 1 stocksteif **2** [volhardend] steif und fest
de	**stokvis** Stockfisch (m[5])
de	**stol** Stolle (v[21]), Stollen (m[11])
de	**stola** Stola (v, mv: Stolen)
stollen gerinnen[225], stocken, erstarren
de	**stolp** Glasglocke (v[21]), Glocke (v[21])
het	**stolsel** Gerinnsel (o[33])
stom 1 [sprakeloos] stumm: *~me film* Stummfilm (m[5]) **2** [dom] blöd, dumm: *~ geluk* blindes Glück
de	**stoma** Stoma (o, 2e nvl: -s; mv: Stomata)
stomdronken stockbetrunken
[1]**stomen** (onov ww) [varen] dampfen
[2]**stomen** (ov ww) **1** [gaar maken] dämpfen **2** [reinigen] (chemisch) reinigen
de	**stomerij** Reinigungsanstalt (v[20]), Reinigung (v[20])
de	**stomheid**: *met ~ geslagen* völlig sprachlos
stommelen poltern
de	**stommeling** Dummkopf (m[6]), Dussel (m[9])
het	**stommetje**: *~ spelen* sich stumm stellen
de	**stommiteit** Dummheit (v[20]), Torheit (v[20])
de	[1]**stomp 1** [stoot] Puff (m[6]), Stoß (m[6]) **2** [kort stuk] Stumpf (m[6]), Stummel (m[9])
[2]**stomp** (bn, bw) stumpf
stompen puffen, stoßen[285]
het	**stompje** Stummel (m[9])
stompzinnig stumpfsinnig
stomtoevallig rein zufällig
stomverbaasd sehr erstaunt: *~ zijn* baff sein[262]
stomvervelend stinklangweilig
stomweg glatt
stoned stoned
de	**stoof** Kiek (v[20]), Kieke (v[21])
de	**stoofpeer** Kochbirne (v[21])
de	**stoofschotel** Eintopf (m[6]), Eintopfgericht (o[29])
de	**stookolie** Heizöl (o[29])
de	**stoom** Dampf (m[6]): *~ afblazen* Dampf ab-

lassen[197]
het	**stoombad** Dampfbad (o[32]), Schwitzbad (o[32])
de	**stoomboot** Dampfschiff (o[29]), Dampfer (m[9])
de	**stoomcursus** Schnellkurs (m[5])
de	**stoommachine** Dampfmaschine (v[21])
het	**stoomstrijkijzer** Dampfbügeleisen (o[35])
de	**stoomtrein** Dampfeisenbahn (v[20])
de	**stoornis** Störung (v[20]); [m.b.t. groei] Hemmung (v[20])
de	[1]**stoot 1** [duw, kort geluid] Stoß (m[6]): *de eerste ~ tot iets geven* den Anstoß zu etwas geben[166] **2** [massa] Menge (v[21]), Haufen (m[11])
de	[2]**stoot** [knappe meid] tolle Motte (v[21]): *een blonde ~* eine blonde Mieze
het	**stootblok** Prellbock (m[6])
het	**stootkussen** Puffer (m[9]); [van schip] Fender (m[9])
de	[1]**stop** (zn) **1** Stöpsel (m[9]), Pfropfen (m[11]) **2** [elek] Sicherung (v[20]): *de ~pen slaan door* **a)** die Sicherungen brennen durch; **b)** [fig] jmdm. brennt die Sicherung durch **3** [in sok e.d.] gestopfte Stelle (v[21]) **4** [het stopzetten van iets] Stopp (m[13]): *sanitaire ~* Pinkelpause (v[21]) **5** [pauze] Halt (m[5], m[13])
[2]**stop** (tw) halt!, stopp!
het	**stopbord** Stoppschild (o[31])
het	**stopcontact** Steckdose (v[21])
het	**stoplicht 1** [van auto] Stopplicht (o[31]) **2** [verkeerslicht] Verkehrsampel (v[21]): *het ~ staat op rood* die Ampel ist rot, zeigt Rot
de	**stopnaald** Stopfnadel (v[21])
de	**stoppel** Stoppel (v[21])
de	**stoppelbaard** Stoppelbart (m[6])
[1]**stoppen** (onov ww) **1** [stilstaan] halten[183], anhalten[183], stoppen **2** [ophouden] aufhören: *~ met roken* mit dem Rauchen aufhören
[2]**stoppen** (ov ww) **1** [een opening opvullen] stopfen; [een lek] dichten **2** [in iets steken] stecken: *iem. geld in de hand ~* jmdm. Geld zustecken; *iem. in de gevangenis ~* jmdn. einsperren; *iets in zijn zak ~* etwas in die Tasche stecken; *iem. onder de grond ~* jmdn. verscharren
de	**stopplaats** Haltestelle (v[21])
het	**stopsein** Haltesignal (o[29]), Stoppsignal (o[29])
de	**stopstreep** Haltelinie (v[21]): *oprijden tot de ~* vorfahren bis zur Haltelinie
de	**stoptrein** Personenzug (m[6]), Bummelzug (m[6])
het	**stopverbod** Halteverbot (o[29])
de	**stopverf** Fensterkitt (m[5])
de	**stopwatch** Stoppuhr (v[20])
het	**stopwoord** Flickwort (o[32]), Lieblingswort (o[32])
stopzetten 1 [fabriek, verkeer] stilllegen **2** [machine, auto] stoppen **3** [activiteit] einstellen

storen stören; [lastigvallen, ook] belästigen: *zich niet ~ aan* sich nicht kümmern um[+4]; *iem. in zijn werk ~* jmdn. bei der Arbeit stören
storend störend: *iets ~ vinden* etwas als störend empfinden
de **storing** Störung (v[20])
de **storm** Sturm (m[6]): *een ~ in een glas water* ein Sturm im Wasserglas
stormachtig [ook fig] stürmisch
stormen 1 [hard waaien] stürmen **2** [rennen] stürmen, stürzen: *hij kwam uit het huis ~* er stürzte aus dem Hause
de **stormloop 1** Sturmlauf (m[6]) **2** [run] Ansturm (m[6])
stormlopen 1 [aanvallen] stürmen **2** *het liep storm om plaatsen* man riss sich um Plätze; *het loopt storm* es herrscht großer Andrang
de **stormram** Sturmbock (m[6]), Rammbock (m[6]), Mauerbrecher (m[9])
de **stormschade** Sturmschaden (m[12])
de **stormvloed** Sturmflut (v[20])
de **stormvloedkering** Sturmflutwehr (o[29])
het **stort** Müllkippe (v[21]), Mülldeponie (v[21])
de **stortbak 1** [van wc] Spülkasten (m[12]) **2** [bak waarin iets wordt gestort] Container (m[9])
de **stortbui** Regenguss (m[6])
¹**storten** (onov ww) stürzen
²**storten** (ov ww) **1** [doen vallen] schütten; [beton] gießen[175]; [tranen] vergießen[175]: *puin ~* Schutt abladen[196]; *iem. in het ongeluk ~* jmdn. ins Unglück stürzen **2** [betalen] einzahlen: *geld op een rekening ~* Geld auf ein Konto einzahlen
de **storting** Einzahlung (v[20])
het **stortingsbewijs** Einzahlungsbeleg (m[5])
de **stortkoker** Müllschlucker (m[9])
de **stortplaats** Müllkippe (v[21]), Schuttabladeplatz (m[6])
de **stortregen** Gussregen (m[11]), Platzregen (m[11])
stortregenen gießen[175]
de **stortvloed** Sturzflut (v[20]); [fig] Flut (v[20]), Strom (m[6]): *~ van woorden* Wortschwall (m[19])
stoten stoßen[285]: *zijn hoofd ~* a) [lett] sich[4] am Kopf stoßen; b) [fig] sich[3] eine Abfuhr holen; *tegen elkaar ~* aufeinanderstoßen[285]; *zijn hoofd tegen de muur ~* mit dem Kopf an die Wand stoßen; *iem. voor het hoofd ~* jmdn. vor den Kopf stoßen
de **stotteraar** Stotterer (m[9])
stotteren stottern
stout 1 [ondeugend] unartig, ungezogen **2** [stoutmoedig] kühn; [sterker] verwegen
de **stouterd** Racker (m[9])
stoutmoedig kühn
stouwen 1 [scheepv] stauen **2** [veel eten en drinken] spachteln
¹**stoven** (onov ww) schmoren
²**stoven** (ov ww) schmoren, dämpfen, dünsten
de **stoverij** [Belg] Haschee (o[36])

de ¹**straal** [alg] Strahl (m[16]); [van cirkel] Halbmesser (m[9]), Radius (m, 2e nvl: -; mv: Radien): *in een ~ van 15 km* in einem Umkreis von 15 km
²**straal** (bw) [volkomen] völlig, total: *iem. ~ negeren* jmdn. schneiden[250]; *iem. ~ voorbijlopen* a) [met opzet] jmdn. schneiden; b) [onopzettelijk] an jmdn. einfach vorbeigehen
straalbezopen sternhagelvoll
de **straaljager** Düsenjäger (m[9])
de **straalkachel** Heizstrahler (m[9]), Strahler (m[9])
de **straalstroom** Jetstream (m[13], 2e nvl: ook -)
het **straalvliegtuig** Düsenflugzeug (o[29]), Strahlflugzeug (o[29])
de **straat** Straße (v[21]): *de Straat van Gibraltar* die Straße von Gibraltar; *de ~ op gaan* auf die Straße gehen[168]; *langs de ~ lopen* durch die Straßen gehen[168]
straatarm bettelarm
het **straatgevecht** Straßenkampf (m[6])
de **straathond** [zwerfhond] Straßenköter (m[9])
het **straatje** Gasse (v[21]) || *een ~ omlopen* einen Spaziergang machen
de **straatjongen** Straßenjunge (m[15]), Gassenjungen (m)
de **straatlantaarn** Straßenlaterne (v[21])
de **straatlengte**: *met een ~ winnen* haushoch überlegen sein, mit großem Vorsprung gewinnen
het **straatmeubilair** Straßenmöblierung (v[20]), Straßenausstattung (v[20]), Straßengestaltung (v[20])
de **straatmuzikant** Straßenmusikant (m[14])
Straatsburg Straßburg (o[39])
de **straatsteen** Pflasterstein (m[5])
de **straattaal** Gossenjargon (m[13])
de **straatventer** Straßenhändler (m[9]), Straßenverkäufer (m[9])
de **straatverlichting** Straßenbeleuchtung (v[20])
het **straatvuil** Straßendreck (m[19]), Straßenschmutz (m[19a])
de **straatwaarde** Wert (m[5]) im Straßenverkauf
de ¹**straf** (zn) Strafe (v[21]): *bijkomende ~* Nebenstrafe; *een onvoorwaardelijke ~* eine Strafe ohne Bewährung; *dat is op ~e van … verboden* das wird mit … bestraft; *voor ~* zur Strafe
²**straf** (bn, bw) **1** [sterk] stark, kräftig: *een ~fe wind* ein starker, kräftiger Wind **2** [energiek] energisch **3** [streng] scharf, streng
strafbaar strafbar: *~ stellen* unter Strafe stellen
de **strafbal** Strafecke (v[21]) [hockey]
de **strafbank 1** [beklaagdenbank] Anklagebank (v[25]) **2** [sport] Strafbank (v[25])
het **strafblad** Strafregister (o[33])
de **strafexpeditie** Strafexpedition (v[20])
straffeloos straflos, ungestraft

straffen (be)strafen
het **strafhof** Strafgerichtshof (m[6])
de **strafinrichting** Strafanstalt (v[20])
het **strafkamp** Straflager (o[33])
de **strafmaat** Strafmaß (o[29])
de **strafpleiter** Strafverteidiger (m[9])
de/het **strafport** Strafporto (o[36])
het **strafproces** Strafprozess (m[5]), Strafverfahren (o[35])
het **strafpunt** Strafpunkt (m[5])
het **strafrecht** Strafrecht (o[39]): *het Wetboek van Strafrecht* das Strafgesetzbuch, StGB
de **strafschop** Strafstoß (m[6]), Elfmeter (m[9])
het **strafschopgebied** Strafraum (m[6])
de **strafvervolging** Strafverfolgung (v[20])
de **strafvordering**: *het Wetboek van Strafvordering* die Strafprozessordnung
het **strafwerk** Strafarbeit (v[20])
de **strafworp** [op doel] Strafwurf (m[6]); [anders] Freiwurf (m[6])
de **strafzaak** Strafsache (v[21])
   strak 1 [gespannen] straff: *de broek zit te ~* die Hose sitzt zu stramm; *~ aanhalen* straff anziehen[318] **2** [star] starr, unverwandt: *~ voor zich uit kijken* starr vor sich hin blicken
   strakblauw strahlend blau
   straks gleich, nachher: *tot ~!* bis nachher!
   stralen 1 strahlen **2** [blinken] glänzen: *~ van geluk* vor Glück strahlen **3** [afgewezen worden] durchfallen[154]
   stralend: *~ van vreugde* vor Freude[3] strahlend
de **straling** Strahlung (v[20])
   stram 1 [stijf] steif **2** [flink] stramm
het **stramien 1** [lett] Stramin (m[5]) **2** [fig] Schema (o[36], mv: ook Schemata of Schemen)
het **strand** Strand (m[6])
   stranden 1 [aanspoelen] angspült werden[310] **2** [vastraken] stranden **3** [mislukken] scheitern
het **strandhuisje** Strandhütte (v[21])
de **strandjutter** Strandräuber (m[9])
de **strandstoel** [beschuttende gevlochten stoel] Strandkorb (m[6]); [ligstoel] Strandliege (v[21])
de **strandtent** Strandkiosk (m[5]), Strandlokal (o[29])
   strapless trägerlos
de **strateeg** Stratege (m[15])
de **strategie** [ook fig] Strategie (v[21])
   strategisch strategisch
de **stratenmaker** Steinsetzer (m[9]), Pflasterer (m[9]); Straßenbauer (m)
de **stratosfeer** Stratosphäre (v[21])
de **stream** [comp] Stream (m[13])
de **streber** Streber (m[9])
de **streefdatum** Zieldatum (o, 2e nvl: -s; mv: Zieldaten)
de ¹**streek 1** [strijkende beweging] Strich (m[5]): *~ met de penseel* Pinselstrich **2** [windstreek] Strich (m[5]) **3** [gebied] Gegend (v[20]): *in deze ~*

in dieser Gegend; *de bevolking van deze ~* die einheimische Bevölkerung **4** [richting van de haartjes] Strich (m[5]) || *mijn maag is van ~* mein Magen ist verstimmt; *hij was helemaal van ~* er war völlig außer Fassung
de ²**streek** [laakbare daad, handeling] Streich (m[5]): *een ~ uithalen* einen Streich verüben; *achter iemands streken komen* jmdm. auf die Schliche kommen[193]
de **streekbus** Regionalbus (m[5])
de **streekroman** Heimatroman (m[5])
het **streekvervoer** Nahverkehr (m[5]), Regionalverkehr (m[5])
de **streep 1** [haal] Strich (m[5]): *een ~ door iets halen* a) [lett] etwas durchstreichen[286]; b) [fig] jmdm. einen Strich durch[+4] etwas machen **2** [lijn] Strich (m[5]); [kleurig] Streifen (m[11]): *met strepen* gestreift **3** [distinctief] Dienstgradabzeichen (o[35]) || [fig] *een ~ zetten onder iets* einen Schlussstrich unter[+4] etwas ziehen[318]
het **streepje**: [fig] *een ~ voor hebben* bei jmdm. einen Stein im Brett haben[182]
de **streepjescode** Strichcode (m[13]), EAN-Code (m[13])
   ¹**strekken** (onov ww) **1** [reiken] reichen: *zover strekt zijn macht niet* so weit reicht seine Macht nicht **2** [toereikend zijn] reichen: *zolang de voorraad strekt* solange der Vorrat reicht **3** [dienen] gereichen: *tot eer ~* zur Ehre gereichen; *een daartoe ~d besluit* ein entsprechender Beschluss
   ²**strekken** (ov ww) [uitrekken] strecken: *even de benen ~* sich[3] mal die Beine vertreten
   strekkend: *per ~e meter* am laufenden Meter
de **strekking 1** [het strak trekken] Strecken (o[39]), Streckung (v[20]) **2** [bedoeling, doel] Zweck (m[5]) **3** [tendens] Tendenz (v[20]), Tenor (m[19])
   strelen 1 [aaien] streicheln: *de kat ~* die Katze streicheln **2** [aangenaam aandoen] schmeicheln[+3]: *dat streelt zijn ijdelheid* das schmeichelt seiner Eitelkeit; *zich gestreeld voelen* sich geschmeichelt fühlen
de **streling** Streicheln (o[39]): *een ~ voor het oog* eine Augenweide
   ¹**stremmen** (onov ww) gerinnen[225]
   ²**stremmen** (ov ww) **1** [van melk] zum Gerinnen bringen[139] **2** [het verkeer] lahmlegen; [een doorgang] sperren
de **stremming 1** [van melk] Gerinnung (v[20]) **2** [tot stilstand komen] Stockung (v[20]), Stagnation (v[20])
het **stremsel** Lab (o[29]), Labferment (o[29])
de ¹**streng** (zn) **1** [katoen, wol, e.d.] Strang (m[6]) **2** [hoofdhaar] Strähne (v[21]) **3** [touw] Strang (m[6])
   ²**streng** (bn, bw) streng: *ten ~ste* strengstens; *~ verboden toegang* Zutritt strengstens verboten!

de **strengheid** Strenge (v[28])
strepen mit Streifen versehen[261]
de **stress** Stress (m[5])
stressbestendig stressstabil
stressen stressen
de **stretcher 1** [ligstoel] Liege (v[21]) **2** [smal bed] Feldbett (o[37])
het **1streven** (zn) [het ijverig bezig zijn] Bestreben (o[39]), Bemühen (o[39])
2streven (ww) streben: *naar iets* ~ nach[+3] etwas streben; *wij* ~ *ernaar* ... wir sind bemüht, ...
de **striem** [streep over de huid] Striemen (m[11])
striemen 1 [pijn doen] peitschen **2** [m.b.t. woorden] verletzen
de **strijd 1** [gevecht] Kampf (m[6]): *de* ~ *om het bestaan* der Kampf ums Dasein; *ten* ~*e trekken* in den Kampf ziehen[318] **2** [onenigheid] Streit (m[5]): *in* ~ *met onze afspraak* gegen[+4] unsere Verabredung; *in* ~ *met de wet* dem Gesetz zuwider[+3]; *in* ~ *handelen met een voorschrift* gegen[+4] eine Vorschrift verstoßen[285]; *dat is in* ~ *met de goede zeden* das verstößt gegen die guten Sitten; *uw verklaringen zijn met elkaar in* ~ Ihre Aussagen widersprechen[274] sich
strijdbaar streitbar, kämpferisch
de **strijdbijl** Streitaxt (v[25]), Kriegsbeil (o[29]): [fig] *de* ~ *begraven* das Kriegsbeil begraben
strijden kämpfen; [met woorden] streiten[287], sich streiten[287]
de **strijder** Kämpfer (m[9]): *een* ~ *voor burgerrechten* ein Bürgerrechtler
strijdig gegensätzlich: ~ *zijn met* im (*of:* in) Widerspruch stehen[279] mit[+3]
de **strijdkrachten** Streitkräfte (mv v[25])
de **strijdkreet** Schlachtruf (m[5])
strijdlustig kämpferisch, kampffreudig
het **strijdperk** Kampfplatz (m[6]), Arena (v, mv: Arenen): *in het* ~ *treden* in die Schranken treten[291]
de **strijkbout** Bügeleisen (o[35])
1strijken (onov ww) **1** streichen[286], streifen: *over het water* ~ über das Wasser streichen, das Wasser streifen **2** [zich toe-eigenen] davontragen[288]: *met de prijs gaan* ~ den Preis davontragen; *met de winst gaan* ~ den Gewinn einstecken
2strijken (ov ww) **1** [neerhalen] einholen, herunterholen: *de vlag* ~ die Fahne einholen; *de zeilen* ~ die Segel herunterholen **2** [wasgoed] bügeln: *de vouw in een broek* ~ den Kniff in die Hose bügeln
de **strijker** [muz] Streicher (m[9])
het **strijkgoed** Bügelwäsche (v[28])
het **strijkijzer** Bügeleisen (o[35])
het **strijkinstrument** Streichinstrument (o[29])
het **strijkje** Ensemble (o[36])
het **strijkkwartet** Streichquartett (o[29])
het **strijkorkest** Streichorchester (o[33])
de **strijkplank** Bügelbrett (o[31]), Bügeltisch

(m[5])
de **strijkstok** Bogen (m[11]): *er blijft heel wat aan de* ~ *hangen* es wird viel abgerahmt
de **strik 1** [knoop met lussen] Schleife (v[21]): *een* ~ *maken* eine Schleife binden[131] **2** [valstrik] Schlinge (v[21]): ~*ken zetten* Schlingen legen
het **strikje** Fliege (v[21])
strikken 1 [tot een strik binden] binden[131] **2** [vangen] in einer Schlinge fangen[155]
strikt 1 [precies] strikt, genau **2** [streng] streng, strikt
de **strikvraag** Fangfrage (v[21])
de **string 1** [reeks] Kette (v[21]); [cijfers] Reihe (v[21]) **2** [slipje] String (m[13]), Stringtanga (m[13])
stringent stringent
de **strip 1** [techn] Lasche (v[21]) **2** [beeldverhaal] Comicstrip (m[13]) **3** [verpakking] Durchdrückverpackung (v[20]) **4** [van strippenkaart] Abschnitt (m[5]) **5** [strook] Streifen (m[11]) **6** [airstrip] Piste (v[21])
het **stripboek** Comicheft (o[29])
de **stripfiguur** Comicfigur (v[20])
strippen strippen
de **strippenkaart** Sammelfahrschein (m[5])
de **striptease** Striptease (m[19a], o[39a])
het **stripverhaal** Comic (m[13]), Comicstrip (m[13])
het **stro** Stroh (o[39]); [strooisel] Streu (v[20])
de **strobloem** Strohblume (v[21])
het **strobreed**: *iem. geen* ~ *in de weg leggen* jmdm. die Steine aus dem Weg räumen
stroef 1 [m.b.t. oppervlak] rau **2** [niet goed bewegend] schwergängig: *het slot gaat* ~ das Schloss dreht sich schwer **3** [m.b.t. personen] stur **4** [m.b.t. stijl] holp(e)rig **5** [moeizaam] zäh
de **strofe** Strophe (v[21])
de **strohalm** Strohhalm (m[5]): [fig] *zich aan een* ~ *vastklampen* sich an einen Strohhalm klammern
de **strohoed** Strohhut (m[6])
stroken übereinstimmen (mit[+3]), entsprechen[274+3]
de **stroman** Strohmann (m[8]); [pej] Popanz (m)
stromen strömen, fließen[161]
stromend fließend: ~ *water* fließendes Wasser
de **stroming** [ook fig] Strömung (v[20])
strompelen stolpern, humpeln
de **stronk 1** [van boom] Stumpf (m[6]), Strunk (m[6]) **2** [van koolplant e.d.] Strunk (m[6])
de **stront** [inf] Dreck (m[19]), Scheiße (v[28])
het **strontje** Gerstenkorn (o[32])
het **strooibiljet** Flugblatt (o[32])
1strooien (bn) strohern, Stroh...
2strooien (ww) streuen
het **strooizout** Streusalz (o[39])
de **strook** Streifen (m[11]): ~ *papier* Papierstreifen; [afscheurbaar] Abschnitt (m[5])
de **stroom 1** [rivier] Strom (m[6]), Fluss (m[6]): [fig] *tegen de* ~ *oproeien* gegen den Strom schwimmen[257] **2** [stroming] Strom (m[6]), Strö-

mung (v[20]) **3** [elek] Strom (m[6]): *onder ~ staan unter Strom stehen*[279] || *een ~ van vluchtelingen* ein Strom von Flüchtlingen

stroomafwaarts stromab, stromabwärts

de **stroomlijn** Stromlinie (v[21])

stroomlijnen 1 [m.b.t. vorm] in Stromlinienform bringen[139] **2** [figuurlijk] straffen

het **stroomnet** Stromnetz (o[29]), Elektrizitätsnetz (o[29])

stroomopwaarts stromauf, stromaufwärts

de **stroomsterkte** Stromstärke (v[21])

de **stroomstoot** Stromstoß (m[6])

de **stroomstoring** Stromstörung (v[20])

het **stroomverbruik** Stromverbrauch (m[19])

de **stroomversnelling** [lett] Stromschnelle (v[21])

de **stroomvoorziening** Stromversorgung (v[20])

de **stroop** Sirup (m[5]): *iem. ~ om de mond smeren* jmdm. Honig um den Mund schmieren

de **strooptocht** Raubzug (m[6])

de **stroopwafel** ± Sirupwaffel (v[21])

de **strop 1** [lus] Schlinge (v[21]) **2** [scheepv] Stropp (m[13]) **3** [stropdas] Krawatte (v[21]) **4** [tegenvaller] Pech (o[39]), Verlust (m[5]); [bij koop] Fehlkauf (m[6])

de **stropdas** Krawatte (v[21]), Schlips (m[5])

¹**stropen** (onov ww) **1** [m.b.t. stroper] wildern **2** [op rooftocht zijn] plündernd herumstreifen

²**stropen** (ov ww) **1** [omhoogschuiven] hochschieben[237]: *zijn mouwen omhoog ~* seine Ärmel aufkrempeln **2** [villen] abhäuten

de **stroper 1** [wilddief] Wilderer (m[9]), Wilddieb (m[5]) **2** [plunderaar] Plünderer (m[9])

stroperig zähflüssig

de **strot** Kehle (v[21]), Gurgel (v[21]): *iem. bij de ~ grijpen* jmdm. an der Kehle packen; *iem. naar de ~ vliegen* jmdm. an die Gurgel fahren[153]

het **strottenhoofd** Kehlkopf (m[6])

de **strubbeling** Reiberei (v[20])

structureel strukturell

structureren strukturieren[320]

de **structuur** Struktur (v[20])

de **structuurverf** plastische Anstrichfarbe (v[21])

de **struif** Eimasse (v[21])

de **struik** Strauch (m[8])

het **struikelblok** Hindernis (o[29a])

struikelen stolpern, straucheln; [in morele zin] einen Fehltritt begehen[168]

het **struikgewas** Gebüsch (o[29]), Dickicht (o[29])

de **struikrover** Straßenräuber (m[9]), Wegelagerer (m[9])

struinen (herum)streunen, streifen: *~d over de markt lopen* über den Markt streunen

struis kräftig, stämmig

de **struisvogel** Strauß (m[5])

de **struisvogelpolitiek** Vogel-Strauß-Politik (v[28])

het **stucwerk** Stuckatur (v[20]), Stuckarbeit (v[20])

de **stud** Streber (m[9])

de **studeerkamer** Studierzimmer (o[33]), Arbeitszimmer (o[33])

de **student** Student (m[14]): *~ in de medicijnen* Student der Medizin, Medizinstudent; *~ Duits* Germanistikstudent; *zich als ~ inschrijven* sich immatrikulieren[320]

de **studente** Studentin (v[22])

het **studentencorps** Studentenverbindung (v[20])

het **studentenhuis** Studenten(wohn)heim (o[29])

de **studentenstop** Numerus clausus (m)

de **studententijd** Studienzeit (v[20])

de **studentenvereniging** ± Studentenverbindung (v[20]), Korporation (v[20])

studentikoos studentisch, burschenhaft

studeren studieren[320]: *voor arts ~* Medizin studieren; *Nederlands, medicijnen, rechten ~* Niederländisch, Medizin, Jura studieren; *~ voor een tentamen* für eine Prüfung lernen; [muz] *elke dag ~* täglich üben

de **studie 1** Studium (o, 2e nvl: -s; mv: Studien), Untersuchung (v[20]): *~ van iets maken* etwas untersuchen; *de medische ~* das medizinische Studium **2** [geschrift] Studie (v[21]), Untersuchung (v[20]) **3** [tekening, schets] Studie (v[21])

de **studieadviseur** Studienberater (m[9])

de **studiebegeleiding** ± Studienberatung (v[20])

de **studiebeurs** Stipendium (o, 2e nvl: -s; mv: Stipendien)

het **studieboek** Lehrbuch (o[32])

de **studiebol** Büffler (m[9]), hervorragender Student (m[14])

de **studiefinanciering** Ausbildungsförderung (v[20])

de **studiegenoot** Kommilitone (m[15])

de **studiegids** Studienführer (m[9])

het **studiehuis** Studienhaus (o[32])

het **studiejaar 1** [cursusjaar] Studienjahr (o[29]), akademische(s) Jahr (o[29]) **2** [jaar van iemands studie] Studienjahr (o[29]) **3** [jaargroep] ± Semester (o[33])

de **studiemeester** [Belg] Aufsichtführende(r) (m[40a], v[40b])

het/de **studiepunt** Studienpunkt (m[5])

de **studiereis** Studienreise (v[21])

de **studierichting** Studienfach (o[32]), Studienrichtung (v[20]): *een andere ~ kiezen* die Studienrichtung wechseln; [inf] umsatteln (auf[+4])

de **studieschuld** Studienschulden (mv)

de **studietoelage** Studienbeihilfe (v[21])

de **studio** Studio (o[36])

het **stuf** Radiergummi (m[13])

de **stuff** Drogen (mv v[21]), Stoff (m[5])

stug 1 [onbuigzaam] steif **2** [stuurs] störrisch; [flink, energiek] tüchtig; [stevig] stark:

~ *doorwerken* unentwegt weiterarbeiten ‖ *dat lijkt me ~* das ist kaum zu glauben

het **stuifmeel** Blütenstaub (m[19]), Pollen (m[11])

de **stuifsneeuw** Pulverschnee (m[19])

de **stuip**: *iem. de ~en op het lijf jagen* jmdm. einen Schrecken einjagen

stuiptrekken zucken

de **stuiptrekking** Zuckung (v[20])

het **stuitbeen** Steißbein (o[29])

¹**stuiten** (onov ww) **1** [m.b.t. bal] springen[276], zurückprallen **2** [niet verder kunnen] prallen (auf[+4]), stoßen[285] (auf[+4]): *op moeilijkheden ~* auf Schwierigkeiten stoßen

²**stuiten** (ov ww) [tot staan brengen] aufhalten[183], zum Stehen bringen[139]: *iets in z'n vaart ~* etwas in seinem Lauf hemmen; *een niet te ~ woordenvloed* ein unaufhaltsamer Wortschwall

stuitend empörend; [kwetsend] anstößig

de **stuiter** Murmel (v[21])

stuiteren aufspringen[276], aufprallen: *een bal laten ~* einen Ball aufspringen lassen

het **stuitje** Steiß (m[5])

stuiven 1 stauben, stäuben, stieben[283]: *het stuift* es staubt **2** [snel voortbewegen] flitzen: *uit elkaar ~* auseinanderstieben, auseinanderfahren

de **stuiver**: *geen ~ waard zijn* keinen Pfennig wert sein[262]

stuivertje-wisselen Bäumchen wechseln

het ¹**stuk** (zn) **1** [voorwerp, brok, gedeelte] Stück (o[29]): *een ~ zeep* ein Stück Seife; *een ~ gereedschap* ein Werkzeug, Handwerkszeug; *een lekker ~* eine dufte Biene; *30 ~s vee* 30 Stück Vieh; *een ~ of tien* etwa zehn; *een ~ duurder zijn* viel teurer sein[262]; *aan één ~ door* ununterbrochen; *iets in ~ken scheuren* etwas zerreißen[220]; *op geen ~ken na* überhaupt nicht; *per ~ verkopen* stückweise verkaufen **2** [toneelstuk] Stück (o[29]), Theaterstück (o[29]) **3** [lap] Flicken (m[11]) **4** [kanon] Geschütz (o[29]) **5** [van schaakspel] Figur (v[20]) **6** [geschreven artikel] Stück (o[29]), Artikel (m[9]) **7** [document, akte] Schriftstück (o[29]), Akte (v[21]), Urkunde (v[21]), Unterlagen (mv v[21]) ‖ *van zijn ~ zijn* außer Fassung sein[262]; *van zijn ~ raken* aus der Fassung, aus dem Konzept geraten[218]; *iem. van zijn ~ brengen* jmdn. aus dem Konzept bringen[139]; [Belg] *op het ~ van … was …*[+4] betrifft, betreffs[+2]

²**stuk** (bn, bw) entzwei, kaputt

de **stukadoor** Stuckateur (m[5]), Gipser (m[9])

stuken stuckieren (mit Stuck); verputzen, gipsen

stukgaan kaputtgehen[168]

het **stukgoed** Stückgut (o[32])

stukgooien kaputt schmeißen[247]

het **stukje**: *bij ~s en beetjes* nach und nach

het **stukloon** Akkordlohn (m[6]), Stücklohn (m[6])

stuklopen danebengehen, schiefgehen[168]; scheitern

stukmaken zerstören, kaputt machen

¹**stukslaan** (onov ww) zerspringen[276], zerschellen

²**stukslaan** (ov ww) zerschlagen[241]

de **stulp** [armoedige woning] Hütte (v[21])

de **stumper** [sukkel] Trottel (m[9]), Stümper (m[9]) **2** [stakker] Schlucker (m[9])

de **stunt** Stunt (m[13]), Kunststück (o[29])

stuntelen stümpern

stuntelig täppisch, unbeholfen

stunten [kunstvliegen] Kunstflüge ausführen

de **stuntman** Stuntman (m, mv: Stuntmen)

de **stuntprijs** Schleuderpreis (m[5])

sturen 1 [zenden] senden[263], schicken: *iem. het veld uit* ~ jmdn. vom Platz verweisen[307]; *iem. een brief ~* jmdm. einen Brief schicken (*of*: senden) **2** [een dier, vliegtuig, voertuig] lenken **3** [een schip] steuern

de **stut** Stütze (v[21]), Stützbalken (m[11])

stutten stützen: *een muur ~* eine Mauer abstützen

het **stuur 1** [van schip, vliegtuig] Steuer (o[33]) **2** [van auto] Steuer (o[33]), Lenkrad (o[32]) **3** [van fiets, motor] Lenkstange (v[21])

de **stuurbekrachtiging** Servolenkung (v[20])

het **stuurboord** Steuerbord (o[29])

de **stuurgroep** Lenkungsausschuss (m[6])

de **stuurhut** Steuerhaus (o[32])

de **stuurinrichting** Steuerung (v[20]), Lenkung (v[20]); [van vliegtuig] Leitwerk (o[29])

de **stuurknuppel** Steuerknüppel (m[9])

stuurloos steuerlos

de **stuurman** Steuermann (m, 2e nvl: -(e)s; mv: Steuerleute): *de beste stuurlui staan aan wal* die besten Steuerleute sind an Land

stuurs unwirsch, mürrisch

het **stuurslot** Lenkradschloss (o[32])

de **stuw** Wehr (o[29]); [van stuwmeer] Talsperre (v[21])

het **stuwbekken** Staubecken (o[35])

de **stuwdam** Staudamm (m[6]); [van stuwmeer] Talsperre (v[21])

stuwen 1 [voortduwen] treiben[290]: *de ~de kracht* die treibende Kraft **2** [stouwen] stauen

de **stuwing 1** [stuwkracht] Antriebskraft (v[25]), Schub (m[6]) **2** [het stouwen] Stauen (o[39])

de **stuwkracht 1** [lett] Antriebskraft (v[25]), Schub (m[6]) **2** [fig] treibende Kraft (v[25])

het **stuwmeer** Stausee (m[17])

de **subcommissie** Unterausschuss (m[6])

de **subcultuur** Subkultur (v[20])

subiet 1 [plotseling] plötzlich **2** [dadelijk] sofort

het **subject** Subjekt (o[29])

subjectief subjektiv

de **subjectiviteit** Subjektivität (v[28])

subliem herrlich, ausgezeichnet

de **subsidie** Subvention (v[20]), Beihilfe (v[21])

subsidiëren subventionieren[320]

de **substantie** Substanz (v²⁰)
substantieel substanziell; wesentlich
het **substantief** Substantiv (o²⁹), Hauptwort (o³²)
substitueren substituieren³²⁰
de **substitutie** Substitution (v²⁰)
de ¹**substituut** [plaatsvervanger] Stellvertreter (m⁹)
het ²**substituut** [vervangingsmiddel] Substitut (o²⁹), Surrogat (o²⁹)
subtiel subtil, nuanciert, sehr fein
de **subtop** untere Spitze (v²¹); untere Spitzenklasse (v): *tot de ~ behoren* zur unteren Spitze zählen
het **subtotaal** Zwischensumme (v²¹)
subtropisch subtropisch
subversief subversiv
het **succes** Erfolg (m⁵): *een ~ boeken* einen Erfolg erzielen; *veel ~!* viel Erfolg!
het **succesnummer** Schlager (m⁹), Spitzenreiter (m⁹)
de **successie** Sukzession (v²⁰); Erbfolge (v²¹) || *voor de derde keer in ~* zum dritten Mal in Folge
het **successierecht** Erbschaft(s)steuer (v²¹)
successievelijk sukzessive
succesvol erfolgreich
Sudan der Sudan (m¹⁹, 2e nvl: -(s))
de ¹**Sudanees** Sudanese (m¹⁵), Sudanesin (v²²)
²**Sudanees** (bn) sudanisch, sudanesisch
sudderen schmoren
de **sudoku** Sudoku (o³⁶)
het **suède** Wildleder (o³³)
het **Suezkanaal** Suezkanal (m¹⁹)
suf dösig, benommen: *zich ~ denken* sich den Kopf zerbrechen¹³⁷
suffen dösen: *zitten te ~* dösen
de **sufferd** Döskopp (m⁶), Dussel (m⁹)
de **sufheid** Benommenheit (v²⁸)
suggereren suggerieren³²⁰
de **suggestie** Suggestion (v²⁰): *iem. een ~ doen* jmdm. einen Vorschlag machen
suggestief suggestiv
suïcidaal suizidal; selbstmörderisch
de **suïcide** Suizid (m⁵); Selbstmord (m⁵)
de **suiker** Zucker (m⁹)
de **suikerbiet** Zuckerrübe (v²¹)
het **Suikerfeest** Zuckerfest (o²⁹)
het **suikergehalte** Zuckergehalt (m¹⁹)
het **suikerklontje** Zuckerwürfel (m⁹)
de **suikeroom** Erbonkel (m⁹)
de **suikerpatiënt** Zuckerkranke(r) (m⁴⁰ᵃ, v⁴⁰ᵇ)
de **suikerpot** Zuckerdose (v²¹)
het **suikerriet** Zuckerrohr (o²⁹)
de **suikerspin** Zuckerwatte (v²¹)
de **suikertante** Erbtante (v²¹)
suikervrij ohne Zucker
het **suikerzakje** Zuckerbeutel (m⁹)
de **suikerziekte** Zuckerkrankheit (v²⁸), Diabetes (m¹⁹ᵃ)
de **suite 1** [kamers] Suite (v²¹) **2** [muz] Suite

(v²¹)
suizen 1 [snellen] sausen **2** [ruisen] säuseln
de **sukade** Sukkade (v²¹)
de **sukkel** Trottel (m⁹) || *aan de ~ zijn* kränkeln
de **sukkelaar 1** [beklagenswaardig] Tropf (m⁶) **2** [onhandig] Trottel (m⁹)
sukkelen 1 [ziekelijk zijn] kränkeln: *hij sukkelt met zijn knie* sein Knie ist nicht in Ordnung **2** [sjokkend voortgaan] trotten || *in slaap ~* einnicken, eindösen
het **sukkelgangetje**: *in een ~* im Schneckentempo
de **sul** Tropf (m⁶), Trottel (m⁹)
het **sulfaat** Sulfat (o²⁹)
het **sulfiet** Sulfit (o²⁹)
de **sulky** Sulky (o³⁶)
sullig einfältig, trott(e)lig; [goedig] gutmütig
de **sultan** Sultan (m⁵)
summier summarisch, bündig
het **summum** Gipfel (m⁹), Inbegriff (m⁵)
de ¹**super** (zn) [benzine] Super (o³⁹), Superbenzin (o²⁹)
²**super** (bn, bw) spitze, super, klasse
de **superbenzine** *zie* ¹*super*
de **superette** [Belg] kleiner Selbstbedienungsladen (m¹²)
de **supergeleiding** Supraleitfähigkeit (v²⁸), Supraleitung (v²⁸)
de ¹**superieur** (zn) Vorgesetzte(r) (m⁴⁰ᵃ, v⁴⁰ᵇ), Chef (m¹³)
²**superieur** (bn, bw) **1** [beter] überlegen **2** [voortreffelijk] vorzüglich, hervorragend
de **superioriteit** Superiorität (v²⁸), Überlegenheit (v²⁸)
de **superlatief** Superlativ (m⁵)
de **supermacht** Supermacht (v²⁵)
de **supermarkt** Supermarkt (m⁶)
de **supermens** Supermensch (m¹⁴)
supersonisch supersonisch: *~ vliegtuig* Überschallflugzeug (o²⁹)
de **supertanker** Supertanker (m⁹)
de **supervisie** Aufsicht (v²⁸), Leitung (v²⁸)
de **supervisor** Supervisor (m¹⁶)
het **supplement 1** [bijvoegsel] Supplement (o); [m.b.t. boekwerk] Ergänzungsband (m⁶); [bijvoegsel] Beilage (v²¹): *het literair ~* die Literaturbeilage **2** [wiskunde] Supplement (o), Komplementwinkel (m⁹) **3** [in België; toeslag] Aufschlag (m⁶)
de **suppoost** Wärter (m⁹), Aufseher (m⁹)
de **supporter** Anhänger (m⁹): *~ die zijn club overal volgt* Schlachtenbummler (m⁹)
de **suprematie** Supremat (m⁵), Suprematie (v²¹)
het ¹**surfen** (zn) Surfing (o³⁹) [ook comp]
²**surfen** (ww) surfen [ook comp]
de **surfer** Surfer (m⁹) [ook comp]
het **surfpak** Surfanzug (m⁶)
de **surfplank** Surfbrett (o³¹)
Surinaams surinamisch

Suriname Surinam (o³⁹)
de **Surinamer** Surinamer (m⁹), Surinamerin (v²²)
het **surplus** Surplus (o, 2e nvl: -; mv: -), Überschuss (m⁶)
de **surprise** Überraschung (v²⁰)
het **surrealisme** Surrealismus (m¹⁹ᵃ)
het **surrogaat** Ersatz (m¹⁹), Surrogat (o²⁹)
de **surseance** Aufschub (m⁶): ~ *van betaling* gerichtlicher Zahlungsaufschub (m⁶)
de **surveillance** Aufsicht (v²⁸), Beaufsichtigung (v²⁰)
de **surveillancewagen** Funkstreifenwagen (m¹¹), Peterwagen (m¹¹)
de **surveillant** Aufseher (m⁹), Aufsichtführende(r) (m⁴⁰ᵃ)
surveilleren (die) Aufsicht führen; [door politie e.d.] Streife fahren¹⁵³
de **survivaltocht** Survivaltour (v²⁰)
de **sushi** Sushi (o³⁶)
suspect suspekt, verdächtig
sussen beruhigen, beschwichtigen
de **SUV** afk van *sport utility vehicle* Sport Utility Vehicle (o³⁶, m¹³), Geländewagen (m¹¹), SUV (o³⁶, m¹³, 2e nvl: ook -; mv: ook -)
s.v.p. afk van *s'il vous plaît* bitte
de **swastika** Swastika (v, mv: Swastiken)
de **sweater** Pullover (m⁹), Pulli (m¹³)
het **sweatshirt** Sweatshirt (o³⁶)
swingen 1 [dansen] swingen **2** [bruisen van leven] pulsieren, sprudeln: *het swingt de pan uit* es geht hoch her
switchen umschalten: *van rechten naar geschiedenis* ~ von Jura auf Geschichte umsatteln
de **syfilis** Syphilis (v²⁰), Lues (v)
de **syllabe** Silbe (v²¹): *er is geen* ~ *van waar davon ist kein Wort, keine Silbe wahr
de **syllabus** Syllabus (m, 2e nvl: -; mv: - of Syllabi), Zusammenfassung (v²⁰)
de **symbiose** Symbiose (v²¹)
de **symboliek** Symbolik (v²⁸)
symbolisch symbolisch: *een* ~ *bedrag* ein symbolischer Betrag
symboliseren symbolisieren³²⁰
het **symbool** Symbol (o²⁹), Sinnbild (o³¹)
de **symfonie** [ook fig] Sinfonie (v²¹), Symphonie (v²¹)
het **symfonieorkest** Sinfonieorchester (o³³), Symphonieorchester (o³³)
de **symmetrie** Symmetrie (v²¹)
symmetrisch symmetrisch
de **sympathie** Sympathie (v²¹)
sympathiek sympathisch
de **sympathisant** Sympathisant (m¹⁴)
sympathiseren sympathisieren³²⁰
het **symposium** Symposium (o, 2e nvl: -s; mv: Symposien)
symptomatisch symptomatisch
het **symptoom** Symptom (o²⁹)
de **symptoombestrijding** Kurieren (o) an Symptomen

de **synagoge** Synagoge (v²¹)
synchroniseren synchronisieren³²⁰
synchroon synchron
syndicaal gewerkschaftlich, Gewerkschafts-
het **syndicaat** Syndikat (o²⁹)
het **syndroom** Syndrom (o²⁹)
de **synode** Synode (v²¹)
het **¹synoniem** (zn) Synonym (o²⁹)
²synoniem (bn) synonym
de **syntaxis** Syntax (v²⁰), Satzlehre (v²⁸)
de **synthese** Synthese (v²¹)
de **synthesizer** Synthesizer (m⁹)
synthetisch synthetisch: ~*e stof* synthetischer Stoff (m⁵), Kunststoff (m⁵)
Syrië Syrien (o³⁹)
de **Syriër** Syrer (m⁹), Syrerin (v²²)
Syrisch syrisch
het **systeem** System (o²⁹)
de **systeemanalist** Systemanalytiker (m⁹)
de **systeembeheerder** Systembetreuer (m⁹), Systemverwalter (m⁹)
de **systeembouw** Montagebau (m¹⁹)
de **systeemontwerper** Systemanalytiker (m⁹)
de **systematiek** Systematik (v²⁰)
systematisch systematisch
systematiseren systematisieren³²⁰

t

de **t** [ton, nl. 1000 kg] Tonne (v^{21}), t
taai 1 [ook fig] zäh: ~ *vlees* zähes Fleisch; *hou je ~!* bleib gesund! **2** [m.b.t. vloeistof] zähflüssig **3** [vervelend] öde, langweilig **4** [sterk] zäh: *een ~e kerel* ein zäher Bursche
de **taaiheid** Zähigkeit (v^{28}), Zähflüssigkeit (v^{28}), Langweiligkeit (v^{28}); *zie taai*
het/de **taaitaai** Lebkuchen (m^{11})
de **taak** Aufgabe (v^{21}), Auftrag (m^{6}): *de burgemeester heeft tot* ~ es ist die Aufgabe des Bürgermeisters; *zich iets tot ~ stellen* sich³ etwas zur Aufgabe machen; *zich van zijn ~ kwijten* sich seines Auftrags entledigen; *een ~ voor wiskunde* ± Mathematikaufgaben für die Ferien
de **taakbalk** [comp] Aufgabenleiste (v^{21}), Aufgabenbalken (m^{11})
de **taakleerkracht**, de **taakleraar** [Belg] Lehrer (m^{9}) der Förderunterricht erteilt
de **taakstraf** gemeinnützige Arbeit (v^{20}) als Ersatzstrafe
het **taakuur** ± Verwaltungsstunde (v^{21}), Verfügungsstunde (v^{21})
de **taakverdeling** Aufgabenverteilung (v^{20})
de **taal** Sprache (v^{21}): *de klassieke talen* die alten, klassischen Sprachen; *vreemde* ~ Fremdsprache; *onderwijs in de vreemde talen* Fremdsprachenunterricht (m^{19}); ~ *noch teken geven* kein Lebenszeichen von sich geben¹⁶⁶; *ik zal duidelijke ~ spreken* ich werde mich klar und deutlich ausdrücken
de **taalbarrière** Sprachbarriere (v^{21})
de **taalbeheersing 1** [taalvaardigheid] Sprachfertigkeit (v^{28}) **2** [vakgebied] Sprachbeherrschung (v^{20})
de **taalcursus** Sprachkurs (m^{5})
de **taalfout** sprachliche(r) Fehler (m^{9})
het **taalgebied 1** [streek] Sprachgebiet (o^{29}) **2** [alles m.b.t. de taal] sprachliche(r) Bereich (m^{5})
het **taalgebruik** Sprachgebrauch (m^{6})
het **taalgevoel** Sprachgefühl (o^{39})
de **taalgrens** Sprachgrenze (v^{21})
de **taalkunde** Sprachwissenschaft (v^{28}), Linguistik (v^{28})
taalkundig sprachwissenschaftlich
het **taallab**, het **taallaboratorium** [Belg] Sprachlabor (o^{36}, o^{29})
de **taalstrijd** Sprachenkampf (m^{6})
de **taalvaardigheid** Sprachgewandtheit (v^{28})
de **taalwetenschap** Sprachwissenschaft (v^{20})
de **taart** Torte (v^{21}), Kuchen (m^{11}): [fig] *een ouwe* ~ eine alte Schachtel

het **taartje** Törtchen (o^{35})
de **taartschep** Tortenheber (m^{9}), Kuchenheber (m^{9})
het **taartvorkje** Kuchengabel (v^{21})
de **tabak** Tabak (m^{19}): [fig] *van iets ~ hebben* von⁺³ etwas die Nase voll haben¹⁸²
de **tabaksplant** Tabakpflanze (v^{21})
het **tabblad** Tabellenblatt (o^{32}) [ook comp]
de **tabel** Tabelle (v^{21}); [lijst] Verzeichnis (o^{29a})
het/de **tabernakel** Tabernakel (o^{33}, m^{9})
het/de **¹tablet 1** [farm] Tablette (v^{21}) **2** [reep] Tafel (v^{21}): *een ~ chocolade* eine Tafel Schokolade
de **²tablet** [tablet-pc] Tablet (v^{36}), Tablet-PC (m^{13})
het/de **tabloid** Tabloid (v^{27}), Boulevardblatt (o^{32}), Boulevardzeitung (v^{20})
het **tabloidformaat** Tabloidformat (o^{29})
het/de **¹taboe** (zn) Tabu (o^{36})
²taboe (bn) tabu
de **taboeret** Hocker (m^{9})
de **taboesfeer** Tabubereich (m^{5}): *iets uit de ~ halen* etwas enttabuisieren
de **tachograaf** Tachograf (m^{14})
tachtig achtzig
tachtigjarig achtzigjährig
¹tachtigste (bn) [door tachtig gedeeld] achtzigstel
²tachtigste (rangtelw) [laatste in een reeks van tachtig] achtzigst
tackelen mit einem Sliding angreifen¹⁸¹, mit einer Grätsche (in den Gegner) hineingehen¹⁶⁸
de **tackle** Tackling (o^{36})
de **tact** Takt (m^{19}): *met veel ~* taktvoll
de **tacticus** Taktiker (m^{9})
de **tactiek** Taktik (v^{20})
tactisch taktisch
tactloos taktlos
de **tactloosheid** Taktlosigkeit (v^{20})
tactvol taktvoll
de **Tadzjiek** Tadschike (m^{15}), Tadschikin (v^{22})
Tadzjieks tadschikisch
Tadzjikistan Tadschikistan (o^{39})
het **taekwondo** Taekwondo (o^{39a})
de **tafel 1** Tisch (m^{5}): *aan ~ zitten* bei Tisch sitzen²⁶⁸; *aan de ~ zitten* am Tisch sitzen²⁶⁸; [in een restaurant] *een ~ reserveren* einen Tisch reservieren, bestellen; *ter ~ brengen* aufs Tapet bringen¹³⁹ **2** [plaat] Tafel (v^{21}) **3** [tabel] Tabelle (v^{21}): *de ~ van vermenigvuldiging* das Einmaleins; *de ~s van 1 t/m 10* das kleine Einmaleins
tafelen tafeln
het **tafelkleed** Tischdecke (v^{21})
het **tafellaken** Tischtuch (o^{32})
het **tafelservies** Tafelservice (o^{33}, 2e nvl: ook -)
het **tafeltennis** Tischtennis (o^{39a})
tafeltennissen Tischtennis spielen
de **tafeltennisser** Tischtennisspieler (m^{9})
het **tafelvoetbal** Tischfußball (m^{6})
de **tafelwijn** Tafelwein (m^{5}), Tischwein (m^{5})

het **tafelzilver** Silberbesteck (o²⁹)
het **tafereel 1** [afbeelding] Bild (o³¹), Szene (v²¹) **2** [beschrijving] Schilderung (v²⁰), Beschreibung (v²⁰)
de **tag** [ook comp] Tag (o³⁶)
   taggen [ook comp] taggen
de **tahoe** Tofu (m¹⁹, ¹⁹ᵃ), Sojakäse (m⁹)
het **tai chi** Tai-Chi (o³⁹, o³⁹ᵃ)
de **taiga** Taiga (v)
de **taille** Taille (v²¹)
   tailleren taillieren³²⁰
   Taiwan Taiwan (o³⁹)
de **¹Taiwanees** Taiwaner (m⁹), Taiwanerin (v²²)
   ²Taiwanees (bn) taiwan(es)isch
de **tak 1** [dik en aan de stam] Ast (m⁶) **2** [dun, zijtak] Zweig (m⁵): ~ *van een gewei* Stange (v²¹) *eines Geweihs; ~ van een rivier* Flussarm (m⁵) **3** [deel van familie] Zweig (m⁵) **4** [branche] Zweig (m⁵), Sparte (v²¹): *een ~ van sport* eine Sportdisziplin, Sportart
het/de **takel** [hijswerktuig] Flaschenzug (m⁶), Takel (o³³)
   takelen [ophijsen] winden³¹³, hochwinden³¹³
de **takelwagen** Abschleppwagen (m¹¹), Kranwagen (m¹¹)
het **takenpakket** Aufgabenkomplex (m⁵), Aufgabenpaket (o²⁹)
het **takkewijf** [inf] Scheißweib (o³¹)
de **taks** [hoeveelheid] Maß (o²⁹); [belasting] Steuer (v²¹)
het **tal**: ~ *van ...* zahlreiche; *zonder* ~ zahllos
   talen (+ naar) verlangen nach⁺³; sich kümmern um⁺⁴; sich interessieren für⁺⁴
de **talenkennis** Sprachkenntnisse (mv)
de **talenknobbel** Sprachtalent (o²⁹): *hij heeft een* ~ er ist sprachbegabt
het **talenpracticum** Sprachlabor (o³⁶, o²⁹)
het **talent** Talent (o²⁹), Begabung (v²⁰): ~ *voor schilderen* Talent zum Malen; *zij heeft veel* ~ sie ist sehr talentiert
   talentvol talentvoll, talentiert, begabt
de **talg** Talg (m⁵)
de **talisman** Talisman (m⁵)
de **talk 1** [vet] Talg (m⁵) **2** [delfstof] Talk (m¹⁹)
het/de **talkpoeder** Talkpuder (m⁹)
de **talkshow** Talkshow (v²⁷)
   talloos zahllos, unzählig, unzählbar
   talmen zaudern, zögern
   talrijk zahlreich
het **talud** Böschung (v²⁰)
   tam [ook fig] zahm
de **tamboer** Trommler (m⁹)
de **tamboerijn** Tamburin (o²⁹)
het **tamboerkorps** Spielmannszug (m⁶)
   tamelijk ziemlich
de **Tamil** Tamile (m¹⁵)
de **tampon** Tampon (m¹³)
de **tamtam** Tamtam (o³⁶)
de **tand 1** [anat; van blad, rad, zaag] Zahn (m⁶): *zijn ~en laten zien* **a)** [m.b.t. dieren] die Zähne fletschen; **b)** [fig] jmdm. die Zähne zeigen; [fig] *iem. aan de ~ voelen* jmdm. auf den Zahn fühlen **2** [van eg, hark, kam, vork] Zinke (v²¹)
de **tandaanslag** Zahnbelag (m⁶)
de **tandarts** Zahnarzt (m⁶)
de **tandartsassistente** Zahnarzthelferin (v²²)
het **tandbederf** Karies (v²⁸), Zahnfäule (v²⁸)
de **tandem** Tandem (o³⁶)
de **tandenborstel** Zahnbürste (v²¹)
   tandenknarsen mit den Zähnen knirschen: [fig] ~*d* zähneknirschend
de **tandenstoker** Zahnstocher (m⁹)
het **tandglazuur** Zahnschmelz (m¹⁹)
de **tandheelkunde** Zahnmedizin (v²⁸), Zahnheilkunde (v²⁸)
de **tandpasta** Zahnpasta (v, mv: Zahnpasten), Zahnpaste (v²¹)
de **tandplak** Zahnbelag (m⁶), Plaque (v²⁷)
het **tandrad** Zahnrad (o³²)
de **tandradbaan** Zahnradbahn (v²⁰)
het/de **tandsteen** Zahnstein (m¹⁹)
de **tandtechnicus** Zahntechniker (m⁹)
het **tandvlees** Zahnfleisch (o³⁹)
het **tandwiel** Zahnrad (o³²)
de **tandzijde** Zahnseide (v²¹)
   tanen schwinden²⁵⁸; [roem, uitstraling] verblassen; [enthousiasme] abklingen
de **tang 1** [gereedschap] Zange (v²¹): *dat slaat als een ~ op een varken* das passt wie die Faust aufs Auge **2** [feeks] alte Hexe (v²¹)
de **tanga**, de **tangaslip** Tangaslip (m¹³)
de **tangens** Tangens (m)
de **tango** Tango (m¹³)
   tanig: *een ~ gezicht* ein gegerbtes Gesicht
de **tank 1** [reservoir] Tank (m¹³), Behälter (m⁹) **2** [gevechtswagen] Panzer (m⁹)
de **tankauto** Tankwagen (m¹¹)
   tanken tanken
de **tanker** Tanker (m⁹)
het **tankstation** Tankstelle (v²¹)
de **tankwagen** Tankwagen (m¹¹)
het/de **tannine** Tannin (o²⁹)
de **tantaluskwelling** Tantalusqualen (mv)
de **tante** Tante (v²¹): *je* ~*!* du kannst mich!; *is me dat een dikke* ~*!* ist das aber eine Maschine!
het **tantième** Tantieme (v²¹)
   Tanzania Tansania (o³⁹)
de **Tanzaniaan** Tansanier (m⁹), Tansanierin (v²²)
   Tanzaniaans tansanisch
de **tap 1** [alg] Zapfen (m¹¹) **2** [van as] Zapfen (m¹¹), Achszapfen (m¹¹) **3** [tapkast] Theke (v²¹)
het **tapbier** Fassbier (o²⁹), Schankbier (o²⁹)
   tapdansen steppen
de **tape 1** [geluidsband] Tonband (o³²) **2** [plakband] Klebeband (o³²)
de **tapenade** Tapenade (v²¹)
de **taperecorder** Tonbandgerät (o²⁹)

het **tapijt** Teppich (m[5])
de **tapijttegel** Teppichfliese (v[21])
de **tapir** Tapir (m[5])
de **tapkast** Theke (v[21])
de **tapkraan** Zapfhahn (m[6]), Ablasshahn (m[6])
tappen 1 zapfen: *wijn op flessen* ~ Wein in Flaschen füllen **2** [laten vloeien] (ab)zapfen
taps konisch, kegelförmig, zapfenförmig
de **taptoe** Zapfenstreich (m[5])
de **tapvergunning** Schankkonzession (v[20])
de **tarbot** Steinbutt (m[5]), Tarbutt (m[5])
het **tarief** Tarif (m[5]): *speciaal* ~ Sondertarif; *volgens* ~ tarifmäßig, tariflich, laut Tarif
de **tarra** Tara (v, mv: Taren)
de **tartaar** Tatar (o[39]), Tatarbeefsteak (o[36]): *een broodje* ~ ein Tatarbrötchen
tarten 1 [tergen] ärgern **2** [uitdagen] herausfordern **3** [trotseren] trotzen[+3] **4** [overtreffen] spotten[+2]: *dat tart iedere beschrijving* das spottet jeder Beschreibung; [fig] *het noodlot* ~ dem Schicksal trotzen, das Schicksal herausfordern
de **tarwe** Weizen (m[12])
de **tarwebloem** Auszugsmehl (o[29]), feine(s) Weizenmehl (o[29])
het **tarwebrood** Weizenbrot (o[29])
de **tas 1** Tasche (v[21]) **2** [akte-, schooltas] Mappe (v[21])
het **tasje** Handtasche (v[21])
de **tasjesdief** Taschendieb (m[5])
de **tast**: *op de* ~ tastend; *op de* ~ *naar de deur lopen* sich zur Tür tasten
tastbaar greifbar, handgreiflich: *een* ~ *bewijs* ein handgreiflicher Beweis; *tastbare resultaten* greifbare Ergebnisse
tasten 1 [zoekend voelen] tasten **2** [onzeker lopen] tappen ‖ *in het duister* ~ im Finstern tappen
de **tastzin** Tastsinn (m[19])
de **tatoeage** Tätowierung (v[20])
tatoeëren tätowieren
de **tattoo** Tattoo (m[13], o[36])
de **taugé** Sojabohnenkeime (mv)
de **tautologie** Tautologie (v[21])
t.a.v. 1 afk van *ten aanzien van* in Bezug auf **2** afk van *ter attentie van* zu Händen[+2], zu Händen von[+3]
de **taxateur** Taxator (m[16]), Schätzer (m[9])
de **taxatie** Taxation (v[20]), Schätzung (v[20])
taxeren taxieren[320], schätzen; [ramen] veranschlagen: *getaxeerde waarde* Taxwert (m[5])
de **taxfreeshop** zollfreie(r) Laden (m[12]), Dutyfreeshop (m[13])
de **taxi** Taxi (o[36]), Taxe (v[21])
de **taxichauffeur** Taxifahrer (m[9])
taxiën rollen
de **taxistandplaats** Taxistand (m[6])
de **taxus** Taxus (m), Eibe (v[21])
de **tbc** afk van *tuberculose* Tb(c) (afk van *Tuberkulose*)
de **T-bonesteak** T-Bone-Steak (o[39])

de **tbs** afk van *terbeschikkingstelling* Sicherungsverwahrung (v[20]): ~ *krijgen* jmdn. zu Sicherungsverwahrung verurteilen
t.b.v. 1 afk van *ten behoeve van* zugunsten[+2], im Interesse[+2], für[+4] **2** afk van *ten bate van* zugunsten; für
¹**te** (bw) **1** [overmatig, buitensporig] zu: *te vroeg* zu früh; *te veel* zu viel **2** umso [met vergrotende trap]: *des te beter* umso besser
²**te** (vz) **1** [m.b.t. plaats; ook fig] in [bij beweging gericht op doel[+4], anders[+3]]; zu[+3], auf [bij rust[+3], bij beweging gericht op doel[+4]]: *te lijf gaan* zu Leibe rücken **2** [met het doel van] zu[+3]: *ter inzage* zur Ansicht; *te huur, te koop* zu vermieten, zu verkaufen **3** [m.b.t. tijd] um[+4]; zu[+3]: *te allen tijde* zu jeder Zeit **4** [m.b.t. de manier of het middel] in[+3]; mit[+3]; zu[+3]: *te vuur en te zwaard verwoesten* mit Feuer und Schwert verwüsten
het **teakhout** Teakholz (o[39])
het **team** Mannschaft (v[20]), Team (o[36])
de **teamgeest** Teamgeist (m[19])
het **teamverband**: *in* ~ *werken* im Team arbeiten
het **teamwork** Teamarbeit (v[28])
de **techneut** ± Technikfanatiker (m[9])
de **technicus** Techniker (m[9])
de **techniek** Technik (v[20])
technisch technisch: ~*e hogeschool* technische Hochschule, TH; ~*e universiteit* technische Universität (v[20]), TU
de **technocraat** Technokrat (m[14])
de **technologie** Technologie (v[21])
technologisch technologisch
de **teckel** Dackel (m[9]), Dachshund (m[5]), Teckel (m[9])
de **teddybeer** Teddybär (m[14]), Teddy (m[13])
teder zärtlich
de **tederheid** Zärtlichkeit (v[28])
de **teef** [wijfjeshond] Hündin (v[22])
de **teek** Zecke (v[21])
de **teelaarde 1** [humus] Humus (m[19b]) **2** [teelgrond] Ackerkrume (v[21])
de **teelbal** Hode (m[15], v[21]), Hoden (m[11]), Testikel (m[9])
de **teelt** [van dieren, planten] Zucht (v[28]); [van landbouwgewassen, ook] Anbau (m[19])
de ¹**teen** [twijg] Weidenrute (v[21]), Weidengerte (v[21])
de ²**teen 1** [lichaamsdeel] Zehe (v[21]), Zeh (m[16]): [fig] *iem. op zijn tenen trappen* jmdm. auf die Zehen treten[291]; [fig] *hij is op zijn tenen getrapt* er fühlt sich auf den Schlips getreten **2** [deel van sok] Spitze (v[21]) ‖ *een ~tje knoflook* eine Knoblauchzehe
het/de ¹**teer** (zn) Teer (m[19])
²**teer** (bn) zart: *een tere gezondheid* eine zarte Gesundheit; *een tere huid* eine zarte Haut; *een tere kwestie* eine heikle Frage
de **teerling** Würfel (m[9]): *de* ~ *is geworpen* die Würfel sind gefallen

de **tegel 1** [voor vloer] Fliese (v²¹), Platte (v²¹)
2 [voor muur] Fliese (v²¹), Kachel (v²¹)
tegelijk zugleich, gleichzeitig
tegelijkertijd 1 [gelijktijdig] gleichzeitig,
zugleich **2** [tevens] zugleich
de **tegelvloer** Fliesen(fuß)boden (m¹²)
de **tegelwand** Kachelwand (v²⁵), Fliesenwand
(v²⁵)
de **tegelzetter** Fliesenleger (m⁹), Plattenleger
(m⁹)
tegemoet entgegen⁺³: ~ *gaan* (of: *lopen*)
entgegengehen¹⁶⁸⁺³; ~ *zien* entgegense-
hen²⁶¹⁺³; *iets* ~ *zien* einer Sache³ entgegense-
hen²⁶¹
tegemoetkomen [ook fig] entgegenkom-
men¹⁹³⁺³; *iemands wensen* ~ jemands Wünschen entgegenkommen; *in de kosten* ~ einen Teil der Kosten übernehmen²¹²
de **tegemoetkoming 1** [wijze van doen]
Entgegenkommen (o³⁹) **2** [vergoeding] Unterstützung (v²⁰), Beihilfe (v²¹): ~ *in de kosten*
Beitrag (m⁶) zu den Kosten
het **¹tegen** (zn): *het voor en het* ~ das Für und das
Wider
²tegen (bw) [vijandig, afwijzend ten opzichte van]: ~ *zijn* dagegen sein²⁶²; *ergens iets (op)*
~ *hebben* etwas dagegen haben
³tegen (vz) **1** [in de andere richting] ge-
gen⁺⁴: ~ *de stroom in* gegen den Strom **2** [in
strijd met] gegen⁺⁴, zuwider⁺³, wider⁺⁴: *dat is*
~ *de wet* das ist gegen das Gesetz; ~ *de ver-*
wachting wider Erwarten **3** [vijandig, afwijzend ten opzichte van] gegen⁺⁴: ~ *iets zijn*
gegen etwas sein²⁶²; *beschermen* ~ schützen
gegen⁺⁴ (of: vor⁺³); ~ *iets kunnen* etwas vertragen können¹⁹⁴ **4** [gekeerd naar] gegen⁺⁴,
zu⁺³, gegenüber⁺³: ~ *iem. spreken* zu jmdm.
sprechen²⁷⁴; ~ *iem. blaffen* jmdn. anbellen
5 [kort voor] gegen⁺⁴: ~ *de avond* gegen
Abend; ~ *elf uur,* ~ *elven* gegen elf Uhr **6** [bij-
na] an⁺⁴, gegen⁺⁴: ~ *60 schepen* an die (of:
gegen) 60 Schiffe **7** [in aanraking met] ge-
gen⁺⁴, an⁺⁴: *leunen* ~ lehnen gegen⁺⁴ (of:
an⁺⁴) **8** [m.b.t. een bepaalde tijd] auf⁺⁴: *het*
loopt ~ *drie uur* es geht auf drei Uhr **9** [m.b.t.
een prijs of percentage] zu⁺³: ~ *5%* zu 5%
tegenaan: *ergens* ~ *lopen* **a)** [lett] gegen⁺⁴
etwas anlaufen¹⁹⁸; **b)** [fig] zufällig auf⁺⁴ etwas stoßen²⁸⁵; *ergens (flink)* ~ *gaan* sich
(mächtig) ins Zeug legen; *er hard* ~ *gaan*
[sport] hart einsteigen²⁸¹
de **tegenaanval** Gegenangriff (m⁵), Gegen-
schlag (m⁶)
het **tegenargument** Gegenargument (o²⁹)
het **tegenbericht** Abmeldung (v²⁰): *zonder* ~
ohne Nachricht Ihrerseits
het **tegendeel** Gegenteil (o²⁹): *de bewering van*
het ~ die gegenteilige Behauptung
het **tegendoelpunt** Gegentor (o²⁹)
tegendraads trotzig, widerspenstig, störrisch

tegengaan entgegentreten²⁹¹⁺³
het **tegengas**: ~ *geven* entgegenwirken⁺³
tegengesteld entgegengesetzt, gegensätzlich
het **tegengif** Gegengift (o²⁹)
de **tegenhanger** Gegenstück (o²⁹)
tegenhouden 1 [de beweging beletten]
aufhalten¹⁸³ **2** [verhinderen] verhindern
tegenin: *ergens* ~ *gaan* [protesteren] Ein-
wände gegen etwas vorbringen; [zich ver-
zetten] gegen etwas angehen
de **tegenkandidaat** Gegenkandidat (m¹⁴)
tegenkomen [ontmoeten] begegnen⁺³:
iem. ~ jmdm. begegnen
het **tegenlicht** Gegenlicht (o³¹)
de **tegenligger** [in het wegverkeer] entge-
genkommender Wagen (m¹¹): *~s!* Gegenverkehr!
de **tegenmaatregel** Gegenmaßnahme (v²¹)
tegennatuurlijk widernatürlich
tegenop hinauf: *ergens niet* ~ *kunnen* ge-
gen⁺⁴ etwas nicht ankommen können¹⁹⁴
tegenover gegenüber⁺³
tegenovergesteld entgegengesetzt: *in*
~e richting gaan in die entgegengesetzte
Richtung gehen¹⁶⁸; *in het ~e geval* im gegen-
teiligen Fall
tegenoverstellen entgegensetzen⁺³
de **tegenpartij** Gegenseite (v²¹), Gegenpartei
(v²⁰); [bij ongeluk] Unfallgegner (m⁹)
de **tegenpool** [ook fig] Gegenpol (m⁵): *ze zijn*
elkaars tegenpolen sie sind Gegenpole
de **tegenprestatie** Gegenleistung (v²⁰)
de **tegenslag** Missgeschick (o²⁹), Rückschlag
(m⁶)
tegenspartelen sich sträuben, sich wehren
de **tegenspeler** Gegenspieler (m⁹)
de **tegenspoed** Missgeschick (o²⁹), Pech (o³⁹)
de **tegenspraak** Widerspruch (m⁶), Widerrede
(v²¹): *in* ~ *zijn met* in Widerspruch stehen²⁷⁹
mit⁺³; *met elkaar in* ~ *zijn* sich widersprechen²⁷⁴
tegenspreken 1 widersprechen²⁷⁴⁺³: *iem.*
~ jmdm. widersprechen²⁷⁴; *zichzelf* ~ sich
selbst widersprechen; *hij moet altijd* ~ er hat
immer etwas einzuwenden **2** [de juistheid
van iets ontkennen] dementieren³²⁰
tegensputteren aufmucken, murren
tegenstaan zuwider sein²⁶²: *het staat mij*
tegen, zoiets te doen! es geht mir gegen den
Strich, so etwas zu tun!
de **tegenstand** Widerstand (m⁶): ~ *bieden* Widerstand leisten; ~ *ondervinden* auf⁺⁴ Widerstand stoßen²⁸⁵
de **tegenstander** Gegner (m⁹), Widersacher
(m⁹)
de **tegenstelling** Gegensatz (m⁶), Kontrast
(m⁵): *in* ~ *met, tot* im Gegensatz zu⁺³
tegenstemmen dagegen stimmen
de **tegenstrever** Gegner (m⁹), Widersacher

(m[9])
tegenstribbelen 1 sich sträuben **2** [tegensputteren] (auf)mucken, murren
tegenstrijdig widersprüchlich, gegensätzlich: *~e belangen* entgegengesetzte Interessen; *~e gevoelens* widersprüchliche Gefühle
de **tegenstrijdigheid** Widerspruch (m[6])
tegenvallen enttäuschen, hinter den Erwartungen zurückbleiben[134]: *dat valt me tegen!* das enttäuscht mich!; *dat valt tegen!* das ist eine Enttäuschung!; *het valt vaak tegen* es läuft oft auf eine Enttäuschung hinaus; *het product valt tegen* das Produkt bleibt hinter den Erwartungen zurück
de **tegenvaller 1** [teleurstelling] Enttäuschung (v[20]) **2** [tegenslag] Rückschlag (m[6])
de **tegenvoeter** [ook fig] Antipode (m[15])
het **tegenvoorstel** Gegenvorschlag (m[6])
de **tegenwaarde** Gegenwert (m[5])
¹**tegenwerken** (onov ww) sich querlegen
²**tegenwerken** (ov ww) entgegenarbeiten: *iem. ~* jmdm. entgegenarbeiten
de **tegenwerking** Widerstand (m[6])
tegenwerpen einwenden[308]
de **tegenwerping** Einwand (m[6]), Einwendung (v[20])
het **tegenwicht** [ook fig] Gegengewicht (o[29])
de **tegenwind** Gegenwind (m[5])
¹**tegenwoordig** (bn) **1** [aanwezig] anwesend **2** [van deze tijd] heutig, gegenwärtig: *~e tijd* Gegenwart (v[28]); [taalk] Präsens (o, 2e nvl: -; mv: Präsentia of Präsenzien); Gegenwart (v[28]); *in de ~e tijd* heutzutage
²**tegenwoordig** (bw) heute, heutzutage, gegenwärtig: *de jeugd van ~* die Jugend von heute, die heutige Jugend
de **tegenwoordigheid** Anwesenheit (v[28]), Gegenwart (v[28]): *~ van geest* Geistesgegenwart; *in ~ van* in Anwesenheit[+2]
de **tegenzet** Gegenzug (m[6])
de **tegenzin** Widerwille (m[18]): *met ~* widerwillig
tegenzitten 1 [m.b.t. werk] nicht gelingen[169] **2** [m.b.t. weer, omstandigheden] ungünstig sein[262]: *het zit me tegen!* ich habe kein Glück!
het **tegoed** Guthaben (o[35]): *~ bij een bank* Bankguthaben
de **tegoedbon** Gutschein (m[5])
het **tehuis** Zuhause (o[39]), Heim (o[29]): *geen ~ hebben* obdachlos sein[262]; *~ voor ouden van dagen* Altersheim, Altenheim
de **teil** Wanne (v[21])
het/de **teint** Teint (m[13])
teisteren heimsuchen
tekeergaan rasen, toben
het **teken 1** Zeichen (o[35]): *een ~ des tijds* ein Zeichen der Zeit; *een ~ van leven geven* ein Lebenszeichen von[+3] sich geben[166] **2** [sein] Signal (o[29])
de **tekenaar** Zeichner (m[9])

de **tekendoos** ± Malkasten (m[12])
tekenen 1 [afbeelden] zeichnen **2** [ondertekenen] zeichnen, unterschreiben[252] **3** [beschrijven] schildern **4** [karakteristiek zijn] kennzeichnen, charakterisieren[320] || *zo'n leventje, daar teken ik voor!* solch ein Leben würde mir ganz gut gefallen!
tekenend [fig] kennzeichnend
de **tekenfilm** Zeichenfilm (m[5])
de **tekening** Zeichnung (v[20]); [ondertekening] Unterzeichnung (v[20]), Unterschrift (v[20]): *ter ~ liggen* zur Unterzeichnung ausliegen[202]
het **tekenpapier** Zeichenpapier (o[29])
het **tekenpotlood**, de **tekenstift** Zeichenstift (m[5])
de **tekentafel** Zeichentisch (m[5])
het **tekort** Defizit (o[29]), Fehlbetrag (m[6]), Manko (o[36]): *het ~ aan werkkrachten* der Mangel an[+3] Arbeitskräften
tekortdoen benachteiligen
tekortkomen zu kurz kommen (in[+3]): *je zult hier niets ~!* es soll dir hier an nichts[+3] fehlen!; [fig] *ogen en oren ~* von der Fülle der Eindrücke wie überrumpelt sein
de **tekortkoming** Unzulänglichkeit (v[20]), Mangel (m[10])
tekortschieten versagen, nicht ausreichen
de **tekst** Text (m[5]); [van brief ook] Wortlaut (m[5]): *iem. ~ en uitleg (van iets) geven* jmdm. etwas haarklein auseinandersetzen
de **tekstballon** Sprechblase (v[21])
het **tekstbestand** Textdatei (v[20])
de **tekstschrijver** Textdichter (m[9]); [bv. reclame] Texter (m)
de **tekstverklaring** Texterläuterung (v[20]), Texterklärung (v[20])
de **tekstverwerker** Textverarbeitungsgerät (o[29])
de **tekstverwerking** Textverarbeitung (v[20])
de **tel**: *de ~ kwijt zijn* sich verzählen; *zeer in ~ zijn* sehr geschätzt sein[262]; *hij is niet in ~* man schätzt ihn nicht sonderlich; *in twee ~len klaar zijn* im Handumdrehen fertig sein[262]; *op zijn ~len passen* aufpassen; [Belg] *van geen ~ zijn* unwichtig sein[262]
telbaar zählbar
telebankieren Telebanking (o[39])
de **telecommunicatie** Fernmeldewesen (o[39]), Telekommunikation (v[28])
de **telefax** Fax (o, 2e nvl: -; mv: -(e))
telefoneren anrufen[226], telefonieren[320]
de **telefonie** Telefonie (v[21])
telefonisch telefonisch, fernmündlich
de **telefonist** Telefonist (m[14])
de **telefoon** Telefon (o[29]), Fernsprecher (m[9]): *de ~ gaat* das Telefon läutet; *de ~ aannemen* den Anruf entgegennehmen[212]; *de ~ opnemen* den Hörer abnehmen[212]; *de ~ wordt niet opgenomen* es meldet sich keiner; *er is ~ voor u!* Sie werden am Telefon verlangt!
de **telefoonaansluiting** Fernsprechan-

schluss (m⁶), Telefonanschluss (m⁶)

de **telefoonbeantwoorder** Anrufbeantworter (m⁹)

het **telefoonboek** Telefonbuch (o³²)

de **telefooncel** Fernsprechzelle (v²¹), Telefonzelle (v²¹): *publieke* ~ öffentliche Fernsprechzelle, öffentliche Telefonzelle

de **telefooncentrale** Fernmeldeamt (o³²);
[van bedrijf, ministerie e.d.] Telefonzentrale
(v²¹)

het **telefoongesprek** Telefongespräch (o²⁹):
lokaal ~ Ortsgespräch (o²⁹); *interlokaal* ~
Ferngespräch

de **telefoongids** Telefonbuch (o³²)

de **telefoonkaart 1** [voor telefooncel] Telefonkarte (v²¹) **2** [voor mobieltje] Handykarte
(v²¹), Mobiltelefonkarte (v²¹), Telefonkarte
(v²¹)

de **telefoonlijn** Telefonleitung (v²⁰)

het **telefoonnummer** Telefonnummer (v²¹)

de **telefoontik** Gesprächseinheit (v²⁰), Gebüh-
reneinheit (v²⁰)

het **telefoontje** Anruf (m⁵)

het **telefoontoestel** Telefonapparat (m⁵),
Fernsprechapparat (m⁵)

de **telegraaf** Telegraf (m¹⁴)

telegraferen telegrafieren³²⁰

het **telegram** Telegramm (o²⁹): *een ~ aanbieden* ein Telegramm aufgeben¹⁶⁶

de **telegramstijl** Telegrammstil (m¹⁹)

de **telelens** Teleobjektiv (o²⁹)

de **telemarketing** Telemarketing (o³⁹, o³⁹ᵃ)

telen 1 [kweken] ziehen³¹⁸, züchten; anbauen **2** [fokken] züchten

het **teleonthaal** [Belg] Telefonseelsorge (v²¹)

de **telepathie** Telepathie (v²⁸)

telepathisch telepathisch

de **teler** Züchter (m⁹)

de **telescoop** Teleskop (o²⁹)

de **teletekst** Bildschirmtext (m⁵), Videotext
(m⁵)

teleurstellen enttäuschen

de **teleurstelling** Enttäuschung (v²⁰)

televergaderen eine Telefonkonferenz
abhalten¹⁸³

de **televisie 1** Fernsehen (o³⁹): *op de* ~ im
Fernsehen; *commerciële* ~ Werbefernsehen
2 [toestel] Fernseher (m⁹)

de **televisiefilm** Fernsehfilm (m⁵)

de **televisiekijker** Fernsehzuschauer (m⁹)

de **televisieomroep** Fernsehanstalt (v²⁰),
Fernsehfunk (m¹⁹)

het **televisieprogramma** Fernsehprogramm
(o²⁹)

het **televisiescherm** Fernsehschirm (m⁵), Bildschirm (m⁵)

de **televisieserie** Fernsehserie (v²¹)

het **televisietoestel** Fernsehgerät (o²⁹), Fernseher (m⁹)

de **televisie-uitzending** Fernsehsendung
(v²⁰), Fernsehübertragung (v²⁰)

de **televisiezender** Fernsehsender (m⁹)

telewerken Teleheimarbeit verrichten

de **telex** Telex (o, 2e nvl: -; mv: -(e)), Fern-
schreiber (m⁵): *per* ~ fernschriftlich

de **telg** Spross (m⁵), Sprössling (m⁵)

de **telganger** Passgänger (m⁹)

telkens 1 [elke keer] jedes Mal: ~ *drie* je-
weils drei **2** [herhaaldelijk] immer wieder,
ständig: ~ *na* een paar stappen stilstaan alle
paar Schritte halten¹⁸³

tellen zählen: *dat telt niet (mee)!* das gilt
nicht!; *op zijn vingers* ~ an den Fingern zählen

de **teller** Zähler (m⁹)

de **telling** Zählung (v²⁰): *een ~ houden* eine
Zählung durchführen

het **telraam** Rechenbrett (o³¹)

het **telwoord** Zahlwort (o³²)

temeer: ~ *omdat* umso mehr, als; zumal(,
da)

temmen zähmen, bändigen

de **tempel** Tempel (m⁹)

het **temperament** Temperament (o²⁹)

de **temperatuur** Temperatur (v²⁰)

temperen dämpfen, mäßigen

het **tempo 1** [snelheid] Tempo (o³⁶), Geschwindigkeit (v²⁰): *het ~ opvoeren* das Tempo beschleunigen **2** [muz] Tempo (o³⁶, mv: meestal
Tempi)

temporiseren verzögern

ten zu, zum, zur: ~ *eerste* erstens; *zie* ¹te

de **tendens** Tendenz (v²⁰)

tendentieus tendenziös

tenderen tendieren

teneinde um, damit: ~ *u te bewijzen … um
Ihnen zu beweisen …*

tenenkrommend sehr blamabel; [inf] so
schlecht, dass sich einem die Fußnägel aufrollen

de **teneur** Tenor (m¹⁶): *de ~ van een betoog* der
Tenor einer Darlegung

de **tengel** Pfote (v²¹), Klaue (v²¹)

tenger 1 [teer] zart **2** [rank] schmächtig

ten gevolge van infolge⁺²

tenietdoen widerrufen²²⁶, aufheben¹⁸⁶

tenietgaan verloren gehen¹⁶⁸

tenminste 1 wenigstens **2** [in ieder geval]
jedenfalls **3** [dan al] überhaupt

het **tennis** Tennis (o³⁹ᵃ)

de **tennisarm** Tennisarm (m⁵), Tennisellenbo-
gen (m¹¹)

de **tennisbaan** Tennisplatz (m⁶)

de **tennisbal** Tennisball (m⁶)

het **tennisracket** Tennisschläger (m⁹)

tennissen Tennis spielen

de **tennisser** Tennisspieler (m⁹)

de **tenor** Tenor (m¹⁶)

tenslotte [per slot van rekening] schließlich

de **tent 1** Zelt (o²⁹) **2** [op kermis, markt] Bude
(v²¹) **3** [café e.d.] Lokal (o²⁹) || *iem. uit zijn ~
lokken* jmdn. aus der Reserve (heraus)locken

de **tentakel** Tentakel (m+o)

het **tentamen** Prüfung (v[20])
het **tentenkamp** Zeltlager (o[33])
de **tentharing** Zelthering (m[5]), Zeltpflock (m[6])
tentoonspreiden entfalten, zur Schau tragen[288]
tentoonstellen ausstellen; zur Schau stellen
de **tentoonstelling** Ausstellung (v[20])
de **tentstok** Zeltstange (v[21]), Zeltstock (m[6])
de **tentzeil** Zeltplane (v[21])
het/de **tenue** Uniform (v[20])
de **tenuitvoerlegging** Vollzug (m[6]), Vollstreckung (v[20])
tenzij es sei denn, dass
de **tepel** Brustwarze (v[21]); [van zoogdier] Zitze (v[21])
ter zu, zum, zur; *zie* ¹te
de **teraardebestelling** Beerdigung (v[20])
terdege tüchtig, gehörig
¹**terecht** (bn) [gerechtvaardigd] richtig, berechtigt
²**terecht** (bw) **1** mit Recht: ~ *beweert hij* mit Recht behauptet er **2** [terug] wieder da
terechtbrengen: *hij brengt er niets van terecht* er bringt nichts zustande (*of:* zu Stande)
terechtkomen 1 [op de plaats van bestemming komen] ankommen[193]: *het geld is niet terechtgekomen* das Geld hat sich nicht (wieder) gefunden **2** [belanden] geraten[218], landen: *je weet niet, waar je terechtkomt!* man weiß nicht, wohin man gerät!; *hij kwam lelijk terecht* er stürzte unglücklich **3** [in orde komen] sich finden[157]: *dat zal wel ~!* das wird sich schon finden!; *hij zal wel ~!* der findet seinen Weg schon!; *er komt niets van terecht* daraus, aus der Sache wird nichts
terechtkunnen: *ik kon bij hem niet terecht* er konnte mich nicht empfangen; *in dit land kun je met Duits terecht* in diesem Land kommt man mit Deutsch durch
terechtstaan vor Gericht stehen[279]
terechtstellen hinrichten
de **terechtstelling** Hinrichtung (v[20])
terechtwijzen zurechtweisen[307], tadeln
de **terechtwijzing** Zurechtweisung (v[20]), Tadel (m[9])
teren zehren: ~ *op* zehren von[+3]
tergen reizen, herausfordern
tergend quälend; [uitdagend] herausfordernd: ~ *langzaam* quälend langsam
de **tering** [tbc] Schwindsucht (v[28])
terloops beiläufig, nebenbei
de **term** Ausdruck (m[6]): *technische* ~ technischer Fachausdruck; *iets in bedekte ~en zeggen* etwas verblümt sagen; *in de ~en vallen in Betracht kommen*[193]; *volgens de ~en van de wet* nach dem Wortlaut des Gesetzes
de **termiet** Termite (v[21])
de **termijn 1** [tijdruimte] Frist (v[20]), Zeitraum (m[6]); [vastgesteld tijdstip] Termin (m[5]): ~ *van*

betaling Zahlungsfrist; *een* ~ *vaststellen* eine Frist; [tijdstip] einen Termin bestimmen; *op korte* ~ kurzfristig; *op lange* ~ langfristig **2** [gedeeltelijke betaling] Rate (v[21]), Teilzahlung (v[20]): *betaling in* ~*en* Ratenzahlung (v[20])
terminaal End-, das Ende betreffend: *een terminale patiënt* ein sterbender Patient; ein terminaler Patient
de **terminal** Terminal (m[13], o[36])
de **terminologie** Terminologie (v[21])
de **terminus** [Belg] Endhaltestelle (v[21])
ternauwernood kaum, mit knapper Not
terneergeslagen niedergeschlagen
de **terp** Warft (v[20]), Warf (v[20])
de **terpentijn** Terpentin (o[25])
het **terracotta** Terrakotta (v)
het **terrarium** Terrarium (o, mv: Terrarien)
het **terras** Terrasse (v[21])
het **terrein 1** [stuk grond, veld] Gelände (o[33]): *het verboden* ~ das Sperrgebiet **2** [fig] [gebied] Gebiet (o[29]), Bereich (m[5]): *het* ~ *van de wetenschap* das Gebiet der Wissenschaft; *dat hoort niet op mijn* ~ das ist nicht mein Ressort; ~ *verliezen* (an) Boden verlieren[300]
de **terreinwagen** Geländewagen (m[11])
de **terreinwinst** Gewinn (m[5]) an Boden
de **terreur** Terror (m[19])
het **terreuralarm** Terroralarm (m[5])
de **terriër** Terrier (m[9])
de **terrine** Terrine (v[21])
territoriaal territorial: *territoriale wateren* [ook] Hoheitsgewässer (mv o[33])
het **territorium** Territorium (o, 2e nvl: -s; mv: Territorien)
terroriseren terrorisieren[320]
het **terrorisme** Terrorismus (m[19a])
de **terrorist** Terrorist (m[14])
terroristisch terroristisch
terstond gleich, sogleich, unverzüglich
tertiair tertiär
de **terts** [muz] Terz (v[20])
terug 1 zurück: *heen en* ~ hin und zurück; ~ *uit het buitenland zijn* wieder im Lande sein; ~ *van weggeweest* wieder da; *enige jaren* ~ vor einigen Jahren; *van 10 euro* ~ *hebben* auf 10 Euro herausgeben[166]; *ik heb niet* ~! ich kann nicht herausgeben! **2** [Belg; weer, opnieuw] wieder, aufs Neue, von Neuem: *hij is* ~ *ziek geworden* er ist wieder krank geworden
terugbellen zurückrufen[226]
terugbetalen zurückzahlen
de **terugbetaling** Rückzahlung (v[20])
de **terugblik** Rückblick (m[5]), Rückschau (v[20])
terugblikken zurückblicken
terugbrengen 1 [bij eigenaar bezorgen] zurückbringen[139] **2** [verkleinen] reduzieren[320]: *tot op de helft* ~ auf die Hälfte reduzieren **3** [herleiden tot] zurückführen auf[+4]
terugdeinzen zurückschrecken[251]: [fig] *voor het risico* ~ vor dem Risiko zurückschrecken

terugdenken zurückdenken[140]
terugdoen: *iets* ~ sich revanchieren[320]
terugdraaien zurückdrehen; [fig] zurück-schrauben
terugdringen zurückdrängen
teruggaan zurückgehen[168]
de **teruggang** Rückgang (m[6])
de **teruggave** Rückgabe (v[21]); [van geld, be-lasting, ook] Rückerstattung (v[20])
teruggeven zurückgeben[166]; [van geld, be-lasting] zurückerstatten: *van 10 euro* ~ auf 10 Euro herausgeben[166]
terughoudend zurückhaltend, reserviert
[1]**terugkaatsen** (onov ww) [m.b.t. geluid] widerhallen
[2]**terugkaatsen** (ov ww) **1** [van geluid] zu-rückwerfen[311] **2** [van licht] reflektieren[320], zurückwerfen[311] **3** [van bal] zurückgeben
de **terugkeer** Rückkehr (v[28]); [naar huis] Heim-kehr (v[28])
terugkeren 1 zurückkehren **2** [zich herha-len] wiederkehren **3** [naar huis] heimkehren
[1]**terugkijken** (onov ww) **1** [als reactie] ei-nen Blick erwidern **2** [terugblikken] zurück-blicken: ~ *op het verleden* auf die Vergangen-heit zurückblicken
[2]**terugkijken** (ov ww): *filmpjes* ~ *op internet* Filme noch einmal im Internet ansehen
terugkomen zurückkommen[193], wieder-kommen[193]: *op iets* ~ auf[+4] etwas zurückkom-men; *van een idee* ~ von einer Idee abkom-men[193]
de **terugkomst** Rückkehr (v[28])
terugkoppelen Rücksprache halten[183]
terugkrabbelen einen Rückzieher ma-chen
terugkrijgen zurückbekommen[193], zurück-erhalten[183]
terugleggen 1 [terugdoen] zurücklegen **2** [terugspelen] zurückgeben[166]
de **terugloop** Rückgang (m[6]), Abnahme (v[21])
teruglopen zurückgehen[168]: *de prijzen lo-pen terug* die Preise sinken[266]
terugnemen zurücknehmen[212]: *de snel-heid* ~ das Tempo drosseln
de **terugreis** Rückreise (v[20]); [naar huis] Heim-reise (v[21])
terugrijden zurückfahren[153]
terugroepen zurückrufen[226]
terugschakelen zurückschalten
terugschrikken (+ voor) zurückschre-cken[251] vor[+3]
terugslaan zurückschlagen[241]
de **terugslag** Rückschlag (m[6])
terugspelen 1 [bal] zurückspielen, zurück-geben[166] **2** [bandje] zurückspulen || *een vraag naar de vragensteller* ~ eine Frage an den Fra-gesteller zurückgeben
de **terugtocht 1** Rückreise (v[21]), Rückfahrt (v[20]); [te voet] Rückmarsch (m[6]) **2** [mil] Rück-zug (m[6])

de **terugtraprem** Rücktrittbremse (v[21])
terugtreden zurücktreten[291]
terugtrekken zurückziehen[318]
de **terugval** Rückfall (m[6])
terugvallen 1 zurückfallen[154]: *telkens in dezelfde gewoonte* ~ immer wieder in diesel-be Gewohnheit zurückfallen **2** [een beroep doen op] zurückgreifen[181] auf[+4]
terugverlangen (+ naar) zurückverlangen (nach[+3]), sich sehnen (nach[+3])
terugvinden zurückfinden[157], wiederfin-den[157]
terugvragen zurückverlangen, zurückfor-dern
de **terugweg** Rückweg (m[5]); [naar huis] Heim-weg (m[5])
terugwerkend: *met ~e kracht tot 1 juli* rückwirkend vom 1. Juli
terugwijzen zurückweisen[307]
terugwinnen zurückgewinnen[174]
terugzeggen antworten
terugzenden zurücksenden[263], zurückschi-cken
terugzetten zurückstellen
terugzien 1 [een terugblik werpen op] zu-rücksehen[261], zurückblicken **2** [weerzien] wiedersehen[261]
[1]**terwijl** (bw) [in die tijd] indessen, inzwi-schen
[2]**terwijl** (vw) **1** [in de tijd dat] während: ~ *ik schreef, las hij* während ich schrieb, las er **2** [op het moment dat] indem: ~ *hij dit zei, stond hij op* indem er dies sagte, stand er auf
terzelfder: ~ *tijd* zur selben (of: zur glei-chen) Zeit
terzijde 1 [naar opzij] seitwärts **2** [aan de zijkant] beseite: *geld* ~ *leggen* Geld beiseite-legen; *iem.* ~ *staan* jmdm. zur Seite stehen[279]
de **test** Test (m[13], m[5]), Prüfung (v[20])
het **testament** Testament (o[29]): *bij* ~ *bepalen* testamentarisch verfügen || *het Oude en Nieuwe Testament* das Alte und Neue Testa-ment
testamentair testamentarisch: ~*e beschik-king* letztwillige Verfügung
het **testbeeld** [telec] Testbild (o[31])
de **testcase** Testfall (m[6])
testen testen
de **testikel** Testikel (m[9]), Hode (v[21], m[15]), Ho-den (m[11])
het **testosteron** Testosteron (o[39])
de **testpiloot** Testpilot (m[14])
de **tetanus** Tetanus (m[19a]), Wundstarrkrampf (m[19])
tetteren 1 [schetterend blazen] schmet-tern **2** [luid spreken] trompeten **3** [veel drin-ken] zechen, bechern
de **teug** Zug (m[6]), Schluck (m[5]): *in één* ~ auf ei-nen Zug, in einem Zug
de **teugel** Zügel (m[9]): *iem. de vrije* ~ *laten* jmdm. freie Hand lassen[197]; *zijn hartstochten*

de vrije ~ *laten* seinen Leidenschaften freien Lauf lassen[197]; [ook fig] *de* ~ *strak houden* die Zügel kurz halten[183]

teut besoffen, benebelt, blau

teuten [talmen] trödeln

het **teveel** Zuviel (o), Übermaß (o[39])

tevens zugleich

¹tevergeefs (bn) vergeblich

²tevergeefs (bw) vergebens

tevoorschijn zum Vorschein, hervor...: ~ *brengen* hervorbringen[139]; zum Vorschein bringen[139]; ~ *halen* hervorholen; ~ *komen* hervorkommen[193]; zum Vorschein kommen[193]

tevoren 1 [vroeger] früher, zuvor: *als* ~ wie früher; *een jaar* ~ ein Jahr zuvor **2** [vooraf] vorher, im Voraus: *van* ~ *betalen* im Voraus bezahlen, vorausbezahlen

tevreden zufrieden: ~ *met* (of: *over*) *iets zijn* mit[+3] etwas zufrieden sein[262]

de **tevredenheid** Zufriedenheit (v[28])

tevredenstellen zufriedenstellen: *zich met weinig* ~ sich mit[+3] wenig begnügen

tevree zufrieden

de **tewaterlating** Stapellauf (m[6])

teweegbrengen verursachen, herbeiführen

tewerkstellen beschäftigen, einsetzen

het **¹textiel** (zn) Textilien (mv), Textilwaren (mv)

²textiel (bn) textil, Textil...

de **textielindustrie** Textilindustrie (v[21])

tezamen zusammen

de **tgv** afk van *train à grande vitesse* Hochgeschwindigkeitszug (m[6]), TGV (m[13], 2e nvl: ook -)

t.g.v. 1 afk van *ten gevolge van* infolge[+2] **2** afk van *ter gelegenheid van* anlässlich[+2]

de **Thai** Thai (m, 2e nvl: -(s); mv: -(s)); Thailänder (m); Thailänderin (v)

Thailand Thailand (o[39])

Thais thailändisch

thans 1 [op dit moment] jetzt, nun **2** [in onze tijd] heutzutage, heute

het **theater** Theater (o[33])

de **theatervoorstelling** Theatervorstellung (v[20])

theatraal theatralisch

de **thee** Tee (m[19]): *groene* ~ grüner Tee; *slappe* ~ dünner Tee; *sterke* ~ starker Tee; *een kopje* ~ eine Tasse Tee

het **theeblad 1** [plantk] Teeblatt (o[32]) **2** [dienblad] Teebrett (o[31])

de **theedoek** Geschirrtuch (o[32])

theedrinken Tee trinken[293]

het **theekopje** Teetasse (v[21])

het **theelepeltje** Teelöffel (m[9])

de **theemuts** Teemütze (v[21]), Teewärmer (m[9])

de **theepauze** Teepause (v[21])

de **theepot** Teekanne (v[21])

het **theeservies** Teeservice (o, 2e nvl: -(s); mv: -)

het **theewater** Teewasser (o[33])

het **theezakje** Teebeutel (m[9])

het **theezeefje** Teesieb (o[29])

het **thema 1** Thema (o, 2e nvl: -s; mv: Themen), Gegenstand (m[6]) **2** [oefening] Aufgabe (v[21])

de **thematiek** Thematik (v[20])

thematisch thematisch

de **theologie** Theologie (v[21])

theologisch theologisch

de **theoloog** Theologe (m[15])

de **theoreticus** Theoretiker (m[9])

theoretisch theoretisch

de **theorie** Theorie (v[21])

de **therapeut** Therapeut (m[14])

therapeutisch therapeutisch

de **therapie** Therapie (v[21])

de **thermiek** Thermik (v[28])

de **thermometer** Thermometer (o[33])

de **thermosfles** ᴹᴱᴿᴷ Thermosflasche (v[21])

de **thermoskan** ᴹᴱᴿᴷ Thermoskanne (v[21])

de **thermostaat** Thermostat (m[5], m[14])

de **these** These (v[21])

de **thesis** [Belg] [ond] ± Diplomarbeit (v[20])

de **Thora** Thora (v[28])

de **thriller** Thriller (m[9])

thuis 1 [naar huis] nach Haus(e): *wel* ~ *!* kommen Sie gut nach Hause! **2** [in zijn huis] zu Haus(e): ~ *zijn* [ook fig] zu Hause sein[262]; *de kinderen wonen niet meer* ~ die Kinder sind aus dem Haus

thuisbankieren Homebanking (o[39])

thuisbezorgen ins Haus schicken; zustellen

de **thuisbioscoop** Heimkino (o[36])

thuisblijven zu Hause bleiben[134]

thuisbrengen 1 nach Hause bringen[139] **2** [weten te plaatsen] (jmdn.) unterbringen[139]

de **thuisclub** Heimmannschaft (v[20])

het **thuisfront** Zuhause (o[39])

de **thuishaven** [zeeschip] Heimathafen (m[12]); [binnenschip] Heimatort (m[5])

thuishoren 1 [afkomstig zijn] stammen (aus[+3]): *in A.* ~ aus A. stammen; *waar hoort hij thuis?* wo ist er zu Hause? **2** [op zijn plaats zijn] hingehören

thuishouden zu Hause halten[183] ‖ *hou je handen thuis!* Hände weg!, Finger weg!; *zijn handen niet thuis kunnen houden* [slaan] eine lockere Hand haben; [betasten] zudringlich werden

thuiskomen heimkommen[193]

de **thuiskomst** Heimkehr (v[28])

thuisloos obdachlos; ohne ein Zuhause

de **thuismarkt** Inlandsmarkt (m[6])

thuisraken (+ in) sich hineinfinden[157] in[+4]

de **thuisreis** Heimreise (v[21]), Heimfahrt (v[20])

de **thuiswedstrijd** Heimspiel (o[29])

het **thuiswerk** Heimarbeit (v[20])

de **thuiswerker** Heimarbeiter (m[9])

de **thuiszorg** Hauspflege (v[28])

de **ti** si

de **TIA** afk van *transient ischaemic attack* transitorische ischämische Attacke (v²¹), TIA

Tibet Tibet (o³⁹)

de **Tibetaan** Tibetaner (m⁹), Tibetanerin (v²²)

Tibetaans tibetanisch, tibetisch

de **tic 1** [zenuwtrekking] Tic (m¹³) **2** [aanwensel] Fimmel (m⁹), Tick (m¹³) **3** [scheut] Schuss (m⁶): *cola met een* ~ Cola mit Schuss

he:/de **ticket** Ticket (o³⁶)

de **tiebreak** Tiebreak (m¹³, o³⁶)

de ¹**tien** (zn) **1** [cijfer] Zehn (v²⁰) **2** [cijferwaardering] Eins (v²⁰)

²**tien** (telw) zehn; *zie* ²*acht*

¹**tiende** (bn) zehntel: *een* ~ *gedeelte* ein zehnter Teil; ein Zehntel

²**tiende** (rangtelw) zehnte(r): *de* ~ *dag* der zehnte Tag

tienduizend zehntausend

de **tiener** Teenager (m⁹)

tienjarig zehnjährig

de **tienkamp** Zehnkampf (m⁶)

tiens [Belg] nanu, huch

het **tiental** Zehner (m⁹): *een* ~ *dagen* zehn Tage; ~*len mensen* Dutzende (von) Menschen

het **tientje** Zehneuroschein (m⁵): *dat kost een* ~ das kostet zehn Euro

tieren 1 [razen] toben **2** [schreeuwen] lärmen **3** [welig groeien] üppig wachsen³⁰²

de **tiet** [inf] Titte (v²¹), Zitze (v²¹)

tig zig

het **tij** [eb en vloed] Gezeiten (mv); [scheepv] Tide (v²¹): *opkomend* ~ Flut (v²⁰); *vallend* ~ Ebbe (v²¹) ‖ [fig] *het* ~ *proberen te keren* versuchen, das Blatt zu wenden

de **tijd** Zeit (v²⁰); [taalk ook] Tempus (o, 2e nvl: -; mv: Tempora): *de komende* ~ in der nächsten (*of*: in nächster) Zeit; *de laatste* ~ in der letzten (*of*: in letzter) Zeit; *de* ~ *na de oorlog* die Nachkriegszeit; *de* ~ *van voor de oorlog* die Vorkriegszeit; *vrije* ~ [taalk] de *tegenwoordige* ~ das Präsens; [taalk] *de verleden* ~ das Präteritum; [taalk] *de toekomende* ~ das Futur; *een* ~ *geleden* vor einiger Zeit; *een* ~ *lang* eine Zeit lang; *de* ~ *hebben* Zeit haben; *neem de* ~! lass dir Zeit!; [sport] *de* ~ *opnemen* die Zeit stoppen; *het is hoog* ~ es ist höchste Zeit; *bij* ~ *en wijle* von Zeit zu Zeit; *in de eerste* ~ anfangs; *in onze* ~ heutzutage; *in minder dan geen* ~ im Nu; *op zijn* ~ gelegentlich; *te allen* ~*e* zu jeder Zeit; *van* ~ *tot* ~ dann und wann

de **tijdbom** Zeitbombe (v²¹)

tijdelijk 1 [voor een tijdje] vorübergehend, zeitweilig: *een* ~*e aanstelling* ein befristetes Arbeitsverhältnis; ~ *uitstellen* einstweilen aufschieben²³⁷; ~ *gesloten* vorübergehend geschlossen **2** [voorlopig] vorläufig

tijdens während⁺²

het **tijdgebrek** Zeitmangel (m¹⁹)

de **tijdgeest** Zeitgeist (m⁷)

de **tijdgenoot** Zeitgenosse (m¹⁵)

tijdig 1 [op tijd] rechtzeitig **2** [vroeg] früh, zeitig **3** [binnen de gestelde tijd] fristgemäß

de **tijding** Nachricht (v²⁰)

tijdlang: *een* ~ eine Zeit lang

tijdloos zeitlos

de **tijdnood** Zeitnot (v²⁸)

het **tijdpad** Zeitablauf (m⁶)

het **tijdperk** Zeitalter (o³³), Ära (v, mv: Ären), Periode (v²¹)

de **tijdrit** Zeitfahren (o³⁹)

tijdrovend zeitraubend

het **tijdsbestek** Zeitraum (m⁶), Frist (v²⁰)

het **tijdschema** Zeitplan (m⁶)

het **tijdschrift** Zeitschrift (v²⁰)

de **tijdsdruk** Zeitdruck (m⁵): *onder* ~ unter Zeitdruck

de **tijdslimiet** zeitliche(s) Limit (o²⁹); [sport] Zeitlimit (o²⁹)

het **tijdstip** Zeitpunkt (m⁵), Augenblick (m⁵): *op dit* ~ zu diesem Zeitpunkt

het **tijdsverschil** Zeitunterschied (m⁵)

het **tijdvak** Epoche (v²¹), Periode (v²¹)

het **tijdverdrijf** Zeitvertreib (m⁵)

de **tijdwinst** Zeitgewinn (m⁵), Zeitersparnis (v²⁴)

de **tijdzone** Zeitzone (v²¹)

de **tijger** Tiger (m⁹)

de **tijm** Thymian (m⁵)

de **tik** [klap] Klaps (m⁵): ~ *om de oren* Ohrfeige (v²¹) ‖ *ergens een* ~ *van meekrijgen* durch etwas (negativ) beeinflusst werden

de **tikfout** Tippfehler (m⁹)

het **tikje**: *een* ~ *te snel* ein bisschen zu schnell

het **tikkeltje**: *een* ~ eine Idee, eine Spur

¹**tikken** (onov ww) **1** [een tikkend geluid laten horen] ticken **2** [aanraken] tippen ‖ *iets op de kop* ~ etwas auftreiben²⁹⁰

²**tikken** (ov ww) klopfen; [typen] tippen: *een brief* ~ einen Brief tippen

het **tikkertje** [kinderspel] Fangen (o³⁹)

de ¹**til** [duivenhok] Taubenschlag (m⁶)

de ²**til**: *er is iets op* ~ es braut sich etwas zusammen

de **tilapia** Tilapia (m¹³, mv: ook Tilapien)

¹**tillen** (onov ww) heben¹⁸⁶; [fig] *ergens zwaar aan* ~ etwas schwernehmen²¹²

²**tillen** (ov ww) (auf)heben¹⁸⁶, hochnehmen²¹²: [fig] *ze wilden me* ~ sie wollten mich hochnehmen

de **tillift** Patientenlifter (m⁹), Krankenheber (m⁹)

de **tilt**: *op* ~ *slaan* [flipperkast] ins Aus flippen; [woedend worden] ausflippen

het **timbre** Timbre (o³⁶)

timen timen

de **time-out** Time-out (o³⁶, 2e nvl: ook -), Auszeit (v²⁰)

timide zaghaft, schüchtern

de **timing** Timing (o³⁶)

timmeren zimmern, tischlern ‖ *flink aan de*

weg ~ deutlich auf sich aufmerksam machen

de **timmerman** Zimmermann (m, 2e nvl: -(e)s; mv: Zimmerleute); [in de bouw] Bauschreiner (m⁹)

het **timmerwerk** Zimmererarbeit (v²⁰), Zimmerarbeit (v²⁰)

het **tin** Zinn (o³⁹)

tingelen klingeln; [op de piano] klimpern

tinnen zinnern, Zinn...

de **tint 1** [kleurschakering] Farbe (v²¹), Farbton (m⁶) **2** [gelaatskleur] Teint (m¹³)

tintelen 1 [flonkeren] funkeln, glitzern **2** [steken] prickeln: *mijn vingers ~ van de kou* die Finger prickeln mir vor Kälte

de **tinteling** Funkeln (o³⁹), Prickeln (o³⁹); *zie tintelen*

tinten färben, tönen: *getinte glazen* getönte Gläser; *het artikel is liberaal getint* der Artikel hat einen liberalen Anstrich

het **tintje** Anstrich (m¹⁹), Note (v²⁸): *een godsdienstig ~* ein religiöser Anstrich; *een politiek ~* eine politische Note; *Duits met een Keuls ~* kölnisch gefärbtes Deutsch

de **¹tip** [punt, uiteinde] Zipfel (m⁹)

de **²tip 1** [inlichting, wenk] Tipp (m¹³), Wink (m⁵) **2** [fooi] Trinkgeld (o³¹)

het **tipgeld** ± Belohnung (v²⁰) (für einen Tipp)

de **tipgever** Informant (m¹⁴)

de **tippel** Spaziergang (m⁶)

tippelen tippeln, marschieren³²⁰, spazieren³²⁰; [m.b.t. prostituee] auf den Strich gehen¹⁶⁸

de **tippelzone** Straßenstrich (m⁵)

¹tippen (ww) [licht aanraken] tippen: [fig] *daar kun je niet aan ~* daran ist nicht zu tippen

²tippen (ov ww) **1** [afpunten] stutzen **2** [een tip geven] (jmdm.) einen Tipp geben¹⁶⁶

tipsy angeheitert, beschwipst

tiptop tipptopp

de **tirade** Tirade (v²¹)

de **tiran** Tyrann (m¹⁴)

de **tirannie** Tyrannei (v²⁰)

tiranniek tyrannisch

tiranniseren tyrannisieren

de **tissue** Papiertaschentuch (o³²)

de **titel** Titel (m⁹): *~ van doctor* Doktortitel

de **titelhouder** [sport] Titelhalter (m⁹)

de **titelpagina** Titelblatt (o³²), Titelseite (v²¹)

de **titelsong 1** [album] Titelsong (m¹³) **2** [film] Vorspannmusik (v²⁰)

de **titelverdediger** Titelverteidiger (m⁹)

de **titularis** [Belg] [ond] Klassenlehrer (m⁹)

tja tja

de **tjalk** Tjalk (v²⁰)

tjilpen zwitschern, tschilpen

tjirpen zirpen

tjokvol gerammelt voll

tjonge Junge, Junge

de **tl-buis** Neonröhre (v²¹), Leuchtstoffröhre (v²¹)

t.n.v. afk van *ten name van* auf den Namen

... lautend, auf den Namen ... laufend

de **toa** afk van *technisch-onderwijsassistent* ± technischer Assistent (m¹⁴) beim Unterricht

de **toast** [sneetje geroosterd brood] Toast (m⁵, m¹³)

toasten [roosteren] toasten

het **toastje** [hartig hapje] Schnittchen (o³⁵)

de **tobbe** Wanne (v²¹)

tobben 1 [zwoegen] sich plagen, sich abmühen **2** [piekeren] grübeln (über⁺⁴): *met iem., met iets ~* mit jmdm., mit⁺³ etwas seine liebe Not haben¹⁸²

de **tobber** Grübler (m⁹); [stakker] Schlucker (m⁹)

toch 1 [desondanks] doch, dennoch, trotzdem: *hij wil het ~ proberen* er will es dennoch versuchen **2** [immers] doch: *je weet ~, wat je me beloofd hebt* du weißt doch, was du mir versprochen hast **3** [inderdaad] doch **4** [ter uitdrukking van gevoelens] doch: *hou ~ eindelijk eens op!* hör doch endlich auf!; *het is ~ al* laat es ist sowieso schon spät; *hij was me ~ kwaad!* der war vielleicht wütend!

de **tocht 1** [trek] Zug (m¹⁹): *op de ~ zitten* im Zug sitzen²⁶⁸ **2** [expeditie] Expedition (v²⁰) **3** [reis] Reise (v²¹), Fahrt (v²⁰), Tour (v²⁰) **4** [herdenkingstocht] Gedenken (o³⁹): *stille ~ voor ...* Gedenken für⁺⁴ ...

tochten ziehen³¹⁸

tochtig 1 [winderig] zugig **2** [bronstig] brünstig

het **tochtje** Ausflug (m⁶), Tour (v²⁰); [met vervoermiddel] Fahrt (v²⁰)

de **tochtstrip** Dichtungsstreifen (m¹¹)

¹toe (bn) verschlossen

²toe (bw) zu: *dat doet er niet ~* das tut nichts zur Sache; *ik ben er nog niet aan ~* ich bin noch nicht so weit; *hij is er slecht aan ~* er ist übel dran; *nu weet ik waar ik aan ~ ben!* jetzt weiß ich, woran ich bin!; *ik kom er niet aan ~* ich komme nicht dazu!; *aan vakantie ~ zijn* Urlaub brauchen; [inf] urlaubsreif sein; *wat eten we ~?* was haben wir als Nachtisch?; *naar iem. ~ gaan* zu jmdm. hingehen¹⁶⁸; *tot daar ~* bis dahin

³toe (tw): *~, help eens!* bitte, hilf mal!; *~, ga weg!* na, geh fort!; *~, kom eens hier!* du, komm mal her!; *~ maar!* a) [ga je gang] nur zu!; b) [spreek op] schieß los!; c) [verwonderd] na, so was!

toebedelen zuteilen, zuweisen³⁰⁷; [m.b.t. lot] bescheren

het **¹toebehoren** (zn) Zubehör (o²⁹, m⁵): *stofzuiger met ~* Staubsauger mit Zubehör

²toebehoren (ww) (zu)gehören

toebereiden zubereiten

de **toebereidselen** Vorbereitungen (mv v²⁰)

toebrengen beibringen¹³⁹, zufügen: *iem. een nederlaag ~* jmdm. eine Niederlage beibringen, zufügen

toedekken zudecken

toedichten zuschreiben[252]
toedienen verabreichen: *iem. een genees-middel* ~ jmdm. ein Medikament verabreichen; *een sacrament* ~ ein Sakrament spenden

het **¹toedoen** (zn) Zutun (o[39]): *buiten mijn* ~ ohne mein Zutun

²toedoen (ww) **1** [dichtdoen] zumachen, zutun[295] **2** [helpen] beitragen[288]: *er het zwijgen* ~ schweigen[255]

de **toedracht** Hergang (m[6]), Verlauf (m[6])
¹toedragen (ov ww) entgegenbringen[139]

zich **²toedragen** (wdk ww) sich zutragen[288]

zich **toe-eigenen** sich aneignen, sich zueignen

de **toef 1** [bosje, pluk] Büschel (o[33]) **2** [hoeveelheid] Häufchen (o[35]); [kleiner] Tupfen (m[11]): *een* ~*je slagroom* ein Sahnetupfen
toegaan 1 [dichtgaan] zugehen[168] **2** [gebeuren] zugehen[168], hergehen[168]

de **toegang 1** [entree] Zutritt (m[19]), Eintritt (m[19]): *verboden* ~*!* Zutritt verboten! **2** [ingang] Eingang (m[6]) **3** [weg] Zugang (m[6]); [voor voertuigen] Zufahrt (v[20])

het **toegangsbewijs** Eintrittskarte (v[21])
de **toegangscode** Passwort (o[32]), Kennwort (o[32])
de **toegangsprijs** Eintrittspreis (m[5])
de **toegangsweg** Zufahrtsstraße (v[21]), Zufahrtsweg (m[5])
toegankelijk zugänglich
toegedaan zugetan: *de mening* ~ *zijn* der Meinung sein[262]
toegeeflijk 1 [inschikkelijk] nachgiebig **2** [niet streng] nachsichtig
de **toegeeflijkheid** Nachgiebigkeit (v[28]), Nachsicht (v[28]); *zie toegeeflijk*
toegepast angewandt: *~e wetenschap* angewandte Wissenschaft (v[20])
¹toegeven (onov ww) [inwilligen] nachgeben[166]: *de wijste geeft toe* der Klügere gibt nach
²toegeven (ov ww) **1** [erkennen] zugeben[166], zugestehen[279], einräumen **2** [ondoen voor] nachgeben[166] **3** [hand]: *iets* ~ etwas zugeben[166]
toegevoegd: *~e waarde* Mehrwert (m[19])
toegewijd ergeben; *zie toewijden*
de **toegift** [muz] Zugabe (v[21])
toehappen zubeißen[125]; [fig] anbeißen[125]
de **toehoorder** Zuhörer (m[9])
toejuichen zujubeln: *iem.* ~ jmdm. zujubeln; *een voorstel* ~ einen Vorschlag begrüßen
de **toejuiching** Beifall (m[19]), Beifallsruf (m[5])
toekennen 1 [het recht van iem. op iets erkennen] zuerkennen[189]: *iem. een beloning* ~ jmdm. eine Belohnung zuerkennen; *grote waarde aan iets* ~ einer Sache[3] großen Wert beimessen[208] **2** [toewijzen] zusprechen[274]: *iem. een recht* ~ jmdm. ein Recht zusprechen
de **toekenning** Zuerkennung (v[20]); [jur] Zusprechung (v[20])
toekeren: *iem. de rug* ~ jmdm. den Rücken zukehren; [fig] jmdm. den Rücken kehren
toekijken zusehen[261]
toekomen 1 [toesturen] zukommen[193]: *doen* ~ zukommen lassen[197] **2** [toebehoren] zustehen[279]: *dit geld komt u toe* dieses Geld steht Ihnen zu **3** [naderen] zukommen[193] **4** [rondkomen] auskommen[193] ‖ [fig] *aan iets* ~ zu etwas kommen
de **toekomst** Zukunft (v[25])
toekomstig (zu)künftig
de **toekomstmuziek** Zukunftsmusik (v[20])
toekunnen auskommen[193]: *met het geld* ~ mit dem Geld auskommen
toelaatbaar zulässig: *de maximaal toelaatbare snelheid* die höchstzulässige Geschwindigkeit
toelachen: *iem.* ~ jmdm. zulachen; *dat plan lacht me wel toe!* dieser Plan sagt mir wohl zu!; *het geluk lacht hem toe* das Glück lacht ihm
de **toelage 1** Zulage (v[21]) **2** [subsidie] Zuschuss (m[6])
toelaten 1 [toestaan] zulassen[197], gestatten, erlauben **2** [binnenlaten] zulassen[197]
de **toelating** Zulassung (v[20])
het **toelatingsexamen** Zulassungsprüfung (v[20])
¹toeleggen (ov ww) **1** [dichtleggen] zudecken **2** [erop toegeven] zusetzen: *er geld op* ~ Geld zusetzen **3** [zijn best doen] anlegen auf[+4]: *het erop* ~ *om … anlegen* es darauf anlegen, …
zich **²toeleggen** (wdk ww): *zich* ~ *op* sich verlegen auf[+4]
toelichten erläutern
de **toelichting 1** Erläuterung (v[20]) **2** [motivering] Begründung (v[20])
de **toeloop** Zulauf (m[6])
toelopen zulaufen[198]: *hij kwam op mij* ~ er kam auf mich zugelaufen; *spits* ~ spitz zulaufen
toeluisteren zuhören
het **toemaatje** [Belg] Extra (o[36]): *een* ~ *krijgen* etwas dazubekommen[193]; *een* ~ *geven* jmdm. etwas dazugeben[166]
¹toen (bw) **1** [op die tijd] damals: *van* ~ *af* von da an **2** [vervolgens] dann
²toen (vw) als: ~ *ik jong was* als ich jung war
de **toenaam** Zuname (m[18])
de **toenadering** Annäherung (v[20])
de **toename** Zunahme (v[21]), Zuwachs (m[6])
de **toendra** Tundra (v, mv: Tundren)
toenemen zunehmen[212]: *in krachten* ~ an Kräften zunehmen
toenmalig damalig
toentertijd damals
toepasselijk 1 [passend] passend: *een* ~ *woord* ein passendes Wort **2** [aangewend kunnende worden] anwendbar, zutreffend: *dat is hier niet* ~ das ist hier nicht anwendbar;

dat is ook *op* hem ~ das gilt auch für ihn
toepassen anwenden[308]: *de wet* ~ das Gesetz handhaben; *zie toegepast*
de **toepassing** Anwendung (v[20]): *in* ~ *brengen* anwenden[308]; *van* ~ zijn anwendbar sein[262]
de **toer 1** [tocht] Tour (v[20]) **2** [één rij steken] Reihe (v[21]), Tour (v[20]) **3** [lastig werk] Strapaze (v[21]): *een hele* ~ ein hartes Stück Arbeit **4** [kunststukje] Kunststück (o[29]) **5** [omwenteling] [techn] Tour (v[20]), Umdrehung (v[20]): [fig] *over zijn ~en zijn* durchgedreht sein[262]
de **toerbeurt** Turnus (m, 2e nvl: -; mv: -se): *bij* ~ im Turnus, turnusgemäß
toereikend ausreichend, hinreichend
toerekeningsvatbaar schuldfähig: *iem.* ~ *verklaren* jmdn. für schuldfähig erklären
toeren eine Tour machen
het **toerental** Drehzahl (v[20])
de **toerenteller** Drehzahlmesser (m[9])
de **toerfiets** Tourenrad (o[32])
het **toerisme** Tourismus (m[19a]), Fremdenverkehr (m[19])
de **toerist** Tourist (m[14])
de **toeristenbelasting** Kurtaxe (v[21])
toeristisch touristisch
het **toernooi** Turnier (o[29])
toeroepen zurufen[226]: *iem. iets* ~ jmdm. etwas zurufen
toeschietelijk entgegenkommend
de **toeschietelijkheid** Entgegenkommen (o[39])
toeschieten herbeistürzen: *op iem.* ~ auf jmdn. zuschießen[238]
de **toeschouwer** Zuschauer (m[9])
toeschreeuwen *zie toeroepen*
toeschrijven zuschreiben[252+3]: *iets aan iem.* ~ jmdm. etwas zuschreiben; *waaraan is dat toe te schrijven?* welchem Umstand ist das zuzuschreiben?
toeslaan zuschlagen[241]
de **toeslag 1** [toewijzing op veiling, extra bedrag] Zuschlag (m[6]) **2** [extra loon] Zulage (v[21])
toesnauwen (jmdn.) anfahren[153]
toespelen: *iem. de bal* ~ jmdm. den Ball zuspielen
de **toespeling** Anspielung (v[20])
de **toespijs 1** [dessert] Nachtisch (m[5]) **2** [bijgerecht] Beilage (v[21])
toespitsen 1 [figuurlijk] zuspitzen, verschärfen: *het conflict spitst zich toe* der Konflikt spitzt sich zu; der Konflikt verschärft sich **2** [specialiseren] konzentrieren **3** [een spitse vorm geven] (zu)spitzen
de **toespraak** Ansprache (v[21]), Rede (v[21])
toespreken zureden: *iem.* ~ jmdm. zureden
toestaan 1 [veroorloven] erlauben, gestatten **2** [verlenen] gewähren, einräumen: *een verzoek* ~ eine Bitte gewähren
de **toestand 1** Zustand (m[6]) **2** [situatie] Lage

(v[21]): *economische* ~ Wirtschaftslage
toesteken reichen: *iem. de hand* ~ jmdm. die Hand reichen
het **toestel 1** [apparaat] Apparat (m[5]), Gerät (o[29]) **2** [vliegtuig] Flugzeug (o[29]), Maschine (v[21])
toestemmen einwilligen, bewilligen: ~ *in iets* mit[+3] etwas einverstanden sein[262]
de **toestemming** Einwilligung (v[20]), Zustimmung (v[20])
toestoppen 1 [dichtmaken] zustopfen **2** [geven] zustecken **3** [instoppen] zudecken
toestromen herbeiströmen
toesturen (zu)schicken, (zu)senden[263]
de **toet** [gezicht] Gesicht (o[31]), Schnäuzchen (o[35])
¹**toetakelen** (ov ww) zurichten: *iem. lelijk* ~ jmdn. übel zurichten
zich ²**toetakelen** (wdk ww) sich aufdonnern
toetasten zugreifen[181], zulangen
de ¹**toeter** (zn) [claxon] Hupe (v[21])
²**toeter** (bn) betrunken
toeteren hupen
het **toetje** Nachtisch (m[5])
toetreden 1 [deelnemen aan] beitreten[291] +3: *tot een partij* ~ einer Partei beitreten **2** [op iem. toegaan] auf jmdn. zutreten[291]
de **toetreding** Beitritt (m[5]) (zu[+3])
de **toets 1** [test] Test (m[13], m[5]), Prüfung (v[20]): [fig] *de* ~ *doorstaan* die Probe bestehen[279] **2** [van piano, apparatuur] Taste (v[21])
toetsen prüfen, testen
het **toetsenbord** Tastatur (v[20]); [van muziekinstrument, ook] Klaviatur (v[20])
de **toetsing** Prüfung (v[20])
het ¹**toeval** [med] epileptischer Anfall (m[6]): *een* ~ *krijgen* einen epileptischen Anfall bekommen
het ²**toeval** [onvoorzien geval] Zufall (m[6]): *bij* ~ zufällig(erweise)
toevallen zufallen[154]
toevallig zufällig; [bijwoord ook] zufälligerweise
de **toevalstreffer** Zufallstreffer (m[9])
toeven verweilen
de **toeverlaat** Stütze (v[21]); [iem. van wie men veel verwacht] Hoffnungsträger (m[9])
toevertrouwen anvertrauen: *iem. een geheim* ~ jmdm. ein Geheimnis anvertrauen
de **toevloed** Zustrom (m[19]): *de* ~ *van bezoekers* der Zustrom von Besuchern
de **toevlucht** Zuflucht (v[20])
het **toevluchtsoord** Zufluchtsort (m[5])
toevoegen 1 [bij iets voegen] (hin)zufügen: *zout* ~ Salz hinzufügen **2** [toewijzen] beigeben[166], beiordnen
de **toevoeging** Hinzufügung (v[20]), Zusatz (m[6])
de **toevoer** Zufuhr (v[20])
toewensen wünschen: *iem. iets* ~ jmdm. etwas wünschen
toewijden weihen, widmen

de **toewijding 1** [opdracht] Widmung (v²⁰)
2 [ijver] Hingabe (v²⁸): *met* ~ mit Hingabe
toewijzen 1 [jur] zuerkennen¹⁸⁹, zusprechen²⁷⁴: *iem. een raadsman* ~ jmdm. einen Rechtsanwalt beiordnen **2** [toekennen] zuweisen³⁰⁷: *iem. een woning* ~ jmdm. eine Wohnung zuweisen

de **toewijzing** Zuerkennung (v²⁰), Zuteilung (v²⁰), Zuweisung (v²⁰); *zie toewijzen*
toezeggen zusagen, versprechen²⁷⁴

de **toezegging** Zusage (v²¹), Versprechen (o³⁵)
toezenden zusenden²⁶³, zuschicken

het **toezicht** Aufsicht (v²⁸), Beaufsichtigung (v²⁸): *(lid van de) raad van* ~ Aufsichtsrat (m⁶); ~ *houden op iem., op iets* jmdn., etwas beaufsichtigen

de **toezichthouder** Aufseher (m⁹); Aufsichtsführende(r) (m⁴⁰ᵃ)
toezien 1 [toezicht houden] beaufsichtigen: *op het werk* ~ die Arbeit beaufsichtigen **2** [naar iets kijken] zusehen²⁶¹
toezwaaien zuwinken⁺³: *iem. lof* ~ jmdm. Lob spenden
tof 1 [betrouwbaar] prima **2** [gezellig] toll, dufte: *een ~fe meid* ein duftes Mädchen

de **toffee** Toffee (o³⁶)

de **tofoe** Tofu (m¹⁹, ¹⁹ᵃ)

de **toga** Talar (m⁵)
Togo Togo (o³⁹)

de **¹Togolees** Togoer (m⁹), Togoerin (v²²)
²Togolees (bn) togoisch

het **toilet** Toilette (v²¹): *naar het* ~ *gaan* zur (*of*: auf die, in die) Toilette gehen¹⁶⁸

het **toiletartikel** Toilettenartikel (m⁹)

de **toiletjuffrouw** Toilettenfrau (v²⁰)

het **toiletpapier** Toilettenpapier (o²⁹)

de **toilettafel** Frisiertisch (m⁵), Frisierkommode (v²¹)
tokkelen [muz] zupfen

het **tokkelinstrument** Zupfinstrument (o²⁹)

de **toko 1** Basar (m⁵) **2** [Indonesische specialiteiten] 'Toko' (m); Laden mit indonesischen Waren

de **¹tol** [speelgoed] Kreisel (m⁹)

de **²tol** [tolgeld] Zoll (m⁶); [Oost] Maut (v²⁰): ~ *betalen, heffen* eine Gebühr zahlen, erheben || [fig] *de* ~ *van de roem* der Preis des Ruhms
tolerant tolerant, duldsam

de **tolerantie** Toleranz (v²⁰)
tolereren tolerieren³²⁰, dulden

de **tolk** Dolmetscher (m⁹)
tolken dolmetschen
tollen kreiseln: *in het rond* ~ sich wie ein Kreisel drehen

de **tolweg** gebührenpflichtige Straße (v²¹); [Oost] Mautstraße (v²¹)

de **tomaat** Tomate (v²¹)

de **tomatenketchup** Tomatenketchup (m+o)

de **tomatenpuree** Tomatenmark (o³⁹)

het **tomatensap** Tomatensaft (m⁶)

de **tomatensaus** Tomatensoße (v²¹)

de **tomatensoep** Tomatensuppe (v²¹)

de **tombe 1** [grafzerk] Grabplatte (v²¹) **2** [praalgraf] Sarkophag (m⁵), Prunksarg (m⁶)
tomeloos zügellos, hemmungslos

de **tompoes** Cremeschnitte (v²¹)

de **tomtom** Navi-System (o²⁹), TomTom-Gerät (o²⁹)

de **ton 1** [gewichtsmaat, tonvormige boei, vat] Tonne (v²¹) **2** [vat] Fass (o³²) **3** [scheepsmaat] Bruttoregistertonne (v²¹) (afk *BRT*) **4** [geld]: *een* ~ hfl 100.000

de **tondeuse** Haarschneidemaschine (v²¹)

het **toneel 1** [podium] Bühne (v²¹): *draaibaar* ~ Drehbühne **2** [schouwburg-, toneelwezen] Theater (o³⁹) **3** [onderdeel van een bedrijf] Szene (v²¹), Auftritt (m⁵) || *op het* ~ *verschijnen* **a)** [lett] auf der Bühne erscheinen²³³; **b)** [fig] auf der Bildfläche erscheinen²³³; *het politieke* ~ die politische Bühne (*of*: Arena); *iets ten tonele voeren* etwas anschaulich darstellen

het **toneelgezelschap** Ensemble (o³⁶)

de **toneelkijker** Opernglas (o³²)

de **toneelschool** Schauspielschule (v²¹)

de **toneelschrijver** Theaterdichter (m⁹), Dramatiker (m⁹)

het **toneelspel 1** [aanstellerij] Schauspielerei (v²⁰) **2** [het toneelspelen] schauspielerische Darstellung (v²⁰), Spiel (o²⁹)
toneelspelen spielen; [ook fig] Theater spielen

de **toneelspeler** Schauspieler (m⁹), Akteur (m⁵)

het **toneelstuk** Theaterstück (o²⁹), Bühnenstück (o²⁹)

de **toneelvoorstelling** Theatervorstellung (v²⁰), Bühnenaufführung (v²⁰)
tonen 1 [laten zien] sehen lassen¹⁹⁷, zeigen: *iem. iets* ~ jmdm. etwas zeigen, jmdn. etwas sehen lassen¹⁹⁷; *zijn pas* ~ seinen Pass vorzeigen **2** [te kennen geven] zeigen, beweisen³⁰⁷ || *begrip voor iets* ~ Verständnis für etwas aufbringen

de **toner** Toner (m⁹)

de **tong 1** [alg] Zunge (v²¹): *over de* ~ *gaan* ins Gerede kommen¹⁹³ **2** [van gesp] Dorn (m⁵), Stift (m⁵) **3** [van schoen] Zunge (v²¹), Lasche (v²¹) **4** [vis] Seezunge (v²¹), Zunge (v²¹)

de **tongval** Mundart (v²⁰), Dialekt (m⁵)

de **tongzoen** Zungenkuss (m⁶)
tongzoenen sich³ Zungenküsse geben, mit Zunge küssen

de **tonic** Tonic (o³⁶, 2e nvl: ook -)

de **tonijn** Thunfisch (m⁵)

de **tonnage** Tonnage (v²¹), Tonnengehalt (m⁵)

de **tonsil** Tonsille (v²¹)

de **toog 1** [priesterkleed] Soutane (v) **2** [bar] Theke (v²¹), Schanktisch (m⁵) **3** [toonbank] Theke (v²¹), Ladentisch (m⁵)

de **tooi** Schmuck (m⁵)
tooien schmücken

de **toom 1** [teugel] Zaum (m[6]), Zügel (m[9])
2 [groep hoenders] Schar (v[20]): *een ~ kippen*
ein Hühnervolk || *in ~ houden* im Zaum halten[183]

de **toon** [klank, kleurschakering] Ton (m[6]): *op zachte ~ in* sanftem Ton; [fig] *de juiste ~ aanslaan* den richtigen Ton finden[157]
toonaangevend tonangebend

de **toonaard** Tonart (v[20])
toonbaar: *~ zijn* sich sehen lassen können[194]

de **toonbank** Ladentisch (m[5]), Theke (v[21])
het **toonbeeld** Muster (o[33]), Vorbild (o[31])
de **toonder** Inhaber (m[9]): *cheque aan ~* Inhaberscheck (m[13])
de **toonhoogte** Tonhöhe (v[21])
de **toonladder** Tonleiter (v[21])
toonloos klanglos, tonlos
de **toonsoort** Tonart (v[20])
het **toontje**: *een ~ lager zingen* gelindere Saiten aufziehen[318]; *een ~ lager alstublieft!* nicht so laut bitte!
de **toonzaal** Ausstellungshalle (v[21])
de **toorn** Zorn (m[19]): *in ~ ontstoken* zornentbrannt
de **toorts** Fackel (v[21])
de **toost** Toast (m[5], m[13]): *een ~ uitbrengen op iem.* einen Toast auf jmdn. ausbringen[139]
toosten toasten
de **¹top** [hoogste punt, bovenste uiteinde] Spitze (v[21]); [van berg, ook] Gipfel (m[9]); [van boom, ook] Wipfel (m[9]); [van mast] Topp (m[5], m[13], m[16]): *~je van de vinger* Fingerkuppe (v[21]); *van ~ tot teen* vom Scheitel bis zur Sohle; [Belg] *hoge ~pen scheren* Erfolg haben[182] || *~ tien* Top Ten (v[27])
²top (tw) topp!
de **topaas** Topas (m[5])
de **topambtenaar** leitende(r) Beamte(r) (m[40a]), Spitzenbeamte(r) (m[40a])
de **topconferentie** Gipfelkonferenz (v[20]), Gipfeltreffen (o[35])
de **topdrukte** Hochbetrieb (m[5])
de **topfunctie** Spitzenposten (m[11])
de **topfunctionaris** Spitzenfunktionär (m[5])
de **tophit** Schlager (m[9])
het **topje** [kleding] Top (o[36]), Sonnentop (o[36])
de **topklasse** Spitzenklasse (v[21])
topless topless, busenfrei
de **topman** Spitzenfunktionär (m[5]), Topmanager (m[9])
de **topografie** Topografie (v[21])
het **topoverleg** Gipfelgespräch (o[29]), Gipfelkonferenz (v[20]); [inf] Gipfel (m[9])
toppen [bomen, planten] köpfen
de **topper** Spitzenreiter (m[9]), Schlager (m[9])
de **topprestatie** Spitzenleistung (v[20]), Gipfelleistung (v[20])
het **toppunt 1** [hoogste punt] Gipfel (m[9]), Höhepunkt (m[5]): *het ~ van geluk* der Gipfel des Glücks; *op het ~ van roem staan* auf dem Gipfel des Ruhms angelangt sein; *dat is het ~!* das ist der Gipfel! **2** [meetk, astron] Scheitel (m[9])

de **topscorer** [sport] Torschützenkönig (m[5])
de **topsnelheid** Spitzengeschwindigkeit (v[20])
de **topspin** Topspin (m[13])
de **topsport** Hochleistungssport (m[19]), Spitzensport (m[19])
de **topvorm** Topform (v[28]), Bestform (v[28])
topzwaar [ook fig] kopflastig; [scheepv] oberlastig, topplastig
de **tor** Käfer (m[9])
de **toreador** Toreador (m[5], m[14])
de **toren** Turm (m[6])
de **torenflat** Hochhaus (o[32])
torenhoog himmelhoch, turmhoch, haushoch
de **torenklok** Turmglocke (v[21]); [uurwerk] Turmuhr (v[20])
de **torenspits** Turmspitze (v[21])
de **torenvalk** Turmfalke (m[15])
de **tornado** Tornado (m[13])
tornen auftrennen: [fig] *daar valt niet aan te ~!* daran gibt es nichts zu rütteln!; [fig] *ergens niet aan ~* es dabei belassen[197]
torpederen torpedieren[320]
de **torpedo** Torpedo (m[13])
de **torpedoboot** Torpedoboot (o[29])
de **torpedojager** Zerstörer (m[9])
torsen [zwaar dragen] schleppen: *zijn leed ~* sein Leid tragen[288]
de **torsie** [techn] Torsion (v[20])
de **torso 1** [romp] Rumpf (m[6]) **2** [beeld] Torso (m[13], mv: Torsos, Torsi)
de **tortelduif** Turteltaube (v[21])
de **toss** Seitenwahl (v[28])
tossen die Seitenwahl vornehmen[212]
de **tosti** Käse-Schinken-Toast (m[5])
het **tostiapparaat** ± Toaster (m[9])
¹tot (vz) **1** [m.b.t. plaats] bis[+4], bis nach[+3], bis an[+4], bis zu[+3]: *~ Berlijn* bis (nach) Berlin; *~ hier* bis hierher; *~ daar* bis dahin; *~ en met bladzijde 40* bis einschließlich Seite 40; *~ zijn knieën* bis an die Knie; *~ de bushalte* bis zur Haltestelle **2** [m.b.t. tijd] bis[+4]; [met lidwoord] bis zu[+3]: *~ maandag* bis Montag; *~ morgen* bis morgen; *~ nu toe* bis jetzt, bisher; *~ het eind van de maand* bis zum Monatsende; *~ en met 6 mei* bis zum 6. Mai (einschließlich) **3** [m.b.t. hoeveelheid, graad] bis zu[+3]: *~ vervelens toe* bis zum Überdruss; *personen ~ vijftig jaar* Personen bis zu fünfzig Jahren; *personen ~ en met vijftig jaar* Personen bis zum vollendeten fünfzigsten Lebensjahr **4** [m.b.t. het zich richten op iem. of iets] an[+4], zu[+3] **5** [m.b.t. functie, toestand, resultaat] zu[+3]: *a ~ de derde macht* a hoch drei
²tot (vw) bis: *wacht, ~ ik kom!* warte, bis ich komme!
het **¹totaal** (zn) Ganze(s) (o[40c]); [bedrag] Gesamtsumme (v[21]), Gesamtbetrag (m[6]): *in ~*

insgesamt

²**totaal** (bn, bw) total, völlig, vollständig; [bij optelling] insgesamt: *het totale aantal* die Gesamtzahl; *het totale bedrag* der Gesamtbetrag; *de totale indruk* der Totaleindruck; *totale uitverkoop* Totalausverkauf (m⁶); *~ anders* ganz anders; *~ vergeten* ganz und gar vergessen²⁹⁹; *ik ben ~ op* ich bin total kaputt

het **totaalbedrag** Gesamtbetrag (m⁶), Gesamtsumme (v²¹)

totalitair totalitär, Total…

de **totaliteit** Totalität (v²⁸), Gesamtheit (v²⁸)

total loss schrottreif: *een auto ~ rijden* ein Auto schrottreif fahren¹⁵³; *de auto is ~* der Wagen hat Totalschaden

totdat bis

de **totempaal** Totempfahl (m⁶)

tot-en-met äußerst, durch und durch: *hij is gierig ~* er ist äußerst geizig

de **toto** Toto (o³⁶, m¹³)

de **totstandkoming** Zustandekommen (o³⁹)

toucheren 1 [sport] touchieren³²⁰ **2** [van salaris] empfangen¹⁴⁶ **3** [med] touchieren³²⁰

he-/de **touchscreen** Touchscreen (m¹³), Berührungsbildschirm (m⁵), Kontaktbildschirm (m⁵), Sensorbildschirm (m⁵)

de **toupet** Toupet (o³⁶)

de **touringcar** Reiseomnibus (m⁵, 2e nvl: -ses; mv: -se)

de **tournee** Tournee (v²⁷, v²¹), Gastspielreise (v²¹)

het/de **tourniquet** Drehkreuz (o²⁹)

de **touroperator** Reiseveranstalter (m⁹)

het **touw 1** [dun] Schnur (v²⁵), Bindfaden (m¹²) **2** [stevig] Strick (m⁵), Seil (o²⁹) **3** [scheepstouw] Tau (o²⁹), Leine (v²¹), Reep (o²⁹) ‖ [fig] *ik kan er geen ~ aan vastknopen* ich kann nicht klug daraus werden; *in ~ zijn* sehr beschäftigt sein²⁶²; *iets op ~ zetten* etwas veranstalten

de **touwladder** Strickleiter (v²¹)

het **touwtje** Bindfaden (m¹²); [dikker] Schnur (v²⁵)

touwtjespringen seilhüpfen, seilspringen²⁷⁶

touwtrekken [ook fig] Tauziehen (o³⁵)

t.o.v. afk van *ten opzichte van* in Bezug auf⁺⁴

de **tovenaar** Zaub(e)rer (m⁹), Zauberkünstler (m⁹)

de **tovenarij** Zauberei (v²⁰)

de **toverdrank** Zaubertrank (m⁶)

toveren zaubern

de **toverheks** Zauberin (v²²)

de **toverij** Zauberei (v²⁰)

de **toverslag** *als bij ~* wie durch Zauberhand

de **toverspreuk** Zauberspruch (m⁶)

toxisch toxisch

traag träge: *geestelijk ~* geistig träge

de **traagheid** Trägheit (v²⁸)

de ¹**traan** [druppel oogvocht] Träne (v²¹): *tot tranen bewogen* zu Tränen gerührt; *ik zal er* *geen ~ om laten* mir soll es recht sein; *tranen met tuiten huilen* sich³ die Augen ausweinen; [inf] Rotz und Wasser heulen

de ²**traan** [visolie] Tran (m¹⁹)

het **traangas** Tränengas (o²⁹)

de **traanklier** Tränendrüse (v²¹)

het **tracé** Trasse (v²¹)

traceren 1 [weg- en waterbouw] trassieren **2** [opsporen] erforschen

trachten versuchen

de **tractor** Traktor (m¹⁶), Trecker (m⁹), Schlepper (m⁹)

de **traditie** Tradition (v²⁰)

traditiegetrouw traditionell, traditionsgemäß

traditioneel traditionell

de **tragedie** Tragödie (v²¹), Trauerspiel (o²⁹)

de **tragiek** Tragik (v²⁸)

tragikomisch tragikomisch

tragisch tragisch: *iets ~ opvatten* etwas tragisch nehmen²¹²

de **trailer** Trailer (m⁹)

trainen trainieren³²⁰

de **trainer** Trainer (m⁹), Übungsleiter (m⁹)

¹**traineren** (onov ww) sich in die Länge ziehen³¹⁸

²**traineren** (ov ww) in die Länge ziehen³¹⁸

de **training** Training (o³⁶)

het **trainingspak** Trainingsanzug (m⁶)

het **traject** Strecke (v²¹)

het **traktaat 1** [verdrag] Pakt (m⁵); Vertrag (m⁶) **2** [verhandeling] Abhandlung (v²⁰); [rel] Traktat (m+o)

de **traktatie** festliche Bewirtung (v²⁰): *dat is een ~ voor mij* das esse ich für mein Leben gern

trakteren 1 bewirten; einladen¹⁹⁶ **2** (+ op) bewirten mit⁺³; einladen zu⁺³: *~ op een rondje* eine Runde (aus)geben¹⁶⁶

de **tralie** Gitterstab (m⁶); [meervoud: traliewerk] Gitter (o³³): *achter de ~s zitten* hinter Schloss und Riegel sitzen²⁶⁸

de **tram** Straßenbahn (v²⁰)

de **tramhalte** Straßenbahnhaltestelle (v²¹)

het **trammelant** Ärger (m¹⁹), Schererei (v²⁰): *daar krijg je ~ mee* da gibt es bestimmt Ärger

de **trampoline** Trampolin (o²⁹)

trampolinespringen trampolinspringen²⁷⁶

de ¹**trance** [muz] Trance (m¹⁹ᵃ)

de ²**trance** [hypnotische of droomtoestand] Trance (v²¹)

tranen tränen

de **transactie** Transaktion (v²⁰), Geschäft (o²⁹)

trans-Atlantisch transatlantisch

het/de **transfer** [hand, sport] Transfer (m¹³)

het **transferium** Parkplatz (m⁶) mit guter Verkehrsanbindung

de **transfermarkt** Transfermarkt (m⁶)

de **transfersom** [sport] Transfersumme (v²¹)

de **transformatie** Transformation (v²⁰)

de **transformator** Transformator (m¹⁶), Trafo

(m[13])

transformeren transformieren[320]

de **transfusie** Transfusion (v[20])

transgeen [biol] transgen

de **transistor** Transistor (m[16])

de **transistorradio** Transistorradio (o[36])

de **transit** Transit (m[5]); Durchfuhr (v[20])

transitief transitiv

het/de **transito** Transit (m[5]), Durchfuhr (v[20])

de **transmissie** Transmission (v[20]), Übertragung (v[20])

transparant transparent, durchscheinend

de **transpiratie** Transpiration (v[20])

transpireren transpirieren[320], schwitzen

de **transplantatie** Transplantation (v[20])

transplanteren transplantieren[320]

het **transport 1** [vervoer] Transport (m[5]), Beförderung (v[20]) **2** [boekh] Übertrag (m[6]), Vortrag (m[6]) **3** [jur; overdracht] Übertragung (v[20])

de **transportband** Transportband (o[32]), Förderband (o[32])

het **transportbedrijf** Spedition (v[20]), Speditionsfirma (v, 2e nvl: -), Transportunternehmen (o[35])

transporteren transportieren[320], befördern; [boekh] übertragen[288], vortragen[288]

het **transportmiddel** Transportmittel (o[33]), Beförderungsmittel (o[33])

de **transportonderneming** Transportunternehmen (o[35]), Spedition (v[20])

de **transseksualiteit** Transsexualität (v[28])

de **¹transseksueel** Transsexuelle(r) (m[40a])

²transseksueel (bn) transsexuell

de **trant** Stil (m[5]), Art (v[20]), Manier (v[20]), Weise (v[21])

de **¹trap** [van raket] Stufe (v[21]), Raketenstufe (v[21])

de **²trap 1** [schop] Fußtritt (m[5]), Tritt; [tegen bal] Stoß (m[6]): [sport] *vrije* ~ Freistoß (m[6]); *iem. een ~ geven* jmdm. einen Tritt geben[166] **2** [alle treden] Treppe (v[21]); [trede] Stufe (v[21]): ~ *op,* ~ *af lopen* treppauf, treppab laufen[198] **3** [graad] Stufe (v[21]): *de stellende, vergrotende, overtreffende* ~ der Positiv, Komparativ, Superlativ; *de ~pen van vergelijking* die Steigerungsstufen

de **trapeze** Trapez (o[29])

het **trapezium** Trapez (o[29])

de **trapgevel** Treppengiebel (m[9])

de **trapleuning** Treppengeländer (o[33])

traploos stufenlos

de **traploper** Treppenläufer (m[9])

trappelen trampeln; [m.b.t. baby] strampeln: ~ *van de kou* vor Kälte stampfen ‖ [fig] *niet staan te* ~ *om* … sich nicht darum reißen, …

de **trappelzak** Strampelsack (m[6])

trappen 1 [schoppen] treten[291]: *de bal in het doel* ~ den Ball ins Tor treten; *iem.* ~ jmdn. treten; *hij is van school getrapt* er ist aus der

Schule hinausgeflogen; *iem. de deur uit* ~ jmdn. zur Tür hinausbefördern **2** [hard treden] treten[291], stampfen: *in de hondenpoep* ~ in Hundedreck treten; *daar trap ik niet in* darauf falle ich nicht herein **3** [fietsen] strampeln ‖ *lol* ~ Jux treiben

het **trappenhuis** Treppenhaus (o[32])

de **trapper** [pedaal] Pedal (o[29])

de **trappist** Trappist (m[14])

het **trappistenbier** Trappistenbier (o[29])

het **trapportaal** Treppenabsatz (m[6])

trapsgewijs stufenweise: ~ *vaststellen* [van prijzen e.d.] staffelförmig festsetzen; ~ *oplopen* [m.b.t. prijzen e.d.] sich staffeln

het **trapveldje** Bolzplatz (m[6])

het/de **trauma** Trauma (o, 2e nvl: -s; mv: Traumen of Traumata)

de **traumahelikopter** Rettungshubschrauber (m[9])

het **traumateam** Katastropheneinsatz (m[6]); Katastrophendienst (m[5])

traumatisch traumatisch

de **travestie** Travestie (v[21])

de **travestiet** Transvestit (m[14])

de **trawler** Trawler (m[9])

de **trechter** Trichter (m[9])

de **tred** Schritt (m[5]), Tritt (m[5]): [ook fig] *gelijke ~ met iem. houden* mit jmdm. Schritt halten[183]

de **trede 1** [deel van een trap] Stufe (v[21]) **2** [deel van een ladder] Sprosse (v[21]) **3** [stap] Schritt (m[5])

treden treten[291]

de **tredmolen** Tretmühle (v[21]): *in de* ~ *lopen* in der Tretmühle sein

de **treeplank** Trittbrett (o[31])

het **trefcentrum** [Belg] Nachbarschaftshaus (o[32])

het **¹treffen** (zn) **1** [sport] Treffen (o[35]) **2** [mil] Gefecht (o[29])

²treffen (ww) treffen[289]; [ontroeren] rühren: *een regeling* ~ eine Vereinbarung treffen; *een schikking* ~ einen Vergleich schließen[245]; *de juiste toon* ~ den richtigen Ton treffen; *hij heeft het daar goed, slecht getroffen* er hat es dort gut, schlecht getroffen; *iem. thuis* ~ jmdn. zu Hause antreffen; *getroffen door een hartinfarct* von einem Herzinfarkt getroffen; *onaangenaam getroffen* unangenehm berührt; *ze hebben het met elkaar getroffen* sie passen gut zusammen

treffend 1 [raak] treffend: *een ~e gelijkenis* eine täuschende Ähnlichkeit; *een ~e uitdrukking* ein treffender Ausdruck **2** [aandoenlijk] rührend

de **treffer** Treffer (m[9])

het **trefpunt** Treffpunkt (m[5])

het **trefwoord** Stichwort (o[32])

trefzeker treffsicher

de **trein** Zug (m[6]): *de ~ van twee uur* der Zweiuhrzug; *met de ~ gaan* mit dem Zug fahren[153]; *het loopt als een* ~ es läuft wie geschmiert

de **treinconducteur** Eisenbahnschaffner (m⁹), Zugschaffner (m⁹)

het **treinkaartje** Fahrkarte (v²¹), Fahrschein (m⁵)

het **treinongeluk** Zugunglück (o²⁹), Eisenbahnunglück (o²⁹)

de **treinramp** Eisenbahnkatastrophe (v²¹)

de **treinreis** Bahnfahrt (v²⁰), Eisenbahnfahrt

de **treinreiziger** Zugreisende(r) (m⁴⁰ᵃ, v⁴⁰ᵇ)

het **treinstel** Zug (m⁶), Zuggarnitur (v²⁰)

het **treinverkeer** Eisenbahnverkehr (m¹⁹), Zugverkehr (m¹⁹)

de **treiteraar** Quäler (m⁹), Quälgeist (m⁷)

treiteren quälen, piesacken, triezen

de **trek 1** [het trekken] Zug (m⁶), Ziehen (o³⁹) **2** [slag bij het kaartspel] Stich (m⁵) **3** [begeerte] Lust (v²⁸): *ik heb er geen ~ in* ich habe keine Lust dazu **4** [eetlust] Appetit (m⁵): *~ in vlees hebben* Appetit auf⁺⁴ Fleisch haben¹⁸² **5** [lijn van gelaat, karakter] Zug (m⁶) ‖ [fig] *aan zijn ~ken komen* auf seine Kosten kommen¹⁹³; *in ~ zijn* beliebt (*of:* gesucht, begehrt) sein²⁶²

de **trekhaak** Zughaken (m¹¹); [om auto weg te slepen] Abschleppstange (v²¹)

de **trekharmonica** Handharmonika (v²⁷), Ziehharmonika (v²⁷)

¹**trekken** (onov ww) ziehen³¹⁸: *aan de noodrem ~ die* Notbremse ziehen; *met één been ~* ein Bein nachziehen³¹⁸; *het trekt hier* es zieht hier; *thee laten ~* Tee ziehen lassen; [fig] *er hard aan ~* tüchtig weiterarbeiten

²**trekken** (ov ww) ziehen³¹⁸: *een mes ~* ein Messer ziehen; *de aandacht ~* die Aufmerksamkeit auf sich ziehen; *een conclusie ~* schließen, einen Schluss ziehen; *pensioen ~* (eine) Pension beziehen³¹⁸; *veel publiek ~* viele Besucher anziehen³¹⁸; [hand] *een wissel ~* einen Wechsel (auf jmdn.) ziehen

de **trekker 1** [persoon die trekt] Zieher (m⁹): *deze zanger is een grote ~* dieser Sänger zieht enorm **2** [kampeerder] Zeltler (m⁹) **3** [van lamp e.d.] Zug (m⁶) **4** [tractor] Traktor (m¹⁶), Trecker (m⁹), Schlepper (m⁹) **5** [vakantieganger] Wanderer (m⁹) **6** [van vuurwapen] Abzug (m⁶) **7** [truck] Sattelschlepper (m⁹)

de **trekking** [loterij] Ziehung (v²⁰)

de **trekkracht** [ook fig] Zugkraft (v²⁵)

de **trekpleister** Zugpflaster (o³³); [fig] Attraktion (v²⁰)

de **trekschuit** Treckschute (v²¹)

de **trektocht** Wanderung (v²⁰), Fußwanderung (v²⁰)

de **trekvogel** Zugvogel (m¹⁰)

het **trema** Trema (o); [Trennpunkte (mv)

de **trend** Trend (m¹³)

de **trendbreuk** Trendwende (v²¹)

trendgevoelig ± modisch

de **trendsetter** Trendsetter (m⁹)

trendy modisch

treuren trauern: *~ om* (*of: over*) trauern um⁺⁴ (*of:* über⁺⁴)

treurig 1 [bedroefd] traurig, betrübt **2** [erbarmelijk] traurig, erbärmlich

de **treurigheid** Traurigkeit (v²⁰)

de **treurmars** Trauermarsch (m⁶)

de **treurmuziek** Trauermusik (v²⁰)

het **treurspel** Trauerspiel (o²⁹), Tragödie (v²¹)

de **treurwilg** Trauerweide (v²¹), Tränenweide (v²¹)

de **treuzelaar** Trödelfritze (m¹⁵)

treuzelen trödeln

de **triangel** Triangel (m⁹)

de **triatlon** Triathlon (o³⁶)

het **tribunaal** Tribunal (o²⁹)

de **tribune** Tribüne (v²¹)

het ¹**tricot** [stof] Trikot (m¹³)

het/de ²**tricot** [kledingstuk] Trikot (o³⁶)

triest traurig, trübselig; [somber] düster

het **triktrak** Tricktrack (o²⁹), Puff (o)

het **triljard** Trilliarde (v²¹)

het **triljoen** Trillion (v²⁰)

trillen 1 [bibberen] zittern (vor⁺³): *met ~de stem* mit zitternder Stimme; *doen ~* erschüttern **2** [nat] schwingen²⁵⁹, vibrieren³²⁰

de **trilling** [het trillen] Zittern (o³⁹); [nat] Schwingung (v²⁰), Vibration (v²⁰)

de **trilogie** Trilogie (v²¹)

de **trimbaan** Trimm-dich-Pfad (m⁵)

het **trimester** Trimester (o³³)

trimmen 1 [sport] sich trimmen **2** [knippen] trimmen: *een hond ~* einen Hund trimmen

de **trimmer** [sport] Trimmer (m⁹)

het **trio** Trio (o³⁶)

de **triomf** Triumph (m⁵): *in ~* im Triumph

triomfantelijk triumphierend

triomferen triumphieren³²⁰

de **triomftocht** Triumphzug (m⁶); [fig] Siegeszug (m⁶)

de **trip 1** [uitstapje] Ausflug (m⁶), Trip (m¹³) **2** [drugs] Trip (m¹³): *een ~ maken* auf dem Trip sein²⁶²

het **triplex** Sperrholz (o³⁹)

trippelen trippeln

trippen [m.b.t. drugs] auf dem Trip sein²⁶²

triviaal trivial

troebel trübe; [fig] verwirrt

de **troef 1** [bij kaartspel] Trumpf (m⁶): *harten is ~* Herz ist Trumpf; *zijn laatste ~ uitspelen* den letzten Trumpf ausspielen **2** [persoon, omstandigheid] Trumpfass (o²⁹), Trumpf (m⁶) ‖ [fig] *alle troeven in handen hebben* alle Trümpfe in der Hand haben¹⁸²

de **troefkaart** Trumpfkarte (v²¹)

de **troep 1** [menigte] Haufen (m¹¹), Schar (v²⁰), Bande (v²¹) **2** [meervoud; mil] Truppen (mv v²¹): [fig] *voor de ~en uit lopen* voreilig handeln, etwas überstürzen, vorpreschen **3** [zooi] Dreckhaufen (m¹¹) **4** [rommel] Dreck(s)zeug (o³⁹): *het was er een ~!* das war

ein Saustall!; *ik lust die* ~ *niet* ich mag das Zeug nicht
de **troepenmacht** Streitkraft (v²⁵, meestal mv)
het **troeteldier** Kuscheltier (o²⁹)
het **troetelkind** Herzenskind (o³¹)
de **troetelnaam** Kosename (m¹⁸)
troeven trumpfen: [fig] *iem.* ~ jmdn. abtrumpfen
de **trofee** Trophäe (v²¹)
de **troffel** Maurerkelle (v²¹), Kelle (v²¹)
de **trog** Trog (m⁶); [geol ook] Graben (m¹²)
Trojaans trojanisch: [fig] *het* ~*e paard inhalen* das Trojanische Pferd in die Stadt holen
Troje: *het paard van* ~ das Trojanische Pferd
de **trojka** Troika (v²⁷)
de **trol** Troll (m⁵)
de **trolleybus** Oberleitungsomnibus (m⁵, 2e nvl: -ses; mv: -se), Obus
de **trom** Trommel (v²¹) ‖ *met stille* ~ *vertrekken* sang- und klanglos abtreten
de **trombone** Posaune (v²¹)
de **trombose** Thrombose (v²¹)
de **trommel 1** [trom] Trommel (v²¹) **2** [blikken doos] Dose (v²¹), Büchse (v²¹)
de **trommelaar** Trommler (m⁹)
trommelen trommeln
de **trommelrem** Trommelbremse (v²¹)
het **trommelvlies** Trommelfell (o²⁹)
de **trompet** Trompete (v²¹)
trompetten trompeten
de **trompettist** Trompeter (m⁹)
de **tronie** Visage (v²¹), Fratze (v²¹)
de **troon** Thron (m⁵)
de **troonopvolger** Thronfolger (m⁹), Thronerbe (m¹⁵)
de **troonpretendent** Thronanwärter (m⁹)
de **troonrede** Thronrede (v²¹)
de **troonsafstand** Abdankung (v²⁰)
de **troonsbestijging** Thronbesteigung (v²⁰); [plechtigheid] Thronerhebung (v)
de **troost** Trost (m¹⁹): *een kopje* ~ eine Tasse Kaffee; *geestelijke* ~ geistlicher Zuspruch (m¹⁹); *dat is een schrale* ~ das ist ein schwacher Trost, ein magerer Trost
troosteloos trostlos
troosten trösten
troostend tröstend; [sterker] trostreich
de **troostprijs** Trostpreis (m⁵)
de **tropen** Tropen (mv)
de **tropenjaren** schwere Jahre (mv), schwere Zeiten (mv)
de **tropenkoorts** Tropenfieber (o³⁹)
het **tropenrooster** [werktijden] dem tropischen Klima angepasste(n) Arbeitszeiten (mv); [schooltijden] dem tropischen Klima angepasste(r) Stundenplan (m⁶)
tropisch tropisch: ~*e hitte* tropische Hitze
de **tros 1** [bloeiwijze, bundel vruchten] Traube (v²¹): ~ *druiven* Weintrauben (mv v²¹); [fig] *een* ~ *bijen* eine Traube Bienen **2** [mil] Tross

(m⁵) **3** [kabel] Trosse (v²¹)
de **trostomaat** Strauchtomate (v²¹)
de ¹**trots** (zn) Stolz (m¹⁹); [neg] Hochmut (m¹⁹)
²**trots** (bn) [gunstig] stolz; [neg] hochmütig, überheblich
trotseren trotzen⁺³: *iem.* ~ jmdm. trotzen
het **trottoir** Bürgersteig (m⁵), Gehsteig (m⁵)
de **troubadour** Troubadour (m)
de ¹**trouw** (zn) Treue (v²⁸): *te goeder* ~ auf Treu und Glauben; *te goeder* ~ *zijn* ahnungslos sein²⁶²; *te kwader* ~ in böser Absicht
²**trouw** (bn, bw) treu: *iem.* ~ *blijven* jmdm. treu bleiben¹³⁴; *een* ~*e klant* ein treuer Kunde
de **trouwakte** Heiratsurkunde (v²¹), Trauschein (m⁵)
het **trouwboekje** Familienbuch (o³²)
de **trouwdag** Hochzeitstag (m⁵)
trouweloos treulos
trouwen 1 [huwen] heiraten, sich verheiraten: *wanneer zijn zij getrouwd?* wann haben sie geheiratet?; *ze zijn al jaren getrouwd* sie sind schon jahrelang verheiratet **2** [in het huwelijk verbinden] (jmdn.) trauen
trouwens übrigens: ~ *de zaak is nog niet duidelijk* die Sache ist ohnehin (of: sowieso) noch nicht klar
de **trouwerij** Hochzeit (v²⁰)
de **trouwjurk** Hochzeitskleid (o³¹)
de **trouwpartij** Hochzeitsfeier (v²¹), Hochzeitsfest (o²⁹)
de **trouwplannen**: ~ *hebben* Heiratspläne haben¹⁸²
de **trouwplechtigheid** Trauung (v²⁰)
de **trouwring** Ehering (m⁵), Trauring
de **truc** Trick (m¹³), Kunstgriff (m⁵), Kniff (m⁵)
de **trucage** Trick (m¹³)
de **truck** Sattelschlepper (m⁹): ~ *met oplegger* Sattelzug (m⁶)
de **trucker** [inf] Lastwagenfahrer (m⁹), Lkw-Fahrer (m⁹)
de **truffel** Trüffel (v²¹)
de **trui** Pullover (m⁹): [sport] *de gele* ~ das Gelbe Trikot; *de groene* ~ das Grüne Trikot
de **trukendoos** Trickkiste (v²¹): *zijn* ~ *opentrekken* in die Trickkiste greifen
de **trust** Trust (m⁵, m¹³)
de **trut 1** [scheldw] Zicke (v²¹), Trine (v²¹) **2** [burgerlijke vrouw] Normalo (v²⁷)
truttig 1 [treuzelig] zickig, tuntig **2** [stijf] tuntenhaft, zickig: *een* ~*e jurk* ein tuntiges Kleid
de **try-out** Probe (v²¹), Erprobung (v²⁰); [van toneelstuk] Voraufführung (v²⁰)
de **tsaar** Zar (m¹⁴)
het **T-shirt** T-Shirt (o³⁶)
Tsjaad der Tschad (m)
de **Tsjadiër** Tschader (m⁹), Tschaderin (v²²)
de **Tsjech** Tscheche (m¹⁵), Tschechin (v²²)
Tsjechië Tschechien (o³⁹), die Tschechische Republik (v²⁸)

het **¹Tsjechisch** (zn) Tschechisch (o⁴¹)
²Tsjechisch (bn) tschechisch
Tsjecho-Slowakije Tschechoslowakei (v²⁸, met lidwoord)
de **Tsjetsjeen** Tschetschene (m¹⁵), Tschetschenin (v²²)
Tsjetsjeens tschetschenisch
Tsjetsjenië Tschetschenien (o³⁹)
het **tso** [Belg; ond] weiterführender technischer Unterricht (m¹⁹)
de **tsunami** Tsunami (m, 2e nvl: -; mv: -s)
de **tuba** Tuba (v, mv: Tuben)
de **¹tube** [kokertje] Tube (v²¹)
de **²tube** [tubeless band] Rennreifen (m¹¹)
de **tuberculose** Tuberkulose (v²¹)
de **tucht** Zucht (v²⁸), Disziplin (v²⁸)
het **tuchtcollege** Disziplinarbehörde (v²¹)
het **tuchtrecht** Disziplinarrecht (o³⁹)
de **tuchtschool** Jugendstrafanstalt (v²⁰)
tuffen 1 [geluid] tuckern **2** [rijden] juckeln, trudeln
de **tuibrug** Schrägseilbrücke (v²¹)
het **tuig 1** [van trekdier] Geschirr (o²⁹) **2** [scheepv] Takelage (v²¹), Takelwerk (o³⁹) **3** [fig] Gesindel (o³⁹)
de **tuigage** Takelage (v²¹), Takelwerk (o³⁹)
tuigen 1 [van paard] zäumen, (dem Pferd) das Geschirr anlegen **2** [van schip] auftakeln
tuimelen purzeln, fallen¹⁵⁴, stürzen
de **tuimeling** Purzelbaum (m⁶); [val] Fall (m⁶), Sturz (m⁶)
het **tuimelraam** Kippfenster (o³³)
de **tuin** Garten (m¹²): [fig] *iem. om de ~ leiden* jmdn. hinters Licht führen
de **tuinarchitect** Garten(bau)architekt (m¹⁴)
de **tuinbank** Gartenbank (v²⁵)
de **tuinboon** Puffbohne (v²¹), Saubohne (v²¹)
de **tuinbouw** Gartenbau (m¹⁹)
het **tuinbouwbedrijf** Gärtnerei (v²⁰)
de **tuinbroek** Latzhose (v²¹)
het **tuincentrum** Gartencenter (o³³)
de **tuinder** Gärtner (m⁹)
de **tuinderij** Gärtnerei (v²⁰), Gartenbaubetrieb (m⁵)
tuinen: *erin ~ hereinfallen*¹⁵⁴ (auf⁺⁴)
het **tuinfeest** Gartenfest (o²⁹), Gartenparty (v²⁷)
het **tuingereedschap** Gartengerät (o²⁹)
het **tuinhuisje** Gartenhäuschen (o³⁵), Gartenlaube (v²¹)
de **tuinier** Gärtner (m⁹)
tuinieren gärtnern, im Garten arbeiten
de **tuinkabouter** Gartenzwerg (m⁵)
de **tuinkers** Gartenkresse (v²¹)
de **tuinman** Gärtner (m⁹)
de **tuinslang** Gartenschlauch (m⁶)
de **tuinstoel** Gartenstuhl (m⁶)
de **tuit** Tülle (v²¹), Schnabel (m¹⁰)
tuiten 1 spitzen: *de lippen ~ die Lippen spitzen* **2** [toeten] gellen
de **¹tuk** (zn): *iem. ~ hebben* jmdn. zum Besten

haben, jmdn. hereinlegen
²tuk (bn) [begerig naar] erpicht, versessen: *~ zijn op iets scharf auf*⁺⁴ *etwas sein*²⁶²
het **tukje** Nickerchen (o³⁵), Schläfchen (o³⁵)
de **tulband 1** [een doek] Turban (m⁵) **2** [gebak] Napfkuchen (m¹¹), Topfkuchen (m¹¹)
de **tule** Tüll (m⁵)
de **tulp** Tulpe (v²¹)
de **tulpenbol** Tulpenzwiebel (v²¹)
de **tulpvakantie** Maiferien (mv)
de **tumor** Tumor (m¹⁶), Geschwulst (v²⁵)
het **tumult** Tumult (m⁵), Lärm (m¹⁹), Unruhe (v²¹)
tumultueus tumultuarisch, tumultuös
de **tune** Melodie (v²¹), Weise (v²¹)
de **tuner** Tuner (m⁹)
Tunesië Tunesien (o³⁹)
de **Tunesiër** Tunesier (m⁹), Tunesierin (v²²)
Tunesisch tunesisch, Tuneser
de **tunnel** Tunnel (m⁹); [onder de weg door] Straßenunterführung (v²⁰)
de **tunnelvisie** Tunnelblick (m⁵)
de **turbine** Turbine (v²¹)
de **turbo** Turbo-
turbulent turbulent, stürmisch, ungestüm
de **turbulentie** Turbulenz (v²⁰)
tureluurs: *het is om ~ van te worden* das ist zum Wahnsinnigwerden
turen 1 [strak] starren **2** [zoekend] spähen
de **turf 1** [stofnaam] Torf (m⁵) **2** [dreumes] Dreikäsehoch (m¹³) **3** [dik boek] Wälzer (m⁹)
het/de **turfmolm** Torfmull (m¹⁹), Torfstreu (v²⁸)
Turijn Turin (o³⁹)
de **Turk** Türke (m¹⁵), Türkin (v²²)
Turkije die Türkei (v²⁸): *naar ~ gaan* in die Türkei reisen
de **Turkmeen** Turkmene (m¹⁵), Turkmenin (v²²)
Turkmeens turkmenisch
Turkmenistan Turkmenistan (o³⁹), Turkmenien (o³⁹)
het **turkoois 1** [mineraal] Türkis (m⁵) **2** [kleur] Türkis (o)
het **¹Turks** (zn) Türkisch (o⁴¹)
²Turks (bn) türkisch
turnen turnen
de **turner** Turner (m⁹)
turven [tellen] mit Strichen zählen
tussen 1 [m.b.t. plaats] zwischen [bij rust⁺³, bij beweging⁺⁴]: *~ zijn vrienden zitten* zwischen seinen Freunden sitzen²⁶⁸; *~ zijn vrienden gaan zitten* sich zwischen seine Freunde setzen; *er van ~ gaan abhauen*¹⁸⁵; *dat blijft ~ ons* das bleibt unter⁺³ uns **2** [m.b.t. tijd] zwischen⁺³: *~ de middag* um die Mittagszeit
tussenbeide 1 [niet slecht en niet goed] mäßig, leidlich **2** [nu en dan] mitunter, von Zeit zu Zeit **3** [tussen beide partijen]: *~ komen* **a)** [hinderlijk, vijandig] dazwischentreten²⁹¹; **b)** [schikkend] sich ins Mittel legen; **c)** [ingrijpend met gezag] einschreiten²⁵⁴
de **tussendeur** Zwischentür (v²⁰)

het **tussendoor** zwischendurch

het **tussendoortje** Appetithappen (m¹¹), Häppchen (o³¹), Imbiss (m⁵)

de **tussenhandel** Zwischenhandel (m¹⁹)

tussenin: *daar* ~ dazwischen

de **tussenkomst 1** [inmenging] Intervention (v²⁰) **2** [bemiddeling] Vermittlung (v²⁰)

de **tussenlanding** Zwischenlandung (v²⁰): *een* ~ *maken* zwischenlanden; *het vliegtuig heeft een* ~ *gemaakt* das Flugzeug ist zwischengelandet

de **tussenmuur** Zwischenwand (v²⁵)

de **tussenpersoon** Vermittler (m⁹)

de **tussenpoos**: *bij tussenpozen* von Zeit zu Zeit; *met regelmatige tussenpozen* in regelmäßigen Abständen; *zonder tussenpozen* unausgesetzt

de **tussenruimte** Zwischenraum (m⁶)

het **tussenschot** Zwischenwand (v²⁵), Trennwand (v²⁵): [scheepv] *waterdicht* ~ Schott (o²⁹, o³⁷)

de **tussentijd** Zwischenzeit (v²⁰)

tussentijds zwischenzeitlich: ~ *akkoord* Zwischenabkommen (o³⁵); ~ *moet hij niets gebruiken* er soll zwischendurch nichts essen

tussenuit: *dat stak er* ~ das ragte heraus; *er* ~ *knijpen* sich davonmachen

het **tussenuur** Zwischenstunde (v²¹)

de **tussenverdieping** Zwischengeschoss (o²⁹), Zwischenstock (m¹⁹)

tussenvoegen 1 einschieben²³⁷, einfügen **2** [tv, film] einblenden

de **tussenwand** Zwischenwand (v²⁵), Scheidewand (v²⁵)

de **tussenweg** [fig] Mittelweg (m⁵)

de **tut** Trine (v²¹)

tutoyeren duzen

de **tv** Television (v²⁸), TV (o³⁹ᵃ); *zie televisie*

t.w. afk van *te weten* und zwar, nämlich

twaalf zwölf

¹**twaalfde** (bn) zwölftel (o): *een* ~ *deel* ein Zwölftel; *ein zwölftel Teil*

²**twaalfde** (rangtelw) zwölft

het **twaalftal** Dutzend (o²⁹); zwölf

het **twaalfuurtje** Mittagsbrot (o³⁹), Imbiss (m⁵)

de ¹**twee** [cijfer] Zwei (v²⁰); [cijferwaardering] Sechs (v²⁰)

²**twee** (telw) zwei; [duidelijkheidshalve vaak] zwo: *alle* ~ alle beide; *met zijn* ~*ën* zu zweit; *iets in* ~*ën delen* etwas halbieren³²⁰; *voor* ~ *uitleggingen vatbaar* doppeldeutig

de **tweebaansweg** zweispurige Straße (v²¹)

het **tweed** Tweed (m¹³)

tweedaags zweitägig

tweede zweit: ~ *auto* Zweitwagen (m¹¹); ~ *woning* Zweitwohnung (v²⁰); *de Tweede Kamer* die Zweite Kammer; *hij werd* ~ er wurde Zweiter; *ten* ~ zweitens

tweedegraads [algemeen] zweiten Grades; [ond] für die Unter- und Mittelstufe

tweedehands 1 [m.b.t. boeken] antiqua-

risch **2** [m.b.t. voertuigen] Gebraucht…: ~ *auto* Gebrauchtwagen (m¹¹)

het **Tweede Kamerlid** Mitglied (o³¹) der Zweiten Kammer

het **tweedekansonderwijs** zweiter Bildungsweg (m⁵): *via het* ~ auf dem zweiten Bildungsweg

tweedelig zweiteilig; [m.b.t. boeken] zweibändig

de **tweedelijnszorg** ± fachärztliche und spezialistische Gesundheitsfürsorge (v²⁸)

de **tweedeling** Zweiteilung (v²⁰), Spaltung (v²⁰)

tweederangs zweitklassig

de **tweedracht** Zwietracht (v²⁸)

tweeduizend zweitausend

twee-eiig zweieiig

het **tweegevecht** Zweikampf (m⁶), Duell (o²⁹)

tweehandig zweihändig, beidhändig

tweehonderd zweihundert

tweehoog im zweiten Stock: ~ *achter* im zweiten Stock hinten

tweejarig 1 [twee jaar oud] zweijährig **2** [twee jaar durend] zweijährig **3** [om de twee jaar] zweijährlich

de **tweekamerwoning** Zweizimmerwohnung (v²⁰)

de **tweekamp** Zweikampf (m⁶)

tweeledig zweigliedrig, zweiteilig: *dat kan men* ~ *opvatten* das ist doppeldeutig

de **tweeling** Zwilling (m⁵): *dat is een* ~ das sind Zwillinge

de **Tweeling** [iem. met sterrenbeeld Tweelingen] Zwillinge (mv)

de **tweelingbroer** Zwillingsbruder (m¹⁰)

de **tweelingzus** Zwillingsschwester (v²¹)

tweemaal zweimal, doppelt: ~ *zo groot als* zweimal so groß wie; *dat is zo zeker als* ~ *twee vier is* das ist so sicher wie das Amen in der Kirche

tweemotorig zweimotorig

de **twee-onder-een-kapwoning** Doppelhaus (o³²), Doppelhaushälfte (v²¹)

het **tweepersoonsbed** Doppelbett (o³⁷)

de **tweepersoonskamer** Zweibettzimmer (o³³), Doppelzimmer (o³³)

tweeslachtig 1 [hermafrodiet] zwitterhaft **2** [plantk] zweigeschlechtig **3** [fig] zwiespältig, zweideutig

de **tweespalt** Zwiespalt (m⁵, m⁶), Zwietracht (v²⁸)

de **tweesprong** Weggab(e)lung (v²⁰); [fig] Scheideweg (m⁵)

tweestemmig zweistimmig

de **tweestrijd** Zwiespalt (m⁵, m⁶): *in* ~ *zijn* (of: *staan*) sich in einem Zwiespalt befinden¹⁵⁷

de **tweet** [comm] Tweet (m¹³)

het **tweetal** zwei; [twee personen] Paar (o²⁹)

tweetalig zweisprachig

tweeten [comm] tweeten

de **tweeverdiener** Doppelverdiener (m⁹)

het **tweevoud** Zweifache(s) (o[40c]): *in* ~ in zweifacher Ausfertigung
tweevoudig zweifach
de **tweewieler** Zweirad (o[32])
tweezijdig zweiseitig, bilateral
de **twijfel** Zweifel (m[9]): *in geval van* ~ im Zweifelsfall; *het lijdt geen* ~ es unterliegt keinem Zweifel; *zijn* ~ *over iets hebben* gewisse Zweifel über[+4] etwas nicht loswerden[310]; *boven alle* ~ *verheven* über jeden Zweifel erhaben; *buiten* ~ ohne Zweifel; *zonder* ~ zweifellos
de **twijfelaar** Zweifler (m[9])
twijfelachtig zweifelhaft, fraglich
twijfelen zweifeln: ~ *aan* zweifeln an[+3]; *wij* ~ *of hij komt* wir zweifeln, dass er kommt
het **twijfelgeval** Zweifelsfall (m[6])
de **twijg** Zweig (m[5]), Reis (o[31])
twinkelen glänzen, funkeln, blinken
de **twinkeling 1** [het twinkelen] Funkeln (o[39]), Glitzern (o[39]) **2** [m.b.t. de ogen] Leuchten (o[39]), Glänzen (o[39])
twintig zwanzig
de **twintiger** Zwanziger (m[9])
¹**twintigste** (bn) [twintigste deel] zwanzigstel
²**twintigste** (rangtelw) zwanzigst: *de* ~ *verjaardag* der zwanzigste (*of:* 20.) Geburtstag; *het is vandaag de* ~ heute ist der Zwanzigste
de ¹**twist** [ruzie] Streit (m[5]), Auseinandersetzung (v[20]); [heftig] Zwist (m[5]), Hader (m[19]); [geschil] Streitigkeit (v[20])
de ²**twist** [dans] Twist (m[13])
de **twistappel** Zankapfel (m[10])
¹**twisten** (onov ww) [ruziën] (sich) streiten[287], sich zanken
²**twisten** (onov ww) [een twist dansen] twisten
het **twistgesprek** Wortstreit (m[5]), Streitgespräch (o[29])
het **twistpunt** Streitpunkt (m[5]), strittiger Punkt (m[5])
twistziek streitsüchtig, zänkisch
twitteren [comm] twittern
de **tycoon** Tycoon (m[13]) /taik<u>oe:</u>n/
de **tyfoon** Taifun (m[5])
de **tyfus** Typhus (m[19a])
het/de **type 1** [typ] Type (v[21]), Letter (v[21]) **2** [model, voorbeeld] Typ (m[16]) **3** [eigenaardig persoon] Type (v[21]): *wat een* ~*!* das ist vielleicht eine Type!; *origineel* ~ Original (o[29])
de **typefout** Tippfehler (m[9])
de **typemachine** Schreibmaschine (v[21])
typen Maschine schreiben[252]; [inf] tippen: *getypt* [ook] maschine(n)geschrieben
typeren typisieren[320], charakterisieren[320]
typerend typisch, charakteristisch
de **typering** Typisierung (v[20]), Charakterisierung (v[20])
typisch typisch, kennzeichnend, bezeichnend; [inf; zonderling, vreemd] seltsam
de **typist** Schreibkraft (v[25])

de **typografie** Typografie (v[21])
typografisch typografisch
t.z.t. afk van *te zijner tijd* zu gelegener (*of:* zu gegebener) Zeit

u

u Sie[82, 83]: *u bent er vroeg* Sie sind früh da; *oma, u hebt dat beloofd* Oma, du hast das versprochen; *u tegen iem. zeggen* [ook] jmdn. siezen; [fig] *een machine waar je u tegen zegt* **a)** [groot] eine riesenhafte, Respekt einflößende Maschine; **b)** [zeer goed] eine erstklassige Maschine

de **ufo** afk van *unidentified flying object* Ufo, UFO (o[36], 2e nvl: ook -)

Uganda Uganda (o[39])

de [1]**Ugandees** Ugander (m[9]), Uganderin (v[22])

[2]**Ugandees** (bn) ugandisch

de **ui** Zwiebel (v[21])

de **uiensoep** Zwiebelsuppe (v[21])

de **uier** Euter (o[33])

de **uil 1** [vogel] Eule (v[21]); [grote uil] Uhu (m[13]) **2** [stommeling] Schafskopf (m[6]), Dummkopf (m[6])

de **uilenbal 1** [lett] Gewölle (o[33]) **2** [sufferd] Dummkopf (m[6])

het **uilskuiken** [inf] Dummkopf (m[6]), Schafskopf (m[6])

het **uiltje**: *een ~ knappen* ein Nickerchen machen

[1]**uit** (bw) [van spreker af] aus[+3] …(hinaus); [naar spreker toe] aus[+3] … (heraus): *hij gaat de stad ~* er geht aus der Stadt (hinaus); *hij komt de stad ~* er kommt aus der Stadt (heraus); *hij is ~* [niet thuis] er ist nicht zu Hause; *hij is ~ jagen* er ist jagen gegangen; [sport; m.b.t. een bal] *~ gaan* ins Aus rollen; *de bal is ~* der Ball ist im Aus; *op iets ~ zijn* [er achter aanzitten ook] hinter etwas[3] her sein; *hij is erop ~ om ons te hinderen* er legt es darauf an, uns zu hindern; *op zijn voordeel ~ zijn* auf seinen Vorteil bedacht sein[262]; *het boek is ~* das Buch ist heraus; *het is ~ tussen ons* wir sind geschiedene Leute; *de school is ~* die Schule ist aus; *van Keulen ~* von Köln aus

[2]**uit** (vz) aus[+3]: *~ de mode zijn* aus der Mode sein[262]

uitademen [lett] ausatmen; [fig] atmen

uitbaggeren ausbaggern

uitbalanceren ausbalancieren; [fig] ausgleichen

uitbannen verbannen

uitbarsten ausbrechen[137]: *in snikken ~* in Weinen ausbrechen

de **uitbarsting** Ausbruch (m[6]): *~ van woede* Wutausbruch

uitbaten betreiben[290], führen

de **uitbater** Inhaber (m[9]), Geschäftsführer (m[9])

uitbeelden 1 [met woorden] schildern **2** [in beeld, op het toneel] darstellen

de **uitbeelding** Schilderung (v[20]), Darstellung (v[20])

uitbesteden 1 [van kind] unterbringen[139] **2** [van werk] vergeben[166] **3** [van bepaalde activiteiten] Outsourcing (o[39])

uitbetalen aus(be)zahlen

de **uitbetaling** Aus(be)zahlung (v[20])

uitbijten 1 [aantasten] zerfressen[162] **2** [door scherp vocht verwijderen] ätzen

[1]**uitblazen** (onov ww) Atem schöpfen

[2]**uitblazen** (ov ww) ausblasen[133]: *de laatste adem ~* sein Leben aushauchen

uitblijven ausbleiben[134]

uitblinken sich auszeichnen, sich hervortun[295]

de **uitblinker** Kanone (v[21]); [sport ook] Ass (o[29])

uitbloeien ausblühen, verblühen

de **uitbouw** Anbau (m, 2e nvl: -(e)s; mv: -ten)

uitbouwen ausbauen

de **uitbraak** Ausbruch (m[6])

uitbraken 1 [van voedsel] (er)brechen[137] **2** [fig] ausstoßen[285], ausspeien[271]

uitbranden ausbrennen[138]

de **uitbrander** Rüffel (m[9])

[1]**uitbreiden** (ww) **1** [uitspreiden] ausbreiten **2** [groter maken] erweitern, ausdehnen: *zijn kennis ~* seine Kenntnisse erweitern

zich [2]**uitbreiden** (wdk ww) sich ausbreiten, sich verbreiten

de **uitbreiding** Ausbreitung (v[28]), Ausdehnung (v[28]): *voor ~ vatbaar* erweiterungsfähig, ausbaufähig; *zie* [1]*uitbreiden*

het [1]**uitbreken** (zn) Ausbruch (m[6])

[2]**uitbreken** (ww) ausbrechen[137]: *er een dagje ~* sich einen Tag freimachen; *er is brand, een epidemie uitgebroken* ein Feuer, eine Epidemie ist ausgebrochen

uitbrengen 1 [scheepv] ausbringen[139] **2** [uiten] herausbringen[139], hervorbringen[139]: *hij kon geen woord ~* er konnte kein Wort herausbringen **3** [bekendmaken] abgeben[166]: *een advies ~* ein Gutachten abgeben; *een rapport ~* einen Bericht erstatten **4** [op de markt brengen] herausbringen[135]

uitbroeden ausbrüten; [fig ook] aushecken

uitbuiten ausnutzen; [sterker] ausbeuten

uitbundig überschwänglich; [m.b.t. toejuiching, vreugde] stürmisch

uitchecken auschecken

uitdagen herausfordern

de **uitdager** Herausforderer (m[9])

de **uitdaging** Herausforderung (v[20])

uitdelen austeilen, verteilen

uitdenken [bedenken] sich[3] ausdenken[140]; [spitsvondig] ausklügeln

uitdeuken ausbeulen

uitdiepen 1 [dieper maken] austiefen, vertiefen **2** [bestuderen] eingehend untersu-

chen
uitdijen sich ausdehnen
uitdoen 1 [uittrekken] ausziehen[318] **2** [uit-
doven] ausmachen
uitdokteren ausknobeln
uitdossen herausputzen
¹uitdoven (onov ww) [uitgaan] erlöschen[150]
²uitdoven (ov ww) löschen; [een sigaret]
ausdrücken
de **uitdraai** [comp] Ausdruck (m⁵)
¹uitdraaien (onov ww) hinauslaufen[198]:
waar zal dat op ~? worauf läuft das hinaus?
²uitdraaien (ov ww) **1** [uitdoen] ausdrehen,
abschalten, ausschalten **2** [naar buiten
draaien] herausdrehen **3** [computerbestand]
ausdrucken
uitdragen [verkondigen] verbreiten
uitdrijven vertreiben[290], verjagen; [vee;
boze geesten] austreiben
uitdrinken austrinken[293], leeren
uitdrogen austrocknen
uitdrukkelijk ausdrücklich; [met klem]
nachdrücklich
¹uitdrukken (ov ww) **1** [uitpersen] auspressen, ausdrücken **2** [uiten] ausdrücken, äußern
zich **²uitdrukken** (wdk ww) sich ausdrücken:
zacht uitgedrukt gelinde gesagt
de **uitdrukking 1** Ausdruck (m⁶): *tot ~ komen*
zum Ausdruck kommen[193] (in⁺³); *~ geven aan*
Ausdruck geben⁺³ **2** [spreekwijze] Redensart
(v²⁰)
¹uitdunnen (ov ww) [dunner maken] aus-
dünnen
²uitdunnen (onov ww) [dunner worden]
sich lichten
uiteen auseinander
uiteendrijven auseinandertreiben[290]
uiteenlopen 1 [m.b.t. lijnen] auseinander-
laufen[198] **2** [m.b.t. mensen, meningen] auseinander gehen[168] **3** [variëren] variieren[320]
uiteenlopend auseinandergehend, unterschiedlich
uiteenspatten zerplatzen
uiteenvallen auseinanderfallen[154]
uiteenzetten 1 [lett] auseinanderstellen
2 [fig] auseinandersetzen, darlegen
de **uiteenzetting** Darlegung (v²⁰), Ausführun-
gen (mv v²⁰)
het **uiteinde** Ende (o³⁸): *een zalig ~!* guten
Rutsch ins neue Jahr!
uiteindelijk 1 [ten slotte] schließlich,
letztendlich **2** [definitief] endgültig
¹uiten (ww) äußern
zich **²uiten** (wdk ww) sich äußern
uit-en-ter-na 1 [heel vaak] immer wieder,
unaufhörlich **2** [grondig] gründlich, ausführlich
uitentreuren immer wieder; [tot vervelens
toe] bis zum Überdruss
uiteraard natürlich, selbstverständlich

het **¹uiterlijk** (zn) Äußere(s) (o⁴⁰ᶜ), Aussehen
(o³⁹)
²uiterlijk (bn) äußer: *de ~e schijn* der äußere
Anschein
³uiterlijk (bw) äußerlich; [op z'n laatst] spätestens: *~ over 14 dagen* spätestens in 14 Tagen
uitermate überaus, äußerst
¹uiterst (bn) äußerst: *zijn ~e best doen* sein
Äußerstes tun[295]; *in het ~e geval* äußersten-
falls; *de ~e datum* [ook] der Stichtag
²uiterst (bw) äußerst: *~ belangrijk* äußerst
wichtig; *~ nauwkeurig* genau(e)stens
het **uiterste 1** [wat het verst uiteenligt] Extrem
(o²⁹): *de ~n raken elkaar* die Extreme berühren sich; *van het ene ~ in het andere vallen* von
einem Extrem ins andere fallen[154] **2** [het
laatste] das Äußerste, das Letzte: *iem. tot het
~ brengen* jmdn. bis zum Äußersten reizen;
zich tot het ~ inspannen sein Letztes hergeben[166]
de **uiterwaard** Deichvorland (o³⁹), Vorland
uitfluiten auspfeifen[214]
uitfoeteren: *iem. ~* jmdn. ausschimpfen
uitgaan ausgehen[168]: *het huis ~* das Haus
verlassen[197]; *de kamer ~* aus dem Zimmer gehen[168]; *onze gedachten gaan uit naar de slacht-
offers* unsere Gedanken gelten den Opfern;
het vuur gaat uit das Feuer geht aus
uitgaand ausgehend: *~e post* ausgehende
Post; *het ~ publiek* [theat] das Theaterpubli-
kum; [bioscoop] das Kinopublikum; *hiervan
~e* dies vorausgesetzt
het **uitgaansverbod** Ausgangssperre (v²¹)
de **uitgang 1** [alg] Ausgang (m⁶); [in bus,
tram] Ausstieg (m⁵) **2** [van woord] Endung
(v²⁰)
het **uitgangspunt** Ausgangspunkt (m⁵); [fig
ook] Eckpunkt (m⁵)
de **uitgave 1** [van geld] Ausgabe (v²¹) **2** [van
boek] Ausgabe (v²¹); [druk, editie] Auflage
(v²¹)
uitgebreid ausgedehnt, umfassend: *een ~e
bibliotheek* eine umfangreiche Bibliothek;
~e activiteiten umfangreiche Aktivitäten (mv
v²⁰)
uitgehongerd ausgehungert
uitgekookt [ook fig] ausgekocht
uitgelaten ausgelassen, übermütig
het **uitgeleide** *iem. ~ doen* jmdm. das Geleit
geben[166]
uitgelezen auserlesen, ausgesucht
uitgemaakt ausgemacht: *dat is een ~e zaak*
das ist eine ausgemachte Sache
uitgemergeld ausgemergelt, ausgezehrt
uitgeprocedeerd: *~e asielzoekers* Asylbewerber, deren Asylantrag in allen Instanzen
abgelehnt wurde
uitgeput erschöpft: *de voorraad raakt ~* der
Vorrat geht aus
uitgerekend 1 [op eigen voordeel be-

dacht] gerissen **2** [juist] ausgerechnet
uitgeslapen 1 [lett] ausgeschlafen **2** [fig;
slim] schlau, pfiffig; gerissen
uitgesloten ausgeschlossen
uitgesproken ausgesprochen: *een ~ te-*
genstander ein erklärter Gegner
uitgestrekt ausgedehnt
uitgeteld 1 [uitgeput] erschöpft; [inf] aus-
gepumpt, fix und fertig **2** [m.b.t. de zwan-
gerschap]: *zij is ~ op 13 augustus* ihr (voraus-
sichtlicher) Entbindungstermin ist der 13.
August
uitgeven 1 [besteden] ausgeben[166]
2 [waardepapieren e.d.] emittieren[320]
3 [doen verschijnen]: *een boek ~* **a)** [de uitgave bezorgen] ein Buch herausgeben (*of:*
herausbringen); **b)** [drukken en in de handel
brengen] verlegen; *het boek wordt uitgegeven*
bij das Buch erscheint bei[+3] **4** [zich voor-
doen]: *zich als … ~* sich als … ausgeben[166]
de **uitgever** [van boeken] Verleger (m[9]); [van
krant, tijdschrift, ook] Herausgeber (m[9])
de **uitgeverij** Verlag (m[5])
uitgewerkt ausgearbeitet, detailliert
uitgewoond verwohnt
[1]**uitgezonderd** (vz) außer[+3]: *~ jou heb ik*
niemand außer dir habe ich niemand
[2]**uitgezonderd** (vw) ausgenommen
de **uitgifte 1** Ausgabe (v[21]) **2** [emissie] Emission (v[20])
uitgillen herausschreien[253]
uitglijden ausgleiten[178], ausrutschen
de **uitglijder** Schnitzer (m[9]); [flater] Bock (m[6])
uitgommen ausradieren[320]
uitgraven 1 [opgraven] ausgraben[180]
2 [uitdiepen] ausschachten
uitgroeien sich entwickeln, wachsen[302]
de **uithaal** [uitval] Ausfall (m[6])
uithakken aushauen[185]
[1]**uithalen** (onov ww) **1** [arm, been uitstrek-
ken] ausholen: *de bokser* haalde uit der Boxer
holte aus **2** [fig] anfahren[153] **3** [uitwijken]
ausweichen[306]
[2]**uithalen** (ov ww) **1** [loshalen] aufräufeln:
een trui ~ einen Pullover aufräufeln **2** [leeg-
halen] ausnehmen[212], ausräumen: *de kast ~*
den Schrank ausräumen; *een nestje ~* ein
Nest ausnehmen **3** [helpen] nützen: *dat haalt*
niets uit das nützt nichts **4** [uitvoeren] anstellen: *wat heb je uitgehaald?* was hast du
angestellt?; *een grap met iem. ~* jmdm. einen
Streich spielen
het **uithangbord** Aushängeschild (o[31])
[1]**uithangen** (onov ww) **1** [zich ophouden]
stecken: *waar hangt hij uit?* wo steckt er?
2 [buiten hangen] heraushängen[184]
[2]**uithangen** (ov ww) **1** [de was] aufhängen:
de vlag ~ flaggen **2** [zich voordoen als] spielen: *de grote meneer ~* den großen Herrn
spielen
uitheems fremdländisch, exotisch

de **uithoek** entlegener Winkel (m[9])
uithollen [ook fig] aushöhlen
de **uitholling** [ook fig] Aushöhlung (v[20]): *~*
overdwars! (op verkeersbord) Querrinne!
uithongeren aushungern
uithoren (jmdn.) ausfragen, aushorchen
uithouden 1 [volhouden] aushalten[183],
durchhalten[183] **2** [verdragen] aushalten
het **uithoudingsvermogen** Ausdauer (v[28])
uithuilen sich ausweinen; [inf] sich ausheu-
len
uithuwelijken verheiraten: *zijn dochter*
aan iem. ~ seine Tochter mit jmdm. verheiraten
de **uiting 1** [uitlating] Äußerung (v[20]) **2** [het
uiten] Ausdruck (m[6]): *~ geven aan zijn verbol-*
genheid seinen Ärger zum Ausdruck bringen[139]; *de ~ van blijdschap* die Äußerung der
Freude; *tot ~ komen* zum Ausdruck kommen[193]
het **uitje**: *een ~ hebben* mal ausgehen[168]
uitjouwen ausbuhen
uitkafferen (jmdn.) anschnauzen
uitkammen 1 [doorzoeken] durchkäm-
men **2** [m.b.t. haar] auskämmen
uitkeren 1 [uitbetalen] auszahlen **2** [divi-
dend] ausschütten
de **uitkering 1** [het uitkeren] Auszahlung (v[20])
2 [de uitgekeerde som] ausgezahlte Summe
(v[21]) **3** [van dividend] Ausschüttung (v[20])
4 [van sociale verzekering] Leistung (v[20]);
[bijstand] Sozialhilfe (v[21])
de **uitkeringsgerechtigde** Leistungsbezieher (m[9])
de **uitkeringstrekker** Leistungsbezieher
(m[9]); [bijstand] Sozialhilfeempfänger (m[9])
uitkienen ausknobeln
uitkiezen (aus)wählen
de **uitkijk 1** [uitzicht] Ausblick (m[5]), Aussicht
(v[20]) **2** [uitkijktoren] Aussichtsturm (m[6])
3 [scheepv] Ausguck (m[5])
uitkijken 1 ausschauen, Ausschau halten[183]
(naar[+3]): [fig] *zijn ogen ~* große Augen machen; *naar de vakantie ~* die Ferien herbei-
sehnen **2** [trachten te krijgen] sich umsehen[261] (naar[+3]): *naar een baan ~* sich nach einer Stelle umsehen **3** [uitzicht geven] (hinaus)gehen[168] (auf[+4]): *het raam kijkt uit op het*
plein das Fenster geht auf den Platz (hinaus)
4 [opletten] aufpassen: *kijk uit!* Vorsicht!
de **uitkijktoren** Aussichtsturm (m[6])
uitklappen ausklappen
uitklaren zollamtlich abfertigen
[1]**uitkleden** (ww) ausziehen[318], auskleiden
zich [2]**uitkleden** (wdk ww) sich auszuziehen, sich
auskleiden
uitknijpen ausquetschen, auspressen
uitknippen ausschneiden[250]; [licht] aus-
knipsen
uitkoken auskochen
uitkomen 1 [iets verlaten] (heraus)kom-

uitkomst

men[193] aus[+3]: [fig] *ik kom er helemaal niet uit!* damit werde ich nicht fertig! **2** [m.b.t. bloemen, zaden] aufgehen[168]; [m.b.t. bomen, planten] ausschlagen[241] **3** [m.b.t. boek, film] herauskommen[193] **4** [m.b.t. de waarheid] ans Licht kommen[193] **5** [m.b.t. misdrijf] herauskommen[193] **6** [eruitzien] sich ausnehmen[212] **7** [rondkomen met] auskommen[193]: *met zijn salaris* ~ mit seinem Gehalt auskommen **8** [in het oog vallen] hervortreten[291] **9** [kloppen] stimmen: *dat komt uit!* das stimmt!; *dat komt goed uit!* das trifft sich gut! **10** [uitvallen] sich treffen[289]: *het kwam net zo uit, dat we …* es traf sich, dass wir …; *dat komt mij niet goed uit!* das passt mir nicht recht! **11** [m.b.t. voorspelling] eintreffen[289], sich erfüllen **12** [in wedstrijd] spielen **13** [bij het kaartspel] ausspielen **14** [toegang geven] gehen[168] (auf[+4]) **15** [overstemmen] übertönen: *boven iets* ~ etwas übertönen ‖ *(openlijk) voor iets* ~ **a)** [bekennen] etwas offen eingestehen; **b)** [verkondigen] etwas offen vertreten

de **uitkomst 1** [afloop, uitslag] Ergebnis (o[29a]), Resultat (o[29]) **2** [van som] Ergebnis (o[29a]) ‖ ~ *brengen* Abhilfe schaffen[230]

uitkopen: *iem.* ~ jmdn. abfinden[157]
uitkramen verzapfen, reden
uitkrijgen 1 [van bijv. schoenen] ausbekommen[193] **2** [oplossen] lösen **3** [een boek] auslesen[201]
uitkunnen: *er niet over* ~ *dat …* sich nicht genug darüber wundern können, dass …

de **uitlaat** Auspuff (m[5])
het **uitlaatgas** Auspuffgas (o[29]), Abgas (o[29])
de **uitlaatklep** Auslassventil (o[29])
uitlachen auslachen
uitladen ausladen[196]
¹uitlaten (ww) hinauslassen[197]: *de hond* ~ den Hund ausführen
zich **²uitlaten** (wdk ww) **1** sich äußern **2** *zich over iem., iets* ~ sich über jmdn., über[+4] etwas äußern
de **uitlating** Äußerung (v[20])
de **uitleg** Erklärung (v[20]); [interpretatie] Deutung (v[20])
uitleggen 1 [verklaren] auslegen, erklären; [interpreteren] deuten **2** [ruimer maken] auslassen[197]
uitlekken 1 [lett] abtropfen: *groente laten* ~ Gemüse abtropfen lassen[197] **2** [fig] durchsickern
het **¹uitlenen** (zn) Ausleihen (o[39])
²uitlenen (ww) ausleihen[200]
z ch **uitleven** sich ausleben
uitleveren ausliefern (an[+4])
de **uitlevering** Auslieferung (v[20])
uitlezen auslesen[201], zu Ende lesen[201]
uitlijnen auswuchten
uitloggen sich ausloggen
uitlokken 1 [uitnodigen] einladen[196] **2** [doen ontstaan] auslösen: *het ene woord*

lokt het andere uit ein Wort gibt das andere
de **uitloop** Spielraum (m[6]); [verlenging] mögliche Verlängerung (v[20])
¹uitlopen (onov ww) **1** [m.b.t. vloeistof] auslaufen[198] **2** [naar buiten lopen] auslaufen[198] **3** [m.b.t. machine] auslaufen[198]; [m.b.t. vliegtuig, voertuig] ausrollen **4** [sport; mbt keeper] herauslaufen[198] **5** [plantk] ausschlagen[241]; [kiemen] keimen **6** [eindigen] auslaufen[198]: *waar moet dat op ~?* wohin soll das führen?; *dat loopt op een prijsverhoging uit* das führt zu einer Preiserhöhung; *op een mislukking* ~ scheitern, zu einem Misserfolg führen **7** [uitmonden] münden
²uitlopen (ov ww) [ten einde lopen] zu Ende laufen[198]
de **uitloper** Ausläufer (m[9])
uitloten auslosen
uitloven [een beloning, prijs] aussetzen
uitmaken 1 [doven] ausmachen, löschen **2** [verbreken] (auf)lösen: *het met iem.* ~ mit jmdm. Schluss machen **3** [vormen] bilden **4** [bepalen] feststellen: *dat moet hij met zichzelf* ~ das muss er mit sich selbst ausmachen **5** *iem. voor dief* ~ jmdn. einen Dieb schelten ‖ *dat maakt niets uit!* das macht nichts!
uitmelken [iem.] ausquetschen; [thema] (über)strapazieren
uitmesten ausmisten
uitmeten ausmessen[208]; [fig] *iets breed* ~ viel Aufhebens von[+3] etwas machen
uitmonden münden (in[+4])
uitmoorden hinmorden
uitmunten sich auszeichnen
uitmuntend ausgezeichnet, hervorragend
uitnodigen einladen[196]
de **uitnodiging** Einladung (v[20])
uitoefenen [ambacht, beroep, praktijk, invloed] ausüben: *kritiek* ~ Kritik üben (an[+3])
de **uitoefening** Ausübung (v[28])
¹uitpakken (onov ww) **1** [onthalen] aufwarten (mit[+3]) **2** [vertellen] auspacken: *tegen iem.* ~ jmdm. die Meinung sagen ‖ *hoe zal dat ~?* wie wird das ausgehen?
²uitpakken (ov ww) [van verpakking ontdoen] auspacken
uitpersen auspressen
uitpluizen: [fig] *iets* ~ einer Sache[3] nachspüren
uitpraten ausreden: *iem. laten* ~ jmdn. ausreden lassen[197]; *ze moeten het eens* ~ sie müssen sich mal aussprechen
uitprinten ausdrucken
uitproberen ausprobieren[320]
uitpuilen [m.b.t. zakken] überquellen[217]; [m.b.t. ogen] hervorquellen[217]: *~de ogen* Glotzaugen (mv o[38])
uitputten 1 [krachteloos maken] erschöpfen: *volkomen uitgeput* völlig erschöpft **2** [verbruiken] [middelen, krachten, reserves] erschöpfen; [voorraden] aufzehren ‖ *een*

onderwerp ~d behandelen ein Thema erschöpfend behandeln

de **uitputting** Erschöpfung (v[20])

uitrangeren: *iem., iets ~* jmdn., etwas auf ein totes Gleis schieben[237]

uitrazen (sich) austoben

uitreiken 1 [ter hand stellen] überreichen **2** [prijzen] verleihen[200] **3** [voedsel] verteilen **4** [communie] austeilen

de **uitreiking** Überreichung (v[20]); [van prijs] Verleihung (v[20]); [bv. paspoort] Ausstellung (v[20])

het **uitreisvisum** Ausreisevisum (o, mv: Ausreisevisen, Ausreisevisa)

uitrekenen ausrechnen

¹**uitrekken** (ww) recken: *een elastiek ~* ein Gummiband dehnen

zich ²**uitrekken** (wdk ww) sich strecken

uitrichten ausrichten

uitrijden ausfahren[153]

de **uitrit** Ausfahrt (v[20])

uitroeien [verdelgen] ausrotten, vertilgen

de **uitroeiing** Ausrottung (v[20]), Vertilgung (v[20])

de **uitroep** Ausruf (m[5]), Schrei (m[5])

uitroepen ausrufen[226]

het **uitroepteken** Ausrufezeichen (o[35])

uitroken ausräuchern

uitrollen ausrollen

¹**uitrukken** (onov ww) [m.b.t. brandweer, militairen] ausrücken

²**uitrukken** (ov ww) [verwijderen] ausreißen[220]

¹**uitrusten** (ww) [rust nemen] sich ausruhen

²**uitrusten** (ww) **1** [van het nodige voorzien] ausrüsten **2** [fig] ausstatten

de **uitrusting** Ausrüstung (v[20]), Ausstattung (v[20])

uitschakelen ausschalten

¹**uitscheiden** (onov ww) [afscheiden] ausscheiden[232]

²**uitscheiden** (onov ww) [ophouden] aufhören: *ach man, schei (toch) uit!* ach Mann, hör (doch) auf!

de **uitscheiding** Ausscheidung (v[20])

uitschelden ausschimpfen, beschimpfen

uitscheuren (her)ausreißen[220]

¹**uitschieten** (onov ww) [onwillekeurig bewegen] ausrutschen

²**uitschieten** (ov ww) **1** [door schieten wegnemen] ausschießen[238] **2** [snel uittrekken] fahren[153] aus[+3]

de **uitschieter 1** [rukwind] Bö (v[20]) **2** [iets bijzonders] Spitzenleistung (v[20])

uitschijnen: [Belg] *iets laten ~* etwas durchblicken lassen[197]

het **uitschot** [hand] Ausschuss (m[19]) || *het ~ van de maatschappij* der Abschaum der Gesellschaft

uitschreeuwen herausschreien[253]: *het ~ van pijn* vor Schmerzen[3] (auf)schreien

uitschrijven 1 [alg] ausschreiben[252]: *een recept ~* ein Rezept ausschreiben; *verkiezingen ~* Wahlen ausschreiben; *een prijsvraag ~* ein Preisausschreiben veranstalten; *een vergadering ~* eine Versammlung einberufen[226] **2** [schrappen] austragen[288]

uitschudden ausschütteln: *de hond schudt zich uit* der Hund schüttelt sich

uitschuifbaar ausziehbar; [hydraulisch] ausfahrbar

uitschuiven ausziehen[318]; [hydraulisch] ausfahren[153]

¹**uitslaan** (onov ww) [m.b.t. muur] schwitzen; [verkleuren] sich verfärben || *de vlammen slaan het dak uit* die Flammen schlagen aus dem Dach heraus; *~de brand* Großfeuer (o[33])

²**uitslaan** (ov ww) **1** [door slaan verwijderen] ausschlagen[241]: *een spijker er ~* einen Nagel herausschlagen[241] **2** [vleugels, armen] ausbreiten; [sport; benen] spreizen

de **uitslag 1** [van magneetnaald, wijzer] Ausschlag (m[6]) **2** [med] Ausschlag (m[6]) **3** [op muur] Feuchtigkeit (v[28]), Schimmel (m[9]) **4** [resultaat] Ergebnis (o[29a]), Resultat (o[29])

uitslapen ausschlafen[240]

zich **uitsloven** sich abmühen

de **uitslover** Arbeitstier (o[29]); [kruiper] Kriecher (m[9])

uitsluiten ausschließen[245]

uitsluitend ausschließlich

de **uitsluiting** Ausschluss (m[6])

het **uitsluitsel** Aufschluss (m[6])

de **uitsmijter 1** [van bar, nachtclub] Rausschmeißer (m[9]) **2** [gerecht] strammer Max (m[19a])

uitsnijden 1 [her]ausschneiden[250] **2** [in hout] ausschnitzen

de **uitspanning** Ausflugslokal (o[29])

het **uitspansel** Firmament (o[39])

uitsparen 1 sparen: *iets ~* sich³ etwas ersparen **2** [ruimte openlaten] aussparen

de **uitsparing** Aussparung (v[20])

de **uitspatting** Ausschweifung (v[20])

¹**uitspelen** (onov ww) [een uitwedstrijd spelen] auswärts spielen

²**uitspelen** (ov ww) [ten einde spelen] zu Ende spielen; [in het spel brengen] ausspielen: *een kaart ~* eine Karte ausspielen

uitsplitsen aufschlüsseln

uitspoelen ausspülen

uitspoken 1 [uitbroeden] aushecken **2** [uitvoeren] anstellen, treiben[290]

de **uitspraak 1** [wijze van spreken] Aussprache (v[21]) **2** [uitlating] Aussage (v[21]) **3** [beslissing] Entscheidung (v[20]) **4** [vonnis] Urteil (o[29]): *~ doen* das Urteil sprechen; *de ~ van de jury* der Spruch der Geschworenen

uitspreiden ausbreiten; [van benen] spreizen

uitspreken 1 [zijn dank, een woord] aus-

sprechen[274] **2** [gevoelens] äußern **3** [een vonnis] (aus)sprechen[274], verkünden **4** [ten einde spreken] aussprechen[274], ausreden
uitspringen 1 [uitsteken] vorspringen[276] **2** [fig]: *ergens goed* ~ bei etwas gut wegkommen[193]
uitspugen ausspucken
¹uitstaan (onov ww) sich verzinsen: ~ *tegen* 8% sich mit acht Prozent verzinsen
²uitstaan (ov ww) ausstehen[279]: *angst* ~ Angst ausstehen; *iem. niet kunnen* ~ jmdn. nicht ausstehen können[194]; *ik heb met hem niets uit te staan* ich habe mit ihm nichts zu schaffen; *wat heb ik daarmee uit te staan?* was geht das mich an?; *veel met iem. moeten* ~ seine liebe Not mit jmdm. haben[182]
uitstallen ausstellen; [fig] zur Schau stellen
het **uitstalraam** [Belg] Schaufenster (o[33])
het **uitstapje** Ausflug (m[6]); [tijdens grotere reis] Abstecher (m[9])
uitstappen aussteigen[281]
het **uitsteeksel** Vorsprung (m[6])
het **uitstek**: *bij* ~ ganz besonders, überaus
¹uitsteken (onov ww) vorspringen[276], vorstehen[279]: ~ *boven* [ook fig] überragen[+4], hinausragen über[+4]
²uitsteken (ov ww) **1** [door steken verwijderen] ausstechen[277] **2** [uitstrekken] ausstrecken: *zijn hand* ~ die Hand ausstrecken; [fig] *geen hand* ~ keinen Finger rühren; *de vlag* ~ die Flagge aushängen
¹uitstekend (bn, bw) ausgezeichnet, hervorragend
²uitstekend (bn, bw) vorspringend, vorstehend
het **uitstel 1** Aufschub (m[6]), Moratorium (o, 2e nvl: -s; mv: Moratorien): ~ *van betaling* Zahlungsaufschub; [fig] ~ *van executie* Galgenfrist (v[20]); *zonder* ~ unverzüglich; *iem.* ~ *verlenen* jmdm. Aufschub gewähren; *iem.* ~ *van militaire dienst verlenen* jmdm. vom Militärdienst zurückstellen **2** [Belg; jur]: *met* ~ mit Bewährung; *drie maanden met* ~ drei Monate Freiheitsstrafe mit Bewährung
uitstellen aufschieben[237], verschieben[237], hinausschieben[237]: *tot een andere dag* ~ auf einen anderen Tag verlegen; *de zaak kan niet uitgesteld worden* die Sache duldet keinen Aufschub
uitsterven aussterben[282]
uitstijgen [ook fig] hinausragen (über[+4]), überragen[+4]: *boven zichzelf* ~ über sich selbst[4] hinauswachsen
uitstippelen vorzeichnen
de **uitstoot** [emissie] Emission (v[20]), Auswurf (m[6])
uitstorten ausschütten
uitstoten 1 [alg] ausstoßen[285] **2** [buitensluiten] ausschließen[245] **3** [van afvalstoffen] emittieren[320], auswerfen[311]
uitstralen [ook fig] ausstrahlen

de **uitstraling** Ausstrahlung (v[20])
¹uitstrekken (ww) ausstrecken
zich **²uitstrekken** (wdk ww) sich ausdehnen, sich erstrecken: *zich op de grond* ~ sich auf dem Boden hinstrecken
het **uitstrijkje** Ausstrich (m[5])
uitstrooien [ook fig] ausstreuen
de **uitstroom** [van arbeidskrachten] Abwanderung (v[20])
de **uitstulping** Ausstülpung (v[20])
uitsturen ausschicken, aussenden[263]: *iem. op iets* ~ jmdn. nach[+3] etwas ausschicken
uittekenen: *iem.* ~ jmdn. zeichnen
uittesten austesten, ausprobieren[320]
uittikken tippen
de **uittocht** Auszug (m[6])
de **uittrap** Abschlag (m[6]), Abstoß (m[6])
uittrappen 1 [doven] austreten[291] **2** [in het spel brengen] abschlagen[241] **3** [uit het veld trappen] ins Aus treten[291]
uittreden 1 [als lid] austreten[291] **2** [uit een functie] ausscheiden[232]: *vervroegd* ~ vorzeitig ausscheiden
de **uittreding** Austritt (m[5]), Ausscheiden (o[39])
¹uittrekken (onov ww) losziehen[318]: *ze trekken erop uit om … sie ziehen los, um …
²uittrekken (ov ww) **1** ausziehen[318] **2** [kleding] ausziehen[318] **3** [een bedrag] bereitstellen **4** [tijd] zur Verfügung stellen **5** [een boek] ausziehen[318]
het **uittreksel 1** [chem, farm] Auszug (m[6]), Extrakt (m[5]) **2** [van boek] Auszug (m[6]) **3** [van rekening] Kontoauszug (m[6])
uittypen tippen
uitvaardigen erlassen[197]; [bevel] ausgeben[166]: *sancties* ~ Sanktionen verhängen
de **uitvaart** [begrafenis] Beerdigung (v[20]); [r-k; uitvaartdienst] Seelenamt (o[32])
het **uitvaartcentrum** Trauerfeierhalle (v[21]), Totenfeierhalle (v[21])
de **uitvaartdienst** Totenmesse (v[21]), Totenamt (o[32]), Seelenamt (o[32])
de **uitval** Ausfall (m[6]); [sport ook; fig ook] Rundschlag (m[6]), Rundumschlag (m[6])
uitvallen 1 [alg] ausfallen[154]: *het* ~ *van de lessen* [ook] der Stundenausfall **2** [m.b.t. naaldboom] nadeln **3** [mil; bij het schermen] ausfallen[154] **4** [tijdens een wedstrijd] ausscheiden[232] **5** [fig]: *tegen iem.* ~ jmdn. anfahren[153] || *goed, slecht* ~ gut, schlecht ausfallen[154]
de **uitvaller** Ausgeschiedene(r) (m[40a], v[40b])
de **uitvalsbasis 1** [leger] Ausfallsbasis (v, mv: Ausfallsbasen) **2** [m.b.t. activiteiten] Aktionsbasis (v, mv: Aktionsbasen)
de **uitvalsweg** Ausfallstraße (v[21])
uitvaren 1 [lett] auslaufen[198], ausfahren[153] **2** [razen, tieren] toben: *tegen iem.* ~ jmdn. anfahren[153]
uitvechten: *iets* ~ etwas ausfechten[156]; *het onder elkaar* ~ es miteinander ausmachen

uitvegen 1 [reinigen] auskehren **2** [uitwissen] auswischen

uitvergroten vergrößern

uitverkiezen (aus)erwählen

uitverkocht ausverkauft; [m.b.t. boek] vergriffen

de **uitverkoop** Ausverkauf (m⁶)

uitverkoren auserwählt

uitvinden erfinden¹⁵⁷; [achter iets komen] herausfinden¹⁵⁷

de **uitvinder** Erfinder (m⁹)

de **uitvinding** Erfindung (v²⁰)

uitvissen [fig] herausfinden¹⁵⁷, herausbekommen¹⁹³

uitvlakken ausradieren³²⁰; [fig] *dat moet je niet ~!* das ist kein Pappenstiel!

het **uitvloeisel** Ausfluss (m⁶), Folge (v²¹)

de **uitvlucht** Ausflucht (v²⁵), Ausrede (v²¹)

uitvoegen sich ausfädeln

de **uitvoegstrook** Ausfädelspur (v²⁰), Abbiegespur (v²⁰)

de **uitvoer 1** [export] Ausfuhr (v²⁸), Export (m¹⁹): *in- en ~* Ein- und Ausfuhr **2** [comp] Output (m¹³, o³⁶) ‖ *ten ~ brengen* ausführen, durchführen

uitvoerbaar ausführbar, durchführbar

de **uitvoerder** [bouwk] Bauführer (m⁹)

uitvoeren 1 [exporteren] ausführen, exportieren³²⁰ **2** [een bevel, bestelling, reparatie] ausführen: *een vonnis ~* ein Urteil vollstrecken **3** [een besluit, plan] ausführen, durchführen **4** [een opdracht] ausführen, erledigen **5** [een opera e.d.] aufführen **6** [comp] ausdrucken ‖ *het boek is goed uitgevoerd* das Buch ist gut ausgestattet; *niets ~* keinen Finger krumm machen; *wat voer jij daar uit?* was machst du da?

uitvoerend: *~e macht* Exekutivgewalt (v²⁰)

uitvoerig ausführlich; [en grondig] eingehend

de **uitvoering 1** [van bevel, bestelling, reparatie] Ausführung (v²⁸) **2** [van besluit, plan] Ausführung (v²⁸), Durchführung (v²⁸): *aan een plan ~ geven* einen Plan ausführen **3** [van opdracht] Ausführung (v²⁸), Erledigung (v²⁸) **4** [van vonnis] Vollstreckung (v²⁰) **5** [van opera e.d.] Aufführung (v²⁰) **6** [van boek] Ausstattung (v²⁰)

de **uitvoerrechten** Ausfuhrzoll (m⁶), Exportzoll (m⁶)

uitvouwen auseinanderfalten

uitvreten [uitspoken] ausfressen¹⁶²

de **uitvreter** Nassauer (m⁹)

¹**uitwaaien** (ov ww) [doven] auswehen

²**uitwaaien** (onov ww) **1** [gedoofd worden] auswehen **2** [een frisse neus halen] frische Luft schnappen

het/de **uitwas** [ook fig] Auswuchs (m⁶)

uitwasemen ausdünsten

uitwassen [reinigen] auswaschen³⁰⁴

de **uitwedstrijd** Auswärtsspiel (o²⁹)

de **uitweg** Ausweg (m⁵)

uitweiden ausführlich berichten (über⁺⁴)

¹**uitwendig** (bn) äußer, äußerlich: *voor ~ gebruik* für den äußerlichen Gebrauch

²**uitwendig** (bw) äußerlich

¹**uitwerken** (onov ww): *de verdoving, de medicijn is uitgewerkt* die Betäubung, das Medikament wirkt nicht mehr

²**uitwerken** (ov ww) **1** [alg] ausarbeiten **2** [een som] ausrechnen, lösen

de **uitwerking 1** [alg] Ausarbeitung (v²⁰) **2** [van som] Ausrechnen (o³⁹), Lösung (v²⁰) **3** [effect] Wirkung (v²⁰): *~ hebben op* sich auswirken auf⁺⁴

de **uitwerpselen** Exkremente (mv o²⁹), Kot (m¹⁹); [van wild] Losung (v²⁰)

uitwijken 1 [opzijgaan] ausweichen³⁰⁶: *voor een auto ~* einem Auto ausweichen **2** [zich in ballingschap begeven] ins Exil gehen¹⁶⁸ **3** [Belg; emigreren] auswandern

uitwijzen 1 [tonen] zeigen: *de tijd zal het ~* die Zukunft wird es lehren **2** *iem. ~* [over de grens zetten] jmdn. ausweisen³⁰⁷

de **uitwijzing** Ausweisung (v²⁰)

uitwisselbaar auswechselbar

uitwisselen austauschen (gegen⁺⁴)

de **uitwisseling** Austausch (m¹⁹)

uitwissen auswischen, wegwischen; [de sporen van een misdrijf] beseitigen; [een schuld] sühnen

uitwonend außer Haus wohnend

de **uitworp 1** [sport] Abwurf (m⁶) **2** [uitstoot] Ausstoß (m⁶)

uitwrijven verreiben

uitwringen auswringen³¹⁶

uitwuiven: *iem. ~* jmdm. nachwinken

¹**uitzaaien** (ov ww) [landb] aussäen

zich ²**uitzaaien** (wdk ww) [geneesk] absiedeln; [vakt] metastasieren

de **uitzaaiing 1** [proces] Metastasierung (v²⁰) **2** [resultaat] Metastase (v²¹): *~en in de lever* Metastasen in der Leber

het **uitzendbureau** Büro (o³⁶) für Zeitarbeit, Zeitarbeitsfirma (v, mv: Zeitarbeitsfirmen)

uitzenden 1 [telec] senden²⁶³, übertragen²⁸⁸ **2** *iem. ~* jmdn. ausschicken, aussenden²⁶³

de **uitzending 1** [telec] Sendung (v²⁰), Übertragung (v²⁰) **2** [het uitsturen] Aussendung (v²⁰)

de **uitzendkracht** Zeitarbeitnehmer (m⁹), Leihkraft (v²⁵)

het **uitzendwerk** Leiharbeit (v²⁸)

het/de **uitzet** Aussteuer (v²¹)

¹**uitzetten** (onov ww) **1** [zich uitbreiden] sich ausdehnen: *metaal zet door warmte uit* Metall dehnt sich durch Erwärmung aus **2** [m.b.t. hout] quellen²¹⁷

²**uitzetten** (ov ww) **1** [uitschakelen] ausschalten **2** [uit een plaats zetten] aussetzen: *een sloep ~* ein Boot aussetzen; *iem. de deur*

~ jmdn. vor die Tür setzen; *iem. het land* ~ jmdn. ausweisen[307]; *geld op rente* ~ Geld verzinsen

de **uitzetting 1** [nat] Ausdehnung (v[20]) **2** [uit het land] Ausweisung (v[20]) **3** [uit een woning] Zwangsräumung (v[20])

het **uitzicht 1** Aussicht (v[20]), Ausblick (m[5]) **2** [vooruitzicht] Aussicht (v[20]) (auf+[4])

uitzichtloos aussichtslos

uitzieken sich auskurieren[320]

[1]**uitzien** (onov ww) **1** aussehen[261]: *er goed* ~ gut aussehen; *het ziet ernaar uit, dat het gaat regenen* es sieht nach Regen aus **2** [proberen te krijgen] sich umsehen[261] (nach+[3]): *naar een gelegenheid* ~ sich nach einer Gelegenheit umsehen **3** [verlangen naar] sich sehnen (nach+[3]) || *de kamer ziet uit op de tuin* das Zimmer geht auf den Garten

[2]**uitzien** (ov ww) [tot het einde zien] zu Ende sehen[261]: *een film* ~ einen Film zu Ende sehen

uitzingen [volhouden] aushalten[183]

uitzinnig zügellos, wahnsinnig: ~ *zijn van vreugde* vor Freude außer+[3] sich sein[262]

uitzitten: *een straf* ~ eine Strafe verbüßen; *zijn tijd* ~ seine Zeit absitzen

uitzoeken 1 [uitkiezen] aussuchen **2** [onderzoeken] untersuchen; [met succes] herausfinden[157]

uitzonderen ausnehmen[212]

de **uitzondering** Ausnahme (v[21]): *bij (wijze van)* ~ ausnahmsweise; *met* ~ *van* mit Ausnahme+[2]; *een* ~ *op de regel* eine Ausnahme von der Regel

uitzonderlijk außergewöhnlich

uitzuigen [lett] aussaugen[229]; [fig] ausbeuten

de **uitzuiger** Ausbeuter (m[9])

uitzwaaien: *iem.* ~ jmdm. nachwinken

uitzwermen ausschwärmen

uitzweten ausschwitzen

de **uk,** de **ukkepuk** Knirps (m[5])

ultiem [uiteindelijk] letztendlich; [allerlaatst] allerletzt: *een ~e poging* ein allerletzter Versuch

het **ultimatum** Ultimatum (o[36], mv: ook Ultimaten)

ultralinks ultralinks, linksradikal

ultramodern ultramodern

ultrarechts ultrarechts, rechtsradikal

ultraviolet ultraviolett: *de ~te stralen* [ook] die UV-Strahlen

de **umlaut** Umlaut (m[5]): *a-, o-, u-*-~ das Ä, Ö, Ü

de **umpire** Schiedsrichter (m[9]), Umpire (m[13], 2e nvl: -)

unaniem einstimmig, einmütig

de **undercover** Undercoveragent (m[14])

de **underdog** Unterlegene(r) (m[40a], v[40b])

de **underground** Underground (m[19])

het **understatement** Understatement (o[36]), Untertreibung (v[20])

unfair unfair

de **uni** uni

het **unicum** Unikum (o, 2e nvl: -s; mv: Unika)

de **unie** Union (v[20])

de **unief** [Belg] Uni (v[27]), Universität (v[20])

uniek einmalig, einzigartig

het [1]**uniform** (zn) Uniform (v[20])

[2]**uniform** (bn) einheitlich, Einheits…, uniform: ~ *tarief* einheitlicher Tarif (m[5]), Einheitstarif (m[5])

uniformeren vereinheitlichen

[1]**uniseks** (zn) Unisex (m[19], 2e nvl: ook -)

[2]**uniseks** (bn): ~ *kleding* Partnerlook (m[19])

de **unit** Abteilung (v[20]); [in ziekenhuis vooral] Station (v[20]); [wooneenheid] Wohneinheit (v[20])

universeel universal, universell: ~ *middel* Universalmittel (o[33])

universitair akademisch: ~*e studie* Universitätsstudium (o, 2e nvl: -s; mv: Universitätsstudien)

de **universiteit** Universität (v[20]); [inf] Uni (v[27]): *de* ~ *van Bonn* die Bonner Universität, die Universität Bonn

het **universum** Universum (o[39])

unzippen unzippen; dekomprimieren

de **update** Update (o[36])

updaten updaten

de **upgrade** Upgrade (o[36])

upgraden upgraden

uploaden uploaden, aufladen[196]

de **upper class** Upperclass (v[28]), Oberschicht (v[20])

het **uppie**: *in zijn* ~ solo; ganz allein

de **ups-and-downs**: *de* ~ *van het leven* das Auf und Ab, die Höhen und Tiefen des Lebens

up-to-date up to date, zeitgemäß

het **uranium** Uran (o[39])

het/de **urban** Urban (m[19a])

urenlang stundenlang

urgent dringend

de **urgentie** Dringlichkeit (v[28])

de **urgentieverklaring** Dringlichkeitsbescheinigung (v[20])

de **urine** Urin (m[5]), Harn (m[5])

urineren urinieren[320], harnen

het **urinoir** öffentliche Toilette (v[21]); [voor mannen] Pissoir (o[29], o[36])

de **URL** afk van *uniform resource locator* URL (v[27], m[13])

de **urn** Urne (v[21])

de **urologie** Urologie (v[21])

de **uroloog** Urologe (m[15])

Uruguay Uruguay (o[39])

de **Uruguayaan** Uruguayer (m[9]), Uruguayerin (v[22])

Uruguayaans uruguayisch

de **USA** die USA (mv; alleen met lw)

de **usance** Brauch (m[6]), Usance (v[21])

de **USB-stick** USB-Stick (m[13]), USB-Stift (m[5]); Datenstick (m[13])

de **user** [comp] Benutzer (m[9]), Benutzerin (v[22]), Nutzer (m[9]), Nutzerin (v[22]); User (m, 2e nvl: -s; mv: -)

de **utiliteitsbouw** Nutzbau (m, 2e nvl: -(e)s; mv: -ten)

de **utopie** Utopie (v[21])
utopisch utopisch

het **uur 1** [60 minuten, lesuur] Stunde (v[21]): *130 km per* ~ 130 km/h, 130 Kilometer pro Stunde, 130 Stundenkilometer; *om het* ~ jede Stunde; *de bussen rijden om het* ~ die Busse fahren im Stundentakt; [de treinen vertrekken] *op de hele en halve uren* jede Stunde und jede halbe Stunde; *op elk* ~ zu jeder Stunde; *over een* ~ in einer Stunde; *we hebben het derde* ~ *wiskunde* wir haben in der dritten Stunde Mathematik **2** [tijdstip] Uhr (v[20]): *om drie* ~ um drei Uhr ‖ *uren maken* Stunden abarbeiten

het **uurloon** Stundenlohn (m[6])

het **uurtarief** Stundentarif (m[5])

het **uurtje**: *tot in de kleine* ~*s* bis nach Mitternacht

het **uurwerk 1** [horloge, klok] Uhr (v[20]) **2** [het raderwerk] Uhrwerk (o[29])

de **uurwijzer** Stundenzeiger (m[9])
uw Ihr(e); [bij familie] dein(e) (mv), euer(e)
uwerzijds Ihrerseits
uzelf Sie selbst, selber: *dat hebt u aan* ~ *te danken* das haben Sie sich selbst zuzuschreiben; [positief] das haben Sie sich selbst zu verdanken

V

de **v** [letter] v, V (o)
vaag unbestimmt, vag(e), ungenau: *vage lij-nen* verschwommene Linien; *een ~ voorge-voel* ein dunkles Vorgefühl; *iets in het vage laten* etwas im Ungefähren halten[183]
de **vaagheid** Vagheit (v[20])
vaak oft[65], häufig, öfters
vaal fahl, blass, farblos
de **vaan** Fahne (v[21]), Banner (o[33])
het **vaandel** Fahne (v[21])
de **vaandrig** Fähnrich (m[5]), Fahnenjunker (m[9])
het **vaantje** Fähnchen (o[35])
het **vaarbewijs** Bootsführerschein (m[5])
vaardig gewandt, geübt, geschickt
de **vaardigheid** Gewandtheit (v[28]), Fertigkeit (v[20]): *technische vaardigheden* technische Fertigkeiten
de **vaargeul** Fahrrinne (v[21])
de **vaarroute** Fahrweg (m[5]), Fahrstrecke (v[21])
de **vaars** Färse (v[21])
de **vaart 1** [tocht met schip] Fahrt (v[20]): *de gro-te ~* die große Fahrt; *de kleine ~* die kleine Fahrt; *de wilde ~* die Trampschifffahrt; *een schip in de ~ brengen* ein Schiff in Dienst stel-len; *een schip uit de ~ nemen* ein Schiff aufle-gen **2** [kanaal] Kanal (m[6]) **3** [snelheid] Ge-schwindigkeit (v[20]), Fahrt (v[28]): *~ maken* in Fahrt bringen; *het zal zo'n ~ niet lopen* es wird nicht so schlimm kommen; *~ achter iets zetten* etwas beschleunigen; *in volle ~* in voller Fahrt; *behouden ~!* gute Fahrt!
het **vaartuig** Fahrzeug (o[29]), Schiff (o[29])
het **vaarwater** Fahrwasser (o[39]): *iem. in het ~ zitten* jmdm. in die Quere kommen[193]
de **vaarweg** Wasserweg (m[5])
het **¹vaarwel** (zn) Lebewohl (o[36], o[29])
²vaarwel (tw): *~!* leb(e) wohl!, leben Sie wohl!
de **vaas** Vase (v[21])
de **vaat** Geschirr (o[29]): *de ~ doen* spülen
de **vaatdoek** Spüllappen (m[11]): *zo slap als een ~* sehr schlapp
het **vaatje**: *uit een ander ~ tappen* andere Saiten aufziehen[318]
de **vaatwasmachine** Geschirrspülmaschine (v[21]), Geschirrspüler (m[9])
de **vaatwasser** Geschirrspülmaschine (v[21]), Geschirrspüler (m[9])
vacant offen, frei
de **vacature** offene Stelle (v[21]), freie Stelle (v[21]): *er komt daar een ~* da wird eine Stelle frei; *die ~ is al vervuld* diese Stelle ist schon besetzt

de **vacaturebank** Arbeitsnachweis (m[5]), Stel-lennachweis (m[5])
het **vaccin** Vakzine (v[21]), Vakzin (o[29]), Impfstoff (m[5])
de **vaccinatie** Vakzination (v[20]), Impfung (v[20])
vaccineren vakzinieren[320], impfen
de **vacht** Fell (o[29]); [fig] Pelz (m[5])
het **vacuüm** Vakuum (o, 2e nvl: -s; mv: Vakuen of Vakua)
vacuümverpakt vakuumverpackt
de **vader** Vater (m[10]): *daar helpt geen lieve ~ of moeder aan* da hilft kein Bitten und kein Fle-hen; [iron] *neen, ~, dat gaat niet!* nein, mein lieber Freund, das geht nicht!; *de wens is de ~ van de gedachte* der Wunsch ist der Vater des Gedankens
Vaderdag Vatertag (m[5])
de **vaderen** Vorfahren (mv m[14])
het **vaderland** Vaterland (o[32]); [geboorteland] Heimat (v[20]): [fig] *voor het ~ weg* ungehemmt
vaderlands heimatlich, national: *de ~e ge-schiedenis* [voor Nederlanders, Duitsers enz.] die niederländische, deutsche … Geschichte
de **vaderlandsliefde** Vaterlandsliebe (v[28])
vaderlijk väterlich: *~ erfdeel* väterliches Erbe
het **vaderschap** Vaterschaft (v[20])
de **vaderskant**: *van ~* väterlicherseits; *de fami-lie van ~* die Verwandtschaft väterlicherseits
vadsig träge, faul
de **vagebond** Vagabund (m[14]), Landstreicher (m[9])
het **vagevuur** Fegefeuer (o[39])
de **vagina** Vagina (v, mv: Vaginen), Scheide (v[21])
vaginaal vaginal
het **vak 1** Fach (o[32]): *het ~ biologie* das Fach Bio-logie; *facultatief ~* Wahlfach; *verplicht ~* Pflichtfach; *een man van het ~* ein Fachmann; *een ~ leren* [ook] einen Beruf erlernen, ler-nen **2** [deel van een vlak] Feld (o[31])
de **vakantie** [van bedrijven] Urlaub (m[5]); [van scholen] Ferien (mv): *met ~ zijn* auf (*of:* im, in) Urlaub sein[262]; *met ~ thuis zijn* die Ferien zu Hause verbringen[139]; *met ~ gaan* auf (*of:* in) Urlaub gehen[168]; auf (*of:* in) Urlaub fahren
het **vakantieadres** Ferienanschrift (v[20])
de **vakantiedag** Ferientag (m[5]), Urlaubstag (m[5])
de **vakantieganger** Urlauber (m[9]), Ferienrei-sende(r) (m[40a], v[40b])
het **vakantiegeld** Urlaubsgeld (o[31])
het **vakantiehuis** [vrijstaand] Ferienhaus (o[32]); [appartement] Ferienwohnung (v[20])
de **vakantiespreiding** Ferienstaffelung (v[20])
de **vakantietoeslag** Urlaubsgeld (o[31])
het **vakantiewerk** Ferienarbeit (v[28])
vakbekwaam fachkundig
de **vakbekwaamheid** Fachkenntnisse (mv v[24])
de **vakbeurs** Fachmesse (v[21])

de **vakbeweging** Gewerkschaften (mv v[20])
de **vakbond** Gewerkschaft (v[20])
de **vakbondsleider** Gewerkschaftsführer (m[9])
de **vakcentrale** Gewerkschaftsbund (m[6])
het **vakdiploma** Facharbeiterzeugnis (o[29a])
het **vakgebied** Fachgebiet (o[29])
de **vakgroep** Fachbereich (m[5])
de **vakidioot** Fachidiot (m[14])
het **vakjargon** Fachjargon (m[13])
het **vakje 1** Fach (o[32]) **2** [van formulier, puzzel] Kästchen (o[35]) **3** [van bureau] Fach (o[32]) **4** [deel van een vlak] Feld (o[31])
de **vakkennis** Fachkenntnisse (mv v[24]), Fachwissen (o[39])
het **vakkenpakket** Prüfungsfächer (mv o[32])
de **vakkenvuller** Aushilfskraft (v[25]) zum Nachfüllen der Regale im Supermarkt
vakkundig fachkundig, fachgemäß: *iets ~ repareren* etwas fachmännisch reparieren[320]
de **vakliteratuur** Fachliteratur (v[20])
de **vakman** Fachmann (m[8], mv: meestal Fachleute)
het **vakmanschap** fachmännische(s) Können (o[39])
de **vaktaal** Fachsprache (v[21])
de **vakterm** Fachausdruck (m[6])
de **vakvereniging** Gewerkschaft (v[20]): *lid van ~* Gewerkschaft(l)er (m[9])
het **vakwerk 1** [vakkundig werk] Facharbeit (v[20]) **2** [bouwk] Fachwerk (o[39])
de **¹val** [het vallen] [ook fig] Fall (m[6]); [krachtig] Sturz (m[6]): *de ~ van het kabinet der Sturz der Regierung; ten ~ komen* zu Fall kommen[193]; *ten ~ brengen* stürzen
de **²val** [scheepv] Fall (o[37]), Tau (o[29])
de **³val** [om te vangen] Falle (v[21]): *in de ~ lopen* in die Falle gehen[168]
de **valavond** [Belg] Abenddämmerung (v[28]): [Belg] *bij ~* in der Abenddämmerung
Valentijnsdag Valentinstag (m[5])
de **valhelm** Sturzhelm (m[5])
valide 1 [gezond] arbeitsfähig **2** [geldig] gültig
het **valies** Reisetasche (v[21]); [koffer] Koffer (m[9])
het **valium**MERK Valium (o)
de **valk** Falke (m[15])
de **valkuil** Fallgrube (v[21]); [fig] Fallstrick (m[5])
de **vallei** Tal (o[32])
het **¹vallen** (zn): *het ~ van de avond* die (her)einbrechende Nacht; *tegen het ~ van de avond* gegen Abend; *het ~ van het water* das Fallen des Wassers
²vallen (ww) fallen[154]; [krachtig] stürzen; [sneuvelen] fallen[154]: *de avond valt* es wird Abend; *het kabinet viel* die Regierung wurde gestürzt; *de schemering valt* die Dämmerung bricht herein; *er ~ klappen* es gibt (of: setzt) Hiebe; *er valt sneeuw* es fällt Schnee; *er vielen boze woorden* es fielen böse Worte; *komen te ~* hinfallen; *(zich) laten ~* (sich) fallen las-

sen[197]; *in slaap ~* einschlafen[240]; *dat valt onder dezelfde categorie* das gehört in dieselbe Kategorie; *op de grond ~* zu Boden fallen; *over iets ~* über+4 etwas fallen; [fig] Anstoß an+3 etwas nehmen[212] || *met hem valt niet te spotten* er lässt nicht mit sich spaßen; *daarover valt te praten* darüber lässt sich reden; *er valt weinig van te zeggen* man kann noch nicht viel darüber sagen; *daar valt veel voor te zeggen* das hat viel für sich; *er valt wat te snoepen* es gibt etwas zu naschen
vallend: *~e ziekte* Epilepsie (v[21])
de **valpartij** Sturz (m[6])
de **valreep** Fallreep (o[29])
vals 1 falsch: *~ alarm* falscher Alarm; *~ geld* Falschgeld (o[31]); *~e naam* falscher Name (m[18]); *~e sleutel* Nachschlüssel (m[9]); *~e start* Fehlstart (m[13]); *~ spelen* falschspielen **2** [kwaad] böse **3** [geniepig] falsch, hinterlistig
het **valscherm** Fallschirm (m[5])
valselijk fälschlich
de **valsemunter** Falschmünzer (m[9])
de **valsheid** Falschheit (v[28]): *~ in geschrifte* Urkundenfälschung (v[20])
de **valstrik 1** [fig] Fallstrick (m[5]) **2** [lett] Schlinge (v[21]): *in een ~ lopen* jmdm. ins Garn gehen[168]
de **valuta** Währung (v[20]), Valuta (v, mv: Valuten): *vreemde ~* fremde Währung
de **valutahandel** Devisenhandel (m[19])
de **vamp** Vamp (m[13])
de **vampier** Vampir (m[5])
¹van (zn) Familienname (m[18])
²van (bw) davon: *er iets ~ nemen* etwas davon nehmen[212]; *wat zeg je daar ~?* was sagst du dazu?; *daar komt niets ~* daraus wird nichts
³van (vz) **1** [toebehorend aan, behorend bij] wordt uitgedrukt met 2e naamval; [inf] von+3: *de fiets ~ mijn broer* das Rad meines Bruders; *het dak ~ het huis* das Dach des Hauses; *het ambt ~ burgemeester* das Amt eines Bürgermeisters; *het beroep ~ arts* der Beruf eines Arztes; *de rol ~ verrader* die Rolle eines Verräters; *de hoofdstad ~ België* die Hauptstadt Belgiens (of: von Belgien); *de straten ~ Parijs* die Straßen von Paris; *de prijs ~ 4 stoelen* der Preis von 4 Stühlen **2** [gemaakt door] wordt uitgedrukt met 2e naamval; [inf] von+3: *een schilderij ~ Rembrandt* ein Gemälde Rembrandts **3** [mbt degene die (datgene dat) de handeling uitvoert] wordt uitgedrukt met 2e naamval; [inf] von+3: *de mededeling ~ de directeur* die Mitteilung des Direktors; *het rollen ~ de donder* das Rollen des Donners **4** [mbt degene die (datgene dat) de handeling ondergaat] wordt uitgedrukt met 2e naamval; [inf] von+3: *het beleg ~ de stad* die Belagerung der Stadt **5** [inhoudend, omvattend] wordt uitgedrukt met 2e naamval of

met *von*[+3]: *woorden ~ troost* Worte des Trostes; *geen spoor ~ medelijden* keine Spur von Mitleid **6** [mbt de oorzaak] wordt uitgedrukt met 2e naamval of met *von*[+3], *vor*[+3]: *tranen ~ berouw* Tränen der Reue; *moe ~ het wachten* müde vom Warten; *beven ~ angst* zittern vor Angst **7** [m.b.t. plaats; ook fig] *von*[+3]: *5 km ~ het dorp* 5 km vom Dorf **8** [m.b.t. tijd] *von*[+3]: *~ nu af aan* von jetzt an; *~ toen af aan* von da an; *de dag ~ heden* der heutige Tag; *de dag ~ morgen* der morgige Tag; *de dag ~ gisteren* der gestrige Tag; *~ de week* diese Woche **9** [m.b.t. herkomst] *von*[+3], *aus*[+3] **10** [vervaardigd uit] *aus*[+3]: *een stoel ~ hout* ein Stuhl aus Holz **11** [wat betreft] *von*[+3], *an*[+3]: *jong ~ jaren* jung von (*of:* an) Jahren **12** [een deel van een groter geheel aangevend] *von*[+3]: *een ~ de mannen* einer der Männer [ook met 2e naamval] einer der Männer **13** [mbt een eigenschap] wordt uitgedrukt met 2e naamval of met *von*[+3]: *een mens ~ goede wil* ein Mensch guten Willens; *een man ~ karakter* ein Mann von Charakter **14** [over] *von*[+3]: *geen flauw idee ~ iets hebben* keine blasse Ahnung von etwas haben[182] **15** *hij zei ~ ja* er sagte ja (*of:* Ja); *ik geloof ~ niet* ich glaube nicht

vanaf ab[+3, soms +4], von[+3] ... an: *~ maandag* von Montag an; *~ 1 juli* ab erstem (1.) Juli, vom ersten (1.) Juli an; *~ heden* ab heute

vanavond heute Abend

vandaag heute: *~ de dag* heutzutage

de **vandaal** Vandale (m[15])

vandaan: *waar ~?* woher?; *waar halen we het ~?* wo nehmen wir es her?; [fig] *waar haal je het ~?* wie kommst du darauf?; *waar komt dat ~?* woher kommt das?; *ik moet hier ~* ich muss fort von hier

vandaar 1 [daarom] daher: *~, dat ik schrijf!* daher (*of:* deswegen) schreibe ich! **2** [van die plaats] von da her

het **vandalisme** Vandalismus (m[19a])

vandoor: *ik moet er ~* ich muss gehen; *zijn vrouw is er ~* seine Frau ist ihm davongelaufen; *haar man is er ~* ihr Mann ist ihr davongelaufen

vaneen voneinander, auseinander

vangen fangen[155]; [verdienen] einnehmen[212]

het **vangnet** Fangnetz (o[29])

de **vangrail** Leitplanke (v[21])

de **vangst** Fang (m[19])

vanhier von hier

de **vanille** Vanille (v[28])

het **vanille-ijs** Vanilleeis (o[39])

vanjewelste ungeheuer, furchtbar, riesig: *een lawaai ~* ein Heidenlärm

vanmiddag 1 [omstreeks 12 uur] heute Mittag **2** [na 14 uur] heute Nachmittag

vanmorgen heute Morgen

vannacht heute Nacht; [in de afgelopen

nacht, ook] in der vergangenen Nacht

vanochtend heute Morgen

vanouds von alters her, von jeher

vanuit aus[+3], von[+3] ... aus

vanwaar 1 [van welke plaats] woher **2** [om welke reden] woher, weshalb

vanwege 1 [uit naam van] vonseiten[+2], seitens[+2] **2** [om] wegen[+2]

vanzelf von selbst: *dat spreekt ~* das versteht sich; *dat gaat ~* das geht von alleine

vanzelfsprekend selbstverständlich

de **¹varen** (zn) [plantk] Farn (m[5]), Farnpflanze (v[21])

²varen (ww) fahren[153]: [fig] *ergens wel bij ~* sich gut bei[+3] etwas stehen; *een plan laten ~* einen Plan aufgeben[166]

de **varia** Allerlei (o[39]); Varia (mv)

variabel variabel, veränderlich

de **variabele** Variable (v[40b])

de **variant** Variante (v[21])

de **variatie** Variation (v[20]): *voor de ~* zur Abwechslung

variëren variieren[320]

het **variété** Varieté (o[36])

de **variëteit** Varietät (v[20])

het **varken** Schwein (o[29]): *wild ~* Wildschwein; [fig] *hij is een ~* er ist ein Schwein

de **varkensfokkerij 1** [het fokken] Schweinezucht (v[20]) **2** [bedrijf] Schweinezüchterei (v[20])

de **varkenshaas** Schweinelende (v[21])

de **varkenskarbonade** Schweinekotelett (o[36])

de **varkenspest** Schweinepest (v[28])

de **varkensstal** Schweinestall (m[6]), Schweinekoben (m[11])

het **varkensvlees** Schweinefleisch (o[39]); [toebereid] Schweinebraten (m[11])

het **varkensvoer 1** [lett] Schweinefutter (o[39]) **2** [slecht voedsel] Schweinefraß (m[19])

de **vaseline** Vaseline (v[28])

¹vast (bn) **1** fest: *~e baan* feste Stelle; *~ inkomen* festes Einkommen; *~e klant* fester Kunde (m[15]); Stammkunde (m[15]); *~e prijzen* feste Preise; *een ~e telefoon* ein Festnetztelefon **2** [voortdurend] ständig: *~ lid (van een commissie)* ständiges Mitglied (o[31]); *~e woonplaats* ständiger (*of:* fester) Wohnsitz; *~ weer* beständiges Wetter **3** [andere vertalingen]: *een ~e hand hebben* eine sichere Hand haben[182]; *~e huurder* Dauermieter (m[9])

²vast (bw) **1** [intussen] schon: *ga maar ~ vooruit, ik kom zo!* geh schon voraus, ich komme gleich nach! **2** [stevig, stellig] fest; [stellig, ook] bestimmt: *iets ~ beloven* etwas fest versprechen[274]; *~ slapen* fest schlafen[240]; *hij komt ~* er kommt bestimmt; *u kunt er ~ op rekenen!* Sie können sich darauf verlassen!; *~ en zeker* ganz gewiss

vastberaden entschlossen

vastbesloten entschieden, entschlossen

vastbijten: [ook fig] *zich ~ in iets* sich in[+3

etwas festbeißen[125]
vastbinden festbinden[131] (an[+3])
het **vasteland** Festland (o[39]); [de oever] Land (o[39])
de **¹vasten** (zn) Fasten (mv): *de ~ begint* die Fasten fangen an; *in de ~* in der Fastenzeit
²vasten (ww) fasten
Vastenavond Fastnacht (v[28]); [Z-Du, Oost] Fasching (m[5], m[13])
de **vastentijd** Fastenzeit (v[20])
het **vastgoed** Immobilien (mv)
vastgrijpen ergreifen[181]
de **vastheid** Festigkeit (v[28]), Sicherheit (v[28])
vasthouden festhalten[183]: *aan zijn eis ~* auf seiner Forderung bestehen[279]; *zich ~ aan* sich festhalten an[+3]
vasthoudend: *~ zijn* nicht lockerlassen[197]; nicht nachgeben[166]
de **vastigheid** Sicherheit (v[28])
vastklampen: *zich ~ aan* sich festklammern an[+3]; [fig] sich klammern an[+4]
vastknopen zuknöpfen: *er een dagje aan ~* noch einen Tag anhängen; [fig] *daar kan ik geen touw aan ~!* darauf kann ich mir keinen Vers machen!
¹vastleggen (ov ww) **1** [vastmaken] festmachen: *iets ~ aan* etwas festmachen an[+3] **2** [registreren] festlegen: *iets schriftelijk ~* etwas schriftlich festlegen, festhalten[183]
zich **²vastleggen** (wdk ww) sich festlegen, sich binden[131]
vastliggen festliegen[202]; [m.b.t. hond] an der Kette liegen[202]
vastlopen (sich) festlaufen[198]: *de motor is vastgelopen* der Motor hat sich festgefressen; *de onderhandelingen zijn vastgelopen* die Verhandlungen sind festgefahren
vastmaken festmachen (an[+3])
vastnaaien festnähen, annähen
vastpakken anfassen, anpacken
vastpinnen festnageln: [fig] *iem. op iets ~* jmdn. auf[+4] etwas festnageln
¹vastplakken (ov ww) [vastmaken] (an)kleben, (an)leimen
²vastplakken (onov ww) [blijven kleven] kleben bleiben[134], kleben
het **vastrecht** Grundgebühr (v[20])
vastroesten einrosten
vastschroeven festschrauben, anschrauben
vaststaan feststehen[279]
vaststellen 1 [bepalen] festsetzen, bestimmen: *de prijs ~* den Preis festsetzen; *de waarheid ~* die Wahrheit ermitteln **2** [besluiten] festlegen **3** [constateren] feststellen
de **vaststelling** Festsetzung (v[20]), Festlegung (v[20]), Feststellung (v[20])
vastzetten 1 [vast maken] befestigen (an[+3]) **2** [van geld] festlegen **3** *iem. ~* [in de gevangenis] jmdn. festsetzen, jmdn. einsperren **4** [door redenering] jmdn. in die Enge

treiben[290]
vastzitten festsitzen[268]; [in de gevangenis] (ein)sitzen[268]: *aan een belofte ~* [fig] an ein Versprechen gebunden sein[262]; *het overleg zit vast* die Verhandlungen sind in eine Sackgasse geraten
de **¹vat**: *ik heb geen ~ op hem* ich kann ihm nicht beikommen; *~ op iem. krijgen* Einfluss auf jmdn. gewinnen[174]
het **²vat** [ton] Fass (o[32]), Tonne (v[21]): *wijn van het ~* Wein vom Fass, offener Wein
vatbaar: *~ voor kou zijn* empfindlich gegen[+4] Kälte sein[262]; *voor rede ~ zijn* Vernunft annehmen[212]; *niet voor verbetering ~* unverbesserlich
het **Vaticaan** Vatikan (m[19])
Vaticaanstad Vatikanstadt (v[23])
vatten 1 [alg] fassen: *in goud ~* in[+4] Gold fassen; *de slaap niet kunnen ~* nicht einschlafen können[194]; *vuur ~* Feuer fangen[155]; [fig] aufbrausen **2** [van misdadiger] ergreifen[181], festnehmen[212] **3** [begrijpen] verstehen[279]: *dat vat ik niet!* das verstehe ich nicht!; *vat je?* verstanden?
de **vazal** Vasall (m[14])
v.Chr. afk van *voor Christus* vor Christus, vor Christo, v.Chr.
vechten kämpfen: *met iem. ~* sich mit jmdm. schlagen[241]; *ze ~ met elkaar* sie schlagen sich; *voor zijn leven ~* um sein Leben kämpfen
de **vechter 1** [lett] Kämpfer (m[9]) **2** [iem. die taai volhardt] Kämpfernatur (v[20])
de **vechtersbaas,** de **vechtjas** Raufbold (m[5])
de **vechtlust** Kampflust (v[28]), Streitlust (v[28])
de **vechtpartij** Schlägerei (v[20]), Prügelei (v[20])
de **vechtsport** Kampfsport (m[5])
de **vector** Vektor (m[16])
het **vedergewicht** Federgewicht (o[29])
vederlicht federleicht
de **vedette** Star (m[13])
het **vee** Vieh (o[39]): *een kudde ~* eine Viehherde
de **veearts** Tierarzt (m[6])
de **¹veeg** (zn) **1** [met bezem] Bürsten (o[39]) **2** [met doek] Wischen (o[39]) **3** [klap] Hieb (m[5]): *~ uit de pan* Seitenhieb (m[5])
²veeg (bn, bw): *een ~ teken* ein böses Vorzeichen; *het vege lijf redden* nur das nackte Leben retten
de **veehandel** Viehhandel (m[19])
de **veehouder** Viehhalter (m[9])
de **veehouderij** Viehhaltung (v[28])
de **veejay** afk van *videojockey* Videojockey (m[13]), VJ (2e nvl: ook -)
veel 1 [als eenheid gezien] viel[60]: *~ eten* viel essen[152]; *~ geld* viel Geld; *~ moeite* viel Mühe; *~ plezier!* viel Spaß! **2** [veel afzonderlijke dingen, velerlei] viel(es), viele: *~ huizen* viel(e) Häuser; *~ roem verwerven* sich[3] großen Ruhm erwerben[309]; *het scheelt ~* es macht einen großen Unterschied; *het scheel-*

de niet ~, of … es fehlte nicht viel, so …; ~ te ~ viel zu viel; *het doet me ~ plezier!* es freut mich sehr!; *weet ik ~!* was weiß ich!

veelal gewöhnlich, meistens

veelbelovend vielversprechend

veelbetekenend bedeutungsvoll: *een ~e blik* ein bedeutsamer Blick

veelbewogen sehr bewegt

veeleer eher

veeleisend anspruchsvoll

de **veelheid** Vielheit (v[28]), Menge (v[21])

de **veelhoek** Vieleck (o[29])

veelomvattend umfassend, umfangreich

de **veelpleger** Mehrfachtäter (m[9])

veelsoortig vielfältig, verschiedenartig

veelstemmig vielstimmig

het **veelvoud** Vielfache(s) (o[40c]): *het kleinste gemene ~* das kleinste gemeinsame Vielfache

de **veelvraat** [mens en dier] Vielfraß (m[5])

veelvuldig 1 [talrijk] mannigfach, mannigfaltig **2** [dikwijls] häufig

veelzeggend viel sagend, bedeutungsvoll

veelzijdig [ook fig] vielseitig

de **veemarkt** Viehmarkt (m[6])

het **veen** Moor (o[29]); [veengrond] Moorboden (m[12])

de **veenbes** Moosbeere (v[21])

de **¹veer** [van vogel; techn] Feder (v[21]): *zo licht als een ~* federleicht; *vroeg uit de veren* früh aus den Federn

het **²veer** [veerboot] Fähre (v[21])

de **veerboot** Fähre (v[21]); [groter] Fährschiff (o[29])

de **veerdienst** Fährdienst (m[5])

de **veerkracht 1** [lett] Elastizität (v[28]) **2** [fig] Vitalität (v[28]), Spannkraft (v[28])

veerkrachtig 1 [lett] elastisch **2** [fig] vital

de **veerman** Fährmann (m[8], mv: ook Fährleute)

de **veerpont** Fähre (v[21]), Fährschiff (o[29])

veertien vierzehn: *om de ~ dagen* alle vierzehn Tage

veertiende vierzehnt: *Lodewijk de ~* Ludwig der Vierzehnte (Ludwig XIV.); *~-eeuws* aus dem 14. (*of:* vierzehnten) Jahrhundert

veertig vierzig

¹veertigste (bn) [door veertig gedeeld] vierzigstel

²veertigste (rangtelw) vierzigst

veertigurig: *~e werkweek* 40-Stunden-Woche (v[21]), Vierzigstundenwoche (v[21])

de **veestal** Viehstall (m[6])

de **veestapel** Viehbestand (m[6])

de **veeteelt** Viehzucht (v[28])

het **veevervoer** Viehtransport (m[5])

het **veevoer** Viehfutter (o[33])

de **veganist** Veganer (m[9])

vegen wischen; [met bezem, stoffer] kehren, fegen: *mijnen ~* Minen räumen; *de voeten ~* sich[3] die Füße abtreten[291]

de **veger** [voorwerp] Besen (m[11]), Feger (m[9])

de **vegetariër** Vegetarier (m[9])

vegetarisch vegetarisch

de **vegetatie** Vegetation (v[20])

vegeteren vegetieren[320]

het **vehikel** Vehikel (o[33]); [inf] Nuckelpinne (v[21])

veilen versteigern

veilig sicher: *de kust is ~* [fig] die Luft ist rein; *op een ~e afstand* in gebührender Entfernung; *de ~ste partij kiezen* [fig] sichergehen[168]

de **veiligheid** Sicherheit (v[28])

de **veiligheidsagent** Sicherheitsbeamte(r) (m[40a])

de **veiligheidsbril** Schutzbrille (v[21])

de **veiligheidsdienst** Sicherheitsdienst (m[5])

het **veiligheidsglas** Sicherheitsglas (o[32])

de **veiligheidsgordel** Sicherheitsgurt (m[5])

veiligheidshalve sicherheitshalber

de **veiligheidsmaatregel** Sicherheitsmaßnahme (v[21]), Sicherheitsvorkehrung (v[20])

de **veiligheidsoverwegingen:** *uit ~* aus Sicherheitsgründen

de **Veiligheidsraad** [VN] Weltsicherheitsrat (m[19])

de **veiligheidsspeld** Sicherheitsnadel (v[21])

veiligstellen sicherstellen

de **veiling** Auktion (v[20]), Versteigerung (v[20])

het **veilinghuis** Auktionshaus (o[32])

de **veilingmeester** Auktionator (m[16]), Versteigerer (m[9])

de **veilingsite** Auktionsseite (v[21]), Auktionssite (v[27]), Versteigerungsseite (v[21]), Versteigerungssite (v[21])

veinzen heucheln, vortäuschen: *medelijden ~* Mitleid heucheln; *hij veinst te slapen* er stellt sich schlafend

de **vel 1** [alg] Haut (v[25]): *~ over been* nur noch Haut und Knochen; *het is om uit je ~ te springen!* man möchte aus der Haut fahren; *iem. het ~ over de oren halen* jmdm. das Fell über die Ohren ziehen[318] **2** [behaarde dierenhuid] Fell (o[29]) **3** [afgestroopt dierenvel] Balg (m[6]) **4** [blad papier] Blatt (o[32]), Bogen (m[11])

het **veld** Feld (o[31]): *het ~ ruimen* das Feld räumen; *~ winnen* (an) Boden gewinnen[174]; *in het open ~* auf freiem Feld; *in geen ~en of wegen* weit und breit; [fig] *uit het ~ slaan* aus der Fassung bringen[139]; [sport] *iem. het ~ uit sturen* jmdn. des Feldes (*of:* vom) Feld verweisen[307]; *uit het ~ gestuurd worden* Feldverweis erhalten[183]

het **veldbed** Feldbett (o[37])

de **veldbloem** Feldblume (v[21])

de **veldfles** Feldflasche (v[21])

de **veldheer** Feldherr (m[14])

het **veldhospitaal** Feldlazarett (o[29])

de **veldloop** Querfeldeinlauf (m[6]), Geländelauf (m[6])

de **veldmaarschalk** Feldmarschall (m[6])

de **veldmuis** Feldmaus (v[25])

het **veldrijden**, de **veldrit** Querfeldeinrennen

(o[35])

de **veldsla** Feldsalat (m[19])

de **veldslag** Feldschlacht (v[20]), Schlacht

de **veldspeler** Feldspieler (m[9])

de **veldtocht** Feldzug (m[6])

het **veldwerk** Feldforschung (v[20]), Feldarbeit (v[28])

de **veldwerker** Feldforscher (m[9])

¹velen (ww): *iem. niet kunnen* ~ jmdn. nicht ausstehen können[194]; *hij kan niets* ~ **a)** [lichamelijk] er kann nichts vertragen; **b)** [anders] er kann nichts ertragen

²velen (telw) viele; *zie veel*

velerlei vielerlei, mancherlei, allerlei

de **velg** Felge (v[21])

vellen 1 [doen vallen] fällen: *bomen* ~ Bäume fällen **2** [uitspreken] verkünden: *een vonnis* ~ ein Urteil verkünden ‖ *door griep geveld* an[+3] Grippe erkrankt

de **velo** [Belg; fiets] Fahrrad (o[32]), Rad (o[32])

het/de **velours** Velours (m, 2e nvl: -; mv: -)

het **ven** Moorsee (m[17])

de **vendetta** Vendetta (v, mv: Vendetten); Blutrache (v[28])

Venetië [de stad] Venedig (o[39])

de **Venezolaan** Venezolaner (m[9]), Venezolanerin (v[22])

Venezolaans venezolanisch

Venezuela Venezuela (o[39])

het **venijn** [ook fig] Gift (o[29])

venijnig 1 [vergiftig] giftig **2** [fig] giftig, boshaft, gehässig: *~e kou* schneidende Kälte

de **venkel** Fenchel (m[19])

de **vennoot** Teilhaber (m[9]), Gesellschafter (m[9])

de **vennootschap** Handelsgesellschaft (v[20]); [ook] Gesellschaft (v[20]): *besloten* ~ *(bv)* Gesellschaft mit beschränkter Haftung, GmbH; *naamloze* ~ *(n)* Aktiengesellschaft, AG; ~ *onder firma* offene Handelsgesellschaft

de **vennootschapsbelasting** Körperschaftssteuer (v[21])

het **venster** Fenster (o[33])

de **vensterbank** Fensterbank (v[25]), Fensterbrett (o[31])

de **vensterenveloppe** Fensterbriefumschlag (m[6])

het **vensterglas 1** [glas voor vensterruiten] Fensterglas (o[32]) **2** [glas van een venster] Fensterscheibe (v[21])

de **vent** Kerl (m[5]), Bursche (m[15])

venten Straßenhandel treiben[290]; [van huis tot huis] hausieren[320] (mit[+3])

de **venter** Straßenhändler (m[9]); [van huis tot huis] Hausierer (m[9])

het **ventiel** Ventil (o[29])

de **ventilatie** Ventilation (v[20]), Lüftung (v[20])

de **ventilator** Ventilator (m[16])

ventileren 1 [lett] ventilieren[320], lüften **2** [uiten] kundtun[295], äußern

het **ventje** Kerlchen (o[35])

de **ventweg** Fahrweg (m[5]) für langsamen Ver-

kehr parallel zur Hauptstraße

ver weit, fern: *~re neef* entfernter (*of:* weitläufiger) Vetter; *een ~re reis* eine weite Reise; *het Verre Oosten* der Ferne Osten; ~ *gezocht* weit hergeholt; ~ *achterblijven bij* weit zurückbleiben[134] hinter[+3]; ~ *in de veertig* weit über (die) vierzig; *het niet* ~ *brengen* es nicht weit bringen[139]; *het* ~ *schoppen* es weit bringen[139]; ~ *met iets komen* gut mit etwas vorankommen; *hij ging zo* ~ *te beweren* … er verstieg sich zu der Behauptung …; *te* ~ *gaan* zu weit gehen; *niet* ~ *van het dorp* unweit des Dorfes (*of:* unweit vom Dorf); ~ *van rijk* nichts weniger als reich; *in de ~re toekomst* in ferner Zukunft; *ik denk er in de ~ste verte niet aan* ich denke nicht im Traum daran!; *op ~re afstand* in weiter Ferne; *van ~re* von Weitem; ~ *heen zijn* **a)** [dronken zijn] blau sein; **b)** [erg ziek] ± schwer krank sein

veraangenamen angenehmer machen

verachtelijk verächtlich

verachten verachten: *iem.* ~ jmdn. verachten

de **verachting** Verachtung (v[28])

de **verademing** Erleichterung (v[20])

veraf weit entfernt, weitab

verafgelegen entlegen, weit entfernt

verafgoden: *iem.* ~ jmdn. vergöttern

verafschuwen verabscheuen

de **veranda** Veranda (v, mv: Veranden)

¹veranderen (onov ww) sich ändern: *het weer verandert* das Wetter ändert sich; *de wind verandert voortdurend* der Wind dreht sich ständig; *hij is erg veranderd* er hat sich sehr geändert; *van beroep* ~ den Beruf wechseln; *van gedachten* ~ sich anders besinnen; *van godsdienst* ~ die Religion wechseln; *van kleur* ~ die Farbe wechseln; *van mening* ~ seine Meinung ändern; *van plaats* ~ seinen Platz wechseln; *van woning* ~ die Wohnung wechseln

²veranderen (ov ww) **1** [alg] ändern: *dat verandert niets aan de zaak* das ändert nichts an der Sache **2** [wijzigingen aanbrengen] abändern **3** [tot iets volkomen anders maken] verwandeln

de **verandering 1** [het wijzigen] Änderung (v[20]): ~ *in iets brengen* an etwas[+3] eine Änderung vornehmen[212]; *we krijgen* ~ *van weer* wir bekommen anderes Wetter **2** [geringe wijziging] Abänderung (v[20]) **3** [totale wijziging] Verwandlung (v[20]) **4** [afwisseling] Abwechslung (v[20]), Wechsel (m[9]): *voor de* ~ zur Abwechslung

veranderlijk veränderlich; [m.b.t. weer, ook] unbeständig

verankeren verankern; [figuurlijk ook] verwurzeln

verantwoord vertretbar, fundiert: *een ~e beslissing* eine vertretbare Entscheidung

verantwoordelijk verantwortlich: *iem.*

voor iets ~ stellen jmdn. für[+4] etwas verantwortlich machen; *~ zijn voor* verantwortlich sein für[+4]

de **verantwoordelijkheid** Verantwortung (v[28]), Verantwortlichkeit (v[28]): *~ dragen* Verantwortung tragen[288]; *de ~ op zich nemen* die Verantwortung übernehmen[212]

[1]**verantwoorden** (ov ww) verantworten: *een bedrag ~* über einen Betrag Rechenschaft ablegen

zich [2]**verantwoorden** (wdk ww) sich verantworten: *zich voor iets moeten ~* sich für[+4] etwas verantworten müssen[211]

de **verantwoording 1** [rekenschap] Verantwortung (v[28]), Rechenschaft (v[28]): *iem. ter ~ roepen* jmdn. zur Rechenschaft (*of:* zur Verantwortung) ziehen[318]; *~ afleggen* Rechenschaft ablegen **2** [verantwoordelijkheid] Verantwortung (v[20]), Verantwortlichkeit (v[20])

verarmen verarmen

verassen 1 [tot as doen overgaan] veraschen **2** [cremeren] einäschern, verbrennen[138]

het [1]**verbaal** (zn) [proces-verbaal] Strafmandat (o[29])

[2]**verbaal** (bn) verbal

verbaasd erstaunt: *~ zijn* staunen, erstaunt sein[262]; *iem. ~ doen staan* jmdn. in Staunen (ver)setzen

de **verbalisant** Protokollant (m[14])

verbaliseren ein Strafmandat ausstellen: *iem. ~* jmdm. ein Strafmandat erteilen

het **verband 1** [verbintenis] Vertrag (m[6]) **2** [samenwerkingsvorm, kader] Rahmen (m[11]), Zusammenhang (m[6]): *in Europees ~* in europäischem Rahmen **3** [windsel] Verband (m[6]), Binde (v[21]) **4** [samenhang] Zusammenhang (m[6]), Beziehung (v[20]), Verbindung (v[20]): *~ leggen tussen twee dingen* zwei Dinge miteinander in Zusammenhang bringen[139]; *in ~ met* im (*of:* in) Zusammenhang mit[+3]; *in dit ~* in diesem Zusammenhang

de **verbanddoos** Verband(s)kasten (m[12], m[11])

verbannen [ook fig] verbannen

de **verbanning** [Verbannung (v[20])

verbasteren entstellen, verballhornen

[1]**verbazen** (ov ww) erstaunen, in Erstaunen versetzen

zich [2]**verbazen** (wdk ww) staunen, sich (ver)wundern: *zich over iets ~* über[+4] etwas staunen, sich über[+4] etwas (ver)wundern

verbazend erstaunlich

de **verbazing** Erstaunen (o[39]), Staunen (o[39]): *van de ene ~ in de andere vallen* aus dem Staunen nicht herauskommen[193]; *tot mijn stomme ~* zu meinem großen Erstaunen

verbazingwekkend staunenerregend, erstaunenswert, staunenswert, erstaunlich; [form] stupend

zich **verbeelden 1** [zich inbeelden] sich[3] einbilden **2** [zich voorstellen] sich[3] vorstellen

de **verbeelding 1** [het zich inbeelden] Einbildung (v[20]): *alles louter ~* alles nur Einbildung **2** [fantasie] Fantasie (v[21]) **3** [verwaandheid] Einbildung (v[28])

verbergen 1 [geheimhouden] verbergen[126] **2** [verstoppen] verstecken

verbeten 1 [ingehouden] verhalten: *~ woede* verhaltene Wut **2** [fel, vastberaden] verbissen

[1]**verbeteren** (onov ww) sich (ver)bessern, besser werden[310]

[2]**verbeteren** (ov ww) **1** [beter maken] (ver)bessern **2** [herstellen] ausbessern, reparieren[320], wiederherstellen **3** [corrigeren] verbessern, korrigieren[320]

de **verbetering** Verbesserung (v[20]), Reparatur (v[20]), Wiederherstellung (v[20]), Korrektur (v[20]); *zie* [2]verbeteren

verbeurdverklaren beschlagnahmen

verbieden verbieten[130], untersagen: *de invoer ~* die Einfuhr sperren

verbijsterd fassungslos, bestürzt

verbijsteren aus der Fassung bringen[139]

verbijsterend bestürzend, erschütternd

de **verbijstering** Bestürzung (v[28])

verbijten verbeißen[125]: *zich van woede ~* fast ersticken vor Wut; *de pijn ~* den Schmerz verbeißen

[1]**verbinden** (ov ww) verbinden[131]: [med] *iem. ~* jmdn. verbinden; *daaraan zijn voordelen verbonden* damit sind Vorteile verbunden; *ik ben verkeerd verbonden* ich bin falsch verbunden

zich [2]**verbinden** (wdk ww) sich (ver)binden[131]: *zich tot iets ~* sich zu[+3] etwas verpflichten; *zie* verbonden

de **verbinding** Verbindung (v[20]): *in ~ staan met* in Verbindung stehen[279] mit[+3]; *zich in ~ stellen met* in Verbindung treten[291] mit[+3], sich in Verbindung setzen mit[+3]

de **verbintenis 1** [verplichting] Verpflichtung (v[20]), Verbindlichkeit (v[20]) **2** [contract] Vertrag (m[6]), Kontrakt (m[5]) **3** [persoonlijke band] Verbindung (v[20])

verbitterd 1 [heftig] erbittert **2** [vol woede en wrok] erbittert, verbittert

de **verbittering** Verbitterung (v[20])

verbleken 1 [bleek worden] erblassen **2** [m.b.t. kleuren] verblassen, verbleichen[135] **3** [fig] verbleichen[135]

verblijden erfreuen, beglücken: *iem. met iets ~* jmdn. mit[+3] etwas erfreuen; *zich over iets ~* sich über[+4] etwas freuen

het **verblijf** Aufenthalt (m[5])

de **verblijfkosten** Aufenthaltskosten (mv)

de **verblijfplaats** Aufenthaltsort (m[5]); [domicilie] Wohnsitz (m[5])

de **verblijfsstatus** Aufenthaltsstatus (m, 2e nvl: -; mv: -)

de **verblijfsvergunning** Aufenthaltsgenehmigung (v[20])

verblijven 1 [vertoeven] sich aufhalten[183]: *ik verblijf, met vriendelijke groeten … ich verbleibe mit freundlichen Grüßen* **2** [wonen] wohnen

verblind 1 [lett] geblendet **2** [fig] geblendet, betört

verblinden 1 [lett] blenden **2** [fig] (ver)-blenden, betören

verbloemen 1 [niet laten merken] verhehlen, vertuschen **2** [bedekt zeggen] verschleiern

verbluffend verblüffend

verbluft verblüfft, verdutzt: ~ *staan kijken* verdutzt dreinschauen

het **verbod** Verbot (o[29])

verboden verboten, untersagt: ~ *te roken* Rauchen verboten; ~ *terrein* verbotenes Gelände; Sperrgebiet

het **verbodsbord** Verbotsschild (o[31])

verbolgen erzürnt, zornig, aufgebracht

het **verbond 1** [verdrag] Bündnis (o[29a]): *een ~ sluiten* ein Bündnis schließen[245] **2** [vereniging] Bund (m[6]), Verband (m[6])

verbonden 1 verbunden: *verkeerd ~* falsch verbunden **2** [verenigd] verbündet, alliiert

de **verbondenheid** Verbundenheit (v[28])

verborgen 1 [onzichtbaar gemaakt] verborgen, versteckt: ~ *gebreken* versteckte Mängel **2** [geheim] geheim

verbouwen 1 [telen] anbauen, anpflanzen **2** [door bouwen wijzigen] umbauen; [tot iets anders] ausbauen (zu[+3])

verbouwereerd 1 [onthutst] bestürzt **2** [verbluft] verdutzt, perplex

de **verbouwing** Umbau (m[19]); [tot iets anders] Ausbau (m[19])

verbranden verbrennen[138]

de **verbranding** Verbrennung (v[20])

de **verbrandingsmotor** Verbrennungsmotor (m[16], m[5])

verbrassen verprassen, vergeuden

verbreden verbreitern

verbreiden verbreiten

de **verbreiding** Verbreitung (v[20])

verbreken 1 [stukmaken] zerbrechen[137] **2** [afbreken] abbrechen[137], lösen: *de betrekkingen ~ die Beziehungen abbrechen*[137]; *het stilzwijgen ~ das Schweigen brechen*[137]; *de verloving ~ die Verlobung lösen*; [elek, telec] *het contact, de verbinding ~ den Kontakt, die Verbindung unterbrechen*[137] **3** [schenden] brechen[137]: *een contract ~ einen Vertrag brechen*

verbrijzelen zerschmettern, zertrümmern

zich **verbroederen** sich verbrüdern

de **verbroedering** Verbrüderung (v[20])

verbrokkelen zerbröckeln

verbruien verderben[297]: *het bij iem. ~ es mit jmdm. verderben*

het **verbruik** Verbrauch (m[19]); [van levens- en genotmiddelen, ook] Konsum (m[19])

verbruiken 1 [alg] verbrauchen **2** [volledig verbruiken, uitputten] erschöpfen

de **verbruiker** Konsument (m[14]), Verbraucher (m[9])

de **verbruikzaal** Speisesaal (m[6]), Speiseraum (m[6])

verbuigen 1 [ombuigen] verbiegen[129] **2** [taalk] beugen, deklinieren[320], flektieren[320]

de **verbuiging 1** [lett] Verbiegung (v[20]) **2** [taalk] Beugung (v[20]), Deklination (v[20]), Flexion (v[20])

verchromen verchromen

verdacht verdächtig: *er ~ uitzien* verdächtig aussehen[261]; *iem. ~ maken* jmdn. verdächtigen; *dat komt mij ~ voor* das kommt mir verdächtig vor; *ik was er niet op ~* ich war darauf nicht gefasst

de **verdachte** [voor de aanklacht] Verdächtige(r) (m[40a], v[40b]); [tijdens het onderzoek] Beschuldigte(r) (m[40a], v[40b]); [tijdens het proces] Angeklagte(r) (m[40a], v[40b])

de **verdachtenbank** Anklagebank (v[25])

de **verdachtmaking** Verdächtigung (v[20])

verdagen vertagen: ~ *tot* vertagen auf[+4]

de **verdaging** Vertagung (v[20])

verdampen verdampfen; [langzaam] verdunsten

verdedigbaar 1 [te verdedigen] haltbar **2** [te rechtvaardigen] vertretbar

verdedigen verteidigen; [mening, standpunt, ook] verfechten[156], vertreten[291]

de **verdediger 1** [ook jur] Verteidiger (m[9]) **2** [sport] Verteidiger (m[9]), Abwehrspieler (m[9])

de **verdediging** Verteidigung (v[20])

verdeeld geteilt: *de meningen zijn ~* die Meinungen sind geteilt

de **verdeeldheid** Uneinigkeit (v[20])

de **verdeelsleutel** Verteilerschlüssel (m[9])

de **verdeelstekker** Mehrfachstecker (m[9]); [voor twee andere stekkers] Doppelstecker

verdekt verdeckt

verdelen 1 [in delen scheiden] (ver)teilen: *iets in vieren ~ etwas in vier Stücke teilen* **2** [uitdelen] verteilen **3** [in delen afmeten] verteilen, aufteilen, einteilen, unterteilen

verdelgen vertilgen

de **verdeling** Teilung (v[20]), Verteilung (v[20]), Aufteilung (v[20]), Einteilung (v[20]), Unterteilung (v[20]); *zie verdelen*

verdenken verdächtigen: *iem. van diefstal ~* jmdn. des Diebstahls verdächtigen

de **verdenking** Verdacht (m[5], m[6]): *reden tot ~* Verdachtsgrund (m[6]); ~ *koesteren tegen iem.* einen Verdacht gegen jmdn. hegen; *onder ~ staan* im Verdacht stehen[279]

verder 1 weiter: ~ *zeg ik niets* weiter sage ich nichts **2** [als voorvoegsel bij werkwoord] weiter…, fort…: ~ *gaan* weitergehen[168]; fortfahren[153]; ~ *lezen* weiterlesen[201]; ~ *spelen* weiterspielen; *iets ~ vertellen* etwas weitererzählen

het **verderf** Verderben (o[39])
verderfelijk verderblich
verderven verderben[297]
¹verdichten (ov ww) **1** [verzinnen] erdichten, fingieren[320] **2** [nat, techn] verdichten, komprimieren[320]

zich **²verdichten** (wdk ww) sich verdichten

de **verdichting 1** Erdichtung (v[20]) **2** Verdichtung (v[20]), Komprimierung (v[20]); *zie* ¹*verdichten*

het **verdichtsel 1** [verzinsel] Erdichtung (v[20]) **2** [fabel] Fabel (v[21]), Märchen (o[35])
verdienen verdienen: *op deze auto verdient hij 1000 euro* an diesem Auto verdient er 1000 Euro; *dat heb ik niet aan hem verdiend* das habe ich nicht um ihn verdient

de **verdienste 1** [loon] Verdienst (m[5]), Einkommen (o[35]): *zonder ~ zijn* ohne Verdienst sein[262] **2** [winst] Gewinn (m[5]) **3** [verdienstelijkheid] Verdienst (o[29])
verdienstelijk verdient, verdienstvoll: *een ~e poging* ein lobenswerter Versuch; *zich ~ maken jegens* sich verdient machen um[+4]; *hij maakt zich graag ~* er ist sehr dienstbeflissen
¹verdiepen (ov ww) [dieper maken] vertiefen, austiefen; [fig] *zijn kennis ~* sein Wissen vertiefen

zich **²verdiepen** (wdk ww) sich vertiefen (in[+4])

de **verdieping 1** [het dieper maken] Vertiefung (v[20]) **2** [bouwk] Stockwerk (o[29]), Stock (m[19]), Etage (v[21]), Geschoss (o[29]): *zes ~en hoog* sechs Stock hoch; *de gelijkvloerse ~* das Erdgeschoss, das Parterre; *eerste ~* erster Stock; *op de derde ~ wonen* im dritten Geschoss wohnen; *een ~ op een gebouw zetten* ein Gebäude aufstocken

de **verdikking** Verdickung (v[20])
verdisconteren 1 [hand] diskontieren[320] **2** [incalculeren] einkalkulieren[320]
verdoen [geld, tijd] vertun[295], vergeuden
verdoezelen vertuschen, verschleiern
verdomd [inf] **1** [vervloekt] verdammt, verflucht **2** [erg] verdammt, verflucht
verdonkeremanen zur Seite schaffen; unterschlagen
verdoofd betäubt
verdorie [inf] potz Blitz!, potztausend!
verdorren verdorren, ausdorren, ausdörren
verdorven verdorben
verdoven betäuben: *plaatselijk ~* örtlich betäuben; *~d middel* **a)** [med] Betäubungsmittel (o[33]); **b)** [drugs] Rauschgift (o[29]); *aan de ~de middelen verslaafd zijn* süchtig sein[262]

de **verdoving** Betäubung (v[20]); [med] Narkose (v[21]): *plaatselijke ~* örtliche Betäubung
verdraagzaam duldsam, tolerant

de **verdraagzaamheid** Duldsamkeit (v[28]), Toleranz (v[28])
verdraaid 1 [vervelend] verflixt **2** [kapot

gedraaid] überdreht **3** [verkeerd] verdreht; [handschrift] verstellt **4** [erg] verflixt, verflucht
verdraaien 1 [alg] verdrehen **2** [verkeerd draaien en stuk maken] überdrehen, verdrehen **3** [verkeerd weergeven] verdrehen, entstellen, verstellen

de **verdraaiing** Verdrehung (v[20]), Entstellung (v[20]), Verstellung (v[20]); *zie verdraaien*

het **verdrag** Vertrag (m[6]), Pakt (m[5]), Abkommen (o[35])
verdragen 1 [verduren] ertragen[288] **2** [bestand zijn tegen] vertragen: *regen kunnen ~* Regen vertragen können[194]; *elkaar ~* sich vertragen[288]; *iem. goed kunnen ~* gut mit jmdm. auskommen[193]

het **verdriet** Kummer (m[19]), Verdruss (m[5]): *~ hebben* Kummer haben[182]
verdrietig 1 [verdriet hebbend] betrübt **2** [van verdriet getuigend] bekümmert, betrübt **3** [verdriet veroorzakend] verdrießlich **4** [onaangenaam] unangenehm
verdrievoudigen verdreifachen
verdrijven 1 [verjagen] vertreiben[290] **2** [doorbrengen] sich[3] vertreiben[290]: *de tijd ~* sich die Zeit vertreiben
verdringen verdrängen: *zij ~ elkaar voor het theater* sie drängen sich vor dem Theater
¹verdrinken (onov ww) [in het water omkomen] ertrinken[293]
²verdrinken (ov ww) **1** [in het water doen omkomen] ertränken **2** [met drinken uitgeven] vertrinken[293]
verdrogen vertrocknen
verdrukken unterdrücken

de **verdrukking 1** [onderdrukking] Unterdrückung (v[20]) **2** [nood] Bedrängnis (v[24]): *in de ~ komen* in Bedrängnis geraten[218]; *tegen de ~ in* trotz allem
verdubbelen verdoppeln
verduidelijken verdeutlichen
¹verduisteren (onov ww) [duister worden] sich verdunkeln: [fig] *zijn geest is verduisterd* sein Geist ist umnachtet
²verduisteren (ov ww) **1** [duister maken] verdunkeln **2** [achteroverdrukken] unterschlagen[241], veruntreuen

de **verduistering** Verdunk(e)lung (v[20]), Unterschlagung (v[20]), Veruntreuung (v[20]), Umnachtung (v[20]); *zie* ¹*verduisteren*
verdunnen verdünnen

de **verdunning** Verdünnung (v[20])
verduren ertragen[288], aushalten[183]: *het zwaar te ~ hebben* einen schweren Stand haben[182]
verduurzamen 1 [m.b.t. levensmiddelen; houdbaar maken] konservieren, haltbar machen **2** [milieu] nachhaltiger gestalten
verdwaald verirrt: *~ raken* sich verirren
verdwaasd töricht, verblendet
verdwalen sich verirren

de **verdwazing** Verrücktheit (v[28]), Verblendung (v[20])
verdwijnen verschwinden[258]: *verdwijn uit mijn ogen!* geh mir aus den Augen!
veredelen veredeln
vereenvoudigen vereinfachen
de **vereenvoudiging** Vereinfachung (v[20])
vereenzamen vereinsamen
vereenzelvigen identifizieren[320], gleichsetzen: *zich ~ met* sich identifizieren mit[+3]
de **vereerder** Verehrer (m[9])
vereeuwigen verewigen
vereffenen 1 [betalen] begleichen[176], ausgleichen[176] **2** [schikken, bijleggen] beilegen
de **vereffening 1** [betaling] Begleichung (v[20]) **2** [bijlegging] Beilegung (v[20])
vereisen erfordern
het/de **vereiste** [het gevorderde] Erfordernis (o[29a]); [gestelde eis] Anforderung (v[20])
¹**veren** (bn) Feder…
²**veren** (ww) federn: *~d* federnd; *overeind ~* hochfedern
verenigbaar vereinbar
de **Verenigde Arabische Emiraten** Vereinigte(n) Arabische(n) Emirate (mv; 3e nv Vereinigten Arabischen Emirate)
de **Verenigde Staten** Vereinigte(n) Staaten (mv; 3e nv Vereinigten Staaten)
het **Verenigd Koninkrijk** Vereinigte(s) Königreich (o, 2e nvl: -s)
verenigen vereinigen, vereinen: *een verenigd Europa* ein vereintes Europa; *de Verenigde Naties* die Vereinten Nationen; *de Verenigde Staten* die Vereinigten Staaten; *de Verenigde Arabische Emiraten* die Vereinigten Arabischen Emirate; *een verenigde zitting* eine Plenarsitzung; *zich tot een concern ~* sich zu einem Konzern zusammenschließen[245]; *deze meningen zijn niet met elkaar te ~* diese Auffassungen lassen sich nicht miteinander vereinbaren; *daarmee kan ik me ~!* damit bin ich einverstanden!
de **vereniging 1** [club] Verein (m[5]), Klub (m[13]); [groep, organisatie] Vereinigung (v[20]); [bond] Verband (m[6]); [van studenten] Verbindung (v[20]): *een lid van de ~* ein Vereinsmitglied, ein Mitglied des Vereins **2** [samenvoeging] Vereinigung (v[20]), Zusammenschluss (m[6]): *coöperatieve ~* Genossenschaft (v[20])
vereren 1 [aanbidden] verehren **2** [de eer aandoen] beehren: *iem. met een bezoek ~* jmdn. mit einem Besuch beehren
¹**verergeren** (onov ww) sich verschlimmern, schlimmer werden[310]
²**verergeren** (ov ww) verschlimmern, schlimmer machen
de **verering** Verehrung (v[28])
de **verf** Farbe (v[21]): *in de ~ staan* frisch angestrichen sein[262]; [fig] *niet goed uit de ~ komen* nicht überzeugen

de **verfbom** Farbbeutel (m[9])
de **verfdoos** Farbenkasten (m[12], m[11]), Malkasten (m[12], m[11])
verfijnen verfeinern
de **verfijning** Verfeinerung (v[20])
verfilmen verfilmen
de **verfilming** Verfilmung (v[20])
de **verfkwast** Pinsel (m[9])
de **verflaag** Farbschicht (v[20])
verflauwen nachlassen[197], abflauen
verfoeien verabscheuen
verfoeilijk abscheulich, verabscheuenswert
verfomfaaid struppig , zerknittert
verfraaien verschönern, schmücken
de **verfraaiing** Verschönerung (v[20])
verfrissen erfrischen, erquicken
de **verfrissing** Erfrischung (v[20]), Erquickung (v[20])
de **verfrol,** de **verfroller** Farbroller (m[9]), Farbrolle (v[21])
verfrommelen zerknüllen
de **verfspuit** Spritzpistole (v[21])
de **verfstof** Farbstoff (m[5])
de **verfverdunner** Verdünner (m), Verdünnung (v[20])
vergaan 1 [voorbijgaan] vergehen[168] **2** [verteren] zerfallen[154], vermodern **3** [ophouden te bestaan] untergehen[168], umkommen[193], sterben[282]: *ik verga van de kou* ich sterbe vor Kälte **4** [aflopen] ergehen[168]: *hoe zal het ons ~?* wie wird es uns³ ergehen?
vergaand weitgehend, weit gehend
de **vergaarbak** [ook fig] Sammelbecken (o[35])
vergaderen eine Versammlung abhalten[183], tagen
de **vergadering** [georganiseerde bijeenkomst] Versammlung (v[20]), Sitzung (v[20]); [congres] Tagung (v[20]); [conferentie] Konferenz (v[20]): *algemene ~* Generalversammlung; *de algemene ~ van de Verenigde Naties* die UNO-Vollversammlung; *algemene ~ van aandeelhouders* Hauptversammlung; *buitengewone ~* außerordentliche Versammlung; *gewone ~* ordentliche Versammlung; *een ~ bijeenroepen* (of: *uitschrijven*) eine Versammlung einberufen[226]
de **vergaderzaal** Sitzungssaal (m, 2e nvl: -(e)s; mv: Sitzungssäle)
vergallen vergällen: *iemands plezier ~* jmdm. die Freude, das Vergnügen vergällen
zich **vergalopperen** sich vergaloppieren[320]
vergankelijk vergänglich
zich **vergapen** bestaunen: *zich aan een auto ~* ein Auto bestaunen
vergaren sammeln
vergassen vergasen
¹**vergeefs** (bn) vergeblich: *~e pogingen* vergebliche Versuche
²**vergeefs** (bw) vergebens, umsonst
vergeetachtig vergesslich

het **vergeetboek**: *in het* ~ *raken* in Vergessenheit geraten[218]

het **vergeet-mij-nietje** Vergissmeinnicht (o[29])

vergelden vergelten[170]

de **vergelding** Vergeltung (v[20])

de **vergeldingsmaatregel** Vergeltungsmaßnahme (v[21]), Vergeltungsaktion (v[20])

vergelen vergilben

het **vergelijk 1** [jur] Vergleich (m[5]) **2** [overeenkomst] Einigung (v[20]); [compromis] Kompromiss (m[5], o[29])

vergelijkbaar vergleichbar

vergelijken vergleichen[176]: *niet te* ~ *zijn met* … nicht zu vergleichen sein mit …, unvergleichbar sein mit …; *vergeleken met vroeger is er veel veranderd* verglichen mit früher, im Vergleich zu früher, gegenüber früher ist viel verändert

de **vergelijking 1** Vergleich (m[5]): *in* ~ *met* im Vergleich zu[+3]; *een* ~ *maken* einen Vergleich anstellen; *een* ~ *trekken* einen Vergleich ziehen[318]; *dat is geen* ~! das ist doch gar kein Vergleich! **2** [wisk] Gleichung (v[20]): *een* ~ *van de tweede graad* eine Gleichung zweiten Grades ‖ [taalk] *de trappen van* ~ die Vergleichsformen, Steigerungsstufen

vergemakkelijken erleichtern

vergen (er)fordern, verlangen: *dat vergt veel geld* das erfordert viel Geld

de **vergetelheid** Vergessenheit (v[28])

vergeten vergessen[299]: *ik ben* ~ … ich habe vergessen …

vergeven 1 [vergiffenis schenken] vergeben[166], verzeihen[317]: *iem. iets* ~ jmdm. etwas vergeben (*of:* verzeihen) **2** [schenken] vergeben[166] **3** [vergiftigen] vergiften: ~ *zijn van* … voll[+2] … stecken, voll von[+3] … sein[262]

vergevensgezind versöhnlich

de **vergeving 1** Vergebung (v[20]), Verzeihung (v[20]): *iem. om* ~ *vragen* jmdn. um Verzeihung bitten[132] **2** [het schenken] Vergabe (v[21]); *zie vergeven*

vergevorderd fortgeschritten, vorgerückt: *op* ~*e leeftijd* in vorgerücktem Alter

vergewissen: *zich van iets* ~ sich einer Sache[2] vergewissern

vergezellen begleiten

het **vergezicht** Aussicht (v[20])

vergezocht weit hergeholt

het/de **vergiet** Durchschlag (m[6])

vergieten vergießen[175]

het **vergif** Gift (o[29])

de **vergiffenis** Verzeihung (v[20]), Vergebung (v[20]): *ik vraag u* ~! ich bitte Sie um Verzeihung!

vergiftig giftig

vergiftigen [ook fig] vergiften

de **vergiftiging** Vergiftung (v[20])

z ch **vergissen** sich irren, sich täuschen

de **vergissing** Irrtum (m[8]), Versehen (o[35]): *bij* ~ versehentlich; *er is een* ~ *in het spel* es liegt ein Irrtum vor

vergoeden 1 [terugbetalen] ersetzen, erstatten, vergüten **2** [goedmaken] ersetzen; [ter compensatie] ausgleichen[176], wettmachen

de **vergoeding 1** [het vergoeden] Erstattung (v[20]), Vergütung (v[20]) **2** [schadeloosstelling] Entschädigung (v[20]); [van schade] Ersatz (m[19]) **3** [het bedrag] Vergütung (v[20]): *tegen* ~ *van 5 euro* gegen Zahlung von 5 Euro

vergoelijken beschönigen

vergokken verspielen

vergooien [verloren doen gaan] [zijn leven] wegwerfen[311]; [verkwisten] vergeuden

vergrendelen verriegeln

het **vergrijp** Vergehen (o[35]), Verstoß (m[6]): ~ *tegen de goede zeden* Verstoß gegen die guten Sitten

zich **vergrijpen** sich vergreifen[181]: *zich aan iem., aan iets* ~ sich an jmdm., an[+3] etwas vergreifen

vergrijzen [grijze haren krijgen] ergrauen: *een vergrijsde bevolking* eine überalterte Bevölkerung

de **vergrijzing** Überalterung (v[20])

vergroeien verwachsen[302]

het **vergrootglas** Vergrößerungsglas (o[32]), Lupe (v[21])

vergroten vergrößern; [oppervlak, volume, kennis] erweitern; [hand] ausweiten, erweitern; [welvaart, zelfbewustzijn] heben[186]; [kapitaal, productie, weerstand] erhöhen; [druk, inspanning] verstärken: [taalk] ~*de trap* Komparativ (m[5])

de **vergroting** Vergrößerung (v[20]), Erweiterung (v[20]), Hebung (v[20]), Erhöhung (v[20]), Verstärkung (v[20]); *zie vergroten*

vergruizen pulverisieren

verguizen schmähen: *een verguisd kunstenaar* ein viel geschmähter Künstler

verguld 1 vergoldet: ~*e lijst* Goldrahmen (m[11]) **2** [gevleid] geschmeichelt, angetan; [blij] erfreut, entzückt: *daar ben ik erg* ~ *mee* darüber[+4] freue ich mich sehr

vergulden 1 [met bladgoud bedekken] vergolden **2** [blij maken] erfreuen

de **vergunning** [toestemming] Erlaubnis (v[24]), Bewilligung (v[20]); [machtiging] Genehmigung (v[20]); [ambtelijk] Konzession (v[20]): *een* ~ *aanvragen* eine Genehmigung beantragen; *iem. een* ~ *verlenen* jmdm. eine Genehmigung erteilen

het **verhaal 1** [mondeling verslag] Geschichte (v[21]); [verslag] Bericht (m[5]); [vertelling] Erzählung (v[20]) **2** [schadeloosstelling] Entschädigung (v[20]); [schadevergoeding] Schadenersatz (m[19]); [aanspraak op vergoeding] Ersatzanspruch (m[6]): ~ *halen (op)* sich schadlos halten (an[+3]) **3** [herstel van krachten]: *weer op* ~ *komen* sich erholen

¹**verhalen** (onov ww) [vertellen] erzählen;

[verslag doen] berichten
²verhalen (ov ww) [zich schadeloosstellen] sich schadlos halten[183]: *de schade op iem. ~* jmdn. für den Schaden haftbar machen
verhandelen handeln in[+3], handeln mit[+3]
de **verhandeling 1** [betoog] [mondeling] Vortrag (m[6]); [schriftelijk] Abhandlung (v[20]) **2** [Belg; ond] Referat (o[29])
¹verhangen (ov ww) [anders hangen] umhängen
zich **²verhangen** (wdk ww) sich erhängen
verhapstukken regeln, erledigen
verhard 1 [hard gemaakt] gehärtet; [van weg] befestigt **2** [hard geworden] verhärtet **3** [fig] verhärtet; [verstokt] verstockt
¹verharden (onov ww) [ook fig] sich verhärten
²verharden (ov ww) (ver)härten; [van weg] befestigen; [fig] verhärten
de **verharding** [het verharden] Verhärtung (v[20]); [van wegen] Befestigung (v[20]); [fig] Verhärtung (v[20])
verharen (sich) haaren
verheerlijken verherrlichen: *God ~* Gott preisen[216]
verheffen erheben[186]
verheffend erhebend: *een weinig ~ schouwspel* ein wenig erhebender Anblick
de **verheffing** Erhebung (v[20])
¹verhelderen (onov ww) [opklaren, helder worden] sich aufklären
²verhelderen (ov ww) [verduidelijken] verdeutlichen, erhellen
verhelen verheimlichen, verhehlen: *iets voor iem. ~* jmdm. etwas verhehlen; *ik verheel het niet* ich mache keinen Hehl daraus
verhelpen beheben[186], beseitigen, abhelfen[188+3]: *een euvel ~* ein Übel beheben; *dat is gemakkelijk te ~!* dem ist leicht abzuhelfen!
het **verhemelte** [anat] Gaumen (m[11])
verheugd froh, erfreut
¹verheugen (ov ww) (er)freuen: *zijn bezoek verheugt ons* sein Besuch erfreut uns; *het verheugt me dat ...* es freut mich, dass ...
zich **²verheugen** (wdk ww) sich freuen: *zich op een uitstapje ~* sich auf einen Ausflug freuen; *zich over iets ~* sich über[+4] etwas freuen; *zich ~ in een goede gezondheid* sich einer guten Gesundheit[2] erfreuen
verheven erhaben; [m.b.t. stijl, taalgebruik] gehoben: *~ gedachten* erhabene Gedanken; *een ~ stijl* ein gehobener Stil; *boven iedere lof ~* über alles Lob erhaben
¹verhevigen (onov ww) [heviger worden] sich verstärken
²verhevigen (ov ww) [heviger maken] verstärken: *in verhevigde mate* in verstärktem Maße
verhinderen [iets] verhindern; [iem.] hindern
de **verhindering** Verhinderung (v[20]): [iem.] *bij*

~ im Verhinderungsfall
verhit erhitzt; [discussie] heiß: *een ~te discussie* eine erregte Diskussion; *de ~te gemoederen* die erhitzten Gemüter
verhitten erhitzen
verhoeden verhüten[+4], vorbeugen[+3]
verhogen 1 [hoger maken] erhöhen **2** [vermeerderen] erhöhen; [van productie, snelheid, spanning, vraag, waarde] steigern; [van prijzen] erhöhen, heraufsetzen: *de belastingen ~* die Steuern erhöhen; *~ met ... tot ...* erhöhen um[+4] ... auf[+4], heraufsetzen um[+4] ... auf[+4]; [van niveau, stemming] heben[186]; [van lonen, uitkeringen] anheben[186]
de **verhoging 1** [het verhogen] Erhöhung (v[20]), Steigerung (v[20]), Hebung (v[20]), Anhebung (v[20]): *een ~ met 5%* eine Erhöhung um[+4] 5% **2** [verhoogd gedeelte van vloer] Podest (o[29], m[5]) **3** [hogere lichaamstemperatuur] Temperatur; *zie verhogen*
¹verhongeren (onov ww) verhungern
²verhongeren (ov ww) aushungern
het **verhoor** Verhör (o[29]), Vernehmung (v[20]): *iem. een ~ afnemen* jmdn. verhören (of: vernehmen)[212]; *een ~ ondergaan* verhört werden[310]
verhoren 1 [ondervragen] verhören, vernehmen[212] **2** [vervullen] erhören
zich **verhouden** sich verhalten[183]: *a verhoudt zich tot b als 2 tot 3* a verhält sich zu b wie 2 zu 3
de **verhouding** Verhältnis (o[29a]): *een ~ hebben met iem.* ein Verhältnis mit jmdm. haben; *in ~ tot* im Verhältnis zu[+3]; *naar ~* verhältnismäßig
verhoudingsgewijs verhältnismäßig
de **verhuiswagen** Möbelwagen (m[11])
¹verhuizen (onov ww) [van woning veranderen] umziehen[318]; [naar andere gemeente, ook] übersiedeln
²verhuizen (ov ww) [de inboedel van anderen overbrengen] den Umzug übernehmen[212]
de **verhuizer** Möbelpacker (m[9])
de **verhuizing** [het verhuizen] Umzug (m[6]); [naar andere plaats] Übersiedlung (v[20])
verhullen verhüllen
verhuren vermieten
de **verhuur** Vermietung (v[20]); [m.b.t. roerende goederen] Verleih (m[5]): *de ~ van fietsen* der Fahrradverleih
het **verhuurbedrijf** Verleih (m[5]), Verleiher (m[9])
de **verhuurder** Vermieter (m[9])
verifiëren verifizieren[320], überprüfen
verijdelen vereiteln
de **vering** Federung (v[20])
verjaard verjährt
de **verjaardag 1** Geburtstag (m[5]) **2** [gedenkdag] Jahrestag (m[5])
het **verjaardagscadeau** Geburtstagsgeschenk (o[29])

het **verjaardagsfeest** Geburtstagsfeier (v²¹)
de **verjaardagskalender** Geburtstagskalender (m⁹)
verjagen verjagen, verscheuchen
verjaren 1 [jarig zijn] Geburtstag haben¹⁸²
2 [jur] verjähren
de **verjaring** Verjährung (v²⁰)
de **verjaringstermijn** Verjährungsfrist (v²⁰)
¹**verjongen** (onov ww) sich verjüngen
²**verjongen** (ov ww) verjüngen
de **verjonging** Verjüngung (v²⁰)
de **verjongingskuur** Verjüngungskur (v²⁰)
verkapt verkappt
verkassen umziehen³¹⁸
verkavelen parzellieren³²⁰
de **verkaveling** Parzellierung (v²⁰)
het **verkeer 1** [omgang] Verkehr (m¹⁹), Umgang (m¹⁹): *seksueel ~* Geschlechtsverkehr, Sexualverkehr **2** [het zich bewegen over openbare wegen] Verkehr (m¹⁹): *doorgaand ~* Durchgangsverkehr **3** [voertuigen, personen] Verkehr (m¹⁹): *plaatselijk ~* Ortsverkehr; *tegemoetkomend ~* Gegenverkehr
verkeerd 1 [niet juist] falsch, verkehrt, unrichtig: [telec] *~ verbonden* falsch verbunden; [telec] *een ~ nummer draaien* sich verwählen; *~ rijden* sich verfahren¹⁵³; *~ verstaan* falsch verstehen²⁷⁹; [fig] *de ~e voor zich hebben* sich in der Person irren; [fig] *dan heb je met mij toch de ~e voor!* da kennst du mich aber schlecht!; *ik vind het ~* ich halte es nicht für richtig; *alles gaat vandaag ~* alles geht heute schief; [inf] *~ bezig zijn* ± die Sache falsch anfassen; *hij is van de ~e kant* er ist schwul **2** [omgekeerd] verkehrt (herum)
de **verkeersagent** Verkehrspolizist (m¹⁴)
het **verkeersbord** Verkehrsschild (o³¹)
de **verkeersbrigadier** Schülerlotse (m¹⁵)
de **verkeerschaos** Verkehrschaos (o³⁹ᵃ)
de **verkeersdrempel** Bodenschwelle (v²¹)
de **verkeersleider** [luchtv] Fluglotse (m¹⁵), Flugleiter (m⁹)
de **verkeersleiding 1** [luchtv] Flugsicherung (v²⁰) **2** [luchtv] [regelend orgaan] Flugleitung (v²⁰)
het **verkeerslicht** Verkehrsampel (v²¹)
het **verkeersongeval** Verkehrsunfall (m⁶)
de **verkeersopstopping** Verkehrsstau (m⁵, m¹³)
de **verkeersovertreding** Verkehrsdelikt (o²⁹)
het **verkeersplein** Kreisel (m⁹); [van autosnelwegen] Autobahnkreuz (o²⁹)
de **verkeerspolitie** Verkehrspolizei (v²⁸)
de **verkeersregel** Verkehrsregel (v²¹), Verkehrsvorschrift (v²⁰): *zich aan de ~s houden* sich an die Verkehrsregeln halten¹⁸³
het **verkeersslachtoffer** Verkehrsopfer (o³³)
de **verkeerstoren** Kontrollturm (m⁶), Tower (m⁹)
de **verkeersveiligheid** Verkehrssicherheit (v²⁰)

de **verkeersvlieger** Verkehrsflieger (m⁹), Verkehrspilot (m¹⁴)
de **verkeerswisselaar** [Belg] [klaverblad] Autobahnkreuz (o²⁹)
verkennen erkunden, auskundschaften: *het terrein ~* **a)** [lett] das Gelände erkunden; **b)** [fig] bei jmdm. vorfühlen
de **verkenner 1** Erkunder (m⁹) **2** [vliegtuig] Aufklärer (m⁹) **3** [padvinder] Pfadfinder (m⁹)
de **verkenning** Erkundung (v²⁰)
verkeren 1 [omgang hebben] verkehren **2** [zich bevinden] sich befinden¹⁵⁷: *in de mening ~* glauben; *in twijfel ~* im Zweifel sein **3** [veranderen] sich verwandeln
de **verkering**: *(vaste) ~ hebben* einen (festen) Freund (of: eine (feste) Freundin) haben¹⁸²
verketteren verketzern
verkiesbaar wählbar: *zich ~ stellen* sich zur Wahl stellen
verkieslijk erwünscht, wünschenswert
verkiezen 1 [kiezen] wählen: *iem. tot president ~* jmdn. zum Präsidenten wählen **2** [de voorkeur geven] vorziehen³¹⁸, bevorzugen: *het ene boven het andere ~* das eine dem anderen vorziehen **3** [wensen, willen] wünschen, wollen³¹⁵: *zoals u verkiest!* wie Sie wünschen!
de **verkiezing** Wahl (v²⁰): *evenredige ~* Verhältniswahl; *getrapte ~en* indirekte Wahlen; *rechtstreekse ~en* direkte Wahlen; *tussentijdse ~en* vorgezogene Wahlen
de **verkiezingscampagne** Wahlkampagne (v²¹)
het **verkiezingsprogramma** Wahlprogramm (o²⁹)
de **verkiezingsstrijd** Wahlkampf (m⁶)
¹**verkijken** (ov ww) [verloren laten gaan] verpassen: *de kans is verkeken* die Chance ist verpasst
zich ²**verkijken** (wdk ww) **1** [verkeerd kijken] sich versehen²⁶¹ **2** [zich vergissen] sich irren
verkikkerd: *~ zijn op* vernarrt sein in⁺⁴
verklaarbaar erklärbar; [begrijpelijk] erklärlich, verständlich
verklaard erklärt, entschieden
verklappen verraten²¹⁸, ausplaudern
verklaren 1 [uitleggen] erklären, deuten, auslegen; [toelichten] erläutern **2** [plechtig uitspreken] erklären; [door een getuige] aussagen: *iem. gezond ~* jmdn. gesundschreiben²⁵²; *iem. ziek ~* jmdn. krankschreiben²⁵²; *iem. schuldig ~* jmdn. für schuldig erklären; *onder ede ~* unter Eid aussagen
de **verklaring** Erklärung (v²⁰), Deutung (v²⁰), Auslegung (v²⁰), Erläuterung (v²⁰), Aussage (v²¹); [bevestiging] Bescheinigung (v²⁰): *een ~ afleggen* eine Erklärung abgeben; [vooral als getuige] eine Aussage machen; *een geneeskundige ~* eine ärztliche Bescheinigung
¹**verkleden** (ov ww) **1** [omkleden] umziehen³¹⁸, umkleiden: *een kind ~* ein Kind um-

ziehen **2** [vermommen] verkleiden

zich **²verkleden** (wdk ww) **1** [omkleden] sich umziehen[318], sich umkleiden **2** [vermommen] sich verkleiden

verkleinen verkleinern

de **verkleining** Verkleinerung (v[20])

het **verkleinwoord** Verkleinerungswort (o[32])

verkleumd erstarrt (vor Kälte)

verkleumen vor Kälte erstarren

¹verkleuren (onov ww) [de kleur verliezen] die Farbe verlieren[300]; [verbleken] verblassen, verschießen[238]: *hij verkleurde* er verfärbte sich

²verkleuren (ov ww) [van kleur doen veranderen] verfärben

verklikken verraten[218]

de **verklikker 1** [persoon] Verräter (m[9]) **2** [toestel] Anzeiger (m[9])

verklooien versauen, vermasseln

verknallen [bederven] vermasseln

zich **verkneukelen** sich heimlich freuen

verknippen verschneiden[250] ‖ [fig] *verknipt* bekloppt; [seksueel] verklemmt

verknipt bekloppt, nicht ganz gescheit

verknocht: *aan iem., iets ~ zijn* an jmdm., etwas³ hängen[184]

verknoeien 1 [bederven] verderben[297], verpfuschen, vermasseln **2** [verspillen] verschwenden, vertun[295], vergeuden

verkoelend erfrischend

de **verkoeling** Abkühlung (v[20]), Erfrischung (v[20])

de **verkoeverkamer** Wachstation (v[20]), postoperative Überwachungsstation (v[20])

de **verkokering** Blockbildung (v[20])

verkommeren verkümmern

verkondigen verkünd(ig)en

de **verkondiging** Verkünd(ig)ung (v[20])

de **verkoop** Verkauf (m[6]); [handel in het groot] Vertrieb (m[5]); [afzet] Absatz (m[6]): *openbare ~* Auktion, Versteigerung (v[20]); *gedwongen ~* Zwangsversteigerung; *losse ~* Einzelverkauf

verkoopbaar verkäuflich

de **verkoopleider** Verkaufsleiter (m[9])

het **verkooppraatje** Verkaufsgespräch (o[29])

de **verkoopprijs** Verkaufspreis (m[5])

het **verkooppunt** Verkaufsstelle (v[21])

de **verkoopster** Verkäuferin (v[22])

verkopen 1 verkaufen; [verhandelen] vertreiben[290]: *publiek ~* öffentlich versteigern; *aan iem. iets ~* (of: an jmdn.) etwas verkaufen; *dat artikel ~ we* nicht diesen Artikel führen wir nicht **2** [ten beste geven] auftischen: *leugens ~* Lügen auftischen **3** [toedienen] versetzen: *iem. een dreun ~* jmdm. einen Schlag versetzen

de **verkoper** Verkäufer (m[9])

de **verkoping 1** [het verkopen] Verkauf (m[6]) **2** [veiling] Versteigerung (v[20]), Auktion (v[20])

verkorten (ver)kürzen; [van kleding] kür-

zen: *een redevoering ~* eine Rede kürzen; *verkorte arbeidstijd* Kurzarbeit (v[28]); *een reis ~* eine Reise abkürzen

verkouden erkältet; [neusverkouden] verschnupft: *~ zijn* einen Schnupfen haben[182]; [erger] sich erkältet haben

de **verkoudheid** Schnupfen (m[11]); [erger] Erkältung (v[20])

verkrachten vergewaltigen

de **verkrachter** Vergewaltiger (m[9])

de **verkrachting** Vergewaltigung (v[20])

verkrampen (sich) verkrampfen

verkrampt verkrampft, krampfhaft; [gespannen] gespannt

verkreukelen zerknittern

verkrijgbaar erhältlich, lieferbar, zu haben: *niet meer ~* nicht mehr zu haben, nicht mehr lieferbar; [m.b.t. boek, ook] vergriffen; *inlichtingen ~ bij ...* Auskunft erteilt ...

verkrijgen 1 [ontvangen] erhalten[183], bekommen[193] **2** [verwerven] erwerben[309] **3** [bemachtigen] erlangen; [met veel inspanning] erringen[224]

verkroppen 1 [gevoelens onderdrukken] verbeißen[125] **2** [onaangename dingen verwerken] verschmerzen

verkrotten verfallen[154], verkommen[193]

verkruimelen verkrümeln

verkwanselen verschachern, verscheuern

verkwikken erquicken, erfrischen

verkwikkend erquickend, erfrischend; [ontspannend] erholsam

verkwisten verschwenden, vergeuden

verkwistend verschwenderisch

de **verkwisting** Verschwendung (v[20]), Vergeudung (v[20])

verlagen 1 [lager maken] senken; [concreet] niedriger machen; [van kosten] herabsetzen; [van prijs, tarief] ermäßigen; [muz] erniedrigen: *iem. in rang ~* jmdn. degradieren[320]; *de prijs met 5% tot een miljoen ~* den Preis um 5% auf eine Million senken; *tegen verlaagde prijzen* zu herabgesetzten Preisen **2** [onteren] erniedrigen: *zich ~ tot* sich zu etwas erniedrigen; [iron] sich zu etwas herablassen

de **verlaging** Senkung (v[20]), Herabsetzung (v[20]), Ermäßigung (v[20]), Erniedrigung (v[20]), Degradation (v[20])

¹verlammen (onov ww) lahm werden[310]

²verlammen (ov ww) lähmen

verlammend lähmend

de **verlamming** Lähmung (v[20])

het **¹verlangen** (zn) [behoefte, eis] Verlangen (o[35]); [wens] Wunsch (m[6]); [hunkering] Sehnsucht (v[25])

²verlangen (ww) **1** verlangen: *naar iem. ~* nach jmdm. verlangen **2** [begeren] verlangen; [eisen] fordern: *iets van iem. ~* [ook] jmdm. etwas abverlangen; *verlangd salaris* Gehaltsansprüche (mv m[6]); *wat verlangt u?*

verlanglijstje **verlanglijstje** 428

Sie wünschen?

het **verlanglijstje** Wunschzettel (m⁹)

het **¹verlaten** (zn) Verlassen (o³⁹): *bij het ~ van het land* bei der Ausreise

²verlaten (bn) **1** [achtergelaten] [persoon] verlassen; [zaak] zurückgelassen **2** [eenzaam] verlassen, öde

³verlaten (ww) **1** verlassen¹⁹⁷: *de dienst ~* aus dem Dienst ausscheiden²³²; *de partij ~* aus der Partei austreten²⁹¹ **2** [niet meer steunen] aufgeben¹⁶⁶

zich **⁴verlaten** (wdk ww) [later komen] sich verspäten

de **verlatenheid** Verlassenheit (v²⁸), Einsamkeit (v²⁸)

het **¹verleden** (zn) Vergangenheit (v²⁸): *het ~ en het heden* [ook] das Einst und das Jetzt

²verleden (bn) vorig, vergangen, letzt: *~ week* letzte Woche ‖ [taalk] *onvoltooid, voltooid ~ tijd* das Imperfekt, das Plusquamperfekt

verlegen 1 [beschroomd] verlegen; [schuchter] schüchtern **2** [ergens geen raad mee wetend] verlegen **3** [behoefte hebbend aan] verlegen (um⁺⁴)

de **verlegenheid** Verlegenheit (v²⁸)

verleggen 1 [anders leggen] anders hinlegen **2** [elders leggen] woandershin legen, verlegen

verleidelijk verführerisch, verlockend

verleiden verführen, verleiten

de **verleiding 1** [verlokking] Verführung (v²⁰), Verlockung (v²⁰) **2** [verzoeking] Versuchung (v²⁰)

verlenen [toestaan] gewähren, einräumen; [verschaffen] verleihen²⁰⁰, geben¹⁶⁶: *iem. gratie ~* jmdm. begnadigen; *iem. een gunst ~* jmdm. eine Gunst gewähren; *hulp ~* Hilfe leisten; [hand] *iem. korting ~* jmdm. Rabatt gewähren; *iem. krediet ~* jmdm. einen Kredit gewähren (of: einräumen); *iem. een onderscheiding ~* jmdm. einen Orden verleihen

het **verlengde** Verlängerung (v²⁰), Fortsetzung (v²⁰): *in elkaars ~ liggen* in einer Linie liegen

verlengen verlängern; [hand] prolongieren³²⁰

de **verlenging** Verlängerung (v²⁰); [hand] Prolongation (v²⁰)

het **verlengsnoer** Verlängerungsschnur (v²⁵)

het **verlengstuk** Verlängerungsstück (o²⁹)

de **verlening** Gewährung (v²⁰), Einräumung (v²⁰), Verleihung (v²⁰); *zie verlenen*

verlept [ook fig] verwelkt, verblüht, welk

verleren verlernen

verlevendigen neu beleben

verlicht 1 [helder beschenen] beleuchtet **2** [waar lichten schijnen] erleuchtet; [feestelijk] illuminiert **3** [vrij van vooroordelen] aufgeklärt, erleuchtet

verlichten 1 [beschijnen] beleuchten **2** [van licht voorzien] erhellen, erleuchten,

illumineren³²⁰ **3** [inzicht brengen] erleuchten **4** [minder zwaar maken] erleichtern; *zie verlicht*

de **verlichting 1** Beleuchtung (v²⁰) **2** [opbeuring] Trost (m¹⁹): *dat schonk mij ~* das brachte mir Trost **3** [het brengen van inzicht] Erleuchtung (v²⁰): [hist; tijdperk] *de ~* die Aufklärung **4** [opluchting] Erleichterung (v²⁰); *zie verlichten*

verliefd verliebt: *~ zijn op* verliebt sein²⁶² in ⁺⁴; *~ worden op* sich verlieben in⁺⁴

de **verliefdheid** Verliebtheit (v²⁸)

het **verlies** Verlust (m⁵): *een zwaar ~ lijden* einen schweren Verlust erleiden¹⁹⁹; *een ~ goedmaken* einen Verlust wettmachen; *niet tegen zijn ~ kunnen* ein schlechter Verlierer sein²⁶²

verliesgevend unrentabel; [ernstig] verlustreich

de **verliespost** Verlustposten (m¹¹)

verliezen verlieren³⁰⁰: *de ~de partij* die unterlegene Partei; *hoogte ~* an Höhe verlieren; *de moed ~* den Mut verlieren

de **verliezer** Verlierer (m⁹)

verlinken verpfeifen²¹⁴

verloederen verludern, verlottern

het **verlof 1** [toestemming] Erlaubnis (v²⁴); [vrijaf] Urlaub (m⁵): *~ vragen* um⁺⁴ Erlaubnis bitten¹³²; *met ~ gaan* in⁺⁴ (of: auf⁺⁴) Urlaub gehen¹⁶⁸; *buitengewoon ~* Sonderurlaub **2** [vergunning] Schankkonzession (v²⁰)

verlokkelijk verlockend

de **verlokking** Verlockung (v²⁰), Lockung (v²⁰), Reiz (m⁵)

verloochenen verleugnen

de **verloofde** Verlobte(r) (m⁴⁰ᵃ, v⁴⁰ᵇ)

het **verloop 1** [ontwikkeling, afloop] Verlauf (m⁶), Ablauf (m⁶), Hergang (m⁶) **2** [het verstrijken] Verlauf (m⁶): *na ~ van enige dagen* nach Verlauf einiger Tage; *na ~ van tijd* nach einiger Zeit **3** [het achteruitgaan] Rückgang (m⁶), Niedergang (m⁶) **4** [wisseling] Fluktuation (v²⁰)

de **verloopstekker** Zwischenstecker (m⁹)

¹verlopen (bn) **1** [verstreken] verstrichen **2** [niet meer geldig] abgelaufen, ungültig **3** [verliederlijkt] verkommen

²verlopen (ww) **1** [zijn beloop nemen] ablaufen¹⁹⁸, verlaufen¹⁹⁸ **2** [minder worden] nachlassen¹⁹⁷: *de zaken ~* das Geschäft lässt nach **3** [verstrijken] vergehen¹⁶⁸, verstreichen²⁸⁶ **4** [vervallen] ablaufen¹⁹⁸: *mijn visum verloopt morgen* mein Visum läuft morgen ab

verloren verloren: *een ~ brief* ein verloren gegangener Brief; *in een ~ ogenblikje* in ein paar freien Minuten; *~ gaan* (of: *raken*) verloren gehen¹⁶⁸; *in de menigte ~ gaan* sich in der Menge verlieren³⁰⁰

de **verloskunde** Geburtshilfe (v²⁸), Obstetrik (v²⁸)

verloskundig Geburts…, Entbindungs…

de **verloskundige** Geburtshelfer (m⁹), Ge-

burtshelferin (v[22])
verlossen 1 [bevrijden] befreien, erlösen
2 [bij een bevalling helpen] entbinden[131]
de **verlossing 1** [bevrijding] Erlösung (v[20]),
Befreiung (v[20]) **2** [bevalling] Entbindung (v[20])
verloten verlosen, auslosen
de **verloting** Verlosung (v[20]), Auslosung (v[20])
zich **verloven** sich verloben: *verloofd zijn met*
verlobt sein[262] mit[+3]
de **verloving** Verlobung (v[20])
verluiden verlauten: *naar verluidt* wie verlautet
verlummelen verbummeln, vergammeln
zich **verlustigen** (+ in) sich erfreuen an[+3]
het **vermaak** Vergnügen (o[39]), Vergnügung (v[20])
vermaard renommiert, berühmt, namhaft
¹vermageren (onov ww) abmagern
²vermageren (ov ww) abzehren
de **vermagering** Abmagerung (v[20])
de **vermageringskuur** Abmagerungskur (v[20])
vermakelijk amüsant, belustigend
¹vermaken (ov ww) **1** [genoegen geven] amüsieren[320], belustigen, unterhalten[183] **2** [legateren] hinterlassen[197], vermachen **3** [anders maken] umarbeiten, ändern
zich **²vermaken** (wdk ww) sich amüsieren[320]
vermalen zermahlen
vermanen 1 [aansporen] ermahnen **2** [berispen] zurechtweisen[307], tadeln
de **vermaning 1** [aansporing] Ermahnung (v[20]) **2** [berisping] Zurechtweisung (v[20]), Tadel (m[9])
zich **vermannen** sich zusammennehmen[212]
vermeend vermeintlich; [naar men zegt] angeblich
¹vermeerderen (onov ww) sich vermehren, sich erhöhen, zunehmen[212]: *de bevolking is met 10% vermeerderd* die Bevölkerung hat um 10% zugenommen; *een bedrag van … vermeerderd met de kosten* ein Betrag von … zuzüglich der Kosten
²vermeerderen (ov ww) vermehren, steigern, erhöhen
vermelden 1 [berichten] erwähnen **2** [aangeven] angeben[166]
vermeldenswaard erwähnenswert
de **vermelding** Erwähnung (v[20])
vermengen (ver)mischen, vermengen
de **vermenging** Vermischung (v[20]), Mischung (v[20]), Vermengung (v[20])
¹vermenigvuldigen (ov ww) **1** [rekenen] multiplizieren[320], malnehmen[212] **2** [tot een veelvoud maken] vervielfachen, vervielfältigen
zich **²vermenigvuldigen** (wdk ww) sich vermehren
de **vermenigvuldiging 1** [rekenen] Multiplikation (v[20]) **2** [vermeerdering] Vervielfachung (v[20]), Vervielfältigung (v[20]) **3** [voort-

planting] Vermehrung (v[20]), Fortpflanzung (v[20])
de **vermicelli** Fadennudeln (mv v[21])
vermijden (ver)meiden[206]
¹verminderen (onov ww) sich verringern, sich vermindern, abnehmen[212], nachlassen[197], geringer werden[310]: *de koorts vermindert* das Fieber lässt nach; *in waarde ~* an Wert verlieren[300]
²verminderen (ov ww) [kleiner maken] verringern, vermindern; [vooral verlagen] herabsetzen; [beperken] drosseln: *de pijn ~* den Schmerz lindern; *verminderd met* de onkosten abzüglich der Unkosten
de **vermindering** Verringerung (v[20]), Verminderung (v[20]), Herabsetzung (v[20]), Drosselung (v[20]), Abnahme (v[21]): *de (stelselmatige) ~ van personeel* der Personalabbau; *zie ¹verminderen*
verminken verstümmeln
de **verminking** Verstümmelung (v[20]), Verkrüppelung (v[20])
vermissen vermissen: *hij wordt sinds de oorlog vermist* er ist im Krieg verschollen
de **vermiste** Vermisste(r) (m[40a], v[40b])
vermits [Belg] da, weil
vermoedelijk vermutlich, mutmaßlich
het **¹vermoeden** (zn) Vermutung (v[20]); [veronderstelling] Annahme (v[21]): *ik heb geen flauw ~* ich habe nicht die geringste Ahnung
²vermoeden (ww) **1** vermuten; [veronderstellen] annehmen[212] **2** [een voorgevoel hebben] ahnen
vermoeid ermüdet, müde: *er ~ uitzien* abgespannt aussehen[261]
de **vermoeidheid** Müdigkeit (v[28]), Ermüdung (v[20])
¹vermoeien (ov ww) ermüden, müde machen; [sterker] abmatten
zich **²vermoeien** (wdk ww) sich anstrengen
vermoeiend ermüdend; [inspannend] anstrengend, strapaziös
het **¹vermogen** (zn) **1** [bezit, rijkdom] Vermögen (o[35]): *het eigen ~* das Eigenkapital **2** [macht, kracht] Vermögen (o[39]), Macht (v[28]), Kraft (v[25]): *naar mijn beste ~* nach bestem Vermögen **3** [gave, geschiktheid] Vermögen (o[39]), Fähigkeit (v[20]), Kraft (v[25]) **4** [capaciteit] Leistung (v[20])
²vermogen (ww) vermögen[210]
vermogend vermögend, wohlhabend
de **vermogensaanwas** Vermögenszuwachs (m[6])
de **vermogensbelasting** Vermögen(s)steuer (v[21])
vermolmd morsch
¹vermommen (ov ww) [verkleden] vermummen; [maskeren] maskieren[320]
zich **²vermommen** (wdk ww): *zich ~ als* sich verkleiden als
de **vermomming** Vermummung (v[20]), Ver-

kleidung (v²⁰)
vermoorden ermorden, umbringen¹³⁹
vermorzelen zerquetschen, zermalmen
de **vermout** Wermut (m¹⁹), Wermutwein (m⁵)
vermurwen erweichen: *niet te* ~ unerbittlich
¹**vernauwen** (ov ww) enger machen
zich ²**vernauwen** (wdk ww) enger werden³¹⁰
de **vernauwing** Verengung (v²⁰)
vernederen demütigen, erniedrigen
de **vernedering** Demütigung (v²⁰), Erniedrigung (v²⁰)
vernederlandsen ± ein (richtiger) Niederländer werden³¹⁰
vernemen 1 [horen] vernehmen²¹², hören
2 [te weten komen] erfahren¹⁵³, hören
verneuken [inf] bescheißen²³⁴
vernielen zerstören, kaputt machen
de **vernieling** Zerstörung (v²⁰), Vernichtung
(v²⁰): *in de* ~ *helpen* kaputt machen; *in de* ~
raken kaputtgehen¹⁶⁸
de **vernielzucht** Zerstörungswut (v²⁸)
vernietigen 1 [verwoesten] vernichten,
zerstören **2** [tenietdoen] für nichtig erklären
vernietigend verheerend; [fig] vernich-
tend: [fig] ~*e blikken, kritiek* vernichtende
Blicke
de **vernietiging 1** Vernichtung (v²⁰), Zerstörung (v²⁰) **2** Nichtigkeitserklärung (v²⁰); *zie*
vernietigen
vernieuwen erneuern
de **vernieuwing** Erneuerung (v²⁰)
het/de **vernis** Firnis (m, 2e nvl: -ses; mv: -se); [fig]
Tünche (v²¹)
vernoemen (be)nennen²¹³ nach⁺³
het **vernuft 1** [verstand] Geist (m¹⁹): *het menselijk* ~ der menschliche Geist **2** [scherpzinnig-
heid] Scharfsinn (m¹⁹) **3** [inventiviteit] Erfindungsgabe (v²⁸)
vernuftig 1 [scherpzinnig] scharfsinnig
2 [vindingrijk] erfinderisch, ingeniös
veronaangenamen unangenehm machen
veronachtzamen vernachlässigen
veronderstellen voraussetzen, annehmen²¹²: *verondersteld, dat …* angenommen,
dass …
de **veronderstelling** Annahme (v²¹): *in de* ~,
dat … in der Annahme, dass …; *ik verkeerde in*
de ~, *dat …* ich nahm an, dass …
verongelijkt: *een* ~ *gezicht* ein pikiertes
Gesicht; *zich* ~ *voelen* sich zurückgesetzt
fühlen
verongelukken verunglücken: *hij is veron-
gelukt* er ist tödlich verunglückt
verontreinigen verunreinigen
de **verontreiniging** Verunreinigung (v²⁰)
verontrusten beunruhigen: *zich over iets* ~
sich wegen⁺² etwas beunruhigen
verontrustend beunruhigend
verontschuldigen entschuldigen: *zich la-*

ten ~ *sich entschuldigen lassen*¹⁹⁷
de **verontschuldiging** Entschuldigung (v²⁰):
iem. zijn ~*en aanbieden voor iets* jmdn. für⁺⁴
etwas um Entschuldigung bitten¹³²
verontwaardigd empört, entrüstet
de **verontwaardiging** Empörung (v²⁸), Ent-
rüstung (v²⁰)
de **veroordeelde** Verurteilte(r) (m⁴⁰ᵃ, v⁴⁰ᵇ)
veroordelen 1 verurteilen: *iem. tot een gevangenisstraf* ~ jmdn. zu einer Freiheitsstrafe
verurteilen **2** [afkeuren] verurteilen, missbilligen: *iemands gedrag* ~ jemands Verhalten
verurteilen (*of:* missbilligen)
de **veroordeling** Verurteilung (v²⁰)
veroorloven erlauben, gestatten: *dat kan
ik mij niet* ~ das kann ich mir nicht leisten
veroorzaken verursachen
verorberen verzehren, verspeisen
verordenen verfügen, anordnen, bestimmen
de **verordening** Verordnung (v²⁰), Verfügung
(v²⁰), Anordnung (v²⁰), Bestimmung (v²⁰): *gemeentelijke* ~ Gemeindeordnung (v²⁰)
verouderd 1 [oud geworden] gealtert
2 [in onbruik geraakt] veraltet: *een* ~ *standpunt* ein überwundener Standpunkt
verouderen [oud worden] altern; [in onbruik raken] veralten
de **veroveraar** Eroberer (m⁹)
veroveren erobern
de **verovering** Eroberung (v²⁰)
verpachten verpachten
verpakken verpacken, einpacken (in⁺³, ⁺⁴)
de **verpakking** Verpackung (v²⁰)
het **verpakkingsmateriaal** Verpackungsma-
terial (o³⁹)
verpanden verpfänden; [in de lommerd]
versetzen
verpatsen verkloppen, verschleudern
verpauperen verarmen
de **verpersoonlijking** Personifizierung (v²⁰)
verpesten 1 [bederven] verpesten; [epide-
misch] verseuchen **2** [fig] verderben²⁹⁷, ver-
miesen
verpieteren 1 [verkommeren] verkümmern **2** [m.b.t. voedsel] zerkochen
verpinken [Belg] blinzeln: *zonder (te)* ~
ohne eine Miene zu verziehen³¹⁸
¹**verplaatsen** (ov ww) **1** [elders vestigen]
verlegen **2** [elders plaatsen] umstellen
3 [van standplaats doen veranderen] versetzen **4** [van tijd] verlegen: *een afspraak* ~ einen Termin verlegen **5** [wegdrukken] verdrängen
zich ²**verplaatsen** (wdk ww) **1** [zich voortbewe-
gen] sich fortbewegen; sich verlagern **2** [zich
inleven] sich versetzen
de **verplaatsing** Verlegung (v²⁰), Umstellung
(v²⁰), Versetzung (v²⁰), Verdrängung (v²⁰),
Verlagerung (v²⁰); *zie* ¹*verplaatsen*
de **verplaatsingskosten** [Belg; voorrijkos-

ten] Anfahrtskosten (mv)
verplanten verpflanzen, umpflanzen
het **verpleeghuis** Pflegeheim (o[29])
de **verpleegkundige** Krankenpfleger (m[9]), Krankenschwester (v[21])
de **verpleegster** Krankenschwester (v[21])
verplegen pflegen
de **verpleger** Krankenpfleger (m[9])
de **verpleging 1** [het verplegen, verpleegd worden] Pflege (v[28]) **2** [ziekenzorg] Krankenpflege (v[28]): *zij gaat in de* ~ sie wird Krankenschwester
verpletteren zerschmettern: *een ~de nederlaag* eine vernichtende Niederlage; *~de overmacht* erdrückende Übermacht; *een ~de tijding* eine niederschmetternde Nachricht
verplicht 1 [genoodzaakt] verpflichtet; [gedwongen] gezwungen: *wij zagen ons* ~ *direct terug te keren* wir sahen uns genötigt, sofort zurückzukehren; *zich* ~ *voelen om …* sich verpflichtet fühlen, … **2** [voorgeschreven] pflicht…, Pflicht…: *~e bijdrage* Pflichtbeitrag (m[6]); Zwangsbeitrag (m[6]); ~ *verzekerd* pflichtversichert
verplichten verpflichten, nötigen; [dwingen] zwingen[319]
de **verplichting 1** [het verplicht-zijn, het verplichten] Verpflichtung (v[20]): *een* ~ *op zich nemen* eine Verpflichtung übernehmen[212] **2** [taak] Aufgabe (v[21]) **3** [het gebonden-zijn] Verpflichtung (v[20]), Verbindlichkeit (v[20]): *zijn financiële ~en nakomen* seinen Zahlungsverpflichtungen nachkommen[193]
verpoten verpflanzen, umpflanzen
verpotten umtopfen
zich **verpozen** sich erholen
verprutsen 1 [verknoeien] verpfuschen, verderben[297] **2** [verkwisten] vergeuden
verpulveren pulverisieren
het **verraad** Verrat (m[19]): ~ *plegen* Verrat üben; ~ *jegens iem. plegen* Verrat an jmdm. begehen[168]
verraden verraten[218]
de **verrader** Verräter (m[9])
verraderlijk verräterisch; [geniepig] heimtückisch: *een ~e bocht* eine gefährliche Kurve
verrassen überraschen
de **verrassing** Überraschung (v[20])
verre *zie ver*
verregaand 1 [vergaande] weitgehend, weit gehend **2** [buitensporig] maßlos, unerhört
verregenen verregnen
verreikend weitreichend, weit reichend
¹**verrekenen** (ov ww) verrechnen
zich ²**verrekenen** (wdk ww) sich verrechnen
de **verrekening 1** Verrechnung (v[20]) **2** [misrekening] Fehlrechnung (v[20])
de **verrekijker** Fernglas (o[32]), Fernrohr (o[29])
¹**verrekken** (onov ww) [sterven] krepieren[320], verrecken: ~ *van de kou* krepieren vor

Kälte
²**verrekken** (ov ww) [ontwrichten] [van ledematen] sich³ verrenken; [van spieren] sich³ (ver)zerren
de **verrekking** [ontwrichting] [van ledematen] Verrenkung (v[20]); [van spieren] Verzerrung (v[20])
verrekt [fig] verflucht!, verflixt!
verreweg weitaus, bei Weitem
verrichten 1 [doen] verrichten, ausführen: *betalingen* ~ Zahlungen leisten; *formaliteiten* ~ Formalitäten erledigen **2** [presteren] leisten
de **verrichting** Verrichtung (v[20]), Ausführung (v[20]), Erledigung (v[20]), Leistung (v[20]); *zie verrichten*
¹**verrijken** (ov ww) **1** [rijker maken] bereichern **2** [van hoger gehalte maken] anreichern: *verrijkt uranium* angereichertes Uran
zich ²**verrijken** (wdk ww) sich bereichern
de **verrijking 1** Bereicherung (v[20]) **2** [chem] Anreicherung (v[20])
verrijzen 1 [opstaan] (auf)erstehen[279] **2** [opkomen] aufschießen[238]: *als paddenstoelen uit de grond* ~ wie Pilze aus der Erde schießen[238] **3** [oprijzen] sich erheben[186]
de **verrijzenis** Auferstehung (v[20])
verroeren rühren, regen: *zich niet* ~ sich nicht rühren; *geen vin* ~ sich gar nicht rühren
verroesten verrosten: [fig] *verroest!* verflixt!
verrot 1 [bedorven, vergaan] faul, verfault **2** [zeer slecht] morsch **3** [verrekt] furchtbar
verrotten verfaulen, vermodern; [tot ontbinding overgaan] verwesen: [inf] *het kan me niks ~!* es ist mir scheißegal!
verruilen umtauschen; [bij vergissing] vertauschen, verwechseln
verruimen erweitern; [fig] ausweiten: *zijn blik* ~ den Blick erweitern
de **verruiming** Erweiterung (v[20]); [fig] Ausweitung (v[20])
verrukkelijk entzückend, herrlich, vorzüglich
de **verrukking** Entzücken (o[39]), Bezauberung (v[20])
verrukt entzückt
verruwen verrohen
de **verruwing** Verrohung (v[20])
het ¹**vers** (zn) **1** [regel, couplet, dichtvorm] Vers (m[5]) **2** [gedicht] Gedicht (o[29])
²**vers** (bn, bw) frisch
verschaald: ~ *bier* schales (*of:* abgestandenes) Bier
verschaffen verschaffen, beschaffen: *zich toegang* ~ sich Zutritt verschaffen
verschalken 1 [te slim af zijn] überlisten; [foppen] foppen; [een dier vangen] fangen[155] **2** [nuttigen] sich³ zu Gemüte führen
verschansen verschanzen: [ook fig] *zich* ~ *achter iets* sich hinter+³ etwas verschanzen

het **verscheiden** hinscheiden[232], verscheiden[232]
verscheidene mehrere
de **verscheidenheid 1** [afwisseling] Vielfalt (v[28]), Mannigfaltigkeit (v[28]) **2** [het verschil] Verschiedenartigkeit (v[28])
verschepen 1 [vervoeren] verschiffen **2** [overladen] umschiffen
¹**verscherpen** (onov ww) sich verschärfen
²**verscherpen** (ov ww) verschärfen
verscheuren zerreißen[220]
het **verschiet 1** [horizon] Horizont (m[5]) **2** [verte] Ferne (v[28]) **3** [perspectief, toekomst] Perspektive (v[21]): [fig] *iets in het ~ hebben* etwas in[+3] Aussicht haben[182]
¹**verschieten** (onov ww) [verbleken] verblassen, verschießen[238]: *van schrik ~* vor Schreck erblassen
²**verschieten** (ov ww) [schietend verbruiken] verschießen[238]
verschijnen erscheinen[233]: *voor iem. ~* vor jmdm. erscheinen
de **verschijning** Erscheinung (v[20])
het **verschijnsel** Erscheinung (v[20]), Phänomen (o[29]); [van ziekte] Symptom (o[29]), Anzeichen (o[35])
het **verschil** Unterschied (m[5]); [wisk] Differenz (v[20]): *~ in leeftijd* Altersunterschied; *~ van mening* Meinungsverschiedenheit (v[20]); *~ maken* unterscheiden, einen Unterschied machen
verschillen [zich onderscheiden] sich unterscheiden[232], verschieden sein[262]; [als verschil hebben] differieren[320]: *de meningen ~* die Meinungen sind geteilt; *van mening ~* verschiedener Meinung (of: Ansicht) sein[262]; *dat verschilt veel* das macht einen großen Unterschied; *waarin ~ zij?* wodurch unterscheiden sie sich?; *zij ~ bijna 10 jaar* der Altersunterschied zwischen beiden ist fast zehn Jahre; *ze ~ bijna niets in leeftijd* sie sind fast gleich alt
verschillend 1 [afwijkend] unterschiedlich, verschieden: *~e belangen hebben* verschiedene Interessen haben[182] **2** [niet gelijk] ungleich **3** [uiteenlopend] verschiedenartig
verschillende [verscheiden] mehrere
verscholen versteckt, verborgen
¹**verschonen** (ov ww) [van schone lakens voorzien] frisch beziehen[318]; [van een klein kind] sauber machen
zich ²**verschonen** (wdk ww) die Wäsche wechseln, frische Wäsche anziehen[318]
de **verschoning 1** [schoon ondergoed] frische Wäsche (v[28]) **2** [verontschuldiging] Entschuldigung (v[20]): *~ vragen* um Entschuldigung bitten[132]
de **verschoppeling** Ausgestoßene(r) (m[40a])
verschralen rau werden[310]
de **verschrijving** Schreibfehler (m[9])
verschrikkelijk schrecklich, entsetzlich, furchtbar, fürchterlich: *~ koud* furchtbar kalt

de **verschrikking** Schrecken (m[11])
verschroeien versengen
verschrompelen (zusammen)schrumpfen
zich **verschuilen** sich verstecken: [fig] *zich achter iem. ~* sich hinter jmdm. verstecken
¹**verschuiven** (onov ww) sich verschieben[237]
²**verschuiven** (ov ww) **1** verschieben[237] **2** [opschorten] verschieben[237], verlegen
de **verschuiving** Verschiebung (v[20]), Verlegung (v[20]); *zie* ¹*verschuiven*
verschuldigd schuldig: *het ~e bedrag* der schuldige Betrag; *de ~e eerbied* die schuldige Achtung; *het ~e geld* das geschuldete Geld; *iem. geld ~ zijn* jmdm. Geld schuldig sein[262]; *ik ben hem veel ~* ich verdanke ihm viel
de **versheid** Frische (v[28])
het/de **vershoudfolie** Frischhaltefolie (v[21])
de **versie** Version (v[20]), Fassung (v[20])
de **versierder** Schürzenjäger (m[9])
versieren 1 [verfraaien] (aus)schmücken **2** [sieren] schmücken **3** [voor elkaar krijgen] schaffen **4** [te pakken weten te krijgen] organisieren[320] **5** [verleiden] aufreißen[220], anmachen
de **versiering 1** Verzierung (v[20]), Ausschmückung (v[20]) **2** [muz] Verzierung (v[20])
de **versiertoer**: *op de ~ zijn* versuchen, jmdn. anzumachen (of: aufzureißen)
versimpelen versimpeln
versjacheren verschachern
versjouwen umstellen, schleppen
verslaafd süchtig, abhängig: *aan de drank ~* alkoholsüchtig; *aan drugs ~* rauschgiftsüchtig
de **verslaafde** Süchtige(r) (m[40a], v[40b])
verslaan 1 [overwinnen] schlagen[241] **2** [verslag uitbrengen van] berichten über[+4]
het **verslag** Bericht (m[5]); [notulen] Protokoll (o[29]): *~ geven* (of: *doen*) *van* berichten über[+4]
verslagen 1 [overwonnen] geschlagen, besiegt **2** [terneergeslagen] niedergeschlagen
de **verslagenheid** Niedergeschlagenheit (v[28])
de **verslaggever** Berichterstatter (m[9])
de **verslaggeving** Berichterstattung (v[20])
¹**verslapen** (ov ww) verschlafen[240]
zich ²**verslapen** (wdk ww) (sich) verschlafen[240]
¹**verslappen** (onov ww) **1** [slap worden] erschlaffen **2** [verflauwen] abflauen, nachlassen[197]
²**verslappen** (ov ww) erschlaffen: *zijn greep ~* seinen Griff lockern
verslavend süchtig machend, abhängig machend
de **verslaving** Sucht (v[25], v[20])
¹**verslechteren** (onov ww) sich verschlechtern, sich verschlimmern
²**verslechteren** (ov ww) verschlechtern
verslepen (ab)schleppen
versleten 1 abgenutzt, verschlissen; [m.b.t. kleren, schoeisel] abgetragen; [kaal] fadenscheinig **2** [krachteloos] verbraucht

zich **¹verslijten** (onov ww) sich abnutzen, verschleißen[244]

²verslijten (ov ww) **1** [doen slijten] abnutzen, verschleißen[244]; [van kleren, schoeisel] abtragen[288] **2** [houden voor] halten[183] für[+4] **3** [doorbrengen] verbringen[139]

zich **verslikken** sich verschlucken: zich ~ in sich verschlucken an[+3]

verslinden verschlingen[246]

verslingerd: ~ zijn aan iets auf[+4] etwas versessen sein[262]

versloffen verwahrlosen lassen[197]

¹verslonzen (onov ww) [verloederen] verschlampen

²verslonzen (ov ww) [verwaarlozen] verwahrlosen lassen[197]

versmaden 1 [verwerpen] verschmähen **2** [te gering achten] verachten

¹versmallen (onov ww) sich verschmälern

²versmallen (ov ww) verschmälern

versmelten verschmelzen[248]

de **versnapering** Leckerbissen (m[11]), Süßigkeit (v[20])

versnellen beschleunigen: versnelde weergave [van film] Zeitraffer (m[9]); [van film] in versneld tempo im Zeitraffertempo

de **versnelling 1** Beschleunigung (v[20]) **2** [mechanisme] Übersetzung (v[20]), Gang (m[6]): in de eerste ~ zetten den ersten Gang einlegen **3** [schakelinrichting] Gangschaltung (v[20]): een auto met automatische ~ ein Auto mit Automatik

de **versnellingsbak** Getriebe (o[33])

versnijden [in stukken snijden] zerschneiden[250]

de **versnipperaar** Reißwolf (m[6])

¹versnipperen (onov ww) [in vele delen uiteenvallen] zersplittern

²versnipperen (ov ww) **1** [in snippers snijden] zerschnippeln **2** [te veel verdelen] verzetteln: zijn krachten ~ seine Kräfte verzetteln

versoberen einschränken

¹versoepelen (onov ww) sich lockern

²versoepelen (ov ww) lockern

verspelen verspielen

versperren sperren

de **versperring 1** Sperrung (v[20]) **2** [middel] Sperre (v[21])

verspillen verschwenden, vergeuden

de **verspilling** Verschwendung (v[20]), Vergeudung (v[20])

versplinteren zersplittern

¹verspreiden (ov ww) [uitzenden] verbreiten: een gerucht ~ ein Gerücht verbreiten; [uiteen doen gaan] zerstreuen

zich **²verspreiden** (wdk ww) **1** sich verbreiten, sich (aus)breiten **2** [uiteengaan] sich zerstreuen

de **verspreiding** Verbreitung (v[20]), Zerstreuung (v[28]), Ausbreitung (v[28]); zie ¹verspreiden

zich **verspreken** sich versprechen[274]

de **verspreking** Versprecher (m[9])

¹verspringen (ww) **1** [overslaan] überspringen[276] **2** [op een andere dag vallen] auf einen anderen Tag fallen[154]

het **²verspringen** (zn) Weitsprung (m[19])

³verspringen (ww) weitspringen[276]

de **verspringer** Weitspringer (m[9])

¹verstaan (ov ww) **1** [horen] verstehen[279] **2** [begrijpen] verstehen[279], begreifen[181]: iem. iets te ~ geven jmdm. etwas zu verstehen geben[166] ‖ zijn vak ~ sein Handwerk verstehen/beherrschen

zich **²verstaan** (wdk ww) sich beraten[218]: zich met iem. (over iets) ~ sich mit jmdm. (über[+4] etwas) beraten

verstaanbaar verständlich: zich niet ~ kunnen maken mit seiner Stimme nicht durchdringen[143]

het **verstand** Verstand (m[19]): hij heeft ~ van muziek er versteht sich auf[+4] Musik; iets aan het ~ brengen jmdm. etwas klar machen; hij is niet goed bij zijn ~ er ist nicht recht bei Verstand; dat gaat mijn ~ te boven das geht über meinen Verstand; met dien ~e, dat ... unter der Voraussetzung, dass ...

verstandelijk geistig, intellektuell

de **verstandhouding** Einvernehmen (o[39]): in goede ~ in gutem Einvernehmen

verstandig 1 [met verstand begaafd] vernünftig, verständig; [intelligent] klug[58]; [knap] gescheit: wees toch ~! sei doch vernünftig! **2** [van inzicht getuigend] verständig, vernünftig

het **verstandshuwelijk** Vernunftehe (v[21])

de **verstandskies** Weisheitszahn (m[6])

de **verstandsverbijstering** Geistesverwirrung (v[28])

zich **verstappen** sich[3] den Fuß vertreten[291]

verstarren erstarren

verstedelijken verstädtern

versteend versteinert

het **¹verstek** [jur] Abwesenheit (v[28]): bij ~ veroordelen in Abwesenheit verurteilen; ~ laten gaan nicht erscheinen[233]

het **²verstek** [techn] Gehrung (v[20]): onder ~ zagen auf Gehrung sägen

de **verstekeling** blinder Passagier (m[5])

verstelbaar verstellbar

versteld verblüfft, überrascht, verdutzt

verstellen 1 [repareren] flicken, ausbessern **2** [anders stellen] verstellen

versterken 1 [sterker maken] (ver)stärken **2** [versterkingen aanleggen] befestigen

versterkend: ~ middel stärkendes Mittel (o[33])

de **versterker** [foto; van geluid] Verstärker (m[9])

de **versterking 1** Verstärkung (v[20]): ~ krijgen Verstärkung erhalten[183] **2** [mil; stelling] Befestigung (v[20])

versterven 1 [zich onthouden van aardse genoegens] Enthaltsamkeit üben, Askese üben **2** [bewust voedsel en drank weigeren om te kunnen sterven] Nahrung und Flüssigkeit verweigern, um sterben zu können: *een patiënt laten ~* einem Patienten Nahrung und Flüssigkeit vorenthalten, um ihn sterben zu lassen

verstevigen (ver)stärken, (be)festigen

de **versteviger** Festiger (m[9]), Haarfestiger (m[9])

verstijfd steif, erstarrt, starr: *~ van kou* steif vor Kälte; *~ van schrik* starr vor Schreck

[1]**verstijven** (onov ww) (sich) versteifen, steif werden[310], erstarren

[2]**verstijven** (ov ww) versteifen

verstikken ersticken

de **verstikking** Erstickung (v[20])

[1]**verstoken** (bn): *~ zijn van iets* etwas entbehren

[2]**verstoken** (ww) [als brandstof verbruiken] verbrennen[138], verfeuern, verheizen

verstokt eingefleischt, verstockt: *een ~e vrijgezel* ein eingefleischter Junggeselle

verstommen verstummen: *verstomd staan* sprachlos sein[262]

verstoord verärgert, verstimmt

verstoppen 1 [verbergen] verstecken **2** [verstopt doen raken] verstopfen

het **verstoppertje**: *~ spelen* Versteck(en) spielen

de **verstopping 1** [het verstopt zijn] Verstopfung (v[20]) **2** [opstopping] Stau (m[13], m[5]) **3** [obstipatie] Stuhlverstopfung (v[20])

verstoren 1 [hinderen] stören **2** [bederven] zerstören

de **verstoring** Störung (v[20]): *~ van de orde* Ordnungsstörung

verstoten verstoßen[285]

zich **verstouten** sich erkühnen

verstouwen 1 [verstuwen] verstauen **2** [verwerken] verkraften: *[van eten] hij kan veel ~* er ist kein Kostverächter

[1]**verstrakken** (onov ww) sich spannen, sich straffen

[2]**verstrakken** (ov ww) spannen, straffen

verstrekken verschaffen, beschaffen, besorgen: *iem. geld ~* jmdm. Geld beschaffen; *inlichtingen ~* Auskunft erteilen; *voedsel ~* Nahrung verabreichen

verstrekkend weitreichend, weit reichend

de **verstrekking** Verschaffung (v[28]), Beschaffung (v[28]), Besorgung (v[20]), Verabreichung (v[20]), Erteilung (v[20]); *zie verstrekken*

verstrijken ablaufen[198], vergehen[168]

verstrikken: *in een schandaal verstrikt raken* in einen Skandal verstrickt werden[310]

verstrooid 1 [verspreid] verstreut **2** [afwezig] zerstreut

de **verstrooidheid** Zerstreutheit (v[20]), Zerfahrenheit (v[20])

verstrooien zerstreuen

de **verstrooiing** Zerstreuung (v[20])

verstuiken verstauchen

de **verstuiking** Verstauchung (v[20])

verstuiven zerstäuben

de **verstuiver** Zerstäuber (m[9])

versturen versenden[263], verschicken

versuft benommen, betäubt

de **versukkeling**: *in de ~ raken* herunterkommen[193]; *[m.b.t. zaken]* ins Hintertreffen kommen[193]

versus versus

het **vertaalbureau** Übersetzungsbüro (o[36])

de **vertaalslag** Übertragung (v[20])

het **vertaalwerk** Übersetzungsarbeit (v[20])

zich **vertakken** sich gabeln, sich verzweigen

de **vertakking** Gabelung (v[20]), Verzweigung (v[20])

vertalen 1 [in een andere taal overzetten] übersetzen, übertragen[288] **2** [in een andere vorm weergeven] übertragen[288], umsetzen

de **vertaler** Übersetzer (m[9])

de **vertaling** Übersetzung (v[20])

de **verte** Ferne (v[21]): *in de ~* in der Ferne; *uit de ~ herkennen* von Weitem erkennen

vertederen erweichen, rühren

de **vertedering** Erweichung (v[20]), Rührung (v[28])

verteerbaar verdaulich: *licht ~* leicht verdaulich

vertegenwoordigen 1 [uitmaken] darstellen **2** [handelen voor] vertreten[291]

de **vertegenwoordiger** Vertreter (m[9])

de **vertegenwoordiging** Vertretung (v[20])

vertekend verzeichnet, verzerrt

vertekenen verzerren

[1]**vertellen** (ov ww) erzählen: *[fig] hij heeft hier niets te ~* er hat hier nichts zu sagen

zich [2]**vertellen** (wdk ww) sich verzählen

de **verteller** Erzähler (m[9])

de **vertelling** Erzählung (v[20])

[1]**verteren** (onov ww) **1** [als voedsel verwerkt worden] verdaut werden[310] **2** [vergaan] vermodern, verfaulen

[2]**verteren** (ov ww) **1** [als voedsel verwerken] verdauen: *zijn maag kan dat niet ~* sein Magen verdaut das nicht **2** [opmaken] ausgeben[166], verzehren **3** [doen vergaan] zerfressen[162], zersetzen, verzehren

de [1]**verticaal** (zn) Vertikale (v[21]), Senkrechte (v[40b])

[2]**verticaal** (bn, bw) vertikal, senkrecht

het **vertier 1** [drukte] Betrieb (m[19]): *er is hier veel ~* hier herrscht ein lebhaftes Treiben **2** [ontspanning] Unterhaltung (v[28])

vertikken [weigeren te doen] (gar) nicht daran denken[140]: *ik vertik het!* ich werde es hübsch bleiben lassen! **2** [niet langer werken] nicht funktionieren[320]

zich **vertillen** sich verheben

vertimmeren 1 [verbouwen] umbauen

2 [aan verbouwing besteden] verbauen
vertoeven verweilen, sich aufhalten[183]
vertolken 1 [vertalen] dolmetschen, über-setzen **2** [tot uitdrukking brengen] zum Ausdruck bringen[139]: *iemands gevoelens* ~ jemands Gefühlen Ausdruck verleihen[200] **3** [uitbeelden] [theat] darstellen; [muz] spielen, interpretieren[320]

de **vertolker** Interpret (m[14]), Darsteller (m[9])

de **vertolking** [muz] Interpretation (v[20]), Wiedergabe (v[21]); [theat] Darstellung (v[20])

¹vertonen (ov ww) **1** [laten zien] (vor)zeigen, vorweisen[307]: *een film* ~ einen Film vorführen **2** [opvoeren] zeigen, vorführen, aufführen, spielen **3** [doen blijken] aufweisen[307], zeigen

zich **²vertonen** (wdk ww) sich zeigen, sich sehen lassen[197]

de **vertoning 1** [het laten zien] Vorzeigen (o[39]), Vorweisen (o[39]) **2** [het vertoonde] Schauspiel (o[29]), Aufführung (v[20]), Vorführung (v[20]): [fig] *een vreemde* ~ ein sonderbares Schauspiel

het **vertoon 1** [het laten zien] Vorlage (v[28]): *op* ~ *van* gegen Vorlage[+2] **2** [praal] Aufwand (m[19])

¹vertragen (onov ww) sich verlangsamen, sich verzögern: *een vertraagde trein* ein verspäteter Zug; *vertraagde weergave van film* Zeitlupe (v[21])

²vertragen (ov ww) **1** [trager maken] verlangsamen, verzögern **2** [uitstellen] verschleppen; [rekken] in die Länge ziehen[318]

de **vertraging 1** [het vertragen] Verlangsamung (v[20]), Verzögerung (v[20]); [van proces, ook] Verschleppung (v[20]) **2** [oponthoud] Verspätung (v[20]): ~ *hebben* Verspätung haben[182]

vertrappen zertreten[291]

het **vertrek 1** [lokaal] Raum (m[6]); [kamer] Zimmer (o[33]) **2** [afreis] Abreise (v[21]), Abfahrt (v[20]), Abgang (m[19]); [van vliegtuig] Abflug (m[6]) **3** [verhuizing] Wegzug (m[6])

de **vertrekhal** Wartehalle (v[21])

¹vertrekken (onov ww) **1** [afreizen] abreisen; [m.b.t. bus, schip, trein] abfahren[153], abgehen[168]; [m.b.t. vliegtuig] abfliegen[159] **2** [weggaan] weggehen[168], fortgehen[168]

²vertrekken (ov ww) verziehen[318]: *geen spier* ~ keine Miene verziehen

het **vertrekpunt** [fig] Ausgangspunkt (m[5])

de **vertrektijd,** het **vertrekuur** Abfahrt(s)-zeit (v[21]); [luchtv] Abflugzeit (v[20])

¹vertroebelen (ov ww) [troebel maken] trüben

²vertroebelen (onov ww) [troebel worden] sich trüben

vertroetelen verhätscheln, verzärteln

vertrouwd 1 vertraut: *een ~e vriend* ein vertrauter Freund **2** [betrouwbaar] zuverlässig

vertrouwelijk vertraulich: *strikt* ~ streng vertraulich

de **vertrouweling** Vertraute(r) (m[40a], v[40b])

het **¹vertrouwen** (zn) Vertrauen (o[39]); [in toekomst] Zuversicht (v[28]): *vol* ~ zuversichtlich; ~ *in iem. hebben* Vertrauen zu jmdm. haben[182]; *iem. in* ~ *nemen* jmdn. ins Vertrauen ziehen[318]; *in iem.* ~ *stellen* Vertrauen auf jmdn. (of: in) jmdn. setzen; *op goed* ~ in gutem Glauben; ~ *wekken* Vertrauen erwecken

²vertrouwen (ww) **1** (ver)trauen[+3]: *hij is niet te* ~ ihm ist nicht zu trauen; *ik vertrouw het zaakje niet* ich traue dem Braten nicht; *iem. blind* ~ jmdm. blind vertrauen **2** [rekenen op] vertrauen auf[+4], sich verlassen[197] auf[+4]

de **vertrouwensarts** Vertrauensarzt (m[6])

de **vertrouwenskwestie 1** [politiek] Vertrauensfrage (v[21]) **2** [zaak van vertrouwen] Vertrauenssache (v[21])

de **vertrouwenspersoon** Vertrauensperson (v[20])

vertrouwenwekkend vertrauenerweckend

vertwijfeld verzweifelt, hoffnungslos

de **vertwijfeling** Verzweiflung (v[28]): *tot* ~ *brengen* zur Verzweiflung bringen[139]

veruit weitaus, bei Weitem

vervaardigen herstellen, (an)fertigen ·

de **vervaardiging** Herstellung (v[28]), Anfertigung (v[28]), Fertigung (v[28])

vervaarlijk furchtbar, fürchterlich

vervagen sich verwischen, verschwimmen[257]

het **verval 1** [achteruitgang] Verfall (m[19]) **2** [in rivier] Gefälle (o[33])

de **vervaldatum** Verfallsdatum (o, mv: Verfallsdaten)

¹vervallen (bn) **1** [bouwvallig, afgeschaft, verstreken] verfallen **2** [armoedig] verkommen, heruntergekommen, verfallen

²vervallen (ww) **1** [bouwvallig worden] verfallen[154] **2** [achteruitgaan] verfallen[154] **3** [invorderbaar worden] verfallen[154] **4** [verstrijken] verstreichen[286], ablaufen[198]: *de termijn is* ~ die Frist ist abgelaufen **5** [van eigenaar verwisselen] verfallen[154], fallen[154] an[+4] **6** [niet meer gelden] wegfallen[154], erlöschen[150], hinfällig werden[310] **7** [niet plaatsvinden] ausfallen[154], nicht stattfinden[157] **8** [raken, komen tot] verfallen[154] in[+4]

vervalsen [namaken] fälschen

de **vervalsing** Fälschung (v[20])

vervangen ersetzen

de **vervanger** Vertreter (m[9]); [sport] Ersatzspieler (m[9])

de **vervanging** [van persoon] Vertretung (v[20]); [sport] Auswechslung (v[20]), Ersatz (m[19])

het **vervangingsinkomen** [Belg] Sozialeinkommen (o[35])

de **vervangingswaarde** Wiederbeschaffungswert (m[5])

de **verve** Schwung (m⁵), Begeisterung (v²⁰)
verveeld gelangweilt: [Belg] ~ *zitten met
iets* mit⁺³ etwas nichts anzufangen wissen³¹⁴
¹**vervelen** (ov ww) langweilen: *iem. met iets
~* jmdn. mit⁺³ etwas langweilen; *het verveelt
mij allang!* ich bin's längst satt!; *tot ~s toe* bis
zum Überdruss
zich ²**vervelen** (wdk ww) sich langweilen
vervelend 1 [saai] öde, langweilig: *stierlijk
~* stinklangweilig **2** [onaangenaam] ärgerlich, hässlich, unangenehm **3** [onhebbelijk]
garstig **4** [niet lekker] unwohl **5** [onbehaag-
lijk] ungut
de **verveling** Lang(e)weile (v²⁸)
vervellen [m.b.t. dieren] sich häuten;
[m.b.t. mensen] sich schälen
verven 1 [schilderen] (an)streichen²⁸⁶, malen: *pas geverfd!* frisch gestrichen! **2** [met
kleurstof bewerken] färben
verversen 1 [opfrissen] erfrischen: *de lucht
~* frische Luft hereinlassen¹⁹⁷ **2** [door nieuwe
vervangen] wechseln: *olie ~* Öl wechseln
de **verversing** [verfrissing] Erfrischung (v²⁰)
vervlaamsen flämisch werden³¹⁰
de **vervlakking** Verflachung (v²⁰)
vervliegen verfliegen¹⁵⁹: *in rook ~* in Rauch
aufgehen¹⁶⁸
vervloeken verfluchen: *iem. ~* jmdn. verfluchen
de **vervloeking** Verfluchung (v²⁰)
vervloekt verflucht, verdammt
vervoegen 1 [taalk] konjugieren³²⁰, beugen, flektieren³²⁰ **2** *zich bij iem. ~* sich an
jmdn. wenden³⁰⁸
de **vervoeging** [taalk] Konjugation (v²⁰), Beugung (v²⁰), Flexion (v²⁰)
het **vervoer 1** [transport] Beförderung (v²⁸),
Transport (m⁵): *~ over lange afstand* Fernver-
kehr (m¹⁹) **2** [vervoermiddel] Transportmittel
(o³³), Beförderungsmittel (o³³): *het openbaar
~* die öffentlichen Verkehrsmittel
het **vervoerbedrijf** Transportunternehmen
(o³⁵)
de **vervoerder** Frachtführer (m⁹), Transpor-
teur (m⁵)
vervoeren befördern, transportieren³²⁰:
naar het ziekenhuis ~ ins Krankenhaus befördern
de **vervoering** Verzückung (v²⁰), Ekstase (v²¹)
het **vervoermiddel** Transportmittel (o³³), Beförderungsmittel (o³³)
het **vervolg** Fortsetzung (v²⁰): *in ~ op ons schrijven* im Anschluss an unser Schreiben; *in het ~*
künftig, in Zukunft
vervolgen 1 [achtervolgen] verfolgen
2 [aanklagen] verfolgen, gerichtlich vorgehen¹⁶⁸ *gegen*⁺⁴ **3** [voortzetten] fortsetzen;
[verder spreken] fortfahren¹⁵³
vervolgens 1 [daarna] darauf(hin), dann,
danach **2** [naderhand] nachher
de **vervolging** Verfolgung (v²⁰): *een ~ instellen*

tegen iem. einen Prozess gegen jmdn. anstrengen
het **vervolgverhaal** Fortsetzungsroman (m⁵)
vervolmaken vervollkommnen
vervormen 1 verformen, umbilden **2** [van
beeld, geluid] verzerren
de **vervorming** Verformung (v²⁰), Umbildung
(v²⁰), Verzerrung (v²⁰); *zie vervormen*
¹**vervreemden** (onov ww) sich entfremden;
[m.b.t. elkaar] sich auseinanderleben: *de kinderen zijn van hem vervreemd* die Kinder haben sich ihm entfremdet
²**vervreemden** (ov ww) entfremden: *zich ~
van iem.* sich jmdm. entfremden
de **vervreemding 1** [het overdragen] Veräu-
ßerung (v²⁰) **2** [theat] Verfremdung (v²⁰)
3 [het vreemd worden aan] Entfremdung
(v²⁰)
vervroegen früher ansetzen, vorverlegen,
vorziehen³¹⁸: *vervroegde verkiezingen* vorgezogene Wahlen; *het vervroegd pensioen* der
vorgezogene Ruhestand; *met vervroegd pensioen gaan* in den Vorruhestand treten²⁹¹
¹**vervuilen** (onov ww) verunreinigt werden³¹⁰, verschmutzen
²**vervuilen** (ov ww) verunreinigen, verschmutzen
de **vervuiler** Verursacher (m⁹) der Verschmut-
zung, Verunreinigung: *de ~ betaalt* bezahlt
wird nach dem Verursacherprinzip
de **vervuiling** Verunreinigung (v²⁰), Ver-
schmutzung (v²⁰)
vervullen 1 [vol maken] erfüllen **2** [ver-
vangen] einnehmen²¹² **3** [verwezenlijken]
erfüllen **4** [bekleden] bekleiden **5** [nako-
men] erfüllen; [van dienstplicht] (ab)leisten
de **vervulling** Erfüllung (v²⁰); [van dienst-
plicht] Ableistung (v²⁰): *in ~ gaan* in Erfüllung
gehen¹⁶⁸
verwaaid zerzaust
verwaand eingebildet, dünkelhaft
de **verwaandheid** Einbildung (v²⁸), Dünkel
(m¹⁹)
verwaardigen würdigen⁺² ‖ *zich ~* sich
herablassen, sich bequemen
verwaarloosbaar zu vernachlässigen
verwaarlozen vernachlässigen; [van ziek-
te] verschleppen: *een verwaarloosde griep*
eine verschleppte Grippe; *zijn plicht ~* seine
Pflicht vernachlässigen; *dat is te ~* das kann
man unberücksichtigt lassen
de **verwaarlozing** Vernachlässigung (v²⁰);
[van ziekte] Verschleppung (v²⁰); *zie verwaarlozen*
verwachten erwarten; [hopend verwach-
ten] sich³ versprechen²⁷⁴: *een kind ~* ein Kind
erwarten; *zoals te ~ was* wie wir erwartet; *wij ~
daar niet veel van!* wir versprechen uns³ nicht
viel davon!; *zoiets kan men van hem ~!* das
sieht ihm ähnlich!
de **verwachting** Erwartung (v²⁰): *in ~ zijn*

de **¹verwant** (zn) Verwandte(r) (m[40a], v[40b])
   ²verwant (bn) verwandt
de **verwantschap** Verwandtschaft (v[20])
   verward 1 [in de war] wirr, verwirrt: ~e *ha-*
   ren verwirrte Haare **2** [onsamenhangend]
   wirr, verworren: ~ *spreken* wirr sprechen; ~
   raken in sich verfangen[155] in[+3]
   verwarmen erwärmen; [een gebouw, een
   ruimte] (be)heizen
de **verwarming 1** [het verwarmen] Erwärmung (v[28]); [van ruimte, gebouw] Heizung
   (v[28]), Beheizung (v[28]) **2** [installatie] Heizung
   (v[20]): *centrale* ~ Zentralheizung
de **verwarmingsinstallatie** Heizanlage (v[21])
de **verwarmingsketel** Heizkessel (m[9])
   verwarren 1 verwirren **2** [door elkaar ha-
   len] verwechseln: *ik verwar hem met zijn broer*
   ich verwechsle ihn mit seinem Bruder
de **verwarring 1** Verwirrung (v[20]) **2** [het door
   elkaar halen] Verwechslung (v[20]) **3** [chaos]
   Durcheinander (o[39])
   verwateren [ook fig] verwässern
   verwedden verwetten
het **verweer 1** [verdediging] Verteidigung (v[20])
   2 [jur] Einrede (v[21]) **3** [verzet] Widerstand
   (m[6])
   verweerd verwittert
het **verweerschrift** Verteidigungsschrift (v[20])
   verwekken erregen, erzeugen, erwecken,
   hervorrufen[226]: *een kind* ~ ein Kind zeugen
de **verwekker** Erzeuger (m[9])
   verwelken [ook fig] (ver)welken
   verwelkomen willkommen heißen[187], begrüßen
   verwend verwöhnt; [verkeerd opgevoed]
   verzogen
   verwennen verwöhnen
   verwensen verwünschen
de **verwensing** Verwünschung (v[20])
   ¹verweren (ww) [door het weer] verwittern
zich **²verweren** (wdk ww) **1** [zich verdedigen]
   sich verteidigen, sich wehren **2** [zich verzet-
   ten] sich widersetzen, sich sträuben (gegen[+4])
   verwerkelijken verwirklichen
   verwerken [ook psychisch] verarbeiten
de **verwerking** Verarbeitung (v[20]): ~ *van data*
   Datenverarbeitung
   verwerpelijk verwerflich
   verwerpen verwerfen[311]
   verwerven erwerben[309]: *bekendheid* ~ allgemein bekannt werden[310]; *kennis* ~ sich[3]
   Kenntnisse erwerben
de **verwerving** Erwerbung (v[20])
   verweven verweben: *met iets, met elkaar* ~
   zijn mit etwas, miteinander verwoben sein
   verwezenlijken verwirklichen
de **verwezenlijking** Verwirklichung (v[20])
   verwijderd entfernt, fern
   ¹verwijderen (ov ww) entfernen

zich **²verwijderen** (wdk ww) sich entfernen
de **verwijdering** Entfernung (v[20])
   verwijfd weibisch, weichlich, feminin
het **verwijsbriefje**, de **verwijskaart** Über-
   weisungsschein (m[5])
het **verwijt** Vorwurf (m[6])
   verwijten vorwerfen[311]
   verwijtend vorwurfsvoll
   verwijzen überweisen[307], verweisen[307]: *een*
   patiënt naar een specialist ~ einen Patienten an
   einen Facharzt überweisen; *we* ~ *naar onze*
   brief van … wir nehmen Bezug auf[+4] (of: beziehen uns auf) unser Schreiben vom …
de **verwijzing** [in een tekst] Verweis (m[5]),
   Verweisung (v[20]); [van patiënt] Überweisung
   (v[20]): *onder* ~ *naar* unter Bezug auf[+4], mit Bezug auf[+4]
   verwikkelen verwickeln: *in een discussie*
   verwikkeld zijn in eine Diskussion verwickelt
   sein[262]
de **verwikkeling** Verwick(e)lung (v[20])
   verwilderd verwildert: ~e *blik* verstörter
   Blick
   verwisselbaar austauschbar: *verwisselbare*
   onderdelen auswechselbare Teile
   verwisselen 1 austauschen, wechseln,
   umtauschen; [onderdelen] auswechseln: *van*
   eigenaar ~ den Besitzer wechseln; *van kleren*
   ~ die Kleider wechseln **2** [verwarren] verwechseln
de **verwisseling** Auswechs(e)lung (v[20]),
   Wechsel (m[9]), Umtausch (m[5]), Verwechs(e)-
   lung (v[20]); *zie verwisselen*
   verwittigen benachrichtigen, verständigen
   verwoed 1 heftig, wütend **2** [hartstochte-
   lijk] leidenschaftlich
   verwoesten zerstören
de **verwoestijning** Desertifikation (v[20])
de **verwoesting** Zerstörung (v[20])
   verwonden verletzen, verwunden
   verwonderd verwundert, erstaunt
   ¹verwonderen (ov ww) (ver)wundern, erstaunen
zich **²verwonderen** (wdk ww) sich verwundern,
   staunen
de **verwondering** Verwunderung (v[28]), Staunen (o[39])
   verwonderlijk verwunderlich, erstaunlich
de **verwonding** Verletzung (v[20]), Verwundung (v[20])
   verwoorden in Worte fassen
   verworden 1 [anders worden] sich
   (ver)ändern **2** [ontaarden] entarten
de **verworvenheid** Errungenschaft (v[20])
   verwringen verdrehen, verzerren: *een ver-*
   wrongen gezicht ein verzerrtes Gesicht
   verzachten mildern; [van pijn, leed, nood]
   lindern: ~*de omstandigheid* mildernder Umstand (m[6])
   verzadigd gesättigt, satt: *de markt is* ~ der

Markt ist gesättigt
verzadigen sättigen: *hij is niet te ~* er ist
unersättlich

de **verzadiging** Sättigung (v[28])

het **verzadigingspunt** Sättigungspunkt (m[5])

verzaken 1 [van geloof] verleugnen, abschwören[260+3] **2** [van plicht] versäumen, vernachlässigen **3** [bij het kaartspel] nicht bedienen, verzichten

de **verzaking** Verleugnung (v[20]), Abschwö-
rung (v[20]), Versäumnis (o[29a]), Vernachlässigung (v[20]), Entsagung (v[20]); *zie verzaken*

verzakken 1 [m.b.t. bodem, weg, gebouw]
(ab)sacken, sich senken **2** [med] vorfallen[154]

de **verzakking 1** [van de grond] Bodensen-
kung (v[20]) **2** [van gebouw] Senkung (v[20])
3 [van baarmoeder] Gebärmuttervorfall (m[6])

de **verzamelaar** Sammler (m[9])

de **verzamel-cd** Auswahl-CD (v, 2e nvl: -; mv:
-s); Sampler (m[9])

¹verzamelen (ov ww) sammeln

zich **²verzamelen** (wdk ww) sich (ver)sammeln

de **verzameling** Sammlung (v[20]); [ophoping]
Ansammlung (v[20]); [wisk] Menge (v[21])

de **verzamelnaam** Sammelname (m[18])

de **verzamelplaats** Sammelplatz (m[6]), Sammelstelle (v[21])

de **verzamelstaat** Sammelverzeichnis (o[29])

de **verzamelwoede** Sammelwut (v[28])

verzanden [ook fig] versanden

verzegelen versiegeln

verzeild: *ergens ~ raken* irgendwohin verschlagen werden[310]

de **verzekeraar** Versicherer (m[9])

verzekerd versichert: *~ bedrag* Versiche-
rungssumme (v[21]); *verplicht ~* pflichtversichert; *vrijwillig ~* freiwillig versichert; *u kunt
ervan ~ zijn, dat …* Sie können versichert sein,
dass …; *van iets ~ zijn* von etwas überzeugt
sein[262]; *zijn toekomst is ~* seine Zukunft ist ge-
sichert

de **verzekerde** Versicherte(r) (m[40a], v[40b])

¹verzekeren (ov ww) versichern: *zijn leven ~*
sein Leben versichern; *ik verzeker u, dat …* ich
versichere Ihnen, dass …

zich **²verzekeren** (wdk ww) sich versichern: *zich
van hulp ~* sich[4] der Hilfe[2] versichern; *zich van
een plaats ~* sich[3] einen Platz sichern; *zie verzekerd*

de **verzekering** Versicherung (v[20]): *aanvullen-
de ~* Zusatzversicherung; *onderlinge ~* Versicherung auf Gegenseitigkeit; *sociale ~* Sozialversicherung; *verplichte ~* Pflichtversiche-
rung; *~ tegen brandschade* Feuerversiche-
rung; *~ tegen inbraak* Einbruch(s)diebstahl-
versicherung; *~ tegen ongevallen* Unfallversicherung; *~ tegen wettelijke aansprakelijkheid*
Haftpflichtversicherung

de **verzekeringsagent** Versicherungsagent
(m[14])

de **verzekeringsmaatschappij** Versiche-

rungsgesellschaft (v[20])

de **verzekeringspolis** Versicherungspolice
(v[21]), Versicherungsschein (m[5])

de **verzekeringspremie** Versicherungsprä-
mie (v[21])

de **verzekeringsvoorwaarden** Versiche-
rungsbedingungen (mv v[20])

verzelfstandigen verselbstständigen

verzenden versenden[263], verschicken

de **verzender** Absender (m[9])

de **verzending** Versendung (v[20]), Versand
(m[19]): *bericht van ~* Versandanzeige (v[21])

de **verzendkosten** Versandkosten (mv)

verzengen (ver)sengen: *een ~de hitte* eine
Gluthitze

het **verzet 1** [tegenstand] Widerstand (m[6]);
[protest] Protest (m[5]): *in ~ komen* sich auflehnen; *het verstand komt daartegen in ~* der Verstand sträubt sich dagegen **2** [jur] Einspruch
(m[6]): *~ aantekenen* Einspruch erheben[186]
3 [ontspanning] Erholung (v[28]) **4** [van fiets]
Gang (m[5])

het **verzetje** Zerstreuung (v[20])

de **verzetsbeweging** Widerstandsbewegung
(v[20])

de **verzetsstrijder** Widerstandskämpfer (m[9])

¹verzetten (ov ww) **1** [verplaatsen] versetzen, verschieben[237] **2** [van tijd] verlegen: *een
vergadering ~ naar 8 uur* eine Versammlung
auf 8 Uhr verlegen **3** [ontspannen] zerstreu-
en, ablenken

zich **²verzetten** (wdk ww) sich wehren, Widerstand leisten: *zich tegen iets ~* sich gegen[+4]
etwas wehren; *zich tegen de straf ~* sich der
Strafe[3] widersetzen ǁ *veel werk ~* tüchtig arbeiten

verzieken vergiften, verseuchen, verderben[297]

verziend [ook fig] weitsichtig

de **verziendheid** Weitsichtigkeit (v[28])

de **verzilting** Versalzung (v[20])

verzilveren versilbern; [te gelde maken,
ook] einlösen

¹verzinken (ww) [galvaniseren] verzinken

²verzinken (onov ww) [wegzinken] versinken[266]

³verzinken (ov ww) [techn] [doen verdwij-
nen] versenken: *verzonken schroef* Versenk-
schraube (v[21])

verzinnen ersinnen[267], sich[3] ausdenken[140]

het **verzinsel** Erfindung (v[20]), Erdichtung (v[20])

verzitten: *gaan ~* den Platz wechseln

het **verzoek** Bitte (v[21]); [form] Ersuchen (o[35]);
[schriftelijk] Gesuch (o[29]), Antrag (m[6]): *een ~
afwijzen* eine Bitte abweisen[307]; *iem. een ~
doen* jmdn. bitten[132]; *op ~* auf Wunsch

verzoeken 1 [vragen] bitten[132+4]; [form] ersuchen[+4], nachsuchen um[+4], verlangen: *iem.
om hulp ~* jmdn. um[+4] Hilfe bitten **2** [uitnodi-
gen] bitten[132], einladen[196]; [dringend] auffordern: *als ik u ~ mag!* wenn ich bitten darf!

de **verzoeking** Versuchung (v[20])

het **verzoeknummer** musikalische(r) Wunsch (m[6])

het **verzoekschrift** Gesuch (o[29]), Eingabe (v[21]): *een ~ indienen* eine Eingabe machen

verzoenen versöhnen: *zich met iem. ~ sich mit jmdm. versöhnen* (of: aussöhnen); [fig] *met een idee verzoend raken* sich an einen Gedanken gewöhnen, sich mit einem Gedanken versöhnen

verzoenend versöhnend, versöhnlich

de **verzoening** Versöhnung (v[20]), Aussöhnung (v[20])

verzorgd gepflegt

verzorgen [van het nodige voorzien] versorgen; [kinderen, zieken] pflegen, betreuen: *de bloemen ~* die Blumen versorgen; *een gezin ~* eine Familie ernähren

de **verzorgende** Betreuer (m[9]), Betreuerin (v[22])

de **verzorger** Pfleger (m[9]), Betreuer (m[9])

de **verzorging** Pflege (v[28]), Betreuung (v[28])

de **verzorgingsflat** Seniorenwohnheim (o[29])

de **verzorgingsstaat** Sozialstaat (m[16]), Betreuungsstaat (m[16])

het **verzorgingstehuis** Pflegeheim (o[29])

verzot vernarrt, erpicht, versessen: *~ zijn op iem.* in jmdn. vernarrt sein[262]; *~ zijn op iets auf*[+4] etwas versessen (of: erpicht) sein[262]

verzuchten seufzen, stöhnen

het **verzuim 1** Versäumnis (o[29a]), Unterlassung (v[20]) **2** [jur] Verzug (m[19]): *in ~ stellen* in Verzug setzen

verzuimen 1 [nalaten] unterlassen[197], versäumen **2** [de gelegenheid] versäumen, verpassen **3** [zijn plicht, de school] versäumen

[1]**verzuipen** (onov ww) ersaufen[228], ertrinken[293]

[2]**verzuipen** (ov ww) ersäufen, ertränken; [m.b.t. motor] absaufen[228]: *zijn geld ~* sein Geld versaufen[228]

verzuren: *iemands leven ~* jmdm. das Leben vergällen

[1]**verzwakken** (onov ww) schwächer werden[310], nachlassen[197]: *de belangstelling verzwakt* das Interesse lässt nach

[2]**verzwakken** (ov ww) [zijn gezondheid, een land, de vijand] schwächen

de **verzwakking** Schwächung (v[20])

verzwaren erschweren [ook fig]: *een straf ~* eine Strafe verschärfen

verzwarend erschwerend: *diefstal met ~e omstandigheden* Diebstahl mit erschwerenden Umständen

verzwelgen verschlingen[246]

verzwijgen verschweigen[255], verheimlichen

verzwikken sich[3] verrenken

het **vest** Weste (v[21]), Jacke (v[21])

de **vestiaire** Kleiderablage (v[21]), Garderobe (v[21])

de **vestibule** Flur (m[5]), Diele (v[21]), Vorhalle (v[21])

[1]**vestigen** (ov ww) **1** [stichten] gründen: *gevestigd zijn* [m.b.t. particulieren] wohnhaft sein[262]; [m.b.t. maatschappijen] den Geschäftssitz haben[182]; *die zaak is te A. gevestigd* dieses Geschäft hat seinen Sitz in A. **2** [richten] richten: *de aandacht ~ op* die Aufmerksamkeit richten auf[+4]; *zijn hoop op iem. ~* seine Hoffnung auf[+4] jmdn. setzen

zich [2]**vestigen** (wdk ww) sich niederlassen[197] (in [+3])

de **vestiging** [stichting] Gründung (v[20]); [filiaal] Niederlassung (v[20]); [nederzetting] Siedlung (v[20]): *plaats van ~* [van personen] Wohnsitz (m[5]); [van rechtspersoon] Sitz (m[5]); [van bedrijven] Standort (m[5]); *vrijheid van ~* Freizügigkeit (v[28])

de **vestigingsplaats** Standort (m[5])

de **vesting** Festung (v[20])

het **vestingwerk** Festungsanlage (v[21]), Befestigungsanlage (v[21]), Festungswerk (o[29])

de **vestzak** Westentasche (v[21])

het [1]**vet** (zn) Fett (o[29]); [spijsvet, ook] Schmalz (o[29]): *in het ~ zetten* einfetten; *iem. zijn ~ geven* jmdm. sein(en) Teil geben[166]

[2]**vet** (bn) fett: *een ~ baantje* eine einträgliche Stelle; *~te handen* fettige Hände || *~te pech* richtig Pech gehabt; *~ saai* fett öde

vetarm fettarm, mager

de **vete** Fehde (v[21])

de **veter** Schnürsenkel (m[9])

de **veteraan** Veteran (m[14])

de **veteranenziekte** Legionärskrankheit (v[28])

de [1]**veterinair** (zn) Veterinär (m[5]), Tierarzt (m[6])

[2]**veterinair** (bn) veterinär

het **vetgehalte** Fettgehalt (m[19])

de **vetkuif** fettige Haartolle (v[21])

het [1]**vetmesten** (zn) Mästung (v[20])

[2]**vetmesten** (ww) mästen

het **veto** Veto (o[36]): *zijn ~ over iets uitspreken* sein Veto gegen[+4] etwas einlegen

het **vetoogje** Fettauge (o[38])

het **vetorecht** Vetorecht (o[29])

de **vetplant** Fettpflanze (v[21])

de **vetpot**: *het is daar geen ~* da ist Schmalhans Küchenmeister

de **vetrol** Fettwulst (m[6])

vettig fettig

de **vetvlek** Fettfleck (m[5]), Fettflecken (m[11])

vetvrij fettfrei: *~ papier* fettundurchlässiges Papier

de **vetzak** Fettsack (m[6]), Fettkloß (m[6])

de **vetzucht** Fettsucht (v[28])

het **vetzuur** Fettsäure (v[21])

het **veulen** Füllen (o[35]), Fohlen (o[35])

de **vezel** Faser (v[21]): *plantaardige ~* Pflanzenfaser

vezelrijk ballaststoffreich

vgl. afk van *vergelijk* vergleiche, vgl.

de **V-hals** V-Ausschnitt (m[5])

via via+4, über+4; [door] durch+4

het **viaduct** Viadukt (m⁵, o²⁹), Überführung (v²⁰)

het **viagra 1** [medicijn] Viagra (o²⁷) **2** [pil] Viagra (v²⁷)

de **vibrafoon** Vibrafon (o²⁹)

de **vibratie** Vibration (v²⁰), Schwingung (v²⁰)

de **vibrator** Vibrator (m¹⁶)

vibreren vibrieren³²⁰, schwingen²⁵⁹

de **vicaris** Vikar (m⁵)

de **vicepremier** stellvertretende(r) Ministerpräsident (m¹⁴)

de **vicepresident** Vizepräsident (m¹⁴)

vice versa vice versa, v.v.

de **vicevoorzitter** stellvertretende(r) Vorsitzende(r) (m¹⁴)

vicieus: *vicieuze cirkel* Teufelskreis (m⁵)

victoriaans viktorianisch

de **victorie** Viktoria (o³⁶): *~ roepen, kraaien* Viktoria rufen, schreien

de **video 1** [techn] Video (o³⁹) **2** [apparaat] Videogerät (o²⁹), Videorekorder (m⁹)

de **videoband** Video (o³⁶), Videoband (o³²)

de **videobewaking** Videoüberwachung (v²⁰)

de **videocamera** Videokamera (v²⁷)

de **videocassette** Videokassette (v²¹)

de **videoclip** Videoclip (m¹³)

de **videofilm** Videofilm (m⁵)

de **videorecorder** Videorekorder (m⁹)

het **videospel** Videospiel (o²⁹)

de **videotheek** Videothek (v²⁰)

vief lebhaft, aufgeweckt, munter

de **¹vier** (zn) Vier (v²⁰)

²vier (telw) vier

vierbaans vierspurig

de **vierbaansweg** vierspurige Straße (v²¹)

¹vierde (zn) Viertel (o³³)

²vierde (telw) der (die, das) vierte: *Willem de Vierde* Wilhelm der Vierte (*of*: IV.); *de ~ naamval* der vierte Fall, der Wenfall, der Akkusativ

vieren 1 [een feest] feiern; [plechtig] begehen¹⁶⁸ **2** [een touw] fieren

de **vierhoek** Viereck (o²⁹)

de **viering** [van een feest] Feier (v²¹)

vierjarig vierjährig

het **¹vierkant** (zn) Quadrat (o²⁹)

²vierkant (bn, bw) viereckig, quadratisch; [in maatnamen] Quadrat…: *een ~e kerel* **a)** [eerlijk] ein ehrlicher Kerl; **b)** [stevig] ein stämmiger Kerl; *~e meter* Quadratmeter (m⁹, o³³); *iem. ~ uitlachen* jmdm. ins Gesicht lachen; *iem. ~ de waarheid zeggen* jmdm. ungeschminkt die Wahrheit sagen; *~ weigeren* rundweg abschlagen²⁴¹

de **vierkantsvergelijking** Gleichung (v²⁰) zweiten Grades

de **vierling** Vierlinge (mv)

de **viersprong** Kreuzweg (m⁵); [fig ook] Scheideweg (m⁵)

het **viertal** (die) Vier (v²⁸); [muz] Quartett (o²⁹)

het **vieruurtje** [Belg] ± Nachmittagskaffee

(m¹⁹)

de **viervoeter** Vierfüßer (m⁹)

het **viervoud** Vierfache(s) (o⁴⁰ᶜ): *in ~ kopiëren* von etwas vier Kopien machen, eine vierfache Kopie anfertigen

de **vierwielaandrijving** Vierradantrieb (m⁵)

vies 1 [vuil] schmutzig, dreckig **2** [m.b.t. geur, smaak] widerlich, ekelhaft: *een vieze lucht* ein widerlicher Geruch; *een ~ woord* ein unanständiges Wort; *een ~ gezicht zetten* ein angewidertes Gesicht aufsetzen; *ik ben er ~ van* ich ekle mich davor

de **viespeuk** Schmutzfink (m¹⁴, m¹⁶)

Vietnam Vietnam (o³⁹)

de **¹Vietnamees** (zn) Vietnamese (m¹⁵), Vietnamesin (v²²)

²Vietnamees (bn) vietnamesisch

de **viewer** Diabetrachter (m⁹), Gucki (m¹³)

de **viezerik** Schmutzfink (m¹⁴, m¹⁶), Ferkel (o³³)

de **viezigheid** Dreck (m¹⁹), Schmutzigkeit (v²⁰)

het **vignet** Vignette (v²¹)

de **vijand** Feind (m⁵)

vijandelijk feindlich, gegnerisch

de **vijandelijkheid** Feindseligkeit (v²⁰): *de vijandelijkheden openen* die Feindseligkeiten eröffnen

vijandig feindlich, feindselig

de **vijandigheid** Feindlichkeit (v²⁰), Feindseligkeit (v²⁰)

de **vijandschap** Feindschaft (v²⁸)

de **¹vijf** (zn) Fünf (v²⁰)

²vijf (telw) fünf

¹vijfde (zn) Fünftel (o³³)

²vijfde (telw) der (die, das) fünfte: *Willem de Vijfde* Wilhelm der Fünfte (V.)

de **vijfenzestigplusser** Senior (m¹⁶) (über 65)

de **vijfhoek** Fünfeck (o²⁹), Pentagon (o²⁹)

het **vijfjarenplan** Fünfjahr(es)plan (m⁶)

vijfjarig fünfjährig

de **vijfling** Fünflinge (mv)

het **vijftal** Fünf (v²⁸); [muz] Quintett (o²⁹)

vijftien fünfzehn: *~-de-eeuws* aus dem 15. (*of*: fünfzehnten) Jahrhundert

vijftig fünfzig: *voor in de ~ zijn* Anfang der Fünfziger sein; *(ver, achter) in de ~ zijn* (hoch) in den Fünfzigern sein; *de jaren ~* die Fünfzigerjahre; *tegen de ~ lopen* auf die fünfzig zugehen

de **vijftiger** Fünfziger (m⁹)

de **vijftigplusser** Senior (m¹⁶) über 50

vijftig fünfzigst: *de ~ verjaardag* der fünfzigste (*of*: 50.) Geburtstag

de **vijg** Feige (v²¹)

het **vijgenblad** Feigenblatt (o³²)

de **vijgenboom** Feigenbaum (m⁶)

de **vijl** Feile (v²¹)

vijlen feilen

de **vijs** [Belg] Schraube (v²¹)

de **vijver** Teich (m⁵), Weiher (m⁹)

de **¹vijzel** [stampvat] Mörser (m⁹)

de **²vijzel** [dommekracht] Schraubenwinde (v²¹)

de **Viking** Wiking (m[7]), Wikinger (m[9])
het **vilbeluik** [Belg] Tierkörperbeseitigungsanstalt (v[20]); [vero] Abdeckerei (v[20])
de **villa** Villa (v, mv: Villen), Landhaus (o[32])
de **villawijk** Villenviertel (o[33]), Villengegend (v[20])
villen (ab)häuten, abdecken
het **vilt** Filz (m[5])
vilten filzen: ~ *hoeden* Filzhüte
het **viltje** Bierdeckel (m[9])
de **viltstift** Filzstift (m[5]), Filzschreiber (m[9])
de **vin 1** [van vis] Flosse (v[21]) **2** [puist] Finne (v[21]), Pustel (v[21]) || [fig] *geen ~ verroeren* kein Glied rühren
vinden finden[157]; [ontdekken, opsporen, ook] ausfindig machen: *een baan* ~ eine Stelle finden; *het met iem. kunnen* ~ gut mit jmdm. auskommen[193]; *hoe vindt u dat?* was sagen Sie dazu?; *voor een grap is hij altijd te* ~ für einen Spaß ist er immer zu haben; *iets goed, best* ~ etwas gut, ausgezeichnet finden; *ik vind het terecht* ich halte es für richtig; *zich ergens in kunnen* ~ mit etwas einverstanden sein
de **vinder** Finder (m[9])
de **vinding 1** [ontdekking] Entdeckung (v[20]) **2** [uitvinding] Erfindung (v[20])
vindingrijk erfinderisch
de **vindingrijkheid** Erfindungsgabe (v[28])
de **vindplaats** Fundort (m[5]), Fundstelle (v[21]); [van delfstoffen] Vorkommen (o[35]); [fig] Fundgrube (v[21])
de **vinger** Finger (m[9]): *middelste* ~ Mittelfinger; [fig] *lange ~s hebben* lange Finger machen; *zich de ~s aflikken* sich[3] die Finger lecken; [fig] *zijn ~s branden* sich[3] die Finger verbrennen[138]; *(van iem.) iets door de ~s zien* (bei jmdm.) etwas durch die Finger sehen[261]; *een ~ in de pap hebben* seine Finger dazwischen haben[182]; *iem. op de ~s kijken* jmdm. auf die Finger sehen[261]
de **vingerafdruk** Fingerabdruck (m[6])
de **vingerhoed** Fingerhut (m[6])
de **vingertop** Fingerspitze (v[21]), Fingerkuppe (v[21])
de **vingerverf** Fingerfarbe (v[21])
vingervlug fingerfertig
de **vingerwijzing** Fingerzeig (m[5])
de **vink 1** [zangvogel] Fink (m[14]) **2** [tekentje] Häkchen (o[35])
vinnig 1 [m.b.t. antwoord] bissig, spitz, scharf **2** [m.b.t. kou] beißend, schneidend **3** [m.b.t. strijd] heftig, erbittert **4** [venijnig] boshaft
het **vinyl** Vinyl (o[39])
violet violett
de **violist** Geiger (m[9]), Violinist (m[14])
de **¹viool** [plankt] Veilchen (o[35])
de **²viool** [muz] Geige (v[21]), Violine (v[21])
het **vioolconcert** Violinkonzert (o[29])
de **vioolmuziek** Violinmusik (v[28])

de **vioolsleutel** Violinschlüssel (m[9]), G-Schlüssel (m[9])
het **viooltje** Veilchen (o[35]): *driekleurig* ~ Stiefmütterchen (o[35]); *Kaaps* ~ Usambaraveilchen
de **vip** VIP, V.I.P. (v[27]); [inf] Promi (m[13])
viraal viral
viriel viril
de **viroloog** Virologe (m[15])
virtueel virtuell: ~ *beeld* virtuelles Bild
virtuoos Virtuose (m[15])
de **virtuositeit** Virtuosität (v[28])
virulent virulent; krankheitserregend
het **virus** Virus (o+m, 2e nvl: -; mv: Viren)
de **virusinfectie** Virusinfektion (v[20])
de **virusscanner** Virenscanner (m[9]), Virusscanner (m[9])
de **virusziekte** Viruskrankheit (v[20])
de **vis** Fisch (m[5]): *het is vlees noch ~* es ist weder Fisch noch Fleisch; *zich voelen als een ~ in het water* sich wohl fühlen wie ein Fisch im Wasser
de **Vis** [sterrenbeeld] Fisch (m[5])
de **visagist** Visagist (m[14]), Visagistin (v[22]); Maskenbildner (m[9]), Maskenbildnerin (v[22])
de **visakte** Angelschein (m[5])
de **visboer** Fischhändler (m[9])
viseren 1 [beogen] anvisieren, visieren **2** [Belg; bekritiseren] kritisieren; (jmdn.) aufs Korn nehmen[212]
de **visgraat** Fischgräte (v[21]); [dessin] Fischgrätenmuster (o[33])
de **vishengel** Angelrute (v[21])
de **visie** [kijk, mening] Auffassung (v[20]), Sicht (v[20])
het **visioen** Vision (v[20]), Gesicht (o[29])
de **¹visionair** (zn) Visionär (m[5])
²visionair (bn) visionär
de **visitatie** Visitation (v[20])
de **visite** Besuch (m[5]): *bij iem. op* ~ *gaan* jmdn. besuchen; *op* ~ *zijn* auf (of: zu) Besuch sein[262]
het **visitekaartje** Visitenkarte (v[21])
visiteren visitieren[320], durchsuchen
de **viskom** Fischglas (o[32])
de **vismarkt** Fischmarkt (m[6])
het **visnet** Fischernetz (o[29]), Fischnetz (o[29])
de **visschotel 1** [gerecht] Fischgericht (o[29]) **2** [schotel] Fischplatte (v[21])
vissen fischen; [hengelen] angeln: *bij iem. naar iets* ~ jmdn. aushorchen
de **Vissen** [sterrenbeeld] Fische (mv)
de **visser** Fischer (m[9])
de **visserij** Fischerei (v[28])
de **vissersboot** Fischerboot (o[29])
de **vissershaven** Fischer(ei)hafen (m[12])
de **vissersvloot** Fischereiflotte (v[21])
de **vissersvrouw** Fischer(s)frau (v[20])
de **vissoep** Fischsuppe (v[21])
de **visstand** Fischbestand (m[6])
de **visstick** Fischstäbchen (o[35])
visualiseren visualisieren[320]
visueel visuell

het **visum** Visum (o, 2e nvl: -s; mv: Visen of Visa)
de **visumplicht** Visumzwang (m¹⁹)
de **visvangst** Fischfang (m¹⁹)
de **visvergunning** Angelschein (m⁵)
de **visvijver** Fischteich (m⁵)
het **viswater** Fischwasser (o³³)
het **viswijf** Marktweib (o³¹)
   vitaal lebenswichtig, vital
de **vitaliteit** Vitalität (v²⁸)
de **vitamine** Vitamin (o²⁹): *rijk aan ~n* vitaminreich
het **vitaminegebrek** Vitaminmangel (m¹⁰)
het/de **vitrage 1** [de stof] Tüll (m⁵) **2** [gordijnen] Gardinen (mv v²¹)
de **vitrine 1** [glazen kast] Vitrine (v²¹) **2** [etalage] Schaukasten (m¹²)
   vitten kritteln, mäkeln: *~ op* bekritteln, bemäkeln; *hij heeft altijd wat op mij te ~* er hat immer etwas an mir auszusetzen
de **vivisectie** Vivisektion (v²⁰)
het **vizier** [aan helm, vuurwapen] Visier (o²⁹): *iem. in het ~ hebben* jmdn. auf der Kimme haben¹⁸²
de **vj** afk van *videojockey* Videojockey (m¹³), VJ (2e nvl: ook -)
de **vla 1** [nagerecht] Pudding (m⁵, m¹³) **2** [soort vruchtentaart] ± Obstkuchen (m¹¹)
de **vlaag 1** [windstoot] Windstoß (m⁶) **2** [aanval] Anwandlung (v²⁰), Anfall (m⁶): *de ~ van woede* der Wutanfall; *bij vlagen* dann und wann
de **vlaai** *zie vla (2)*
het ¹**Vlaams** (zn) Flämisch (o⁴¹)
   ²**Vlaams** (bn) flämisch
   Vlaanderen Flandern (o³⁹)
de **vlag** Fahne (v²¹); [scheepv] Flagge (v²¹): *met ~ en wimpel* mit Glanz und Gloria; *onder goedkope ~* unter billiger Flagge
   vlaggen 1 [de vlag uitsteken] flaggen **2** [sport] die Fahne heben¹⁸⁶: *~ voor buitenspel* Abseits anzeigen, wegen Abseits die Fahne hochhalten **3** [zichtbaar zijn van ondergoed] blitzen: *je vlagt!* bei dir blitzt es!
de **vlaggenmast** Fahnenmast (m¹⁶); [scheepv] Flaggenmast (m¹⁶)
het **vlaggenschip** Flaggschiff (o²⁹)
de **vlaggenstok** Fahnenstange (v²¹); [scheepv] Flaggenstock (m⁶)
het ¹**vlak** (zn) **1** Fläche (v²¹) **2** [terrein, gebied] Ebene (v²¹): *op het economisch ~* auf wirtschaftlicher Ebene
   ²**vlak** (bn) flach, eben: *het ~ke land* das Flachland
   ³**vlak** (bw) **1** [horizontaal] flach **2** [dichtbij, onmiddellijk] gerade, direkt, hart: *~ bij* ganz nahe; *ik zeg het je ~ in je gezicht* ich sage es dir gerade ins Gesicht; *~ om de hoek* direkt um die Ecke; *~ tegenover mij* gerade mir gegenüber; *~ voor mij* dicht vor mir
   vlakaf [Belg] unumwunden, unverblümt
   vlakbij (ganz) in der Nähe

het/de **vlakgom** Radiergummi (m¹³)
de **vlakte** Fläche (v²¹), Ebene (v²¹): *ik sloeg hem tegen de ~* ich schlug ihn zu Boden; *tegen de ~ gaan* zu Boden gehen¹⁶⁸; [fig] *zich op de ~ houden* mit seiner Meinung hinter dem Berg halten¹⁸³
de **vlaktemaat** Flächenmaß (o²⁹)
de **vlam** [ook fig] Flamme (v²¹); [in hout] Maser (v²¹): *~ vatten* Feuer fangen¹⁵⁵; *de ~ sloeg in de pan* **a)** [lett] die Pfanne, der Topf fing Feuer; **b)** [fig] plötzlich ging es heiß her, auf einmal war die Hölle los
de **Vlaming** Flame (m¹⁵), Flamin (v²²)
   vlammen 1 flammen **2** [fig] leuchten, glühen
   vlammend 1 [fonkelend] flammend: *~e ogen* feurige Augen **2** [vol vervoering] flammend, glühend, zündend: *een ~ protest* ein flammender Protest
de **vlammenwerper** Flammenwerfer (m⁹)
de **vlammenzee** Flammenmeer (o²⁹)
de **vlamverdeler** Flammenverteiler (m⁹)
het **vlas** Flachs (m¹⁹)
   vlasblond flachsblond
   vlassen: *op iets ~* sich auf⁺⁴ etwas spitzen
de **vlecht** Zopf (m⁶)
   vlechten flechten¹⁵⁸: *manden ~* Körbe flechten
het **vlechtwerk** Flechtwerk (o²⁹)
de **vleermuis** Fledermaus (v²⁵)
het **vlees** [ook van vruchten] Fleisch (o³⁹): *bevroren ~* [ook] Gefrierfleisch; *gebraden ~* gebratenes Fleisch, Braten (m¹¹)
de **vleesboom** Muskelgeschwulst (v²⁵), Myom (o²⁹)
   vleesetend Fleisch fressend
de **vleeseter** Fleischfresser (m⁹)
de **vleesgerecht** Fleischgericht (o²⁹)
   vleesgeworden Fleisch geworden
het **vleesmes** Fleischmesser (o³³)
de **vleespastei** Fleischpastete (v²¹)
de **vleestomaat** Fleischtomate (v²¹)
de **vleesvork** Tranchiergabel (v²¹)
de **vleeswaren** Fleischwaren (mv); [voor de boterham] Aufschnitt (m¹⁹)
de **vleeswond** Fleischwunde (v²¹)
de **vleet**: [fig] *bij de ~* in Hülle und Fülle
de **vlegel 1** [dorswerktuig] Dreschflegel (m⁹) **2** [kwajongen] Flegel (m⁹) **3** [lomperik] Grobian (m⁵)
   vlegelachtig flegelhaft, rüpelhaft
   vleien schmeicheln⁺³: *iem. ~* jmdm. schmeicheln; *zich met de hoop ~, dat ...* sich der Hoffnung³ hingeben, dass ...
   vleiend schmeichelnd, schmeichlerisch: *dit is niet erg ~ voor hem* dies ist nicht sehr schmeichelhaft für ihn
de **vleier** Schmeichler (m⁹)
de **vleierij** Schmeichelei (v²⁰), Geschmeichel (o³⁹)
de ¹**vlek** [gehucht] Flecken (m¹¹)

de **²vlek** Fleck (m⁵), Flecken (m¹¹); [van inkt, verf, ook] Klecks (m⁵): *blinde* ~ [in oog] blinder Fleck; [fig] *een blinde ~ voor iets hebben* für etwas blind sein
vlekkeloos fleckenlos; [fig] makellos
vlekken flecken

de **vlerk 1** [vleugel] Flügel (m⁹); [dichterlijk] Fittich (m⁵), Schwinge (v²¹) **2** [hand] Pfote (v²¹): *blijf er met je ~en af!* Pfoten weg!; *iem. bij zijn ~en pakken* jmdn. am Wickel packen **3** [vlegel] Flegel (m⁹)

de **vleugel** Flügel (m⁹): [sport, pol] *de rechter ~* der rechte Flügel; [muz] *iem. aan de ~ begeleiden* jmdn. am Flügel begleiten
vleugellam flügellahm

de **vleugelmoer** Flügelmutter (v²¹), Flügelschraube (v²¹)

de **vleugelspeler** Außenstürmer (m⁹)

het **vleugje** Hauch (m⁵): *een ~ hoop* ein Hoffnungsschimmer
vlezig fleischig

de **vlieg** Fliege (v²¹): *geen ~ kwaad doen* keiner Fliege etwas zuleide (*of:* zu Leide) tun²⁹⁵

de **vliegangst** Flugangst (v²⁸)

de **vliegbasis** Fliegerhorst (m⁵)

het **vliegbrevet** Flugschein (m⁵), Pilotenschein (m⁵)

het **vliegdekschip** Flugzeugträger (m⁹)
vliegen fliegen¹⁵⁹: *de tijd vliegt* die Zeit verfliegt; *hij vloog de trap af* er rannte die Treppe hinunter; *er eentje laten ~* einen gehen lassen¹⁹⁷; *hij ziet ze ~* er ist bekloppt; *in brand ~* Feuer fangen¹⁵⁵; *elkaar in de haren ~* sich in die Haare geraten²¹⁸; *in de lucht laten ~* in die Luft sprengen; *erin ~* auf⁺⁴ etwas hereinfallen¹⁵⁴; *iem. erin laten ~* jmdn. hereinlegen; *de auto vloog uit de bocht* das Auto flog aus der Kurve; *ze vliegt voor hem* sie gehorcht ihm blind
vliegend fliegend: *~e schotel* fliegende Untertasse (v²¹); [sport] *~e start* fliegender Start (m¹³); *in ~e vaart* in rasender Fahrt

de **vliegenier** Flieger (m⁹)

de **vliegenmepper** Fliegenklappe (v²¹)
vliegensvlug blitzschnell

de **vliegenzwam** Fliegenpilz (m⁵)

de **vlieger 1** [speelgoed] Drachen (m¹¹) **2** [vliegenier] Flieger (m⁹) ‖ *die ~ gaat niet op* die Tour zieht nicht
vliegeren Drachen steigen lassen¹⁹⁷

het **vlieggewicht** [sport] Fliegengewicht (o³⁹)

de **vlieghoogte** Flughöhe (v²¹)

de **vliegmaatschappij** Fluggesellschaft (v²⁰)

de **vliegramp** Flugzeugkatastrophe (v²¹)

het/de **vliegticket** Flugschein (m⁵), Flugticket (o³⁶)

het **vliegtuig** Flugzeug (o²⁹); [inf] Kiste (v²¹)

de **vliegtuigkaper** Flugzeugentführer (m⁹)

de **vliegtuigkaping** Flugzeugentführung (v²⁰)

het **vliegveld** Flugplatz (m⁶), Flughafen (m¹²)

het **vliegverbod** Flugverbot (o²⁹)

het **vliegwiel** Schwungrad (o³²)

de **vlier** Holunder (m⁹)

de **vliering** Oberboden (m¹²)

het **vlies 1** [biol] Haut (v²⁵) **2** [dun laagje] Film (m⁵)
vlijen 1 [neerleggen] hinlegen **2** [zacht neerleggen] schmiegen: *zij vlijde haar hoofd tegen zijn schouder* sie schmiegte den Kopf an seine Schulter
vlijmscherp messerscharf; [fig] beißend

de **vlijt** Fleiß (m¹⁹), Emsigkeit (v²⁸)
vlijtig fleißig, emsig

de **vlinder** Schmetterling (m⁵), Falter (m⁹): *~s in de buik hebben* Schmetterlinge im Bauch haben¹⁸²

het **vlinderdasje** Fliege (v²¹)

de **vlinderslag** Schmetterlingsstil (m¹⁹): *200 m ~* 200 m Schmetterling

de **vlo** Floh (m⁶)

de **vloed** Flut (v²⁰); [overstroming] Überflutung (v²⁰): *een ~ van tranen* eine Flut von Tränen

de **vloedgolf** Flutwelle (v²¹)

de **vloedlijn** Strandlinie (v²¹)

het **vloei** *zie vloeipapier*
vloeibaar flüssig: *~ maken* flüssig machen
vloeien fließen¹⁶¹, rinnen²²⁵; [menstrueren] menstruieren³²⁰
vloeiend fließend: *hij spreekt ~ Spaans* er spricht fließend Spanisch

het **vloeipapier 1** [opzuigend] Löschpapier (o²⁹) **2** [dun papier] Seidenpapier (o²⁹) **3** [voor sigaretten] Zigarettenpapier (o²⁹)

de **vloeistof** Flüssigkeit (v²⁰)

de **vloeitje** Zigarettenpapier (o²⁹)

de **vloek** Fluch (m⁶): *in een ~ en een zucht* im Handumdrehen
vloeken fluchen: *die kleuren ~* die Farben beißen¹²⁵ sich

de **vloer** Fußboden (m¹²): *houten ~* Holz(fuß)boden; [fig] *de ~ met iem. aanvegen* jmdn. zur Sau machen; *hij komt daar veel over de ~* er geht da ein und aus

de **vloerbedekking** Bodenbelag (m⁶), Fußbodenbelag (m⁶)
vloeren [sport] zu Boden werfen³¹¹

het **vloerkleed** Teppich (m⁵)

de **vloertegel** Fußbodenplatte (v²¹), Fliese (v²¹)

de **vloerverwarming** Bodenheizung (v²⁰)

de **vlok** Flocke (v²¹)

de **vlonder 1** [bruggetje] Steg (m⁵) **2** [losse houten vloer] Lattenrost (m⁵) **3** [pallet] Palette (v²¹)
vlooien flöhen

het **vlooienband** Flohhalsband (o³²)

de **vlooienmarkt** Flohmarkt (m⁶)

de **vloot** Flotte (v²¹)

de **vlootbasis** Flottenbasis (v, mv: Flottenbasen)

het **¹vlot** (zn) Floß (o³⁰)
²vlot (bn, bw) flott: *~ van de hand gaan* reiß-

enden Absatz finden[157]; *een ~ verloop heb-ben* reibungslos verlaufen[198]; *een schip ~ krij-gen* ein Schiff flottmachen; *~ spreken* flie-ßend sprechen[274]; *een ~ persoon* eine flotte Person
vlotten: *het gesprek wil niet ~* das Gespräch kommt nicht in Fluss; *het werk vlot niet* die Arbeit kommt nicht vom Fleck
vlottend: *~ kapitaal* Umlaufvermögen (o[35])

de **vlotter** [drijver] Schwimmer (m⁹)
de **vlucht 1** [het vliegen] Flug (m⁶): *recht-streeke ~* Direktflug **2** [troep vogels] Flug (m⁶), Strich (m⁵), Schwarm (m⁶) **3** [afstand tussen vleugeleinden] Spannweite (v²¹) **4** [het vluchten] Flucht (v²⁸), Fliehen (o³⁹): *op de ~ slaan* die Flucht ergreifen **5** [bloei] Auf-schwung (m⁶)
de **vluchteling** Flüchtling (m⁵)
het **vluchtelingenkamp** Flüchtlingslager (o³³)
vluchten fliehen[160], flüchten
de **vluchtheuvel** [verkeer] Verkehrsinsel (v²¹)
het **vluchthuis** [Belg] Frauenhaus (o³²)
vluchtig flüchtig
het **vluchtmisdrijf** [Belg] [jur] Fahrerflucht (v²⁸): *~ plegen* Fahrerflucht begehen
de **vluchtrecorder** Flug(daten)schreiber (m⁹)
de **vluchtstrook** Standspur (v²⁰)
de **vluchtweg** Fluchtweg (m⁵)
vlug schnell, rasch: *iem. te ~ af zijn* jmdm. zuvorkommen[193]; *~ ter been zijn* gut zu Fuß sein[262]; *~ van begrip zijn* eine schnelle Auffas-sungsgabe haben[182]
het **vluggertje** [inf] [snelle seksuele gemeen-schap] schnelle Nummer (v²¹)
de **vlugheid** Schnelligkeit (v²⁸), Raschheit (v²⁸)
het **vmbo** [Ned; ond] ± berufsbildender Sekun-darunterricht (m¹⁹) der Unter- und Mittelstu-fe
het **vmbo-b** [Ned; ond] Zweig (m⁵) des 'Vmbo': Unterricht in Praxisfächern (niedrigeres Ni-veau als vmbo-k)
het **vmbo-g** [Ned; ond] Zweig (m⁵) des 'Vmbo': Unterricht in Theoriefächern mit einem praktischen Fach
het **vmbo-k** [Ned; ond] Zweig (m⁵) des 'Vmbo': Unterricht in Praxisfächern (höheres Niveau als vmbo-b)
het **vmbo-t** [Ned; ond] Zweig (m⁵) des Vmbo: Unterricht in Theoriefächern
de **VN** afk van *Verenigde Naties* VN (afk van *Vereinte Nationen*)
de **¹vocaal** (zn) Vokal (m⁵), Selbstlaut (m⁵)
²vocaal (bn) vokal: *vocale muziek* Vokalmu-sik (v²⁸)
het **vocabulaire** Vokabular (o²⁹)
het **vocht 1** [vochtigheid] Feuchtigkeit (v²⁸) **2** [vloeistof] Flüssigkeit (v²⁰)
vochtig feucht
de **vochtigheid** Feuchtigkeit (v²⁸)
de **vochtigheidsgraad** Feuchtigkeitsgrad (m⁵)

de **vochtvlek** Stockfleck (m⁵)
het/de **vod 1** [lap, lomp] Lumpen (m¹¹), Lappen (m¹¹), Fetzen (m¹¹) **2** [prullig geschrift] Wisch (m⁵) || *iem. achter de ~den zitten* jmdn. auf Trab bringen[139]; *iem. bij zijn ~den pakken* jmdn. beim Wickel packen
vodje: *het ~ papier* der Fetzen Papier
¹voeden (ov ww) nähren; [van computer, van dieren] füttern; [borstvoeding geven] stillen; [elektriciteit, stoom, water toevoe-ren] speisen; [techn] beschicken
zich **²voeden** (wdk ww) sich ernähren
het **voeder** Futter (o³⁹)
voederen füttern
het **voedergewas** Futterpflanze (v²¹)
de **voeding 1** [het voeden] Ernährung (v²⁸); [van baby] Stillung (v²⁸) **2** [met elektriciteit, stoom, water] Speisung (v²⁰) **3** [voedsel] Nahrung (v²⁸) **4** [techn] Beschickung (v²⁰)
de **voedingsbodem** Nährboden (m¹²)
het **voedingsmiddel** Nahrungsmittel (o³³)
de **voedingsstoornis** Ernährungsstörung (v²⁰)
de **voedingsvezels** Ballaststoffe (mv)
de **voedingswaarde** Nährwert (m⁵)
het **voedsel** Nahrung (v²⁸): [fig] *~ geven aan iets einer Sache³ Nahrung geben[166]
de **voedselbank** Lebensmittelbank (v²⁰)
de **voedselketen** Nahrungskette (v²¹)
het **voedselpakket** Lebensmittelpaket (o²⁹)
de **voedselvergiftiging** Nahrungsmittelver-giftung (v²⁰)
voedzaam nahrhaft
de **voeg** Fuge (v²¹): *het leven is uit zijn ~en gerukt* das Leben ist aus den Fugen geraten
de **voege**: [Belg] *in ~ treden* in Kraft treten[291]
¹voegen (ov ww) **1** [onderling verbinden] fugen **2** [van muur] fugen **3** [toevoegen] fü-gen: *de rente bij het kapitaal ~* die Zinsen zum Kapital schlagen[241]; *iets bij de stukken ~* etwas zu den Akten legen
zich **²voegen** (wdk ww) sich fügen: *zich naar an-deren ~* sich anderen fügen; *zich bij iem. ~* sich jmdm. anschließen
het **voegwoord** Konjunktion (v²⁰), Bindewort (o³²)
voelbaar fühlbar; [merkbaar, ook] spürbar
¹voelen (ww) **1** [tastzin] fühlen **2** [gevoelen] fühlen, empfinden[157]: *voor die methode voel ik niet veel!* diese Methode sagt mir nicht zu! **3** [bespeuren, merken] spüren
zich **²voelen** (wdk ww) sich fühlen: *zich niet lek-ker ~* sich unwohl fühlen; *ik voel me beter* mir ist besser; *zich ergens thuis ~* sich irgendwo heimisch fühlen; *zie ¹gevoelen*
de **voeling** Fühlung (v²⁸): *~ krijgen met de vijand* mit dem Feind in Fühlung kommen[193]
de **voelspriet** Fühler (m⁹)
het **voer** Futter (o³⁹): *droog ~* Trockenfutter || *~ voor psychologen* ein gefundenes Fressen für Psychologen

¹voeren (ww) [voederen] füttern: [fig] *iem.* ~ jmdn. auf die Palme bringen[139]

²voeren (ww) [leiden, brengen] führen: *oorlog* ~ Krieg führen

³voeren (ww) [van voering voorzien] füttern

de **voering 1** [van kledingstuk] Futter (o[33]) **2** [techn] Futter (o[33]), Einlage (v[21]) **3** [van rem] Belag (m[6])

de **voertaal** Verkehrssprache (v[21]); [bij onderhandelingen] Verhandlungssprache (v[21])

het **voertuig** Fahrzeug (o[29])

de **voet** Fuß (m[6]): *belastingvrije* ~ Steuerfreibetrag (m[6]); *iem. de* ~ *dwars zetten* sich jmdm. in den Weg stellen; *hij krijgt geen* ~ *aan de grond* er erreicht nicht das Geringste; ~ *bij stuk houden* auf seinem Standpunkt beharren; *geen* ~ *buiten de deur zetten* immer in der Stube hocken; *met blote* ~*en lopen* barfuß gehen[168]; *onder de* ~ *lopen* überrennen[222]; *op staande* ~ sofort; *iem. op staande* ~ *ontslaan* jmdn. fristlos entlassen[197]; *zich uit de* ~*en maken* sich aus dem Staube machen; ~ *voor* ~ Schritt für Schritt; [Belg] *met iemands* ~*en spelen* jmdn. zum Narren haben[182]; jmdn. zum Narren halten[183]; [Belg] *ergens zijn* ~*en aan vegen* sich nicht anstrengen

de **voetafdruk** Fußabdruck (m[5]): *ecologische* ~ ökologischer Fußabdruck

het **voetbal** Fußball (m[6])

de **voetbalbond** Fußballverband (m[6])

de **voetbalclub** Fußballklub (m[13]), Fußballverein (m[5])

het **voetbalelftal** Fußballmannschaft (v[20]), Fußballelf (v[20])

de **voetbalfan** Fußballfan (m[13])

de **voetbalknie** Meniskusriss (m[5])

voetballen Fußball spielen

de **voetballer** Fußballer (m[9]), Fußballspieler (m[9])

de **voetbalploeg** Fußballmannschaft (v[20])

de **voetbalschoen** Fußballschuh (m[5])

het **voetbalspel** Fußballspiel (o[29])

het **voetbalvandalisme** Hooliganismus (m[19a]), Fußballrowdytum (o)

het **voetbalveld** Fußballfeld (o[31])

de **voetbalwedstrijd** Fußballspiel (o[29])

het **voetbreed** Fußbreit (m[19a]): *geen* ~ *wijken* keinen Fußbreit weichen[306]

de **voetganger** Fußgänger (m[9])

het **voetgangersgebied** Fußgängerzone (v[21])

het **voetje** Füßchen (o[35]): *een wit* ~ *bij iem. hebben* bei jmdm. einen Stein im Brett haben[182]

het **voetlicht** Rampenlicht (o[31]): *voor het* ~ *brengen* [fig] an die Öffentlichkeit bringen[139]; *voor het* ~ *komen* ins Rampenlicht treten[291]; [fig] im Rampenlicht stehen[279]

de **voetnoot** Fußnote (v[21])

het **voetpad** Fußweg (m[5])

de **voetrem** Fußbremse (v[21])

het **voetspoor** Fußspur (v[20]): [fig] *in iemands voetsporen treden* in jemands Fußstapfen treten

de **voetstap 1** [trede] Schritt (m[5]): *bij elke* ~ auf Schritt und Tritt **2** [voetspoor] Fußstapfe (v[21]), Fußstapfen (m[11])

voetstoots ohne Weiteres

het **voetstuk** Sockel (m[9]): [fig] *iem. op een* ~ *plaatsen* jmdn. verehren; [fig] *van zijn* ~ *vallen* sein Ansehen verlieren; [fig] *iem. van zijn* ~ *stoten* jmdn. herabsetzen

de **voettocht** Fußtour (v[20]), Wanderung (v[20])

de **voetverzorging** Fußpflege (v[28]), Pediküre (v[28])

de **voetzoeker** Schwärmer (m[9]), Knallfrosch (m[6])

de **voetzool** Fußsohle (v[21])

de **vogel** Vogel (m[10]): *een slimme* ~ ein Schlaumeier; *een vreemde* ~ ein wunderlicher Kauz; [Belg] *een* ~ *voor de kat zijn* rettungslos verloren sein[262]

de **vogelgriep** Vogelgrippe (v[21]), Geflügelgrippe (v[21]), Hühnergrippe (v[21])

het **vogelhuis** Vogelhaus (o[32]), Voliere (v[21])

de **vogelkooi** Vogelbauer (o[33], m[9]), Vogelkäfig (m[5])

het **vogelnest** Vogelnest (o[31]); [van roofvogel] Horst (m[5])

de **vogelpest** Geflügelpest (v[28]), Hühnerpest (v[28]), Vogelpest (v[28])

de **vogelpik** [Belg] [darts] Darts (o[39a]), Dartspiel (o[29])

de **vogelspin** Vogelspinne (v[21])

de **vogeltrek** Vogelzug (m[6])

de **vogelverschrikker** Vogelscheuche (v[21])

de **vogelvlucht 1** [lett] Vogelflug (m[6]) **2** [vogelperspectief] Vogelperspektive (v[21]) ‖ [fig] *iets in* ~ *behandelen* etwas in groben Zügen darstellen

vogelvrij vogelfrei: *iem.* ~ *verklaren* jmdn. für vogelfrei erklären

de **Vogezen** Vogesen (mv)

de **voicemail** Voicemail (v[27])

vol voll: ~*le broer* leiblicher Bruder (m[10]); *een* ~ *jaar* ein volles Jahr; ~*le melk* Vollmilch (v[28]); *de maan is* ~ der Mond ist voll; ~ *verwachting* erwartungsvoll; ~ *gas geven* Vollgas geben[166]; *hij zit* ~ *plannen* er steckt voller Pläne; *hij is er* ~ *van* er ist voll davon; *met het* ~*ste recht* mit vollem Recht; *ten* ~*le* vollständig

volautomatisch vollautomatisch

de **¹volbloed** (zn) Vollblut (o[39]), Vollblüter (m[9]), Vollblutpferd (o[29])

²volbloed (bn) vollblütig, Vollblut...

volbrengen vollbringen[139], vollführen

voldaan 1 [tevreden] zufrieden: ~ *over iets zijn* zufrieden mit[+3] etwas sein[262] **2** [betaald] bezahlt; [op rekening] Betrag erhalten: *voor* ~ *tekenen* quittieren[320]

¹voldoen (onov ww) [tevreden stellen] zufriedenstellen[+4], erfüllen[+4], entsprechen[274+3], genügen[+3]: *dat product heeft niet voldaan* das Produkt hat sich nicht bewährt; *aan de eisen*

~ den Anforderungen entsprechen; *aan een plicht* ~ eine Pflicht erfüllen; *aan een verzoek* ~ einer Bitte entsprechen; *aan de voorwaarden* ~ die Bedingungen erfüllen; [hand] *aan de vraag* ~ die Nachfrage befriedigen; *in een betrekking* ~ sich in einer Stelle bewähren

²**voldoen** (ov ww) [betalen] bezahlen[176], bezahlen ‖ *aan een belofte* ~ ein Versprechen halten; *aan een bevel* ~ einem Befehl gehorchen; *zie voldaan*

de ¹**voldoende** (zn) ausreichende Note (v[21]): *een ~ halen voor* ein Ausreichend bekommen für

²**voldoende** (bn) genügend, ausreichend; ~ *geld hebben* genügend Geld haben[182]; *over ~ bewijzen beschikken* über ausreichende Beweise verfügen; *dat is* ~ das genügt

³**voldoende** (bw) genügend, hinlänglich: *dat is* ~ *bekend* das ist hinlänglich bekannt

de **voldoening 1** [tevredenheid] Befriedigung (v[28]), Genugtuung (v[20]): ~ *schenken* Befriedigung gewähren; *iem.* ~ *geven* jmdm. Genugtuung geben[166] **2** [betaling] Bezahlung (v[20])

voldongen: *een ~ feit* eine vollendete Tatsache

voleindigen vollenden, vollbringen[139]

volgeboekt ausgebucht

de **volgeling 1** [aanhanger] Anhänger (m[9]) **2** [discipel] Schüler (m[9]), Jünger (m[9])

¹**volgen** (onov ww) [komen na] folgen[+3]: *als volgt* wie folgt; *hieruit volgt* hieraus geht hervor; *kort daarna volgde een explosie* kurz darauf erfolgte eine Explosion

²**volgen** (ov ww) **1** [achterna gaan] folgen[+3]: *iem.* ~ jmdm. folgen **2** [aanhouden, gaan langs] folgen[+3], verfolgen[+4]: *een politiek* ~ eine Politik verfolgen; *een weg* ~ einen Weg verfolgen **3** [bijhouden] verfolgen[+4]: *de ontwikkelingen* ~ die Entwicklungen verfolgen **4** [bezoeken] besuchen, hören: *een college* ~ eine Vorlesung hören; *een cursus* ~ einen Kursus besuchen **5** [handelen naar] folgen[+3], befolgen[+4]

volgend folgend, nächst: *de ~e keer* nächstes Mal; *de ~e morgen* am folgenden Morgen; *het ~e jaar* nächstes Jahr; *de ~e voorwaarden* folgende Bedingungen; *~e week vrijdag* am Freitag nächster Woche; *de 1e van de ~e maand* am 1. nächsten Monats

volgens nach[+3], gemäß[+3], zufolge[+3] [doorgaans achter het zelfstandig naamwoord]: ~ *afspraak* wie verabredet; ~ *art. 5* gemäß Paragraf 5; ~ *de berichten* den Nachrichten zufolge; ~ *contract* vertragsgemäß; ~ *mij* nach meiner Meinung; ~ *uw brief* Ihrem Brief zufolge

het **volgnummer 1** laufende Nummer (v[21]) **2** [in winkel e.d.] Nummer (v[21])

de **volgorde** Reihenfolge (v[21])

volgroeid ausgewachsen; [rijp] ausgereift

de **volgwagen 1** [bijwagen] Anhänger (m[9]) **2** [volgauto] ± Begleitwagen (m[11])

volgzaam folgsam, fügsam

volharden durchhalten[183], beharren: *bij zijn besluit* ~ auf seinem Entschluss beharren; *in het geloof* ~ im Glauben beharren

volhardend beharrlich, ausdauernd

de **volharding 1** Ausdauer (v[28]), Beharrlichkeit (v[28]) **2** [standvastigheid] Standhaftigkeit (v[28])

de **volheid** [het vol zijn] Vollheit (v[28]); [fig] Fülle (v[28])

¹**volhouden** (onov ww) durchhalten[183]: *u moet ~!* Sie müssen durchhalten!; *tot het einde* ~ bis zum Ende durchhalten; *hij houdt maar vol* er gibt nicht auf

²**volhouden** (ov ww) aushalten[183], durchhalten[183]: *zijn beschuldiging* ~ seine Beschuldigung aufrechterhalten[183]; *een staking* ~ einen Streik durchhalten

de **volhouder**: *een ~ zijn* nie aufgeben

de **volière** Voliere (v[21])

het **volk** Volk (o[32]): *goed ~!* gut Freund!

de **Volkenbond** [geschiedenis] Völkerbund (m[6])

de **volkenkunde** Völkerkunde (v[28])

volkenkundig völkerkundlich

de **volkenmoord** Völkermord (m[5])

het **volkenrecht** Völkerrecht (o[29])

volkomen 1 [volmaakt] vollkommen, vollendet **2** [geheel] vollständig, völlig

het **volkorenbrood** Vollkornbrot (o[29])

de **volksbuurt** Arbeiterviertel (o[33])

de **volksdans** Volkstanz (m[6])

het **volksdansen** Volkstanz (m[6])

de **volksgezondheid** Volksgesundheit (v[20])

de **volkshuisvesting** Wohnungswesen (o[39])

het **volkslied 1** Volkslied (o[31]) **2** [nationale hymne] Nationalhymne (v[21])

de **volksmenner** Volksverführer (m[9])

de **volksmond**: *in de* ~ im Volksmund

de **volksmuziek** Volksmusik (v[20])

de **volkspartij** Volkspartei (v[20])

de **volksraadpleging 1** [plebisciet] Volksabstimmung (v[20]) **2** [gemeente] Bürgerentscheid (m[5]) **3** [ivm wetgeving] Volksentscheid (m[5])

de **volksrepubliek** Volksrepublik (v[20])

de **volksstam** Volksstamm (m[6])

de **volksstemming** Volksabstimmung (v[20])

de **volkstelling** Volkszählung (v[20])

het **volkstuintje** Schrebergarten (m[12])

de **volksuniversiteit** Volkshochschule (v[21])

de **volksverhuizing** Völkerwanderung (v[20])

de **volksverlakkerij** Volksbetrug (m[5])

het **volksvermaak** Volksbelustigung (v[20])

de **volksvertegenwoordiger** Volksvertreter (m[9])

de **volksvertegenwoordiging** Volksvertretung (v[20]), Parlament (o[29])

de **volksverzekering** Sozialversicherung (v[20])

de **volksvijand** Volksfeind (m[5])

de **volkswoede** Volkszorn (m[5])

volle: ten ~ völlig, vollständig

volledig vollständig, völlig, komplett: een ~e betrekking eine Ganztagsstelle; met ~ pension mit Vollpension

de **volledigheid** Vollständigkeit (v[28]): voor de ~ der Vollständigkeit[2] halber

volledigheidshalve der Vollständigkeit[2] halber

volleerd ausgelernt: een ~ toneelspeler ein hervorragender Schauspieler

de **vollemaan** Vollmond (m[5])

volleren vollieren[320]

de **volley** Volley (m[13])

het **volleybal** Volleyball (m[6])

volleyballen Volleyball spielen

vollopen sich füllen, volllaufen[198]

volmaakt vollkommen, vollendet: ~ gelukkig restlos glücklich; het is mij ~ onverschillig es ist mir völlig egal

de **volmaaktheid** Vollkommenheit (v[28])

de **volmacht** Vollmacht (v[20]): bij ~ in Vollmacht, i.V.

volmondig offen

volop in Hülle und Fülle, reichlich, vollauf: ~ bezig zijn vollauf beschäftigt sein[262]

het **volpension** Vollpension (v[20])

volproppen voll pfropfen, voll stopfen: zich ~ sich voll stopfen

volslagen vollkommen, völlig, total

volslank vollschlank, korpulent

volstaan sich beschränken: men kan met de eenvoudigste regels ~ man kann sich auf die einfachsten Regeln beschränken; met die verklaring kunt u ~! diese Erklärung genügt!; u kunt ~ met te schrijven es genügt, wenn Sie schreiben

volstrekt 1 [absoluut] absolut **2** [onbeperkt] absolut, uneingeschränkt

de **volt** Volt (o, 2e nvl: - of -(e)s; mv: -): drie ~ drei Volt

de/het **voltage** (elektrische) Spannung (v[20])

voltallig vollzählig

voltijds Vollzeit-: ~ onderwijs Vollzeitschule (v[28]); Vollzeitunterricht (m[19])

voltooid 1 vollendet **2** [taalk]: het ~ deelwoord das zweite Partizip; de ~ tegenwoordige, verleden tijd das Perfekt, Plusquamperfekt; de ~ toekomende tijd das zweite Futur; de ~e tijden die vollendeten Zeiten/Zeitformen

voltooien vollenden, fertigstellen: zijn studie ~ das Studium absolvieren[320]

de **voltooiing** Vollendung (v[20]), Fertigstellung (v[20])

de **voltreffer** Volltreffer (m[9])

voltrekken vollziehen[318], vollstrecken: een huwelijk ~ eine Trauung vollziehen; een vonnis ~ ein Urteil vollstrecken

de **voltrekking** Vollstreckung (v[20]), Vollzug

(m[19])

voluit [ten volle] ganz: een naam ~ schrijven einen Namen ausschreiben[252]

het **volume 1** Volumen (o[35]) **2** [sterkte van geluid] Lautstärke (v[21])

volumineus voluminös, sehr umfangreich

volvet vollfett

volwaardig vollwertig

volwassen erwachsen

de **volwassene** Erwachsene(r) (m[40a], v[40b])

de **volwasseneneducatie** Erwachsenenbildung (v[20])

het **volwassenenonderwijs** Erwachsenenbildung (v[20])

de **volwassenheid** Reife (v[28]), Erwachsensein (o[39])

de **volzin** Satz (m[6])

de **vondeling** Findelkind (o[31]): te ~ leggen aussetzen

de **vondst 1** Fund (m[5]) **2** [idee] Einfall (m[6])

de **vonk** Funke (m[18])

het **vonnis** Urteil (o[29]); [de uitspraak] Urteilsspruch (m[6]): een ~ uitspreken ein Urteil verkünden; bij ~ van durch Urteil von[+3]

vonnissen ein Urteil fällen

de **voodoo** Wodu (m)

de **voogd** Vormund (m[5], m[8])

de **voogdij**, het **voogdijschap** Vormundschaft (v[20])

de **voogdijraad** Vormundschaftsbehörde (v[21])

de **¹voor** (zn) Furche (v[21])

het **²voor** Für (o[39a]): het ~ en tegen das Für und Wider

³voor (bw) vorn(e): ~ ligt de tuin vorn liegt der Garten; ~ in het huis vorn im Haus; van ~ tot achter von vorn bis hinten; van ~ af (aan) von vorn an; hij is ~ in de veertig er ist Anfang vierzig; hij is … ~ er hat einen Vorsprung von[+3] …; [sport] ~ staan führen; iem. ~ zijn [bij hulp e.d.] jmdm. zuvorkommen[193]

⁴voor (vz) **1** [m.b.t. plaats; ook fig] vor [bij beweging gericht op doel[+4], anders[+3]]: ~ iem. staan vor jmdm. stehen[279]; ~ iem. gaan staan sich vor jmdn. stellen; ~ zich uit staren vor sich hin starren; [fig] houd dat ~ je! behalte das für dich! **2** [vroeger dan] vor[+3]: ~ de 15e vor dem 15.; kwart ~ vier Viertel vor vier; ~ alles vor allem **3** [gedurende] für[+4], auf[+4]: ~ een paar weken op reis zijn für (of: auf) einige Wochen verreist sein[262]; ~ altijd für (of: auf) immer **4** [ten aanzien van] vor[+3]: angst ~ Angst vor; eerbied ~ Ehrfurcht vor; veilig ~ sicher vor **5** [ten behoeve van, ten gunste van] für[+4]: een boek ~ kinderen ein Buch für Kinder; daar is veel ~ das hat viel für sich; ~ arts studeren[320] Medizin studieren **6** [tegen] für[+4], gegen[+4]: een middeltje ~ de hoofdpijn ein Mittel für (of: gegen) Kopfschmerzen; gevoelig ~ kou empfindlich gegen Kälte **7** [wat betreft] für[+4]: ~ vandaag für heute; ik ~ mij ich für meine Person; ~ Frans een vier

hebben *in Französisch eine Vier haben*[182]
8 [in plaats van] für⁺⁴: *ik betaal ~ hem* ich
zahle für ihn; *eens ~ al(tijd)* ein für alle Mal
9 [m.b.t. een herhaling] für⁺⁴: *stap ~ stap*
Schritt für Schritt **10** [wegens] für⁺⁴, we-
gen⁺²: *dankbaar zijn ~ iets* dankbar sein für
etwas **11** [ten koste van] für⁺⁴: *~ geld kopen*
für Geld kaufen; *~ alles in de wereld* um alles
in der Welt **12** [m.b.t. een gelijkstelling]
für⁺⁴: *wat ~ een man?* was für ein Mann?
⁵**voor** (vw) bevor, ehe: *hij is er, ~ hij het weet*
er ist da, bevor (*of:* ehe) er es weiß
vooraan vorn(e): *~ zitten* vorn (*of:* vorne)
sitzen[268]
vooraanstaand prominent, führend
vooraf vorab, im Voraus, vorher, zuvor
voorafgaan vorangehen[168+3], vorausge-
hen[168+3]
voorafgaand vorangehend, vorhergehend: *~e bespreking* Vorbesprechung (v[20])
het **voorafje** Vorspeise (v[21])
vooral 1 [voornamelijk] besonders, insbesondere **2** [bovenal] hauptsächlich; [met
name] namentlich; [vóór alles] vor allem || *ga
er ~ niet heen!* gehen Sie auf keinen Fall hin!
vooraleer bevor, ehe
vooralsnog fürs Erste, vorläufig, vorerst
het **voorarrest** Untersuchungshaft (v[28])
de **vooravond 1** [begin van de avond] früher
Abend (m[5]) **2** [avond van tevoren] Vorabend
(m[5]): *[fig] aan de ~ staan van grote gebeurtenissen* am Vorabend großer Ereignisse stehen[279]
de **voorbaat**: *bij ~ dank* vielen Dank im Voraus
de **voorband** Vorderreifen (m[11])
voorbarig voreilig, vorschnell
voorbedacht: *met ~en rade* vorsätzlich;
moord met ~en rade vorsätzlicher Mord
de **voorbede** [voorspraak] Fürbitte (v[21])
het **voorbeeld 1** Beispiel (o[29]): *een goed ~ geven* mit gutem Beispiel vorangehen[168] **2** [mo-
del, toonbeeld] Muster (o[33]) **3** [ideaal voor-
beeld] Vorbild (o[31]): *iem. tot ~ nemen* sich³
jmdn. zum Vorbild nehmen[212]; *een ~ stellen*
ein Exempel statuieren[320]; *iem. ten ~ stellen*
jmdn. als Vorbild hinstellen **4** [bij het schrijven, tekenen e.d.] Vorlage (v[21])
de **voorbeeldfunctie** Vorbildfunktion (v[20]):
een ~ vervullen (eine) Vorbildfunktion haben
voorbeeldig vorbildlich, musterhaft, mus-
tergültig: *~e leerling* Musterschüler (m[9])
het **voorbehoedmiddel** Verhütungsmittel
(o[33])
het **voorbehoud** Vorbehalt (m[5]): *onder ~ me-
dedelen* unter⁺³ Vorbehalt mitteilen; *zonder
enig ~* ohne Vorbehalt
voorbehouden 1 vorbehalten[183]: *ik behoud mij het recht voor* ich behalte mir das
Recht vor **2** [Belg] reservieren[320]
voorbereiden vorbereiten: *lessen ~* Un-
terrichtsstunden vorbereiten; *op het ergste*

voorbereid zijn auf das Schlimmste gefasst
sein[262]; *iem. op iets ~* jmdn. auf⁺⁴ etwas vorbereiten
de **voorbereiding** Vorbereitung (v[20])
de **voorbereidselen** Vorbereitungen (mv v[20])
de **voorbeschouwing** Vorschau (v[20])
de **voorbespreking** Vorbesprechung (v[20])
¹**voorbij** (bn) vergangen
²**voorbij** (bw) vorbei, vorüber: *het onweer
trekt ~* das Unwetter zieht vorbei
³**voorbij** (vz) vorbei an⁺³, vorüber an⁺³: *~ de
kruising* an der Kreuzung vorbei (*of:* vorüber)
voorbijgaan vorbeigehen[168], vorübergehen[168]: *het huis ~* an dem Hause vorbeigehen
(*of:* vorübergehen); *geen gelegenheid laten ~*
keine Gelegenheit versäumen
voorbijgaand vorübergehend
de **voorbijganger** Passant (m[14]), Vorüber-
gehende(r) (m[40a], v[40b])
voorbijkomen vorbeikommen[193] (an⁺³)
voorbijlopen vorbeigehen[168] (an⁺³)
voorbijpraten: *zijn mond ~* sich verplap-
pern
voorbijrijden vorbeifahren (an⁺³); [passe-
ren] überholen
de **voorbode** Vorbote (m[15])
voordat ehe, bevor
het **voordeel** Vorteil (m[5]), Nutzen (m[19]): *zijn ~
doen met iets* sich³ etwas zunutze (*of:* zu
Nutze) machen; *~ bij iets hebben* von etwas
profitieren[320]; *~ opleveren* Vorteil (*of:* Nutzen) bringen[139]; *in zijn ~ zijn* zu seinem Vorteil; *in
het ~ zijn* im Vorteil sein[262]
de **voordeelregel**: *[sport] de ~ toepassen*
Vorteil gelten lassen[197]
voordelig vorteilhaft
de **voordeur** Haustür (v[20]), Vordertür (v[20])
de **voordeurdeler** unverheiratet Zusammen-
wohnende(r) (m[40a], v[40b])
¹**voordoen** (ww) **1** [voorbinden] umbin-
den[131], vorbinden[131] **2** [doen als voorbeeld]
vormachen: *iets ~* etwas vormachen
zich ²**voordoen** (wdk ww) **1** [zich uitgeven voor]
sich ausgeben[166] (für⁺⁴): *hij doet zich voor als
Duitser* er gibt sich als Deutscher aus **2** [voor-
komen] sich ergeben[166], eintreten[291], auftreten[291]: *problemen die zich ~* auftretende Probleme; *als de gelegenheid zich voordoet* wenn
sich die Gelegenheit ergibt
de **voordracht 1** [het voordragen] Vortrag
(m[6]) **2** [de wijze van voordragen] Vortrags-
weise (v[21]) **3** [lezing] Vortrag (m[6]) **4** [kandi-
datenlijst] Kandidatenliste (v[21]) **5** [aanbeve-
ling] Vorschlag (m[6]): *op ~ van de minister* auf
Vorschlag des Ministers
voordragen 1 [voorleggen, toelichten]
vortragen[288] **2** [reciteren] vortragen[288]: *een
gedicht ~* ein Gedicht vortragen **3** [op de
voordracht plaatsen] vorschlagen[241]
vooreerst vorläufig, vorerst

de **voorfilm** Vorfilm (m^5)

voorgaan 1 [prioriteit hebben] vorgehen[168] **2** [vóór iem. gaan] vor(aus)gehen[168]
3 [een godsdienstoefening leiden] leiten
4 [m.b.t. een uurwerk] vorgehen[168]

voorgaand vorhergehend: *het ~e* das Vor-
hergehende; *het ~e jaar* das Vorjahr; *in het ~e
hoofdstuk* im vorhergehenden Kapitel

de **voorganger 1** [in ambt of functie] Vorgänger (m^9) **2** [predikant] ± Prediger (m^9)

het **voorgebergte** Vorgebirge (o^{33})

voorgekookt vorgekocht || [fig] *het was al-
lemaal ~* es war alles ein abgekartetes Spiel

voorgeleiden vorführen

voorgenomen beabsichtigt, geplant: *de ~
maatregelen* die geplanten Maßnahmen

het **voorgerecht** Vorgericht (o^{29})

de **voorgeschiedenis** Vorgeschichte (v^{21})

het **voorgeslacht** Vorfahren (mv m^{14}, m^{15})

de **voorgevel** Fassade (v^{21}), Vorderfront (v^{20})

voorgeven vorgeben[166]; [voorwenden,
ook] vorschützen

het **voorgevoel** Ahnung (v^{20}), Vorgefühl (o^{29}):
een angstig ~ ein banges Vorgefühl; *ik had er
een ~ van* ich ahnte es

voorgoed 1 [definitief] endgültig **2** [voor
altijd] für (of: auf) immer

de **voorgrond** Vordergrund (m^6): *zich op de ~
plaatsen* sich in den Vordergrund schieben[237];
op de ~ staan im Vordergrund stehen[279]; *op
de ~ treden* in den Vordergrund treten[291]

de **voorhamer** Vorschlaghammer (m^{10})

de **voorhand** Vorderhand (v^{28}) || *op ~* im Vor-
aus

voorhanden [beschikbaar] vorhanden; [in
voorraad] vorhanden, vorrätig

voorhebben 1 vorhaben[182]: *een schort ~*
eine Schürze vorhaben **2** [voor zich hebben]
vor^3 sich haben[182] **3** [voordeel hebben bo-
ven] voraushaben[182]: *iets op iem. ~* etwas
(vor) jmdm. voraushaben[182] **4** [bedoelen]
vorhaben[182]

voorheen früher, ehemals

de **voorheffing** Steuervorauszahlung (v^{20})

de **voorhoede 1** [mil] Vorhut (v^{20}) **2** [fig] Spitze (v^{21}) **3** [sport] Sturm (m^6)

de **voorhoedespeler** Stürmer (m^9)

het **voorhoofd** Stirn (v^{20})

de **voorhoofdsholteontsteking** Stirnhöh-
lenentzündung (v^{20})

voorhouden vorhalten[183]: *iem. zijn gedrag
~* jmdm. sein Benehmen vorhalten

de **voorhuid** Vorhaut (v^{25})

voorin vorn

vooringenomen voreingenommen: *~ tegen iem. zijn* jmdm. gegenüber voreingenommen sein[262]

het **voorjaar** Frühjahr (o^{29}), Frühling (m^5)

de **voorjaarsmoeheid** Frühjahrsmüdigkeit
(v^{28})

de **voorjaarsvakantie** Frühlingsferien (mv)

de **voorkant** Vorderseite (v^{21})

voorkauwen (jmdm. etwas) vorkauen

de **voorkennis** Vorwissen (o^{39}): [op de beurs]
handel met ~ Insiderhandel

de **voorkeur** Vorzug (m^6): *het recht van ~* das
Vorzugsrecht; *bij ~* vorzugsweise; *aan iets de
~ geven* einer Sache^3 den Vorzug geben[166]; *de
~ geven aan wijn boven bier* Wein dem Bier
vorziehen

de **voorkeursbehandeling** Vorzugsbehand-
lung (v^{20})

de **voorkeurstem** Wählerstimme (v^{21}) im niederländischen Wahlsystem, die nicht dem
Spitzenkandidaten gegeben wird

¹**voorkomen** (ww) **1** [vlugger zijn dan] zuvorkommen[193+3] **2** [beletten] verhindern,
verhüten; vorbeugen^{+3}: *een ongeluk ~* einen
Unfall verhüten (of: verhindern)

het ²**voorkomen** (zn) Aussehen (o^{39}), Äußere(s)
(o^{40c})

³**voorkomen** (ww) **1** [voor de deur komen]
vorfahren[153]: *de auto laten ~* den Wagen vorfahren lassen[197] **2** [voor iem. komen] überholen **3** [voor de rechter komen] vor Gericht
erscheinen[233]: *hij moet ~* er hat einen Termin,
er muss vor Gericht erscheinen **4** [gebeuren]
vorkommen[193]: *zoiets komt meer voor* so etwas kommt häufiger vor **5** [aanwezig zijn]
vorkommen[193]: *die dieren komen hier niet voor*
diese Tiere kommen hier nicht vor **6** [lijken]
vorkommen[193]: *dat komt me vreemd voor!* das
kommt mir sonderbar vor!

voorkomend zuvorkommend, gefällig

de **voorkoming** Vermeidung (v^{20}), Verhütung
(v^{20}): *~ van schade* Schaden(s)verhütung; *ter ~
van misverstanden* zur Vermeidung von Miss-
verständnissen

voorlaatst vorletzt

het **voorland** Zukunft (v^{25}): *dat is zijn ~* das wird
seine Zukunft sein

voorlaten vorlassen[197]: *iem. ~* jmdn. vorlassen

voorleggen [voor iem. leggen] vorlegen:
iem. een brief ~ jmdm. einen Brief vorlegen

de **voorletter** Anfangsbuchstabe (m^{18}) des
Vornamens

voorlezen vorlesen[201]; [officieel] verlesen[201]

voorlichten [voorlichting verschaffen]
aufklären, unterrichten: *iem. over iets ~*
jmdn. über^{+4} etwas aufklären

de **voorlichter** Sprecher (m^9)

de **voorlichting** Aufklärung (v^{20}): *seksuele ~*
(sexuelle) Aufklärung

de **voorlichtingsdienst** Informationsamt
(o^{32}); [van regering] Presseamt (o^{32})

de **voorliefde** Vorliebe (v^{21}): *de ~ voor* die
Vorliebe für^{+4}

voorliegen vorlügen[204]: *iem. iets ~* jmdm.
etwas vorlügen

voorlopen 1 [voorop lopen] vorangehen[168] **2** [m.b.t. uurwerk] vorgehen[168]

de **voorloper 1** [hij die voorloopt] Vorläufer (m[9]) **2** [voorbode] Vorbote (m[15])

voorlopig vorläufig, provisorisch; [alvast, zolang] vorläufig, einstweilen: *~e hechtenis* Untersuchungshaft (v[28]); *~e raming* Voranschlag (m[6])

voormalig ehemalig, früher

de **voorman 1** [ploegbaas] Vorarbeiter (m[9]) **2** [leider] Anführer (m[9])

de **voormiddag** Vormittag (m[5])

de **voorn** Plötze (v[21])

de [1]**voornaam** (bn, bw) **1** [aanzienlijk] vornehm **2** [belangrijk] wichtig, bedeutend: *de ~ste reden* der Hauptgrund

de [2]**voornaam** Vorname (m[18])

het **voornaamwoord** Fürwort (o[32]): *het persoonlijk ~* das Personalpronomen; *bezittelijk ~* besitzanzeigendes Fürwort, Possessivpronomen; *betrekkelijk ~* bezügliches Fürwort, Relativpronomen

voornamelijk 1 [hoofdzakelijk] hauptsächlich **2** [vooral] insbesondere, besonders

het [1]**voornemen** (zn) Vorhaben (o[35]), Absicht (v[20]): *we hebben het ~ ...* wir beabsichtigen ...

zich [2]**voornemen** (wdk ww) sich[3] vornehmen[212]

voornemens: *~ zijn* beabsichtigen

voornoemd oben genannt, vorgenannt

de **vooronderstelling 1** Voraussetzung (v[20]) **2** Annahme (v[21])

het **vooronderzoek** Voruntersuchung (v[20])

het **vooroordeel** Vorurteil (o[29])

vooroorlogs Vorkriegs...

voorop [aan het hoofd] voran, vorauf, vorn

vooropgaan vorangehen[168]

de **vooropleiding** Vorbildung (v[20])

vooroplopen 1 [vooraan lopen] vor(an)laufen[198], vor(an)gehen[168] **2** [het voorbeeld geven] ± tonangebend sein[262]

vooropstaan an erster Stelle stehen: *wat vooropstaat, is ...* an erster Stelle steht ...

vooropstellen 1 [aannemen] voraussetzen **2** [als eerste punt noemen] vorausschicken

de **voorouders** Vorfahren (mv m[14], m[15])

voorover vornüber, kopfüber, nach vorn

de **voorpagina** [van krant] Titelseite (v[21]); [van boek] Titelblatt (o[32]): *de ~ halen* Schlagzeilen (mv v[21]) machen

de **voorpoot** Vorderbein (o[29])

de **voorpret** Vorfreude (v[21])

het **voorproefje** [fig] Kostprobe (v[21]), (kleiner) Vorgeschmack (m[19])

het **voorprogramma** Vorprogramm (o[29])

de **voorraad** Vorrat (m[6]); [hand ook] Bestand (m[6]): *in ~ hebben* vorrätig (*of:* auf, am Lager) haben[182]

de **voorraadkast** Vorratsschrank (m[6]); Speiseschrank (m[6])

voorradig vorrätig, vorhanden

de **voorrang 1** [prioriteit] Vorrang (m[19]), Priorität (v[28]): *met ~ behandelen* vorrangig behandeln; *de ~ hebben* boven den Vorrang haben[182] vor[+3] **2** [in het verkeer] Vorfahrt (v[28]): *~ hebben* (die) Vorfahrt haben[182]; *geen ~ verlenen* die Vorfahrt nicht beachten

de **voorrangsweg** Vorfahrt(s)straße (v[21])

het **voorrecht** Vorrecht (o[29])

voorrijden 1 [voorop rijden] vorausfahren[153] **2** [voor de deur rijden] vorfahren[153]

de **voorrijkosten** Anfahrtskosten (mv)

de **voorronde** [sport] Vorrunde (v[21]); [atletiek] Vorlauf (m[6])

de **voorruit** Windschutzscheibe (v[21]), Frontscheibe (v[21])

voorschieten vorschießen[238]

het/de **voorschoot** Schürze (v[21])

het **voorschot** Vorschuss (m[6]): *een ~ krijgen* einen Vorschuss erhalten[183]

voorschotelen auftischen

het **voorschrift** Vorschrift (v[20]); [jur] *~en* Auflagen (mv v[21]); *op ~ van de dokter* auf ärztliche Verordnung; *volgens ~* laut Vorschrift

voorschrijven 1 vorschreiben[252] **2** [van geneesmiddel] verordnen, verschreiben[252]

het **voorseizoen** Vorsaison (v[27])

de **voorselectie** Vorauswahl (v[20]); [door examen] Vorprüfung (v[20])

voorshands einstweilen

voorsorteren [van verkeer] einordnen

het **voorspel** [ook fig] Vorspiel (o[29])

voorspelbaar voraussagbar, vorhersagbar

voorspelen vorspielen: *iem. iets ~* jmdm. etwas vorspielen

voorspellen voraussagen, vorhersagen, prophezeien: *dat voorspelt niet veel goeds!* das verheißt nichts Gutes!; *het weer ~* das Wetter vorhersagen

de **voorspelling** Voraussage (v[21]), Vorhersage (v[21]), Prophezeiung (v[20])

voorspiegelen vorspiegeln: *iem. iets ~* jmdm. etwas vorspiegeln

de **voorspoed** Glück (o[39]); [welstand] Wohlstand (m[19])

voorspoedig glücklich: *een ~e reis* eine glückliche Reise; *alles verliep ~* alles verlief glatt

de **voorspraak** Fürsprache (v[21])

de **voorsprong** Vorsprung (m[6]): *een ~ op iem. hebben* einen Vorsprung vor jmdm. haben[182]

voorstaan 1 [staan wachten] vorgefahren sein[262]: *de auto staat voor* das Auto ist vorgefahren **2** [vooraan staan] führen: *met 3-2 ~* mit 3-2 führen **3** [heugen] vor Augen stehen[279], vorschweben **4** *zich op iets laten ~* sich auf[+4] etwas einbilden

de **voorstad** Vorstadt (v[25]), Vorort (m[5])

de **voorstander** Befürworter (m[9]), Verfechter (m[9])

[1]**voorste** (zn): *de ~* der (die) Vorderste; [van twee; mannelijk] der Vordere[40a]; [van twee; vrouwelijk] die Vordere[40b]

[2]**voorste** (bn) vorderst; [van twee] vorder

het **voorstel** Vorschlag (m⁶); [in vergadering] Antrag (m⁶): *een ~ tot sluiting van het debat* ein Antrag auf⁺⁴ Beendung der Debatte; *op ~ van* auf Antrag⁺²

voorstelbaar vorstellbar

¹**voorstellen** (ww) **1** [introduceren] vorstellen: *iem. (aan een ander) ~* jmdn. (einem anderen) vorstellen **2** [een voorstel doen] vorschlagen²⁴¹ **3** [afbeelden] vorstellen, darstellen: *wat moet dat ~?* was soll das vorstellen?

zich ²**voorstellen** (wdk ww) **1** [zich introduceren] sich⁴ vorstellen **2** [zich voor de geest halen] sich³ vorstellen: *zich iets levendig kunnen ~* sich etwas lebhaft vorstellen können **3** [van plan zijn] beabsichtigen

de **voorstelling 1** [afbeelding] Darstellung (v²⁰) **2** [film, theat] Vorstellung (v²⁰) **3** [herinnering] Vorstellung (v²⁰) **4** [introductie] Vorstellung (v²⁰)

het **voorstellingsvermogen** Vorstellungsvermögen (o³⁹)

voorstemmen dafür stimmen

de **voorsteven** Vordersteven (m¹¹), Vorsteven (m¹¹)

voort fort, weiter; [vooruit] vorwärts

voortaan (zu)künftig

de **voortand** Vorderzahn (m⁶), Schneidezahn (m⁶)

het ¹**voortbestaan** (zn) Fortbestehen (o³⁹), Fortbestand (m¹⁹)

²**voortbestaan** (ww) fortbestehen²⁷⁹

¹**voortbewegen** (ww) fortbewegen

zich ²**voortbewegen** (wdk ww) sich fortbewegen

voortbrengen hervorbringen¹³⁹, erzeugen

het **voortbrengsel** Erzeugnis (o²⁹ᵃ), Produkt (o²⁹)

voortduren fortdauern, andauern

voortdurend ständig, fortwährend, dauernd

het **voorteken** Vorzeichen (o³⁵), Anzeichen (o³⁵)

de **voortent** Vorzelt (o²⁹)

voortgaan 1 [verder gaan] weitergehen¹⁶⁸, fortschreiten²⁵⁴ **2** [voortzetten] fortfahren¹⁵³: *met zijn werk ~* mit seiner Arbeit fortfahren; *~ met spelen* fortfahren zu spielen

de **voortgang 1** [voortzetting] Fortgang (m¹⁹) **2** [vooruitgang] Fortschritt (m⁵): *~ maken* Fortschritte machen

voortgezet fortgesetzt: *school voor ~ onderwijs* weiterführende Schule (v²¹)

voorthelpen weiterhelfen¹⁸⁸: *iem. ~* jmdm. weiterhelfen

voortijdig vorzeitig

voortkomen 1 [verder komen] vorwärtskommen¹⁹³, weiterkommen¹⁹³ **2** [voortvloeien] hervorgehen¹⁶⁸ (aus⁺³) **3** [afkomstig zijn] entstammen⁺³: *uit een oud geslacht ~* einem alten Geschlecht entstammen

voortleven fortleben, weiterleben

voortmaken sich beeilen

het **voortouw**: *het ~ nemen* die Initiative ergreifen¹⁸¹

zich **voortplanten** sich fortpflanzen

de **voortplanting** Fortpflanzung (v²⁸)

voortreffelijk vorzüglich, vortrefflich

voortrekken vorziehen³¹⁸⁺³: *deze leerling wordt boven de andere leerlingen voorgetrokken* dieser Schüler wird den anderen Schülern vorgezogen

de **voortrekker** [fig] Wegbereiter (m⁹)

voorts weiter, ferner; [bovendien] außerdem

voortschrijden 1 [verder schrijden] dahinschreiten²⁵⁴ **2** [vorderen] fortschreiten²⁵⁴

voortslepen fortschleppen, weiterschleppen

voortstuwen vorwärtstreiben²⁹⁰, antreiben²⁹⁰

de **voortuin** Vorgarten (m¹²)

voortvarend energisch

voortvloeien [ergens uit volgen] hervorgehen¹⁶⁶, sich ergeben¹⁶⁶: *daaruit vloeit voort* daraus geht hervor, daraus ergibt sich

voortvluchtig flüchtig: *~e* Flüchtling (m⁵)

voortzetten fortsetzen, weiterführen

de **voortzetting 1** [het voortzetten] Fortsetzung (v²⁰), Weiterführung (v²⁰) **2** [vervolg] Fortsetzung (v²⁰)

vooruit 1 [van tevoren] vorher **2** [verder] voraus: *zijn tijd ~ zijn* seiner Zeit³ voraus sein²⁶²

vooruitbetalen voraus(be)zahlen

de **vooruitbetaling** Voraus(be)zahlung (v²⁰)

vooruitgaan 1 [eerder gaan] vorausgehen¹⁶⁸ **2** [voorwaarts gaan] vorwärtsgehen¹⁶⁸; [m.b.t. vaar- en voertuig] vorwärtsfahren¹⁵³ **3** [vorderingen maken] Fortschritte machen: *de zieke gaat vooruit* mit dem Kranken geht es aufwärts

de ¹**vooruitgang** (zn) [vordering] Fortschritt (m⁵); [van zieke] Besserung (v²⁸)

de ²**vooruitgang** (zn) Vorderausgang (m⁶)

vooruithelpen weiterhelfen¹⁸⁸⁺³

vooruitkomen 1 [verder komen] vorwärtskommen¹⁹³, weiterkommen¹⁹³ **2** [naar voren komen] nach vorn kommen¹⁹³

vooruitlopen 1 [voor iem. lopen] vorausgehen¹⁶⁸; [hard] vorauslaufen¹⁹⁸ **2** [van tevoren iets doen] vorgreifen¹⁸¹⁺³: *op de gebeurtenissen ~* den Ereignissen vorgreifen

vooruitstrevend fortschrittlich, progressiv

het **vooruitzicht** Aussicht (v²⁰): *iem. iets in het ~ stellen* jmdm. etwas in Aussicht stellen

vooruitzien vorausschauen

vooruitziend vorausschauend, weitsichtig

de **voorvader** Vorfahr (m¹⁴), Ahn (m¹⁶, m¹⁴)

het **voorval** Vorfall (m⁶), Begebenheit (v²⁰), Ereignis (o²⁹ᵃ)

voorvallen geschehen¹⁷³, vorfallen¹⁵⁴, sich

ereignen

de **voorvechter** Vorkämpfer (m[9]), Verfechter (m[9])

de **voorverkiezing** Vorwahl (v[20])

de **voorverkoop** Vorverkauf (m[19])

het **voorvoegsel** Vorsilbe (v[21]), Präfix (o[29])

voorwaar fürwahr, wahrlich, wirklich

de **voorwaarde 1** [vooraf gestelde beperking] Bedingung (v[20]): *op* (of: *onder*) ~, *dat ...* unter der Bedingung, dass ...; *op huwelijkse ~n trouwen* sich unter Ehevertrag heiraten **2** [noodzakelijke voorwaarde] Voraussetzung (v[20])

voorwaardelijk bedingt: [jur] *drie maanden* ~ drei Monate Freiheitsstrafe mit Bewährung

voorwaarts vorwärts

de **voorwas** Vorwäsche (v[21])

voorwenden vorschützen, vorgeben[166]

het **voorwendsel** Vorwand (m[6]): *onder* ~ *van vriendschap* unter dem Vorwand der Freundschaft

het **voorwerp 1** [zaak, object] Gegenstand (m[6]): *gevonden ~en* Fundsachen (mv v[21]); *bureau van gevonden ~en* Fundbüro (o[36]) **2** [taalk] Objekt (o[29]): *lijdend* ~ Akkusativobjekt (o[29]); *meewerkend* ~ Dativobjekt (o[29])

het **voorwiel** Vorderrad (o[32])

de **voorwielaandrijving** Frontantrieb (m[5])

het **voorwoord** Vorwort (o[29])

voorzeggen: *iem. iets* ~ jmdm. etwas vorsagen

de **voorzet** [hoge bal van opzij] Flanke (v[21]); [pass] Vorlage (v[21])

het **voorzetsel** Präposition (v[20]), Verhältniswort (o[32])

voorzetten 1 [plaatsen voor] vorsetzen: *iem. iets* ~ jmdm. etwas vorsetzen **2** [vooruitzetten] vorsetzen: *het rechterbeen* ~ das rechte Bein vorsetzen **3** [een uurwerk] vorstellen **4** [sport] flanken

voorzichtig vorsichtig

de **voorzichtigheid** Vorsicht (v[28])

voorzichtigheidshalve vorsichtshalber

voorzien 1 [vooruitzien] voraussehen[261]: *zoals te* ~ *is* voraussichtlich **2** [verzorgen] versehen[261], versorgen: *in een behoefte* ~ ein Bedürfnis befriedigen; *in zijn levensonderhoud* ~ sich ernähren; *in de vacature is* ~ die Stelle ist besetzt; *iem.* ~ *van* jmdm. versehen mit+[3] **3** [regelen] vorsehen[261]: *de wet heeft daar niet in* ~ das ist im Gesetz nicht vorgesehen ‖ *ik heb het niet op hem* ~ ich mag ihn nicht; *het op iem.* ~ *hebben* es auf jmdn. abgesehen haben[182]

de **voorzienigheid** Vorsehung (v[28])

de **voorziening 1** [het voorzien] Versorgung (v[28]): *de* ~ *van levensmiddelen* die Versorgung mit Lebensmitteln **2** [maatregel] Maßnahme (v[21]), Vorkehrung (v[20]) **3** [tot algemeen nut] Einrichtung (v[20]): *sanitaire ~en* Sanitärein-

richtungen (mv v[20]); *sociale ~en* soziale Einrichtungen

de **voorzijde** Vorderseite (v[21])

voorzitten vorsitzen+[3]: *een vergadering* ~ einer Versammlung vorsitzen

de **voorzitter** Vorsitzende(r) (m[40a], v[40b]), Präsident (m[14])

het **voorzitterschap** Vorsitz (m[19]): *het* ~ *bekleden* den Vorsitz haben[182]; *het* ~ *neerleggen* den Vorsitz abgeben[166]

de **voorzorg** Vorsorge (v[28]): *uit* ~ zur Vorsorge

de **voorzorgsmaatregel** Vorsorge (v[28]): *~en nemen* Vorkehrungen treffen[289]

voos 1 [sponsachtig] mürbe, schwammig **2** [m.b.t. gestel] morsch, hinfällig **3** [bedorven] faul

¹**vorderen** (ww) [vooruitkomen] vorwärtskommen[193], vorankommen[193], Fortschritte machen: *op gevorderde leeftijd* in vorgerücktem Alter; *het werk vordert goed* die Arbeit geht gut voran

²**vorderen** (ww) **1** [eisen] fordern, verlangen; [jur] beantragen **2** [van overheidswege opeisen] einziehen+[318]: *privébezit* ~ Privatbesitz einziehen **3** [in beslag nemen] beschlagnahmen: *auto's* ~ Autos beschlagnahmen

de **vordering 1** [vooruitgang] Fortschritt (m[5]) **2** [eis] Forderung (v[20]): *uitstaande ~en* Außenstände (mv m[6])

voren vorn(e): *naar* ~ nach vorn(e); *iets naar* ~ *brengen* etwas vorbringen[139]; *van* ~ (von) vorn(e); *van* ~ *af aan* von vorn(e) ‖ *de les van achteren naar* ~ *en van* ~ *naar achteren kennen* die Lektion vorwärts und rückwärts kennen

vorig 1 [vroeger] vorig, früher **2** [onmiddellijk voorafgaand] vorig: *het ~e jaar* das vorige (of: vergangene) Jahr

de **vork** Gabel (v[21]); [splitsing, ook] Gab(e)lung (v[20]): *weten, hoe de* ~ *in de steel zit* wissen, wie sich die Sache verhält

de **vorkheftruck** Gabelstapler (m[9])

de **vorm** Form (v[20]): *de ~en in acht nemen* den Anstand wahren; [sport] *in* ~ *zijn* in Form sein[262]; *het is maar voor de* ~ es ist nur der Form wegen; *zonder* ~ *van proces* ohne jeden Prozess

vormelijk förmlich, formell

vormen 1 [de gedaante hebben van] bilden **2** [de gedaante geven van] bilden, formen, gestalten: *een kring* ~ einen Kreis bilden **3** [r-k] firmen

vormend bildend

de **vormfout** Formfehler (m[9])

de **vormgever** Gestalter (m[9]); [beroep] Designer (m[9]): *een industrieel* ~ ein Industriedesigner

de **vormgeving** Gestaltung (v[20]), Formgebung (v[20])

de **vorming** Bildung (v[20])

het **vormsel** Firmung (v[20])

de ¹**vorst** [bouwk] First (m[5])

de **²vorst** [persoon] Fürst (m¹⁴)

de **³vorst** [het vriezen] Frost (m⁶): *bij* ~ bei Frostwetter

vorstelijk fürstlich

het **vorstendom** Fürstentum (o³²)

het **vorstenhuis** Fürstenhaus (o³²), Herrscherhaus (o³²): *het Nederlandse* ~ das niederländische Königshaus

de **vorstin** Fürstin (v²²)

de **vorstschade** Frostschaden (m¹²)

het **vorstverlet** Arbeitsausfall (m⁶) durch Frost

vorstvrij frostfrei

de **vos** Fuchs (m⁶)

de **vossenjacht 1** [jacht] Fuchsjagd (v²⁰) **2** [spel] Schnitzeljagd (v²⁰)

de **voucher** Voucher (o³⁶, m¹³, o³³, m⁹)

de **vouw** Falte (v²¹), Kniff (m⁵)

vouwbaar faltbar

de **vouwcaravan** Faltwohnwagen (m¹¹), Faltcaravan (m¹³)

de **vouwdeur** Falttür (v²⁰)

vouwen falten: *niet* ~*!* nicht knicken!

de **vouwfiets** Klapp(fahr)rad (o³²)

de **voyeur** Voyeur (m⁵)

de **vraag 1** [ondervraging] Frage (v²¹): *iem. een* ~ *stellen* jmdm. eine Frage stellen **2** [verzoek] Bitte (v²¹) **3** [vraagstuk] Frage (v²¹): *het is de* ~*, of …* es fragt sich, ob …; *het is nog de* ~ es steht noch dahin; *het is zeer de* ~ es ist sehr fraglich **4** [hand] Nachfrage (v²¹): ~ *en aanbod* Angebot und Nachfrage; *veel* ~ *naar* lebhafte Nachfrage nach⁺³ …; *er is veel* ~ *naar dat artikel* dieser Artikel ist stark gefragt

de **vraagbaak 1** [boek, persoon] Ratgeber (m⁹) **2** [online] Fragen und Antworten

het **vraaggesprek** Interview (o³⁶)

de **vraagprijs** Angebotspreis (m⁵); [bij huizen] Verhandlungsbasis (v, mv: Verhandlungsbasen)

het **vraagstuk 1** [probleem] Frage (v²¹) **2** [opgave] Aufgabe (v²¹)

het **vraagteken** Fragezeichen (o³⁵)

de **vraatzucht** Gefräßigkeit (v²⁸), Fressgier (v²⁸)

vraatzuchtig gefräßig, fressgierig

de **vracht 1** [lading] Fracht (v²⁰): *de* ~ *hout* [op een wagen] die Fuhre Holz **2** [last] Last (v²⁰): *onder de* ~ *bezwijken* unter der Last zusammenbrechen¹³⁷ **3** [grote hoeveelheid] Ladung (v²⁰): *een* ~ *werk* eine Masse Arbeit

de **vrachtbrief** Frachtbrief (m⁵)

het **vrachtschip** Frachtschiff (o²⁹), Frachter (m⁹)

het **vrachtverkeer 1** [vrachtvervoer] Güterverkehr (m⁵) **2** [verkeer van vrachtauto's] Frachtverkehr (m⁵)

het **vrachtvervoer** Güterbeförderung (v²⁸)

het **vrachtvliegtuig** Transportflugzeug (o²⁹)

de **vrachtwagen** Lastkraftwagen (m¹¹), Lkw, Lastauto (o³⁶), Laster (m⁹)

de **vrachtwagenchauffeur** Last(kraft)wagenfahrer (m⁹), Lkw-Fahrer (m⁹)

¹vragen (onov ww) (+ naar) sich erkundigen nach⁺³: *naar iemands gezondheid* ~ sich nach jemands Befinden erkundigen

²vragen (ov ww) **1** fragen⁺⁴: *iem. iets* ~ jmdn. etwas fragen; *iem. de weg* ~ jmdn. nach dem Weg fragen **2** [verzoeken] bitten¹³²⁺⁴: *inlichtingen* ~ *aan iem.* jmdn. um Auskunft bitten **3** [ondervragen] (be)fragen⁺⁴ **4** [uitnodigen] bitten¹³²⁺⁴, einladen¹⁹⁶⁺⁴ **5** [eisen] verlangen, fordern: *veel aandacht* ~ viel Aufmerksamkeit erfordern (*of:* beanspruchen)

vragend fragend: ~ *voornaamwoord* Fragefürwort (o³²); Interrogativpronomen (o³⁵, mv: ook Interrogativpronomina)

de **vragenlijst** Fragebogen (m¹¹), Frageliste (v²¹)

de **vragensteller** Fragesteller (m⁹)

de **vrager** Frager (m⁹)

de **vrede** Frieden (m¹¹): *de Nobelprijs voor de Vrede* der Friedensnobelpreis; ~ *hebben met sich abfinden¹⁵⁷ mit*⁺³

vredelievend friedfertig

de **vrederechter** ± Amtsrichter (m⁹)

de **vredesbeweging** Friedensbewegung (v²⁰)

de **vredesconferentie** Friedenskonferenz (v²⁰)

de **vredesduif** Friedenstaube (v²¹)

de **vredesmacht** Friedensmacht (v²⁵)

vredesnaam: *in* ~ in Gottes Namen

de **vredesonderhandelingen** Friedensverhandlungen (mv v²⁰)

de **vredesoperatie** Friedensoperation (v²⁰)

de **vredespijp** Friedenspfeife (v²¹)

het **vredesproces** Friedensprozess (m⁵)

de **vredestichter** Friedensstifter (m⁹)

de **vredestijd**: *in* ~ in Friedenszeiten

het **vredesverdrag** Friedensvertrag (m⁶)

vredig friedlich

vreedzaam friedlich; [vredelievend] friedfertig

vreemd 1 [alg] fremd; [uitheems, ook] fremdländisch: *de* ~*e taal* die Fremdsprache; *een* ~ *woord* ein Fremdwort; *ik ben hier* ~ ich bin hier fremd, ich weiß hier nicht Bescheid **2** [raar] sonderbar, seltsam: ~*e bestanddelen* fremdartige Bestandteile; ~ *doen* sich sonderbar benehmen²¹² **3** [verbaasd] erstaunt, verwundert: ~ *van iets opzien* sich wundern

de **¹vreemde** [onbekende] Fremde(r) (m⁴⁰ᵃ, v⁴⁰ᵇ): *dat heeft hij van geen* ~ das liegt in der Familie

de **²vreemde** [vreemd land] Fremde (v²⁸): *in den* ~ *leven* in der Fremde leben

de **vreemdeling 1** [onbekende] Fremde(r) (m⁴⁰ᵃ, v⁴⁰ᵇ) **2** [buitenlander] Ausländer (m⁹), Ausländerin (v²²)

het **vreemdelingenbeleid** Ausländerpolitik (v²⁰)

de **vreemdelingendienst** Ausländerbehörde (v²¹)

de **vreemdelingenhaat** Ausländerfeindlich-keit (v²⁰)

het **vreemdelingenlegioen** Fremdenlegion (v²⁰)

vreemdgaan fremdgehen¹⁶⁸

vreemdsoortig fremdartig, seltsam

de **vrees** Furcht (v²⁸), Angst (v²⁵)

de **vreetpartij** Fresserei (v²⁰)

de **vreetzak** Fresssack (m⁶), Fresser (m⁹)

de **vrek** Geizhals (m⁶), Geizkragen (m¹¹)

vrekkig geizig

vreselijk fürchterlich, schrecklich, furcht-bar: ~ *aardige* mensen riesig nette Leute

het ¹**vreten** (zn) Fressen (o³⁹), Fraß (m⁵) ‖ *een raar stuk* ~ ein seltsamer Vogel

²**vreten** (ov ww) fressen¹⁶²

de **vreugde** Freude (v²¹): *tot* ~ stemmen freudig stimmen

de **vreugdekreet** Freudenruf (m⁵), Freuden-schrei (m⁵)

vreugdeloos freudlos

vreugdevol freudvoll

het **vreugdevuur** Freudenfeuer (o³³)

vrezen fürchten; [bang zijn dat iets zal ge-beuren, ook] befürchten: *de dood* ~ den Tod fürchten; *het ergste* ~ das Schlimmste (be-)fürchten; *iem.* ~ sich vor jmdm. fürchten; *het is te* ~ es ist zu befürchten

de **vriend** Freund (m⁵): *een vaste* ~ hebben ei-nen festen Freund haben; *iem. te* ~ houden gut Freund bleiben¹³⁴; *weer goede* ~*en wor-den* sich wieder vertragen²⁸⁸

vriendelijk freundlich; [m.b.t. dank, woor-den, ook] verbindlich

de **vriendelijkheid** Freundlichkeit (v²⁰), Ver-bindlichkeit (v²⁰)

de **vriendendienst** Freundschaftsdienst (m⁵)

de **vriendenkring** Freundeskreis (m⁵)

de **vriendin** Freundin (v²²)

de **vriendjespolitiek** Vetternwirtschaft (v²⁸)

de **vriendschap** Freundschaft (v²⁰)

vriendschappelijk freundschaftlich: ~*e wedstrijd* Freundschaftsspiel (o²⁹)

vriesdrogen gefriertrocknen

de **vrieskist** Gefriertruhe (v²¹)

de **vrieskou** Frost (m⁶)

het **vriespunt** Gefrierpunkt (m⁵)

het **vriesvak** Gefrierfach (o³²)

het **vriesweer** Frostwetter (o³⁹)

vriezen frieren¹⁶³: *het vriest hard* es friert stark; [fig] *het kan* ~, *het kan dooien* es kann so oder so ausgehen

de **vriezer** Gefrieranlage (v²¹), Gefriertruhe (v²¹)

de ¹**vrij** (zn) [vrijloop] Leerlauf (m⁶)

²**vrij** (bn, bw) frei: ~ *beroep* freier Beruf (m⁵); ~ *entree* freier Eintritt (m⁵); ~*e meningsui-ting* freie Meinungsäußerung (v²⁰); ~*e tijd* Freizeit (v²⁰); *directe* ~*e trap* direkter Freistoß (m⁶); *uit* ~*e beweging* aus freien Stücken; ~ *van invoerrechten* zollfrei; ~ *van koorts* fieber-

frei; ~ *krijgen* freibekommen¹⁹³; *ik ben zo* ~ *u te melden dat ...* ich bin so frei (*of:* ich erlaube mir), Ihnen zu melden, dass ...

³**vrij** (bw) [tamelijk] ziemlich: ~ *goed* ziemlich gut; ~ *laat* ziemlich spät

vrijaf frei: ~ *hebben* frei haben¹⁸²

vrijblijvend unverbindlich, freibleibend

de **vrijbrief** Freibrief (m⁵)

de **vrijbuiter** Freibeuter (m⁹)

de **vrijdag** Freitag (m⁵): *Goede Vrijdag* Karfrei-tag

vrijdags am Freitag; [iedere vrijdag] frei-tags

de **vrijdenker** Freidenker (m⁹)

vrijelijk frei: ~ *spreken* frei sprechen²⁷⁴

de **vrijemarkteconomie** Marktwirtschaft (v²⁰), freie Marktwirtschaft (v²⁰)

vrijen 1 [verkering hebben] einen Freund (*of:* eine Freundin) haben¹⁸² **2** [minnekozen] knutschen **3** [geslachtsgemeenschap heb-ben] sich lieben, ins Bett gehen¹⁶⁸

de **vrijer** Geliebte(r) (m⁴⁰ᵃ), Freund (m⁵)

de **vrijetijdsbesteding** Freizeitgestaltung (v²⁰)

de **vrijetijdskleding** Freizeitkleidung (v²⁰)

het **vrijgeleide** [vrije doortocht] freies Geleit (o²⁹)

vrijgeven freigeben¹⁶⁶

vrijgevig freigebig, gebefreudig

de ¹**vrijgezel** (zn) Junggeselle (m¹⁵), Junggesel-lin (v²²)

²**vrijgezel** (bn) ledig, unverheiratet

de **vrijgezellenavond** Junggesellenabschied (m⁵)

de **vrijhandel** Freihandel (m¹⁹)

de **vrijhaven** Freihafen (m¹²)

de **vrijheid** Freiheit (v²⁰): ~ *van drukpers* Pres-sefreiheit; ~ *van gedachte* Gedankenfreiheit; ~ *van vestiging* Freizügigkeit (v²⁸); *ik neem de* ~ ich nehme mir die Freiheit, ich erlaube mir

de **vrijheidsberoving** Freiheitsberaubung (v²⁰)

de **vrijheidsstraf** Freiheitsstrafe (v²¹)

de **vrijheidsstrijder** Freiheitskämpfer (m⁹)

vrijhouden freihalten¹⁸³

het **vrijkaartje** Freikarte (v²¹)

vrijkomen 1 [m.b.t. gevangene] freigelas-sen werden³¹⁰, freikommen¹⁹³ **2** [loskomen] frei werden³¹⁰: ~*de energie* frei werdende Energie; *met de schrik* ~ mit dem Schrecken davonkommen¹⁹³

vrijlaten 1 [de vrijheid geven] freilassen¹⁹⁷ **2** [verlof geven] freie Hand lassen¹⁹⁷: *iem. volkomen* ~ jmdm. vollkommen freie Hand lassen **3** [onbezet laten] frei lassen¹⁹⁷

de **vrijlating** Freilassung (v²⁰)

vrijmaken 1 [bevrijden van last, verplich-ting] befreien **2** [bij douane] verzollen

de **vrijmarkt** ± Flohmarkt (m⁶)

de **vrijmetselaar** Freimaurer (m⁹)

de **vrijmetselaarsloge** Freimaurerloge (v²¹)

de **vrijmetselarij** Freimaurerei (v[28])
vrijmoedig freimütig, offen: ~ *spreken* [ook] freiheraus sprechen[274]
de **vrijplaats** Freistatt (v, mv: Freistätten); Freistätte (v[21])
[1]vrijpleiten (ov ww) freisprechen[274], entlasten: *iem.* ~ *van iets* jmdn. von[+3] etwas freisprechen
zich **[2]vrijpleiten** (wdk ww) sich rechtfertigen
vrijpostig dreist, keck
de **vrijspraak** Freisprechung (v[20]), Freispruch (m[6])
vrijspreken freisprechen[274]
vrijstaan [toegestaan zijn] freistehen[279]
vrijstaand 1 [sport] frei stehend **2** [alleenstaand] frei stehend **3** [niet gebruikt] freistehend
vrijstellen freistellen, befreien: *vrijgesteld van belastingen* von Steuern befreit
de **vrijstelling** Freistellung (v[20]), Befreiung (v[20]): ~ *van belasting* Steuerbefreiung
de **vrijster**: *oude* ~ alte Jungfer (v[21])
vrijuit freiheraus: ~ *gaan* (straf)frei ausgehen[168]; ~ *spreken* frei von der Leber weg reden
vrijwaren bewahren (vor[+3]), behüten (vor[+3])
vrijwel nahezu: ~ *hetzelfde* nahezu dasselbe
vrijwillig freiwillig: ~*e dood* Freitod (m[5])
de **vrijwilliger** Freiwillige(r) (m[40a], v[40b])
het **vrijwilligerswerk** ehrenamtliche Arbeit (v[20]), Ehrenamt (o[32])
vrijzinnig liberal, freisinnig
de **vroedvrouw** Geburtshelferin (v[22]), Hebamme (v[21])
vroeg früh(zeitig): *'s morgens* ~ morgens früh; *vanmorgen* ~ heute früh; *in ~ere tijden* in früheren Zeiten; *op een* ~ *uur* zu früher Stunde; ~ *of laat* früher oder später
vroeger 1 [eertijds] früher, einst **2** [voormalig] früher, ehemalig
het **vroegpensioen 1** [mbt ambtenaren] Frühpension (v[20]) **2** [mbt niet-ambtenaren] Frührente (v[21])
vroegrijp frühreif
de **vroegte** Frühe (v[28]): *in alle* ~ in aller Frühe
vroegtijdig frühzeitig
vrolijk 1 fröhlich, heiter, lustig **2** [aangeschoten] angeheitert
de **vrolijkheid** Fröhlichkeit (v[28]), Heiterkeit (v[28]), Lustigkeit (v[28])
vroom fromm[59]
de **vrouw 1** Frau (v[20]): *publieke* ~ Freudenmädchen (o[35]); *Dirne* (v[21]) **2** [echtgenote] Frau (v[20]), Ehefrau (v[20]), Gattin (v[22]) **3** [kaartspel] Dame (v[21]) **4** [van hond] Frauchen (o[35])
vrouwelijk 1 [van het vrouwelijke geslacht] weiblich: ~*e arts* Ärztin (v[22]); ~*e beambte* Beamtin (v[22]) **2** [van een vrouw, bij een vrouw passend] frauenhaft, fraulich,

weiblich: ~ *beroep* Frauenberuf (m[5])
de **vrouwenarts** Frauenarzt (m[6]), Frauenärztin (v[22])
de **vrouwenbesnijdenis** weibliche Genitalverstümmelung (v[20]); Frauenbeschneidung (v)
de **vrouwenbeweging** Frauenbewegung (v[28])
het **vrouwenblad** Frauenzeitschrift (v[20])
de **vrouwengek** Weibernarr (m[14])
de **vrouwenhandel** Frauenhandel (m[9])
de **vrouwenstem** Frauenstimme (v[21])
vrouwonvriendelijk frauenfeindlich
het **vrouwtje 1** [kleine vrouw, vrouwtjelief, bazin van hond] Frauchen (o[35]) **2** [dierk] Weibchen (o[35])
het **vrouwvolk** Frauen (mv v[20])
vrouwvriendelijk frauenfreundlich
de **vrucht** Frucht (v[25]): ~*en afwerpen* Frucht (*of:* Früchte) tragen[288]; *met* ~ mit Erfolg
de **vruchtafdrijving** Abtreibung (v[20])
vruchtbaar fruchtbar
de **vruchtbaarheid** Fruchtbarkeit (v[28])
het **vruchtbeginsel** Fruchtknoten (m[11])
de **vruchtboom** Obstbaum (m[6])
vruchtdragend 1 [vrucht opleverend] fruchttragend **2** [fig] fruchtbringend, fruchtbar
vruchteloos fruchtlos, vergeblich
het **vruchtenijs** Fruchteis (o[39])
de **vruchtenlimonade** Fruchtlimonade (v[21])
het **vruchtensap** Fruchtsaft (m[6]), Obstsaft (m[6])
de **vruchtentaart** Obstkuchen (m[11]), Obsttorte (v[21])
het **vruchtgebruik** Nießbrauch (m[19]), Nutznießung (v[28])
het **vruchtvlees** Fruchtfleisch (o[39])
het **vruchtwater** Fruchtwasser (o[39])
de **VS** afk van *Verenigde Staten* Vereinigte Staaten (mv m[16]), USA
de **V-snaar** Keilriemen (m[11])
het **vso** [Belg; ond] weiterführender Sonderunterricht (m[19])
het **V-teken** V-Zeichen (o[35])
vuig niederträchtig, gemein
het **[1]vuil** (zn) **1** [viezigheid] Schmutz (m[19]), Dreck (m[19]); [modder] Schlamm (m[5], m[6]) **2** [vuilnis] Müll (m[19]), Unrat (m[19])
[2]vuil (bn, bw) **1** [vies] schmutzig, dreckig: *gauw* ~ *worden* leicht schmutzen **2** [schunnig] schmutzig, dreckig, unflätig **3** [gemeen] gemein, niederträchtig ‖ *een* ~ *zaakje* ein schmutziges Geschäft
de **vuilak** [inf] Schweinehund (m[5]), Dreckskerl (m[5])
de **vuilheid 1** [wat vuil is] Schmutzigkeit (v[20]) **2** [uitwerpselen] Kot (m[19]), Dreck (m[19])
vuilmaken schmutzig machen, beschmutzen: [fig] *zijn handen niet aan iets* ~ sich[3] nicht die Finger mit[+3] etwas schmutzig machen; *ik zal er niet veel woorden over* ~ ich werde dar-

über kein Wort verlieren[300]

het **vuilnis** Müll (m[19])

de **vuilnisbak** Mülleimer (m[9]), Kehrichteimer (m[9])

de **vuilnisbelt** Schuttabladeplatz (m[6]), Müllhalde (v[21]), Müllkippe (v[21]), Mülldeponie (v[21])

de **vuilnisman** Müllmann (m[8])

de **vuilniszak** Müllbeutel (m[9]), Müllsack (m[6])

de **vuilophaaldienst** Müllabfuhr (v[20])

de **vuilstortplaats** Müllabladeplatz (m[6])

het **vuiltje** Stäubchen (o[35]): *een ~ in het oog hebben* etwas im Auge haben[182]; *er is geen ~ aan de lucht* es ist alles in Butter

de **vuilverbranding** Müllverbrennung (v[28]); [de installatie] Müllverbrennungsanlage (v[21])

de **vuilverwerking** Müllverwertung (v[28])

de **vuist** [dichtgesloten hand] Faust (v[25]) ‖ *voor de ~ dichten* (of: spreken); [fig] *uit het ~je eten* aus der Hand essen

het **vuistje** Fäustchen (o[35]): *in zijn ~ lachen* sich[3] (eins) ins Fäustchen lachen

de **vuistregel** Faustregel (v[21])

de **vuistslag** Faustschlag (m[6])

vulgair vulgär, ordinär

de **vulkaan** Vulkan (m[5])

de **vulkaanuitbarsting** Vulkanausbruch (m[6])

vulkanisch vulkanisch

vullen füllen; [van tijd] ausfüllen; [botttelen] abfüllen: *de avond ~* den Abend ausfüllen; *een fles ~* eine Flasche füllen

de **vulling 1** [vulsel] Füllung (v[20]) **2** [van tand] Füllung (v[20]) **3** [in kleding] Polster (o[33]) **4** [van spuitbus e.d.] Patrone (v[21]) **5** [van pen e.d.] Mine (v[21])

de **vulpen** Füller (m[9]), Füllfederhalter (m[9])

het **vulpotlood** Füllstift (m[5]), Drehbleistift (m[5])

vunzig dreckig

het [1]**vuren** (zn) [het vuren] Feuern (o[39]): *het ~ staken* das Feuer einstellen

[2]**vuren** (ww) feuern

het **vurenhout** Fichtenholz (o[39])

vurig 1 [gloeiend, fonkelend] feurig **2** [hartstochtelijk] feurig, heiß: *een ~ gebed* ein inbrünstiges Gebet; *~e liefde* heiße Liebe (v[21]); *een ~e wens* ein sehnlicher Wunsch **3** [ontstoken] entzündet: *een ~e huid* eine brennende Haut

de **VUT** afk van *vervroegde uittreding* Vorruhestand (m[19])

de **VUT-regeling** Vorruhestandsregelung (v[20])

vutten vorzeitig in den Ruhestand treten[291]

het **vuur 1** Feuer (o[33]): *zich het ~ uit de sloffen lopen* sich die Beine ablaufen[198]; *vol ~ voor iets zijn* Feuer und Flamme für[+4] etwas sein[262]; *vol ~ aan iets beginnen* mit Feuereifer etwas anfangen[155]; *in ~ en vlam raken* Feuer und Flamme werden; *hij werd zo rood als ~* er wurde rot wie Feuer; *in ~ geraken* Feuer fangen[155]; *iets uit het ~ slepen* etwas erringen[224]; *tussen twee vuren zitten* zwischen zwei Feuer gera-

ten sein; [mil] *eigen ~* eigenes Feuer, freundliches Feuer **2** [ijver] Feuer (o[39]), Glut (v[20]): *in het ~ van het gevecht* in der Hitze des Gefechts **3** [ziekte in koren] Brand (m[19])

de **vuurbal** Feuerball (m[6])

vuurbestendig feuerbeständig

de **vuurdoop** Feuertaufe (v[21]): *de ~ ontvangen* die Feuertaufe erhalten[183]

het **vuurgevecht** Feuergefecht (o[29])

de **vuurgloed** Glut (v[28]), Feuerschein (m[5])

de **vuurlijn**, de **vuurlinie** Feuerlinie (v[21])

de **vuurmond** [kanon] Geschütz (o[29])

het **vuurpeloton** Exekutionskommando (o[36])

de **vuurpijl** Rakete (v[21])

de **vuurproef** Feuerprobe (v[21]): *de ~ doorstaan* die Feuerprobe bestehen[279]

vuurrood feuerrot: *~ van schaamte worden* vor Scham feuerrot werden[310]

vuurspuwend Feuer speiend

de **vuurspuwer** Feuerschlucker (m[9]), Feuerspeier (m[9])

de **vuursteen** Feuerstein (m[5])

de **vuurtoren** Leuchtturm (m[6])

vuurvast feuerfest

het **vuurvliegje** Feuerfliege (v[21])

het **vuurwapen** Feuerwaffe (v[21])

het **vuurwerk** Feuerwerk (o[39]): *~ afsteken* Feuerwerk abbrennen[138]

de **vuurzee** Feuermeer (o[29]), Flammenmeer (o[29])

de **VVV**[MERK] afk van *Vereniging voor Vreemdelingenverkeer* Fremdenverkehrsverein (m[5])

v.w.b. afk van *voor wat betreft* in Bezug auf[+4], bezüglich[+2], bez.[+2]

het **vwo** [Ned; ond] Gymnasium (o, 2e nvl: -s; mv: Gymnasien)

de **vzw** [Belg] afk van *vereniging zonder winstoogmerk* stichting ± Stiftung (v[20])

W

de **w** [letter] w, W (o)

de **WA** afk van *wettelijke aansprakelijkheid* Haftpflicht (v²⁸): *WA-verzekering* Haftpflichtversicherung (v²⁰)

de **waaghals** Wagehals (m⁶)

de **waagschaal** Waagschale (v²¹): *zijn leven in de ~ stellen* sein Leben aufs Spiel setzen

het **waagstuk** Wagestück (o²⁹), Wagnis (o²⁹ᵃ)

waaien wehen; [met waaier] fächeln: *laat maar ~!* lass laufen!; *hij laat (alles) maar ~* er kümmert sich um⁺⁴ nichts

de **waaier** Fächer (m⁹)

waaiervormig fächerförmig

de **waakhond** Wachhund (m⁵)

waaks wachsam

de **waakvlam** Sparflamme (v²¹)

waakzaam wachsam: *een ~ oog houden op iets* ein wachsames Auge auf⁺⁴ etwas haben¹⁸²

de **waakzaamheid** Wachsamkeit (v²⁸)

de **¹Waal** [rivier] Waal (v²⁸)

de **²Waal** [inwoner van Wallonië] Wallone (m¹⁵)

het **¹Waals** (zn) Wallonisch (o⁴¹)

²Waals (bn) wallonisch

de **Waalse** Wallonin (v²²)

de **waan** Wahn (m¹⁹): *iem. in de ~ laten* jmdn. in dem Wahn lassen; *ik was (of: verkeerde) in de ~* ich lebte in dem Wahn; [zwakker] ich glaubte

het **waandenkbeeld** Wahnidee (v²¹)

de **waanvoorstelling** Wahnvorstellung (v²⁰)

de **waanzin** Wahnsinn (m¹⁹), Irrsinn (m¹⁹)

waanzinnig wahnsinnig, irrsinnig

de **¹waar** (zn) Ware (v²¹)

²waar (bn) wahr; [waarachtig] wahrhaft: *iets voor ~ houden* etwas für wahr halten¹⁸³; *hij is daarvoor de ware* er ist der rechte Mann dazu; *het is ~ ook!* **a)** [je hebt gelijk] da hast du Recht!; **b)** [bij een invallende gedachte] was ich noch sagen wollte!

³waar (bw) wo: *~ ben je?* wo bist du?; *~ ga je heen?* wohin gehst du?; *~ kom je vandaan?* woher kommst du?

⁴waar (vw) da, weil

waaraan 1 [vragend] woran?, an was?: *~ denkt u?* woran (of: an was) denken Sie?; *~ heb ik dat te danken?* welchem Umstand verdanke ich das? **2** [betrekkelijk] an⁺³,⁺⁴ (+ betr vnw); woran

waarachter 1 [vragend] wohinter?: *~ zal ik de stoel zetten?* wohinter soll ich den Stuhl setzen? **2** [betrekkelijk] hinter⁺³,⁺⁴ (+ betr vnw); wohinter: *de boom ~ ik sta* der Baum,

hinter dem (*of:* wohinter) ich stehe

¹waarachtig (bn, bw) wahrhaft, wahrhaftig

²waarachtig (tw) wirklich, richtig

waarbij 1 [vragend] wobei? **2** [betrekkelijk] bei, zu⁺³ (+ betr vnw); wobei, wozu

de **waarborg 1** [garantie] Gewähr (v²⁸), Garantie (v²¹) **2** [waarborgsom] Kaution (v²⁰): *een ~ stellen* eine Kaution stellen (*of:* leisten) **3** [jur] Bürgschaft (v²⁰)

waarborgen gewährleisten, verbürgen

het **waarborgfonds** Garantiefonds (m, 2e nvl: -; mv: -)

de **waarborgsom** Kaution (v²⁰)

waarboven 1 [vragend] worüber? **2** [betrekkelijk] über⁺³,⁺⁴ (+ betr vnw); worüber; *zie waarachter*

de **¹waard** [persoon] Wirt (m⁵), Gastwirt (m⁵)

²waard (bn) wert⁺⁴: *dat is een euro ~* das ist einen Euro wert; *dat is niet de moeite ~* das ist nicht der Mühe wert

de **waarde** Wert (m⁵): *aangegeven ~* Wertangabe (v²¹); *getaxeerde ~* Taxwert; *toegevoegde ~* Mehrwert; *~ aan iets hechten* Wert auf⁺⁴ etwas legen; *in ~ verminderen* an Wert verlieren³⁰⁰; *brief met aangegeven ~* Wertbrief (m⁵); *op de juiste ~ schatten* richtig bewerten; *ter ~ van* im Wert von⁺³; [fig] *een vaste ~* jemand, auf den man zählen kann

de **waardebepaling** Bewertung (v²⁰)

de **waardebon** Gutschein (m⁵)

waardeloos wertlos: *~ maken* entwerten

het **waardeoordeel** Werturteil (o²⁹)

het **waardepapier** Wertpapier (o²⁹)

waarderen 1 [de waarde bepalen] bewerten **2** [op prijs stellen] schätzen: *een kunstenaar weten te ~* einen Künstler zu würdigen wissen³¹⁴

de **waardering 1** [waardebepaling] Bewertung (v²⁰) **2** [achting] Achtung (v²⁸), Anerkennung (v²⁸): *~ hebben voor iem.* jmdm. Achtung entgegenbringen¹³⁹

de **waardestijging** Wertzuwachs (m⁶)

waardevast wertbeständig

waardevol wertvoll

waardig würdig, würdevoll: *een betere zaak ~ zijn* einer bessern Sache würdig sein; *iem. geen blik ~ keuren* jmdn keines Blickes würdigen

de **waardigheid** Würde (v²⁸): *menselijke ~* Menschenwürde; *dat is beneden mijn ~* das ist unter meiner Würde

de **waardin** Wirtin (v²²)

waardoor 1 [vragend] wodurch? **2** [betrekkelijk] durch⁺⁴ (+ betr vnw); wodurch: *de deur ~ hij binnenkwam* die Tür, durch die er hereinkam ‖ *ik weet ~ het komt* ich weiß, woher, wovon, wie es kommt

waargebeurd wirklich geschehen

waarheen 1 [vragend] wohin? **2** [betrekkelijk] in⁺⁴ (+ betr vnw); wohin?: *de stad ~ ik ga* die Stadt, in die ich gehe de **waarheid** Wahrheit (v[20]): *ik ben om de ~ te zeggen niet blij* ich bin, ehrlich gesagt, nicht froh

waarin 1 [vragend] worin?; [richting] wohinein? **2** [betrekkelijk] [toestand] in[+3] (+ betr vnw); worin; [richting] in[+4] (+ betr vnw); worein: *het huis ~ ik woon* das Haus, in dem ich wohne; *de tijd ~ wij leven* die Zeit, in der wir leben; *zie waarachter*

waarlangs 1 [vragend] wo entlang: *~ moet ik lopen?* wo muss ich entlanggehen? **2** [betrekkelijk] an (+ 3e nv van het betr vnw) entlang, wo entlang: *het kanaal, ~ we liepen* der Kanal, an dem wir entlanggingen; *de weg ~ hij gaat* der Weg, auf dem er geht

waarlijk wahrlich, wirklich: *zo ~ helpe mij God almachtig!* so wahr mir Gott helfe!

[1]**waarmaken** (ov ww) wahr machen, beweisen[307]

zich [2]**waarmaken** (wdk ww) sich bewähren

waarmee 1 [vragend] womit? **2** [betrekkelijk] mit[+3] (+ betr vnw); womit

het **waarmerk** Stempel (m[9]), Beglaubigungsvermerk (m[5]); [van de kwaliteit van iets] Gütezeichen (o[35])

waarmerken beglaubigen

waarna wonach, worauf; nach[+3] (+ betr vnw); worauf

waarnaar 1 [vragend] wonach? **2** [betrekkelijk] nach[+3] (+ betr vnw); wonach

waarnaast 1 [vragend] woneben? **2** [betrekkelijk] neben[+3, +4] (+ betr vnw); woneben; *zie waarachter*

waarneembaar wahrnehmbar; [te bespeuren] merklich

[1]**waarnemen** (onov ww) [tijdelijk vervullen] vertreten[291]; [een praktijk] stellvertretend übernehmen[212]: *voor iem. ~* jmdn. vertreten

[2]**waarnemen** (ov ww) **1** [opmerken] wahrnehmen[212]; [observeren] beobachten **2** [benutten] nutzen, nützen

waarnemend stellvertretend: *de ~e directeur* der stellvertretende Direktor

de **waarnemer 1** [iem. die observeert] Beobachter (m[9]) **2** [plaatsvervanger] Stellvertreter (m[9])

de **waarneming** Wahrnehmung (v[20]), Beobachtung (v[20]), Stellvertretung (v[20]), Vertretung (v[20]); *zie [1]waarnemen*

het [1]**waarom** (zn) Warum (o[39])

[2]**waarom** (bw) **1** [vragend] [om welke reden] warum?, weshalb?; [om welke zaak, om wat] worum?, um was?: *~ gaat het hier?* worum (um was) handelt es sich hier? **2** [betrekkelijk] um[+4] (+ betr vnw); worum

waaromheen 1 [vragend] worum herum?, um was herum? **2** [betrekkelijk] um[+4] (+ betr vnw); herum

waaronder 1 [vragend] worunter? **2** [betrekkelijk] unter[+3, +4] (+ betr vnw); worunter; *zie waarachter*

waarop 1 [vragend] worauf? **2** [betrekkelijk] auf[+3, +4] (+ betr vnw); worauf: *de dag ~* der Tag, an dem; *de manier ~ hij dat doet* die Art und Weise, wie er das macht; *de voorwaarde ~* die Bedingung, unter der; *zie waarachter*

waarover 1 [vragend] worüber?, wovon? **2** [betrekkelijk] über[+3, soms +4] (+ betr vnw); worüber; von[+3] (+ betr vnw); wovon; *zie waarachter*

waarschijnlijk wahrscheinlich

de **waarschijnlijkheid** Wahrscheinlichkeit (v[20]): *naar alle ~* aller Wahrscheinlichkeit nach

waarschuwen 1 warnen: *~ voor* warnen vor[+3] **2** [verwittigen] verständigen: *de dokter ~* den Arzt rufen[226] **3** [dreigend vermanen] verwarnen

de **waarschuwing 1** Warnung (v[20]) **2** [dreigende vermaning] Verwarnung (v[20]); [ter herinnering] Mahnung (v[20])

het **waarschuwingsbord** Warnschild (o[31])

waartegen 1 [vragend] wogegen? **2** [betrekkelijk] gegen[+4] (+ betr vnw); wogegen

waartoe 1 [vragend] wozu? **2** [betrekkelijk] zu[+3] (+ betr vnw); wozu

waartussen 1 [vragend] wozwischen? **2** [betrekkelijk] zwischen[+3, +4] (+ betr vnw); wozwischen; *zie waarachter*

waaruit 1 [vragend] woraus? **2** [betrekkelijk] aus[+3] (+ betr vnw); woraus

waarvan 1 [vragend] wovon? **2** [betrekkelijk] aus[+3] (+ betr vnw); wovon: *het boek ~ de titel me ontschoten is* das Buch, dessen Titel mir entfallen ist; *de gebeurtenis ~ je sprak* der Vorfall, von dem du sprachst

waarvoor 1 [vragend] wofür?, wovor?, wozu? **2** [betrekkelijk] [voor welke zaak] für[+4] (+ betr vnw); wofür; [plaatselijk] vor[+3] (+ betr vnw); wovor; [tot welk doel] zu[+3] (+ betr vnw); wozu

waarzeggen wahrsagen

de **waarzegger** Wahrsager (m[9])

de **waarzegster** Wahrsagerin (v[22])

het **waas** Hauch (m[5]), Schleier (m[9])

de **wacht 1** [één persoon] Wächter (m[9]), Wache (v[21]); [mil] Wachposten (m[11]) **2** [de gezamenlijke wachters] Wache (v[21]): *op ~ staan* Wache stehen[279] **3** [wachtgebouw] Wache (v[21]), Wachstube (v[21]) **4** [theat] Stichwort (o[29]), Merkwort (o[32]) ‖ [fig] *in de ~ slepen* einheimsen; [Belg] *van ~ zijn* [van een dokter, apotheker] Nacht- oder Wochenenddienst haben[182]

[1]**wachten** (onov ww) warten: *dat kan ~* damit hat es Zeit; *ze laten op zich ~* sie lassen auf[+4] sich warten; *de betaling laat op zich ~* die Zahlung steht noch aus; *op iem., op iets ~* auf jmdn., auf[+4] etwas warten; *op een goede gelegenheid ~* eine gute Gelegenheit abwarten; *na een uur ~* nachdem ich (...) eine Stunde

gewartet hatte; *mij wacht een zware taak!* eine schwere Aufgabe steht mir bevor!; *hij weet, wat hem te ~ staat* er weiß, was ihm bevorsteht

zich **²wachten** (wdk ww) sich hüten (vor[+3]), sich in Acht nehmen[212] (vor[+3])

de **wachter** Wächter (m[9]), Wache (v[21])

het **wachtgeld** Wartegeld (o[31]): *op ~ stellen* in den Wartestand versetzen

de **wachtkamer** Wartezimmer (o[33]), Warteraum (m[6]); [spoorw] Wartesaal (m, 2e nvl: -(e)s; mv: Wartesäle)

de **wachtlijst** Warteliste (v[21])

de **wachtmeester** [van politie] Wachtmeister (m[9])

de **wachtpost** Wache (v[21]), Wachposten (m[11])

de **wachttijd** Wartezeit (v[20]); [bij verzekering e.d. ook] Karenzfrist (v[20])

het **wachtwoord 1** [mil] Parole (v[21]), Losung (v[20]), Kennwort (o[32]) **2** [leus] Parole (v[21]) **3** [theat] Stichwort (o[29]), Merkwort (o[32]) **4** [comp] Passwort (o[32])

het **wad** Watt (o[35])

de **Wadden** Watten (mv o[37])

het **waddeneiland** Watteninsel (v[21])

de **Waddenzee** Wattenmeer (o[29])

waden waten

waf wau, wau!

de **wafel 1** [gebak] Waffel (v[21]) **2** [mond] Klappe (v[21])

het **wafelijzer** Waffeleisen (o[35])

de **waffel** Klappe (v[21]), Maul (o[32]): *hou je ~ halt* die Klappe!

de **¹wagen** (zn) **1** [voertuig] Wagen (m[11]) **2** [astron] Wagen (m[11]) **3** [van schrijfmachine] Wagen (m[11])

²wagen (ww) wagen, sich getrauen: *ik zal me er niet aan ~* ich lasse die Finger davon; *ik durf het niet te ~* ich wage es nicht; *het erop ~* es darauf ankommen lassen[197]

het **wagenpark** Wagenpark (m[13]), Fuhrpark (m[13])

wagenwijd sperrweit, sperrangelweit

wagenziek reisekrank

waggelen wackeln, wanken; [dronken] torkeln; [m.b.t. eenden e.d.] watscheln

de **wagon** Waggon (m[13]), Eisenbahnwagen (m[11]), Wagen (m[11])

de **wagonlading** Waggonladung (v[20]), Wagenladung (v[20]): *een ~ steenkolen* eine Waggonladung Steinkohle

het **wak** [open plaats in ijs] Wake (v[21])

wake: *de stille ~* die Mahnwache

waken wachen: *bij iem. ~* bei jmdm. wachen; *over iem. ~* über jmdn. wachen; *ervoor ~ dat ...* dafür Sorge tragen, dass ...

wakend wach, wachsam: *een ~ oog houden op iets* ein wachsames Auge haben[182] auf[+4]

wakker 1 [niet slapend] [ook fig] wach: *iem. ~ maken* jmdn. wecken; *~ schudden* [ook fig] wachrütteln; *~ worden* aufwachen;

[fig] erwachen **2** [monter] munter **3** [flink] tüchtig

de **wal 1** [omwalling] Wall (m[6]), Ringwall (m[6]) **2** [waterkant] Ufer (o[33]), Land (o[39]); [aanlegplaats] Kai (m[13]): *aan ~ gaan* an Land gehen[168]; *troepen aan ~ brengen* Truppen landen; *van ~ steken* **a)** [lett] ablegen; **b)** [fig] loslegen **3** [onder de ogen] Ring (m[5]): *~len onder de ogen hebben* Ringe unter den Augen haben

walgelijk widerlich, ekelhaft, eklig

walgen sich ekeln (vor[+3]): *ik walg mich* (of: mir) ekelt; *ik walg ervan!* es ekelt mich an!; *ik walg van hem* ich ek(e)le mich vor ihm

de **walging** Ekel (m[19]), Abscheu (m[19])

de **walkant** Ufer (o[33]), Uferseite (v[21])

de **walkietalkie** Walkie-Talkie (o[36], 2e nvl: ook -)

de **walkman**[MERK] Walkman (m[13], mv: ook Walkmen)

het **walletje**: *van twee ~s eten* es mit beiden Seiten halten[183]

Wallonië Wallonien (o[39])

de **walm** Qualm (m[19])

walmen qualmen

de **walnoot** [vrucht, boom] Walnuss (v[25])

de **walrus** Walross (o[29])

de **wals 1** [dans] Walzer (m[9]) **2** [rol] Walze (v[21])

walsen walzen; [dansen, meestal] einen Walzer tanzen

de **walserij** Walzwerk (o[29])

de **walvis** Wal (m[5])

de **walvisvangst** Walfang (m[19])

het **wanbedrijf** [Belg] [jur] Verbrechen (o[35])

het **wanbeheer** Misswirtschaft (v[20])

het **wanbeleid** Misswirtschaft (v[20]); [m.b.t. onderneming] schlechte Betriebsführung (v[20])

de **wanbetaler** säumiger Zahler (m[9]), Nichtzahler (m[9])

de **wanbetaling** Nichtzahlung (v[20])

de **wand** Wand (v[25]): *houten ~* Holzwand

de **wandaad** Untat (v[20]), Freveltat (v[20])

de **wandbekleding** Wandverkleidung (v[20])

de **wandel** Spaziergang (m[6]): *hij is aan de ~* er macht einen Spaziergang

de **wandelaar** Spaziergänger (m[9])

wandelen spazieren[320]: *gaan ~* einen Spaziergang machen

de **wandelgang**: [fig] *iets in de ~ horen* etwas en passant erfahren, hören

de **wandeling** Spaziergang (m[6]), Bummel (m[9]): *een ~ maken* einen Spaziergang machen || *in de ~ heet dat ...* gemeinhin heißt das ...

de **wandelkaart** Wanderkarte (v[21])

het **wandelpad** Fußweg (m[5])

de **wandelstok** Spazierstock (m[6])

de **wandeltocht** Wanderung (v[20])

de **wandelwagen** Sportwagen (m[11])

de **wandkaart** Wandkarte (v[21])

de **wandkast** Wandschrank (m[6])

de **wandlamp** Wandleuchte (v²¹)
de **wandluis** Wanze (v²¹)
het **wandmeubel** Schrankwand (v²⁵)
de **wandschildering** Wandmalerei (v²⁰)
het **wandtapijt** Wandteppich (m⁵)
de **wandversiering** Wandschmuck (m⁵)
wanen wähnen, meinen, glauben
de **wang** Wange (v²¹), Backe (v²¹)
het **wangedrag** schlechte Führung (v²⁰)
het **wangedrocht** Missgeburt (v²⁰), Ungetüm (o²⁹)
de **wanhoop** Verzweiflung (v²⁰)
de **wanhoopsdaad** Verzweiflungstat (v²⁰)
de **wanhoopskreet** Verzweiflungsschrei (m⁵)
wanhopen verzweifeln: *aan iets* ~ an⁺³ etwas verzweifeln
wanhopig verzweifelt: *het is om* ~ *te worden* es ist zum Verzweifeln; *iem.* ~ *maken* jmdn. zur Verzweiflung bringen¹³⁹
wankel schwankend, wack(e)lig: *een* ~*e gezondheid* eine schwankende Gesundheit
wankelen 1 wanken, schwanken: *zijn overtuiging raakte aan het* ~ seine Überzeugung kam ins Wanken **2** [weifelen] schwanken
wankelmoedig wankelmütig
de **wanklank** Missklang (m⁶), Misston (m⁶)
¹**wanneer** (bw) wann: ~ *komt hij?* wann kommt er?
²**wanneer** (vw) [als; telkens als; zolang als] wenn
de **wanorde** Unordnung (v²⁸)
wanordelijk unordentlich
de **wanprestatie** Nichterfüllung (v²⁰)
de **wansmaak** Geschmacklosigkeit (v²⁸)
wanstaltig missgestaltet, monströs
de ¹**want** [handschoen] Fausthandschuh (m⁵)
het ²**want 1** [scheepv] Tauwerk (o³⁹), Want (v²⁰, meestal mv) **2** [netten] Netze (mv o²⁹)
³**want** (vw) denn
wanten: *hij weet van* ~ er hat den (richtigen) Dreh heraus
de **wantoestand** Missstand (m⁶), Schieflage (v²¹)
het ¹**wantrouwen** (zn) Misstrauen (o³⁹)
²**wantrouwen** (ww) misstrauen⁺³
wantrouwend, wantrouwig misstrauisch
de **wanverhouding** Missverhältnis (o²⁹ᵃ)
de **WAO** 'WAO' (m+v); Gesetz zur Invalidenversicherung in den Niederlanden
het **wapen 1** [strijdtuig] [ook fig] Waffe (v²¹): *de* ~*s neerleggen* **a)** [lett] die Waffen niederlegen; **b)** [fig] die Waffen strecken; *een geheim* ~ eine Geheimwaffe [ook fig] **2** [legerafdeling] Truppengattung (v²⁰), Waffe (v²¹) **3** [teken, schild] Wappen (o³⁵)
het **wapendepot** Waffendepot (o³⁶)
¹**wapenen** (ov ww) bewaffnen
zich ²**wapenen** (wdk ww) sich bewaffnen; [fig] sich wappnen; *zie gewapend*
het **wapenfeit 1** [krijgsverrichting] Kampf-

handlung (v²⁰) **2** [belangrijke daad] Heldentat (v²⁰)
het **wapengeweld** Waffengewalt (v²⁸)
de **wapenhandel** Waffenhandel (m¹⁹)
de **wapenindustrie** Rüstungsindustrie (v²¹)
de **wapenkunde 1** [heraldiek] Wappenkunde (v²¹) **2** [m.b.t. militaire wapens] Waffenkunde (v²¹)
de **wapenstilstand** Waffenstillstand (m⁶)
de **wapenstok** Schlagstock (m⁶)
het **wapensysteem** Waffensystem (o²⁹)
het **wapentuig** Waffen (mv v²¹)
de **wapenvergunning** Waffenschein (m⁵)
de **wapenwedloop** Wettrüsten (o³⁹)
wapperen flattern, wehen
de **war** Verwirrung (v²⁰): *het is in de* ~ es ist in Unordnung; *hij is in de* ~ **a)** [hij vergist zich] er irrt sich; **b)** [hij is van zijn stuk] er ist durcheinander; *iem. in de* ~ *brengen* jmdn. verwirren; *in de* ~ *raken* in Verwirrung geraten²¹⁸; [bij het spreken] sich verheddern; *de zaak is hopeloos in de* ~ die Karre ist total verfahren
de **warboel** Durcheinander (o³⁹), Wirrwarr (m¹⁹)
ware: *als het* ~ gleichsam
warempel wahrhaftig, wirklich
de **waren** [goederen] Waren (mv v²¹)
het **warenhuis 1** [winkelbedrijf] Warenhaus (o³²), Kaufhaus (o³²) **2** [broeikas] Treibhaus (o³²)
de **warenwet** Lebensmittelgesetz (o²⁹)
het **warhoofd** Wirrkopf (m⁶)
warm warm⁵⁸: *een* ~*e ontvangst* ein warmer Empfang; *een* ~ *voorstander van de theorie* ein warmer Verfechter der Theorie; ~*e wijn* Glühwein (m⁵); *ik heb het* ~ mir ist warm; *ik krijg het* ~ mir wird warm; [fig] *ik krijg het er* ~ *van* mir wird dabei ungemütlich; *iem.* ~ *maken voor iets* jmdn. für⁺⁴ etwas begeistern; (eten) ~ *houden* warm halten¹⁸³
warmbloedig warmblütig: ~ *dier* Warmblüter (m⁹)
warmdraaien 1 [m.b.t. motoren] warm laufen¹⁹⁸ **2** [figuurlijk] sich vorbereiten; [sport] (sich) aufwärmen
warmen wärmen
de **warming-up** Aufwärmen (o³⁹), Aufwärmung (v²⁰), Einlaufen (o³⁹)
warmlopen warm laufen¹⁹⁸: ~ *voor iets* sich für⁺⁴ etwas begeistern
warmpjes warm: ~ *instoppen* warm einmummen; *er* ~ *bij zitten* warm in der Wolle sitzen²⁶⁸
de **warmte** [ook fig] Wärme (v²⁸)
de **warmtebron** Wärmequelle (v²¹)
het **warmtefront** Warmfront (v²⁰)
de **warmtepomp** Wärmepumpe (v²¹)
de **warmwaterkraan** Warmwasserhahn (m⁶)
warrelen wirbeln: *het warrelt me voor (de) ogen* mir dreht sich alles
warrig verwirrt

wars abgeneigt[+3], abhold[+3]

de **wartaal** verworrenes Zeug (o[39])

de **warwinkel** Wirrwarr (m[19])

de/het **¹was** [bijenwas] Wachs (o[39], mv: soorten: -e): *de vloer in de ~ zetten* den Boden wachsen; *ski's in de ~ zetten* Skier (*of*: Schier) wachsen; *goed in de slappe ~ zitten* Kies haben[182]

de **²was** [reiniging; wasgoed] Wäsche (v[28]): *fijne ~* feine Wäsche; *mijn goed is in de ~* meine Sachen sind in der Wäsche; *in de ~ doen* in die Wäsche geben[166]; *de ~ doen* die Wäsche waschen[304]; *goed blijven in de ~* waschecht sein[262]

de **wasautomaat** Waschautomat (m[14])

de **wasbak** Waschbecken (o[35])

de **wasbenzine** Waschbenzin (o[39])

de **wasdom** [de groei] Wachstum (o[39])

de **wasdroger** Wäschetrockner (m[9])

de **wasem** Dampf (m[6]), Dunst (m[6])

wasemen dampfen, dunsten

het **wasgoed** Wäsche (v[28])

het **washandje** Waschhandschuh (m[5])

de **wasknijper** Wäscheklammer (v[21])

het **waskrijt** Wachs(mal)stift (m[5])

de **waslap** Waschlappen (m[11])

de **waslijn** Wäscheleine (v[21])

de **waslijst** Wäschezettel (m[9]): [fig] *een ~ van klachten* eine ganze Litanei von Klagen

de **wasmachine** Waschmaschine (v[21])

de **wasmand** Waschkorb (m[6])

het **wasmiddel** Waschmittel (o[33])

het/de **waspoeder** Waschpulver (o[33])

¹wassen (ww) [groeien] wachsen[302]; [m.b.t. het water] steigen[281]: *de ~de maan* der zunehmende Mond; *het is ~de maan* der Mond nimmt zu

²wassen (ww) [reinigen] waschen[304]: *zijn handen ~* sich[3] die Hände waschen

³wassen (bn) wächsern: *~ beeld* Wachsfigur (v[20]); *het is maar een ~ neus* es ist nur eine Formalität

⁴wassen (ww) [met was bestrijken] wachsen, einwachsen

het **wassenbeeldenmuseum** Wachsfigurenkabinett (o[29])

de **wasserette** Waschsalon (m[13])

de **wasserij** Wäscherei (v[20])

de **wasstraat** Waschstraße (v[21])

de **wastafel**: *vaste ~* Waschbecken (o[35])

de **wasverzachter** Weichspüler (m[9])

¹wat (onb vnw) etwas, was: *hij zegt ~* er sagt etwas; *dat is ~ anders* das ist etwas anderes; *~ hij ook zegt* was immer er sagt

²wat (vr vnw[86, 87]) **1** [zelfst, bijvoeglijk] was, welch: *~ is er?* was ist?; *~ is er aan de hand?* was ist los?; *~ te doen?* was jetzt?; *~ voor een boek is dat?* was für ein Buch ist das?; *~ voor boeken leest u?* was für Bücher lesen Sie?; *~ zeg je?* wie bitte?; *~ zijn uw boeken?* welches sind Ihre Bücher? **2** [uitroepend voornaamwoord] was, welch, wie: *en ~ dan nog!* und wenn schon!; *~ een pech!* welch ein Un-

glück!; *~ een onzin!* so ein Blödsinn!; *~ zie jij er uit!* wie du aussiehst!; *~ aardig!* wie nett!

³wat (betr vnw) was: *dat is alles ~ wij hebben* das ist alles, was wir haben

⁴wat (bw) was, etwas, ein wenig, sehr: *het gaat ~ beter* es geht etwas besser; *iet(s) of ~ later* etwas später; *hij was ~ blij* er war sehr froh; *hij is ~ trots* er ist ganz stolz; *heel ~ mooier* bedeutend schöner

het **water** Wasser (o[33]); [bij geprepareerde vloeistoffen zoals reukwater, mineraalwater] Wasser (o[34]); [zweet] Schweiß (m[19]), Wasser (o[39]): *dicht ~* zugefror(e)nes Wasser; *hard ~* hartes Wasser; *hoog ~* Hochwasser; *laag ~* Niedrigwasser; *stilstaand ~* stehendes Wasser; *stromend ~* fließendes Wasser; *territoriale ~en* Hoheitsgewässer; *zoet ~* Süßwasser; *zout ~* Salzwasser; *de ~en van Frankrijk* die Gewässer von Frankreich; *het ~ komt je in de mond* das Wasser läuft einem im Mund zusammen; *op elkaar lijken als twee druppels ~* sich gleichen[176] wie ein Ei dem andern; *het land is onder ~ gelopen* das Land ist überschwemmt; *een schip te ~ laten* ein Schiff vom Stapel lassen[197]; [fig] *~ bij de wijn doen* Zugeständnisse machen; [fig] *iets boven ~ halen* etwas ans Licht bringen

waterafstotend Wasser abstoßend

de **waterafvoer** Wasserabfluss (m[6]), Entwässerung (v[20])

het **waterballet** Wasserballett (o[29])

het **waterbed** Wasserbett (o[37])

de **waterbouwkunde** Wasserbau (m[19])

de **waterbouwkundig** wasserbaulich: *~ ingenieur* Wasserbauingenieur (m[5])

de **waterdamp** Wasserdampf (m[6])

waterdicht wasserdicht; [fig] hieb- und stichfest

waterdoorlatend wasserdurchlässig

de **waterdruppel** Wassertropfen (m[11])

wateren [urineren] urinieren[320], Wasser lassen[197]

de **waterfiets** Tretboot (o[29])

de **watergolf 1** Welle (v[21]) **2** [slag in het haar] Wasserwelle (v[21])

watergolven Wasserwellen legen

het **waterhoen** Teichhuhn (o[32])

het **waterhoofd** [ook fig] Wasserkopf (m[6])

de **waterhoogte** Wasserstand (m[6]): *de ~n* [berichten] die Wasserstandsmeldungen

de **waterhuishouding** Wasserhaushalt (m[5])

waterig wässrig, wässerig: *een ~ zonnetje* eine fahle Sonne

het **waterijsje** Fruchteis (o[39]) (am Stiel)

het **waterkanon** Wasserwerfer (m[9])

de **waterkans** [Belg] sehr kleine Chance (v[21])

de **waterkant** Ufer (o[33])

de **waterkering** Wehr (o[29])

de **waterkers** Brunnenkresse (v[21])

de **waterkoker** (elektrischer) Wasserkocher (m[9])

waterkoud feuchtkalt, nasskalt
de **waterkracht** Wasserkraft (v^{25})
de **waterlanders** Tränen (mv v^{21})
de **waterleiding** Wasserleitung (v^{20})
het **waterleidingbedrijf** Wasserwerk (o^{29})
de **waterlelie** Seerose (v^{21}), Wasserrose (v^{21})
de **waterloop** [wetering] Wasserlauf (m^6)
de **Waterman** [astrol] Wassermann (m^8)
de **watermeloen** Wassermelone (v^{21})
het **watermerk** Wasserzeichen (o^{35})
de **watermeter** Wasserzähler (m^9), Wasseruhr (v^{20})
de **watermolen** Wassermühle (v^{21})
de **waterontharder** Wasserenthärter (o)
de **wateroverlast** Unannehmlichkeit (v^{20}, meestal mv) durch Wasser, Hochwasser
het ^{1}**waterpas** (zn) Wasserwaage (v^{21})
^{2}**waterpas** (bn, bw) waagerecht, horizontal
het **waterpeil** Wasserstand (m^6), Pegelstand (m^6)
de **waterpijp** Wasserpfeife (v^{21})
het **waterpistool** Wasserpistole (v^{21})
de **waterplant** Wasserpflanze (v^{21})
de **waterpokken** Wasserpocken (mv v^{21})
de **waterpolitie** Wasserschutzpolizei (v^{20})
het **waterpolo** Wasserball (m^6)
de **waterpomp** Wasserpumpe (v^{21})
de **waterpomptang** Wasserpumpenzange (v^{21})
de **waterput** Brunnen (m^{11})
het **waterrad** Wasserrad (o^{32})
de **waterrat** [ook fig] Wasserratte (v^{21})
waterrijk wasserreich
de **waterschaarste** Wassermangel (m^{19})
de **waterschade** Wasserschaden (m^{12})
het **waterschap** Wasserwirtschaftsverband (m^6)
de **waterscheiding** Wasserscheide (v^{21})
de **waterscooter** Jetski (m^{13}, m^7, 2e nvl: ook -; mv: ook -)
de **waterski** Wasserski (m^7)
waterskiën Wasserski fahren^{153}
de **waterslang 1** [spuit] Wasserschlauch (m^6)
2 [dier] Wasserschlange (v^{21})
de **watersnood** Überschwemmungskatastrophe (v^{21})
de **watersnoodramp** Hochwasserkatastrophe (v^{21})
de **waterspiegel** Wasserspiegel (m^9)
de **watersport** Wassersport (m^{19}): *beoefenaar van de* ~ Wassersportler (m^9)
de **waterstaat** Wasserwirtschaftsamt (o^{32}): *de minister van Verkeer en Waterstaat* der Minister für Verkehr und Wasserwirtschaft
de **waterstand** Wasserstand (m^6)
het/de **waterstof** Wasserstoff (m^{19})
de **waterstofbom** Wasserstoffbombe (v^{21}), H-Bombe (v^{21})
het **waterstofperoxide** Wasserstoffperoxid (o^{29})
de **waterstraal** Wasserstrahl (m^{16})

watertanden: *hij watertandt ervan* er leckt sich^3 die Finger danach; *iem. doen* ~ jmdm. den Mund wässerig machen; *het is om te* ~*!* dabei läuft jmdm. das Wasser im Munde zusammen!
de **watertoren** Wasserturm (m^6)
het ^{1}**watertrappelen** (zn) Wassertreten (o^{39})
^{2}**watertrappelen** (ww) Wasser treten^{291}
de **waterval** Wasserfall (m^6)
het **waterverbruik** Wasserverbrauch (m^{19})
de **waterverf** Wasserfarbe (v^{21})
het **watervliegtuig** Wasserflugzeug (o^{29}), Flugboot (o^{29})
de **watervogel** Wasservogel (m^{10})
de **watervoorziening** Wasserversorgung (v^{28})
de **watervrees** Wasserscheu (v^{28})
de **waterweg** Wasserstraße (v^{21}), Wasserweg (m^5)
het **waterwingebied** Wasserschutzgebiet (o^{29})
de **waterzuivering** Klärung (v^{20})
het **watje** Watte (v^{21}), Wattebausch (m^5, m^6); [fig] Warmduscher (m^9), Weichei (o^{31})
de **watt** Watt (o^{35}), W
de **watten** Watte (v^{21}, enk): *dot* ~ Wattebausch (m^5, m^6); [fig] *iem. in de* ~ *leggen* jmdn. in Watte packen
het **wattenstaafje** Wattestäbchen (o^{35})
wauwelen schwatzen
de **wax** Wachs (o^{29})
waxen wachsen
het **waxinelichtje** Teelicht (o^{31}, o^{29})
wazig neblig, dunstig, diesig
de **wc** afk van *watercloset* WC (o^{36}, 2e nvl: ook -; mv: ook -), Klosett (o^{36}, o^{29})
de **wc-bril** Klosettbrille (v^{21})
het **wc-papier** Toilettenpapier (o^{39}), Klosettpapier (o^{39}), WC-Papier (o^{39})
we wir^{82}
het **web 1** [ook fig] Netz (o^{29}), Spinnengewebe (o^{33}) **2** [comp] Web (o^{39}, o^{39a}), Net (o^{39})
de **webbrowser** Webbrowser (m^9)
de **webcam** Webcam (v^{27})
de **weblink** Weblink (m^{13}, o^{36}, 2e nvl: ook -)
het/de **weblog** Weblog (o^{36})
de **webmaster** Webmaster (m^9)
de **webpagina** Webseite (v^{21}); Internetseite (v^{21})
de **webserver** Webserver (m^9)
de **website** Website (v^{27}), Webseite (v^{21})
de **webwinkel** Webshop (m^{13}), Webgeschäft (o^{29}), Webladen (m^{12})
wecken einmachen, einwecken
de **weckfles,** het **weckglas** Weckglas (o^{32})
de **wedde** Besoldung (v^{20}), Gehalt (o^{32})
wedden wetten: *om iets* ~ um^{+4} etwas wetten; *waarom gewed?* was gilt die Wette?
de **weddenschap** Wette (v^{21}): *een* ~ *aangaan* (of: *aannemen*) eine Wette eingehen^{168}
de **weddeschaal** [Belg] Gehaltsstufe (v^{21})

de **wederdienst** Gegendienst (m⁵), Gegenleistung (v²⁰)

de **wedergeboorte** Wiedergeburt (v²⁰)

de **wederhelft** Ehehälfte (v²¹), bessere Hälfte (v²¹)

de **wederhoor**: *het recht van hoor en ~ toepassen* beide Parteien hören

  wederkerend [taalk] reflexiv, rückbezüglich: *~ voornaamwoord* Reflexivpronomen (o³⁵, mv: ook Reflexivpronomina); rückbezügliches Fürwort (o³²); *~e werkwoorden* reflexive Verben

  wederkerig gegenseitig: *~ voornaamwoord* reziprokes Fürwort (o³²)

de **wederkomst** Wiederkehr (v²⁸), Rückkehr (v²⁸)

  wederom wiederum

de **wederopbouw** Wiederaufbau (m¹⁹)

de **wederopstanding** Auferstehung (v²⁰)

  wederrechtelijk widerrechtlich, gesetzwidrig

  wederzijds beiderseitig, gegenseitig, wechselseitig

de **wedijver** Wetteifer (m¹⁹)

  wedijveren wetteifern: *met iem. ~* mit jmdm. wetteifern

de **wedloop** Wettlauf (m⁶)

de **wedren** Wettrennen (o³⁵), Rennen (o³⁵)

de **wedstrijd** Wettkampf (m⁶); [balsport] Spiel (o²⁹); [autorace, wielrennen, skiën] Rennen (o³⁵); [roeien, zeilen] Regatta (v, mv: Regatten): *een ~ houden* einen Wettkampf austragen²⁸⁸

de **weduwe** Witwe (v²¹): *onbestorven ~* Strohwitwe

het **weduwepensioen** Witwenrente (v²¹); [van ambtenaren] Witwengeld (o³¹)

de **weduwnaar** Witwer (m⁹)

  ¹wee (zn) **1** [smart, pijn] Weh (o²⁹), Schmerz (m¹⁶): *zijn wel en ~* sein Wohl und Wehe; *~ je gebeente!* wehe dir! **2** [bij baring] Wehe (v²¹, meestal mv)

  ²wee (bn) fade; übel: *~ë smaak* fader Geschmack; *ik ben zo ~!* mir ist übel!; *ik word ~, als ik eraan denk!* mir wird übel, wenn ich daran denke!

de **weeffout** Webfehler (m⁹)

het **weefgetouw** Webstuhl (m⁶)

het **weefsel** [ook anat; ook fig] Gewebe (o³³)

de **weegbree** Wegerich (m⁵)

de **weegbrug** Brückenwaage (v²¹)

de **weegschaal** Waage (v²¹)

de **Weegschaal** [sterrenbeeld] Waage (v²¹)

de **¹week** [tijdperk] Woche (v²¹): *de goede ~* die Karwoche; *komende ~* nächste Woche; *verleden ~* (die) vergangene Woche; *de volgende ~* nächste Woche; *door de ~* an Wochentagen; *tweemaal per ~* zweimal wöchentlich

de **²week**: *in de ~ zetten* einweichen

  ³week (bn) weich; [fig] verweichlicht

het **weekblad** Wochenblatt (o³²), Wochenzeitung (v²⁰)

het **weekdier** Weichtier (o²⁹)

het **weekeinde,** het **weekend** Wochenende (o³⁸)

de **weekenddienst** [van artsen e.d.] Notdienst (m⁵)

de **weekendtas** Reisetasche (v²¹)

  weekhartig weich(herzig)

  weeklagen wehklagen, jammern

het **weekoverzicht** Wochenschau (v²⁰)

de **weelde 1** [vooral in uiterlijk vertoon] Luxus (m¹⁹ᵃ), Aufwand (m¹⁹), Pracht (v²⁸): *in ~ leven* im Luxus leben **2** [overdadigheid] Üppigkeit (v²⁸): *een ~ van bloemen* eine Blumenpracht **3** [overvloedige hoeveelheid] Überfülle (v²⁸) **4** [geluk(zaligheid)] Wonne (v²¹)

  weelderig 1 [overdadig] luxuriös, üppig, verschwenderisch, prunkvoll **2** [m.b.t. plantengroei, lichaamsontwikkeling] üppig: *een ~ figuur* eine üppige Figur

de **weemoed** Wehmut (v²⁸)

  weemoedig wehmütig, wehmutsvoll

  Weens Wiener; [het accent] wienerisch

het **¹weer 1** [toestand van de dampkring] Wetter (o³⁹): *tegen het ~ bestand* wetterfest; *~ of geen ~* bei jedem Wetter; *door ~ en wind* bei Wind und Wetter **2** [weersgesteldheid] Witterung (v²⁰)

de **²weer** [weerstand] Wehr (v²⁸), Widerstand (m⁶): *zich te ~ stellen* sich wehren; *in de ~ zijn* beschäftigt sein²⁶²; *vroeg in de ~ zijn* früh auf den Beinen sein²⁶²

  ³weer (bw) wieder; [terug] zurück: *heen en ~ lopen* hin und her gehen¹⁶⁸; *hij is er ~* er ist wieder da; *hoe heet hij ook ~?* wie heißt er doch gleich?; *telkens ~* immer wieder

  weerbaar wehrhaft; [mil] wehrfähig

  weerbarstig 1 [koppig] widerspenstig **2** [niet buigzaam] unnachgiebig: *~ haar* widerspenstiges Haar

het **weerbericht 1** [voorspelling] Wettervorhersage (v²¹) **2** [overzicht] Wetterbericht (m⁵)

de **weerga**: *zonder ~* einzigartig, ohnegleichen

  weergalmen widerhallen; [weerklinken] ertönen, erschallen

  weergaloos unvergleichlich, beispiellos

de **weergave** Wiedergabe (v²¹)

  weergeven wiedergeben¹⁶⁶

de **weergod** Wettergott (m⁸)

de **weerhaak** Widerhaken (m¹¹)

de **weerhaan 1** [lett] Wetterfahne (v²¹), Wetterhahn (m⁶) **2** [fig] wetterwendischer Mensch (m¹⁴)

  weerhouden 1 abhalten¹⁸³, zurückhalten¹⁸³: *iem. van iets ~* jmdn. von etwas abhalten; *dat zal me niet ~ de waarheid te zeggen!* das wird mich nicht (daran) hindern, die Wahrheit zu sagen! **2** [Belg] aufrechterhalten¹⁸³: *de beslissing is ~* die Entscheidung ist aufrechterhalten

de **weerkaart** Wetterkarte (v²¹)

¹weerkaatsen (onov ww) [teruggekaatst worden] reflektiert werden³¹⁰, sich widerspiegeln; [m.b.t. geluid] widerhallen

²weerkaatsen (ov ww) [terugkaatsen] reflektieren³²⁰, widerspiegeln; [van geluid] widerhallen

de **weerklank** Widerhall (m⁵): ~ *vinden* [instemming, ook] Anklang finden¹⁵⁷

weerklinken (wider)hallen, ertönen, erschallen

de **weerkunde** Wetterkunde (v²⁸)

weerkundig wetterkundlich

de **weerkundige** Meteorologe (m¹⁵)

weerlegbaar widerlegbar, widerleglich

weerleggen widerlegen

de **weerlegging** Widerlegung (v²⁰)

het/de **weerlicht** Wetterleuchten (o³⁹): *als de ~!* wie der Blitz!

weerlichten wetterleuchten

weerloos wehrlos

de **weerman** Wettermoderator (m¹⁶)

de **weeromstuit**: *van de ~* zei hij ook niets er sagte seinerseits auch nichts; *ik moest van de ~ ook lachen* das Lachen steckte mich an

het **weeroverzicht** Wetterbericht (m⁵)

het **weerpraatje** Wetterbericht (m⁵)

de **weerschijn 1** [het teruggekaatste licht] Widerschein (m⁵), Abglanz (m¹⁹) **2** [terugkaatsing van licht] Schimmer (m⁹)

de **weersgesteldheid** Witterung (v²⁰); [weerstoestand] Wetterlage (v²¹)

de **weerskanten**: *van ~* von beiden Seiten, beiderseits; *aan ~ van de sloot* auf beiden Seiten des Grabens

de **weerslag** Rückschlag (m⁶), Rückwirkung (v²⁰)

de **weersomstandigheden** Wetterverhältnisse (mv)

weerspannig widerspenstig

¹weerspiegelen (ov ww) widerspiegeln

zich **²weerspiegelen** (wdk ww) sich widerspiegeln: *de maan weerspiegelt zich in het water* der Mond spiegelt sich im Wasser wider

de **weerspiegeling** Widerspiegelung (v²⁰)

weerstaan widerstehen²⁷⁹⁺³

de **weerstand** [ook nat] Widerstand (m⁶): *~ bieden* Widerstand leisten

het **weerstandsvermogen** Widerstandsfähigkeit (v²⁸)

het **weerstation** Wetterstation (v²⁰)

de **weersverwachting** Wetteraussicht (v²⁰, meestal mv)

de **weerszijden** *zie weerskanten*

de **weerwil**: *in ~ van* ungeachtet⁺², trotz⁺²

de **weerwolf** Werwolf (m⁶), Wolfsmensch (m¹⁴)

het **weerwoord** Entgegnung (v²⁰), Erwiderung (v²⁰)

het **¹weerzien** (zn) Wiedersehen (o³⁵): *tot ~s!*

auf Wiedersehen!

²weerzien (ww) wiedersehen²⁶¹

de **weerzin** Widerwille (m¹⁸): *met ~* mit Widerwillen, widerwillig

weerzinwekkend widerwärtig, widerlich

de **wees** Waise (v²¹): *halve ~* Halbwaise

het **weesgegroetje** Ave-Maria (o³⁶, 2e nvl: ook -; mv: ook -)

het **weeshuis** Waisenhaus (o³²)

het **weeskind** Waisenkind (o³¹), Waise (v²¹)

de **weet** Wissen (o³⁹): *nergens ~ van hebben* von⁺³ nichts eine Ahnung haben¹⁸²; *het is maar een ~!* man muss es nur wissen; *iets aan de ~ komen* etwas erfahren¹⁵³

de **weetal** Alleswisser (m⁹)

weetgierig wissbegierig

het **weetje** Wissenswerte(s) (o⁴⁰ᶜ): *allerlei ~s* allerhand Wissenswertes

de **¹weg 1** [alg] Weg (m⁵) /week/: *het is een hele ~* es ist ein weiter Weg; *~ met iets weten* sich³ zu helfen wissen³¹⁴; *hij loopt in de ~* er läuft mir vor den Füßen; *iem. niets in de ~ leggen* [fig] jmdm. nichts in den Weg legen; *iem. iets in de ~ leggen* jmdm. Steine in den Weg legen; *langs deze ~* auf diesem Weg(e); *op ~ gaan* sich auf den Weg machen; *op ~ zijn naar … auf dem Weg sein²⁶²* nach⁺³ (of: zu⁺³) …; *hij is (goed) op ~ om rijk te worden* er ist auf dem besten Weg, reich zu werden; *iem. op ~ helpen* [fig] jmdm. auf die Sprünge helfen¹⁸⁸; *op de ingeslagen ~ voortgaan* [fig] auf dieselbe Weise fortfahren¹⁵³; *iem. uit de ~ gaan* [ook fig] jmdm. aus dem Wege gehen¹⁶⁸; *iem. uit de ~ ruimen* jmdn. beseitigen **2** [grote weg] Straße (v²¹): *secundaire ~* Nebenstraße

²weg (bw) weg /week/, fort: *er zijn enige balen ~* einige Ballen fehlen; *~ daar!* weg da!; *handen ~* Hände weg!; *~ met de tiran!* nieder mit dem Tyrannen!; *~ ermee!* fort damit!; *helemaal ~ van iem.* (of: *van iets*) zijn ganz weg von jmdm. (of: von⁺³ etwas) sein²⁶²; *~ van iem. ~ hebben* jmdm. ähnlich sehen²⁶¹; *het heeft er veel van ~, alsof …* es sieht danach aus, als ob …; *iets ~ hebben van* etwas haben von

de **wegbereider** Wegbereiter (m⁹)

wegblazen wegblasen¹³³

wegblijven wegbleiben¹³⁴

wegbranden wegbrennen¹³⁸

wegbrengen fortbringen¹³⁹, wegbringen¹³⁹; [van arrestant] abführen: *iem. ~* [naar het station e.d.] jmdn. begleiten, wegbringen

wegcijferen nicht in Betracht ziehen³¹⁸: *zichzelf ~* sich selbst außer Acht lassen

de **wegcode** [Belg] Verkehrsvorschriften (mv v²⁰)

het **wegdek** Straßendecke (v²¹): *slecht ~* Straßenschäden (mv m¹²)

wegdenken wegdenken¹⁴⁰

wegdoen 1 [opbergen] wegtun²⁹⁵, weglegen; [in de zak] wegstecken **2** [van de hand doen] wegtun[295]; [van personeel] entlassen[197]

wegdragen wegtragen[288], forttragen[288]

wegdrijven wegtreiben[290], forttreiben[290]

wegduiken sich ducken; [in het water; fig] untertauchen

wegduwen wegdrängen, fortdrängen, wegstoßen[285]

[1]**wegen** (onov ww) wiegen[312]

[2]**wegen** (ov ww) wiegen[312]; [fig] wägen[303]

de **wegenbelasting** Kraftfahrzeugsteuer (v[21])

de **wegenbouw** Straßenbau (m[19])

de **wegenkaart** Straßenkarte (v[21])

het **wegennet** Straßennetz (o[29])

wegens wegen[+2]: ~ het slechte weer wegen des schlechten Wetters

de **wegenwacht 1** [persoon] Straßenwacht (v[20]) **2** [dienst] Straßenwacht (v[20]), Pannendienst (m[5])

de **Wegenwacht** Straßenwacht (v[28])

weggaan weggehen[168], fortgehen[168]

de **weggebruiker** Verkehrsteilnehmer (m[9])

weggeven weggeben[166], verschenken: een show ~ [inf] eine Schau abziehen

het **weggevertje 1** [geschenk] kleine Nettigkeit (v[20]), Kleinigkeit (v[20]) **2** [opgave] leichte Frage (v[21])

weggooien wegwerfen[311]: dat is weggegooid geld das ist rausgeschmissenes Geld

de **weggooiverpakking** Einwegverpackung (v[20]), Wegwerfpackung (v[20])

weghalen wegholen

de **weghelft** Straßenseite (v[21]): de auto kwam op de verkeerde ~ das Auto geriet auf die Gegenfahrbahn

wegjagen wegjagen, fortjagen

wegkijken: iem. ~ [uit een kamer bijv.] jmdn. hinausekeln

wegkomen wegkommen[193]: goed bij iets ~ gut davonkommen; slecht bij iets ~ schlecht bei[+3] etwas wegkommen; maak, dat je wegkomt! pack dich!

wegkruipen wegkriechen[195], fortkriechen[195]; [zich verstoppen] sich verkriechen[195]

wegkwijnen (da)hinsiechen; [m.b.t. planten vooral] verkümmern: van verdriet ~ sich abhärmen

weglaten weglassen[197]; [letters] auslassen[197]

wegleggen weglegen: ik zal het voor je ~! ich will es für dich aufheben!; [geld; om te sparen] zurücklegen; het was voor hem weggelegd zijn land te redden ihm war es vorbehalten, sein Land zu retten

de **wegligging** Straßenlage (v[21])

weglopen weglaufen[198], fortlaufen[198]; [de benen nemen] davonlaufen[198]: van huis ~ von zu Hause ausreißen[220]; dat loopt niet weg das hat keine Eile; met iem. ~ [fig] für jmdn. schwärmen; met iets ~ [fig] für[+4] etwas schwärmen

wegmaken 1 [van vlekken] entfernen **2** [bewusteloos maken] narkotisieren[320], betäuben **3** [kwijtmaken] verlegen, verlieren[300]

de **wegmarkering** Fahrbahnmarkierung (v[20])

wegmoffelen heimlich verschwinden lassen[197]

wegnemen wegnehmen[212]: geld ~ [stelen] Geld wegnehmen; bezwaren ~ Beschwerden beseitigen; de indruk willen ~ dat ... nicht den Eindruck erwecken wollen, dass ...; moeilijkheden ~ Schwierigkeiten beheben[186] (of: beseitigen) ‖ dat neemt niet weg dat hij gelijk heeft! aber trotzdem hat er Recht!

de **wegomlegging** Umleitung (v[20])

wegpesten vergraulen

wegpinken wegwischen

de **wegpiraat** Verkehrsrowdy (m[13])

wegpoetsen wegputzen, wegwischen

wegpromoveren wegloben, fortloben

wegraken 1 [zoekraken] abhandenkommen[193] **2** [bewusteloos worden] ohnmächtig werden[310]

wegrennen wegrennen[222], fortrennen[222]

het **wegrestaurant** Raststätte (v[21]), Rasthof (m[6])

wegrijden wegfahren[153], fortfahren[153]; [op rijdier] wegreiten[221], fortreiten[221]

wegroepen (weg)rufen[226]

wegroesten verrosten

wegrotten wegfaulen, abfaulen

wegschoppen wegtreten[291], mit dem Fuß wegstoßen[285]

wegslaan wegschlagen[241], fortschlagen[241]

wegslepen wegschleppen, fortschleppen; [van auto] abschleppen

wegslikken hinunterschlucken

wegsluipen (sich) wegschleichen[242], fortschleichen[242], davonschleichen[242]

wegsmelten dahinschmelzen[248], wegschmelzen[248], zerschmelzen[248]

[1]**wegspoelen** (onov ww) weggeschwemmt, weggespült werden[310]

[2]**wegspoelen** (ov ww) fortspülen, wegspülen, wegschwemmen

wegstemmen [bv. motie] überstimmen; [personen] herauswählen, hinauswählen; [niet herkiezen] abwählen

wegsterven 1 [wegkwijnen] (da)hinsterben[282]; [afsterven] absterben[282] **2** [m.b.t. geluid] verhallen

wegstoppen verstecken, wegstecken

wegstrepen wegstreichen[286], durchstreichen[286]; [figuurlijk alleen] streichen

wegsturen wegschicken, fortschicken

wegtrappen wegtreten[291], mit dem Fuß wegstoßen[285]

wegtrekken wegziehen[318], fortziehen[318]

wegvagen wegfegen; [van indrukken] wegwischen

het **wegvak** Straßenabschnitt (m[5])

wegvallen 1 wegfallen[154], fortfallen[154] **2** [verdwijnen] ausfallen[154]

wegvegen wegwischen, abwischen, fortwischen

het **wegverkeer** Straßenverkehr (m[19])

de **wegversmalling** Fahrbahnverengung (v[20])

de **wegversperring** Straßensperre (v[21])

het **wegvervoer** Straßentransport (m[5])

wegvliegen 1 wegfliegen[159], fortfliegen[159] **2** [ontsnappen] entfliegen[159] **3** [weglopen] davoneilen **4** [goed verkocht worden] reißenden Absatz finden[157]

wegvoeren wegführen, fortführen, abtransportieren

wegwaaien wegwehen, fortwehen

wegwerken wegarbeiten, wegschaffen: *een achterstand* ~ einen Rückstand aufarbeiten

de **wegwerker** Straßenarbeiter (m[9])

het **wegwerpartikel** Wegwerfartikel (m[9]), Einwegartikel (m[9])

wegwerpen wegwerfen[311], fortwerfen[311]

de **wegwerpmaatschappij** Wegwerfgesellschaft (v[20])

de **wegwerpverpakking** Einwegverpackung (v[20]), Wegwerfpackung (v[20])

wegwezen: *~!* verschwinde(t)!; hau(t) ab!

wegwijs: ~ *zijn* Bescheid wissen[314]; *iem.* ~ *maken (in iets)* jmdn. (in[+4] etwas) einführen

de **wegwijzer 1** [bord] Wegweiser (m[9]) **2** [gids, handleiding] Führer (m[9])

wegzetten 1 wegsetzen, wegstellen **2** [kleinerend behandelen] herabsetzen

wegzinken versinken[266]

de [1]**wei** [van melk] Molke (v[28])

de [2]**wei** *zie* weide

de **weide** [voor het vee] Weide (v[21]); [om hooi te winnen] Wiese (v[21])

[1]**weiden** (onov ww) [grazen] weiden, grasen

[2]**weiden** (ov ww) [laten grazen] weiden lassen[197]

weids pompös, prunkvoll, stattlich

de **weifelaar** wankelmütiger Mensch (m[14])

weifelen schwanken, unschlüssig sein[262]

de **weigeraar** Verweigerer (m[9])

weigerachtig 1 [persoon] ablehnend **2** [antwoord] abschlägig

[1]**weigeren** (onov ww) [niet functioneren] versagen: *het geweer weigert* das Gewehr versagt

[2]**weigeren** (ov ww) **1** [met lijdend voorwerp, bijwoordelijke bepaling] verweigern; [met volgende al of niet uitgedrukte onbepaalde wijs] sich weigern: *iem. de toegang* ~ jmdm. den Eintritt verweigern; *dienst* ~ den Wehrdienst verweigern; *ze* ~ *te gehoorzamen* sie weigern sich zu gehorchen **2** [afwijzen] ablehnen, abschlagen[241], ausschlagen[241]: *een geschenk* ~ ein Geschenk ablehnen

de **weigering** Weigerung (v[20]), Verweigerung

(v[20]), Ablehnung (v[20]), Versagung (v[20]); *zie* [1]*weigeren*

het **weiland** Weide (v[21]), Weideland (o[32])

weinig wenig[60]; [onbeduidend, ook] gering: *een* ~ ein wenig; ~ *mensen* wenig(e) Leute; *de ~e uren* die wenigen Stunden; ~ *of niets* so gut wie nichts; *in* ~ *tijd* in kurzer Zeit; *in* ~ *woorden* mit wenig(en) Worten; *van* ~ *betekenis* von geringer Bedeutung

wekelijks wöchentlich

[1]**weken** (onov ww) weichen

[2]**weken** (ov ww) weichen, einweichen

wekenlang wochenlang

wekken 1 [wakker maken] (auf)wecken **2** [veroorzaken] erregen, erwecken

de **wekker** Wecker (m[9])

de **wekkerradio** Radiowecker (m[9])

[1]**wel** (zn) **1** [bron] Quelle (v[21]) **2** [voor het gebruik in orde gemaakt] Brunnen (m[11])

het [2]**wel** [welzijn] Wohl (o[39]): *het* ~ *en wee* das Wohl und Wehe

[3]**wel** (bw) **1** [goed, gezond] wohl[65]: ~ *thuis!* kommen Sie gut nach Hause!; *dank u* ~*!* danke schön!; *je moet echter* ~ *bedenken …* du musst allerdings bedenken, …; *hij is niet* ~ er fühlt sich nicht wohl; *we zijn allen* ~ wir sind alle wohlauf **2** [minstens] gut, gut und gern: *dat kost* ~ *1000 euro* das kostet gut und gern 1000 Euro **3** [weliswaar] zwar, wohl: *het is* ~ *verboden, maar iedereen doet het* es ist zwar verboten, aber jeder macht es **4** [waarschijnlijk] wohl, schon: *je zult* ~ *moe zijn* du wirst wohl müde sein **5** [bij het tegenspreken van een ontkenning] doch, aber: *vandaag niet, morgen* ~ heute nicht, aber morgen; *hij is* ~ *rijk, maar niet gezond* er ist zwar reich, aber nicht gesund **6** [uitdrukking van berusting, twijfel, enz.] wohl, schon: *zie je nou* ~*!* siehst du wohl!; *dat kan* ~ *zijn, maar …* das ist schon möglich, doch … **7** [uitdrukking van geruststelling] schon: *je zult het* ~ *redden* du wirst es schon schaffen || *kom hier en* ~ *onmiddellijk!* komm (hier)her, und zwar sofort!; *ze kwam alleen, door de sneeuw nog* ~ sie kam allein, und sogar durch den Schnee; *eens per week en* ~ *op woensdag* einmal in der Woche, nämlich am Mittwoch; ~ *een bewijs dat … ge-* wiss ein Beweis, dass …; *zeg dat* ~*!* genau!; *alles goed en* ~, *maar …* alles gut und gut, aber …; *wat denk je* ~*!* wo denkst du hin!

[4]**wel** (tw): ~~*!* sieh mal einer an!; ~, *hoe gaat het?* nun, wie geht's?; ~ *allemachtig!* du meine Güte!

welaan nun denn!, also los!

het **welbehagen 1** [goedvinden] Gutdünken (o[39]): *naar* ~ nach Gutdünken **2** [welgevallen] Wohlbehagen (o[39]), Wohlgefallen (o[39]): *gevoel van* ~ Wohlgefühl (o[39])

welbekend wohl bekannt

welbeschouwd genau betrachtet

welbespraakt beredt, redegewandt

welbesteed gut benutzt

het **welbevinden** Wohlbefinden (o[39])

welbewust ganz bewusst, wissentlich

de **weldaad** Wohltat (v[20])

weldadig wohltuend, angenehm

weldenkend redlich, rechtschaffen

de **weldoener** Wohltäter (m[9])

weldra (als)bald

weleens manchmal, gelegentlich: *dat komt ~ voor* das kommt schon (ein)mal vor; *heb je ~ iets van Goethe gelezen?* hast du schon mal etwas von Goethe gelesen?; *u zou ~ gelijk kunnen hebben* da könnten Sie recht haben

het **weleer** ehemals, einst

welgemanierd wohlanständig, manierlich: *een ~ kind* ein wohlerzogenes Kind

welgemeend wohl gemeint

welgesteld wohlhabend, gut situiert

welgeteld genau: *~ tien keer* genau zehn Mal

welgevallen: *zich veel laten ~ sich*[3] viel(es) gefallen lassen[197]

welgezind wohlgesinnt

welig üppig: *~e plantengroei* üppiger Pflanzenwuchs

welingelicht wohl unterrichtet, gut informiert: *van ~e zijde vernemen* aus zuverlässiger Quelle vernehmen[212]

weliswaar zwar, freilich, allerdings

welja [toegeeflijk] ach ja, warum auch nicht?; [verontwaardigd] warum auch nicht?

[1]**welk** (onb vnw[78]) welch

[2]**welk** (vr vnw[87]) welcher, welche, welches: *~e man?* welcher Mann?

[3]**welk** (betr vnw[78, 79]) der, die, das, die

het [1]**welkom** (zn) Willkommen (o[39])

[2]**welkom** (bn) willkommen: *~e gast* willkommener Gast; *iem. ~ heten* jmdn. willkommen heißen[187]

[3]**welkom** (tw) willkommen!

wellen 1 [verhitten] heiß werden lassen[197] **2** [laten weken] quellen

welles doch!

welletjes genug: *het is zo ~!* jetzt reicht's!

wellicht vielleicht, möglicherweise

welluidend [alg] wohlklingend; [m.b.t. het gesprokene vooral] wohllautend

de **wellust 1** [zielsgenot] Wonne (v[21]), Hochgenuss (m[6]) **2** [verrukking] Entzücken (o[39]) **3** [zingenot] Wollust (v[25])

wellustig wollüstig

welnee aber nein!

het **welnemen** Erlaubnis (v[24]): *met uw ~* mit Ihrer Erlaubnis

welnu nun denn!

welopgevoed wohlerzogen

weloverwogen wohl überlegt, wohlerwogen

de **welp** [jong dier] [van hond, vos] Welpe (m[15]); [van o.a. leeuw, beer] Junge(s) (o[40c])

het **welslagen** Gelingen (o[39]), Erfolg (m[5])

welsprekend 1 beredt, redegewandt **2** [overtuigend] überzeugend

de **welsprekendheid** Beredsamkeit (v[28])

de **welstand 1** Wohlstand (m[19]) **2** [gezondheid] Wohlbefinden (o[39])

het **weltergewicht** Weltergewicht (o[29])

welterusten angenehme Ruhe!, ich wünsche wohl zu ruhen!, gute Nacht!

welteverstaan wohlverstanden

de **welvaart** Wohlstand (m[19])

de **welvaartsmaatschappij** Wohlstandsgesellschaft (v[28])

de **welvaartsstaat** Wohlfahrtsstaat (m[16])

het **welvaren 1** [voorspoed] Wohlstand (m[19]) **2** [gezondheid] Wohlbefinden (o[39]): *hij ziet eruit als Hollands ~* er strotzt vor[+3] Gesundheit

welvarend 1 [m.b.t. bezit] wohlhabend, vermögend **2** [bloeiend] blühend **3** [gezond] gesund

welverdiend wohlverdient

de **welving 1** [het welven] Wölbung (v[20]) **2** [gewelf] Gewölbe (o[33]) **3** [ronding] Rundung (v[20])

welwillend wohlwollend

de **welwillendheid** Wohlwollen (o[39])

het **welzijn 1** [welvaren] Wohl (o[39]): *het algemeen ~* das Gemeinwohl **2** [gezondheid] Wohl(befinden) (o[39])

het **welzijnswerk,** de **welzijnszorg** Sozialarbeit (v[28])

de **welzijnswerker** ± Sozialarbeiter (m[9]); Fürsorger (m[9])

wemelen wimmeln

wendbaar wendig

[1]**wenden** (ov ww) [keren] wenden[308]: *hoe je het ook wendt of keert* wie man die Sache auch dreht und wendet

zich [2]**wenden** (wdk ww) sich wenden[308]: *zich schriftelijk tot iem. ~* sich schriftlich an jmdn. wenden; *hij wendde zich tot zijn tafeldame* er wandte sich zu seiner Tischnachbarin

de **wending** Wendung (v[20])

wenen weinen

Wenen Wien (o[39])

de [1]**Wener** (zn) Wiener (m[9])

[2]**Wener** (bn) Wiener

de **wenk** Wink (m[5]): *een niet mis te verstane ~* ein Wink mit dem Zaunpfahl; *iem. op zijn ~en bedienen* ± jmdm. aufs Wort gehorchen

de **wenkbrauw** Augenbraue (v[21]), Braue (v[21]): *de ~en fronsen* die Augenbrauen zusammenziehen[318]

wenken winken[+3]: *de ober ~* dem Ober winken

[1]**wennen** (onov ww) sich gewöhnen: *men went aan alles* man gewöhnt sich an alles

[2]**wennen** (ov ww) gewöhnen (haben): *iem. aan orde ~* jmdn. an Ordnung gewöhnen

de **wens** Wunsch (m[6]): *naar ~* nach[+3] Wunsch; *de ~ is de vader van de gedachte* der Wunsch ist der Vater des Gedankens

de **wensdroom** Wunschtraum (m[6])

wenselijk wünschenswert, erwünscht

wensen 1 [toewensen] wünschen: *iem. alle goods ~* jmdm. alles Gute wünschen **2** [verlangen] (sich[3]) wünschen: *alle gewenste inlichtingen* jede erwünschte Auskunft; *veel te ~ overlaten* viel zu wünschen übriglassen; *het is te ~ dat …* es wäre wünschenswert, dass …

de **wenskaart** Glückwunschkarte (v[21])

[1]**wentelen** (onov ww) sich drehen: *zich ~* sich wälzen

[2]**wentelen** (ov ww) wälzen, drehen

de **wenteltrap** Wendeltreppe (v[21]), Spindeltreppe (v[21])

de **wereld** Welt (v[20]): *de derde ~* die Dritte Welt; *de wetenschappelijke ~* die Welt der Wissenschaft; *de ~ om ons heen* die Umwelt; *de hele ~ weet het* die ganze Welt (of: alle Welt) weiß es; *weten wat er in de ~ te koop is* Bescheid wissen[314]; *iem. naar de andere ~ helpen* jmdn. ins Jenseits befördern; *ter ~ komen* auf die (of: zur) Welt kommen[193]; *wat ter ~ heeft hem daartoe bewogen?* was in aller Welt hat ihn dazu bewogen?; *voor niets ter ~* um nichts in der Welt; *een zaak uit de ~ helpen* eine Sache aus der Welt schaffen[230]; *die zaak is uit de ~* diese Sache ist erledigt; *een man, een vrouw van de ~* ein Weltmann, eine Weltdame

de **Wereldbank** Weltbank (v[28])

het **wereldbeeld** Weltbild (o[31])

wereldberoemd weltberühmt

de **wereldbol** Erdkugel (v[21])

de **wereldburger 1** [mens] Erdenbürger (m[9]) **2** [kosmopoliet] Weltbürger (m[9])

het **werelddeel** Erdteil (m[5])

Werelddierendag Welttierschutztag (m[5])

het **werelderfgoed** Welt(kultur)erbe (o[39])

de **wereldhaven** Welthafen (m[12])

de **wereldkaart** Weltkarte (v[21]), Erdkarte (v[21])

de **wereldkampioen** Weltmeister (m[9]): *~ boksen* Boxweltmeister

het **wereldkampioenschap** Weltmeisterschaft (v[20])

wereldkundig weltkundig: *~ maken* bekannt machen; *~ worden* weltkundig werden[310]

de **wereldleider** Weltführer (m[9]), Weltleiter (m[9])

wereldlijk weltlich: *~ gezag* weltliche Gewalt

de **wereldliteratuur** Weltliteratur (v[28])

de **wereldmacht** Weltmacht (v[25])

de **wereldoorlog** Weltkrieg (m[5])

de **wereldpremière** Welturaufführung (v[20]), Weltpremiere (v[21])

het **wereldrecord** Weltrekord (m[5])

de **wereldreis** Weltreise (v[21])

de **wereldreiziger** Weltreisende(r) (m[40a], v[40b])

werelds weltlich: *~e goederen* [ook] Er-

dengüter, irdische Güter

wereldschokkend welterschütternd

de **wereldstad** Weltstadt (v[25])

de **wereldtentoonstelling** Weltausstellung (v[20])

de **wereldtitel** Weltmeistertitel (m[9])

de **wereldvrede** Weltfrieden (m[11])

wereldvreemd weltfremd

wereldwijd weltweit

de **wereldwinkel** Dritte-Welt-Laden (m[12])

het **wereldwonder** Weltwunder (o[33])

de **wereldzee** Weltmeer (o[29]), Ozean (m[5])

[1]**weren** (ov ww) abwehren, fernhalten[183], verhüten: *iem. ~* jmdn. nicht zulassen[197]; *onheil ~* Unheil verhüten

zich [2]**weren** (wdk ww) **1** [zich verdedigen] sich wehren **2** [zijn best doen] sich anstrengen

de **werf 1** [scheepv] Werft (v[20]) **2** [grond om huis] Hof (m[6]) **3** [Belg] Baustelle (v[21]): *verboden op de ~ te komen* Betreten der Baustelle verboten

het **werk 1** [het werken] Arbeit (v[28]): *ik doe alleen mijn ~* ich tue nur meinen Job; *aan het ~ gaan* an die Arbeit gehen[168] **2** [baan] Arbeit (v[28]), Beschäftigung (v[20]): *aangenomen ~* Akkordarbeit; *vast ~* Dauerbeschäftigung; *iem. te ~ stellen* jmdn. beschäftigen **3** [het resultaat] Arbeit (v[20]); [vooral voortbrengsel van de geest] Werk (o[29]): *de ~en van Vondel* Vondels Werke **4** [daad] Werk (o[29]), Tat (v[20]) **5** [mechanisme] Werk (o[29]) ‖ *publieke ~en* Stadtwerke; *~ in uitvoering!* Achtung Bauarbeiten!; *onpartijdig te ~ gaan* unparteiisch vorgehen[168]; *rechtvaardig te ~ gaan* gerecht verfahren[153]; *hij heeft lang ~* er braucht lange; *~ van iets maken* in einer Sache etwas unternehmen, konkrete Schritte gegen etwas unternehmen; *ik zal er dadelijk ~ van maken* ich werde sogleich dafür sorgen; *alles in het ~ stellen* alle Kräfte aufbieten[130]; *er is veel ~ aan de winkel* wir haben alle Hände voll zu tun; *dat is geen ~!* das ist keine Art!; *het is onbegonnen ~* das ist aussichtslos

de **werkaanbieding** [Belg] offene Stelle (v[21])

werkbaar brauchbar, praktisch ausführbar: *een ~ compromis* ein ausführbarer Kompromiss

het **werkbalk** [comp] Symbolleiste (v[21]), Arbeitsleiste (v[21])

de **werkbank** Werkbank (v[25])

de **werkbespreking** Arbeitsbesprechung (v[20])

het **werkbezoek** Arbeitsbesuch (m[5])

het **werkcollege** Seminar (o[29])

de **werkdag 1** [tegenstelling van zondag] Wochentag (m[5]), Werktag (m[5]) **2** [tegenstelling van vakloze dag] Arbeitstag (m[5])

de **werkdruk** Arbeitsbelastung (v[20])

werkelijk wirklich, tatsächlich: *~e dienst* aktiver Dienst; *een ~ gevaar* eine reelle Gefahr

de **werkelijkheid** Wirklichkeit (v[20])
werkeloos: ~ *toezien* tatenlos zusehen
werken 1 [werk verrichten] arbeiten,
schaffen: *hard* ~ schwer arbeiten, schuften;
zich omhoog ~ sich emporarbeiten **2** [uitwer-
king hebben, invloed uitoefenen] wirken
3 [functioneren] funktionieren, arbeiten ‖
zijn eten naar binnen ~ das Essen (in sich) hi-
neinschlingen[246]; *iem. de kamer uit* ~ jmdn.
hinausbefördern; *aan zichzelf* ~ an sich[3] arbeiten
werkend berufstätig: *~e vrouwen* berufs-
tätige Frauen; *~e vulkaan* tätiger Vulkan
de **werker** Arbeiter (m[9]): *maatschappelijk* ~
Sozialarbeiter
de **werkgelegenheid** Arbeitsplätze (mv m[6]):
volledige ~ Vollbeschäftigung; *peil van de* ~
Beschäftigungsgrad (m[5])
de **werkgever** Arbeitgeber (m[9])
de **werkgeversorganisatie** Arbeitgeberver-
band (m[6])
de **werkgroep** Arbeitsgruppe (v[21])
de **werking 1** [uitwerking, invloed] Wirkung
(v[20]), Effekt (m[5]): *deze wet treedt onmiddellijk
in* ~ dieses Gesetz tritt mit sofortiger Wirkung in Kraft **2** [het werken] Betrieb (m[19]),
Tätigkeit (v[28]): *buiten* ~ *stellen* außer Betrieb
setzen; [van maatregelen e.d.] außer Kraft
setzen; *in* ~ *zijn* in Betrieb sein[262]
het **werkje 1** [werk] Arbeit (v[20]): *een vervelend
~* ein langweiliges Stück Arbeit **2** [patroon]
Muster (o[33])
de **werkkamer** Arbeitszimmer (o[33])
het **werkkamp 1** [werkweek] ± Landschul-
heimaufenthalt (m[5]): *op ~ gaan* an einer Pro-
jektwoche teilnehmen **2** [strafkamp] Ar-
beitslager (o[33])
het **werkkapitaal** Betriebskapital (o[29], mv: ook
Betriebskapitalien)
de **werkkleding** Arbeitskleidung (v[20])
het **werkklimaat** Arbeitsklima (o[36])
het **werkkracht** [persoon] Arbeitskraft (v[25])
de **werkkring 1** [taak] Arbeitsbereich (m[5]),
Wirkungsbereich (m[5]) **2** [baan] Stellung (v[20]):
een aangename ~ ein angenehmer Beruf
werkloos arbeitslos, erwerbslos
de **werkloosheid 1** [het zonder werk zijn]
Arbeitslosigkeit (v[28]), Erwerbslosigkeit (v[28])
2 [het nietsdoen] Untätigkeit (v[28])
het **werkloosheidscijfer** Arbeitslosenzahl
(v[20]), Arbeitslosenziffer (v[21])
de **werkloosheidsuitkering** Arbeitslosengeld (o[39])
de **werkloze** Arbeitslose(r) (m[40a], v[40b]), Er-
werbslose(r) (m[40a], v[40b])
de **werklust** Arbeitslust (v[28])
de **werkmaatschappij** Tochtergesellschaft
(v[20])
de **werkman** Arbeiter (m[9])
de **werknemer** Arbeitnehmer (m[9])
de **werkonderbreking** Arbeitsunterbre-

chung (v[20])
het **werkongeval** Betriebsunfall (m[6])
het **werkpaard** Arbeitspferd (o[29]); [fig ook] Arbeitstier (o[29]); [vrouw] Arbeitsbiene (v[21])
de **werkplaats** Werkstatt (v, mv: Werkstätten)
de **werkplek** Arbeitsplatz (m[6])
het **werkstation** Workstation (v[20])
de **werkster 1** [vrouwelijke werker] Arbeite-
rin (v[22]): *maatschappelijk* ~ Sozialarbeiterin
2 [schoonmaakster] Putzfrau (v[20])
de **werkstraf** gemeinnützige Arbeit (v[20]) als
Ersatzstrafe
de **werkstudent** Werkstudent (m[14])
het **werkstuk** Arbeit (v[20])
de **werktafel** Arbeitstisch (m[5])
het **werkterrein** Arbeitsfeld (o[31]), Arbeitsge-
biet (o[29])
de **werktijd** Arbeitszeit (v[20]); [bij ploegen-
dienst] Arbeitsschicht (v[20]): *variabele ~en* variabele Arbeitszeiten; *verkorting van de* ~ Arbeitszeitverkürzung (v[20])
het **werktuig 1** [gereedschap, toestel] Werkzeug (o[29]), Gerät (o[29]) **2** [voor gymnastiek]
Gerät (o[29]) **3** [persoon] Werkzeug (o[29])
de **werktuigbouwkunde** Maschinenbau
(m[19])
de **werktuigbouwkundige** Maschinenbau-
er (m[9])
werktuiglijk mechanisch, automatisch
het **werkuur** Arbeitsstunde (v[21])
de **werkvergunning** Arbeitsgenehmigung
(v[20])
de **werkverschaffing** Arbeitsbeschaffung
(v[28])
de **werkvloer** Arbeitsplatz (m[6]): *de mensen
van de* ~ Personal (o[39]); Arbeiter (mv m[9])
de **werkweek** Arbeitswoche (v[21])
de **werkwijze** Arbeitsmethode (v[21]), Arbeits-
weise (v[21])
de **werkwillige** Arbeitswillige(r) (m[40a], v[40b])
het **werkwoord** Verb (o[37]), Zeitwort (o[32])
werkzaam 1 [werkend] tätig, beschäftigt:
bij iem. ~ zijn bei jmdm. beschäftigt sein[262]
2 [vlijtig] fleißig **3** [uitwerking hebbend]
wirksam, effektiv: *een ~ middel* ein wirksames Mittel; *werkzame vulkaan* tätiger Vulkan
de **werkzaamheden** Arbeit (v[20]): *alle op kantoor voorkomende* ~ alle Büroarbeiten
de **werkzaamheid 1** [het werkzaam zijn] Tätigkeit (v[20]) **2** [vlijt] Fleiß (m[19]) **3** [uitwerking]
Wirkung (v[20])
de **werkzoekende** Arbeit(s)suchende(r) (m[40a],
v[40b])
werpen werfen[311]; [bommen uit een vlieg-
tuig] abwerfen[311]; [met dobbelstenen, ook]
würfeln: *troepen in de strijd* ~ Truppen einsetzen; *alle verdenking van zich* ~ jeden Verdacht
von[+3] sich werfen
de **werphengel** Angel (v[21])
de **wervel** Wirbel (m[9])
wervelend wirbelnd: *een ~e show* eine

wirbelnde Show
de **wervelkolom** Wirbelsäule (v^{21})
de **wervelstorm** Wirbelsturm (m^6)
de **wervelwind** Wirbelwind (m^5)
werven 1 (an)werben^{309} **2** [Belg; aanstellen in een betrekking] einstellen, anstellen
de **wesp** Wespe (v^{21})
het **wespennest** Wespennest (o^{31})
de **wespensteek** Wespenstich (m^5)
de **wespentaille** Wespentaille (v^{21})
de **¹west** (zn) Westen (m^{19})
   ²west (bn, bw) westlich: *de wind is* ~ der Wind kommt von West
de **West-Duitser** [1949-1990] Bürger (m^9) der Bundesrepublik Deutschland; [inf] Westdeutsche(r) (m^{40a}, v^{40b}); [scherts] Wessi (m^{13})
   West-Duitsland Westdeutschland (o^{39})
   westelijk westlich: ~ *Afrika* westliches Afrika; ~ *van Utrecht* westlich von Utrecht; ~ *van de stad* westlich der Stadt
het **westen** Westen (m^{19}): *buiten* ~ bewusstlos; *ten* ~ *van* westlich von^{+3}, westlich^{+2}
de **westenwind** Westwind (m^5)
de **westerling** Abendländer (m^9); [m.b.t. een land] jemand aus dem Westen
de **western** Western (m, 2e nvl: -(s); mv: -)
   westers westlich, abendländisch
het **West-Europa** Westeuropa (o^{39})
   West-Europees westeuropäisch: *West-Europese tijd* westeuropäische Zeit, WEZ
de **westkust** Westküste (v^{21})
   westwaarts westwärts
de **wet** Gesetz (o^{29}): *ijzeren* ~ ehernes Gesetz; ~ *op ... Gesetz über*$^{+4}$ ...; ~ *van Ohm* ohmsches Gesetz; *kracht van* ~ *hebben* Gesetzeskraft haben^{182}; *iem. de* ~ *voorschrijven* jmdn. bevormunden; *iets bij de* ~ *voorzien* etwas gesetzlich festlegen; *volgens de* ~ nach dem Gesetz; *voor de* ~ *trouwen* standesamtlich heiraten
het **wetboek** Gesetzbuch (o^{32}): *Burgerlijk Wetboek* Bürgerliches Gesetzbuch; *Wetboek van Strafrecht* Strafgesetzbuch
het **¹weten** (zn) Wissen (o^{39}): *bij* (of: *naar*) *mijn* ~ soviel ich weiß; *buiten mijn* ~ ohne mein Wissen
   ²weten (ww) wissen^{314}: *hij weet niet beter* er weiß es nicht anders; *iem. iets laten* ~ jmdn. etwas wissen lassen^{197}; *iets te* ~ *komen* etwas erfahren^{153}; [na zoeken] etwas ausfindig machen; [na vragen] etwas erfragen; *niet dat ik weet!* nicht dass ich wüsste!; *ik weet er niets op* ich weiß keinen Rat; *het samen* ~ (sich) einig sein^{262}; *te* ~ nämlich; *ik weet er niets van* ich habe keine Ahnung; *weet ik veel?* was weiß ich?; *niets van iem. willen* ~ von jmdm. nichts wissen wollen^{315}; *ik weet er alles van!* ich weiß Bescheid!; *hij wil het wel* ~ er macht kein(en) Hehl daraus; *van geen ophouden* ~ nicht lockerlassen^{197}
de **wetenschap** Wissenschaft (v^{20})

   wetenschappelijk wissenschaftlich
de **wetenschapper** Wissenschaftler (m^9)
   wetenswaardig wissenswert
de **wetenswaardigheid** Wissenswerte(s) (o^{40c})
   wetgevend gesetzgebend: ~*e macht* gesetzgebende Gewalt (v^{28}); ~*e vergadering* gesetzgebende Versammlung (v^{28})
de **wetgever** Gesetzgeber (m^9)
de **wetgeving** Gesetzgebung (v^{20})
de **wethouder** Beigeordnete(r) (m^{40a}, v^{40b}); [in Bremen, Hamburg, Berlijn] Senator (m^{16})
   wetmatig gesetzmäßig
het **wetsartikel** Paragraf (m^{14}), Artikel (m^9)
de **wetsbepaling** gesetzliche Bestimmung (v^{20})
de **wetsdokter** [Belg] Gerichtsmediziner (m^9)
het **wetsontwerp** Gesetzentwurf (m^6), Gesetzesvorlage (v^{21})
de **wetsovertreding** Gesetzesübertretung (v^{20}): *een* ~ *plegen* das Gesetz übertreten^{291}
het **wetsvoorstel** Gesetzesvorlage (v^{21})
de **wetswijziging** Gesetzesänderung (v^{20}); [binnen een wet] Gesetzesnovelle (v^{21})
de **wetswinkel** Rechtsberatungsstelle (v^{21})(, die den Klienten gegen eine geringe Gebühr berät)
   wettelijk gesetzlich: ~*e aansprakelijkheid* Haftpflicht (v^{20}); ~ *erfdeel* Pflichtteil (m^5, o^{29})
   wetteloos gesetzlos
   wetten wetzen, schärfen, schleifen^{243}
   wettig gesetzlich, gesetzmäßig, legitim: ~ *betaalmiddel* gesetzliches Zahlungsmittel; ~ *bewijs* rechtsgültiger Beweis; ~ *deel* gesetzlicher Teil; ~ *kind* eheliches Kind
   wettigen 1 [wettig maken] legitimieren^{320} **2** [rechtvaardigen] rechtfertigen; *zie gewettigd*
   weven weben^{305}
de **wever** Weber (m^9)
de **wezel** Wiesel (o^{33}): *hij is zo bang als een* ~ er ist ein Angsthase
het **¹wezen** (zn) **1** [bestaan] Dasein (o^{39}) **2** [aard, natuur] Wesen (o^{35}): *het* ~ *van de zaak* das Wesen (of: der Kern) der Sache; *in* ~ *heeft hij gelijk* im Grunde hat er Recht **3** [schepsel] Wesen (o^{35}), Geschöpf (o^{29}), Individuum (o, 2e nvl: -s; mv: Individuen) **4** [voorkomen] Aussehen (o^{39}), Miene (v^{21})
   ²wezen (ww) sein^{262}: *bij wie moet u* ~? zu wem möchten Sie?; *hij mag er* ~ er kann sich sehen lassen^{197}; *we zijn* ~ *kijken* wir haben es uns angesehen; *ik ben* ~ *vragen* ich habe mich erkundigt
   wezenlijk 1 wirklich, tatsächlich **2** [essentieel] wesentlich
   wezenloos 1 [zonder gevoel, uitdrukking, verstand] starr, leer, stumpf **2** [suf] benommen, geistesabwesend **3** [onwezenlijk] wesenlos **4** [verbijsterd] entgeistert || *zich* ~ *lachen* sich totlachen

de **whiplash** Schleudertrauma (o)
de **whirlpool** Whirlpool (m¹³)
de **whisky** Whisky (m¹³)
de **whisky-soda** Whisky Soda (m, 2e nvl: -; mv: -)
de **whizzkid** Wunderkind (o³¹); Senkrechtstarter (m⁹)
de **wichelroede** Wünschelrute (v²¹)
de **wichelroedeloper** Wünschelrutengänger (m⁹)
het **wicht** [kind] Knirps (m⁵), Wicht (m⁵); [neg] Gör (o³⁷)
¹**wie** (onb vnw) wer (immer)
²**wie** (vr vnw) wer⁸⁵: ~ *is die dame?* wer ist diese Dame?; ~ *zijn die lui?* wer sind diese Leute?; ~ *lopen* daar? wer geht da?; ~ *komen* er al zo? wer kommt denn alles?
³**wie** (betr vnw) wer
wiebelen 1 [wiegelen] wippen **2** [onvast staan] wackeln
wieden jäten
wiedes: *dat is nogal ~!* das versteht sich!
de **wiedeweerga**: *als de ~* blitzschnell
de **wieg** Wiege (v²¹); [fig ook] Heimat (v²⁰): *van de ~ af* von der Wiege an; [fig] *in de ~ gelegd zijn voor …* wie geschaffen sein für
het **wiegelied** Wiegenlied (o³¹)
¹**wiegen** (onov ww) sich wiegen: *met de heupen ~* sich in den Hüften wiegen
²**wiegen** (ov ww) wiegen: *een kind ~* ein Kind wiegen; *iem. met beloften in slaap ~* jmdn. mit Versprechungen vertrösten; *zijn geweten in slaap ~* sein Gewissen einschläfern
de **wiegendood** Krippentod (m⁵), plötzliche(r) Kindstod (m⁵)
de **wiek 1** [vleugel] Flügel (m⁹): *hij is in zijn ~ geschoten* er ist beleidigt **2** [molenwiek] Flügel (m⁹)
het **wiel** [rad] Rad (o³²): *iem. in de ~en rijden* jmdm. in die Quere kommen¹⁹³
de **wielbasis** Radstand (m⁶)
de **wieldop** Radkappe (v²¹)
de **wielerbaan** Radrennbahn (v²⁰), Rennpiste (v²¹)
de **wielerploeg** Radrennmannschaft (v²⁰)
de **wielersport** Radsport (m¹⁹)
de **wielerwedstrijd** Radrennen (o³⁵)
de **wielklem** Parkkralle (v²¹)
de **wielophanging** Radaufhängung (v²⁸): *onafhankelijke ~* Einzelradaufhängung
wielrennen Radsport betreiben²⁹⁰
de **wielrenner** Radrennfahrer (m⁹)
het **wieltje** Rädchen (o³⁵): *de zaak loopt op ~s* es geht wie geschmiert
de **wienerschnitzel** Wiener Schnitzel (o³³)
¹**wiens** (vr vnw) wessen
²**wiens** (betr vnw) dessen
het **wier** Seegras (o³²), Tang (m⁵)
de **wierook** Weihrauch (m¹⁹)
de **wiet** Heu (o³⁹), Grass (o³⁹)
de **wig** Keil (m⁵)

de **wigwam** Wigwam (m¹³), Tipi (o)
wij wir⁸²
wijd weit; [ruim, ook] geräumig: *~ en zijd* weit und breit; *van ~ en zijd* von nah und fern
wijdbeens mit gespreizten Beinen
wijden 1 [inzegenen] weihen: *iem. tot priester ~* jmdn. zum Priester weihen **2** [toewijden] widmen, weihen: *veel zorg aan iets ~* große Sorgfalt auf⁴ etwas verwenden³⁰⁸
de **wijding** Weihe (v²¹)
wijdlopig weitläufig, weitschweifig
de **wijdte** Weite (v²¹)
wijdverbreid weit verbreitet
wijdvertakt weit verzweigt
het **wijf** Weib (o³¹): *hij is een oud ~* er ist ein Waschweib
het **wijfje 1** Frauchen (o³⁵) **2** [dier] Weibchen (o³⁵)
het **wij-gevoel** Wirgefühl (o²⁹), Zusammengehörigkeitsgefühl (o²⁹)
de **wijk 1** [vlucht] Flucht (v²⁸), Rückzug (m⁶): *de ~ nemen* die Flucht ergreifen¹⁸¹; *de ~ nemen naar Amerika* nach Amerika (ent)fliehen¹⁶⁰ **2** [stadswijk] [alg] Viertel (o³³), Stadtteil (m⁵), Ortsteil (m⁵); [van politieagent, kelner] Revier (o²⁹); [van postbode] Zustellbezirk (m⁵)
de **wijkagent** für ein Revier zuständiger Polizist (m¹⁴)
het **wijkcentrum** Bürgerhaus (o³²), Gemeindezentrum (o, mv: Gemeindezentren)
wijken 1 [toegeven] nachgeben¹⁶⁶, weichen³⁰⁶ **2** [niet horizontaal, niet verticaal lopen] abweichen³⁰⁶: *de muur wijkt* die Mauer ist außer Lot ‖ *voor niemand ~* vor niemand(em) weichen³⁰⁶
het **wijkgebouw** Nachbarschaftshaus (o³²); [in grotere wijk] Bürgerhaus (o³²); [prot] Gemeindehaus (o³²)
de **wijkverpleegster**, de **wijkzuster** Gemeindeschwester (v²¹)
wijlen verstorben, selig: *~ de heer A.* der verstorbene Herr A.; *~ mijn oom* mein seliger Onkel
de **wijn** Wein (m⁵): *warme ~* Glühwein; *rode ~* roter Wein, Rotwein; *witte ~* weißer Wein, Weißwein; [fig] *water bij de ~ doen* Zugeständnisse machen, nachgeben
de **wijnazijn** Weinessig (m⁵)
de **wijnboer**, de **wijnbouwer** Winzer (m⁹)
de **wijnbouw** Wein(an)bau (m¹⁹)
de **wijnfles** Weinflasche (v²¹)
de **wijngaard** Weinberg (m⁵), Weingarten (m¹²)
het **wijnglas** Weinglas (o³²)
de **wijnhandelaar** Weinhändler (m⁹)
het **wijnjaar** Weinjahr (o²⁹)
de **wijnkaart** Weinkarte (v²¹)
de **wijnkelder** Weinkeller (m⁹)
de **wijnkenner** Weinkenner (m⁹)
de **wijnkoeler** Weinkühler (m⁹)
de **wijnoogst 1** Weinernte (v²¹) **2** [pluk]

Weinlese (v[21])

de **wijnrank** Weinranke (v[21])

de **wijnstok** Weinstock (m[6]), Weinrebe (v[21])

de **wijnstreek** Weingegend (v[20]), Weinbaugebiet (o[29])

de **wijnvlek** Weinfleck (m[5]); [op de huid] Feuermal (o[29])

de ¹**wijs** (zn), de **wijze** (zn) **1** [manier van doen] Weise (v[21]); [gewoonte, gebruik] Art (v[20]): *wijze van betaling* Zahlungsweise; *wijze van doen* Handlungsweise; [procedé] Verfahren (o[35]); *de wijze waarop* die Art und Weise, wie; *bij wijze van proef* probeweise; *bij wijze van spreken* sozusagen; *bij wijze van uitzondering* ausnahmsweise; *op die wijze* auf diese (of: in dieser) Weise; *ieder op zijn wijze* jeder nach seiner Weise (of: auf seine Weise) **2** [muz] Melodie (v[21]), Weise (v[21]): *op de ~ van* nach der Melodie[+2] **3** [taalk] Modus (m, 2e nvl: -; mv: Modi): [van werkwoord] *de aantonende, de aanvoegende, de onbepaalde, de gebiedende ~* der Indikativ, der Konjunktiv, der Infinitiv, der Imperativ ‖ *van de ~ raken* **a)** [lett] aus der Melodie kommen[193]; **b)** [de kluts kwijtraken] die Fassung verlieren[300]; *van de ~ brengen* aus der Fassung bringen[139]

²**wijs** (bn) **1** [verstandig en bedachtzaam] weise: *hij is niet goed ~* er ist nicht recht bei Trost(e); *ben je (wel) ~?* was fällt dir ein?; *wees nu ~ en laat het erbij!* sei vernünftig und lass es gut sein! **2** [allesbehalve dom] klug, gescheit: *ik kan er niet ~ uit worden!* ich kann nicht klug daraus werden!; *je wordt niet ~ uit hem* aus ihm wird man nicht klug **3** [bedachtzaam] besonnen ‖ *iem. wat ~ maken* jmdm. etwas weismachen; *zichzelf wat ~ maken* sich³ selbst etwas einreden

de **wijsbegeerte** Philosophie (v[28])

wijselijk (wohl)weislich

de **wijsgeer** Philosoph (m[14])

wijsgerig philosophisch

de **wijsheid** Weisheit (v[28]), Klugheit (v[28]); *zie* ²*wijs*

de **wijsheidstand** [Belg] [verstandskies] Weisheitszahn (m[6])

het **wijsje** Melodie (v[21]), Weise (v[21])

wijsmaken weismachen, vormachen

de **wijsneus** Naseweis (m[5]), Klugschwätzer (m[9])

de **wijsvinger** Zeigefinger (m[9])

wijten zuschreiben[252]: *dat is aan zijn traagheid te ~* daran ist seine Trägheit schuld; *dat heeft hij aan zichzelf te ~* das hat er sich³ selbst zuzuschreiben; *de vertraging is aan staking te ~* die Verzögerung ist einem Streike zuzuschreiben

de **wijting** Merlan (m[5]), Wittling (m[5])

het **wijwater** Weihwasser (o[39])

de **wijze** [persoon] Weise(r) (m[40a], v[40b]); *zie* ¹*wijs*

¹**wijzen** (onov ww) (hin)weisen[307], zeigen: *met de vinger naar iem. ~* mit dem Finger auf jmdn. zeigen; *alles wijst erop dat … * alles weist darauf hin, dass …; *hij verontschuldigde zich door erop te ~, dat …* er entschuldigte sich, indem er darauf hinwies, dass …; *iem. op iets ~* jmdn. auf[+4] etwas aufmerksam machen; *dat wijst zich vanzelf* das wird sich zeigen, das wird sich schon von selbst finden

²**wijzen** (ov ww) zeigen, weisen[307]: *iem. de deur ~* jmdn. vor die Tür setzen; *een vonnis ~* ein Urteil fällen

de **wijzer 1** [van uurwerk] Zeiger (m[9]): *met de ~s van de klok mee* im Uhrzeigersinn **2** [wegwijzer] Wegweiser (m[9])

de **wijzerplaat** Zifferblatt (o[32])

wijzigen (ver)ändern; [gedeeltelijk] abändern; [geheel of bijna geheel] umändern

de **wijziging** Änderung (v[20]), Veränderung (v[20]), Abänderung (v[20]): *een ~ aanbrengen* eine Änderung vornehmen[212]; *een ~ ondergaan* abgeändert werden[310]; *zie wijzigen*

de **wikkel** Einwickelpapier (o[29])

wikkelen 1 (ein)wickeln **2** [verwikkelen] verwickeln

de **wikkeling** Wick(e)lung (v[20])

wikken (er)wägen[303]: *na lang ~ en wegen* nach reiflicher Erwägung

de **wil** Wille (m[18]): *uiterste ~* letzter Wille; *buiten mijn ~* ohne meinen Willen; *met de beste ~ van de wereld* beim besten Willen; *tegen ~ en dank* mit Widerwillen; *iem. ter ~le zijn* jmdm. zu Willen sein[262]; *uit vrije ~* aus freien Stücken

het ¹**wild** (zn) **1** [m.b.t. dieren] Wild (o[39]); [vlees van wild] Wildbret (o[39]): *grof ~* Hochwild; *overstekend ~* Wildwechsel (m[19]); *klein ~* Niederwild **2** [natuurstaat] (freie) Natur (v[28]): *in het ~ groeiende planten* wild wachsende Pflanzen; *in het ~ weg schieten* aufs Geratewohl schießen[238]

²**wild** (bn) wild: *een ~e boel* ein wüstes Treiben; *~ zwijn* Wildschwein (o[29]) ‖ *zich ~ schrikken* sich zu Tode erschrecken

de **wilde** Wilde(r) (m[40a], v[40b])

de **wildebras** Wildfang (m[6])

de **wildernis** Wildnis (v[24])

de **wildgroei** Wildwuchs (m[6])

wildkamperen wild zelten

het **wildpark** Wildpark (m[13])

wildplassen in der Öffentlichkeit pinkeln, wildpinkeln

de **wildstand** Wildbestand (m[6])

het **wildviaduct** Grünbrücke (v[21])

wildvreemd wildfremd, ganz fremd

wildwatervaren Wildwasserfahren (o[39]), Rafting (o)

het **wildwesttafereel** Wildwestschauspiel (o[29])

de **wilg** Weide (v[21])

het **wilgenkatje** Weidenkätzchen (o[35])

de **willekeur 1** [vrije verkiezing] Belieben (o[39]): *naar ~* nach eigenem Ermessen **2** [grilligheid] Willkür (v[28])

willekeurig willkürlich: *op iedere ~e manier* auf jede beliebige Art

de **willekeurigheid** Willkür (v[28])

willen wollen[315]: *wil je meerijden?* willst (*of:* möchtest) du mitfahren?; *waar wilt u naartoe?* wo wollen Sie hin?; *dat wil er bij mij niet in!* ich kann das nicht glauben!; *wil ik dat doen?* soll ich das tun?; *~ we gaan?* sollen (*of:* wollen) wir gehen?; *dat zou ik wel ~!* das möchte ich schon!; *dat wil zeggen* das heißt

willens 1 [van plan] willens: *ik ben ~* ich bin willens, ich habe die Absicht **2** [met opzet] vorsätzlich: *~ en wetens* wissentlich

willig 1 [gewillig, gehoorzaam] willig **2** [hand] freundlich: *~e markt* fester Markt

willoos willenlos

wils: *elk wat ~* für einen jeden etwas nach seinem Geschmack

de **wilsbeschikking**: *uiterste* (*of:* laatste) *~* letztwillige Verfügung

de **wilskracht** Willensstärke (v[28]), Willenskraft (v[28])

de **wilsverklaring** Willenserklärung (v[20]); [geneeskunde] Patientenverfügung (v[20])

de **wimpel** Wimpel (m[9])

de **wimper** Wimper (v[21])

de **wind** Wind (m[5]): *de ~ draait* [ook fig] der Wind dreht sich; *de ~ gaat liggen* der Wind legt sich; *de ~ steekt op* der Wind erhebt sich; *als de ~!* augenblicklich!; *een ~ laten* einen Wind fahren lassen[197]; einen gehen lassen; *~ mee hebben* günstigen Wind haben[182]; *~ tegen hebben* Gegenwind haben[182]; *hij heeft er de ~ onder* bei ihm herrscht strenge Disziplin; [fig] *de ~ van voren krijgen* sein Fett abbekommen[193]; *een waarschuwing in de ~ slaan* eine Warnung in den Wind schlagen[241]; *het gaat hem voor de ~* es geht ihm gut

de **windbuil** Angeber (m[9]), Aufschneider (m[9])

de **windbuks** Windbüchse (v[21])

het **windei** Windei (o[31]): *dat zal hem geen ~eren leggen!* das wird sein Schaden nicht sein!

winden 1 [wikkelen] wickeln, winden[313] **2** [ophijsen] aufwinden[313] || *men kan hem om de vinger ~* man kann ihn um den (kleinen) Finger wickeln

de **windenergie** Windenergie (v[28])

winderig windig: *~ weer* windiges Wetter

de **windhond** Windhund (m[5]), Windspiel (o[29])

de **windhoos** Windhose (v[21])

de **winding** Windung (v[20])

het **windjack** Windjacke (v[21])

het **windje 1** Windchen (o[35]), Lüftchen (o[35]) **2** [buikwind] Wind (m[5]); *zie wind*

de **windkracht** Windstärke (v[28])

de **windmolen** Windmühle (v[21])

het **windmolenpark** Windkraftwerk (o[29]), Windenergieanlage (v[21])

de **windowdressing** Windowdressing (o[39])

de **windrichting** Windrichtung (v[20])

de **windroos** Windrose (v[21])

het **windscherm** Windschutz (m[19])

de **windsnelheid** Windgeschwindigkeit (v[20])

de **windsterkte** Windstärke (v[28])

windstil windstill

de **windstoot** Windstoß (m[6]); [hevig] Bö (v[20])

de **windstreek 1** [op kompas] Strich (m[5]) **2** [luchtstreek] Himmelsgegend (v[20])

windsurfen windsurfen

de **windsurfer** Windsurfer (m[9])

de **windtunnel** Windkanal (m[6])

de **windvaan** Windfahne (v[21]), Wetterfahne (v[21])

de **windvlaag** Windstoß (m[6]), Bö (v[20])

de **windwijzer** Windfahne (v[21]), Wetterfahne (v[21])

de **windzak** Windsack (m[6])

de **wingerd** Weinrebe (v[21]), Weinstock (m[6])

het **wingewest** Kolonialgebiet (o[29])

de **winkel** Laden (m[12]), Geschäft (o[29]) || *er is werk aan de ~* jetzt heißt es arbeiten; *er is veel werk aan de ~* wir (sie) haben alle Hände voll zu tun

de **winkelbediende** Verkäufer (m[9])

het **winkelcentrum** Einkaufszentrum (o, 2e nvl: -s; mv: Einkaufszentren), Geschäftszentrum

de **winkeldief** Ladendieb (m[5])

de **winkeldiefstal** Ladendiebstahl (m[6])

winkelen Einkäufe machen, einkaufen

de **winkelgalerij** Ladenpassage (v[21]), Passage (v[21])

de **winkelhaak 1** [instrument] Winkel (m[9]), Winkelhaken (m[11]) **2** [scheur] Winkelriss (m[5])

de **winkelier** Ladenbesitzer (m[9])

de **winkeljuffrouw** Verkäuferin (v[22])

de **winkelketen** Ladenkette (v[21])

de **winkelprijs** Ladenpreis (m[5])

de **winkelsluiting** Ladenschluss (m[19])

de **winkelstraat** Geschäftsstraße (v[21]), Ladenstraße (v[21])

de **winkelwagen** Einkaufswagen (m[11])

de **winnaar 1** [iem. die wint] Gewinner (m[9]) **2** [van prijs] Preisträger (m[9]) **3** [overwinnaar] Sieger (m[9])

winnen 1 gewinnen[174]: *de beker ~* den Pokal gewinnen; *de harten ~* die Herzen gewinnen; *het van iem. ~* jmdm. überlegen sein[262]; *wij hebben gewonnen* wir haben gesiegt **2** [inzamelen] gewinnen[174], sammeln: *iem. voor iets ~* jmdn. für etwas gewinnen || *de aanhouder wint* Ausdauer und Geduld gewinnen des Glückes Huld, Fleiß bricht Eis

de **winning** Gewinnung (v[28])

de **winst** Gewinn (m[5]); [voordeel, ook] Nutzen (m[19]); [opbrengst, ook] Ausbeute (v[21]): *~ op* Gewinn an[+3]; *~ maken* Gewinn erzielen; *~ opleveren* Gewinn abwerfen[311]

het **winstaandeel** Gewinnanteil (m[5])

het **winstbejag** Profitsucht (v[28]), Gewinnsucht (v[28])

de **winstdeling** Gewinnbeteiligung (v²⁰); [uitkering] Gewinnausschüttung (v²⁰)

de **winst-en-verliesrekening** Gewinn-und-Verlust-Rechnung (v²⁰)

winstgevend gewinnbringend, einträglich

de **winstmarge** Verdienstspanne (v²¹), Gewinnspanne (v²¹)

het **winstoogmerk** Gewinnstreben (o³⁵)

de **winstuitkering** Gewinnausschüttung (v²⁰)

de **winter** Winter (m⁹): 's ~s im Winter, winters; in de ~ im Winter

de **winterdag** Wintertag (m⁵)

de **winterhanden** Frostbeulen (mv) an den Händen

de **winterjas** Wintermantel (m¹⁰)

de **winterkleren** Winterkleidung (v²⁸)

het **winterkoninkje** Zaunkönig (m⁵)

het **winterlandschap** Winterlandschaft (v²⁰)

winters winterlich: een ~e dag ein winterlicher Tag

de **winterslaap** Winterschlaf (m¹⁹)

de **wintersport** Wintersport (m¹⁹)

de **wintersportbeoefenaar** Wintersportler (m⁹)

de **wintersportplaats** Wintersportort (m⁵)

de **wintertijd** Winterzeit (v²⁸): in de ~ zur Winterzeit

het **winterweer** Winterwetter (o³⁹)

de **win-winsituatie** Win-win-Situation (v²⁰)

de ¹**wip 1** [sprong] Katzensprung (m⁶): het is maar een ~! es ist nur ein Katzensprung! **2** [coïtus] Nummer (v²¹): een ~je maken eine Nummer machen ‖ in een ~ was het klaar im Handumdrehen war es fertig

de ²**wip** [wipplank] Wippe (v²¹): op de ~ staan [fig] auf der Kippe stehen²⁷⁹

de **wipneus** Stülpnase (v²¹), Stupsnase (v²¹)

¹**wippen** (onov ww) **1** [alg] wippen: hij wipt naar binnen er huscht herein; even naar de buurman ~ auf einen Sprung beim Nachbarn hineinschauen **2** [huppelen] hüpfen **3** [inf] [seksuele gemeenschap hebben] bumsen

²**wippen** (ov ww) stürzen; rauswerfen³¹¹

de **wirwar**: een ~ van nauwe straatjes ein Gewirr von engen Gassen; een ~ van indrukken ein Wirrwarr von Eindrücken

wis gewiss, sicher, bestimmt: een ~se dood ein sicherer Tod; wel ~ en zeker aber sicher

de **wisent** Wisent (m⁵)

de **wiskunde** Mathematik (v²⁸)

de **wiskundeknobbel** ± außerordentliche Begabung (v²⁰) für die Mathematik

wiskundig mathematisch

de **wiskundige** Mathematiker (m⁹)

wispelturig launisch: een ~ mens ein launenhafter Mensch; ~ weer wechselhaftes Wetter

de **wissel 1** Wechsel (m⁹): getrokken ~ gezogener Wechsel; [sport] een ~ inzetten einen Auswechselspieler einsetzen **2** [aan rails]

Weiche (v²¹) ‖ een ~ op de toekomst trekken auf die Zukunft hoffen

de **wisselautomaat** Geldwechselautomat (m¹⁴), Geldwechsler (m⁹)

het **wisselbad** Wechselbad (o³²)

de **wisselbeker** Wanderpokal (m⁵)

de **wisselbouw** Felderwirtschaft (v²⁰), Wechselwirtschaft (v²⁰)

wisselen wechseln: blikken ~ Blicke wechseln; van gedachten ~ over Gedanken austauschen über⁺⁴; geld ~ Geld wechseln; tanden ~ die Zähne wechseln; van plaats ~ den Platz wechseln; ~ tegen wechseln gegen⁺⁴; ik kan niet ~ [heb geen wisselgeld] ich kann nicht herausgeben¹⁶⁶

het **wisselgeld** Wechselgeld (o³⁹); [klein geld, ook] Kleingeld (o³⁹)

het **wisselgesprek** Makeln (o³⁹)

de **wisseling** Wechsel (m⁹): ~ van de jaargetijden Wechsel der Jahreszeiten

het **wisselkantoor** Wechselstube (v²¹)

de **wisselkoers** Wechselkurs (m⁵)

de **wisseloplossing** [Belg] Alternativlösung (v²⁰)

de **wisselslag** Lagen (mv v²¹)

de **wisselspeler** Auswechselspieler (m⁹), Ersatzspieler (m⁹)

de **wisselstroom** Wechselstrom (m⁶)

het **wisselstuk** [Belg; inf] Ersatzteil (o²⁹)

de **wisseltruc** betrügerische(r) Trick (m¹³) beim Geldwechsel

wisselvallig unbeständig, wechselhaft: ~e resultaten wechselhafte Resultate

de **wisselwerking** Wechselwirkung (v²⁰)

wissen wischen; [comp] löschen

de **wisser** Wischer (m⁹)

het **wissewasje** Kleinigkeit (v²⁰), Bagatelle (v²¹)

het ¹**wit** (zn) [kleur] Weiß (o³⁹, o³⁹ᵃ): een heel ~ ein Weißbrot; het ~ van een ei das Weiße (o⁴⁰ᶜ) im Ei; het ~ van het oog das Weiße (o⁴⁰ᶜ) im Auge

²**wit** (bn) weiß: [fig] ~te boorden Beamte(n) (mv m⁴⁰ᵃ); een ~te kerst weiße Weihnachten; ~te pomp freie Tankstelle; de ~te vlag die weiße Fahne; de wereld van het ~te doek die Welt der Leinwand

het **witbrood** Weißbrot (o²⁹)

het **witgoed 1** [textiel] Weißwaren (mv v²¹) **2** [elektrische huishoudartikelen] Elektrogeräte (mv o²⁹)

het **witgoud** Weißgold (o³⁹)

witheet äußerst empört, aufgebracht: ~ van woede fuchsteufelswild

witjes blass, blässlich

de **witkalk** Tünche (v²¹), Weißkalk (m¹⁹)

het **witlof** Chicorée (v²⁸, m¹⁹)

de **witregel** Leerzeile (v²¹), Zeilendurchschuss (m⁶)

de **Wit-Rus** Weißrusse (m¹⁵), Weißrussin (v²²)

Wit-Rusland Weißrussland (o³⁹)

Wit-Russisch weißrussisch

het **witsel** Tünche (v^{21})
de **witteboordencriminaliteit** ± Wirtschaftskriminalität (v^{28})
de **wittebroodsweken** Flitterwochen (mv v^{21})
de **wittekool** Weißkohl (m^{19}, mv: Weißkohlköpfe)
witten tünchen, weißen
de **witvis** Weißfisch (m^5)
witwassen waschen[304]: *het ~ van geld* die Geldwäsche (v^{28})
het **WK** afk van *wereldkampioenschap* Weltmeisterschaft (v^{20}), WM
de **wodka** Wodka (m^{13})
de **woede** Wut (v^{28}), Zorn (m^{19}): *aanval van ~* Wutanfall (m^6); *uitbarsting van ~* Wutausbruch (m^6); *ingehouden ~* verhaltene Wut; *opgekropte ~* aufgestaute Wut
de **woedeaanval** Wutanfall (m^6)
woeden wüten, rasen, toben
woedend wütend
de **woede-uitbarsting** Wutausbruch (m^6)
woef wau
de **woeker** Wucher (m^{19})
de **woekeraar** Wucherer (m^9), Halsabschneider (m^9)
woekeren wuchern
de **woekering** Wucherung (v^{20})
de **woekerplant** Schmarotzerpflanze (v^{21})
de **woekerprijs** Wucherpreis (m^5)
de **woekerrente** Wucherzinsen (mv m^{16})
woelen wühlen; [in papieren e.d., ook] herumkramen; [in de slaap] sich hin und her werfen[311]
woelig unruhig; [m.b.t. kleine kinderen e.d., ook] zapp(e)lig
de **woelwater** Zappelphilipp (m^5, m^{13})
de **woensdag** Mittwoch (m^5)
de **woensdagavond** Mittwochabend (m^5)
woensdags mittwochs, Mittwoch...
de **woerd** Enterich (m^5), Erpel (m^9)
woest: *een ~ gebergte* ein raues Gebirge; *~e golven* tobende Wellen; *~e gronden* wüstes (*of:* unbebautes) Land (o^{39}); *een ~ kind* ein wildes (*of:* ungezügeltes) Kind; *een ~ mens* ein wilder (*of:* ungestümer) Mensch; *een ~e streek* eine wüste Gegend; *iem. ~ maken* jmdn. wild machen; *het gaat daar ~ toe* es geht dort wüst zu || *~ aantrekkelijk* ungeheuer attraktiv
de **woesteling** Rohling (m^5), Wüterich (m^5)
de **woestenij** Wüstenei (v^{20}), Einöde (v^{21}), Öde (v^{21})
de **woestheid 1** [landschap] Wüstheit (v^{20}), Öde (v^{21}) **2** [het woest zijn] Wut (v^{28}), Wildheit (v^{28})
de **woestijn** Wüste (v^{21})
de **wok** Wok (m, 2e nvl: -; mv: -s)
wokken wokken
de **wol** Wolle (v^{21}): *onder de ~ gaan* (*of: kruipen*) unter die Decke kriechen[195]

de **wolf 1** Wolf (m^6) **2** [in de tanden] Zahnfäule (v^{28})
het **wolfraam** Wolfram (o^{39})
de **wolk** Wolke (v^{21}): *een ~ van een baby* ein Prachtkerl von einem Baby; *een ~ van stof* eine Staubwolke; *hij is in de ~en* er ist im sieb(en)ten Himmel
de **wolkbreuk** Wolkenbruch (m^6)
wolkeloos wolkenlos
het **wolkendek** Wolkendecke (v^{21}), Gewölk (o)
de **wolkenkrabber** Wolkenkratzer (m^9)
het **wolkenveld** Wolkenfeld (o^{31})
het **wolkje** Wölkchen (o^{35}): *een ~ melk* ein Tropfen Milch; *er is geen ~ aan de lucht* es ist kein Wölkchen am Himmel
wollen wollen: *~ sjaal* wollener Schal (m^{13}), Wollschal (m^{13})
wollig 1 [wolachtig] wollig **2** [plantkunde] wollig **3** [vaag] verbrämt, verhüllend: *~ taalgebruik* verhüllender Sprachgebrauch
de **wolvin** Wölfin (v^{22})
de **¹wond** (zn) Wunde (v^{21}) [ook fig]: *de tijd heelt alle ~en* die Zeit heilt alle Wunden
²wond (bn) wund
het **wonder** Wunder (o^{33}): *een ~ van schoonheid* ein Wunder an Schönheit; *een medisch ~* ein medizinisches Wunder; *~en doen* Wunder tun[295]; *het is geen ~, dat ...* es ist kein Wunder, dass ...
wonderbaarlijk erstaunlich, wunderbar
het **wonderkind** Wunderkind (o^{31})
wonderlijk 1 [als een wonder] wunderbar **2** [zonderling] wunderlich, sonderbar
het **wondermiddel** Wundermittel (o^{33})
de **wonderolie** Rizinusöl (o^{29})
wonderschoon wunderschön; [prachtig] herrlich
wonderwel vortrefflich, besonders gut
wonen wohnen: *we gaan in A ~* wir ziehen nach A; *in een nieuw huis gaan ~* eine neue Wohnung beziehen[318]; *in iemands buurt komen ~* in[+4] jemands Nachbarschaft ziehen[318]; *op zichzelf ~* separat wohnen
de **woning** Wohnung (v^{20}): *gemeubileerde ~* möblierte Wohnung
de **woningbouw** Wohnungsbau (m^{19})
de **woningbouwvereniging** Wohnungsbaugenossenschaft (v^{20}), Baugenossenschaft
de **woninginrichting 1** [benodigdheden] Wohnungsausstattung (v^{20}) **2** [het inrichten] Wohnungseinrichtung (v^{20})
de **woningmarkt** Wohnungsmarkt (m^6)
de **woningnood** Wohnungsnot (v^{21})
woonachtig wohnhaft, ansässig
het **woonblok** Wohnblock (m^{13}, m^6)
de **woonboot** Hausboot (o^{29}), Wohnschiff (o^{29})
het **woonerf** Spielstraße (v^{21})
de **woongroep** Wohngruppe (v^{21})
het **woonhuis** Wohnhaus (o^{32})
de **woonkamer** Wohnzimmer (o^{33}), Wohnstu-

be (v²¹)

de **woonkeuken** Wohnküche (v²¹)

de **woonplaats** Wohnort (m⁵); [officieel] Wohnsitz (m⁵)

de **woonruimte** Wohnraum (m⁶)

de **woonst** [Belg] **1** [woning] Wohnung (v²⁰) **2** [woonplaats] Wohnsitz (m⁵)

de **woonwagen** Wohnwagen (m¹¹)

het **woonwagenkamp** Wohnwagenlager (o³³)

het **woon-werkverkeer** Pendelverkehr (m¹⁹)

de **woonwijk** Wohnviertel (o³³)

het **woon-zorgcomplex** Seniorenwohnanlage (v²¹) mit Betreuung

het **woord** [op zich zelf staand] Wort (o³²); [in zinsverband] Wort (o²⁹): *de ~en in een ~en-boek* die Wörter in einem Wörterbuch; *dat waren zijn laatste ~en* das waren seine letzten Worte; *geen stom ~* kein Sterbenswörtchen; *een ~ van dank* ein Wort des Dankes; *een goed ~ voor iem. doen* ein gutes Wort für jmdn. einlegen; *geen goed ~ voor iets over hebben* etwas völlig ablehnen; *het hoge ~ is eruit* das entscheidende Wort ist gefallen; *het hoogste ~ hebben* das große Wort führen; *wie zal het ~ doen?* wer soll das Wort führen?; *hij kan heel goed zijn ~ doen* **a)** [welbespraakt] er ist beredt; **b)** [vrijmoedig] er is nicht auf den Mund gefallen; *~en (met iem.) hebben* sich zanken; *(zijn) ~ houden* (sein) Wort halten¹⁸³; *~en krijgen* aneinandergeraten²¹⁸; *het ~ nemen* das Wort ergreifen¹⁸¹; *het ~ voeren* das Wort führen; *het ~ vragen* sich zu Wort melden; *daar heb ik geen ~en voor* ich bin sprachlos; *iem. aan zijn ~ houden* jmdn. beim Wort nehmen²¹²; *in één ~ met einem* Wort; *in ~en* [voluit geschreven] in Worten; *op mijn ~!* auf mein Wort!; *op mijn ~ van eer!* auf Ehrenwort!; *iem. te ~ staan* jmdm. Rede (und Antwort) stehen²⁷⁹

woordblind wortblind

de **woordblindheid** Wortblindheit (v²⁸); Dyslexie (v²¹)

de **woordbreuk** Wortbruch (m⁶)

woordelijk wörtlich: *~ verstaan* Wort für Wort verstehen²⁷⁹

het **woordenboek** Wörterbuch (o³²)

de **woordenlijst** Wörterverzeichnis (o²⁹ᵃ)

de **woordenschat** Wortschatz (m⁶)

de **woordenstrijd** Wortstreit (m⁵)

de **woordenwisseling** Wortwechsel (m⁹)

het **woordgebruik** Wortgebrauch (m⁶)

het **woordje 1** [lett] Wörtchen (o³⁵): *een ~ meespreken* ein Wort mitreden **2** [in een leerboek] Vokabel (v²¹)

de **woordkeus** Wortwahl (v²⁸)

de **woordsoort** Wortart (v²⁰)

de **woordspeling** Wortspiel (o²⁹)

de **woordvoerder** Wortführer (m⁹), Sprecher (m⁹); [van regering, van ministerie] Sprecher (m⁹)

¹**worden** (onov ww) werden³¹⁰: *niets is, alles wordt* nichts ist, alles wird

²**worden** (hww) werden³¹⁰: *er wordt gedanst* es wird getanzt; *het boek wordt gedrukt* das Buch wird gedruckt

³**worden** (koppelww) werden³¹⁰: *ziek ~* krank werden; *een goede leraar ~* ein guter Lehrer werden; *wat is er van hem geworden* was ist aus ihm geworden?

de **wording 1** [het worden] Werden (o³⁹): *in (staat van) ~* im Werden **2** [het ontstaan] Entstehen (o³⁹) **3** [ontwikkelingsgang] Werdegang (m⁶)

de **workaholic** Workaholic (m¹³)

de **work-out** Work-out (o³⁶)

de **workshop** Workshop (m¹³)

de **worm** Wurm (m⁸)

de **worp** Wurf (m⁶)

de **worst** Wurst (v²⁵): *droge (of: harde) ~* Dauerwurst; *eindje ~* Wurstzipfel (m⁹)

de **worstelaar** Ringer (m⁹), Ringkämpfer (m⁹)

het ¹**worstelen** (zn) Ringen (o³⁹)

²**worstelen** (ww) ringen²²⁴; [ernstiger] kämpfen: *met zichzelf ~* mit sich selbst ringen

de **worsteling 1** [strijd] Ringkampf (m⁶) **2** [het worstelen] Ringen (o³⁹)

het **worstenbroodje** Würstchen (o³⁵) in einer Teighülle

de **wortel** [ook fig; ook wisk] Wurzel (v²¹); [groente] Möhre (v²¹), Karotte (v²¹): *~ schieten* [lett] Wurzeln schlagen²⁴¹

wortelen wurzeln (in⁺³), Wurzeln schlagen²⁴¹

het **wortelkanaal** Wurzelkanal (m⁶)

het **wortelteken** Wurzelzeichen (o³⁵)

het **worteltje** Möhre (v²¹), Karotte (v²¹)

het **worteltrekken** die Wurzel (aus einer Zahl) ziehen³¹⁸

het **woud** Wald (m⁸)

de **woudloper** Waldläufer (m⁹)

would-be Möchtegern…: *would-bearistocraat* Möchtegernaristokrat (m¹⁴)

de **wraak** Rache (v²⁸): *dat schreeuwt om ~* das schreit nach Rache; *~ nemen op iem.* sich an jmdm. rächen

de **wraakactie** Racheakt (m⁵), Vergeltungsaktion (v²⁰)

de **wraakneming**, de **wraakoefening** Rache (v²⁸), Racheakt (m⁵)

de **wraakzucht** Rachsucht (v²⁸), Rachgier (v²⁸)

wraakzuchtig rachsüchtig, rachgierig

het ¹**wrak** (zn) Wrack (o³⁶): [fig] *hij is een ~ geworden* er ist (nur noch) ein Wrack; *een emotioneel ~* ein psychisches Wrack

²**wrak** (bn) wrack

wraken: *een getuige ~* einen Zeugen ablehnen

het **wrakhout** Treibholz (o³⁹)

de **wrakstukken** Bruchstücke (mv o²⁹), Trümmer (mv)

wrang herb, scharf, säuerlich: [fig] *de ~e*

vruchten die bitteren Früchte

de **wrap** Wrap (m[13], o[36])

de **wrat** Warze (v[21])

wreed, wreedaardig grausam

de **wreedheid** Grausamkeit (v[20])

de **wreef** Spann (m[5]), Rist (m[5])

wreken [ook fig] rächen: *iem.* ~ jmdn. rächen; *zich voor iets op iem.* ~ sich für[+4] etwas an jmdm. rächen

de **wreker** Rächer (m[9])

de **wrevel** Ärger (m[19]), Verdruss (m[5])

wrevelig ärgerlich, verärgert, missmutig

wriemelen wimmeln, kribbeln: *aan iets zitten te* ~ an[+3] etwas herumfummeln

wrijven reiben[219]: *zich (in) de handen* ~ sich[3] die Hände reiben; *de meubels* ~ die Möbel polieren[320]; *de vloer* ~ den Boden bohnern; [fig] *wrijf het er maar in* streu ruhig Salz in die Wunde

de **wrijving** [ook fig] Reibung (v[20])

wrikken rütteln

[1]**wringen** (onov ww) [m.b.t. schoenen] drücken

[2]**wringen** (ov ww) winden[313], ringen[224]; [van wasgoed] wringen[316]: *zijn handen* ~ die Hände ringen; *iem. iets uit de handen* ~ jmdm. etwas aus den Händen winden

de **wroeging** Gewissensbisse (mv m[5])

wroeten wühlen; [krabbend] scharren

de **wrok** Groll (m[19]): *uit* ~ aus Groll; ~ *tegen iem. koesteren* einen Groll auf jmdn. haben

wrokken grollen: *tegen iem.* ~ (mit) jmdm. grollen

de **wrong** [van haar] Knoten (m[11])

wuft flatterhaft, leichtfertig, frivol

wuiven 1 [met iets zwaaien] schwingen[259]: *met zijn hand* ~ mit der Hand winken; *met vlaggetjes* ~ Fähnchen schwingen **2** [m.b.t. rietpluimen] sich wiegen

wulps sinnlich, wollüstig

de **wulpsheid** Wollust (v[28]), Sinnlichkeit (v[28])

wurgen erwürgen, erdrosseln

de [1]**wurm** Wurm (m[8])

het [2]**wurm** [fig] Wurm (o[32]): *het arme* ~ das arme Wurm

wurmen [zwoegen] sich schinden[239]: *zich door een opening* ~ sich durch eine Öffnung winden[313]

de **WW** [Ned] afk van *Werkloosheidswet* 'WW' (v); niederländisches Arbeitslosenversicherungsgesetz: *in de WW zitten* Arbeitslosengeld beziehen

X

de **x** [letter] x, X (o)
X [Romeins cijfer] X
de **xantippe** Xanthippe (v[21])
de **x-as** x-Achse (v[21]), Abszissenachse (v[21])
de **X-benen** X-Beine (mv o[29])
het **X-chromosoom** X-Chromosom (o[37])
de **xenofobie** Xenophobie (v[21]); Fremden-
feindlichkeit (v[20])
de **x-stralen** X-Strahlen (mv m[16]), Röntgenstrahlen
de **xtc** afk van *ecstasy* Ecstasy (o[27], o[39a]), XTC
(o[39a])
de **xylofoon** Xylofon (o[29])

y

de **y** [letter, klank] y (o, 2e nvl: -; mv: -) /uupsie-
lon/

het **yang** Yang (o)

de **y-as** y-Achse (v^{21}), Ordinatenachse (v^{21})

het **Y-chromosoom** Y-Chromosom (o^{37})

de **yen** Yen (m, 2e nvl: -(s); mv: -(s); mv na telw
onverb)

    yes: *reken maar van ~!* darauf kannst du Gift
nehmen!

de **yeti** Yeti (m^{13})

het **yin** Yin (o)

de **yoga** Yoga (m^{19}, m^{19a}, o^{39}, o^{39a})

de **yoghurt** Joghurt (m^{19}, o^{39}, 2e nvl: ook -
(soorten: meervoud -(s))

de **ypsilon** Ypsilon (o^{36}, 2e nvl: ook -)

de **yuppie** Yuppie (m^{13})

Z

de **z** [letter] z, Z (o)
het **zaad 1** [ook fig] Samen (m¹¹): [fig] *op zwart ~ zitten* knapp bei Kasse sein²⁶² **2** [nakomelingen] Samen (m¹¹), Nachkommenschaft (v²⁸) **3** [het gezaaide] Aussaat (v²⁰) **4** [zaaizaad] Saatgut (o³⁹), Sämereien (mv v²⁰) **5** [sperma] Samen (m¹⁹)
de **zaadbal** Hoden (m¹¹)
de **zaadcel** Samenzelle (v²¹)
zaaddodend Samen tötend
de **zaadlozing,** de **zaaduitstorting** Samenerguss (m⁶)
de **zaag** Säge (v²¹)
het **zaagblad** Sägeblatt (o³²)
de **zaagmachine** Sägemaschine (v²¹); [in samenstellingen] -säge
het **zaagsel** Sägemehl (o³⁹)
zaaien säen: *tweedracht ~* Zwietracht säen; *onrust ~* Unruhe stiften
het **zaaigoed** Saatgut (o³⁹), Sämereien (mv v²⁰)
de **zaak 1** [ding] Sache (v²¹), Ding (o²⁹): *onroerende, roerende zaken* unbewegliche, bewegliche Sachen **2** [aangelegenheid] Angelegenheit (v²⁰), Sache (v²¹): *kennis van zaken* Sachkenntnis (v²⁴); *gedane zaken nemen geen keer* geschehen ist geschehen; *Buitenlandse Zaken, Binnenlandse Zaken* das Außenministerium, Innenministerium **3** [jur] Sache (v²¹), Fall (m⁶): *in zake X tegen Y* in der Sache X gegen Y **4** [bedrijf] Geschäft (o²⁹), Betrieb (m⁵), Unternehmen (o³⁵); [hand] Geschäft (o²⁹): *lopende zaken* laufende Geschäfte; *een ~ oprichten* ein Geschäft gründen; *een eigen ~ beginnen* sich selbstständig machen; *een ~ drijven* ein Geschäft betreiben²⁹⁰; *op kosten van de ~* auf Geschäftskosten; *voor zaken op reis zijn* geschäftlich verreist sein²⁶² *de gang van zaken* der Geschäftsgang; [de toedracht] der Hergang; *ter zake dienende* sachdienlich; *ter zake kundig* sachkundig; *ter zake doen* **a)** [ermee te maken hebben] zum Thema gehören; **b)** [belangrijk zijn] eine Rolle spielen
de **zaakgelastigde** Geschäftsträger (m⁹)
het **zaakje 1** [alg] Sache (v²¹), Geschäft (o²⁹): *een lastig ~* eine schwierige Angelegenheit; [fig] *een vies ~* ein schmutziges Geschäft; *pak dat hele ~ maar mee!* nimm den ganzen Kram nur mit! **2** [genitaliën] Gehänge (o³³)
zaaks: *het is niet veel ~* es ist nichts Besonderes
de **zaakvoerder** [Belg] Geschäftsführer (m⁹)
de **zaakwaarnemer** Sachwalter (m⁹); [jur] Geschäftsführer (m⁹)

de **zaal** Saal (m, 2e nvl: -(e)s; mv: Säle)
de **zaalhuur** Saalmiete (v²¹)
de **zaalsport** Hallensport (m¹⁹)
het **zaalvoetbal** Hallenfußball (m⁶)
zacht 1 [niet hard] weich: *~e eieren* weiche Eier; *~ water* weiches Wasser **2** [goedig] sanft, zart **3** [niet streng] sanft, milde: *een ~ klimaat* ein mildes Klima; *~ uitgedrukt* gelinde gesagt **4** [de zinnen aangenaam aandoend] sanft, zart, weich: *~e handen* zarte Hände; *~ licht* sanftes (of: weiches) Licht **5** [niet luid] leise: *~ spreken* leise sprechen²⁷⁴; *de radio ~er zetten* das Radio leiser stellen **6** [haast onmerkbaar] leise, sanft: *~ oplopend* sanft steigend **7** [niet snel] langsam: *~ rijden* langsam fahren¹⁵³ **8** [geleidelijk] allmählich ǁ *een ~e dood* ein sanfter Tod; *een ~ verwijt* ein sanfter Vorwurf; *voor een ~ prijsje* zu einem günstigen Preis
zachtaardig sanft(mütig)
zachtgekookt weich gekocht: *een ~ ei* ein weiches Ei; [fig] ein Weichling
de **zachtheid** Weichheit (v²⁸), Sanftheit (v²⁸), Milde (v²⁸), Zartheit (v²⁸): *de ~ van een stem* der leise Klang einer Stimme
zachtjes 1 [m.b.t. geluid] leise: *~ doen* leise sein²⁶² **2** [bedaard; haast onmerkbaar] sachte, sanft: *~ aan!* sachte!, gemach! **3** [langzaam] langsam: *~ lopen* langsam gehen¹⁶⁸
zachtjesaan [langzamerhand] allmählich ǁ *~!* immer mit der Ruhe!
zachtmoedig sanftmütig
de **zachtmoedigheid** Sanftmut (v²⁸)
zachtzinnig sanftmütig, sanft
het **zadel** Sattel (m¹²): *vast in het ~ zitten* fest im Sattel sitzen²⁶⁸
zadelen satteln
de **zadelpijn** Sattelschmerzen (mv)
zagen 1 sägen **2** [op viool] kratzen **3** [zaniken] nörgeln, faseln **4** [snurken] sägen, schnarchen
de **zagerij** Sägewerk (o²⁹)
de **zak 1** [in kleren] [ook fig] Tasche (v²¹): *iem. in zijn ~ hebben* jmdn. in die Tasche stecken; *hij leeft op zijn vaders ~* er liegt seinem Vater auf der Tasche; *weinig geld op ~ hebben* wenig Geld in der Tasche haben¹⁸²; *uit eigen ~ betalen* aus eigener Tasche bezahlen **2** [voor verpakking] Sack (m⁶); [klein] Tüte (v²¹), Beutel (m⁹): *papieren ~* Papiersack **3** [buidel] Beutel (m⁹) **4** [scheldw; inf] Sack (m⁶): *stomme ~!* blöder Sack! ǁ [inf] *ik begrijp er geen ~ van* ich verstehe nicht die Bohne davon; *dat kon hij in zijn ~ steken* das galt ihm
de **zakagenda** Taschenkalender (m⁹)
het **zakboekje** Notizbuch (o³²)
het **zakcentje** Taschengeld (o³⁹)
de **zakdoek** Taschentuch (o³²)
zakelijk 1 [de zaak betreffend] sachlich: *de ~ inhoud* der sachliche Inhalt; *~ recht* dingliches Recht **2** [hand] geschäftlich **3** [objec-

tief] sachlich, objektiv **4** [bondig] sachlich
de **zakelijkheid** Sachlichkeit (v[28])
het **zakencentrum** Geschäftszentrum (o, mv: Geschäftszentren); [wijk] Geschäftsviertel (o[33])
het **zakendoen** Handel (m[9]), Geschäft (o[29]): *zijn manier van* ~ sein Geschäftsgebaren
het **zakenkabinet 1** [waarnemend] geschäftsführende Regierung (v[20]), Übergangsregierung (v[20]) **2** [partijloos] Expertenregierung (v[20])
het **zakenleven** Geschäftsleben (o[39])
de **zakenman** Geschäftsmann (m[8], mv: meestal Geschäftsleute)
de **zakenmensen** Geschäftsleute (mv)
de **zakenreis** Geschäftsreise (v[21])
de **zakenrelatie 1** Geschäftsverbindung (v[20]) **2** [persoon] Geschäftspartner (m[9])
de **zakenvriend** Geschäftsfreund (m[5])
de **zakenvrouw** Geschäftsfrau (v[20])
de **zakenwereld** Geschäftswelt (v[20])
het **zakformaat** Taschenformat (o[29]), Westentaschenformat (o[29])
het **zakgeld** Taschengeld (o[39])
het **zakkammetje** Taschenkamm (m[6])
zakken 1 fallen[154], sinken[266]: *laten* (of: *doen*) ~ senken; [fig] *iem. laten* ~ jmdn. fallen lassen; *in elkaar* ~ zusammensinken[266]; *zijn broek laten* ~ die Hose herunterlassen[197]; *de koersen* ~ die Kurse fallen; *door het ijs* ~ auf dem Eis einbrechen[137] **2** [niet slagen] durchfallen[154]
zakkenrollen Taschendiebstahl begehen[168]
de **zakkenroller** Taschendieb (m[5])
de **zakkenvuller** Profitjäger (m[9])
de **zaklantaarn** Taschenlampe (v[21])
het **zaklopen** Sackhüpfen (o[35])
het **zakmes** Taschenmesser (o[33])
het **zakwoordenboek** Taschenwörterbuch (o[32])
het **zalencentrum** Veranstaltungszentrum (o, 2e nvl: -s; mv: -zentren)
de **zalf** Salbe (v[21])
zalig 1 selig: ~ *verklaren* selig sprechen[274]; ~ *Kerstmis!* gesegnete Weihnachten! **2** [heerlijk] himmlisch
de **zaligheid 1** Seligkeit (v[28]) **2** [genot] Wonne (v[21]) **3** [iets overheerlijks] Köstlichkeit (v[20])
zaligmakend selig machend
de **zaligverklaring** Seligsprechung (v[20])
de **zalm** Lachs (m[5])
de **zalmforel** Lachsforelle (v[21])
zalmkleurig lachsfarbig, lachsfarben
zalven (ein)salben
zalvend salbungsvoll
de **zalving** Salbung (v[20])
Zambia Sambia (o[39])
de **Zambiaan** Sambier (m[9]), Sambierin (v[22])
Zambiaans sambisch
het **zand** Sand (m[19]) || *als droog* ~ *aan elkaar han-*

gen zusammenhanglos sein[262]; *in het* ~ *bijten* ins Gras beißen[125]; *iem.* ~ *in de ogen strooien* jmdm. Sand in die Augen streuen; ~ *erover!* Schwamm drüber!
de **zandafgraving** Sandgrube (v[21])
de **zandbak** Sandkasten (m[12]), Sandkiste (v[21])
de **zandbank** Sandbank (v[25])
zanderig sandig
de **zandgrond** Sandboden (m[12])
het **zandkasteel** Sandburg (v[20])
de **zandkorrel** Sandkorn (o[32])
de **zandloper** Sanduhr (v[20])
het **zandpad** Sandweg (m[5])
het/de **zandsteen** Sandstein (m[5])
de **zandstorm** Sandsturm (m[6])
zandstralen sandstrahlen
het **zandstrand** Sandstrand (m[6])
de **zandverstuiving** Sandverwehung (v[20])
de **zandvlakte** Sandfläche (v[21])
de **zandweg** Sandweg (m[5])
de **zandzak** Sandsack (m[6])
de **zang** Gesang (m[6])
de **zanger** Sänger (m[9])
zangerig melodisch, melodiös
het **zangkoor** Chor (m[5])
de **zangleraar** Gesang(s)lehrer (m[9])
de **zangles** Gesang(s)stunde (v[21])
de **zanglijster** Singdrossel (v[21])
de **zangstem** Singstimme (v[21])
de **zangvereniging** Gesangverein (m[5])
de **zangvogel** Singvogel (m[10])
zaniken nörgeln, quengeln
zappen zappen
zat 1 [verzadigd] satt, gesättigt **2** [dronken] besoffen **3** [beu] satt: *ik ben het* ~ ich habe die Nase voll **4** [in overvloed] in Hülle und Fülle: *geld* ~ Geld in Hülle und Fülle
de **zaterdag** Samstag (m[5]); [voornamelijk N-Du] Sonnabend (m[5])
¹**zaterdags** (bn) samstäglich, sonnabendlich
²**zaterdags** (bw) am Samstag, am Sonnabend, samstags, sonnabends
de **zatlap** Saufbold (m[5]), Trunkenbold (m[5])
¹**ze** (pers vnw) sie[82]
²**ze** (onb vnw) man, die Leute
de **zebra 1** [dierk] Zebra (o[36]) **2** [oversteekplaats] Zebrastreifen (m[11])
het **zebrapad** Zebrastreifen (m[11])
de **zede** Sitte (v[21]): *~n en gewoonten* Sitten und Gebräuche; *vergrijp tegen de ~n* Verstoß gegen die Sitten; *meisje van lichte ~n* leichtes Mädchen
zedelijk 1 [overeenkomstig de goede zeden] sittlich, moralisch **2** [eerbaar] sittsam
de **zedelijkheid** Sittlichkeit (v[28]), Moralität (v[28])
zedeloos sittenlos
het **zedenbederf** Sittenverfall (m[19])
het **zedendelict** Sittlichkeitsdelikt (o[29]), Sexualverbrechen (o[35])
de **zedenleer** Sittenlehre (v[21])

het **zedenmisdrijf** Sittlichkeitsverbrechen (o[35]), Sexualstraftat (v[20])

de **zedenpolitie** Sittenpolizei (v[28])

de **zedenpreek** Moralpredigt (v[20])

de **zedenzaak 1** [politiezaak] Sexualdelikt (o[29]), Sexualstraftat (v[20]) **2** [rechtszaak] Sittenprozess (m[5])

zedig sittsam

de **zee 1** Meer (o[29]), See (v[21]): *de vakantie aan ~ doorbrengen* den Urlaub am Meer verbringen[139]; *in volle ~* auf hoher See; *de volle ~ op* aufs offene Meer hinaus; *naar ~ gaan* **a)** [als uitje] an die See fahren[153]; **b)** [zeeman worden] Seemann werden[310] **2** [golf] See (v[21]): *hoge ~* hohe See **3** [overvloed] Meer (o[29]): *een ~ van tranen* ein Meer von Tränen ‖ *met iem. in ~ gaan* es mit jmdm. wagen

de **zeearend** Seeadler (m[9])

de **zeearm** Meeresarm (m[5])

het **zeebanket** Hering (m[5])

de **zeebenen** Seemannsgang (m[6]): *~ hebben* seefest sein

de **zeebeving** Seebeben (o[35])

de **zeebodem** Meeresgrund (m[6]), Meeresboden (m[12])

de **zeebonk** Seebär (m[14])

de **zeeduivel** Seeteufel (m[9]), Anglerfisch (m[5])

de **zee-egel** Seeigel (m[9])

de **zee-engte** Meerenge (v[21]), Meeresstraße (v[21])

de **zeef** Sieb (o[29])

de **zeefdruk** Siebdruck (m[5])

het **zeegat**: *het ~ uitgaan* in See stechen[277]

het **zeegezicht 1** [uitzicht op zee] Meeresblick **2** [schilderij] Seestück (o[29])

de **zeehaven** Seehafen (m[12])

de **zeeheld** Seeheld (m[14])

de **zeehond** Seehund (m[5])

het **zeeklimaat** Seeklima (o[39]), Meeresklima (o[39])

de **zeekoe** Seekuh (v[25])

de **zeekreeft** Hummer (m[9])

Zeeland Seeland (o[39])

de **zeeleeuw** Seelöwe (m[15])

de **zeelieden** Seeleute (mv)

de **zeelucht** Seeluft (v[25])

het **¹zeem** [zeemleer] Waschleder (o[39])

de/het **²zeem** [lap] Lederlappen (m[11]), Fensterleder (o[33])

de **zeemacht 1** [marine] Seestreitkräfte (mv v[25]), Marine (v[21]) **2** [zeemogendheid] Seemacht (v[25])

de **zeeman** Seemann (m, 2e nvl: -(e)s; mv: Seeleute)

de **zeemeermin** Meerjungfrau (v[20]), Seejungfrau

de **zeemeeuw** Seemöwe (v[21])

de **zeemijl** Seemeile (v[21])

het **zeemleer** Waschleder (o[39])

zeemleren waschledern

de **zeemogendheid** Seemacht (v[25])

het **zeeniveau** Meereshöhe (v[21])

de **zeeolifant** See-Elefant (m[14])

de **zeep** Seife (v[21]): *groene ~* grüne Seife; *zachte ~* Schmierseife; *stuk ~* Stück Seife; *iem. om ~ brengen* jmdn. um die Ecke bringen[139]; *iets om ~ helpen* etwas gegen die Wand fahren[153]

het **zeepaardje** Seepferdchen (o[35])

het **zeepbakje** Seifenschale (v[21])

de **zeepbel** [ook fig] Seifenblase (v[21])

de **zeepkist** Seifenkiste (v[21])

het/de **zeeppoeder** Seifenpulver (o[33])

het **zeepsop** Seifenlauge (v[21])

het **¹zeer** (zn) Übel (o[33]): *oud ~* altes Übel; *~ doen* wehtun[295]; *iem. ~ doen* jmdm. wehtun[295]; *zich ~ doen* sich[3] wehtun[295]; *dat doet ~* das tut weh, das schmerzt

²zeer (bn) schmerzhaft, schmerzend: *zere ogen* entzündete Augen; *een zere plek* eine schmerzhafte Stelle; *een zere vinger* ein böser (of: schlimmer) Finger

³zeer (bw) sehr[65]: *dank u ~!* danke sehr!; *dat komt ~ van pas* das kommt gerade recht; *~ wel mogelijk* durchaus möglich

de **zeereis** Seereise (v[21])

de **zeerob 1** [zeeman] Seebär (m[14]) **2** [zeehond] Robbe (v[21]), Seehund (m[5])

de **zeerover** Seeräuber (m[9]), Pirat (m[14])

zeerst: *ten ~e verwonderd* höchst erstaunt; *ten ~e aanbevelen* bestens empfehlen[147]; *ten ~e bedanken* verbindlichst danken[+3]

het **zeeschip** Seeschiff (o[29])

de **zeeschuimer** Seeräuber (m[9]), Pirat (m[14])

de **zeeslag** Seeschlacht (v[20])

de **zeesleper** Hochseeschlepper (m[9])

de **zeespiegel** Meeresspiegel (m[9])

de **zeestraat** Meeresstraße (v[21]), Seestraße

de **zeestrijdkrachten** Seestreitkräfte (mv v[25])

de **zeestroming** Meeresströmung (v[20])

de **zeetong** Seezunge (v[21])

de **Zeeuw** Seeländer (m[9]), Seeländerin (v[22])

Zeeuws seeländisch

Zeeuws-Vlaanderen Seeländisch-Flandern (o[39])

de **zeevaarder** Seefahrer (m[9])

de **zeevaart** Seeschifffahrt (v[28]), Seefahrt (v[28])

zeevarend seefahrend

de **zeevis** Seefisch (m[5])

de **zeevisserij** Seefischerei (v[28]), Hochseefischerei (v[28])

zeewaardig seetüchtig, seefähig: *~ verpakt* seemäßig verpackt

het **zeewater** Seewasser (o[39]), Meerwasser (o[39])

de **zeewering** ± Küstenbefestigung (v[20])

het **zeewier** Seetang (m[5]), Seegras (o[32])

de **zeewind** Seewind (m[5])

zeeziek seekrank

de **zeeziekte** Seekrankheit (v[28])

het **zeezout** Seesalz (o[39]), Meersalz (o[39])

zeg: *~, Henk, heb je hem gezien?* du, Heinz, hast du ihn gesehen?; *leuk, ~!* fein, was!

de **zege** Sieg (m[5]): *de ~ behalen* den Sieg erringen[224]

het **¹zegel** Siegel (o[33]): *vrij van* ~ frei von Stempelgebühren ‖ *onder het* ~ *van geheimhouding* unter dem Siegel der Verschwiegenheit

de/het **²zegel** [gegomd papieren strookje] Marke (v[21])

de **zegelring** Siegelring (m[5])

de **zegen** Segen (m[11]): *daar rust geen* ~ *op* es bringt keinen Segen; *mijn* ~ *heb je!* meinen Segen hast du!

de **zegenbede** Segenswunsch (m[6])

zegenen segnen

zegerijk siegreich

de **zegetocht** Siegeszug (m[6]), Triumphzug (m[6])

zegevieren siegen, triumphieren[320]

het **¹zeggen** (zn) Sagen (o[39]): *naar zijn* ~ nach seiner Angabe; *hij heeft het voor het* ~ er hat das Sagen; *als ik het voor het* ~ *had!* wenn es nach mir ginge!

²zeggen (ww) sagen: *dat is toch vreselijk, zeg nou zelf!* das ist doch schrecklich, oder?; *zeg dat wel!* da hast du (*of:* da haben Sie) Recht!; *die heeft het hem flink gezegd!* der hat's ihm aber gegeben!; *zo gezegd, zo gedaan* gesagt, getan; *het is om zo te* ~ *afgelopen* es ist sozusagen zu Ende; *dat zegt nog niets!* das besagt noch nichts!; *wat heb je daarop te* ~*?* was hast du dagegen einzuwenden?; *eerlijk gezegd* offen gesagt; *dat zegt niet veel* das besagt nicht viel; *daar is veel voor te* ~ das hat viel für sich; *dat zegt wel wat* das will schon etwas heißen; *dat wil* ~ *(d.w.z.)* das heißt (d.h.); *daar zeg je zoiets!* da hast du wirklich Recht!

de **zeggenschap** Verfügungsrecht (o[29]), Verfügungsgewalt (v[28])

de **zeggingskracht** Beredsamkeit (v[28])

het **zegje**: *iem. zijn* ~ *laten doen* jmdn. seinen Senf dazugeben lassen[197]

de **zegsman** Gewährsmann (m[8], mv: ook Gewährsleute)

de **zegswijze** Redensart (v[20])

de **zeik** [vulg] Pisse (v[21]); Schiffe (v): *iem. in de* ~ *nemen* jmdn. verarschen

zeiken [inf] **1** [urineren, stortregenen] pissen **2** [zeuren] meckern

de **zeikerd** [inf] Meckerfritze (m[15])

zeikerig [inf] nörgelig

zeiknat [inf] klatschnass, patschnass

het **zeil 1** [van schip, windmolen] Segel (o[33]): *de ~en hijsen* die Segel hissen **2** [over boot e.d.] Plane (v[21]) **3** [in bed] Gummiunterlage (v[21]) **4** [van tent] Zeltplane (v[21]) **5** [vloerbedekking] Linoleum (o[39]) ‖ *onder* ~ *gaan* **a)** [lett] unter Segel gehen[168]; **b)** [fig] einschlafen[240]

de **zeilboot** Segelboot (o[29])

het/de **zeildoek 1** [voor zeilen] Segeltuch (o[29]) **2** [pakzeil] Plane (v[21])

zeilen segeln

de **zeiler** Segler (m[9])

het **zeiljacht** Segeljacht (v[20])

de **zeilplank** Surfbrett (o[31])

het **zeilschip** Segelschiff (o[29]), Segler (m[9])

de **zeilsport** Segelsport (m[19])

de **zeiltocht** Segelfahrt (v[20])

de **zeilwedstrijd** Segelregatta (v, mv: Segelregatten)

de **zeis** Sense (v[21]); [van de dood, vooral] Hippe (v[21])

¹zeker (bn, bw) **1** [veilig] sicher **2** [betrouwbaar] sicher, zuverlässig: *zoveel is* ~ so viel steht fest **3** [vast overtuigd] gewiss, sicher, bestimmt, entschieden: ~ *van zijn zaak zijn* seiner Sache[2] gewiss (*of:* sicher) sein[262]; ~ *van iem. zijn* sich auf jmdn. verlassen können[194] **4** [gerust] sicher **5** [waarschijnlijk, stellig] sicher, gewiss, bestimmt: [Belg] ~ *en vast* ganz gewiss, ganz sicher **6** [minstens] [bijwoord] mindestens: ~ *dertig gewonden* mindestens dreißig Verletzte

²zeker (onb vnw) [niet nader aan te duiden] gewiss: *een ~e heer Smit* ein (gewisser) Herr Smit; *een ~e plaats* ein gewisser Ort; *in ~e zin* gewissermaßen; *op ~e dag* eines Tages; *tot op ~e hoogte* bis zu einem gewissen Grade

³zeker (tw): *vast en* ~ ganz gewiss

de **zekerheid 1** [veiligheid] Sicherheit (v[28]) **2** [het zeker zijn] Sicherheit (v[28]), Gewissheit (v[28]), Bestimmtheit (v[28]): *iets met* ~ *weten* etwas bestimmt (*of:* sicher) wissen[314] **3** [waarborg] Sicherheit (v[20]): ~ *stellen* Sicherheit leisten; *sociale* ~ soziale Sicherheit

de **zekering** Sicherung (v[20])

zelden selten: ~ *of nooit* wenig

zeldzaam 1 [schaars] selten: *een* ~ *dier* ein seltenes Tier **2** [buitengewoon] außerordentlich, außergewöhnlich: *een zeldzame schoonheid* eine seltene (*of:* außergewöhnliche) Schönheit

de **zeldzaamheid** Seltenheit (v[20])

zelf 1 [in eigen persoon] selber, selbst: *vader* ~ *heeft het verteld* Vater selbst hat es erzählt; *hij is de beleefdheid* ~ er ist die Höflichkeit selbst **2** [in tegenstelling met de rest] selbst: *de auto* ~ *bleef onbeschadigd* das Auto selbst blieb unbeschädigt

de **zelfbediening** Selbstbedienung (v[28])

het **zelfbedieningsrestaurant** Selbstbedienungsrestaurant (o[36])

het **zelfbedrog** Selbstbetrug (m[19])

het **zelfbeeld** Selbstbild (o[31])

de **zelfbeheersing** Selbstbeherrschung (v[28])

het **zelfbehoud** Selbsterhaltung (v[28])

het **zelfbeklag** Selbstbemitleidung (v[20])

de **zelfbeschikking** Selbstbestimmung (v[28])

het **zelfbestuur** Selbstverwaltung (v[20])

de **zelfbevrediging** Selbstbefriedigung (v[28])

zelfbewust selbstbewusst

het **zelfbewustzijn** Selbstbewusstsein (o[39])

zelfde: *deze* ~ eben derselbe (*of:* dieselbe)

de **zelfdiscipline** Selbstdisziplin (v[28])

de **zelfdoding** Selbsttötung (v[20])

zelfgenoegzaam selbstzufrieden
zelfingenomen selbstgefällig
de **zelfkant** Rand (m⁸): *aan de ~ van de maat-schappij leven* am Rande der Gesellschaft leben
de **zelfkennis** Selbsterkenntnis (v²⁸)
de **zelfkritiek** Selbstkritik (v²⁰)
de **zelfmoord** Selbstmord (m⁵): *poging tot ~* Selbstmordversuch (m⁵); *~ plegen* Selbstmord begehen¹⁶⁸
de **zelfmoordaanslag** Selbstmordattentat (o²⁹)
de **zelfmoordterrorist** Selbstmordattentäter (m⁹)
de **zelfontspanner** Selbstauslöser (m⁹)
de **zelfoverschatting** Selbstüberschätzung (v²⁰)
het **zelfportret** Selbstbildnis (o²⁹ᵃ)
het **zelfrespect** Selbstachtung (v²⁸)
zelfrijzend: *~ bakmeel* Mehl mit Backpulver
zelfs 1 [tegen de verwachting in] selbst, sogar **2** [wat sterker is] sogar: *of ~* oder gar
de **zelfspot** Selbstspott (m¹⁹)
zelfstandig selbstständig: *~ naamwoord* Substantiv (o²⁹); Hauptwort (o³²); *een ~ beroep* ein freier Beruf; *een kleine ~e* ein kleiner Gewerbetreibender
de **zelfstandige** Freiberufler (m⁹)
de **zelfstandigheid 1** [onafhankelijkheid] Selbstständigkeit (v²⁸) **2** [bestanddeel] Substanz (v²⁰) **3** [elk voorwerp op zichzelf] Ding (o²⁹)
de **zelfstudie** Selbststudium (o, mv: Selbststudien)
de **zelfverdediging** Selbstverteidigung (v²⁸)
de **zelfverloochening** Selbstverleugnung (v²⁰)
het **zelfvertrouwen** Selbstvertrauen (o³⁹)
het **zelfverwijt** Gewissensbisse (mv m⁵)
zelfverzekerd selbstsicher
zelfvoldaan selbstzufrieden
de **zelfwerkzaamheid** Selbsttätigkeit (v²⁸), Selbstbetätigung (v²⁸)
zelfzuchtig selbstsüchtig, egoistisch
zelve *zie zelf*
de **zemel** [van graankorrel] Kleie (v²¹)
de **zemelaar** Nörgelfritze (m¹⁵), Nörgler (m⁹)
zemelen nörgeln; [temerig praten] salbadern
¹**zemen** (bn) aus Sämischleder (o³¹): *~ lap* Fensterleder (o³³); Ledertuch (o³²)
²**zemen** (ww) abledern, putzen: *ramen ~* Fenster putzen
het **zenboeddhisme** Zen (o)
de **zendamateur** Funkamateur (m⁵)
de **zendeling** Missionar (m⁵)
zenden 1 [sturen] senden²⁶³, schicken **2** [uitzenden] ausstrahlen, senden²⁶³ [zwak]
de **zender** [zendapparaat] Sendegerät (o²⁹); [zendstation] Sender (m⁹)

de **zendgemachtigde** Sendebevollmächtigte(r) (m⁴⁰ᵃ)
de **zending 1** [het zenden, het gezondene, opdracht] Sendung (v²⁰) **2** [missie] Mission (v²⁰)
het **zendingswerk** Missionsarbeit (v²⁰)
de **zendinstallatie** Sendeanlage (v²¹)
de **zendmast** Sendemast (m¹⁶, m⁵)
de **zendpiraat** Schwarzsender (m⁹), Piratensender (m⁹)
het **zendstation** Sendestation (v²⁰)
de **zendtijd** Sendezeit (v²⁰)
de **zenuw** Nerv (m¹⁶): *de ~en hebben* äußerst nervös sein²⁶²; *in de ~en zitten* sich ängstigen; *het op de ~en krijgen* die Nerven verlieren³⁰⁰; *dat werkt op mijn ~en* das geht mir auf die Nerven; *over zijn ~en (heen) zijn* mit den Nerven fertig sein²⁶²
de **zenuwaandoening** Nervenkrankheit (v²⁰)
zenuwachtig nervös: *dat maakt me ~* das macht mich nervös, das geht mir auf die Nerven
de **zenuwachtigheid** Nervosität (v²⁸)
de **zenuwbehandeling** Wurzelbehandlung (v²⁰)
de **zenuwcel** Nervenzelle (v²¹)
het **zenuwgas** Nervengas (o²⁹)
het **zenuwgestel** Nervensystem (o²⁹): *hij heeft een sterk, zwak ~* er hat starke, schwache Nerven
de **zenuwinzinking** Nervenzusammenbruch (m⁶): *een ~ nabij zijn* mit den Nerven fertig sein
de **zenuwlijder** Nervenkranke(r) (m⁴⁰ᵃ, v⁴⁰ᵇ)
de **zenuwontsteking** Nervenentzündung (v²⁰)
zenuwslopend nervenaufreibend, nervenzerfetzend, nervtötend: *een ~e week* eine stressige Woche
het **zenuwstelsel** Nervensystem (o²⁹)
het **zenuwtrekje** Tick (m¹³), Tic (m¹³)
de **zenuwziekte** Nervenkrankheit (v²⁰)
de **zeperd**: *een ~ halen* einen Reinfall erleben
de **zerk** Steinplatte (v²¹); [bij graf] Grabplatte (v²¹)
de **zero tolerance** Nulltoleranz (v²⁶)
de ¹**zes** (zn) Sechs (v²⁰)
²**zes** (telw) sechs
het ¹**zesde** Sechstel (o³³)
²**zesde** (telw) der (die, das) sechste: *Karel de Zesde* Karl der Sechste (VI.)
de **zeshoek** Sechseck (o²⁹)
de **zesjescultuur** Kultur (v²⁰) der Mittelmäßigkeit
zestien sechzehn
zestiende sechzehnte(e)
zestig sechzig
de **zestiger** Sechziger (m⁹)
de **zet 1** [daad van zetten] Zug (m⁶): *een ~ doen* einen Zug tun²⁹⁵ (*of:* machen) **2** [duw, stoot] Stoß (m⁶), Ruck (m⁵): *iem. een ~ geven*

a) jmdm. einen Stoß geben; **b)** [fig] einem auf die Sprünge helfen **3** [sprong] Satz (m⁶), Sprung (m⁶) **4** [geestigheid] Wort (o²⁹), Einfall (m⁶); [daad] Streich (m⁵)

de **zetbaas** Geschäftsführer (m⁹); [fig] Strohmann (m⁸)

de **zetel 1** [zitplaats, stoel] Sitz (m⁵), Sessel (m⁹): *een ~ in het bestuur* ein Sitz im Vorstand; *tien ~s winnen* zehn Mandate gewinnen **2** [Belg; fauteuil] Armsessel (m⁹), Lehnsessel (m⁹) **3** [plaats van vestiging] Sitz (m⁵) **zetelen** [m.b.t. regering, bestuur] seinen Sitz haben¹⁸²

de **zetfout** Setzfehler (m⁹), Satzfehler (m⁹)

het **zetmeel** Stärke (v²¹): *~ van mais* Maisstärke (v²⁸)

de **zetpil** Zäpfchen (o³⁵)

het **zetsel** [typ] Satz (m¹⁹), Schriftsatz (m¹⁹) **zetten 1** [doen zitten] setzen: *iem. in de gevangenis ~* jmdn. einsperren **2** [plaatsen] stellen, setzen; [van edelstenen] fassen: *een huis laten ~* ein Haus bauen lassen¹⁹⁷; *bij het schaken ~* beim Schach ziehen³¹⁸; *iets in elkaar ~* etwas zusammensetzen; *de wekker op 5 uur ~* den Wecker auf 5 (Uhr) stellen; *uit het land ~* ausweisen³⁰⁷ **3** [bereiden] kochen, machen: *koffie, thee ~* Kaffee, Tee kochen ‖ *een fractuur ~* eine Fraktur richten; *iem. iets betaald ~* jmdm. etwas heimzahlen; *een ernstig gezicht ~* ein ernstes Gesicht machen; *zich over iets heen ~* sich über⁺⁴ etwas hinwegsetzen; *ik kan die deun niet uit mijn hoofd ~* die Weise geht mir nicht aus dem Kopf; *dat moet je uit je hoofd ~* das musst du dir aus dem Kopf schlagen; *iem. voor gek ~* jmdn. lächerlich machen

de **zetter** [typ] Setzer (m⁹), Schriftsetzer (m⁹)

de **zeug 1** [moedervarken] Mutterschwein (o²⁹), Sau (v²⁵, v²⁰) **2** [van wild zwijn] Wildsau (v²⁵, v²⁰) **zeulen** schleppen

de **zeur** Nörgelfritze (m¹⁵) **zeuren 1** nörgeln, quengeln; [temen] salbadern **2** [drenzen] knatschen **3** [kletsen] quasseln **4** [iem. aan het hoofd malen] jmdm. in den Ohren liegen²⁰²

de **zeurkous**, de **zeurpiet** Nörgelfritze (m⁵)

de **¹zeven** (zn) Sieben (v²⁰)
²zeven (ww) sieben, seihen
³zeven (telw) sieben
¹zevende (zn) Siebtel (o³³)
²zevende (telw) der (die, das) siebente (*of:* siebte): *Hendrik de Zevende* Heinrich der Siebte (VII.)

het **Zevengebergte** Siebengebirge (o³⁹)

de **zevenklapper** Knallfrosch (m⁶)

de **zevenmijlslaarzen** Siebenmeilenstiefel (mv m⁹)
zeventien siebzehn
¹zeventiende (bn) [door zeventien gedeeld] siebzehntel

²zeventiende (rangtelw) siebzehnt: *de ~ eeuw* das siebzehnte Jahrhundert
zeventig siebzig

de **zever** Geifer (m¹⁹), Speichel (m¹⁹)
zeveren 1 [kwijlen] geifern **2** [wauwelen] faseln

z.g.a.n. afk van *zogoed als nieuw* neuwertig

zgn. afk van *zogenaamd* so genannt, sog.

zich sich⁸⁸

het **zicht** [het zien] Sicht (v²⁸): *bij goed ~* bei guter Sicht; *in (het) ~ zijn* in Sicht sein²⁶²; *in (het) ~ komen* in Sicht kommen¹⁹³; *het einde is in ~* das Ende ist abzusehen, das Ende kommt in Sicht; *op ~ zenden* zur Ansicht senden²⁶³
zichtbaar sichtbar

de **zichtrekening** [Belg] Kontokorrent (o²⁹)
zichzelf sich selber, sich selbst: *uit ~ von selbst; *van ~ is hij wat verlegen* er ist von Natur etwas schüchtern; *van ~ heet zij Krause* sie ist eine geborene Krause; *hij is niet ~* er ist nicht er selbst
ziedend [woedend] wütend
ziek krank⁵⁸: *~ worden* krank werden³¹⁰; erkranken; *ik ben zo ~ als een hond* mir ist hundeelend; *zich ~ melden* sich krankmelden; *een ~e grap* ein schlechter Scherz

het **ziekbed** Krankenbett (o³⁷), Krankenlager (o³³)

de **zieke** Kranke(r) (m⁴⁰ᵃ, v⁴⁰ᵇ)
ziekelijk 1 [aanhoudend min of meer ziek] kränklich **2** [abnormaal] krankhaft

de **ziekenauto** Krankenwagen (m¹¹), Rettungswagen (m¹¹)

het **ziekenbezoek** Krankenbesuch (m⁵)

de **ziekenboeg** Krankenabteilung (v²⁰); [in bejaardentehuis e.d.] Krankenstation (v²⁰); [leger] Sanitätsbereich (m⁵)

de **ziekenbroeder** [op ambulance] Sanitäter (m⁹); [in ziekenhuis] Krankenpfleger (m⁹)

het **ziekenfonds** Krankenkasse (v²¹)

het **ziekengeld** Krankengeld (o³¹)

het **ziekenhuis** Krankenhaus (o³²): *naar het ~ brengen* ins Krankenhaus einliefern

de **ziekenwagen** Krankenwagen (m¹¹): *~ van de GGD met een arts* Notarztwagen (m¹¹)

de **ziekte** Krankheit (v²⁰): *wegens ~* krankheitshalber; *de ~ van Pfeiffer* das pfeiffersche Drüsenfieber

het **ziektebeeld** Krankheitsbild (o³¹)

de **ziektekiem** Krankheitserreger (m⁹)

de **ziektekosten** Unkosten (mv) durch Krankheit

de **ziektekostenverzekering** Krankenversicherung (v²⁰): *particuliere ~* private Krankenversicherung; *verplichte ~* soziale Krankenversicherung

het **ziekteverlof** [bij ziekte] Erholungsurlaub: *ze is met ~* sie ist krankgeschrieben

het **ziekteverloop** Krankheitsverlauf (m⁶)

de **ziekteverwekker** Krankheitserreger (m⁹)

de **ziekteverzekering** Krankenversicherung (v²⁰)

het **ziekteverzuim** Versäumen (o) wegen Krankheit: *een hoog* ~ ein hoher Ausfall durch Krankheit

de **ziektewet**: *in de* ~ *lopen* Krankengeld beziehen³¹⁸

de **ziel** Seele (v²¹): *geen levende* ~ keine Menschenseele; *deze stad telt 100.000* ~*en* diese Stadt hat 100.000 Einwohner; *met* zijn ~ *onder de arm lopen* sich langweilen; *ter* ~*e gaan* das Zeitliche segnen; *iem. op* zijn ~ *trappen* jmdn. tief verletzen

het **zielenheil** Seelenheil (o³⁹)

de **zielenpoot** bedauernswerter Mensch (m¹⁴)

zielig bedauernswert, traurig: ~*!* wie traurig!

zielloos 1 [zonder ziel] seelenlos **2** [dood] entseelt

zielsbedroefd tief betrübt, tief bekümmert

zielsgelukkig selig

zielsveel innig, von ganzem Herzen

de **zielsverhuizing** Seelenwanderung (v²⁸)

zieltogend: *een* ~ *bestaan leiden* ± kaum noch überlebensfähig sein, in einem jämmerlichen Zustand sein

het **¹zien** (zn) Sehen (o³⁹), Anblick (m¹⁹): *tot* ~*s!* auf Wiedersehen!

²zien (ww) sehen²⁶¹, schauen: *bleek* ~ blass aussehen; *zie je wel!* siehst du! (*of:* siehste!); *hij ziet er altijd zo boos uit* er schaut immer so böse drein; *we zullen* ~ wir wollen mal sehen; *dat mag gezien worden* das kann (*of:* darf) sich sehen lassen; *dat kun je niet aan de mensen* ~ das kann man den Leuten nicht ansehen; *ik zie het aan je, dat …* ich sehe es dir an, dass …; *zie beneden!* siehe unten!; *veel in iets* ~ sich³ viel von etwas versprechen²⁷⁴; *ik heb het* ~ *aankomen* ich habe es kommen sehen; *ik heb het hem laten* ~ ich habe es ihm gezeigt; *het verkeer laat een toename* ~ der Verkehr hat eine Zunahme zu verzeichnen; *de kamer ziet uit op de tuin* das Zimmer sieht auf den Garten; *te* ~ *krijgen zu sehen bekommen*¹⁹³; *ik zie het al voor me!* wenn ich mir das vorstelle!; *mij niet gezien* ohne mich!; *iets, iem.* ~ *zitten* an etwas, jmdn. glauben, etwas/viel von etwas, jmdm. erwarten; *het niet meer* ~ *zitten* die Hoffnung aufgegeben haben¹⁸²

ziende sehend: ~ *blind* mit sehenden Augen blind

zienderogen zusehends, sichtlich

de **ziener** Seher (m⁹)

de **zienswijze** [mening] Ansicht (v²⁰)

de **zier**: *de man heeft geen* ~*tje gevoel* der Mann hat nicht das geringste Gefühl; *het interesseert me geen* ~ es interessiert mich nicht im Geringsten

ziezo! so!

de **zigeuner** Zigeuner (m⁹)

het **zigeunerkamp** Zigeunerlager (o³³)

zigzag zickzack, im Zickzack

zigzaggen zickzacken

¹zij (zn) [vrouwelijk persoon] Sie (v²⁷)

²zij (pers vnw) sie⁸²

het **zijaanzicht** Seitenansicht (v²⁰)

de **¹zijde** [stof] Seide (v²¹)

de **²zijde**, de **zij** [kant] Seite (v²¹): *dat is zijn zwakke* ~ das ist seine schwache Seite; *wij hebben het gelijk aan onze* ~ wir sind im Recht; *aan beide* ~*n* auf (*of:* zu) beiden Seiten; *aan deze* (*of: gene*) ~ *van de rivier* diesseits (*of:* jenseits) des Flusses; *steken in de* ~ Seitenstechen (o³⁹); *op zijn andere* ~ *gaan liggen* sich auf die andere Seite drehen; *van bevriende* ~ von zuverlässiger Seite; *van wel ingelichte* ~ aus zuverlässiger Quelle; *ik van mijn* ~ ich meinerseits; *van moeders* ~ mütterlicherseits; *van vaders* ~ väterlicherseits; *van de* ~ *van de regering* seitens⁺² der Regierung

zijdeachtig seidenartig

zijdelings Seiten…, indirekt: *een* ~ *verwijt* ein indirekter Vorwurf; ~ *naar iem. kijken* jmdm. einen Seitenblick zuwerfen³¹¹; ~ *betrokken zijn bij* indirekt beteiligt sein²⁶² an⁺³

zijden 1 [van zijde] seiden, Seiden…: ~ *jurk* seidenes Kleid; [ook] Seidenkleid (o³¹) **2** [als van zijde] seidig, seidenartig

de **zijderups** Seidenraupe (v²¹)

de **zijdeur** Seitentür (v²⁰), Nebentür (v²⁰)

zijig seidig, seidenartig

de **zijingang** Seiteneingang (m⁶)

de **zijinstromer** Quereinsteiger (m⁹), Seiteneinsteiger (m⁹)

de **zijkamer** Nebenzimmer (o³³), Nebenraum (m⁶)

de **zijkant** Seite (v²¹)

de **zijlijn** [sport, spoorw] Seitenlinie (v²¹)

het **¹zijn** (zn) Sein (o³⁹)

²zijn (ww) sein²⁶²: *als vader* ~*de* … als Vater …; *is er een God?* gibt es einen Gott?; *wat is er?* was gibt's?, was ist los?; *wat is er met hem?* was hat er?; *hij mag er* ~ er kann (*of:* darf) sich sehen lassen; *moet er nog hout* ~*?* wird noch Holz benötigt?; *er was eens een koning* es war (ein)mal ein König; *er is wat met mijn fiets* mein Fahrrad ist nicht in Ordnung; *je bent er!* [hebt het gehaald] du hast es geschafft!; *hoe is het?* wie geht's?; *nu weet je wat dat is* jetzt weißt du, was das heißt; *dat kan wel* ~ das mag sein; *het kan best* ~ es ist schon möglich; [fig] *waar* ~ *we?* wo sind wir stehen geblieben?; *het is hier prettig fietsen* es radelt sich hier angenehm; *het is te begrijpen* es lässt sich verstehen, es ist zu verstehen; *het is te doen* das lässt sich schon machen; *hij was er bijna geweest* er hat dem Tod ins Auge gesehen

³zijn (bez vnw⁸⁰) **1** [van hem] sein (m), seine (v), sein (o): *hij heeft* ~ *voet bezeerd* er hat sich³ den Fuß (*of:* er hat seinen Fuß) verletzt;

Zijne Hoogheid Seine Hoheit **2** [zelfstandig] der, die, das Seine (*of:* Seinige): *de ~* die Seinen; *mijn boek en het ~e* mein Buch und das seinige (*of:* das seine); *hij heeft het ~e gedaan* er hat das Seine getan; *het ~e ervan denken* sich³ sein Teil dabei denken¹⁴⁰ || *te ~er tijd* zu seiner, gegebener Zeit

het **zijpad** Seitenpfad (m⁵)

het **zijraam** Seitenfenster (o³³)

de **zijrivier** Nebenfluss (m⁶)

het/de **zijspan** Beiwagen (m¹¹)

de **zijspiegel** Außenspiegel (m⁹)

het **zijspoor** Nebengleis (o²⁹): [fig] *op een ~ staan* ausrangiert sein²⁶²; *iem. op een ~ zetten* jmdn. kaltstellen

de **zijstraat** Seitenstraße (v²¹), Nebenstraße (v²¹): [fig] *ik noem maar een ~* um (nur) ein Beispiel herauszugreifen (*of:* zu nennen)

de **zijtak 1** [van boom] Zweig (m⁵); [dikker] Ast (m⁶) **2** [van familie] Nebenlinie (v²¹) **3** [van rivier] Arm (m⁵)

de **zijuitgang** Nebenausgang (m⁶)

de **zijvleugel** Seitenflügel (m⁹)

zijwaarts Seiten..., seitwärts: *~e beweging* Seitenbewegung (v²⁰); *één pas ~* ein Seitenschritt

de **zijweg** Seitenweg (m⁵), Nebenweg (m⁵)

de **zijwind** Seitenwind (m⁵)

zilt salzig: *het ~e nat* das Meer, die See

het **zilver** Silber (o³⁹): *fijn ~* Feinsilber

het/de **zilverdraad 1** [metaal] Silberdraht (m⁶) **2** [in weefsel] Silberfaden (m¹²)

zilveren silbern, Silber...: *~ bruiloft* silberne Hochzeit (v²⁸), Silberhochzeit (v²⁸); *een ~ medaille* eine Silbermedaille

zilverkleurig silberfarben, silberfarbig

de **zilvermeeuw** Silbermöwe (v²¹)

het **zilverpapier** Silberpapier (o³⁹), Stanniol (o²⁹)

de **zilversmid** Silberschmied (m⁵)

de **zilverspar** Weißtanne (v²¹), Silbertanne (v²¹)

het **zilveruitje** Silberzwiebel (v²¹), Perlzwiebel (v²¹)

het **zilverwerk 1** [ook fig] Silberarbeit (v²⁰) **2** [lett] Silberzeug (o³⁹), Silber (o³⁹), Silberwaren (mv v²¹); [op tafel] Silbergeschirr (o³⁹)

de **Zimbabwaan** Simbabwer (m⁹), Simbabwerin (v²²)

Zimbabwaans simbabwisch

Zimbabwe Simbabwe (o³⁹)

de **zin 1** [zielsvermogen, verstand, betekenis] Sinn (m⁵): *dat heeft helemaal geen ~* [nut] das hat gar keinen Zweck; *niet goed bij zijn ~nen zijn* nicht recht bei Verstand sein²⁶²; *kwaad in de ~ hebben* Böses im Sinn haben¹⁸²; *in zekere ~ heb je gelijk* in gewissem Sinne hast du Recht; *in de ~ van de wet* im Sinne des Gesetzes; *zijn ~nen op iets zetten* sich³ etwas in den Kopf setzen **2** [wil, lust] Wille (m¹⁸), Lust (v²⁸): *zijn eigen ~ doen* nach eigenem Ermessen handeln; *goede, slechte ~ hebben* gut,

schlecht gelaunt sein, gute, schlechte Laune haben; *iemands ~ doen* jmdm. zu Willen sein²⁶²; *iem. zijn ~ geven* jmdm. seinen Willen lassen¹⁹⁷; *ik heb er geen ~ in* ich habe keine Lust dazu; *~ in een sigaret hebben* Lust auf eine Zigarette haben¹⁸²; *gaat het naar uw ~?* sind Sie zufrieden?; *het ieder naar de ~ maken* es jedem recht machen; *tegen mijn ~* gegen meinen Willen; *hij is van ~s een boek te schrijven* er beabsichtigt, ein Buch zu schreiben **3** [volzin] Satz (m⁶)

zindelijk reinlich, sauber, rein; [m.b.t. hond, kat] stubenrein

zinderen flimmern

zingen singen²⁶⁵: *zuiver ~* rein singen

het **zink** Zink (o³⁹)

¹**zinken** (bn) [van zink gemaakt] zinken, Zink...

²**zinken** (ww) versinken²⁶⁶, sinken²⁶⁶: *in een diepe slaap ~* in tiefen Schlaf sinken; *hij is diep gezonken* er ist tief gesunken; *een schip doen ~* ein Schiff versenken; *de boot zonk* das Schiff sank

de **zinkput** Sickergrube (v²¹), Sickerschacht (m⁶)

zinloos sinnlos; [nutteloos] zwecklos

de **zinloosheid** Sinnlosigkeit (v²⁰), Zwecklosigkeit (v²⁸)

het **zinnebeeld** Sinnbild (o³¹), Symbol (o²⁹)

zinnebeeldig sinnbildlich, symbolisch

zinnelijk sinnlich: *~ genot* sinnlicher Genuss (m⁶), Sinnengenuss (m⁶); *~ waarneembaar* sinnlich wahrnehmbar

¹**zinnen** (onov ww) [peinzen] sinnen²⁶⁷: *hij zat op wraak te ~* er sann auf Rache

²**zinnen** (onov ww) [bevallen] gefallen¹⁵⁴: *dat zinde hem niet* das gefiel ihm nicht

zinnenprikkelend aufreizend

zinnig vernünftig

zins zie zin

de **zinsbegoocheling** Sinnestäuschung (v²⁰)

de **zinsbouw** Satzbau (m¹⁹): *leer van de ~* Syntax (v²⁰)

het **zinsdeel** Satzteil (m⁵), Satzglied (o³¹)

de **zinsnede** Satzteil (m⁶)

de **zinsontleding** Satzanalyse (v²¹)

zinspelen anspielen: *~ op* anspielen auf⁺⁴

de **zinspeling** Anspielung (v²⁰)

het **zinsverband** Kontext (m⁵), Zusammenhang (m⁶)

de **zinswending** Wendung (v²⁰), Redewendung (v²⁰)

het **zintuig** Sinn (m⁵), Sinnesorgan (o²⁹)

zintuiglijk sinnlich

zinvol sinnvoll, sinnreich

het **zionisme** Zionismus (m¹⁹ᵃ)

het **zipbestand** Zipdatei (v²⁰)

zippen [comp] verdichten, komprimieren von Dateien

de **zit** Sitz (m¹⁹): *dat is een hele ~* das dauert lange

het **zitbad** Sitzbad (o³²)
de **zitbank** Sitzbank (v²⁵)
de **zithoek** Sitzecke (v²¹)
het **zitje 1** [plekje] Plätzchen (o³⁵) **2** [tafel met stoelen] Sitzgruppe (v²¹)
de **zitkamer** Wohnzimmer (o³³)
de **zitplaats** Sitzplatz (m⁶)
de **zit-slaapkamer** Wohnschlafzimmer (o³³)
zitten sitzen²⁶⁸: *waar zit je toch?* wo steckst du denn?; *hoe zit de zaak?* wie verhält sich die Sache?; *daar zit hem de moeilijkheid* da hapert's; *dat zit nog* das ist noch die Frage; *hij zit* a) [in gevangenis] er sitzt; b) [sport; goal] Tor; *dat zit wel goed* das ist in Ordnung; *dat zit mij niet lekker* ich habe kein gutes Gefühl dabei; *blijven ~* [ook: op school] sitzen bleiben¹³⁴; *het blijft niet ~* es hält nicht; *gaan ~* sich setzen, Platz nehmen²¹²; *laten ~* sitzen lassen¹⁹⁷; *ik zal het er niet bij laten ~* ich werde es nicht dabei bewenden lassen; [fig] *laat maar ~* lass sein; [fig] *het niet meer zien ~* nicht mehr weiterwissen³¹⁴; *dat zit in het bloed* das liegt im Blut; *de zaak zit goed in elkaar* die Sache hat Hand und Fuß; *het geld zit in de zaak* das Geld steckt im Geschäft; *ergens een probleem ~* ein Problem haben¹⁸²; *met iets nichts anzufangen wissen; *daar zit niets anders op* da bleibt nichts andres übrig; *dat zit er weer op!* das ist wieder erledigt!; *ze ~ te eten* sie essen; *hij zit te lezen* er liest; *zit niet altijd te liegen!* lüge nicht immer!; *zit niet te zeuren!* quengle nicht so!; *in het bestuur ~* im Vorstand sitzen; *op school, in de klas ~* in der Schule, in der Klasse sitzen
de **zittenblijver** [in de klas] Sitzenbleiber (m⁹)
zittend: *de ~e bestuursleden* die amtierenden Vorstandsmitglieder
de **zitting 1** [vergadering] Sitzung (v²⁰); [jur] Termin (m⁵): *de rechtbank houdt ~* das Gericht tagt; *~ nemen in het bestuur* in den Vorstand einen Sitz erhalten¹⁸³; *op de ~ verschijnen* zum Termin erscheinen²³³ **2** [zittingstijd] Legislaturperiode (v²¹) **3** [van stoel] Sitz (m⁵)
het **zitvlak** Gesäß (o²⁹), Popo (m¹³)
het **zitvlees**: *~ hebben* Sitzfleisch haben¹⁸²
¹zo (bw) so; [zodanig] solch, derartig: *dat is niet zo* dem ist nicht so!; *het zij zo* es sei so; *zo iem.* so einer; *(om) zo te zeggen* sozusagen; *zo'n man* so ein Mann, solch ein Mann, ein solcher Mann; *goed zo!* recht so!; *zo zeer* dermaßen; *zo en zoveel* soundso viel; *ik kom zo* ich komme gleich; *zo dadelijk, zo meteen* (so)gleich, sofort; *en zo verder* und so weiter, usw.
²zo (vw) **1** [vergelijkend] wie: *zo de ouden zongen* wie die Alten sungen; *hij is, zo zegt men, rijk* er soll reich sein; *zo vader, zo zoon* wie der Vater, so der Sohn **2** [voorwaardelijk] wenn: *zo niet, dan zal ik …* wenn nicht, so werde ich …; *zo mogelijk* wenn möglich; *zo*

nodig wenn nötig
het **zoab** Flüsterasphalt (m⁵)
zoal: *aan wie ~ heeft hij dit verteld?* wem alles hat er dies erzählt?
zoals wie
¹zodanig (aanw vnw) derartig, solch
²zodanig (bw) in solcher Weise, derart, dermaßen
zodat sodass
de **zode** Plagge (v²¹)
zodoende somit, also, folglich
zodra sobald
zoek: *mijn hoed is ~* mein Hut ist fort; *die jongen is ~* der Junge ist verschwunden; *we zijn op ~ naar …* wir sind auf der Suche nach⁺³ …; *het eind is ~* das Ende ist nicht abzusehen
de **zoekactie** Suchaktion (v²⁰)
zoeken 1 suchen: *dat is ver gezocht* das ist weit hergeholt; *niet meer weten waar men het ~ moet* weder aus noch ein wissen³¹⁴; *dat had ik niet achter hem gezocht!* das hätte ich ihm nicht zugetraut!; *naar woorden (moeten) ~* nach Worten suchen (müssen); *u hebt hier niets te ~* hier haben Sie nichts zu suchen; *ruzie, moeilijkheden ~* Streit, Schwierigkeiten suchen **2** [proberen] (ver)suchen
de **zoeker** Sucher (m⁹)
het **zoeklicht** Scheinwerfer (m⁹)
de **zoekmachine** Suchmaschine (v²¹)
zoekmaken verlegen, verlieren³⁰⁰
het **zoekplaatje** Suchbild (o³¹)
zoekraken verloren gehen¹⁶⁸
de **zoekterm** [comp] Suchbegriff (m⁵)
de **zoektocht** Suche (v²¹): *een ~ ondernemen naar iem.* sich auf die Suche machen nach jmdm.
zoemen [ook elek] summen
de **zoemer** Summer (m⁹)
de **zoemtoon** Summton (m⁶)
de **zoen** [kus] Kuss (m⁶); [inf] Schmatz (m⁵, m⁶)
zoenen küssen || *om te ~* zum Anbeißen
zoet süß; [fig] lieblich, anmutig; [m.b.t. kinderen] brav, artig: *de kinderen ~ houden* auf die Kinder aufpassen
de **zoetekauw** Süßmaul (o³²)
zoeten süßen, süß machen
het **zoethoudertje** [iron] Beruhigungspille (v²¹)
het **zoethout** Süßholz (o³²)
zoetig süßlich
de **zoetigheid** Süßigkeit (v²⁰)
het **zoetje** Süßstofftablette (v²¹)
zoetsappig süßlich
de **zoetstof** Süßstoff (m⁵)
zoetzuur süßsauer
zoeven 1 [mbt insecten, pijlen, granaat] schwirren **2** [mbt auto] sausen
zo-even (so)eben
zogeheten so genannt
zogen säugen: *de moeder zoogt haar kind* die Mutter stillt (of: säugt) ihr Kind

zogenaamd so genannt; [in schijn] angeblich

zogezegd sozusagen; [vrijwel] nahezu

zogoed: ~ *als af* so gut wie fertig

zoiets so etwas; [inf] so was: *het kost ~ van 5 euro* es kostet etwa 5 Euro

zojuist (so)eben

[1]**zolang** (bw) [ondertussen] inzwischen, unterdessen, einstweilen: *wij blijven ~ hier* wir bleiben einstweilen hier

[2]**zolang** (vw) solang(e): *~ je koorts hebt, moet je in bed blijven* solang(e) du Fieber hast, musst du im Bett bleiben

de **zolder 1** Boden (m[12]), Dachboden (m[12]) **2** [als pakruimte] Boden (m[12]) **3** [zoldering] Decke (v[21])

de **zoldering** Decke (v[21])

de **zolderkamer** Bodenkammer (v[21]), Dachkammer (v[21])

de **zoldertrap** Bodentreppe (v[21])

zomaar nur so; mir nichts, dir nichts: *hij sprong ~ in het water* er sprang mir nichts, dir nichts ins Wasser; *hij liep ~ de deur uit* er ging ohne Weiteres zur Tür hinaus; *ik zei het ~* ich sagte es nur so

de **zombie** Zombie (m[13])

zomen säumen

de **zomer** Sommer (m[9]): *'s ~s* im Sommer, sommers; *in de ~* im Sommer

de **zomeravond** Sommerabend (m[5])

de **zomerdag** Sommertag (m[5])

het **zomerhuisje** Sommerhäuschen (o[35]), Ferienhaus (o[32])

de **zomermaand** Sommermonat (m[5])

zomers sommerlich: *een ~e dag* ein sommerlicher Tag, ein Sommertag

de **zomertijd** Sommerzeit (v[20])

de **zomervakantie** Sommerurlaub (m[5]), Sommerferien (mv)

zomin ebenso wenig: *net ~ als* ebenso wenig wie

de **zon** Sonne (v[21]): *voor niets gaat de ~ op* umsonst ist der Tod; *zich in de ~ koesteren* sich sonnen

zo'n so ein, solch ein

de **zonaanbidder** Sonnenanbeter (m[9])

de **zondaar** Sünder (m[9])

de **zondag** Sonntag (m[5]): *des ~s, 's ~s* am Sonntag, sonntags; *op een ~* an einem Sonntag

zondags Sonntags…; sonntäglich

het **zondagskind** Sonntagskind (o[31])

de **zondagsrust** Sonntagsruhe (v[28])

de **zondagsschool** Sonntagsschule (v[21])

de **zonde** Sünde (v[21]); [jammer] schade: *het is ~* es ist schade!; *~ van dat mooie huis* schade um das schöne Haus

de **zondebok** Sündenbock (m[6])

zonder ohne[+4]: *~ aanleiding* ohne Anlass; *~ gekheid!* Spaß beiseite!; *~ meer* ohne Weiteres; *~ pardon* erbarmungslos; *~ dat hij …*

ohne dass er …; *~ te* (+ *onbepaalde wijs*) ohne zu

de [1]**zonderling** (zn) Sonderling (m[5]), Kauz (m[6])

[2]**zonderling** (bn, bw) **1** [merkwaardig] sonderbar, merkwürdig, eigenartig **2** [vreemd] seltsam

de **zondeval** Sündenfall (m[19])

zondig 1 [met zonde beladen] sündhaft **2** [zondigend] sündig

zondigen sündigen; [bewust] freveln; [tegen algemene regels] verstoßen[285]

de **zondvloed** Sintflut (v[28]), Sündflut (v[28])

de **zone** Zone (v[21]): *verboden ~* Sperrzone

de **zon- en feestdagen** Sonn- und Feiertage (mv m[5])

het **zonenummer** [Belg] [telec] Vorwahl (v[20]), Vorwahlnummer (v[21]), Vorwählnummer

zonet gerade, (so)eben

het **zonlicht** Sonnenlicht (o[39])

het **zonnebad** Sonnenbad (o[32])

zonnebaden sich sonnen

de **zonnebank** Sonnenbank (v[25])

de **zonnebloem** Sonnenblume (v[21])

de **zonnebrand** Sonnenbrand (m[6])

de **zonnebrandolie** Sonnenöl (o[29])

de **zonnebril** Sonnenbrille (v[21])

de **zonnecel** Sonnenzelle (v[21]), Solarzelle (v[21])

de **zonnecollector** Sonnenkollektor (m[16]), Solarkollektor (m[16])

de **zonne-energie** Sonnenenergie (v[28]), Solarenergie (v[28])

zonneklaar sonnenklar

de **zonneklep** [in auto] Sonnenblende (v[21])

zonnen sich sonnen

het **zonnescherm 1** [parasol] Sonnenschirm (m[5]) **2** [markies] Markise (v[21]), Sonnendach (o[32])

de **zonneschijn** Sonnenschein (m[19])

de **zonneslag** [Belg] Sonnenstich (m[5])

de **zonnesteek** Sonnenstich (m[5])

het **zonnestelsel** Sonnensystem (o[29])

de **zonnestraal** Sonnenstrahl (m[16])

de **zonnestudio** Sonnenstudio (o[36])

het **zonnetje** Sonne (v[21]): *iem. in het ~ zetten* jmdn. ins rechte Licht setzen; *ze is het ~ in huis* sie ist der Sonnenschein des Hauses, der Familie

de **zonnewijzer** Sonnenuhr (v[20])

zonnig sonnig

de **zonsondergang** Sonnenuntergang (m[6])

de **zonsopgang**, de **zonsopkomst** Sonnenaufgang (m[6])

de **zonsverduistering** Sonnenfinsternis (v[24])

de **zonwering** Sonnenschutz (m[5])

de **zonzijde** Sonnenseite (v[21])

de **zoo** Zoo (m[13]), Tiergarten (m[12])

het **zoogdier** Säugetier (o[29])

de **zooi** zie zootje

de **zool** Sohle (v[21])

de **zoölogie** Zoologie (v[28]), Tierkunde (v[28])

zoölogisch zoologisch

de **zoöloog** Zoologe (m¹⁵)

de **zoom** Saum (m⁶); [buitenrand, ook] Rand (m⁸); [van bos] Waldsaum; [van rivier] Ufer-rand

zoomen zoomen

de **zoomlens** Zoomobjektiv (o²⁹)

de **zoon** Sohn (m⁶)

het **zootje 1** [hoeveelheid] Menge (v²¹) **2** [boel-tje] Krempel (m¹⁹), Kram (m¹⁹) || *een ~ onge-regeld* eine Horde Chaoten, ein chaotischer Haufen

de **zorg 1** [zorgvuldigheid] Sorgfalt (v²⁸): *(veel) ~ besteden aan* (große) Sorgfalt verwenden auf⁺⁴ **2** [zorgzaamheid] Sorge (v²⁸), Obhut (v²⁸) **3** [het zorgen voor] Sorge (v²⁸) (für⁺⁴): *~ dragen voor iets* Sorge tragen²⁸⁸ für⁺⁴ etwas; *de ~ voor iem. op zich nemen* die Sorge für jmdn. übernehmen²¹² **4** [bezorgdheid] Sorge (v²⁸), Besorgnis (v²⁴); [ongerustheid] Sorge (v²¹): *zich ~en maken over* sich³ Sorgen ma-chen über⁺⁴; *zich ~en maken om* sich³ Sorgen machen um⁺⁴; *vrij van ~en* sorgenfrei; *dat is van later ~* das findet sich später schon; *het zal mij een ~ zijn!* das ist nicht mein Bier!

zorgelijk 1 [zorg veroorzakend] besorgnis-erregend, beängstigend **2** [onrustbarend] bedenklich: *de toestand is ~* der Zustand ist bedenklich

zorgeloos 1 sorglos **2** [zonder zorgen] un-bekümmert **3** [nonchalant] unachtsam

de **zorgeloosheid 1** Sorglosigkeit (v²⁸) **2** Un-bekümmertheit (v²⁸) **3** Unachtsamkeit (v²⁸); *zie zorgeloos*

zorgen sorgen: *~ voor* sorgen für⁺⁴, Sorge tragen²⁸⁸ für⁺⁴; *voor zieken ~* Kranke betreu-en

het **zorgenkind** [ook fig] Sorgenkind (o³¹)

de **zorgpas** Krankenversichertenkarte (v²¹)

de **zorgplicht** Sorgepflicht (v²⁸)

de **zorgsector** Gesundheitswesen (o³⁹)

de **zorgtoeslag** ± Bürgerversicherungszulage (v²¹), Bürgerversicherungszuschlag (m⁶)

de **zorgverzekeraar** Krankenversicherer (m⁹)

zorgvuldig sorgfältig

de **zorgvuldigheid** Sorgfalt (v²⁸)

zorgwekkend besorgniserregend

zorgzaam sorgsam, fürsorglich

de **¹zot** (zn) Narr (m¹⁴), Tor (m¹⁴)

²zot (bn) **1** [dwaas] töricht, närrisch: *ben je ~!* bist du verrückt! **2** [dom] albern, dumm

de **zotheid 1** Torheit (v²⁰) **2** [domheid] Dumm-heit (v²⁰)

het **¹zout** (zn) Salz (o²⁹): [fig] *iets met een korreltje ~ nemen* etwas nicht ganz wörtlich (of: ernst) nehmen

²zout (bn) salzig: *~e haring* Salzhering (m⁵); *~e krakeling* Salzbrezel (v²¹); *~e stengel* Salz-stange (v²¹); *~ water* Salzwasser (o³⁴)

zoutarm salzarm

zouteloos fade; [fig ook] abgeschmackt

zouten salzen; [inzouten, ook] einpökeln

het **zoutje** [stengels, krakelingen] Salzgebäck (o²⁹): *Japanse ~s* japanische Reiscracker

zoutloos salzlos, salzfrei

de **zoutpot** Salzfass (o³²)

het **zoutvaatje** Salzfässchen (o³⁵), Salznäpf-chen (o³⁵)

de **zoutzak 1** [lett] Salzsack (m⁶) **2** [fig] Waschlappen (m¹¹), Schlappschwanz (m⁶)

het **zoutzuur** Salzsäure (v²¹)

zoveel so viel: *~ als* so viel wie; *~ als niets* so viel wie nichts; *nog eenmaal ~* noch einmal so viel; *~ mogelijk* so viel wie möglich, mög-lichst viel; *~ te beter* umso besser; *~ te meer* umso mehr

zoveelste soundsovielt: *de ~ (dag) van de maand* der Soundsovielte des Monats

¹zover (vw) soweit; [fig ook] soviel: *~ ik zien kan* soweit ich sehen kann; *~ ik weet* soviel ich weiß

²zover (bw) so weit: *~ zijn* we nog niet so weit sind wir noch nicht; *we zijn het ~ eens gewor-den, dat ...* wir haben uns dahin geeinigt, dass ...; *(tot) ~* bis dahin

zowaar wahrlich, wahrhaftig

zowat ungefähr, etwa

zowel sowohl: *~ als* sowohl als (auch); so-wohl wie (auch); *~ het een, als het andere* so-wohl das eine wie das andere

z.o.z. afk van *zie ommezijde* bitte wenden!, b.w.

zozeer so sehr, derart: *niet ~ ... als (wel)* nicht so sehr ... als (vielmehr)

zozo: *het is maar ~* es ist nur soso (of: lala)

z.s.m. afk van *zo spoedig mogelijk* so bald wie möglich, möglichst bald

de **¹zucht** [med] Sucht (v²⁵)

de **²zucht** Seufzer (m⁹): *een ~ slaken* aufseufzen

de **³zucht 1** [begeerte] Trieb (m¹⁹), Sucht (v²⁵): *~ naar macht* Machtgier (v²⁸); *~ naar vrijheid* Freiheitsdrang (m¹⁹) **2** [sterke neiging, dik-wijls minder gunstig] Hang (m¹⁹) **3** [instinct] Trieb (m⁵): *~ tot zelfbehoud* Selbsterhaltungs-trieb

zuchten 1 seufzen **2** [steunen] stöhnen

het **zuchtje 1** [kleine zucht] schwacher Seufzer (m⁹) **2** [van wind] Windhauch (m⁵), Hauch: *er is geen ~ wind* es weht kein Lüftchen

de **¹zuid** (zn) Süden (m¹⁹)

²zuid (bn, bw) südlich: *de wind is ~* der Wind kommt von Süd

Zuid-Afrika Südafrika (o³⁹)

de **Zuid-Afrikaan** Südafrikaner (m⁹), Südafri-kanerin (v²²)

het **¹Zuid-Afrikaans** (zn) [de taal] Afrikaans (o³⁹ᵃ)

²Zuid-Afrikaans (bn) südafrikanisch

Zuid-Amerika Südamerika (o³⁹)

de **Zuid-Amerikaan** Südamerikaner (m⁹), Südamerikanerin (v²²)

Zuid-Amerikaans südamerikanisch

zuidelijk südlich; [van zuidelijk land] südländisch

het **zuiden** Süden (m[19]): *met vakantie naar het ~ gaan* in den Ferien in den Süden fahren[153]; *ten ~ van* südlich von[+3], südlich[+2]

de **zuidenwind** Südwind (m[5])

de **zuiderkeerkring** südlicher Wendekreis (m[5])

de **zuiderling 1** [uit een zuidelijk land] Südländer (m[9]) **2** [uit het zuiden van het land]: *hij is een ~* er kommt aus dem Süden
Zuid-Holland Südholland (o[39])
Zuid-Korea Südkorea (o[39])

de **Zuid-Koreaan** Südkoreaner (m[9]), Südkoreanerin (v[22])
Zuid-Koreaans südkoreanisch

de **zuidkust** Südküste (v[21])
zuidoost südöstlich
zuidoostelijk südöstlich

het **zuidoosten** Südosten (m[19])

de **zuidpool** [aspunt] Südpol (m[19])

de **Zuidpool** [gebied] Südpolargebiet (o[39]), Antarktis (v[28])

de **zuidpoolcirkel** südlicher Polarkreis (m[19])

de **Zuidpoolexpeditie** Südpolexpedition (v[20])

het **zuidpoolgebied** Südpolargebiet (o[39]), Antarktis (v[28])
Zuid-Sudan der Südsudan (m[19], 2e nvl: -(s))

de **¹Zuid-Sudanees** Südsudanese (m[15]), Südsudanesin (v[22])
²Zuid-Sudanees (bn) südsudanesisch

de **zuidvruchten** Südfrüchte (mv v[25])
zuidwaarts südwärts
zuidwest südwestlich: *de wind is ~* der Wind weht südwestlich
zuidwestelijk südwestlich

het **zuidwesten** Südwesten (m[19])

de **zuidwester 1** [hoed] Südwester (m[9]) **2** [wind] Südwestwind (m[5])

de **zuidzijde** Südseite (v[21])

de **zuigeling** Säugling (m[5])

de **zuigelingenzorg** Säuglingsfürsorge (v[28])
zuigen saugen[229]

de **zuiger** [van pomp e.d.] Kolben (m[11])

de **zuigfles** Saugflasche (v[21])

de **zuiging** Sog (m[5])

de **zuigkracht** Saugkraft (v[25])

de **zuignap** Saugnapf (m[6])

de **zuil** Säule (v[21])
zuinig 1 [spaarzaam] sparsam; [voordelig, economisch] ökonomisch, wirtschaftlich: *een ~e auto* ein sparsames Auto, ein Sparauto; *~ zijn met* sparsam sein[262] mit[+3]; *~ op iets zijn* etwas schonen **2** [teleurgesteld] verdrießlich: *~ kijken* verdrießlich dreinschauen ‖ *was hij kwaad? niet ~!* war er böse? und ob!

de **zuinigheid** Sparsamkeit (v[28])
zuinigjes spärlich: *~ lachen* gequält lächeln
zuipen saufen[228]

de **zuiplap** Säufer (m[9]), Trunkenbold (m[5])

de **zuippartij** Saufgelage (o[33])

het/de **zuivel** Molkereiprodukte (mv o[29])

de **zuivelfabriek** Molkerei (v[20])

het **zuivelproduct** Molkereiprodukt (o[29])
zuiver rein: *een ~ geweten* ein reines Gewissen; *~e lucht* reine Luft; *~e winst* reiner Gewinn (m[5]), Reingewinn (m[5]); *niet ~ in de leer* nicht rechtgläubig
zuiveren reinigen, säubern: *het bloed ~* das Blut reinigen; *water ~* Wasser klären; *een wond ~* eine Wunde säubern; *de partij ~* die Partei säubern

de **zuiverheid** Reinheit (v[28]): *~ van bedoelingen* Lauterkeit (v[28]) der Absichten

de **zuivering** Reinigung (v[20]), Säuberung (v[20]); [van water] Klärung (v[20]); *zie zuiveren*

de **zuiveringsinstallatie** Kläranlage (v[21])
zulk solch(e)[76, 77], derartig: *~ een man* solch ein Mann, ein solcher Mann; *~e mensen* solche Leute; *~e praktijken* solche (*of:* derartige) Praktiken; *~ mooi weer* solch schönes Wetter
zulks so etwas, solches
zullen 1 [om een toekomst zonder meer uit te drukken] werden[310]: *u zult het zien!* Sie werden es sehen! **2** [in de 1e persoon ook] wollen [als de wil van het onderwerp van invloed is]: *ik zal het je zeggen!* ich will es dir sagen!; *we ~ het wel klaar spelen!* das werden wir schon schaffen! **3** [als modaal hulpww van waarschijnlijkheid] werden[310]: *hij zal wel aangekomen zijn* er wird schon angekommen sein **4** [voor de conditionalis] werden[310]: *als ik het kon, zou ik het doen* wenn ich es könnte, täte ich es (*of:* würde ich es tun); *dat zou wat moois zijn!* das wäre ja noch schöner!; *wat zou je ervan zeggen, als …* wie wäre es, wenn … **5** [voor dezelfde modaliteit als bij 2, bescheiden uitgedrukt] dürfen[145]: *het zal u daar wel bevallen* es dürfte Ihnen da schon gefallen **6** [voor mogelijkheid] mögen[210]: *het zal één uur geweest zijn, toen … es* mag ein Uhr gewesen sein, als …; *wie zou hem dat gezegd hebben?* wer mag ihm das gesagt haben? **7** [om de wil van een ander uit te drukken] sollen[269]: *zal ik het voor je doen?* soll ich es für dich tun?; [ook in voorschriften] *gij zult niet stelen* du sollst nicht stehlen; [in beloften, toezeggingen e.d.] *je zult je geld terug hebben* du sollst dein Geld zurückbekommen; [achteraf bekeken] *hij zou zijn vaderland niet weerzien* er sollte sein Vaterland nie wiedersehen **8** [van een handeling, die juist gebeuren zou] sollen[269]; [voor 1e persoon] wollen: *de trein zou juist vertrekken* der Zug sollte gerade abfahren; *ik zou juist uitgaan* ich wollte gerade ausgehen **9** [in vragen, om besluiteloosheid uit te drukken, of waarin schijnbaar om raad gevraagd wordt] sollen[269]: *wat zou (moest) ik doen?* was sollte ich tun?; [om een gevolgtrekking van waarschijnlijkheid uit te drukken] *men zou menen, dat het nu uit was*

man sollte meinen, dass es jetzt aus wäre
10 [andere gevallen] meinen, denken[140]: *zou
je denken?* meinst du?; *dat zou ik denken!*
das will ich meinen!

de **zult** Sülze (v[21])
   zurig ein wenig sauer, säuerlich
de **zuring** Ampfer (m[9])
de **¹zus** Schwester (v[21])
   ²zus (bw) so: *nu eens ~, dan weer zo* bald so,
   bald so
het **zusje** Schwesterchen (o[35]), Schwester (v[21])
de **zuster** Schwester (v[21]); [r-k ook] Nonne (v[21]);
   [prot] Diakonissin (v[22]): *(ja) je ~!* ja Kuchen!
   zusterlijk schwesterlich
de **zusterstad** Partnerstadt (v[25])
het **¹zuur** (zn) **1** [chem] Säure (v[21]) **2** [alg] Sau-
   re(s) (o[40c]): *in het ~ leggen* in Essig einlegen;
   augurken in het ~ saure Gurken, Essiggurken;
   het zoet en het ~ (van het leven) Freud und
   Leid (des Lebens); *het ~ hebben* [in de maag]
   Sodbrennen haben[182]
   ²zuur (bn) sauer: *~ verdiend geld* sauer ver-
   dientes Geld; *zure regen* saurer Regen; *een
   zure vent* ein sauertöpfischer Kerl; *~ kijken*
   eine saure Miene machen; *~ worden* sauer
   werden[310]; *nu ben je ~!* jetzt bist du geliefert!
de **zuurkool** Sauerkraut (o[39])
de **zuurpruim** Sauertopf (m[6])
de **zuurstof** Sauerstoff (m[19])
het **zuurstofapparaat** Sauerstoffapparat (m[5])
de **zuurstofcilinder** Sauerstoffflasche (v[21])
het **zuurtje** Drops (m+o, 2e nvl: -; mv: -)
   zuurverdiend sauer verdient
de **zwaai 1** [zwaaiende beweging] Schwung
   (m[6]) **2** [sport] [draaiend] Welle (v[21]) **3** [ver-
   andering van richting] Schwenkung (v[20])
de **zwaaideur** Schwingtür (v[20]), Pendeltür (v[20])
   zwaaien schwingen[259]: *in het rond ~* herum-
   fuchteln; *met de doek ~* das Tuch schwenken;
   voor jou zwaait er wat! dir blüht etwas!
het **zwaailicht** Blaulicht (o[31])
de **zwaan** Schwan (m[6])
het **zwaantje** [Belg] [pop] Mitglied (o[31]) der
   staatlichen Polizei auf einem Motorrad
   ¹zwaar (bn) [alg] schwer: *~ bier* Starkbier
   (o[29]); *zware industrie* Schwerindustrie (v[28]);
   zware jongen schwerer Junge; *zware mist*
   dichter Nebel; *~ weer* schweres Unwetter; *~
   werk* schwere Arbeit; *te ~ zijn* übergewichtig
   sein[262]; *iem. die te ~ is* Übergewichtige(r)
   (m[40a], v[40b])
   ²zwaar (bw) [erg] schwer, stark: *~ gewond*
   schwer verletzt; *~ verkouden* stark erkältet;
   ~ ziek schwer krank; *het ~ te pakken hebben*
   a) [verkouden] stark erkältet sein; **b)** [ver-
   liefd] bis über beide Ohren verliebt sein
   zwaarbeladen schwer beladen
het **zwaard** Schwert (o[31])
de **zwaardvis** Schwertfisch (m[5])
   zwaargebouwd stämmig, starkknochig
   zwaargewapend schwer bewaffnet

het **¹zwaargewicht** [gewichtsklasse] Schwergewicht (o[39])
de **²zwaargewicht 1** [bokser] Schwergewicht
   (o[29]) **2** [belangrijk persoon] gewichtige Persönlichkeit (v[20])
   zwaargewond schwer verletzt
   zwaarlijvig beleibt, korpulent
   zwaarmoedig schwermütig
de **zwaarmoedigheid** Schwermut (v[28])
de **zwaarte 1** [gewicht] Schwere (v[28]), Gewicht
   (o[39]) **2** [van hout] Stärke (v[28]) **3** [zwaarte-
   kracht] Schwere (v[28]) **4** [ernst] Schwere (v[28])
de **zwaartekracht** Schwerkraft (v[28])
het **zwaartepunt** [ook fig] Schwerpunkt (m[5])
   zwaarwegend schwerwiegend
   zwaarwichtig gewichtig, schwerwiegend
de **zwabber** Mopp (m[13]); [scheepv] Schwabber
   (m[9]): *aan de ~ zijn* sumpfen
   zwabberen 1 [met de zwabber werken]
   moppen; [scheepv] schwabbern **2** [aan de
   zwabber zijn] sumpfen
de **zwachtel** Wickel (m[9]), Bandage (v[21])
   zwachtelen bandagieren[320], verbinden[131]
de **zwager** Schwager (m[10])
het **¹zwak** (zn) **1** [zwak punt] Schwäche (v[21]),
   schwache Seite (v[21]) **2** [voorliefde] Schwäche
   (v[21]): *een ~ voor iem. hebben* eine Schwäche
   für jmdn. haben[182]
   ²zwak (bn, bw) schwach[58]: *het ~ke geslacht*
   das schwache (*of:* zarte) Geschlecht; *~ke valuta* weiche Währung; *~ bezet* schwach besetzt; *~ maken* schwach machen, schwächen;
   ~ van karakter zijn einen schwachen Charakter haben[182]
   zwakbegaafd schwach begabt
de **zwakheid** Schwäche (v[21]), Schwachheit (v[20])
   zwakjes schwach, schwächlich
de **zwakkeling** Schwächling (m[5])
de **zwakstroom** Schwachstrom (m[19])
de **zwakte** Schwäche (v[28])
   zwakzinnig schwachsinnig, blödsinnig
de **zwakzinnigheid** Schwachsinn (m[19])
   zwalken (sich) herumtreiben[290]: *een ~d beleid* eine schwankende Politik
de **zwaluw** Schwalbe (v[21])
de **zwaluwstaart** Schwalbenschwanz (m[6])
de **zwam 1** Schwamm (m[6]) **2** [paddenstoel]
   Pilz (m[5])
   zwammen faseln, quatschen
de **zwamneus** Quatschkopf (m[6])
de **zwanenhals** Schwanenhals (m[6])
de **zwanenzang** Schwanengesang (m[6])
de **zwang**: *in ~ zijn* im Schwange sein[262]; (in)
   Mode sein; in ~ komen aufkommen[193]; *in
   Mode kommen[193]; in ~ brengen* aufbringen[139]
   zwanger schwanger
de **zwangerschap** Schwangerschaft (v[20])
de **zwangerschapsgymnastiek** Schwan-
   gerschaftsgymnastik (v[28])
de **zwangerschapsonderbreking** Schwan-
   gerschaftsabbruch (m[6])

het **zwangerschapsverlof** Mutterschaftsurlaub (m⁵)

het **¹zwart** (zn) Schwarz (o, 2e nvl: -(es); mv: -): *in het ~* schwarz gekleidet, in Schwarz (gekleidet)

²zwart (bn, bw) schwarz⁵⁸: *~ brood* Schwarzbrot (o²⁹); *een ~e dag* ein schwarzer Tag; *de ~e dood* der Schwarze Tod; *de ~e handel* der Schwarzhandel; *het Zwarte Woud* der Schwarzwald; *de Zwarte Zee* das Schwarze Meer; *~ als roet* pechschwarz; *een ~ gezicht zetten* ein finsteres Gesicht machen; *op de ~e lijst staan* auf der schwarzen Liste stehen²⁷⁹; *ik heb het ~ op wit* ich habe es schwarz auf weiß; *het zag er ~ van de mensen* es war schwarz von Menschen; [luchtv] *de ~e doos* der Flugdatenschreiber; *~ geld* schwarzes Geld, Schwarzgeld; *~e humor* schwarzer Humor

de **zwarte** Schwarze(r) (m⁴⁰ᵃ, v⁴⁰ᵇ)

de **zwartepiet**: *iem. de ~ toespelen* [fig] jmdm. den schwarzen Peter zuspielen

Zwarte Piet [knecht van St.-Nicolaas] Knecht Ruprecht (m, 2e nvl: - -(e)s)

zwartgallig schwarzgallig, melancholisch

de **zwarthandelaar** Schwarzhändler (m⁹)

zwartkijken schwarzsehen²⁶¹

de **zwartkijker** Schwarzseher (m⁹)

zwartmaken anschwärzen

zwart-op-wit schwarz auf weiß: [fig] *iets ~ hebben* etwas schwarz auf weiß besitzen

zwartrijden schwarzfahren¹⁵³

de **zwartrijder** Schwarzfahrer (m⁹)

het **zwartwerk** Schwarzarbeit (v²⁸)

zwartwerken schwarzarbeiten

de **zwartwerker** Schwarzarbeiter (m⁹)

de **zwavel** Schwefel (m¹⁹)

het **zwaveldioxide** Schwefeldioxid (o²⁹)

zwavelen schwefeln

het **zwavelzuur** Schwefelsäure (v²¹)

Zweden Schweden (o³⁹)

de **Zweed** Schwede (m¹⁵)

het **¹Zweeds** (zn) Schwedisch (o⁴¹)

²Zweeds (bn) schwedisch

de **Zweedse** Schwedin (v²²)

de **zweefduik** Hechtsprung (m⁶)

de **zweeftrein** Schwebebahn (v²⁰), Magnetkissenzug (m⁶)

zweefvliegen segelfliegen¹⁵⁹

de **zweefvlieger** Segelflieger (m⁹)

het **zweefvliegtuig** Segelflugzeug (o²⁹)

de **zweefvlucht 1** Gleitflug (m⁶) **2** [van zweefvliegtuig] Segelflug (m⁶)

de **zweem 1** [uiterlijk schijntje] Anstrich (m⁵): *~ van voornaamheid* Anstrich von Vornehmheit **2** [zwakke gewaarwording en het blijk daarvan] Anflug (m⁶): *~ van angst* Anflug von Angst **3** [geringe mate] Schimmer (m⁹), Spur (v²⁰), Hauch (m⁵): *geen ~ van berouw* keine Spur von Reue

de **zweep** Peitsche (v²¹)

de **zweepslag 1** [lett] Peitschenhieb (m⁵) **2** [m.b.t. spier] ± Muskelriss (m⁵)

de **zweer** Geschwür (o²⁹)

het **zweet** Schweiß (m¹⁹): *nat van het ~* nass von Schweiß; *zich in het ~ werken* ins Schwitzen kommen¹⁹³; *in zijn ~ badend* schweißgebadet

de **zweetband** Schweißband (o³²)

de **zweetdruppel** Schweißtropfen (m¹¹)

de **zweethanden** Schweißhände (mv v²⁵)

de **zweetlucht** Schweißgeruch (m⁶)

de **zweetvoeten** Schweißfüße (mv m⁶)

¹zwelgen (onov ww) [baden in] schwelgen: *in overvloed ~* im Überfluss schwelgen

²zwelgen (ov ww) [gulzig eten] (hinein)-schlingen²⁴⁶

zwellen (an)schwellen²⁵⁶: *zijn hart zwelt van vreugde* das Herz schwillt ihm vor³ Freude; *de rivier zwelt* der Fluss schwillt (an)

de **zwelling** Schwellung (v²⁰)

het **zwembad 1** Schwimmbad (o³²): *overdekt ~* Hallenbad (o³²) **2** [bassin] Schwimmbecken (o³⁵)

de **zwemband** Schwimmreifen (m¹¹), Schwimmring (m⁵)

het **zwembandje** [scherts; vetrol] Liebesgriff (m⁵), Speckrollen (mv)

de **zwembroek** Badehose (v²¹)

het **zwemdiploma 1** [diploma A] Freischwimmerzeugnis (o²⁹ᵃ) **2** [diploma B] Fahrtenschwimmerzeugnis (o²⁹ᵃ) **3** [diploma C] Grundschein (m⁵)

zwemen grenzen; [m.b.t. kleur] spielen, stechen²⁷⁷: *dat zweemt naar gierigheid* das grenzt an⁴ Geiz; *naar rood ~* ins Rötliche spielen (of: stechen)

zwemmen schwimmen²⁵⁷

de **zwemmer** Schwimmer (m⁹)

het **zwempak** Badeanzug (m⁶)

de **zwemsport** Schwimmsport (m¹⁹)

het **zwemvest** Schwimmweste (v²¹)

het **zwemvlies 1** [bij dieren] Schwimmhaut (v²⁵) **2** [van rubber] Schwimmflosse (v²¹), Flosse

de **zwemvogel** Schwimmvogel (m¹⁰)

de **zwemwedstrijd** Wettschwimmen (o³⁹)

de **zwendel** Schwindel (m¹⁹)

de **zwendelaar** Schwindler (m⁹)

zwendelen schwindeln

de **zwengel 1** [op en neer bewogen] Schwengel (m⁹) **2** [in het rond bewogen] Kurbel (v²¹)

zwenken schwenken

de **zwenking** Schwenkung (v²⁰)

¹zweren (onov ww) [etteren] eitern, schwären

²zweren (onov ww) [beloven] schwören²⁶⁰

de **zwerfkat** streunende Katze (v²¹)

de **zwerftocht 1** [alg] Streifzug (m⁶) **2** [lange voettocht] Wanderung (v²⁰)

het **zwerfvuil** Zivilisationsmüll (m¹⁹)

de **zwerm** Schwarm (m⁶)

zwermen schwärmen

zwerven 1 [trekken] wandern **2** [ronddolen] (umher)streifen; [vooral van gedachten, blikken] (umher)schweifen: *~de honden* streunende Hunde

de **zwerver 1** [landloper] Landstreicher (m⁹) **2** [wie ronddoolt] Streuner (m⁹) **3** [schooier] Lump (m¹⁴)

zweten 1 [transpireren] schwitzen: *ik heb erop zitten ~* es hat mich viel Schweiß gekostet **2** [vocht uitslaan] schwitzen

zweterig schweißig

zwetsen 1 [zwammen] faseln, quatschen **2** [opsnijden] aufschneiden²⁵⁰, angeben¹⁶⁶

de **zwetser 1** [zwamneus] Quatschkopf (m⁶) **2** [snoever] Aufschneider (m⁹), Angeber (m⁹)

zweven schweben

zwevend schwebend: *de ~e kiezer* der Wechselwähler

zweverig 1 [vaag] vage **2** [duizelig] schwindlig

zwichten 1 [wijken] weichen³⁰⁶: *voor de overmacht ~* der Übermacht³ weichen; *zij zwicht voor niemand* sie weicht vor niemandem **2** [het afleggen, onderdoen] den Kürzeren ziehen³¹⁸ **3** [toegeven] nachgeben¹⁶⁶

zwiepen [doorbuigen] federn, peitschen

de **zwier 1** [draai] Schwung (m⁶) **2** [gratie] Grazie (v²⁸), Anmut (v²⁸) **3** [staatsie] Prunk (m¹⁹) ‖ *aan de ~ zijn* bummeln, sumpfen

zwieren 1 [ronddraaien] schweben, gleiten¹⁷⁸ **2** [aan de zwier zijn] bummeln, sumpfen

zwierig schwungvoll: *~e stijl* schwungvoller Stil; *~ gekleed* elegant gekleidet

het ¹**zwijgen** (zn) Schweigen (o³⁹): *tot ~ brengen* [ook fig] zum Schweigen bringen¹³⁹; *er het ~ toe doen* dazu schweigen²⁵⁵

²**zwijgen** (ww) schweigen²⁵⁵: *kunnen ~* [ook] verschwiegen sein²⁶²; *hij zweeg in alle talen* er schwieg in sieben Sprachen; *over iets ~* von⁺³ (*of:* über⁺⁴) etwas schweigen; *laten we daarover maar ~!* wir wollen davon schweigen!

het **zwijggeld** Schweigegeld (o³¹)

de **zwijgplicht** Schweigepflicht (v²⁸)

zwijgzaam schweigsam, verschwiegen

de **zwijm** Ohnmacht (v²⁰): *in ~ vallen* in⁺⁴ Ohnmacht fallen¹⁵⁴

zwijmelen 1 [flauwvallen] ohnmächtig werden³¹⁰ **2** [duizelig worden] schwindeln **3** [in een roes zijn] berauscht sein²⁶²

het **zwijn 1** [varken] Schwein (o²⁹): *wild ~* Wildschwein **2** [persoon] Schwein (o²⁹), Schweinehund (m⁵) **3** [bof] Schwein (o²⁹)

zwijnen [geluk hebben] Schwein haben¹⁸²

de **zwijnenboel** Sauwirtschaft (v²⁸), Schweinerei (v²⁰)

de **zwijnenstal** Schweinestall (m⁶)

de **zwik 1** [het zwikken] Verrenkung (v²⁰) **2** [spullen] Kram (m¹⁹), Plunder (m¹⁹)

zwikken verrenken: *ik ben gezwikt, mijn voet zwikte* ich habe mir den Fuß verrenkt

de **Zwitser** Schweizer (m⁹), Schweizerin (v²²)

Zwitserland die Schweiz (v²⁸)

Zwitsers schweizerisch, Schweizer: *~e kaas* Schweizer Käse

zwoegen 1 [hard werken] sich abarbeiten, sich abmühen **2** [hijgen, zuchten] keuchen: *onder een last ~* unter einer Last keuchen

zwoel schwül

het **zwoerd** Schwarte (v²¹)

Inhoudsopgave supplement

Thematische woordgroepen 497
De tijd
De jaargetijden
De dagen van de week
De maanden
Feestdagen
Hoe laat is het?
De belangrijkste tijdsaanduidingen
De belangrijkste voorzetsels in verband met tijd

Grammaticaal overzicht 499
Naamvallen
Verbuigingstabellen van het zelfstandig naamwoord
Het zelfstandig naamwoord
Het bijvoeglijk naamwoord
Het bijwoord
Het lidwoord
Het telwoord
Het voornaamwoord
Het voorzetsel
Het werkwoord

Lijst van sterke en onregelmatige werkwoorden 516

Thematische woordgroepen

De tijd
Die Zeit

De jaargetijden
Die Jahreszeiten

de lente *der Frühling*
de zomer *der Sommer*

de herfst *der Herbst*
de winter *der Winter*

De dagen van de week
Die Tage der Woche

maandag *der Montag*
dinsdag *der Dienstag*
woensdag *der Mittwoch*
donderdag *der Donnerstag*

vrijdag *der Freitag*
zaterdag *der Samstag, der Sonnabend*
zondag *der Sonntag*

De maanden
Die Monate

januari *der Januar*
februari *der Februar*
maart *der März*
april *der April*
mei *der Mai*
juni *der Juni*

juli *der Juli*
augustus *der August*
september *der September*
oktober *der Oktober*
november *der November*
december *der Dezember*

Feestdagen
Feiertage

Nieuwjaarsdag *(der) Neujahrstag*
Pasen *Ostern*
Hemelvaartsdag *(der) Himmelfahrtstag*

Pinksteren *Pfingsten*
Kerstmis *Weihnachten*
oudejaarsavond *(der) Silvesterabend*

Hoe laat is het?
Wie spät ist es?

es ist ein Uhr

es ist Viertel nach eins

es ist halb zwei

es ist Viertel vor zwei

es ist fünf vor halb zwei

es ist fünf nach halb zwei

De belangrijkste tijdsaanduidingen
Die wichtigsten Zeitangaben

de seconde *die Sekunde*
de minuut *die Minute*
het kwartier *die Vierstelstunde*
het uur *die Stunde*

de dag *der Tag*
de week *die Woche*
de maand *der Monat*
het jaar *das Jahr*
de eeuw *das Jahrhundert*

de dag *der Tag*
de nacht *die Nacht*
de (vroege) morgen *der Morgen*
de (late) morgen *der Vormittag*
de (vroege) middag *der Mittag*
de (late) middag/de namiddag *der Nachmittag*
de avond *der Abend*

gisteren *gestern*
eergisteren *vorgestern*
vandaag *heute*
morgen *morgen*
overmorgen *übermorgen*
afgelopen week *letzte Woche*
vorige week *vorige Woche*
vorige week woensdag *(am) vergangenen Mittwoch*
(de) volgende maand *nächsten Monat*
volgende week zaterdag *nächsten (of: kommenden) Samstag*

's morgens (vroeg) *morgens*
's morgens (laat) *vormittags*
's middags (vroeg) *mittags*
's middags (laat) *nachmittags*
12 uur 's nachts *um Mitternacht*

De belangrijkste voorzetsels in verband met tijd

vóór morgen *vor+3 morgen*
over tien minuten *in+3 zehn Minuten*
na anderhalf uur *nach anderthalb Stunden*
om twee uur *um zwei Uhr*
gedurende vier weken *während+2 vier Wochen*
tegen vijven *gegen fünf Uhr*
binnen een week *innerhalb+2 einer Woche*
op zondag *am Sonntag*

in januari *im Januar*
in de lente *im Frühling*
op die dag *an diesem (of: an dem) Tag*
in de (vroege) ochtend *am Morgen*
met Kerstmis, Pasen, Pinksteren *zu Weihnachten, zu Ostern, zu Pfingsten*
op dit ogenblik *in diesem Augenblick*
op nieuwjaarsdag *am Neujahrstag*

Grammaticaal overzicht

Toelichting
Het volgende grammaticaal overzicht bevat de hoofdzaken van de Duitse grammatica, waarbij aan de structurele verschillen tussen het Nederlands en het Duits ruime aandacht wordt besteed.
Bij de opbouw van het overzicht is uitgegaan van de traditionele - ook in het woordenboek onderscheiden - woordsoorten: zelfstandig naamwoord, bijvoeglijk naamwoord, bijwoord, lidwoord, telwoord, voornaamwoord, voorzetsel en werkwoord. De informatie die bij elke woordsoort gegeven wordt, is in kleinere doorlopend genummerde eenheden ingedeeld. Vanuit het woordenboek wordt waar nodig door middel van een hoog gezet cijfer naar deze kleinere eenheden verwezen. Dit gebeurt consequent bij elk als trefwoord opgenomen zelfstandig naamwoord en bij elk sterk of onregelmatig werkwoord. Maar ook in andere gevallen waarin de gebruiker met informatie uit het grammaticaal overzicht gebaat is, vindt een rechtstreekse verwijzing plaats. Dit is bijvoorbeeld het geval bij de verbuiging van het lidwoord of het optreden van de umlaut in de vergrotende en overtreffende trap. Op deze manier functioneert het overzicht als een verlengstuk van het woordenboek. Het overzicht kan echter ook dienen als zelfstandig naslagwerk bij grammaticale problemen.

Naamvallen

In het Duits regeren veel voorzetsels en werkwoorden een naamval. In het woordenboek wordt deze door middel van een hoog gezet cijfer aangeduid. De betreffende cijfertjes worden hieronder verklaard. Een plustekentje voor het cijfer betekent dat het desbetreffende voorzetsel of werkwoord de aangegeven naamval regeert. Een cijfer zonder plustekentje betekent dat het desbetreffende woord in de aangegeven naamval staat.

1   1e naamval, nominatief
(deze komt als verwijzing niet in het woordenboek voor; het cijfer 1 wordt hier alleen volledigheidshalve gegeven)

2   2e naamval, genitief
Statt^{+2} eines Kuchens^2 hätte ich gerne einen Strudel^4.

3   3e naamval, datief
Kommst du mit^{+3} mir^3?

4   4e naamval, accusatief
Der Hund und die Katze rannten um^{+4} den Baum^4.

Verbuigingstabellen van het zelfstandig naamwoord

Mannelijke zelfstandige naamwoorden

5   *-e*

enkelvoud	meervoud
1 *der Tag*	*die Tage*
2 *des Tag(e)s*	*der Tage*
3 *dem Tag(e)*	*den Tagen*
4 *den Tag*	*die Tage*

7   *-er*

enkelvoud	meervoud
1 *der Geist*	*die Geister*
2 *des Geist(e)s*	*der Geister*
3 *dem Geist(e)*	*den Geistern*
4 *den Geist*	*die Geister*

Mannelijke zelfstandige naamwoorden

6   *-e + umlaut*

enkelvoud	meervoud
1 *der Baum*	*die Bäume*
2 *des Baum(e)s*	*der Bäume*
3 *dem Baum(e)*	*den Bäumen*
4 *den Baum*	*die Bäume*

8   *-er + umlaut*

enkelvoud	meervoud
1 *der Wald*	*die Wälder*
2 *des Wald(e)s*	*der Wälder*
3 *dem Wald(e)*	*den Wäldern*
4 *den Wald*	*die Wälder*

9 onveranderd (zelfstandige naamwoorden op -el, -er)

enkelvoud	meervoud
1 der Onkel	die Onkel
2 des Onkels	der Onkel
3 dem Onkel	den Onkeln
4 den Onkel	die Onkel

10 umlaut (zelfstandige naamwoorden op -el, -er)

enkelvoud	meervoud
1 der Apfel	die Äpfel
2 des Apfels	der Äpfel
3 dem Apfel	den Äpfeln
4 den Apfel	die Äpfel

11 onveranderd (zelfstandige naamwoorden op -en)

enkelvoud	meervoud
1 der Posten	die Posten
2 des Postens	der Posten
3 dem Posten	den Posten
4 den Posten	die Posten

12 umlaut (zelfstandige naamwoorden op -en)

enkelvoud	meervoud
1 der Hafen	die Häfen
2 des Hafens	der Häfen
3 dem Hafen	den Häfen
4 den Hafen	die Häfen

13 -s

enkelvoud	meervoud
1 der Chef	die Chefs
2 des Chefs	der Chefs
3 dem Chef	den Chefs
4 den Chef	die Chefs

14 7 x -en

enkelvoud	meervoud
1 der Mensch	die Menschen
2 des Menschen	der Menschen
3 dem Menschen	den Menschen
4 den Menschen	die Menschen

15 7 x -n

enkelvoud	meervoud
1 der Junge	die Jungen
2 des Jungen	der Jungen
3 dem Jungen	den Jungen
4 den Jungen	die Jungen

16 4 x -en

enkelvoud	meervoud
1 der Staat	die Staaten
2 des Staat(e)s	der Staaten
3 dem Staat(e)	den Staaten
4 den Staat	die Staaten

17 4 x -n

enkelvoud	meervoud
1 der Muskel	die Muskeln
2 des Muskels	der Muskeln
3 dem Muskel	den Muskeln
4 den Muskel	die Muskeln

18 7 x -n + -s in 2e naamval enkelvoud

enkelvoud	meervoud
1 der Name	die Namen
2 des Namens	der Namen
3 dem Namen	den Namen
4 den Namen	die Namen

19 alleen enkelvoud

1 der Stahl
2 des Stahl(e)s
3 dem Stahl(e)
4 den Stahl

19a alleen enkelvoud

1 der Luxus
2 des Luxus
3 dem Luxus
4 den Luxus

Vrouwelijke zelfstandige naamwoorden

20 -en

enkelvoud	meervoud
1 die Frau	die Frauen
2 der Frau	der Frauen
3 der Frau	den Frauen
4 die Frau	die Frauen

Vrouwelijke zelfstandige naamwoorden

21 -n

enkelvoud	meervoud
1 die Lampe	die Lampen
2 der Lampe	der Lampen
3 der Lampe	den Lampen
4 die Lampe	die Lampen

22 -nen

enkelvoud	meervoud
1 die Freundin	die Freundinnen
2 der Freundin	der Freundinnen
3 der Freundin	den Freundinnen
4 die Freundin	die Freundinnen

23 -e

enkelvoud	meervoud
1 die Mühsal	die Mühsale
2 der Mühsal	der Mühsale
3 der Mühsal	den Mühsalen
4 die Mühsal	die Mühsale

24 -se

enkelvoud	meervoud
1 die Wildnis	die Wildnisse
2 der Wildnis	der Wildnisse
3 der Wildnis	den Wildnissen
4 die Wildnis	die Wildnisse

25 -e + umlaut

enkelvoud	meervoud
1 die Angst	die Ängste
2 der Angst	der Ängste
3 der Angst	den Ängsten
4 die Angst	die Ängste

26 umlaut

enkelvoud	meervoud
1 die Mutter	die Mütter
2 der Mutter	der Mütter
3 der Mutter	den Müttern
4 die Mutter	die Mütter

27 -s

enkelvoud	meervoud
1 die Kamera	die Kameras
2 der Kamera	der Kameras
3 der Kamera	den Kameras
4 die Kamera	die Kameras

28 alleen enkelvoud

1 die Milch
2 der Milch
3 der Milch
4 die Milch

Onzijdige zelfstandige naamwoorden

29 -e

enkelvoud	meervoud
1 das Brot	die Brote
2 des Brot(e)s	der Brote
3 dem Brot(e)	den Broten
4 das Brot	die Brote

Onzijdige zelfstandige naamwoorden

29a -se

enkelvoud	meervoud
1 das Verhältnis	die Verhältnisse
2 des Verhältnisses	der Verhältnisse
3 dem Verhältnis(se)	den Verhältnissen
4 das Verhältnis	die Verhältnisse

30 -e + umlaut

enkelvoud	meervoud
1 das Floß	die Flöße
2 des Floßes	der Flöße
3 dem Floß(e)	den Flößen
4 das Floß	die Flöße

31 -er

enkelvoud	meervoud
1 das Bild	die Bilder
2 des Bild(e)s	der Bilder
3 dem Bild(e)	den Bildern
4 das Bild	die Bilder

32 -er + umlaut

enkelvoud	meervoud
1 das Bad	die Bäder
2 des Bad(e)s	der Bäder
3 dem Bad(e)	den Bädern
4 das Bad	die Bäder

33 onveranderd (zelfstandige naamwoorden op -el, -er, Ge-e)

enkelvoud	meervoud
1 das Mittel	die Mittel
2 des Mittels	der Mittel
3 dem Mittel	den Mitteln
4 das Mittel	die Mittel

34 umlaut

enkelvoud	meervoud
1 das Kloster	die Klöster
2 des Klosters	der Klöster
3 dem Kloster	den Klöstern
4 das Kloster	die Klöster

35 onveranderd (zelfstandige naamwoorden op -en, -chen, -lein)

enkelvoud	meervoud
1 das Mädchen	die Mädchen
2 des Mädchens	der Mädchen
3 dem Mädchen	den Mädchen
4 das Mädchen	die Mädchen

36 -s

enkelvoud	meervoud
1 das Auto	die Autos
2 des Autos	der Autos
3 dem Auto	den Autos
4 das Auto	die Autos

37 -en

enkelvoud	meervoud
1 das Hemd	die Hemden
2 des Hemd(e)s	der Hemden
3 dem Hemd(e)	den Hemden
4 das Hemd	die Hemden

38 -n

enkelvoud	meervoud
1 das Auge	die Augen
2 des Auges	der Augen
3 dem Auge	den Augen
4 das Auge	die Augen

39 alleen enkelvoud

1 das Leid
2 des Leid(e)s
3 dem Leid(e)
4 das Leid

39a alleen enkelvoud

1 das Ethos
2 des Ethos
3 dem Ethos
4 das Ethos

40 Zelfstandig gebruikte bijvoeglijke naamwoorden (▶ 56)

		na bepalend woord van de der-groep		na bepalend woord van de ein-groep		zonder bepalend woord	
		enkelvoud	meervoud	enkelvoud	meervoud	enkelvoud	meervoud
40a	mnl. 1	der Kranke	die Kranken	ein Kranker	keine Kranken	Kranker	Kranke
	2	des Kranken	der Kranken	eines Kranken	keiner Kranken	Kranken	Kranker
	3	dem Kranken	den Kranken	einem Kranken	keinen Kranken	Krankem	Kranken
	4	den Kranken	die Kranken	einen Kranken	keine Kranken	Kranken	Kranke
40b	vrl. 1	die Kranke	die Kranken	eine Kranke	keine Kranken	Kranke	Kranke
	2	der Kranken	der Kranken	einer Kranken	keiner Kranken	Kranker	Kranker
	3	der Kranken	den Kranken	einer Kranken	keinen Kranken	Kranker	Kranken
	4	die Kranke	die Kranken	eine Kranke	keine Kranken	Kranke	Kranke
40c	onz. 1	das Kranke	die Kranken	ein Krankes	keine Kranken	Krankes	Kranke
	2	des Kranken	der Kranken	eines Kranken	keiner Kranken	Kranken	Kranker
	3	dem Kranken	den Kranken	einem Kranken	keinen Kranken	Krankem	Kranken
	4	das Kranke	die Kranken	ein Krankes	keine Kranken	Krankes	Kranke

41 Namen van de talen (▶ 56)

onz.		
	1 das Englische	mein Englisch
	2 des Englischen	meines Englisch(s)
	3 dem Englischen	meinem Englisch
	4 das Englische	mein Englisch

42 Het zelfstandig naamwoord

Het zelfstandig naamwoord, dat met een hoofdletter geschreven wordt, komt in drie geslachten (mannelijk, vrouwelijk en onzijdig) voor en wordt verbogen.
▶ Voor het verbuigingsoverzicht zie 5-41.

43 De vormen van het enkelvoud

Vrouwelijke zelfstandige naamwoorden blijven in het enkelvoud in alle naamvallen onveranderd. De mannelijke zelfstandige naamwoorden vallen uiteen in twee groepen:
- woorden die in de 2e, 3e en 4e naamval enkelvoud (en in het meervoud) de uitgang -en of -n krijgen (de zwakke zelfstandige naamwoorden; ▶ 14 en 15);
- woorden die in de 2e naamval -(e)s krijgen.

Een bijzondere groep vormt groep 18 die in de 2e naamval -ns en in de 3e en de 4e naamval een -n krijgt.
De onzijdige zelfstandige naamwoorden krijgen in de 2e naamval -(e)s.

De uitgang -es wordt altijd gebruikt bij Duitse mannelijke en onzijdige zelfstandige naamwoorden die eindigen op -s, -ss, -ß, -x, -z:
  des Loses - des Bisses - des Fußes - des Nixes - des Kitzes
De uitgang -s wordt altijd gebruikt bij woorden op: -el, -em, -en, -er:
  des Esels - des Atems - des Besens - des Leders
Voor de rest varieert het gebruik van -(e)s, waarbij meerlettergrepige woorden meestal een -s hebben:
  des Anstrich(e)s - des Erfolg(e)s
De uitgang -e in de 3e naamval wordt behalve in een aantal vaste uitdrukkingen (bijv. in etwas zu Hause sein) bijna altijd weggelaten. De -e kan in ieder geval niet gebruikt worden:
• na woorden op -el, -em, -en, -er:
  dem Esel - dem Atem
• na woorden op een klinker:
  dem Tabu - dem Auto
Vreemde zelfstandige naamwoorden op een sisklank hebben in de 2e naamval vaak geen uitgang:
des Passus

44 De vormen van het meervoud

Zelfstandige naamwoorden die in het meervoud niet op een -n of een -s eindigen, krijgen in de 3e naamval een -n:
  den Kindern - den Wildnissen, maar: den Mädchen - den Kameras
Veel zelfstandige naamwoorden krijgen in het meervoud een umlaut. Daarbij verandert a in ä, o in ö, u in ü en au in äu.

45 Woorden die **vrouwelijke personen, titels, beroepen** en **dieren** aanduiden, worden vaak van de mannelijke afgeleid door middel van de uitgang -in:
  der Däne —→ die Dänin
  der Schwimmer —→ die Schwimmerin
  der Sportler —→ die Sportlerin
  der Professor —→ die Professorin
  der Schaffner —→ die Schaffnerin
Vaak krijgt het vrouwelijke woord een umlaut:
  Arzt —→ Ärztin
  Gott —→ Göttin
Om ruimte te besparen zijn vrouwelijke afleidingen die geen problemen bieden in het woordenboek vaak niet apart vermeld.

46 Het bijvoeglijk naamwoord

Het bijvoeglijk naamwoord dat vóór een zelfstandig naamwoord staat, wordt verbogen:
  der gute Junge - reines Wasser

47 Er zijn drie mogelijkheden.
   a) Het bijvoeglijk naamwoord staat na:
   der, dieser, jener, jeder, mancher, solcher, welcher, aller, sämtlicher, beide.
   De verbuiging luidt dan:

mannelijk	vrouwelijk	onzijdig	meervoud
1 *der gute Mann*	*die junge Frau*	*das kleine Kind*	*die alten Leute*
2 *des guten Mann(e)s*	*der jungen Frau*	*des kleinen Kind(e)s*	*der alten Leute*
3 *dem guten Mann(e)*	*der jungen Frau*	*dem kleinen Kind(e)*	*den alten Leuten*
4 *den guten Mann*	*die junge Frau*	*das kleine Kind*	*die alten Leute*

48 b) Het bijvoeglijk naamwoord staat na:
   ein, kein, mein, dein, sein, ihr, unser, euer, ihr, Ihr.
   De verbuiging luidt dan:

mannelijk	vrouwelijk	onzijdig	meervoud
1 *ein guter Mann*	*eine junge Frau*	*ein kleines Kind*	*keine alten Leute*
2 *eines guten Mann(e)s*	*einer jungen Frau*	*eines kleinen Kind(e)s*	*keiner alten Leute*
3 *einem guten Mann(e)*	*einer jungen Frau*	*einem kleinen Kind(e)*	*keinen alten Leuten*
4 *einen guten Mann*	*eine junge Frau*	*ein kleines Kind*	*keine alten Leute*

49 c) Het bijvoeglijk naamwoord heeft **geen voorafgaand bepalend woord**.
   De verbuiging luidt dan:

mannelijk	vrouwelijk	onzijdig	meervoud
1 *deutscher Wein*	*kalte Milch*	*kühles Bier*	*alte Leute*
2 *deutschen Wein(e)s*	*kalter Milch*	*kühlen Bier(e)s*	*alter Leute*
3 *deutschem Wein(e)*	*kalter Milch*	*kühlem Bier(e)*	*alten Leuten*
4 *deutschen Wein*	*kalte Milch*	*kühles Bier*	*alte Leute*

50 Twee of meer bijvoeglijke naamwoorden hebben dezelfde uitgang:
   der gute, alte Mann - ein liebes, kleines Kind - erstklassiger, deutscher Wein - gute, alte, freundliche Menschen
   Woorden als:
   einige, mehrere, verschiedene, viele, wenige, zahllose, zahlreiche
   worden als bijvoeglijke naamwoorden beschouwd. Een volgend bijvoeglijk naamwoord heeft dus dezelfde uitgangen:
   mehrere kleine Kinder
   mehrerer kleiner Kinder
   mehreren kleinen Kindern
   mehrere kleine Kinder

51 Bijvoeglijk gebruikte **voltooide deelwoorden** op *-en* **van sterke werkwoorden** worden in het Duits verbogen:
   verdorbenes Fleisch - bedorven vlees

52 **Stoffelijke bijvoeglijke naamwoorden** worden in het Duits verbogen:
   ein hölzerner Stuhl - een houten stoel

53 Bij bijvoeglijke naamwoorden op *-el* vervalt in de verbuiging en in de vergrotende trap de *-e* voor de *-l:*
   dunkel —> *ein dunkler Anzug* —> *ein dunklerer Anzug*

54 Bij bijvoeglijke naamwoorden op *-er* na *-au* of *-eu* vervalt in de verbuiging en in de vergrotende trap de *-e* voor de *-r:*
   teuer —> *ein teurer Wagen* —> *ein teurerer Wagen*

55 Van **aardrijkskundige namen** afgeleide bijvoeglijke naamwoorden op -er worden met een hoofdletter geschreven en blijven onverbogen:
die Frankfurter Buchmesse

56 Het zelfstandig gebruikt bijvoeglijk naamwoord
Een bijvoeglijk naamwoord kan zelfstandig gebruikt worden, d.w.z. zonder een volgend zelfstandig naamwoord. Het wordt dan met een hoofdletter geschreven, maar verbogen als een gewoon bijvoeglijk naamwoord:
der unglückliche Mann - der Unglückliche
eine arme Frau - eine Arme
ein helles Bier - ein Helles
reiche Leute - Reiche
▸ Voor de volledige verbuiging zie 40, a, b, c.
De **namen van de talen** zijn zelfstandig gebruikte bijvoeglijke naamwoorden.
Ze zijn onzijdig:
das Englische - das Französische - das Deutsche
Ze worden alleen verbogen als het bepaalde lidwoord (*das*) direct voor de naam van de taal staat en er geen nadere bepaling volgt:
Er übersetzte den Text aus dem Deutschen ins Französische.
▸ Voor de verbuiging van de namen van de talen zie 41.

57 De trappen van vergelijking
De **stellende trap** is het gewone bijvoeglijk naamwoord:
schön - klein - breit enz.
De **vergrotende trap** wordt gevormd met -er:
schön —➤ schöner / klein —➤ kleiner / breit —➤ breiter
De **overtreffende trap** wordt meestal gevormd met -st:
schön —➤ schönst / klein —➤ kleinst
• Als het bijvoeglijk naamwoord echter eindigt op -d, -t of een sisklank (-s, -ß, -sch, -x, -z) en de laatste lettergreep heeft de klemtoon, dan wordt de overtreffende trap met -est gevormd:
gesund —➤ gesundest / breit —➤ breitest / süß —➤ süßest / frisch —➤ frischest
• Heeft de laatste lettergreep echter niet de klemtoon, dan wordt de overtreffende trap met -st gevormd:
gebildet —➤ gebildetst / komisch —➤ komischst

58 De volgende bijvoeglijke naamwoorden krijgen in de vergrotende en overtreffende trap een umlaut op de klinker: *alt (älter, ältest)*
alt, arg, arm, dumm, grob, hart, jung, kalt, klug, krank, kurz, lang, scharf, schwach, schwarz, stark, warm

59 De volgende bijvoeglijke naamwoorden komen **zowel met als zonder umlaut** in de vergrotende en in de overtreffende trap voor: *bang (bänger, bängst - banger, bangst)*
bang, blass, fromm, gesund, glatt, karg, krumm, nass, rot, schmal

60 Enkele bijvoeglijke naamwoorden hebben **onregelmatige vormen**:
groß —➤ größer —➤ größt / gut —➤ besser —➤ best / hoch —➤ höher —➤ höchst / nah —➤ näher —➤ nächst / viel —➤ mehr —➤ meist / wenig —➤ weniger —➤ wenigst en *wenig —➤ minder —➤ mindest*

61 Het bijvoeglijk naamwoord *hoch* verandert in verbogen vormen en in de vergrotende trap in *hoh-: das Gebäude ist hoch - ein hohes Gebäude - ein höheres Gebäude*

62 Het Nederlandse *dan* na een vergrotende trap wordt in het Duits weergegeven door *als:*
hij is groter dan ik - *er ist größer als ich*

63 Als de overtreffende trap betrekking heeft op een **werkwoord**, gebruikt men *am* + overtreffende trap + *en:*
Die Preise sind im Sommer am niedrigsten.
Sie schreit am lautesten.

64 **Het bijwoord**

Bijwoorden zijn onveranderlijk, ze worden niet verbogen:
das Kind da - ich komme gern - eine sehr gute Antwort

65 Van de volgende bijwoorden komen trappen van vergelijking voor:
oft —> *öfter* —> *am öftesten*
bald —> *eher* —> *am ehesten*
gern(e) —> *lieber* —> *am liebsten*
sehr —> *mehr* —> *am meisten*
wohl —> *besser* —> *am besten*

Het lidwoord

en de woorden die als het lidwoord verbogen worden
Bepaald lidwoord (*der, die, das, die*) en onbepaald lidwoord (*ein, eine, ein*) begeleiden een
zelfstandig naamwoord, waarmee ze in geslacht, getal en naamval overeenkomen.

66 **Verbuiging van het bepaald lidwoord**

	mannelijk	vrouwelijk	onzijdig	meervoud
1	*der Mann*	*die Frau*	*das Kind*	*die Leute*
2	*des Mann(e)s*	*der Frau*	*des Kind(e)s*	*der Leute*
3	*dem Mann(e)*	*der Frau*	*dem Kind(e)*	*den Leuten*
4	*den Mann*	*die Frau*	*das Kind*	*die Leute*

67 **Verbuiging van het onbepaald lidwoord**

	mannelijk	vrouwelijk	onzijdig	meervoud
1	*ein Mann*	*eine Frau*	*ein Kind*	*ein* komt
2	*eines Mann(e)s*	*einer Frau*	*eines Kind(e)s*	in het
3	*einem Mann(e)*	*einer Frau*	*einem Kind(e)*	meervoud
4	*einen Mann*	*eine Frau*	*ein Kind*	niet voor

68 Zoals het bepaald lidwoord *der* worden ook verbogen:
dieser, jener, jeder, mancher, solcher, welcher, aller, sämtlicher, beide:

	mannelijk	vrouwelijk	onzijdig	meervoud
1	*dieser Mann*	*diese Frau*	*dieses Kind*	*diese Leute*
2	*dieses Mann(e)s*	*dieser Frau*	*dieses Kind(e)s*	*dieser Leute*
3	*diesem Mann(e)*	*dieser Frau*	*diesem Kind(e)*	*diesen Leuten*
4	*diesen Mann*	*diese Frau*	*dieses Kind*	*diese Leute*

69 Zoals het onbepaald lidwoord *ein* worden ook verbogen:
kein, mein, dein, sein, unser, euer, ihr, Ihr:

	mannelijk	vrouwelijk	onzijdig	meervoud
1	*kein Mann*	*keine Frau*	*kein Kind*	*keine Leute*
2	*keines Mann(e)s*	*keiner Frau*	*keines Kind(e)s*	*keiner Leute*
3	*keinem Mann(e)*	*keiner Frau*	*keinem Kind(e)*	*keinen Leuten*
4	*keinen Mann*	*keine Frau*	*kein Kind*	*keine Leute*

70 Het telwoord

Hoofdtelwoorden zijn onveranderlijk.
null, ein(s), zwei, drei, vier, fünf, sechs, sieben, acht, neun, zehn, elf, zwölf, dreizehn, vierzehn, fünfzehn, sechzehn, siebzehn, achtzehn, neunzehn, zwanzig, dreißig, vierzig, fünfzig, sechzig, siebzig, achtzig, neunzig, hundert, hundert(und)eins, hundert(und)zwei, zweihundert, dreihundert, tausend, siebentausendachthundertsiebenunddreißig

71 *Die Million, die Milliarde, die Billion* enz. zijn vrouwelijke zelfstandige naamwoorden.

72 *Eins* wordt gebruikt:
als het alleen staat:
eins und zwei ist drei
na hundert, tausend enz.:
hundert(und)eins

73 Het onveranderlijke *ein* wordt gebruikt:
in samenstellingen als:
einundzwanzig - einunddreißig - einhundert
als teller van breuken:
ein Viertel - ein Achtel
voor het woord *Uhr:*
kurz nach ein Uhr
in *ein paar* en *ein wenig:*
mit ein paar Cent - mit ein wenig Mühe

74 De **rangtelwoorden** van 1 tot en met 19 worden gevormd door achter het hoofdtelwoord een *-t* te plaatsen:
zweit - viert - fünft - neunzehnt
Vanaf 20 worden de rangtelwoorden gevormd door achter het hoofdtelwoord *-st* te plaatsen:
zwanzigst - einundzwanzigst - hundertst - fünftausendst
De rangtelwoorden worden als bijvoeglijke naamwoorden gebruikt en verbogen:
der zweite Schüler - die vierte Frage - das fünfte Kind - mein zwanzigstes Buch
Bij de hoofdtelwoorden *eins - drei - sieben* en *acht* horen de onregelmatig gevormde rangtel-woorden *erste - dritte - siebte* en *achte*.
Als rangtelwoorden in **cijfers** worden weergegeven staat er achter het cijfer een punt:
Wir haben heute den 4. Mai (den vierten Mai).

75 **Breuken** zijn onzijdige zelfstandige naamwoorden en worden dus met een hoofdletter geschreven:
ein Drittel - zwei Viertel - sechs Neuntel
De teller van een breuk wordt weergegeven door het hoofdtelwoord. De noemer van een breuk wordt gevormd door het rangtelwoord + *el:*
drei Viertel - sechs Neuntel

Het voornaamwoord

Voornaamwoorden zijn verbuigbare woorden. Een voornaamwoord begeleidt het zelfstandig naamwoord of staat hiervoor in de plaats.

76 **Het aanwijzend voornaamwoord**
De belangrijkste aanwijzende voornaamwoorden zijn:
der, dieser, jener en solcher

77 *Der, dieser, jener* en *solcher* worden verbogen als het bepaald lidwoord *der* (▶ 66).

78 **Het betrekkelijk voornaamwoord**

Het belangrijkste betrekkelijk voornaamwoord is *der*.
Der heeft altijd betrekking op een antecedent. Dit is een woord of een woordgroep in de zin waarvan de betrokken bijzin afhankelijk is. Het antecedent bepaalt het geslacht en het getal (enkelvoud of meervoud) van het betrekkelijk voornaamwoord. De naamval van het betrekkelijk voornaamwoord hangt af van de functie (onderwerp, lijdend voorwerp enz.) die het in de afhankelijke zin vervult:
> *Der Mann, den ich gerade grüßte, ist mein Nachbar.*
> *Die Leute, denen ich das Paket brachte, kannte ich nicht.*

79 Het betrekkelijk voornaamwoord *der* wordt als volgt verbogen:

mannelijk	vrouwelijk	onzijdig	meervoud
1 *der*	*die*	*das*	*die*
2 *dessen*	*deren*	*dessen*	*deren*
3 *dem*	*der*	*dem*	*denen*
4 *den*	*die*	*das*	*die*

80 **Het bezittelijk voornaamwoord**
De bezittelijke voornaamwoorden zijn:
> *mein* (mijn), *dein* (jouw), *sein* (zijn), *ihr* (haar), *unser* (ons, onze), *euer* (jullie), *ihr* (hun, haar), *Ihr* (uw).
▶ Voor de verbuiging zie 69.

81 **Het persoonlijk voornaamwoord**
De persoonlijke voornaamwoorden zijn:
> *ich* (ik), *du* (jij), *er* (hij), *sie* (zij), *es* (het), *wir* (wij), *ihr* (jullie), *sie* (zij), *Sie* (u, de beleefdheidsvorm voor enkelvoud en meervoud). De verbuiging is als volgt:

82 Enkelvoud

1e persoon	2e persoon vertrouwelijk	beleefd	3e persoon mnl.	vrl.	onz.
1 *ich*	*du*	*Sie*	*er*	*sie*	*es*
2 *meiner*	*deiner*	*Ihrer*	*seiner*	*ihrer*	*seiner*
3 *mir*	*dir*	*Ihnen*	*ihm*	*ihr*	*ihm*
4 *mich*	*dich*	*Sie*	*ihn*	*sie*	*es*

Meervoud

1e persoon	2e persoon vertrouwelijk	beleefd	3e persoon
1 *wir*	*ihr*	*Sie*	*sie*
2 *unser*	*euer*	*Ihrer*	*ihrer*
3 *uns*	*euch*	*Ihnen*	*ihnen*
4 *uns*	*euch*	*Sie*	*sie*

83 De beleefdheidsvorm *Sie* en het bijbehorende bezittelijke voornaamwoord *Ihr* en de daarvan afgeleide vormen schrijft men altijd met een hoofdletter.

84 **Het vragend voornaamwoord**
De vragende voornaamwoorden zijn:
> *wer* (wie), *was* (wat), *welcher* (welk(e)), *was für* (wat voor) en *was für ein* (wat voor een).

85 *Wer* wordt als volgt verbogen:

1 *wer*
2 *wessen*
3 *wem*
4 *wen*

Wer vraagt naar personen en heeft geen aparte vormen voor enkelvoud en meervoud en voor de verschillende geslachten:
Wer ist dieser Junge? - Wer ist diese Frau? - Wer ist dieses Mädchen? - Wer sind diese Leute?

86 *Was* wordt als volgt verbogen:

1 *was*
2 *wessen*
3 -
4 *was*

De 3e naamval ontbreekt. Deze wordt bij werkwoorden met de 3e naamval, bijvoorbeeld *verdanken*, omschreven met constructies als:
welchem Umstand - welcher Tatsache - welchem Glück:
Welchem Umstand (welcher Tatsache / welchem Glück) verdanke ich diese Belohnung?

87 *Welcher* wordt verbogen als *dieser* (▶ 68).

88 **Het wederkerend voornaamwoord**
Het wederkerend voornaamwoord slaat meestal terug op het onderwerp (*a*), soms op het (meewerkend of lijdend) voorwerp (*b*) van de zin:
a *Er wäscht sich.*
b *Ich bitte Sie, sich zu gedulden.*
Het wederkerend voornaamwoord komt bijna alleen maar in de 3e of de 4e naamval voor:
Ich hatte mir (3e naamval) *das anders vorgestellt.*
Ich habe mich (4e naamval) *nicht geirrt.*

De vormen van het enkelvoud

| 1e persoon | 2e persoon | | 3e persoon | | |
	vertrouwelijk	beleefd	mnl.	vrl.	onz.
1 *mir*	*dir*	*sich*	*sich*	*sich*	*sich*
2 *mich*	*dich*	*sich*	*sich*	*sich*	*sich*

De vormen van het meervoud

| 1e persoon | 2e persoon | | 3e persoon |
	vertrouwelijk	beleefd	mnl.
3 *uns*	*euch*	*sich*	*sich*
4 *uns*	*euch*	*sich*	*sich*

De vorm *sich* wordt altijd met een kleine letter geschreven.

89 **Het voorzetsel**

De meeste voorzetsels regeren een bepaalde naamval, dat wil zeggen dat het van het voorzetsel afhankelijke woord in een bepaalde naamval staat. In het woordenboek staat achter elk voorzetsel de naamval vermeld.

90 **Voorzetsels met de tweede naamval**
De tweede naamval regeren o.a.:
abseits, abzüglich, angesichts, anhand, anlässlich, anstatt, aufgrund (ook: *auf Grund),
ausschließlich, außerhalb, betreffs, bezüglich, diesseits, einschließlich, exklusive, halber,
hinsichtlich, infolge, inklusive, inmitten, innerhalb, jenseits, kraft, laut, mangels, oberhalb,
seitens, statt, trotz, um … willen, unterhalb, unweit, vermöge, während, wegen, zugunsten*
(ook: *zu Gunsten), zuzüglich, zwecks*

91 In plaats van de 2e naamval wordt na bovengenoemde voorzetsels de 3e naamval gebruikt:
* als het voorzetsel gevolgd wordt door een zelfstandig naamwoord in het meervoud en de 2e
  naamval niet via de uitgangen van het begeleidende woord zichtbaar gemaakt kan worden.
  Vergelijk:
  innerhalb weniger Monate[2] - innerhalb zweier Monat[2] - innerhalb vier Monaten[3]
* als het voorzetsel betrekking heeft op een persoonlijk voornaamwoord:
  Wegen ihr tue ich es nicht.

92 **Voorzetsels met de derde naamval**
De belangrijkste voorzetsels met de 3e naamval zijn:
*ab, aus, außer, bei, binnen, dank, entgegen, entsprechend, gegenüber, gemäß, mit, nach,
nächst, nebst, samt, seit, von, zu, zuwider.*

93 *Bei, von, zu* worden meestal met *dem* samengetrokken tot: *beim, vom, zum*
Zu wordt ook met *der* samengetrokken tot *zur.*

94 *Entgegen, gegenüber, gemäß, zuwider* staan meestal achter het woord waarop ze betrekking
hebben: *meinem Wunsch gemäß*

95 **Voorzetsels met de vierde naamval**
De belangrijkste voorzetsels met de 4e naamval zijn:
bis, durch, entlang, für, gegen, ohne, per, pro, um, wider.

96 *Durch, für* en *um* kunnen met *das* worden samengetrokken tot: *durchs, fürs, ums*

97 Als *entlang* achter het zelfstandig naamwoord staat, regeert het de 4e naamval; als het ervóór
staat, regeert het de 3e naamval:
den Wald entlang - entlang dem Wald
daarnaast:
am Wald entlang

98 **Voorzetsels met de derde of de vierde naamval**
De voorzetsels
an, auf, hinter, in, neben, über, unter, vor, zwischen
regeren de 3e of de 4e naamval.
Als ze een **plaats** aanduiden regeren ze:
- de 3e naamval bij een rust of bij een beweging in een beperkte ruimte:
  Er sitzt auf einem Stuhl - sie ging im Zimmer auf und ab.
- de 4e naamval bij een verandering van plaats of een beweging gericht op een doel:
  Sie setzte sich auf den Stuhl - er trat ins Zimmer.

99 Ook als het voorzetsel niet letterlijk maar figuurlijk wordt gebruikt, gelden deze regels.
Letterlijk:
Der Nebel liegt über der Stadt.
Wir legen das Buch auf den Tisch.
Figuurlijk:
Der Preis liegt über dem üblichen Niveau.
Wir legen Wert auf Ihre Mitarbeit.

100 Als ze **geen plaats** aanduiden, wordt na *auf* en *über* de 4e naamval gebruikt:
Auf welche Weise hast du das erfahren?
Sie freute sich über seine Antwort.
Na andere voorzetsels staat in dit geval de 3e naamval:
In einer Stunde bin ich wieder da.

101 *An, auf, hinter, in, neben, über, unter, vor, zwischen,* voorafgegaan door *bis,* regeren de 4e naamval:
Er fuhr bis in (bis hinter, bis vor) die Garage.
Maar *bis vor* in een tijdsbepaling heeft de 3e naamval:
Bis vor einer Woche war sie krank.

102 Als er van een werkwoord **samengestelde en niet-samengestelde vormen** naast elkaar voor-komen, dan hebben de niet-samengestelde werkwoorden vaak de 4e en de samengestelde werk-woorden de 3e naamval:
Wir kommen in die Stadt.
Wir kommen in der Stadt an.
Wir kommen in der Stadt zusammen.

103 Ook bij de voorzetsels met de 3e of de 4e naamval vinden samentrekkingen met het bepaald lid-woord plaats:
An en *in* worden met *dem* samengetrokken tot *am* en *im.*
An, in en *auf* worden met *das* samengetrokken tot *ans, ins* en *aufs.*

104 **Het werkwoord**

De onregelmatige werkwoorden *haben, sein* en *werden*

105 onbep. wijs: *haben* (hebben)

o.t.t.	o.v.t.	volt. deelw.
ich habe	*hatte*	*gehabt*
du hast	*hattest*	
er hat	*hatte*	
wir haben	*hatten*	
ihr habt	*hattet*	
sie/Sie haben	*hatten*	

gebiedende wijs	enkelv.	*hab(e)*
	meerv.	*habt*
beleefdheidsvorm		*haben Sie*

106 onbep. wijs: *sein* (zijn)

o.t.t.	o.v.t.	volt. deelw.
ich bin	*war*	*gewesen*
du bist	*warst*	
er ist	*war*	
wir sind	*waren*	
ihr seid	*wart*	
sie/Sie sind	*waren*	

gebiedende wijs	enkelv.	*sei*
	meerv.	*seid*
beleefdheidsvorm		*seien Sie*

107 onbep. wijs: *werden* (zullen)

o.t.t.	o.v.t.	volt. deelw.
ich werde	*würde*	ontbreekt
du wirst	*würdest*	
er wird	*würde*	
wir werden	*würden*	
ihr werdet	*würdet*	
sie/Sie werden	*würden*	

onbep. wijs: *werden* (worden)

o.t.t.	o.v.t.	volt. deelw.	
ich werde	*wurde*	1	*geworden*
du wirst	*wurdest*	2	*worden*
er wird	*wurde*		
wir werden	*wurden*		
ihr werdet	*wurdet*		
sie/Sie werden	*wurden*		

gebiedende wijs	enkelv.	*werd(e)*
	meerv.	*werdet*
beleefdheidsvorm		*werden Sie*

108 *Werden* heeft twee voltooide deelwoorden: *geworden* en *worden*.
Gewor den wordt gebruikt als *werden* koppelwerkwoord is:
    Er ist Arzt geworden - sie sind glücklich geworden.
Worden wordt gebruikt als *werden* hulpwerkwoord van de lijdende vorm is:
    Er ist von einem Hund gebissen worden.

109 Het gebruik van *haben* en *sein* bij het vormen van een voltooide tijd komt in het Nederlands
en het Duits over het algemeen overeen.

110 • Afwijkend van het Nederlands gebruikt men *haben* o.a. bij:
    anfangen, beginnen, fortfahren, abnehmen, nachlassen, zunehmen, aufhören, enden,
    endigen, gefallen, heiraten, promovieren, vereinbaren:
    Wer hat angefangen?
    Wann habt ihr geheiratet?
  • *Sein* wordt o.a. gebruikt bij:
    begegnen (ontmoeten), *eingehen, folgen:*
    Wir sind ihm gestern begegnet.

111 De hulpwerkwoorden
Dürfen, können, mögen, müssen, sollen, wollen en het werkwoord *wissen*.

onbep. wijs

dürfen	*können*	*mögen*	*müssen*	*sollen*	*wollen*	*wissen*

o.t.t.

ich darf	*kann*	*mag*	*muss*	*soll*	*will*	*weiß*
du darfst	*kannst*	*magst*	*musst*	*sollst*	*willst*	*weißt*
er darf	*kann*	*mag*	*muss*	*soll*	*will*	*weiß*
wir dürfen	*können*	*mögen*	*müssen*	*sollen*	*wollen*	*wissen*
ihr dürft	*könnt*	*mögt*	*müsst*	*sollt*	*wollt*	*wisst*
sie/Sie dürfen	*können*	*mögen*	*müssen*	*sollen*	*wollen*	*wissen*

o.v.t.						
ich durfte	*konnte*	*mochte*	*musste*	*sollte*	*wollte*	*wusste*
du durftest	*konntest*	*mochtest*	*musstest*	*solltest*	*wolltest*	*wusstest*
er durfte	*konnte*	*mochte*	*musste*	*sollte*	*wollte*	*wusste*
wir durften	*konnten*	*mochten*	*mussten*	*sollten*	*wollten*	*wussten*
ihr durftet	*konntet*	*mochtet*	*musstet*	*solltet*	*wolltet*	*wusstet*
sie/Sie durften	*konnten*	*mochten*	*mussten*	*sollten*	*wollten*	*wussten*

volt. deelw.:						
gedurft	*gekonnt*	*gemocht*	*gemusst*	*gesollt*	*gewollt*	*gewusst*

gebiedende wijs	enkelv.					*wisse*
	meerv.					*wisst*
beleefdheidsvorm						*wissen Sie*

112 De zwakke werkwoorden

I	II	III
Normale vervoeging	Stam op sisklank	Stam op -*d* of -*t*

onbep. wijs		
mach-en	*reis-en*	*meld-en*

o.t.t.		
ich mach-e	*reis-e*	*meld-e*
du mach-st	*reis-t*	*meld-est*
er mach-t	*reis-t*	*meld-et*
wir mach-en	*reis-en*	*meld-en*
ihr mach-t	*reis-t*	*meld-et*
sie/Sie mach-en	*reis-en*	*meld-en*

o.v.t.		
ich mach-te	*reis-te*	*meld-ete*
du mach-test	*reis-test*	*meld-etest*
er mach-te	*reis-te*	*meld-ete*
wir mach-ten	*reis-ten*	*meld-eten*
ihr mach-tet	*reis-tet*	*meld-etet*
sie/Sie mach-ten	*reis-ten*	*meld-eten*

volt. deelw.		
ge-mach-t	*ge-reis-t*	*ge-meld-et*
gebiedende wijs enkelv.		
mach-(e)	*reis-(e)*	*meld-e*
gebiedende wijs meerv.		
mach-t	*reis-t*	*meld-et*
beleefdheidsvorm		
mach-en Sie	*reis-en Sie*	*meld-en Sie*

113 **Kolom I**: deze vervoeging is de meest gangbare. Alle werkwoorden die niet volgens een van de andere kolommen vervoegd worden, hebben de onder I vermelde uitgangen. Deze uitgangen worden geplaatst achter de stam. De stam is de onbepaalde wijs van het werkwoord met weglating van -*en*:
 machen, stam: *mach*
Bij werkwoorden op -*eln* of -*ern* wordt de stam gevormd door -*n* weg te laten:
 wandeln, stam: *wandel*
 zittern, stam: *zitter*
Kolom II: volgens deze kolom worden de werkwoorden vervoegd waarvan de stam op een van de sisklanken -*s*, -*ss*, -*ß*, -*x* of -*z* eindigt.

Kolom III: volgens deze kolom worden de werkwoorden vervoegd:
- waarvan de stam eindigt op een -*d* of een -*t;*
- waarvan de stam eindigt op een -*m* of een -*n* met voorafgaande medeklinker, mits dit geen *h, m, n, r* of *l* is:
  du atmest - du rechnest - er leugnet, maar: *du rühmst - du brummst*

114 • De volgende zwakke werkwoorden hebben in de onvoltooid verleden tijd en in het voltooid deelwoord klinkerverandering:

onbep. wijs	o.v.t.	volt. deelw.
brennen	*brannte*	*gebrannt*
kennen	*kannte*	*gekannt*
nennen	*nannte*	*genannt*
rennen	*rannte*	*gerannt*
senden	*sandte/sendete*	*gesandt/gesendet*
wenden	*wandte/wendete*	*gewandt/gewendet*
bringen	*brachte*	*gebracht*
denken	*dachte*	*gedacht*

115 **De sterke werkwoorden**

	I	II	III	IV	V	
	Normale vervoeging	Stam op sisklank (-*s, ss, ß,* of -*z*)	Stam op -*d* of -*t*	Stamklinker *a* (*Umlaut*)	Stamklinker *e* (*e-i Wechsel*)	
					Kort	Lang
onbep. wijs						
	komm-en	*weis-en*	*find-en*	*fall-en*	*treff-en*	*stehl-en*
o.t.t.						
ich	*komm-e*	*weis-e*	*find-e*	*fall-e*	*treff-e*	*stehl-e*
du	*komm-st*	*weis-t* (zelden: *weis-est*)	*find-est*	*fäll-st*	*triff-st*	*stiehl-st*
er	*komm-t*	*weis-t*	*find-et*	*fäll-t*	*triff-t*	*stiehl-t*
wir	*komm-en*	*weis-en*	*find-en*	*fall-en*	*treff-en*	*stehl-en*
ihr	*komm-t*	*weis-t*	*find-et*	*fall-t*	*treff-t*	*stehl-t*
sie/Sie	*komm-en*	*weis-en*	*find-en*	*fall-en*	*treff-en*	*stehl-en*
o.v.t.						
ich	*kam*	*wies*	*fand*	*fiel*	*traf*	*stahl*
du	*kam-st*	*wies-est* (zelden: *wies-t*)	*fand-(e)st*	*fiel-st*	*traf-st*	*stahl-st*
er	*kam*	*wies*	*fand*	*fiel*	*traf*	*stahl*
wir	*kam-en*	*wies-en*	*fand-en*	*fiel-en*	*traf-en*	*stahl-en*
ihr	*kam-t*	*wies-t*	*fand-et*	*fiel-t*	*traf-t*	*stahl-t*
sie/Sie	*kam-en*	*wies-en*	*fand-en*	*fiel-en*	*traf-en*	*stahl-en*
volt. deelw.						
	ge-komm-en	*ge-wies-en*	*ge-fund-en*	*ge-fall-en*	*ge-troff-en*	*ge-stohl-en*
geb. wijs enkelv.						
	komm-(e)	*weis-(e)*	*find-(e)*	*fall-(e)*	*triff*	*stiehl*
geb. wijs meerv.						
	komm-t	*weis-t*	*find-et*	*fall-t*	*treff-t*	*stehl-t*
beleefdheidsvorm						
	komm-en Sie	*weis-en Sie*	*find-en Sie*	*fall-en Sie*	*treff-en Sie*	*stehl-en Sie*

116 Werkwoorden die een lijdend voorwerp bij zich kunnen hebben, worden **transitieve** of **overgankelijke werkwoorden** genoemd:
Wir trinken Wasser.
Werkwoorden die geen lijdend voorwerp bij zich kunnen hebben, worden **intransitieve** of **onovergankelijke werkwoorden** genoemd:
Sie spazieren.

117 **De Konjunktiv**
Evenals in het Nederlands komen ook in het Duits vormen van de aanvoegende wijs voor. De aanvoegende wijs heet in het Duits Konjunktiv. Om een vervulbare wens of een raad uit te drukken gebruikt men vormen van de Konjunktiv I:
Er lebe hoch! - Lang zal hij leven!
Man nehme drei Eier. - Men neme drie eieren.
Man sei auf der Hut. - Men zij op zijn hoede.

118 De Konjunktiv II wordt onder andere gebruikt:
- bij een onvervulbare wens:
  Wäre er nur geblieben. - Was hij maar gebleven.
- bij een niet-werkelijkheid
  Wenn du hier gewesen wärest, hätte ich das mit dir besprechen können. - Als jij hier geweest was, had ik dat met jou kunnen bespreken.

119 Ook in de indirecte rede wordt in het Duits vaak de Konjunktiv gebruikt:
Er erzählte, dass er einige Verwandte in Österreich habe. - Hij vertelde dat hij enige familieleden in Oostenrijk had.

120 De vormen van de Konjunktiv
De Konjunktiv I (= o.t.t. van de Konjunktiv) wordt bij alle werkwoorden (met uitzondering van *sein* (▶ 262) op dezelfde wijze gevormd, namelijk door achter de stam van het werkwoord de volgende uitgangen te plaatsen:

ich [stam]	-e
du	-est
er	-e
wir	-en
ihr	-et
sie / Sie	-en

De vormen van de Konjunktiv II (= o.v.t. van de Konjunktiv) zijn bij zwakke werkwoorden gelijk aan die van de normale o.v.t. De uitgangen van de Konjunktiv II bij sterke en onregelmatige werkwoorden zijn gelijk aan de uitgangen van de Konjunktiv I.
Voor de vormen van de Konjunktiv II bij deze werkwoorden, zie de kolom Konjunktiv II in de lijst van sterke en onregelmatige werkwoorden.

Lijst van sterke en onregelmatige werkwoorden

Onbepaalde wijs	Onvoltooid tegenwoordige tijd 1e, 2e, 3e persoon enkelvoud	Onvoltooid verleden tijd 1e en eventueel 2e persoon enkelvoud
121 backen	backe, bäckst, bäckt	buk, backte
122 befehlen	befehle, befiehlst, befiehlt	befahl
123 befleißen	befleiß/e, -(es)t, -t	befliss, beflissest/beflisst
124 beginnen	beginn/e, -st, -t	begann
125 beißen	beiß/e, -(es)t, -t	biss, bissest/bisst
126 bergen	berge, birgst, birgt	barg
127 bersten	berste, birst, birst	barst
128 bewegen	beweg/e, -st, -t	bewegte (bewog)
bewegen is sterk in de betekenis 'ertoe brengen'		
129 biegen	bieg/e, -st, -t	bog
130 bieten	biet/e, -est, -et	bot, -(e)st
131 binden	bind/e, -est, -et	band, -(e)st
132 bitten	bitt/e, -est, -et	bat, -(e)st
133 blasen	blase, bläst, bläst	blies, -(es)t
134 bleiben	bleib/e, -st, -t	blieb
135 bleichen	bleich/e, -st, -t	bleichte (blich)
de sterke vormen van bleichen zijn tamelijk verouderd		
136 braten	brate, brätst, brät	briet, -(e)st
137 brechen	breche, brichst, bricht	brach
138 brennen	brenn/e, -st, -t	brannte
139 bringen	bring/e, -st, -t	brachte
140 denken	denk/e, -st, -t	dachte
141 dingen	ding/e, -st, -t	dang (dingte)
142 dreschen	dresche, drischst, drischt	drosch, -(e)st
143 dringen	dring/e, -st, -t	drang
144 dünken	mich dünkt (deucht)	dünkte (deuchte)
145 dürfen	darf, -st, -; dürfen	durfte
146 empfangen	empfange, empfängst, empfängt	empfing
147 empfehlen	emp/fehle, -fiehlst, -fiehlt	empfahl
148 erbleichen	erbleich/e, -st, -t	erbleichte (erblich)
149 erkiesen	erkies/e, -(es)t, -t	erkor (erkieste)
150 erlöschen	erlösche, erlischst, erlischt	erlosch, -(e)st
151 erschrecken	erschrecke, erschrickst, erschrickt	erschrak
het transitieve erschrecken is zwak		
152 essen	esse, isst, isst	aß, -(es)t
153 fahren	fahre, fährst, fährt	fuhr
154 fallen	falle, fällst, fällt	fiel
155 fangen	fange, fängst, fängt	fing
156 fechten	fechte, fichtst, ficht	focht, -(e)st
157 finden	find/e, -est, -et	fand, -(e)st
158 flechten	flechte, flichtst, flicht	flocht, -(e)st
159 fliegen	flieg/e, -st, -t	flog
160 fliehen	flieh/e, -st, -t	floh
161 fließen	fließ/e, -(es)t, -t	floss, flossest/flosst
162 fressen	fresse, frisst, frisst	fraß, -(e)st
163 frieren	frier/e, -st, -t	fror
164 gären	gär/e, -st, -t	gor (gärte)
gären is zwak in overdrachtelijke betekenis		
165 gebären	gebäre, gebärst (gebierst), gebärt (gebiert)	gebar
166 geben	gebe, gibst, gibt	gab
167 gedeihen	gedeih/e, -st, -t	gedieh
168 gehen	geh/e, -st, -t	ging
169 gelingen	es gelingt	es gelang
170 gelten	gelte, giltst, gilt	galt, -(e)st

Konjunktiv II 1e persoon enkelvoud	Gebiedende wijs enkelvoud	Voltooid deelwoord	
büke, backte	back(e)	gebacken	121
beföhle (befähle)	befiehl	befohlen	122
beflisse	befleiß(e)	beflissen	123
begönne (begänne)	beginn(e)	begonnen	124
bisse	beiß(e)	gebissen	125
bürge (bärge)	birg	geborgen	126
börste (bärste)	birst	geborsten	127
bewegte (bewöge)	beweg(e)	bewegt (bewogen)	128
böge	bieg(e)	gebogen	129
böte	biet(e)	geboten	130
bände	bind(e)	gebunden	131
bäte	bitte	gebeten	132
bliese	blas(e)	geblasen	133
bliebe	bleib(e)	geblieben	134
bleichte (bliche)	bleich(e)	gebleicht (geblichen)	135
briete	brat(e)	gebraten	136
bräche	brich	gebrochen	137
brennte	brenn(e)	gebrannt	138
brächte	bring(e)	gebracht	139
dächte	denk(e)	gedacht	140
dingte (dünge, dänge)	ding(e)	gedungen (gedingt)	141
drösche	drisch	gedroschen	142
dränge	dring(e)	gedrungen	143
dünkte (deuchte)	-	gedünkt (gedeucht)	144
dürfte	-	gedurft	145
empfinge	empfang(e)	empfangen	146
empföhle (empfähle)	empfiehl	empfohlen	147
erbleichte (erbliche)	erbleich(e)	erbleicht (erblichen)	148
erköre (erkieste)	erkies(e)	erkoren	149
erlösche	erlisch	erloschen	150
erschräke	erschrick	erschrocken	151
äße	iss	gegessen	152
führe	fahr(e)	gefahren	153
fiele	fall(e)	gefallen	154
finge	fang(e)	gefangen	155
föchte	ficht	gefochten	156
fände	find(e)	gefunden	157
flöchte	flicht	geflochten	158
flöge	flieg(e)	geflogen	159
flöhe	flieh(e)	geflohen	160
flösse	fließ(e)	geflossen	161
fräße	friss	gefressen	162
fröre	frier(e)	gefroren	163
göre (gärte)	gär(e)	gegoren (gegärt)	164
gebäre	gebäre, gebier	geboren	165
gäbe	gib	gegeben	166
gediehe	gedeih(e)	gediehen	167
ginge	geh(e)	gegangen	168
es gelänge	-	gelungen	169
gölte (gälte)	gilt	gegolten	170

518

Onbepaalde wijs	Onvoltooid tegenwoordige tijd 1e, 2e, 3e persoon enkelvoud	Onvoltooid verleden tijd 1e en eventueel 2e persoon enkelvoud
171 genesen	genes/e, -(es)t, -t	genas, -(es)t
172 genießen	genieß/e, -(es)t, -t	genoss, genossest/genosst
173 geschehen	es geschieht	es geschah
174 gewinnen	gewinn/e, -st, -t	gewann
175 gießen	gieß/e, -(es)t, -t	goss, gossest/gosst
176 gleichen	gleich/e, -st, -t	glich
177 gleißen	gleiß/e, -(es)t, -t	gleißte (gliss), glissest/glisst
178 gleiten	gleit/e, -est, -et	glitt, -(e)st
179 glimmen	glimm/e, -st, -t	glomm (glimmte)
de sterke vormen overheersen in overdrachtelijke betekenis		
180 graben	grabe, gräbst, gräbt	grub
181 greifen	greif/e, -st, -t	griff
182 haben	habe, hast, hat	hatte
183 halten	halte, hältst, hält	hielt, -(e)st
184 hängen	häng/e, -st, -t	hing
het transitieve hängen is zwak		
185 hauen	hau/e, -st, -t	hieb (haute)
186 heben	heb/e, -st, -t	hob (hub)
187 heißen	heiß/e, -(es)t, -t	hieß, -(es)t
188 helfen	helfe, hilfst, hilft	half
189 kennen	kenn/e, -st, -t	kannte
190 klimmen	klimm/e, -st, -t	klomm
191 klingen	kling/e, -st, -t	klang
192 kneifen	kneif/e, -st, -t	kniff
193 kommen	komm/e, -st, -t	kam
194 können	kann, -st, -; können	konnte
195 kriechen	kriech/e, -st, -t	kroch
196 laden	lade, lädst, lädt	lud, -(e)st
197 lassen	lasse, lässt, lässt	ließ, -(es)t
198 laufen	laufe, läufst, läuft	lief
199 leiden	leid/e, -est, -et	litt, -(e)st
200 leihen	leih/e, -st, -t	lieh
201 lesen	lese, liest, liest	las, -(es)t
202 liegen	lieg/e, -st, -t	lag
203 löschen	lösche, lischst, lischt	losch, -(e)st
204 lügen	lüg/e, -st, -t	log
205 mahlen	mahl/e, -st, -t	mahlte
206 meiden	meid/e, -est, -et	mied, -(e)st
207 melken	melk/e, -st, -t	melkte (molk)
208 messen	messe, misst, misst	maß, -(es)t
209 misslingen	es misslingt	es misslang
210 mögen	mag, -st, -; mögen	mochte
211 müssen	muss, -t, -; müssen, müsst, müssen	musste
212 nehmen	nehme, nimmst, nimmt	nahm
213 nennen	nenn/e, -st, -t	nannte
214 pfeifen	pfeif/e, -st, -t	pfiff
215 pflegen	pfleg/e, -st, -t	pflegte (pflog)
pflegen is bijna altijd zwak		
216 preisen	preis/e, -(es)t, -t	pries, -(es)t
217 quellen	quelle, quillst, quillt	quoll
het transitieve quellen is zwak		
218 raten	rate, rätst, rät	riet, -(e)st
219 reiben	reib/e, -st, -t	rieb
220 reißen	reiß/e, -(es)t, -t	riss, rissest/risst
221 reiten	reit/e, -est, -et	ritt, -(e)st
222 rennen	renn/e, -st, -t	rannte
223 riechen	riech/e, -st, -t	roch

519

Konjunktiv II 1e persoon enkelvoud	Gebiedende wijs enkelvoud	Voltooid deelwoord	
genäse	genes(e)	genesen	171
genösse	genieß(e)	genossen	172
es geschähe	-	geschehen	173
gewönne (gewänne)	gewinn(e)	gewonnen	174
gösse	gieß(e)	gegossen	175
gliche	gleich(e)	geglichen	176
gleißte (glisse)	gleiß(e)	gegleißt (geglissen)	177
glitte	gleit(e)	geglitten	178
glömme (glimmte)	glimm(e)	geglommen (geglimmt)	179
grübe	grab(e)	gegraben	180
griffe	greif(e)	gegriffen	181
hätte	hab(e)	gehabt	182
hielte	halt(e)	gehalten	183
hinge	häng(e)	gehangen	184
hiebe (haute)	hau(e)	gehauen	185
höbe (hübe)	heb(e)	gehoben	186
hieße	heiß(e)	geheißen	187
hülfe (hälfe)	hilf	geholfen	188
kennte	kenn(e)	gekannt	189
klömme	klimm(e)	geklommen	190
klänge	kling(e)	geklungen	191
kniffe	kneif(e)	gekniffen	192
käme	komm(e)	gekommen	193
könnte	-	gekonnt	194
kröche	kriech(e)	gekrochen	195
lüde	lad(e)	geladen	196
ließe	lass (lasse)	gelassen	197
liefe	lauf(e)	gelaufen	198
litte	leid(e)	gelitten	199
liehe	leih(e)	geliehen	200
läse	lies	gelesen	201
läge	lieg(e)	gelegen	202
lösche	lisch	geloschen	203
löge	lüg(e)	gelogen	204
mahlte	mahl(e)	gemahlen	205
miede	meid(e)	gemieden	206
melkte (mölke)	melk(e)	gemolken (gemelkt)	207
mäße	miss	gemessen	208
es misslänge	-	misslungen	209
möchte	-	gemocht	210
müsste	-	gemusst	211
nähme	nimm	genommen	212
nennte	nenn(e)	genannt	213
pfiffe	pfeif(e)	gepfiffen	214
pflegte (pflöge)	pfleg(e)	gepflegt (gepflogen)	215
priese	preis(e)	gepriesen	216
quölle	quill	gequollen	217
riete	rat(e)	geraten	218
riebe	reib(e)	gerieben	219
risse	reiß(e)	gerissen	220
ritte	reit(e)	geritten	221
rennte	renn(e)	gerannt	222
röche	riech(e)	gerochen	223

Onbepaalde wijs	Onvoltooid tegenwoordige tijd 1e, 2e, 3e persoon enkelvoud	Onvoltooid verleden tijd 1e en eventueel 2e persoon enkelvoud
224 *ringen*	*ring/e, -st, -t*	*rang*
225 *rinnen*	*rinn/e, -st, -t*	*rann*
226 *rufen*	*ruf/e, -st, -t*	*rief*
227 *salzen*	*salz/e, -(es)t, -t*	*salzte*
228 *saufen*	*saufe, säufst, säuft*	*soff*
229 *saugen*	*saug/e, -st, -t*	*sog (saugte)*
230 *schaffen*	*schaff/e, -st, -t*	*schuf*

schaffen is zwak in de betekenis 'werken' en 'klaarspelen' en in *anschaffen* en *verschaffen*

231 *schallen*	*schall/e, -st, -t*	*schallte (scholl)*
232 *scheiden*	*scheid/e, -est, -et*	*schied, -(e)st*
233 *scheinen*	*schein/e, -st, -t*	*schien*
234 *scheißen*	*scheiß/e, -(es)t, -t*	*schiss, schissest/schisst*
235 *schelten*	*schelte, schiltst, schilt*	*schalt, -(e)st*
236 *scheren*	*scher/e, -st, -t*	*schor (scherte)*

scheren is zelden zwak

237 *schieben*	*schieb/e, -st, -t*	*schob*
238 *schießen*	*schieß/e, -(es)t, -t*	*schoss, schossest/schosst*
239 *schinden*	*schind/e, -est, -et*	*schindete, (schund, -(e)st)*
240 *schlafen*	*schlafe, schläfst, schläft*	*schlief*
241 *schlagen*	*schlage, schlägst, schlägt*	*schlug*
242 *schleichen*	*schleich/e, -st, -t*	*schlich*
243 *schleifen*	*schleif/e, -st, -t*	*schliff*

zwak in de betekenis 'slepen', 'sleuren', 'slopen', 'slechten'

244 *schleißen*	*schleiß/e, -(es)t, -t*	*schliss, schlissest/schlisst*
245 *schließen*	*schließ/e, -(es)t, -t*	*schloss, schlossest/schlosst*
246 *schlingen*	*schling/e, -st, -t*	*schlang*
247 *schmeißen*	*schmeiß/e, -(es)t, -t*	*schmiss, schmissest/schmisst*
248 *schmelzen*	*schmelze, schmilzt, schmilzt*	*schmolz, -(es)t*
249 *schnauben*	*schnaub/e, -st, -t*	*schnob (schnaubte)*

zwakke vormen in informele taal

250 *schneiden*	*schneid/e, -est, -et*	*schnitt, -(e)st*
251 *schrecken*	*schrecke, schrickst, schrickt*	*schrak*

Ook in samengestelde werkwoorden (*zurückschrecken* e.d.) bij intransitief gebruik sterk.
Bij transitief gebruik (ook bij samengestelde werkwoorden) zwak.

252 *schreiben*	*schreib/e, -st, -t*	*schrieb*
253 *schreien*	*schrei/e, -st, -t*	*schrie*
254 *schreiten*	*schreit/e, -est, -e*	*schritt, -(e)st*
255 *schweigen*	*schweig/e, -st, -t*	*schwieg*
256 *schwellen*	*schwelle, schwillst, schwillt*	*schwoll*

het transitieve *schwellen* is zwak

257 *schwimmen*	*schwimm/e, -st, -t*	*schwamm*
258 *schwinden*	*schwind/e, -est, -et*	*schwand, -(e)st*
259 *schwingen*	*schwing/e, -st, -t*	*schwang*
260 *schwören*	*schwör/e, -st, -t*	*schwor*
261 *sehen*	*sehe, siehst, sieht*	*sah*
262 *sein*	*bin, bist, ist; sind, seid, sind*	*war*

Konjunktiv I: *sei, sei(e)st, sei; seien, seiet, seien*

263 *senden*	*send/e, -est, -et*	*sandte (sendete)*

zwak in de betekenis 'uitzenden van radio, televisie'

264 *sieden*	*sied/e, -est, -et*	*sott, -(e)st*

komt ook zwak voor

265 *singen*	*sing/e, -st, -t*	*sang*
266 *sinken*	*sink/e, -st, -t*	*sank*
267 *sinnen*	*sinn/e, -st, -t*	*sann*
268 *sitzen*	*sitz/e, -(es)t, -t*	*saß, -(es)t*
269 *sollen*	*soll, -st, -; sollen*	*sollte*
270 *spalten*	*spalt/e, -est, -et*	*spaltete*

Konjunktiv II 1e persoon enkelvoud	Gebiedende wijs enkelvoud	Voltooid deelwoord	
ränge	ring(e)	gerungen	224
ränne (rönne)	rinn(e)	geronnen	225
riefe	ruf(e)	gerufen	226
salzte	salz(e)	gesalzen	227
söffe	sauf(e)	gesoffen	228
söge (saugte)	saug(e)	gesogen (gesaugt)	229
schüfe	schaff(e)	geschaffen	230
schallte (schölle)	schall(e)	geschallt	231
schiede	scheid(e)	geschieden	232
schiene	schein(e)	geschienen	233
schisse	scheiß(e)	geschissen	234
schölte	schilt	gescholten	235
schöre	scher(e)	geschoren	236
schöbe	schieb(e)	geschoben	237
schösse	schieß(e)	geschossen	238
schindete (schünde)	schind(e)	geschunden	239
schliefe	schlaf(e)	geschlafen	240
schlüge	schlag(e)	geschlagen	241
schliche	schleich(e)	geschlichen	242
schliffe	schleif(e)	geschliffen	243
schlisse	schleiß(e)	geschlissen	244
schlösse	schließ(e)	geschlossen	245
schlänge	schling(e)	geschlungen	246
schmisse	schmeiß(e)	geschmissen	247
schmölze	schmilz	geschmolzen	248
schnöbe (schnaubte)	schnaub(e)	geschnoben	249
schnitte	schneid(e)	geschnitten	250
schräke	schrick	geschrocken	251
schriebe	schreib(e)	geschrieben	252
schriee	schrei(e)	geschrien	253
schritte	schreit(e)	geschritten	254
schwiege	schweig(e)	geschwiegen	255
schwölle	schwill	geschwollen	256
schwömme (schwämme)	schwimm(e)	geschwommen	257
schwände	schwind(e)	geschwunden	258
schwänge	schwing(e)	geschwungen	259
schwüre (schwöre)	schwör(e)	geschworen	260
sähe	sieh, bij verwijzing: siehe	gesehen	261
wäre	sei; seid	gewesen	262
sendete	send(e)	gesandt, gesendet	263
sötte	sied(e)	gesotten	264
sänge	sing(e)	gesungen	265
sänke	sink(e)	gesunken	266
sänne (sönne)	sinn(e)	gesonnen	267
säße	sitz(e)	gesessen	268
sollte	-	gesollt	269
spaltete	spalt(e)	gespalten (gespaltet)	270

Onbepaalde wijs	Onvoltooid tegenwoordige tijd 1e, 2e, 3e persoon enkelvoud	Onvoltooid verleden tijd 1e en eventueel 2e persoon enkelvoud
271 speien	spei/e, -st, -t	spie
272 spinnen	spinn/e, -st, -t	spann
273 spleißen	spleiß/e, -(es)t, -t	spliss, splissest/splisst
274 sprechen	spreche, sprichst, spricht	sprach
275 sprießen	sprieß/e, -(es)t, -t	spross, sprossest/sprosst
276 springen	spring/e, -st, -t	sprang
277 stechen	steche, stichst, sticht	stach
278 stecken	steck/e, -st, -t	stak
het transitieve stecken is zwak		
279 stehen	steh/e, -st, -t	stand, -(e)st
280 stehlen	stehle, stiehlst, stiehlt	stahl
281 steigen	steig/e, -st, -t	stieg
282 sterben	sterbe, stirbst, stirbt	starb
283 stieben	stieb/e, -st, -t	stob
284 stinken	stink/e, -st, -t	stank
285 stoßen	stoße, stößt, stößt	stieß, -(es)t
286 streichen	streich/e, -st, -t	strich
287 streiten	streit/e, -est, -et	stritt, -(e)st
288 tragen	trage, trägst, trägt	trug
289 treffen	treffe, triffst, trifft	traf
290 treiben	treib/e, -st, -t	trieb
291 treten	trete, trittst, tritt	trat, -(e)st
292 triefen	trief/e, -st, -t	troff (triefte)
293 trinken	trink/e, -st, -t	trank
294 trügen	trüg/e, -st, -t	trog
295 tun	tu(e), tust, tut; tun	tat, -(e)st
296 verbleichen	verbleich/e, -st, -t	verblich
297 verderben	verderbe, verdirbst, verdirbt	verdarb
298 verdrießen	verdrieß/e, -(es)t, -t	verdross, verdrossest/verdrosst
299 vergessen	vergesse, vergisst, vergisst	vergaß, -(es)t
300 verlieren	verlier/e, -st, -t	verlor
301 verlöschen	verlösche, verlischst, verlischt	verlosch, -(e)st
302 wachsen	wachse, wächst, wächst	wuchs, -(es)t
303 wägen	wäg/e, -st, -t	wog (wägte)
304 waschen	wasche, wäschst, wäscht	wusch, -(e)st
305 weben	web/e, -st, -t	webte (wob)
overdrachtelijk en plechtig sterk, anders zwak		
306 weichen	weich/e, -st, -t	wich
307 weisen	weis/e, -(es)t, -t	wies, -(es)t
308 wenden	wend/e, -est, -et	wandte (wendete)
zwak in de betekenis 'keren', 'omkeren', 'omdraaien'		
309 werben	werbe, wirbst, wirbt	warb
310 werden	werde, wirst, wird	wurde, (verouderd) ward
311 werfen	werfe, wirfst, wirft	warf
312 wiegen	wieg/e, -st, -t	wog
313 winden	wind/e, -est, -et	wand, -(e)st
314 wissen	weiß, -t, -; wissen, wisst, wissen	wusste
315 wollen	will, -st, -; wollen	wollte
316 wringen	wring/e, -st, -t	wrang
317 zeihen	zeih/e, -st, -t	zieh
318 ziehen	zieh/e, -st, -t	zog
319 zwingen	zwing/e, -st, -t	zwang

320 Werkwoorden op -ieren hebben een voltooid deelwoord zonder ge-: kondolieren, kondolierte, kondoliert / gratulieren, gratulierte, gratuliert

Konjunktiv II 1e persoon enkelvoud	Gebiedende wijs enkelvoud	Voltooid deelwoord	
spiee	spei(e)	gespien	271
spönne (spänne)	spinn(e)	gesponnen	272
splisse	spleiß(e)	gesplissen	273
spräche	sprich	gesprochen	274
sprösse	sprieß(e)	gesprossen	275
spränge	spring(e)	gesprungen	276
stäche	stich	gestochen	277
stäke	steck(e)	gesteckt	278
stände (stünde)	steh(e)	gestanden	279
stöhle (stähle)	stiehl	gestohlen	280
stiege	steig(e)	gestiegen	281
stürbe	stirb	gestorben	282
stöbe	stieb(e)	gestoben	283
stänke	stink(e)	gestunken	284
stieße	stoß(e)	gestoßen	285
striche	streich(e)	gestrichen	286
stritte	streit(e)	gestritten	287
trüge	trag(e)	getragen	288
träfe	triff	getroffen	289
triebe	treib(e)	getrieben	290
träte	tritt	getreten	291
tröffe (triefte)	trief(e)	getroffen (getrieft)	292
tränke	trink(e)	getrunken	293
tröge	trüg(e)	getrogen	294
täte	tu(e)	getan	295
verbliche	verbleich(e)	verblichen	296
verdürbe	verdirb	verdorben	297
verdrösse	verdrieß(e)	verdrossen	298
vergäße	vergiss	vergessen	299
verlöre	verlier(e)	verloren	300
verlösche	verlisch	verloschen	301
wüchse	wachs(e)	gewachsen	302
wöge (wägte)	wäg(e)	gewogen (gewägt)	303
wüsche	wasch(e)	gewaschen	304
webte (wöbe)	web(e)	gewebt (gewoben)	305
wiche	weich(e)	gewichen	306
wiese	weis(e)	gewiesen	307
wendete	wend(e)	gewandt (gewendet)	308
würbe	wirb	geworben	309
würde	werd(e)	geworden (als hulpwerkwoord van de lijdende vorm: worden)	310
würfe	wirf	geworfen	311
wöge	wieg(e)	gewogen	312
wände	wind(e)	gewunden	313
wüsste	wisse	gewusst	314
wollte	-	gewollt	315
wränge	wring(e)	gewrungen	316
ziehe	zeih(e)	geziehen	317
zöge	zieh(e)	gezogen	318
zwänge	zwing(e)	gezwungen	319

Meer taaloplossingen van Van Dale

Van Dale Pocketwoordenboeken
- Actuele basiswoordenschat in compact formaat
- Ook verkrijgbaar als app!
- Vanaf € 9,99 (boek) / € 6,99 (app)

Van Dale Grammatica's
- Ideaal voor zelfstudie
- Beschikbaar in de talen Nederlands,
  Engels, Frans, Duits, Spaans en Italiaans
- € 24,99 (boek) / € 17,99 (e-book)

Van Dale Taalhandboeken
- Snel en duidelijk antwoord op al je taalvragen!
- € 34,99 (boek) / € 24,99 (e-book) - Nederlands of Engels
- € 14,99 (boek) / € 9,99 (e-book) - Spelling

Van Dale Online op school

Altijd toegang tot de nieuwste Van Dale Pocketwoordenboeken, in de klas of bij het huiswerk!

- Snel en slim zoeken op 1 scherm
- Handige rijtjes en overzichten bij Engels, Frans en Duits
- Met alle lidwoorden
- Uitspraak bij lastige woorden
- Beschikbaar vanaf € 1,25 per leerling per jaar

www.vandale.nl
www.vandale.be